# MÉLANGES HISTORIQUES.

## CHOIX DE DOCUMENTS.

### TOME TROISIÈME.

COMMERCE ET EXPÉDITIONS MILITAIRES DE LA FRANCE ET DE VENISE
AU MOYEN ÂGE.
TESTAMENTS ENREGISTRÉS AU PARLEMENT DE PARIS
SOUS LE RÈGNE DE CHARLES VI.
MAXIMES D'ÉTAT ET FRAGMENTS POLITIQUES DU CARDINAL DE RICHELIEU.

PARIS.
IMPRIMERIE NATIONALE.

M DCCC LXXX.

# COLLECTION

DE

# DOCUMENTS INÉDITS

SUR L'HISTOIRE DE FRANCE

PUBLIÉS PAR LES SOINS

DU MINISTRE DE L'INSTRUCTION PUBLIQUE.

## MÉLANGES HISTORIQUES.

# COMMERCE

# ET EXPÉDITIONS MILITAIRES

## DE LA FRANCE ET DE VENISE.

### AU MOYEN AGE,

#### PAR M. DE MAS LATRIE.

# NOTE PRÉLIMINAIRE.

Les lettres de change et les protêts; le commerce de Marseille et de Montpellier, dans la Méditerranée en général et particulièrement dans la mer Égée, sur les côtes d'Asie Mineure et de Syrie; les foires de Champagne; les tentatives de Charles de Valois, veuf de l'impératrice Catherine de Courtenay, pour reconquérir Constantinople; les projets de croisade de Philippe de Valois; les affaires de Morée et de Salonique; la compétition dont les droits réels ou éventuels à ce dernier royaume furent l'objet entre les ducs de Bourgogne et les rois de Sicile, pendant que les Catalans occupaient le duché d'Athènes; le commerce des Vénitiens en France, soit par la voie de mer, soit par les voies de terre[1]; les traités avec l'empereur de Trébizonde et l'émir d'Éphèse, pendant l'occupation de Smyrne par les Latins; les changeurs et les banquiers d'Avignon; le commerce des esclaves à Venise et à la Tana; les permissions exceptionnelles accordées par le Saint-Siége de commercer avec l'Égypte, permissions qu'un abus presque inévitable rendit souvent, dans les mains des tiers non commerçants, la source de bénéfices considérables[2]; l'anxiété de la cour de France et l'envoi immédiat de nombreux messagers à Venise et en Orient, chargés de recueillir des nouvelles et de ménager le rachat des chevaliers français que le comte de Nevers avait conduits au secours des Hongrois, aussitôt que les premières rumeurs du désastre de Nicopolis parvinrent à Paris; les entreprises de Louis II d'Anjou et du roi René, son fils, secondées par le duc de Bourgogne et les Génois, pour reconquérir le royaume de Naples sur Ladislas de Hongrie et Alphonse d'Aragon; les difficultés de Venise avec la France, pendant le gouvernement du maréchal Boucicaut à Gênes, au

---

[1] N° XII, 29 janvier 1337, ci-après, p. 109. — [2] 27 novembre 1372.

nom de Charles VI; les voyages des galères dites *Galères d'Aiguemortes*, qui, annuellement, se rendaient de Venise en Languedoc; enfin les priviléges et les traités de commerce obtenus par les Vénitiens des princes chrétiens ou musulmans qui se sont partagé l'Asie Mineure au moyen âge; tels sont, à peu près dans l'ordre même de leur publication, les objets principaux auxquels se rattachent les documents que nous réunissons ici. La politique et le commerce s'y trouvent mêlés, comme ils l'étaient dans le cours des événements. L'un des derniers traités, conclu entre les années 1403 et 1405, stipule la restitution d'Athènes à la république de Venise.

Quelques autres pièces, analogues aux précédentes, ont été publiées dans la *Bibliothèque de l'École des Chartes*. Nous nous permettons de les rappeler ici, en raison de la connexité des sujets. Ce sont les accords de 1254, rédigés en français entre la république de Venise et le sultan d'Alep[1]; le privilége accordé en 1320 aux Vénitiens par Abou-Saïd, roi de Perse[2]; ceux que la république obtint au xiv° siècle des Khans mongols de la Crimée et du Kaptchak[3], et les traités commerciaux qu'elle conclut en 1403 avec l'émir de la ville de Palatcha[4], qui est certainement l'antique Milet.

[1] *Biblioth.*, 3° série, t. II, p. 527.
[2] T. XXXI, année 1870, p. 72.
[3] 6° série, t. IV, p. 580.
[4] *Commerce d'Éphèse et de Milet au moyen âge*, 5° série, t. V, p. 219.

# COMMERCE

## ET EXPÉDITIONS MILITAIRES

### DE LA FRANCE ET DE VENISE

#### AU MOYEN ÂGE.

---

I.

1214, 1384, 1461.

LETTRES DE CHANGE ET PROTÊTS DE LETTRES DE CHANGE.

Le savant historien de Gênes, M. Michel Canale, cite des lettres de change des années 1204 et 1205 et donne le texte d'une lettre de 1207 (*Storia*, t. II, p. 613, 617, in-12, 1860). Je n'hésite donc pas à attribuer la date de 1214 à la lettre de change suivante dont je dois la connaissance à M. Cipollina, directeur des Archives de Gênes. J'en transcris exactement le texte que m'a communiqué mon savant et obligeant correspondant. Je réimprime à la suite le protêt de 1384, publié par M. Royer-Collard dans la *Bibliothèque de l'École des Chartes*[1]. M. Cipollina a bien voulu revoir ce document sur l'original même.

I.

LETTRE DE CHANGE.

1214, Gênes.

(Gênes. Arch. des notaires. Reg. n° 3. Actes de Lanfranc et autres, fol. 142 v°.)

Ego Symon Rubeus, bancherius, accepi a te, Raimundo de Podiozandino, libras denariorum Janue 34 et denarios 32. Unde promito

---

[1] Dès l'année 1851, *Biblioth.*, 3ᵉ série, t. II, p. 70.

tibi, vel tuo miso, danti michi hanc cartam, marcos octo boni argenti, lm. venal.[1], de Montepelusano[2], usque ad Pentecostem proximam. Alioquin penam dupli tibi promito, etc. Actum Janue.... fundico, sesto die Aprilis[3] ante tertiam. Testes......... de Nervi. Oglerius patan...... Johannes Sabinus.

## II.

#### PROTÊT D'UNE LETTRE DE CHANGE DE 1384.

#### 1385, 14 novembre.

(Gênes. Arch. des notaires. Reg. n° 3, ann. 1379 et suiv. des actes du notaire Teramo Maggiolo, ancien fol. 629 v°.)

In nomine Domini, amen. In presencia mei notarii infrascripti et testium infrascriptorum ad hec pro testibus vocatorum et rogatorum, Antonius Grillus bancherius, civis Janue, dixit et proptestatus fuit Antonio Laurencii de Majoricis, presenti et audienti, quod cum dictus Antonius Grillus presentaverit dicto Antonio Laurencii, die decima quarta Octubris proxime preterita, literam cambii tenoris infrascripti:

« Al segnor Antoni Lorenso, en Genoa. Pª. de 576 f. e 21 sol. Janue.

« En nome de Dio. Seta, die 7 Setembris 1384.

« Segnor, per questa primera letera pageres a 30 jorni vista, a meser
« Antonio Grillo, cincentes setantasex florens de florenis et 21 soldi de
« Janoys. Et sunt per cambi de 403 liure, soldi 15, denári 11 barce-
« loneysi, che o recebut a Jacobo de Varci, a ration de soldi 14 per
« floreno. Perchè vos prego, segnor, che fazati bon compiment al
« temps. Vostro, Raymondo Salvador. »

Et ab ipso Antonio Laurencii dictus Antonius Grillus requisiverit et requirat solucionem dicti cambii; et dictus Antonius Laurencii recusaverit et recuset dicto Antonio Grillo solucionem facere de dicto cambio. Idcirco dictus Antonius Grillus dixit et proptestatus fuit dicto Antonio

---

[1] Je lirai : *legalium et venalium*.
[2] Montepessulano?
[3] L'année manque. L'acte daté le plus rapproché est au folio 123 v°. Il est de l'année 1200. Mais il y a du désordre dans le rangement des feuilles du registre.

Laurencii presenti et audienti et contra dictum Raymondum absentem de recambio dicti cambii et de omni dampno interesse et expensis dicti Antonii Grilli que habere et petere vult et intendit. Qui Antonius Laurencii, auditis predictis, dixit et respondidit dicto Antonio Grillo presenti et audienti quod ipse non vult nec intendit eidem Antonio Grillo aliquid dare nec solvere pro dicto cambio. Et de predictis, etc.

Actum Janue, in banchis, sub domo heredum quondam Nicolai Cigogne, anno et indictione ut supra (1385), die decimaquarta Novembris paulo ante completorium, in sero. Presentibus testibus, Lazaro Spinula et Octobono de Goano, Baptista Grillo, civibus Janue.

### III.

#### PROTÊT DE LETTRE DE CHANGE.

1413, 25 septembre.

(Gênes, Arch. des notaires. Actes du notaire Julien Canella. Reg. 3, ann. 1411-1413, fol. 233 v°.)

In nomine Domini, amen. Jacobus de Lagnello, de Pisis, commorans in Janua, suo nomine, ibidem, in presentia mei notarii et testium infrascriptorum presentavit Nicolo de Nupce, de Pisis, filio Bartolomei, procuratorio nomine, et nomine et vice Antonii Bordini ut de procura dicti Nicolai constat instrumento publico, manu Bartolomei Gati, notarii, hoc anno, die trigesima prima Jullii, literam cambii in papiro, tenoris infrascripti.

Suprascriptio talis : « Antonio Bordini, in Gienova. Prima. Interius :
« ✝ Al nome de Dio, amen. A di 26 Agosto 1413.
   « Pagate per questa prima di cambio a uzansa, a Jacopo de Lagnelo
« f. 551. s$^{di}$ 31. cioè f. cinquecento cinquanta uno, soldi tre, per la
« valuta e a conto 33 $\frac{1}{5}$ per fiorino, de Battista del Fornaio, e ponete
« costi a conto de Gulierno et de Bartolomeo del Portico, de Luca,
« sopra de noi. Christo vi guardi.
   « Bartolomeo Bottini et compagni salute. De Bruges. »

Quarum presentatio eciam fuit presente et vidente Urbano Antermineli, cive lucano, Nicolo de Nupce, dicto procuratorio nomine dicti

Antonii Bordini absentis a civitate Janue, ut dicitur, qui noluit acceptare dictas literas, nec respondere ad dictum cambium, dicens se dicto nomine contra dictum Antonium Bordini non habere de peccunia dictorum Guliermi et Bartolomei de Porticu vel alicujus eorum. Et dictus Urbanus Anterminelis, visis dictis literis, et viso et audito quod dictus Nicolo, dicto procuratorio nomine dicti Antonii, nolluit acceptare nec respondere dictis literis dicti cambii, ibidem et in presenti ipse Urbanus, pro honore dictorum, acceptavit dictas literas et se obtulit velle pro dictis Guliermo et Bartolomeo de Porticu ad dictum cambium atendere, respondere et solvere ipsi Jacobo de Lagnelo; et sic ad cautellam ipse Urbanus suo proprio nomine se obligando promisit dicto Jacobo de Lagnelo, presenti et stipulanti, dare et solvere termino consueto, hic in Janua, florenos quingentos quinquaginta unum et solidos tres dicta causa, sub ypoteca et obligatione omnium bonorum ipsius Urbani presentium et futurorum.

Actum Janue, in bancis, ad bancum quod teneo ego notarius infrascriptus, anno Dominice Nativitatis millesimo quadringentesimo decimotertio, indictione sexta, secundum cursum Janue, die vigesimoquinto Septembris, in terciis. Testes presentes : Johannes de Oliva, notarius, filius Tome, et Bartolomeus de Chazana, tabernarius, cives Janue, ad hec vocati et rogati.

## IV.

LETTRE DE CHANGE.

1442, 25 août.

(Gênes. Arch. de Saint-Georges. *Pandette del Cartolario del Consolato per l'anno 1442*, fol. 1.)

✠ M . CCCC . XXXXII. die xxv. Augusti. Janue.

Per hanc primam cambii, termino et more solito, solvere placeat domino Filipo Lomellino scutos millequingentos boni auri et justi ponderis ad solidos xxxiii. pro singulo. Et sunt pro tantis cambiatis cum domino Francisco Centuriono, die primo Aprilis de xxxxi. Et soluptos in nostra ponatur valuta.

## V.

**PROTÊT D'UNE LETTRE DE CHANGE TIRÉE DE VENISE SUR LONDRES.**

1461, 9 septembre. Lombardstreet à Londres.

(Venise. Arch. part. de M. le chevalier Frédéric de Stefani, n° 430.)

In Dei nomine, amen. Per hoc presens publicum instrumentum cunctis appareat evidenter quod anno ab incarnacione Domini millesimo quadringentesimo primo, indiccione nona, pontificatus sanctissimi in Christo patris et domini nostri domini Pii, divina providencia, pape secundi, anno quarto, mensis Septembris die nona, in mei notarii publici et testium subscriptorum presencia, personaliter constitutus Gabriel de Ursi, vice et nomine Marini Marini, accessit ante domum habitationis mei Willelmi Styffordi, notarii publici subscripti, in vico de Lumbardstrete, in parochia Sancti Nicholai Aconensis, Londonii situatam; et ibidem, nomine quo supra, presentavit quasdam litteras pagamenti cujusdam cambii, que prefato Marino ex parte Mathie de Zorzi dirigebantur; et ipsas litteras ibidem publice legi fecit.

Tenor quarum quidem litterarum ab intra de verbo ad verbum sequitur et est talis :

« ✠ Laus Deo. 1461, a di' viii. Zugno, in Venecia. Pagati per questa « prima di cambio, a uxanza, a vui medemo valuta di duchati zinque-« cento, zoe lire zinquanta di grosso, a soldi 47 1/4 per duchato. E « questo per altra tanti ricevuti de qui da ser Baldisera e ser Marchio « de Chollalti. Al tempo, li fati el dover. Che Christo vi guardi. Mattio « di Zorzi. Salute. In Venetia. »

Suprascripcio autem dictarum litterarum ab extra talis erat : « ✠ Egre-« gio domino Marino Conttarini. Londra. Prima. »

Quibus quidem litteris sic presentatis et lectis, predictus Gabriel, nomine quo supra, respondens dixit quod dictus Marinus dictum cambium sibimet solvere noluit; sciens et attendens idem Gabriel quod terminus dicte faciende solucionis sit lapsus et decursus, cum summa instancia requisivit nomine quo supra si aliquis existens ante domum predictam sibi prefato Gabriel dictum cambium solvere voluit, indilate obtulit se idem Gabriel, nomine quo supra, promptum et paratum dictam pecunie summam recipere et litteras contentacionis exinde, ut moris est inter mercatores, tradere; et nullo seu nemine ibidem ad premissa respondente, prefatus Gabriel, nomine quo supra, protestatus fuit et protestatur contra predictum Mathiam et contra omnes alios quoscumque, qui in cambio predicto obligati sunt et esse possunt, et contra eorum quemlibet et contra eorum et cujuslibet illorum in solidum heredes ac bona, de omnibus et singulis dampnis, expensis, amissis et interesse habitis, factis et receptis ac habendis, fiendis et recipiendis ob defectum et necligenciam dicte solucionis dicti cambii non facti, loco et termino ac modo et forma in dictis litteris pagamenti contentis. Que dampnum, expensa, amissa et interesse una cum dicta principali summa reservavit et reservat prefatus Gabriel predicto Marino ac predictis Balthazar et Marchioni et eorum cuilibet ac eorum et cujuslibet illorum in solidum heredibus ac certo nuncio et procuratori, petere, exigere et recuperare et jus et accionem petendi, exigendi et recuperandi a predicto Mathia et ab omnibus aliis quibuscumque qui in cambio predicto obligati sunt et esse possunt, et ab eorum quolibet et ab eorum et cujuslibet illorum in solidum heredibus et executoribus ac bonis, loco et tempore oportunis, quot et quando predictis Marino ac predicto Baltazaro et Marchioni, aut eorum alicui vel eorum seu alicujus illorum in solidum heredi vel executori, aut certo nuncio vel procuratori melius placuerit et videbitur expedire; requirens iterum idem Gabriel ac protestans et reservans ut supra; rogans me notarium publicum subscriptum quatenus de premissis unum duo vel plura publicum seu publica sub uno tenore conficerem instrumentum vel instrumenta.

Acta fuerunt hec Londonii, prout suprascribuntur et recitantur, presentibus tunc ibidem discretis viris Justo Morexini et Ambrosio Malipero, ambobus de Veniciis, testibus ad premissa vocatis specialiter et rogatis. Et Johannes Friscobaldi, curretarius cambiorum, michi notario publico subscripto certificavit quod ducatus valet hic modo per cambium quadraginta et tres denarios sterlingorum et tres quarterios.

Et ego Willelmus Styfford, clericus, civis Londini, publicus imperiali auctoritate notarius, premissis, dum, sicut premittitur, agerentur et fierent, una cum predictis testibus presens personaliter interfui, ea que sic fieri vidi et audivi me aliunde impedito per alium scribi feci, meque hic subscripsi, publicavi et premissa in hanc publicam formam redegi, ac signum meum solitum et consuetum apposui, rogatus et requisitus in fidem et testimonium omnium premissorum.
(*Signé*) Willelmus Styfford[1].

## II.
### 1259-1300[2].

DOCUMENTS CONCERNANT LES INTÉRÊTS ET LE COMMERCE DES MARSEILLAIS À SAINT-JEAN-D'ACRE ET À VENISE.

#### I.
1259, octobre. Venise.

A la demande d'Arnaud, envoyé de la commune de Marseille, Rainier Zeno, doge de Venise, ratifie le traité d'alliance et d'amitié conclu autrefois à Saint-Jean-d'Acre entre Laurent Tiepolo, capitaine, et Marc Giustiniani, consul de Venise, d'une part, et Guillaume Le Comte, ambassadeur du roi Charles d'Anjou et consul des Marseillais, demeurant à Saint-Jean-d'Acre, d'autre part.

(Venise. Arch. générales. *Libri Pactorum. Pacta Ferrarie*, fol. 58 v°.)

In nomine Patris et Filii et Spiritus Sancti, amen.

Quia dignum fore censetur ut amicos et socios comunis et civitatis

---

[1] Dans les pièces non classées du *Conseil des Dix* (carton n° 1) je trouve la lettre de change suivante, tirée de Nicosie sur Venise le 23 mai 1504 :

« ✠ Laus Deo. 1504. A dì 23 Mazo.
« In Nicosia.

« Page vostra M^ia (magnificencia) per questa « terza di cambio, se per la prima o seconda « pagato non havrete, zorni quindexe dapoi « vista, alli magnifici et excellentissimi si-« gnori Capi de lo Ex^mo Conseio di X, ducati « trexento, a raxon di lire 10 per ducato,

« che son lire 1894, soldi 15, le picoli, « over la valuta; per altretanti havuti qua in « Cypro de la magnificentia de meser Piero « Balbi, locotenente e conseier. Al tempo « aquella i fau el dovere.

« BERNARDUS MARTINENGUS,
« commissus. »

Au dos : « Magnifico et clarissimo do-« mino, Hieronymo Cornario, quondam ma-« gnifici domini Fantini, domino mihi obser-« vandissimo, Venetias. »

[2] Je trouve, à la date du 4 juin 1470,

Venecie et Venetorum in Accone degencium, qui comuni Venecie unionis vinculo et confederationis robore sunt conformes, in fide conservemus et dilectione sincera; idcirco nos, Rainerius Zeno, Dei gratia, etc., nostro et comunis Venecie nomine, ad instantiam et petitionem pru-

bien éloignée de celle-ci, la lettre suivante de la république de Venise concernant le commerce d'une célèbre famille de Marseille, les Forbin. La République demande au roi de Chypre d'indemniser la famille Forbin dont les marchandises avaient été saisies sur un bâtiment vénitien.

« M . CCCC . LXX. Die quarto Junii.

« Serenissimo domino regi Cypri.

« Meminisse regiam sublimitatem vestram
« non ambigimus negotium civium Massilien-
« sium, ex familia Forbina, quorum species
« et alia bona valoris bone pecuniarum quan-
« titatis, ex galea nobilis civis nostri Andree
« Mauroceno, neglecto salvoconductu, sive
« publica fide, ab regia vestra Majestate et ab
« Soro de Nau, comestabile vestro prestita,
« ab eodem Soro arrepta fuere, super qua
« re non tantum litteris, sed per Clementem
« etiam Tedaldinum, secretarium nostrum,
« coram cum vestra regia sublimitate egimus
« et instanter petiimus predictorum Massi-
« liensium satisfactionem, ut qui equitate et
« rectitudine ipsa ducebamur, solicitabamur
« honore nostro, qui ledi plurifariam vide-
« batur, impellebamur litteris efficacissimis
« et frequentibus nuntiis Serenissimi domini
« regis Renati et illustris ducis Johannis
« ejus filii, quibus omnibus carissima est in
« civitate Massilie familia Forbina. Vestra
« autem regia Majestas, propria equitate et
« nostris etiam precibus et petitionibus mota,
« satisfacturam se ad arbitrium nostrum
« eidem secretario inter cetera promisit, si-

« cut publico patet instrumento, et casalia
« Sori suprascripti bajulo nostro consignari
« imperavit, pro testificatione et confirma-
« tione hujusce faciende satisfactionis. Et
« quamvis commissa causa provisoribus nos-
« tris et prospecto cognitoque damno pre-
« dictorum Forbinorum fuisse ducatorum
« 3700, facta quadam reservatione bonorum
« et rerum nondum liquidatorum, et orator
« vester tunc apud nos agens perspicue in-
« tellexerit Majestatem vestram et Sorum
« predictum ad satisfactionem ipsam obligari,
« nulla tamen satisfacta est restitutio aut
« emendatio. Accidit interea ut navis quedam
« nostra onerata frumento, de ratione nobilis
« civis nostri Jeronimi Michael, a quodam
« Leone Massiliense capta et Massiliam con-
« ducta fuit; cujus restitutionem sive damni
« nobilis nostri, quod ascendit quantitatem
« ducatorum 5000 circiter, emendationem
« dum peteremus, objecta nobis est arreptio
« specierum predictorum civium de Forbinis
« ex galea nostra in qua, sub duplici fide
« regia, scilicet vestra et predicti Sori, ob sal-
« vumconductum et nostra, quoniam super
« nostra triremi erant tutos se fore existi-
« mantes, deceptos se profitentur et predi-
« cant; unde fit quod id quod prius pro
« justicia, pro honore et fide, pro amicicia
« prefati domini regis Renati et illustris du-
« cis Johannis nobiscum et pro nostra cum
« regia sublimitate vestra benivolentia et
« conjunctione petebamus, nunc et pro his
« omnibus causis et ratione etiam damni
« predicti Jeronymi, nobilis nostri, petere de
« integro et studiose efflagitare cogamur.

dentis viri Arnaudi Efforsivii[1], honorabilis civis et ambaxatoris civitatis Massilie, cujus honores et commoda multimodo affectamus, proponentes etiam prosequi vivis gratiarum favoribus et benevolentia speciali, pactum societatis et amicitie olim in Accone contractum inter nobiles viros Laurencium Teupulum, tunc ipsis partibus capetaneum, et Marcum Justinianum, bajulum Venetie, ex una parte, et virum nobilem Guillielmum Comitem, nuncium et ambaxatorem illustris domini Karoli, filii domini regis Francie, comitis Andegavie, Provincie et Folcalquerii, et consulem Massiliensium in Accone degencium, et universitatem ipsorum Massiliensium, ex parte altera, gratum habentes et ratum, confirmamus, ratificamus et acceptamus sicut per predictos nobiles in dictis partibus factum fuit; promittentes dictam societatem et pactum firmam et ratam habere et inviolabiliter observare; dum tamen per eundem comitem et vicarium seu rectorem ac universitatem Massilie, pro parte ipsorum, fiat ratificatio similis, usque ad festum

«Placeat scilicet regie vestre sublimitati re ipsa providere ut suprascriptis Massiliensibus satisfiat, consignenturque et perveniant pecunie hujusmodi satisfactionis in manus bajuli nostri, cui negotium hoc a nobis plurimum existimatum procurandum apud regiam vestram sublimitatem commissimus, que pro illius sapientia intelligit non posse nos illud deserere, quia ad honorem nostrum pertinet et quia damnum tandem hujusmodi prede rediret et revolveretur in cives nostros, quibus rei sue solicitatoribus et subsidii opis que nostre et assiduis imploratoribus deesse non possemus. Iccirco regiam vestram sublimitatem omni studio et efficatia rogamus placeat honori suo nostroque consulere satisfactioni Massiliensium damno et injuria affectorum, et nobilis civis nostri Jeronymi Michael indemnitati unico et efficaci remedio providere, et nos ob onere querimoniarum liberare. Qua re nullam gratiorem impresentiarum facere nobis posset regia Majestas vestra.»

«N. Bajulo autem Cypri scribatur et mittatur exemplum litterarum predictarum cum mandato ut satisfactionem predictam omni diligentia procuret.»

De part. 92. De non. 28. Non Sync. 15.

(Arch. de Venise. *Senato. Mar.*, vol. IX, fol. 45 v°.)

Sor de Naves, dont il est question dans cet acte, était alors connétable de Chypre, après avoir été capitaine de navire et commandant de galères (Voy. *Hist. de Chypre*, t. III, p. 117, note, et 308, note, 246, note 3). Il gardait d'anciennes et légitimes rancunes contre les Vénitiens. En 1461, la galère sur laquelle il transportait en Europe la reine Charlotte de Lusignan avait été arrêtée, rançonnée et pillée par des marins de leur nation (*Hist. de Chypre*, t. III, p. 119, note; 130-131, n.; 138, et *Nouv. preuves de Chypre*).

[1] Lecture douteuse.

Pasce resurrectionis proximum venturum, per instrumenta publica suorum precedentium munimine roborata. Ad cujus rei memoriam et robur in posterum valiturum, presens instrumentum fieri et bulla nostra plunbea fecimus communiri.

Data in nostro ducali palacio, currente anno Domini millesimo ducentesimo LVIII°, inditione tercia, mensis Octubris.

## II.

[1300] 13° indict., 3 juillet. Venise.

Réponse du doge de Venise à une ambassade de la commune de Marseille.

(EXTRAIT.)

(Venise. Arch. gén. *Commemorial.*, lib. I, fol. 3 v°.)

Ad ambaxiatam factam nobis duci per viros nobiles [1] ..... ambaxatores Massilie, respondemus. In primis, ad factum viri nobilis Montani de Marino, quem dicunt esse burgensem Massilie, dicimus quod placet nobis quamplurimum habere causam tractandi quemlibet graciose, et dolemus quando causa contrarii nobis datur, nam illi de Monacho et ceteri Januenses extrinseci [2], quando inimicabamus intrinsecis, fuerunt nobiscum in tractatu unionis et societatis, que completa fuit omnimodo pro parte nostra, inter quod tractatum seu unionem ipse Montanus fuit sicut ceteri nobiles qui morantur in Monacho.

Ad factum vero illorum quos dicunt damnificatos fuisse per Menicum Sclavo et Thomam Girardo Sancte Margarete, et illorum quos dicunt damnificatos per Marinum Michaelem, et de Thoma Ricardo damnificato per galeas commissas quondam Marco Baseio in Hermenia, respondemus quod alias fuit facta nobis similis requisitio, et per nos responsum fuit quod eramus parati eis reddi facere plenam et integram rationem, sed non fuit aliquis qui vellet ipsam sequi nec de jure suo docere. Et sicut respondimus tunc, sic respondemus nunc [3].

3° Julii. XIII° indictionis.

[1] En blanc.
[2] Les Bannis.
[3] Le 11 février de la 15° indiction (1301-1302), le doge, par égard pour le roi

## III.

### 1271-1278.

EXTRAITS DES DÉLIBÉRATIONS DU GRAND CONSEIL DE VENISE, CONCERNANT LE COMMERCE AVEC LA FRANCE ET LE LEVANT.

(Venise. Arch. général. *Maggior Consilio. Liber Communis.* Ann. 1232-1282.)

#### I.

De mercatoribus qui vadunt in Franciam. Possint portare cambium[1] sed non argentum de placta, nec in virga neque aurum de virga, nec de paglola.

M°.CC°.LXX°.I°. Indictione xv$^a$. Die tercio, exeunte Februario. Fuit capta pars, et fuit revocatum consilium per quod captum erat quod nullus homo de Venecia possit ire in Franciam, nisi cum mercadantiis. Sit revocatum in tantum quod Veneti possint portare cambium in Franciam et deinde accipere si eis fuerit oportunum, ita quod drapariam quam adducent inde alibi vendere non possint, nisi in Venecia. Salvo quod non possint portare argentum de placta, nec in virga, neque aurum de virga nec de paglola. (Fol. 18 v°, n° 70.)

#### II.

De forma navigantium mercatorum ad partes Provincie et ad Marsiliam, Montem Pesulanum et Aquas Mortuas.

M°.CC°.LXX°.III°. Indictione secunda. Die XIII, exeunte Decembri. Capta fuit pars quod omnes illi tam Veneti quam forinsechi qui ire voluerint de Venecia ad partes Provincie, tam ad Marseglam quam ad Montem Pesulanum, quam ad Aquas Mortuas, vel ad alias partes illarum contratarum, possint ire libere et absolute sine aliquo dacio vel toloneo.

---

Charles de Naples, promet au mandataire de Montano de Marino la restitution des objets enlevés et une indemnité pour les sucres qu'il a perdus. (*Commemorial.*, lib. I, fol. 21 v°.)

[1] Voy. M. Rawdon Brown, *Calendar of State papers relating to English affairs existing in the archives of Venice.* Londres, 1864, t. I, p. 2; Marin, *Storia del Comm. venet.*, t. V, p. 296.

Et possint portare omnem mercadanciam, que venit de Levanti Veneciam, et omnem mercadantiam que venit de Romania et de Sclavonia in Venecia, et omne opus quod fit in Venecia. Et possint eciam ire et dividere de Venecia quandocumque voluerint. Et si iverint ad feras [1], vel in Flandram, vel ad illas partes illarum contratarum et deinde venerint Veneciam cum draparia, debeant esse franchi de tanta mercacione quanta traxerint de Venecia.

Et si deinde ibunt Veneti ad alias partes, videlicet Tunixum in Barbariam, in Romaniam vel ad alias partes, debeant esse ad illas condictiones et ad illa ordinamenta ad que erunt illi de Venecia, qui in dictis terris erunt, tam in solvendo unum per centum quam in aliis. Et qui ire voluerint ad dictas partes, non possint emere nec emi facere aliquam mercacionem, nec trahere nec trahi facere, nec caricare nec caricari facere, in aliquo alio loco, per aliquem modum vel ingenium, nisi in Venecia. Et si terra Venecie est vel foret clausa vel interdicta, sit aperta quantum in hoc. Excepto quod non possint portare aurum, argentum vel monetas auri vel argenti vel cambium, et si portaverint, cadant de pena quinti; salvo quod portare possint zojas cum petris et perlis sine fraude. (Fol. 24, n° 107.)

### III.

Quod mercatores qui vadunt in Franciam possint ire per aquam ad alias partes.

M°.CC°.LXX°.IV°. Indictione secunda. Die VII, intrante Julio. Capta fuit pars quod omnes illi mercatores qui ibunt de Venecia in Franciam possint inde ire per mare ad quascumque partes voluerint, excepto ad loca vetita. Et sint ad illas condictiones et ordinamenta ad que erunt Veneti qui erunt in illis partibus ad quas ibunt. Sed non possint portare havere quod portassent investitum de Venecia in zois laboratis et cambio. Et si quod consilium est contra, sit revocatum quantum in hoc. Pars de XL. (Fol. 20, n° 78.)

---

[1] Aux Foires de Champagne.

## IV.

#### Quod homines Venecie non possint mittere litteras nec recipere, nec donum, a Paliologo et aliis specificatis.

M°.CC°.LXX°.IV°. Indictione secunda. Die xii°, intrante Augusto. Capta fuit pars quod aliqua persona de Venecia non audeat nec presumat de cetero mittere aliquas litteras imperatori Paleologo, imperatori Phylippo, regi Carulo[1], aut marchioni Estensi, nisi miserit eas cum licencia domini ducis et sui consilii. Et quecumque persona contrafecerit, perdat D. libras denariorum, et sit foris de omnibus officiis et consiliis Venecie per tres annos. Et quicumque accusaverit debeat habere libras C. de pena, que venerit in comune, pro sua accusatione, et teneatur de credentia. Item, quod non debeat recipere aliquas litteras a predictis. (Fol. 20, n° 79.)

## V.

#### Quod non possint nec debeant ire due caravane in anno.

M°.CC°.LXX°.VIII°. Indictione sexta. Die IV°, intrante Junio. Capta fuit pars quod de cetero non possint nec debeant ire due caravane in anno in Syriam, Armeniam, et in terram Egypti et in Cyprum. Sed vadat solum una in mense Augusti; et si alia caravana iret ad partes alias, non possint inde secedere pro ire in Syriam, Armeniam, in terram Egypti nec in Cyprum, nisi a medio mensis Septembris in antea tunc venturi, in pena ordinata contra illos qui contra ordinem vadunt; et hoc revocari non possit nisi per viginti quinque consiliarios de XL. et duas partes majoris consilii, et addatur in capitulari consiliariorum XL. super mercantiam constitutorum. Et si consilium est contra, sit revocatum quantum in hoc. Sed non intelligatur caravana que vadit ad presens. (Fol. 22 v°, n° 94.)

---

[1] Michel Paléologue, Philippe Ier de Courtenay, empereur titulaire de Constantinople, et Charles d'Anjou.

## IV.

### 1298-1304.

#### DOCUMENTS CONCERNANT LES FOIRES DE CHAMPAGNE.

#### I.

1298, 5 septembre. A Troyes, dans la loge des Marchands de Plaisance.

Divers marchands vénitiens promettent à un marchand de Plaisance de payer, à Crémone, 200 livres impériales en échange de 135 livres 12 sous de petits tournois, payées aux Foires de Champagne.

(Venise. *Commemor.*, I, fol. 30 v°.)

In nomine Domini, amen. Anno ab Incarnacione ejusdem millesimo ducentesimo nonagesimo octavo, Indictione undecima, die Veneris, quinto mensis Septembris. In nundinis Trecensibus S. Johannis, ad lobiam Placentinorum, coram Lanfrancho de Paulo, Janatio de Cugullo, Guillelmo Pastorello, et Obertino de Fonte, omnibus Placentinis, testibus rogatis, Marcus de Artengo, civis et mercator Veneciarum, pro se et domino Donato de Artengo, patre suo et socio in solidum, pro quo declaravit[1] utroque modo, sponte et ex certa scientia promisit et convenit Obertino Angusolla, civi et mercatori Placentino, ibi presenti, stipulanti et recipienti, suo nomine et nomine et vice Nicolai Anguxolle, patris sui, et Conradi Anguxolle, et per eum ipsis Nicolao et Conrado, dare, solvere, reddere et integre restituere, ei vel eorum heredibus aut cui dederint, vel uni ipsorum in solidum, ita quod, facta solucione uni ipsorum in solidum, idem Marcus et pater ejus sint ob hoc debito penitus absoluti, in civitate Cremone, hinc ad kallendas Novembris proxime venturi, ducentas libras Imperialium, pro precio, cambio et valore centum triginta quinque librarum et duodecim solidorum turonensium parvorum, quos dictus Marcus, suo nomine et dicti patris sui in solidum, fuit confessus et manifestus se

---

[1] Lecture douteuse.

habuisse et recepisse a dicto Nicolao in nundinis Provini Madii nuper preteritis, et supra corpus ipsarum, tunc dante et cambiante suo nomine et dictorum Obertini et Conradi. Renuncians exceptioni non numerate pecunie, et non habitorum turonensium et non valentium quantitatem predictam, et conditioni sine causa et exceptioni doli, et omni alii exceptioni que contra posset opponi. Alioquin dictus Marcus, suo nomine et dicti patris sui in solidum, promisit et convenit dicto Obertino, stipulanti nomine quo supra, dare et solvere nomine pene ex duobus tres, stipulatione sortis rata manente, et totum damnum et expensas ei restituere, creditis, damno et expensis simplici verbo exigentis, sine sacramento et onere probationis. Et pactum stetit inter eos quod non petet per se nec per alium exemplum hujus instrumenti, nec libellum nec lamentationem, in scriptis, nec aliquam exceptionem opponet contra predicta vel aliquod predictorum; ita quod restitutio hujus debiti in toto nec in parte non posset probari fore facta, nisi per hoc instrumentum incisum vel per aliud instrumentum..... factum manu publici notarii.

Unde pro predictis omnibus et singulis attendendis et observandis obligavit ipsi domino Obertino recipienti, nomine quo supra, in pignore, omnia sua bona et dicti patris sui presentia et futura. Renuncians in hoc facto, suo nomine et dicti patris sui in solidum, exceptioni doli, metus et condictioni sine causa, vel ex injusta causa, aut nulla causa data et causa non secuta, cum conditione indebiti, et actioni de dolo et in factum, generali et spetiali, et juri dicenti generalem renunciationem non valere. Ita quod per pactum expressum, ubique et apud quemcumque judicem, judicem consulem, rectorem, capitaneum et magistros nundinarum Campanie realiter et personaliter conveniri et cogi possint.

Ego, Gerardus de Roncharollo, notarius Placentinus, huic interfui et rogatus scripsi.

## II.

1300, au mois de juin.

Lettre des gardiens des Foires de Champagne, pour le roi de France, au doge de Venise, Pierre Gradenigo, demandant l'arrestation et la saisie des biens d'un marchand vénitien, pour dettes contractées à la foire de Saint-Jean de Troyes.

(Venise. *Commemor.*, I, fol. 5.)

Extreme nobilitatis et potentie viro, quamplurimum venerabili et famoso, P. Gradonico, Dei gratia Veneciarum, Dalmacie atque Chroacie duci, domino quarte partis et dimidii totius imperii Romanie, Petrus de Fremevilla miles, et Robertus de Campaniis, nundinarum Campanie [et Brie][1] pro illustrissimo domino nostro Francorum rege custodes, cum omnimoda reverentia et honore, salutem et votis felicibus abundare.

Cum alias nobilitati vestre, nostris patentibus litteris, sigilo dictarum nundinarum sigilatis, dederimus in precibus et requestis de compellendo seu compelli faciendo, per suorum venditionem bonorum et sui ad nos retromissionem corporis, Marchum Darten, de Veneciis, ad reddendum et solvendum Doffo Bardi, de Florencia, de societate Bardorum de Florencia, suo et sociorum suorum de dicta societate nomine, summam trecentarum librarum parvorum turonensium, scilicet cum justis et moderatis expensis, ac debita restitutione damnorum, necnon et ad satisfaciendum nobis, ratione defectus nundinarum, vice nostri predicti domini, de emenda; in qua quidem pecunie summa idem Marcus prelibato Doffo debitor de corpore nundinarum Sancti Johannis Trecensium elapsarum ab anno Domini M°. CC°. LXXXXVIII°. ex causa [contractus?][2] dicto Doffo, prenominato Marco, pro Francisco..... et Jacobo Dou Querque, mercatoribus de Ypra, in corpore et supra corpus nundinarum predictarum legitime facti et contractati, tenetur efficaciter obligatus, prout ipse Doffus premissa omnia asserit et eidem se coram nobis obtulit probaturum, juxta usus et consuetudines nundinales; super qui-

---

[1] En blanc au ms. — [2] En blanc sur le ms.

bus nostris intellectis litteris, cum deliberatione debita, sic nobis duxeritis rescribendum, quod in hiis et aliis gauderetis nostras preces et requisitiones audire, et juste prosequi cum effectu; et quod, volentes secundum hanc intentionem implere, feceritis et parati sitis facere quod potueritis et potestis; et quod inveneritis quod dictus Marchus Darten jamdiu de vestra civitate et dominio exulavit, et exulat fugitivus cum multis creditis vestrorum fidelium, ac etiam patre ejus ipso fideliter perquisito non potuerit nec potest haberi, nec ipse nec aliqua sua bona; de quo Marco et de quibus bonis si potuissent haberi fecissetis quod ad vos pertinuisset; verumtamen bona ipsius ante receptionem litterarum nostrarum ad petitionem creditorum ejusdem erant, ut dicitis, per vestros judices intromissa, et saisita; et que habere potuistis feceritis interim saisiri et saisita facietis teneri usque ad cognitam rationem, facientes in his jus amplum et gratiosum, ut videlicet bona patris pro debitis filii teneantur; et quod super hiis bonis sic ordinaveritis, quod, cognito dicto credito dicti Doffi ad numerum aliorum creditorum vestrorum civium ejusdem Marci et patris, per vendicionem ipsorum bonorum que reperientur eidem Doffo, docenti de suo credito sicut eum contingere poterit, per solidum et libram sui crediti, et sicut aliis creditoribus eorumdem, satisfieri liberaliter facietis per ratam; et quod in eo credideritis fecisse quod convenit et fieri per vos potest.

Circumspectioni nobilitatis vestre presentibus sic duximus respondendum.

Primo, quod bona patris dicti Marci per vos occasione premissorum, ut dicitis, saisita, debuissetis nobis specificasse et declarasse, et super quarum quantitate et valore nos certos fecisse, ut super hiis posset procedi securius et certius vobis scribi.

Secundo autem, quod dictus pater, tempore obligationis predicte et post, socius erat et fuit debitoris prefati, prout ipse Doffus asserit, et se, ut supra, coram nobis, si opus fuerit, obtulit legittime probaturum, et sic ratione societatis inite inter eos debent bona patris vendi et distrahi, pro memorato debito quemadmodum et bona filii prelibati.

Tercio autem, quod de contractibus et debitis in corpore nundinarum celebratis, cognitio et juridictio ad nos non ad quemquam alium pertinent, racione nobis commissi regiminis nundinarum; qua de causa, si oportet prenominatum Doffum docere de suo debito, seu fidem facere de eodem, non doceret ipse, nec cogi deberet docere coram vobis, sed coram nobis, qui ad hec statuti sumus, ut supra plenius est expressum.

Quarto autem, quod ex debito juris usuum nundinarum, qui usus ex statura sui ceteros usus et consuetudines patriarum, villarum et civitatum quarumlibet superant et transcendunt, debita nundinalia pre aliis quibuslibet debitis seminundinalibus solvi debent; et sic dato quod dictus Marcus seu ejus pater tenentur obligati aliquibus vestrorum concivium, in aliquibus seminundinalibus debitis, fieret tamen, et fieri deberet prius ex suorum precio vendicionis bonorum satisfactio de predicto debito nundinali; verum cum Johannes de Monte Aremari, serviens noster juratus, in dictis nundinis, nobis cum juramento retulerit viva voce, quod ipse nostris predictis litteris, vobis ex parte nostra presentatis, nobilitatem vestram ex parte nostra pluries requisierit, quatenus viginti et quatuor libras monnete grossorum venetorum argentorum expletatas ex venditione bonorum mobilium et utencilium dicti Marci, prout ipse noster serviens didicerat et noverat, sicut dicit, tam per vestrum judicem petitionum, qui sibi recognoverat et se de dicta summa habere et adhuc penes se tenere xx. libras monete Venetiarum predicte, ex venditione bonorum Marci predicti, quam per alios quosdam vestros concives fide dignos, in alios usus non permitteretis commutari quam in expeditione et satisfactione predicti debiti nundinalis; cui respondistis quod sibi justam faceretis super hoc responsam; tamen demum nichil aliud sibi de premissis feceritis seu facere volueritis, nisi solum nobis rescribere que in vestra continentur rescriptione predicta, licet ab ipso pluries ex parte nostra super hoc fueritis requisiti, sicut dicit, et nobis premissa per suum nobis ore tenus retulit sacramentum.

Quapropter, circumspectionem nobilitatis vestre predicte, ex parte domini nostri Francorum regis, requirimus, et nostra quantum possumus diligentia rogamus presentibus, quatenus bona omnia prefati Marci et patris sui, ratione societatis predicte, tam saisita quam saisienda, faciatis ad usus predictos publice venalia proclamari et vendi et distrahi indilate, preciumque venditionis eorum, una cum predictis viginti quatuor libris grossorum venetorum, nobis sub fida cum latore presentium transmitti curetis custodia, pro satisfaciendo de predictis; corpusque dicti Marci, nisi bona satisfaciant, si sub vestro districtu reperiri valeat, ad nos ad nundinas cum latore presentium, ad sumptus creditoris predicti, juri super hec, secundum antedictos usus, pariturum, sub secura et fida custodia retromitti nullatenus obmittentes. Si vero contra predictum prefati servientis nostri relatum quicquam in contrarium proponere volueritis, mittatis sufficienter pro vobis, aut si malueritis personaliter intersitis coram nobis, apud Pruvinum, die tercia dimissionis cambiorum nundinarum Sancti Angulphi proxime venturi, dicturi seu proposituri quicquid vobis placuerit; alioquin illuc ex tunc habebimus pro constanti, tantum inde facientes ob domini nostri predicti reverentiam et nostrorum precaminum interventum, quod vobis et vestris exinde ad omnimoda gratiarum merita teneamur, et ne in vestri defectu, quod absit, causam habeamus seu materiam contra vos et subditos vestros procedendi juxta nundinarum consuetudines et statuta. Et quod inde feceritis, nobis vestris patentibus litteris, per latorem presentium, cum presentibus remissurum, significare curetis.

Datum anno Domini millesimo trecentesimo, mense Junii.

### III.

#### 1304, octobre.

Les gardes des Foires de Champagne demandent à tous juges ecclésiastiques et civils de faire arrêter deux marchands vénitiens, Jean Baldoino et Ameroso Bianco, qui sont en fuite, et de faire saisir leurs biens pour les contraindre à payer les dettes contractées par eux aux Foires de Champagne, et dont suit l'énumération.

(Venise, *Commemorial.*, I, fol. 59 v°.)

Universis et singulis tam ecclesiasticarum quam secularium justiciarum rectoribus vel eorum vices gerentibus, ad quos presentes litere pervenerint, Hugo de Calvo Monte et Johannes Cayn de Sante Manueulde, custodes Campanie et Brie nundinarum, salutem et dilectionem.

Cum Johannes Balduyni et Amerosus Blanchi, mercatores de Veneciis, de dictis nundinis, ut dicitur, fugitivi, contra corporationem nundinarum Sancti Johannis recenter denuo preteritarum debitores in solidum teneantur, efficaciter obligati :

Yssabelli, dicte L'Anfumee, de Catalano, in CLVI. libris parvorum turonensium [1].

Item, Sibile, dicte Anpois, de Cathalano, in CLXX. IIII$^{or}$ libris.

Item, Alberino Maleti, de Cathalano, in CL. libris duobus solidis et sex denariis.

Item, Johanni Grassain, de Cathalano, in ducentis et sexdecim libris.

Item, Droconi de Escramis, de Cathalano, in sexcies viginti libris.

Item, Jaqueçono Sapillardi, de Cathalano, in LVI. libris.

Item, Ponsardo de Calvigniaco, in CLV. libris et solidis XVI.

Item, Jacqueto de Solderonno, de Cathalano, in LXXX. libris et XII. solidis.

Item, Johanni dicto Lechois, de Cathalano, in CCXVI. libris.

Item, Adeneto dicto de Hois, de Cathalano, in LXV. libris.

Item, Raymundo dicto de Cermi, de Cathalano, in octo libris et XI. solidis dicte monete.

Totum pro venditione et deliberatione pannorum, sicut creditores pronunciati hec omnia nobis dederunt intelligi et se coram nobis probaturos obtulerunt premissa, divissim, si opus fuerit, juxta dictarum usus et consuetudines nundinarum, et de pecuniarum quantitatibus prescriptis ipsis creditoribus antefactis, nec cuiquam pro ipsis nondum extiterit in aliquo satisfactum, prout ex ipsorum creditorum parte gratanter accepimus, conquerendo, nobis supplicantes humiliter et devote ut in predictis tale remedium curaremus apponere, quod ipsi pecunie quantitates predictas cum expensis et damnis valeant recuperare et habere; nosque ipsis creditoribus nec aliquid contingenti ratione

---

[1] Les séparations ne sont pas à l'original.

officii regis dictarum nundinarum nobis commissi in jure deesse nolumus nec debemus; hinc est quod nos universitatem vestram conjunctim et divisim, ex parte excellentissimi domini nostri Philippi, Dei gratia, Francorum et Navarre regis, Campanie et Brie domini, requirimus et nostra rogamus per presentes quanta possimus diligentia, quatenus prefatos debitores nundinis, ut dictum est, fugitivos per suorum propriorum corporum capcionem et bonorum vendicionem compellatis et compelli faciatis, ad satisfaciendum prenominatis creditoribus de totis pecuniarum quantitatibus prescriptis, de damnis et expensis sufficientibus et nobis de dicti domini nostri regis emendis; personasque dictorum fugitivorum ad nos ad nundinas cum latore presentium sub secura et fideli custodia, ad sumptus dictorum creditorum, remittatis indilate, juri super hiis parituros coram nobis et se purgaturos in hoc casu, ad usus et consuetudines nundinales; in premissis facientes quod nobis et vobis teneamini ad merita gratiarum et quantum velletis nos pro vobis et vestris esse facturos in casu consimili vel majori.

Quod inde feceritis vestris patentibus nobis, per latorem presentium, remissurum litteris cum presentibus, significare curetis. Executioni nullatenus demandantes, nisi per servientem nundinarum Campanie vobis fuerint presentate.

Datum sub sigillo dictarum nundinarum, anno Domini millesimo ccc.iiii°., mense Octubri[1].

GERARDUS DE NOVALIBUS.

---

[1]. Les fol. 60 à 63 renferment de nombreuses lettres semblables de l'année 1304, rendues par les gardes des Foires à la requête de divers marchands de Malines, de Montcornet, d'Arras, de Provins, de Sens et de Troyes.

## V.

### 1303-1346.

LETTRES ET TRAITÉS CONCERNANT LE DUCHÉ D'ATHÈNES, LA PRINCIPAUTÉ D'ACHAÏE, L'ÎLE DE NÉGREPONT, LE ROYAUME DE SALONIQUE, LA GRANDE COMPAGNIE CATALANE DES FRANCS DE MORÉE, ET LE PROJET D'UNE NOUVELLE CONQUÊTE DE CONSTANTINOPLE, PROPOSÉE PAR CHARLES ET PHILIPPE DE VALOIS À LA RÉPUBLIQUE DE VENISE[1].

### I.

1303, 22 mai. De Thèbes.

Guy de La Roche, duc d'Athènes, remercie les procurateurs de S. Marc de tout ce qu'ils ont fait concernant les affaires et les biens d'un de ses chevaliers nommé Bernard de Mosseth, récemment décédé.

(Venise. *Commemorial.*, lib. I, fol. 35 v°.)

Hoc est exemplum quarumdam litterarum missarum dominis procuratoribus Sancti Marci a potenti et egregio viro Guidone de Rocha, duce Athenarum, in millesimo ccc.iii., indictione prima, mense Augusti, sigillatarum ejus sigillo de cera viridi, habente quemdam militem equestrem armatum sculptum in eo, quarum tenor per omnia talis est.

Nobilibus et discretis viris dominis Johanni Georgio et Nicolao Quirino, honorabilibus procuratoribus Sancti Marci, Guido de Rocha, dux Athenarum, salutem et intime dilectionis affectum. Litteras amicabiles nobilitatis vestre recepimus per nobilem virum dominum Franciscum Thomam, militem et familiarem nostrum, et, earum intellecto tenore, vobis per presentes duximus respondendum quod de bonis gestis que fecistis in negociis egregii viri, bone memorie, domini Bernardi de Mosseth, nostri quondam dilectissimi militis et socii, cujus animam Deus habeat secum, tam anime ipsius quam corporibus pertinentibus. . . . .

---

[1] J'ai réuni sous le numéro VII, ci-après p. 62, divers documents des années 1310 et suiv., relatifs aux préparatifs de Charles de Valois pour l'expédition à laquelle il ne parvint pas à intéresser sérieusement la République de Venise.

habuimus valde pro bono et habemus, ac nobilitati vestre gratias refferimus copiosas. De rebus quidem suis et duobus millibus yperperorum que pro ipso recipere debebatis per litteras quas secum portavit, certi sumus quod estis viri tam probi quod juxta ordinationem ipsius omnia debita diligencia percompletis. Examita vero tria que nostra habetis apud vos domino Francischo Thome predicto, quem Venetias pro quibusdam negociis nostris ad presens transmittimus, exhybere velitis. De eo quod nostre galee dedistis, fuimus et sumus tam de pane quam de denariis satis contenti. Verum quia vos habere karissimos amicos intendimus, volumus quod de nobis fiduciam in cunctis vestris beneplacitis assumatis.

Datum Thebis, xxiii. Madii.

## II.

### 1314, 26 mars. A Thèbes.

L'armée des Francs ou la grande compagnie Catalane[1], alors en Romanie, agissant en tant qu'il lui appartient, et sous la réserve de la féauté qu'elle doit à Frédéric II, roi de Sicile, son seigneur, fait donation à Guy Dauphin, baron de Montauban, du royaume de Salonique; elle lui promet son concours pour reconquérir ce royaume sur les Grecs et remet, en signe de confirmation de ses promesses et d'investissement dudit royaume, une verge d'argent au chevalier Raymbaud d'Alans, mandataire de Guy Dauphin, présent à Thèbes.

(Paris. Bibl. nation. Mss. Actes et titres anciens, n° 5456. Cop. mod.
Extr. des reg. de la Chambre des Comptes du Dauphiné.)

*Litteræ concessionis regni Salonicensis domino Guidoni Dalphini, domino et baroni Montisalbani, factæ per universitatem exercitus fœlicis Francorum in partibus Romaniæ tunc existentis.*

Nos, universitas fœlicis Francorum exercitus, in partibus imperii Romaniæ existentes, habentes respectum ad utilitatem, commodum et

---

[1] La compagnie Catalane et Sicilienne, maîtresse de la Morée, s'intitulait : *Societas felicis exercitus Francorum in Athenarum ducatu morantium*, ou bien *Felix Francorum exercitus in ducatu Athenarum morans*. (Voy. Buchon, *Nouvelles recherches*, t. II, part. 1, p. 394, 395, et Raymond Muntaner, ch. 199 et suiv.) Dans une bulle de 1341, le pape l'appelle *Magna Societas*. Le Quien, t. III, col. 816.

honorem quem et quod consecuturi sumus ex societate, amicitia et
noticia nobilis et magnifici viri domini Guidonis Dalphini, baronis et
domini Montisalbani[1], quam nobiscum contraxit et processu temporis
contracturus est, mediante nobili viro Raymbaldo de Alanco, milite et
domino de Alanco, nuntio et procuratore jamdicti magnifici et nobilis
viri domini Guidonis Dalphini, ut constat de dicta procuratione per
quoddam publicum instrumentum inde factum per Gugonetum Mellu-
rose de Cascha, Viennensis diocœsis, notarium. autoritate imperiali
publicum ac terræ dicti domini Guidonis, sigilloque appendenti dicti
nobilis et magnifici viri domini Guidonis Dalphini sigillatum, anno
Domini millesimo trecentesimo tertio decimo, die vicesimo mensis
Januarii; habentes insuper respectum ad bonum et honorem quod et
qui consequerentur debellando et prosequendo rebelles scismaticos
sanctæ Romanæ ecclesiæ; idcirco, gratis et ex certa scientia, pura et
mera liberalitate, damus, concedimus et laudamus jamdicto nobili et
magnifico domino Guidoni Dalphini et suis heredibus et successoribus
perpetuo, in quantum tamen de nobis est et ad nos dignoscitur spectare, regnum Salonicense, quod nunc a Græcis scismaticis injuste et
contra sacrorum canonum statuta de facto detinetur, cum omni dominio, mero et mixto imperio, et cum omnibus juridictionibus [re]alibus
et personalibus, ac universis et singulis aliis quæ ad dictum regnum
Salonicense spectare videntur. Promittentes magnifico et nobili viro
dicto domino Guidoni Dalphini, licet absenti, et dicto nobili Raim-
baldo, nuntio et procuratori ejusdem, præsenti et stipulanti, quod
omnem opem, favorem, subsidium, auxilium, juvamen dabimus et
præstabimus, juxta posse, corporibus atque rebus, in acquirendo et
suo dominio et juridictioni submittendo et subjiciendo regnum Salonicense prædictum. Hac adjecta conditione, seu pacto, quod illi homines dicti nostri exercitus qui personaliter interfuerint equitando seu
peditando ad acquisitionem et captionem dicti regni simul cum præfato
nobili ac magnifico viro Guidone Dalphini, habeant et consequantur

[1] Guy de La Tour, baron de Montauban, troisième fils de Humbert Ier, dauphin de
Viennois.

partes suas, secundum quod in aliis conquestis per fideles et catholicos Christianos factis est fieri consuetum, dominio tamen directo, mero et mixto imperio et juridictione omnimoda jamdicti regni apud eundem nobilem et magnificum virum dominum Guidonem Dalphini integre remanente.

Et ad majorem evidentiam hujusmodi concessionis, donationis et promissionis, virgam quamdam argenteam sæpedicto nobili viro domino Raymbaldo, nomine et vice dicti nobilis et magnifici viri domini Guidonis Dalphini, duximus tradendam et concedendam, in signum adepti et adipiscendi dominii et possessionis Salonicensis regni prædicti. Per hanc autem concessionem, promissionem et virgæ traditionem, nullomodo intendimus nobis præjudicium generare nec in aliquo fidei nostræ derogare, quantum ad dominium illustris viri Frederici, Dei gratia regis Siciliæ, domini nostri; imo eam intendimus incorruptam et inviolatam permanere, nonobstantibus pactis et promissionibus superius declaratis. Et ut major fides prædictis valeat adhiberi, præsens publicum instrumentum jussimus sigillari, bullis nostris pendentibus assuetis, beati Georgii et regali.

Datum Thebis, per Jacobum de Sarriano[1], prædicti exercitus cancellarium, septimo calendas Aprilis, anno Domini millesimo trecentesimo quarto decimo[2].

§ III.

1314, octobre. A Saint-Denis.

Le roi Philippe le Bel, donnant suite à une convention faite à l'amiable entre les intéressés, règle la nature et le mode du service militaire que Louis de Bourgogne, fils du feu duc Robert II, doit actuellement et devra ultérieurement à Philippe de Valois, prince de Tarente, empereur de Constantinople, tant à cause de la principauté d'Achaïe, provenant du chef de sa femme, Mathilde de Hainaut, qu'en raison du royaume de Salonique, encore à conquérir, sur lequel royaume

---

[1] L'un de ses parents avait servi avec Raymond Muntaner. (Nicol. Spec. ap. Murat., *Script. ital.*, t. X, col. 1052.)

[2] Une note indique que deux sceaux étaient appendus à cet acte. L'un représentait saint Georges à cheval, l'autre était aux armes d'Aragon : d'or à quatre pals de gueules.

l'empereur Philippe et Hugues V, duc de Bourgogne, frère de Louis, lui avaient abandonné tous leurs droits à l'occasion de son mariage avec Mathilde de Hainaut [1].

(Paris, Arch. nat. *Reg. du Trésor des chartes*, JJ, 50-51, fol. 63, n° 96.)

*Donacio omnium reddituum proveniencium ex regno Tessalonicensi* [2] *Ludovico de Burgondia facta.*

Philippus, etc. Notum facimus, etc. Quod cum, tractatu matrimonii, tunc contrahendi nunc contracti [3] inter carissimum et consanguineum nostrum Ludovicum de Burgondia, filium Roberti quondam ducis Burgondie, militem, principem Achaye, et Matildim de Hanonia, principissam Achaye, ejus uxorem, carissimus consanguineus noster Philippus, Karoli secundi Jerusalem et Sicilie regis filius, princeps tunc Tarentinus, nunc imperator Constantinopolitanus, ac eciam carissimus consanguineus noster, Hugo, dux Burgondie, frater dicti Ludovici, ad opus et ob causam dicti matrimonii, eidem Ludovico pro se suisque heredibus ex ipso matrimonio seu quocumque alio procreandis dederint, contulerint, concesserint, quittaverint, donatione irrevocabili facta inter vivos, ac in ipsum Ludovicum totaliter transtulerint omnia jura, nomina et actiones eisdem et eorum cuilibet competencia et competentes, competitura et competituras, ex causa et titulo quibuscumque in regno Tessaulonicensi et omnibus pertinenciis ejusdem, ipsumque Ludovicum de predictis presencialiter investiverint, salvo et reservato dicto Philippo et Katharine, imperatrici Constantinopolitane ejus uxori, homagio

---

[1] Cet acte a été publié pour la plus grande partie par M. Buchon (*Recherches et matériaux sur la Morée*, p. 247), qu'il faut consulter sur tous ces événements, comme au sujet des pièces entièrement inédites qui suivent (*Recherches*, etc., p. 53 et suiv., 69, 235-256).

[2] Au ms. *Tessaulonicensi.*

[3] Le mariage de Louis de Bourgogne et de Mathilde de Hainaut avait été célébré à Fontainebleau le 31 juillet 1313 (Du Cange, *Hist. de Constant.*, t. II, p. 168). Louis mourut au mois de septembre 1316 (Buchon, *Recherches*, etc., p. 69, 254). La principauté de Morée passa à son frère Eudes IV, devenu dès l'année précédente duc de Bourgogne, par la mort de leur frère Hugues V. Mais la transmission ne suivit pas immédiatement la mort du duc Louis, puisque nous voyons (pièce n° IV) Mathilde de Hainaut agir seule, vers 1317, comme princesse de Morée.

dicti regni, ratione imperii predicti; nosque, de consensu dictorum Philippi, Hugonis et Ludovici, amicabiliter ordinaverimus quod dictus Ludovicus dictum regnum Tessalonicense, absque prestatione alterius servicii quam illius ad quod ratione fidelitatis et homagii tenebitur, cum illud acquisierit, vel majorem partem ejus perpetuo tenebit, juxta formam donationis predicte, et interim ad recuperationem dicti imperii prosequendam et obtinendam dictus Ludovicus dicto Philippo tale servicium exhibebit quale nos duxerimus ordinandum, prout hec in litteris inde confectis plenius inter cetera continentur; nos dictum servicium interim ad recuperationem dicti imperii prosequendam et obtinendam dicto Philippo imperatori a dicto Ludovico exhibendum per presentes litteras nostras, imperpetuum valituras, ordinamus et declaramus in hunc modum.

Videlicet quod idem Ludovicus eidem imperatori deinceps servicium gencium armorum, ad quod ratione feodi principatus Achaye tenebitur, exhibebit. Et si dictus imperator, ad recuperationem regni Tessalonicensis, quod ad dictum Ludovicum pertinere debet, personalem presenciam suam exhibuerit, dictus Ludovicus eidem personaliter serviet, et ad proprios ipsius Ludovici sumptus cum ducentis armorum hominibus, de quibus XL. erunt milites, intererit cum eodem.

Regno vero Tessalonicensi predicto in toto vel in parte recuperato vel acquisito, dictus Ludovicus, juxta et secundum id quod inde acquisitum et recuperatum fuerit et quod ipse Ludovicus inde tenebit, servicium eidem imperatori ratione feodi debitum exhibebit. Ex nunc eciam idem Ludovicus ad recuperandum seu acquirendum dictum Constantinopolitanum imperium vel partem ejusdem cum centum armorum hominibus, de quibus xx$^{ti}$. erunt milites, serviet et personaliter intererit cum Philippo imperatore predicto, si idem imperator personaliter et presens ad hoc sit, et hoc cum sumptibus et expensis ipsius Ludovici. Si vero dictus Philippus ad hoc presens non fuerit, ad hoc non tenebitur dictus Ludovicus invictus personaliter interesse, dum tamen gentes armorum predictas ibi mittat, suis sumptibus, ut est dictum. Ipso vero imperio totaliter aut ipsius parte dimidia vel amplius recuperato, vel acquisito, dictus Ludovicus et sui successores quiti erunt et liberati a serviciis hominum armorum predictis, serviciis ad que, ratione feodorum regni Tessalonicensis et principatus Achaye predictorum, tenebuntur, in quantum et prout requirent ea que tenebunt de et in regno et principatu predictis, salvis dumtaxat et exceptis. Que omnia ut firma perpetuo permaneant, presentibus litteris nostrum fecimus apponi sigillum. Salvo, etc.

Actum apud Sanctum Dyonisium, mense Octobri, anno Domini M°.CCC°.XIII°. Per vos. Jac.[obus de Aci]. Duplicata. Collatio.

IV.

[Vers 1317,] 18 mars. D'Andravida, en Morée.

Lettre en français de Mathilde de Hainaut, princesse d'Achaïe, fille d'Isabelle de Villehardouin, à Jean Soranzo, doge de Venise, demandant les secours de la République, en raison des dangers dont l'Achaïe est menacée par la compagnie des Catalans qui, déjà maîtresse du duché d'Athènes, tend à s'emparer de l'île entière de Négrepont, grâce à la connivence d'André Cornaro, de Boniface dalle Carceri de Vérone et du baile vénitien de Négrepont lui-même[1].

(Venise, *Commemorial.*, II, fol. 4.)

*Exemplum cujusdam littere domine Mahalde, principisse Achaye, illustrissimo domino duci Veneciarum transmisse.*

Al tres noble et haut home monsigneur Johan Sourance, par la grace de Dieu, duc de Venise, de Dalmasce, de Croasce et signeur de la quarte part et demée de l'ampire de Romenie, nostre tres cher et bon ami, Mahaut de Hainaut, princesse d'Achaye[2], reverance de honour et de plaisir, et acroixance de touz bien.

---

[1] André Cornaro, époux de Marie dalle Carceri, était seigneur sextier de Négrepont. Il intervient en cette qualité dans l'accord conclu le 11 mai 1321, entre Louis Morosini, capitaine général de Négrepont, au nom de Venise, et les seigneurs de l'île avec la grande compagnie des Catalans. Je donne plus loin cet accord.

[2] Elle était alors veuve de Louis de Bourgogne. (Voy. la pièce précédente n° III et Buchon, *Recherches et matériaux*, etc., p. 254; Du Cange, *Hist.*, t. II, p. 179, 188.)

Savoir faisons à vostre hautesce que, pour la descordance qui ha esté entre messire Andreu Cournair et messire Boniface de Veronne, et pour les parties qui ant esté entre vostre bail de Nigrepont et messire Andriers Cournair, li diz messire Andriers a fait paix et acort à la Compagne[1] des Castellains qui sunt en ducaume de Staines[2], et les ha mis dedans la cité de Nigrepont touz ceuz de la Compaigne à cheval et à pié, plus de II$^m$. Et ant fait une telle acordance ensemble de coi toute l'île et la cité de Nigrepont sont tout à point de tourner en la Compagnie des Castellains. Laquelle chose si est moult grans damaiges à la vostre tres grant hautesce et à nous ausi. Par coi, je requiers et proi à vostre tres grant hautesce qu'il vos plaise de mestre conseil et aide par coi li Castellain soient fors gité de la ville et des apartenance de Nigrepont, car nous meimes vollons mestre conseil et aide si enforciement comme nous pourrons plus. Et qu'il vous plaise ausi de mander à vostre bail de Nigrepont que il ne faice nulle paix ni acort as Castellains. Et à pou de aide que vostre hautesce envoiera par gallées et par gens d'armes, nous avons esperance en Dieu de chassier hors les dis Castellains et dans tenir grant damage. Et qu'il vous plaise de mander à messire Andrier Cournair qu'il despiece les trives que il ha avec la Compaigne, car il ha formint[3] mespris de ce que il ha fait. Ancores vous prions, Sire, qu'il vous plaise de mestre conseil hastivement, et si sera grant honor et grant profis à la vostre tres grant hautesce. Et si vous en serons plus tenue. Et vous savez bien, Sire, que celle gens de la Compaigne ne tanront ne foi ne liaulté à vous ne à nous, ni à nelui de tout le monde; pour ce est bon che nous les gitons hors de nous au plustost que nous pourrons. Et vous prions que vous nous en mandés vostre volunté de ce que vous vourés faire de ceste chose. Et toutes autres choses que nous poions faire pour vostre profit et our vostre honour, si le nous mandez fiablement, et nous la ferons

---

[1] Plus loin *compagnie*.
[2] Le *ducaume de Staines*, ou duché d'Athènes, dont s'étaient rendus maîtres les Catalans et Fernand I$^{er}$ de Majorque, le mari d'Isabelle d'Ibelin (Buchon, *Recherches c matériaux pour servir à l'hist.* etc., 1$^{re}$ part. p. 251-252).
[3] Pour *forment*.

moult volentiers pour amour de vous. Nostres Sires vous ait en sa garde.

Escrites ay Andreville, à xxviii . jours de Mars.

V.

1318, avril.

Requête présentée à la République de Venise par les ambassadeurs du connétable de France et de la comtesse de Brienne, duchesse d'Athènes, demandant le prêt de 60,000 florins d'or et le nolis des navires nécessaires pour envoyer des troupes à Négrepont et à Napoli de Romanie. — Réponse de la République[1].

(Venise. *Commemor.*, II, fol. 25 v°.)

In Christi nomine, amen. Anno Domini M . CCC . XVIII . , mensis Aprilis.

Infrascripta est ambaxiata quam vobis magnifico et illustri domino domino duci Veneciarum, vestroque honorabili consilio, faciunt Johannes de Vallibus et Albertus de Lando, milites, nuncii, ambaxatores et procuratores illustris domini domini conestabilis Francie, et illustris domine domine duchesse Athenarum, et comitisse Brene et Lice, nomine et vice Gualterii et Ysabelle, filiorum quondam domini Gualterii, ducis Athenarum et comitis Brene et Lice.

« Imprimis, petunt et requirunt predicti ambaxatores vestre ducali magnificencie quod vobis placeat eisdem prestare florenos auri XL$^m$, vobis vestroque honorabili consilio facientes plenam et bonam securitatem, vel pignus dantes, ad omnem vestri beneplaciti voluntatem et vestri honorabilis communis, ut cum eis possint expedire suum intentum, cum nostri domini et domina ad presens reperiantur sine moneta, causis vobis dictis.

---

[1] Le 18 mars 1318, première indiction, Robert, roi de Naples et de Jérusalem, avait demandé l'assistance de la République contre Alphonse, fils de Frédéric d'Aragon, roi de Sicile, qui, au mépris des traités conclus par le Saint-Siége, s'était emparé d'une partie de Négrepont et avait attenté aux droits du roi en Achaïe (*Commemor.*, II, fol. 24 v°). A la suite, se trouve une lettre analogue de Philippe de Valois, prince de Tarente, adressée au doge. Le 13 avril 1318, première indiction, le doge répond à ces princes que la seigneurie, déjà informée des attaques d'Alphonse, avait écrit au roi de Sicile, son père, pour l'engager à faire cesser ces agressions. (*Commemor.*, II, fol. 25.)

« Item, necesse est eis a vobis vel a vestro communi, vel ab aliqua speciali persona habere tantum navilium, quod possint conducere super insulam Nigropontis vel Neapolim iiii$^c$. vel v$^c$. homines cum equis et m. vel m. v$^c$. homines pedites. Et intendunt ipsi ambaxatores satisfacere integre de sua peccunia de eo quod erunt secum concordes de naulis.

« Item, intendunt quod per omnes terras, loca et districtus ducaminis[1], quod vestre gentes sint franche, libere et absolute cum omnibus suis mercationibus et rebus. Et si aliquid de rebus dicti ducaminis videretur vobis gratum ex quo possetis aliquam sequi prerogativam, secure requiratis, quare parati sunt vobis in omnibus complacere liberaliter et libenter.

« Et si ducali magnificencie et communi Veneciarum esset opus et necesse, favor, adjuctorium in aliquo, auxilium in dicta insula Nigropontis, volunt teneri et parati se offerunt vobis dare et impendere tociens quociens opus et necesse fuerit contra dominum Namfusium et Compagnam et ejus seguaces, et etiam contra quemlibet alium, salvo contra illos a quibus tenent feudum et legiam.

« Item, cum intendamus quod vestrum magnum placere esset ac etiam vestrum desiderium pro honore vestro et vestri communis et pro bono et pacifico esse illius vestre insule Nigropontis quod haberetis in vobis feuda et legias a dominis, a militibus et a vasalis supradicte insule, nos vero propter magnum amorem quem vobis vestroque communi intulimus, ac et propter magnum desiderii fervorem quem in vestris faciendis negociis habemus, operabimus et nostro posse dabimus operam cum effectu, cum nostro domino et domina, quod ipsos in vobis et vestro communi habeatis liberos et franchos. Et de hoc sumus certi facere et operare juxta posse; et credimus, Deo duce, ducere ad effectum.

« Item, rogamus vos, Vestreque Excellentie supplicamus et vestro consilio effundimus nostras preces quatinus velitis nos tunc expedire cum vestra salubri responsione, ut exinde possimus facere facta nostra. »

Ad predictam ambaxatam, nobis factam per predictos ambaxatores, respondemus, nos dux Veneciarum, pro nobis et nostro communi, quod

[1] Du duché d'Athènes.

ob sincere dilectionis integritatem quam ad predictum dominum connestabilem et predictam dominam ducissam et comitissam gerimus, libenter dictos suos ambaxatores vidimus et recepimus et eorum ambaxatam intelleximus dilligenter; sed nos litteras a capitaneo et bajulo nostro Nigropontis nuper recepimus, continentes quod feudati suorum dominorum de Argo et de Neapoli sunt sociati cum illis de Compagna, et ideo non esset conveniens neque bonum pro ipsis quod frustra facerent expensas, se et suos fatigando, quoniam sui fideles non essent secum, et presertim in locis quibus pro eorum comodo descendere vellent. Sed intendimus nostras litteras capitaneo et bajulo nostro Nigropontis dirigere, ut nos de conditionibus deinde informent tam de quantitate gentium peditum et equitum pro transitu faciendo oportuna, quam de aliis omnibus necessariis circa hoc. Qua informacione ab eo recepta, rescribemus supradicto domino conestabuli quid nobis videbitur super inde.

## VI.

1318, 2 septembre. Messine.

Réponses des ambassadeurs de Frédéric, roi de Sicile, remises à la République de Venise, à la suite des réclamations adressées au roi par Paul de Mosto, ambassadeur vénitien, sur les dommages occasionnés à plusieurs Vénitiens par la Compagnie des Francs de Romanie, dont Frédéric d'Aragon, fils du roi, était capitaine.

(Venise, *Commemor.*, II, fol. 38.)

*Ambaxata domini Frederici, regis Sicilie.*

Capitula referenda duci et communi Venetiarum, ex parte serenissimi domini nostri regis Frederici, illustris regis Sicilie.

In primis, qualiter hiis diebus preteritis, dominus Johannes Superantio, illustris dux Veneciarum, discretum Paulum de Musto in ambaxatorem suum et dicti communis cum litteris de credencia destinavit, per quem petitione dicto domino regi in scriptis oblata, eadem peticio subscripta illata suis subditis, ut infra notatur, particulariter continebat, videlicet:

1. « Quod quodam die, societate Francorum existente in partibus Romanie, cum quodam ligno armato, cujus erat patronus Bernardus

Savorum, Catelanus, olim, infra mensem Januarii proxime preteriti, prime indictionis, in gulfo Nigropontis, quamdam barcham Venetorum de Creta, in qua erant homines numero quatuordecim, obviantes eamdem barcham et homines navigantes in ea hostili more ceperunt, ac decem ex eis interfectis per homines de ligno predicto, reliquos quatuor localiter percusserunt, ita quod duo ipsorum ex ipsis percussionibus obierunt, barcha predicta in mari obruta et submersa. »

Ad que respondetur, ex parte dicti domini nostri regis, quod predicta barcha et homines existentes in ea fuerunt de regno Salunichi, ac oriundi de regno predicto, quod regnum est sub dominio imperatoris Constantinopolitani, qui imperator est hostis Romane ecclesie, ac omnium fidelium christianorum, et sic licuit illis de societate predicta capere hostiliter barcham predictam, homines et res existentes in ea. Et quod predicta barcha et homines fuerunt de predicto regno Salunichi probatur, etc.

2. « Item continebat etiam peticio dicti nuncii, quod dominus Alfonsus Friderici, cum suis galeis et lignis per terras et insulas fidelium et subjectorum dicti communis de partibus Romanie, discurrere jugiter [non desistit?]; ac insulam dictam Mili, nobilis Guillielmi Sanudi[1], civis Veneciarum, specialiter disrobasse, captis per eum de eadem insula fere hominibus septingentis et ipsos cum eisdem galeis captivos adduxit. »

Ad que respondetur quod predictus dominus Alfonsus licite et de jure potuit invadere insulam supradictam et capere homines existentes in ea, pro eo videlicet quod dictus Guillielmus Sanudus, qui dicitur dominus dicte insule, fuit et est vaxalus principisse Achaye, et tam predictam insulam quam plures alias insulas tenet in feudum sub certo servicio a principissa predicta et ejus antecessoribus, et predicta principissa et omnes de principatu Achaye fuerunt et sunt hostes dicti domini Alfonsi et dicte societatis Franchorum ; et propterea dictus dominus Alfonsus licite potuit invadere dictam insulam, et in hoc non

[1] Guillaume I[er] Sanudo, seigneur de Milo, de Syra et de la Souda, duc de l'Archipel, depuis 1303, mourut vers 1323.

ledere dictum commune, quia principaliter et directe dicta insula est principisse Achaye et sub dominio ipsius, et dictum commune nullum jus habet in insula supradicta.

Item, ut predictus Guillielmus Sanudus fuit et est vassalus dicte principisse, nam in quodam tractatu treuguarum olim initarum et firmatarum inter dictum Guillielmum et ipsam societatem, dictus Guillielmus servavit voluntatem et mandatum dicte principisse domine sue, ac confessus extitit se esse subditum et vassallum principisse predicte, prout apparet per quoddam scriptum publicum sigillatum duobus sigillis pendentibus, quorum unum est dicti Guillielmi, et aliud domini Nicolai filii sui.

Item, quod predictus Nicolaus, filius dicti Guillielmi, cum gente sua et dicti patris sui pluries movit et fecit guerram dicte societati, et, tamquam vaxallus dicte principisse, ivit contra dictam societatem, cum exercitu condam comitis Burgundie[1], qui tunc erat hostis societatis predicte; et in conflictu prelii initi inter dictum comitem et ipsam societatem, dictus Nicolaus fuit percussus duobus ictibus in facie et in manu, et per eamdem societatem captus extitit in prelio supradicto.

Item, quod alias dictus dominus Nicolaus, tamquam vassalus dicte principisse, ratione dicte insule quam ab ea in feudum tenet, cum toto posse suo et fratris sui, et cum exercitu dicte principisse, hostiliter venit contra dictam societatem et condam dominum Ferrandum, filium regis Majoricarum, et personaliter interfuit prelio inito inter ipsum condam Ferrandum, tunc principem Achaye, in quo prelio dictus condam dominus Ferrandus extitit interfectus[2].

Item, quod dictus dominus Alfonsus licite potuit invadere insulam supradictam manifeste apparet, hac ratione videlicet, nam in quo-

---

[1] Louis de Bourgogne, fils de Robert II, prince d'Achaïe, en 1313, par son mariage avec Mathilde de Hainaut héritière de la Principauté que lui disputaient les Catalans. Il était mort au mois de septembre 1316.

[2] Au combat d'Espéro, près Clarentza, livré le 5 juillet 1316. Fernand I$^{er}$ de Majorque y fut pris et tué par l'armée de Louis de Bourgogne. Fernand avait épousé depuis un an Isabelle d'Ibelin, âgée de quinze ans, qui fut mère de Fernand II de Majorque, gendre du roi Hugues IV de Lusignan.

dam tractatu concordie, et pacis olim inite et firmate inter dictam societatem et nobilem Michaelem Mauroceno, bajulum Nigropontis, de mandato incliti domini ducis Veneciarum, Marinum Geno et consiliarios dicti bajuli, una cum infrascriptis electis ad suum privatum consilium, videlicet : Roberto de Canali, Rogerio Premarino, Jacobo Trevisano, Marco Contareno, magistro Nepheo physico, Andronico Catinazo, Francisco Ciurano, Marco Lamberto et Anastasio Vulpe, ex una parte, et dictam societatem ex altera, conventum et actum extitit solempniter inter ipsum bailium et ejus consilium et dictam societatem, quod inter ipsos et gentes eorum et omnes Venetos esset firma et perpetua pax, ita tamen quod a predicta pace fuerint excepti et exceptuati omnes illi Venetici, cujuscumque condicionis et status existant, qui tenent pheuda et prestant homagia principatui Achaye, qui predicti Veneti tenentes dicta pheuda minime habeantur pro civibus Veneciarum; ac etiam in tractatu dicte pacis, de voluntate dicti bajuli et ejus consilii, fuerunt exceptuati omnes ille persone que aliquo tempore fuerunt contra societatem predictam et hostes societatis ipsius.

Et quia dictus Guillielmus fuit et est vassallus principatus Achaye et etiam hostis societatis predicte, ut predicitur, et secundum predictum tractatum minime haberi debeat pro cive Veneciarum, licite ergo dictus dominus Alfonsus potuit invadere insulam supradictam.

3. « Demum patefecit majestati regie ambaxator predictus, quod dictus dominus Alfonsus, ad requisitionem Marule [1], filie condam nobilis domini Bonifacii de Verona, quam idem dominus Alfonsus in suam uxorem duxit, castra Caristi et Larmenæ, de forcia Thomasacii [2], fratris dicte Marule, civis Venetiarum, cui castra ipsa jure hereditatis pertinere dicuntur, occupavit et sua gente munivit, de quo peciit a domino rege justiciam celerem fieri dicto communi. »

---

[1] *Marula* ou Maria, dame de Carystos et d'Égine, était fille de Boniface dalle Carceri, de Vérone, qui avait été baile du duché d'Athènes de 1308 à 1309 et était mort en 1317. Elle épousa Don Alphonse Frédéric d'Aragon en 1317 et mourut en 1338.

[2] Thomas dalle Carceri, seigneur de Larmena, dans l'île de Négrepont, au sud de Carystos. Voy. plus loin, p. 52, n.

Respondetur per predictos nuncios, primo quod cognitio dicte cause non spectat ad predictum commune Veneciarum, nam cum dominus Alfonsus teneat predicta castra et asserat castra ipsa ad eum pertinere de jure, sive de hiis contra eumdem dominum Alfonsum agatur possessorio sive petitorio, agens habet de jure sequi forum ipsius domini Alfonsi conventi, et de hiis litigare sub judice ipsius qui est dominus noster rex. Et quod actor habet sequi forum conventi satis est notum de jure.

Item, alia ratione, nam predictus dominus Bonifacius et antecessores sui, a quo seu a quibus predictus Thomasacius pretendit jus et causam, tenuerunt semper et habuerunt dicta castra in pheudum a domino Johanne de Masi, domino sexte partis insule Nigropontis[1], et eidem domino Johanni de Masi tenebantur et tenentur successive domini dictorum castrorum ad certa servitia; et sic dictus dominus Johannes de Masi est directe dominus dictorum castrorum, et sic cognitio cause predicte ad ipsum dominum Johannem de Masi videtur spectare de jure, nam quocienscumque, etc[2].

Item, alia ratione, ut continetur in superiori capitulo, quod incipit : Item, quod dictus dominus Alfonsus, etc.

Item, quod de predictis castris fuit questio inter dominum Thomasium et dominam Mariam, uxorem dicti domini Alfonsi, coram dicto domino Johanne de Masi, tamquam judice cause ipsius, et tandem predicta castra fuerunt adjudicata per predictum dominum Johannem dicte domine Marie; et dictus dominus Johannes induxit et investivit dictam dominam Mariam in possessionem et tenutam dictorum castrorum, prout apparet per quedam scripta publica, sigillata et bullata sigillo seu bulla domini domini Johannis, ac sigillis quam plurium aliorum nobilium.

Item, quod predictus Thomasius, agnoscens veritatem et sciens dicta castra de jure pertinere ad dictam dominam Mariam, per suas litteras scripsit eidem domine Marie, intitulando et vocando ipsam do-

---

[1] Jean de Noyer, seigneur de Masy, seigneur *sextier*, puis seigneur *tiercier* de Négrepont. — [2] Ainsi à l'original.

minam predictorum castrorum, ut patet in quibusdam litteris sigillatis noto et consueto sigillo ipsius Thomasacii.

Item, quod Peruli de le Carceri [1], dominus tercie partis insule Nigropontis, donatione facta inrevocabiliter inter vivos, dedit, donavit et tradidit et habere concessit dicte domine Marie, uxori dicti domini Alfonsi, terciam partem omnium bonorum suorum existencium in insula Nigropontis, inter que bona sunt plura castra, casalia, milicie et terre, prout apparet in quibusdam scriptis publicis proinde confectis.

Item, quod nonnulli homines et barones dicte insule Nigropontis injuste tenent et possident dicta bona ob favorem communis Veneciarum, qui ipsos tuetur et defendit contra ipsum dominum Alfonsum et dominam Mariam, uxorem ejus. Et propterea, placeat dicto communi aut facere restitui dicta bona dicte domine Marie, aut non impertiatur auxilium et favorem suum personis predictis.

Data Messane, secundo Septembris, secunde indictionis.

## VII.

### 1318, 2 septembre. Messine.

Procuration de Frédéric, roi de Sicile, à Barthélemy de Peregrino, juge, et à Thomas de Mauro, notaire de Messine, chargés de se rendre à Venise pour s'entendre avec la seigneurie au sujet des dommages causés à des sujets Vénitiens par Alphonse-Frédéric et la compagnie des Francs de Romanie, et pour conclure un traité de paix avec le doge. Il est recommandé aux ambassadeurs de démontrer les droits d'Alphonse et de Marie ou Marula dalle Carceri, sa femme, sur une partie de Négrepont.

(Venise. *Commemor.*, II, fol. 39.)

Fridericus, Dei gratia rex Sicilie, notum fieri volumus universis quod nos, confisi de fide, prudentia et legalitate judicis Bartholomei de Peregrino, et notarii Thomasii de Mauro, de Messana, fidelium nostrorum, eos constituimus, facimus et ordinamus nostros veros, legit-

---

[1] Probablement Pierre dalle Carceri, mort en 1340.

timos procuratores et nuncios, et quemlibet eorum in solidum, ita quod non sit melior conditio occupantis, presentes et procurationem ipsam voluntarie suscipientes, ad conferendum se ad ducem et commune Veneciarum, ad inveniendum, procurandum, ineundum, tractandum et firmandum, cum predicto duce, communi Veneciarum, sindicis, procuratoribus, seu nunciis ejusdem communis, nomine et pro parte ejusdem communis, ad hoc statutis seu statuendis per eos, pro parte ipsorum quorum interest et interesse potest et posset, viam et modum quibus fieri possit et debeat satisfactio, tam dampnorum hactenus illatorum, per Alfonsum Friderici, filium nostrum, presidentem exercitui universitatis Franchorum existentium in partibus Romanie, et eandem universitatem seu societatem Franchorum, quam alios fideles, valitores et subditos nostros, predictis duci et communi, necnon civibus et subjectis communis ipsius, et per ipsum ducem et commune, nec non cives et subditos dicti communis, dicto Alfonso, universitati predicte, ac aliis fidelibus, valitoribus et subjectis nostris quocumque modo, ratione vel causa. Et ad componendum cum communi predicto, sindicis, procuratoribus, seu nunciis communis ipsius de dampnis utrinque illatis. Et ad ineundum etiam finalem pacem et concordiam vel longam treuguam inter dictum commune Veneciarum, cives et subditos ejus, ac eosdem Alfonsum et universitatem predicti exercitus; et ad faciendum vel fieri faciendum exinde cautelas et instrumenta, que alicui ex ipsis tractatibus pacis, vel treugue, compositionis, vel satisfactionis necessaria videbuntur, cum penarum stipulationibus et aliis obligationibus competentibus et competituris negotio antedicto, prout rei qualitas exigere videatur. Et ad obligandum exinde nos et omnia bona nostra quod dicti Alfonsus et universitas dicti exercitus, pacta et conventiones super hiis habita et tractata, vel habenda et tractanda, inviolabiliter servabunt, et facient toto tempore inviolabiliter observare. Et ad demonstrandum dicto communi Veneciarum, vel alicui alii pro parte communis ipsius, jura que competunt dicto Alfonso et Marule, uxori ejus, in castris et terris positis in insula Nigropontis; necnon obligandum dictum Alfonsum ad prestationem servicii, si quod dictus Alfonsus dicto communi, vel alicui civi Veneciarum, pro castris et terris ipsis, rationabiliter facere teneatur.

In cujus rei testimonium, certitudinem et cautellam, presens scriptum fieri, et sigillo majestatis nostre pendenti jussimus communiri.

Datum Messane, per nobilem Fredericum de Incisa de Saca, militem, regni Sicilie cancelarium, anno Dominice Incarnationis m° ccc[x]viii. mense Septembris, secundo ejusdem, secunde indictionis.

## VIII.

1318, 4 septembre. Avignon.

Le cardinal d'Ostie prie la République de Venise d'envoyer à la cour apostolique un ambassadeur avec lequel on puisse s'entendre pour chercher les moyens de combattre ce ramassis d'hommes d'armes de tous pays qu'on appelle la Compagnie des Catalans, laquelle, unie aux Grecs et aux Turcs, dévaste la Romanie.

(Venise. *Commemor.*, II, fol. 35.)

Nobilibus et potentibus dominis... duci, consilio et communi Veneciarum, amicis karissimis, frater Nicolaus, permissione divina, Ostiensis et Velletrensis episcopus, salutem et prosperitatis augmentum. Ex frequentia litterarum que domino nostro summo pontifici et ad Romanam curiam mittuntur de partibus Romanie, eidem domino et sacro collegio dominorum cardinalium nuper inotuit, quod illa gentium disimilitudo, que Compagna vocatur, plurimum invalescit, et ut aucta viribus possit crudelius et remotius debachari, Grecos sismaticos et Turchos sibi federe et amicitia sociavit; de quo verisimiliter est timendum quod fideles inchole illarum partium non incurrant inreparabile detrimentum. Propter quod idem dominus noster, pro fidelium et partium predictarum defensione sollicitus, mandavit nobis oraculo vive vocis ut de conscientia sua vobis scribere deberemus quod aliquem discretum, super hiis plenum et speciale mandatum habentem, ad curiam mitteretis, cum quo nomine vestro posset ordinari super defensione partium earumdem. Quare hec ad vestram notitiam deducentes, cum instantia suademus et hortamur attente quatinus discretum eundem sine tarditate, quoniam in peste ingruenti [tarditas] est comes periculi, ad curiam destinetis, ut vobis, quos non modicum hujusmodi tangit negocium, melius possimus consulere et beneplacitis ejusdem domini inveniamini efficaciter adaptati. Rescribentes nobis quod in predictis duxeritis faciendum.

Datum Avinione, IIII. die Septembris.

## IX.

1319, 9 juin. Négrepont.

Convention de paix provisoire conclue entre Alphonse-Frédéric d'Aragon, capitaine de la compagnie des Francs de Romanie, et François Dandolo, baile de Négrepont, et les autres seigneurs de Négrepont, Jean de Noyer, seigneur de Masy, Pierre dalle Carceri, André Cornaro et Barthélemy Gisi.

(Venise. *Commemor.*, II, fol. 55 v°.)

*Treugua facta cum Catellanis de Compagnia*[1].

In nomine Domini nostri Jesu Christi, amen. Anno Nativitatis ejusdem millesimo trecentesimo decimo nono, mense Junii, die nono intrantis, indictione secunda, Nigropontis. Exorta discordia, seductione maligna, inter magnificum dominum, dominum Alfonsium, excellentissimi domini domini Federici Dei gratia regis Sicilie filium, ac felicis Francorum exercitus in ducatu Athenarum et in aliis partibus Romanie imperii presidentem et totam Compagnam, ex una parte; et magnificum dominum dominum Franciscum Dandulo, honorabilem capitaneum et bajulum Nigropontis, suosque consiliarios, dominos Leonardum Mocenico, et Zaninum Geno, ac universaliter omnes dominatores insule Nigropontis, dominos videlicet Johannem de Noyer, dominatorem Masy et tercerii Nigropontis, dominum Petrum de Carceribus, dominatorem sexterii Nigropontis, dominum Andream Cornario dominatorem sexterii Nigropontis, et Bartholatium Gisi, dominatorem tercerii Nigropontis, subditosque eorum, ex altera; demum pars utraque, suasu divino, fu-

---

[1] Le roi de Sicile, dont un fils naturel, don Alphonse-Frédéric d'Aragon, était lieutenant général en Morée, avait grand'peine à empêcher la guerre avec la République de Venise. Plusieurs documents des Commémoriaux témoignent de son embarras.

gatis et ruptis discordie nexibus, ad quietem potius et non ad guerram accensa, ad hanc unanimem et infrascriptam est deducta concordiam.

Contenti enim sunt dicti domini Franciscus Dandulo, capitaneus et bajulus Nigropontis, suique consiliarii, predictique dominatores omnes insule Nigropontis, pro se et eorum subditis, habere bonam, veram et immaculatam treuguam cum ipso domino Alfonsio et omnibus consiliariis et sindicis Compagne, tam presentibus quam futuris, pro se ipsis et tota universali Compagna, cum ipsis dominis bajulo et consiliariis et omnibus dominatoribus insule Nigropontis, predictis, pro se et eorum subditis, duraturam usque ad Nativitatem Domini proxime venturam. Et hoc ad beneplacitum dominorum utriusque partis, cum ista conditione quod ipse dominus Alfonsius et Compagna tota non armabunt nec armari consencient modo aliquo vel ingenio in toto ducatu Athenarum, nec in aliqua alia parte ubi dominium habeat, nec ligna aliqua a remis tenebunt, nec teneri permittent modo aliquo vel ingenio in toto mari Athenarum, nec in aliquibus partibus confinibus insule Nigropontis, exceptis lignis illis que habent ad presens, que incontinenti debent facere trahi in terram et de eis accipi et trahi unam tabulam de subtus; et coredi lignorum ipsorum debeant colocari in castro Athenarum [1].

Ligna autem que habent ad presens in mari de Rivadostia [2] possint tenere, dum tamen ipsa non arment modo aliquo vel ingenio, nec armari permittant, nec aliqua alia ligna a remis ibidem recuperent, nec recuperari faciant, nisi illa que ad presens habent, ut dictum est.

Nec aliquos cursarios receptabunt, undecumque sint vel fuerint, sub modo aliquo vel ingenio, in ipso toto ducatu, nec in aliqua parte ubi dominium habeant, nec eis prestabunt consilium aliquod, auxilium vel favorem; non obstante quin semper ipse dominus capitaneus et bajulus suique consiliarii et predicti dominatores insule intendant ad satisfactionem habendam damnorum eis per ipsum dominum Alfonsium et Compagnam et suos homines illatorum, secundum pacta que cum ipso domino Alfonso habuerunt.

[1] Cf. le traité de 1321, sous le n° XI, p. 49. — [2] Rodosto, sur la mer de Marmara.

Et e converso, ipse dominus Alfonsius et Compagna ad suorum possint emendam intendere.

Et si contingeret quod ipse dominus Alfonsius vel Compagna armaret modo aliquo vel ingenio in ipso toto ducatu, vel in aliqua parte ubi dominium habeat, vel lignorum a remis teneret aliter quam supra contentum est, vel contra aliquod predictorum committeret, cadat in pena yperperorum quinque millium per ipsum et consiliarios, sindicosque Compagne, et totam Compagnam eidem domino capitaneo et bajulo vel ejus successoribus seu communi Veneciarum solum pene nomine solvendorum, nichilominus satisfaciendo totum damnum quod inferretur per aliquem vel aliquos qui armarent parti damnificate.

Cum ista etiam conditione, quod si hec treugua non placuerit dominis parcium, seu alteri eorum, vel ipsam noluerint, quod pars nolentis teneatur alteri notificare, et a dicta notificacione in antea inde ad unum mensem immediate sequentem non inferrat vel inferri faciat novitatem aliquam nec damnum aliquod, modo aliquo vel ingenio, parti alteri, sub dicta pena.

Ad que quidem omnia tam per ipsum dominum Alfonsium, consiliarios, sindicosque Compagne, pro se et tota Compagna, quam per predictum dominum capitaneum et bajulum suosque consiliarios, predictosque dominatores insule, pro se et eorum subditis, plene servanda et inviolabiliter attendenda, obligaverunt vicissim et alterutrum una pars alteri se et eorum successores et omnia eorum bona, mobilia et immobilia, presencia et futura; jurantes quilibet predictorum ad sancta Dei evangelia, tactis sacrosanctis scripturis, tam predictus dominus Alfonsius, consiliarii, sindicique Compagne, pro se et tota Compagna, dictusque Franciscus, capitaneus et bajulus, suique predicti consiliarii, dictique dominatores insule, scilicet dominus Johannes de Masy, dominus Petrus de Carceribus, dominus Andreas Cornario et Bartolatius Gisi, pro se et omnibus eorum subditis, omnia supradicta servare, sicut superius contentum est.

Apponentes etiam in hoc instrumento tam ipse dominus Alfonsius, consiliarii, sindicique Compagne, pro se et tota Compagna, quàm ipse dominus Franciscus, capitaneus et bajulus, pro se et suis consiliariis, quam dicti dominatores insule, silicet dominus Johannes de Masy, dominus Petrus de Carceribus, dominus Andreas Cornario et Bartolacius Gisi, pro se et eorum subditis, suas bullas in majus testimonium veritatis. Volens utraque pars ex predictis duo similia confici instrumenta, suum pro se quelibet habitura. Volentes etiam quod in hac treugua inteligantur et conclusi existant dominus Guillielmus Sanutus, et omnes sue insule, et loca, et omnes sui subditi, et dominus Nicola Sanutus, ejus filius, et insule sue, et Bertolatius Gisi, et omnes insule sue. Et omnes alii fideles domini ducis et communis Veneciarum et loca sua in hac treugua concludantur.

## X.

### 1320, 15 septembre. Avignon.

Jean XXII invite Philippe V, roi de France, à s'interposer entre les princes de Bourgogne et de Sicile, afin de les amener à s'entendre au sujet de la principauté d'Achaïe, dans l'intérêt de la future croisade.

(Paris. Arch. nation. L. 300, n° 336. Lettre close.)

Johannes, episcopus, servus servorum Dei, carissimo in Christo filio, Philippo, regi Francie et Navarre illustri, salutem et apostolicam benedictionem.

Novit regalis excellentia a domo tua, fili carissime, Francie benedicta domum processisse Sicilie, ipsiusque nobile membrum esse; nec ignorat domum prefatam Sicilie ac domum dilecti filii, nobilis viri Othonis, ducis Burgundie[1], junctas esse proxima linea parentele; sed et illud dubium non existit quin premissis tue ac ipsorum expediat domibus ut, sicut juncte sunt sanguine, sint et etiam voluntate; quodque summopere queque ab utrisque vitari debeant per que posset sauciari caritas, et potius que possent ipsam dissolvendi materiam ministrare. Hec pro tanto premisimus, quare ex litteris regiis super facto principatus Achaie novissime nobis missas[2], conjicimus evidenter, quod

---

[1] Eudes IV, duc de Bourgogne. (Voyez pièce III, octobre 1314, p. 29, et pièce VII, 2 sept. 1318, p. 38.) — [2] *Sic.*

si facta responderent earum relatibus, debilitari posset, quod absit, caritatis vinculum, quo domus predicte ad invicem connectuntur. Profecto, fili, dura nimis, ad domos ipsas zelum habentibus, censeretur hujusmodi separatio et amara. Propter quod, fili carissime, quesumus ut, consideranter attendens quam faciliter ordiuntur discordie, quamque difficiliter sopiuntur, necnon incomoda varia que secum trahere guerrarum fremitus consuevit, in quarum tempore subditorum plerumque crescit inobedientia, et vicinorum irreverentia non decrescit, corpori quies subtrahitur, et opes inmense brevi tempore dilabuntur, caritatis unitas scinditur, et mens iniquis solicitudinibus occupatur, crescunt rancores et odia nutriuntur, pia opera negliguntur, et divino cultui debite non vacatur, insidiis intenditur, et anime gravibus periculis exponuntur, vias et modos perquirat solicitudo regia per quos finis detur debitus Principatus negocio, et premissarum domorum caritatis unitas integra conservetur. Nos quidem, ad hoc perficiendum, labores non vitavimus, nec adhuc vitassemus, sed nuntii regii et ducales super hoc ad nos missi, oblatis quibusdam viis, quas carissimus filius noster Robertus, Sicilie rex illustris, certis ex causis multorum judicio rationabilibus non admisit, affirmaverunt constanter super via quacunque alia se nil posse. Quocirca incassum laborare recusavimus, cum pro parte ducis predicti non adesset persona aliqua cum qua super hoc posset haberi tractatus. Unum vellemus prudentiam attendere regiam diligenter, videlicet : si quis asserens se in certo feudo ad te ut ad superiorem pertinente dominum successisse, tibi hoc neganti certas vias offerret quas tu non admitteres, velut tibi onerosas et graves, set illi super hoc justitiam ministrare, vel juri stare, sicut et ubi deberes, te paratum offerres, et nichilominus tractatum amicabilem convenientem recipere et illi consensum prebere, utrum illi, pro eo quod vias ejus admittere recusasses, liceret te congressibus inpetere bellicis ac hostiliter invadere terram tuam; et an guerram talem Deo gratam, juri consonam ac equitati consentaneam reputares. Et procul dubio estimamus quod et tu, et quisque alius sequens regulas rationis, guerram talem Deo odibilem, juri obviam et equitati contrariam censeretis. Hec utique rex prefatus Sicilie observavit, recusatis enim viis oblatis, ex causis que multis rationabiles videbantur, se paratum ministrare justitiam, sicut superior feudi dominus obtulit, aut etiam juri stare, viamque convenientem et amicabilem acceptare paratum. Judica igitur, fili carissime, ex te ipso, an propter talia sit rex ipse bellicis congressibus impetendus, supponens indubie quod si talibus congressibus, quod absit, te immiscere contingat, frustra laboras, frustra requiris consilia super facto passagii transmarini; cum per hec, non solum impediri, set perimi potius, quantum ad presens attinet, videretur negocium antedictum. *Cor regis in manu Dei est*[1], utinam tuum ad ea dignetur, in hiis et aliis que sibi sunt accepta, dirigere; nec illud commitat humane providentie, que incerta noscitur, suosque plerumque decipit sectatores.

Datum Avinione, xviii. kalendas Octobris, pontificatus nostri anno quinto.

## XI.

1321, 11 mai.

Traité de paix, à durée limitée, entre Louis Morosini, baile et capitaine général de Négrepont, et don Alphonse-Frédéric d'Aragon, président de la grande compagnie des Francs de Morée[2].

(Venise. Biblioth. Saint-Marc. Mss. class. XIV. Cod. LXXI, fol. 333.)

*Tregua inter Nigropontem et alios.*

In Christi nomine, amen. Anno Nativitatis ejusdem 1321, die lune, xi. maii, indictione quarta. Exorta dudum discordia, seductione magna, inter magnificos dominum dominum Alphonsum, excelsi domini domini Federici, Dei gratia, regis Sicilie filium, in felici Franchorum exercitu existenti in ducatu Athenarum et in aliis partibus Romanie presidentem, consiliarios, sindicosque Compagne, pro se ipsis, et tota Compagna, ex una parte; et magnificum dominum dominum Ludovi-

---

[1] Prov. xxi, 1.
[2] Le texte du ms. de la bibliothèque de Saint-Marc est peu correct et laisse beaucoup à désirer. J'ai vainement recherché le traité de 1321 dans le Recueil des Commémoriaux, où il doit être vraisemblablement transcrit, comme le traité analogue du 9 juin 1319, imprimé précédemment.

cum Maurocenum, generalem capitaneum et bajulum civitatis et insule Negropontis, subditosque eorum, ex altera; demum ipse partes, suasu divino, fugatis et ruptis discordie nexibus, ad quietem potius et non ad guerram accensam, per formam tregue ad concordiam pervenerunt, duraturam usque ad primum diem quatragesime proxime venture.

1. Contenti enim sunt magnificus dominus dominus Ludovicus ejusque consiliarii, dominus Philippus Zane et Homobonus Gizzi ac universaliter omnes dominatores insule Negropontis, videlicet dominus Joannes de Noyer, dominator Mansii[1] et terzerii Negropontis, dominus Michael de Benittento bajulus, dominus Bartholomeus Gisi, dominator terzerii Negropontis, et dominus Jacobus Antianus, qui est pro domino Andrea Cornario, dominatore sexterii Negropontis, pro se subditisque eorum, ex una parte, habere bonam et veram, immaculatam treguam cum ipso domino Alphonsio et omnibus consiliariis sindicisque Compagne tam presentibus quam futuris, pro se ipsis et tota universali Compagna; et ipse magnificus dominus dominus Alphonsus, etiam ipsius Compagne consiliarii et sindici, pro se et tota universa Compagna, cum ipsis domino domino capitaneo et bajulo civitatis et insule Negropontis, consiliariis suis et omnibus dominatoribus insule Negropontis predictis, pro se et eorum subditis, duraturam, ut predictum est, usque ad diem primam quatragesime proxime future.

2. Et hoc ad beneplacitum dominorum utriusque partis, cum ista conditione quod idem dominus Alphonsus et Compagna tota non armabunt nec armari consentient modo aliquo vel ingenio in toto mari arenario nec in aliquibus partibus confinibus insule Negropontis, exceptis lignis illis que habent ad presens, que incontinenti debent facere extrahi in terram et de eis accipi unam tabulam de subtus, et corredi ipsorum lignorum debent collocari in castro Athenarum. Ligna autem que habent ad presens in mari de Rivodostria possint tenere, dum tamen ipsa non arment, modo aliquo vel ingenio, nec armari permittant, nec aliqua alia ligna arenis ibidem receperint nec recuperari

---

[1] Jean de Noyer, seigneur de Maisy, Mazy, Mazi ou Maci, seigneur tiercier de Négrepont, dont il est plusieurs fois question dans ces actes. (Voy. p. 40, 44, 46, 47, 54.)

facient, nisi illa que ad presens habent, ut dictum est. Nec aliquos cursarios receptabunt, undecumque venient vel sint, aliquo modo vel ingenio, in ipso ducatu, nec in alia aliqua parte ubi dominium habeant, nec eis prestabunt consilium aliquod, auxilium vel favorem; nonobstante quod semper idem dominus capitaneus et bajulus, sui consiliarii et predicti dominatores insule intendant ad habendam satisfactionem damnorum eis per ipsum dominum Alphonsum et Compagnam et suos homines illatorum, contra pacta que predictus dominus Ludovicus Maurocenus, generalis capitaneus et bajulus civitatis et insule Negropontis, cum suis consiliariis et predictis dominatoribus cum ipso domino Alphonso habuerunt.

3. Et e converso ipse dominus Alphonsus et Compagna ad suorum possint emendam intendere.

4. Et si contingat quod ipse dominus Alphonsus vel Compagna armaret modo aliquo vel ingenio in toto ipso ducatu, vel in aliqua alia parte ubi dominium habeant, vel lignum a remis tenerent aliter quam supra contractum est, vel contra aliquod predictorum committant, cadat in pena hiperperorum $5^m$, per ipsum et consiliarios sindicosque Compagne et totam Compagnam eidem domino capitaneo, bajulo vel ejus successoribus seu communi Veneti, solum pene nomine solvendorum, nihilominus satisfaciendo totum damnum quod inferrent per aliquem vel aliquos qui armarent pro parte damnificata.

5. Item, quod omnes tractatus hujusmodi hactenus habiti inter dominum Alphonsum et Turchos, cattolice fidei inimicos, remanebunt.

6. Item, quod de cetero non habebunt aliquo modo vel ingenio aliquem seu aliquos tractatus cum Turchis.

7. Item, quod non receptabunt vel receptari permittent, aliqua ratione, Turchos in toto suo districtu et dominio quod possident ad presens vel possidebunt, usque ad tempus in presenti tregua contentum.

8. Item, quod eisdem Turchis non dabunt consilium vel favorem.

9. Item, quod si Turchi voluntarie aut aliter ad eorum venirent servitium, ipsos non recipient, nec recipi permittent in aliqua parte.

10. Item, si scirent quod Turchi maledicti intenderent ad damna

aliqua insule Negropontis et aliarum insularum seu locorum fidelium incliti domini ducis, qui et que sunt in tregua presenti, significare teneantur domino capitaneo et bajulo Negropontis et suo successori quam poterunt bona fide ; et predictis damnis omnibus et singulis suo posse debeant obviare, quod non fiat.

11. Item, si acciderit, quod absit, quod Turchi offenderent insulas vel aliqua eorum loca seu fideles predicti incliti domini ducis, illas vel illos qui et que includunt in tregua presenti, ut dictum est, et ipsi Turchi accederent in aliqua parte districtus seu dominii domini Alphonsi, teneatur dominus Alphonsus et Compagna statim illos licentiare, et si ipsi non recederent, debeant eos offendere et damnificare in personis et rebus eorum durante presenti tregua.

12. Item, quod dominus Alphonsus teneatur et debeat dirui facere de presenti muralia Filagre[1] seu quodlibet aliud edificium ibidem factum tempore tregue hactenus habite, nec de cetero faciet seu fieri permittet in aliqua parte vel loco territorii districtus Cariste que ad presens possidet ipse dominus Alphonsus aliquod castrum vel fortalitium aliquo modo vel ingenio durante presenti tregua. Et sic versa vice pro parte domini capitanei et bajuli non fiet aliquod castrum vel fortalitium in territorio inter castrum Larmeni et Caristum[2], durante presenti tregua.

13. Item, ut hec presens tregua, sicut debet, vera et immaculata a partibus melius observetur, apud dominum Alphonsum sindicosque Compagne seu alios qui hactenus factas treguas inter partes servaturas jurarunt, jurabunt usque quinquaginta de melioribus Compagne presentem treguam inviolabiliter servaturam per dominum Alphonsum et totam Compagnam quos voluerit dominus capitaneus et bajulus Negropontis. Et hoc sub pena predicta de hyperperis 5$^m$ de omnibus et singulis capitibus suprascriptis et quolibet eorum, solvendis pro parte ipsius domini Alphonsi et Compagne, pro se et tota Compagna,

---

[1] En marge : *Filagera*. Philagra, près du cap de ce nom, dans la partie méridionale et sur la côte orientale de l'île de Négrepont.

[2] La baie de Carystos est au sud-ouest de Négrepont. Le château de Larmeni est sur cette même côte, au nord de Carystos.

eidem domino capitaneo et bajulo Negropontis et ejus successoribus seu communi Venetorum pene nomine solvendis; cum ista etiam conditione quod, si hec tregua non placuerit dominis partium seu alteri eorum vel ipsam noluerint, quod pars nolens teneatur illud parti alteri notificare et, a dicta notificatione in antea inde ad unum mensem immediate sequentem, non inferat nec inferri faciat novitatem aliquam nec damnum aliquod, modo aliquo vel ingenio, parti alteri, sub dicta pena.

Ad que quidem omnia et singula, tam per ipsum dominum Alphonsum, consiliarios sindicosque Compagne, pro se et tota Compagna, quam per dictum dominum capitaneum generalem et bajulum civitatis et insule Negropontis suosque consiliarios, per dictosque dominatores insule, pro se et eorum subditis, plene servanda et inviolabiliter attendenda, obligaverunt vicissim et alterutrum una pars alteri se et eorum successores, jurantes quilibet predictorum ad sancta Dei evangelia, tactis sacrosanctis scripturis, tam predictus dominus Alphonsus, consiliarii sindicique Compagne, videlicet Jacobus de Sancto Superano et Jacobus Bajuli, Gulielmus Thomas miles, Sanctius Artisii, Sanctius Balduini, Raymundus Rubei, Gulielmus de Sancto Martiali, Bertrandus de Artenis, Dominicus de Fontibus, Nicolaus Cavallerii, Petrus Gueraldi mercator, Petrus de Villafrancha, Bernardus de Cari, Bernardus Cruciani, Raimundus Peregrini, Bernardus de Ventitrono, Guilelmus Baldomarii, Petrus Martini de Algesira, Gargia Viagnis, Ruggerius Leporis, Raimundus Gulielmi de Roda, Joannes de Arana, Jacobus Magistri, Petrus Joannis, Guilelmus de Lumizanca, Berengarius de Podio Viridi, Andreas de Rivopalo, Arnaldus Sabaterii, Petrus Palatii, Jacobus de Palatiolo, Johannes Chacor aliter vocatus Brusselus, Gerardus Bramondius, Guielmus Bassada cancellarius, Raimundus Arnaldi de Sancto Lucerio, Pedaolus de Camporellis, Arnaldus de Queralti, Petrus Rapacie, Guielmus Gueraldi, Petrus de Barbastro Layus, Franciscus Cassis, Alvenus Dies majordomus dicti domini Alphonsii Federici, Petrus Giordani, Romeus de Cesse, Guielmus de Planis castellanus et vicarius Athenarum, Petrus Maurocenus, Guielmus de Almanario, Bernardus Olerii notarius, Petrus de Roma, Petrus de Castro Gaudio,

Bernardus de Pombiano, Guielmus de Sancto Stephano procurator generalis curie predicti domini Alphonsii, Berengarius de Teradis, vicarius Thebanus, nobilis Odo de Horellis, miles et mareschalchus ducatus Athenarum, et Petrus Costa, pro se et tota Compagna predicta, dominusque Ludovicus Maurocenus, generalis capitaneus et bajulus civitatis et insule Negropontis, suique predicti consiliarii, dictique dominatores insule, scilicet dominus Joannes de Noyer, dominator Maci[1] et terzerii Negropontis, dominus Jacobus Antianus qui est pro domino Andrea Cornario, dominatore sexterii Negropontis, pro se et eorum subditis omnibus, omnia et singula supradicta servare sicut scriptum est, apponentes etiam huic instrumento tam ipse dominus Alphonsus, consiliarii sindicique Compagne, pro se et tota Compagna, quam ipse dominus Ludovicus, generalis capitaneus, pro se et eorum subditis, bullas suas in majus testimonium veritatis. Volens utraque pars ex istis predictis duo similia confici, instrumentum suum pro se quolibet habitura. Volentes etiam quod in hac tregua intelligantur et inclusi existant dominus Guielmus Sanudo et omnes sue insule et loca, et omnes sui subditi et dominus Nicolaus Sanudo ejus filius et insule sue. Et omnes alii fideles domini ducis et communis Venetiarum et loca sua in ista tregua concludantur.

## XII.

1321 [11 juin], 4° indiction. Clarentza.

Jean des Vaux, grand commandeur de l'ordre de Saint-Jean de Jérusalem en Romanie, baile et capitaine général d'Achaïe, Jacques, évêque d'Oliva, et Benjamin, chancelier d'Achaïe, accréditent auprès du doge de Venise frère Pierre Gradenigo, chargé de faire connaître à la seigneurie le malheureux état de l'Achaïe, ravagée par les Turcs et par la grande compagnie Catalane.

(Venise. *Commemor.*, II, fol. 104 v°.)

Illustri excelso domino, domino Johanni Superancio, Dei gratia, Veneciarum, Dalmacie atque Chroacie duci, et domino quarte partis et dimidie tocius imperii Romanie, frater Johannes de Vallibus, magnus

---

[1] Précédemment, p. 50 : *Johannes de Noyer, dominato Mansii.*

preceptor ordinis Sancti Johannis Jherosolimitani, in partibus Romanie, balius et capitaneus generalis principatus Achaye, Jacobus, Dei gratia, episcopus Olivensis, et Bengnamin, cancellarius, aliique barones et milites principatus predicti, salutem et tocius prosperitatis et felicitatis augmentum. Considerantes debilem statum nostrum et modicam provisionem dominorum nostrorum, ac inimicorum dicti principatus tam Grecorum quam Catellanorum impulsus, qui terram nostram occupare nituntur et nos sue juridictioni subjicere, cogimur nobis de salubri statu et custodia providere. Et quare vos et gentem vestram amicam equitatis et justicie reputamus, perelegimus vobiscum pocius quam cum alia gente que nos requirat solicite convenire. Ideoque de intencione nostra coloquium hujusmodi habuimus cum religioso viro fratre Petro Gradonico, ministro Minorum ordinis in provincia Romanie, amatore vestro, et status fidelium, qui per suas litteras de intenctione nostra Celsitudini Vestre significat de consciencia nostra. Quibus litteris dare dignemini plenam fidem, et super contentis in eis celeriter deliberare velitis et committere vestris fidelibus potestatem perficiendi quod duxeritis ordinandum, nam nos parati sumus adimplere ea que dictus frater Petrus declarat in litteris suis et tractare cum predictis vestris fidelibus ea que tendent ad statum et commodum utriusque.

Data Clarencie, die xi. Quarte indictionis.

## XIII.

### 1321, 11 juin. Clarentza.

Lettre de frère Pierre Gradenigo, ministre des Frères Prêcheurs de Romanie, chargé d'offrir au doge de Venise la principauté d'Achaïe et la suzeraineté de Négrepont pour sauver ces pays.

(Venise. *Commemor.*, II, fol. 104 v°.)

*Exemplum litterarum predicti*[1] *fratris Petri.*

Excellentissimo et illustri domino, domino Johanni Superantio, Ve-

---

[1] Ce document est en quelque sorte la suite et le complément du précédent.

neciarum, Dalmatie atque Chroatie duci, et dominatori quarte partis et dimidie totius imperii Romanie, frater Petrus Gradonico, ellectus in ministrum fratrum Minorum provincie Romanie, salutem quam sibi.

Fui rogatus ex parte domini episcopi Olivensi, domini Johannis magni preceptoris Hospitalis in partibus Achaye, bajulatus ipsius patrie officium tenentis, necnon domini cancelarii, ut Vestre Dominacioni aliqua scriberem de ipsorum intencione ceterorumque nobilium principatus Achaye, que sunt hec. Ipsi enim, propter magnas persecutiones quas paciuntur a Grecis, de quibus se bono modo non possunt defendere, et ipsorum dominus de eis non videtur multum curare, nolentes exterminium substinere ultimum, deliberaverunt se penitus alio domino modo debito dare; sed cum de duobus sermo fuerit, videlicet de Catelanis morantibus in ducatu Athenarum, et communitate Veneciarum, in vos tamen major pars, et quasi omnes magis convenire videntur. Et cum a me scire voluissent, que ab ipsis pacta super hanc rem vobis essent offerenda, licet ipsi per se quedam conscripserint, que non essent domino duci et communitati accepta, judicavi, eo quod quasi neccesse esset, vobis guerram cum imperatore assumere Constantinopolitano, et animum domini regis contra vos provocare, scripsi et obtuli eisdem quedam que, pro utraque parte, visa mihi fuerunt satis convenientia, et Vestre Dominationi magis acepta, eo quod per modum istum evitabatur vel evitatur guerra imperatoris et indignatio jam dicti regis, que talia sunt.

In primis, videatur modus debitus dandi principatum Achaye domino duci et communitati, ita quod ipse dominus dux et communitas possint cum veritate dicere pro nunc, sive ad tempus, de dicto principatu, hoc meum est. Istud autem ideo dixi, quia statim quod hoc esset factum, tam Greci, quam Catelani, cum potius ista necesse haberent treuguam, sicut cum ceteris terris et locis domino duci Venetiarum et communitati subjectis habere, nisi ipsi, pacta que vobiscum habent, frangere velint, hoc autem facto, statim mittere teneantur suos nuncios sive ambaxatores una cum vestris ad curiam domini pape et domini regis vel alterius, cui de jure patria competit; et si de vero domino dubitetur, stabitur super hoc sententie summi pontificis. Jurabunt isti nichilominus procurare, et pro posse dare operam, quod principatus de voluntate domini pape necnon domini sui, cum humagiis etiam insule Nigropontis, et omnibus juribus suis, libere deveniat in dominum ducem et communitatem, si rex ipse vel dominus suus, quicumque sit ille, infra tempus congruum, istis sufficiens adjutorium nolet vel mittere non posset, inmo ipso facto, quod non mitteret ut dictum est, prefatus dominus dux et communitas verus dominus efficeretur dicti principatus.

Verum tamen velent isti domini de principatu, ut si Greci vel Catelani propter hoc frangerent treuguam, quod communitas teneatur esse unum corpus cum istis ad defensionem ipsorum.

Pacta vero predicta vel alia, si forte videretur in aliquo addere vel mutare Dominationi Vestre, parati sunt isti cum debitis caucionibus pro vestra securitate firmare, dantes vobis obsides necnon castrum Junci, cum juribus suis, et plus si necesse fuerit loco pignoris; ita quod si contingat vobis pro negocio isto vel guerra aliquas expensas facere, et tamdem totale dominium non habere, tenebitis ista pignora. Et insuper jurabunt isti dominum aliquem non recipere, donec de expensis per vos factis et interesse communitati fuerit plenarie satisfactum.

De hiis vero placeat Vestre Bonitati respondere istis dominis vel mihi, ut per me ipsi scire possint qualis sit intentio vestra; et etiam dominis castellanis Coroni et Motoni, ut sciant quas cum istis dominis possint et debeant, si necesse fuerit, pacisci, vel si vobiscum non possent, saltem aliud remedium sibi querere.

Valeat Vestra Magnificentia et Communitas in Domino, cujus gratia et pietas vos conservet. Ut autem scire possitis, qualia fuerint pacta que primo conscripserant, mitto ea vobis in ista littera interclusa. Nichilominus tamen, si addendum vel minuendum vobis videretur, tam in istis, quam in illis, faciatis cum benedictione divina.

Facta Clarencie, feria 5. infra octavam Pentecostes.

## XIV.

1344, 1ᵉʳ mars. A Venise.

Lettres de naturalité accordées par la République de Venise à Gautier VI de Brienne, duc d'Athènes, comte de Brienne et de Lecce, et à ses enfants.

(Venise. Arch. gén., *Commemor.*, IV, fol. 63 v°.)

*Privilegium citadinantie domini Gualterii, Athenarum ducis.*

Andreas Dandulo, Dei gratia Venecie, Dalmacie atque Chroacie dux, dominus quarte partis et dimidie totius imperii Romanie, universis et singulis presens privilegium inspecturis, salutem et sincere dilectionis affectum.

Ducalis benignitas in liberalitatis operibus solita celeberrime conversari, tanto personas magnificas et dignitatis honore conspicuas prevenire studet honoribus et dotalibus ampliare favoribus, ipsarumque petitiones liberalius exaudire, quanto se nostro ducatui devotiores fide ac claritate laudabilium operum ostenderunt. Unde cum honorabilis et dilectissimus amicus noster, excelsus et magnificus princeps dominus Gualterius illustris Athenarum dux, Brenni et Litii comes, honoris et nominis nostri zelator assiduus, nostre fecerit magnificentie supplicari, ut ipsum cum suis filiis et heredibus dignaremur aliorum nobilium Venetorum nostrorum et fidelium numero gratiosius aggregare, ut beneficiis citadinatus Veneciarum dotatus nobilium civium Venecie privilegio congauderet. Nos, attendentes dilectionem ingentem ac gratam devotionem et fidem, quam semper prefatus dominus Gualterius ad nos et nostrum ducatum et singulares personas ejusdem ferventer et laudabiliter ostendit, acceptorum operum per effectum, bene meritam supplicationem ipsius duximus digne retribulionis munere gratificabiliter acceptandam. Notum igitur fieri volumus universis et singulis, tam presentibus quam futuris, quod, omnium consiliorum et ordinamentorum nostrorum integra solemnitate servata, prefatum dominum Gualterium cum suis filiis et heredibus in Venetum et civem nostrum recepimus atque recipimus, et Venetum et civem nostrum fecimus et facimus et pro Veneto et cive nostro in Venecia et extra ubilibet habere volumus et tractari, ipsum sincere dilectionis brachiis amplexantes, ac firmiter statuentes quod eisdem libertatibus, beneficiis, gratiis, honoribus ac immunitatibus, quibus alii cives Venecie gaudent, prefatus dominus Gualterius et sui heredes in Venecia et extra ubique gaudeant plenissime et utantur. Nobis quoque prefatus excelsus et magnificus dominus Gualterius solenniter, ad sancta Dei evangelia, prestitit fidelitatis debitum juramentum. In certitudinem autem premissorum et evidentiam pleniorem, presens privilegium fieri jussimus, bullaque nostra pendenti aurea communiri.

Data in nostro ducali palacio, anno Dominice Incarnacionis M. CCC. XLIV, die primo mensis Marcii, xii$^e$ indictionis.

## VI.

### 1307–1320.

LETTRES PATENTES DE PHILIPPE IV ET DE PHILIPPE V, ROIS DE FRANCE, ACCORDÉES AUX MARCHANDS VÉNITIENS, À LA DEMANDE DE CHARLES DE VALOIS, FRÈRE DU ROI PHILIPPE IV.

#### I.

1307, 27 mai. A Poitiers.

Philippe le Bel exempte pour trois ans les marchands vénitiens du denier pour livre exigé en France des marchands ultramontains.

(Venise. *Commemor.*, I, fol. 107 v°.)

Philipus, Dei gratia, Francorum rex, universis presentes litteras inspecturis salutem. Notum facimus quod nos, considerantes attentius devotionem acceptabilem quam magnificus vir dilectus amicus noster... dux Veneciarum et communitas ducatus predicti ad nos et regnum nostrum, necnon affectionem benivolam quam ad personam karissimi fidelis germani nostri Karoli, Valesie comitis, et ejus negocia actenus habuerunt et eos in posterum speramus habere; volentesque ipsos propter hec prosequi favore gracie specialis, denarium de libra quem a mercatoribus transmontanis recepimus, mercatoribus dicte communitatis, in regno nostro mercaturas exercentibus, usque ad triennium, a data presentium continue computandum, remittimus de gratia speciali. Dantes omnibus senescallis, ballivis, prepositis, vicariis et aliis justiciariis nostris necnon ad levandum dictum denarium deputatis, tenore presentium, in mandatis ut ipsos aut aliquem eorumdem ad solvendum dictum denarium de libra, dicto durante termino, aliquatenus non compelant, aut contra tenorem nostre concessionis molestent. In cujus rei testimonium, presentibus litteris nostris fecimus apponi sigillum.

Data Pictavis, vigesimo septimo die Maii, anno Domini millesimo CCC°. VII°.

## II.

1320, 25 septembre. A Paris.

Philippe V, désirant favoriser le développement du commerce des Vénitiens dans ses États et répondre aux vives instances de Charles de Valois, son oncle, accorde aux Vénitiens la remise entière de toutes les sommes qu'ils pourraient devoir jusqu'à ce jour au trésor royal à l'occasion de l'impôt du denier pour livre.

(Venise. *Commemor.*, II, fol. 90 v°.)

*Exemplum quarundam litterarum domini regis Francie munitarum sigillo magno pendenti ipsius regis.*

Philippus, Dei gratia, Francorum et Navarre rex, universis presentes litteras inspecturis, salutem.

Ex quorundam insinuatione mercatorum de Venecia in regno nostro degencium, ac in diversis ipsius regni partibus eorum mercaturas exercentium, accepimus quod, licet ipsi de eorum mercaturis universis collectoribus ad receptionem denarii libre pedagii et tholonei, leude, traversi et aliarum redibentiarum consimilium ubilibet ex parte nostra deputatis, deveria indeficienter solverint consueta, nichilominus nonnulli receptorum ipsorum, asserentes mercatores predictos deveria mercaturarum quas in Flandrensibus partibus contrasserunt sibi minime persoluta fuisse, ipsos cum eorum mercaturis et bonis adeo, ut asserunt, sepius impediunt et perturbant, ut ipsi plerumque impedimenta hujusmodi formidantes a regno nostro predicto cum bonis et mercaturis eorumdem dispendiose coguntur et indecenter remeare, in ipsorum mercatorum ac universalis mercature grave damnum, ac maxime detrimentum, supplicantes per nos de oportuno remedio gratiose super hoc provideri. Nos itaque, pululationem et augmentum mercatorum regnum nostrum frequentantium nobis et subditis nostris comodum inferre fructuosum et fertile evidentius agnoscentes, attendentesque caritatis affectum quem nos ac predecessores nostri erga ducem. et communitatem Veneciarum habuimus, temporibus retroactis, et ob hoc volentes ut, sicut hujusmodi perturbatio disgregacionis mercatorum ipsorum dicitur esse causa, sic favoris et gracie obtente a nobis sit adjuvacio seu reformacio eorumdem; ad supplicationem karissimi patrui nostri Karoli de Valesio, qui super hoc nos instantissime rogavit, dictos mercatores et eorum quemlibet ab omni eo quod dicti receptores, ratione denarii libre pedagii, leude, transiti, tholonei aut aliarum quarumcumque redibentiarum consimilium, ab eis seu eorum altero exigere velent aut petere possent pro preteritis quomodolibet, licet et in solutionibus prescriptis ipsi forsan aut eorum aliqui defecerint, de gratia speciali absolvimus et quitamus per presentes. Mandamus siquidem omnibus justiciariis et subditis nostris necnon collectoribus seu receptoribus deveriorum seu redibentiarum hujusmodi, ipsis nichilominus injungentes, ne dictos mercatores aut eorum aliquem in personis, rebus aut bonis quibuscunque, pretextu redibentiarum predictarum, pro dicto transacto tempore, impediant aut molestent, seu impediri aut molestari a quoquam quomodolibet permittant.

Datum Parisius, die xxv. Septembris, anno Domini m. ccc. xx [1].

[1] Au volume VIII, fol. 15 des *Commémoriaux*, se trouvent transcrites les lettres patentes du roi Jean, données à Saint-Ouen au mois de janvier 1352, par lesquelles il est déclaré que, quels que puissent être les règlements ultérieurs des foires de Champagne et de Brie, les Vénitiens ne seront jamais contraints d'envoyer leurs marchandises auxdites foires, s'il ne leur convient. Ces lettres ont été publiées d'après l'exemplaire du Trésor des chartes dans les *Ord. des Rois de France*, t. IV, p. 110.

## VII.

### 1310-1320.

LETTRES ET DOCUMENTS DIVERS CONCERNANT L'EXPÉDITION PROJETÉE CONTRE CONSTANTINOPLE PAR CHARLES DE VALOIS, FRÈRE DE PHILIPPE LE BEL, VEUF DE L'IMPÉRATRICE CATHERINE DE COURTENAY[1].

#### I.

1311, 14 avril. Venise, à Rialto.

Jacques de Caurroy, mandataire de Charles de Valois, reconnaît avoir reçu d'Étienne Benedetto ou Benetto, autrefois bourgeois de Saint-Jean-d'Acre, aujourd'hui de Venise, certaines sommes provenant de la vente de diverses armes et agrès retirés des galères du prince, ainsi que quatre trompes et une trompette d'argent, provenant desdites galères.

(Venise. *Commemorial.*, II, fol. 50-52.)

*Dominus dux mandavit quod infrascriptum instrumentum et littera infrascripta ad cautellam registrari deberent.* (Fol. 50.)

In Dei nomine, amen. Anno Domini millesimo trecentessimo undecimo, indictione nona, die mercurii, quartodecimo intrante Aprili, presentibus dominis Symone Leone de contrata Sancti Pauli, Leonardo de Molino dicte contrate, Marino Marco de Boninsegna de confinio Sancti Heustachii de Venetiis, Viviano de Çavigni de Normandia, Marino de Mentio de Ragusio, testibus ad hec vocatis et rogatis et aliis. Pateat omnibus evidenter, tam presentibus quam futuris, quod, cum ita sit quod

---

[1] Je donne les huit premiers documents en suivant l'ordre même de leur transcription dans le deuxième volume des *Commemoriaux*, parce qu'ils ne sont pas datés. Rapprochés des documents du n° VI, ils pourront suppléer en partie au silence à peu près complet des chroniques de France et d'Italie sur les préparatifs de cette expédition, qui, du reste, n'eut pas de suite. Charles de Valois s'était porté prétendant au trône de Constantinople en 1301, après son mariage avec Catherine de Courtenay, impératrice titulaire, et l'année suivante, 1302, il avait été reçu solennellement en cette qualité, à Rome, par le pape Boniface VIII (*Cont. de Guill. de Nangis,* ap. D. Bouquet, t. XX, p. 584, 667). En vue de ses projets sur Constantinople, Charles de Valois avait conclu, en 1307, un traité d'alliance avec Uroch, roi de Servie, que M. Ubicini a récemment publié. Voy. *Bibl. de l'École des Chartes,* 1873, p. 116.

Jacobus de Correo, de Francia, procurator magnifici domini domini Karoli, fratris domini regis Francie, tradidisset et dedisset in civitate Venetiarum, postquam applicuit de partibus Francie Venetias, domino Stephano Benedicto, de confinio Sancti Leonis de Venetiis, olim de Acon, libras viginti quatuor, solidos sex, et denarios sex et dimidium denariorum venetorum grossorum completorum, nominatim pro certis rebus et arnexiis, quas dictus Jacobus, presentibus dicto domino Stephano Benedicto, vendidit de fornimento galearum predicti domini Karoli, videlicet de sartiis veteribus miliar. quindecim libris sexcentum tribus, et de aliis sartiis magis veteribus milliar. tribus; et pro suprainsegnis quinquaginta; et pro lanzonis bene quingentis; et pro lanzonis parvis quadringentis quinquaginta; et pro lançonis scudatis trecentis triginta tribus; et pro banchis viginti quinque et pedebanchis quinque; et pro ballisteriis sexdecim; et pro stropis centum quadraginta; et pro una scalla de galea; et pro lanciis longis octo et ronchonis quatuor; et pro libris ducentis viginti quinque de claudis; quas quidem libras viginti quatuor, soldos sex, denarios sex et dimidium denarium venetorum grossorum completorum predictus Jacobus de Correo, procurator et procuratorio nomine predicti domini Karuli, ut dixit et confessus fuit, recognovit, contentus, confessus et manifestus fuit se in veritate et integre habuise et recepisse, in civitate Veneciarum, a dicto domino Stephano Benedicto, in pluribus vicibus, pro suis expensis et pro certis rebus necessariis factis per ipsum Jacobum in dicta civitate Veneciarum, pro dicto domino Karolo.

Item, predictus Jacobus, procuratorio nomine ipsius domini Karoli, fuit contentus et confessus se habuisse et recepisse in civitate Veneciarum, in alia parte, a dicto domino Stephano Benedicto, quatuor trumbas et unam trombetam de argento, que fuerunt facte propter dictas galeas; de quibus omnibus supradictis denariis et trombis et trombeta de argento dictus Jacobus, procuratorio nomine predicto, vocavit sibi a dicto domino Stephano Benedicto bene solutum et quietum, renuncians omni exceptioni non numerate, non date, non habite sibi dicte peccunie et non receptarum sibi dictarum trombarum et trombete de argento, et doli mali, condictioni sine causa, in factum actioni, beneficio nove constitutionis et legi de duobus vel pluribus reis debendis, et epistole divi Adriani, fori privilegio, et omni alii juri legum auxilio canonico et civili, omni pacto renunciationis tempore hujus contractus.

Et fecit ipse Jacobus de Coreo, nomine suo proprio in solidum et procuratorio nomine ipsius domini Karoli, pro quo promisit de rato habendo eidem domino Stephano Benedicto, pro se et suis heredibus stipulanti, de omnibus predictis libris xxiv. solidis sex, denariis sex et dimidio denario venetorum grossorum completorum, et trombis et trombeta de argento, plenam finem, confessionem, remissionem, quietationem, liberationem, absolutionem, et pactum perpetuum de ulterius non petendo et requirendo. Et voluit et mandavit ipse Jacobus, nomine suo, et procuratorio nomine predicto, quod omnia instrumenta scripture, policie publice et private, que unquam apparuerint de predictis denariis, trombis et trombeta de argento de predicto domino Stephano Benedicto, sint cassa et vana et nullius valoris, et pro cassis et vannis de cetero habeantur et teneantur.

Quam vero finem, remissionem, confessionem, quietationem, liberationem, absolutionem, et pactum perpetuum de ulterius non petendo et requirendo, et omnia supradicta promisit dictus Jacobus de Correo per se suosque heredes, obligando se et omnia bona presentia et futura pro dicto domino Karulo pro omnibus et singulis attendendis, et procuratorio nomine ipsius domini Karoli, eidem domino Stephano Benedicto, pro se et suis heredibus stipulanti, perpetuo firma et rata habere et tenere et in nullo contrafacere vel venire per se vel per alios, in judicio et extra, de jure vel dicto sive facto, sub pena duppli dicte quantitatis peccunie et trombarum et trombete de argento valentium, totiens exigenda quotiens contrafactum fuerit et contraventum stipulationi in singulis capitulis premissa, et pena soluta vel non, nichilominus contractu firmo remanente, sub obligatione omnium suorum bonorum et dicti domini Karoli, cujus est procurator presentium et futurorum; et cum refectione omnium damnorum et expensarum aut interesse litis et extra, credendo de dampno et expensis ac interesse soli simplici verbo dicti domini Stephani Benedicto, vel ejus heredum aut nuntii, sine sacramento et alia probatione quacumque.

In quorum omnium testimonium et certitudinem pleniorem, et ad cautellam et conservationem predicti instrumenti, ipse Jacobus manu sua propria subscripsit se, et sigillo suo cereo jussit appensione muniri; et de predictis omnibus et singulis rogavit per me, notarium infrascriptum, duo fieri instrumenta, unius et ejusdem tenoris.

Actum Venetiis, sub portico domus Sancti Georgii de Rivoalto. Et ego, Jacobus de Caurreyo, procurator domini mei Karoli supradicti, in predicto instrumento me subscripsi, et confirmavi et sigillo meo proprio apposui.

Ego, Philippus, filius condam Prandi Ygizi, notarii, imperiali auctoritate notarius et judex ordinarius, hiis omnibus interfui et rogatus scripsi.

## II.

[1311,] 1ᵉʳ juin. A Venise.

Lettre de Jacques de Caurroy écrite à Étienne Benedetto, peu avant son départ de Venise [1].

A son bon ami, sire Estien Benedit, in Rialto.

Sire Estiene, je m'en vois en France car il est temps. J'ai laissié à Miquiel Auberth le clef et les choses par escript, car sire Anthonins Dandele le me bailla por bon et loyal home. Et je me loe molt de sire Anthonin, car il me samble qu'il feroit volontiers toutes choses au profit de monseigneur messire Charle. Et je li ai laissie les trompes iiii. et un trompete, pour ce que vos sçavez comment que jo vous en aye doné quitance je ne les pooie traire fors de la terre. Miquiel vous baillera toutes vos choses. Il i a un linçol moult desquiré, je vous prie le me pardonés. Je sui toujors appareiliez de faire ce que je porroie por vos, salve la rayson de monsseigneur. Nostres sire vous gart. Donné ce premier jour de Juing.

Jaques de Corroi.

[1] Cette lettre, transcrite au folio 51, à la suite du reçu précédent et avant les mots : *Hec sunt instrumenta*, se retrouve dans le même registre, au fol. 95 v°.

III.

1311, 19 mai. A Venise.

Procuration de Jacques de Cauroy à Michel Alberti, de Venise.

*Hec sunt instrumenta et littere que erant apud Michaelem Albertum, que de mandato domini ducis et quatuor consiliariorum registrata fuerunt.*

In nomine Dei eterni, amen. Anno Domini millesimo trecentesimo undecimo, indictione nona, die sexto decimo mensis Aprilis, Veneciis, in ducali pallatio, presentibus discretis viris Joanne Fillaco Sancti Thome de Venetiis, Antonio de Gosmero Sanctorum Apostolorum, Michaele Beccario Sancti Geminiani, Angelo Formento Sancti Raphaelis, testibus rogatis, et ad hec specialiter convocatis. Ibique discretus vir Jacobus de Colroy, armiger egregii principis domini Caroli, regis Francie filii, Vallessie, Alençonis, Carnoti, Andegavieque comitis, procurator dicti principis, virtute procure scripte in millesimo trecentesimo decimo, die decimo octavo mensis Octobris, vise et lecte per me notarium infrascriptum, quam procuram idem Jacobus de Colroy habet a predicto domino Carlo, constituit et ordinavit discretum virum Michaelem Albertum, de Venetiis, ibi presentem et sponte recipientem, suum certum nuncium, actorem, verum et legitimum procuratorem, ad exigendum dennarios fallitorum in galleis predicti principis fabricatis pro negotio recuperationis imperii Constantinopolitani, a quibuscumque detentoribus ipsorum, cujuscumque condictionis seu status existant, coram domino duce Venetiarum vel suis officialibus. Dans eidem procuratori suo mandatum speciale agendi pro ipso, ipsumque deffendendi et jurandi in animam ipsius, si opus fuerit, et faciendi quodlibet aliud juramentum, quod ordo juris postulat et requirit, ceteraque faciendi in predictis, et circa predicta, que ipsemet posset facere, si personaliter interesset, et que merita causarum postulant et requirunt. Dans insuper eidem procuratori suo mandatum speciale predictos dennarios fallitorum de dictis galleis recipiendi, finem, remissionem, et quietationem de dennariis, quos receperit inde faciendi, prout sibi videbitur expedire. Promittens idem Jacobus de Colroy, mihi notario infrascripto, stipulanti vice et nomine omnium quorum interest vel interesse potest, firmum, ratum, gratum habere et tenere, ac inviolabiliter observare quicquid in predictis et circa predicta factum fuerit per predictum suum procuratorem, nec contrafacere vel venire aliqua ratione vel causa, sub hyppotheca omnium suorum bonorum presentium et futurorum, et si opus fuerit judicatum solvi pro ipso.

Ego, Marcus, quondam domini Henverardi de Sacillo, imperiali auctoritate notarius, et scriba domini ducis Venetiarum, hiis omnibus interfui, et rogatus scribere scripsi.

### IV.

#### 1311, 16 avril. A Venise.

Inventaire des armes et agrès préparés pour les galères de Charles de Valois et laissés en dépôt à Venise par Jacques de Caurroy, à la garde de Michel Alberti.

L'an M.CCC.XI mecredi, à XVIIII jors de May, ge Jacques de Corroi, escuiers monsignor Charle, frere du roi de France, baillai à Miquel Albert, de la contrade de Sante Jude, la clef de case Morisine devant Saint Angele[1] eu le remanant du fourniment des gallées monsseigneur desus dict; est c'est à dire de v. galées et de un leing, qui sunt derier Saint Grégore à Venise. Et les parties dou dit remanant dou forniment sont celes qu'il s'ensuit.

Baillais au dit Miquel rimes, c'on dist arrimons, v<sup>c</sup> LXI. Item, remes tensarols, III<sup>c</sup> VIII. Item, rimes dou leing, LXIII. Item, remes rons, C. L. Item, arbres VI. Item, preses d'antenes XI. Item, rimons XIII. Item, scales V. Item, rampegon de fer I. Item, taulef de roure, qui sunt immet la sale XIII. Item, tailles et ragles de superche oultre celes qui sont en la cambre par fornement, LXXX. Item, chevron de fraine L. Item ligname qui est laboré de rimes por pendre d'arbalestres et sobren-

---

[1] Sans doute sur l'emplacement du beau palais des Morosini, aujourd'hui à M<sup>me</sup> la comtesse Gatterburg-Morosini, dernière représentante de cette célèbre famille.

segnes quant messire P. fu à Sant Agostin. Item, lances, bonnes que mauvaises, cx. Item, arbalestres que rotes que saines lx. Baudres lx. Item, kaines de fer vi. Item, manece de cuir iii. Item, contene de fer ii. Item, colare rom de fer xiii. Item, vans de plate ii. Item, baillai audit Michel, en une cambre sur canal, ligname d'albade et dontes former banc pié de banc valesiere et autre lignam que besogne as galées. Item, stropi cent l. Item, lançoir petit iii$^c$ iiii$^{xx}$.

Item, en le cambres desus, sont aes d'albede vi$^c$. Item, en le dite cambre, cheveron de France v. Item, aches viii. Item, dans cxxx. Item, chapias de fer vii. Item, escus que bons que mauvaises, vii.

Item, en le cambre desous la cambre haut, sont ais d'albede et aultre ligname. Item, barili x. Item, masceli vi. Item, ferali viiii. Item, pique de fer xii. Item, peles de fer iii. Item, le fust d'un petit engin faire de rimes. Item, pirie ii. Item, qurepial et autre farre bone, qui peut pesser circa libr. iiii$^c$. Item, rampegon enastade iiii.

Item, en l'une des deux cambre où estoit la sarche, si sont demorés en i. mont toutes les capelles en anellees de sarre qui sunt besogne pour v gallées et un leing.

Toutes les choses dessus dictes, je, Jacques de Cauroi, laisai audit Michel en ces escrit fait de sa main et seelé de son seel. Et j'ai mjs por plus grant vérité mon scel en ceste escrit. Et ne veull que nesune chose se vende au comun de Venise, tant que j'aie parlé à monsignor messire Karle, ne à autre persone, et jusques adont que le dit Michel aie commandement doudit monsignor messire Karle, ou letre escrite de ma main.

### V.

[1311,] 3o mai. A Venise.

Lettre de Jacques de Caurroy à Michel Alberti.

Jou, Jacques de Caurroi, serjans d'armes mon tres chier et redouté seigneur, monseigneur Charle de France, ordene à Miguiel Albert, cytoien de Venize, demmorant à Saint Jude, que les deniers des defallans sur galées qu'il doit faire escondre et recouvrer por le vertu de une procuration que luy a faite maistre Marche, notaire du duc de Veneza, à ma requeste, que le dit Miguiel sauve et guarde loyalment les dit deniers qu'il recouvra sans amenuisier le carel de monseigneur, salve que le dit Miquiel puisse doner carel de vingt livres trente sols as serjans qui pour ce faire travailleront. Et ordene encore que ledict Miquiel fasse apointer les gallés que elles ne chieent et mete de sponsaire jusques à douze sols de gros. Et ordene encore audict Michiel que il ne face quittance à nessun, se non des deniers qu'il recevra tant seulement. Et de faire ben et loiaument toutes les choses dessus dites le dit Michiel Albert m'a faicte une letre escrite de sa main, seelée de son seel, et de non faire autre sur l'obligation de tous ses biens. En tesmoing de ce, j'ay escript ceste letre de ma main et selée de mon seel.

Donnée et faite à Venise, diemence, jour de Pentecoste, l'an de grace M. III$^c$. XI.

VI.

[1311,] 16 septembre. Au château du Vivier.

Lettre de Charles de Valois à Michel Alberti.

Carolus, regis Francie filius, Vallesie, Allençonis, Carnoti, Andegavie comes, dilecto nostro Michaeli Auberto de Veneciis salutem et dilectionem. Quoniam in negociis nostris super recuperationem furnimenti gallearum nostrarum et etiam denariorum fallitorum curiose laborastis et adhuc quotidie laboretis, ut dictum fuit nobis per Jaquettum de Caurroy, armigerum nostrum, et prout in nostris litteris continetur, quas vidimus; scientés autem quod gratum recepimus servitium vestrum, et sicut hactenus in predictis negotis incepistis laborare, vobis mandamus et deprecamur quattenus ad recuperationem predictorum studiose intendatis voluntatem nostrarum gallearum et residui furnimenti. Quicquid inde feceritis, ordinabimus et in brevi. Vale. Scriptum in domo nostra Vivarii, Jovis post Exaltationem Sancte Crucis.

## VII.

[1311,] 30 septembre. A Reuilly.

Lettre de Charles de Valois à Michel Alberti.

Carolus, regis Francorum filius, Vallesie, Allençonis, Carnoti et Andegavie comes, dilecto nostro Michaeli Alberto, de Veneciis, sinceram dilectionem et salutem. Litteras vestras, de galleis nostris que sunt in Veneciis facientes mencionem, recepimus cum affectu, et° earum continentiam intelleximus diligenter. Gratumque plurimum habemus quod nobis statum significastis predictarum gallearum, vos scire cupientes, quod ad vos in brevi mittere proponimus aliquem virum qui una vobiscum de illis ordinabit, prout ambo videritis ordinandum. Vale. Datum apud Ruilliacum, ultima die Septembris.

## VIII.

[1312,] 1er février. A Pierrefonds.

Lettre de Charles de Valois à Michel Alberti.

Carolus, regis Francie filius, Vallesie, Allençonis, Pertici, Carnoti, Cenomannie et Andegavie comes, dilecto nostro Michaeli Alberto, salutem et dilectionem. Libenter recepimus litteras vestras, quas nobis lator presentium presentavit, et eorum seriem pleno collegimus intellectu. Gratum valde gerentes consilium vestrum, quod nobis super facto nostrarum gallearum nobis impendistis, per litteras antedictas, et vobis significamus quod intentio nostra est de galleis antedictis, quam citius ad hec vacare poterimus, juxta formam nobis per vos mandatam, ordinare. Data apud Pifons[1], in vigilia Purificationis Virginis gloriose.

## IX.

[1315,] 3 octobre. Senlis?

Lettre de Jacques de Caurroy à Michel Alberti.

Venerabili viro amico suo et fideli, Michaeli Alberto, civi Veneciarum,

[1] *Sic.*

suus Jaquettus de Caurroy, serviens armorum regis Francie et domini K. ejus avunculi, salutem et sincere dilectionis affectum. Litteras vestras recepi vigesimo quarto die Septembris, continentes quod numquam habuistis responcionem de me, quamvis pluries mihi scripsistis. Scientes autem quod semper vobis scripsi de galleis et furnimento, scientes autem certissime quod nunc et alias locutus fui cum domino per multociens, et ipse dixit mihi : « bene ordinavimus, » et in brevi et bene computavi sibi, et dixi expensas terre, ubi sunt gallee et expensas domus[1]..... opporteret me expectare voluntatem suam, et videre quid faciet; et per multas vices dixit mihi, quod valde bene intendit de hiis omnia sua jura recuperari. Credo vos habere nova in brevi quid faciet de omnibus istis; sed multas tribulationes evenerunt in Francia, postquam recessi Veneciis; permultociens locutus fui cum domino de vobis, dicens omnia que inveni specialiter in vobis; et ipse servicium vestrum in corde suo valde bene retinet, sicut vobis scripsit per litteras suas. Penitet me de domino Antolino Dandolo, et quamvis habeam litteram scriptam de manu sua quomodo recepit a me quattuor trompas et unam trompettam in guardia, dominus noluit ut Venecias misissem, ne perderetur. Si Papa factus est[2], opportet dictum Karulum esse ad coronamentum ejusdem; et bene habeo in momento provisionem filii vestri, et dominus in hoc libentissime laboraverit. Deprecor vos ex intimo cordis affectu, quattenus mittatis mihi Parisius, per quendam mercatorem vel alium nuncium fidelem, infra prima die Jannuarii, quattuor centum pellos, quolibet pello valoris duorum venetorum, vel circa. Et si non potestis invenire tantum, mittatis mihi trecentum, vel ducentum ad minus; duo paria tabularum, et duodecim boconos grossos de musquo. Hoc faciatis sine dilacione. Salvete mulierem vestram, filios et filias. Valete in longitudine dierum. Date lattori presentium duos solidos grossorum.

Scriptum Salvainterre[3], [die] veneris post festum Beati Remigii prima die Octubris.

[1] *Sic.* — [2] Clément V était mort le 20 avril 1314; Jean XXII fut élu le 7 août 1316. — [3] Ou *Salvanecten.*

## X.

[1320,] III<sup>e</sup> indict., 30 juin. Avignon.

Philippe d'Anjou, prince de Tarente, empereur de Constantinople, quatrième fils de Charles II d'Anjou, accrédite auprès de Jean Soranzo, doge de Venise, Léon de Imperatore, son conseiller, pour traiter avec la République d'un nouveau projet de conquérir Constantinople, sur les bases arrêtées précédemment avec Charles de Valois, son beau-père.

(Venise. *Commemor.*, II, fol. 89.)

Magnifico viro domino Johanni Superantio, Dei gratia, Veneciarum atque Chroatie duci, et domino quarte partis et dimidie totius imperii Romanie, Philippus, eadem gratia, Constantinopolitanus imperator, Romeorum moderator, princepsque Tarenti, successus ad vota prosperos et salutem. Disponentes, divina gratia annuente, ad recuperationem dicti imperii cum armigere gentis nostre exfortio vacare in proximo et intendere curiose, auxilium vestrum, cujus et in hac parte geritur negocium, et maxime galearum et armigere gentis in illis navigantis suffragia, non absque communis vestri exaltacionis multiplici comodo, postulamus societatem circa recuperationem imperii cum illorum confirmatione pactorum et conventionum earum continentia seriosa, cum quibus alias inter inclitum principem dominum Carolum, Valesie comitem, reverendum dominum patrem nostrum, et comune ipsum egregium, societatis federa circa recuperationem fuere imperii firmata jamdicti, vel aliter melius prout inter nos et vos aptius poterit, et comodius convenire, si complacet, appetentes. De hiis nempe cum domino Belleto Falerio et Philippo Belligno et sociis, ambasiatoribus vestris, dudum, proxime in anno secunde indictionis, in Romana commorantibus curia, tractatum et collationem verbo tenus habuimus pleniorem. Et pro vestro inde super premissis certitudinaliter habendo responso dominum Leonem de Imperatore, prothontinum Trani, militem, familiarem consiliarium et familiarem nostrum, ad vos presentialiter providimus destinandum, magnificenciam vestram affectuose precantes quatenus dicto militi nostro velitis super premissis confidentius credere quicquid ex parte nostra vobis retulerit viva voce, ac per eum vestri et comunis vestri in premissis propositum et placitum referre, utique litteratorie et etiam seriose.

Datum Avinione, die ultimo mensis Junii, tercie indictionis.

## XI.

1320, 4 octobre. Paris, au port S. Victor, sur la Seine.

Compromis entre Charles de Valois et le mandataire du doge de Venise, Benoît de Molino, au sujet des réclamations élevées contre la République qui avait empêché la vente de cinq galères et d'un lin que le duc avait achetés et fait armer à Venise, lorsqu'il s'était agi d'une expédition contre Constantinople. Le duc se déclare satisfait de la somme totale des cinq mille florins reçus, et en donne quittance à la République.

(Venise. *Commemor.*, II, fol. 89 v°.)

*Exemplum concordie et quietationis domini Karoli de Francia, pro facto galearum et societatis Constantinopolis.*

In Christi nomine, amen. Nos Karolus, regis Francie filius, Valesii, Alenzonis, Carnoti et Andegavie comes, notum facimus universis et singulis presentibus et futuris, quod, cum nos virum egregium et potentem amicum nostrum dilectum, dominum Johannem Superancio, ducem Veneciarum, communitatemque civitatis ejusdem, insequeremur seu prosequeremur occasione quinque galearum et unius ligni, una cum universo apparatu earum, quas et quod habebamus in districtu Veneciarum, tempore pactorum initorum et factorum inter nos ex una parte, et dictos dominum ducem et communitatem Veneciarum ex altera, pro acquisitione seu recuperatione imperii Constantinopolitani, quas etiam ordinaveramus et mandaveramus vendi et utilitatem nostram sequi per... gentes nostras; quas galeas cum dicto ligno dicebamus nobis per ducem atque communitatem predictam adeo impeditas fuisse in venditione et explectatione ipsarum, quod damnum inde substinuimus non modicum et jacturam; prosequeremurque ducem et communitatem predictam, occasione certarum conventionum seu contractuum inter nos et ipsos, ratione recuperationis imperii Constantinopolitani initarum, prout in certis instrumentis publicis inde confectis plenius dicitur apparere; quas conventiones non tenuerunt, nec observaverunt pactum quemadmodum debuissent, ymo [contra]venerunt et fecerunt, unde incomoda multa substinuimus et ingentia gravamina atque damna; petentes ab ipsis tam dictarum galearum quam conventionum societatis, unionis et pactorum quorumcumque aliorumque, quomodolibet possent dici vel cogitari, non servatorum, nobis damna, interesse atque gravamina restitui, ac etiam emendari; proponente in contrarium nobile viro Benedicto de Mollino, ex parte dictorum domini ducis et communitatis nuntio misso, plures rationes et causas, quare ad dictorum damnorum restitutionem minime tenebantur.

Super quibus habitis inter nos et ipsos pluribus et diversis tractatibus concordie atque pacis, tandem, considerato a nobis sincere dilectionis et veri amoris vinculo, quo ab olim ad ipsos astringimur, et ut etiam inter nos et ipsos de cetero vigeat verus amor, paxque et tranquilitas foveantur, nos, pro bono pacis et concordie, cum dicto nobile viro Benedicto de Mollino, nuntio et procuratore dictorum ducis et communitatis Veneciarum, prout nobis constitit per instrumentum publicum tenoris infrascripti[1], bulla plumbea ipsius ducis, ut prima facie apparebat, munitum, manu Nicolai Passamonte, imperiali auctoritate notarii et ducatus Veneciarum scribe, conscriptum, concordavimus et pacificavimus, pro nobis et nostris heredibus atque successoribus, pro ipsis duce, communitate et eorum heredibus et successoribus, ac quibuscumque singularibus et specialibus personis, super quibuslibet debatis seu damnis, gravaminibus, interesse, expensis, questionibus et querelis predictis, pro certis et determinatis florenorum summis, videlicet pro iiii<sup>m</sup> florenorum auri de Florentia boni et recti ponderis, de qua summa jam recepimus duo milia florenorum ab infrascriptis mercatoribus de Veneciis, silicet Johanne de Molino et Andriolo Bonveneciano de Veneciis, alia quoque duo milia florinorum habuimus et recepimus per manum Benedicti, nuntii et procuratoris predicti. Item etiam pro certis jocalibus arrestatis in manu Bartholamei dicti Languille, habui-

---

[1] Au ms. *Infrascriptum*.

mus et recepimus mille florenos, ad quos jocalia predicta arrestata fuerunt; de quibus quinque milibus florenorum tenemus nos, pro nobis et nostris heredibus et successoribus, plene et integraliter pro paccatis et eciam pro contentis.

Pro qua summa dictorum v$^u$ florenorum auri, sicut premittitur, per nos receptorum, dictos ducem, communitatem, fideles et subditos et quascumque speciales et singulares personas, quocumque nomine nominentur, et eorum heredes et successores, pro nobis, nostris heredibus atque successoribus, de dictis quinque galeis et uno ligno, galistis, armis, tubis, remigiis, stipendio, nabulo, panatica, sarchia, velis, rebus et arnesiis et omnibus aliis quibuscumque eorum apparatibus, quibus posset dici, cogitari, comprehendi vel intelligi pro furnimento, necessitate et apparatu galearum et ligni predictarum, quitamus et absolvimus, quietavimus et libere et expedite absolvimus, remittimus et remisimus penitus et imperpetuum per presens instrumentum publicum, nostro sigillo pendente munitum; ipsosque cum eorum heredibus et successoribus, de omnibus et singulis pactis, societatibus, conventionibus, unionibus, questionibus, querellis, cavillationibus, treuguis, penis, protestationibus, petitionibus et requisitionibus habitis cum eisdem, vel eorum predecessoribus, nobiscum, vel cum procuratoribus seu ambaxatoribus nostris, occasione et ratione recuperationis imperii Constantinopolitani, vel quibuscumque aliis conexis, vel ab eis dependentibus, quomodolibet possent dici, comprehendi vel cogitari, quitavimus et absolvimus in perpetuum, pro nobis nostrisque heredibus et successoribus, promittentes predicto Benedicto, nuntio et procuratori, et tibi notario infrascripto, stipulantibus et recipientibus vice et nomine dictorum ducis et communitatis Veneciarum, et omnium quorum interest vel interesse poterit in futurum, pro nobis et nostris heredibus et successoribus, gratum, firmum et imperpetuum ratum habere et tenere, et non contravenire per nos vel alium seu alios contra quitationes predictas, aliqua ratione, vel causa, jure, modo, vel ingenio, bona fide, sub obligatione omnium nostrorum bonorum presentium et futurorum.

Tenor vero procuratorii, seu instrumenti publici, de quo supra fit mentio, sequitur in hec verba :

« In nomine Domini, amen. Anno ab Incarnatione ejusdem millesimo
« trecentesimo vigesimo, indictione iii$^a$, die Martis, octavo mensis Aprilis.
« In pleno et generali consilio civitatis et communis Veneciarum, ad
« sonum campanarum et voces preconum, more solito, congregato, illus-
« tris et magnificus dominus, Johannes Superantio, Dei gratia Venetia-
« rum, Dalmatie atque Chroacie dux, dominus quarte partis et dimidie
« totius imperii Romanie, cum suis minori et majori consilio, et homines
« ipsorum consiliorum, nomine suo et dicti communis Veneciarum, et qua-
« rumcumque personarum et fidelium ipsius domini ducis et dicti commu-
« nis, fecerunt, constituerunt, creaverunt et ordinaverunt, et faciunt, con-
« stituunt, creant et ordinant, suum et dicti communis et personarum,
« verum, certum, legitimum et sufficientem nuntium, procuratorem, ac-
« torem et sindicum et quicquid melius esse et valere potest et poterit,
« nobilem et sapientem Benedictum de Mollino, civem Veneciarum, licet
« absentem, specialiter ad se presentandum coram magnifico et potente
« domino Karolo, filio serenissimi domini Francorum regis, et ad com-
« parendum, concordandum et paciscendum cum ipso domino Karolo,
« et compositionem, pactum et concordiam querendum, tractandum,
« faciendum et firmandum cum eodem, vel suo procuratore legitimo,
« de omnibus et singulis questionibus et obscuritatibus, que essent vel
« esse viderentur inter ipsum dominum Karolum ex una parte, et do-
« minum ducem et commune et homines Veneciarum ex altera; et de
« omnibus et singulis petitionibus, requisitionibus et querelis, quas dic-
« tus dominus Karolus dicere vel facere posset contra dictum dominum
« ducem, commune et homines Veneciarum; et e converso, occasione
« quarumcumque galearum, navigiorum, armorum, remigiorum, pac-
« torum et penarum, et aliorum hiis quomodolibet connexorum et de-
« pendentium ab eis, et omni alia ratione, causa, casu vel modo qui
« dici vel excogitari possent; et eis omnibus et singulis finem imponen-
« dum per omnem modum et formam, quibus melius ipsi sindico et
« procuratori videbuntur; et omnem liberationem, remissionem, finem

« et pactum de ulterius non petendo imperpetuum petendum et reci-
« piendum ; ac in faciendum et ad faciendum eidem domino Karolo vel
« ejus procuratori legittimo, et ab eo etiam recipiendum omnes promis-
« siones et obligationes pecuniarias penales et sine pena, renuntiationes
« et omnes cautelas utiles et necessarias in predictis et quolibet predic-
« torum, etiam cum sacramento, si fuerit oportunum, et cum qualibet
« firmitate. Et ad obligandum bona communis Venetiarum, de atten-
« dendo et observando omne et totum id quod actum, compositum et
« concordatum fuerit inter eos, occasionibus supradictis. Et ad omnia et
« singula, expressa et non expressa, dicendum et faciendum, que in pre-
« dictis et circa predicta et quolibet predictorum fuerint quomodolibet
« oportuna, etiam si talia sint que mandatum exigant speciale; et que
« ipsi dominus dux et commune et homines Veneciarum facere possent,
« si presentes essent. Dantes eidem suo sindico et procuratori, in pre-
« dictis et circa predicta, liberam et generalem administrationem et po-
« testatem; ac promittentes michi notario infrascripto, stipulanti et re-
« cipienti, nomine et vice cujuslibet cujus interest vel interesse posset,
« gratum, ratum et firmum perpetuo habituros quicquid per dictum
« eorum sindicum et procuratorem actum et gestum fuerit in premissis
« et quolibet eorum, sub obligatione bonorum communis Veneciarum,
« presentium et futurorum.

« Actum in ducali palacio Veneciarum, in salla majoris consilii, pre-
« sentibus dominis Nicolao Pistorino vicecancellario, Marcolino Nicolao
« de Geziis et Nicolao de Marsilio ducatus Veneciarum scribis, testibus
« et aliis ad hec vocatis et rogatis. In quorum omnium testimonium
« et fidem plenariam, mandavit prefatus dominus dux presens instru-
« mentum per me notarium infrascriptum conscribi et sua bulla
« plumbea communiri. Ego Nicolaus Passamonte, imperiali auctoritate
« notarius et ducatus Veneciarum scriba, predictis interfui et rogatus
« scripsi. »

In quorum omnium testimonium et fidem pleniorem, nos, prefatus
Karolus comes, presentes litteras seu presens instrumentum publicum
per Johannem Rufi de Cruce, notarium publicum, scribi et publicari

mandavimus et sigilli nostri magni una cum signo et subscriptione ejusdem notarii appensione muniri.

Datum et actum in Portu Sancti Victoris, Parisius, super Secanam, in navi, anno Domini m.ccc.xx. indictione iiiª, mensis Octubris, die iiiª; presentibus et astantibus ibidem carissimo Karolo filio, dilectis et fidelibus Johanne de Cerchemont, cancellario, Petro de Diciaco, militibus, et Johanne Billovardo, consiliariis et familiaribus nostris, testibus ad premissa vocatis specialiter et rogatis.

Ego Johannes Ruffi de Cruce, Lausannensis diocesis, alias dictus de Sabaudia, clericus, apostolica publicus auctoritate notarius, premissis una cum dictis testibus interfui, et ea de mandato dicti domini Karoli comitis in hanc formam publicam manu propria conscripsi, signumque meum huic instrumento publico consuetum apposui, sub anno, indictione et die quibus supra, pontificatus sanctissimi patris et domini nostri domini Johannis, divina providentia, pape vigesimi secundi, anno quinto.

## VIII.

### 1318-1339.

AFFAIRES DIVERSES ENTRE MONTPELLIER, MARSEILLE ET VENISE.

#### I.

1318, 27 février. A Montpellier.

Le lieutenant royal de Montpellier fait constater, à la demande de Guillaume de Fraganesco, envoyé du doge de Venise, que, nonobstant l'avis publié pour inviter les porteurs de lettres de marque lancées contre la République de Venise à se faire inscrire à la cour de Montpellier, nul intéressé ne s'est présenté au greffe de ladite cour.

(Venise. *Commemor.*, II, fol. 54 v°.)

Anno Domini m°. ccc°. x°. vii°, et vigesima septima die mensis Februarii, domino Philippo, Dei gratia, Francie et Navarre rege regnante. Noverint universi et singuli quod dominus Johannes Ricardi, jurisperitus, locum tenens domini judicis curie regie Montispesulani, precepit et in mandatis dedit ad requisitionem Guillelmi de Fraganesco, nuncii seu ambaxatoris illustris domini ducis et comune Venetie, Richardino de Boncino, preconi jurato curie regie Montispesulani, quod ipse preconizet, per partem domini nostri Francie regis, in urbe Montispesulani, talem preconizationem ut sequitur:

« Manda la cort de nostre senher le rey de Fransa a tuta persona de
« qualque condicion que sia, que aia Marca sobre o contra Venexia,
« que la venga far escriver a la corte de nostre senher le rey de Fransa,
« per huey tot jort, car duey en lay non seria ausistet. »

Et incontinenti, dictus preco volens et affectans adimplere mandatum sibi factum ad requisitionem dicti Guillielmi de Fraganesco, preconizavit, per partem dicti domini Franchorum regis, in Montepesulano, in locis consuetis et prout superius erat sibi datum in mandatis. De quibus omnibus et singulis supradictis predictus preco petiit sibi fieri publicum instrumentum per me notarium infrascriptum, presentibus testibus Johanne Galigo, Thomatio Vincentii et me Raymondo Bichoni, notario regio publico.

Postquam, anno et die quibus supra, per dictum preconem superius prefixa in dicta preconizatione, omnibus qui conqueri vellent de predictis preconizatis, nullus comparuit in dicta curia regia, licet legitime et usque ad noctis tenebras expectati essent per dictum dominum Johannem Richardi, locum tenentem judicis regii predicti; de quibus dictus dominus Johannes Richardi, locum tenens judicis, precipit per me notarium infrascriptum fieri publicum instrumentum, presentibus testibus, a parato proximo citra, magistris Bernardo de Favencina, Petro Textoris, jurisperitis, et me prefato Raymundo Bichoni, notario publico dicti domini nostri Francie regis, qui requisitus predicta in notam recepi vice cujus et mandato.

Ego Beraldus de Langiaco, clericus juratus et substitutus a dicto magistro Raymundo predicto, omnia de dicta ejus nota non cancellata scripsi, sumpsi fideliter et extraxi.

Ego idem Raymundus Bichoni, notarius suprascriptus, ad majorem omnium premissorum firmitatem habendam, hic me subscripsi et signo meo proprio signavi.

## II.

1318, 21 juin. Marseille.

Réponse de la commune de Marseille à Guillaume de Fraganesco, envoyé de la République de Venise.

(Venise. *Commemor.*, II, fol. 36.)

*Responsio ambaxate Guillielmi de Fraganesco facta per Masilienses.*

Ad ambaxatam propositam per discretum virum Guillielmum de Fraganesco, nuntium magnifici domini ducis et comunis Venesie, pro parte ipsius domini ducis et comunis Venesie, in majori consilio Masilie, die sabati decimo septimo mensis Junii, prime indictionis, et ad scriptum quod subsequenter porrexit et dedit sapientissimo viro domino Gaufredo Berengarii, legum doctori, judici palatii et vicevicario, et dicto consilio Masilie, super substantia dicte ambaxate, responsum fuit, pro parte dicti consilii Massilie, quod non vident comodo possint satisfacere suis dampnificatis de Massilia, cum comune Massilie non habeat pecuniam seu redditus vel introytus unde satisfacere possint, cum ipsi redditus ad dominum regem[1] pertineant. Et si haberent pecuniam aut redditus vel introitus, postquam debita sunt equalia, hinc et inde essent contenti satisfacere suis dampnificatis, et comune Venesie satisfaceret suis, prout dictus Guillielmus requisivit in prima parte sue ambaxate.

Ad secundam partem dicte ambaxate contentam in dicto scripto, que dicit quod ipse Guillielmus, nomine dicti domini ducis et comunis Venesie, ut factum dicte concordie non frangatur, est contentus quod omnes homines de Venesia venientes seu de suo mittentes Massiliam vel districtum et cetera, prout in ipso scripto continetur per totum, responsum fuit pro parte dicti consilii Massilie quod dictum pactum non videtur eis rationabile, salva reverentia domini ducis et comunis

---

[1] Au roi de Naples, Robert d'Anjou.

Venesie, eo quod damnificati et debentes recipere utriusque partis nimium expectarent suas solutiones, videlicet summam pecunie tractatam et ordinatam per tractatores et consilium Massilie, nomine totius comunitatis, ex parte una, et dictum Guillielmum, nomine domini ducis et comunis Venesie, ex altera, que est turonensium grossorum LXXVIIII$^\text{M}$.vi$^\text{c}$.LXVI. pro parte, et in mora esset periculum; sed habita solempni et matura consideratione et deliberatione, videtur eis justum, et pro bona equitate hoc dicunt, ut dampnificati et debentes recipere utriusque partis cicius veniant ad suas solutiones, quod debeat ita ordinari et fieri quod omnes homines de Venesia venientes seu mittentes de suo in Apuliam et per totum districtum partium regis serenissimi, domini nostri regis Roberti, solvant duos denarios pro libra, cum ista conditione quod unus ipsorum denariorum deveniat in Massilienses et alter in Venetos; et omnes homines de Massilia euntes vel de suo mittentes ad dictas partes solvant tres denarios pro libra, cum condictione antedicta, videlicet quod medietas dictorum trium denariorum deveniat in Venetianos et alia medietas in Massilienses; et homines de Venetia non possint nec debeant solvere ultra dictos LXXVIIII$^\text{M}$.vi$^\text{c}$.LXVI. turonenses grossos, nec homines Massilie ultra dictam quantitatem, ut debentibus recipere utriusque partis debeat satisfieri et satisfiat de pecunia supradicta.

Et si dominus dux et comune Venesie sunt contenti de dicto partito, dominus vicarius et dictum consilium Massilie, nomine totius civitatis, contentantur, et placet quod exactio dicte pecunie debeat fieri per modum convenientem et per viam que magis sit secura, ne aliqua deceptio seu fraus possit fieri vel committi. Et si quis, tam unius partis quam alterius, resisteret et nollet solvere laudum seu impositum predictum, vel committeret aliquam fraudem in predictis vel circa predicta, dummodo legitime constarent, quod comunia teneantur, quodlibet comune pro parte sua; et sunt contenti quod de omnibus represaliis concessis hinc et inde et de omnibus rebus depredatis et injuriis factis, tam per unam partem quam per aliam, debeant fieri per dicta comunia, per se et omnes cives suos subditos et districtuales, generales fines et quietationes et instrumenta de novo decentia et convenientia et apta predictis, cum penis et obligationibus necessariis et oportunis, adjecto quod fiant hinc inde per unam comunitatem alteri cessiones jurium et actionum competentium nominatim et specialiter contra illos et bona eorum, per quos expresse dampna, gravamina, represalie, derobationes et injurie fore commissa, irrogata et illata vicissim.

Predicta autem reformatio fuit facta et data in scriptis, ex parte dicti consilii Massilie, predicto Guillielmo de Fraganesco, die xxi. Junii, anno Domini m°.ccc°.xviii°., per me Johannem de Cavaillano juniorem, notarium Massilie, qui hoc scripsi.

### III.
1328-1329.

Lettre de Philippe VI, roi de France, au doge de Venise,
en faveur de deux bourgeois de Montpellier.

(Venise. *Commemor.*, III, fol. 32 v°.)

*Exemplum quarundam litterarum domini regis Franchorum pro Guillielmo Pincharello et Johanne de Cruce.*

Philippus, Dei gratia, Franchorum rex, nobili et potenti ac prudenti viro, Francisco Dandulo, duci Venecie, salutem et dilectionem. Vestras litteras gratanter per vestrum certum nuntium recepimus, die quarta Maii, in sui serie continentes affectionem quam ad nos habetis, ac favorem et benignitatem per vos impensam Guillielmo Pincharello de Premano, nomine suo ac nomine quondam Johanis de Cruce, de Montepesulano, burgensibus et subditis nostris, ob affectionem et dilectionem quam ad nos geritis, super querimoniis apud vos ex parte dicti Guillielmi, quibus supra nominibus, delatis contra Andrcolum Dedo, de Venecia. Ex quarum affectionis et favoris exibitione contenti, vobis referimus gratiarum actiones, offerentes nos exibere favorabiles ac paratos vobis ac vestris subditis in simili casu vel majori, et ad ea que ad vestri promotionem honoris, ut deceret, respicerent incrementa. Data die xvii. Maii.

## IX.

1319, juillet.

Privilége commercial accordé aux Vénitiens à la suite de l'ambassade de Pantaléon Micheli, par Alexis II, empereur de Trébizonde, concernant la liberté des transactions, le tarif des douanes, la possession d'un entrepôt et d'une église, et la juridiction du consul vénitien, à Trébizonde.

(Venise. Archiv. générales, *Libri Pactorum*, IV, fol. 156-157.)

Imperium meum, gratia Dei, a principio usque ad presens semper habuit et dilexit pacem cum omnibus. Et ad presens diligit et habet, ut convenit, non solum cum circa vicinis nostris, diligit imperium meum et habet pacem, sed eciam cum omnibus a longe morantibus.

1. Postquam nobilissimus et sapientissimus vir, dominus Johannes Superancio, dux, et cetera [1], amicus intimus imperii mei, cum nobilibus dominis terre sue, misit ad imperium meum nobilem virum ser Pantaleonem Michael, in suum ambaxatorem, petentem, ex parte dicti domini ducis, pacem et concordiam legitimam cum imperio meo, et quod possit dictus dominus dux facere scalam in Trapesonda, sicut faciunt Januenses; illam ambaxatam dicti domini ducis et nobilium terre sue libenter accepimus et intelleximus, predicto domino Pantaleoni ambaxatori dantes presens privilegium, continens quod amodo nobiles et fideles Venecie, tam parvi quam magni, habebunt acceptationem benignam imperii mei, eundi et redeundi per imperium meum, securi, sine aliqua molestia sive impedimento, in omnibus partibus imperii mei, tam civitatibus quam castris; adhuc quod dicti nobiles et fideles Venecie, tam parvi quam magni, possint secure ad civitates et portus imperii mei venire, stare et recedere, sine molestia aliqua imperii mei et nobilium virorum meorum et capitaneorum, et etiam navium et galearum mearum, et omnium navigiorum meorum; facientes in omnibus partibus supradictis mercimonia et negocia sua omnia, tam ipsi Veneti quam procuratores et nuncii ipsorum, tam per terram quam per mare,

---
[1] *Sic.*

ad eorum voluntatem, solvendo tamen comerclum solitum[1]. Postquam ergo quod dictus dominus dux et nobiles Venecie rogaverunt imperium meum et intencionem suam, et securitatem posuerunt super me, et ostenderunt se esse servitores imperii mei, precepit imperium meum et denunciat per presens hoc privilegium quod dicti de Venecia debeant solvere rectum comerclum, sicut Januenses solvunt, neque plus neque minus.

2. Et ad hoc ut ipsi sciant comerclum quod debent solvere, precipimus sic quod solvant de qualibet sauma mercimoniarum, quam aportabunt per mare et debent ipsam per terram extrahere occasione vendendi, xx. aspros monete imperii mei[2].

3. Item, de omnibus mercationibus que disligabuntur in partibus mei imperii et que vendentur aliis quam Venetis, si mercationes erunt ponderabiles, solvant venditores iii. pro c. et pro pensatura i |- pro c.[3]; et emptores solvant secundum consuetudinem. Et si mercationes non erunt ponderabiles, solvant venditores iii. pro c. tantum. Si venditores et emptores erunt Veneti, et mercationes erunt ponderis, solvant venditores i |- pro c. et emptores totidem. Et si mercationes non erunt ponderis, et emptores et venditores erunt Veneti, nichil solvant. Et hoc sciatur et cognoscatur quod sauma mercationum que non disligabitur et non portabitur extra imperium meum pro vendendo, ymo reducetur retro, non solvat aliquid. Et si disligabitur, et visa fuerit et non empta a mercatoribus et retro portabitur per possessores ipsius sine aliqua venditione, similiter nichil solvat.

4. Item, aurum et argentum, margarite, centure et alia similia possint aportari per Venetos et vendi in partibus mei imperii sine aliquo comerclo, et extrahi salvo comerclo supradicto xx. asprorum pro sauma, quod debet solvi ut supradicitur.

5. Omnes autem mercatores venientes per terram[4] in imperium

---

[1] Les droits de douanes.
[2] Cf. Pegolotti, cap. 7, pag. 13.
[3] Cela signifie, je pense, que le vendeur payait *un demi* pour cent sur le pesage des marchandises vendues à d'autres qu'à des Vénitiens. — [4] Trébizonde était un des points par où les marchands latins commerçaient avec la Perse et l'Inde.

meum sint ad similem conditionem ad quam sunt venientes per mare, videlicet salvi et securi ut supra continetur; salvo quod debeant solvere de unaquaque sauma mercationum in introytu imperii mei aspros xii. et de toto illo quod vendent, solvant i. pro c. Et si Venetus vendet Veneto, aut emet ab eo pannos aureos vel de sirico, aut bocarano, vel similia, solvet i. pro c. Et hoc esse debet secundum consuetudinem Januensium.

6. Si vero forenses venirent cum Venetis in partibus imperii mei, tractabuntur et solvent ut forenses.

7. Et supradictum comerclum totum exigetur per vistiarium meum et non per aliam personam, nisi imperium meum de hoc concordaret se cum vobis Venetis.

8. Adhuc denunciat imperium meum, quod Veneti debeant habere balanciam, palmum et metassarios venetos, sicut habent Januenses.

9. Item., dictus ambaxator, ex parte dicti domini ducis, requisivit terram et certum locum pro habitatione sua ab imperio meo, et imperium meum cognoscens et videns hanc peticionem esse juxtam, precipit et denunciat per dictum privilegium quod a loco vocato *Canitu* per medium Londo castro et a magazeno Sancti Eygenii versus occidens, ut capit et girat, sic hoc est : Incipit ab eclesia Sancte Margarite et tendit usque caput vie Mairanni, et per viam orientis firmat in quodam riacello, et inde girat totum predictum riacellum usque ad marinam, et postea redit versus occidens et girat et ascendit versus montem, et firmat in petra nigra; et inde redit versus oriens, firmans apud domos superiores, et firmat in veteri bagno et vadit usque ad ecclesiam a qua incepimus. Qui locus summat passus ii$^c$.xx.vii. de x. palmis pro quolibet passu. Et in toto isto loco debent Veneti hedificare ecclesiam, et ponere presbiteros vel fratres, ad eorum voluntatem, et hedificare domos et lobiam et facere creari bajulum, qui teneat rationem Venetis et habeat precones suos. Et habeat etiam nobiles in sua societate et domicellos, secundum consuetudinem Romanie.

10. Et bajulus predictus, secundum quod alius bajulus facit in Romania, ita faciat etiam in imperio meo, videlicet in manutenendo

rationem et in dispiciendo contrarium, ut amat et diligit imperium meum.

11. Adhuc, precipit imperium meum quod concordia, que est inter vos et imperium meum, sit cum hac conditione quod navigia universa, tam parva quam magna, imperii mei debeant esse et stare cum omnibus navigiis vestris in omni bona pace et concordia in unitate, quod erit placibile amicis omnibus nostris et displicibile inimicis.

12. Adhuc, imperium meum per presens privilegium precipit quod supradicta omnia observentur inviolabiliter in perpetuum. Et si quis de hominibus imperii mei contra predicta ire presumpserit, tam in faciendo contra predicta quam etiam in aliquibus violenciis faciendo hominibus Venetis, maledictionem et correctionem imperii mei habebit, tamquam infidelis imperii mei, presente privilegio testante, ut imperium meum confirmavit secundum consuetudinem.

Scriptum in mense Julii, secunde indictionis, in vi$^m$.viii$^c$.xxvii.

## X.

1325, 18 octobre. A Marseille.

Accord entre la commune de Marseille et la République de Venise, conclu par Jacques Albin, mandataire de la commune de Marseille, et Nicolas de Fraganesco, représentant la République de Venise, au sujet de dommages, torts et représailles survenus en diverses circonstances entre marchands marseillais et vénitiens.

(Venise, Arch. gén. *Secreta. Senato. Pacta.* Documents remis par l'Autriche en 1868. N° 356. Parch. original [1].)

In nomine Domini, amen. Anno Incarnationis ejusdem millesimo tricentesimo vicesimo quinto, none indictionis, dic decima octava mensis Octobris, hora circa terciam. Memores domini dux, comune et homines Venecie ex parte una, et domini vicarius regius, comune, universitas et homines civitatis Massilie, ex parte altera, benivolencie,

[1] Au dos, se lit la note suivante : «m.ccc.xxv. Massilie. Pacta ducis et hominum «Venetie, cum civitate et hominibus Massilie.»

dilectionis ac confidencie securitatis, secundum quam dicte partes invicem se suosque fideles et subditos tractare consueverint, et appetentes predicte universitates, homines et comunia ut quod discordiarum materia et represaliarum duricia hiis novissimis temporibus inter ipsas partes introduxit, hoc amicicie, pacis et concordiarum lenitas sopiret, per infrascriptos suos solemnes procuratores et sindicos ad infrascriptam concordiam, convenciones et pacta devenerunt, quorum omnium tenor talis est.

1. Quod omnes homines Venecie, non obstantibus represaliis quas homines Massilie habent contra eos, possint per mare et terram libere et secure, cum personis, mercationibus et quibuscumque rebus suis, ac sine, venire, stare et mercari ad civitatem Massilie et ad omnes partes et loca Provincie marittime, sicut se extendit Provincia, de portu Olieu prope Niciam [1] usque ad Beatam Mariam maris [2], observatis ordinationibus dictarum civitatum Provincie et locorum, in predictis locis et in omnibus aliis locis contentis infra dictos terminos, marigenis et terrigenis, esse et morari sine aliquo gravamine vel impedimento, solvendo de omnibus mercationibus suis quas portabunt ad dictas partes, tam per mare quam per terram, et pro medietate valoris navigii in quo erunt, coredum et sarciorum dicti navigii, duos denarios pro libra; cum ista conditione quod medietas dictorum duorum denariorum deveniat in homines Massilie habentes represalias contra Venetos, et dictam medietatem exigant et recipiant tam in Massilia quam in terris et locis contentis inter terminos predistinctos; que convertatur et compensetur in represaliis quas dicti Massilienses habent contra homines venetos. Que represalie sunt in summa septuaginta novem milium sexcentorum sexaginta sex turonensium grossorum argenti, que fuerant reducte in florenis auri septem milibus. Et tantum de summa dictarum represaliarum detrahatur quantum fuerit solutum de ipsa medietate. Et altera

---

[1] Le *Portus Olieu* est le port du château de Mont-Olieu, aujourd'hui le port et la ville de Villefranche, près, mais au delà de Nice, qui a été toujours en Provence. (Bouche, *Chorographie de Provence*, t. I, p. 303.)

[2] Les Saintes-Maries, à l'extrémité ouest de la Camargue.

medietas deveniat in homines venetos, que computari debeat in represaliis suorum quas habent contra homines Massilie; et exigatur et recipiatur dicta medietas per homines venetos in Venetia.

2. Et e converso, homines Massilie, non obstantibus represaliis quas homines Venetie habent contra eos, possint per mare et per terram libere et secure cum personis, mercationibus et quibuscumque rebus suis, ac sine, venire, stare et mercari ad civitatem Venetie et ad omnes partes et terras subjectas comuni Venecie, observatis ordinationibus dictarum civitatum, parcium et locorum; et in predictis terris et locis esse et morari sine aliquo gravamine vel impedimento, solvendo de omnibus mercationibus suis quas portabunt, tam per mare quam per terram, ad dictas partes, et pro medietate valoris navigii in quo erunt et coredum et sarciorum dicti navigii, duos denarios pro libra cum conditione predicta, videlicet, quod medietas dictorum duorum denariorum deveniat in homines Venecie habentes represalias contra Massilienses, et dictam medietatem exigant et recipiant tam in Venecia quam in terris et locis et partibus supradictis, que convertatur et compensetur in represaliis quas dicti Veneti habent contra homines Massilie. Que represalie sunt similiter in summa quantitatis pecunie supradicte, videlicet turonensium grossorum argenti septuaginta novem milium sexcentorum sexaginta sex, que reducte fuerunt in florenis auri septem milibus. Et tantum de summa dictarum represaliarum detrahatur quantum fuerit solutum de ipsa medietate. Et altera medietas deveniat in homines Massilie, que computari debeat in represaliis suorum quas habent contra homines Venetie; et exigatur et recipiatur ipsa medietas per ipsos Massilienses in Massilia. Et de valore mercationum et navigii et coredi et sarciorum debeat stari et credi proprio sacramento mercatorum mercationum et patronorum dictorum lignorum.

3. Et si dicti Veneti et Massilienses solverint in uno viatico, non debeant amplius solvere per totum ipsum viaticum, etsi Veneti per districtum Massilie et predictas partes Provincie, et Massilienses per districtum Venetie et terras subjectas comuni Venetie, cum eodem navigio reverterentur.

4. Et prefatam exactionem possint facere dicti Veneti ab hominibus Massilie, et dicti homines Massilie ab hominibus Venetie, quousque soluti fuerint floreni auri quatuordecim milium, qui reducti fuerunt in summa dampnorum dampnificatorum, scilicet dimidium quilibet parcium predictarum; et, solutis dictis florenis auri quatuordecim milium, nihil amplius tollatur vel exigi possit per aliquam parcium predictarum ratione predicta. Qui Massilienses in Venetiis vel in terris subjectis comuni Venetiarum, et Veneti in Massilia et partibus Provincie supradictis, ultra dictam solutionem non possint de nova impositione comercli, dacii vel alicujus solutionis gravari, nec fieri eis novitas que non sit consueta; verumtamen de galeis et aliis lignis, que ad solidum regum, principum et comunitatum hinc inde ad predestinatas partes mundi maria absque mercatorum et mercationum onere navigarent, non debeat fieri exactio supradicta.

5. Et de dictis represaliis et de omnibus raubariis quomodolibet factis et de omnibus injuriis, violenciis, et offencionibus, pressuris et dampnis datis in quibuscumque partibus, fieri debeant per comune Veneciarum et Massilie, per se et successores suos et omnes eorum cives subjectos et districtuales, generales fines, liberationes et quietationes, que provida constitutione singulis partibus competant ad cautelam, cum penis et obligationibus opportunis.

6. Et fiant hinc et inde per alteram comunitatum predictarum alteri jurium et actionum cessiones nominatim eis competencium, et specialiter contra illos et eorum bona, per quos ista dampna, gravamina et deraubationes commissa fuere irrogata et illata vicissim, usque in hanc diem presentem, et de omnibus generaliter, presenti concordio in suo robore duraturo.

7. Discreti itaque viri, dominus Nicolinus de Fraganesco, sindicus ac procurator predictorum dominorum, ducis, comunis et hominum Venetiarum, ut de ipsius sindicatu constat publico instrumento, scripto manu Bonincontri, quondam Nicolai Bovi de Mantua, imperiali auctoritate notarii et ducatus Veneciarum scribe, a me notario infrascripto viso et lecto, bulla plumbea pendenti bullato, cujus tenor inferius est de-

scriptus, ex parte una; et dominus Jacobus Albini, sindicus et procurator predictorum dominorum, vicarii regii, comunis, universitatis et hominum civitatis Massilie, ut de ipsius sindicatu constat, publico instrumento, manu Bartholomei de Salinis, regia auctoritate notarii et scribe curie palacii predicte civitatis Massilie, a me, notario infrascripto, viso et lecto, sigillo pendenti cere rubee dicte curtis sigillato, ex parte altera; recognoscentes predictas convenciones et pacta inter dictas partes et per se ipsos sindicos sic factas et celebratas esse, prout superius continetur, et eas convenciones et pacta in omnibus et per omnia et in suis singulis capitulis sponte et ex certa scientia acceptantes et approbantes, solemnibus stipulationibus hinc inde interpositis, sindicariis et procuratoriis nominibus, et unusquisque pro hiis quorum sindicus et procurator est, invicem promiserunt attendere et observare predictas convenciones et pacta, tam in universo quam in singulis earum partibus, nec non et omnia et singula contenta in eis, et in nullo contrafacere vel venire, aliqua ratione vel causa, et salvis semper convencionibus et pactis predictis et promissionibus de eis attendendis et observandis, factis et expositis. Ex nunc dicti procuratores et sindici, tam sindicario et procuratorio nomine suorum comunium, quam singularium quarumcumque personarum de dictis comunibus et universitatibus pro quibus sindicario nomine predicto sibi invicem de rato caverunt, omnes represalias, pignorationes, rauberias quomodolibet factas, injurias quoque, violencias et offenciones, pressuras et dampna data in quibuscumque partibus, juxta formam supradictorum pactorum, vicissim sibi pacto solemni remiserunt; se etiam vicissim ab omni nexu et obligatione omnium premissorum per aquilianam stipulationem et acceptilationem subsecutam solemniter, sindicariis et procuratoriis nominibus, liberantes; ita quod dicta comunia et homines dictorum comunium et civitatum suique successores, ex causis predictis, vel occasione ipsarum, actionibus dictarum civitatum vel hominibus singularibus ipsarum, vel aliis quibuscumque ex personis dictorum comunium vel singularium personarum de dictis comunibus, suisque successoribus, nunquam in aliquo loco inquietari vel molestari possint, vel dampnum aliquid vel detrimentum in personis vel rebus pati; sed sic omnes hinc inde inter se liberi et securi sint ab hoc die in antea, ac si nunquam predicte represalie et discordiarum cause intervenissent.

8. Quibus omnibus supradictis salvis et in suo statu perdurantibus, prefatus domini ducis et civitatis Venetiarum sindicus, tam nomine comunis quam singularum personarum, transactionis etiam predicte, conventionis ac satisfactionis titulo, sindicario nomine predicto, prefato civitatis Massilie sindico pro predicta civitate Massilie recipienti dedit, cessit atque mandavit omnia jura, omnes acciones reales et personales comuni Venetiarum et singularibus personis dicti comunis competentes contra quamcumque personam, cujuscumque conditionis et status existat, collegium, universitatem, per quas dicte deraubationes, dampna et injurie Venetis fuerint illate, et occasione quarum ipsis Venetis pignorationes fuerint concesse.

9. Et e converso, predicto titulo, prefatus dominus vicarius et civitatis Massilie sindicus predicto civitatis Venetiarum sindico, pro comuni Venetiarum accipienti, dedit, cessit atque mandavit omnia jura, omnesque acciones reales et personales comuni Massilie et singularibus personis dicti comunis competentes contra quamcumque personam, cujuscumque conditionis et status existat, collegium et universitatem, per quas et occasione quarum dicte deraubationes, dampna et injurie Massiliensibus fuerint illate et pignorationes contra Venetos concesse. Constituentes invicem se nominibus predictis procuratores in rem suam suis omnibus periculis et expensis, ita quod neutra pars alteri parti de evictione teneatur, nec hac concessione contra pacta supradicta possint Massilienses uti contra civitatem Venetiarum et suos subjectos, nec e converso Veneti tali concessione sibi facta possint uti contra Massilienses et suos subjectos.

10. Que omnia et singula dicti sindici, sindicariis nominibus predictis, sibi invicem attendere et observare et adimplere promiserunt, sub pena mille marcarum argenti boni, fini et justi ponderis, a parte parti stipulanti solemniter et sibi invicem promissa in singulis capitibus quibus contra fieret, et pena commissa, exacta vel non exacta, omnia et sin-

gula supradicta in sua permaneant firmitate; constituentes dicti sindici invicem sindicario nomine se solutos Venetiis, Massilia et ubique locorum; ac renunciantes in omnibus et singulis supradictis, per pactum expressum, exceptioni doli mali et in factum deceptionis et simulationis, privilegio fori ac omni alii juris remedio generali et speciali, scripto et consuetudinario, per quod contra predicta vel aliquod predictorum dictis nominibus contra possent facere vel venire.

11. Pro quibus omnibus attendendis, adimplendis et inviolabiliter observandis, sindici predicti, videlicet alter alteri, nominibus quibus supra, omnia bona mobilia, immobilia ac se movencia comunis et universitatis, seu civitatis, cujus sindicus est, et singulorum hominum et personarum sui comunis et civitatis, speciali pignori obligarunt, ita ut pars observans predicta partis non observantis et suorum subditorum bona possit ubique locorum, sine alicujus judicis requisitione, propria auctoritate, arrestare, occupare, vendere et sibi retinere, usque ad plenariam satisfactionem omnium debendorum; constituentes invicem in casu rebellionis et contumacie observandi et adimplendi omnia et singula predicta, una pars videlicet, que predicta non observaret, pro parte altera, que observaret predicta, bona sui communis et subditorum dicti comunis, nomine quo supra, precario possidere usque ad plenam satisfactionem omnium et singulorum predictorum.

Sequitur tenor sindicatus dicti domini Nicolini de Fraganesco, ut ecce :

Venise, 8 septembre 1325.

In Christi nomine, amen. Anno ejusdem nativitatis millesimo tricentesimo vigesimo quinto, indictione nona, die octava mensis Septembris, in ducali palatio Veneciarum, presentibus sapientibus et discretis viris, dominis Nicolao cancellario, Jacobino pictore de Placencia[1], Zanino Calderario, Andrea de Capite Ageris, Marco ac Nicolao Passamonte, notariis ducatus Venetiarum, et aliis vocatis et rogatis. Ibique in pleno et generali consilio civitatis Veneciarum, ad sonum campanarum et voce preconia, more solito, congregato, ubi interfuerunt ultra due partes minoris et majoris atque generalis consilii dicte civitatis, que totum minus et majus consilium re-

---

[1] Jacobello del Fiore?

presentant, illustris et magnificus dominus Johannes Superancio, Dei gratia Venetie, Dalmatie atque Chroacie inclitus dux, dominus quarte partis et dimidie tocius imperii Romanie, una cum omnibus nobilibus viris dicti consilii, nemine discrepante, et ipsi omnes de dicto consilio, cum auctoritate et consensu dicti domini ducis, fecerunt, constituerunt, creaverunt et ordinaverunt, atque faciunt et constituunt solemniter, suo nomine et comunis Veneciarum et omnium et singularum ac specialium personarum fidelium subditorum domini ducis et comunis Venetie, ad quas inscripta spectant seu quocunque modo spectare possent, pro quibus et earum qualibet promiserunt et promittunt de rato et rati habitione, suum et dicti comunis et dictarum specialium personarum et cujuscumque earum sindicum et procuratorem sufficientem, verum et legittimum, discretum virum Nicolaum de Fraganesco, notarium, licet absentem tamquam presentem, specialiter ad comparendum, pro eis et eorum nomine et vice omnium Venetorum et fidelium subditorum domini ducis Venetiarum, coram rectoribus, judicibus seu capitaneis, officiis, sapientibus, consilio et comuni Massilie, et ad tractandum, componendum, conveniendum, pasciscendum et concordandum ac etiam transigendum cum comuni et hominibus Massilie, nomine dicti domini ducis et comunis Veneciarum et singularum personarum, ut est dictum, super quibuscumque laudis, pignorationibus et represaliis hinc inde datis per dominum ducem et comune Venetie quibuscumque suis Venetis fidelibus et subjectis, sub quacumque forma et in quacumque pecunie quantitate, et quomodocumque et nomine, et quacumque causa, contra comune et homines Massilie et districtus et eorum bona; et e converso, per rectores et comune Massilie vel alium pro eis, quocumque modo et nomine et sub quacumque forma et in quacumque quantitate pecunie, et ex quibuscumque causis, contra dominum ducem, comune et homines Venetiarum et districtus et eorum bona. Et ad faciendum et recipiendum super predictis et predictorum occasione quascumque promissiones, obligationes, stipulationes, renuntiationes, protestationes, denunciationes, promissiones reales et personales et ad terminos seu terminum, cum cautelis opportunis statuendis, sicut idem sindicus cum dictis de Massilia, in predictis et predictorum occasione, concordare poterit et convenire, et etiam de locis et in locis conveniendis, prout opportunum fuerit et eidem sindico utilius videbitur expedire; et ad ipsas represalias et pignorationes hinc inde concessas quocumque modo cassandas et annullandas et cassari et annullari faciendas; et fines et remissiones et liberationes faciendas et recipiendas in predictis utiles et necessarias; et generaliter ad omnia alia et singula dicenda, tractanda, facienda, complenda, firmanda in predictis et circa predicta, que utilia fuerint et necessaria, que ipsi sindico utilius videbuntur expedire et que ipsimet dominus dux, consilium, comune et homines Venetiarum presentialiter facere possent, etiam si mandatum exigerent speciale in predictis omnibus et singulis predictorum; etiam super quibuscunque dampnis hinc inde illatis componendi et concordandi eidem sindico et procuratori suo plenum, liberum et generale mandatum, cum libera et generali administratione, concedentes. Et promiserunt dicti dominus dux, consilium, comune et homines Venetiarum mihi notario infrascripto, nomine recipienti quorum intererit, se firmum et ratum in omnibus habere et tenere et haberi et teneri facere quidquid per dictum suum procuratorem et sindicum factum, tractatum, firmatum, completum fuerit et promissum, in predictis omnibus et singulis predictorum, et non contravenire, sub obligatione omnium bonorum comunis Venetiarum. In quorum testimonium, mandaverunt fieri hoc publicum instrumentum per me, notarium infrascriptum, et bulla plumbea pendenti ipsius domini ducis communiri. Ego Bonincontrus, quondam domini Nicolai Bovi, de Mantua, imperiali auctoritate notarius, et ducatus Venetiarum notarius et scriba, predictis omnibus interfui et rogatus scripsi et roboravi.

Sequitur tenor sindicatus domini Jacobi Albini, ut ecce :

Marseille, 17 septembre 1325.

In Christi nomine, amen. Anno ejusdem nativitatis millesimo tricentesimo vicesimo quinto, indictione nona, die decimo septimo Octobris, in regali palacio Massilie, presentibus sapientibus et discretis viris, dominis Hugo Turrelli jurisperito, Guillielmo Maunerii, Benedicto Blancardi, Arnaudo Maurelli, notariis Massilie et tocius comitatus Provincie et Forcalquerii, et Vivaudo Alberti, domicello, et aliis vocatis et rogatis. Ibique in pleno et generali consilio civitatis Massilie, ad sonum campane et voce preconia, more solito, congregato, ubi interfuerunt ultra due partes minoris et majoris atque generalis consilii dicte civitatis Massilie, que totum minus et majus consilium representant, magnificus et potens vir dominus Benedictus Gantelli, dominus castri Gravisionis, miles, pro serenissimo principe domino Roberto, Dei gratia Jerusalem et Sicilie rege, ducatus Apulie et principatus Capue, Provincie et Forcalquerii, ac Pedemontis comite, et domino civitatis Massilie, regius vicarius, una cum omnibus nobilibus viris dicti consilii, nemine discrepante, et ipsi omnes de dicto consilio, cum auctoritate et consensu dicti domini vicarii, fecerunt, constituerunt, ordinaverunt, creaverunt, atque faciunt et constituunt solemniter, suo nomine et communis Massilie et omnium et singularum ac specialium personarum fidelium et subditorum dicti domini vicarii et comunis Massilie, ad quas in scriptis spectant seu quocumque modo spectare possent, pro quibus et earum qualibet promiserunt et promittunt de rato et rati habitione, suum et dicti comunis et dictarum specialium personarum et cujuscumque earum sindicum et procuratorem sufficientem, verum et legitimum, discretum virum Jacobum Albini, licet absentem tamquam presentem, specialiter ad tractandum pro dictis domino vicario et comuni Massilie cum Nicolao de Fraganesco, notario, sindico domini ducis et comunis Venetiarum propterea destinato, etiam ad comparendum, conveniendum, pasciscendum, concordandum ac etiam transigendum cum dicto sindico, comuni et hominibus Venetiarum, nomine dicti domini vicarii et comunis Massilie et singularum personarum, ut est dictum; et super quibuscumque laudis, pignoribus et represaliis hinc inde datis per dominum vicarium et comune Massilie quibuscumque suis Massiliensibus fidelibus et subditis, sub quacumque forma et in quacumque pecunie quantitate, quocumque modo et nomine et quacumque causa, contra comune et homines Veneciarum et districtus, et eorum bona; et e converso, per dominum ducem, rectores et comune Veneciarum vel alium pro eis, quomodocumque et nomine et sub quacumque forma, et in quacumque pecunie quantitate, et ex quibuscumque causis, contra dominum vicarium, comune et homines Massilie et districtus, et eorum bona. Et ad faciendum et recipiendum, super predictis et predictorum occasione, quascumque promissiones, obbligationes, stipulationes, responsiones, protestationes, denunciationes et promissiones, reales et personales, et ad terminos seu terminum, cum cautelis opportunis, statuendum, sicut idem sindicus cum dicto sindico Venetiarum, nomine quo supra sindicario, in predictis et predictorum occasione, concordare poterit et convenire, et etiam de locis et in locis conveniendis, prout opportunum fuerit et eidem sindico Massilie utilius videbitur expedire; et ad ipsas represalias et pignora hinc inde concessas quocumque modo cassandas et annullandas et cassari et annullari faciendas; et fines et remissiones et liberationes faciendas et recipiendas in predictis utiles et necessarias, et generaliter omnia alia et singula dicenda, tractanda et facienda; et complendum et firmandum que in predictis et circa predicta utilia fuerint et necessaria et que ipsi sindico Massilie utilius videbitur expedire, et que ipsimet dominus vicarius, consilium et comune et homines Massilie presentialiter facere possent, etiam si mandatum exigerent speciale, in predictis omnibus et singulis predictorum; etiam super quibuscumque dampnis hinc inde illatis, componendi et concordandi eidem sindico et procuratori suo plenum, liberum et generale mandatum, cum libera et generali administratione, concedentes. Et promiserunt dicti dominus vicarius, consilium, comune et homines Massilie mihi notario infrascripto, recipienti nomine quorum intererit, se firmum, ratum in omnibus habere et tenere, et haberi et teneri facere, quidquid per dictum suum procuratorem et sindicum factum, tractatum, firmatum, completum et receptum fuerit et promissum, in predictis omnibus et singulis predictorum, et non contravenire, sub obligatione bonorum comunis Massilie. In quorum testimonium, mandaverunt hoc fieri publicum instrumentum per me notarium infrascriptum, et sigillo cereo pendenti regie curie Massilie communiri. Ego, Bertolus de Salinis, auctoritate regia notarius et scriba palatii Massilie, predictis omnibus interfui et rogatus scripsi et roboravi.

De quibus omnibus dicti sindici petierunt sibi cuilibet publicum fieri instrumentum per me notarium infrascriptum.

Actum Massilie, in aula palatii regii, in presencia et testimonio dominorum Hugonis Turrelli, Pontii de Sancto Martino, jurisperitorum, Benedicti Gasqui, Hugonis de Conchis, Petri Austrie, Benedicti Garnerii, Jacobi Ricavi et Bertrandi Vassalli, testium ad hec specialiter vocatorum et rogatorum, et mei Guillielmi Maunerii, notarii publici Massilie ac comitatus Provincie et Forcalquerii et scribe palatii Massilie, qui, ad instantiam et requisitionem dicti sindici Venetiarum, hanc publicam cartam scripsi et signo meo signavi, et sigilli cerei appensi[one] curie regie Massilie communivi[1].

---

[1] Le 2° livre des *Commémoriaux* (fol. 175) renferme diverses lettres de frère Jérôme, de l'ordre des Dominicains, évêque de Caffa, relatives à une violente querelle survenue à Constantinople entre les marins vénitiens et catalans. Elles sont, comme le précédent document, de l'année 1325, seule circonstance qui nous autorise à les rappeler ici. L'émotion fut calmée par les soins de l'évêque et la prudence du consul vénitien dont le prélat se loue beaucoup. Nous citons en entier sa lettre au doge Soranzo, datée de Péra, le 3 août (1325), et précédée de ces mots dans le registre :

« *Exemplum quarundam litterarum episcopi Caffensis, super facto brige que fuit in Constantinopoli inter quosdam Venetos et Catellanos.*

« Excellentissimo domino et illustri domino, domino Johanni Superancio, Dei gracia Veneciarum, Dalmacie atque Croacie inclito duci, necnon quarte partis et dimidie tocius imperii Romanie dominatori dignissimo, frater Jeronimus, ordinis fratrum Minorum, Caffensis episcopus, pauper et modicus, se ipsum in domino cum omni desiderio serviendi. Vestre providencie significo quod orta fuit aliqua discordia in Constantinopoli, me ibidem existente, inter aliquos Venetos et Catalanos, non absque culpa utriusque partis, ex qua nonnulli tam ex hiis quam ex illis fuerunt interfecti. Tandem, gratia Jhesu Christi, laboravi sollicite pacem et concordiam reformare, que fuit completa, gratia Salvatoris. Sed quare, ut teneor, diligo tam vos quam vestrum commune, inquisivi diligenter quorum fuit culpa et occasio predictorum malorum, et fateor veritatem me reperisse nobilem virum dominum Thomam Superantio, bajulum vestrum in Constantinopoli, nullam habuisse culpam nec dedisse occasionem aliquam, vel prescivisse aliqua, quin pocius extinxit et refrenavit et prohibuit toto posse. Et nisi fuisset sua prudencia et sobrietas, fuissent mala plurima subsecuta. Sed, sapientia sua et industria, fuit pax et concordia reformata. Id ipsum assero de dominis consiliariis suis, scientes quod de damno quodam illato cuidam Catalano, ut ipse asserit, fuit per dictos dominos bajulum et consiliarios factum justicie complementum. Conservet altissimus vos et vestrum commune per tempora longiora. Datum Pere, III° die Augusti. »

## XI.

### 1331-1334.

PROJET DE CROISADE EN TERRE SAINTE DE PHILIPPE DE VALOIS. ALLIANCE FORMÉE ENTRE LA RÉPUBLIQUE DE VENISE ET LE ROI DE FRANCE CONTRE LES TURCS, SANS PRÉJUDICE DE LA CROISADE PROJETÉE EN TERRE SAINTE.

### I.

1331, 18 novembre. De Châteauneuf-sur-Loire.

Le roi Philippe VI de Valois, ayant l'intention de se mettre à la tête d'une croisade, prie le doge de lui envoyer des personnes expérimentées pour arrêter avec elles les moyens de transporter une armée en Terre Sainte.

(Venise. *Commemorial.*, III, fol. 71.)

*Exemplum litterarum domini Regis Francie pro passagio, que recepte fuerunt anno Domini 1331, die 17 Decembris, 15ᵉ indictionis.*

Phelippe, par la grace de Dieu, roy de France, à noble et puissant home, le duc, et à la commune de Venice, salut et dilection. Savoir vous faisons, que nous, attendanz et perfondement consideranz la Terre Sainte estre de lonc temps en la main des enemis de la foi de Dieu, ou grief damage et reproche de toute la Crestienté, avons empris, à l'aide et confiance de Nostre Seignor, à faire le saint veage d'Outre Mer, pour la deliberation de la dite terre, en temps qui regardé sera per bone deliberation estre à ce convenable et profitable. Et pour ce que à si grant et digne besoigne estre commenciée et parfaite honorablement et profitablement, est mestier et necessité que l'avis et conseil des personnes qui du fait du dit saint veage doivent savoir soit moien en ceste besoigne, nous qui moiennement par la relation et le loable tesmoignage de pluseurs dignes de foi noz feaus et autres, nous confions de vostre loiauté, sens, diligence et puissance, vous prions et requerons, che vous, li sorveille de Noel, nous vueillez envoier de voz citoiens, bonnes personnes et convenables, qui par certaine experience sachent les choses appertenanz au profit dou dit saint veage, e les queles nous puissent enformer, et nostre conseil, quant vessiaus, c'est assavoir granz nefs, coques, huissiers, galées, tarides et autres vessiaus, poissanz à porter genz d'armes, chevaux, hernois, fourrages et vivres, vous pourriés parfaire au profit du dit saint veage et por nous; et quantes galées nueves et huissiers neufs vous pourriés delivrer pour la dite besoigne, et dedenz quel temps, et le pris comben chascun vessel selonc soi pourroit couster. Et aussi qu'il nous puissent enfourmer quel aide vous, que nous pensons, si come dit est, estre vrais catholiques et desirranz le bon acomplissement du dit saint veage, voudrés metre en icelle sainte besoigne. Et comment nous pourriens finer de fourrages et vivres en vostre dite ville, ès appartenances et ès lieus voisins. Et combien nous pourriens recovrer de blez, d'orge et de tous autres blez et grains. Et combien de vins nous pourriens avoir en l'isle de Cret, et du pris et fuer des diz blez, orge et grains et dudit vin. Et que celles personnes que par devers nous vous plaira envoier, aient pooir de vous à traitier et finablement le traitié sur ces choses faire et parfaire en mainere deue. Et pour ce que le temps nous sembloit hastif, ouquel nous deviens envoier devers vous, pour les besoignes dessus dites, touchanz le dit saint veage, auquel touz bons crestiens doivent desirraument encliner et entendre, nous per ceste cause avons envoié noz presentes leutres par corriers. Escript à Chastiau nuef sur Loire, le xviii. jour de Novembre.

## II.

### 1332, 11 mai.

Mémoire remis au roi par les ambassadeurs vénitiens Jean Bellegno, Blaise Zeno et Marin Morosini, en réponse aux demandes qui leur avaient été adressées sur les moyens de réaliser la croisade.

(Venise. *Commemorial.*, III, fol. 75.)

*Pro passagio.*

Exemplum scripture exhibite domino regi Francie per nobiles viros ser Johannem Bellegno, ser Blasium Geno et ser Marinum Mauroceno, ambaxatores Veneciarum, missos ad ipsum regem.

In Christi nomine, et ad ejus sanctissimam laudem, honorem regium, et profectum, et exaltationem fidei christiane.

Requisiti a consilio regio super hoc deputato nomine domini regis, respondent et dicunt ambaxatores illustris ducis et communitatis Veneciarum, cum omni reverentia regia, et salvo semper in infrascriptis et eorum singulis meliori consilio, quod hec inter cetera videntur eis utilia et precipua ad negocium passagii Terre Sancte.

1. Primo videlicet, quod dominus rex habeat favorem, consilium et auxilium sancte matris Ecclesie; ita etiam quod ipsa sancta Ecclesia hoc negocium amplectetur et intromittat.

2. Item, quod in quantum fieri potest, pacificentur et reformentur terre et populi christiani, ut, cum pace et amore Christianitatis, fieri possit servicium Jesu Christi.

3. Item, quod dictum passagium fiat cum tanta provisione, tantoque exfortio et quantitate militum et peditum armatorum et bellatorum, ac sic furnitorum expensis et aliis oportunis quod possit viriliter et audacter impugnari et resisti fortie et potentie inimicorum fidei christiane; et quod id quod recuperaretur defendi et manuteneri per futura tempora valeat; ita etiam quod dictis militibus et peditibus, necessitatis causa, non sit opus aliqua turpia vel vilia committendi. Crederent enim, salvo semper saniori consilio, ut dictum est, sufficere ad acquisitionem dicte Terre Sancte $xx^m$. militum, et $L^m$. peditum armatorum et bellatorum, non curando de multis aliis vilibus et imbellibus personis, que, quantum ad acquisitionem dicte Terre Sancte, non essent alicujus utilitatis, sed potius impedimenti et confusionis.

4. Item, quod portetur furnimentum lignaminis et instrumentorum ferreorum et bellicorum, magnorum et parvorum, tam pro rehedificando de novo, si videretur, quam pro expugnando terras et loca inimicorum fidei christiane.

5. Item, quod ex nunc mittantur a xx. usque ad xxx. galeas armatas, que stent et perseverent ubi et sicut videbitur ad inferendum dannum soldano, et terris et gentibus suis, ac lignis et navigiis Turchorum, qui etiam sunt pessimi persecutores fidei christiane; et ad

prohibendum furnimentum lignaminis, armorum et aliorum dicto soldano, et ne aliqui vadant ad partes suas, vel exeant a partibus suis. Et vere, nisi hec armata et custodia premittantur, non vident qualiter passagium bene valeat prosperari, maxime quia iniquitas et audacia Turchorum cotidie invalescit; et, ea invalescente, victualia a partibus Maris Majoris, ubi est maxima pars, haberi non poterunt; ymo dannum maximum evenire poterit et eveniet, et nunc et tunc, terris et populis christianis de partibus illis, ac passagio supradicto. Et si premittatur armata et custodia supradicta, annuente gratia Christi, ita destruentur ligna et incursus Turchorum, quod mare et maritimam cogentur deserere, et bona omnia provenient passagio supradicto, et populo christiano.

6. Item, quod summa sapientia domini regis et ejus magni et sapientis consilii provideat et procuret, temporibus convenientibus, habere victualia oportuna. Loca enim in quibus dicti ambaxatores credunt posse inveniri et haberi victualia, inter cetera sunt hec : Regnum domini regis Roberti, Sicilia, Romania, et precipue Mare Majus; ibi enim est et habebitur habundantia et summa bladi et victualium, si Turchorum audatia et incursus compescantur, ut dictum est. Nam de Veneciis et locis circumstantibus, cum per diversas et remotas regiones mundi Veneti, quorum civitas in mari sita est, sibi victum querant, non posset ullum furnimentum haberi. Sed de insula Crete, de qua dominus rex in suis litteris missis Venetias mentionem fecit, illud placere et refrescamentum quod fieri poterit ad honorem ipsius domini regis et profectum ipsius passagii, libenter et comode concedetur et fiet.

7. Preterea, ad expensas seu soldum ipsius domini regis, offerunt furnire tot navigia, que portare possint equorum $v^m$., militum seu equitum $v^m$., scutiferorum seu servitorum $x^m$., peditum $xx^m$. cum eorum armis et arnexiis, ac victualibus sufficientibus dictis personis et equis, per unum annum. Portando ipsa victualia in duobus vicibus seu muduis; quia simul et semel nec comode preparari et dari possent, nec respectu ad conservationem ipsorum victualium habito, utile foret ea simul et semel portari. Inter dicta quoque navigia erunt centum inter usserios et galeas; reliqua erunt alia navigia sicut coche, naves, tarrete,

et alia similia vasa; habendo tamen spatium temporis, et pecuniam ad faciendum et furniendum navigia debentia portare ea que dicta sunt.

8. Quando autem passagium generale fiat, et persona domini regis ire debeat ad ipsum passagium, pro laude Dei et honore domini regis, offerunt, pro parte ducis et communis Veneciarum, ponere $\mathrm{III}^\mathrm{m}$. hominum de mari, et plures si poterunt, super tot galeis, quot videbunt et credent convenire; et eos ad expensas dicti communis Veneciarum tenere in servitium dicti sancti passagii per medium annum, quia tempore hyemali parva vel nulla operatio esset galearum in mari. Et nichilominus, si oportunum esse dignosceretur, aliquas ex ipsis galeis armatas tenebunt etiam tempore hiemali.

9. Quo autem passagium arrivare seu applicare debeat, noluerunt sapientes Veneciarum modo aliquo disputare, nec terminare, ne noticia, et ex noticia provisio, esset vel perveniret ad inimicos fidei christiane. Ymo visum fuit eis hoc esse inter cetera ultimo propalandum. Nichilominus, licet a suo duce vel communi dicti ambaxatores commissionem vel informationem non habuerint super hoc, tamen si forsan majestati regie vel suo consilio placuerit eos inquirere, dicent secundum discretionem eorum id quod eis videbitur pro meliori superinde.

Datum fuit exemplum dicte scripture domino regi et suis sapientibus, 1332, mense Maii, die xi.

### III.

1333, 3 novembre. De Poissy.

Le roi Philippe de Valois, répondant aux demandes du doge de Venise, lui promet de s'associer à l'union formée contre les Turcs par la République, l'empereur de Constantinople et l'ordre de Rhodes, et de concourir à la guerre de Romanie autant que le lui permettront les préparatifs qu'il fait lui-même d'une grande croisade pour passer en Terre Sainte.

(Venise. *Commemorial.*, III, fol. 97.)

*Alie littere ejusdem regis recepte post predictas*[1].

Tres cher et bon ami, il n'a gaires que vous nous feistes assavoir

---
[1] Reçues après les lettres datées de Paris du 4 novembre 1333.

par voz letres comment les desloiaus et mescreans Turs ont nouvelement envay les parties de Rommenie, et les autres parties de Crestienté veisines à icelles; et comment il se aparelleient à grant navie par mer, et de jour en jour se esforçoient de plus dommagier les terres des Crestiens, en telle maniere que, se porveu ni estoit hastivement de bon remede et convenable, il faisoit à doubter que grant mal ne en venist et grant perte sus les Crestiens. Si nous priés, par voz dites letres, que nous vous fissiens faire aucune aide à contrester à la mauvaise volenté d'iceus; avec les autres qui à ce meismes se apareloient, si come l'emperiere de Constantinoble, le maistre de l'Ospital et vous. Si vous faisons asavoir, que de tels dures nouvelles avons nous eu en nostre cuer grant desplaisance, et grant compassion du dommage des Crestiens; et comment que au present nous soions moult cargié pour cause de l'emprise du general passage, que fait avons, par le bon enortemment de l'eglise de Rome, si come autre foiz vous entendons à signifier plus à plein, et esperons grandement en icelle besoigne avoir vostre aide et vostre bon conseil, duquel nous nous fions moult; et vous savez que en une tel besoigne et mesmement à si brief temps emprise, il nous convient metre grant esfort de mises; toutevoie, pour la grant compassion que nous avons de l'aflicion des Crestiens, et pour resister à la mauvaise voulenté des mescreans, à ce que elle ne surmonte mie, mais soit refrainte et arriere mise, o l'aide de Nostre Seignor, avons ordené certain nombre de galiées, pour envoier au nouvel temps, aus parties de là, avec celles que li dessus dit et vous et li autre bon crestien, qui aidier y voudront, avés ordennées et ordenerés à la dite besoigne; lesqueles toutes ensemble, o l'aide de Nostre Seignor, de qui vient toute force et toute puissance, seront si puissans, que li mauvais propos des diz mescreanz en seront de touz poinz destourbez, au domage et à la confusion de eus, et à henneur et exaucement de la foi crestiene. La quele chose Dieus veuille otroier par sa pitié.

Donné à Poysi, le III. jour de Novembre.

## IV.

1333, 11 novembre. Paris.

Le roi Philippe de Valois annonce au doge de Venise que la croisade est décidée et qu'il en a été nommé capitaine général par le Saint-Père. Il prie le doge de lui envoyer de nouveau à Paris des gens expérimentés avec lesquels il puisse conférer des moyens de réaliser le passage.

(Venise. *Commemorial.*, III, fol. 97.)

*Littere regis Francie, super facto passagii.*

Phelippe, par la grace de Dieu, roy de France, à haut home et noble, messer François Dandulo, duc de Venise, et au commun d'icelle cité, salut et diletion. Savoir vous faisons que nous avons empris à faire le saint voiage d'Outremer à l'ayde de Nostre Seignor, du quel nous sommes capitainne par l'ordenance de Nostre Saint Pere le Pape; et y entendons passer au temps de l'endicion par li faite seur icelli voiage. Et ce entendons nous à signifier à plusieurs roys et autres, pour savoir quele aide il voudront faire. Et pource que nous savons que vous au porfit d'iceli voiage povés doner bons consels et avis, et que moult y povés valoir et aider, et combien que autre foiz à nostre requeste, vous nous aiés envoié de vos gens, qui moult sagement nous parlerent du feit du dit saint voiage, si vous prions derrechief, que les dessuz diz, ou autres, vous nous veullés envoier, si qu'il soient à nous, à Paris, au Noel procheinement venant, qui seur la dite besoigne nous puissent parler et doner les dis conseuls et avis; et mesmement seur le feit qui puet toucher les vassiaus et garnisons; et qui nous puissent certifier de par vous quele aide vous voudriés faire au dit saint voiage. Et ce vous plaise faire briefment, quar li temps est moult briez; et nous est besoing que nous aions hastivement certainneté de l'ayde que vous et autres y voudrés faire. Et pour ce que nous nous fions plus du bon sens de vous et du bon avis que vous y povez doner, vous prions nous et requerons de ce plus fiablement. Si ne nous en veulés failir, et de nous envoier telz genz qui nous sachent parler de marchié des vassiaus et de la quantité, et des autres choses dessuz dites. Nostres syres vous ait en sa garde.

Donné à Paris, le XI. jour de Novembre.

V.

1334, 8 mars. Avignon.

Convention pour agir contre les Turcs conclue entre le Pape, la République de Venise, le roi de France, le roi de Chypre et l'ordre de l'Hôpital.

(Venise. *Commemorial.*, III, fol. 99.)

Millesimo trecentesimo trigesimo quarto, mense Marcii, die octavo intrantis, indictione secunda, Avinione.

Reverendus in Christo pater dominus Petrus, Dei gratia, tituli Sancti Stephani in Celio Monte presbiter cardinalis, quoddam scriptum infrascripti tenoris, pro responsione quam fecit dominus papa Johannes XXII nobili viro Johanni Gradonico, tunc soli ambaxatori de ducali mandato, ad ipsum dominum Papam, super ambaxata que eidem domino Pape per condam nobilem virum Andream Basilio et ipsum Johannem exposita fuit, munitum munimine predicti domini cardinalis, tradidit in presentia presbyteri Marci Longo, aule ducatus Venetiarum cancellarii.

Super subsidio contra Turchos est tractatum de beneplacito sanctissimi patris domini nostri summi Pontificis, presentibus nunciis domini regis Francie, scilicet nobili viro domino Hugone Quireti[1], et magistro Guidone Baudeti decano Parisiensi, necnon et gentibus Hospitalis, et civitatis Veneciarum nunciis, videlicet dominis Andrea Baseio et Johanne Gradonico, in hunc modum.

1. Primo, quoniam propter temporis brevitatem non videtur possibile quod pro hoc anno, tempore quo proficerent, possent haberi homines armorum in equis, ideo, ad providendum ne Turchi noceant Christianis, et ad nocendum eisdem, videtur, quod pro hoc anno habeantur quadraginta galee, pro quinque mensibus, que postquam, ut prefertur, propter causam predictam, homines armorum mitti non prodes-

[1] Hugues Quiéret, seigneur de Tours en Vimeu, qui fut amiral de France en 1336.

set, dicuntur sufficere; que XL. galee possunt per medium istum haberi, videlicet decem ab Hospitalariis, decem a communi Veneciarum, sex a rege Cypri, sex ad minus ab imperatore Constantinopolitano, qui tamen debet ponere decem, secundum conventiones cum prefatis Hospitalariis et Venetis habitas. Et residuas octo supplebunt sanctissimus in Christo pater dominus noster Papa et dominus rex Francie.

2. Actum est etiam quod predicte quadraginta galee debeant esse in insula Nigropontis infra totum mensem Madii.

3. Pro anno vero venienti, in quo magnus numerus hominum in armis, secundum consilium illorum qui plus de negotiis istis senciunt, requireretur, est tractatum quod habeantur pro predicto subsidio que secuntur, videlicet $viii^c$. homines armorum in equis et ad minus XXX. galee, et XXXII. uysserii, qui per modum qui sequitur habebuntur. Sanctissimus enim in Christo pater et dominus dominus noster Papa et dominus rex Francie juvabunt de CCCC. hominibus armorum in equis et de XVI. usseriis; Hospitale de VI. galeis et CC. hominibus armorum et de octo uysseriis seu vasis alliis equipolentibus pro equis portandis, de quibus hominibus armorum obtulerunt CL. pro isto anno; rex vero Cypri de VI. galeis et C. hominibus armorum et quatuor uysseriis.

4. Item, supponitur quod rex Sicilie non ommittet quin faciat quatuor uysserios et quatuor galeas, ymo ab eo multo majus subsidium expectatur.

5. Item, comune Veneciarum faciet X. galeas pro dicto anno futuro.

6. Item, supponitur quod imperator Constantinopolitanus faciet etiam plusquam sex galeas et adhuc homines in armis. Et sic etiam posito quod imperator predictus non faceret aliquem hominem in armis, non defficit de predictis nisi tantum homines in armis qui multis modis satis faciliter supplebuntur. Et si quod etiam defficeret, quod non compleretur ab aliquo de predictis, adhuc restat quod requirantur Januenses et Pisani et alii quos potest negocium tangere ut adjuvent ad predicta.

7. Advertendum tamen quod dominus noster, si, quod absit, casus

aliquis contingeret in galeis quas ponet hoc anno propter quod impedirentur, in parte vel in toto, quod non possent perficere tempus pro quo debent esse in prosecutione subsidii supradicti, quod ad alias substituendas non intendit quomodolibet se teneri. Et idem circa uysserios et milites quos ponet anno venienti, quia, postquam fuerint traditi et assignati, [si] casu quolibet defficerent, ad substituendum alios teneri non intendit, nisi dumtaxat pro tempore de sex mensibus tunc restante; et quia pro parte illa seu quantitate dumtaxat, pro qua defficientibus seu pro ipsis tunc cum defficerent, forsitan non fuisset satisfactum, tamen beneplacebit sibi quod illa que recuperarentur a sic defficientibus vel a suis de receptis ab eis converterentur in usum predictum.

8. Item, quod hominibus in armis non intendit se obligare ultra decem florenos pro mense vel ad majus usque ad duodecim florenos pro quolibet in mense, ubi pro minori precio non possent comode reperiri.

9. Item, non est intentio prefati domini nostri anno venienti facere subsidium supradictum, nisi dominus rex Francie, Hospitale et Veneti in faciendo predicto suo subsidio, prout supra continetur, effectualiter concordarent.

## VI.

[1334.]

Réponses du roi aux ambassadeurs vénitiens sur la nécessité exposée par la République de s'allier pour résister aux progrès des Turcs, et sur la demande faite par le doge, dans l'intérêt des marchands vénitiens, de pouvoir exporter les toiles de France par la Champagne et la Bourgogne au lieu de venir les charger à Aigues-Mortes.

(*Commemorial.*, III, fol. 100.)

Super his que per nobilem virum Johannem, etc. illustris et potentis viri ducis Venetiarum ambassatorem ad serenissimum principem dominum Francie regem, ab eodem duce cum nobili viro Andrea Baseio, dum idem Andreas viveret, destinatum, eodem Andrea, dum ad regem veniret, in Romana curia viam universe carnis ingresso, dicto regi pro parte dicti ducis fuerunt exposita, fuit eidem Johanni, de ipsius regis mandato, responsum ut sequitur.

1. Primo quidem, idem rex de dicto duce et toto communi Veneciarum non minimum contentatur, et ipsos ipsius regis esse, suorumque predecessorum Francie regum nec non domini genitoris sui, caros, devotos ac fideles hactenus extitisse, et in eis plurimum confidebat et confidit.

2. Item, quod prudenter proposita per eundem ambaxatorem in ambaxata predicta, proponendique modum affabilem et discretum, rex multipliciter et merito commendavit.

3. Item, super his que dictus ambaxator in quadam cedula tradidit dicto regi, quatenus tangunt Turcos et christicolas partium Romanie, respondemus per singula, nobis videtur, cum super illis dominus Summus Pontifex, quem non mediocriter ipsum tangit negocium, presentibus dictis ambaxatoribus, ac magistri generalis Hospitalis Sancti Johannis Ierosolymitani procuratoribus, necnon gentibus dicti regis ad Romanam curiam ob hoc missis, tractandum duxerit, et ipsum tractatum miserit dicto regi.

Dictus enim rex, ipsorum Venetorum et aliorum christicolarum in Romanie et aliorum propinquorum locorum partibus degentium oppressionibus, injuriis atrocibus et damnis immensis per perfidos Turchos illatis, pie compaciens, volens cum illis, quos presentialiter tangit negotium, contra Turcos eosdem certum facere subsidium galearum, et sine Venetorum requisitione misit ad Romanam curiam certas personas ydoneas pro ipso subsidio procurando et etiam preparando.

4. Super hoc autem quod idem ambaxator exposuit circa predictum tractatum, quatenus tangit galearum subsidium anni presentis se credere quod esset expediens et summe necessarium negocio, quod galee, que per quinque menses dumtaxat debent ipsum prosequi negocium contra Turchos, per unum mensem ultra, videlicet per totum mensem Septembris, quo plura damna christicolis illarum partium perfidi Turchi consueverunt inferre, in hujus prosecutione negocii galee remaneant memorate, responsum extitit quod si domino Pape qui tractatum hujusmodi, prout predicitur, ordinavit, placeat illum mensem adjungi, ceterique in tractatu contenti quos tangit negocium fecerint illud idem, cum galee regis sole nichil perficerent. Rex volens ipsum

negocium more pii principis prosperari, vult et consentit illum mensem adjungi. Et super hec cito scribet domino nostro Pape.

5. Super eo vero quod in anno sequenti pro quo tractatum est, quod certus galearum, huisseriorum et gentium armorum numerus contra Turcos mittantur, dictus ambaxator exposuit bonum esse quod illi, qui per sex menses dumtaxat debebunt negocium contra Turchos prosequi, per unum mensem ultra, et sic per septem menses, negocium prosequentur, responsum extitit, quod dictus rex attente super hoc scribet domino nostro Pape, sine quo et aliis in negocio contribuentibus hoc fieri non potest. Et scita ipsius domini Pape intentione, dictus rex tantum super hoc faciet, quod redemptor noster, cujus negocium agitur, dux Veneciarum et alii christicole partium predictarum, debebunt merito contentari. Sed rex ipse solus non potest per se solum comode super hec aliquid ordinare.

6. Super eo autem quod idem ambaxator exposuit quod cum, secundum ordinationes regis, tele non possint extra regnum Francie deportari nisi per portum Aquarum Mortuarum, qui portus Venetis, certis ex causis, non est acomodus, supplicando quod placeat regie celsitudini, quod Veneti possint per alia loca telas extrahere de regno Francie, per mare vel per terram, responsum extitit, quod, licet durum sit regi non modicum et damnosum sic ordinationes regias predecessorum suorum et suas super his infringere, tamen, ob sincere dilectionis affectum quem habet ad ducem et commune Veneciarum, placet regi quod ipsi possint de regno telas extrahere per Campaniam et Burgondiam, subventiones et consuetudines consuetas solvendo. Et de loco in quo solventur, ordinabitur in camera compotorum.

7. Super eo quod idem ambaxator petiit subventionem quatuor denariorum pro libra de telis et mercimoniis Venetorum ipsis Venetis remitti, responsum est quod rex non potest hoc eis concedere, certis ex causis evidentibus atque justis.

8. Oblationes autem quas idem ambaxator fecit regi, prout alii ambaxatores ducis qui alias ad regem venerunt obtulerant, fuerunt grate regi.

9. Super eo vero quod de galeis et aliis navigiis pro passagio conducendis exposuit ambaxator predictus, dominus dux Borbonii sibi loquetur ad partem.

10. Item, quia, propter obitum Andree predicti, dictus ambaxator non potest commode tractanda in hac parte perficere, placet regi quod dux et comune Venetorum mittant regi ambaxatores super omnibus et singulis ipsum negocium tangentibus, plenam et sufficientem potestatem habentes, sic instructos quod redire non oporteat ad ducem et commune predictos, quos idem rex ad hec primos et predilectos vocavit, et sic se habeant, quod in eorum deffectu, ad alios quorum multi se obtulerunt et offerunt dicto regi, non habeatur recursus. Nam si deffectus reperiretur in eis, et se graviores seu sumptuosiores exhibebant, eis esset indecens et etiam inhonestum, quod absit.

Facta est collatio per me Charolles, cum rotulo papirus michi per vos super dictis responsionibus tradito.

## XII.

1337, 29 janvier. A Besançon.

Traité conclu entre Jean de Chalon, seigneur d'Arlay, et la République de Venise représentée par son envoyé Sclavo Bolani, au sujet des droits de douane que les marchands vénitiens devaient payer au lieu de Juhans [1].

(Venise. Archiv. général. Documents orig. remis par l'Autriche en 1868. N° 357.)

In nomine Domini, amen. Anno ab Incarnatione ejusdem Domini millesimo ccc°. tricesimo septimo, die xxix<sup>a</sup> mensis Januarii.

Per hoc presens publicum instrumentum cunctis appareat evidenter, quod, cum hoc sit quod illustris princeps dominus Franciscus Dandulo, Veneciarum, Dalmacie atque Cruacie dux, virum nobilem Sclavum

---

[1] Juhans est une petite localité sur la rivière de Seille, dépendante de la commune d'Arlay ou Arley, en Franche-Comté, diocèse de Besançon (départ. du Jura, canton de Lons-le-Saulnier), dont Jean de Chalon était seigneur. (Voy. *Bibliothèque de l'École des Chartes*, 6<sup>e</sup> série, t. I, p. 57, 1864.

Bolani, civem Venecie, suum ambassiatorem, procuratorem et nuncium specialem ordinaverit et miserit ad illustrem virum dominum Johannem de Cabilone, dominum de Arlaco, sub et cum litteris credencie, ambaissiate et mandati, prout idem Sclavus predicta asserit esse vera, de ipsis fidem insuper faciens per quandam litteram dicti domini ducis, bulla plumbea bullatam, super dicta credencia factam et dicto domino Johanni directam, cujus secunda linea incipit *dilecto* et finit *dominus;* et per quandam aliam litteram, similiter bulla plumbea bullatam, per ipsum dominum ducem datam et dicto Sclavo directam de et super dicta ambaissiata, ut premittitur, facienda, maxime super prestatione daciorum que levari consueverunt in terra dicti domini Johannis; hinc est, quod, ex causis premissis, in mei notarii et testium subscriptorum presencia, specialiter ut asserunt constituti, dicti dominus Johannes ex una parte, et Sclavus, ambaissiator predictus ex alia, tractatu prehabito inter ipsos, et dicto domino Johanne affectante, ut asserit, dicto Sclavo ambaissiatori, contemplatione dicti domini ducis, civium et merchatorum Venicie, eidem ambaissiatori predicto nomine facere graciam specialem super prestatione dictorum daciorum seu pedagiorum in terra sua apud Joigniam[1] percipi solitorum, et ad requestam et instanciam ambaissiatoris predicti convenerunt, et in pactum sollempne et validum deduxerunt, et se cum effectu servaturos promiserunt, auctoritate mei notarii infrascripti, sollempniter stipulantis ad opus cujuslibet parcium predictarum, ea que inferius continentur.

1. Videlicet quod cives et merchatores Venicie et eorum familie solvant et solvere debeant pro pedagio apud Joigniam pro qualibet balla lane, mercerie et picolerie et aliarum ballarum Lombardie, ponderante a sexdecim usque ad decem septem rublos, ad pondus Seduni, inclusis omnibus que pro pedagio et occasione ipsius solvi consueverunt ibidem, septem denarios bonos grossos turonensium.

2. Item, pro qualibet balla pagnorum Francie, continente quindecim pagnos et unam sexpeilleriam, vel ponderante viginti quinque rublos et dimidium, ad pondus supradictum, omnibus ut supra inclusis, sol-

[1] Plutôt *Joignium*, Juhans.

vant et solvere teneantur in loco predicto, pro juribus dicti pedagii, septem denarios bonos grossos turonensium. Et pro tanto sint, et esse debeant, dicti cives merchatores et eorum familie ab ulteriori pedagio, in loco predicto, quieti, liberi penitus et inmunes.

3. Hoc acto et in pactum deducto inter partes predictas, quod dicta pacta et convenciones durare debeant per modum suprascriptum, et dicti cives merchatores et eorum familie habere debeant tutum securum conductum per terram dicti domini Johannis, juxta modum et formam antiqui conductus, donec idem dominus Johannes per litteras suas dicto domino duci seu dictis merchatoribus et civibus contramandasset convenciones prenotatas; quod contramandamentum fieri nequeat nisi demum finitis duobus annis proximis a die hodierna incohandis, et ex tunc per unum annum post ipsum contramandamentum.

4. Item, fuit actum et conventum inter partes predictas, quod dicti cives merchatores Venicie et eorum familie, cautela vel colore perquisitis, ducere non debeant in fraudem dicti domini Johannis vel suorum aliquas mercandias aliorum merchatorum, nisi de merchandiis propriis ipsorum Venetorum, pro quibus, si oriretur aliqua suspicacio pedagiatoribus dicti domini Johannis, vel oriretur aliquod debitum inter ipsos, credi debeat et credatur per dictos pedagiatores sacramento cujuslibet dictorum merchatorum de Venicia, vel ejus familie, vel conductorum ipsius per quem ipsorum merchandie veherentur, nulla alia probatione requisita.

Que omnia et singula per modum et formam predictos promiserunt dicte partes una alteri, et michi infrascripto notario uniter stipulanti, attendere, complere, et inviolabiliter observare et in nullo de predictis contrafacere vel venire, videlicet dictus dominus Johannes bona fide, et dictus ambaissiator predicto nomine, sub proprio juramento, ad sancta Dei evangelia manualiter prestito per eundem. Renunciantes dicte partes et quelibet earundem omni juri, remedio et cavillationi per que possent predicta infringere vel eis in aliquo obviare. Precipientes dicte partes de predictis fieri duo publica instrumenta ejusdem tenoris per me notarium infrascriptum, unum videlicet pro qualibet earundem, sub sigillo dicti domini Johannis, et que, an sint sigillata vel non, in sua semper sint et esse debeant firmitate.

Actum apud Bisuncium, in domo venerabilis viri domini Odonis de Choys, legum professoris, indictione sexta, ubi testes ad hoc vocati fuerunt et rogati venerabilis vir dominus Odo de Choys, legum professor predictus, Haymo dominus de Sarreta, dominus Johannes de Ponteallia miles, dominus Petrus Anglici presbyter Bisuntii, et plures alii fide digni.

Et ego Petrus Gannereti, de Calvomonte, clericus Bisuntii, auctoritate imperiali publicus notarius, hoc instrumentum rogatus recepi, scripsi et tradidi, signavique signo meo consueto, in testimonium veritatis premissorum, pro parte dicti ambaissiatoris.

## XIII.

1348, 18 août, première indiction. A Altologo ou Théologos.

Traité conclu avec l'approbation du pape, entre le sultan d'Aïdin ou Éphèse et la Sainte Alliance formée par la République de Venise, le roi de Chypre et l'ordre de l'Hôpital, pendant que la ville de Smyrne appartenait aux chrétiens[1].

(Venise, *Commemor.*, vol. IV, fol. 156 v°.)

*Hoc est exemplum treuguarum confirmatarum per dominum Summum*

[1] L'original du traité fut rédigé dans la ville que les Latins appelaient Altologo et les chrétiens d'Orient Théologos. La traduction latine qui se trouve dans les Commémoriaux et que nous donnons ici aussi exactement que possible, avec ses innombrables incorrections, est vraisemblablement l'œuvre du notaire Caloquiri Georges lui-même. La transcription mentionne expressément l'approbation donnée par le pape au traité. Le traité est précédé d'une lettre de Clément VI au doge de Venise et datée d'Avignon le 3 des nones d'octobre, 8ᵉ année du pontificat, s'il n'y a pas erreur de chiffres, c'est-à-dire du 5 octobre 1349 (*Commem.*, IV, fol. 136). Le pape annonce au doge que des ambassadeurs de Zalabi, seigneur d'Altologo, *nobilis viri Çalabi, domini Altiloci*, sont venus lui demander la confirmation du traité arrêté entre l'émir, le légat apostolique et le grand-maître de Rhodes. Le pape a fait quelques légères modifications au traité; il ne veut pas le ratifier avant de l'avoir communiqué à ses alliés Hugues, roi de Chypre, et le

DE LA FRANCE ET DE VENISE AU MOYEN ÂGE. 113

*Pontificem cum nunciis et ambasiatoribus Zalabi Turchi, domini Theologi*[1].

Ista sunt pacta et conventiones pacis et concordie que nos, Zelapi Hityrbequi, facimus, promittimus atque juramus, in manibus venerabilis et religiosi viri, domini... fratris Dracaneri de Gaudissa, ambaxatoris et procuratoris reverendissimi in Deo patris domini Francisci, divina gratia archiepiscopi Cretensis, et per sanctam et apostolicam sedem in partibus Romanie et Cipri legati, nec non reverendissimi in Deo patris, domini fratris Deodati de Gozono, sancte domus Hospitalis Sancti Johannis Hierosolymitani magistri dignissimi.

Qui reverendi domini, habentes commissionem a summo pontifice et a sua Sancta Sede, ad tractandum et ordinandum dictam pacem et concordiam, nomine et vice sue paternitatis, ideo ad nos predictum dominum fratrem Dracunetum missum eorum misserunt.

Deinde nos, supradictus Zelapi Hiturbequi, filius magnifici ammirati Mahabut Mahamutbeth Aitini, per nos nostrosque omnes fratres et barones, et omnes parentes nostros, juramus et promittimus tenere et observare infrascripta capitula et convenciones, toto tempore pacis nostre inviolabiliter, nomine et vice dicti summi Pontificis et sue Sancte Sedis. Igitur mittimus ad suam sanctam presenciam nostros ambaxatores cum plena commissione nostra, et presens nostrum sacramentale, cum infrascriptis capitulis et convencionibus, promittendo omnia inviolabiliter tenere et observare, donec nostri ambaxatores redient de curia Romana ad nos. Insuper, totum illud quod reverendissima sua dominatio preciperet de dictis capitulis, videlicet de augmentandis, sive

doge. En attendant, il a conclu un armistice d'un an avec Zalabi; il prie le doge et le roi d'envoyer leurs ambassadeurs auprès du Saint-Siége pour traiter de la paix définitive, avant le mois de mai prochain, Zalabi promettant de s'abstenir de tòute attaque contre les chrétiens jusqu'à cette époque, à la condition que les chrétiens respecteront aussi ses frontières. Il les engage à voir s'il est préférable de conclure le traité ou de reprendre les hostilités à l'expiration de l'armistice.

[1] *Theologus*, qui conserve le surnom de saint Jean, le saint théologien, comme *Haï Tologo*, et mieux qu'*Altologo*, désigne incontestablement la ville d'Éphèse. Voy. *Bibl. de l'École des Chartes*, 2ᵉ série, t. I, p. 486; M. Schlumberger, *Numismatique de l'Orient latin*, p. 485.

minuendis, sicut sibi placuerit, promittimus in antea omnia illa tenere et custodire toto nostro posse, et juramus sic per Deum, per Deum, qui fecit celum et terram, mare et omnia que sunt in eis; qui habet solus potestatem vite et mortis, et permanet in eternum ; qui nullus est similis ei, nec mortuus fuit nec morietur, nec generavit, nec generat; per Deum scientem occulta et non occulta omnium hominum; qui creavit louquium et calamon, videlicet tabulam et pennam; quem vident angeli, et faciunt omnia que sunt scripta in eis; per Deum, qui sedem suam confirmavit in cellis, qui facit angelos et archangelos stantes juxta eum, et centum viginti quatuor millia prophetarum quorum ipsorum est primus Adam et ultimus Macumet, filius Apdelle; qui ostendit et manifestavit fidem Musulmanorum, sic dicendum : *Valla vbellin vaelle Ellahin, Elsamathel garniusirit;* per Deum illum qui misit sua verba in quatuor libris, videlicet veterum Moyse, psalterium David qui vocatur Zaburt, evangelium Yesu, qui dicitur Juz, et Furgacii Mucamet; per quod lexs Musulmanorum confirmata est in quatuor catenis curamen; per illum Deum qui dedit michi potestatem et omnia alia bona mea, per diem illam magnam judicii; lavatus carnem meam, ego supradictus admiratus, sine aliquo timore et molestia, sed de mea bona voluntate, ego et mei probi homines cohicides pono manus meas supra curamen et musa scriptum arabice; juro atque promitto observare, tenere omnia infrascripta capitula firmiter, ego et fratres mei, et totus populus, et magnati mei; et si non faciam omnia sicut promitto juratis, sed contrafaciam aliquid de capitulo infrascripto, ut sim de hean passaris, et omnia que dixi de juventute mea *de lahael elle belle ulla, olle, ele, alla mahamet russuralla,* et teneor ire ad Meca cum pedibus meis, sine calsiamentis, vii. vicibus, et in die susitacionis, videlicet die judicii, habebo contrarium Mahumet, et ero condempnatus cum illis qui interfecerunt Armehapat et Elim et Diavarum, et sanguis cusavi et cassavi super me, et collum meum et halabia mea sint et essent haraava, videlicet male inquisitum illud quod lucratus sum de bona parte. Et ad majorem cautellam presentium et voluntarie sacramentalis posui nomen meum cum meis propriis manibus supra et infra presentis pagine.

1. Primo, juramus atque promittimus, nos supradictus admiratus, dare et dari facere, nomine Sancte Unionis, dictis dominis, vel aliis ab ipsis concessis, medietatem partem comerclii dicti loci nostri de Theologo, nec non similiter omnium aliorum portuum qui sunt sub potestate nostra medietatem partem comerclii; tamen si voluntas erit summi pontificis, cum nostri ambaxiatores nunc vadunt ad suam presenciam, et nos dimisimus super hoc ad ejusdem discretionem et voluntatem.

2. Item, promittimus et juramus, quod nos et gens nostra tractabimus, honorabimus et procurabimus gentem castri Smirnarum Christianorum bene et amicabiliter.

3. Item, promittimus atque juramus per nos nostrosque fratres, et pro omnibus hominibus subditis nostris, quod de illo tempore quo factum a nobis sacramentum pacis usque ad unum mensem proximum venientem integrum, omnia ligna nostra et galeas, magna et parva, et fratrum nostrorum nostrarumque gentium extrahere [faciemus][1] ea ab omnibus aquis in terra, et tenere ea usque quod nostri nuncii irent et redirent a domino summo pontifice, ipsumque rogare quod, si placeret, non sunt[2] combusta neque dirrupta. Et si sanctus pater vult quod sint combusta sive dirrupta, incontinenti veniendo suum preceptum parati sumus facere et conplere preceptum comburi, aut deruptari. Et si forte sanctus pater faciet gratiam quod non sint combusta nec dirupta, teneremur ea tenere in terra extra, sine aliquo apparamento, nec facere aliquod vel aliqua de novo, nec dimittere facere nulli homini nostrarum gencium; et debet stare toto tempore pacis nostre sine aliquo apparamento, et sine ire piratico modo contra aliquem christianum, aliquo casu, nec dampnificare aliquem.

4. Item, promittimus atque juramus per nos nostrosque heredes, et pro magnatis nostris, et pro omnibus gentibus nostris, quod nullus audeat ire in aliqua galea vel ligno alicujus admirati de Turchia eundi in curso, nec dampnificare aliquem Christianum. Et si contingeret quod

---

[1] Il me paraît indispensable de suppléer ici ce mot. — [2] Sint.

aliquis ita magnus sicut parvus mitat oculte cum aliqua galea vel aliquo ligno alicujus admirati, tenemur toto nostro posse capere malefactores; et ipsos taliter puniemus tamquam illos qui iverint contra nostrum sa cramentum; et dampnum illatum alicui Christianorum, nos emendam faciemus dampnificato, credentes illius simplici suo verbo.

5. Item, promittimus atque juramus quod in aliquo loco de omnibus pertinenciis nostris, per gentes nostras, nulla galea aut lignum de cursariis a nobis erit recepta; nec aliqua panatiqua dare eis, nec aliquod refrescamentum; ymo expellere ea vel eas, et ea dampnificare, sicut proprios inimicos. Et si contingeret quod aliquis de populo nostro dedisset eis refrescamentum, auxilium, consilium vel favorem, clam vel palam, et istud potuerimus scire sic dampnum illatum fuisse datum aliquibus Christianis, nos emendam tenemur plenam facere et restitucionem; et illum dantem consilium, auxilium vel favorem, taliter eum puniemus, sicut illum qui ivit contra nostrum sacramentum.

6. Item, promittimus et juramus quod nullum lignum vel ligna alicujus admirati de Turchia per nos aut per nostros fratres, nec pro omnibus gentibus nostris in tota terra nostra, erit receptum aut eis dare aliquod refrescamentum, aut consilium et favorem clam vel palam, ymo eas expellere a locis nostris, et faciemus tamquam nostris propriis inimicis; et si contingat quod aliquis dedisset eis consilium, auxilium vel favorem, aut aliquod refrescamentum, totum damnum datum per dictum lignum vel ligna, nos emendam et satisfactionem integraliter faciemus, et ipsum vel ipsos taliter puniri faciemus, sicut illos qui sunt [contra]factores nostri sacramenti.

7. Item, si aliqua galea et galee Sancte Unionis dedissent cassam galeam aliquam, vel galeas aut lignum Turchorum, seu Christianorum, cujuscumque conditionis existerent, cursariorum; et fugientibus venisset in terra nostra, tenemur eis reddere corpora galearum et marinarios omnes et totam predam faciendam ab ipsis; ligno vero Turchorum teneamur reddere corpora lignorum, et predam datam per illos Turchos vero taliter puniri secundum legem nostram et sicut illos qui venerunt contra nostrum sacramentum.

8. Item, si aliqua galea vel navis parva vel magna, cujuscumque conditionis existeret, Sancte Unionis Christianorum, per aliquam fortunam maris, sive per aliquod accidens, frangeretur in aliquo loco terre nostre, homines nostri qui inventi fuerint ibidem, ubi lignum vel ligna et galee fuerunt, debent salvas facere omnes res navilium, et dare bonum consilium, auxilium vel favorem. Et si per eorum nostrorum hominum negligenciam et malam custodiam res naviliorum seu lignorum, aut persone hominum, habuissent dampnum vel aliquam injuriam, nos de bonis et possessionibus nostrorum hominum negligencium plenam satisfactionem faciemus dampnificatis; et negligentes taliter puniri faciemus tamquam illi qui contra nostrum sacramentum facientes.

9. Item, promittimus atque juramus quod nulli admirato de Turchia, nec alicui persone, cujuscumque condictionis existat, volentes contra factam unionem venire, nec alicui Christianorum disobediente sacrosancte matris ecclesie Romane dabimus favorem clam vel palam; ymo illum vel illos contradiceremus et faciemus totis viribus nostris contra illos.

10. Item, promittimus atque juramus quod archiepiscopus Smirnarum habeat et possideat omnes ecclesias factas ibidem, in quibus potest celebrare et officia divina facere, nec non sacrificare et predicare sanctam fidem Christi ad suum beneplacitum et voluntatem.

11. Item, dare ei stipendia, et terram ad seminandum, per se et suam familiam; nec non dabimus sibi de nostris gentibus ad eum custodiendum, et populum christianum qui fuerunt ab illo, et sic similiter promittimus facere et dare archiepiscopo Efesinensi.

12. Item, promittimus atque juramus, quod si nos, seu alius de subditis nostris, debet dare aliquid alicui Christiano, transactis temporibus, satisfacere faciemus integraliter.

13. Item, promittimus et juramus quod omnes mercatores christiani qui veniunt in nostris terris, teneamur eos salvare et custodire; et non substineamus nisi faceretur aliqua injuria seu forsa. Et si aliquis nostrum per suam stulticiam alicui illorum fecerit aliquod dampnum, sibi emendam integraliter faciemus, et malefactorem taliter puniri faciemus secundum injuriam, seu crimen illatum.

14. Item, nos non augmentabimus neque minuemus mensuram nec palausa, nec comercuum, nec aliud jus quod pertinet dominacioni.

15. Item, promittimus et juramus quod quelibet generatio Sancte Unionis, videlicet Cipriana, Venetorum et Hospitalis, possent habere in nostra terra eorum consilium et consules; qui consules facient et faciunt jus suo populo. Et si forte aliquis Turchus habuisset facere cum aliquo de dictis generationibus, consul ipsius et noster naypi sint et esse debeant insimul; et illud quod ipsi vel illi judicabunt, nos habebimus gratum et stabile. Et si forte illi aliquod malum fecissent, alius nullus debet intromittere, nisi eorum consul; et factum seu judicatum per illum tenerentur ratum et firmum.

16. Item, promittimus et juramus quod omnes galee Sancte Unionis possint venire per tota loca nostra et portus, emere, vendere totum illud quod erit necessarium illis pro refrescamento ipsarum, videlicet panem, vinum, carnes, et omnia alia victualia, non solvendo aliquod comerclum nec aliquod jus dominationis.

17. Item, promittimus atque juramus habere et tenere firmam et ratam[1] omnia capitula et convenciones quas habemus in veteri sacramentali cum Hospitali, in quo est assignatum de nostro signo; que capitula non sunt contra ista capitula, ymo sunt ad confirmationem ipsorum, videlicet supradictorum.

18. Item, promittimus et juramus quod corpora bone memorie domini Patriarche condam[2], et alia que habemus dare, [dabimus?] loco et tempore, et hora, quando sint petita a dictis dominis vel aliquo illorum.

19. Item, promittimus et juramus, quod si aliquod capitulum de supradictis capitulis esset in aliquo puncto obscurum, aut videretur obscurum, a tribus ambaxatoribus possit et valeat declarari.

20. Item, promittimus et juramus, quod si contingeret aliquem scla-

---

[1] Sic.

[2] Peut-être s'agit-il ici d'Emmanuel Marino, noble vénitien, patriarche de Jérusalem, qui avait pris part, en 1345, comme légat apostolique, à l'expédition dirigée par la Sainte-Alliance contre les Turcs de Smyrne (*Fragm. Hist. romanæ*, dans Muratori, *Antiq. Italiæ*, t. III, col. 358). Marino était remplacé dès 1351 dans le patriarcat de Jérusalem.

vum unius partis fugisse et ivisse in partibus alterius partis, tenetur pars illa, aut nostra, aut illa pars in qua sclavus ivisset, reddere pro dicto sclavo florenos quindecim, et non plus; et simili modo si sclava fugisset, restituere teneamur, aut alia pars ad nos quindecim florenos. Et si dictus sclavus aut sclava accepissent aliquod a dominis suis vel ab aliis, tenemur reddere res illatas et acceptas parti alteri, cui receperit dampnum.

Anno Domini millesimo trecentesimo quadragesimo octavo, indicione prima, decimo[1] octavo mensis Augusti, juravit dominus Zalapi tenere, observare omnia predicta capitula, ut dictum est, et posuit suum signum infrascriptum, manu sua propria, in presentia mei notarii Georgii Caloquiri, notarii ex parte Sancte Domus, in latino et greco.

(La fin de la pièce, d'une latinité meilleure, donne sans doute les articles additionnels sur lesquels on peut croire que le pape et le sultan d'Éphèse étaient tombés d'accord. — Ces articles sont transcrits sans explication après le traité.)

Primo namque quod quicumque possit et valeat ire et redire hinc ab antea secure et mercaturas portare, et extrahere res et alia bona que voluerit ad terram et de terra dicti Chalabini, absque impedimento et dampno inferrendis per galeas ac gentes Unionis predicte, et absque sententia excommunicationis et interdicti.

Item, quod per galeas et gentes dicte Unioni submissas non inferatur dampnum aliquod gentibus et bonis dicti Chalabini in terra sua; et in casu quo fieret, tenetur Unio restituere eisdem integraliter damna passa.

Item, quod gentes terre dicti Chalabini possint secure ire et redire ad terras, et de terris subjectis Unioni, cum mercaturis, bonis et rebus suis, in lignis tamen et vasis Christianorum, absque impedimento et dampno inferrendis eisdem per subjectos Unioni; et in casu quod secus fieret, tenetur Unio ad restitucionem dampnorum, et ad punicionem fiendam hujusmodi malefactorum.

Item, si contingeret ligna seu vasa in quibus predicte persone dicti

---

[1] Au ms. *decima*.

Chalabini navigabunt casu aliquo nauffragari ubicumque in terris Unionis predicte, tenetur Unio personas ipsas, bona, et res earum que in terris eisdem salvarentur, custodire et salvare fideliter sicut sua propria, et eas restituere illis quibus fuerint restituenda.

Item, si contingeret mercatores aliquos in terris predicte Unionis mori, bona ipsorum decedencium promittimus salvare et fideliter custodire, et ea restituere integraliter, quando Chalabinus predictus id per suas litteras intimabit.

Item, si aliqua galea vel ligna Christianorum vellent dampnificare terram et gentes dicti Chalabini in terra sua, per nos nec gentes nostras juvabuntur, nec eis dabimus consilium, auxilium vel favorem; ymo verbo et precibus inducemus volentes dampna inferre predicta, et disturbabimus juxta posse nostrum. Et in casu quo nollent desistere seu acquiescere inducionibus nostris, tenetur Unio, quam cicius et comode poterit, notificare Chalabino predicto.

Item, si forsan Turchus aut Turcha, subditi dicto Chalabino, fugerit ad partes nostras, causa baptizandi vel alia, et asportasset de alieno aliquid, vel esset alterius pro debito obligatus, tenemur res asportatas facere restitui et debitum solvi, aut ipsum debitorem personaliter detineri, donec cum creditore debite concordasset.

Item, si aliquis sclavus vel sclava fugeret ad terras nostras, pro eorum singulis quindecim florenos auri restituere tenemur Chalabino predicto, vel cui ipse scribet esse solvendum ; et si aliquid de bonis sui domini, vel alicujus alterius, secum indebite asportasset, tenemur facere restitui integre res hujusmodi asportatas.

## XIV.

1355, 9 mars. A Chio. — 1357, 9 mai. A Montpellier.

I. Extrait authentique et notarié du registre de la cour du podestat de Chio, concernant la plainte portée devant le podestat par Jean Tascher, neveu et agent de Raymond Serallier, de Narbonne, bourgeois du roi de Chypre, marchand de Montpellier, sur l'attaque dont il avait été l'objet près de la Tour de l'Arménien, dans le détroit des Dardanelles, en se rendant de Rhodes à Constantinople, de la part de trois galères vénitiennes qui avaient pillé ses marchandises. Déposition de l'écrivain du panfle monté par Jean Tascher[1].

II. Expédition notariée de l'acte précédent, dressée à Montpellier par ordre du lieutenant du recteur royal, à la requête de Pierre Raymond Alazos, mandataire de Raymond Serallier.

(Venise. Archives générales. *Commemorial.*, VI, fol. 53-55.)

### I.

1355, 9 mars. A Chio.

§ 1. Plainte de Jean Tascher.

Millesimo trecentesimo quinquagesimo quinto, die nona Marcii. Johannes Tascherii, nepos et conjuncta persona atque gestor negociorum Raymundi Sarellerii, de Narbona, burgensis regis Cipri, coram vobis, domino Raffaele de Furneto, potestate civitatis et insule Syi, et vestro provido vicario, dicit et exponit quod de mense Februarii proxime preteriti, dum dictus Johannes, dicto nomine, onerasset in Rodo, super panfilo Richiardi Canpulli, de Messana, certam quantitatem pannorum et mercimoniarum, causa ipsa omnia defferendi in Constantinopolim, vel in Peyram, et dum navigassent versus dictas partes, et essent cum dicto panfilo et mercibus inter Bucham Romanie, loco qui dicitur Turris Erminii[2], supervenerunt et accesserunt ad dic-

---

[1] Cf. *Biblioth. de l'École des Chartes*, 2ᵉ série, t. III, p. 211-213.

[2] Les anciens portulans ne marquent pas ce lieu. La *Tour de l'Arménien* devait être nécessairement sur l'une des deux côtes du détroit des Dardanelles, très-vraisemblablement sur la rive anatolique, et pas très-loin de la *Bouche de Romanie*, qui est l'entrée même du détroit, nommée aussi par les Francs *le Bras de saint Georges*.

tum panfilum sic oneratum galee tres Venetorum, quarum erant patroni scilicet unius Brathus Guydi et alterius Constantinus Chicolo, et alterius Petrus Nanus; et per vim invaserunt dictum panfilum et ceperunt eum sic oneratum rauba et mercantia dicti Johannis, per vim accipientes pecuniam, corrigiam, anula et tellam de Rens et vestimenta et cetera, que dictus Johannes habebat super dicto panfilo. Ex qua disraubacione, dictus Johannes, dicto nomine, est dannificatus in florenis sex milibus; et ultra panni et cetera alia mercimonia, qui et que onerati et onerata erant super dicto panfilo, et scripta erant in cartulario dicti panfili per manum dicti scribe dicti panfili, nomine, prout continetur in scriptura scripta manu dicti scribe, supradicti Johannis Tascherii, dicto nomine, ut patet per scripturam scriptam manu dicti scribe. Et etiam de dicta depredacione facta fuit scriptura per manum dicti scribe dicti panfili, notario publico indigente, que scriptura scripta vulgariter in lingua sichiliana.

Quare, cum dictus Johannes Tascherii, dicto nomine, habeat testes paratos, quos coram vobis producere intendit, ad eternam rei memoriam, super titulis infrascriptis, supplicat vobis, domino potestati et vicario, dictos testes recipi, et examinari faciatis per scribam vestre curie, ne fides veri pereat, et ne morte, peregrinacione, vel longeva absencia testium predictorum possit jus ipsius Johannis dicto nomine deperire; et quod etiam de dictis attestacionibus dictorum testium possit dictus Johannes, dicto nomine, coram quocumque magistratu, suo loco et tempore, facere plenam fidem.

Ea die, dominus vicarius domini potestatis Syi, pro tribunali sedens ad solitum, jure fecit fieri preconizacionem tenoris infrascripti : « Pre-
« conizate per civitatem Syi et suburbia et loca consueta, de mandato
« domini vicarii domini potestatis Syi, quod si est aliqua persona que
« vellit interesse vel contradicere quod tituli depositi per Johannem Tas-
« cherii recipiantur, et super ipsis testes recipiantur, quos producere
« et jurare facere intendit dictus Johannes ad eternam rei memoriam,
« ne fides veri pereat, compareat et comparere debeat coram dicto
« domino vicario hodie per totam diem; alioquin dictus dominus vica-

« rius consenciet, quod dicti testes jurabunt et examinabuntur per
« scribam curie Syi, alicujus vel aliquorum absentia non obstante, et
« hoc ad instanciam et requisicionem dicti Johannis. »

Nicola de Castro Florentino, nuncius et placerius curie Syi, retulit se hodie de mandato domini vicarii publice et alta voce cridasse in omnibus et per omnia, prout in supradicta preconizacione continetur. xiii° die mensis Decembris, indicione viii<sup>a</sup>.

### § 2. Déposition de Pierre Alaman, écrivain du navire.

Item, carringau supra lo panfilo di ser Rizardo Campola di Missina, in lo portu di Rodo, Johan Tascherii di Nerbona, factore di ser Ramondo Seraller, mericadante de Nerbona et borgese di re di Cipri, secundo che lo dito Johan Tascheri mi a ditu, caricau lo dito Johani Tascherie asignau a mi Piero di Alamano, scrivano di lo dito panfilo, in lo portu di Rodi, drapi balle xxii, li qual balle diviamo portari in Constantinopoli.

Item, in chisti prediti bali si cheranu chisti pani, sicundo lo ditu Johan Tascheri mi disi a mi, scrivano predicto, uno jorno, essendo in l'isola di lo Lango, in una terra chi se chiama la Rangia, volendo fari raxun di lo nolo di chisti predicti panni.

Item, in primis, balle iiii. de Bovays, pecie xxxii.

Item, balle vi. di Lovers, pecie xxxxviii.

Item, balle iiii. di Viam [Ruam, Ruain?], pecie xxxii.

Item, balle vi. di Malignes, pecie xxxxviii.

Item, bala i. di scarlate, pecie x.

Item, balle i. di blancheti di Valentia, pecie vi; la qual bala di blancheti presi lo patroni di lo panfilo, per fari chabani per li marinari, inpero chi Venitiani aviano livata lo roba di vestire e di dormire.

Item, caricau sopra lo dito panfilo, in lo dito portu di Rodi, asignao a mi dito scrivano, chameloti, tavula una grandi, in la quali tavula, sicundo mi disi lo dito Johan Tascheri, in la dita terra di la Rangia, che chi avia pecie cxxi. di chameloti.

Item, carigau ancora lo dito Johan Tascheri di Narbona, factore di lo predito ser Raimondo Seraller supradicto, in lo portu di Rodo, sopra lo dito panfilo di Rizardo Campora, lino sachi xxi, e consignali a Piero di Alamano, scrivano di lo dito panfilo.

Item, tuta chista sopra dicta marcadantia esti signata a quisto signo +R̂.

Item, partimoni da Rodo con lo predito panfilo essendo spachati, e fomu in molti logi e in molti porti, et stetimochi per molti jorni per tempi plazi adenchi vinimo a la Bocha de Romania, e fomo inbochati dentro la bucha a xv. migla sopra la torre de l'Erminio, e per tempo chera vento contrario a la Buca ni convene sorgir in chisto locho sopradicto. E stando sorti da di luni xv. Febrer fine a die mercuri xvii. dicti mensis, viniro tre galei di Vinitiani, li quali galei forono armate in Venecia, che eli dicheano, de li quali galei erano patroni miser Brati Guido, miser Costantino Chicolo e miser Piero Nanu, veniciani; et chaunu patronizava la sua galea.

Item, le dite galei essendo a lato di lo dito panfilo, li mercadanti investiro; e li marinari di li galei montaru sopra lo panfilo, con le spade nude a mano, et arobaro et levaro zo chi chi avia in coverta, et sfunduranu quanti case chi avia di patroni et di mercadanti e compagnoni e marinari e fanti. Dondi, li patroni di li galei montaru sopra lo panfilo e preseno lo quaderno di lo scrivano, e anchora videno tuta la roba chi chiera, e spicialmentri vi trovano scrita tuta la roba di Ginoisi, in lo dito quaderno di lo scrivano, tuta per ordeni.

Item, incontinenti li diti patroni di li galei preseno lo patroni di lo dito panfilo e tuti li mercadanti siciliani, mi[1] Johan Tascheri medemo, et tuti compagnoni e marinari di lo supradicto panfilo, chi non chi restao si no lo nochieri per comandar la via, et amarinaro lo dito panfilo in loro dominio. E questa gente di lo supradito panfilo, comun lo patroni e li mercadanti siciliani et compagnoni et marinari, si li misero sopra le dite galei. E stando per spacio di tre ore, li diti patroni di li galei

---

[1] L'écrivain fait parler ici pendant quelque temps Jean Tascher à la première personne, puis il reprend la déposition en son nom.

fichiro far vila a lo panfilo, et li galei remorziavano lo panfilo, impero che lera poco vento.

Item, li diti patroni di li galei si aviano deliberato di minari lo dito panfilo in Candia.

Item, vilizando la note infino a lo terzo di lo jorno si ni trovano sopra libro a la via di Negroponte; et era poco vento, e lo vento era como a lo garbino, avisando lo jorno e lo vento inforzao; e li patroni de le galei videndo chi non potrano andare onde aviano deliberato di andare, como in Candia, li patroni di li galei si fichino cogliri la volta a lo dito panfilo insembla con li galei e tornamo a li Maniri, e essendo a li Maniri, lo panfilo fo sortu et ormigiato con li galei insembla, li patroni di li galei si ficheno venire lo scrivano con lo quaderno in presentia dito patroni di lo panfilo e di li mercadanti chi chi erano sopra lo dito panfilo, zoe Nicolo Sanchei, florentino, et Paulo Campola di Mesina, mercadanti, et Blazitu Preza, di Misina, mercadante, et Januni Baglivi, di Misina, mercadante, et Roberto di Bobia, de Mesina, mercadante, et Johani Tascheri. E li diti patroni di li galei si parlano a tutti quanti eramo e diseroni che ni tinisemo contenti di zo che el li deliberaseno per loro consiglo; e sopra zo, ni fechino jurari su li sopra Dei evangelia si in chista roba nostra, la quale era scrita in lo quaderno di lo scrivano, tanto di la mia di Johani Tascheri quanto di li mercadanti sichiliani, sinchiavese in chista nostra roba aviri di Ginoisi. E tuti juramo como Ginoisi nochi aviano afari ninte, anzi esti tuta nostra, si como è scrita in lo quaderno di lo scrivano di lo predicto panfilo. E sopra zo, poi che tuti aviamo jurato e li diti patroni di li galei si tornano da capo a dire che voliano che tuti mercadanti sopra diti et mi Johani Tascheri, tuti noi, ni tinisemo contenti di zo che elli deliberaseno per loro consiglo, e chi no fosi nulo di li sopradicti mercadanti chi ne scusasi a zo che elli deliberaseno. E ancora li diti patroni di li galei diseno a lo patroni di lo panfilo e a li mercadanti supradicti che tuti steseno contenti di zo chi le dichesono e fachiseno, e che voliano li diti patroni di li galei chi di zo chi lo scrivano di lo panfilo scrivese in lo so quaderno como tuti li mercadanti si erano contenti e pagati di zo chi diti patroni di li galei li daseno.

Item, li diti patroni di li galei adimandaro a Nichola Sacheti e fechinolo jurare a santi Dei evangelia, e a otro no li fachino, lo zebibo[1] chi era scrito a lui e a miser Stefano da Mizano, sicondo chi aparia per lo quaderno di lo scrivano di lo dito panfilo; chi a miser Stephano da Mizano era scrita la terza parte e a lo dito Nicholo Sacheti era scrito li doi terzi. E lo dito zebibo era in soma fardi dccccxi. E stando lo dito Nicolo Sacheti in liesta predito, in presencia di lo patroni di lo panfilo e di lo scrivano di lo dito panfilo, avanti di li tri patroni di li galei di li Viniciani e in presencia de mi Johani Tascheri, li dicti patroni di li galei fazando jurare lo dito Nicolo Sacheti e strizendolo a la veritade de chiu fosse chisto zebibo diseno : « Se tu induchi la verita, noi sapimo de cui esci
« è, sapimo tuta la veritate, si che fachino poche sene, dichi la verita o
« menzogna cha uni sapimo tuto cosi. Ancora se tu induchi la verita,
« ti poria jovare. » E lo dito Nicholo Sacheti, volendo dir la verita, dissi :
« Eu vi juro, a sancta Dei evangelia, chio vi diro tuta la finale viritate
« di questo zebibo como è, e de cui è. Item, in questo dito zebibo, eu
« no chio nulla nichi aio mente; eu no aio seno alcune cosse chi sono
« scrite a lo quaderno di lo scrivano di lo panfilo, chi sono scrite a nome
« mio e no d'autri; questo zebibo si è la mitade de Stefano da Mizano,
« lo quarto si è de Fardino e lo quarto di Nicolo Catelini e di frate
« Nicola di lo Tesoro[2]. » Dundi li patroni di li galei diseno : « Aora, che ai
« dita la verita, ti jovera. » E lo dito Nicolo Sacheti dissi da capo : « Per
« le sante Dei evangelie, miser, evo dita tuta la verita, fatemi zo che
« ve plachi. » Donde li patroni di li dite galei de li Viniciani disero che
« la parte che ave Fardino di Fardini supraditi como beni di Ginoisi,
« e tratamolo como Ginoise, e avemo aquistao di bona gratia, e se pote-
« semo aver di lo suo oltra questo, ancor si como beni di nostri inimi-
« chi. »

Item, li diti patroni de le dite galei foru a consiglo [tuti] e vitino che no potrano livare cum raxune la parte che avia Nicolo Catelini e frate Nicolo di lo Tesoro, per dito di Nicolo Sacheti, si li disero, li diti patroni

---

[1] Raisin sec. — [2] Probablement Frère Nicolas, chevalier de l'Hôpital, pour compte du trésor de l'ordre de Rhodes.

a lo dito Nicolo Sacheti, che li voleano dare florini cc. di zebibo per la parte di lo dito Nicolo Catelini e di frate Nicola di lo Tesoro, dondi miser Johani Tascheri si acostao a la orichia di miser Brati Guido e disili como frate Nicola di lo Tesoro, è si grandomo in l'Ospitale di lo gran maistro, et como elli fariano cortexia a satisfarli tanto a luy quanto a Nicolo Catelini; e li diti patroni volinu che lo dito Nicolo Sacheti avese per la quarta parte di questi sopradicti florini di zebibo ccLx. Et lo dito Nicolo si teni per contento de questi prediti. Perche li diti patroni de le galei feceno scriver in quaderno di lo scrivano di lo dito panfilo a ludeman como lo dito Nicolo Sacheti si fo contento e pagato di li ccLx. florini di zebibo, e chi era per la parte di Nicolo Catelini e di frati Nicola di lo Tesoro. E lo dito Nicola Sacheti si tini per contento e pagato, secondo como è scrito in lo quaderno de lo scrivano. Li quali patroni di li galei, si como beni de loro inimichi, tanto la parte de miser Stefano da Mizano, ginovesi, quanto la parte di Fardino Fardini, e di veritate Nicolo Sacheti, da poi che noy fomo spachiati como fratri Nicola di lo Tisoro, no chi avia niente in questa parte di Nicolo Catelini. . . .[1]

Item, li diti patroni di li galei di Viniciani, zoe miser Brati Guido, e miser Costantin Chicolo e miser Piero Nanu, volendosi spachiari et lasciari andari, impero chi non ni potiano menari in Candia, perche noi eramo amichi loro, si sacostaro da lato lo panfilo essendo sorto a li Maniri[2] doe galei, zo fo la galea de miser Brati Guido e quela de miser Costantino Chicholo, si preseno li dicti patroni tuta la roba sotile di Ginoisi, si como aparea per lo quaderno di lo scrivano, si como panni, tili et pipi, zuchari et casi di siropi, tuta quanta roba chi aparsi chi fosi sotili e si la caricaroi in le doi galei, unde in lo panfilo non ristao seno mercandantie che parisi ali dicti patroni chi fosse roba grosa, si como zebibo, chi era de loro inimichi, zoe di Ginoisi, et lino, cotoni et suari et timiano et lodano et altri cosi grossi, chi parseno a li diti patroni che non poteseno prendere e menare in su li galei, impero che le galei erano galei sotili. E li diti patroni preseno e levaro molte cosse sotili tanto di lo patroni di lo panfilo quanto de li-

[1] Lacune à l'original. — [2] Ou *Manrei*.

mercadanti siciliani. Et in raxun di questi cose sotile si como beni di Siciliani, chi erano amichi loro, e chi non potiano levari, li diti Viniciani a li diti Siciliani licitamenti, si como hano spachiati, si fichiro vendicione di questi cossi grossi e mercadantia grossa chi era sopra lo dicto panfilo, e lo dito panfilo si era sorto et ormigiato a li Maniri, questi mercadanti e lo patroni no potendo far altro si como homini chi era a le man di Viniciani prediti conveneli, a dispeto loro, voleseno o no, prender zo che li diti patroni di li galei li davano, ancor che non bastasse a lo satisfamento di li cosse loro chi levano li diti Viniciani; e li diti patroni di li galei si li vendeano quiste cosse si como beni loro che aveano guadagnati di bona guera, si como beni di Ginoisi, overo di loro inimichi, e tenuti in lo dito panfilo III. jorni e II. nocti.

Item, li diti patroni di li galei, zoe miser Bráti Guido, miser Costantino Chicholo et miser Piero Nanu, in presentia di mi scrivano di lo dito panfilo, si fichino dischiavare lo dito panfilo a loro posta, in presencia di lo patroni di lo dito panfilo e de tuti li altri mercadanti chi erano sopra lo dito panfilo, zoe Sichiliani, et ancora in presencia de Nicolo Sacheti florentini, mercadanti de lo dito panfilo. Et in presentia di Johan Tascheri, li diti patroni di li diti galei si preseno di sopra lo dito panfilo panni balle x., in li quali balle si erano la sopradicta balla di scarlate; e le dite balle x., si erano pecie LXXXII., in li quali balli x. erano quisti panni.

Item, in balle VI. di Malignes, pecie XXXXVIII.

Item, in balle III. di Lovers, pecie XXIII.

Item, in balla I. di scarlate, pecie x., secondo lo dito de lo dito Johan Tascheri.

Item, preseno ancora li diti patroni de le dite galei di sopra lo dito panfilo chiameloti tavula I., in laqual tavula si era pecie CXX., per dito di Johan Tascheri.

Item, preseno li diti patroni di li galei di la quantitate di lo lino de sachi XXI. sine preseno sachi VI.

Item, tuta chista mercadantia, zoe balle x. e tavola I. de chiameloti et lino sachi VI. si erano di lo sopradito Johan Tascheri. E tuta chista mercadantia si era signata allo signo di ser Ramondo Seraller sopradito +Ř.

Item, tuta chista mercadantia la qual preseno li diti patroni di li galei, che esti di lo dito Johan Tascheri, si val florini..... secondo lo dito di Johan Tascheri.

Ancor, li diti patroni di li galei di Viniciani, levando questa roba soprascrita a miser Johan Tascheri, e videndu li diti patroni chi non la poteano levare licitamenti si como chi erano loro amichi, si li donaro in pagamento et fichinoli vendicione per la predita roba, da lo dito Johan Tascheri, questi cosi le qual vuy audirete.

Item, in primis, si li fichino vendicion di lo zebibo florini CCCL. li diti patroni di li galei a lo dito Johan Tascheri; lo quali zebibo fo di Genoisi, et a Fardino Fardini, tratato da li Viniciani si como Ginoise.

Item, ancora si li vendeno li diti patroni di le galei a lo dito Johan Tascheri fardi VI. de ladano; lo quale ladano era scrito per lo quaderno de lo scrivano in nome di Ginoisi.

Item, ancora vendeno li diti patroni di le galei a lo dito Johan Tascheri, indeso [indego?] cascha I., lo qual era scrito a Ginoisi.

Item, ancora si vendono li diti patroni di li galei a lo dito Johan Tascheri indui? marzapan, lo quale era scrito a nome di Ginovisi.

Item, li diti patroni di le galei, vendendo queste cose e dando in pagamento a lo dito Johan Tascheri, per le cose che li levano, lo dito miser Johan Tascheri, videndo quisti cosi non satisfaciano lo debito suo a li cosi che li aveano levate a gran parte, lo dito miser Johan Tascheri dise a li diti patroni de le galei : « O signori, eve prego che poi « che m'aviti levato lo mio, e no voglio che vuy mi dagati nulla di queste « cose cha per queste cose eo non poso esser satisfato de le cose che « vuy m'avete levate, impero io non voglio niente. Menatime con vuy in « alcuna parte, la onde io posa andar a Rodi; e tenitive oni cosa. » E li diti patroni de le galei diseno a lo dito miser Johan Tascheri : «Prendi « zo che nuy te dagamo, e fazo che nuy voglimo, e non fari seno quanto « noy voliamo. » E lo dito Johan Tascheri, videndo che non ni potia averi plu, ni no potia far altro seno zo che li diti patroni voliano, prese queste cose in nome de vendicion che li diti patroni de le galei li ficheno; e lo dito Johan Tascheri prese questa mercadantia si como homo che non potia far altro, e dise meio è da recuperare queste cose le qual li diti patroni li vendero cha perder tuto. E tute queste cose le qual li diti patroni Viniciani vendero al dito Johan Tascheri si forono primieramente di Ginoisi, scrite in lo quaderno di lo scrivano de lo dito panfilo, si como aparse manifestamente a li diti patroni di Viniciani, si li guadagnaro di bona guera si como beni di loro inimichi; e si le tenero queste cose con lo panfilo III. jorni e II. note; e li diti patroni Viniciani si fichino vendicion a lo dito Johan Tascheri di queste predite cose si como cose loro che aviano avute di bona guerra; e cosi si fermo la vendicion.

Ego, Rizardo Campola, patrone di lo dito panfilo, testis et de tute li cosi li quali a dito et scrito in la dita scritura, confesso et, a fermeza da lo dito miser Johani, signo.

Ego, Paulus Campola, mercator, testis, le diti cosi foru livati in presentia di mi.

§ 3. Suite de la plainte de Jean Tascher. Audition des témoins.

Intendit probare et fidem facere, ad eternam rei memoriam, Johanes Tascheri, nepos et conjuncta persona ac negociorum gestor Raymundi Sarrallerii de Narbona, burgensis regis Cipri, coram vobis domino potestate Siy et vestro vicario, contra quamcumque personam que in scripta neget seu negare vellet vel se opponere in scriptis de inscripta ut supra : primo videlicet quod galee tres venete armate in Venecia, ut asserit, ceperunt panfilum Rizardi Campule de Mesane et ipsum disrobaverunt et plus et minus et prout testis discernit. Item, quod panni, chameloti, linum et tota mercantia que onerata fuit per dictum Johannem Tascherii, dicto nomine, super dicto panfilo, ut patet per scripturam scriptam manu scribe dicti panfili, fuerunt capta et per vim depredata a dictis tribus galeis Venetorum ad Turrem Erminii, in dampno et prejudicio dicti Johannis Tascherii, dicto nomine, et de predictis plus et minus et prout testis discernit. Item, quod illa scriptura, que scripta est in papiru, in qua continetur de oneracione et consignacione totarum rerum et mercimoniarum factarum per dictum Johannem, dicto nomine scribe dicti panfili, et que scripta est ut supra, et in qua etiam continetur per ordinem de disraubacione facta et rebus ablatis per dictos Venetos dicto Johanni, dicto nomine, et ceteris aliis mercatoribus, et que, ut supra, scripta est vulgariter in lingua siciliana, scripta fuit manu propria scribe dicti panfili, et de predictis plus et minus et prout testis discernit.

Die x. Madii. Anthoniotus Gentil, testis productus per dictum Johannem, qui juravit in presentia domini vicarii domini potestatis Syi dicere veritatem super titulis suprascriptis, remotis amore, timore, etc., super primo titulo interrogatus, dixit vera esse contenta in titulo. Interrogatus quomodo et qualiter scit predicta, respondit quia ipse testis erat super dicto panfilo. Interrogatus quo anno, mense, die, hora, loco, respondit de anno presenti, die xviii. Februari, in Buca Romanie, in contrata Dardanelli. Super II° titulo interrogatus, dixit vera esse contenta in articulo; et lecta et ostensa sibi scriptura, scripta manu scribe dicti panfili. Interrogatus quomodo et qualiter scit predicta, respondit ut publice audivit dici a patrono dicti panfili. Super III° titulo, visa et ostensa ipsi testi dicta scriptura, suo juramento, dixit vera esse contenta in titulo. Interrogatus quomodo et qualiter scit predicta, respondit quia ipse testis cognoscit scripturam et literam predictam, que est scripta manu scribe dicti panfili. Interrogatus si attinet dicto Johanni, respondit non. Interrogatus quam partem vellet obtinere, respondit jus habentem. Interrogatus si fuit doctus vel rogatus ferre presens testimonium, respondit non. De odio, etc.

Ea die. Petrus Mondavicio, de Nitia, testis productus super dictis titulis per dictum Johannem, qui juravit dicere veritatem de contentis in titulis. Super primo titulo interrogatus, dixit vera esse contenta in titulo. Interrogatus quomodo et qualiter scit predicta, respondit quia presens fuit. Interrogatus quo anno, mense, hora, loco, respondit de anno presenti, de mense Februarii, die xviii. dicti mensis, in Bucha Romanie, juxta Dardanellum. Super II° titulo interrogatus, dixit vera esse contenta in titulo, lecta et ostensa sibi dicta scriptura, scripta manu scribe dicti panfili. Interrogatus quomodo et qualiter scit predicta, respondit quia presens fuit; omnia contenta in dicta scriptura et vidit in omnibus et per omnia, prout in dicta scriptura continetur. Super iii° titulo interrogatus, ostensa eidem testi dicta scriptura, juramento suo, dixit vera esse contenta in dicto titulo. Interrogatus quomodo et qualiter scit predicta, respondit quia cognoscit et scit quod dicta littera sive scriptura scripta est manu scribe dicti panfili. Interrogatus si attinet dicto Johanni, respondit non. Interrogatus quam partem vellet obtinere, respondit jus habentem. Interrogatus si fuerit doctus vel rogatus ferre presens testimonium, respondit non. De odio, etc.

Ea die. Anthonius Querdus de Pemonti, testis productus per dictum Johannem super dictis titulis, qui juravit in presentia dicti vicarii domini potestatis dicere veritatem, super primo titulo interrogatus, dixit vera esse contenta in dicto titulo. Interrogatus quomodo et qualiter scit predicta, respondit quia erat super dicto panfilo. Interrogatus quo anno, mense, die, hora, loco et quibus presentibus predicta fecerunt, respondit de anno presenti, die xviii° mensis Februarii nunc proxime elapsi, in Bucha Romanie. Super ii° titulo interrogatus, dixit vera esse contenta in titulo. Interrogatus quomodo et qualiter scit predicta, respondit quia presens fuit predicta et vidit omnia contenta in titulo. Super iii° titulo interrogatus, dixit vera esse contenta in titulo, sibi ostensa et lecta dicta scriptura. Interrogatus quomodo et qualiter scit predicta, respondit quia ipse testis vidit scribam dicti panfili dictam scripturam manu propria dicti scribe extrahere et scribere de cartulario dicti panfili, et omnia vera sunt prout in dicta scriptura continetur. Interrogatus si attinet dicto Johanni, respondit non. Interrogatus quam partem vellet obtinere, respondit jus habentem. Interrogatus si fuit doctus vel rogatus ferre presens testimonium, respondit non. De odio, amore, etc.

Ea die. Dominicus Zeybeth, de Famagosta, testis productus super dictis titulis per dictum Johannem, qui juravit dicere veritatem, super primo titulo interrogatus, dixit vera esse contenta in titulo. Interrogatus quomodo et qualiter scit predicta, respondit quia presens fuit et vidit et erat super dicto panfilo, hoc anno, die xviii° Februarii, in Bucha Romanie, juxta Dardanellum. Super ii° titulo interrogatus, dixit vera esse contenta in titulo. Interrogatus quomodo et qualiter scit predicta, respondit quia presens fuit et vidit omnia contenta in titulo. Super iii° titulo interrogatus, dixit vera esse contenta in titulo, et sibi ostensa et lecta dicta scriptura contenta in titulo. Interrogatus quomodo et qualiter scit predicta, respondit quia vidit scribam dicti panfili suprascriptam scripturam manu propria scribe dicti panfili extrahere de cartulario dicti panfili et scribere manu ipsius, et omnia vera esse que in supradicta scriptura continentur. Interrogatus si attinet dicto Johanni, respondit non. Interrogatus quam partem vellet obtinere, respondit jus habentem. Interrogatus si fuit doctus, instructus vel rogatus ferre presens testimonium, respondit non. De odio, etc.

Die xi° Marcii. Pinus de Mesina, testis productus per dictum Johannem super dictis titulis, qui juravit dicere veritatem remotis odio, amore, timore, precio et precibus, super primo titulo interrogatus, dixit vera esse contenta in titulo. Interrogatus quomodo et qualiter scit predicta, respondit quia erat marinarius dicti panfili et vidit omnia contenta in dicto titulo; et vera fuerunt; et est loco et tempore contento in quadam scriptura, scripta manu scribe dicti panfili. Super ii° titulo interrogatus, dixit vera esse contenta in titulo. Interrogatus quomodo et qualiter scit predicta, respondit quia predictis omnibus contentis in titulo presens fuit et vidit, vera esse prout in titulo continetur. Super iii° titulo interrogatus, dixit vera esse contenta in titulo. Interrogatus quomodo et qualiter scit predicta, respondit quia predicta scriptura, per me notarium sibi ostensa et lecta, ipse testis vidit scribere manu scribe panfili predicti et omnia que in dicta scriptura sunt scripta vera esse. Interrogatus si attinet dicto Johanni, respondit non. Interrogatus quam partem vellet obtinere, respondit jus habentem. Interrogatus si fuit doctus, instructus vel rogatus ferre presens testimonium, respondit non. De odio, etc.

Extractum est ut supra de actis publicis curie Syi, per me notarium infrascriptum, videlicet de cartulario testium compositum manu mei dicti notarii, et hoc de mandato domini potestatis Syi, ad instanciam dicti Johannis.

Potestas Syi. — Bartholomeus de Via, notarius et scriba curie Syi.

II.

1357, 9 mai. A Montpellier.

Anno Dominice Incarnationis millesimo trecentesimo quinquagesimo septimo, die nona mensis Maii, illustrissimo principe domino Johanne, Dei gratia rege Francorum, regnante. Noverint universi et singuli quod in presencia et testimonio providorum virorum magistri Bartholomei Lespinchani, notarii regii, Dyonisii Raynaudini et Stefani Saysselli, servientium regiorum Montispesulani, et ad requisicionem prudentis viri Petri Raymundi Alazos, mercatoris Narbone, habitatoris Montispesulani, procuratoris viri providi et discreti Raymundi Sarallerii, mercatoris Narbone et habitatoris Montispesulani, prout constat instrumento recepto per me notarium infrascriptum sub anno presenti, die prima presentis mensis, venerabilis et circumspectus vir dominus Hugo de Porta, clericus regis et judex sigilli magni Montispesulani ac locumtenens nobilis viri domini rectoris regii Montispesulani, prout de sua locumtenentia constat per patentes litteras ipsius domini rectoris et suo sigillo sigillatas, quarum tenor talis est :

« Noverint universi quod nos Karolus Jori, domicellus, condominus de
« Balaguerio, serviens armorum domini nostri Francorum regis, rector-
« que regius Montispesulani, confidentes ad plenum de probitate, scientia
« et industria approbatis nobilis viri Guillielmi Jori, domicelli, condomini
« de Auzatio, ac venerabilium virorum dominorum Pontii de Bariaco
« clerici et judicis regii Montispesulani, Aquarum mortuarum et ressorti
« Sumidrii, Hugonis de Porta clerici regii et judicis sigilli regii Montis-
« pesulani, et Laurencii Sazii, clerici regii dicti loci, ipsos Guillielmum
« et dominos judices et Laurencium et eorum quemlibet nostros locate-
« nentes, facimus et constituimus per presentes in dicta nostra rectoria,

« quamdiu nos adesse vel abesse contigerit et nostre placuerit voluntati.
« Dantes eisdem locatenentibus nostris, et eorum cuilibet in solidum,
« plenam et liberam potestatem, licenciam et auctoritatem omnes et
« singulas causas civiles et criminales, ordinarias et extraordinarias, ac
« comissionum regiarum et aliarum quarumcumque nobis jam factarum
« et in futurum faciendarum audiendi, videndi, examinandi, decidendi
« et fine debito terminandi, sententias, tam interloquitorias quam diffi-
« nitorias et alias quascumque, proferrendi et promulgandi, decreta
« quecumque interponendi, et omnia alia et singula in judicio et extra
« faciendi et exercendi que nostro incumbunt officio facienda, et que
« nos faceremus et facere possemus, si personaliter presentes essemus.
« Super quibus omnibus et singulis et dependentibus ex eis dictis loca-
« tenentibus nostris, et eorum cuilibet in solidum, committimus vices
« nostras, donec eas ad nos duxerimus resumendas; mandantes tenore
« presentis subditis nostris, non subditis in jure subsidium requirentes,
« ut dictis locatenentibus nostris et eorum cuilibet in solidum pareant
« et intendant, prestentque, si opus fuerit, auxilium, consilium et juva-
« men. Actum et datum in Montepesulano, sub sigillo nostro proprio,
« die xxviii$^a$ mensis Novembris, anno Dominice incarnationis millesimo
« trecentesimo quinquagesimo quarto. »

Idem inquam dominus judex et locumtenens precepit ac licenciam et auctoritatem concessit michi Petro Egidii, notario regio Montispesulani, presenti et recipienti originale transcripti supradescripti in papiro, scripture et tabellionatus per notarium in fine ipsius nominatum, hic per me vel per meum substitutum transcribendi et in hanc formam publicam redigendi, decernens idem dominus judex et locumtenens huic transcripto tantam fidem fore adhibendum, ubique terrarum, in judicio et extra, quanta dicto originali adhibetur et adhibere debet. Quibus mandato et auctoritate precedenti, ego dictus notarius dictum originale hic transcribi feci de verbo ad verbum, prout superius continetur, per Galterum Malgarii clericum, et Paulinum Nathonis, substitutos meos ydoneos, omisso tamen signo notarii predicti in dicto originali nominati. Et hoc presens transcriptum una cum dicto originali diligenter et caute perscrutatus sum, adhibitis mecum magistris Stephano Berrilhonis et Hugone Petri, notariis regiis Montispesulani, me dictum originale tenente et distincte legente, ipsisque hoc presens transcriptum tenentibus ac diligenter et caute prospicientibus. Que omnia invenimus in unum veraciter convenire, concordare, et transcripta fuisse, nil addito, mutato, remotoque propter quod facti substancia in aliquo varietur. In quorum testimonium, ego Petrus Egidii, notarius publicus dicti domini nostri Francorum regis, hic manu mea propria me subscribo et signum meum consuetum appono.

Constat tamen michi de dicionibus supra additis ad signa supradicta et de aliis supra supunctatis, scilicet in xliiii. linea ubi dicitur *Fardini*; et in xlvi. linea ubi dicitur : *lo pigliaremo;* et in ii. linea ubi dicitur : *si presero tuto lo ristante di lo zebibo.* Constat etiam mihi de conglutinatura duarum pellium facta ante presentem lineam per iiii. lineas, inter lineam que incipit *formam* et finit *hic* et lineam que incipit *transcribi* et finit *perstru*. (L. Sign.)

Huic autem perscrutinio, caute et provide facto, ego Hugo Petri, publicus auctoritate regia notarius, cum prenominatis magistris Petro Egidii, Stephano Berrilhonis, publicis auctoritate regia notariis, presens fui. In cujus rei testimonium, hic me subscribo et signo. (L. Sign.)

Cui quidem perscrutinio, sic provide et caute facto, ego dictus Stephanus Berrilhonis, auctoritate regia notarius publicus, cum prelibatis magistris Petro Egidii et Hugone Petri, publicis auctoritate regia notariis, presens fui et hic me subscripsi, et signo meo signavi sequenti in testimonium premissorum. (L. Sign.)

In testimonium vero dicte licencie et auctoritatis transcribendi dicto magistro Petro Egidii date, et quod idem magister Petrus Egidii sit homo fidelis et bone fame, ipseque et dicti magistri Hugo Petri et Stephanus Berrilhonus, qui post ipsum se subscripserunt et signaverunt, sunt notarii publici regii, et quod ad ipsos tamquam ad notarium regium recursus publice habeatur, instrumentisque et aliis scripturis per ipsum aut ejus substitutum confectis et dictis eorum signis signatis plena fides in judicio et extra ubique terrarum adhibeatur, nos Karolus Jori, domicellus, condominus de Balaguerio, serviens armorum domini nostri Francorum regis, ejusque rector Montispesulani, sigillum rectorum regis Montispesulani hic jussimus appendendum.

P. Fontanelli.

## XV.

1356, 29 février. A Avignon.

Pierre Martin, citoyen et marchand de la ville de Valence, mandataire de Valence Muntaner, petite-fille de Raymond Muntaner[1], et de son mari Pasquase Mazzana, de Valence, donne quittance aux ambassadeurs du doge de Venise auprès du roi d'Aragon, d'une somme de 3,000 florins d'or, à valoir sur une somme totale de 11,000 florins d'or, que la république de Venise est tenue de payer aux héritiers de Raymond Muntaner, pour dommages et pillages par lui soufferts du fait de divers sujets vénitiens, en vertu d'un arbitrage prononcé à Perpignan le 3 février précédent. (Extraits.)

(Venise. Arch. gén. Commemor., V, fol. 69.)

In nomine Christi, amen. Anno ejusdem a nativitate M°.III°.LVI°., indicione nona, die vigesima tercia mensis Februarii, pontificatus domini Innocentii pape VI. anno quarto. In presentia mei notarii et testium infrascriptorum, discretus vir Petrus Martini, civis et mercator Valencie, procurator Pasquasii Mazana, habitatoris Valentie, et domine Valencie, uxoris ipsius Pasquasii, filieque et heredis universalis et successive venerabilis Macharii Montanarii patris sui, et Raymundi Munthanarii, avi sui, patris ipsius Macharii, civium predicte civitatis, ut de procuratione sua apparet per quoddam publicum instrumentum clausum et subsignatum per Dominicum Borascii, auctoritate regia notarium publicum Valencie, ut prima facie apparebat; cujus quidem instrumenti tenor per omnia talis est :

Noverint universi quod nos, Pasquasius Mazana, habitator Valencie, et dompna Valencia, uxor ipsius, filiaque quondam et heres universalis et successive venera-

---

[1] Le célèbre chroniqueur et homme de guerre, dont M. Buchon a publié les chroniques.

bilis Macharii Montanarii, patris mei, et Raymundi Montanarii, avi mei, patris ipsius Macharii, civium predicte civitatis defunctorum; attendentes, illustrem et magnificum dominum Johannem, Dei gratia, Venetie, Dalmacie atque Crohacie ducem, dominum quarte partis et dimidie totius imperii Romanie, et comune Venecie debere, solvere et tradere in Avinionem, nunc, dicte domine Valencie aut suo procuratori, undecim millia florenorum de Florencia, boni et fini auri, justique ponderis, vigore cujusdam arbitralis sententie late per nobilem dominum Gilibertum de Sintillis, militem, gubernatorem regni Majoricarum, ac religiosum virum dominum fratrem Nicolaum Rosselli, ordinis Predicatorum, in sacra pagina professorem, arbitros et amicabiles compositores comuniter electos inter nobiles dominos Jacobum Bragadino et Nicolaum Faledro, cives Venecie, syndicos, actores et procuratores dictorum domini ducis et comunis Venecie, ex parte una, et me, dictum Pasquasium Mazana, nomine procuratorio dicte domine Valencie, antedictis nominibus, ex altera, certis terminis et solucionibus ac rationibus et sub modis et formis in instrumento dicte sententie expressis et contentis, clauso et subsignato per discretum Ferrarium de Magnerola, auctoritate illustrissimi principis domini regis Aragonum notarium publicum per totam terram et dominacionem ipsius domini regis, in castro Perpignani, tercia die Februarii, anno a Nativitate Domini M°.CCC°.LVI°. Idcirco ambo simul et uterque nostrum in solidum, videlicet ego, Pasquasius predictus Mazana, nomine meo proprio, et ego, dicta Valencia, ut heres predictorum Macharii et Raymundi Montanarii, patris et avi mei, et nomine etiam meo proprio et utroque nomine, in solidum, facimus, constituimus et ordinamus nostrum et cujuslibet nostrum in solidum certum et specialem ac generalem procuratorem vos, Petrum Martini, civem et mercatorem Valencie, licet absentem tanquam presentem, ut in rem nostram propriam, ad petendum, exigendum, recipiendum et recuperandum, nomine nostro vel alterius nostrum in solidum, aut mei dicte Valencie, et pro nobis, a procuratore seu procuratore sindico vel sindicis, actore vel actoribus dictorum domini ducis et comunis Veneciarum, tres milia florenorum de Florencia, boni auri et fini, rectique ponderis, quos prefati dominus dux et comune Venecie solvere tenentur mihi dicte domine Valencie, hinc ad proximum venturum festum beati Johannis Baptiste, ex predictis undecim mille florenis, vigore sententie arbitralis suspradicte. Item, etc..... Quod est actum Valencie, XIII. calendas Marcii, anno Domini millesimo trecentesimo quinquagesimo quinto. Signum Pasquasii Mazana, signum Valencie, ejus uxoris, predictorum; qui hec concedimus et confirmamus. Testes hujus rei sunt venerabiles Guillielmus Avelloni, Rocichaelus de Castellariis et Jacobus de Monte Albo, cives et mercatores Valencie. Signum Dominici Borrascii, auctoritate regia notarii publici Valencie, qui predictis interfuit, eaque sibi fecit (cum rescripto in linea prima, ubi legitur *nos*, et in linea duodecima, ubi scribitur *actore vel actoribus dictorum*, et in linea vigesima, ubi videtur *aut absolu-ciones et diffiniciones de predictis*) et clausit, loco, die et anno prefixis.

Procuratorio nomine, pro ipsis Pasquasio et dona Valencia, et quolibet eorum, fuit confessus et publice recognovit se habuisse in veritate et recepisse, sibique datos, solutos et numeratos fuisse et esse a nobilibus viris dominis Jacobo Bragadino et Nicolao Faletro, ambaxatoribus magnifici domini domini Johannis Gradonico, Venecie, Dalmacie atque Crohacie ducis, ac domini quarte partis et dimidie totius imperii Romanie, ad illustrem principem dominum Petrum, Aragonum regem, ibidem presentibus, dantibus et solventibus, vice et nomine dicti domini Johannis ducis et comunis Venecie, et pro ipsis domino Johanne et comune Venecie, tria milia florenorum auri de Florencia, boni et fini, rectique ponderis, quos prefati dominus Johannes dux et comune Venecie solvere tenebantur eidem domine Valencie per totum presentem mensem Februarii, vigore dicte sententie arbitralis late per infrascriptum dominum Gilibertum de Sintillis, militem, et fratrem Nicolaum Rosselli, ordinis Predicatorum, arbitros predictos. Quarum prefatus procurator, procuratorio nomine quo supra, dictis dominis Nicolao Faletro et Jacobo Bragadino ambaxatoribus, et michi testi notario infrascripto, tamquam persone publice, et cuilibet nostrum in solidum presentibus stipulantibus et legittime recipientibus pro predictis domino Johanne duce et comune Venecie, et quolibet eorum in solidum, fecit de dictis tribus milibus florenis auri sic solutis finem, remissionem, absolucionem et pactum de ulterius non petendo, etc.

Actum Avinione, in palaccio apostolico et in thesauraria ipsius, presentibus magistro Neapoleone de Pontirolis, de Forlivio, in Romana curia procuratore; domino Berengario de Pratis, procuratore incliti principis domini Petri Aragonum regis; Narduccio Lapi, de Florencia, ac Giffredo Trusci, domini pape cursore, testibus, ad predicta vocatis, habitis et rogatis.

Ego Testa, filius Cres[cen]cii, clericus civitatis Castelli, publicus apostolica et imperiali auctoritate notarius, atque judex ordinarius, predictis omnibus et singulis dum agerentur, una cum dictis testibus, interfui et, rogatus a predictis dominis ambaxatoribus, scripsi et publicavi, meoque signo et nomine solitis roboravi [1].

[1] Le 21 juin 1356, à Avignon, Bernard Vidoni, de Montpellier, substitué à Pierre Martin, mandataire des héritiers de Raymond Muntaner, reconnaît avoir reçu une nouvelle somme de trois mille florins d'or d'André de Olcedo, notaire d'Avignon, agissant pour compte de la république de Venise, par l'acte suivant :

«In nomine Domini nostri Jesu Cristi, «amen. Anno a Nativitate ejusdem millesimo «trecentesimo quinquagesimo sexto, indi-«cione nona, die vero vigesima prima men-«sis Junii, pontificatus autem in Christo pa-«tris et domini nostri domini Innocentii, «divina providencia pape VI., anno quarto. «In presentia mei Guidonis de Mutina, no-«tarii, et testium infrascriptorum, ad hec «specialiter vocatorum et rogatorum, provi-«dus et discretus vir, Bernardus Vidoni, «mercator et habitator Montis Pessulani, «Magalone diocesis, procurator Paschasii «Mazana, habitatoris Valence, et done Va-«lencie, uxoris dicti Paschasii, filieque et «heredis universalis et successive venerabilis «Macharii Montanerii, patris sui, et Ray-«mundi Montanerii, avi sui, substitutus per «Petrum Martini, procuratorem dictorum «Paschasii et domine Valencie, prout appa-«ret publico instrumento, ut prima facie «aparebat, scripto et publicato manu Petri «Bordonis, publici auctoritate regia notarii, «anno incarnationis Domini millesimo tre-«centesimo quinquagesimo quinto, die set-«tima mensis Marcii, a me notario viso et «lecto, procurator, nominibus quibus supra, «fuit contentus et confessus et in veritate «publice recognovit se habuisse et recepisse «realiter et manualiter, ac eidem traditos et «numeratos fuisse et esse in civitate Avinio-«nis, ubi romana curia residet, a provido et «discreto viro magistro Andrea de Olcedo «de Cremona, notario, sindico et procu-«ratore magnifici domini domini Johannis «Gradonico, ducis, et comunis Venecie, ut «patet quodam publico instrumento, in pen-«denti bullato bulla plumbea prefati domini «ducis et comunis Venecie, a me notario «viso et lecto, tria millia florenos auri «boni et puri, rectique ponderis et cunei «florentini, quos florenos prefactus domi-«nus dux et comune Venecie dictis Pascasio «et domine Valencie solvere tenebantur «Avinioni, in proximo festo sancti Johannis «Baptiste, occasione cujusdam sentencie late, «pro quadam pignora seu marcha quam «petebat dicta domina Valencia, seu supra-«dictus ejus maritus, per nobilem virum do-«minum Ghilabertum de Sintillis, militem, «gubernatorem regni Majoricarum, et reli-«giosum virum dominum fratrem Nicolaum «Rosselli, ordinis Predicatorum, in sacra pa-«gina professorem; de quibus tribus millibus «florenorum auri, sicut predicitur, solutis, «numeratis et traditis, predicto Bernardo Vi-«doni procuratori per magistrum Andream «de Olcedo, notarium, syndicum et procura-«torem predictum, prefatus Bernardus Vi-«doni, procurator, nominibus supradictis, «se dicens, vocans et reputans bene qui-«tum, contentum, etc.

«Acta sunt hec Avinione, super cambiis, «ante apotecham Francisci de Podio, de «Lucha, campsoris, in kareria publica, pre-«sentibus providis et discretis viris Francisco «de Podio, campsore predicto, Tomasio de «Podio de Luca, in romana curia campsori-

## XVI.

### 1357-1377.

RÉCLAMATIONS DE RAYMOND SERALLIER, ARMATEUR DE NARBONNE, DONT UN NAVIRE AVAIT ÉTÉ PILLÉ PAR LES VÉNITIENS EN ORIENT. — LETTRE DE CHARLES V.

### I.

1357, 12 avril. A Montpellier.

Raymond Serallier confirme devant la cour du Petit sceau de Montpellier les plaintes et les actes déposés par ses facteurs Jean Ode et Jean Tascher, tant à Rhodes qu'à Chio, au sujet des réclamations qu'il avait à faire valoir contre les Vénitiens à la suite du pillage de son navire [1].

(Venise. *Commemorial.*, VI, fol. 49.)

In nomine Jesu Christi, amen. Anno Incarnationis ejusdem millesimo trecentesimo quinquagesimo septimo, et die duodecima mensis Aprilis, illustrissimo principe domino Johanne, Dei gratia rege Francorum, regnante.

Noverint universi et singuli quod ego, Raymundus Seralherii de Narbona, mercator, habitator Montispesulani, et burgensis Cipri, constitutus in presencia venerabilis et prudentis viri domini Ughonis de Porta, bacallarii in legibus et judicis parvi sigilli regii Montispesulani, locumque tenentis nobilis viri Karoli Jori, domicelli, domini de Balaguerio, servientis armorum dicti domini nostri regis, ejusque rectoris Montispesulani, prout de ejus locumtenentia constat per quasdam pa-

«bus, et domino Manfredo, clerico Auxi-
«miense, testibus, ad premissa vocatis spe-
«cialiter et rogatis.

«Et ego Guido, quondam Symonis, de
«Pazano, clericus Mutine, publicus apo-
«stolica et imperiali auctoritate notarius, ac
«audientie publice domini pape signator,

«premissis omnibus et singulis presens fui,
«eaque omnia et singula rogatus scripsi et
«publicavi, meisque signo et nomine robo-
«ravi, in fidem et testimonium premisso-
«rum.» (*Commemor.*, V, fol. 65.)

[1] Ces pièces se rattachent et font suite à celles du n° XIV, ci-dessus, p. 121.

tentes litteras dicti domini rectoris, ejusque sigillo proprio ut apparebat sigillatas, quarum tenor talis est.

*Suit le texte de la délégation du 28 novembre 1354, insérée dans un acte précédent*[1].

Certificatus ad plenum de quibusdam articulorum reddicionibus, testium productionibus et informationibus inde factis in curiis Rodi et Sciy, in Romania, per Johanem Ode et Johanem Tascherii, meos factores et negociorum gestores, seu alterum eorum, de et super raubariis duabus factis in mari dictis factoribus meis et quibusdam aliis etiam factoribus meis, seu alteri eorum, per Laurencium Celsi, de Venesia, patronum quatuor galearum et duorum lignorum Venecie, et per Bertium Guida, Constantinum Chicoli et Petrum Nani, patronos trium galearum venetarum, de quibusdam mercaturis in dictis informationibus expresatis et declaratis; et eciam de quibusdam requisicionibus et protestationibus factis per dictos Johanem Ode et Johanem Tascherii, vel quosdam alios seu alterum eorum, nomine meo, coram magnificis et circumspectis viris dominis duce et judicibus raubarie Venecie, aut aliis dominis curialibus dicti loci, de restitucione rerum et mercaturarum predictarum, dampnorumque expensarum et interesse per me passis et factis, et de omnibus aliis et singulis in dictis informationibus et requisicionibus ac protestationibus et instrumentis super eis confectis contentis; ipsa omnia et singula, quatenus nomine meo facta et gesta sunt, rata et grata habens, et pro me et meo nomine facta et gesta esse volens, ea laudo, aprobo, ratifico et confirmo, ac si ipsa omnia et singula per me, in mea propria persona, acta et gesta essent. Promitens tibi notario infrascripto, tamquam comuni et publice persone stipulanti solempniter et recipienti, pro omnibus et singulis illis quorum interest, intererit aut interesse poterit in futurum, me predicta omnia singula rata, grata et firma perpetuo habiturum et non contraventurum, sub obligacione mei et omnium bonorum meorum presentium et futurorum, et sub omni renunciatione juris ad hec necessaria pariter et cautele.

[1] Ci-dessus, p. 134.

Acta fuerunt hec in curia regia partis antique Montispesulani. Et fuerunt testes presentes venerabilis vir dominus Geraldus Pargues legum doctor, Petrus Raymundi Alazos mercator Narbone, Montispesulani habitator, et ego Petrus Egidii, notarius publicus dicti domini nostri Franchorum regis, qui requisitus predicta in notam recepi; vice cujus et mandato, ego Johanes Vicini, notarius regius, hec scripsi.

In quorum testimonium, ego Petrus Egidii, notarius publicus regius antedictus, hic me subscribo et signum meum consuetum apono.

In testimonium vero quod dictus notarius, qui hoc presens instrumentum subscripsit et signavit, sit notarius regius publicus, et quod ad ipsum tamquam ad notarium regium publicum cursus habetur, instrumentisque et aliis scripturis suis per ipsum seu ejus substitutum confectis et signo suo signatis in judicio et extra plena fides ubique terrarum adhibetur, nos, Karolus Jory, domicelus, condominus de Balaguerio, serviens armorum domini nostri Francie regis, ejusque rector Montispesulani, sigillum rectoris regii Montispesulani hic jussimus appendendum. P. Fontanelli.

## II.

1357, 1ᵉʳ mai. A Montpellier.

Raymond Serallier donne procuration à Raymond Alazos, marchand de Narbonne, habitant Montpellier, pour faire rédiger dans la forme légale du sceau royal de Montpellier les informations et les plaintes déposées à Rhodes et Chio par ses agents, et en poursuivre l'effet.

(Venise. *Commemorial.*, VI, fol. 5o.)

In nomine Jesu Christi, amen. Anno Incarnationis ejusdem millesimo trecentesimo quinquagesimo septimo, et die primo mensis Maii, serenissimo principe domino Johanne, Dei gratia rege Franchorum, regnante.

Noverint universi et singuli quod ego, Raymundus Serhalerii, de Narbona, mercator, habitator Montispesulani, et burgensis Cipri, citra revocationem aliorum procuratorum primo alias constitutorum, cum hoc vero et publico instrumento vicem epistole continente, facio, ordino et constituo meum verum, certum, legiptimum et indubitatum procuratorem, specialem et generalem, scilicet providum virum Petrum Raymundi Alazos, mercatorem Narbone, habitatorem Montispesulani, absentem tamquam presentem, videlicet ad veniendum pro me, meo nomine, coram nobilibus et venerabilibus viris dominis rectore et judicibus ordinario[1] sigili regii Montispesulani, aut eorum locum tenente, et eorum quolibet seu eorum altero, et, per eos seu alterum eorum, faciendum et requirendum dari et concedi licenciam et autoritatem alicui probo viro, notario regio, per se vel per suum substitutum, transcribendi et in formam publicam redigendi tres informaciones factas super duabus raubariis factis in mari per aliquos Venetos, in ipsis informacionibus nominatos, Johani Tascherii et Johani Ode, de Narbona, ac Nicolao Belinzoni[2], factoribus et negociorum gestoribus meis, seu eorum alteri, quorum due facte sunt in curia Rodi et sunt signate et pertabelionate per magistrum Bartholomeum Vilanucii, notarium auctoritate imperiali publicum et dicte curie scribam, alia in curia Syi, per magistrum Bartholomeum de Via, notarium et scribam ipsius curie; decrevique ipsis transcriptis faciendis cautam fidem fore adhibendam, in judicio et extra ubique terrarum, quanta originalibus dictarum informacionum adhiberetur et adhiberi debet et consuevit; et generaliter ad faciendum in premissis et circa ea omnia et singula que ego facerem et facere possem, si personaliter presens essem. Promittens me ratum, gratum et firmum quicquid per dictum procuratorem meum in premissis actum fuerit perpetuo habiturum, ac si per me personaliter foret actum, sub obligacione mei et omnium bonorum meorum presentium et futurorum, et sub omni renuntiacione juris ad hec necessaria pariter et cautele.

Acta fuerunt hec in Montepesulano, in hospicio habitacionis dicti constituentis. Et fuerunt testes presentes: Bartholomeus Bartholomei, Valentinus de Brixitico, Petrus Alamandini, mercatores Montispesulani. Et ego, Petrus Egidii, notarius publicus dicti domini nostri Franco-

---

[1] Sic. — [2] Ailleurs : *Bezanzoni*.

rum regis, qui per dictum constituentem requisitus predicta in notam recepi; vice cujus et mandato, ego Johanes Vicini, notarius regius, hec scripsi. In quorum testimonium, ego, Petrus Egidii, notarius publicus regius antedictus, hic me subscribo et signum meum consuetum appono.

In testimonium vero quod dictus notarius, qui hoc presens publicum instrumentum subscripsit et signavit, sit notarius publicus regius, et quod ad ipsum tamquam ad notarium publicum regium recursus publice habetur, instrumentisque et aliis scripturis suis per ipsum aut ejus substitutum confectis et suo signo signatis in judicio et extra plena fides ubique terrarum adhibetur, nos, Karolus Jory, domicelus, dominus de Balaguerio, serviens armorum domini nostri Francorum regis ejusque rector Montispesulani, sigillum rectoris regii Montispesulani hic jussimus apendendum. P. Fontanelli.

### III.

1357, 3 novembre. A Montpellier.

Raymond Serallier donne procuration à Pierre Martin, marchand de Narbonne, et à Étienne Arnaud, marchand de Montpellier, de se rendre à Venise pour suivre, en son nom, devant les magistrats compétents ses réclamations contre les Vénitiens qui avaient dévalisé en mer Jean Ode, Jean Tascher et Nicolas Besançon, ses facteurs.

(Venise. Archives générales. *Commemorial.*, VI, fol. 50.)

In nomine Jesu Christi, amen. Anno Incarnacionis ejusdem millesimo trecentesimo quinquagesimo septimo, et die tercia mensis Novembris, serenissimo principe domino Johanne, Dei gratia rege Francorum, regnante.

Noverint universi et singuli quod ego, Raymundus Seralherii, de Narbona, mercator, habitator Montispesulani et burgensis Cipri, citra revocationem aliorum procuratorum per me alias constitutorum, cum hoc vero et publico instrumento, vicem epistole continente, facio, ordino et constituo meos veros, certos et indubitatos procuratores speciales et generales, scilicet discretos viros Petrum Martini, de Narbona, Stephani Arnaudi, de Montepesulano, mercatores, absentes tamquam presentes, et eorum quemlibet in solidum, ita quod non sit melior condicio primitus occupantis, sed quod per unum ipsorum inceptum fuerit per alterum eorum prosequi, mediare valeat et finire; videlicet ad comparendum et se presentandum pro me et meo nomine in civitate Venecie, et alibi ubi expediens fuerit, coram excellenti et egregio viro domino duce Venecie et venerabilibus et circumspectis viris dominis judicibus ibidem super facto raubarie constitutis et constituendis, aliisque dominis officialibus, potestatibus ac magistratibus quibuscumque dicti loci et aliunde, vel eorum loca tenentibus seu altero eorumdem et eorum quolibet; et ibidem exibendi et prestandi, pro me et meo nomine, dictis dominis vel alteri eorumdem et eorum cuilibet, quasdam patentes litteras emanatas a nobili viro domino rectore regio Montispesulani, commissario a magestate regia deputato, ad mei instanciam, super facto duarum raubariarum factarum in mari Johani Odo et Johani Tascherii ac Nicolao Bezanzonis, meis factoribus et negociorum gestoribus, seu alteri eorum; una per Laurencium Celsi, de Venecia, patronum quatuor galearum et duorum lignorum venetorum, alia per Brachium Guidi, Constantinum Chicoli et Petrum Nani, ejusdem loci, patronos trium galearum venetarum; nec non et copias autenticas informationum de quibus in dictis literis mencio habetur; et de et super rebus et mercaturis ablatis ac dampnis et interesse et expensis de quibus in ipsis litteris fit mencio, michi seu meo procuratori restitucionem plenariam fieri requirendum ac acceptandum, protestandum, replicandum semel et pluries, exipiendum, alegandum, contradicendum, requisitionesque ac protestaciones, replicationes, exceptationes et allegationes et contradictiones quascumque pro me et meo nomine faciendum, aliaque omnia et singula in premissis et circa ea faciendum, dicendum et explicandum que ego facere, dicere et explicare possem, si personaliter interessem; et ad predicta et eorum quodlibet unum et plures procuratores loco sui substituendum, et inde si sibi visum fuerit revocandum, et omnis hujusmodi procurationis in se resumendum, et relevans dictos procuratores meos et substituendos ab eis vel eorum altero et eorum quemlibet in solidum ab omni onere satis dandi. Promitto tibi notario infrascripto, tanquam comuni et publice persone stipulanti solempniter, et recipienti pro omnibus et singulis illis quorum interest, intervenit aut interesse potest vel poterit, judicio sixti et judicatum solvi cum suis clausulis universis; ratumque gratum et firmum me perpetuo habiturum promito totum et quicquid per dictos procuratores meos et substituendos ab eis et eorum quolibet seu eorum alterum in premissis et circa ea actum, dictum, factum fuerit sive procuratum, ac si mecum et per me personaliter actum foret, sub eficaci ypotheca et obligacione mei et omnium meorum bonorum presencium et futurorum, et sub omni renunciatione juri ad hec necessaria pariter et cautela.

Acta fuerunt hec in Montepesulano, in hospicio habitacionis domini Guiraudi Prognes, legum doctoris. Et fuerunt testes presentes : idem dominus Guiraudus Prognes, magister Stefanus Barrerie, notarius regius de Castris, Petrus Castelli domicellus dicti loci de Castris, et ego Gilbertus Gentilis, notarius publicus dicti domini nostri Franchorum regis, qui, requisitus per dictum constituentem, predicta in notam recepi, vice cujus et mandato, ego, Petrus de Mano, clericus, hec scripsi.

In testimonium vero quod dictus magister Gilbertus Gentilis, qui presens instrumentum subscripsit et signo suo signavit, sit notarius regius publicus, et ad ipsum tamquam ad notarium publicum regium publice recursus habetur, quodque instrumentis per ipsum receptis et suo signo signatis ubique in judicio et extra fides plenarie adhibetur, nos, Karolus Jory, domicelus, condominus de Balaguerio, hostiarius armorum domini nostri Francie regis, ejusque rector Montispesulani, sigilum autenticum dicte nostre rectorie hic aponi jusimus et apendi. Die vi. Novembris, anno Domini m°. ccc°. quinquagesimo septimo.
P. Fontanelli.

## IV.

1377, 16 février. A Maubuisson.

Charles V, roi de France, suspend pour cinq ans les lettres de marque accordées à l'instance de feu Raymond Serallier, de Narbonne, contre les Vénitiens et rend toute liberté au commerce des sujets de la République dans ses États[1].

(Venise. Archives générales. *Commemorial.*, VI, fol. 50.)

Charles, par la grace de Dieu roy de France, à tous ceulx qui ces lettres verront, salut. Savoir faisons que, comme pour certaine marche donné et octroié ja pieça, par arrest de notre parlement, pour certaines justes et raisonables causes, à l'instance et poursuite de en Raymon Saraillier, jadis bourgoiz de Narbonne, ou de ses procureurs, contre la ville de Venise en Lombardie et de la commune et singulieres personnes d'icelle, les bourgois, marchands et autres personnes de la dite ville de Venise, qui, paravant la dite marque, avaient acostumé de venir marchander en nostre royaume, depuis la dite marche n'aient osé ne osent encore venir marchander en nostre dit royaume, laquele chose, si comme nous somes plainement enfourmés, tourne, non tant seulement à la dite ville et commune, mais aussi à nostre dit royaulme, en grant prejudice et dommage, nous, pour consideration des coses dessus dites, et de nostre bien aimé le duc de Venise et de la commune dessus dite, qui sur ce nous ont humblement supplié et requis, et pour certaines autres causes qui ad ce nous meuvent, lesquelles nous ne voulons cy estre desclairiées aucunement; les dits marche et arrest avons relasché et suspendu, relaschons et suspendons par ces presentes, jusques à cinq ans, commençans le jour de Noel prochain venant, auquel jour tele et semblable grace que sur ce leur avons autreffois fait sera fenie et expirée. Et au dit duc et commune avons ottroié et ottroions de grace especial que les bourgois, marchans et citoyens et autres personnes quelconque de la dite ville de Venise puissent en et

---

[1] Nous reproduisons en entier cette lettre, dont nous avons déjà donné un extrait dans la *Bibliothèque de l'École des Chartes*, 2ᵉ série, t. III, p. 213.

partout nostre dit royaulme venir et envoier, aler, demourer, sejorner, realer et repasser, vendre et acheter quelconques darrées et marchandises que ce soient, licites et deues, et faire tous autres contraulz de marchandises bien et loiaument, en paiant toutesfois les redevances, paages, treuz et autres coses acostumé à paier en nostre dit royaume.

Et oultre ce, les diz bourgois, marchans, citoyens et persones, avecques leurs fateurs, maignies, darrées, marchandises et biens aultres quelconques, avons receu et mis, recevons et mettons par ces presentes en nostre saulve garde et protection especial, et leur avons ottroyé et ottroyons seur et sauf conduit durans les dits cinq ans tant seulement.

Si donons en mandement, par ces mesmes presentes, à tous nos officiers, justiciers et subgiez, que durant les cinq ans dessus dis, contre la teneur de nostre presente grace, il, par soy ou par autres, publiquement ou priveement, directement ou indirectement, les dis bourgois, marchans ou citoyens et personnes ne molestent ou empeschent, laissent ou souffrent estre molestez ou empeschez aucunement, mais les laissent venir, aler, demourer et marchander seurement parmi nostre dit royaume comme dit est; et leur donnent seur et sauf conduit, conseil, confort et aide, se mestier en ont et requis en sont, aus despens toutefois des diz marchans; et autrement les diz marchands, bourgois et personnes laissent et facent joir et user de nostre presente grace paisiblement senz contredit. Car ainsi le volons nous et aus dessus dis l'avons ottroyé et ottroyons de grace especial, nonobstant que le dit arrest et marke, lesquels, passez et finis les diz cinq ans, nous volons qu'ils demeurent en leur force et vigueur, et que aus duc, commune, bourgois et autres dessuz nommés aiens autreffois donné et ottroyé semblable relasche, comme ci dessus est dit, et tous autres ordonnances, mandemens ou defenses ad ce contraire. En tesmoing de ce, nous avons fait mettre nostre scel à ces presentes lettres.

Donné en l'abbaye de Maubuisson, le xvi$^e$ jour de Fevrier, l'an de grace mil. ccc. lx. et seize, et le xiii$^e$ de notre regne.

## XVII.

### 1363-1470.

COMMERCE DES ESCLAVES[1].

(Venise. Arch. gén. Section des arch. notariales.
Actes de divers notaires. Parch. orig.)

### I.

1363, 10 octobre. A Venise.

Vente d'un esclave tartare de onze ans, nommé Benvenuto, pour 28 ducats d'or.

(Actes de Chrétien de Comasini, notaire. Orig.)

In nomine Dei eterni, amen. Anno ab incarnatione Domini nostri Jehsu Christi millesimo trecentesimo sexagesimo tercio, mensis Octubris die decimo intrantis, indicione secunda, Rivoalti. Manifestum facio ego, Victor de Corono, de confinio Sancti Marcilialis, quia, in Dei et Christi nomine, cum meis heredibus, do, vendo et transacto vobis, ser Nicoleto a Turi, de confinio Sancti Salvatoris, et vestris heredibus, unum meum sclavum, annorum circa undecim, nomine Benevenutum, qui fuit de genere Tartarorum, sanum de corpore, ab omnibus magagnis ocultis a modo in antea; cum plenissima virtute et potestate ipsum meum sclavum habendi, tenendi, dandi, donandi, vendendi, donandi et alienandi, pro anima et corpore judicandi, et in perpetuum possidendi, et quicquid aliud de eo vobis vel vestris heredibus placuerit perpetuo faciendi, nemine vobis contradicente, quia et inde me per omnia foris facio et ipsum Benevenutum sclavum meum in vestra potestate relinquo. Precium autem quod pro ipso sclavo michi dare promisistis, et quod fuit ducati viginti octo boni auri et justi ponderis, secundum quod in concordia fuimus, a vobis cum omni integritate

---

[1] Cf. notre *Hist. de Chypre*, t. II, p. 125, Note sur le transport des esclaves en Égypte, et une savante dissertation de M. V. Lazari, *Del traffico e delle condizioni degli schiavi in Venezia nei tempi di mezzo* (Extr. des *Miscellanee di storia italiana*, t. I, in-8°, 1862).

et sine diminucione bene habui et recepi in pecunia numerata. Quapropter plenam et irrevocabilem securitatem facio ego predictus Victor de Corono, cum meis heredibus, vobis, predicto ser Nicoleto a Turi et vestris heredibus, quatenus tam de dicto Benevenuto sclavo quam de ejus predicto precio securus permaneas imperpetuum et quietus; quia nichil inde remansit unde vos amplius causis predictis requirere aut compelere valeam, per ullum ingenium sive modum. Promittens cum meis heredibus vobis et vestris heredibus dictum sclavum, per me vobis superius venditum, in judicio et extra legiptime guarentare et deffendere ab omni homine et persona, meis propriis laboribus et expensis. Si igitur contra hanc manifestacionis, venditionis, securitatis et promissionis cartam ire temptavero, tunc emendare debeam cum meis heredibus vobis et vestris heredibus auri libras quinque. Et hec manifestacionis, venditionis, securitatis et promissionis carta in sua permaneat firmitate. Signum suprascripti Victoris de Corono, qui hec voluit fieri.

> Ego, Jachobus de Lavancio, testis subscripsi.
> Ego, Mafeus de Risatis, testis subscripsi,

Ego Johannes Christianus de Comasinis, notarius Venetiarum, complevi et roboravi.

## II.

1367, 5 août. A La Tana[1].

Vente d'une esclave tartare de 14 ans, nommée Chascatoum, pour 400 aspres.

(Actes de Marzella, notaire et chancelier du Consulat vénitien à La Tana. Orig.)

In nomine Dei eterni, amen. Anno ab incarnatione Domini nostri Yehsu Christi millesimo trecentessimo sexagessimo septimo, mensis Augusti die quinto intrantis, indictione quinta, in Tana. Manifestum facio ego Çanotus Fuscullo, habitator Tane, quia, in Dei no-

---

[1] Colonie vénitienne de la mer d'Azov.

mine, do, vendo atque imperpetuum transacto vobis, ser Gerardo Ponso, Sancti[1].... de Veneciis, abscenti tamquam presenti, unam meam sclavam, vocatam Chaschatum, de genere Tartarorum, omnibus suis membris sanam, circa annorum quatuordecim, a modo in antea, cum plena virtute et potestate intromittendi, petendi, habendi, tenendi, dandi, donandi, dominandi, vendendi, allienandi, commuttandi, transactandi, imperpetuum possidendi, et pro anima judicandi, ac quicquid vobis de ea mellius placuerit faciendi, sicut de re vestra propria, nemine vobis contradicente, quia me per omnia foris facio et in vestra plenissima virtute et potestate relinquo. Precium quod pro integra solutione et satisfactione sclave predicte, juxta pactum habitum et firmatum, habui et recepi hic, in Tana, vestro nomine, a ser Johanne Trevixano, quondam Mathei, Santi Angeli, asperos bone monete quadrigentos, de quibus et dicta sclava vos securum reddo imperpetuum pariter et quietum, quia nichil inde remansit unde vos amplius requirere aut compellere valeam, per ullum ingenium sive modum. Promittens vobis dictam sclavam coram quocumque judice deffendere, disbrigare et manutenere, contra quamcumque personam molestare volentem, sub pena dupli precii dicte sclave. Et hec manifestacionis, venditionis carta in sua permaneat firmitatem. Signum suprascripti Çanoti, qui hec rogavit fieri.

 Ego Marchus Zacharia, testis subscripsi.
 Ego Petrus Lauredano, testis subscripsi.

Ego, presbyter, Marcus Marzella, ecclesie Sancti Severi, notarius et cancellarius nobilis viri domini Victoris Pixani, honorabilis consulis Venetiarum in Tana et per totum imperium Gazarie, complevi et roboravi.

---

[1] Le nom de la paroisse est en blanc.

## III.

1469, 6 novembre. A Venise.

Vente d'une esclave circassienne de 25 ans, nommée Zita, moyennant
le prix de 65 ducats, payés en étoffes de satin cramoisi.

(Actes du notaire Bernard de Ranemis. Orig.)

In Christi nomine, amen. Anno a Nativitate ejusdem millesimo quadringentesimo sexagesimo nono, die sexto mensis Novembris, nobilis vir, dominus Jacobus Marcelo, quondam domini Petri, de confinio Sancti Severi de Veneciis, pro se et heredibus et successoribus suis, dedit, cessit, vendidit et tradidit egregio viro ser Bartholameo Chanedolo, quondam ser Petri de Veneciis, presenti et acceptanti, unam dicti domini Jacobi sclavam, nomine Zitam, Cerchassiam, etatis annorum viginti quinque, vel circa, sanam de persona et de omnibus suis membris ocultis et manifestis et a morbo chaduco, secundum usum terre. Et hoc nominatim pro precio et nomine precii ducatorum sexaginta quinque, de quibus dictus venditor vocavit et asseruit sibi bene solutum et satisfactum fore, atque dereditum, tacitum et contentum pro eo quod habuit et recepit a dicto emptore brachia viginti novem cetanini raxi carmexini, in ratione ducatorum duorum et grossorum sex ad aurum pro uno quoque brachio. Et propterea de ipsis ducatis sexaginta quinque dictus venditor eidem emptori finem et securitatem plenariam ita fecit quod a modo in antea dictus emptor cum suis heredibus et successoribus dictam sclavam habeat, cum libertate et potestate ipsam tenendi, dandi, donandi, vendendi, alienandi, permutandi, pro anima et corpore judicandi, et quicquid dicto emptori suisque heredibus et successoribus placuerit de cetero perpetuo faciendi, tanquam de re sua propria, sine contradictione aliqua dicti venditoris et alterius cujuscunque persone de mundo. Promittens dictus venditor per se et heredes et successores suos dictam sclavam eidem emptori et heredibus et successoribus suis legitime deffendere et guarentare, auctorizare et disbrigare a quibuscunque hominibus et personis, loco, communi, collegio, societate commissaria et universitate; et hanc vendicionis cartam cum contentis in ea firma, rata, grata habere et tenere, attendere, facere et observare et non contrafacere, vel venire, per se vel alios, aliqua ratione vel causa, de jure vel de facto, sub pena dupli precii suprascripti, pro stipulatione premissa, et insuper reffectionis et emendationis damnorum, expensarum et interesse litis et extra. Quibus omnibus solutis, reffectis vel non, nichilominus predicta omnia firma permaneant. Obligans pro observatione premissorum omnium et singulorum dictus venditor se et heredes et successores suos et omnia et singula bona sua mobilia et immobilia presentia et futura. Renuncians omnibus et singulis exceptionibus, privilegiis, auxiliis et beneficiis, per quos vel que premissis vel aliquibus premissorum posset aliquid quolibet excipi, obici vel opponi.

Actum Venecciis, in Rivoalto, ad stationem meam, presentibus ser Bartholameo de Grasolariis, notario quondam ser Antonii, ser Bartholameo Pizegoddo, varatario, quondam ser Juliani, et aliis.

Ego Bernardus de Ranemis, venetus, filius ser Schieti, publicus imperiali auctoritate notarius, judex ordinarius, premissis omnibus interfui et rogatus scripsi et publicavi, signumque meum apposui consuetum.

### IV.

1470 (N. S.), 23 février. A Venise.

Vente d'une négresse de onze ans, nommée jusqu'à présent Lucie, et à l'avenir Fomia, pour le prix de 35 ducats d'or.

(Actes du notaire Barthélemy de Camucio. Orig.)

In Christi nomine, amen. Anno Nativitatis ejusdem millesimo quadringentesimo sexagesimo nono, indictione secunda, die vigesimo tercio mensis Februarii. Prudens vir, ser Gasparinus Rizo, de contrata Sancti Petri de Castello, per se et suos heredes, sub jugo perpetue servitutis dedit, tradidit atque vendidit spectabili domino Danieli de Lege, nato magnifici domini Luce, procuratoris Sancti Marci, presenti, stipulanti et ementi pro se et suis heredibus, unam dicti venditoris sclavam de genere Nigrorum, etatis annorum undecim vel circa, vocatam Lucia, et vocandam de cetero Fomia, sanam et integram de persona et de omnibus suis membris occultis et manifestis et a morbo caduco, secundum usum patrie Veneciarum, ad habendum de cetero per ipsum emptorem dictam sclavam, tenendum, possidendum, dandum, vendendum, permutandum, et quicquid aliud ipsi emptori suisque heredibus placuerit perpetuo de ea faciendum, tamquam de re sua propria; et hoc pro precio et mercato ducatorum triginta quinque auri. De quibus ducatis et precio dictus venditor contentus et confessus fuit se habuisse et recepisse per antea ab ipso domino Daniele ducatos viginti auri, et nunc revera habuit et recepit ab ipso emptore ducatos quindecim auri, pro resto dicti precii, in presentia mei notarii et testium infrascriptorum. De quo precio dictus venditor redit ipsum emptorem securum in perpetuum pariter et quietum, quia nil inde remansit unde ex causa dicti precii dictus emptor amplius requiri possit, sive compelli, ullo ingenio sive modo. Promitens dictus venditor litem ullam, causam, molestiam vel questionem ipsi emptori, et, ut supra, ullo unquam tempore, de predicta sclava non inferre nec inferenti consentire vel fovere; ymmo eam ipsi emptori et, ut supra, pacifice dimitere et legiptime deffendere ac guarentare, disbrigare et expedire a quacumque persona et personis, loco, communi, collegio et universitate, omnibus ipsius venditoris laboribus et expensis. Obligans dictus venditor pro observatione omnium premissorum se et suos heredes et omnia sua bona presentia et futura.

Actum Venetiis, ad stationem mei notarii infrascripti, in Rivoalto, presentibus domino domino Johanne Contareno, quondam domini Petri, ser Dominico Petri et domino Petro Mauro Superantio, domini Johannis, de Venetiis, testibus ad premissa vocatis, habitis specialiter et rogatis.

Ego Bartholameus de Camuciis, quondam domini Thome, civis et habitator Veneciarum, publicus imperiali auctoritate notarius, premissa rogatus scripsi, signo meo apposito consueto.

## XVIII.

1372, 27 novembre. A Avignon.

Guillaume de Beaufort, vicomte de Turenne, ayant abandonné à Étienne de Batuto, camérier du cardinal de Beaufort, depuis Grégoire XI, l'autorisation à lui accordée par le pape Clément VI (son oncle) d'envoyer dix navires et trente galères de marchandises non prohibées aux terres du sultan d'Égypte; ledit Batuto ayant postérieurement vendu la concession à la république de Venise représentée par son mandataire Amédée de Bonguadagni, moyennant la somme de 12,000 florins d'or payables soit à lui Batuto, soit, au cas de son décès, au vicomte de Turenne; le doge de Venise hésitant à payer audit vicomte la somme de 9,000 florins dus encore depuis la mort de Batuto, dans la crainte que le trésor apostolique ne prétendît avoir des droits sur les biens et les créances de Batuto, — Pierre, abbé d'Aniane, trésorier du pape Grégoire XI, déclare, d'après l'ordre exprès du pape, que la chambre apostolique n'a fait aucune réserve sur les biens de l'ancien camérier du cardinal de Beaufort, et que les 9,000 florins peuvent être en toute sécurité payés au vicomte de Turenne.

(Venise. Arch. général. *Secreta. Senato.* Doc. originaux. Boîte xii, n° 247. Orig. scellé.)

Universis et singulis presentes litteras inspecturis, Petrus, miseratione divina abbas monasterii Aniane, ordinis sancti Benedicti, Magalonensis diocesis, domini pape thesaurarius, salutem in Domino.

Cum sancte memorie dominus Clemens papa sextus dudum magnifico et potenti viro domino Guilellmo de Belloforti, vicecomiti Turenne, et spectabili domine Alienori[1], uxori sue, volens gratiam facere specialem, eisdem conjugibus et cuilibet eorum; per suas litteras apostolicas concessisset ut uni, duobus, tribus aut pluribus personis, simul vel successive, conducendi vel conduci faciendi ad partes Ultramarinas, que per soldanum Babilonie detinentur, decem naves seu cochas et triginta galeas, mercibus, non tamen prohibitis, oneratas, liberam possent concedere facultatem; et deinde dictus dominus vicecomes dictam gratiam donasset de titulo pure et irrevocabilis donacionis quondam domino

---

[1] Éléonore de Comminges.

Stephano de Batuto, dudum, dum ageret in humanis, sanctissimi in Christo patris et domini nostri domini Gregorii, divina providentia pape XI, antequam esset ad summum apostolatus apicem assumptus, dum cardinalis Bellifortis vulgariter vocaretur, camerario, concessisset; qui dominus Stephanus, diu antequam diem suum clauderet extremum, provido viro Amadeo de Bonguadagnis, sindico et procuratori magnifici viri domini ducis et communitatis Veneciarum, gratiam vendidit supradictam, pro precio et nomine precii duodecim milium florenorum auri, in certis terminis in instrumento publico de et super venditione hujusmodi confecto expressatis, dicto quondam domino Stephano, si esset in civitate Avinionensi, alioquin, vel si esset de medio sublatus, dicto domino vicecomiti vel procuratori suo, solvendorum.

Cum autem dictus quondam dominus Stephanus, sicut Domino placuit, viam fuerit universe carnis ingressus, novem milibus florenorum adhuc de summa hujusmodi ad solvendum restantibus, nobilis vir dominus Michael de Mauroceno, de Veneciis, ambaxiator magnifici viri domini Andree Contareni, ducis, et communitatis Veneciarum, [sciens] bona mobilia et credita dicti quondam domini Stephani disposicioni apostolice fuisse reservata, et quod postquam per eum fuerit de dictis novem milibus florenorum secundum tenorem instrumenti venditionis supradicte dicto domino vicecomiti satisfactum, camera apostolica, occasione reservationis hujusmodi, dicta ratione, milia florenorum posset a domino duce et communitate predictis repetere, ipsosque propter hoc inquietare et vexare laboribus et expensis, a prefato domino nostro papa utrum bona mobilia et credita dicti quondam domini Stephani dispositioni apostolice fuissent reservata, pro securitate sua supplicaverit declarari; ad universitatis vestre noticiam tenore presentium deducimus quod, hujusmodi supplicatione per prefatum dominum nostrum papam benigne exaudita, idem dominus noster papa, nobis presentibus, dixit et declaravit quod bona mobilia et credita dicti quondam domini Stephani non intelligit nec reputat disposicioni apostolice reservata, et quod, absque metu repeticionis dictorum novem milium florenorum per cameram predictam faciende, idem ambaxiator, secundum tenorem instrumenti venditionis supradicte, dicta novem milia florenorum eidem domino vicecomiti secure habeat assignare. Quod omnibus et singulis quorum interest et intererit de ipsius domini nostri pape mandato, nobis facto super hoc oraculo vive vocis, tenore presentium intimamus. In quorum omnium et singulorum testimonium, presentes litteras de mandato predicto fieri fecimus, et sigilli officii nostri thesaurariatus appensione muniri.

Dat. Avinione, anno Domini millesimo ccc$^{mo}$ septuagesimo secundo, indictione decima, die vicesima septima mensis Novembris, pontificatus supradicti domini nostri pape anno secundo [1].

## XIX.
## 1396-1397.

LETTRES DU ROI DE FRANCE, DU DUC DE BOURGOGNE, DU DUC D'ORLÉANS, DU DUC DE BAR ET DE LA DAME DE COUCY, RECOMMANDANT À LA BIENVEILLANCE DE LA RÉPUBLIQUE LES ÉCUYERS ENVOYÉS À VENISE ET EN ORIENT POUR AVOIR DES NOUVELLES DU DUC DE NEVERS ET DES AUTRES CHEVALIERS FRANÇAIS FAITS PRISONNIERS PAR LES TURCS À LA BATAILLE DE NICOPOLIS, ET POUR LES RACHETER S'IL ÉTAIT POSSIBLE [2].

### I.

[1396,] 7 décembre. De Paris.

Charles VI, roi de France, recommande au doge et à la république de Venise le chevalier Guillaume de L'Aigue, qu'il envoie à Venise et à Constantinople, afin

---

[1] Sceau de cire rouge sur queue de parchemin effacé.

Le 25 octobre précédent, même année 1372, à Paris, dans la maison de l'évêque de Châlons-sur-Marne, où il habitait, le vicomte de Turenne avait donné procuration à l'abbé d'Aniane, trésorier du pape, de réclamer et de recevoir du doge André Contarini les 9,000 florins d'or à lui restant dus par la république de Venise, depuis la mort d'Étienne Batuto. On rappelle dans cet acte que la concession accordée par le pape Clément VI au vicomte de Turenne était du 21 janvier 1357, et la vente de Batuto à la république de Venise, du 4 mars 1359. Les annuités à payer par la République à la Nativité étaient de 3,000 florins. Doc. orig. Boîte XII, n° 148.

[2] Les lettres suivantes concernent les chevaliers français qui avaient pris part à l'expédition de Hongrie et à la bataille de Nicopolis, perdue le 28 septembre 1396. Voy. notre *Hist. de Chypre*, t. II, p. 443, note.

d'avoir des nouvelles du comte de Nevers et des autres chevaliers français qui s'étaient rendus en Orient pour combattre les Turcs. Le roi prie le doge de fournir aux chevaliers tout ce dont ils pourraient avoir besoin, si, à leur retour, ils passaient par les terres de la République.

(Venise. Archiv. génér. *Commemor.*, IX, fol. 27.)

Karolus, Dei gratia Francorum rex, magnifico et prudentibus viris duci et comuni Venetorum, amicis nostris carissimis, salutem. Quoniam sinceris affectibus dessideramus de carissimi consanguinei nostri comitis Nivernensis, ac procerum et nobilium in ipsius comitiva existentium, qui, tempore nuper transacto, ad partes Hungarie et Constantinopolitanas, pro fidei nostre orthodoxe defensione et contra ipsius fidei et tocius professionis catholice inimicos se duxerunt transferendos, statu, utinam semper prospero, certissimos audire rumores, dilectum et fidelem militem nostrum Guillielmum de Aqua, presentium exhybitorem, ad partes Ytalicas et alias, in quibus poterit et debebit de hujusmodi statu veracius et cicius cerciorari, presentialiter destinamus; quamobrem, vestras amicicias cordiose requirentes et rogantes ut prefatum militem nostrum in suis agendis tangentibus factum hujusmodi, nostri contemplatione et amore, velitis habere specialiter recommissum; et si contingat prefatum consanguineum nostrum, vel aliquem seu aliquos proceres nobiles, aut alios de hujusmodi comitiva, per terras et districtus vestros reverti, aut suum dirigere regressum, in suis indigentiis succurrere et opitulari, prout ipsius aut eorum necessitas et facti qualitas duxerint requirendum. Et illa que prefato consanguineo nostro et aliis predictis facietis in premissis, reputabimus vos fecisse tamquam nobis. Et si aliqua volueritis nos facturos, vobis complacebimus corde leto. Datum Parisius, die VII. Decembris.

*A tergo autem scriptum est :* « Magnifico et prudentibus viris duci et
« comuni Venetorum, amicis nostris carissimis. »

## II.

[1396,] 7 décembre. De Paris.

Charles VI recommande au doge de Venise l'écuyer Jean de Neuville, qu'il envoie en Italie pour recueillir au plus vite des nouvelles du comte de Nevers et de ses compagnons, dont on ignore le sort.

(Venise. Archiv. génér. *Commemor.*, IX, fol. 27.)

Karolus, Dei gratia, Francorum rex, magnifico et prudentibus viris duci et communi Venetorum, amicis nostris carissimis, salutem. Quam sinceris affectibus desideramus de carissimi consanguinei nostri comitis Nivernensis ac procerum et nobilium in ipsius comitiva existentium, qui, tempore nuper transacto, ad partes Hungarie et Constantinopolitanas, pro fidei nostre orthodoxe defensione et contra ipsius fidei et tocius professionis catholice inimicos, se duxerunt transferendos, statu, utinam semper prospero, certissimos audire rumores, dilectum et fidelem scutiferum nostrum, Johannem de Novavilla, presentium exhibitorem, ad partes Ytalicas et alias, in quibus poterit et debebit de hujusmodi statu veracius et cicius cerciorari, presentialiter destinamus; quamobrem, vestras amicicias cordiose requirentes et rogantes ut prefatum scutiferum nostrum in suis agendis, tangentibus factum hujusmodi, nostri contemplatione et amore velitis habere specialiter recommissum; et si contingat prefatum consanguineum nostrum, vel aliquem seu aliquos proceres nobiles aut alios de hujusmodi comitiva, per terras et districtus vestros reverti aut suum dirigere regressum, in suis indigentiis succurere et opitulari, prout ipsius aut eorum necessitas et facti qualitas duxerint requirendum. Et illa que prefato consanguineo nostro et aliis predictis facietis in premissis, reputabimus vos fecisse tamquam nobis. Et si aliqua volueritis nos facturos, vobis complacebimus corde leto. Datum Parisius, die vii. Decembris.

*A tergo vero scriptum est:* « Magnifico et prudentibus viris duci et co-
« muni Venetorum, amicis nostris carissimis. »

## III.

[1396,] 8 décembre. De Paris.

Philippe le Hardi, duc de Bourgogne, recommande au doge et à la république de Venise son chambellan Guillaume de L'Aigue, qu'il envoie en Italie et en Orient pour avoir au plus vite des nouvelles de son fils, le comte de Nevers, et de ses compagnons.

(Venise. Archiv. génér. *Commemor.*, IX, fol. 28.)

Phylippus, quondam regis Francorum filius, dux Burgondie, comes Flandrie, Arthesiique, et Burgondie palatinus, etc. nobilibus, providis ac prudentibus, duci, consiliariis et comunitati civitatis Veneciarum, amicis nostris predilectis, salutem ac sincere dilectionis affectum. Quia toto nostre mentis intuitu statum prosperum carissimi primogeniti nostri, comitis Nivernensis, ejusve Francigenarum comitive, qui nuper Hungarie et deinde Gretie partes in domini nostri Jesu Christi servicium et honorem, sueque fidei orthodoxe peraugmentum et defensionem, infideliumque conturbationem, armigerose cum ardenti desiderio proficisci curaverunt, nec immerito scire desideramus, sicut paternus amor exposcit in filium, ad partes Ytalie aliasque circavicinas et ulteriores partes dilectum et fidelem [militem et cambellanum] nostrum Guillielmum de L'Aigue presentialiter destinamus, ut de dicto statu quam cicius nos reddere valeat cerciores, quem siquidem cambellanum nostrum certa vobis pro parte nostra lacius exponenda duximus onerandum; amiciciam vestram attente deprecantes quatenus in vobis dicendis per dictum cambellanum nostrum fidem indubiam adhybere, necnon financiam et alia per ipsum a vobis postulanda in favorem dicti filii nostri ejusque comitive ac etiam auxilium, consilium et juvamen, fideliter prebere velitis, adeo quod vobis teneri debeamus ad gratiarum actiones, harum serie presentium; promittentes bona fide quod quicquid hac de causa sibi concesseritis, ac illam financiam quam sibi mutuaveritis, vobis aut vestro certo mandato, in termino seu terminis et locis conveniendis inter vos et ipsum, satisfacere et restituere, de eisdemque integre solvere faciemus in tantum quod debebitis merito contentari. Et si que grata pro vobis aut vestris ad partes istas volueritis, ea nobis confidenter sub spe firma possethenus adimplendi significare curetis. Amici predilecti, Altissimus vos conservet feliciter et longeve. Scriptum Parisius, viii. die Decembris.

A *tergo namque scriptum est :* « Nobilibus et providis viris, duci, con-« siliariis, ac comunitati civitatis Veneciarum, amicis nostris predi-« lectis. »

### IV.

Lettre du duc de Bourgogne pour Jean de Neuville.

Philippus, quondam regis Francorum filius, dux Burgondie, etc. (*la suite comme dans la lettre précédente.*)..... dilectum et fidelem scutiferum nostrum Johannem de Neuville presentialiter destinamus ut, etc.

Scriptum Parisius, viii. die Decembris.

### V.

[1396,] 10 décembre. De Paris.

Charles VI au doge de Venise, en lui recommandant Jean Picquet et Pierre de Reims, ses écuyers, envoyés en Orient pour avoir des nouvelles du comte de Nevers et de ses compagnons.

(Venise. Archiv. génér. *Commemor.*, IX, fol. 27 v°.)

Karolus, Dei gratia, Francorum rex, magnificis et prudentibus viris duci et communi Venetorum, amicis nostris carissimis, salutem et dilectionem. Magnifice et prudentes viri, amici nostri carissimi, de statu dilectissimi consanguinei nostri germani comitis Nivernensis, pluriumque procerum sanguinis nostri ac nobilium aliorum nostri regni, qui, ut amiciciam vestram credimus satis scire, ad partes Hungarie et Orientales, ad actus militares exercendos et precipue resistendo certe invasioni et imprisie quam contra et adversus Christicolas, ut dicebatur, Turchi et infideles facere nitebantur et volebant, citra non longum temporis haustum profecti sunt, cupientes cerciorari, ad vestram presentiam et illas partes dilectos nostros scutiferie nostre scutiferum

Johannem Piqueti et Petrum de Remis, camere nostre familiares, mittimus de presenti. Rogamus igitur vos, amici carissimi, quatenus dictos Johannem Piqueti et Petrum de Remis et eorum quemlibet, benigne, gratioseque recipientes, ipsos dirigere et super premissis edocere velitis, necnon nobis per eos et omnes de partibus vestris ad istas declinantes de prefatorum consanguineorum nostrorum et aliorum statu et occurentiis omnibus certitudinem vestra amicicia rescribere nobis velit; necnon eisdem consanguineis nostris et aliis regni nostri nobilibus, nostri contemplatione et amore, quicquid auxilii, consiliiique favoris eadem amicicia vestra sciet et poterit, si et ubi indiguerint, impendere cum effectu velitis; scientes indubie, magnifici et prudentes amici nostri carissimi, quod provide vestra magnificentia non minus complacebit, quam si nobis in persona factum foret et impensum. Et si [quid] erga nos vel alibi nostre submissum potestati vobis gratum fuerit, cum obtinendi fiducia, illud nobis rescribere potestis. Datum Parisius, die decima Decembris.

*A tergo autem scriptum est :* « Magnifico et prudentibus viris duci et « comuni Venetorum, amicis nostris carissimis. »

## VI.

[1396,] 10 décembre. De Paris.

Louis, duc d'Orléans, prie le doge de Venise de lui transmettre, le plus promptement possible, des nouvelles certaines sur la bataille qui a été livrée aux Turcs et le désastre que paraissent avoir éprouvé les chevaliers français, la cour de France n'ayant encore recueilli que de vagues rumeurs sur ces tristes événements; le duc recommande à la bienveillance du doge Betis Primelle, un de ses écuyers qu'il envoie aux renseignements.

(Venise. Archiv. génér. *Commemor.*, IX, fol. 28 v°.)

Magnifice et spectabiles amici nostri carissimi. Multifaria rationum demostratione nobis constat vos erga regiam Francorum majestatem, ceterosque sui sanguinis zelo et devotione sincera fervere. Inde igitur nos, majestatis ejusdem germanus, amice et confidenter posse videmur vestras amicicias nostris in desideriis et affectibus implorare. Viget enim istis in partibus rumor varius, admodum et incertus, strenuissimum et fidelem militie populique Dei exercitum contra nequissimam et tartaream Turcorum et vulgi sathanei barbariem bellum et prelium acerrimum patravisse; sed de ejus exitu, reliquiis et eventu non omnes idem aut quicquid firmum, sed alii alia et diversi diversa loquuntur, adeo perplexe ut ex aliquorum dictis mera veritas huc usque non poterit intelligi, utcumque tamen omnes uno ore de exercitu christiano ne magnam cladem tulerit licet affirmare non audeant, videntur plurimum hesitare; quo quidem ex facto, quod Deus utinam bene vertat, per maximum nimirum dolorem ac ineffabilem cordis amaritudinem toleramus. Nichil etenim fidei christiane jactura deterius, nichil infelicius excogitari potest. Accedit huic merori quod, uti vestras amicicias non ignorare putamus, plerique nostri sanguinis, aliique hujus regni proceres et magnates, et inter alios illustres et carissimi consanguinei nostri comes Nivernensis, dominus de Couciaco, dominus Henricus de Baro, ejusque frater et, una cum eis, comestabularius, marescalcus, et admiratus Francie, cum magna et generosa militum et nobilium aderant comitiva. De quibus qualiter Deus disposuerit, nulla certa nova prorsus habentes, preterquam eos non sine multa cede et calamitate inter alios dimicasse, quicquid sit, tristamur plurimum, ac de eorum vita et salute quam maxime soliciti dubitamus. Cupientes itaque, non immerito, puram de premissis agnoscere veritatem, vestras amicicias affectuose precamur, quatenus, tum contemplatione prefate regie majestatis et nostri, tum attento quantum res ista nos tangat, quicquid in hoc novi habuistis vel vos habere contingat, nobis quantotius velitis facere manifestum. Quod si forte nondum ad vos liquida rei certitudo transiverit, ad eam exquisite percipiendam nobisque confestim intimandam, vestrum studium vestramque diligentiam, quesimus, adhybete, ut, sive prospera, sive adversa sint, qui in tanta comuni re tocius populi christiani velemus participes esse gaudii, simus participes et meroris, utque nostrorum casus et fortunas agnoscere nostrisque remediis et suffragiis relevare et solari possimus. Nichilominus et nos quam pluries ex nostris per diversa itinera pro predictis mittimus explorandis. Inter quos, dilectus noster familiaris et scutifer Betis Primelle illac transiens, vobis has nostras litteras presentabit. Cui quidem in omnibus que vobis super hac materia refert fidem tanquam nobis credulam impendatis. Et si quomodo vestro consilio, favore et auxilio forsitan indiguerit, eidem, nostri amore et intuitu, in sibi necessariis deficere non velitis. Nos autem si qua pro vobis posse videtis, confidenter id nobis indicate, nam nos reperietis ad vestra desideria et vota cordialiter inclinatos. Valete feliciter, sub custodia et protectione nostri piissimi redemptoris. Scriptum Parisius, die decima Decembris.

Ludovicus, regis quondam Francorum filius, dux Aurelianensis, comes Valesii et Bellimontis.

*A tergo enim scriptum est :* « Magnifico et spectabilibus amicis nostris « carissimis .... duci Venetiarum, ejusque consilio. »

## VII.

[1396,] 13 décembre. De Paris.

Le roi Charles VI recommande à la bienveillance du doge de Venise Geoffroy de Saint-Marc, serviteur de Henri, duc de Bar, qu'on envoie en Orient pour avoir des nouvelles de son maître et des autres barons français partis pour combattre les Turcs en Hongrie.

(Venise. Arch. gén. *Commemor.*, IX, fol. 27 v°.)

Karolus, Dei gratia Francorum rex, magnificis et prudentibus viris, duci et communi Venetorum, amicis nostris carissimis, salutem et dilectionem. Magnifici et prudentes viri, amici nostri carissimi. De statu dilectissimi consanguinei nostri germani Henrici de Barro, pluriumque procerum sanguinis nostri, ac nobilium aliorum nostri regni qui, ut amiciciam vestram credimus satis scire, ad partes Hungarie et Orientales, ad actus militares exercendos, et precipue resistendo certe invasioni et imprisie quam contra et adversus Christicolas, ut dicebatur, Turci et infideles facere nitebantur et volebant, citra non longum temporis haustum profecti sunt, cupientes cerciorari, ad vestram presentiam et illas partes dilectum nostrum Gauffridum de Sancto Marco, dicti consanguinei nostri servitorem, mittimus de presenti. Rogamus igitur vos, amici carissimi, quatenus dictum Gauffridum benigne gratioseque recipientes, ipsum dirigere et super premissis edocere velitis; necnon nobis, per eum et omnes de partibus vestris ad istas declinantes, de prefatorum consanguineorum nostrorum et aliorum statu et occurentiis omnibus certitudinem vestra amicicia rescribere nobis velit; necnon eisdem consanguineis nostris et aliis regni nostri nobilibus, nostri contemplatione et amore, quicquid auxilii, consiliique favoris eadem amicicia vestra sciet et poterit, si et ubi indiguerint, impendere cum effectu velitis. Scientes indubie, magnifici et prudentes, amici nostri carissimi, quod provide vestra nobis magnificentia carissima non minus complacebit quam si nobis in persona factum foret et impensum. Et si [quid] erga nos vel alibi nostre submissum potestati vobis gratum fuerit, illud cum obtinendi fiducia rescribere potestis. Datum Parisius, die xiii. Decembris.

*A tergo enim scriptum est* : « Magnificis et prudentibus viris duci et « communi Venetorum, amicis nostris carissimis. »

## VIII.

[1396,] 13 décembre. De Paris.

Louis, duc d'Orléans, recommande au doge et au conseil de Venise Jonffroy Clorit, un des serviteurs du duc de Bar, qu'on envoie en Orient, afin de connaître le sort des barons français et les événements survenus en Hongrie, sur lesquels on ne sait encore rien de certain à Paris.

(Venise. Arch. gén. *Commemor.*, IX, fol. 28 v°.)

Magnifice et spectabiles amici nostri carissimi. Licet miserimus nostrum dilectum familiarem et scutiferum, Betim Primelle, pro exploranda certitudine et veritate status et eventus consanguineorum nostrorum et aliorum procerum hujus regni, qui in bello contra nequissimam infidelium Turchorum barbariem affuere, de quibus nulla certa nova ad huc penitus habuimus quemadmodum jam per nostras binas litteras vestris amiciciis scripsimus fiducialiter et amice, nihilominus, quia res ista nostra nimium corda sollicitat, iterato, eadem de causa, dilectum nostrum Ionfredum Cloritum, [familiarem] carissimi et dilecti consanguinei nostri domini Henrici de Baro, unius de numero predictorum, duximus destinandum; vestras amicicias cordialiter et attente rogantes quatenus eidem Ionfredo quicquid super inde novi habebitis pure et sincere, prout de vobis speramus, indicare velitis; assistentes eidem, contemplatione nostri, in suis necessitatibus, vestro consilio, favore et auxilio, prout fuerit expediens et si duxerit requirendum, proinde nobis facturi complacentiam singularem. Si que autem vultis que pro vobis possimus, nos fiducialiter requiratis. Altitonans vos et vestra in sua custodia feliciter tueatur. Scriptum Parisius, die XIII. Decembris.

Ludovicus, regis quondam Francorum filius, dux Aurelianensis, comes Valesii et Bellimontis.

*A tergo vero scriptum est :* « Illustri et spectabilibus amicis nostris carissimis duci Veneciarum ejusque consilio. »

## IX.

[1396,] 23 décembre. De Bar-le-Duc.

Robert, duc de Bar, informé de la défaite de l'armée chrétienne (à Nicopolis), de la prise de son fils Henri, détenu au château de Vidin, et ignorant le sort de son second fils Philippe, prie le doge et les membres de la seigneurie de Venise, à qui il adresse des courriers, de lui envoyer des nouvelles certaines sur l'état de ses enfants et d'aider, s'il se peut, au rachat de Henri.

(Venise. Arch. gén. *Commemor.*, IX, fol. 29.)

Magnifici domini et amici precarissimi. Tam per scripta fide dignorum quam alia, nuper intelleximus filium nostrum Henricum, in quodam conflictu seu bello contra inimicos fidei christiane, sicut Altissimo placuit, a Turcis fuisse captum et in castro de Bidin detineri, sed de Phylippo, cetero filio nostro, non habebantur certa nova. Cum autem, magnifici domini et amici confidentissimi, nova prospera de progenitis nostris toto cordis affectu desideremus audire, dominationem et amicicias vestras quanto carius possimus deprecamur ut, si que nova penes vos de dictis nostris filiis per litteras, aut alia, utinam felicia, supervenerint, per familiares nostros aut eorum alterum presentium vehitores per vestra scripta velitis nos reddere cerciores, ad predicti Henrici, casu quo supra, redemptionem vices vestras interponendo, tenentes indubie quod majorem complacentiam nobis facere nequiretis, presertim cum ad hoc sciendum animus noster ex naturali inclinatione afficiatur. Si qua vero pro vobis aut vestris facere possemus, ea confidentissime rescribere potestis, nam ad ipsa complenda juxta posse laborare volemus, velut de vobis confideremus in casu simili vel majori. Altissimus dominationem et amicicias vestras conservare dignetur feliciter et longeve. Scriptum Bari, xxiii. die mensis Decembris.

Robertus, dux Barensis, marchio de Ponte et dominus de Casleto.

*A tergo namque scriptum est :* «Magnificis viris domino duci ac toti «dominio nobilis civitatis Venetorum, amicis nostris carissimis.»

X.

[1396,] 31 décembre. De Saint-Gobain.

La dame de Coucy, Isabelle de Lorraine, prie instamment le doge et le conseil de Venise de s'employer au prompt rachat de son mari, Enguerrand VII, fait prisonnier par les Turcs.

(Venise. Arch. gén. *Commemor.*, IX, fol. 30.)

Magnifice et potens domine, ac spectabiles et honorandi amici carissimi. In meis adversitatibus et infaustis casibus, cogor et attrahor apud illos suffragium et solamen implorare quos in omnibus sibi possibilibus confido michi minime defectivos. Novistis enim, ut autumno, casum michi nimium deplorandum metuendissimi domini mei carissimique consortis, qui per immanem et infidelem Turcorum barbariem captivus, et qualiter nescio, detinetur. Qua de re, quantum sim desolata, quantum mesta, non effari possem; sed potest vester animus, vestraque discretio meditari. Cum autem non ambigem, ymo certa prorsus existam, vos erga ipsum dominum et consortem meum affectione et dilectione affici valde magna, quemadmodum ex ipsius ore pluries audivi, dum de magnis in illis partibus dominis, amicis et benivolis suis, inter suos prout fit jocunde et moratim loqueretur, et omnes etiam illius gentes domestici et servitores affirmarunt unanimiter et affirmant; idcirco, confidenter ad vos in tanto meo dolore confugio pariter et recurro, dominationes vestras ab intimis precordiis rogans impensius et exorans quatenus, tum intuitu amoris et benivolentie quam teneo firmiter erga prefatum dominum et consortem meum vos habuisse semper et habere, tum respectu infelicis casus sui, tum compassione ineffabilis doloris mei, velitis pro liberatione et redemptione sua vestram operam seu dominii conamen et diligentiam omnimodo impertiri, per vias, modos et remedia quibus oportuerit et videbitis expedire; taliter in hoc miserando casu laborantes quod modus et remedium efficax adhybeatur, ut ab impiis dictorum barbarorum et infidelium manibus exeat protinus et evadat, faciens me advisatam. Et si qua vobis placent que per vos possim quoquomodo, me et mea velitis continuo requirere confidenter, cupidam semper et promptam ad quelibet conformia votis vestris. Altissimus vos in sua custodia feliciter tueatur. Datum in Sancto Vobino, die ultima Decembris.

Domina de Couciaco, comitissa Suessionensis.

*A tergo vero scriptum est:* « Magnifico et potenti domino, necnon spec« tabilibus et honorabilibus amicis carissimis et singularibus, domino « duci Venetiarum ejusque consilio. »

## XI.

[1397.] 1ᵉʳ janvier. De Paris.

Le duc d'Orléans, informé du désastre récemment survenu dans la guerre contre les Turcs, désastre sur lequel la chrétienté entière et la France surtout doivent verser des larmes, prie le doge et le gouvernement de Venise de s'occuper au plus vite du rachat des prisonniers français.

(Venise. Arch. gén. *Commemor.*, IX, fol. 30.)

Magnifice et spectabiles amici nostri carissimi. Post scriptionem nostrarum litterarum, quas per dilectum familiarem et scutiferum nostrum, Betis Prunelle, pro investigatione exitus Christiani belli contra infidelem Turcorum barbariem vobis misisse meminimus, certus et lugubris nuncius, heu! nimium gravis et dure cladis nostre devenit, pro qua tum omnis Christianorum populus, tum Gallia presertim, flere debet amarius et dolere, que in eo bello, lumina principum, tot milites strenuos et insignes amisit. Et, ut de cesis et interemptis sileamus, capti sunt inter alios et tenentur illustres consanguinei nostri carissimi comes Nivernensis, dominus Henricus de Barro, dominus de Couciaco, unaque plures alii notabiles proceres hujus regni. Capti inquam sunt, et in manibus et vinculis illius ferocis et barbare gentis cum quanta, heu! forte miseria et inedia detinentur! Pro quorum redemptione et liberatione adeo nimirum solliciti et curiosi simus ut in hoc die noctuque nostra mens cogitatioque versetur. Nec est quicquid tam difficile quod non possetenus propter id ageremus. Existimantes autem vestras amicicias aliquos ad hoc opportunos modos et ydonea remedia aliter et melius quam nos scire et posse forsitan invenire; et e certo tenentes quod, tum contemplatione regie Francorum majestatis atque nostri, tum etiam eorum intuitu captivorum, aliisque respectibus honestis, velletis et cuperetis quantum possetis, in hoc ut in ceteris, operari efficaciter et eniti; easdem idcirco vestras amicicias ab intimis precordiis duximus exhorandas quatenus si, pro liberatione et redemptione eorum, ullas bonas vias, modos et remedia quoquomodo perspicitis et videtis, velitis in tam miserabili et gravi casu, tantis talibusque captivis vestram opem omnem pie et amicabiliter impertiri, facientes nos insuper in agendis omnibus admonitos. Nichil enim gracius, nichil acceptius, nichil denique majus prefate majestati regie, neque nobis, neque etiam ipsis, vos posse facere cogitetis. Erit hoc beneficium inextimabile atque memorie sempiterne. Nec pro alia quavis re vobis obnoxii magis et amore conjuncti reddimur. Si qua vero pro vobis quovismodo possimus, nos et nostra requirere [velitis] confidenter, cupidos semper et promptos ad quelibet vobis grata. Omnipotens vos et vestra protegat feliciter et conservet.

Scriptum Parisius, die primo Januarii.

Ludovicus, regis quondam Francorum filius, dux Aurelianensis, comesque Valesii et Bellimontis.

*A tergo quoque scriptum est :* « Magnifico et spectabilibus amicis nostris « carissimis duci Venetiarum ejusque consilio. »

## XX.

### 1402, 21 février. A Venise.

Le Sénat de Venise, désirant ne pas se mêler aux événements de la guerre d'Italie, et ayant déjà refusé de consentir à des demandes analogues qui lui avaient été adressées par le parti contraire, exprime ses regrets au roi de France et au duc de Bourgogne de ne pouvoir faire armer une galère aux frais du roi de Naples, Louis II d'Anjou, qui se propose d'opérer une descente sur les côtes de Bari avec le comte de La Marche.

(Venise. Arch. gén. *Senato. Deliberazioni secrete*. Reg. 1, fol. 53.)

M.CCCC.I. Indicione x. xxi mensis Februarii. Sapientes omnes[1].

Capta[2]. Cum comparuerit ad presentiam dominii quidam dominus, Ludovicus de Lortigny, miles, cum litteris serenissimi domini regis Francie et illustris domini ducis Burgondie[3], efficaciter ipsum recomendantes super transitu suo quem asserunt ipsum velle facere ad partes Bari, pro factis domini regis Ludovici[4] et comitis de la Marca[5]; et ipse dominus Ludovicus dicat quod intencio sua foret, quando de beneplacito nostro esset, dari sibi unum corpus galee, armari ipsam galeam suis expensis, quam ipsum conduceret et reduceret; propter quod necesse est ut fiat responsio super hoc; vadit pars quod dicatur et respondeatur nobili antedicto quod ipse debet esse certus quod, ob devotionem principum et dominorum qui intercesserunt et intercedunt pro isti sua intentione obtinenda, ac singularem amorem quem portamus serenissimo domino regi Ludovico et magnifico domino de la Marca, nos complaceremus libenter sibi de possendo armare istam galeam quam requirit, si videremus posse facere cum nostro honore; sed con-

---

[1] Tous les Sages présents à la délibération du sénat. Voy. notre *Hist. de Chypre*, Exposé des magistratures de Venise, t. III, p. 825, 829.

[2] «Décision.»

[3] Philippe II.

[4] Louis II d'Anjou avait alors perdu Naples, et tout le royaume reconnaissait Ladislas.

[5] Jacques II de Bourbon, comte de la Marche, qui épousa, en 1414, Jeanne II, devenue reine de Naples par la mort de Ladislas, son frère.

siderantes quod non semel sed pluries istud denegavimus alteri parti, et modo de novo, dicentes nos nolle impedire de guerris aliorum, non cognoscimus quod hoc facere valeamus, et propterea placeat nos excusatos habere. Verum ut videat nostram bonam intentionem, nos dicimus sibi quod sumus de brevi missuri extra duas nostras galeas per quas, si sibi placebit, faciemus ipsum levari et conduci ad partes Bari. Et si forte intentio sua foret de brevi etiam redire ad has partes, nos committemus dictis duabus galeis, vel uni earum, quod, usque ad dies octo, debeat differre in illa riperia, transferendo se per illas aquas propinquas, et postea redeundo ad diem sibi datam ad levandum ipsum, usque numerum viginti personarum, conducendum ac deponendum in partibus Marchie et Istrie, unde postea secure venire poterit ad partes istas. Et ex nunc sit captum quod in recessu nostri capitanei Culphy, committi debeat eidem quod ut dictum est supra debeat observare. De parte, 71. Non, 21. Non sinceri, 11.

### XXI.

1403, 6 janvier. A Gênes.

Boucicaut, gouverneur de Gênes au nom du roi de France, assisté des conseils de la République, charge Jean de Châteaumorand de se rendre en Orient avec trois conseillers, Jean de Centurione d'Oltramare, Jean de Franchis Figoni et Jacques Doria, à l'effet d'inspecter et de réformer les établissements génois, de renouveler les traités de la République avec les princes ou seigneurs de Romanie, de Constantinople, de la Gazarie, de la Mer Noire, de la Grèce, de la Turquie et de l'Archipel, de se mettre en rapport avec Tamerlan et avec l'empereur de Constantinople, de s'unir par des alliances ou de déclarer la guerre, s'il leur paraissait utile aux intérêts de la République, à tous princes ou États chrétiens ou non chrétiens de ces pays.

(Venise. Arch. gén. Doc. orig. *Secreta. Senato.* Boîte xviii, n° 345. Copie du temps.— Au dos : *Baylia domini de Castromorando.*)

In nomine Domini, amen. Illustris et magnificus dominus dominus Johannes Le Mengre, dictus Bouciquaut, marescallus Francie, locumtenens regius et Januensis gubernator, etc.[1], pro serenissimo rege Francorum domino Janue, et venerandum consilium antianorum civitatis Janue, in legitimo et sufficienti numero congregatum, et quorum antianorum his presentium nomina sunt hec : Leonardus Gentilis locumtenens prioris, J. Baptista de Jacopo legum doctor, Antonius de Flisco, Nicolaus de Pastino, Francescus Justinianus, Babilanus Fatinanti, Karolus Spinula, Raffael Bergucius, Joannes Stella notarius et Matheus Calvus; necnon officium sex prudentium civium constitutorum ad providendum una cum ipso illustri domino gubernatore super statu agendis et negociis partium Romanie, Gazarie, Marisque Majoris, cum potestate amplissima in sufficienti congregato numero, et quorum his presentium nomina sunt hec : Raffael comunalis prior, Georgius Calvus, Lodisius Panzanus, Joannes de Primo et Raffael Justinianus olim Arangius, agentes nomine et vice ejusdem serenissimi domini nostri Francorum regis et communis Janue, omni modo, jure, via et forma quibus melius et validius fieri potest, confisi plene de fidelitate, prudentia et virtute spectabilis et strenui militis domini Joannis de Castromorando, cambellani et consiliarii regii, electi per eos, dicto nomine, capitanei maritimi et terrestris partium predictarum, ac nobilium et prudentum virorum Johannis de Centurionibus olim Ultramarini, Johannis de Franchis olim Figoni, et Jacobi de Auria, electorum in consiliarios ipsius domini capitanei, non revocando aliquos alios procuratores, massarios vel sindicos regios et communis in dictis partibus constitutos, nisi prout dicetur inferius, ipsum dominum Joannem de Castromorando, quem vices suas ad omnia in presenti instrumento contenta habere debere constituentes, ipsi ordinaverunt et voluerunt dictosque Johannem de Centurionibus, Johannem de Franchis et Jacobum de Auria ac ipsum dominum de Castromorando, et unum dictorum trium consiliorum suorum in solidum, absentes tamquam presentes, elegerunt, constituerunt, creaverunt et ordinaverunt ipsorum constituentium, dicto regio et communis nomine, certos, veros, legitimos et

---

[1] *Sic.*

indubitatos actores, provisores, gubernatores, sindicos et ambasatores, commissarios, procuratores et nuntios speciales et quicquid melius fieri et esse potest, ac loco ipsorum constituentium, dicto nomine regio et communis, posuerunt, ad eundum in Dei nomine et se personaliter transferendum ad partes Romanie, Gazarie, Maris Majoris et Tane, Grecie ac Turchie et ad insulas Chii et Mitileni ac Folias Novas et Veteres[1], et ad quaslibet terras, civitates et loca dictarum partium et cujuslibet ipsarum tam subditas ipsi serenissimo domino nostro Francorum regi et communi Janue quam non; et ad se presentandum coram serenissimo et potentissimo domino domino Temir Bey[2], maximo domino dominorum Indie, Persie, Tartarie ac Turchie, et serenissimo atque excellentissimo domino domino imperatore Romeorum, tam qui nunc Constantinopolis est quam qui eo accessurus est, ac etiam coram quocumque alio principe, imperatore, rege, barone, domino, officiali aut preside, comunitate et universitate dictarum partium aut alicujus earum, tam Christianis quam non; et cum eis et quolibet ipsorum, seu ipsorum legatis aut commissariis, tractandum et paciscendum, ineundum, firmandum et concludendum quascunque conventiones, uniones, ligas, treuguas, compositiones, confederationes et pacem, sub illis modis, formis, pactionibus, obligationibus, condicionibus, clausulis, ypothecis et cautelis sub quibus dictis sindicis, commissariis, ambassatoribus et procuratoribus vel dicto domino Johanni de Castromorando et uni alii consiliariorum et sindicorum predictorum videbitur et placuerit.

Et ad indicendum, denunciandum, faciendum, et fieri faciendum vivam guerram et offensas quaslibet tam reales quam personales contra quoscunque imperatores, dominos, reges, principes, barones, dominationes, universitates, officiales et presides, tam Christianos quam non, partium predictarum et fautores ipsorum, ac contra quaslibet terras et subditos suos et quaslibet alias personas in dictis partibus existentes seu futuras, sicut eisdem sindicis, ambassatoribus et procuratoribus

---

[1] Les deux Phocées, en Lydie, la Nouvelle et la Vieille, au nord et près de l'entrée du golfe de Smyrne. — [2] Tamerlan.

vel dicto domino Johanni de Castromorando et uni alii dictorum sindicorum videbitur et placuerit.

Ac etiam ad regendum, gubernandum, moderandum, disponendum, et administrandum Januensem rempublicam, dicto nomine regio et communi Janue, in dictis partibus (etc.)[1]. — Et ad videndum et calculandum et considerandum omnes et singulas expensas factas in dictis partibus et fiendas per officiales regios et communis; et ad ipsas taxandum, ordinandum, moderandum (etc.). — Et cartularia quelibet quorumcumque officialium et scribarum regiorum et communis dictarum partium, tam qui fuerunt quam presentium et futurorum, revidendum. Necnon ad petendum, exigendum, recipiendum et recuperandum, dicto nomine regio et communis Janue, quicquid et quantum dictus serenissimus dominus noster Francorum rex et commune Janue habere et recipere debet (etc.). — Item ad vendendum, alienandum, pignorandum et obligandum omnes et singulos introytus et cabellas dictarum partium et cujuslibet eorum, tam impositos quam imponendos, illis scilicet personis et pro illis preciis et sub illis modis, formis, pactis (etc.). — Et ad imponendum in dictis partibus et qualibet ipsarum atque instituendum et ordinandum et colligi faciendum quoscumque novos introytus et cabellas, mutua et comperas, tam cum assignatione proventuum quam sine, et avarias quaslibet et impositiones reales et personales, sub illis modis, formis, conditionibus (etc.). — Necnon ad mittendum Januam per cambia vel aliter eisdem illustri domino gubernatori et consilio omnem pecunie quantitatem (etc.). — Item, ad investigandum, scrutandum et inquirendum super male gestis vel omissis, excessibus et extorsionibus, commissis vel committendis per quoscunque consules, potestates, capitaneos, rectores, officiales et scribas, etiam durante tempore eorum officii, quam per quascunque alias personas Januenses, vel que beneficio Januensium gaudeant in partibus predictis, aut ipsarum aliqua, etiam per quoscunque extraneos, in terris et locis predictis, subditis dicto serenissimo domino nostro regi

---

[1] Je donne seulement par extraits la suite de cette longue procuration.

et communi Janue (etc.). — Et ad ipsos omnes et singulos tam officiales et scribas quam alias personas predictas pro eorum delictis et demeritis, realiter et personaliter, seu pecunialiter et corporaliter, usque ad ultimum supplicium inclusive puniendum, condemnandum, banniendum, forestandum et relegandum sine appellationis remedio (etc.). — Item, ad absolvendum, restituendum et liberandum quoscumque bannitos, malefactores vel forestatos regios et communis a quibuscumque criminibus, delictis (etc.). — Ac eciam ad concedendum vel concedi faciendum et ordinandum officia et scribanias quecumque que dantur et conceduntur (etc.).

Item, ad condendum in dictis partibus et qualibet ipsarum quoscunque ordines, regulas, capitula et decreta que crediderint esse reipublice utiles; et ad ipsos et alios jam factos ordines cassandum, emendandum, si et prout eisdem sindicis, ambassatoribus, commissariis et gubernatoribus, vel dicto domino Johanni de Castromorando et uni alii ipsorum sindicorum utile esse videbitur (etc.). — Et ad justitiam tam in civilibus quam in criminalibus et tam per se quam per alios quoscunque sive vicarios sive judices ministrandum, exhibendum et exequendum, cum mero et mixto imperio, arbitrio, gladii potestate et omnimoda jurisdictione, summarie et de plano, sine strepitu et figura judicii, juris ordine et capitulorum, decretorum et legum servato et non servato et maxime capituli positi sub rubrica : *Quod aliqua persona ad tormentum non ponatur;* ad quorum ordinum, legum et capitulorum vel ipsorum observantiam minime teneantur, et etiam sine remedio appellationis. Et demum ad omnia et singula gerendum (etc.). — Et pro predictis et quolibet predictorum expendendum de pecunia communis et ipsam pecuniam ad cambium vel aliter accipiendum (etc.). — Dantes et concedentes (etc.).

Promittentes dicti constituentes, dictis nominibus, michi Juliano Paniçario, notario et dicti communis Janue et ipsorum domini gubernatoris et consilii cancellario, tamquam persone publice, officio publico stipulanti et recipienti, nomine et vice omnium et singulorum quorum interest aut intererit, se dicto nomine regio et communis habituros ratum, gratum et firmum quicquid et quantum per dictos eorum dictis nominibus, sindicos, actores, commissarios et procuratores ac gubernatores, vel dictum dominum Johannem de Castromorando et unum alium ex dictis sindicis, in predictis et circa predicta actum, gestum, tractatum, conventum, promissum, procuratum, dispositum, ordinatum et factum extiterit, sub ypotheca et obligatione omnium bonorum dicti communis Janue, presentium et futurorum, que scilicet ex forma capitulorum dicti communis obligari non prohibentur.

Quod quidem mandatum presens durare voluerunt dicti constituentes dicto nomine usque ad ipsorum beneplacitum. Mandantes, rogantes et requirentes de predictis omnibus et singulis fieri per me dictum notarium et cancellarium, ad fidem ipsorum, publicum instrumentum.

Actum Janue, in camera superiori palatii communis Janue, in qua consilia Januensis reipublice celebrantur, anno Dominice Nativitatis millesimo quadringentesimo tercio, indicione decima, secundum cursum Janue, die xi$^a$ Januarii, hora None, presentibus testibus Aldebrando de Corvaria, Antonio de Credentia, notariis et communis Janue cancellariis, Constantino Lercario et Antonio Spinula quondam Janoti, civibus Janue, ad hec vocatis et rogatis.

Julianus Paniçarius, imperiali auctoritate notarius et communis Janue cancellarius, predictis omnibus interfui et rogatus scripsi, licet per alium extrahi fecerim, multis aliis occupatus, cum adjectione super proxime scripta[1], quam in quarta linea extrahendo scriptor errore omiserat. Et que adjectio sequitur illud verbum *majoris* et incipit *cum* et finit *numero*.

---

[1] Le renvoi dont il est ici question se trouve écrit immédiatement au-dessus de l'attestation du notaire Panizari.

## XXII.

### 1403-1405 [1].

Traité de commerce et traité d'alliance contre Tamerlan, conclu entre Soliman Ier, fils de Bajazet Ier, l'empereur de Constantinople, le duc de l'Archipel, les républiques de Venise et de Gênes et l'ordre de Rhodes, stipulant entre autres conditions la restitution d'Athènes à la république de Venise.

(Venise. Arch. gén. *Libri Pactorum*, VI, fol. 128 v°.)

*Copia pactorum pacis facte cum domino Musulman Zalabi, scripte in ydiomate turcho et signate signo suo et suorum baronum, et reformata per ser Petrum Zeno.*

In nome de Dio verasio, mi, che sum Musulman Zalabi [2], soldan, fio del gran soldan Baysit, imperador, dapuo che lo gran imperador Calojani, imperador di Griesi, mio pare Paleologo, imperador e lo imperio de Constantinopoli, fo contenti que li e mi, cum lo comandamento del nostro signor Dio, et etiamdio cum li grandi comuni, insembre Rodo cum lo so Hospital, Venexia, Zenoa cum l'isola de Sio [3], et lo ducha de Nicxia [4], cum tute le terre e isole che sum a li suoi luogi e suo cose, del mar dal Basso e del mar Mazor, e infra terra de lo imperador, cum tuti i luogi che lo habia e de la liga che se in so compagnia, havemo zurado et havemo fato verasia paxe cum bona voluntade e dreta. Adeso, cum la voluntade de miser Domenedio, io zuro per quelo che ha fato lo cielo e la terra e per lo mio Macometo Mustafa e per le mie VII. musafi, e per lo mio altissimo grande Profeta, che nuy credemo, et per anema de mio avo, et per la testa de mio pare soldan

---

[1] La date de ce traité se renferme entre le 9 mars 1403, époque de la mort de Bajazet Ier, et le 1er avril 1405, mort de Tamerlan.

[2] Il s'agit bien ici, ce me semble, de Soliman Ier, appelé Musulman par les écrivains turcs, fils et successeur de Bajazet Ier en Europe, et non de son frère et compétiteur Mousa Chélébi.

[3] L'île de Chio était alors possédée en mahone par les Giustiniani de Gênes.

[4] Naxos, capitale du duché de l'Archipel, autrefois aux Sanudo, appartenait aux Crispo depuis 1383.

et per la anema mia. Cum tuti questi ho fato paxie, cum li mie baroni et cum tuti li mie suditi et homeni. Io ho fate questa paxe, et ancora cum tuto lo paise che Dio me darà, s'il vegnisse altri signori mie suzeti, cum mio pare lo imperador et cum lo imperio di Griesi et cum la compagnia de li comuni, li castelli et terre de lo imperador et de le convicine, et cum li luogi e isole e casali che sum a lo mar da Basso e a lo mar Mazor et infra terra.

1. Havemo fato la paze fina che seremo vivi, e le fiuoli de nostri fiuoli; et che li nostri fiuoli sia cum lor in bona paxe. A mio pare imperador de Griesi et a lo imperio de Constantinopoli, io ho dado Salonichi cum la Calamarea[1], cum tute le lor pertinentie, como havemo parlado, et da lo Galico fina lo Paravardaro et fina a la marina, franco et libero. Et ho dado Salonichi cum lo so cula[2]; e quelo che li dava a mio pare, io i lo dono. Et ho li dado da lo Panido[3] fina in Mesembria[4] et la Palateoria, insembre et le suò castelle et saline, et con tute le lor pertinentie; io le ho dade senza alguni tributi a mio pare lo imperador et a lo imperio di Griesi. Et in quele contrade, tuti queli Turchi che habia possession, i li die cazar via de la. Et in questi luogi tuti queli, si Griesi como Turchi, che abia comprado alguna cossa per la soa moneda che li sia soy. Et ho dado Constantinopoli cum tute suo confine franche senza algun tributo, da la Parapolia fina al Panido. Et in questi luogi che o dado a l'imperador, chel possa murar castelli et ogni forteza onde li plaxe, a tuto so plaser.

2. Item, in Turchia, que li castelli che tegniva lo imperador tuti li ho dadi.

3. Item, s'il sera alguna novitade de Tamberlan, io ve darò le mie galie quante haverò marinari a vegnir in Constantinopoli, a le mie spexe, si lo havera bisogno.

---

[1] Position inconnue, comme *Paravardaro*, *Lo Galico*, *Palateoria* et quelques autres.

[2] Salonique et son golfe?

[3] *Lo Panido* est Panidos ou Panados, le *Painedor* de Villehardouin, sur la mer de Marmara, au S. O. de Rodosto.

[4] Mesembria ou Misivri, sur la côte de la mer Égée, entre Maronée et le lac Stentor.

4. Item, per contra Salonicho io li ho dado el Scopelo[1], el Sciato[2], et lo Sciro[3]. Et ho li dado fina .x. Novembre in qua lo trabuto de li diti luogi.

5. Item, tuti li homeni de Constantinopoli che sum insidi possa tornar senza algum impazo in le lor caxe.

6. Item, tutte cosse et differencie passade dal tempo de mio avo et de mio pare in qua sia lasade et asolte, et non se debia cercar, salvo si algun debitor special dovesse dar un ad .1°. altro, che lo i sia fato rasion.

7. Item, lo fio de Lazaro[4] lo teren so che lo haveva in lo tempo de mio pare, che lo non i se dia briga et debia dar lo trabuto che lo dava per avanti a mio pare et mandar la so rente a l'oste como lo i era usado. Et si cum la soa persona el voia vegnir, chel possa vegnir seguramente; et quando lo non voia, che lo manda la so zente. Et in caso che lo vegnisse cum la so hoste, che lo non habia dano de algun membro de la soa persona ni de la soa zente; et mandarò lo san et salvo cum la soa zente, che da mi non havera algun dano.

8. Item, che tuti li Franchi, Veneciani, Zenovesi, de Ruodo, Griezi et tuti i Franchi, tuti i mercadanti, possa vegnir a lo mio paise et luogi. Si algum navilio se rompesse, che tuto quelo che scapolasse, si haver como persone, sia scapolo et reso.

9. Item, tute le scale che ho, sia averte; et che quanto gran che li vora, eli possa tuor; et che le mie comerchieri non li dia briga. E che in tuti li luogi onde eli vuol, i possa prender. Et per lo comerchio de cadaum mozo de Constantinopoli, debia pagar yperpero .1.

10. Item, che algun mio navilio che vuoga remi, non possa insir fuora de le boche ni de sora ni desoto, senza parola de lo imperador et de tuta la liga. Et si per aventura algun insisse et fosse trovado et fosse li fato danno, che eli se ne habia lo dano e che la paxe romagna sempér ferma.

---

[1] L'île de Scopelo, au sud de Salonique, vis-à-vis l'extrémité nord de Négrepont.

[2] L'île de Scyatho, à l'ouest de Scopelo, près de la côte.

[3] L'île de Scyro, à l'est de Scopelo.

[4] Le fils de Lazare, crale ou roi de Servie.

11. Item, li amaloti[1] de Constantinopoli, tuti che è in le mie preson, over in man de li miei baroni, over che sia in li feri, over che abia li feri al colo, che se truova apreso de mi, che io li debia lasar andar.

12. Item, che li prisoni de Zenovesi che sia in mi et in le mie prison, over in li mie baroni, si li se truova, che le debia lasar; et onde i truova algun Zenovese prison, che io el debia lasar.

13. Item, si algun sclavo scampasse de i Zenovesi e fosse ben Musulman, che io lo debia dar, cum questo pato che dapuo che fo la rota del Tamberlan tuti queli mie che se trovasse in le lor man che eli sia lasadi.

14. Item, de le prison de Syo, che li debia dar xxv. amaloti.

15. Item, li castelli che ha Zenovesi in lo mar Mazor, che eli non sia tegnudi de pagar trabuto.

16. Item, que li v$^c$. ducati che dava queli de Sio[2] al signor de Altoluogo[3] che li non debia pagar niente.

17. Item, de le confine de Veniciani si lo i fosse preso terre ni castelli, casali ni alguna cossa de le suo confine, che io le debia render, e darli Sitines[4].

18. Item, per contra l'isola de Negroponte, su la terra ferma, li doni infra terra mia cinque[5]. E si in questi fosse saline ni scala, chel sia mio. E s'il fosse tolto ni trato gran del mio paise senza pagar el mio comerchio, che queli suo che lo trazesse sia castigadi.

19. Item, chel marchexe de la Bondeniza[6] non sia tegnudo altro salvo que lo i era tegnudo per avanti a mio pare.

---

[1] *Amaloti.* Cette expression, suivant l'avis du savant et regretté M. Brunet de Presle, désigne probablement les captifs ou prisonniers de guerre contre lesquels ne s'élevait aucune charge particulière qui les mît en dehors du droit commun.

[2] L'île de Chio.

[3] Éphèse. Voy. *Bibliothèque de l'École des Chartes*, 5ᵉ série, t. V, p. 220.

[4] Athènes.

[5] Il manque ici un mot comme *legue*. Soliman se réserve les salines et les échelles ou ports de débarquement qui pourraient se trouver dans l'étendue du territoire qu'il cédait vis-à-vis de Négrepont.

[6] Le marquis de Bodonitza. Le château de ce nom était situé au défilé des Thermopyles.

20. Item, che si nesun sclavo ni servo vegnisse a scampar a li lor luogi, che eli me li debia dar; e per simel si algun lor schiavo ni servo scampasse a li mie luogi, che sia tegnudo doverli li dar.

21. Item, che quelo che dava Nicsio[1] et Altoluogo et La Palatia[2], çoe ducati II$^c$., che eli non debia dar niente.

22. Item, de li amaloti di Veniciani, li daro v$^c$. amaloti, qual che eli vora, cum questo pato che eli me renda tuti li Turchi che eli havera.

23. Item, de lo trabuto de Foia Nuova[3] laso ducati v$^c$.

24. Item, si alguna casion intravegnisse, o de sangue o de parole, o per che altro muodo se fosse, che la paxe non se rompa, ma remagna ferma; et che quele devision che fosse se debia acordar amicabelmente entro mezane persone.

25. Item, la Salona[4], cum quele confine che manzava la contessa le ho dade a lo hospedal de Ruodo franche et libere.

## XXIII.

1404-1405. Venise.

Délibérations du Sénat relatives à quelques difficultés survenues entre la république de Venise et le roi de France, pendant que Boucicaut était gouverneur de Gênes au nom de Charles VI[5].

(Venise. Archiv. général. *Senato. Deliberazioni secrete.* Reg. I et II.)

### I.

M.CCCC.IIII. Indictione XII. Die VIII. Mense Marcii.

Capta. Quod scribatur domino regi Francie in forma infrascripta,

---

[1] Naxos.
[2] Milet. Voy. *Bibl. de l'École des Chartes*, 5$^e$ série, t. V, p. 221.
[3] Près de Foia-Veya, l'ancienne Phocée, au nord du golfe de Smyrne, près du cap Karabouroun. Voy. p. 174.
[4] Salone ou la Soula, sur le golfe de Corinthe.
[5] Boucicaut fut gouverneur de Gênes au nom du roi de France de l'année 1401 à l'année 1409. Cf. *Le livre des faits du maréchal Boucicaut*, liv. II, chap. V et suiv..

et sub hoc effectu dominis ducibus Burgondie, Bituricensi et Borbonii, mutatis mutandis.

« Litteras vestre serenissime Majestatis requirentis liberationem
« quorumdam nobilium Francigenarum et Januensium qui hic Ve-
« necia retinentur[1], causa omnibus satis nota, presentatas heri nobis per
« nobilem virum Hellinum de Longaveines, scutiferum regium, cum
« solita devotione quam gessimus et gerimus et gerere in futurum in-
« tendimus illustrissime Majestati Francorum, recepimus et intelleximus
« diligenter, dispositi presto eidem mittere et dare responsionem in
« forma quam summa sapientia vestre serenitatis, considerata et audita
« justicia et honestate nostra, non dubitamus dignabitur habere gratam
« pariter et acceptam. Sed quia predictus Hellinus, lator litterarum re-
« giarum, oretenus asseruit, ultra contenta in dictis regalibus litteris,
« habere mandatum expectandi solummodo diebus tribus, et in ipsis
« litteris continentur aliqua que demonstrant fuisse datam vestre ma-
« jestati super dicta materia non veram informationem, et que matura
« et deliberata responsione pro dillucidatione veritatis et conservatione
« honoris nostri egeant; que deliberatio responsionis non potest fieri
« ita cito sicut requisivit dictus scutiffer regius, et quod nobis necesse
« est convocare consilia et observare ordines nostre civitatis, expedivi-
« mus cum presentibus nostris litteris dictum scutifferum vestre sereni-
« tati ut de dilatione responsionis vestra Majestas admirationem non
« capiat, ac etiam ut predictus regalis nuncius possit obedire mandatis
« que asseruit habuisse a serenissima vestra Majestate[2]. »

## II.

M.CCCC.IIII. Indictione XII. 12 Augusti.

Sapientes consilii, excepto ser Bartholomeo Donato. Sapientes ordinum...... Federico Michael.

édit. Michaud, t. III, p. 261; Georg. Stella, Annal. Genuenses, ap. Murat., Script. Ital., t. XVII, col. 1191-1222.

[1] « 1403. Tres igitur ex galeis Januen- « sium dimicantes... cum Januensibus et « Castello Morando, francigena milite electo, « ... cum Francis aliis omnibus captivis, qui « postea ad Venetiarum carceres ducti sunt. » G. Stella, Annal. Genuens., col. 1200.

[2] Reg. I, fol. 136 v°.

Capta. Quia per illa que habentur ab ambaxatore nostro, qui est Janue, ser Roberto Mauroceno, dominus dux Bituricensis, propter malam informationem sibi datam per Castellum Moratini[1] et per alios Francigenas captos et relaxatos de nostris carceribus, noluit liberare nec facere liberari nostros mercatores arrestatos in partibus Montispesulani, nec eorum mercationes, per litteras habitas a comunitate Janue; imo videtur ad istam liberationem male dispositus, propter quod, nisi fiat per nos provisio sufficiens de levi, ipsi mercatores nostri et bona sua subjacerent periculo manifesto, quia dicit dictus orator quod dubitat non posse habere a Januensibus aliud quam bona verba; vadit pars quod, propter dictam causam, eligi debeat ad serenissimum dominum regem Francie et ad alios regales Francie, ad quod opus esse videbitur, unus noster solemnis orator per duas manus electionum[2], in consilio Rogatorum, et una per scrutinium inter dominos consiliarios et capita et sapientes utriusque manus, qui possit accipi de omni loco et officio et judicatu peticionum. Habeat de salario pro primis quatuor mensibus ducatos ducentos, et ab inde in antea libras L. in mense et ratione mensis. Teneatur respondere die qua fuerit electus vel altera die ad tercias, non possendo refutare sub pena ducatorum C. Ducat secum unum notarium cum uno famulo, quatuor domicellos et duos ragacios; et possit expendere in omnibus expensis pro se et dicta familia ducatos sex in die. Verum, ex nunc provideatur quod tota expensa que fiet quocumque, in ambaxaria predicta; solvatur de mercationibus et de bonis nostrorum arrestatorum in dictis partibus, si omnes recuperabuntur, vel saltem medietas; et si recuperaretur a medietate infra, medietas dicte expense solvatur per nostros mercatores de dictis mercationibus, et reliqua medietas solvatur per nostrum comune.

De parte, alii. Non, 6. Non sinceri, 3[3].

[1] Sic.

[2] *Manus electionis.* Cf., sur ce mode d'élection ou de présentation, notre *Hist. de Chy-pre,* t. III, p. 826. *Not. sur les magistratures vénitiennes.*

[3] Reg. II, fol. 42 v°.

### III.

m.cccc.iiii. Indictione xiii. 4 Septembris. In collegio.

Sapientes consilii et Sapientes ordinum.

Capta. Quia male reperitur aliquis qui velit ire ad ambasiatam nostram Francie, vadit pars quod, sicut dictus ambasiator habere debebat ducatos ducentos pro primis quatuor mensibus, ita habere debeat trecentos cum aliis conditionibus alias captis.

De parte, alii. De non, 10. Non sinceri, 1.

Consiliarii. Capta. Quod ambasiator iturus ad partes Francie eligatur per scrutinium in hoc consilio Rogatorum, cum salario et aliis conditionibus captis alias [1].

### IV.

m.cccc.iiii. Indictione xiii. Die quinto Septembris.

Dominus dux. Ser Rossus Marina. Ser Michael Fuscareno, consiliarii.

Capta. Cum propter aliqua nova que secretissime relata sunt nostro dominio, que suo loco et tempore sentientur, non est opus quod pro modo mittatur ambaxiata nostra ad partes Francie, vadit pars, pro non tenendo impeditum nobilem virum ser Fantinum Dandulo, electum ambaxiatorem nostrum ad dictas partes, quod ipse absolvatur a dicta ambasiata, et intret ad tempus suum in suo judicatu peticionum ad quem fuit electus [2].

### V.

m.cccc.iiii. Indictione xiii. Die xxviii. Octobris.

Dominus dux. Consiliarii.

Capta. Quia, sicut omnes clare cognoscunt, missio ambaxiate nostre ad partes Francie est omnino necessaria, et quanto prestior tanto melior, vadit pars quod collegium dominorum consiliariorum, capitum de xl[a], sapientum consilii et ordinum debeat eligere duos ambaxa-

---

[1] Reg. II fol. 49 v°. — [2] Reg. II, fol. 50 v°.

tores ad partes Francie per scrutinium in dicto collegio, cum illo salario et expensis et cum illa commissione et per illos modos et cum illis penis et conditionibus que dicto collegio videbuntur. De parte, 81.

Sapientes ordinum. Cum omnino sit necessarium habere in partibus Francie quis sustineat et procuret honorem et jura nostra ; sed, considerato quod ambaxatores nostri notabiles persone non possunt ad presens sine maximo discrimine personarum suarum subito se transferre ad dictas partes, et sperandum sit quod providebitur per modum quod ire poterunt securi ; vadit pars ut interim fiat id quod fieri potest per nos in dictis partibus ; quod collegium dominorum consiliariorum, capitum de quadraginta et sapientum consilii et ordinum debeat mittere unam personam sufficientem, illam que dicto collegio videbitur, que sollicite vadat ad dictas partes Francie, ad notificandum specialiter domino regi et regalibus Francie de creatione nostra ambasiate, et qualiter non potuit nec potest ita presto se transferre ad illas partes propter discrimina viarum, sed quanto prestius fieri poterit se conferret ad conspectum suum in illis partibus. Et cum his et aliis que videbuntur dicto collegio, fiat commissio dicte persone que mittetur, et cum illa expensa et conditionibus que dicto collegio videbuntur. Et ex nunc, elligantur per scrutinium in hoc consilio duo sollemnes ambassiatores pro eundo ad partes Francie, cum salario, modis et conditionibus, penis et stricturis captis nunc ultimo in hoc consilio. Qui ambasiatores recedere debeant pro eundo ad dictam ambassiatam cum illa commissione et quando videbitur huic consilio. De parte, 24. De non, 2. Non sinceri, 3 [1].

VI.

Die xxviii, in collegio. Consiliarii.

Capta. Quod fieri debeant per scrutinium in isto collegio duo nostri oratores ad serenissimum dominum regem et ad alios regales Francie, qui possint accipi de omni loco et officio et judicatu peticionum de

---

[1] Reg. II, fol. 68 v°.

corpore Venecie. Respondeant hodie, per diem, non possendo refutare, sub illis penis sub quibus fuerunt electi duo oratores, ser Petrus Pisani et ser Bartholomeus Donato. Et sint cum illo salario, modis et conditionibus cum quibus electi fuerunt. Vadant cum illis paucis equis qui sibi videbuntur et familia usque ad illas partes que sibi placuerint, possendo expendere per ratam pro equis cum quibus ibunt; et cum ibi fuerint, possint se fulcire equis et alia familia ad numerum limitatum dictis duobus ambaxatoribus, induendo se et faciendo expensam que erat ordinata et limitata pro dictis oratoribus, ita quod sint tunc in totum ad conditionem eorum.

Ambaxatores : Ser Marcus Dandulo quondam ser Benedicti, Sancti Moysi [1]. Ser Leonardus Jane, quondam ser Laurentii, refutavit. Ser Franciscus Contareno, quondam ser Marci [2].

### VII.

M.CCCC.IIII. Indictione XIII. 12 Januarii.

Capta. Quia scriptum fuit pridie oratoribus nostris, missis ad partes Francie, quod de brevi mitteremus eis nostram intentionem et libertatem nostram, de modo et forma compositionis ad quam erat intentio nostra quod condescenderet super facto Francigenarum damnificatorum et super facto aptandi differentias que sunt inter eos et nos pro factis predictis; vadit pars, ut istud fiat secrete quantum requirit condicio agendorum, quod detur libertas collegio dominorum consiliariorum, capitum et sapientum consilii ac sapientum ordinum, possendi deliberare et terminare in facto predicto, ac dictis ambasiatoribus illam libertatem dare pro possendo venire ad dictam compositionem que dicto collegio bona et utilis apparebit [3].

### VIII.

M.CCCC.IIII. Indictione XIII. 18 Januarii.

Capta in collegio. Ser Nicholaus Foschari. Sapientes consilii.

---

[1] Sire Marc Dandolo, fils de Benoît Dandolo, de la paroisse de Saint-Moïse. — [2] Reg. II, fol. 69. — [3] Reg. II, fol. 84.

Quod scribatur oratoribus nostris Francie quibus scripsimus, quod de brevi mitteremus sibi nostram intentionem et voluntatem ac modum et formam quibus volumus quod perveniant ad compositionem cum Francigenis damnificatis, quod intencio nostra est quod per interpositionem illustris domini ducis Aurelianensis, sicut pridie sibi scripsimus, habendo et accipiendo favorem viri nobilis Petri de Serovignis, quem semper habebunt propicium et favorabilem, condescendere debeant ad essendum in concordio cum dictis Francigenis, per illas vias et modos que dicto domino duci meliores videbuntur, cum conditione quod in omni casu, veniendo ad dictam compositionem, omnes nostri in illis partibus arrestati, cum bonis et mercationibus suis, vel valore de dictis bonis et mercationibus extracto, debeant libere relaxari, declarando dictis oratoribus quod, secundum quod sensisse potuerunt, illi qui unquam expresserunt majorem quantitatem damnorum predictorum omnibus Francigenis datorum non transiverunt summam octo millium ducatorum in totum inter omnes; que damna receperunt in sua culpa maxima et defectu; et propterea volumus quod possint condescendere ad partem usque ad summam ducatorum viii.$^{a}$ predictorum, cum conditionibus antedictis de relaxatione nostrorum cum mercationibus et bonis suis, vel valore de illis extracto. Et si poterunt esse in concordio de dicta quantitate, valde placebit nobis. Quando autem non possent esse in concordio, et viderent quod dando aliquam majorem quantitatem quam viii.$^{x}$ ducatorum, dummodo non foret ita excessiva quod videretur eis irrationabilis et nimis excessiva respectu dicte quantitatis damnorum, tunc subito nobis scribant et expectent nostrum mandatum.

De parte, 12. Non, 0. Non sinceri, 1 [1].

### IX.

m.cccc.v. Indictione xiii. Die xxvii. Julii. Sapientes consilii et Sapientes ordinum.

Capta. Cum comparuerit ad presentiam dominii vir nobilis Petrus

[1] Reg. II, fol. 86.

de Serovignis, pro parte magnificorum oratorum serenissime majestatis Francie et domini ducis Aurelianensis, cum literis credentialibus oratorum predictorum, sub quibus exposuit et dixit quod ipsi oratores, in casu quo placeat nostro dominio, de differentiis vertentibus inter nos et communitatem Janue ac dominum Buciquaut, nos compromittere in ipsum dominum ducem Aurelianensem, ita quod possit de ipsis differentiis dicere et terminare prout excellentie sue videbitur esse justum, ipsi venient Veneciam ad presentiam nostram; quando autem istud non placeret nobis, ipsi nullo modo venirent; et bonum ac necessarium sit facere super inde provisionem talem et sic sufficientem quod non incurreremus in aliquam inconvenientiam que posset nos ducere ad guerram et novitatem, non tantum cum Januensibus sed etiam cum corona et regno Francie, quia, per illa que apparent, istud nisi provideretur de levi sequi posset; vadit pars quod dicatur dicto Petro de Serovignis quod ipse scribere debeat oratoribus antedictis, quomodo fuit ad presentiam nostram et nobis exposuit illa que sibi commissa fuerunt per eos, et quod nos fecimus sibi istam responsionem quod magnitudines sue possunt venire ad beneplacitum suum ad civitatem nostram et ad nostram presentiam, quia nos, respectu serenissime domus Francie et magnificarum personarum suarum, semper ipsos videbimus ilari vultu, et tractabimus secundum quod honori regio et illustrissimo domino duci Aurelianensi, honori personarum suarum et nostro videbimus convenire; et quod, cum hic erunt, invenient quod non deficiet pro nobis de veniendo ad bonam compositionem de differentiis antedictis. De parte, 59.

Ser Ludovicus Lauredanus. S. Ludovicus Mauroceno. S. Karolus Geno. S. Bambertus Quirino, sapientes consilii. Quia materia suprascripta est ardua et ponderosa satis, quantum quilibet potest considerare, et requirit bonam advertentiam et bonam considerationem, vadit pars quod istud factum induciari debeat usque diem crastinum, quo venire debeat ad istud consilium et terminari secundum quod utilius et melius apparebit. De parte, 45. Non, o. Non sinceri, 4 [1].

[1] Reg. II, fol. 131.

## XXIV.

### 1405, 22 mai. Venise.

La république de Venise charge son ambassadeur en France, François Contarini, de se rendre au plus tôt auprès du duc de Bourgogne, à Paris ou à Bruges, et d'exposer ce qui suit à son Excellence, à savoir : que jamais la république de Venise ne s'est obligée à payer un tribut à aucun prince ou État quelconque; que la République, il est vrai, a consenti pendant quelque temps à donner annuellement 7 mille ducats à la couronne de Hongrie, en raison de certains engagements contractés par le roi Louis de Hongrie dans le traité de Turin, mais que ces payements ont cessé depuis que les rois de Hongrie, par suite des troubles survenus dans leur pays, se sont vus dans l'impossibilité d'exécuter la convention de Turin; que, en conséquence, le duc de Bourgogne ne peut s'attribuer la délégation que le roi Sigismond paraît avoir faite de ces 7 mille ducats à Dino Rapondi, jusqu'à ce qu'il lui fût possible de donner au duc les cent mille ducats à lui promis pour l'indemniser de sa captivité à la suite de l'expédition de Nicopolis; que le duc ne peut davantage s'autoriser envers la République des promesses qui lui auraient été faites individuellement par quelques Vénitiens; que, par conséquent, le sénat espère recevoir du prince le solde des 15 mille ducats qu'il a empruntés à la République; le sénat compte aussi qu'il restera toujours son fidèle ami, comme a été le duc Philippe, son père.

(Venise. Archiv. générales. *Senato. Deliberazioni secrete.*)

Capta. M.CCCC.V. Indictione XIII[a]. Die XXII. Maii. Sapientes consilii et Sapientes ordinum.

Quia non est aliquo modo desistendum de faciendo fieri responsionem illustrissimo domino duci Burgundie[1], ad illa verba que dixit oratoribus nostris de facto septem millium ducatorum quos dicit dominum regem Hungarie[2] obligasse et dedisse egregio viro Dino Rampondi[3], donec sibi dederit et solverit ducatos c$^M$. quos dare promisit in recom-

---

[1] Jean sans Peur; du vivant de son père, comte de Nevers, quand il fut fait prisonnier à Nicopolis.

[2] Sigismond.

[3] Célèbre banquier italien, établi à Paris. (Cf. notre *Hist. de Chypre*, t. II, p. 437, 442, 443, not., et *L'île de Chypre. Souvenirs historiques*, p. 320.)

pensationem et subsidium sue redemptionis, ut ipse dominus dux non moveretur ad faciendum aliquam novitatem mercatoribus nostris, maxime considerato quod jura nostra et rationes nostre et responsiones que sibi fieri possunt sunt ita valida et clara quod de illis debet ipse dominus dux remanere contentus rationabiliter; vadit pars quod scribatur et mandetur nobili viro Francisco Contareno, oratori nostro ad partes Francie, quod, cum literis nostris credentialibus quas sibi mittimus, debeat, quanto prestius poterit, dare operam de comparendo et essendo ad presentiam illustrissimi domini ducis Burgondie antedicti, etiam eundo usque Bruzes, si esset in receptione presentis nostri mandati in partibus antedictis; et, presentatis dictis literis et facta sue excellentie, parte nostra, sincera et amicabili salutatione et oblatione, generaliter cum illis benivolis et amicabilibus verbis que sue sapientie videbuntur, dicere debeat quod, tam ex literis suis et socii sui, ser Marci Dandulo, quam ex relatione nobis facta in suo reditu per eundem, intelleximus diligenter illa omnia que sua sublimitas alias sibi dixit de facto illorum vii$^M$. ducatorum, quos asserit serenissimum dominum regem Hungarie obligasse egregio viro Dino Rapondi, suo nomine, omni anno, usque quo Majestas sua sibi daret illos c$^M$. ducatos, quos in restaurationem sive subsidium sue redemptionis sibi promiserat; de quibus verbis loquendo cum sua excellentia cum illa sinceritate qua loqueremur cum vobis ipsis, quia, teste Deo, nos ita cordialiter diligimus suam sublimitatem sicut alium principem orbis; et ita videre potuit per elapsum et videbit in his que pro augmento status sui facere valeremus non potuimus sine passione manere, quia nullo modo credere poteramus quod devocio et caritas nostra et illa que in complacentiam suam fecimus, pro suo et recreatione persone sue, audire verba talia mererentur.

Nichilominus, a certo tenentes, cum sciamus ipsum esse sapientissimum et justissimum principem, quod quotiescumque audiverit jura nostra et rationes nostras, ipse remanebit bene contentus de nobis, et habebit nos in suos carissimos amicos et fratres, sicut semper fuimus, quia ita fecit excellentissimus genitor suus, qui alias nobis scripsit super dicta materia, facimus manifestum quod veritas rei est quod dominatio nostra domino regi Hungarie aut alicui alteri regi, principi, domino vel comuni, in censu vel redditu aliquo anno, nunquam fuit vel est aliqualiter obligata, nec sibi nec alicui alteri, ex dicta causa, aliqualiter obligamus.

Sed sicut totus mundus novit, in tractatu pacis inter serenissimum quondam dominum regem Ludovicum Hungarie, predecessorem ipsius regis, comunitatem Janue, patriarcham Aquilegensem, dominum Padue et suos ceteros colligatos et complices, ex una parte, nos et comune nostrum ex altera, Taurini alias celebrate[1], intervenerunt nonnulle promissiones inter ipsum dominum regem et nos, una quarum fuit quod, renunciante ex tunc ipso domino rege Hungarie pro se, regno et corona Hungarie, omnibus juribus et actionibus que pretendebat habere et ad se spectare et pertinere dicebat in nonnullis buchis fluminum infra certos terminos existentium, de quibus inter ipsum dominum regem et nos lis, questio et controversia vertebatur, ita quod nullus ex suis subditis Dalmatinis vel aliis, ullo unquam tempore, plus posset intrare per mare cum mercibus vel victualibus in eisdem, nos promisimus dare sibi et successoribus suis, ob dictorum jurium renunciationem, singulo anno in festo sancti regis Stephani, vii$^m$. ducatos, ut omnes dicti sui subditi Dalmatini etc.[2], introitus nostros qui dicta causa multi sunt, per dictas buchas fluminum defraudare, utque dicte differentie finis pacificus poneretur, ita quod amplius non foret ut sepe fuerat causa suscitandi inter nos scandala vel errores. Est etiam, in pace predicta, certa alia promissio nobis facta de dando et tenendo portus et loca Dalmacie liberos et apertos nobis et navigiis nostris, ita quod ire, stare et recedere possint pro libito voluntatis. Quam quidem promissionem nostram dicto domino regi, regno et corone Hungarie dispositi semper fuimus ab inde citra sibi inviolabiliter observare, donec vidimus et cognovimus Majestatem suam et regnum suum abilem et

---

[1] Le traité de Turin du mois d'août 1381. (Voy. notre *Hist. de Chypre*, t. II, p. 379-380; cf. Muratori, *Script. ital.*, t. XV, col. 778 et suiv., *Della guerra di Chiozza*.) — [2] *Sic*.

potentem ad observandum nobis ea que promissa fuerunt vigore pacis predicte[1].

Et ut sua excellentia sit plenarie de omnibus informata, notificamus quod de mense Januarii et de mense Marcii quadragesimi tercii, comparuit ad nostram presentiam quidam Bartholomeus, nuncius et ambaxator dicti domini regis Sigismondi, cum literis credentialibus, petens a nobis, nomine suprascripti domini regis, pecuniam elapsi temporis et presentans nobis quietationes expedientes ad plenum; sed quia sciebamus quod erat extra regnum, nec poterat observare quod nobis tenebatur et tenetur, aparuit nobis posse juridice non acceptare dictas quietationes et solutionem facere recusare. Ultra quod similiter idem dominus rex, dum rediisset in regno, ad nos misit dominum Rugerium Pavaza, prepositum Zagabriensem, in suum ambaxatorem, et similiter Paulum de Papia, unum ex cancellariis suis, petentes similiter pecuniam antedictam.

Ita quod, omnibus predictis consideratis et multis aliis que dici et allegari possent, nescimus videre nec considerare quod excellentia sua habeat aliquam causam turbationis vel gravitatis contra nos; imo, loquendo sincere et domestice secum, habeat causam amandi nos et nostros, cum viceversa semper sublimitatem suam et diligere dispositi sumus; tenentes a certo quod ipsa sua excellentia, que diligit justiciam et equitatem, et mature ponderabit justiciam nostram et honestatem nostram, providebit per talem modum quod perfectus amor quem semper portavimus ad excellentissimam domum Francie et ad omnes ejus principes, et notanter ad suam sublimitatem, conservabitur et augebitur, et quod nos habere poterimus illa x$^m$. ducatorum que a sua excellentia restamus habere de xv$^m$. sibi, ut novit, liberaliter mutuatis.

Et si forte dictus dominus dux diceret et allegaret illud quod alias

---

[1] Suivent d'assez longues explications, que nous supprimons, sur le soin qu'a eu la République de remplir les engagements précédents tant que les rois de Hongrie ont pu remplir les leurs, et sur le droit qu'elle a eu également de suspendre les payements alors que les clauses du traité de Turin ont cessé d'être exécutées par la Hongrie, durant la détention de Sigismond et les troubles du pays.

dixit illustrissimus pater suus, quod fuerunt nonnulli ex nostris civibus qui voluerunt dare magnam summam pecunie, si ipse voluisset facere translationem in nos de redditu annuo suprascripto, tunc orator noster debeat respondere quod, sicut excellentia sua novit, civitas nostra libera est et in illa quilibet exercere potest et facere facta sua pro suo libito voluntatis; et multociens cives et mercatores nostri faciunt provisiones et cogitationes suas et procedunt in factis suis, absque noticia et scientia nostra, et non impedimus nos de talibus, dummodo non faciant et comittant aliquid contra nostrum honorem; et occurrit sepe eis quod se intromittunt de rebus pro quibus aliquando inveniunt se deceptos et remanent ex toto consumpti; unde si fuerunt aliqui ex nostris civibus qui dictam summam pecunie dare voluerint occasione predicta, nos nichil scivimus, nec ad nos spectabat hoc scire, cum non procederet de mente nec de scientia nostra. Et si dedissent dictam summam pecunie, non considerantes que considerare debebant, videlicet de casibus occursis domino regi Hungarie et de impotentia et inabilitate sua et de morte et multis aliis casibus qui occurrere poterant dicto domino regi, et possent, potuissent, ut est dictum, damna multa et maxima incurrisse, non prejudicando tamen juribus et rationibus nostri comunis.

Et, cum predictis et aliis verbis et rationibus que sue sapientie videbuntur, procuret ambaxator noster reddere tacitum et contentum dictum dominum ducem, significando nobis presto et ordinate omnia que fecerit et habuerit pro nostra informatione; non recedendo de partibus Parisiis ad quas redire debeat, si ivisset ad dominum ducem ad alias partes, expeditus ab eo, sine nostro speciali mandato; significando etiam nostris de Bruzes illud quod fecerit et obtinuerit in factis predictis pro sua informatione. Et ad cautelam, detur sibi libertas, si placuerit dicto domino duci, possendi sibi in scriptis dare omnia suprascripta et etiam si sibi utile videbitur, quando non requireret, tenendi modum quod in scriptis hec det, ut sit plenius de omnibus informatus.

Et committatur sibi etiam quod sit cum Dino Rapondi, qui semper fuit favorabilis ad istam nostram intentionem, et procuret quod operetur cum ipso domino duce quod remaneat contentus de nobis, ut superius dictum est.

De parte, alii. De non, 2. Non sinceri, 5.

## XXV.

### 1422 ET SUIV.

Documents divers sur les voyages des *Galères d'Aigues-mortes*, qui se rendaient annuellement de Venise en Languedoc[1].

(Venise. Arch. génér. Senato. *Misti*, reg. LIV, fol. 68 v°.)

### I.

1422, 3 décembre.

Incantus galee de Aquis Mortuis. M. CCCC. XXII. Die tertio Decembris. Capta[2]. Quod, in nomine Jeshu Christi et in bona gratia, ponatur una galea ad viagium Aquarum Mortuarum, de mensuris illarum Flandrie, de melioribus que erunt in arsenatu nostro. Que quidem galea deliberetur per incantum plus offerenti, et incantetur cras post tertias, declarando quod primo accipi debeant ille galee que deputabuntur pro viagio Flandrie.

Species que caricabuntur in Veneciis super dicta galea non debeant solvere aliquod nabulum ipsi galee. Et omnes alie mercancie que caricabuntur super ipsa pro Aquis Mortuis solvant illud nabulum quod solverent galeis Flandrie, si super illis carricarentur. Mercationes vero que caricabuntur in reditu alibi quam in dictis Aquis Mortuis solvant illamet nabula que solverent galeis Flandrie, si cum ipsis Venetias conducerentur, intelligendo quod panni qui caricabuntur in Aquis Mortuis

---

[1] L'Index des *Misti Senato*, reg. V, p. 38, mentionne le départ régulier des galères d'Aigues-mortes, à partir de l'année 1317. Le ms. des *Regimenti* de la bibliothèque de Saint-Marc donne la liste des capitaines ayant commandé ces galères de 1403 à 1507. Les voyages cessèrent ou furent suspendus au XVI° siècle, lors des guerres qu'amena la ligue de Cambrai.

[2] Au ms. *Captus*.

pro Neapoli, Gaieta et Sicilia solvere debeant ducatos septem pro qualibet balla, que balla sit duodecim peciarum et non ultra.

Havere vero capse quod in reditu onerabitur in Aquis Mortuis super ipsa galea pro Venetiis solvat tria quarta pro centenario de nabulo ipsius galee; declarando quod patronus dicte galee in partibus Sicilie teneatur recipere et caricari facere zucharos qui sibi presentabuntur, incipiendo prius ab illis nostrorum Venetorum, sub pena solvendi illud quod dimitterent in terram, accipiendo de nabulo ducatos duos cum dimidio pro et quolibet cantario.

• Et debeat ipsa galea caricavisse pannos et species in Venetiis usque diem tertium decimum mensis Januarii proximi; teneatur recessisse de Venetiis usque diem xv. dicti mensis. Nec possint dicti termini elongari, suspendi vel declarari, nec presens pars revocari, suspendi vel declarari sub pena ducatorum v$^c$. pro quolibet ponente vel consccenciente partem in contrarium. Et ad similem penam cadat dictus patronus, si non recedet ad dictum terminum. Et teneantur patroni arsenatus, sub pena ducatorum centum in suis propriis bonis, dare dictam galeam patrono ejusdem usque ad diem decimum dicti mensis.

Verum ordinetur quod illi qui vollent caricare gothonos, teneantur illos presentasse diebus sex ante terminum carricandi species et pannos.

Sete autem et panni sete et havere capse, fustanei forenses, ac vina et alia que mitti possunt cum galeis Flandrie carricari possint usque ultimum diem recessus, qui fustanei possint adduci Venetias pro carricando supra ipsa galea cum prerogativa et stricturis solitis.

Et ordinetur quod supra dicta galea non possit caricari nec levari aliquod laborerium sirici in aliquo loco, tam intra culfum quam extra culfum, exceptis velaminibus, tafeta et sarasinatis, sicut alias captum fuit, sub pena contrabanni, que pena sit patroni [super cujus galea caricatum fuerit[1]], si contra ejus voluntatem caricatum fuerit. Et si patronus dicte galee, comitus, patronus-juratus vel scriba caricarent seu caricari permitterent aliquod laborerium de sirico, priventur quinque annis quod

---

[1] Addition de l'*Incantus* de 1426.

non possint esse patronus, comitus, patronus-juratus vel scriba alicujus galee nostre tam communis quam specialium personarum. Et ulterius patronus dicte galee contrafaciens solvat ducatos quingentos de suis propriis bonis, et alii suprascripti officiales contrafacientes ducatos centum pro quolibet; quos exigere debeant omnes officiales contrabannorum sub quibus primo facta fuerit accusa, habentibus partem ut de aliis penis suorum officiorum. Et sub dictis penis et stricturis non possint in aliquo loco vel parte extra Venetias carricari species alicujus persone cujuscumque conditionis existat, non intelligendo in illa strictura zucharos nec pulveres zuchari, nec menegetas.

Verum sit in libertate patroni dicte galee, tam eundo quam redeundo, eundi Civitatem Veterem, et ad locum Buccari[1]; in quorum quolibet locorum stare possit duobus diebus, non computatis diebus accessus et recessus. Et sit in libertate dicti patroni si videret non posse stare in Aquis Mortuis cum securitate, non eundi ad loca Aquarum Mortuarum, sed standi in dicto loco Buccari, vel eundi in Agde, sicut sibi melius videbitur; declarando quod dicta galea nullo modo possit ire Pisas, vel ad Portum Pisanum, vel Ligurnam[2], sub pena ducatorum v$^c$. in suis propriis bonis.

Insuper, ordinetur quod comitus dicte galee habeat suum ponere de duobus milliaribus et ducatos XL. pro suo salario, pro toto viagio. Patronus autem juratus habeat ducatos viginti pro suo salario, suum ponere de uno milliari, cum hac tamen conditione quod si dicta galea haberet suum caricum tam in Venetiis quam extra possint dictum suum

---

[1] Dans un *Incantus* de 1439, il est dit que les galères devront successivement faire escale à Messine, Palerme, Pise, *Bocholi* et Aigues-mortes. (*Senato. Misti*, reg. LX, fol. 185 v°.) En 1461, l'*Incantus* marque qu'elles devront relâcher nécessairement à Syracuse, Palerme, *Bucholin* et Aigues-mortes (cet *Incantus* est en vénitien); le capitaine a la faculté de toucher à Naples et à Gaëte au retour, à Livourne et Talamone, tant à l'aller qu'au retour. (*Senato. Mar.,* reg. VI, fol. 210 v°. *Incantus galearum Mortuarum* 1460 (v. s.) 22 *Januar.*) L'échelle de *Buccari, Bocholi* ou *Bocholin*, est vraisemblablement le lieu marqué *Vacori* sur la première carte de l'Atlas catalan, à l'ouest de Gênes.

La suite de cette série (reg. VII à XVI) renferme des adjudications pour Aigues-mortes jusqu'en l'année 1503.

[2] Livourne.

ponere aliis personis naulizare, et de eo facere prout eis placebit. Si vero dicta galea non haberet suum caricum, dicti comitus et patronus-juratus non possint illud suum ponere naulizare nisi pro semet ipsis, et illud nullo modo concedere alicui, sed illud tenere pro se. Et si aliquis eorum contrafaceret, privetur per quinque annos quod non possit esse comitus nec patronus-juratus aliquarum galearum nostrarum.

Verum declaretur quod inter duas glavas non possit aliquid poni nisi capse scribanorum, que sint illius mensure secundum quod habent comiti, juxta formam partis capte 1417 mensis Januarii die 27, sub pena contrabanni.

Et habeat ultra predicta presens galea et patronus ejus omnes alias stricturas, conditiones et commissionem quas habuit vir nobilis ser Orsatus Justiniano, anno elapso, patronus ad dictum viagium.

De parte, omnes.

Galea de Aquis Mortuis deliberata fuit viro nobili ser Arsenio Duodo, ser Petri, pro l. cxxviii. s. i. d. o.

## II.
### 1426, 16 mai.
(*Senato. Misti*, reg. LVI, 1426-1428, fol. 15.)

M. CCCC. XXVI. Die XVI. Maii. In Rogatis.

Incantus galearum Aquarum Mortuarum [1].

Capta. Quod in nomine Jhesu Christi et in bona gratia ponantur due galee ad viagium Aquarum Mortuarum, de mensuris illarum Flandrie, de melioribus que erunt in arsenatu nostro; que quidem galee deliberentur plus offerentibus per incantum. Et non valeat incantus nisi omnes due fuerint deliberate. Et sint ad unum denarium de nabulis, eundo, stando et redeundo.

Et eligatur capitaneus dictarum galearum per quatuor manus electionum in majori consilio. Qui capitaneus habere debeat familiam, salarium et omnes alias conditiones quas habuit alias vir nobilis ser

---

[1] Analogue à l'*Incantus* de 1422, mais moins développé.

Georgius Superantio, qui fuit capitaneus galearum que iverunt ad dictum viagium anno elapso.

Species autem, etc.

Declaretur etiam quod dicte galee nullo modo ire debeant Savonam, nec aliquem alium locum riperie Janue.

Admiratus vero, comiti, homo consilii et patroni jurati dictarum galearum habeant salaria, statia et scrinea que habuerunt illi qui fuerunt cum illis duabus galeis que iverunt Baionam.

Declaretur etiam quod omnes panni catellani qui conducentur Venetias aut Corphoum cum dictis galeis debeant solvere omnia datia et omnes alias angarias que et quas solvunt omnes alii panni forenses; qui quidem panni catellani non possint ullo modo navigari nisi cum navigiis armatis, sub pena contrabanni.

Ceterum, ordinetur quod, ex nunc et per mensem unum post recessum dictarum galearum, non possit ire nec poni aliqua navis pro conducendo species ad viagium Aquarum Mortuarum, sub pena cuilibet patrono et mercatori qui caricaret seu carricari permitteret et faceret de ducatis $v^c$. et sub pena contrabanni. De parte, 8. — 3.

Prima galea de Aquis Mortuis deliberata fuit viro nobili ser Zacharie de Ponte, ser Antonii, pro libr. o, sol. 7. d. 6.

Secunda galea deliberata fuit nobili viro ser Marco Contareno, ser Andree, pro libr. o, sol. 1. d. 6.

III.

1491, 20 mai.

(*Senato. Mar.*, XIII, fol. 49.)

M.CCCC.LXXXXI. Die xx. Maii.

Non essendo piu tempo de differir el partir de le galie de Aquemorte et Barbaria, è necessario farne opportuna provisione. Però l'andera parte che per auctorita de questo conseio, tuti do i capetanii predicti siano confinadi in galia per tuto di xxviii. del presente. Et siando tenuti partir per tuto el presente mexe; et successive l'altra galia per tuto di 4. del mexe de Zuono proximo, sotto pena de ducati 500, si al capetanio come a chadaun de patroni che contrafesse, de esser scossa per i avogadori de comun, senza altro conseio.

De parte, 158. De non, 2. Non sync., 0..

## IV.

### COMMENCEMENT DU XVI° SIÈCLE.

(*Commissioni ai Rettori*. Busta 2. Pièce n° 39. Sans date.)

Extraits.

Che in nome de Dio et in bona gratia, al viazo de Aque Morte siano deputade galie 2, zoe galia che ritornò [senza?] capitanio de Barbaria et galia Liona, che ritornò da ditto viazo. Siano dade fornite, segonda usanza. I patroni de lequal siano ad uno danaro di noli, andando, stando et ritornando.

Sia tegnudo cadauno di patroni prestar al nostro arsena ducati v$^c$. segondo el consueto, soto le pene et stricture consuete, da esserli scontadi et restituidi segonda usanza. I patroni veramente dell' arsena, oltra i altri preparamenti usadi dar a queste galie, dar debia una ancora et una tortiza di piui per cadauna galia.

Meter debiano bancho a di vIII. Avril, et partano a di x. Mazo. Alqual termine, se non partirano perdano i patroni i ducati v$^c$. prestadi al arsena, et oltra questo tute spezie ed altre cosse cargade su le galie non pagi alcun nolo, cum tute altre pene et stricture contegnude nel incanto del anno passado. Caza etiam el capitanio de ducati v$^c$.

Habia cadauna de le dite galie ducati 1500 de don de la nostra signoria, de le do et 3 per c. de la nostra signoria dapoiche le serano zonte a salvamento, fra i do castelli a Venexia.

Sia in liberta del capitanio et patroni, over de la mazor parte, se cusi li parera, tocar Barzalona.

Siano tegnudi i patroni, el di statuido, meter banco, redurse insieme cum el suo capitanio a la camera del armamento dove debano meter banco. Et li, cum el capetanio et patroni habia a seder intro la stangada un pagador de la camera, el qual sia tegnudo scriver tuti li homeni che li serano presentati per i patroni et per i duo comiti. I qual patroni al soprascritto pagador siano tegnudi dar i danari che a la zornada sarano necessarii al pagamento de dieci homeni. Veramente sia tegnudo esso pagador tuor et pagar homeni 166 a remo per cadauna galia, et el scrivan de la camera non porra tuor se non soldi 2. solamente per tuto el viazo per cadauno homo chel scriverà. Armade le galie cum el dicto numero, el pagador cum el capitanio et patroni far debia la cercha de quello ; et s'el troverà esser fugi algun homo, debia tuor altratanti homeni quanti el troverà mancar al soprascritto numero 166. Facto questo, debia far notar su alguni libreti per i scrivani de la camera tuti i homeni de cadauna galia, consegnandone uno al capitanio et uno per cadauno patron.

I qual patroni, avanti el suo partir, siano tegnudi dar ducati 100 per cadauno al suo capitanio ; cum i qual danari esso capitanio tuor debia i homeni che in tuto el viazo li manchassero, soto pena ad esso capitanio de ducati v$^c$. El qual capitanio, soto la pena soprascritta, sia obligado tre volte al viazo, in quelli luogi che a lui piui idoneo parera, a tuor homeni far la zerca de le galie.

Se algun homo a remo, over altri, erzera i banchi, ballestriere over toladi piui de quello sera sta facto in l'arsena, caza de ducati x., da esser scossi per i patroni de queste galie; i qual, se ditti patroni non scodevano, el capitanio, soto debito de sagramento, quelli scuoda da i contrafazanti. Et i predicti patroni che serano sta negligenti a scuoder diti ducati x.', caza esti de ducati x. per cadauno banco, ballestriera over tolaro alzado. La qual pena similiter sia scossa per el capitanio et sia sua. Et sel sera accusador, habia la mità.

Siano tegnude dite galie, si del andar come del ritorno, andar a Saragosa, Messina, Palermo, Marseia, Bucoli, et sia in libertà del capitanio over patroni, over de la mazor parte, andar in Aque Morte over Adda, si cusi li parerà meglio. Oltra i qual luogi, si del andar come del ritorno, possino andar per i luogi de Calavria fino a Valenza; al qual luogo zonzando avanti VIII. de Setembrio, non possino star se non zorni 8, possando stivar a l'argana. El qual zorno siano tegnudi levar le argane et de li al tuto partir.

I balestrieri etiam non possino montar in terra, se non x. de loro al zorno, et uno per bancho, soto pena de perder el soldo de quel zorno.

Preterea, si del andar come del ritorno, siano tegnudi andar a Napoli et Gaieta, et possino etiam andar a Ligorna et Thelamon. Sia tegnudi star nei suprascritti luogi, zoe a Saragosa zorni 2, a Messina 4, a Palermo 8, a Marseia 4, à Bucoli 2, in Ada 8, a Napoli 2, a Gaieta uno, a Ligorno uno, et similiter a Thalamon uno. Oltra i quali zorni, sel parerà al capitanio dover star piui ne i soprascritti luogi, sia in arbitrio de lui solo, per commodità de le galie.

Sopra queste galie, se possi cargar tute cose che se puo cargar su le galie de Fiandra, fino l'ultimo zorno del suo partir. Fostagni forestieri possino esser conducti a Venexia cum le condition usade.

Tute spezie cargade per i luogi ai qual le sono obligade andar pagino ducati 2 per mier, bocasini 2, gotoni x. per mier, pani cargadi a Venexia per Calavria grossi x. per pano, per Napoli et per Sicilia grossi 12, dechiarando che le sovascritte spezie siano levade con i suo inboii usadi. Haver de cassa, si del andar come de ritorno, 1. per c.; azali ducati 2 per mier grosso; pani, se trazerano de Lenguadocha, grossi 12. per pano.

Chi vora cargar gotoni, sia tegnudo quelli haver apresenta giorni 15 avanti el partir de le galie.

Sede et grane che per via de fontego se condurano a Venexia, da questo di fino se incanterà l'altre galie de questo Mazo, pagino nolo a queste galie, et i dani come se cum galie fusseno sta conduto. Le sede veramente che serano condute a Venexia per via da terra, et in fontego non intrerano, pagino nolo a le galie de Barbaria et tuti altri datii, come se cum galie fusseno sta condute.

Et andando a Valenza non possi da mercadanti tuor mazor nolo per le so mercadantie ne darli alguna graveza, oltra i noli usadi per Aque Morte. Et ogni convention tra patroni et mercadanti sia de niun vigor.

Tuti zuchari pagino de nolo ducati 1 1/2 per cassa, over caratello; qual caratelli et casse non siano de mazor pezo che de l. 400. Tu[ti] zuchari che de l'isola de Cecilia quoquo modo se trazerano pagin[o] mezo nolo a queste galie, per tanta piaza quanta i patroni de ritor[no] mostrerano, excepti i zucari di subditi del serenissimo re de Aragon[a] i qual per la forma de le convention non sono tegnudi pagar algun[a] cossa.

In algun luogo, si dentro come fuor del colfo, non possino leva[r] algun lavorier de seda ne spezie de alguna sorta, excepti zucari, po[l]vere, melegete, soto pena de contrabando; et i patroni contrafazan[do] cazino da ducati 1000 d'oro, da esser scossi per i avogadori.

In colpho, non possino levar alguno argento sotto la pena sopra scripta.

Et da mo fino uno mexe dapoi el partir de queste galie non se pos[sa] meter alguna nave per Bocoli, per condur spezie ad essi luogi, sot[o] pena de perder i noli de quelle, et altratanto per pena.

Possino i patroni sovrascripti spender in pedoti ducati xxv. pe[r] cadauna galia, la mità de qual sia scossa per le scale et l'altra per i ex[t]raordinarii.

Item, siano tegnudi i officiali e balestrieri de le galie portar le arm[e] et ballestre et veretoni x. cadauno de loro. Et se algun contrafarà perda el suo soldo; el qual vegna in la nostra signoria, la mita del qua[l] sia del accusador. Et sia tegnudi i patroni, havuta notitia de algun co[n]trafazando, comprar le arme et ballestre nel primo luogo al qual an[]derano, metando i danari a suo conto.

Et siano tegnudi i patroni, zorni 15 dapoi el suo ritorno a Venexia portar i libri de le sue galie al officio di nostri avogadori, soto pena d[e] ducati v^c. a cadauno de loro, da esser scossa ut supra. I qual avogadori soto debito de sagramento, siano tegnudi quelli de subito mandar a[i] pagadori del armamento, et proveder che a cadauno sia satisfacto.

Siano tegnudi dicti avogadori examinar i officiali et altri homeni d[e] le galie se i haverano havudo la sua grassa, segondo la forma de le lez[i] nostre. Et se i troverano esser sta contrafacto, fazino integramente esse[r] satisfacto a cadauno, et altratanto per pena del valor de essa grassa, el qual sia di avogadori.

Sia tegnudo cadauno di ditti patroni dar ai patroni del nostro arsena ducati L. per i volti et ducati x. per la porta del ditto arsena, segondo la forma de le parte.

Item, de ritorno, debino dar ai procuratori de la chiexia de San Marco 1. 200 de cera biancha lavorada, per cadauno.

Et tuti altri ordeni contegnudi nel incanto de l'anno passado, al presente incanto non contravegnando, se intendino etiam in questo incanto.

Prima galia deliberada fu al nobel homo Aluise Loredan, quondam ser Polo, per l. 40 duc. 1.

Segonda galia fu deliberada al nobel homo Ambruoxo Contarini per l. 1.

## XXVI.

### 1445 (n. s.), 26 janvier. A Nancy.

Lettres patentes de Charles VII, roi de France, chargeant Jacques Cœur, Jean d'Étampes, Thierry le Comte, gouverneur de Montpellier, Jean d'Acy et Étienne de Cambrai, de se rendre en Languedoc, pour traiter avec les commissaires que doit envoyer la république de Gênes, sur les indemnités et les réparations exigées par le roi au sujet de la capture de la galère royale *Notre-Dame et Saint-Denis* prise avec ses marchandises dans le port d'Aigues-mortes et emmenée à Gênes par les Génois. Dans un vidimus du gouverneur de Montpellier et d'Homelas, du 20 novembre 1445.

(Turin. Archives royales. Doc. de Gênes. Original du Vidimus.)

Noverint universi et singuli quod nos Theodoricus le Conte, miles, dominus de Arblayo, cambellanus et consiliarius domini nostri Francorum regis, ejusque gubernator ville et baroniarum Montispessullani et Homeladesii, vidimus, tenuimus et de verbo ad verbum coram nobis perlegi fecimus quasdam patentes et appertas licteras regias in pergameno scriptas, et sigillo regio cera crocea cum cauda duplici pergameni impendenti sigillatas, non rasas, nec in aliqua earum parte suspectas, sed prorsus vicio et suspicione carentes, quarum talis est tenor :

« Charles, par la grâce de Dieu, roy de France, à tous ceulx qui c
« presentes lettres verront, salut.

« Comme puis aucun temps en ça nous, desiderans le fait de la mer
« chandise de notre pays de Languedoc, mesmement celluy de la mer
« sur lequel le dit pays est principelment fondé, et lequel fait de mar
« chandise, à l'occasion des guerres et autres dures adversitez et fortune
« qui ont esté en notre royaume, y a esté par long temps comme d
« tout cessé, estre relevé et y avoir cours, ainsi que anciennement sou
« loit avoir, eussions ordonné à notre amé et feal conseiller et argentie
« Jacques Cuer, faire faire une galée nommée *Notre-Dame Saint-Denis*
« laquelle il eust incontinent après notre dicte ordonnance faicte fair
« et construire; et à icelle, afin que les marchans et gens qui auroien
« desir de faire fait de merchandise sur mer eussent meilleur vouloi
« de monter et voyager dessus, eussions donnée notre sauvegarde, e
« fait mectre sur icelle noz bannieres et enseignes à noz armes, avecque
« plusieurs autres belles franchises et libertez ausditz marchans et leur
« biens et merchandises; tantost après lesquelles choses, mesmemen
« puis ung an en ça, eust notre dicte galée, elle estant à notre por
« d'Aiguesmortes, esté furtivement par aucuns Jenevois et autres qu
« estoient dedens amblée et desrobée et menée ou povoir, territoire e
« juridiction de la seigneurie de Jennes, ensemble toutes les marchan-
« dises et biens qui estoient dedens, montans à très grand extimation
« et sommes de deniers; et ont les diz biens et merchandises descen-
« dueez et menées aux subgez de la dicte seigneurie de Jennes, illec
« venduees et abutinées, comme on a coustume faire entre ennemis,
« combien que par avant n'eussions, ne cuidessions avoir à l'encontre
« des diz Gennevois aucune guerre ou discencion; et en procedant de
« mal en pis ont nos dictes armes en grand' derrision abatues et ostées
« des lieux où elles estoient, et en lieu d'icelles mises autres, et fait
« plusieurs autres très grans maulx, excès, comis, malefices et deliz,
« en grand contempt, mespris et irreverence de nous et de notre ma-
« gesté royal, lesion et esclande de justice et autrement très grandement
« excedant et delinquant, ou grand prejudice et discontinuation du fait

« de la marchandise et chose publique et à notre très grand des-
« plaisance.

« Lesquelles choses, que pour riens n'eussions voulu ne vouldrions
« tollerer ne souffrir sans reparation honnorable, venues à notre co-
« gnoissance, ayons octroyées plusieurs noz lettres patentes adressans
« à plusieurs noz gens et officiers pour faire sur ce les informations et
« procès sur ce, afin que la verité de la chose feust ataincte et trouvée
« le plus que faire se pourroit; et à ceste cause ait esté en la besongne
« par noz commissaires sur ce ordonnez desja bien avant procedé contre
« la seigneurie et subgiez de Jennes, qui en ont esté trouvez coulpablez;
« et pour ce que les diz de Jennes qui sont assez près voisins de notre
« dit pays, et qui chacun jour y viennent et communiquent marchan-
« dement avecques nos subgiez d'icellui, doubtent que par marques,
« contremarques et autrement par voye de procès rigoureux, ne vueil-
« lons faire procéder à l'encontre d'eulx, et qu'ilz aymeroient mieulx la
« voye amiable, ayent envoyé devers nous certaine leur ambaxade à tout
« certain pouvoir nous requerir que à la paciffication de ceste chose
« nous pleust entendre; à quoy, après que avons sur ce lesdiz ambaxa-
« deurs bien à plain oïz, nous soyons par l'advis, grand et meure deli-
« beracion de plusieurs des seigneurs de notre sang et gens de notre
« sang et gens de notre grand conseil condescenduz; mais pour ce que
« ils n'avoient pas pouvoir assez ample de besongner et conclure sur la
« dicte matiere s'en soient retournez devers la dicte seigneurie de
« Jennes en appoinctement de retourner dedens certain temps brief
« avenir bien instruiz et à tout plain et ample pouvoir, pour y besougner
« et conclure en notre dit païs de Languedoc avecques aucuns de noz
« conseillers ayans aussi sur ce plain povoir de par nous.

« Et pour ce, soit besoing de y envoyer de nos diz conseillers et com-
« missaires, notre dit argentier soit tousjours l'un, de assembler avecques
« les ambaxadeurs ou commissaires qui sur ceste dicte matiere les
« diz Jennevois et leur dicte seignourie envoierront en notre dit païs de
« Languedoc ou autre part près d'ilec, à tout povoir souffisant, et de
« avecques eulx communiquer, traicter, pourparler, appoincter et con-

« clurre, par voye d'appoinctement final et amiable ou autrement, de
« et sur les ravissement, prinse et desrobement de la dicte galée et des
« biens, denrrées et marchandises qui estoient en icelle, et des excès,
« comies, malefices et deliz dessus dits, leurs circonstances et deppen-
« dances, ensemble de toutes questions, controuverses, marques, con-
« tremarques, represailles, arrestz, procès et sentences qui ont esté ou
« pourroient estre par noz gens et officiers faitz et adjugiez à cause du
« dit ravissement d'icelle galée, et autrement, contre les diz Jennevoiz et
« leur dicte seignorie, de tout le temps passé jusques à present. Et pour
« satisfaire les dampniffiez tant de leur principal que des interestz, de
« composer à telles sommes de deniers qu'ilz verront estre à faire pour
« une foiz, ou de mectre judice et imposer sur les denrées et pour le
« bien et conclusion de la chose; savoir faisons que nous, ces choses
« considérées, et le grand et bon vouloir et affection que la dicte sei-
« gnourie et subgiez de Jennes ont de toute ancienneté eu à nous et à
« notre royaume, seignourie et subgiez, voulans et desirans la paix et
« bonne union y estre tousjours continué entre nous et eulx plus que la
« division, tant pour le bien de la marchandise comme autrement, con-
« fians à plain des sens, preudommies et bonnes diligences de nos amez
« et feaulx conseillers maistre Jehan d'Estampes, tresorier de Saint Hi-
« laire, maistre des requestes de notre hostel et general sur le fait de
« noz finances, Jacques Cuer, notre argentier, Thierry Le Conte, cheva-
« lier, notre chambellan et gouverneur de Montpellier, maistre Jehan
« d'Acy, notre conseiller en notre court de parlement à Thoulouse, et
« maistre Estienne de Cambray, clerc de nos comptes, iceulx, par l'advis
« et deliberacion que dessus, avons commis, ordonnez et establiz, com-
« mectons, ordonnons et establissons, et leur avons donné et donnons
« par ces presentes plain povoir, auctorité, commission et mandement
« especial et aux quatre, trois ou deux d'eulx, des marchandises telles
« que par noz ditz conseillers et les diz Jennevois seront advisées, en-
« trans et yssans de l'un pays en l'autre, aucun devoir ou creu tel que
« par eulx advisé sera, en maniere que les diz dampniffiez par compe-
« tent intervalle de temps puissent d'un costé et d'autre tant du prin-

« cipal que des diz interestz estre raisonnablement restituez et recom-
« pensez. Et le dict appoinctement fait et conclud, revoquer, abolir et
« mettre au neant toutes les dites injures, violences, marques, contre-
« marques et represailles, ensemble toutes lettres, procès, sentences et
« autres choses qui s'en sont ou pourront estre ensuyes, par maniere
« que jamais les ungs ne les autres ne s'en puisssent aider; de bailler
« et sur ce faire donner et prononcer leurs lettres, sentences, accords
« et appoinctemens telz qu'il sera expedient pour la seurté de la dicte
« pacilfication. Lesquelles leurs lettres, sentences, accords, appoincte-
« ments voulons estre d'un tel effect, vertu et valeur que se faiz avoient
« esté par nous ou notre court de parlement; et les confermerons par
« noz lettres, toutesfoiz que mestier en sera et nous en serons requis. Et
« generaulment de faire, traicter, besougner, composer, paciffier ou
« autrement accorder avec les ditz Jennevois sur lez choses dessus dictes
« et les deppendences en la meilleur forme et maniere qu'ilz verront
« estre à faire pour le bien de nous et de nos diz païs et subgiez, l'en-
« tretenement, union et frequentation d'eulx et des diz Jennevois, et tout
« ainsi qu'ilz verront estre à faire et que en leurs consciences nous con-
« seilleroient faire en ceste partie, supposé qu'il y eust chose que re-
« quierse mandement plus especial.

« Si donnons en mandement, par ces mesmes presentes, à nos amez
« et féaulz conseillers les gens de notre parlement establi à Thoulouse,
« à notre gouverneur et lieutenant general en notre dit pays de Lan-
« guedoc, aux seneschaulx de Beaucaire, de Carcassonne, maistres dez
« portz et passaiges des dictes senechaulcées, et tous noz autres justiciers
« et officiers, ou à leurs lieuxtenans, et à chacun d'eulx, si comme à luy
« appartendra, que le contenu en ces dictes presentes, ensemble ce que
« par nos diz commissaires aura par vertu d'icelles esté fait, accordé,
« pacifié, sentencié et appoinctié, ils entretiengnent et gardent ou facent
« garder et entretenir de point en point sans enfraindre. Et à ce faire
« et souffrir contraignent ou facent contraindre tous ceulx qu'il appar-
« tendra par toutes voyes et manieres acoustumées estre en tel cas. Car
« ainsi nous plaist il et voulons estre fait, nonobstant quelzconques

« marques ou contremarques adjugées, ordonnances, mandemens, pu-
« blications, inhibitions et deffenses à ce contraires. Et en tesmoing de
« ce, nous avons fait mectre notre seel ordonné en l'absence du grand
« à ces presentes.

« Donné à Nancey en Lorraine, le vingt-sixieme jour de Janvier, l'an
« de grace mil quatre cent quarante et quatre, et de notre regne le
« vingt troisieme.

« Par le Roy, Monsieur le Dauphin, le sire de La Varenne, James
« Du Tillay et autres presens : De La Loere. »

In quarum quidem licterarum regiarum preinsertarum visionis, ten-
tionis et perlectionis fidem et testimonium, nos, gubernator antedictus,
sigillum auctenticum curie presidialis palacii regii Montispessullani huic
presenti transumpto, alias vidimus nuncupato, duximus impendens apponendum, die vigesima mensis Novembris, anno Domini millesimo
quatercentesimo quadragesimo quinto.

Constat de dictis licteris regiis originalibus preinsertis, cum quibus
facta est collatio.

B. Verni.

## XXVII.

1454 (n. s.), 12 février. A Konieh.

Privilége commercial accordé à la république de Venise par Ibrahim Beg,
grand karaman, à la suite de l'ambassade de Jean Mocenigo, et lettre du grand
karaman à François Foscari, doge de Venise, lui recommandant d'agir de concert
avec ses forces, celles du pape et du roi d'Aragon contre le Turc, leur ennemi commun.

(Venise. Archiv. gén. *Commemor.*, XIV, fol. 119 v°.)

### I.

*Pacta et conventiones cum magno Caramano Ibraymbech, M°. CCCC. LIII°.
die XII° mensis Februarii. In Conio.*

Per intercesion e dolce maniere del savio homo, Çuam Moçenigo,
quondam misier Zorzi, aceto a la mia presentia, ambasador e fedel

messo del illustrissimo ducha de Venexia, Francesco Foscari, e de la signoria de Venexia, mi Ibraimbec, grande Caramam, e mie eriedi e successori, som rimaxo d'achordo cum el supradicto Zuane; et a sua requisition, concedo e prometo a la prefata signoria de Vinexia, mi e mie eriedi in perpetuo, observar tuti infrascripti capituli, i quali affermo per questo mio brevilegio per piu chiareça, notado de lettere turchesche, arabe e latine.

1. E prima, che tuti Venetiani e subditi de la signoria de Venexia, cusi de Ponente chome de Levante, possa vegnir a marcadandiçar liberamente per tuto el mio paese, si de quello signorigo al presente chome etiam de chadauno altro aquistasse, over mi pervenisse nel futuro, a mi et a mie eriedi et successori, in chadauno tempo, cum nave e com galie, e chadauno altro navilio. I sopradicti Venitiani, per mar e per terra, possono condur liberamente ogni sorta marcadantia, descargar in terra, e portar per lo paexe, et de haver de cassa e de ogni altra sorta merza de che condicion se voia, senza pagar alborazo, dreto, dacio, gabella, ne intrada, per algun modo, ne forma; ma siano exenti e franchi, per tutto el mio paexe, si de vender come etiam de comprar, metter e trar de paexe, chargar e deschargar ogni sorta merce e mercadantie, e haver de cassa, senza impazo ne impedimento de porta ne de altro, in chadauno tempo, come meio li parera e piazera.

2. Item, la sopradicta signoria possa mandar ogni anno, overo de do in do anni, chome li parera, per tutto el mio paixe e luogi, uno e piui consoli, el qual sia retor e governador e superior de tutti soi Venetiani e subditi de Venexia, a çudegar, corezer et inponer, in civil chome in criminal, segondo le sue leze de Venexia; di quel mi ne alguno di mie rectori ni chadi non si possi impaçar.

3. Item, se lachadera che algun Turcho over Moro, o altra nacione, de che condicion si volia, habia differentia cum el Venetiam per debito, overo inçuria havesse recevuto per chadauno modo civil overo chriminal, debi vegnir a dimandar raxon al consolo de Venitiani; et qual i la fazi chome a lui parera per le leze di Venexia. E per algun modo, ne per algum tempo altramente el Veniçian non possi esser astreto dal

chadi ni da algun altro judicio. Ma veramente sel Veniçiano dimander over doverà haver dal Turcho, o da altra generacion, per chadaun modo, debia andar a dimandar raxon al chadi overo subasi o altro ju dicio; e sia zudegado secondo le leze turchesche.

4. Item, se in alguno di mie luogi nauffragasse over pericolasse algui navilio de Veniçiani over subditi de Venexia, tute le robe, i homeni marcadantie sieno salve e restituide a Veneçiani, sença alguna mançari ne spexa.

5. Item, prometo de dar a la dicta signoria per tuti i mie luogi un carvasara, over fontego, da metter le lor marcadantie et habitacion de consolo e di suo marcadanti; alias tamen tandem possendo li dicti mai cadanti habitar fuora del fontego, per tuto dove li parera, e piaxera

6. Item, concedo possano haver un pexo con un pexador veniçiam, pexar del pexo de la terra a sua posta; siando licito al Veniçiam con signar al Turcho com el pexo Veniçiam quello havera vendudo a Turcho over a altra generaçiom.

7. Item, possano haver um pichador over mezurador, che a ogni post del Veniçian possa mexurar chadauna panina de lana e de seda; la qual panina sia licito al Venician consignar al Turcho per man de mexurador Veniçiam.

8. Item, conciedo possano tegnir botega, vender a menuto chadauna panina e merça sença alguno dreto ne impaço, si im baxestam chome fuori del baxestam.

9. Item, prometto de defender e conservar da chadauna persona tut navilii de Veniçiani, marchadantie e tuto lo suo haver e persone, in mar e in terra, per chadauno luogo.

10. Sia etiam in liberta sempre in chadaun tempo al consolo chadaune altro Veniçian de star, andar, partirsse del mio paexe, si per mar chome per terra, con le persone, lor beni e marcadantie, chome melgio le pa- rera e piaxera, sensa datio ne impedimento, per algum modo ne forma

Le qual tutte cosse affermò e zuro conservar integramento, per mie sagramento, notato qui sotto com le lettere turchesche, nota cum el mic segno de sopra.

## II.

*Copia litterarum magni Caramani ad illustrissimum dominium Venetiarum per quas approbat et confirmat pacta et conventiones suprascriptas.*

Serenissime princeps, et excellentissime, tamquam amice et frater charissime.

A la mia presentia è stato el savio homo Zuam Moçenigo, orator e fedel messo della vostra fraternita, molto azeto a nui. Et a sua requisitione, e per multiplicar l'amor infra nui, ho concesso alla vostra fraternita, per mio autentico brevilegio, tute franchese e comodita ha voluito domandar. Item, cum el dicto ambasador per molti colloquii siamo stadi insieme. Ha inteso la mia intrinseca volonta; al qual ho comesso che tutto debi per parte mia conferir con la vostra fraternita; et a lui date piena fede, chomo se insisse per mia bocha, pero che piazando a nui sem aparechiado far contra l'inimigo vostro de le cosse serano utile a vui et a nui. E de questa materia scrivo anchora a la Sanctita del Papa et a la maiesta del re de Ragona. Ma sia fatto le cosse loro; e non facino chomo haveti fato fin a hora, per contra l'inimigo vostro e nostro; perche vol esser presto cum solicitudine e continuaciom. A di.

## XXVIII.

1458, 13 et 30 juin. A Gênes.

I. Instructions de Jean d'Anjou[1], duc de Calabre et de Lorraine, gouverneur de Gênes, au nom du roi de France, à Gasparino Grimaldi, chargé de rallier à Marseille les forces (françaises et napolitaines), et de se rendre de là à Bonifacio,

---

[1] Jean d'Anjou, fils aîné du roi René, auquel il avait succédé dans le duché de Lorraine en 1453, se porta dès l'année 1458 même, en vertu d'une nouvelle cession de son père, comme compétiteur au royaume de Naples, contre Alphonse Ier d'Aragon, maître de la capitale et de tout le royaume depuis l'an 1442. (Voy. Muratori, *Annali d'Italia*, t. IX, 1re partie, p. 12-13.)

où il devra se réunir aux vaisseaux de Pierre Giustiniani, pour prendre part à l'attaque de la flotte aragonaise. — II. Instructions à Thomas de Campofregoso, amiral de la flotte génoise. (En dialecte génois.)

(Gênes, Arch. du gouvernement. Reg. ann. 1458.)

I.

1458, 13 juin.

Johannes, dux Calabrie et Lothoringie, etc. pro christianissima regia majestate Francorum, in Janua, locumtenens, et officium Balie comunis Janue.

Hec sunt que damus in mandatis vobis, nobili civi nostro et fideli regio, Gasparino de Grimaldis, ituro Massiliam, nostri parte.

Voi anderei a Marsegia cum quanta celerità se possa, perochè la prestixia se fa molto per noi. E subito, andereti a la presentia de la serenissima majestà de re padre de noi duca, se ello serà li o in le circunstantie, et presenterete le lettere nostre de la credentia, per le quale etiam soto brevità lo avisiamo de la caxum perche ve mandemo. Et si ghe direte ordenatamenti quello che da noi avete per comissium de fare, pregando la soa maiestà che acio volgii contribuire ogni suo favore, per modo che quella nave se arme presto; e che vada onda è ordenato.

E perchè noi non savemo come le nostre nave de Levante siano fornite de victualgia, pregate la maiestà de re che volgii fare provedere a quella nave de cantara seicento de biscoto, o sexte octocento de farine, a la mexura de Arli, per portare a quelle nave de Levante.

Voi troverete Olivero Doria e Baptista Patero, a li quali presenterete le lettere nostre, e direte che noi avemo deliberato che metano la loro nave in ordine cum duecento cinquanta o trecento homini, o almeno cento cinquanta, e che vadano a trovare le nostre nave a Bonifacio, onda troverano meser Pero Justiniam da Campi, capitaneo, lo quale gia avemo avisato de questo nostro pensamento. E tuti inseme penserano de venire de quà, cum li ordeni li quali diremo qui de soto. E che per questo ghe mandiamo in lettere de cambio ducati cinquecento, cum li quali possano supplire a tale bixogno per questo viagio. Liquali, quando pure non bastasseno in che tanto ano da fare tuto perche va anchora da loro in molti modi, elli supplissano de lo suo. E noi ghe li pagheremo liberamenti a judicio de doi de lo officio nostro, liquali se saverano elezere, o de doi maestri de liquali l'uno fosse electo de l'officio e l'altro per loro. E cossi li prometiamo purche abiano duecento cinquanta o trecento boni homini o cento cinquanta almeno. E cum ogni prestixia vadano a questo viagio, perche la prestixia è molto utile in questa materia.

E voi, Gasparino, cum ogni diligentia vostra, pensate de farli spaciare e partire, e cum la nave medesma andate a Bonifacio, a trovare lo capitaneo de le nave; a lo quale, per nostra parte, direte che se le loro nave ghe pareno bene in ordine cum la gente laquale ano menate da Sio, in nomine Domini, tute septe inseme se metano a camino a venire de quà; se non ghe paresseno bene in ordine, che pur se vole in questo caxo peccare più tosto in lo più che in lo meno, se provedano subitamenti in Corsega de trecento o quattrocento boni homini, o tanti più quanti li para bastare, e che la spexa se trara de la roba de le nave. Li quali denari per li dicti homini facia trovare tra quelli mercadanti chi sono in nave pro rata, perche sappiamo esserghe lo modo. E a lui apresenterete la lettera nostra de credenza.

L'ordine vole essere questo in lo so venire, che ello venga se po a golfo Lanzado tra qui e Saona, avendo tempo chi ghe serva, e che se dia logo se po speregare la matina, in su lo fare de lo di, più tosto tra qui e Saona, como è dicto, acioche la torre de Codefa ne possa avere più tosto vista che li inimixi. E l'una daga lo cavo a l'altra, acioche non se trovasseno in carma, abiando quelle de li inimici le galee cum loro. E noi de qui, como de loro, se averà vista, se meteremo in ordine cum le nostre nave apparechiate in caxo che quelle de li inimixi se ghe metesseno a lo incontro de esserghe a la choa; la qua coxa tanto non credemo che debiano interprendere ni pur meterse ad expectarle qui in su lo porto. E acioche elli intendano e cognoscano quello che in quella hora le nave de li inimixi farano, se le nave de li inimixi serano sorte qui in su lo porto la torre de Codefa in cima, ghe farà uno fumo grande chi durerà quatro hore viste se sera de di; se fosse de nocte, farà un fogo chi durerà altretanto continuamenti. Se le nave de li inimixi a quello tempo se metesseno a la vela, la torre farà doi foghi continui da doe bande, chi durerano ut supra. Se sera de giorno, in questo caxo, vederano uno fumo grande a lo castellaro et uno altro in su la torre de Codefa; se le nostre nave fosseno fora, acioche elli intendano quale siano le nostre e quale siano quelle de li inimixi, intendano che le nostre, quamprimum averano vista de loro, farano vela in su le gagie tute o alcune de loro, e alzerano dicta vela, e calerano tre volta, e loro respondano per quello medesimo segno. Item, porterano le nostre nave lo penone de sopra vento alto e l'altro basso, e loro faciano lo simile. E intexo questo segno, se dagano logo navegare l'uno a la via de l'altro. E tanto se li paresse podere seguire quelle de li inimici e astalarle, vadano a la via de li inimici perche a quella via che anderano loro anderano le nostre. E se per quello jorno le nostre cum loro non se podesseno conzunzere, e sopravenisse la nocte, portino tute le nave trei fanali fino a meza nocte, e da meza nocte in la seze da quella banda e in quello logo onda debiano essere melgio vedute. E larghi li fanali l'uno da l'altro, perche cossi farano le nostre.

Se pure le nostre nave, per qualque caxo non ussisseno fora, quando elle paresseno, non faremo ni fumo ni fogo in alcuno de questi loghi; e loro in questo caxo, prendano la via de Saona, onda averano consiglo aviso e aiuto tanto quanto sera necessario. Imo, in questo caxo, vederano a Saona de giorno quelli fumi chi se dicto, et de nocte quelli foghi.

Ma perche porea essere che in questo mezo le nave de li inimixi se partireano de qui, e forsa vegnireano in contra a loro, o in Cavo Corso, o in altro logo, se elle non vedesseno li signali suprascripti, intendano che sono le nave de li inimixi, e in questo caxo governino lo so navegare cautamenti; benche se serano bene in ordine, como crediamo, non trovandose in carma, possano pocho dubitare de loro, quinimmo ne pare abiano la victoria in mano.

Or perche siano bene avisati de tuto in questa armata, non e salvo sexe nave debite e debitamente armate, altre sexe de cinquecento fino in settecento bote, l'una malissimo armate; li altri sono navilii da non fare alcuno estimo; excepto le galee se fosseno cum loro perche imbatendose cum loro possano fare bono animo e arecordarse essere veri Zenoexi, peroche ne averano honore. Tuta volta, lo nostro parere è, consyderado la grande valsuda de le nave, che se tengano più tosto in su lo seguro, e cerchino pure venire a caxa, perche questo ne basta al presente. Se pure la forza le costrenzesse a la pugna, faciano virilmenti, ordenando si le coxe loro inanti che partano da Bonifacio che siano preste ad ogni servixo, benche speriamo como è dicto in questo mezo avere queste nostre fora, e averle si alargate li inimici che de loro se potera pocho dubitare. Ma sovra tuto, nostra intentione non è che de Bonifacio partino che non abiano in tute septe nave almeno, doa milia homini, peroche a questo modo ne pareno possano venire seguramenti. E se in questo mezo li inimixi crescesseno de altra possanza de nave, il che non credemo, ghe ne daremo aviso per ogni modo chi se possa.

Altro non savemo arecordare, salvo che, cum lo nome de Deo et de San Zorzo, se faci presto e virilmenti. Voi, Gasparino, vedete como stano le nave de li inimici, sorte, qui, e de che grandeza sono, avisateni de tuto.

Perche tra quelle nave alcune sono caregate et alcune non ano roba, acioche le garigate siano più lengierose, ne pare omnino che se comparta la roba fra tute le nave. E noi per questo avemo decretato che le segurtà facte in quella roba valgiano cossi in le nave, onda se transmuterano como se fosseno in quelle medesime nave.

Data Janue, die decima quinta Junii, millesimo quadringentesimo quinquagesimo octavo.

## II.

1458, 30 juin.

Johannes et officium Balie. Hec sunt que in mandatis damus vobis M. Thomaxino de Campofregoso, prefecto classis nostre navalis et ausiliariis vestris.

La prima coxa che voi avei a fare è questa : quando voi serei montado in nave cum lo nome de Deo e de San Zorzo, voi farei revedere ciaschina de le nave se ano le loro chiusme, e li altri sovracollo liquali ghe serano deputadi; siche voi intendiate che almeno ciaschuna nave abia duxento homini tra chiusme et quelli sovracollo.

Item, che in nave se ordene le poste loro e le loro provisiuni, non aliter como se voi dovessi meterve a facti in quella hora, cossi in vederli armati como a le loro poste.

Item, che facto questo, ordeniate che ciaschuna nave meta la soa boneta soto a la maistra et ciaschuna sarpe una anchora, siche restino in su una anchora ciaschuno de loro.

Ordenate tute queste coxe, meterete uno bono et speciale ordine per tute le nave che in uno medesimo momento, quando voi ve leverete del porto, le altre se levino o siche l'una sia apresso a l'altria; e cossi quando voi farete vella, che in quello medesmo momento, le altre faciano vela, essendo ognomo in ordine et a le soe poste, peroche como voi vedei voi avei li inimixi apresso a una balestrada.

E se voi vedereti che le nave ve expectano, cum lo nome de Dio, voi, capitano, cum la nave vostra et quella de Cassini, investite quella nave del capitano de li inimici. E in la batagia, non ve dementeghate usare le balestre o e sostenerle quante se po, peroche anco voi savei li inimixi per natura fano grande asalto o ma non durano, siche durando voi in la offexa voi aveti vincto. E peroche quella nave del capitano a forsa uno pocho piu cola che voi, ordenate qualque squadra de li nostri chi non atendano ad altro salvo a la loro gabia, e spetialiter de bone spingarde, peroche abatuda la loro gabia, voi avereti vincto.

Camilla et Cigalla investano l'altra più grossa de li inimixi cum quello medesmo ordine. Le altre nostre, ciaschuna de le nostre, investa una de la loro più grosse. E de le picinine de li inimixi non faciano estimo, peroche o se ne anderano o farano pocha offexa.

Quando ve sereti retrovati cum le nostre de Bonifacio, in lo returno, acioche intendiamo che voi siate le nostre, facte que ciaschuna nave leve le bandere in su li penoni, loquale signo ne facino per una hora, e poi le levino.

Se li inimixi, quando voi ussissi fora, se metessino a la vella, essendo loro molte nave non possano andare molto ordinate, voi andatighe apresso et spetialiter a le loro grosse, ma si strectamente inseme che, acadendo trovarve in carma, voi possati darve lo cavo l'uno a l'altro; e in questo metete bono ordine e abiate bona diligentia. E navegando se non ve occorre avere batagia cum li inimixi, andatevene a la via de Capo Corso, onda voltezerete li sempre strecte l'una cum l'altra, e subito per terra e per mare darete aviso a le nostre de Bonifatio, cometandoli che vengano subito a voi. E voi, cum loro inseme, retornatevene a caxa, perche facendo cossi averete honore del viagio vostro. E a noi averete in tuto satisfacto a quello che honestamente dovemo desiderare. La raxum è cum noi, e per questo dovemo sperare avere victoria.

Sempre che ve accadra vedere o trovare le nave nostre de Bonifatio, voi aveti lo tractato e la forma cum la quale ve avete a recognoscere e navegare verso de loro; e cossi servate, avendo bona diligentia in fare li signali ordenati, occioche non incorra errore.

Ve daghemo ziffre, poiche in ogni caxo possiate scrive.

Janue, die ultimo Junii, millesimo quadringentesimo quinquagesimo octavo.

# TABLES.

## I

## TABLE CHRONOLOGIQUE DES DIVISIONS.

|   |   | Pages. |
|---|---|---|
| I. | 1214, 1384 1461. — Lettres de change et protêts de lettres de change..... | 5 |
| II. | 1259-1300. — Documents concernant les intérêts et le commerce des Marseillais à Saint-Jean-d'Acre et à Venise............................ | 11 |
| III. | 1271-1278. — Extraits des délibérations du Grand Conseil de Venise, concernant le commerce avec la France et le Levant...................... | 15 |
| IV. | 1298-1304. — Documents concernant les foires de Champagne.......... | 18 |
| V. | 1303-1346. — Lettres et traités concernant le duché d'Athènes, la principauté d'Achaïe, l'île de Négrepont, le royaume de Salonique, la grande compagnie catalane des Francs de Morée................................... | 26 |
| VI. | 1307-1320. — Lettres patentes de Philippe IV et de Philippe V, rois de France, accordées aux marchands vénitiens, à la demande de Charles de Valois, frère du roi Philippe IV......................................... | 59 |
| VII. | 1310-1320. — Lettres et documents divers concernant l'expédition projetée contre Constantinople par Charles de Valois, frère de Philippe le Bel, veuf de l'impératrice Catherine de Courtenay, projet que tente de reprendre plus tard Philippe d'Anjou-Tarente, gendre de Charles de Valois................. | 62 |
| VIII. | 1318-1339. — Affaires diverses entre Montpellier, Marseille et Venise...... | 78 |
| IX. | 1319, juillet. — Privilége commercial accordé aux Vénitiens à la suite de l'ambassade de Pantaléon Micheli, par Alexis II, empereur de Trébizonde...... | 83 |
| X. | 1325, 18 octobre, à Marseille. — Accord entre la commune de Marseille et la république de Venise, conclu par Jacques Albin, mandataire de la commune de Marseille, et Nicolas de Fraganesco, représentant Venise............... | 86 |

## COMMERCE ET EXPÉDITIONS MILITAIRES

Pages.

XI. 1331-1334. — Projet de croisade en Terre Sainte de Philippe de Valois. Alliance formée entre la république de Venise et le roi de France contre les Turcs, sans préjudice de la croisade projetée en Terre Sainte....... 97

XII. 1337, 29 janvier, à Besançon. — Traité conclu entre Jean de Chalon, seigneur d'Arlay, et la république de Venise, représentée par son envoyé Sclavo Bolani, au sujet des droits de douane que les marchands vénitiens devaient payer au lieu de Juhans............................ 109

XIII. 1348, 18 août, à Altologo. — Traité conclu, avec l'approbation du pape, entre le sultan d'Aïdin ou Éphèse, dite au moyen âge Altologo, et la Sainte Alliance formée par la république de Venise, le roi de Chypre et l'ordre de l'Hôpital, pendant que la ville de Smyrne appartenait aux chrétiens.. 112

XIV. 1355, 9 mars, à Chio. — 1357, 9 mai, à Montpellier.
I. Extrait authentique du registre de la cour du podestat de Chio concernant la plainte portée par-devant le podestat par Jean Tascher, neveu et agent de Raymond Serallier, de Narbonne, bourgeois du roi de Chypre, marchand de Montpellier. Déposition de l'écrivain du panfle qui transportait Jean Tascher.
II. Expédition notariée de l'acte précédent, dressée à Montpellier par ordre du lieutenant du recteur royal, à la requête de Pierre-Raymond Alazos, mandataire de Raymond Serallier.................... 121

XV. 1356, 29 février, à Avignon. — Pierre Martin, citoyen et marchand de la ville de Valence, mandataire de Valence Muntaner, petite-fille de Raymond Muntaner, donne quittance aux ambassadeurs du doge de Venise auprès du roi d'Aragon d'une somme de 3,000 florins d'or, à valoir sur une somme totale de 11,000 florins d'or que la république de Venise est tenue de payer aux héritiers de Raymond Muntaner................ 137

XVI. 1357-1377. — Réclamation de Raymond Serallier, armateur de Narbonne, dont un navire avait été pillé par les Vénitiens en Orient............ 141

XVII. 1363-1470. — Commerce des esclaves......................... 150

XVIII. 1372, 27 novembre, à Avignon. — Guillaume de Beaufort, vicomte de Turenne, ayant abandonné à Étienne de Batuto, camérier du cardinal de Beaufort, depuis Grégoire XI, l'autorisation à lui accordée par le pape Clément VI, son oncle, d'envoyer dix navires et trente galères de marchandises non prohibées aux terres du sultan d'Égypte, le trésorier du pape Grégoire XI déclare que la chambre apostolique n'a fait aucune réserve sur les biens de l'ancien camérier du cardinal de Beaufort, et que la république de Venise, cessionnaire des droits de Batuto, peut en toute sécurité effectuer les payements qui lui incombent en cette qualité....... 156

DE LA FRANCE ET DE VENISE AU MOYEN AGE.    221

XIX. 1396-1397. — Lettres du roi de France, du duc de Bourgogne, du duc d'Orléans, du duc de Bar et de la dame de Coucy, recommandant à la bienveillance de la République les écuyers envoyés à Venise et en Orient pour avoir des nouvelles du duc de Nevers et des autres chevaliers français faits prisonniers par les Turcs après la bataille de Nicopolis, et pour racheter les prisonniers s'il est possible.................... 158

XX. 1402, 21 février, à Venise. — Le sénat de Venise, désirant ne pas se mêler aux événements de la guerre d'Italie, exprime ses regrets au roi de France de ne pouvoir faire armer une galère aux frais du roi de Naples, Louis II d'Anjou, qui se propose d'opérer une descente sur les côtes de Bari avec le comte de la Marche..................... 171

XXI. 1403, 6 janvier, à Gênes. — Boucicaut, gouverneur de Gênes au nom du roi de France, charge Jean de Châteaumorand de se rendre en Orient, à l'effet d'inspecter et de réformer les établissements génois, de renouveler les traités de la République avec les princes ou seigneurs de Romanie, de Constantinople, de la Gazarie, de la mer Noire, de la Grèce, de la Turquie et de l'Archipel..................... 172

XXII. 1403-1405. — Traité de commerce et d'alliance contre Tamerlan, conclu entre Soliman I<sup>er</sup>, fils de Bajazet I<sup>er</sup>, l'empereur de Constantinople, les républiques de Venise et de Gênes et l'ordre de Rhodes, stipulant entre autres conditions la restitution d'Athènes à la république de Venise..... 178

XXIII. 1404-1405, Venise. — Délibérations du sénat, relatives à quelques difficultés survenues entre la république de Venise et le roi de France, pendant que Boucicaut était gouverneur de Gênes au nom de Charles VI....... 182

XXIV. 1405, 22 mai, Venise. — La république de Venise charge son ambassadeur en France, François Contarini, de se rendre auprès du duc de Bourgogne et de lui exposer qu'il ne peut s'attribuer la délégation que le roi Sigismond paraît avoir faite d'une somme de 7,000 ducats à Dino Rapondi, jusqu'à ce qu'il lui fût possible de donner au duc les 100,000 ducats à lui promis pour l'indemniser de sa captivité, à la suite de l'expédition de Nicopolis..................... 190

XXV. 1422 et suiv. — Documents divers sur les voyages des *Galères d'Aigues-Mortes*, qui se rendaient annuellement de Venise en Languedoc........ 195

XXVI. 1445, 26 janvier, à Nancy. — Charles VII, roi de France, charge Jacques Cœur, Jean d'Étampes, Thierry le Comte, gouverneur de Montpellier, Jean d'Arcy et Étienne de Cambrai, de se rendre en Languedoc, pour traiter avec les commissaires génois sur les indemnités et réparations exigées par le roi au sujet de la capture de la galère royale *Notre-Dame et Saint-Denis*..................... 204

XXVII. 1454, à Konieh. — Privilége commercial accordé à la république de Venise par Ibrahim Beg, grand karaman, à la suite de l'ambassade de Jean Mocenigo, et lettre du grand karaman recommandant au duc d'agir de concert avec ses forces, celles du pape et du roi d'Aragon contre le Turc, leur ennemi commun. ................................. 209

XXVIII. 1458, 13 et 18 juin, à Gênes. — I. Instructions de Jean d'Anjou, gouverneur de Gênes, au nom du roi de France, à Gasparino Grimaldi, chargé de rallier à Marseille les forces françaises et napolitaines, et de se rendre de là à Bonifacio, où il devra se réunir aux vaisseaux de Pierre Giustiniani, pour prendre part à l'attaque de la flotte aragonaise. — II. Instructions pour Thomas de Campofregoso, amiral de la flotte génoise. (En dialecte génois.)............................ 212

# II

## TABLE ALPHABÉTIQUE.

### A

Abou Saïd, roi de Perse. Son privilége aux Vénitiens, page 4.

Achaïe (Principauté d'). Voy. Morée.

Acy (Jean d'), conseiller au parlement de Toulouse, 204, 207.

Ada, *Adda*, est la ville d'Agde en Languedoc.

Agde, *Adda*, ville de Languedoc, 197, 200-202.

Aïdin, nom turc d'une province d'Asie Mineure, dans laquelle se trouve Éphèse, ou Altologo. Voy. ce dernier nom.

Aigue (Guillaume de l'), chevalier français, 158, 159, 161.

Aigues-Mortes, ville de France en Languedoc, 15. — Venise demande la faculté de pouvoir emporter les toiles de France par la Champagne et la Bourgogne, sans être obligée de les faire embarquer en ce lieu, 106-108. — Documents sur les *Galères d'Aigues-Mortes*, qui faisaient annuellement le voyage de Venise en Languedoc, 195-204. — Galère royale enlevée furtivement par les Génois dans ce port, 204.

Alaman (Pierre), écrivain d'un navire de Serallier, de Montpellier, 123.

Alazos (Raymond), de Montpellier, 121, 134, 143.

Albert (Vivaud), damoiseau de Marseille, 94.

Alberti, en français *Aubert* (Michel), habitant de Venise, en rapport avec Jacques de Caurroy à propos de l'expédition projetée contre Constantinople par Charles de Valois, frère de Philippe le Bel, 65, 66, 67-71.

Albin (Jacques), envoyé de la commune de Marseille, 86. — Sa procuration, 94.

Alep, ville de Syrie. Traité entre le sultan de cette ville et Venise, rédigé en français, 4.

Alexis II, empereur de Trébizonde, 83.

Alphonse Ier d'Aragon, roi de Naples, 212, note.

Alphonse-Frédéric ou Fadrique d'Aragon, fils naturel de Frédéric II d'Aragon, roi de Sicile, capitaine de la grande compagnie catalane. Ses actes en Morée et dans les îles contre les Français, 34, note; 36, 41, 44, 49. — Sa femme, Marie ou *Marula* dalle Carceri, fille de Boniface dalle Carceri, dame de Carystos et d'Égine, 39, 39, note. — Il donne à Marie le tiers de ses biens à Négrepont, 41, 42.

Altologo, nom franc de la ville d'Asie Mineure appelée par les Grecs *Théologos;* cette ville est l'antique Éphèse, dans la province turque d'Aïdin, 113, note; 182, art. 21. — Traité conclu entre le sultan de cette ville et la Sainte Alliance formée par les Vénitiens, les Chypriotes et les Hospitaliers pendant l'occupation de Smyrne, 112-120. — Avait, en 1348, un archevêque latin, 117, art. 11. — (Zalabi, seigneur d'), 112, note. — (Le seigneur d'), 181, art. 16.

Amaloti. Signification de ce mot, 181, n. 1; 182, art. 22.

Andravida, en français *Andreville,* dans la plaine de l'Élide, capitale de la Morée, du temps des Français, 32, 34.

Aniane, abbaye du diocèse de Maguelone. Pierre, son abbé, 156, 158, note.

Anjou (Princes d'). Le roi de France soutient leurs droits sur le royaume de Naples, 212 et suiv.

—— (Jean d'), duc de Lorraine, gouverneur de Gênes au nom du roi de France; compétiteur au royaume de Naples contre Alphonse Ier, 212.

—— (Louis II d'), roi de Naples. Les Vénitiens refusent, en 1402, de l'aider contre Ladislas, 171.

—— (Le roi René d'), duc de Calabre et de Lorraine, 212, note.

Anjou-Tarente (Philippe d'), prince de Tarente, empereur tit. de Constantinople, quatrième fils de Charles II d'Anjou, roi de Naples, poursuit les projets de son beau-père Charles de Valois, empereur titulaire de Constantinople, pour une nouvelle expédition contre Constantinople, 29, 34, 72, note.

Antiano (Jacques), Vénitien, 50, 54.

Aubert, Auberth (Miquiel), Vénitien. Voy. Alberti.

Aragon (Alphonse Ier d'), roi de Naples, 212. — Voy. Alphonse-Frédéric.

Arblay (Thierry Le Comte, gouverneur de Montpellier, seigneur d'), 204, 207.

Archipel (Ducs de l'). Sont les mêmes que les ducs de Naxos.

Argos, ville de Morée, 36.

Arlay, ou Arley, en Franche-Comté (Jean de Chalon, seigneur d'), 109 et suivantes.

Arles, ville de Provence (Poids et mesures d'), 213.

Arménie (Royaume de la Petite), en Asie Mineure. Commerce qu'y faisaient les Européens, 14, 16, 17.

Armes et agrès du moyen âge, 67-68.

Arnaud (Étienne), marchand de Montpellier, 146.

Arras, ville de France. Ses marchands aux foires de Champagne, 25, note.

Athènes, *Sitines,* ville de Grèce, restituée à Venise par Soliman Ier, 4, 181, art. 17.
— En français, *Staines,* 33. — Son château, 45.
—— (Duché d'). Documents concernant son histoire, 26 et suiv. — En français le *ducaume de Staines,* 33.

Auzas, en Languedoc (Guillaume Jori, seigneur d'), 134.

Avignon (Ville d'), lieu dit *les Changes,* 140, note.

Azov (Mer d'), 151.

# B

Balaguer, en Languedoc (Charles Jori, seigneur de), 134, 141.

Balbi (Pierre), lieutenant vénitien en Chypre, 11, note.

# DE LA FRANCE ET DE VENISE AU MOYEN ÂGE.

BANQUIERS ITALIENS à Paris, 190, note 3.

BAR (Henri, fils de Robert, duc de), prisonnier à Nicopolis, 165; détenu à Vidin, 167.

—— (Robert, duc de), marquis de Pont, seigneur de Cassel, 167.

—— (Philippe, fils du duc Robert de), fait prisonnier à Nicopolis, 167.

BARCELONE, ville d'Aragon, 200.

BARDI (Les), maison de commerce et de banque de Florence, 20.

BARIAC (Pons de), juge royal de Montpellier, Aigues-Mortes et Sommières, 134.

BARILLON ou BERILLON (Étienne), de Montpellier, 136. — (Hugues-Pierre), 136.

BARRIÈRE (Étienne), notaire, 147.

BARTHÉLEMY DE VIA, greffier de la cour de Chio, 134.

BASILIO ou BASEIO (André), ambassadeur vénitien, 104.

BASSADA (Guillaume), chancelier de la compagnie catalane en Morée, 53.

BASSE MER (La) est la Méditerranée, 178, 179, 181.

BATUTO (Étienne), camérier du cardinal de Beaufort, 156, 158, note.

BAUDET (Guy), doyen du chapitre de Paris, 104.

BAYONNE, ville de France. Les galères vénitiennes y font escale, 199.

BEAUFORT (Guillaume DE), vicomte de Turenne, obtient de Clément VI, son oncle, l'autorisation d'envoyer quelques navires marchands en Égypte, 156, 158, note.

—— (Le cardinal DE), depuis Grégoire XI, 156.

BEAUVAIS, ville de France. Ses draps, 123.

BELINZON (Nicolas), 144.

BELLIGNO ou BELLEGNO (Philippe), Vénitien, 72.

—— (Jean), ambassadeur en France, 98.

BENEDETTO ou BENETTO (Étienne), de Venise.

Ses relations avec Jacques de Corroy envoyé à Venise par Charles de Valois, à l'occasion du projet d'une nouvelle expédition de Constantinople, 62, 63, 65.

BENJAMIN, chancelier d'Achaïe, 55.

BENITTENTO (Michel DE), 50.

BÉRENGER (Geoffroy), vice-viguier de Marseille, 80.

BERNARD DE MOSSETH, chevalier du duché d'Athènes, 26.

BESANÇON (Nicolas), facteur de R. Serallier, 144, 145.

BETIS PRIMELLE, écuyer du duc d'Orléans, 163, 165, 166, 169.

BIDIN, ville de Bulgarie. Voy. VIDIN.

BOCHOLI, BOCHOLIN, BOCOLI, lieu indéterminé de la côte de Ligurie, 197, note; 202, 203. Voy. BUCCARI.

BODONITZA ou BONDENIZA, château de Grèce, au défilé des Thermopyles. — (Le marquis DE), 181, article 19.

BOLANI (Sclavo), ambassadeur vénitien, 109 et suivantes.

BONGUADAGNI (Amédée DE), 156.

BONIFACE VIII, pape, favorise les droits et les projets de Charles de Valois sur l'empire de Constantinople, 62, note.

BONIFACIO, ville de Corse, 213, 218.

BORASCI (Dominique), notaire de Valence en Aragon, 137 et suivantes.

BOUCHE DE ROMANIE, entrée du détroit des Dardanelles, 121, 130, 131.

BOUCICAUT (Le maréchal), gouverneur de Gênes, au nom du roi de France. Documents divers le concernant, 3, 172 et suivantes; 182-190. — Son gouvernement dura de 1401 à 1409, 182, note 3. — Il envoie une grande ambassade en Orient, 172. — Difficultés survenues entre le roi de France et la république de Venise pendant qu'il était gouverneur de Gênes, 182-189.

BOURBON (Jacques II DE), comte de La Marche, mari de Jeanne, reine de Naples, 171.

BOURGOGNE (Province de). Venise demande la faculté d'exporter les toiles de France par la Champagne et la Bourgogne, sans être contrainte de les faire embarquer à Aigues-Mortes, 106, 108.

—— (Différends entre les ducs de) et les rois de Sicile au sujet de l'Achaïe, 47.

—— (Eudes IV, duc de), prince de Morée ou d'Achaïe, 29, 30, 30, note 3 ; 38, 47.

—— (Hugues V, duc de), prince de Morée, 30.

—— (Jean Sans-Peur, duc de), comte de Nevers, du vivant de son père, fait prisonnier à Nicopolis. Documents sur sa délivrance, 159-164, 170. — Devenu duc de Bourgogne, a quelques difficultés avec Venise au sujet d'un emprunt, 190 et suivantes.

—— (Louis DE), fils de Robert II, mari de Mathilde de Hainaut, princesse d'Achaïe, 29. — Sa mort, 38, note.

BOURGOGNE (Philippe II, le Hardi, duc de). Ses démarches pour racheter son fils, comte de Nevers, fait prisonnier à Nicopolis, 161 et suiv. — Favorable aux desseins de Louis II d'Anjou sur le royaume de Naples, 171.

BRIE, province de France. Ses forêts, 20, 23.

BRIENNE (Gautier V DE), duc d'Athènes, comte de Brienne et de Lecce, 34.

—— (Gautier VI de Brienne, fils de Gautier V DE), 34. — Venise lui donne des lettres de naturalité, 58.

—— (Isabelle DE), fille de Gautier V de Brienne, duc d'Athènes, 34.

BRUGES, *Bruzes,* ville de Flandre, 190, 191, 194.

BUCCARI, *Bucoli,* port indéterminé de la côte de Ligurie, est peut-être Vacori de l'Atlas catalan, 197, 197, note ; 202, 203.

# C

CAFFA, ville de la mer d'Azov (frère Jérôme, évêque de), 96, note.

CALAMAREA (La), position inconnue de l'Archipel, 179.

CALOJEAN. Voy. PALÉOLOGUE.

CALOQUIRI (Georges), notaire, 112, 119.

CAMBRAI (Étienne de), maître des comptes, 204, 207.

CAMPO FREGOSO (Thomas de), amiral génois, 213.

CAMPOLA ou CAMPORA (Pierre), de Messine, 121, 123.

CANALE (Robert DE), 39.

CARAVANES de navires, 17.

CARCERI (Boniface dalle), de Vérone, seigneur sextier de Négrepont, régent d'Athènes, 32, 39, note ; 40.

CARCERI (Marie ou *Marula* dalle), fille de Boniface dalle Carceri, dame de Carystos et d'Égine, 39, 39, note ; 40, 42. — Femme d'Alphonse-Frédéric d'Aragon, capitaine de la grande compagnie catalane de Morée, 39, 41.

—— (Pierre, *Petrus* ou *Perulus,* dalle), seigneur tiercier de Négrepont, 41, 44.

—— (Thomas, dit *Thomasacio,* dalle), seigneur de Larmena, frère de Marie dalle Carceri, dame de Carystos, 39 et 39 note ; 40.

CARDINAL DE SAINT-ÉTIENNE AU MONT COELIUS (Le), 104.

CARYSTOS, ville de l'île de Négrepont, avec château fort au S. O. de l'île, 39 et 39, n. ; 52.

CASTEL (Pierre), damoiseau de Castres, 147.

CATALANE (La grande compagnie) des Francs de Morée. Documents la concernant, 26 à 57. — Titres qu'elle prenait dans les actes, 27, note.— Comment elle est qualifiée par la cour de Rome, 43. — Elle comprenait des Siciliens, 27.

CATALANS. Violente querelle survenue entre les marins catalans et vénitiens à Constantinople, 96, note.

CAUBROY ou CORBOY (Jacques DE), sergent d'armes, écuyer et homme de confiance de Charles de Valois, envoyé à Venise par le prince pour terminer ce qui concernait le projet abandonné d'une expédition contre Constantinople. Documents divers, 63-71.

CECILIA est l'île de Sicile, 203.

CELSI (Laurent), Vénitien, 142, 146.

CENTURIONE D'OLTRAMARE (Jean DE), Génois, 172.

CEUTA, *Septa, Seta*, ville de la côte septentrionale d'Afrique, 6.

CHALON (Jean DE), seigneur d'Arlay, 109.

CHÂLONS-SUR-MARNE, ville de France. Son commerce aux foires de Champagne, 24.

CHAMPAGNE (Documents concernant les foires de), 18-25. — Venise demande à pouvoir faire exporter les toiles de France par la Champagne et la Bourgogne sans être obligée de les faire transporter à Aigues-Mortes, 108. — Les marchands vénitiens commerçant en France ne peuvent être contraints d'envoyer leurs marchandises aux foires de Champagne, 61.

CHANGE (Lettres de) du XIII° siècle et des siècles suivants, 3, 5-11, et note. — Lieu nommé *Les Changes* dans la ville d'Avignon, 140, note.

CHANGEURS D'AVIGNON, 140, note.

CHARLES V, ROI DE FRANCE, suspend des lettres de marque lancées contre les Vénitiens, 148.

CHARLES VI, ROI DE FRANCE. Ses démarches en faveur des chevaliers français faits prisonniers à Nicopolis, 158 et suivantes. — Difficultés de son gouvernement avec la république de Venise pendant que Boucicaut gouvernait Gênes en son nom, 182-189.

CHARLES VII, ROI DE FRANCE, nomme des commissaires pour négocier un accord avec Gênes, 204. — Ses mesures en faveur du commerce du Languedoc, 205. — Soutient les droits des princes d'Anjou sur le royaume de Naples, 212 et suivantes.

CHÂTEAUMORAND (Jean DE), envoyé en Orient par Boucicaut, 172, 175-177, 183, note; 184.

CHICOLI ou CHICOLO (Constantin), Vénitien, 122, 142, 146.

CHIO, ou SIO, île de l'Archipel. Appartenait aux Génois, 172, 214. — Déposition devant le podestat de ce lieu d'un marchand de Montpellier pillé par les Vénitiens, 121. — Sa Cour ou Tribunal, 122, 133, 142. — Les Gustiniani, seigneurs mahonais de Chio, entrent dans le traité conclu par les chrétiens avec Soliman Ier contre Tamerlan, 178-182. Voy. art. 14 et 16. — Sa mahone, 178, note 3.

CHYPRE (Le roi de). Voyez HUGUES IV DE LUSIGNAN.

CLARENTZA, ville de Morée, 57.

CLÉMENT VI, pape, accorde à Guillaume de Beaufort, son neveu, l'autorisation d'envoyer quelques navires en Égypte, 156, 158, note.

CLERCS DU ROI (Les), à Montpellier, 134 et suivantes.

CLORIT (Jonffroy), serviteur du duc de Bar, 166.

CODEFA (Torre de), localité inconnue de la rivière de Gênes, 214, 215.

COEUR (Jacques), argentier du roi Charles VII, 204, 205, 207.

COMMERCE (Mesures de Charles VII en faveur du), 205. — des esclaves au moyen âge, 150, 155.

—— avec l'Égypte, prohibé souvent par les papes, 156. — Autorisé exceptionnellement, 156-158.

COMPAGNIE CATALANE DE MORÉE (La grande). Voy. CATALANS.

CONIO, aujourd'hui KONIEH, ville d'Asie Mineure, 209.

CONSTANTINOPLE ou de ROMANIE (Empire de), 17. — (Empereurs de), 17, 102, 105. Voy. CHARLES DE VALOIS, PHILIPPE D'ANJOU.

—— (Documents sur le projet d'une nouvelle conquête de), formé par Charles de Valois, frère de Philippe le Bel, veuf de l'impératrice Catherine de Courtenay, 26, note; 62, 78. — Le projet est poursuivi par Philippe d'Anjou-Tarente, gendre de Charles de Valois, 72 et suivantes.

CONTARINI (François), fils de Marc, ambassadeur de Venise en France, 187, 190.

CORNARO (André), époux de Marie dalle Carceri, seigneur sextier de Négrepont, 32 et note; 44, 50.

CORON, ville de Morée, 57.

CORROY (Jacques DE). Voy. CAURROY.

CORSE (Cap), en Corse, 215, 218.

COUCY (La dame de), Isabelle de Lorraine. Sa lettre au doge de Venise pour avoir des nouvelles de son mari fait prisonnier à Nicopolis, 168.

—— (Enguerrand VII, sire de), prisonnier des Turcs, 168, 170.

COURTENAY (Catherine DE), impératrice titulaire de Constantinople. Son mariage avec Charles de Valois, frère de Philippe le Bel. Projet de son mari, d'une nouvelle expédition contre Constantinople, 62, note; 62-78.

CRÈTE ou CANDIE, île de la Méditerranée, 98, 100. — (François, archevêque de), 113.

CRIMÉE. Priviléges commerciaux que les Vénitiens obtiennent en ce pays des khans mongols, 4.

CRISPO (Les), ducs de Naxos ou de l'Archipel, 178, note 4.

CROISADE EN TERRE SAINTE dirigée par Jean XXII, 47.

—— projetée par Philippe VI, roi de France, 97-109. Voy. PHILIPPE VI.

## D

DANDOLO, en français *Dandele* (Antonin), en rapport avec Jacques de Caurroy, envoyé de Charles de Valois, 65, 71.

—— (Fantin), ambassadeur vénitien, 185.

—— (François), capitaine et baile de Négrepont, 44.

—— (Marc), nommé ambassadeur, 187.

DARDANELLES (Détroit des), 121, 130, 131.

DIALECTE (Documents en) génois, 6, 7, 213-218. — languedocien, 79. — sicilien, 123-130. — vénitien, 9, 11, note; 178 et suiv., 200 et suiv., 209.

DIEUDONNÉ DE GOZON, grand maître de l'Hôpital, 113.

DINO RAPONDI, banquier florentin à Paris, 190, note 3; 191.

DONATO (Barthélemy), ambassadeur vénitien, 187.

Doria (Jacques), 172. — (Olivier), 213.
Douanes françaises, à Juhans, en Franche-Comté, 109 et suivantes.

Dragonet ou *Dracunetus*, *Dracanerius de Gaudissa* (Frère), chargé d'une négociation avec le Sultan d'Éphèse, 113.

# E

Égine, île de l'Archipel, 39.
Égypte. Le commerce avec ce pays prohibé pendant longtemps d'une manière générale, et quelquefois autorisé exceptionnellement par les papes, 3, 156-158.
Encan ou adjudication des galères d'Aigues-Mortes, 195 et suivantes.
Éphèse, ancienne ville d'Asie Mineure, appelée par les Byzantins *Théologos*, et par les Francs *Altologo*. Voy. ce nom.

Éphèse. Archevêque latin de cette ville en 1348, 117, article 11.
Esclaves (Documents sur le commerce des) au moyen âge, 150-155.
—— tartares, 150, 151.
—— circassiennes, 153.
—— du pays des Nègres, 154.
Espéro (Combat d'), ville de Morée, près de Clarentza, 38, note.
Étampes (Jean d'), trésorier de Saint-Hilaire, 204, 207.

# F

Faliero ou Falier (Belletto), ambassadeur vénitien, 72.
Famagouste, ville de l'île de Chypre, 132.
Filagra, ville de l'île de Négrepont. Voy. Philagra.
Flandre (Galères de), partant annuellement de Venise, 195, 196 et suivantes.
Foia, ou Folia Veïa, et Folia Nova. Les deux Phocées en Asie Mineure, au nord du golfe de Smyrne, 174, 182, article 23.
France (Difficultés survenues entre Venise et la), pendant que Boucicaut était gouverneur de Gênes, 182-189.

Franche-Comté, province de France. Avait une douane à Juhans, 109 et suivantes.
Franchis Figoni (Jean de), Génois, 172.
Frédéric II, roi de Sicile, 27. Voy. Alphonse-Frédéric.
Frescobaldi (Jean), 10.
Forbin, noble famille de Provence, faisait le commerce avec Chypre, 12, note.
Fraganesco (Guillaume de), envoyé vénitien en France, 78, 82.
—— (Nicolas, ou Nicolino de), autre envoyé, 86, 89, 92.
François, arch. de Crète, légat apost., 113.
Furneto (Raphaël de), podestat de Chio, 121.

# G

Gaëte, ville d'Italie, desservie par les galères vénitiennes d'Aigues-Mortes, 196 et suivantes, 202.

Galère royale de *Notre-Dame et Saint-Denis*, 204, 205.
Galères (Voyage des) d'Aigues-Mortes,

195-204; — de Flandre, 195 et suivantes, 202; — de Barbarie, 199, 200, 202.

GALICO (Lo), position inconnue de l'Archipel, 179.

GANTEL (Benoît), chevalier provençal, 94.

GASPARINO GRIMALDI, capitaine génois, 212-214.

GAUDISSA (Dragonet DE), religieux, chargé d'une négociation avec le sultan d'Éphèse ou Altologo, 113.

GAZARIE ou Khazarie (Empire tartare de), pays au nord de la mer d'Azov, 152, 172.

GÊNES (République de), gouvernée par le maréchal de Boucicaut, de 1401 à 1409, au nom du roi de France, 3, 172, 182, note 3. — Gouvernée par Jean d'Anjou, duc de Lorraine, au nom du roi de France, 212.—Entre dans le traité conclu avec Soliman I<sup>er</sup> contre Tamerlan, 178-182. — Son traité conclu à Turin avec Venise, 192, note. — Boucicaut, gouverneur de Gênes, envoie une grande ambassade en Orient, 172 et suiv. — Difficultés survenues entre Venise et la France pendant le gouvernement de Boucicaut, 182-190.

—— (Indiction calculée suivant le cours de), 177.

GENO, peut-être ZENO (Zanino), Vénitien, 44. — Blaise, ambassadeur en France, 98.

GÉNOIS (Les) commercent à Trébizonde, 85; — ennemis des Vénitiens, 124 et suiv., 129 et suiv.; — enlèvent furtivement une galère royale à Aigues-Mortes et l'emmènent à Gênes. Réclamations à ce sujet, 204 et suiv. — Documents en dialecte génois, 6, 7, 213-218.

GENTIL (Gilbert), notaire à Montpellier, 147.

GEOFFROY DE SAINT-MARC, serviteur du duc de Bar, 165.

GEORGES CALOQUIRI, notaire, 112, 119.

GEZI, peut-être GIZI (Nicolas DE), Vénitien, 77.

GISI, GIZZI ou GHISI (Barthélemy ou Bartolaccio), coseigneur de l'île de Négrepont, 44, 50.

—— Homobon, 50.

GIUSTINIANI DE GÊNES (Les) possédaient en mahone ou association l'île de Chio, 178, note 3.

GIUSTINIANI (Pierre), capitaine génois, 213.

GRADENIGO (Pierre), frère dominicain en Romanie, 55.

—— (Jean), ambassadeur vénitien, 104.

GRAVESON, château en Provence; Benoît Gantel en était seigneur, 94.

GRÉGOIRE XI, pape français de la famille de Beaufort, 156.

GRIMALDI (Gasparino), capitaine génois, 212-214.

GUIDO ou GUIDI (Bracchio), Vénitien, 122, 142, 146.

# H

HELLIN DE LONGAVEINES, écuyer du roi de France, 183.

HOMELAS (Baronie d'), en Languedoc, 204.

HONGRIE (Louis, roi de), 190.

—— (Sigismond, roi de), 190.

HÔPITAL (Les chevaliers de Rhodes, chevaliers de Saint-Jean de Jérusalem, chevaliers Hospitaliers, ou de l'), défendent la Morée contre les Turcs et les Catalans, 54, 101-102; — s'unissent au roi de Chypre et à la république de Venise contre les Turcs, 104, 105; — alliés à la république de

Venise et au roi Chypre, concluent un traité avec le sultan d'Altologo, pendant l'occupation de Smyrne, 112 et suiv.; — leur traité avec Soliman I<sup>er</sup> contre Tamerlan, 178-182.

Humbert I<sup>er</sup>. Voy. Viennois.

# I

Ibrahim Beg, grand karaman, cherche à se lier avec Venise et les princes chrétiens contre les Turcs, 209-212.

Iconium, ville d'Asie Mineure, capitale du grand karaman. Voy. Konieh.

Imperatore (Léon de), chevalier napolitain, conseiller de Philippe d'Anjou, empereur de Constantinople, 72.

Incisa de Saca (Frédéric d'), chancelier de Sicile, 43.

Indiction suivant le cours de Gênes, 177.

Indigo, marchandise, 129.

# J

Jacobello del Fiore, peintre vénitien, 92.

Jane ou Zane (Léonard), désigné pour ambassadeur en France, refuse, 187.

Jean II, roi de France. Son ordonnance concernant les marchands vénitiens, 61.

Jean XXII, pape, 47.

Jean de Chalon, seigneur d'Arlay, 109.

Jean Sans-Peur. Voy. Ducs de Bourgogne.

Jeanne, reine de Naples, sœur de Ladislas, 171, note.

Jérôme (Frère), dominicain, évêque de Caffa, 96, note.

Jérusalem (Emmanuel Marino, patriarche de), 118, note.

Joignia ou Joignium, Juhans, bureau de douane en Franche-Comté, 110.

Jonffroy Clorit, serviteur du duc de Bar, 166.

Jori ou Jory (Charles), damoiseau, coseigneur de Balaguer, sergent d'armes du roi de France, recteur de Montpellier, 134, 136, 141, 143, 147.

—— (Guillaume), seigneur d'Auzas, 134.

Juhans, ville de France, en Franche-Comté. Sa douane, 109 et suiv.

Junci (*Castrum*), en Morée, aujourd'hui Navarin, 57.

# K

Kaptchak ou Kiptchak, contrée située au nord de la Crimée, dans l'ancien pays des Khazares. Priviléges qu'y obtiennent les Vénitiens des khans mongols, 4.

Karaman (Ibrahim Beg, grand), cherche à se lier avec les princes chrétiens contre les Turcs, 209-212.

Konieh, Conio, l'ancien *Iconium*, capitale des princes karamans, en Asie Mineure, 209.

## L

La Croix (Jean de), de Montpellier, 82.
Ladislas, roi de Naples. Les Vénitiens refusent d'aider les entreprises des princes français contre lui, 175 et note.
L'Aigue (Guillaume de), chevalier français, 158, 159, 161.
La Marche (Comte de). Voy. Jacques II de Bourbon.
Lando (Albert de), chevalier, 34.
Lango (Île de), dans l'Archipel, 123.
Languedoc (Mesures de Charles VII en faveur du commerce du), 205.
—— (Document en dialecte du), 79.
Lanzado (Golfo). Paraît être une localité de la rivière de Gênes, 214.
Lapi Narduccio, 139.
La Porte (Hugues de), clerc du roi et juge du grand sceau, à Montpellier, 134 ; — juge du petit sceau, 141.
La Rangia, localité inconnue de l'île de Lango, 123.
Larmena ou Larmeni (Château de), dans l'île de Négrepont, 39. — Sa situation, 39, note ; 52, note.
La Roche (Guy de), duc d'Athènes, 26.
Lazare, crale ou roi de Servie, 180, art. 7.
Le Comte (Guillaume), ambassadeur de Charles d'Anjou, 11.

Le Comte (Thierry), gouverneur de Montpellier, seigneur d'Arblay, 204, 207.
Lesbos ou Mitylène, Mételin, île de l'Archipel, 174.
Lettre de change. Voy. Change.
Lettre de marque. Voy. Marque.
Li Maniri, localité inconnue de l'Archipel, 125.
Livourne, Ligurna, port de Toscane, 197, 197, note.
Loge des marchands de la ville de Plaisance en Italie à Troyes, 18.
Lombard street, rue à Londres, 9.
Londo. Paraît être un château de Trébizonde, 85.
Londres. Lettre de change tirée de Venise sur cette ville, 9.
Longaveines (Hellin de), écuyer du roi de France, 183.
Longo (Marc), chancelier de Venise, 104.
Lorraine (Isabelle de), dame de Coucy, 168.
Louviers, ville de France. Ses draps, 123, 128.
Lusignan (Charlotte de), reine de Chypre, dévalisée par des marins de Venise, 13, note.
—— (Hugues IV de), roi de Chypre, entre dans la Sainte Alliance contre les Turcs, 104, 105 ; — traite avec le sultan d'Éphèse ou d'Altologo, 112.

## M

Mahone ou Compagnie de Chio, 178, n. 3.
Majorque (Fernand I$^{er}$ de), mari d'Isabelle d'Ibelin, devient maître du duché d'Athènes, 33 ; — tué au combat d'Espéro par l'armée de Louis de Bourgogne, 38, note.

Majorque (Fernand II de), fils de Fernand I$^{er}$ et d'Isabelle d'Ibelin, 38, note.
Malines, ville de Flandre. Ses marchands aux foires de Champagne, 25, note. — Ses draps, 123, 128.

Maniri (Li), localité inconnue de l'Archipel, 125.

Manuel Paléologue ou Calojean, empereur de Constantinople, 179-182.

Marino (Emmanuel), patriarche de Jérusalem, 118, note.

Mar Mazor ou la Mer Noire, 178, 179, 181.

—— da Basso, ou Méditerranée, 178, 179.

Marque (Lettres de), 78, 79, 148.

Marseille, ville de Provence. Documents concernant son commerce à Saint-Jean-d'Acre et à Venise, 11-14. — Documents concernant ses relations avec Venise, 78, 80, 86. — Les galères vénitiennes d'Aigues-Mortes y faisaient escale, 201, 202. Voy. Forbin.

Marsilio (Nicolas de), secrétaire vénitien, 77.

Martin (Pierre), de Valence, en Espagne, procureur de Valence Muntaner, 137, 140, note; — marchand de Narbonne, 146.

Marula, diminutif de Maria, 39 et 39, note.

Masi, Maisy, Maci ou Masy (Jean de), l'un des seigneurs de Négrepont. Voy. Noyer.

Mathilde de Hainaut, princesse de Morée, femme de Louis de Bourgogne, 30 et note 3; 32.

Mauro (Thomas de), de Messine, 41.

Mazzana (Pasquase), de Valence, mari de la petite-fille de Raymond Muntaner, le chroniqueur, 137 et suiv., 140, note.

Mer Basse est la Méditerranée, 178, 179. — Haute ou Grande est la Mer Noire, 178, 179, 181.

Mesembria ou Misivri, v. de Thrace ou de Roumélie, sur l'Archipel, 179, note 4.

Métélin (Ile de). Voy. Lesbos.

Micheli (Pantaléon), ambassadeur vénitien, 83.

Milet, ancienne ville d'Asie Mineure, aujourd'hui Palatcha, 4, 182, note.

Milo, île de l'Archipel, était à Guillaume Sanudo de Venise, 37.

Mitylène ou Métélin (Ile de), ou Lesbos, dans l'Archipel, 174.

Mocenigo (Jean), ambassadeur vénitien, 209 et suiv. — (Léonard), 44.

Molino (Benoît de), Vénitien, 73-76.

Monaco, ville du comté de Nice en Provence, 14.

Mont Coelius (Le cardinal de Saint-Étienne au), 104.

Mont-Olieu et Port-Olieu, anciens noms de la ville de Villefranche, près de Nice, 87, note.

Montpellier, ville de Languedoc. Son commerce au moyen âge, 6, 15. — Affaires diverses entre Montpellier et Venise, 78, 82. — La cour ou tribunal du roi de France, 79, 134 et suiv. — La cour du grand sceau, 134. — Recteurs royaux, 137. — La cour du petit sceau, 141. Voy. Serallier.

—— (Thierry le Comte, gouverneur de), 204, 207.

Morée ou d'Achaïe (Principauté de). Documents la concernant, 26, 27-58; — occupée et dévastée par la grande compagnie catalane, 27, 32, 36, 41, 43, 44, 49; — dévastée par les Turcs, 43, 51, 54; — défendue par les chevaliers de Rhodes, 54; — offerte à la république de Venise pour assurer sa défense contre les Turcs et les Catalans, 55-56.

—— (Eudes IV, duc de Bourgogne, prince de), 29, 30 et note; 33, 47.

—— (Mathilde de Hainaut, princesse de), 30 et note 3; 32.

Morosini (Louis), baile et capitaine général de Négrepont, 49.

—— (Marin), ambassadeur vénitien en France, 98.

—— (Michel), baile de Négrepont, 39.

—— (Robert), ambassadeur vénitien en France, 184. — (Palais), à Venise, 67.

Mosto (Paul de), Vénitien, 36.
Mousa Chélébi, fils de Bajazet Ier, compétiteur au trône ottoman, 178, note 2.
Muntaner (Machaire), fils de Raymond Muntaner, père de Valence Muntaner, 137.
Muntaner (Raymond), le chroniqueur. Ses créances sur la république de Venise, 137 et suiv.; 140, note.
Muntaner (Valence), fille de Machaire, petite-fille de Raymond, 127, 140, note.
Musulman Zalabi. Voy. Soliman Ier.

# N

Nani (Pierre), Vénitien, 122, 142, 146.
Naples (Royaume de). Le roi de France soutient les droits des princes d'Anjou sur ce pays, 212 et suiv.
—— (Jeanne, reine de), sœur de Ladislas, 171, note.
—— (Ladislas, roi de). Les Vénitiens refusent de participer aux entreprises projetées par Louis d'Anjou et les princes de France contre lui, 171.
Nave (Sor de), connétable de Chypre, 12, note; 13, note.
Naxos, Nixia, Nicsia, Nixio (Ile de), dans l'Archipel, dont elle fut la capitale. Ses ducs, 178, note 4. — Ils entrent dans l'union formée par les chrétiens avec Soliman Ier, contre Tamerlan, 178-182.
Négrepont, île de la mer Égée, appartenant aux Latins. Documents la concernant, 26 et suivantes, 34, 34, note; 35. — La suzeraineté en est offerte à Venise pour défendre l'île contre les Turcs et les Catalans, 55, 56. — Lieu de réunion des forces de Venise, de Chypre et de Rhodes, pour agir contre les Turcs, 105. — Soliman Ier cède aux seigneurs de Négrepont une partie des terres situées en face de l'île sur le continent, 181, article 18. — Voy. Carceri, Carystos, Larmena, Masi et Noyer.
Neuville (Jean de), écuyer de Charles VI, 160.
Nevers (Comte de). Voy. Jean Sans-Peur, duc de Bourgogne.
Nice, ville de France, a été toujours dans les limites de la Provence, 87, note.
Nicolas, cardinal évêque d'Ostie et de Velletri, 43.
Nicolas Rosselli, dominicain, 140, note.
Nicolas du Trésor (Frère), chevalier de l'Hôpital, 126, 127.
Nicopolis, en Hongrie (Documents concernant les chevaliers français faits prisonniers par les Turcs à la bataille de), et leur rachat, 3, 158-170.
Nicosie, ville de Chypre. Lettre de change tirée de cette ville sur Venise, 11, note.
Nixia, Nixio, Nicsia (Ile de). Voy. Naxos.
Noire (Mer). Voy. Grande Mer, ou Haute Mer, 178, 179.
Notaire chargé d'une mission politique, 41.
Noyer (Jean de), seigneur de Masi ou Maisy, coseigneur de Négrepont, 40, 44, 50, 54.

# O

Ode (Jean), facteur de Raymond Serallier, 142, 145.
Olcedo (André de), notaire à Avignon, 140, note.
Olieu (Port- ou Mont-), aujourd'hui Villefranche, près de Nice, 87, note.
Oliva, siége inconnu (Jacques, évêque d'), 55, 56.

ORLÉANS (Louis, duc d'). Ses démarches en faveur des prisonniers de Nicopolis, 163 et suiv., 166, 19. — Favorable aux Vénitiens, 188, 189.

## P

PALATCHA, PALATIA, ville d'Asie Mineure, l'antique *Milet*, 4, 182, art. 21.

PALÉOLOGUE (Manuel), ou Calojean. Son traité avec les Latins et avec Soliman I<sup>er</sup>, contre Tamerlan, 179-182.

PALATEORIA (La), position inconnue de l'Archipel, 179, note.

PANIDO (Lo) est la ville de Panidos ou Panados, port sur la mer de Marmara, 179, note 3.

PARAPOLIA, position inconnue de l'Archipel, 179, note.

PARAVARDARO (Lo), position inconnue de l'Archipel, 179.

PASSAMONTE (Nicolas), secrétaire vénitien, 77.

PATERO (Baptiste), 213.

PAVAZA (Roger), prévôt de Zagabria en Dalmatie, ambassadeur, 193.

PAVIE (Paul DE), ambassadeur, 193.

PÉRA, quartier de Constantinople, 96, note; 121.

PEREGRINO (Barthélemy DE), juge, 41.

PERSE (Royaume de). Anciens priviléges commerciaux des Vénitiens en ce pays, 4.

PERULUS, diminutif de Petrus, 41.

PHILAGRA, PHILAGERA, FILAGRA, ville sur la côte orientale de l'île de Négrepont, 52.

PHILIPPE IV, roi de France. Ses lettres en faveur des marchands vénitiens, 59 et suiv.

PHILIPPE V, roi de France. Ses lettres en faveur des marchands vénitiens, 60, 61.

PHILIPPE VI, ou Philippe de Valois, roi de France. Son projet de croisade en Terre Sainte, 97-109; — demandes qu'il adresse à cet effet à la république de Venise, 98, 106; — ne refuse pas d'entrer dans la ligue formée par Venise contre les Turcs, à la condition que la guerre des Turcs n'empêchera pas la croisade de Terre Sainte, 101, 104; — nommé, par le pape, capitaine général de la croisade en Terre Sainte, 103.

PHOCÉE (Les deux villes de), la vieille et la nouvelle, *Folia Veia* et *Folia Nova,* en Asie Mineure. Leur situation, 174, 182.

PICQUET (Jean), écuyer de Charles VI, 162.

PIERRE, abbé d'Aniane, 156, 158, note.

PINCHAREL (Guillaume), de Montpellier, 82.

PISANI (Victor), consul vénitien à la Tana, 152.

PLAISANCE, ville d'Italie. Ses marchands avaient une loge dans la ville de Troyes, 18.

PLANES ou PLANAS (Guillaume DE), viguier d'Athènes, 53.

PONS DE BARIAC, juge à Montpellier, 134.

PONTIROLI (Napoléon DE), 139.

PORT-OLIEU, plus tard Mont-Olieu, est aujourd'hui Villefranche, près de Nice, en Provence, 87, note 1.

PORTO PISANO, port de Pise, sur la Méditerranée, situé entre l'embouchure de l'Arno et le port de Piombino, 197.

PRÉS ou DELS PRATS (Bérenger DES), 139.

PRIMELLE (Betis), écuyer du duc d'Orléans, 163, 165, 166, 169.

PROCURATIONS DIVERSES, 76, 92, 94, 137.

PROGNES (Guiraud), de Montpellier, 147.

PROTÊTS DE LETTRES DE CHANGE du XIV<sup>e</sup> siècle et des siècles suivants, 5-11.

PROVINS, ville de France. Ses foires, 19 et suiv.

## Q

Quiéret (Hugues), seigneur de Vimeu, amiral de France, 104.

## R

Rangia (La), localité inconnue de l'île de Lango, 123.
Rapondi (Dino), banquier florentin établi à Paris, 190 et note 3.
Rawdon-Brown (M.), 15.
Raymond d'Alans, chevalier français, 27.
Raynaudin ou Renaudin (Denis), sergent du roi, à Montpellier, 134.
Reims (Pierre de), écuyer de Charles VI, 162.
Rhodes, île de l'Archipel. Sa cour ou tribunal de Justice, 142.
—— (Chevaliers et ordre de). Voy. Hôpital.

Robert, roi de Naples, 34, note.
Rodosto, Rivodostria, Rivadostro, Rivadostia, ville sur la mer de Marmara, 45, 50, 179, note 3.
Roger Pavaza, prévôt de Zagabria, ambassadeur, 193.
Romanie ou Empire grec, 16, 27, etc., 55, 85, 100, 113, 142, 172.
—— (Bouche de), entrée du détroit des Dardanelles, 121, 124.
Rouen, ville de France. Ses draps, 123.
Royer-Collard (M.). Sa publication d'un protêt de lettre de change, 5.

## S

Saint-Angoulf (Foires de), à Provins, 23.
Saint-Jean-d'Acre, en Syrie. Les Marseillais y commerçaient au moyen âge, 11 et suiv.
Saint-Marc (Geoffroy de), secrétaire du duc de Bar, 165.
Saintes-Maries (Les), *Beata Maria maris*, dans la Camargue, département des Bouches-du-Rhône, 87.
Salinis (Barthélemy de), de Marseille, 90.
Salone ou la Sola, la Soula, sur le golfe de Corinthe, 182, art. 25.
Salonique (Royaume de). Documents le concernant, 26 et suiv., 37. — Rendu par Soliman Ier à l'empereur grec, 179.
San Superano (Jacques de), 53.

Sanudo (Les) de Venise, ducs de Naxos ou de l'Archipel, 178, note 4.
—— (Guillaume Ier), seigneur de Milo, Syra et de la Souda, duc de l'Archipel, vassal du prince d'Achaïe, 37, 38, 47.
—— (Nicolas), fils de Guillaume Ier, 38, 47.
Savigny (Vivien de), de Normandie, 62.
Savone, ville de Ligurie, 199, 214.
Sayssel ou Seyssel (Étienne), sergent du roi, 134.
Scopelo ou Skopelo, île de l'Archipel, 180.
Scyatho ou Skyatho, île de l'Archipel, 180.
Scyro, Sciro ou Skyros, île de l'Archipel, 180.
Serallier (Raymond), de Narbonne, bourgeois du roi de Chypre, marchand de

Montpellier. Documents concernant le pillage de ses navires par les Vénitiens, 121-136, 141-150.

SEROVIGNES (Pierre DE), chevalier français, 188-189.

SERVIE ou SERBIE (Royaume de), dans l'Europe orientale.

—— (Lazare, roi de), 180.

—— (Uroch, roi de), 62, note.

SETA est la ville de Ceuta, en Afrique, 6.

SICILE (Différends entre les rois de) et les ducs de Bourgogne au sujet de l'Achaïe, 47. Voy. ALPHONSE, FRÉDÉRIC II.

SICILIEN (Document en dialecte), 123-130.

SICILIENS. Leur commerce, 124, 125 et suiv.

SIGISMOND (Le roi). Voy. HONGRIE.

SINTILLIS (Gilabert DE), chevalier, 140, note.

SIO, SYO (Ile de) est Chio dans l'Archipel.

SITINES est la ville d'Athènes, 181, art. 17.

SMYRNE, ville d'Asie Mineure, occupée par les Francs, 3, 115, art. 2. — Traité conclu en 1348 par la Sainte Union avec le sultan d'Altologo pendant l'occupation de cette ville, 112 et suivantes. — Conquise en 1345 par les Francs, 118, note.

SOLIMAN I<sup>er</sup>, fils de Bajazet I<sup>er</sup>, sultan Ottoman. Son traité avec les chrétiens contre Tamerlan, 178-182.

SOMMIÈRES, en Languedoc (Le ressort de), 134.

SOR DE NAVE, connétable de Chypre, 12, note; 13, note.

SORANZO (Georges), Vénitien, 199.

SOUDA (Sanudo, seigneur de Milo, Syra et de la), 37, note.

SOULA (La), ou La Salona, sur le golfe de Corinthe, donnée par Soliman I<sup>er</sup> aux Hospitaliers, 182, art. 25.

STAINES est la ville d'Athènes, 33.

SYRA, île de l'Archipel, à Guillaume I<sup>er</sup> Sanudo, 37, note.

SYRACUSE, SARAGOSA, ville de Sicile, 197, note; 201, 202.

# T

TALAMONE, THALAMONE, petit port de la côte de Toscane, sur la rade d'Orbetello, entre l'île d'Elbe et Civita-Vecchia, 197, n.; 202.

TAMERLAN, TIMOUR, TEMIR BEY, ou TAMBERLAN, empereur tartare, descendant de Gengis Khan, 172. — Traité d'alliance des princes chrétiens d'Orient et de Soliman I<sup>er</sup>, contre lui, 178-182.

TANA (La), colonie vénitienne de la mer d'Azov, 151, 174.

TARENTE. Voy. ANJOU-TARENTE.

TARTARES (Esclaves), 150, 151.

TASCHER (Jean), neveu et agent de Raymond Serallier, marchand de Montpellier, 121 et suivantes, 142, 145.

TÉMIR BEY. Voy. TAMERLAN.

TERADE (Bérenger DE), viguier de Thèbes, 54.

TERRE SAINTE (Projet de croisade en) par Philippe VI, roi de France, 97-109. Voy. PHILIPPE VI.

THÉOLOGOS, ville d'Asie Mineure, l'ancienne Éphèse, appelée par les Francs Altologo, 113, note. Voy. ALTOLOGO.

THOMAS (Guillaume), chevalier, 53.

TOILES. Venise demande de pouvoir exporter les toiles de France par la Champagne et la Bourgogne sans être obligée de les faire embarquer à Aigues-Mortes, 106, 108.

TOUR DE L'ARMÉNIEN, localité du détroit des Dardanelles, 121, 124, 130. — Sa situation probable, 121, note 2.

TRÉBIZONDE, ville et état d'Asie Mineure (Alexis II, empereur de), 83. — Commerce et priviléges des Vénitiens dans cet empire, 83-86.— Était pour les Latins un des points de communication avec la Perse et l'Inde, 84, note. — Commerce des Génois, 85.
TROYES, ville de Champagne. Ses foires, 18 et suivantes.
TRUSCI (Giffredo), 139.

TUNIS, ville et royaume de Berbérie, 16.
TURCS, leurs ravages en Morée, 43, 100. — Ligues formées par les Vénitiens contre eux, 97, 101. — Le grand Karaman cherche à se lier avec les princes chrétiens pour les combattre, 209-212.
TURENNE (Le vicomte DE). Voy. BEAUFORT.
TURIN (Traité de) entre Venise, Gênes, le roi de Hongrie et autres parties, 190, 192 et note.

## U

UROCH, roi de Servie, 62, note.

## V

VACORI, localité de la côte de Ligurie, 197, note.
VALENCE, peut-être Valenciennes, ville de France. Ses étoffes, 123.
VALOIS (Charles DE), frère du roi Philippe le Bel, mari de Catherine de Courtenay, impératrice titulaire de Constantinople. — Très-favorable aux Vénitiens, leur fait accorder diverses faveurs et des lettres patentes pour leur commerce en France, 59 et suiv. — Documents concernant l'expédition qu'il avait projetée avec les Vénitiens pour reconquérir la ville de Constantinople, 62-78. — Son traité d'alliance avec Uroch, roi de Servie, 62, note.
—— (Philippe DE), roi de France. Voy. PHILIPPE VI.
—— (Philippe, dit par erreur DE), p. 29 et 34, est Philippe d'Anjou-Tarente.
VAUX (Jean DES), chevalier, 34; — grand commandeur des chevaliers de Rhodes en Romanie, 54; — capitaine général d'Achaïe, 56.

VENISE (République de). Son traité rédigé en français avec le sultan d'Alep, 4. — Ses priviléges commerciaux en Perse, 4; — en Crimée et au Kiptchak ou Kaptchak, 4; — à Palatcha, l'ancienne Milet d'Asie Mineure, 4. — Documents sur son commerce avec Marseille, 11-17, 78, 80, 86; — avec Montpellier, 78-82. — La Morée et l'île de Négrepont lui sont offertes pour les défendre contre les Turcs et les Catalans, 55, 56. — Privilége commercial qui lui est accordé en 1319 par l'empereur de Trébizonde, 83. — Son alliance avec le roi de France contre les Turcs, 97. — Demande au roi de France de pouvoir exporter les toiles de France par la Champagne et la Bourgogne sans être obligée de les embarquer à Aigues-Mortes, 106, 108. — Son traité avec Jean de Chalon, seigneur d'Arlay, au sujet des douanes de Juhans, en Franche-Comté, 109 et suiv. — Son traité avec le sultan d'Altologo, en Asie Mineure, pendant l'occupation de Smyrne par les

Francs, 112. — Se trouve débitrice de la succession de Raymond Muntaner, 137 et suiv. — Achète une permission exceptionnelle de commercer avec l'Égypte accordée par le pape au vicomte de Turenne, 156. — Son traité avec Soliman I<sup>er</sup> contre Tamerlan, 178-182. — Ses difficultés avec la France remontant au temps où le maréchal Boucicaut était gouverneur de Gênes, 182-190.—A quelques difficultés avec Jean Sans-Peur, duc de Bourgogne, au sujet d'un emprunt, 190 et suiv. — Son traité conclu à Turin avec Gênes, 192. — Privilége commercial qui lui est accordé par le grand Karaman pour l'amener à combattre avec lui le Turc Ottoman, leur ennemi commun, 209.

VENISE. Des *galères d'Aigues-Mortes* partant de Venise. Documents divers, 195-204. — Des *galères de Flandre,* 195, 196, 198.

VÉNITIEN (Documents en dialecte), 9, 11, note; 178 et suiv.. 200 et suiv., 209.

VÉNITIENS. Lettres patentes de Philippe IV et Philippe V, roi de France, en faveur de leurs marchands, 59-61. — commerçant en France ne peuvent être contraints d'envoyer leurs marchandises aux foires de Champagne, 61, note. — Charles V suspend des lettres de marque lancées contre eux, 148. — Refusent de prendre part à la guerre du roi de France et de Louis II d'Anjou contre Ladislas, roi de Naples, en 1402, 171.

VIDIN ou WIDDIN, BIDIN, ville de la Bulgarie, dans la Turquie d'Europe (Prisonniers français de Nicopolis enfermés au château de), 167.

VIDONI (Bernard), de Montpellier, 140, note.

VIENNOIS (Dauphin de), Guy Dauphin ou Guy de la Tour, baron de Montauban, fils de Humbert I<sup>er</sup>, 27.

—— (Humbert, dauphin de), 28.

VILLEFRANCHE, ville de France, près de Nice, nommée autrefois Port-Olieu et Mont-Olieu, 87, note.

VILLEHARDOUIN (Isabelle DE), mère de Mathilde de Hainaut, princesse d'Achaïe, femme de Louis de Bourgogne, 32.

# W

WIDDIN, ville de Bulgarie. Voy. VIDIN.

# Z

ZAGABRIA, ville de Dalmatie (Roger Pavaza, prévôt de), ambassadeur du roi de Hongrie, 192.

ZANE (Philippe), 50.

ZEBIBO, raisin sec, marchandise, 126, 127.

## ADDITIONS ET CORRECTIONS.

Pages 26-59, ajouter, aux documents concernant la Morée, la lettre suivante du doge Gradenigo au baile de Négrepont, sur le mariage de la sœur du duc d'Athènes avec Bernard Rochefort, grand maréchal de la compagnie catalane. La lettre nous paraît être du 23 septembre 1308.

«Petrus Gradonico, etc. nobili et sapienti viro Belletto Faletro, de suo mandato bajulo Nigropontis,
«et nobilibus viris consiliariis ejus fidelibus nostris dilectis salutem et sincere dilectionis affectum.
«Recepimus de mense Julii nuper elapsi litteras a viro nobili Petro Quirino, de nostro mandato bajulo
«Nigropontis, predecessore vestro, et consiliariis ejus inter cetera continentes matrimonium esse
«conventum inter sororem ducis Athenarum et Bernardum dictum Rocchaforte, magnum marescalcum
«totius societatis exercitus Catalanorum existencium in partibus Romanie; et quod ipse Rocchaforte
«factus est homo ligius ipsius ducis Athenarum; et de intentione ipsorum et specialiter de veniendo
«ad accipiendam insulam Nigropontis de consilio Bonifacii de Verona et Antonii Flamingo. Et nos
«propterea tunc providimus pro securitate insule Nigropontis sicut nobis apparuit. Nunc etiam provi-
«demus hoc modo, quod nos scribimus nobili viro Guidoni de Canale, de nostro mandato duche Crete,
«et consiliariis ejus, quod si contingat vos ab ipsis requirere pro securitate dicte insule Nigropontis
«auxilium et favorem, illud vobis mittere debeant, quam studiosius et celerius poterunt. Et mittimus
«eis commissionem accipiendi mutuo pecuniam oportunam pro securitate dicte insule, si fuerit opor-
«tunum. Data die xxiii$^a$ [Septembris, vii$^a$ Ind.].» (Archives de Venise, *Collegio. Littere secrete*, 1308-1310, fol. 6.)

Pages 29 et 34, dans la note, au lieu de *Philippe de Valois*, lisez : *Philippe d'Anjou-Tarente*.

Page 156, ajouter en note : La dernière livraison parue de l'*Archivio storico Veneto* (t. XVII, 1879, part. 1, pages 99-125) renferme plusieurs documents complétant celui que nous publions ici sur la concession exceptionnelle de commercer avec l'Égypte accordée d'abord par Clément VI au vicomte de Turenne et vendue plus tard à la république de Venise.

# TESTAMENTS

## ENREGISTRÉS AU PARLEMENT DE PARIS

### SOUS LE RÈGNE DE CHARLES VI.

TEXTES PUBLIÉS

PAR ALEXANDRE TUETEY,

ARCHIVISTE AUX ARCHIVES NATIONALES.

# NOTICE PRÉLIMINAIRE[1].

Dès la seconde moitié du xiv° siècle, on voit le pouvoir royal dans une de ses émanations les plus élevées, c'est-à-dire le Parlement, ériger en principe qu'au roi seul appartient la connaissance des testaments faits par toutes personnes venant à décéder dans l'étendue du royaume, dès qu'elles avaient catégoriquement manifesté leur volonté de s'en remettre au souverain. Cette tradition, suivie de toute ancienneté[2], est rappelée de la façon la plus formelle dans un mandement en date du 11 février 1353, à l'adresse de cinq conseillers au Parlement chargés d'examiner les comptes de l'exécution testamentaire du procureur général Aucher de Cayot; aux termes de ce mandement, afin de satisfaire au vœu exprimé par les exécuteurs qui avaient choisi le Parlement pour surveiller l'accomplissement des dernières volontés du défunt, le roi désigne deux de ces conseillers à l'effet d'ouïr et d'approuver les comptes, de donner décharge sous le scel du Châtelet, de veiller enfin à ce que les exécuteurs testamentaires ne fussent mis en cause qu'au Parlement. Après la mort du médecin du roi, Gilles d'Éméville, dont les exécuteurs testa-

---

[1] L'idée première de cette publication appartient à notre regretté collègue et ami feu M. Henri Lot, qui de longue date avait préparé la copie du registre des Testaments et formé le projet d'en donner le texte dans une édition analogue à celle de son *Style du Parlement de Paris*. Durant cette longue et cruelle maladie qui devait l'enlever à notre affection, il consacrait encore à ce travail de prédilection les rares instants de répit que lui laissaient ses souffrances. Lorsque les progrès du mal ne lui permirent plus de conserver aucun espoir, il voulut bien me confier la mission de continuer et de compléter l'œuvre commencée; c'est cette tâche dont je m'acquitte aujourd'hui, rendant ainsi un pieux et dernier hommage à sa mémoire.

[2] «Cum de jure et consuetudine notorie «antiquitus observata cognitio testamento-«rum quorumcumque in regno nostro de-«cedencium ad nos solum et insolidum «pertineat, quociens primo ad nos recursus «super hoc habeatur.» (Préambule du mandement du 11 février 1353; Arch. Nat., X¹ᴬ 15, fol. 24 v°.)

mentaires eurent recours à ce haut tribunal, la jurisprudence semble avoir été fixée d'une manière définitive par les lettres données le 2 janvier 1356, et insérées dans le premier volume des ordonnances enregistrées au Parlement[1]. L'autorité royale, faisant droit à la requête des exécuteurs testamentaires, au nombre desquels figure Pierre d'Émeville, président au Parlement, établit que la connaissance des testaments devait en premier ressort appartenir au souverain, et dans le cas particulier en question, investit les gens des requêtes du Palais de pleins pouvoirs pour vérifier les comptes des exécuteurs, et faire rendre les biens de la succession que l'on détiendrait indûment, de telle sorte que les exécuteurs testamentaires ne pourraient être cités que devant le Parlement pour toutes difficultés que ferait surgir l'interprétation du testament.

Les registres du Parlement, depuis cette époque, nous fournissent de nombreux exemples d'exécutions testamentaires soumises à la Cour. C'est dans la série des *Lettres, Arrêts et Jugés,* parmi les actes désignés sous le nom générique de *Lettres,* que se rencontrent les commissions relatives aux testaments et aux opérations qui en dérivent. Nous citerons entre autres, à la date du 4 février 1355, la renonciation du président Simon de Bucy et du conseiller Hugues de Marle, exécuteurs testamentaires désignés par un autre conseiller, Jacques d'Artemps, chevalier, lesquels déclinèrent la mission confiée à leurs soins[2]. Le 24 août 1356, le Parlement délégua deux de ses membres, Aimeri de Chartres et Pierre Fouace, pour l'examen des comptes rendus par les exécuteurs testamentaires de Berthaud Castaing et d'Agnès sa femme, la vérification des recettes et l'appréciation de certains griefs qu'articulaient les gouverneurs de l'hôpital du Saint-Sépulcre[3]. Mais dans les registres des *Lettres,* on ne voit pas qu'il soit question de présentations de testaments au Parlement; ce n'est que dans le registre du Conseil commençant en 1364 qu'apparaissent les premières mentions de cette nature. A la date du mardi 10 décembre 1364, maîtres Jean de Pacy et Pierre de Pacy, héritiers et exécuteurs testamentaires de leur père Jacques de Pacy, conseiller en la grand'chambre, soumirent le fait de l'exécution à la Cour, qui leur en donna acte; le 16 février 1366 fut reçue une déclaration analogue apportée par les héritiers de Guillaume de Wavrin[4].

[1] Arch. Nat., x¹ᴬ 8602, fol. 43 v°.
[2] Arch. Nat., x¹ᴬ 16, fol. 46 v°.
[3] Arch. Nat., x¹ᴬ 16, fol. 349 v°.
[4] Arch. Nat., x¹ᴬ 1469, fol. 16 r°, 115 v°.

Jusqu'à la fin du xiv° siècle, les choses restèrent en l'état et l'on continua régulièrement à inscrire au Conseil les soumissions de testaments à la Cour. Ce n'est que lorsque Nicolas de Baye prit possession du greffe du Parlement, au mois de novembre 1400, que par ses soins un registre spécial fut consacré à la transcription des testaments. Ce registre sur parchemin, conservé aux Archives Nationales sous la cote $X^{1A}$ 9807, comprenait dans son intégrité deux cent trente-six testaments copiés les uns à la suite des autres d'une manière uniforme; malheureusement, il nous est parvenu dans un état de mutilation des plus regrettables; le volume en question comptait jadis cinq cent vingt et un folios, mais à une époque relativement récente, les folios 265 à 509 ont été soustraits; cette lacune peut du reste être comblée à l'aide d'une copie du registre des Testaments, exécutée au xvii° siècle, copie complète dans le principe, qui formait un recueil de trois volumes in-folio, dont les tomes II et III, seuls existants, font actuellement partie de la collection Moreau à la Bibliothèque Nationale (n°s 1161 et 1162).

Le registre des Testaments, considéré dans son état actuel, s'ouvre par une double table; la première comprend une liste des testaments dont se compose le volume dans leur ordre d'insertion[1]; la seconde, un index alphabétique des testateurs. Cette double table remplit les folios 1 à 7; au folio 7 se lit l'intitulé suivant :

«Testamenta, seu ordinationes ultimarum voluntatum decedencium curie «Parlamenti summisse, ab anno Domini mcccc per magistrum Nicolaum de «Baya, grefferium Parlamenti predicti, registrate, necnon commissiones com-«missariorum ad compota dictorum testamentorum audiendum ordinatorum «subsecuntur.»

Si l'on prenait à la lettre les indications du titre, l'on serait tenté de croire que le volume des Testaments ne renferme point d'actes antérieurs à l'année 1400; il n'en est rien. On y rencontre plusieurs dispositions de dernière volonté comprises entre les années 1392 et 1399; il y a même un testament du 6 septembre 1375, celui de Jean Boileau, clerc du roi, mais ce document n'y figure qu'à titre accessoire parce qu'il est cité et visé dans le testa-

---

[1] Il n'est pas inutile d'observer que le nombre réel des actes de dernière volonté transcrits dans le registre ne correspond pas au numérotage de la table placée en tête du volume; au lieu de 244 numéros on ne trouve que 236 testaments, la différence provient de ce que huit codicilles ont été comptés comme testaments.

ment d'un autre Jean Boileau, chanoine de Thérouanne, fils du précédent, soumis à la Cour le 22 juin 1411. La date de 1400, donnée par le greffier, indique simplement le commencement de l'application d'une mesure prise par le Parlement, c'est-à-dire la transcription sur un registre spécial des testaments qui lui étaient présentés. Ce détail ressort pleinement de la soumission à la Cour du testament de Guillaume Lirois, conseiller.

Le mardi, vingt-troisième jour du mois d'août 1401, il fut enjoint à ses exécuteurs testamentaires de remettre au greffier le testament « ou la copie soubz le seel de Chastellet... pour le enregistrer et ceulx tous qui de ci en avant seront soubmis à la dicte court. »

Ce qui montre bien le caractère officiel du registre inauguré par le greffier de Baye, c'est d'une part la clause du testament d'Enguerranne de Saint-Benoît, recommandant l'insertion de cet acte *ou livre et registre des Testaments*, et d'autre part la mention qui en est faite dans le volume du Conseil par le successeur de N. de Baye, lequel rappelant l'institution d'un commissaire chargé de suivre une exécution testamentaire, ajoute ces mots : *sed non constat per registrum Testamentorum*[1]. L'examen du registre prouve également que chaque pièce transcrite était collationnée sur l'original, ainsi qu'en porte témoignage la note *Collacio facta est*, placée au bas de la plupart des testaments. Parfois les testateurs eux-mêmes surveillaient l'insertion de leurs dispositions suprêmes, et en attestaient l'authenticité; citons comme exemple la notice qui accompagne le testament de Renaud du Mont-Saint-Éloy[2] :

« Combien que ceste ordonnance parle en tierce personne, neantmoins je R. du Mont Saint Eloy l'ay fait escrire et nommée, et pour ce je le approuve soubz mon seing manuel. (Signé) Mont Saint Éloy. »

A la suite du titre dont nous avons reproduit la teneur, se trouve une sorte de répertoire tenu par les greffiers du Parlement, pour la période qui s'étend de l'année 1400 à l'année 1461, répertoire où s'inscrivaient dans l'ordre chronologique les soumissions de testaments faites au Parlement par les exécuteurs testamentaires, et le dépôt de ces mêmes actes en vue de leur enregistrement, les nominations de commissaires chargés de procéder aux inventaires et de vérifier les comptes des exécuteurs, en un mot tout ce qui constituait ces opérations multiples qu'entraînait à sa suite une exécution testamentaire. Comme ces

---

[1] Arch. Nat., x$^{1A}$ 1480, fol. 199 r°. — [2] Arch. Nat., x$^{1A}$ 9807, fol. 519 v°.

opérations se prolongeaient quelquefois pendant plusieurs années, il n'est pas rare de voir indiqués de mains différentes tous les changements qui pouvaient survenir dans le cours d'une exécution, notamment en ce qui se rattache à la substitution des commissaires investis du droit d'approuver les comptes. Peu d'annotations sont de la main du greffier Nicolas de Baye; la première inscription est du mercredi 1ᵉʳ décembre 1400, elle concerne la soumission du testament de Jeanne Petit; la dernière, du 5 avril 1461, est relative à l'exécution testamentaire d'Augustin Yscbarre.

Ce répertoire, à l'usage des greffiers du Parlement chargés de l'enregistrement des ordonnances de dernière volonté, mérite de fixer notre attention; il nous renseigne avec exactitude sur le mode de procéder en matière d'exécution testamentaire suivi au Parlement au xvᵉ siècle.

La soumission au Parlement s'opérait généralement par les soins des exécuteurs testamentaires dont la désignation spéciale était faite dans chaque testament; ces exécuteurs se présentaient devant la Cour immédiatement après le décès du testateur, et déclaraient soumettre au Parlement l'exécution de son testament; souvent ils délivraient l'acte lui-même pour être enregistré; en accomplissant cette formalité, les exécuteurs testamentaires ne faisaient que se conformer au désir exprimé par le défunt dans son testament en termes plus ou moins élogieux pour la Cour. Ils n'attendaient pas toujours la mort du testateur pour s'acquitter de leur mission; le lundi 22 août 1390, Mᵉ Guillaume de Celsoy et Pierre Surreau vinrent exposer au Parlement que Mᵉ Guibert de Celsoy, médecin[1], « estant en péril de son corps, » soumettait l'exécution de ses dernières volontés à la Cour, laquelle en prit acte, ce qui ne les empêcha point de renouveler cette soumission le 29 août, après le décès dudit Celsoy[2].

Dans maintes occasions, les testateurs en personne déposaient leurs dernières dispositions entre les mains des membres de la Cour, probablement afin qu'aucune autre juridiction ne pût réclamer la connaissance du testament. Si les testateurs, surtout ceux qui appartenaient au clergé, prenaient de telles précautions pour que l'exécution de leurs suprêmes volontés ne fût point contestée au Parlement, c'est que l'autorité ecclésiastique entrait souvent en lutte avec ce corps judiciaire et cherchait à lui enlever la connaissance des

---

[1] Ce personnage, originaire du village de Celsoy en Champagne, fut successivement médecin des rois Jean, Charles V et Charles VI. — [2] Arch. Nat., x¹ᵃ 1475, fol. 113 r°.

dispositions testamentaires; les actes du Parlement nous ont laissé trace de plus d'un conflit de ce genre. Vers l'année 1375, les exécuteurs testamentaires d'Étienne Dessus-l'Eau, bourgeois de Sens, au nombre desquels figure le chancelier Pierre d'Orgemont, avaient été mis en demeure par l'officialité de Sens de produire le testament ainsi que l'inventaire des biens du défunt. En vertu de lettres adressées au bailli de Sens[1], l'autorité royale interdit à l'archevêque et à l'archidiacre de Sens de s'immiscer à aucun titre dans l'exécution testamentaire de ce bourgeois, déjà soumise au Parlement; par suite de cette décision, le 30 avril 1375, Nicolas de l'Espoisse, procureur de l'archevêque, déclara consentir à l'annulation des procédures engagées et renoncer à connaître du testament. Cet antagonisme des pouvoirs religieux et judiciaire subsista pendant tout le moyen âge; nous en trouvons un exemple caractéristique au début du xvi° siècle; en 1505, le clergé de Saint-Germain-l'Auxerrois ayant refusé de procéder à une inhumation tant que le testament du défunt ne lui aurait pas été présenté, les gens du roi s'émurent du scandale causé par cette mesure et demandèrent en séance du Parlement, tenue le 21 juin, que défenses fussent faites aux vicaires et officiers principaux de l'évêque « de retarder la sepulture de leurs paroissiens soubz couleur de l'exhibicion des dis testamens[2]. »

Pour surveiller l'exécution des ordonnances de dernière volonté, la juridiction ecclésiastique commettait un juge spécial connu sous le nom de *Maître des testaments*, dont le Parlement ne voulut jamais tolérer l'ingérence dans les exécutions testamentaires soumises à son autorité, lors même qu'il s'agissait d'accomplir des legs pieux; c'est ainsi qu'au mois de janvier 1428, l'un des légataires d'un certain Thomas Raart s'étant avisé de citer M° Robert Agode, exécuteur testamentaire, par-devant le Maître des testaments en cour ecclésiastique, fut arrêté dans sa tentative par le Parlement, qui lui défendit formellement de procéder outre, sous peine d'encourir une amende de dix marcs d'argent, et fit signifier au Maître des testaments de ne point se mêler d'une exécution soumise à la Cour[3]. Le Parlement n'admettait pas davantage l'intervention des justices civiles, telles que le Châtelet. Le 1er octobre 1418, lors du décès de M° Mahieu du Bosc, conseiller au Parlement, Jean Milon, examinateur au Châtelet, envoyé par le prévôt de Paris, apposa les scellés dans la demeure du défunt et y installa quatre sergents; le Parlement, instruit du

---

[1] Livre Rouge du Châtelet; Arch. Nat., Y 3, fol. 59 r°.

[2] Arch. Nat., x¹ᴬ 1510, fol. 137 r°.

[3] Arch. Nat., x¹ᴬ 1480, fol. 394 v°.

fait, lui intima l'ordre de retirer ces garnisaires et de ne plus s'inquiéter d'une exécution testamentaire dont la Cour seule se réservait la connaissance[1].

Cette digression nous a fait perdre de vue un instant les présentations et soumissions de testaments accomplies par les testateurs en personne. En voici quelques exemples :

Le lundi 29 janvier 1403, Pierre Philippeau, prieur de Saint-Éloi, vint devant le Parlement et, sous les yeux de J. Garitel, conseiller, de Jean du Bois, secrétaire du roi, de Hugues Moulin et de plusieurs autres témoins, soumit à la Cour l'exécution de son testament. Le 10 février suivant, Jean de Folleville, qui exerça de 1389 à 1401 la charge de prévôt de Paris, apporta lui-même son testament pour le faire enregistrer; quelques années plus tard, ayant pris de nouvelles dispositions, il eut soin de les communiquer au Parlement et d'en demander l'enregistrement. Le dernier jour de février de l'année 1407, Jean Creté, maître des comptes, déposa également l'acte contenant l'expression de ses dernières volontés. Le 19 septembre de cette année, l'évêque de Bayeux, en présence des présidents et conseillers assemblés, exhiba son testament, qu'il déclara soumettre au Parlement, « et requist icellui testament estre seellé du signet de la dicte court, » ce qui lui fut octroyé.

Lorsque le testateur avait manifesté son intention de confier au Parlement l'exécution de ses dernières volontés, la Cour se considérait comme investie du droit de retenir, nonobstant opposition quelconque, la connaissance du testament. Tel fut le cas après la mort de Renaud de Trie, amiral de France; Marguerite de Trie et Jacques de Trie, en leur qualité d'héritiers pour partie de sa succession et d'exécuteurs testamentaires, firent présenter au Parlement des lettres royales, en conformité desquelles la Cour reçut la soumission du testament et ordonna d'enlever à la veuve du défunt l'acte en question pour l'enregistrer.

Le jour même où les exécuteurs testamentaires apportaient un testament pour en soumettre l'exécution au Parlement, on leur faisait prêter serment de remplir fidèlement la mission confiée à leurs soins, et la Cour nommait immédiatement deux commissaires, généralement deux conseillers, chargés d'ouïr le compte de l'exécution testamentaire. Le répertoire tenu par les greffiers

---

[1] Arch. Nat., X1A 1482, fol. 146 v°.

fait connaître non-seulement les remplacements de commissaires par suite de mort ou démission, mais encore les renonciations d'exécuteurs testamentaires désignés par le défunt, le plus souvent des magistrats, qui, pour une raison ou pour une autre, ne se souciaient point de se charger d'une exécution, et qui consentaient néanmoins à s'en occuper officieusement.

En temps ordinaire, l'exécution d'un testament était une opération compliquée qui se prolongeait souvent plusieurs années. L'exécution testamentaire de Jean Truquan, lieutenant criminel au Châtelet, commencée en 1407, n'était pas encore achevée en 1445; à la date du 27 novembre de cette dernière année, il devint nécessaire de subroger Jean Doux Sire, clerc au Châtelet, aux affaires de la succession. Pendant les troubles politiques qui bouleversèrent les dernières années du règne de Charles VI et qui eurent leur contre-coup au sein même du Parlement, nombre d'exécutions testamentaires restèrent en souffrance, au point qu'au mois de février 1419 on dut procéder à une nouvelle distribution des auditions de comptes non encore rendus. Nous la trouvons sous forme de tableau comprenant quatre folios du registre du Conseil[1]; le verso du dernier folio contient une liste d'exécutions de testaments que l'on jugea inutile de distribuer.

Si le texte de nombreux testaments nous a été conservé, par contre, peu de comptes d'exécutions testamentaires ont échappé à la destruction; nous n'en connaissons aucun provenant des testaments enregistrés au Parlement; nous nous bornerons à signaler deux comptes existant aux Archives Nationales: celui de l'exécution testamentaire de Jean de Hetomesnil, chanoine de la Sainte-Chapelle, rendu en 1380 et précédé du testament de ce personnage[2], et celui de Philippe de Vertus, de l'année 1421[3]. Ce genre de documents tire son principal intérêt des inventaires de biens meubles compris dans l'actif de la succession.

Toutes les fois qu'un testament dénotant une certaine situation de fortune arrivait au Parlement, la Cour n'avait rien de plus pressé que de faire procéder à l'inventaire des biens du défunt par un ou plusieurs commissaires nommés *ad hoc*. Ces commissaires étaient habituellement choisis parmi les huissiers ou les notaires attachés au Parlement. S'il s'agissait d'une de ces successions opulentes où l'inventaire acquérait une importance considérable, la Cour délé-

---

[1] Arch. Nat., X1A 1480, fol. 196-199. — [2] Arch. Nat., KK 330A. — [3] Arch. Nat., KK 348.

guait son greffier et même quelques-uns de ses conseillers; ainsi Nicolas de Baye et Pons de Dizy furent chargés de dresser l'inventaire des biens restés à Paris après le décès de Guillaume de Dormans, archevêque de Sens, pendant qu'Aleaume Cachemarée, huissier, se transportait hors Paris pour s'acquitter d'une mission analogue. De même, lorsque Dino Raspondi, ce fameux marchand lucquois qui ouvrait libéralement ses coffres aux têtes couronnées, investit le Parlement de Paris de l'exécution de ses dernières volontés, la Cour ne crut pouvoir mieux faire que de confier à deux de ses conseillers, assistés d'un notaire du roi, le soin d'établir l'inventaire d'une succession aussi riche, comme elle délégua son premier président, Robert Mauger, afin d'entendre le compte que devait rendre un autre président, Jean de Vailly, à titre d'exécuteur choisi par Dino Raspondi.

Telles sont les principales données que fournit le répertoire placé en tête du registre des Testaments; ce répertoire, rédigé en français, remplit les folios 7 à 36, et embrasse soixante années du xv° siècle. En est-il de même du recueil de testaments transcrits à la suite? Loin de là: les actes qui constituent cette collection ne dépassent point l'année 1421; le registre, qui se termine actuellement par le testament de Guillaume d'Orgemont, ne devait, si l'on se réfère à la liste générale des Testaments placée sous la rubrique *Tabula Testamentorum,* comprendre que trois testaments en plus : ceux de Jean de Héricourt, d'Henri de Savoisy et de Lucie Gencienne. Il est permis de se demander si le registre que nous possédons est le seul qui ait existé, et si l'habitude d'enregistrer les testaments ne se serait point perdue au milieu des agitations qui marquèrent la fin du règne de Charles VI et le commencement du règne de Charles VII. Nous ne le pensons pas; on voit en effet par le répertoire que le Parlement anglais continua à recevoir les testaments qui lui étaient déférés, tout comme le Parlement de Poitiers, fidèle aux anciennes traditions, retint la connaissance des quelques testaments qui lui furent soumis et les fit même transcrire dans son registre d'Ordonnances[1].

Il y a donc une présomption en faveur de la continuation de l'enregistrement des testaments reçus pendant l'occupation anglaise, et rien n'empêche de conjecturer que les registres consacrés à la transcription de ces actes ont disparu. Un fait certain est que sous le règne de Louis XI et de ses successeurs, c'est-

---

[1] Arch. Nat., x1a 8604, fol. 92-100.

à-dire jusqu'à la fin du xvi° siècle, on ne cessa de soumettre au Parlement des exécutions testamentaires et *d'enregistrer* les testaments apportés en conséquence. Nous relevons dans les registres du Conseil plusieurs mentions très-explicites qui ne peuvent laisser aucun doute à cet égard. Le 3 mai 1490, Guillaume de Montboissier, conseiller, ayant chargé le Parlement de surveiller son exécution testamentaire, non-seulement un huissier fut commis à la garde des biens de la succession, mais encore l'un des quatre notaires de la Cour reçut mission d'en dresser l'inventaire[1]. A la date du 27 août 1521, le Parlement décida que le testament de l'évêque de Beauvais serait *enregistré ès registres de la Cour*[2]. Le 21 juin 1554 intervint un arrêt du Parlement qui déclara bon et valable le testament fait par Charles de Luxembourg, vicomte de Martigues, mortellement blessé à la prise du château de Hesdin, et ordonna, conformément à la requête du procureur général, que ledit testament portant institution d'héritier en faveur de Jean, duc d'Étampes, serait *enregistré ès registres de la Cour*[3]. De quels registres peut-il être question? C'est en vain que l'on chercherait dans les diverses séries du Parlement, telles que le Conseil ou les Ordonnances, la moindre trace de ces enregistrements. Ne serait-on pas dès lors en droit de conclure qu'il existait encore à cette époque des volumes spécialement affectés à l'insinuation des testaments, volumes faisant suite à l'unique registre qui nous est parvenu? Au xvii° siècle, il ne paraît pas que l'on ait continué à transcrire sur des registres spéciaux les testaments soumis à la Cour; on peut remarquer, en effet, que le testament de la reine Marie de Médicis, déposé au Parlement, fut mis au greffe, et que la teneur de cet acte important fut insérée au Conseil Secret.

Les testaments dont nous donnons le texte sont reproduits, tantôt d'après le registre original faisant partie des archives du Parlement, tantôt suivant la copie du fonds Moreau (Bibl. Nat., département des manuscrits). Il nous semble inutile d'insister ici sur l'intérêt que peut offrir aux érudits ce modeste recueil de documents; dans l'expression de ces dernières volontés, toutes les conditions, depuis les plus humbles jusqu'aux plus relevées, se trouvent représentées; prêtres, magistrats, marchands, gens de loi, grands seigneurs, dames nobles, bourgeois et bourgeoises, grâce à leurs dispositions testamentaires,

---

[1] Arch. Nat., x¹ᴬ 1497, fol. 210 v°. — [2] Arch. Nat., x¹ᴬ 1523, fol. 337 v°. — [3] Arch. Nat., x¹ᴬ 4956, fol. 458 r°.

nous font pénétrer en quelque sorte dans le secret de leur existence, nous laissent entrevoir leurs mœurs, leurs habitudes, nous révèlent même leurs goûts littéraires et artistiques. Ce qui nous a guidé dans notre choix, c'est moins la pensée de mettre en relief certains personnages ayant occupé un rang social plus ou moins élevé que le désir de retrouver dans le milieu où ils ont vécu un ensemble de renseignements peu connus sur la vie privée au moyen âge.

# INDEX CHRONOLOGIQUE

DES

# TESTAMENTS

## INSÉRÉS DANS LE REGISTRE DU PARLEMENT.

Les articles précédés d'un astérisque se rapportent aux testaments dont nous reproduisons le texte; l'italique caractérise les actes actuellement en déficit dans le registre original; nous employons la lettre A pour désigner ce registre, conservé aux Archives Nationales sous la cote $x^{1A}$ 9807; les lettres B² et B³ s'appliquent aux tomes II et III, seuls existants, de la copie du même registre que possède la Bibliothèque Nationale (n°ˢ 1161 et 1162 du fonds Moreau).

| NUMÉROS. | DATES. | | SOMMAIRES. | COTES DES PIÈCES. |
|---|---|---|---|---|
| | ANNÉES. | MOIS. | | |
| 1 | 1375 | 6 septembre.. | Testament de Jean dit Boileau, clerc du roi.... | A fol. 313 v°. B² fol. 513 r°. |
| 2 | 1392 | 28 mars...... | *Testament de Guillaume de Lirois, conseiller au Parlement de Paris.................. | A fol. 49 v°. |
| 3 | 1394 | 28 juillet.... | *Testament de Pierre du Châtel, chanoine de Notre Dame, maître des comptes........ | A fol. 43 r°. |
| 4 | 1394 | 9 août...... | Testament de Denise, femme de Jean le Pâtre, marchand et bourgeois de Paris.......... | A fol. 222 v°. B² fol. 157 v°. |
| 5 | 1395 | 21 mars..... | Testament de Thomas d'Estouteville, évêque de Beauvais...................... | A fol. 37 r°. |
| 6 | 1395 | 27 avril..... 23 mai...... | Testament et codicille de Séguin d'Anton, patriarche d'Antioche, archevêque de Tours... | A fol. 38 v°. |
| 7 | 1395 | 16 juillet.... | Testament d'Aveline, femme de Jean Maulin, maître des comptes................... | A fol. 86 v°. |
| 8 | 1396 | 12 janvier... | Testament de Bertrand de la Tour, évêque de Langres........................ | A fol. 44 v°. |
| 9 | 1396 | 30 avril..... | Testament d'Hélion de Naillat, châtelain de Baugency, seigneur d'Onzain, chambellan du roi............................. | A fol. 178 v°. |
| 10 | 1398 | 16 février.... | *Codicille d'Enguerran de Coucy, comte de Soissons............................. | A fol. 83 v°. |
| 11 | 1398 | 17 juillet.... | Testament de Renaud de Bucy, conseiller au Parlement de Paris................... | A fol. 209 r°. B² fol. 97 v°. |
| 12 | 1398 | 16 août..... | Testament de Jeanne la Miresse, femme de Pierre Braque, écuyer de cuisine du roi... | A fol. 97 r°. |

## INDEX CHRONOLOGIQUE DES TESTAMENTS

| NUMÉROS. | DATES. | | SOMMAIRES. | COTES DES PIÈCES. |
|---|---|---|---|---|
| | ANNÉES. | MOIS. | | |
| 13 | 1399<br>1407 | 18 février....<br>9 août...... | *Testament et codicille d'Arnaud de Corbie, chancelier de France...................... | A fol. 377 r°.<br>B² fol. 744 v°. |
| 14 | 1399<br>1401 | 25 février....<br>9 juillet......<br>23 août..... | Testament et codicilles de Pierre de Giac, chancelier de France................ | A fol. 46 r°. |
| 15 | 1399 | 2 août...... | Testament de Robert Waguet, chanoine de Cambrai, président de la chambre des enquêtes au Parlement de Paris................ | A fol. 297 v°.<br>B² fol. 461 r°. |
| 16 | 1399 | 23 août..... | Testament de Jean Maulin, maître des comptes. | A fol. 82 r°. |
| 17 | 1400 | 22 février.... | *Testament de Guillaume de Chamborand, écuyer de corps du roi..................... | A fol. 160 v°. |
| 18 | 1400<br>1401 | 30 avril.....<br>14, 20 sept... | Testament et codicilles de Gille de Courlon, dame d'Auxy, femme de Jean de S¹-Phal, écuyer. ........................... | A fol. 53 v°. |
| 19 | 1400 | 15 mai...... | Testament de Gui de Roye, archevêque de Reims............................ | A fol. 251 v°.<br>B² fol. 277 r°. |
| 20 | 1400 | 19 août..... | Testament de Pierre Belle, huissier au Parlement de Paris..................... | A fol. 120 r°. |
| 21 | 1400 | 24 novembre. | Testament de Jean de Pompadour, chanoine de Notre-Dame, curé de S¹-Gervais, à Paris... | A fol. 156 r°. |
| 22 | 1401 | 27 mars..... | *Testament de Jean de Trie, chambellan du roi et du duc d'Orléans................. | A fol. 162 r°. |
| 23 | 1401 | 30 juillet.... | Testament de Jeanne la Pâtée, femme de Jacques du Gard, conseiller au Parlement de Paris........................... | A fol. 51 r°. |
| 24 | 1401 | 14 octobre... | Testament de Gui de Craon, chambellan de Charles VI...................... | A fol. 52 r°. |
| 25 | 1401 | 15 octobre... | Testament de Pierre le Cerf, procureur général du roi au Parlement de Paris.......... | A fol. 111 r°. |
| 26 | 1401 | 17 novembre. | Testament de Jean Coleçon, chanoine de Reims. | A fol. 57 v°. |
| 27 | 1402<br>1403 | 12 février....<br>22 décembre.. | Testament et codicille d'Isabeau de Germaincourt, veuve de Jean Pelerin, chevalier.... | A fol. 112 v°. |
| 28 | 1402 | 11 avril..... | Testament d'Eustache de la Pierre, procureur au Parlement de Paris................ | A fol. 59 r°. |
| 29 | 1402 | 8 mai....... | Testament de Louis de Merle, chevalier, seigneur de Merle.................... | A fol. 60 v°. |
| 30 | 1402 | 1ᵉʳ juin...... | Testament de Molchion de la Couture, chanoine de Beauvais, chapelain du duc de Berry.... | A fol. 91 r°. |
| 31 | 1402 | 9 octobre.... | *Testament de Jean de Neuilly-Saint-Front, chanoine de Notre-Dame de Paris et archidiacre de Soissons..................... | A fol. 78 r°. |
| 32 | 1402 | 10 novembre. | *Testament de Jean Salais, maître ès arts et en médecine, curé de Villévêque en Anjou.... | A fol. 62 r°. |
| 33 | 1402 | 4 décembre... | Testament de Jean Noël, procureur au Parlement de Paris..................... | A fol. 84 v°. |

INSÉRÉS DANS LE REGISTRE DU PARLEMENT.

| NUMÉROS. | DATES. ANNÉES. | MOIS. | SOMMAIRES. | COTES DES PIÈCES. |
|---|---|---|---|---|
| 34 | 1403 | 26 janvier.... | *Testament de Pierre Philippeau, prieur de Saint-Éloi de Paris.................. | A fol. 65 r°. |
| 35 | 1403 | 4 février..... | Testament de Louis de Sancerre, connétable de France....................... | A fol. 66 r°. |
| 36 | 1403 | 9 février..... | Testament de Gérard d'Athies, archevêque de Besançon....................... | A fol. 129 v°. |
| 37 | 1403 | 7 mars...... | Testament de Jean Tabari, évêque de Thérouanne...................... | A fol. 105 r°. |
| 38 | 1403 | 17 mars..... | Testament de Gobert de Pons, sergent d'armes du roi, bourgeois de Paris............. | A fol. 94 v°. |
| 39 | 1403 | 12 avril..... | Testament et codicille du cardinal Jean de la Grange, ancien évêque d'Amiens......... | A fol. 70 v°. |
| 40 | 1403 | 15 mai...... | *Testament de Jean de Popincourt, premier président du Parlement de Paris......... | A fol. 92 v°. |
| 41 | 1403 | 28 mai...... | *Testament de Jean d'Essoye, secrétaire de la reine Isabeau de Bavière, chanoine de Saint-Merry................... | A fol. 263 v°. B² fol. 340 r°. |
| 42 | 1403 | 4 juin....... | Testament de Jean la Personne, vicomte d'Acy, chambellan du roi................. | A fol. 140 v°. |
| 43 | 1403 1411 | 12 juin...... 10, 25 janvier. | *Testament et codicilles de Pierre Boschet, docteur en droit, président au Parlement de Paris... | A fol. 309 r°. B² fol. 499 r°. |
| 44 | 1403 | 8 juillet..... | Testament de Robert d'Acquigny, doyen de Saint-Omer, conseiller au Parlement de Paris....................... | A fol. 112 r°. |
| 45 | 1403 | 10 août..... | Testament d'Ithier de Martreuil, évêque de Poitiers, chancelier du duc de Berry...... | A fol. 86 r°. |
| 46 | 1403 | 24 septembre. | *Testament de Catherine de Vendôme, comtesse de la Marche et de Castres............. | A fol. 328 r°. B² fol. 562 v°. |
| 47 | 1403 | 9 octobre.... | Testament d'Oudart Naudot, chanoine de Saint-Étienne de Troyes.................. | A fol. 87 r°. |
| 48 | 1403 | 13 octobre... | Testament de Jean Fripier, clerc de la Chambre aux Deniers.................... | A fol. 98 v°. |
| 49 | 1403 | 19 octobre... | Testament de Louis, duc d'Orléans......... | A fol. 233 r°. B² fol. 203 v°. |
| 50 | 1403 | 21 novembre. | Testament de Michelette, veuve de Jean Noël, procureur au Parlement de Paris........ | A fol. 95 v°. |
| 51 | 1404 | 27 janvier... | *Testament de Jean de Coiffy, notaire et secrétaire du roi, chanoine de Reims......... | A fol. 102 v°. |
| 52 | 1404 | 28 janvier... | Testament de Simon de Bucy, évêque de Soissons........................ | A fol. 124 r°. |
| 53 | 1404 | 3 février.... | Premier testament de Jean de Foleville, ancien prévôt de Paris, maître des comptes...... | A fol. 99 r°. |
| 54 | 1404 | 7 mai....... | Testament d'Olivier de Martreuil, évêque de Chalon-sur-Saône.................. | A fol. 146 v°. |

MÉLANGES. — III.

33

| NUMÉROS. | DATES. | | SOMMAIRES. | COTES DES PIÈCES. |
|---|---|---|---|---|
| | ANNÉES. | MOIS. | | |
| 55 | 1404 | 13 mai...... | Testament de Grégoire l'Anglois, évêque de Sées............................ | A fol. 175 v°. |
| 56 | 1404 | 16 juin...... | *Testament de Jean Guiot, chanoine de Sens, curé de Chitry.................... | A fol. 116 r°. |
| 57 | 1404<br>1405 | 1ᵉʳ juillet....<br>23 mars..... | Testament et codicille de Louis de Saint-Marc, chanoine de Limoges, doyen de la Chapelle-Taillefert........................ | A fol. 151 r°. |
| 58 | 1404 | 3 juillet..... | *Testament de Jean Blondel, avocat au Parlement de Paris..................... | A fol. 115 v°. |
| 59 | 1404 | 9 juillet..... | Testament de Galeran de Pendref, maître ès arts, en médecine et en théologie, chanoine de Notre-Dame.................... | A fol. 119 r°. |
| 60 | 1404 | 29 juillet.... | Testament de Gilles d'Estouteville, ancien maître des requêtes de l'hôtel, chanoine de Rouen.. | A fol. 123 r°. |
| 61 | 1404 | 10, 22 octobre. | Testament et codicille de Jean le Mire, maître ès arts et en médecine, chanoine de Soissons. | A fol. 126 r°. |
| 62 | 1404 | 17 octobre... | Testament d'Asselin Reine, trésorier de Saint-Hilaire de Poitiers, confesseur du duc de Berry............................ | A fol. 246 v°.<br>B² fol. 258 r°. |
| 63 | 1404 | 25 décembre.. | Testament de Tristan du Bos, ancien maître des requêtes de l'hôtel, prévôt de l'église d'Arras............................ | A fol. 201 r°.<br>B² fol. 64 v°. |
| 64 | 1405<br>1406<br>1407 | 26 février....<br>7 janvier....<br>25 avril.....<br>25 septembre. | *Testament et codicilles de Jean Canard, évêque d'Arras ........................ | A fol. 189 r°.<br>fol. 198 v°.<br>B² fol. 15 r°.<br>fol. 55 v°. |
| 65 | 1405 | 30 mars.....<br>4 mai....... | Testament et codicille de Guillaume de Dormans, archevêque de Sens............ | A fol. 157 r°. |
| 66 | 1405 | 16 avril..... | Testament de Bertrand Vivien, bachelier ès lois, étudiant en l'Université d'Orléans.... | A fol. 150 r°. |
| 67 | 1405<br>1408 | 20 mai......<br>20 mai...... | Testament et codicille de Guillaume de la Croix, avocat en cour laye, à Longjumeau....... | A fol. 221 v°.<br>B² fol. 152 r°. |
| 68 | 1405 | 29 juin...... | Testament de Jean de Lagny, procureur au Parlement de Paris................. | A fol. 154 v°. |
| 69 | 1405 | 21 août..... | *Testament d'Aimeri de Montragoux, notaire, consul de Brives-la-Gaillarde........... | A fol. 159 v°. |
| 70 | 1406 | 30 janvier.... | Testament de Pierre Philippe, procureur au Parlement de Paris................. | A fol. 216 r°.<br>B² fol. 124 r°. |
| 71 | 1406 | 14, 15 février.<br>5 mars...... | Testament et codicilles de Robert du Bois, évêque de Mende........................ | A fol. 225 v°.<br>B² fol. 170 r°. |
| 72 | 1406 | 12 mai...... | *Testament de Renaud de Trie, amiral de France............................ | A fol. 185 v°.<br>B² fol. 2 r°. |
| 73 | 1406 | 6 juillet..... | Testament de Jean d'Ailly, conseiller au Parlement de Paris..................... | A fol. 224 v°.<br>B² fol. 164 v°. |
| 74 | 1406 | 17 juillet....<br>4 décembre.. | Testament et codicille de Jean Truquan, lieutenant criminel au Châtelet de Paris...... | A fol. 167 v°. |

INSÉRÉS DANS LE REGISTRE DU PARLEMENT.

| NUMÉROS. | DATES. | | SOMMAIRES. | COTES |
| --- | --- | --- | --- | --- |
| | ANNÉES. | MOIS. | | DES PIÈCES. |
| 75 | 1406 | 13 septembre. | *Testament de Thomas l'Écorché, licencié ès lois, avocat au Châtelet de Paris.......... | A fol. 203 r°. B² fol. 72 v°. |
| 76 | 1407 | 14 janvier... | Testament de Jean d'Arcies, conseiller au Parlement de Paris.................. | A fol. 166 r°. |
| 77 | 1407 | 18 février.... | Testament de Guillaume de Vienne, archevêque de Rouen...................... | A fol. 162 v°. |
| 78 | 1407 | 21 février.... | *Testament de Jean Creté, maître des comptes. | A fol. 163 v°. |
| 79 | 1407 | 12, 16 mars.. | Testament et codicille de Hugues Bonsoulas, notaire et secrétaire du roi............ | A fol. 170 v°. |
| 80 | 1407 | 13 mars..... | *Testament de Nicolas Pigasse, marchand génois à Paris........................ | A fol. 173 v°. |
| 81 | 1407 | 25 mai...... | Testament et codicille de Jeanne de Dormans, dame de Paillard et de Silly............ | A fol. 183 r°. fol. 187 r°. B² fol. 9 r°. |
| 82 | 1407 1409 | 24 juin...... 24 mars..... | Testament et codicille de Laurent de la Mongerie, chanoine de Notre-Dame.......... | A fol. 244 r°. B² fol. 248 r°. |
| 83 | 1407 | 16, 20 août.. | *Testament et codicille d'Étienne Poissonnat, huissier d'armes de Charles V.......... | A fol. 195 v°. B² fol. 44 v°. |
| 84 | 1407 | 18 août..... | Testament de Jean Malet, procureur au Parlement de Paris.................... | A fol. 188 v°. B² fol. 13 v°. |
| 85 | 1407 | 22 août..... | Testament de Robert Coiffe, chanoine de Noyon, clerc en la Chambre des comptes......... | A fol. 204 r°. B² fol. 78 v°. |
| 86 | 1407 | 1ᵉʳ septembre. | Testament de Pierre de Beaumont, écuyer, chambellan du duc de Berry............ | A fol. 219 r°. B² fol. 141 r°. |
| 87 | 1407 | 4 septembre.. | Testament de Jean d'Écouen, bourgeois de Saint-Denis..................... | A fol. 208 r°. B² fol. 94 r°. |
| 88 | 1407 | 7 septembre.. | Testament de Guillaume Coulon, procureur au Parlement de Paris................. | A fol. 188 r°. B² fol. 10 v°. |
| 89 | 1407 1412 | 12 septembre. 8 mars...... | Testament et codicille du cardinal Gui de Malesec, ancien évêque de Poitiers........... | A fol. 320 v°. B² fol. 537 v°. |
| 90 | 1407 | 13 septembre. | Testament de Bonne, femme de Jean Marlais, libraire juré de l'Université de Paris....... | A fol. 371 v°. B² fol. 724 r°. |
| 91 | 1407 | 20 octobre... | *Testament d'Enguerranne de Saint-Benoît, femme de Pierre de Précy............. | A fol. 194 v°. B² fol. 39 r°. |
| 92 | 1407 | 15 novembre. | *Testament de Denise la Jourdine, chambrière de Pierre le Jay, avocat au Parlement de Paris........................ | A fol. 197 v°. B² fol. 51 v°. |
| 93 | 1407 | 27 décembre,. | Testament de Pierre de Magnac, écuyer, de la ville de Saint-Junien................ | A fol. 207 r°. B² fol. 89 r°. |
| 94 | 1408 | 20 janvier.... | Testament de Jeanne de Rohan, dame d'Amboise, vicomtesse de Thouars.......... | A fol. 217 r°. B² fol. 129 r°. |
| 95 | 1408 | 13 février.... | Testament d'Herment de la Francheville, marchand et bourgeois de Paris....... ... | A fol. 209 v°. B² fol. 101 v°. |

# INDEX CHRONOLOGIQUE DES TESTAMENTS

| NUMÉROS. | DATES. ANNÉES. | DATES. MOIS. | SOMMAIRES. | COTES DES PIÈCES. |
|---|---|---|---|---|
| 96 | 1408 | 9 mars...... | Testament de Jean le Pâtre, marchand et bourgeois de Paris...................... | A fol. 220 r°. B² fol. 144 r°. |
| 97 | 1408 | 10 mars..... | Testament et codicille de Pierre Beaublé, évêque de Sées.......................... | A fol. 211 r°. B² fol. 105 v°. |
| 98 | 1408 | 26 mars..... | Testament de Jean Fauvel, huissier au Parlement de Paris..................... | A fol. 213 v°. B² fol. 115 r°. |
| 99 | 1408 | 7 avril...... | *Testament de Martine Canu, maîtresse du béguinage de Paris................... | A fol. 214 v°. B² fol. 120 r°. |
| 100 | 1408 | 11 mai...... | Testament de Simon de Dommartin, procureur au Parlement de Paris................ | A fol. 224 r°. B² fol. 162 r°. |
| 101 | 1408 | 22 mai...... | Testament de Nicolas de Voisines, notaire et secrétaire du roi..................... | A fol. 232 r°. B² fol. 198 v°. |
| 102 | 1408 | 26 juin...... | *Testament d'Ives Gaudin, drapier à Moulins-Engilbert............................ | A fol. 290 r°. B² fol. 433 v°. |
| 103 | 1408 | 11 septembre. | *Testament d'Imbert de Boisy, président au Parlement de Paris..................... | A fol. 267 r°. B² fol. 351 v°. |
| 104 | 1408 | 19 septembre. | Testament de Nicolas du Bosc, évêque de Bayeux........................... | A fol. 231 v°. B² fol. 197 r°. |
| 105 | 1408 | 24 décembre.. | *Testament d'Eude la Pis d'Oe, femme de Jacques l'Empereur, échanson du roi........... | A fol. 242 r°. B² fol. 241 v°. |
| 106 | 1409 | 1ᵉʳ mars..... | Testament de Gilles des Champs, évêque de Coutances......................... | A fol. 879 v°. B² fol. 754 v°. |
| 107 | 1409 | 25 mars..... | *Testament de Dauphine, femme de Philippe Vilate, procureur au Parlement de Paris..... | A fol. 303 r°. B² fol. 479 r°. |
| 108 | 1409 / 1412 | 1ᵉʳ mai...... / 2 novembre... | Testament et codicille de Hugues de Magnac, évêque de Limoges.................... | A fol. 347 v°. B² fol. 634 v°. |
| 109 | 1409 | 9, 11 mai.... | Testament de Pierre des Forges, archidiacre de Château-du-Loir, et chanoine de l'église du Mans............................... | A fol. 247 v°. B² fol. 262 r°. |
| 110 | 1409 / 1418 / 1420 | 4 juillet..... / 14 septembre. / 2 février..... | Testament et codicilles de Jean de Saint-Vrain, chanoine de Notre-Dame, président de la chambre des enquêtes au Parlement de Paris.. | A fol. 499 r°. B³ fol. 433 r°. |
| 111 | 1409 | 10 juillet.... | Testament de Pierre d'Orgemont, évêque de Paris........................... | A fol. 278 r°. B² fol. 395 r°. |
| 112 | 1409 | 22 juillet.... | Testament d'Étienne Buicart, dit de Marle, apothicaire et valet de chambre du roi........ | A fol. 361 v°. B² fol. 688 v°. |
| 113 | 1409 | 31 juillet.... | Testament de Philippe de Moulins, évêque de Noyon............................ | A fol. 250 v°. B² fol. 273 v°. |
| 114 | 1409 | 6 août...... | Testament de Jacques Marcadé, écuyer, valet de chambre du roi.................. | A fol. 261 v° B² fol. 331 r°. |
| 115 | 1409 | 20 août..... | *Testament de Jeanne la Héronne, poissonnière d'eau douce...................... | A fol. 334 v°. B² fol. 585 r°. |
| 116 | 1409* | 5 octobre.... | Testament de Michel de Creney, aumônier de Charles VI, évêque d'Auxerre.......... | A fol. 262 v°. B² fol. 334 v°. |

## INSERÉS DANS LE REGISTRE DU PARLEMENT.

| NUMÉROS. | DATES. | | SOMMAIRES. | COTES DES PIÈCES. |
|---|---|---|---|---|
| | ANNÉES. | MOIS. | | |
| 117 | 1409 | 16 novembre. | Testament de Gilles de Raincheval, procureur au Parlement de Paris............... | A fol. 266 r°. B² fol. 348 v°. |
| 118 | 1409 1410 | 17 novembre. 16 mars..... | Second testament et codicille de Jean de Foleville, ancien prévôt de Paris, maître des comptes... | A fol. 269 v°. B² fol. 363 r°. |
| 119 | 1410 | 22, 30 janvier. 1ᵉʳ février.... | * Testament et codicilles d'Alix de Cournon, dame du Goudet.......................... | A fol. 274 r°. B² fol. 382 v°. |
| 120 | 1410 | 5 mars...... | Testament d'Ives de Kérengar, docteur en décret, curé de l'église paroissiale de Ploudalmezeau. | A fol. 267 v°. B² fol. 356 r°. |
| 121 | 1410 | 8 avril...... | Testament de Jeanne de l'Aitre, demeurant à Paris............................... | A fol. 291 v°. B² fol. 439 v°. |
| 122 | 1410 | 23 mai...... | Testament de Jean de Cluys, curé de Cormeilles en Parisis........................... | A fol. 306 v°. B² fol. 490 v°. |
| 123 | 1410 | 4 juin....... 5 août...... | Testament et codicille d'Adam le Vasseur, écuyer, seigneur de Wanel et de Voisinlieu......... | A fol. 293 v°. B² fol. 446 v°. |
| 124 | 1410 | 30 juillet.... | Testament de Louis de la Trémoille, évêque de Tournai............................. | A fol. 292 v°. B² fol. 443 r°. |
| 125 | 1410 | 8 août...... | * Testament de Pierre d'Auxon, médecin de Charles VI............................ | A fol. 299 r°. B² fol. 465 r°. |
| 126 | 1410 | 20 septembre. | Testament de Robert de Maule, conseiller aux requêtes du Palais..................... | A fol. 301 r°. B² fol. 472 r°. |
| 127 | 1410 | 15 octobre... | Testament de Jean Urbain, pelletier à Paris... | A fol. 306 r°. B² fol. 488 v°. |
| 128 | 1410 | 20 octobre... | * Testament de Philippe Vilate, procureur au Parlement de Paris.................... | A fol. 359 r°. B² fol. 677 r°. |
| 129 | 1410 | 16 novembre. | Testament et codicille de Richard de Baudribosc, maître ès arts et en médecine, curé de l'église Sainte-Hélène d'Héberville............. | A fol. 304 r°. B² fol. 482 r°. |
| 130 | 1410 | 26 décembre.. | Testament de Jean Orry, valet de chambre du roi, bourgeois de Paris.................. | A fol. 308 r°. B² fol. 496 r°. |
| 131 | 1411 | 26 janvier.... | Testament de Dominique de Montchauvet, notaire et secrétaire du roi................ | A fol. 311 v°. B² fol. 507 v°. |
| 132 | 1411 | 22 avril..... | Testament de Roger Cirier, de Coye......... | A fol. 338 r°. B² fol. 599 v°. |
| 133 | 1411 1412 | 8 mai....... 23 juin...... | Testament et codicille de Catherine Chanteprime, femme d'Eustache de Gaucourt........... | A fol. 331 v°. B² fol. 575 r°. |
| 134 | 1411 | 20 juin...... | Testament de Jean Boileau, licencié en droit, chanoine de Thérouanne................ | A fol. 316 r°. B² fol. 522 v°. |
| 135 | 1411 | 5 juillet..... | Testament de Jean Bouillon, clerc en la Chambre des comptes........................ | A fol. 318 r°. B² fol. 528 v°. |
| 136 | 1411 | 1ᵉʳ août..... | Premier testament de Pierre Trousseau, évêque de Poitiers. (Annulé par le Parlement de Paris.)............................. | A fol. 366 r°. B² fol. 704 v°. |
| 137 | 1411 | 24 août..... | * Testament de Jean de Berch, procureur au Parlement de Paris..................... | A fol. 344 r°. B² fol. 621 v°. |

| NUMÉROS. | DATES. | | SOMMAIRES. | COTES DES PIÈCES. |
|---|---|---|---|---|
| | ANNÉES. | MOIS. | | |
| 138 | 1411 | 16 octobre... | *Testament de Denis de Mauroy, procureur général du roi au Parlement de Paris........ | A fol. 352 v°. B² fol. 653 v°. |
| 139 | 1411 | 19 octobre... | Testament de Pierre de la Rocherousse, écuyer de corps du roi, seigneur de Rivarennes...... | A fol. 318 v°. B² fol. 531 r°. |
| 140 | 1412 | 6 mars...... | Testament de Pierre d'Aumont, dit Hutin, chevalier, premier chambellan du roi....´..... | A fol. 374 v°. B² fol. 736 v°. |
| 141 | 1412 | 18 mars..... 1 avril...... | Testament et codicille de Jean de Boissay, évêque de Bayeux....................... | A fol. 327 r°. B² fol. 559 r°. |
| 142 | 1412 | 4 avril...... | Testament de Jean le Cornu, de Vernon...... | A fol. 336 r°. B² fol. 593 r°. |
| 143 | 1412 | 7 avril...... | Testament de Perrenelle, veuve de Guillaume Marcel, changeur et bourgeois de Paris..... | A fol. 454 r°. B³ fol. 227 v°. |
| 144 | 1412 | 28 juillet.... | *Testament de Pierre de Navarre, comte de Mortain.............................. | A fol. 339 v°. B² fol. 604 r°. |
| 145 | 1412 | 8 septembre.. | Testament de Pierre de Savoisy, évêque de Beauvais................................ | A fol. 340 r°. B² fol. 606 v°. |
| 146 | 1412 | 17 septembre. | *Testament de Jeanne, femme de Jean Angelin, épicier de la rue Saint-Denis........... | A fol. 342 v°. B² fol. 615 r°. |
| 147 | 1412 | 10 octobre... | Testament de Laurent de la Perrière, maître ès arts, licencié ès lois et en décret......... | A fol. 346 r°. B² fol. 627 r°. |
| 148 | 1412 | 28 novembre.. | Testament de Guénier de Scépeaux, notaire et secrétaire du roi.................... | A fol. 415 v°. B³ fol. 75 r°. |
| 149 | 1413 | 24 février..... | *Testament de Dino Raspondi, marchand lucquois, bourgeois de Paris.............. | A fol. 396 r°. B³ fol. 1 r°. |
| 150 | 1413 | 28 février.... | *Testament de Jean du Drac, président au Parlement de Paris.~................... | A fol. 357 v°. B² fol. 672 v°. |
| 151 | 1413 | 1ᵉʳ juin...... | Second testament de Pierre Trousseau, évêque de Poitiers. (Reconnu valable par le Parlement de Paris.)..................... | A fol. 367 v°. B² fol. 709 r°. |
| 152 | 1413 | 16 août..... | Testament de Gui de Cosne, chevalier, notaire et secrétaire du roi.................... | A fol. 363 v°. B² fol. 695 r°. |
| 153 | 1413 | 17 octobre... | Testament de Catherine de Clamecy, femme de Franchequin de Blandecques, bourgeois de Paris................................ | A fol. 387 v°. B² fol. 786 r°. |
| 154 | 1413 | 21, 24 octobre. | Testament et codicille d'Aubri de Trie, licencié ès lois............................. | A fol. 368 v°. B² fol. 714 r°. |
| 155 | 1413 | 1ᵉʳ décembre.. | Testament de Jean Caudel, conseiller aux requêtes du Palais·................·..... | A fol. 370 v°. B² fol. 722 r°. |
| 156 | 1413 | 17 décembre.. | Testament de Jean Périer, avocat du roi au Parlement de Paris..................... | A fol. 372 r°. B² fol. 727 v°. |
| 157 | 1414 1416 | 25 mars..... 26 février.... | Testament et codicille de Pons de Dizy, secrétaire du roi, chanoine de Reims............. | A fol. 421 v°. B³ fol. 101 v°. |
| 158 | 1414 | 28 mars..... | Testament de Franchequin de Blandecques, bourgeois de Paris...................´.... | A fol. 388 r°. B² fol. 787 v°. |

INSÉRÉS DANS LE REGISTRE DU PARLEMENT. 263

| NUMÉROS. | DATES. | | SOMMAIRES. | COTES DES PIÈCES. |
|---|---|---|---|---|
| | ANNÉES. | MOIS. | | |
| 159 | 1414 | 1ᵉʳ avril..... | Testament de Quentin de Moy, licencié ès lois, conseiller au Parlement de Paris.......... | A fol. 392 r°. B² fol. 799 r°. |
| 160 | 1414 | 11 avril..... | Testament de Robert Fouquet, bourgeois de Paris. | A fol. 380 r°. B² fol. 756 v°. |
| 161 | 1414 | 25 avril..... | Testament de Laurent l'Ami, notaire et secrétaire du roi................................ | A fol. 382 v°. B² fol. 766 r°. |
| 162 | 1414 | 1ᵉʳ mai...... | Testament de Guillaume de Gaudiac, doyen de Saint-Germain-l'Auxerrois, conseiller au Parlement de Paris..................... | A fol. 381 v°. B² fol. 761 v°. |
| 163 | 1414 | 21 juillet.... | Testament de Marie, veuve de Pierre le Cerf, procureur général du roi au Parlement de Paris............................... | A fol. 384 r°. B² fol. 772 v°. |
| 164 | 1414 | 27 août...... 1ᵉʳ septembre. | Testament et codicille de Thomas le Vasseur, licencié ès lois, avocat au Parlement de Paris. | A fol. 388 v°. B² fol. 789 v°. |
| 165 | 1414 | 31 août..... | Testament de Jean d'Avy, chevalier, chancelier du duc d'Orléans....................... | A fol. 385 v°. B² fol. 778 v°. |
| 166 | 1414 | 1ᵉʳ, 7 septemb. | Testament de Pierre d'Arcies, licencié ès lois, conseiller au Parlement de Paris............ | A fol. 386 v°. B³ fol. 782 r°. |
| 167 | 1414 | 13 octobre... | Testament de Philippe d'Harcourt, chevalier... | A fol. 390 v°. B² fol. 797 r°. |
| 168 | 1414 | 21 décembre.. | Testament de Guillaume d'Estouteville, évêque de Lisieux............................ | A fol. 417 r°. B³ fol. 80 r°. |
| 169 | 1415 | 1ᵉʳ janvier.... | *Testament de Jean de Noyers, chapelain de Notre-Dame, curé de l'église Saint-Germain du Vieux-Corbeil......................... | A fol. 496 r°. B³ fol. 418 v°. |
| 170 | 1415 | 1ᵉʳ février.... | Testament de Denis de Pacy, conseiller au Parlement de Paris........................ | A fol. 398 v°. B³ fol. 10 v°. |
| 171 | 1415 | 20 février.... | Testament de Dominique Chaillou, maître ès arts et en théologie, doyen de Reims.......... | A fol. 503 r°. B³ fol. 455 v°. |
| 172 | 1415 | 26 avril..... | Testament de Thibaud Houcie, chanoine de Notre-Dame de Paris..................... | A fol. 420 r°. B³ fol. 95 r°. |
| 173 | 1415 | 6 juillet..... | Testament de Robert le Tirant, écuyer, premier valet tranchant du roi................. | A fol. 458 r°. B³ fol. 246 v°. |
| 174 | 1415 1416 | 26 juillet.... 4 novembre.. | Testament et codicille de Marine la Doysse, épicière et bourgeoise de Paris............. | A fol. 425 r°. B³ fol. 116 v°. |
| 175 | 1415 | 4 août...... | Testament de Jacques du Four, avocat au Parlement de Paris, conseiller en la Chambre du Trésor................................ | A fol. 408 v°. B³ fol. 45 r°. |
| 176 | 1415 | 15 septembre. 8 novembre... | Testament et codicille de Thibaud de Chantemerle, chevalier....................... | A fol. 412 r°. B³ fol. 62 r°. |
| 177 | 1415 | 24 septembre. | *Testament de Jean d'Escopres, dit Walet, écuyer de cuisine du duc de Guyenne........... | A fol. 477 v°. B³ fol. 323 r°. |
| 178 | 1415 | 30 décembre.. | Testament de Pierre Trousseau, dit Bosche, évêque de Rieux........................ | A fol. 410 r°. B³ fol. 53 r°. |

| NUMÉROS. | DATES. ANNÉES. | DATES. MOIS. | SOMMAIRES. | COTES DES PIÈCES. |
|---|---|---|---|---|
| 179 | 1416 | 19 février.... | Testament de Jean Houguart, procureur au Parlement de Paris.................. | A fol. 414 v°. B³ fol. 71 v°. |
| 180 | 1416 | 30 juin...... | *Testament de Marguerite de Bruyères, dame des Bordes........................ | A fol. 484 v°. B³ fol. 358 r°. |
| 181 | 1416 | 23, 24 août.. | Testament et codicille de Jean d'Arsonval, évêque de Chalon-sur-Saône.................. | A fol. 429 r°. B³ fol. 134 v°. |
| 182 | 1416 | 2 septembre.. | Testament de Jean de Saints, évêque de Meaux.. | A fol. 467 v°. B³ fol. 281 r°. |
| 183 | 1416 | 18 octobre... | Testament de Renaud de Sens, conseiller au Parlement de Paris................... | A fol. 424 r°. B³ fol. 110 r°. |
| 184 | 1416 | 1ᵉʳ novembre.. | Testament de Jeannet d'Estouteville, seigneur de Charlemesnil..................... | A fol. 436 v°. B³ fol. 163 r°. |
| 185 | 1416 | 30 novembre. | Testament de Marie du Bois, dame de la Grange. | A fol. 447 r°. B³ fol. 200 r°. |
| 186 | 1417 | 4 janvier..... | Testament de Guillaume de l'Épine, huissier au Parlement de Paris.................. | A fol. 432 r°. B³ fol. 147 r°. |
| 187 | 1417 | 19 mars..... | Testament de Jean Nacard, chanoine de Soissons et d'Auxerre....................... | A fol. 435 r°. B³ fol. 159 r°. |
| 188 | 1417 1418 | 14 avril..... 24 mars..... | Testament et codicille de Gui Raoul, prévôt de l'église collégiale de Saint-Aubin de Guérande........................... | A fol. 449 v°. B³ fol. 210 r°. |
| 189 | 1417 | 14 août..... | Testament d'Enguerran de la Porte, huissier au Parlement de Paris.................. | A fol. 448 v°. B³ fol. 205 v°. |
| 190 | 1417 | 31 août..... | Testament de Guillaume d'Orgemont, écuyer, seigneur de Méry-sur-Oise............. | A fol. 520 v°. B³ fol. 548 v°. |
| 191 | 1417 | 8 septembre.. | *Testament de Guillaume de Vaux, ancien procureur au Parlement de Paris, clerc des requêtes du Palais..................... | A fol. 476 v°. B³ fol. 317 r°. |
| 192 | 1418 | 13 mai...... | Testament de Nicolas Viaud, évêque de Limoges. | A fol. 480 v°. B³ fol. 337 r°. |
| 193 | 1418 | 15 juin...... 22 septembre. | Testament et codicille de Renaud Rabay, conseiller au Parlement de Paris................. | A fol. 463 v°. B¹ fol. 262 r°. |
| 194 | 1418 | 16 juillet.... | Testament de Jean l'Asne, écuyer, valet de chambre du roi........................... | A fol. 453 r°. B³ fol. 223 v°. |
| 195 | 1418 | 10 août..... | *Testament d'Adam de Baudribosc, président des enquêtes au Parlement de Paris, chanoine de Rouen et de Bayeux.................. | A fol. 455 r°. B³ fol. 232 v°. |
| 196 | 1418 | 12 août..... | Testament de Mahiet Monnet............. | A fol. 471 r°. B³ fol. 296 v°. |
| 197 | 1418 | 12 septembre. | Testament de Robert de Souaf, orfèvre et bourgeois de Paris...................... | A fol. 461 r°. B³ fol. 251 v°. |
| 198 | 1418 | 18 septembre. | Testament de Raoul de Béry, conseiller au Parlement de Paris...................... | A fol. 477 r°. B³ fol. 319 r°. |
| 199 | 1418 | 19 septembre. | Testament de Renaud le Roux, chanoine de Saint-Merry........................... | A fol. 472 r°. B³ fol. 299 v°. |

INSÉRÉS DANS LE REGISTRE DU PARLEMENT.

| NUMÉROS. | DATES. | | SOMMAIRES. | COTES DES PIÈCES. |
| --- | --- | --- | --- | --- |
| | ANNÉES. | MOIS. | | |
| 200 | 1418 | 20 septembre. | Testament de Philippe de Ver, curé de l'église Notre-Dame de Granville............... | A fol. 493 v°. B³ fol. 407 v°. |
| 201 | 1418 | 23 septembre. | Testament de Mahieu du Bosc, trésorier de Bayeux, conseiller au Parlement de Paris... | A fol. 466 r°. B³ fol. 274 r°. |
| 202 | 1418 | 25 septembre. | *Testament de Robert Mauger, premier président du Parlement de Paris................ | A fol. 474 v°. B³ fol. 309 r°. |
| 203 | 1418 | 26 septembre. | Testament de Luquette, veuve de Robert de Souaf, orfèvre et bourgeois de Paris............ | A fol. 462 v°. B³ fol. 257 r°. |
| 204 | 1418 | 4 octobre.... | Testament de Germain Paillard, évêque de Luçon............................. | A fol. 483 v°. B³ fol. 352 r°. |
| 205 | 1418 | 12 octobre... | Testament de Hugues de Moreuil, conseiller au Parlement de Paris................ | A fol. 502 r°. B³ fol. 451 r°. |
| 206 | 1418 | 13 octobre... | Testament de Gui Couteau, official de Paris, curé de l'église Saint-Leu et Saint-Gilles, chancelier de l'église de Meaux........... | A fol. 488 r°. B³ fol. 377 r°. |
| 207 | 1418 | 15 octobre.. | Testament de Jean de Villy, dit le Charron..... | A fol. 473 v°. B³ fol. 306 r°. |
| 208 | 1418 1420 | 18 novembre. 29 janvier... | Testament et codicille de Denis du Rouyl, ancien avocat au Parlement de Paris, curé de l'église Saint-Paterne de Tournai-sur-Dive, chanoine de l'église Saint-Hildebert de Gournay..... | A fol. 486 v°. B³ fol. 368 v°. |
| 209 | 1418 | 30 novembre. | Testament de Jean de la Marche, ancien conseiller au Parlement de Paris, maître des requêtes de l'hôtel.................... | A fol. 510 r°. B³ fol. 492 v°. |
| 210 | 1418 | 17 décembre.. | Testament de Pierre Jarousseau, procureur au Parlement de Paris................ | A fol. 467 r°. B³ fol. 279 r°. |
| 211 | 1419 | 17 janvier.... | Testament d'Andry d'Uxeau, curé de l'église de Bazoches-en-Houlmes, clerc en la Chambre des comptes....................... | A fol. 511 v°. B³ fol. 500 v°. |
| 212 | 1419 | 22 janvier.... | Testament de Brunissent, vicomtesse de Lautrec, dame de Garancières............ | A fol. 478 r°. B³ fol. 324 v°. |
| 213 | 1419 | 7 mai....... | Testament de Jean Girardon, dit des Orgues, chapelain du roi, chanoine de Notre-Dame... | A fol. 479 r°. B³ fol. 330 r°. |
| 214 | 1419 | 22 mai...... | Testament de Bertrand de Châteaupers, écuyer. | A fol. 480 r°. B³ fol. 334 r°. |
| 215 | 1419 | 22 juin...... | Testament de Thibaud de Fresnes, procureur au Parlement de Paris................ | A fol. 479 v°. B³ fol. 332 r°. |
| 216 | 1419 1420 | 1ᵉʳ août..... 18 décembre.. | *Testament et codicille de Nicolas de l'Espoisse, notaire et secrétaire du roi, greffier des présentations au Parlement de Paris......... | A fol. 504 v°. B³ fol. 463 r°. |
| 217 | 1419 | 2 août...... | Testament d'Isabeau, femme de Bertrand Acart.. | A fol. 492 r°. B³ fol. 398 r°. |
| 218 | 1419 | 7 septembre.. | Testament de Philippe Bourgeois, chapelain de l'autel Saint-Michel dans l'église Saint-Séverin de Paris............................ | A fol. 483 r°. B³ fol. 349 v°. |

MÉLANGES. — III.

# INDEX CHRONOLOGIQUE DES TESTAMENTS, ETC.

| NUMÉROS. | DATES. ANNÉES. | DATES. MOIS. | SOMMAIRES. | COTES DES PIÈCES. |
|---|---|---|---|---|
| 219 | 1420 | 29 janvier... | Testament de Jacques le Fer, procureur au Parlement de Paris................... | A fol. 492 v°. B³ fol. 400 y°. |
| 220 | 1420 | 6 février..... | Testament de Bernard de Chévenon, évêque de Beauvais....................... | A fol. 490 r°. B³ fol. 387 v°. |
| 221 | 1420 | Juin........ | *Testament d'Eustache de l'Aitre, chancelier de France....................... | A fol. 493 r°. B³ fol. 406 v°. |
| 222 | 1420 | 16 août..... | Testament de Jean Marlais, libraire juré de l'Université de Paris.................... | A fol. 494 r°. B³ fol. 411 v°. |
| 223 | 1420 | 28 septembre. | Testament de Jean de Saint-Vrain, maître du collège des Bons-Enfants près la porte Saint-Victor........................ | A fol. 501 r°. B³ fol. 446 r°. |
| 224 | 1420 | 16 octobre... | Testament d'Étienne de Baudribosc, bourgeois de Paris............................ | A fol. 498 v°. B³ fol. 431 r°. |
| 225 | 1420 | 26 octobre... | *Testament de Simonnette la Maugère, femme de Robert Mauger, premier président du Parlement de Paris..................... | A fol. 497 v°. B³ fol. 428 r°. |
| 226 | 1421 | 10 mars..... | Testament de Philippe de Sailly, prêtre, licencié en décret...................... | A fol. 507 v°. B³ fol. 481 r°. |
| 227 | 1421 | 12 mars..... | Testament de Jacques Denis, maître ès arts et bachelier en décret..................... | A fol. 508 r°. B³ fol. 483 v°. |
| 228 | 1421 | 9 mai....... | Testament de Jean Fautrat, procureur au Parlement de Paris..................... | A fol. 509 r°. B³ fol. 487 r°. |
| 229 | 1421 | 29 mai...... | Testament de Simon Gudin, conseiller aux requêtes du Palais.................... | A fol. 511 r°. B³ fol. 497 r°. |
| 230 | 1421 | 9 juin...... | *Testament de Jean Soulas, procureur au Parlement de Paris..................... | A fol. 514 v°. B³ fol. 515 r°. |
| 231 | 1421 | 14 août..... | Testament de Bureau de Dicy, écuyer d'écurie du roi.......................... | A fol. 513 v°. B³ fol. 511 v°. |
| 232 | 1421 | 18 août..... | Testament de Pierre du Rouyl, maître ès arts, curé de l'église Saint-Sébastien de Préaux... | A fol. 513 r°. B³ fol. 509 r°. |
| 233 | 1421 | 19 août..... | Testament de Rasson Pannier, procureur au Parlement de Paris................. | A fol. 518 v°. B³ fol. 537 r°. |
| 234 | 1421 | 13 septembre. | Testament de Guillaume Hébert, procureur au Parlement de Paris................. | A fol. 518 v°. B³ fol. 539 r°. |
| 235 | 1421 | 15 septembre. | Testament de Jean Vipart, professeur en la Faculté de droit, conseiller au Parlement de Paris............................ | A fol. 517 v°. B³ fol. 533 r°. |
| 236 | 1421 | Novembre.... | Testament de Renaud du Mont-Saint-Éloy, conseiller au Parlement de Paris............ | A fol. 519 v°. B³ fol. 542 v°. |

# TESTAMENTS

## ENREGISTRÉS AU PARLEMENT DE PARIS

### SOUS LE RÈGNE DE CHARLES VI.

#### I.

1392, 28 mars.

TESTAMENT DE GUILLAUME DE LIROIS, CONSEILLER AU PARLEMENT DE PARIS.

Guillaume de Lirois, ou simplement Lirois, conseiller clerc au Parlement de Paris, figure parmi les membres de la Cour dès le 12 septembre 1378; aucun incident digne d'être noté ne paraît avoir signalé son existence. Au mois d'avril 1400, il fut du nombre des conseillers envoyés à Rouen pour tenir l'Échiquier (Douet d'Arcq, *Choix de pièces inédites relatives au règne de Charles VI*, t. I, p. 162). L'année même de sa mort, arrivée au début du mois de septembre 1401, Guillaume de Lirois était engagé dans un procès, au sujet d'une prébende canoniale à Lisieux, que lui disputait Robert Héluyn; un arrêt du 22 avril 1401 montre que son adversaire avait obtenu des lettres en cour de Rome, dont il invoquait le bénéfice (Arch. Nat., x$^{1a}$ 1478, fol. 25 r°). Guillaume de Lirois ne fut remplacé que le 25 février 1402, par Guillaume de l'Aunay, licencié en droit, archidiacre de Brie en l'église de Meaux, admis malgré la résistance du Parlement sur l'ordre exprès du Roi (*Ibid.*, fol. 36 r°).

In nomine Domini, amen. Universis presentes litteras inspecturis, Simon Fabri, curatus parrochialis ecclesie Sancti Stephani in Monte Sancte Genovephe Parisiensis, salutem in Domino. Notum facimus quod coram nobis personaliter constitutus venerabilis et discretus vir, magister Guillermus *de Lirais*, domini nostri regis in suo Parlamento consiliarius, parrochianus noster, sanus mente et intellectu, recte loquens et bene intelligens, considerans et attendens quod nichil est cercius morte nichilque incercius ejus hora, timens ne forte, quod absit, dies extrema vite sue ipsum capiat improvisum, et ob hoc non immerito cogitans de supremis, nolens, ut dicebat, intestatus decedere, sed fortuitis casibus que previderi non possunt cupiens pocius obviare ac anime sue saluti providere, de bonis et rebus sibi a Deo collatis testamentum suum, causa sue ultime voluntatis, Dei nomine primitus invocato, fecit et ordinavit in modum qui sequitur et in formam :

In primis enim animam suam, cum de corpore suo fuerit egressa, omnipotenti Deo creatori suo, gloriose Virgini Marie totique celesti curie humiliter et devote recommendans, in fide catholica, quam sancta mater nostra tenet et predicat Ecclesia, decedere voluit, et corpus seu cadaver suum tradi disposuit ecclesiastice sepulture, videlicet in dicta ecclesia Sancti Stephani.

Deinde, voluit et ordinavit idem testator omnia debita sua solvi, et ejus forefacta, si que sint et de quibus constare poterit, per executores inferius nominandos emendari.

Postea, legavit idem testator conjunctim tam ecclesie quam curato predictis pro fovea et inhumacione sua in ipsa ecclesia fienda quadraginta solidos Parisiensium annui et perpetui redditus de pecuniis et bonis sue execucionis emendos.

Item, legavit idem testator fabrice ipsius ecclesie viginti solidos Parisiensium.

Item, legavit nobis curato viginti solidos Parisiensium.

Item, legavit idem testator capellanis ipsius ecclesie viginti solidos Parisiensium.

Item, legavit idem testator clericis ipsius ecclesie decem solidos Parisiensium.

Item, legavit dictus testator fabrice Ecclesie Parisiensis quinque solidos Parisiensium.

Item, [legavit] idem testator Domui Dei Parisiensi quinque solidos Parisiensium.

Item, legavit idem testator hospitali Sancti Jacobi de Alto Passu quinque solidos Parisiensium.

Item, voluit et ordinavit idem testator unum annuale dici et celebrari in dicta ecclesia Sancti Stephani, secundum ordinacionem curati ipsius ecclesie.

Postea, quictavit et remisit dictus testator magistro Johanni *de Boyer* summam centum et octo francorum auri, in quibus eidem testatori tenebatur de resta majoris summe per ipsum testatorem sibi mutuate, sub tali modo et condicione quod ipse magister Johannes dictum testatorem acquitare tenebitur erga magistrum Julianum *le Besson* de summa octo francorum auri vel circa, in quibus dictus testator eidem magistro Juliano tenetur.

Item, quictavit et remisit idem testator magistro Martino *Gazel* xii francos in quibus sibi tenebatur et obligatus erat.

Item, legavit idem testator Guillermo, filio Johannis de Burgis, decem francos auri.

Item, legavit dictus testator domino Petro *le Roier* unum clamidem rotundum novum, unum capucium cum poignetis et uno villari de panno perceyo nigro, foderato de grosso vario.

Item, legavit dictus testator Philipo *Rose* unam jaquetam rubeam novam, cum meliori suo villari ad equitandum sine foderatura, et uno clamide suo duplici ad equitandum.

Item, legavit idem testator Petronille, ancille sue, tres ulnas de panno griso novo cum omnibus suis foderaturis nigris.

Item, legavit idem testator *à Demainne* (gallice), sorori sue, omnes et singulos conquestus per ipsum in partibus Normannie factos, cum sex tassiis et duodecim coclearibus argenteis nuper sibi missis.

Item, legavit idem testator predicte sorori sue meliorem suam tunicam foderatam de griso.

Item, legavit idem testator magistro Guillermo *de Bourguel*, consanguineo suo, omnes libros suos juris canonici et civilis ac alios, exceptis illis quos dedit supradicto domino Petro *Royer*, scilicet quasdam *Decretales* et unum *Sextum librum Decretalium*, et advertatur bene quod unus liber coopertus de corio viridi qui vocatur *Johannes Sarre super Institutis*, est et pertinet magistro Bozoni *de Montfiquet*.

Item, voluit et ordinavit idem testator quod quidam liber qui intitulatur *Directorium Juris* reddatur fratri Johanni *Goulain*, quamvis ipse sibi dederit die Purificationis beate Marie Virginis ultimo preterite.

Item, legavit idem testator supradicto *Bourguel* unum habitum integrum, foderatum de parvo vario.

Item, voluit et ordinavit idem testator exequias suas et funeralia fieri ad voluntatem et ordinacionem suorum executorum subscriptorum.

Pro quibus premissis omnibus et singulis solvendis, complendis, exequendis et fine debito terminandis, prefatus testator fecit, constituit, ordinavit et elegit executores et fidei commissarios speciales, videlicet, venerabiles et discretos viros, magistros Robertum de Acquigniaco, decanum Sancti Audomari, et prefatos Johannem *Boyer* et *Gazel* ac *Bourguel*, supplicans idem testator venerabili et circumspecto viro, domino Petro *Boschet*, in dicto Parlamento presidenti, quatinus ipse, ad complementum sue execucionis, unacum aliis suis executoribus interesse et se intromittere velit. Omnibus suis executoribus pro pena et labore vacandi in facto predicte execucionis legavit idem testator cuilibet ipsorum decem francos auri; submittens idem testator execucionem et factum ipsius, cum omnibus incidenciis dependentibus, emergentibus et connexis ejusdem, cognicioni, decisioni, determinacioni et omnimode disposicioni curie Parlementi domini nostri regis; inducens exnunc idem testator tenore presentis sui testamenti dictos suos executores in corporalem possessionem et saisinam omnium et singulorum bonorum suorum mobilium et immobilium ac conquestuum ubicunque existencium, et de eisdem se devestiens et dessaisiens pro premissis omnibus et singulis exequendis, complendis et ad finem debitum deducendis; volens idem testator dictos suos executores post ejusdem testatoris decessum de eisdem bonis suis omnibus et singulis gaudere pacifice et quiete usque ad perfectionem et consummacionem hujusmodi execucionis. Quibus suis executoribus et eorum cuilibet distinguendi, declarandi, corrigendi et interpretandi, si aliqua de premissis indistincta dubiave fuerint aut obscura, et legata predicta augmentandi vel diminuendi, prout et secundum quod eisdem executoribus visum fuerit expedire, ac omnia alia et singula circa presentis testamenti execucionem necessaria, utilia et quomodolibet oportuna faciendi, ordinandi, complendi et exequendi, dictus testator dedit, attribuit pariter et concessit plenam et liberam potestatem ac speciale mandatum; et si sua presens ordinacio jure testamenti non valeat, voluit idem testator saltim eam valere jure codicillorum aut alio jure, ac modo et forma quibus melius valere poterit et debebit de consuetudine vel de jure. Omnes autem alias ordinaciones testamentorias, si quas antea fecerit idem testator, revocavit et adnullavit, ac presentis sui testamenti tenore revocat et adnullat, volens idem testator hanc presentem testamentoriam ordinacionem pro valida et efficace reputari et haberi, ac robur et vices obtinere perpetue firmitatis, usu et consuetudine patrie non obstantibus quibuscunque; presentibus discretis viris, domino Johanne Notarii, presbytero, et Colino *Raqueline*, cum pluribus aliis testibus ad premissa vocatis specialiter et rogatis. In cujus rei testimonium sigillum dicte parrochialis ecclesie presentibus litteris duximus apponendum. Datum anno Domini millesimo ccc° nonagesimo primo, die jovis post Sacros Cineres.

Collatio facta fuit cum originali suprascripto, die xxvii[a] septembris, anno Domini m° cccc° primo.

(Archives Nationales, x¹ᴬ 9807, fol. 49 v°.)

## II.

1394, 28 juillet.

TESTAMENT DE PIERRE DU CHÂTEL, MAÎTRE DES COMPTES, CHANOINE DE NOTRE-DAME.

Pierre du Châtel faisait partie de la Chambre des comptes dès l'année 1366; depuis cette époque, sa signature est apposée au bas de plusieurs actes royaux rendus en conseil à la Chambre des comptes et insérés dans les registres du Trésor des Chartes. Aux termes d'un accord passé au Parlement le 24 novembre 1374

(Arch. Nat., x¹ᶜ 29), « Pierre du Chastel, conseiller du roi, maistre de sa Chambre des comptes, » partagea avec Robert du Bellay, dit Rigaut, écuyer, la juridiction de Bonneuil, près Gonesse, au sujet de laquelle il était en procès aux Requêtes du Palais; c'est à titre de seigneur en partie de Bonneuil que nous le voyons, par acte du 16 août 1386, faire abandon au roi Charles VI de tout hommage pouvant lui être dû, à raison des moulins de Beauté-sur-Marne acquis par Charles V, lesquels relevaient pour un quart du fief de Bonneuil (Arch. Nat., J 151ᵉ, n° 81). Cette même année, le roi, ayant besoin de ressources pour mettre à exécution son projet de descente en Angleterre, s'adressa entre autres à Pierre du Châtel et lui demanda, par lettres du 9 septembre 1386, l'avance d'une somme de mille livres Tournois. P. du Châtel ne put prêter que quatre cents livres, dont maître Nicolas de Plancy, chargé de recouvrer l'aide « ordonnée pour le passage de la mer, » lui délivra obligation. Le 6 mars 1387, il était rentré dans ses débours, comme le prouve la quittance qu'il signa à cette date. Charles VI, voulant reconnaître les « bons et agreables services » que lui avait rendus son maître des comptes, lui alloua, le 9 août 1389, une somme de 500 francs d'or une fois payée, pour l'aider à soutenir son état (Bibl. Nat., cab. des tit., pièces originales). Pierre du Châtel n'était pas seulement conseiller du roi, maître de ses comptes, il était encore archidiacre de Soissons et chanoine de Paris. La date approximative de son entrée au chapitre de Notre-Dame, date que l'absence des registres capitulaires pour les années 1371 à 1391 ne permettrait point de préciser, est fournie par un registre du Parlement, qui cite Pierre du Châtel parmi les chanoines présents à la séance du 12 septembre 1378, où fut discuté le projet de construction d'un nouveau pont au-dessous du Petit Pont (Arch. Nat., x¹ᴬ 1471, fol. 245 r°). Il était au nombre des chanoines qui possédaient un logis dans le cloître de Notre-Dame; l'hôtel claustral qui lui servait de demeure est mentionné dans une requête que le même P. du Châtel adressa au chapitre le 30 mars 1392, à l'effet d'être déchargé d'un petit domaine du côté de Chevilly, devenu onéreux pour lui. Nous signalerons en dernier lieu diverses particularités se rattachant à la vie privée de Pierre du Châtel. Le 13 juillet 1385 il déclara à la Chambre des comptes avoir perdu le signet d'argent dont il se servait pour authentiquer les expéditions de la cour (Arch. Nat., PP 117, fol. 1026). En 1393, le même personnage se plaignit de certains *excès et maléfices* que lui avait fait subir Jean de Veinnes, fils de Jean de Veinnes boucher du roi; le 14 novembre de cette année le délinquant, qui était détenu au Châtelet, fut élargi sous caution; le registre criminel du Parlement (Arch. Nat., x²ᴬ 12, fol. 187 r°) nous laisse ignorer la suite qui fut donnée à cet incident.

Ou nom de la sainte Trinité, le Pere, et le Filz et saint Esperit, amen. Je, Pierre du Chastel, arcediacre de Soissons, conseillier du roy nostre sire et maistre de ses comptes, sain de corps et de bonne pensée et aussi de bon entendement, considerant en condicion humaine qu'il n'est chose si certaine de la mort et de l'eure d'icelle si incertaine, pensant aux choses passées et aussi au derrenier jour de ma vie, desirant avenir à la joye de Paradis ; et pour ce, des biens que Dieu mon createur m'a envoyez et prestez, je en vueil ordonner, departir et laissier par maniere de testament ou de derreniere volenté, par la maniere qui ensuit :

Et premierement, je recommande mon ame à Dieu mon createur, à la tres douce glorieuse Vierge Marie sa mere, à monseigneur saint Michiel l'archange, à messeigneurs saint Pere et saint Pol apostres et à toute la benoite court de Paradis.

Après, je requier que mon corps soit mis en terre benoite quant l'ame en sera hors, c'est assavoir en l'Ostel Dieu de Paris, en la chappelle seant sur le parvis de l'eglise Nostre Dame de Paris, en laquelle chappelle on dit les heures canoniaux tous les jours et en laquelle j'ay esleu et ordené ma sepulture devant le maistre autel, et que je soye mis si pres du dit autel que le prestre qui vouldra dire messe soit sur ma tombe quant il dira son *Confiteor*.

Après, je vueil que mes debtes et torfais soient paiez et amendez où ilz se pourront loyalment prouver, et vueil que ceulz à qui je devray et qui seront gens dignes de foy soient creuz par leurs seremens jusques à la somme de LX solz Parisis et au dessoubz, et qu'ilz en soient paiez.

Item, le jour que je seray anullié, je vueil que on face distribucion à tous ceulz de l'eglise qui seront à mon dit anulliement II solz Parisis, et quant je seray alé de vie à trespassement, que je soye porté ou cuer de l'Eglise de Paris et que on face mon service ainsi qu'il appartient.

Item, je vueil et ordene, que quant on fera mon obseque et service, que on y face luminaire jusques à la somme de deux cens livres de cire ou plus, à l'ordenance de mes executeurs.

Item, le jour que on fera mon dit obseque et service, et aussi pour l'endemain, je vueil que on face distribucion aux chanoines et à ceulz qui prennent comme chanoine, pour chascune heure de vespres et de messe, vi solz.

Item, à ceulz de la communauté qui seront aux dis services, ii solz.

Item, pour dire les sept pseaulmes, aux dis chanoines ii solz, et à la communauté viii deniers.

Item, je vueil que on ordonne xxiiii chappellains et serviteurs de l'eglise et des plus povres qui diront le sautier, c'est assavoir, xii devant matines et xii après matines, et vueil que chascun des dis xxiiii aient pour distribucion iiii solz.

Item, je vueil et ordene que le jour de mon obseque et l'endemain, on face dire et celebrer mil messes par povres chappellains, et que on les quiere par les eglises de Paris, ainsi comme bon semblera à mes executeurs, et que à chascun chappelain soit baillié pour sa messe ii solz.

Item, je vueil et ordene que on face dire et celebrer pour l'ame de moy deux anuelz après mon trespassement, et qu'ilz soient faiz dedens la fin de l'an qui courra, et qu'il soit paié pour chascun anuel L frans ; desquelz deux anuelz je vueil et ordonne que messire Pierre Mercier, mon chappellain, en face l'un et qu'il en soit paié.

Item, je lesse aux Celestins de Paris, pour augmentacion de ma chappelle et de maistre Robert de Jussy, afin que lui et moy soions en leurs prieres, cent frans d'or.

Item, je vueil que on donne et distribue aux povres de l'Ostel Dieu de Paris, par la maniere que je l'ay acoustumé à faire, en baillant à chascun povre un blanc de iiii deniers pour une fois, et qu'il soit continué jusques à ce que on ait donné L frans.

Item, je lesse au dit Hostel Dieu de Paris mon meilleur lit et ma meilleur chambre de sarges avecques quatre peres de draps des meilleurs et des plus grans.

Item, je lesse à tous les hospitaulz de Paris, où les povres trespassans sont receus et couchez, à chascun hospital iiii frans.

Item, je lesse à l'ostel de Sainte Avoye, à la chappelle Estienne Haudry et aux Beguines, à chascun des dis hostelz deux frans.

Item, je lesse iiii<sup>c</sup> frans d'or à donner et distribuer par l'ordonnance de mes executeurs, c'est assavoir, les deux pars à povres honteux mesnagiers et povres femmes vesves, et à povres orphelins et povres filles à marier, et la tierce partie à povres escoliers et povres estudians par les estudes de Paris.

Item, je lesse à Jehan Goulet et à Jaquet le Viellart, mes cousins, tous mes heritages que j'ay à Chastel et à Neuffou et environ ou païs de par dela, lesquelz me sont escheuz par l'eritage de mon pere et de ma mere.

Item, je lesse et donne au dit Jaquet le Vielart tout ce qu'il me puet devoir et en quoy il m'est tenuz, pour cause qu'il s'est entremis de mes besongnes de par dela.

Item, je lesse à Jehannin le Vielart, mon cousin, escolier et estudiant aux escoles, tous mes autres heritages qui sont de mon conquest ou dit pays de Chastel et de par dela.

Item, je lui lesse tous mes livres de droit canon et civil et toutes mes escriptures de la rue au Feurre, excepté les livres de medicine.

Item, je lui lesse mon autre robe d'escarlate, après celles que Gilete de la Porte et maistre Oudart de Trigny auront choisy.

Item, je lesse à chascun des enfans du dit Jaquet le Viellart qui ne sont point mariez, et aussi à Poncete et à la Boyteuse sa seur qui sont mariez, à chascun et à chascune vint frans.

Item, je lesse à Perrinet, mon fillol, filz de feu Pierre de Soissons, dix frans.

Item, je lesse à chascun et à chascune filol et fillole que j'ay, ii frans.

Item, je lesse à Marion, femme de Guillemin Boucher, toute ma robe de pers.

Item, je lesse à Flandrine, femme feu Colart le Borgne, l frans.

Item, à Jehannin, son petit filz, xx frans.

Item, à Richart Barbelet, frere de la dicte Flandrine, l frans.

Item, à Milet de Saint Leu l frans.

Item, à Jehan de Justine, l'avugle, xx frans, par telle maniere et condicion que la dicte Flandrine et les dis Jehanin son filz, Richart,

Milet, et Jehanin et Jehan de Justine ne chascun d'eulz ne demanderont ou partiront en aucune maniere aux heritages que j'ay lessiez aux dis Jehan Goulet et Jaquet le Vielart, mais y renonceront tout entierement en prenant les lays que je leur fais; et ou cas qu'ilz ne vouldroient accepter, je les prive du dit lais et qu'ilz soient baillez aux dis Jehan Goulet et Jaquet.

Item, je lesse à la dicte Flandrine mon sercot d'escarlate brune avecques les deux chapperons de mesmes.

Item, je lesse à maistre Oudart de Trigny mon autre meilleur robe d'escarlate, après ce que Gilete de la Porte aura choisi la robe que je lui lesse.

Item, je lesse à Jenson Gaillart, mon clerc, III$^c$ frans, et si lui lesse ma robe de drap mabre rouget de Brucelles, c'est assavoir, manteaux, sercot et chapperon de mesmes.

Item, je lesse à messire Pierre Mercier, mon chappellain, pour les bons services qu'il m'a fais et fait encores tous les jours et dont je me tieng content, II$^c$ frans avecques ma robe de caignet, et afin qu'il prie pour moy, et que je soye en ses prieres et qu'il lui souviengne de moy, je lui lesse mon petit breviaire complet avec l'estuy à le mettre.

Item, je lesse à Raoulet Cabaret XL frans.

Item, à Gieffroy, mon page, X frans.

Item, je lesse à messire Guillaume du Chesne, chappellain en l'eglise Nostre Dame de Paris, pour prier pour l'ame de moy, XX frans.

Item, je lesse à Gillete de la Porte III$^c$ frans, et si lui lesse ma meilleur robe d'escarlate, laquelle qu'elle vouldra choisir.

Item, je lui lesse douze tasses d'argent blanches, et si lui lesse six autres tasses d'argent blanches dorées par dedens.

Item, je lesse toute la vaisselle de ma cuisine, et tous mes autres liz et couvertures, et tout mon linge viel et nuef, avec mes toilles que je puis avoir, afin qu'elle en donne et distribue, pour prier pour l'ame de moy, à mes serviteurs et autres gens neccessaires, là où elle verra qu'il sera bien emploié, et par especial aux dessus dis Jenson et messire Pierre.

Item, je lesse à la dicte Gilete, toute sa vie durant, toutes mes rentes et revenues que j'ay en la ville de Saint Denys en France avec ma maison que je y ay, assise devant l'eglise de Sainte Croix, et aussi tout ce qui m'appartient, en quoy la femme qui fu Jenson du Chastel prent son doaire, et aprez le decez de la dicte Gilete, je les lesse au dit Jehannin le Viellart, mon cousin.

Item, je lesse à la dicte Gilete ma maison qui est assise en la rue Saint Christofle, devant l'ostel maistre Regnaut Freron, tant comme elle vivra, et après son decez, je la lesse et donne au dit Jehannin le Viellart, mon dit cousin.

Item, je lesse aux trois filles maistre Regnault Freron, c'est assavoir : à Ysabeau, à Jaqueline et à Perrette, à chascune mil frans pour leur mariage.

Item, du residu de tous mes biens meubles, heritages, maisons, moulin, rentes et revenues quelzconques seans à Paris, à Pierrefite, à Bonneuil et à Eaubonne, avec toutes leurs circonstances et appartenances et toutes autres choses quelxconques et en quelque lieu qu'ilz soient, j'en fais mon hoir et heritiere ma fille, damoiselle Jehanne, femme de maistre Regnault Freron, premier phisicien du roy nostre sire, à les succeder, prendre et avoir, et encores d'abondant les lui donne et lesse par maniere de lez en testament, ou par autre meilleur maniere et voye que je puis et doy faire, sanz ce que autres personnes quelxconques y puissent ou doyent aucune chose demander; premierement et avant toute euvre, toutes mes debtes, torfais, obseques et testament paiés entierement sans y aucune chose lesser, et aussi par telle maniere et condicion que le dit maistre Regnaut, mari de ma dicte fille, tiengne et soustiengne le dit Jehannin le Viellart, mon dit cousin, aux escoles d'an en an sans interrupcion de temps, afin qu'il puisse acquerre science et qu'il prie pour moy, et aussi qu'il luy administre ses necessitez qui lui appartiennent, toutes foiz que mestier en sera, jusques à la somme de v$^c$ frans, lesquielz je lui donne et lesse, et vueil qu'ilz soient paiez à l'ordenance du dit maistre Regnaut, sans contredit aucun ou reffuz; et s'il avenoit que le dit Jehannin eust acquis son gré de science avant que les dis cinq cens frans feussent despenduz ou allouez, le dit maistre Regnault baillera le demourant des dis v$^c$ frans au dit Jehannin pour soy vivre et aidier en ses neccessitez, nonobstant autres dons et lays à luy fais en ce present testament; et de ce je charge tout entierement le dit maistre Regnault et qu'il acomplisse..

Et pour faire et acomplir les choses dessus dictes et chascune d'icelles, je fais et ordonne mes executeurs especiaulz honorables hommes et saiges, le dit maistre Regnaut Freron, Jehan Goulet, mon cousin, maistres Jehan Creté et Adam Richeux, maistres de la Chambre des comptes, maistre Oudart de Trigny, clerc d'icelle Chambre, messire Pierre Mercier, mon chappellain, et Jençon Gaillart, mon clerc, et chascun d'eulz pour le tout, par telle maniere que, se tous ensemble n'y pevent ou povoient vacquer ou entendre, les v, iiii, iii, ii ou un puissent faire et parfaire et acomplir mon dit testament par l'ordenance du dit maistre Regnaut sans lequel je ne vueil estre fait. Auxquielz mes executeurs dessus nommez, oultre les lays à eulz en ce present testament, à chascun d'eulz, pour leur paine et traval qu'ilz auront en faisant l'execucion de mon dit testament, je lesse xl frans.

Item, au dit Jehan Goulet, mon dit cousin, pour sa paine et travail et pour l'affection que j'ay à luy, oultre le lays à luy faiz, comme dessus est dit, ii$^c$ frans, et aussi pour acomplir et parfaire toutes les choses dessus dictes et chascune d'icelles, je leur donne plain povoir et auctorité en les mettant en saisine et possession de tous mes biens quelxconques, en submettant en tant comme je puis tout le fait de mon execucion à la court de Parlement, en deboutant tout autre juge. Lequel testament ou derreniere volenté dessus dictes, je vueil qu'il vaille et soit tenu par maniere de testament ou de derreniere volenté, ou par maniere de coudicile, ou par autre meilleur maniere que de droit ou de coustume mieulz valoir porra et devra, en renonçant à tout autre testament qui devant cestui seroit fait, et vueil que ce present testament vaille et ait son plain effect.

En tesmoing de ce, j'ay ratifié et signé de ma propre main ce present testament et seellé de mon propre seel. Ce fut fait en mon hostel claustral à Paris, le xxviii° jour de juillet, l'an mil ccc iiii$^{xx}$ et quatorze.

Et pour ce que je vueil que toutes les choses dessus dictes et chascunes d'icelles soient parfaites, je, Pierre de Chastel, dessus nommé, les ratiffie et les approuve, tesmoing mon seel et saing manuel mis à ces presentes. Escript comme dessus. Ainsi signé : P. DE CHASTEL.

Collatio facta est cum originali testamento defuncti magistri Petri de Castro suprascripto. J. VILLEQUIN.

(Archives Nationales, x$^{1A}$ 9807, fol. 43 r°.)

## III.

1398, 16 février.

### CODICILLE D'ENGUERRAN DE COUCY, COMTE DE SOISSONS.

Enguerran VII° du nom, fils d'Enguerran VI et de Catherine d'Autriche, sire de Coucy, comte de Soissons et de Marle, grand bouteiller de France, est à juste titre considéré comme l'une des figures historiques les plus remarquables de la seconde moitié du xiv° siècle. Après la bataille de Poitiers, il fut au nombre des seigneurs envoyés en Angleterre pour garantir la rançon du roi Jean. Durant son séjour dans ce pays, il se concilia l'affection du roi Édouard III qui lui donna en mariage sa seconde fille, Isabeau d'Angleterre, avec le comté de Bedford (lettres du 11 mai 1365). De retour en France, Enguerran de Coucy remplit plusieurs missions importantes; notamment en 1378 il se rendit à Calais en compagnie de Guillaume de Dormans pour négocier la paix avec les ambassadeurs anglais.

Lors de la funeste expédition contre les Turcs qui se termina le 28 septembre 1396 à Nicopolis, il se tint aux côtés du comte de Nevers et se signala par sa valeur au premier rang des chevaliers français. On connaît par Juvénal des Ursins la belle réponse qu'il fit à Gui de la Trémoille qui lui reprochait d'avoir peur. « Ce grand seigneur et vaillant chevalier, » dit le chroniqueur, répliqua que « à la besongne il monstreroit qu'il n'avoit point peur et qu'il mettroit la queue de son cheval en tel lieu ou il (Gui) n'oseroit mettre le museau du sien. » Enguerran de Coucy, fait prisonnier et fort malmené par les Turcs, fut conduit à Brousse, en Asie Mineure, où il rendit le dernier soupir le 18 février 1398. Conformément au désir qu'il exprima avant de mourir, son cœur rapporté en France fut pieusement conservé dans le couvent des Célestins de Villeneuve près Soissons, que le sire de Coucy avait fondé en 1390. L'épitaphe suivante, recueillie par le Père Pierre Bureteau, de l'ordre des Célestins, surmontait son monument funéraire :

> In Turcos missus sexto sub principe Karlo
> Dum pugno infelix, me tulit hostis atrox.
> In precio exemptus repeto dum liber Avaros,
> Cor jussi moriens hic subhumare meum.
> Me nempe auctore presens excreverat ædes
> Et larga extabat prædita dote. Vale.

(Cf. Duchesne, *Histoire de la maison de Guines, Coucy*, pages 264 et suiv.; preuves, page 419.)

In nomine Patris et Filii et Spiritus sancti, amen. Nos, Inguerranus, dominus de Couciaco, comes Suessionensis, sanus mente quamvis infirmus corpore, considerando nil cercius esse morte, nichil autem incercius hora ejus, de bonis a Deo nobis collatis fecimus et ordinavimus testamentum seu ultimam voluntatem nostram in hoc presenti codicilli modo et forma contentum :

Primo et ante omnia, animam nostram altissimo Creatori totique curie supernorum recommendendo, sepulturam nostram eligendo in ecclesia et loco per nos alias nominato in testamento nostro seu ultima voluntate in Francia ordinato, cui nullo modo volumus hoc presens codicille derogare seu prejudicare, sed intentionis nostre est quod suum valeat plenarie sortiri effectum. Et hoc presens codicille seu testamentum ordinamus ad ejusdem ampliationem et augmentum.

Item, volumus et ordinamus, ac etiam obligamus omnia jocalia ceteraque bona mobilia nostra, immo etiam terras nostras de Couciaco et comitatum Suessionensem et principaliter predictum comitatum aliasque possessiones nostras, ubicumque sint, et taliter quod nullus heredum nostrorum aut causam nostram habencium eisdem possit uti vel gaudere quoquomodo, donec monasterium Sancte Trinitatis prope civitatem Suessionensem per nos fundatum fuerit perfecte completum, sicut jampridem in precedenti jamdicto testamento lacius ordinavimus.

Item, volumus quod per ordinationem executorum nostrorum fiat in eodem monasterio una notabilis crux de argento, ponderis quadraginta marcharum Parisiensium, unum thuribulum de argento, buretas duas (*sic*) pro vino et aqua, cum pelvi ad lavandum manus, cum uno pulcro calice argenti deaurati et quatuor ornamentis ad celebrandum, quorum tria communibus diebus servient, et quartum fulcitum pro dyacono, subdiacono et presbitero pro festis solennibus.

Item, legamus fabrice ecclesie Beate Marie de *Lience*, diocesis Laudunensis, mille florenos ad scutum de cugno regis Francie.

Item, Beate Marie de Nogento mille florenos ad scutum de cugno predicto.

Item, ecclesie Beati Johannis Ambianensis, pro perficiendo capellam per nos alias in eadem ecclesia ordinatam, octingentos florenos auri ad scutum, ut supra.

Item, ecclesie Beate Marie de Bolonia, pro consimili opere, octingentos florenos auri ad scutum, ut supra.

Item, fabrice ecclesie Beate Marthe de Tharascono sexcentos florenos, ut superius.

Item, capelle Beato Petro (*sic*) de *Luxembourg* in Avinione centum florenos ad scutum.

Item, Sancto Anthonio Vianensi ducentos florenos ad scutum, et cetera.

Item, fabrice Beate Marie Carnotensis, que, ut firmiter credimus, fecit pro nobis miraculum apertum, sexcentos florenos ad scutum.

Item, Beate Marie de Monte Forti centum florenos ad scutum.

Item, fabrice Beate Katherine supra Rothomagum centum florenos ad scutum.

Item, fabrice ecclesie Beati Michaelis in Periculo maris, in confinibus Normanie, centum florenos ad scutum.

Item, fabrice ecclesie Beate Marie Parisiensis ii$^c$ florenos ad scutum.

Item, Hospitali pauperum Dei Parisiensi juxta ecclesiam predictam viii$^c$ florenos ad scutum, ut supra.

Item, pro distribuendo Parisius pauperibus Dei mille florenos ad scutum, et cetera.

Item, si capella quam dudum ordinavimus in ecclesia Fratrum Heremitarum Sancti Augustini Parisiensi non sit facta et completa, volumus quod compleatur et fiat; ultra pro eadem in predicto testamento nostro ordinata, adhuc in ejusdem capelle augmento trecentos florenos legamus.

Item, volumus quod debita nostra legitime probata solventur.

Item, ultra alias ordinata in priori nostro testamento, ordinamus dare pauperibus in terra nostra mille florenos ad scutum.

Item, legamus ecclesie abbacie Sancti Johannis in Vineis, pro celebrando unam missam annuatim et orando pro nobis, centum florenos ad scutum.

Item, ecclesie Beati Marci [*corr.* Medardi] Suessionensi, pro simili causa, centum florenos, et cetera.

Item, ecclesie Sancti Crispini Suessionensi, pro simili causa, centum florenos, et cetera.

Item, ecclesie monialium Beate Marie Suessionensi, pro simili causa, centum florenos ad scutum.

Item, ecclesie cathedrali Suessionensi, pro tali causa, centum florenos, et cetera.

Item, ecclesie Sancti Crispini in Chaya centum florenos, et cetera.

Item, Sancto Leodegario juxta castrum nostrum Suessionense centum florenos, et cetera.

Item, legamus ecclesie Beati Dominici in Pera decem ducatos auri.

Item, ecclesie Beati Lazari Eduensi centum florenos ad scutum.

Item, ordinamus et volumus quod dentur adhuc pro salute anime nostre, ultra alias per nos ordinata, secundum discrecionem et bonam voluntatem executorum nostrorum, sex mille floreni ad scutum.

Item, legamus fratri Anthonio de Chabaldis viginti ducatos auri.

Item, legamus domino Jacobo *d'Amance*, militi, et marescallo Lothoringie, executori nostro, mille florenos ad scutum.

Item, magistro Gaufrido Mali Piperis, in artibus et medicina magistro, executori nostro, ducentos florenos ad scutum.

Item, legamus robam nostram quam hic habemus servitoribus nostris hic presentibus. Et cum hoc volumus quod tapiceria que hic habemus vendantur per nostros executores supra nominatos, et de pecunia ex eis recepta solvatur Abraham, apotecarius et mercator in Bursia, et residuum detur servitoribus nostris, secundum discrecionem predictorum executorum nostrorum.

Item, volumus quod per ordinacionem executorum nostrorum cor nostrum et ossa nostra portentur in Francia, ad sepeliendum in ecclesia et loco in testamento nostro alias per nos nominato.

Item, volumus quod executores nostri solvant domino Morrello de Auria centum et quinquaginta ducatos quos nobis concessit, et damus uxori ejusdem quinquaginta.

Item, divisimus plura jocalia nostra in Veneciis, in domo et custodia domini Martini *Cathuche*, amici et factoris Digni *Responde*, et de predictis aliqua concessimus filio nostro, domino Henrico de Barro, que impignoravit pro tribus milibus ducatis, et eciam predicto filio nostro concessimus in pecunia numerata in isto viagio mille ducatos ad scutum Francie, que omnia volumus et ordinamus per eum reddi et restitui predictis executoribus nostris ad complementum testamenti nostri predicti seu codicilli.

Item, ordinavimus et fecimus, seu constituimus executores nostros, una cum in alio nostro testamento nominatis, dominum Jacobum *d'Amence*, militem, et magistrum Gaufridum Mali Piperis, supra nominatos, ad omnia in dicto testamento nostro exequenda ; volumus tamen pro celeri expeditione nostre executionis seu voluntatis quatuor de nostris executoribus sufficiant, inter quos semper sit unus eorum, baillivus noster de Couciaco, vel Johannes Porterii in absencia ejus.

Et ut ista voluntas seu ordinacio nostra ultima suum, prout ordinamus, sorciatur effectum, domino nostro regi requirimus quod terram nostram de Couciaco et comitatum Suessionensem quoad tria castellania, in manus suas ponat et teneat, et proventus et redditus predictarum nostrarum terrarum tradi et deliberari faciat predictis executoribus nostris.

Rogamus insuper in tuitione predictorum executorum et executionis nostre dominum nostrum Philippum de Arthesio, comitem

Augi et Francie constabularium, dominum marescallum *Bouciquaut*
et dominum de Trimoillia, quod ipsis executoribus nostris in predictis
et aliis exequendis consilium, auxilium et juvamen prestare velint et
dignentur.

Item, ulterius volumus et ordinamus ad breviorem hujus ultime voluntatis nostre execucionem seu persolucionem, quod terra nostra de *Hem* in Viromandia, quam propriis denariis nuper comparavimus, vendatur per predictos executores, et pecunia inde recepta in hujus testamenti nostri persolucione impleatur; et de hoc eis damus plenariam potestatem, predictam terram de facto ponendo in manibus eorum.

Item, rogamus Dignum *Raponde* quod, in complendis per nos legatis Parisius et debitis ibidem solvendis, et eciam in facto jocalium nostrorum predictorum in Veneciis existencium interponere velit vices suas.

Et ut omnia per nos in isto testamento codicilli seu ultime voluntatis ordinata firma sint et stabilia remaneant, et de mente nostra procedere appareant, attente requirimus dominos constabularium predictum, dominum Jacobum de Borbone, comitem de Marchia, dominum Johannem *le Maingre* alias *Bouciquaut*, Francie marescallum, dominum de Trimoillia, Johannem de *Hangest*, militem, dominum Johannem de *Rochefort*, Jacobum de *Courtiamble*, Johannem de Sancto Albino, Johannem *des Bordes*, Guillermum de Trimoillia, milites, et Johannem *Siffrevast*, armigerum, testes ad infrascripta, quod in absentia suorum sigillorum et nostri et in defectu notarii publici huic codicilli seu testamento nostro velint manibus propriis nomina sua subscribere. Acta et facta in Bursia, decima sexta die mensis februarii, anno Domini m° ccc° nonagesimo septimo.

Signé : PHILIPPE D'ARTOIS, CONTE DE EU ET CONNESTABLE DE FRANCE, JAQUES DE BOURBON, CONTE DE LA MARCHE, BOUCIQUAUT, MARESCHAL DE FRANCE, LA TREMOILLE, JEHAN DE ROCHEFORT, JEHAN DES BORDES, JEHAN DE HANGEST, SIFREVAST, J. COURTIAMBLES, JEHAN DE SAINT AUBIN, GUILLAUME DE LA TREMOILLE.

Collatio facta est.

(Archives Nationales, x¹ˢ 9807, fol. 83 v°.)

## IV.

1399, 18 février.

### TESTAMENT ET CODICILLE D'ARNAUD DE CORBIE, CHANCELIER DE FRANCE.

Arnaud de Corbie, fils selon toute apparence du théologien Robert de Corbie, l'un des amis et partisans d'Étienne Marcel, était conseiller clerc au Parlement de Paris dès l'année 1364; il fut élu premier président le 20 novembre 1373, mais le résultat du scrutin demeura secret jusqu'au moment où Arnaud de Corbie fut créé chevalier par le roi, cérémonie qui s'accomplit au Louvre le jour de Noël; sa réception et sa prestation de serment eurent lieu le 2 janvier suivant (Arch. Nat., x$^{1A}$ 1470, fol. 56, 61, 62). Vers le milieu de décembre 1388, il fut appelé à succéder en qualité de chancelier de France à Pierre de Giac, et exerça ces importantes fonctions pendant près de vingt-cinq ans. Charles V et Charles VI le chargèrent à diverses reprises de missions diplomatiques; ainsi, le 12 janvier 1368, il fut dépêché à Tournai «et es parties de Flandres pour certainnes grans et bien secretes «besongnes;» le 4 février 1377, autre mission à Bruges, avec l'évêque de Bayeux et Pierre Cadoret «pour traittier de paix sur le descort d'entre le roi et son adver-«saire d'Angleterre» (Léopold Delisle, *Mandements de Charles V*, n$^{os}$ 490, 1631). Il conduisit en 1380 les négociations de Lelinghen, et donna en 1392 un avis favorable au projet de mariage d'Isabeau de France avec Richard d'Angleterre; Froissart le qualifie de «sage et moult vaillant homme durement, et moult imagi-«natif» (Kervyn de Lettenhove, *Chr. de Froissart*, t. XV, p. 184). Indépendamment des charges dont Arnaud de Corbie fut pourvu, des donations considérables récompensèrent ses services : le 11 janvier 1375, nous voyons Charles V lui allouer mille francs d'or (*Mandements*, n° 1196); le 10 mai 1380, il obtient la terre de Saint-Aubin-en-Bray, confisquée sur Sevestre de la Feuillée, partisan de Jean de Montfort (Arch. Nat., JJ 117, n° 41); dans une autre occasion, le roi l'aide à payer l'acquisition de son hôtel à Paris, sis en la rue de la Verrerie, au coin de la rue d'Entre-deux-Portes (Arch. Nat., M 141, n° 17); en 1384, il reçoit l'office de concierge du Palais. Au milieu des agitations qui signalèrent les premières années du xv$^e$ siècle, Arnaud de Corbie ne faillit à aucun des devoirs de sa charge. Le 12 novembre 1408, le vénérable chancelier fit connaître à la Cour que le roi le mandait à Gien, «ce qui lui estoit bien grief, attendu son ancien aage et le temps «à present bien dangereux,» les routes étant infestées par les gens de guerre de tous les partis (Arch. Nat., x$^{1A}$ 1479, fol. 49 r°). Lors de la réaction qui mit momentanément le pouvoir aux mains des Cabochiens, Arnaud de Corbie, publiquement accusé de concussions et de malversations par les députés de l'Université, fut destitué et remplacé pour un instant par Eustache de l'Aitre. Le 8 août 1413, il fut procédé à un scrutin public pour l'élection d'un nouveau chancelier. Arnaud de Corbie, âgé de quatre-vingt-huit ans, était tellement affaibli qu'il pouvait à peine se traîner; malgré cette caducité, il réunit encore dix-huit suffrages, ce fut Henri de Marle qui fut proclamé chancelier par quarante-quatre voix (Arch. Nat., $x^{1A}$ 1479, fol. 258 v°). Arnaud de Corbie s'éteignit le 24 mars de l'année suivante; le 12 avril 1414, ses exécuteurs testamentaires remirent à son fils naturel, Philippe de Corbie, l'hôtel du défunt avec tous les biens qui s'y trouvaient (Arch. Nat., $x^{1A}$ 4790, fol. 58 v°). Arnaud de Corbie, né à Beauvais, conserva toujours des attaches avec son lieu d'origine : en 1374 (19 juillet), il est mentionné comme chanoine de Beauvais (Arch. Nat., $x^{1C}$ 29), et l'on sait par son testament qu'il fit édifier une chapelle dans l'église Saint-Hippolyte de cette ville.

Ou nom de la saincte Trinité, le Pere, le Filz et le saint Esperit, cy après s'ensuit l'ordenance, testament ou derreniere voulenté que je, Arnault de Corbye, chancellier de France, faiz des biens que mon Createur m'a prestez.

Premierement, je recommande l'ame de moy à Dieu mon createur, à la glorieuse Vierge Marie et à la saincte compaignie de Paradis.

Item, je vueil et ordene que, quant je trespasseray de cest siecle, que mon corps soit enterré bien et convenablement, selon mon estat, à l'ordenance de mes executeurs, sans pompes et le plus simplement que faire se pourra bonnement.

Et esliz ma sepulture en l'eglise parrochial où je demourray pour le temps que je yray de vie à trespassement.

Item, je vueil et ordene que toutes mes debtes soient paiées et mes torsfaiz soient amendez.

Item, je vueil et ordene que le jour de mon enterrement soit donné pour Dieu un blanc de quatre deniers à chascun de tous les povres qui seront presens à mon dit enterrement.

Item, je vueil et ordene que, si tost que je seray trespassé, mes diz executeurs par douze preudommes religieux ou autres facent dire et celebrer, chascun jour jusques à un an entier, douze messes de

*Requiem* pour les ames de moy, de mon pere, de ma mere et de tous mes amis et bienfaicteurs.

Item, je laisse au curé de l'eglise où je seray enterré dix frans.

Item, je laisse à chascun des chapellains de la dicte eglise deux frans.

Item, je laisse à chascun des clercs du dit lieu un franc.

Item, je laisse à la fabrique de la dicte eglise dix frans.

Item, au couvent des Freres Meneurs de Paris vint frans, et parmi ce, qu'ilz seront tenuz de dire cinquante messes de *Requiem* pour les ames de moy, de mon pere, et de ma mere et de tous mes bienfaicteurs.

Item, aux Freres Prescheurs de Paris dix frans; et parmi ce, ilz seront tenuz de dire vint cinq messes de *Requiem* pour les ames de moy, de mon pere, de ma mere et de tous mes bienfaicteurs.

Item, aux Augustins de Paris dix frans, par semblable condicion.

Item, aux Freres des Carmes de Paris dix frans, par semblable condicion, et maniere.

Item, aux Freres des Billettes de Paris dix frans, par semblable maniere et condicion.

Item, je laisse aux Freres Meneurs du couvent de Beauvais dix frans, pour semblable condicion.

Item, aux Freres Prescheurs du dit Beauvais, pour semblable, dix frans.

Item, je vueil et ordene que quarante livres Parisis de rente admorties soient achetées, dont les trente six livres sont pour la fondacion d'une chapelle en l'eglise de Beauvais, en laquele sera dicte et celebrée, chascun jour, une messe de *Requiem* pour les ames de moy, de mon pere et de ma mere, de mes freres et seurs, et de tous mes autres amis et bienfaicteurs; et les autres quatre livres seront pour faire mon anniversaire, chascun an, en la dicte eglise de Beauvais.

Item, je vueil et ordene que mes serviteurs seront bien paiez et satisfaiz.

Item, je laisse à Yvonnet Graal, oultre son salaire, quarante frans d'or et mon meilleur mantel à chevaucher.

Item, je laisse à Jehan l'Asne, oultre son salaire, cent frans.

Item, je laisse à Pierre de la Mote, mon clerc, oultre son salaire, cinquante frans.

Item, à Jehanin du Puis, oultre son salaire, quarante frans.

Item, à Jehan de la Barre, oultre son salaire, cent frans.

Item, à Henry de la Marche quarante frans, oultre son salaire.

Item, à Colart le Bailly, oultre son salaire, vint frans.

Item, à chascun de mes autres serviteurs, oultre leurs salaires, dix frans.

Item, à Jehannin Chevalier, pour le aidier à prendre aucun mestier, vint frans.

Item, à Eudelot, ma chamberiere, oultre son salaire, dix frans.

Item, je laisse à l'Ostel Dieu de Paris quarante frans d'or.

Item, à l'ostel Dieu de Beauvais vint frans.

Item, à frere Christofle de Cuignieres, mon cousin, vint frans.

Item, à frere Henry, mon confesseur, vint frans.

Item, à chascun des enfans de Jehanne du Sauchoy, ma cousine, dix frans.

Item, aux enfans de Bietrix, sa fille, vint frans.

Item, à Jehanne, fille de feu Pierre de Rueil, vint frans.

Item, à chascune des filles de la dicte Jehanne dix frans.

Item, je laisse à ma cousine de la Saunerie, de Paris, qui fut fille Symonnette de Beauvais, ma cousine, vint frans.

Item, à Marion, ma cousine, femme maistre Eustace de l'Aitre, vint frans d'or.

Item, à Marion, ma cousine, femme maistre Jehan du Berc, vint frans.

Item, à chascun des enfans du dit Pierre de la Mote, cent frans d'or.

Item, à la Grant Confrarie de Paris cent frans d'or.

Item, je laisse à religieuse dame Marguerite des Quesnes, à present abbesse de l'eglise d'Yerre, la somme de cent frans pour une foiz, qui lui seront payez si tost que je serai trespassé. Et avec ce je lui laisse mon anel d'or, ouquel a un dyamant, que me donna madame d'Artoys, dont Dieux ait l'ame.

Item, je vueil et ordene et me consens que Philipot de Corbye, mon filz naturel, soit legitimé par le roy nostre seigneur.

Item, je laisse au dit Philipot tous les heritages que je auray, au jour de mon trespassement, en la ville et diocese de Paris.

Item, je vueil et ordene que Thomas de Corbye, mon frere, ait tous les heritages que je auray au jour de mon trespassement en la ville et diocese de Beauvais, tant de mon patrimoine comme de mon conquest. Et ou cas que mon dit frere iroit de vie à trespassement avant moy, que ses enfans aient les diz heritages : par tele maniere toutesvoies que ma terre d'Ansonvillier soit pour et en acquit de deux cens livres de rente ou de deux mil livres Parisis pour emploier en heritage, pour estre douaire à damoiselle Marguerite de Cresecques, sa femme, et heritage aux enfans qui ystront du dit mariage; et tout selon la forme et teneur du traictié du dit mariage, dont j'ay lettres passées en la court de Ponthieu, qui contiennent plus à plain le dit traictié.

Item, je laisse à la dicte damoiselle Marguerite, femme de mon dit frere, la meilleur haquenée que je auray au jour de mon trespassement, et mon gobelet d'or à couvercle qui poise environ deux mars.

Item, je laisse à mon tres chier et especial ami, maistre Garnier Guerout, arcediacre de Josas en l'Eglise de Paris, afin qu'il ait mieulx memoire de moy, mon hanap d'or plain à couvercle. Et avec ce, je lui laisse mes deux meilleurs hanaps de madre.

Et aussi je laisse à chascun de mes executeurs, cy dessoubz nommez, cinquante frans d'or, ausquelz je n'auray aucune chose laissié en especial cy dessus.

Item, tout le residu de mes biens quelzconques je laisse au dit Thomas, mon frere, ses hoirs ou ayans cause, et l'autre moitié d'icelui residu au dit Philipot, mon filz. Et vueil et ordene que par mes executeurs, au plus tost que faire se pourra, les deniers, or ou argent comptant, qui par ceste moye ordenance devront appartenir au dit

Philipot, soient employez en bonnes rentes et heritages pour et au proufit d'icelui Philipot.

Item, je vueil et ordene, que si le dit Philipot aloit de vie à trespassement sans hoir ou hoirs legitimes procreez de son corps en loyal mariage, que tous les heritages que par ceste myenne ordenance je lui laisse, et aussi ceulx qui seront acquestez des diz deniers, or ou argent comptant par mes diz executeurs, ou proufit du dit Philipot, selon ce que dit et ordené est cy dessus, vienguent et retournent au dit Thomas, mon frere, ses hoirs ou ayans cause; pourveu toutesvoies, que se le dit Philipot estoit mariez, que sa femme, se elle le seurvivoit, y eust son douaire tel comme il appartendroit par la coustume du lieu où les diz heritages seroient assiz; pourveu aussi que le dit Philipot en puist ordener en son testament ou derreniere voulenté, jusques à la valeur de mil livres Parisis. Et ou cas que les diz deniers, or ou argent comptant, qui devront appartenir au dit Philipot par ceste moye ordenance, ne seroient tous employez en heritages à son proufit, je vueil et ordene que yceulx deniers, or ou argent, qui ne seroient employez en heritages pour le dit Philipot, comme dit est, ou cas qu'il yroit de vie à trespassement sans avoir enfans legitimes procreez en loyal mariage, que le residu d'iceulx deniers, or ou argent, et autres meubles quelzconques, qu'il auroit au jour de son trespassement, vienguent et retournent au dit Thomas, mon frere, ou à ses hoirs ou ayans cause; ou cas toutesvoies que le dit Philipot n'auroit ordené d'iceulx par testament ou derreniere voulenté deuement et valablement fait, ou autrement deuement.

Item, je vueil et ordene, et ainsi est mon entencion et voulenté que le dit Philipot ne soit tenu ne adstraint de monstrer ou enseigner en aucune maniere qu'il soit mon filz, car je l'ay tenu et tien pour mon enfant, sans le rappeller en doubte.

Item, et pour oster toutes doubtes, je vueil et ordene que le dit Thomas de Corbye, mon frere, ses hoirs ou ayans cause, ne puissent ou doient exiger, requerir ou demander aucune caucion ou autres seuretez quelzconques au dit Philipot, mon filz, de restituer les choses que je lui ai laissées et ordenées par mon present testament ou derreniere voulenté, en l'avenement des condicions sur lesqueles et par lesqueles je luy ay laissié les dictes choses, si comme plus à plain est contenu cy dessus.

Item, pour faire et acomplir ceste moye ordenance, testament ou derreniere voulenté, je faiz et ordene mes executeurs : le dit maistre Garnier Guerout, maistre Pierre d'Ogier, chanoine de Paris et conseiller du roy nostre seigneur, maistre Jehan de Sains, chanoine de Paris et secretaire du roy nostre dit seigneur, le dit Thomas de Corbie, mon frere, Jehan l'Orfevre, de Chambli, demourant à Senliz, le dit Jehan l'Asne, et le dit Pierre de la Mote. Et vueil et ordene que tous mes dessus diz executeurs, les six, les quatre ou les trois d'eulx, pourveu toutesvoies que les dessus diz maistre Garnier, maistre Pierre d'Ogier, ou maistre Jehan de Sains et Pierre de la Mote en soient les trois, que se en mon present testament ou ordenance cheoit aucun debat, obscurté ou difficulté aucunes, que mes executeurs, par special le dit maistre Garnier Guerout, le dit maistre Pierre d'Ogier, ou maistre Jehan de Sains et le dit Pierre de la Mote puissent les dictes doubtes, debaz ou obscurtez interpreter et declairer au mieulx et plus proufitablement que faire se pourra en faveur et au proufit du dit Philipot, mon filz, en tant qu'il peut toucher les choses par moy à lui laissées par cest present testament ou derreniere voulenté.

Item, je vueil et ordene, que se le dit Thomas, mon frere, ses hoirs ou ayans cause mettoient aucun empeschement en ce mien present testament ou ordenance, et par especial en tant comme il touche les choses par moy laissées et ordenées au dit Philipot, mon filz, que tous les biens meubles que par ceste moye ordenance je laisse et doivent appartenir au dit Thomas, mon frere, ses hoirs ou ayans cause, soient donnez pour Dieu et convertiz en euvres piteables par mes diz executeurs, par l'adviz et ordenance de messeigneurs de Parlement, pour prier pour l'ame de moy, de mon pere et de ma mere, et de tous mes bienfaiteurs. Et neantmoins que les laiz que j'ay fais au dit Philipot, mon filz, par ce mien testament ou ordenance, comme plus à plain est contenu cy dessus, demeurent en leur force et vertu.

Item, pour toutes les choses dessus dictes et chascune d'icelles enteriner et acomplir, j'ay transporté et mis et mes des maintenant la possession et saisine de tous mes biens meubles et conquestz, quelque part qu'ilz soient, es mains de mes executeurs dessus nommez; et soubzmes le fait et cognoissance de ce mien present testament ou derreniere voulenté à la court de Parlement.

Et rapelle et mes au neant tous mes autres testamens ou derrenieres voulentez, se aucuns en avoie faiz avant ceste moye presente ordenance, laquele je vueil valoir par la meilleur forme et maniere que elle pourra et devra valoir de droit et de raison.

En tesmoing desqueles choses, je, Arnaut de Corbye, dessus nommé, ay seellé ceste moye presente ordenance, testament ou derreniere voulenté de mon seel duquel j'ay acoustumé de user, et si ay mis mon signe manuel en la fin, et, à greigneur seureté, ay fait et passé les choses dessus dictes par devant deux notaires du Chastellet de Paris, qui y ont mis leurs signes manuelz.

Ce fu fait le mardi xviij$^e$ jour de fevrier, l'an de grace mil trois cens quatre vins et dix huit.

Ainsi signé : Arnaut de Corbye.

Et en la marge dessoubz estoit escript ce qui s'ensuit : Passé le mardi xviij$^e$ jour de fevrier, l'an mil ccc quatre vins et dix huit, par moy, du Jardin, et par moy, J. Maugier.

Item, ou nom de la saincte Trinité, le Pere, le Filz et le saint Esperit, sachent tuit que je, Arnaut de Corbye, chevalier et chancelier de France, en adjoustant en mon testament et declairant ycelui, pour ce que depuis que je feis mon dit testament Thomas de Corbye, mon frere, est alé de vie à trespassement, je vueil et ordene que tous mes heritages et possessions quelzconques que j'ay et auray au temps de mon trespassement en la ville et cité de Beauvais et ou diocese de Beauvais soient et appartiengnent à Jehan et Arnaut, mes nepveux, filz du dit Thomas, à partir egalment entre eulx; et que damoiselle Marguerite, leur suer, ma niepce, fille du dit Thomas, soit contente de ce que je lui ay donné à son mariage avec son mari Guillaume de Gamaches, selon la forme et teneur du traictié fait du dit mariage, dont lettres ont esté faictes et passées soubz le seel du Chastellet de Paris. Et en oultre, je laisse à la dicte damoiselle Marguerite la somme de deux mil frans d'or, pour estre employez en heritage, qui sera heritage d'elle, de ses hoirs et ayans cause et descendans, de mon costé et ligne.

Item, je veulx et ordene que ma suer, damoiselle Marguerite de Cresecques, femme de feu Thomas de Corbye, mon frere, ou temps qu'il vivoit, oultre ce que je lui ay laissié et ordené par mon dit testament, ait et preingne cent livres Parisis à heritage, et deux cens livres Parisis à vie; et avec ce mil et cinq cens frans d'or, pour emploier à cent livres Parisis de rente, dont elle joyra, sa vie durant, afin qu'elle ait sur tout six cens livres Parisis de rente, ainsi que Thomas, mon frere, lui a ordené en son testament, et que mes nepveux, ses enfans, soient tenuz, ou mes executeurs, de les lui asseoir bien et convenablement, ou cas que je ne les y auroye assises à mon vivant.

Item, je veulx et ordene que la chapelle que j'ay fait commencer à edifier en l'eglise de Saint Ypolite de Beauvais soit parfaicte et achevée, bien et convenablement garnie de livres, calices et aournemens, pour faire le service et autres choses necessaires à la dicte chapelle.

Item, que la dicte chapelle soit fondée de soixante livres Parisis de rente, admorties bien et souffisamment. Desqueles lx livres Parisis, il y en aura les cinquante livres Parisis pour le chapelain qui sera ordené pour la dicte chapelle desservir; lequel chapellain sera tenu de dire messe chascun jour en la dicte chapelle, pour prier pour les ames de moy, de mon pere, de ma mere, de mes freres et suers et de mes autres amis et bienfaicteurs. Et les autres dix livres Parisis seront pour soustenir la dicte chapelle [de] livres, aournemens et autres choses appartenantes à ycelle, ou cas toutevoyes que je n'auroie acompli les choses dessus dictes, touchans la dicte chapelle, à mon vivant.

Item, je veulx et ordene que la dicte chapelle soit à ma presentacion, de mes hoirs, successeurs et ayans cause.

Item, je laisse à la Grant Confrarie de Paris cent frans d'or.

Item, je laisse aux escoliers des Cholès de Paris, pour augmentacion de leurs bourses, mil frans d'or, pour emploier en heritage pour le dit college, ou cas toutevoies que, à mon vivant, je ne leur auroie acquiz des heritages jusques à la valeur de la dicte somme ou plus grant.

Item, je laisse à chascun des enfans de maistre Pierre de la Mote qui sont nez depuis que je feis mon dit testament, la somme de cent frans d'or, et à chascun de ceulx qui naistront d'ores en avant, et qui seront en vie au jour de mon trespassement, cent frans d'or.

Item, je laisse à Colin le Seellier, à sa femme et enfans la somme de deux cens frans d'or.

Item, je laisse à Johannin Chevalier quarante frans par dessus les vint frans que je lui ay laissiez en mon dit testament.

Item, je veulz et ordene que ce que j'ay ordené par mon dit testament pour maistre Philippe de Corbie, mon filz naturel, il ait et tiegne par maniere de lays et de don d'aumosne, et non pas par maniere d'orrie ou de succession.

Item, combien que par mon dit testament j'aye ordené, que ou cas que le dit maistre Philippe n'auroit hoirs legitimes de son corps procreez en loyal mariage, que des biens que je lui ay ordenez par mon dit testament il puisse ordener, pour le salut de son ame, jusques à la valeur de mil livres Parisis, neantmoins par ce present codicille je veulz et ordene qu'il en puist ordener jusques à deux mil livres Parisis, ainsi qu'il verra à faire pour le mieulx, selon sa conscience.

Item, je veulx et ordene que au demourant mon dit testament tiengne et vaille selon sa forme et teneur, sans y faire mutacion aucune.

Item, je ordene mes executeurs, avec ceulx qui sont nommez en mon dit testament, mes bons amis, maistre Symon Nanterre, conseiller du roy nostre seigneur, et maistre Henry Mauloué, audiencier du dit seigneur. Et veulz et ordene qu'ilz aient tele et aussi grant puissance comme mes autres executeurs nommez en mon dit testament; et laisse à chascun d'eulx ainsi et par la maniere que je laisse aux autres nommez en mon dit testament.

En tesmoing de ce, j'ai ces presentes lettres seellées de mon seel, et pour greigneur seurté et approbacion les ay passées par devant deux notaires du Chastellet de Paris, cy dessous subscris.

Fait et passé le mardi ix° jour d'aoust, l'an mil quatre cens et sept.
Ainsi signé : Ita est : Fresnes. J. de Saint Germain.
Collacio facta est cum originali.

(Bibl. Nat., Dép. des ms., Collection Moreau, 1161, fol. 744 v°.)

## V.

1400, 22 février.

TESTAMENT DE GUILLAUME DE CHAMBORAND, ÉCUYER DE CORPS DU ROI.

Guillaume de Chamborand, écuyer de corps de Charles V, reçut en récompense de ses bons et loyaux services deux cents francs d'or qui lui furent assignés le 29 décembre 1374, et une autre somme de quatre cents francs octroyée le 5 novembre 1378; il fut conservé dans ses fonctions par Charles VI, qui lui fit don, le 10 juillet 1384, de 960 florins d'or sur les aides de Normandie (Arch. Nat., K 53^a, n° 32); vers le mois d'octobre 1391, le roi l'envoya *hastivement* en Italie auprès du comte de Vertus, *pour certaines grosses besongnes* se rattachant à son projet d'expédition, et lui alloua pour son voyage une première somme de deux cents francs d'or, augmentée d'une nouvelle somme de trois cents francs, dont Guillaume de Chamborand donna quittance les 17 octobre 1391 et 16 janvier 1392 (Bibl. Nat., cab. des titres, pièces originales). Quelques années auparavant, le même personnage se trouva mêlé à certaines scènes de violence dont le château du Louvre fut le théâtre et qui aboutirent à une procédure au Parlement de Paris. Le lundi des Rameaux de l'année 1384 (15 mars), pendant que Guillaume de Chamborand, suivant l'usage traditionnel, servait son souverain à table, Évrard de Trémagon, évêque de Dol, invectiva grossièrement cet officier royal, l'accusant d'avoir traîtreusement fait occire son frère Yves de Trémagon, qui avait été le compagnon d'armes dudit seigneur de Chamborand au service du comte d'Alençon. Guillaume protesta énergiquement de son innocence et offrit d'en fournir la preuve; mais l'évêque persista dans son dire, ajoutant que Guillaume de Chamborand, quoi qu'il fît, ne pourrait effacer sa traîtrise. Le débat ainsi posé dut se vider judiciairement. Jour fut assigné aux parties, qui furent successivement citées au château du Louvre et au château de Vincennes les 5 et 7 avril 1384. Tandis que l'évêque se faisait représenter par procureur, son adversaire, défendant sa cause en personne, démontra qu'Yves de Trémagon, incarcéré pour crime de trahison par le duc d'Orléans, était mort en prison, au grand regret du duc qui se proposait de lui faire couper la tête en public. Le Parlement, suffisamment édifié, rendit le 30 juillet 1384 un arrêt déclarant l'évêque de Dol coupable de diffamation envers Guillaume de Chamborand, et le condamna à 500 livres Tournois de dommages-intérêts payables audit Guillaume, ainsi qu'à 500 livres d'amende applicables au roi, sans préjudice des dépens. Évrard de Trémagon ne s'exécuta qu'à la dernière extrémité; on voit même que l'écuyer de corps du roi, ou plutôt son fondé de pouvoir, J. Chauveron, conseiller au Parlement, se vit dans l'obligation de pratiquer une saisie sur une maison de l'évêque, sise à Paris, rue du Château-Fêtu; alors seulement Évrard de Trémagon fit remettre par Roger de la Poterne, orfèvre et bourgeois de Paris, une somme de trois cents francs d'or, avec promesse du surplus dans le délai de la Saint-Jean-Baptiste (24 juin 1385) (Arch. Nat., $x^{1a}$ 32, fol. 397 v°. — $x^{1c}$ 50, accord du 9 janvier 1385).

A tous ceuls qui ces lettres verront, Jehan, seigneur de Foleville, chevalier, conseiller du roy nostre sire, garde de la prevosté de Paris, salut. Savoir faisons que par devant Nicaise le Munier et Estienne Boyleaue, clers notaires du roy nostre dit seigneur, de par lui establiz en son Chastelet de Paris, fu present noble homme, Guillaume de Chamborant, escuier de corps du roy nostre dit seigneur, sain de corps, de pensée et de bon et vray entendement, attendant et sagement considerant que briefz sont les jours de une chascune creature humaine, et qu'il n'est chose plus certaine de la mort ne moins certaine de l'eure d'icelle, pour ces causes et autres justes et loyaulx qui pour le sauvement de l'ame de lui à ce le meuvent, et aussi tendis que raison, sens et entendement sont en lui et le gouvernent, voulant prevenir et estre seurprins par ordonnance testamentoire et non intestat deceder de ceste vie mortele, ainçois des biens et choses dont Nostre Sauveur Jhesu Crist lui a tres largement prestez et donnez, ordonner pour le sauvement de son ame, fist, ordonna et divisa son testament ou ordonnance de derreniere volenté ou nom de la tres sainte Trinité, le Pere, le Filz et le benoist saint Esperit, en la forme qui s'ensuit :

Et premierement il, comme bon et vray catholique, recommanda l'ame de lui, quant de son corps departira, à Nostre Sauveur Jhesu Crist, à la tres glorieuse Vierge Marie sa mere, à monseigneur saint Michiel l'ange et à tous anges et archanges, à monseigneur saint Pierre et saint Pol, et à tous apostres, et à toute la benoite compaignie et court de Paradis, en leur suppliant qu'ilz vueillent son ame acompaigner et icelle presenter à Nostre Seigneur Jhesu Crist, et lui supplier que d'icelle son ame il ait pitié et la vueille recevoir en sa compaignie, voulant tous ses torsfaiz estre amendez et ses debtes estre paiées par ses executeurs cy dessoubz nommez, et son corps à la sepulture de Saincte Eglise, lequel son corps il volt gesir en l'eglise de la Terne, qui est de l'ordre des Celestins ou diocese de Limoges, et estre dedans le cuer de la dicte eglise assez pres du grant autel au costé joignnant du mur.

Et volt et ordonna que sur son corps soit faicte et assise une tombe qui sera enlevée pié et demi plus hault de la terre, laquele tombe sera de pierre, en laquele sera sa representacion, armé de ses armes, et sera escript sur et autour de la dicte tombe son nom, son tiltré, le jour et an de son trespassement; et au dessus d'icelle tombe aura avecques ce une ymage de Nostre Dame qui sera painte dedans le mur, laquele ymage sera belle et bien faicte tenant Nostre Seigneur son enfant entre ses bras, et aura devant la dicte ymage une representacion de sa personne faicte en paincture dedans le mur à l'endroit de sa tombe, où il sera à genoulx armé de ses armes, à mains joinctes, et sera presenté de deux ymages, l'une de saint Jehan Baptiste et l'autre de saint Guillaume. Et volt que par l'ordonnance de ses diz executeurs la dicte tombe, ymages et painctures dessus dictes soient faiz bien et honnorablement.

Et volt et ordonna que, de quelque lieu qu'il yra de vie à trespassement, tout ce qui de son corps se pourra porter soit mené et conduit en la dicte eglise de la Ternes pour gesir soubz la dicte tombe, à laquele eglise il laissa et volt estre paié six cens livres Tournois pour une foiz, parmi ce que les religieux Celestins d'icelle eglise seront tenuz de maintenir à tousjours en bon estat et honnorable la dicte tumbe, ymages et painctures, et dire et celebrer en ycelle eglise chascun jour à tousjours une messe perpetuele, ainsi que les journées le requerront, pour le salut et remede de l'ame de lui, ses pere, mere, amis et bienfaicteurs.

Item, volt et ordonna que le jour de son obit soient dictes et celebrées soixante messes, et qu'il y ait pour son luminaire autour de son corps à son obseque douze povres vestuz de noir, qui tendront chascun une torche et quatre cierges aux quatre cornez de son serqueuz, chascune torche et chascun cierge pesant six livres de cire.

Item, volt et ordonna estre paié pour chascune des soixante messes dessus dictes trois solz Tournois aux prestres qui les diront.

Item, volt et ordonna estre donné et aumosné à chascun povre qui sera à son dit service un blanc de quatre deniers Parisis, et si volt estre donné à chascun de ceulx qui tendront les dictes torches deux solz Tournois.

Item, volt et ordonna que le jour de son service ait sur son corps et serqueul un drap noir de bouquassin, auquel aura au long et au travers une croix vermeille et escuz de ses armes, et que le dit drap soit et demeure tant que durer pourra sur son serqueul ou sepulture, et que tout le dit luminaire, son dit service fait, soit et demeure aus diz religieux.

Item, il laisse à chascune de ses deux sereurs cent livres Tournois pour une foiz.

Item, il laisse et donne à Jehan de la Mare, son clerc, six vins livres Tournois pour une foiz, pour tous salaires et services et autres choses qu'il pourroit demander au dit testateur.

Item, donne et laisse à Jehan du Brueil, son serviteur, la somme de huit vins livres Tournois pour une foiz, pour tous salaires, services et autres choses en quoy il lui pourroit estre tenuz, lequel l'a bien loyalment et longuement servi et a eu pluseurs painnes et travaulx en son service.

Item, laissa à messire Jehan le Fevre, son chapellain, quarante livres Tournois, pour semblable cause.

Item, à chascun de ses autres varletz et serviteurs qui seront demourans avecques lui au jour de son trespassement dix livres Tournois, pour toutes choses qu'ilz lui pourroient demander.

Item, laissa et donna à chascun mesnage ou feu, estant en la terre de Chamborant, vint solz Tournois.

Item, à chascun mesnage ou feu, estans en la terre de la Valadelle, vint solz Tournois, pour prier Dieu pour l'ame de lui.

Item, il donna et laissa à la fabrique de l'eglise de Chamborant vint livres Tournois une foiz.

Item, il laisse et donne à Jehan Maillé et Colete sa femme, hoste et hostesse du dit testateur, quarante livres Tournois pour une foiz, pour aidier à mettre à mestier Guillemin leur filz, filleul du dit testateur, et pour les bons et agreables services que lui ont faiz le temps passé.

Item, volt et ordonna qu'il soit fait un tableau de cuivre, ouquel sera escript le nom, le surnom, le tiltre du dit testateur, le jour et an de son trespassement, et la messe qui perpetuelment sera dicte pour les ames de lui, de ses feux pere et mere, amis, parens et bienfaicteurs en la dicte eglise de la Ternes, et sera mis le dit tableau dedans le mur au dessus de la dicte tombe, dessoubz les piez de la dicte ymage de Nostre Dame et de sa representacion qui seront faiz de painctures ou dit mur au dessus de la dicte tumbe, comme dessus est dit.

Item, il volt et ordonna que monseigneur Pierre de Chamborant, son frere, se il seurvit le dit testateur, soit son heritier universal, seul et pour le tout, ou residu de tous ses biens meubles et heritages quelzconques, et ou cas que le dit monseigneur Pierre ne le seurvivroit, il veult et ordonne que les enfans feu Fouquaut de Chamborant, jadix filz ainsné du dit monseigneur Pierre, aient et emportent tout le dit residu des biens meubles et non meubles du dit testateur, son dit testament fait, paié et acompli; et en ce cas leur donne et laisse tout le dit residu de ses diz biens meubles et possessions immeubles quelzconques.

Pour toutes lesqueles choses faire, enteriner, executer, acomplir et mettre à execucion et fin deue, le dit testateur fist, nomma et ordonna ses vrays, bons et loyaulx amis executeurs et de foy commissaires, c'est assavoir, monseigneur Pierre de Chamborant, chevalier, son frere, reverend pere en Dieu, monseigneur l'evesque de Saint Flour, qui est à present, Jehan de la Mare, messire Jehan Fevre, prestre, et Jehan du Brueil, tous ensemble, et les deux d'iceulx, dont l'un et le principal soit le dit monseigneur Pierre de Chamborant ou le dit monseigneur l'evesque de Saint Flour; ausquelz ses executeurs le dit testateur a donné et donne plaine puissance et auctorité de cest sien present testament paier, enteriner, executer et acomplir, et pour ce faire se dessaisy et desvesti es mains des diz notaires de tous ses biens, et volt que ses diz executeurs en feussent et soient vestuz et saisiz, et iceuls ses biens pour ce faire soubzmist à la jurisdicion, cohercion et contrainte de nous, de noz successeurs prevostz de Paris, et de toutes autres justices, soubz qui jurisdicions ilz seront et pourront estre trouvez, jusques à ce que cest sien present testament soit paié, executé, enteriné et acompli; voulant ceste presente ordonnance valoir et tenir par droit de testament, de codicille ou autrement, par la meilleur maniere que valoir devra et pourra, de droit, de us et de coustume, en rappellant et revoquant tous autres testamens, codicilles ou ordonnances que faiz auroit paravant la date de ces presentes.

En tesmoing de ce, nous, à la relacion des diz notaires, avons mis à ces lettres le seel de la dicte prevosté de Paris, l'an de grace mil iii$^c$ iiii$^{xx}$ et dix neuf, le dimenche xxii$^e$ jour de fevrier.

Signé : BOYLEAUE. N. LE MUNIER.

Item, s'ensuit la teneur d'une cedule atachée au dit testament, scellée et signée des seel et seing manuel du dit testateur.

Combien qu'il soit contenu en mon testament, dedans lequel ceste cedule est atachée, que mon corps soit mis et enterrez à Nostre Dame des Ternes en l'eveschié de Limoges, je ayme mieulx estre à Chamborant enterré pres de monseigneur mon pere, par ainsi que l'argent qui est dit à donner aux Ternes sera donné à Chamborant, pour en faire au dit Chamborant, en la maniere que j'avoye ordonné qu'il en feust fait es Ternes. Et ceci je vueil que soit et en prie mes executeurs. Escript de ma main et seellée de mon propre seel le premier jour de mars l'an mil iiii$^c$ et un, et signé de mon saing manuel.

G. DE CHAMBORANT.

Collatio facta fuit in Parlamento cum originali, die xxviii maii ccccvi.

(Archives Nationales, x$^{1A}$ 9807, fol. 160 v°.)

## VI.

1401, 27 mars.

**TESTAMENT DE JEAN DE TRIE, CHAMBELLAN DU ROI ET DU DUC D'ORLÉANS.**

Jean de Trie, seigneur de Lattainville, chambellan du roi, était fils de Mathieu de Trie et de Jeanne de Blaru. Il servit en 1376 sous les ordres du connétable Louis de Sancerre et contribua à la défense du Limousin et du Périgord; pour reconnaître ses services, le roi lui alloua à plusieurs reprises des sommes assez considérables, notamment le 31 juillet 1394 il le gratifia de 3,000 livres pour l'aider à fortifier son château de Boissy. Deux ans après, messire Jean de Trie ainsi que sa femme, Catherine de la Trémoille, spécialement attachée au service de la duchesse de Bourgogne, firent partie du cortège chargé de conduire à Calais la reine Isabeau d'Angleterre; vers la même époque, lors de l'entrevue qui réunit à Ardres les rois Charles VI et Richard II, on lui confia la garde du camp. Jean de Trie figure sur la liste des seigneurs de la cour, auxquels, suivant l'usage consacré, le roi fit distribuer des houpelandes le premier mai 1400 (Douet d'Arcq, *Choix de pièces inédites relatives au règne de Charles VI*, t. I, p. 130, 164). Il laissa un fils en bas âge, Louis, dont la tutelle fut confiée à son oncle, Renaud de Trie.

A tous ceulx qui ces presentes lettres verront, Jehan, seigneur de Foleville, chevalier, chambellan et conseiller du roy nostre sire, garde de la prevosté de Paris, salut. Savoir faisons que par devant Jehan Chastenier et Nicaise le Munier, clers notaires du roy nostre dit seigneur de par lui establiz en son Chastellet de Paris, fut personnelment establiz noble homme, monseigneur Jehan de Trye, chevalier, mareschal et chambellan de monseigneur le duc d'Orleans, enferme de corps mais toutesvoies sain de pensée, ayant en lui bon sens, memoire et entendement, si comme il disoit et par sa face et parole apparoit clerement, sachant et saigement considerant qu'il n'est chose plus certaine de la mort ne chose moins certaine de l'eure d'icelle, et pour ce, il, tandiz que sans et raison, vray propos et entendement sont en lui et le gouvernent, desirant de tout son cuer pourveoir au salut et remede de son ame, et non voulant trespasser intestat de cest siecle, mais voulant distribuer pour honneur et reverence de Dieu des biens et choses à lui prestées en ce monde mortel par son doulx sauveur Nostre Seigneur Jhesu Crist, de ses diz biens et choses, ou nom du Pere, du Filz et du benoist saint Esperit, fist, ordonna et declaira son testament ou ordonnance de derreniere voulenté par la forme et maniere qui s'ensuit :

Premierement il, comme bon catholique et en recognoissant devotement son doulx sauveur Nostre Seigneur Jhesu Crist, lui recommanda et recommande son ame, quant de son corps departira, et à la glorieuse Vierge Marie sa mere, à monseigneur saint Michiel l'ange, à saint Pere et saint Pol et à toute la benoiste et celestiel court de Paradis.

En après, il voult et ordonna sa sepulture de son corps en l'eglise Saincte Katheline du Val des Escoliers à Paris, en la place ou joignant de feu madame sa femme qui en ycelle eglise est mise et enterrée.

Item, il veult et ordonne, que se Loys de Trye, son filz et de sa dicte femme, va de vie à trespassement avant ce qu'il soit aagié, qu'il soit mis et enterré ou milieu de lui et de sa dicte femme en la dicte eglise.

Item, il veult et ordonne ses debtes et torsfais qui apperront estre paiez et amendez par ses executeurs ci après nommez.

Item, il veult et ordonne que, durant la minorité du dit Loys son filz seulement, noble homme, monseigneur Hervé le Coich, chevalier, chambellan du roy et de monseigneur le dalphin de Viennois, seigneur de la Granche, et madame Marguerite de Trye, sa femme, seur du dit testateur, et le survivant d'eulx deux joissent et possident après le trespassement du dit testateur des terres, fiefs, revenues et possessions acquestées par le dit testateur, et qu'ilz en preignent, lievent et perçoivent les prouffis, revenues et emolumens durant leurs dictes vies et du survivant, durant la dicte minorité du dit Loys seulement, et en ce cas, et par la maniere que dit est, leur donna et donne par ces presentes.

Item, leur donna et donne encores et laisse tout le residu de tous ses biens meubles pour en faire leur plaisir et voulenté, ses debtes, testamens, codicilles, obseques, funerailles et derrenieres voulentez paiez et acompliz avant toute euvre.

Pour toutes lesquelles choses ci dedens escriptes et chascune d'icelles enteriner, acomplir et mettre à execucion et fin deue selon leur teneur, le dit testateur fist, nomma, eslut et ordonna ses executeurs et feaulx commissaires, reverend pere en Dieu, monseigneur Guillaume de Dormans, par la grace de Dieu arcevesque de Sens, monseigneur l'abbé de l'eglise de Chaaliz, les diz monseigneur Hervé le Coich et madame Marguerite, sa femme, honnorable et saige personne, maistre Pierre l'Orfevre, chancellier du dit monseigneur le duc d'Orleans, et Nicolas le Charron; ausquelx ensemble, aux quatre, trois ou deux d'iceulx le dit testateur a donné et donne plain povoir et auctorité de ce faire et tout ce qui y appartendra et es dependences. Et pour ce faire il s'est desmis et desmet es mains de ses diz executeurs au prouffit de sa dicte execucion de tous ses biens meubles et immeubles presens et à venir, et en voult ses executeurs estre vestus et saisiz, et les soubmet à justicier, avec la reddicion du compte et la cognoissance de ce present testament et jusques au plain acomplissement d'icellui, à la court de Parlement et à toutes autres cours et jurisdicions où ilz seront trouvez. Et veult ce present testament valoir et tenir par la meilleur forme et maniere que valoir pourra et devra, en rappellant tous autres.

En tesmoing de ce, nous à la relacion des diz notaires avons mis à ces lettres le seel de la prevosté de Paris, l'an mil iiii$^c$, le dimenche xxvii jours de mars avant Pasques. Signé : N. LE MUNIER. J. CHASTENIER. Collacio facta fuit cum originali, die xv julii ccccvii.

(Archives Nationales, x$^{1A}$ 9807, fol. 162 r°.)

## VII.

1402, 9 octobre.

### TESTAMENT DE JEAN DE NEUILLY-SAINT-FRONT, CHANOINE DE NOTRE-DAME DE PARIS ET ARCHIDIACRE DE SOISSONS.

Jean de Neuilly, licencié en droit civil et canon, était avocat au Parlement de Paris, avocat distingué jouissant en son temps d'une certaine réputation. Sa personnalité a déjà été mise en lumière par notre excellent et regretté confrère, M. Henri Lot, dans son remarquable mémoire sur les frais de justice au xiv$^e$ siècle (*Bibl. de l'École des Chartes*, ann. 1872 et 1873). Il ressort d'un texte des plus importants relatif à l'assistance judiciaire que maîtres Jean de Neuilly et Pierre de Lagny furent désignés d'office par le Parlement pour plaider la cause d'une veuve dénuée de toutes ressources venue à Paris dans le but de suivre un procès que ses adversaires voulaient traîner en longueur. L'époque à laquelle les deux avocats auraient été chargés de cette affaire n'est pas sensiblement éloignée de l'année 1355. Jean de Neuilly remplaça comme chanoine de Notre-Dame Jean Canard, appelé à l'évêché d'Arras. Son installation est du 2 novembre 1392; en l'admettant dans son sein, le chapitre voulait s'attacher le jurisconsulte éminent qui de longue date s'occupait de ses intérêts et avait la conduite de ses affaires judiciaires au Parlement. A son entrée dans le corps des chanoines, Jean de Neuilly n'avait reçu que les ordres mineurs; néanmoins il obtint à titre gracieux la permission d'assister aux offices la tête couverte. Il prit part aux délibérations capitulaires jusqu'au 16 mai 1403; après sa mort, arrivée vers la fin de ce mois, sa prébende échut le 2 juin à Jean de Saint-Vrain (Arch. Nat., LL 211$^A$, fol. 46, 47, 59; LL 212$^B$, fol. 310). Jean de Neuilly appartenait au conseil administratif des collèges de Beauvais et de Presles; le 18 juillet 1400, il fut convié au dîner que le premier de ces établissements offrit à Guillaume de Dormans, archevêque de Sens (Arch. Nat., H 2785$^1$, fol. 81; H 2785$^5$; H 2874$^1$). La maison qui lui servait de demeure était dans la rue Pavée (Arch. Nat., x$^{1A}$ 63, fol. 81 r°).

*Testamentum magistri Johannis de Nuilly, quondam advocati in Parlamento et archidiaconi Suessionensis.*

In nomine sancte et individue Trinitatis, Patris, et Filii et Spiritus sancti, amen. Je, Jehan de Nuilly Saint Front, licenciez en droit civil et canon, chanoines de Paris et arcediacres de Soissons, considerans qu'il n'est plus certain de la mort ne moins certain que l'eure et la maniere de la mort, après pluseurs advis, mutations, revolucions et corrections, et que de present j'ay heure, place et loisir, et que, Dieu grace, je suis haictiez de corps et de pensée, à grant et meure deliberacion, je fais et ordonne mon testament present que je vueil valoir ordonnance de derraine voulenté, par la meilleur maniere qu'il se puet faire et doit valoir ; l'execucion duquel je soubzmet à la court de Parlement où j'ay longuement conversé. Et pour ce que j'ay par pluseurs autres foiz fait mon testament, je revoque tout ce qui paravant cestui a esté fait et vueil que cestui tiegne et vaille à tousjours, sinon qu'il appere d'autre testament ou codicille fait après, escript ou signé de ma propre main et saing manuel ; et est la raison pour ce que aucunes fois l'en fait faire aux malades testament en temps qu'ilz sont si agrevez de maladie que à peu scevent ilz qu'il dient. Et pour ce, ceste presente ordenance qui est par moy faicte en plaine santé et grant deliberacion et qui est escripte deux fois ou trois de ma propre main soubz une mesme date, je veul qu'elle vaille et soit tenue et gardée, et que chascune escripture vaille original, *juxta L Unum § de Testamentis.*

*In primis*, je recommande mon ame, quant elle partira du corps, à Dieu son createur, à la benoiste Vierge Marie, à saint Michiel l'archange, à saint Jehan Baptiste, à saint Jehan l'Euvangeliste, saint Pere, saint Pol, saint Andrieu et generalment à tous sains et sainctes et à toute la court de Paradis, tant humblement et devotement que je puis, en leur suppliant qu'ilz me vueillent estre aidant et confortant au partir de ceste vie.

Item, je esliz ma sepulture en l'eglise Saint Remi de Nuilly où je fu baptisiez, devant le grant autel que j'ay fait ouvrir et maçonner, et que là mon corps soit porté et conduit par deux cordeliers ou augustins prestres et de mes serviteurs, s'il se puet faire.

Item, pour le luminaire, car l'eglise est petite, XL livres de cire.

Item, j'ay disposé d'avoir une tombe pareille à celle de feu maistre

Nicole de Rance qui est en l'Eglise de Paris devers le cloistre, que j'ay proposé à faire ordonner, et vueil que à la main de l'image soient joins et escrips ces deux vers :

> Vermibus hic donor et sic ostendere conor
> Qualiter hic ponor ponitur omnis honor.

et autour de la tombe ce qu'il appartient à escripre.

Item, je ordonne avoir en la dicte eglise trois anniversaires solennelz chascun an, c'est assavoir, vigiles de mors à ix leçons à note, et le lendemain commandaces sans note et la messe à note bien sonnées, c'est assavoir, un le jour de mon trespassement, l'autre pour mes pere et mere le premier lundi après la feste Nostre Dame en septembre, et le tiers le premier lundi après la feste Saint Denis, chascun an.

Item, pareillement je ordonne avoir trois anniversaires solennelz chascun an en l'eglise Saint Front de Nuilly, et soient chantez et sonnez comme dessus, et que le jour que l'en dira la messe à Saint Remi, que l'en chante au soir ensuivant les vigiles à Saint Front, et le lendemain commandaces et la messe, et tout à note.

Item, je ordonne que le curé de Saint Remi ait à chascune des vigiles au soir ii solz, son compaignon xii deniers et le clerc de la parroiche vi deniers; et le lendemain pour commandaces et pour la messe autant; et que le maistre de l'escole et les enfans jusques à xii, s'il ne veult tout amener, aient au soir tous ensemble ii solz vi deniers, et l'endemain aux commandaces et à la messe autretant.

Item, que les marregliers pour sonner et ordonner à chascun anniversaire pour le soir et pour le matin aient iiii solz.

Item, se les curez de Saint Front y veulent estre, ilz aront à chascune fois chascun xii deniers.

Item, pareillement à Saint Front chascun des curez, s'il est present, avera pour chascun anniversaire entier iiii solz, c'est assavoir, aux vigiles ii solz, aux commandaces et la messe ii solz; et s'il n'y a que un curé et un chappellain, le chappellain n'ara que ii solz pour tout à chascun anniversaire entier, et le clerc pour tout xii deniers.

Item, le maistre de l'escole et ses enfans iiii solz et les marregliers iiii solz, comme dessus est dit de Saint Remi ; et se li curez de Saint Remi et son compaignon y veulent estre, ilz aront chascun pour chascun anniversaire entier xii deniers.

Item, je ordonne, que se les curez, l'un d'eulx, le chappellain ou le clerc ne sont present à l'office, qu'ilz n'aient riens, en tant qu'il feront faulte, et que la porcion acroisse aux presens maistre de l'escole et ses enfans sans fraude et sans mal engin, et non aux autres curez ou chappellains.

Item, je veul et ordonne, que ce que le maistre et enfans gaigneront en ces six anniversaires ci dessus declairez, qui puet monter xxx solz par an, que tout soit beu ou autrement dispensé à la Saint Nicolas d'esté.

Item, je ordonne à chascun anniversaire iiii petiz cierges, chascun de demie livre, valent les vi anniversaires xii livres de cire, pour quoy je ordonne xlviii solz de rente ad ce que la cire soit nuefve.

Item, pour ce que je say que le curé de Saint Remi doit chascun jour messe sinon par aventure au jeudi, s'il n'est feste ou quaresme, car lors il doit messe, et qu'il a compaignon, je ordonne avoir perpetuelment au jeudi, s'il n'est feste double là, une messe à note au grant autel, de *Requiem*, c'est assavoir, vigiles et commandaces, que lui, son compaignon et son clerc chanteront; et requier mes bons amis les religieux d'Essomes qu'ilz le facent faire, et croy qu'ilz le feront, et s'il ne povoit estre fait là, si soit fait ailleurs, et qu'elles soient sonnées hautement. Et pour la dicte messe, je ordonne x livres Tournois de rente.

Item, je laisse à la fabrique de l'eglise de Saint Remi dix solz de rente.

Item, à l'eglise de Saint Front x solz de rente, et ne vieul point que les curez y aient quelque part ou porcion.

Somme des mises precedans : xvii livres, ii solz de rente; si soient achetées xx livres de rente pour mieux fournir qui pourra.

Item, pour ceste rente acheter et amortir, je ordonne v$^c$ escus de xxii solz vi deniers Tournois la pieche, monnoie courant à present.

Item, à cestui pris je ordonne mon testament present estre paié, nonobstant quelque mutacion de monnoies, s'il se puet faire bonnement, et croy que au païs l'en la trouvera bien; et se plus l'en en povoit avoir, soit distribué entre les curez et marregliers de Saint Remi et le maistre de l'escole pour lui et les enfans *pro rata;* et s'il fault plus d'argent, si soit prins sur mes meubles.

Item, quant la rente sera achetée, si soit baillée et delivrée aux curez; c'est assavoir au curé de Saint Remi la porcion de lui, son compaignon et son clerc, et les marregliers leveront pour eulx, pour la fabrique, pour la cire et pour le maistre de l'escole et enfans; et pareillement le premier curé de Saint Front pour faire et distribuer autretel de ce qui doit estre distribué aux anniversaires de Saint Front.

Item, je veul et ordonne que ce qui touche les diz anniversaires et la messe soit escript solennelment es livres messelz de Saint Remi, de Saint Front, d'Essomes et des escoliers de Praelles, et pareillement en parchemin soubz voirre en un piler de chascun lieu.

Item, je prie et charge l'abbé d'Essomes qui sera pour le temps, et par le moyen des lais dont ci après sera parlé et des biens que j'ay faiz à leur eglise, qu'il se donne garde effectuelment que le curé de Saint Remi qui est son religieux face son devoir de la dicte messe, comme ci dessus est escript.

Item, pareillement je prie et requier messeigneurs de chapitre de Soissons qu'ilz facent autel des curez de Saint Front qui sont leurs subgiez.

Item, et que ce soit escript où matrologe de l'eglise de Soissons avecques ce que je ordonne pour eulx et pour les escoliers de Saint Nicolas de Soissons, et pareillement en la chappelle des diz escoliers de Saint Nicolas, comme ci dessus est escript de la chappelle des escoliers de Praelles.

Item, je laisse encores à la dicte eglise de Saint Remi de Nuilly mon messel noté à l'usage de Soissons, mon calice, et tous les vestemens et paremens de ma chappelle et les chandeliers.

Item, je laisse oultre à la fabrique de la dicte eglise pour une foiz x livres Tournois.

Item, à la fabrique de l'eglise de Saint Front pour une foiz x livres Tournois.

Item, à chascun curé de Nuilly pour une foiz vi solz Tournois.

Item, à chascun compaignon ou chappellain du curé pour une fois iii solz Tournois.

Item, à chascun clerc de la parroiche pour une foiz ii solz Tournois.

Item, je laisse à l'ostel Dieu de Nuilly pour une fois x livres Tournois, pour avoir draps et couvertures pour gesir les povres.

Item, à la maladerie de Nuilly, pour convertir en necessaires de la dicte maison, pour une fois x livres Tournois.

Item, je laisse aux religieux d'Essomes pres de Chastel Thierry v$^c$ escus d'or et les charge, oultre ce que autresfoiz m'ont promis, d'une messe perpetuelle chascune sepmaine à certain autel de leur eglise par un de leurs religieux, qui soit copetée au gros saint.

Item, oultre je les charge de xii messes chanter à note solennelment au grant autel, c'est assavoir au premier lundi de chascun mois perpetuelment, sinon qu'il soit feste double, ouquel cas soit transportée à autre jour, et que ce soit enregistré en leur matrologe et escript soubz voirre en un piler ou cuer de leur eglise; et ordonne que l'une des dictes messes soit du saint Esperit et l'autre de Nostre Dame et l'autre de *Requiem,* et ainsi consequamment, et qu'elles soient sonnées comme il appartient. Et pour ceste charge je leur laisse encores ii$^c$ escus, et veul que de cestui argent de vii$^c$ escus ilz achetent rente pour eulx, ou amendent leur temporel.

Item, je laisse à chapitre de Soissons vi$^c$ escus d'or et les charge de douze messes au grant autel perpetuelment sonnées solennelment, c'est assavoir au premier lundi de chascun mois, sinon qu'il soit feste double, ouquel cas soit transferée à autre jour, et que de ce ilz achetent rente ou amendent leur temporel, et distribuent à chascune messe, comme bon leur semblera.

Item, je laisse pour les escoliers de Saint Nicolas de Soissons, ou cas que je ne leur bailleray en ma vie comme j'ay en propos, iii$^c$ escus pour convertir en rente à leur prouffit par l'ordenance de messeigneurs de chapitre, mais je les charge pareillement de xii messes à note chantées solennelment en leur chappelle chascun premier lundi de chascun mois, toutes de *Requiem*, vigiles à ix leçons et commandaces, avec un obit solennel le jour de mon trespassement chascun an perpetuelment.

Item, je laisse aux religieux de Saint Jehan des Vignes de Soissons cent escus, à la charge d'un obit solennel chascun an.

Item, aux escoliers de Saincte Katherine de Soissons x livres Tournois pour une foiz, à la charge de iiii obiz solennelz pour une fois.

Item, à l'ostel Dieu de Saint Gervais de Soissons x livres Tournois pour une fois.

Item, à l'ostel Dieu de Nostre Dame de Soissons iiii livres Tournois pour une fois.

Item, aux religieux de Longpont pour une foiz xx livres Tournois, à la charge de iiii obiz solennelz pour une foiz.

Item, je laisse aux escoliers de Praelles de Paris pour acheter rente v$^c$ escus, et les charge de xii messes solenneles, chascun an le premier lundi de chascun mois, et de faire et chanter mon obit solennelment chascun an le jour de mon trespassement.

Item, je laisse à la fabrique de l'eglise d'Arras, dont j'ay esté chanoines, vi escus.

Item, pour faire mon obit solennelment une foiz, vi escus.

Item, à l'eglise Saint Martin de Champeaux, dont j'ay esté chanoines un peu de temps, iiii escus, et pour y faire mon obit une foiz solennelment, iiii escus.

Item, à la fabrique de l'Eglise de Paris dix escus.

Item, pour y faire mon obit et sonner, xx escus.

Item, à l'Ostel Dieu de Paris vint escus.

Item, aux Cordeliers de Paris xii escus.

Item, aux Jacobins de Paris x escus.

Item, aux Augustins de Paris xii escus.

Item, aux Carmelistes de Paris x escus, et charge chascun d'eulx de iiii obiz solennelz.

Item, aux Matelins de Paris iiii escus.

Item, à la fabrique de Saint Yves iiii escus.

Item, à la fabrique de Saint Andrieu des Ars iiii escus.

Item, aux xv$^{xx}$ de Paris iiii escus, à la charge chascun d'eulx de deux obiz solennelz.

Item, aux povres prisonniers de Chastellet iiii escus.

Item, aux povres prisonniers de monseigneur l'evesque de Paris iiii escus.

Item, à la fabrique de Saincte Geneveve de Paris iiii escus, à la charge de deux obiz faire une fois.

Item, aux Cordeliers de Soissons xl solz Tournois, pour un obit solennel.

Item, je laisse à Jehan Damade, filz de feu maistre Jehan Damade, mon cousin, mon hostel de Paris et la fustaille.

Item, je lui laisse oultre mon hostel de la Cloche, de Nuilly, et ses appartenances, sauf tant que Girart Josse mon cousin y demeure franchement toute sa vie, et qu'il la retieigne souffisaument de couverture.

Item, je defend au dit Damade que les dictes maisons il ne vende, oblige, ne aliene aucunement, et s'il le fait, qu'il ne vaille aucunement et qu'il demeure au prouffit de mon execucion. Et oultre je veul et ordonne, que s'il va de vie à trespassement sans hoir de sa char naturel et legitime, que de chose que je lui laisse ou donne par quelque voye, ne à ses suers de pere, sa mere ne lui succede en riens, mais vieigne à ses deux suers de pere ou à leurs enfans.

Item, et s'il avenoit qu'il morust sans hoir de sa char, et ses suers fussent mortes sans enfans naturelz et legitimes, je ordonne que les dictes ii maisons retournent à Perrin Josse, mon clerc et serviteur, ou à ses enfans naturelz et legitimes; et en cestui cas, je les lui laisse *de directo*.

Item, je laisse à chascune de ses deux suers de pere ii$^c$ escus pour leur mariage et non autrement, et que par quelque voye leur mere ne ses autres enfans n'y puissent riens avoir, mais vieigne de l'une à l'autre.

Item, je ordonne que iceulx trois enfans ne demandent plus riens en ma succession, mais soient contens de ce que je leur laisse et donne.

Item, je laisse à Perrin Josse, mon clerc et serviteur, ma maison de la Seraine et les deux petites maisons d'encoste, et les charge de x solz Tournois par an de rente pour un anniversaire solennel faire à Saint Andrieu, dont le curé avera IIII solz, le chappelain et le clerc II solz et les marregliers quatre solz Tournois, et sera fait chascun an le jour de mon trespassement.

Item, soit adverti que le lais que je fais aus diz Damade et Perrin Josse est pur, absolut et simple, et en pure aumosne sans quelque paiement ou remuneracion, car aussi ne leur doy je riens.

Item, je laisse oultre au dit Perrin Josse III$^c$ escus d'or, un de mes liz estoffé de deux draps et couverture, tel qu'il vouldra prandre après le meilleur, six tasses blanches, VI cuilliers d'argent, six hanaps de madre après les deux meilleurs, une douzaine d'escuelles d'estain, quatre plas moyens, deux salieres d'estain et deux chandeliers.

Item, à Girardin Quinote qui me sert, ou cas qu'il sera avecques moy quant je morray, II$^c$ livres Tournois, un petit lit estoffé, et ne demande riens pour cause de salaire, car aussi l'ay je assez satisfait, vestu et norry, et ou cas qu'il ne seroit point avecques moy, x livres Tournois seulement.

Item, à chascun de mes autres serviteurs x livres Tournois, et oultre à Michaut mon espée.

Item, que tous mes serviteurs soient vestus de noir à mes despens, le dit Damade, Girard Josse, Adenet, Jehan Paillart, et oultre qu'ilz demeurent par un mois, s'ilz veulent, en mon hostel à mes despens depuis mon enterrement.

Item, je laisse à chascun chief d'ostel de la ville et poosté de Nuilly pour son maignage de ceulx qui le vouldront prendre deux escus d'or, et s'il y a aucun mainagier qui soit lui siziesme de personnes ou plus sans fraude, je veul qu'il ait autres ii escus, tant que mil escus se pourront estandre et souffiront bien, car j'ay entendu qu'il n'y a point oultre iii<sup>c</sup> et l feux par tout.

Item, je leur laisse par tele maniere que aucun creancier ne les puisse prendre, avoir ne gaigier, s'il ne leur plaist bien.

Item, je laisse encores v<sup>c</sup> escus d'or pour aidier à marier povres pucelles et josnes vesves de mon parenté et lignage, et que la moindre ait x escus et la plus grande n'ait que xx escus, tant qu'il se pourront extendre à la charge et conscience de ceulx qui mon argent distribueront.

Item, je ne veul point que l'en face donnée d'argent à Paris, mais je ordonne que le jour de mon enterrement l'en face dire cinquante messes de *Requiem* et que chascun prestre ait ii solz Parisis.

Item, oultre le general, je laisse à Jehan Tennel de Racy ou à ses enfans, s'il trespasse avant moy, x escus, et les quicte entierement de tout ce qu'il me puet devoir.

Item, à Jehan Quinote et sa femme deux escus.

Item, à Jehan Caubry iiii escus.

Item, à Thomas Torchart et à ses enfans ii escus, et les quicte de tout ce qu'ilz me doivent.

Item, aux enfans que l'en dit du Pont, autrement les Gamechons, x escus, et les quicte aussi de tout ce qu'ilz me doivent.

Item, à Jehan Josse, mon filleul, filz de Girard Josse, ou à ses enfans, s'il estoit mors, xx escus d'or.

Item, à Girardin son frere, filz Girart Josse, xx escus.

Item, aux enfans Jehan Josse, frere Girart Josse, xx escus.

Item, à Marie, fille Girart Josse, xx escus.

Item, je laisse à Jehan Damade, mon adoptif, dont dessus est parlé, tous mes livres de droit civil et canon, excepté ceulx dont je dispose particulierement, et aussi exceptez *Astence* et *Bohich*, et si lui laisse mon petit breviaire à l'usage de Romme.

Item, je laisse aux escoliers de Praelles certains petiz livres de droit civil qui sont en mon estude, mes petites Decretales, mon Siziesme et Clementines qui sont en un volume, Jesselin, Guillaume de Montlaudun sur les Clementines, Digne *de Regalibus juribus* (corr. *de Regulis juris*), Mandagot, Compostolain, un vielz Asse rongié, mon livre de Sentences, un petit livre rouge qui se commance : *Incipit notabilium hystoriarum*, une vieille Martiniane, un viel Oroze *de Hormesta mundi*, un petit Tulle, mes Euvangiles et mes Epistres saint Pol glosées, et veul qu'ilz soient joint en leur librarie. Et oultre leur laisse tous mes livres de papier, fors ceulx dont je dispose particulierement.

Item, je laisse aux escoliers de Dormans Origenes sur le Vieil Testament, un livre d'astronomie couvert de noir, un livre de questions de theologie qui se commance : *Sicut vita*, Macrobe *de Sompno Cypionis* et *Architrivium*.

Item, à messire Pierre Bardin, mon chappellain, s'il demeure avec moy quant je morray, unes petites Decretales rouges qu'il a par devers lui, ma Legende dorée, un livre de sermons qui se commance : *Fecit Salomon*, et lui quicte ce qu'il me doit.

Item, à chapitre de Soissons mon livre *de Lira* qui est en quatre volumes, mes Concordances sur la Bible qui seront mis ou cuer, et soit joint à l'autre legat cy dessus, et un livre que l'en dit *Rationale divinorum*, afin de mieux faire ce que j'ay ordonné.

Item, aux religieux d'Essomes mon *Speculum historiale* qui est en IIII volumes, *Hugonem de Sacramentis*, *Summam de viciis*, *Summam de virtutibus*, un livre de sermons qui se commance : *Notandum*, mon psaultier glosé, qui soient joint à l'autre lais pour mieux faire ce que j'ay ordonné.

Item, à l'Eglise de Paris mon *Catholicon*, qui soit mis où l'autre estoit.

Item, à maistre Jehan Vie mon Histoire scolastique.

Item, un petit livre appellé Alain *de Planctu nature* soit rendu aux religieux de Saint Jehan des Vignes, *si non reddidero prout proposui*.

Item à Perrin Josse, mon clerc et serviteur, l'Exposition en françois sur le livre *de Civitate Dei*, mon livre de la Rose, Boece de Consolacion en françois par mettres, mon psaultier à cloux.

Item, à maistre Simon Salemon *Armacanum de questionibus Armenorum*, et x escus d'or.

Item, à maistre Pierre Hersen ma Somme de Geffroy et une vieille Somme *de Casibus*, à cloux.

Item, à maistre Philippe du Bois Gilloust, executeur de ce present testament, ma Bible que j'aymoye sur tous mes autres livres, afin qu'il y estudie, mon vielz Boece de Consolacion l'Exposition en françois en prose, mon Coustumier de Normandie et vi hanaps dorez.

Item, à maistre Nicole de Baye, graffier, mon *Oquam* en deux volumes sans ais.

Item, à maistre Jehan Garitel mon Lactance *de Vera et falsa religione*.

Item, à maistre Jehan le Mire *Rabanum* qui se commance : *Dominus*.

Item, à maistre Guillaume d'Oulchie, mon official, *Librum rerum familiarium*, qui se commance : *Quicquid vero non agimus*.

Item, à maistre Guillaume Herouart, doyen de Soissons, *Ysidorum ethimologiarum*.

Item, aux escoliers de Saint Nicolas de Soissons, Alexandre, Ovide *de Fastis*, Ovide *de Tristibus*, Ovide *Methamorphozeos*, *Lucanum*.

Item, à maistre Jehan Hue, ou cas qu'il se entremettra du fait de l'execution de mon testament, *Summam confessorum*.

Item, à reverend pere en Dieu, monseigneur Guy de Roye, arcevesque de Reins, mes *Histoires rommaines* qui se commancent : *Populus romanus*.

Item, à reverend pere en Dieu, monseigneur Jehan Canard, evesque d'Arras, *Marcilium de Padua*, couvert de pel noire, et se commance : *Prima dictio* ; et soit adverti que c'est en leurs noms privez.

Item, à Guillaume Boban, cordelier, mon breviaire de Romme en deux volumes qu'il me bailla pieça, sur quoy je lui baillay x escus d'or.

Item, à Aubert Rossigneau, cordelier, II escus pour dire messes.

Item, j'ay un livre que en appelle *Julium Celsum* et se commance : *Gallia*, lequel je ordonne qu'il soit rendus à maistre Henry Oresme, et s'il estoit mort, aux escoliers de Harecourt et à ceulx de feu maistre

Gervaise Crestien conjoinctement, et pareillement un petit livre couvert de noir, des Livres de Seneque.

Item, à maistre Giles d'Aspremont mon livre dit Bascon en papier, qui se commance : *Sapiencie perfecta, et cetera.*

Item, je laisse à tous mes debteurs de la ville et chastellerie de Nuilly tout ce qu'ilz me devront au jour de mon trespassement, sinon d'argent presté.

Item, je quicte à maistre Pierre Cheval, bailli de Valois, xx frans d'or que je lui ay prestez, s'il ne les m'a rendus avant ma mort.

Item, je laisse au curé de Saint Andrieu des Ars vi solz pour une foiz, au chappelain quatre solz, au clerc ii solz et aux marregliers vi solz, pour faire mon premier obit commé il appartient.

Item, à la fille Thomasse, que Perrin scet bien, et maistre Phelippes x escus.

Item, à Girart d'Azi, mon procureur en Parlement, x livres Tournois.

Item, soit adverti que en la fin de ma Bible et autres cedules sera trouvé où est mon argent et combien y a, et Dieu merci, il y a assez de quoy en comptant pour acomplir mon testament et de remenant, se Dieux le me saulve.

Item, je laisse à Droin, que je appelle maistre Ly, une Logique rouge et une Philosophie naturelle, qui sont en mon estude.

Item, pour paix et accort norrir entre ceulx qui me pourroient succeder *ab intestato*, je ordonne que ceulx qui me succederont du costé de par mon pere ne demandent riens en chose que j'aye à Raci, Maubry, Vaulx, Bruel et Remonvoisin ne es terroirs d'iceulx, et ceulx qui me succederont du costé de par ma mere ne demandent riens en chose que j'aye à Nuilly et Vichiel ne ailleurs ; et s'il le veulent ainsi faire, je ordonne que mes executeurs baillent à chascun d'eulx xx livres Tournois; c'est assavoir, à la femme Jehan Rogniet de Racy, à la femme Bouquin, appellée Agnès, à Marie vesve de feu Pierre Hernucart, à Jehan Josse de Cointicourt, à Girart Josse son frere (*infra dicitur*), à Jehan Paillart de Nuilly, à Mahaut de la Croix, sa cousine. Et ou cas que aucun d'eulx ne s'i voudra accorder, le debatera, ou empeschera aucunement mon testament, ce qu'il ne puet faire, s'il ne se depart du tout dedens six jours prouchains, je lui oste et revoque tout le prouffit qu'il pourroit avoir de mon dit testament et laisse pour les povres de Nuilly le quart de ce qu'il pourroit avoir à cause d'oirrie.

Item, quant à la despense des funerailles, soit à l'ordonnance de mes executeurs, et vouldroye bien que l'en donnast à disner, pain, vin et char aux povres gens de Nuilly, et à Paris à aucuns de mes acointez et amis.

Item, quant au surplus de mon meuble, après tous fraiz et lais paiez, je ordonne que tout soit mis ensemble et que de ce l'en face IIII parties ou porcions, dont l'une soit à l'eglise de Soissons pour joyaux ou vestemens, l'autre à l'eglise de Essomes pareillement, l'autre aux escoliers de Praelles, pour le college non pas pour les singuliers, la quarte soit distribuée à Nuilly à mes parens et ceulx de mon lignage, à l'ordonnance de mes executeurs et de Perrin Josse, mon clerc.

Item, je laisse oultre au dit Damade LX livres Tournois de rente que me doit monseigneur Jehan de Confflans, chevalier, seigneur d'Armentieres, et oultre encores VI$^c$ escus pour acheter rente, une XII$^{ne}$ de mes tasses blanches et un lit estoffé ; et veul que la dicte rente soit d'autel nature que le lais que je lui ay fait de ma maison, et aussi par tele maniere que rien ne retourne à sa mere de chose que je lui donne ou laisse par quelque maniere que ce soit, mais retourne comme dessus est dit, ou cas qu'il morroit sans hoir de sa char.

Item, quant à mes robes, je veul que le dit Damade ait le meilleur de mes manteaux et un chaperon, Perrin Josse le second et un chapperon, mon chappellain le tiers, et mes cottes longues soient distribuées aux femmes de mon lignage, aux plus prouchaines, selon ce qu'elles se pourront extendre, et mes cours habiz soient distribuez entre mes autres serviteurs.

Item, pour ce que Girart Josse, mon cousin, ne se tiegne mal content et qu'il ne lui semble qu'il deust plus avant avoir de mes biens, ja soit ce que je ne lui face tort ne grief et qu'il soit assez amendez de moy, je ordonne que mes executeurs lui baillent cent escus d'or, oultre ce qu'il sera participant au general lais fait à mes parens et habitans de Nuilly.

Item, je ordonne que maistres Phelippes demeure en mon hostel deux ans franchement, et s'il y vieult plus demourer, qu'il ait à louyer pour Tournois ce que un autre donroit Parisis, et mesmement jusques à ce que le dit Damade ait xxv ans acompliz.

Item, et s'il avenoit que le dit Damade et ses deux suers de pere alassent de vie à trespassement sans hoir naturel et legitime de leurs corps, et que mes II maisons, c'est assavoir celle de Paris et celle de la Cloche, de Nuilly, retournassent à Perrin Josse, mon clerc et serviteur, ou à ses enfans legitimes, comme dessus est dit, je veul que en cestui cas le dit Perrin Josse ou ses enfans soient contens de ma maison de Paris, et que ma maison de la Cloche et ses appartenances retourne de plain droit à Jehan Paillart et à Mahault de la Croix, sa cousine germaine, ou à leurs enfans, ouquel cas je leur donne et laisse, et veul qu'ilz l'aient par vertu de ce present testament et ordonnance; et oultre veul que les enfans du premier mourant des diz Jehan Paillart et Mahault representent en cestuy cas le defunct.

Item, je laisse à chascun de mes executeurs qui se entremettront du fait et conseil de l'execution, pour toute peine et salaire, vint escus, *cum legatis supra*.

Item, pour cestui testament et ordonnance de derraine voulenté acomplir, executer et mettre à fin, je nomme, fais et eslis, et prie reverend pere en Dieu, monseigneur l'evesque d'Arras Canard, maistre Phelippe du Bois Giloud, chanoine de Chartres et de Tournay, conseillier du roy nostre sire en son Parlement, ouquel j'ay parfaicte fiance, maistre Jehan Garitel, conseillier du roy nostre sire ou dit Parlement, maistre Nycole de Baye, graphier de Parlement, maistre Jehan Hue, chanoine de Paris, maistre Jehan le Mire, chanoine de Soissons, maistre Nicole de Savigny, advocat en Parlement, Perrin Josse, mon clerc et serviteur, et le dit Damade, s'il est aagiez de xvII ans acomplis, eulx tous, les trois ou les deux, dont le dit maistre Phelippe soit toudiz l'un, et sans lequel riens ne soit fait, s'il [n'] est present, ou sans le dit monseigneur l'evesque d'Arras; et croy que le dit Perrin fera la diligence de paier, escripre et distribuer, comme il lui sera enchargié par les diz maistre Phelippe et monseigneur d'Arras. Es mains et puissance desquelx mes executeurs qui se entremettront de executer et mettre à fin mon present testament et ordonnance testamentaire, je transporte la saisine et possession de tous mes biens meubles et acquests quelxconques, pour enteriner et acomplir mon dit testament et ordonnance; en donnant aus diz monseigneur l'evesque et maistre Phelippe puissance et auctorité de interpreter et declairer, s'aucune chose y est trouvée tourble ou obscure à leur advis, et veul qu'il vaille et tieigne comme ilz le declaireront, ou l'un d'eulx, et pareillement tout ce que ordonneray cy après par codicilles ou autrement, ceste presente ordonnance toudiz demourant en sa vertu, sinon en tant qu'il apperroit que je m'en seroie departiz par autre ordenance faicte, escripte ou signée de ma main et signée de mon saing manuel, comme dessus est dit au commancement.

Item, je ordonne oultre que Perrin Josse, mon clerc et serviteur, ait en mariage une des filles feu maistre Jehan Damade, mon cousin; et ou cas que ainsi se fera, je donne et laisse aus diz mariez, oultre ce que dessus leur ay donné particulierement, $m^c$ escus d'or, autrement non.

Item, je ne veul point que les livres que je donne ou laisse en mon testament soient aucunement prisiez par jurez, ne aussi les autres esquelx au commancement ou la fin l'en trouvera escript que je y ay mis pris, ne aussi quelques lettres ou cedules de pensions ne autres soient inventoriées, ne aultres, sinon de mes maisons et rente.

Item, soient veuz et regardez diligemment les commancemens et les fins des livres, car l'en trouvera, s'il y a aucun qui ne soit point mien, escript de ma main s'il est en gage, et pour quelle somme, et par qui, et à cui il doit estre renduz.

Escript en trois pieches pour doubte d'estre perduz. Fait et ordonné et escript de ma propre main et signé de mon saing manuel, l'an de grace mil $m^c$ et deux, le jour de feste Saint Denis en octobre, et veul que chascune pieche vaille original.

Item, nota quod in thesauro Ecclesie Parisiensis habeo coffrum ferreum, et infra, inventarium librorum meorum et 3000 francos. In thesauro capelle scolarium de Dormano, in alto, habeo coffrum ligneum et infra tantumdem; et magister Johannes Medici, canonicus Suessionensis, habet in eodem coffro meo certum depositum clausum et signatum, sed nescio quid aut quantum. In capella scolarium de Praellis, in archa duplici, in parvo scrinio unde habeo clavem, 2000 francos. Insuper attende finem Biblie mee et pedem studii mei. Cum autem velim presens testamentum, ter manu mea scriptum, manere clausum usque post decessum meum, aperiatur in judicio aut coram tabellione seu notario publico, presentibus viris probis et honestis. Et si contingat illud transcribi in pergameno, aut reducere in formam publicam, quod non est opus, volo quod transcribatur prout jacet, gallice, nichil immutando.

Item, l'inventoire de mes volumes sera trouvé en un petit papier et en deux autres lieux, et l'inventoire de ma vaisselle d'argent ou dit petit papier et en un autre un peu longuet, xi$^{xx}$ mars et plus. Nuylly.

(Archives Nationales, x$^{1A}$ 9807, fol. 78 r°.)

## VIII.

1402, 10 novembre.

### TESTAMENT DE JEAN SALAIS, MAÎTRE ÈS ARTS ET EN MÉDECINE, CURÉ DE VILLÉVÊQUE EN ANJOU.

*Testamentum magistri Johannis Sallecii, magistri in medicina.*

In nomine Domini, amen. Per hoc presens publicum instrumentum cunctis presentibus pariter et futuris sit notum et pateat evidenter quod, anno ejusdem Domini m° cccc ii°, indictione xi$^a$ et die x$^a$ mensis novembris, hora quinta vel circiter post meridiem, ab electione domini Benedicti xiii$^i$ ultimo in Papam electi anno nono, venerabilis et circunspectus vir, magister Johannes Sallacii, presbyter Sancti Flori diocesis, magister in artibus et in medicina, curatus plebanus ecclesie parrochialis Ville Episcopi, Andegavensis diocesis, eger corpore, indutus jacens supra quendam lectulum, licet sanus prima facie videretur mente, suum ultimum seu suam ultimam et extremam voluntatem, quam perantea videlicet per decendium vel circiter ipse per me notarium publicum subscriptum in scriptis redigi fecerat, condidit, fecit et ordinavit in mei notarii publici testiumque subscriptorum presencia, modo et forma inde nunc per me eidem testatori saltim in effectu et substancia non mutata expositis, ut in cedula papirea per me notarium publicum inde, ut ex verbis ipsius testatoris et mente percipere potui, confecta et mea manu scripta, tria folia papiri vel circiter continente, cujus tenor sequitur et est talis:

In nomine Domini, amen. Ego, Johannes Sallecii, presbyter Sancti Flori dyocesis, magister in artibus et in medicina, curatus plebanus ecclesie parrochialis Ville Episcopi, Andegavensis dyocesis, attendens quod cujuscunque creature machina dissolvetur, et ea que visibilem habent essenciam semper tendunt ad non esse, nichilque cercius morte fore ac incercius ejus hora, ne mors me rapiat improvisum, meum condo, facio et ordino testamentum, seu meam ultimam et extremam voluntatem in modum qui sequitur, et in formam :

In primis, animam meam altissimo Creatori nostro ac beate Marie Virgini ejus genitrici, beatoque Michaeli archangelo, beato Johanni Baptiste, beatis Petro et Paulo ac Johanni Euvangeliste et Bartholomeo apostolis, totique curie celesti recommendo, et si me Parisius decedere contingat, et domini mei executores infranominati convenerint, seu convenire cum dominis canonicis ecclesie collegiate Sancti Benedicti Beneversi Parisius super sepultura et aliis ipsam sepulturam concernentibus potuerint, volo ut cadaver in dicta eorum ecclesia Sancti Benedicti feratur, et in navi ejusdem ecclesie in loco satis patenti et honesto subhumetur, alioquin in navi ecclesie conventus Jacobitarum Parisius, ante crucifixum et ymaginem beate Marie Virginis inter altaria beatorum Sebastiani et Dominici, ibi circa illam crucem quam faciunt ymago crucifixi et beate Marie et altaria predicta, et confidens de dominis meis executoribus infrascriptis, volo quod ipsi de luminari ac funeralibus et funeralia ipsa concernentibus ordinent, faciant et tractent, secundum Deum et eorum conscientiam, illud quod eis honorabiliter videbitur expedire.

Item, volo quod, die obitus mei, dicantur per quatuor ordines Mendicancium Parisius quatuor vigilie pro remedio et salute anime mee, ubi placuerit dominis meis executoribus, et exinde missa cum nota in eorumdem Mendicancium ecclesiis; die vero nona, dicta vulgariter *la neuvaine*, inde immediate sequenti, volo quod per dictos quatuor ordines Mendicancium dicantur Parisius in eorum ecclesiis similiter quatuor vigilie, videlicet die dictam nonam diem immediate precedenti, et dicta nona die sequenti missa cum nota, quodque littere michi concesse in diversis capitulis dictorum Mendicancium super communicacione bonorum spiritualium factorum vel fiendorum per dictos conventus ubique terrarum, sicut pro uno fratre vel confratre eorum, prout moris est inter eos, cuilibet dictorum quatuor ordinum Mendicancium Parisius presententur, ne superiores ipsorum ordinum et fratres eorum subditi, vel quorum habent correctionem, possint hujusmodi gratias spirituales ignorare. Et volo quod quilibet dictorum quatuor ordinum Mendicancium Parisius habeat super execucione mea et recipiat decem francos auri, quolibet franco pro xvi solidis Parisiensium computato, videlicet die obitus mei, vigiliis ac missa cum nota predictis dictis et celebratis, quinque francos auri, et reliquos quinque francos auri dicta nona die habeat quilibet dictorum quatuor ordinum Mendicancium Parisius et recipiat realiter, dictis vigiliis et missa cum nota similiter celebrata, ita tamen quod quilibet dictorum quatuor ordinum sit dictis decem francis contentus.

Item, volo et ordino quod per singulos novem dies, a die obitus mei usque ad nonam diem inde immediate sequentem inclusive continue computandos, dicantur pro remedio et salute anime mee et celebrentur centum misse de mortuis seu de Requiem, tam in dicta ecclesia in qua meum inhumabitur cadaver, et dictis quatuor conventibus, quam in aliis ecclesiis Parisiensibus, ita videlicet quod in quolibet dictorum conventuum recipiantur presbyteri religiosi, per eorum superiores ad hoc per dictos dominos meos executores deputatos nominandi, singulis diebus. indigenciores, et sic de singulis ecclesiis aliis pauperiores bone tamen vite et conversacionis preferantur, usque ad complementum dictarum centum missarum singulis diebus, dictis novem durantibus diebus, inclusive, ut prefertur, celebrandarum.

Et volo et ordino quod quilibet celebrans seu celebrancium habeat pro qualibet missa et recipiat II solidos Parisiensium, qui duo solidi immediate, missa celebrata, cuilibet celebrancium persolvantur in ecclesia sepulture mee, supra quam tamen sepulturam dictus celebrans, antequam recipiat dictos duos solidos Parisiensium pro qualibet missa, tenebitur post missam per ipsum celebratam facere commemoracionem, absolvendo animam meam cum aqua benedicta, ut moris est, et fidem quod dictam celebraverit missam prestare in verbo sacerdotis deputato (*sic*) a meis executoribus, qui deputatus, dictis novem durantibus inclusive diebus, tenebitur in ecclesia in qua meum inhumabitur cadaver, stare videlicet singulis diebus a mane usque ad meridiem, et de sibi commissis cuilibet celebrancium rationem reddere et exinde compotum dominis meis executoribus vel eorum alteri, de omnibus et singulis per executores ipsos sibi in hac parte commissis.

Item, volo et ordino quod supra cadaver meum seu meam sepulturam ponatur tumba fortis et honesta, cum suprascriptione mei nominis et cognominis, et alias, prout moris est, usque ad valorem viginti francorum auri.

Deinde, do et lego Domui Dei Parisiensi pro sustentacione pauperum et ejusdem Domus quatuor francos auri, quibus mediantibus religiosi, seu eidem Domui Dei in divinis continue deservientes, tenebuntur dicere pro remedio et salute anime mee semel vigilias in capella ipsius Domus Dei, et in crastinum missam cum nota. Et volo quod quilibet presbyterorum dicte Domus Dei, qui dictis diligenter interfuerit vigiliis, recipiat sex denarios Parisienses pro vigiliis et octo denarios pro missa, et ille qui illam celebrabit missam cum nota habeat duos solidos Parisiensium illa vice, et diaconus et subdiaconus sibi ministrantes, quilibet eorum recipiat XII denarios Parisienses pro missa, et clerici pauperes aliis minores, qui in premissis interfuerint et servierint, habeant, videlicet quilibet eorum, tam pro vigiliis quam missa, sex denarios, et quilibet pauperum lectum seu grabatum suum in dicta Domo Dei tenencium die dictarum vigiliarum et misse habeat iiii denarios Parisienses, et ille bone domine vel mulieres, pauperibus et dicte Domui Dei deservientes, habeant et recipiant xx solidos Parisiensium, inter se communiter distribuendos et dividendos.

Item, volo et ordino quod, die obitus mei, dicantur in collegio Eduensi Parisius, pro remedio et salute anime mee, vigilie, et in crastinum missa cum nota, et similiter, die octava sequenti, dicantur vigilie, et in crastinum, que erit dies nona a die obitus mei continue computanda, celebretur missa cum nota; et volo quod quilibet scolaris, qui primis interfuerit vigiliis et residebit diligenter secundum ordinacionem statutorum dicti collegii Eduensis, habeat et recipiat viii denarios Parisienses, et pro secundis similiter octo denarios Parisienses [1] . . . . .

Insuper do et lego dicto collegio Eduensi pro reparacione librarie, vel edificiorum ipsius collegii ruinam imminencium, ii$^c$ francos auri super uno debito quod michi debetur in Arvernia, videlicet de iii$^c$ francis auri michi per heredes defuncti Johannis *Doubleval* et per Bartholomeum Revelli vel heredes suos, si ipse Bartholomeus ab humanis decesserit, debitis, prout in littera obligatoria super hoc sub sigillo Castelleti Parisius confecta, quam custodit venerabilis et circunspectus vir, magister Guillermus *Claustre*, qui merita et circunstancias hujusmodi iii$^c$ francorum debiti novit, hec et alia lacius reperientur contineri. . . . . . et volo quod hujusmodi legatum cum onere suo inregistretur, seu de eodem mencio fiat specialis in missali dicti Eduensis collegii et aliis locis competentibus. . . . .

Item, do et lego fabrice Ecclesie Parisiensis xvi solidos Parisiensium.

---

[1] Nous ne publions ce testament que par extraits; les passages d'une étendue peu considérable d'ailleurs que nous croyons pouvoir supprimer sans inconvénient fournissent sur le mode de célébration des services institués par Jean Salais des détails dénués de tout intérêt et qui seraient fastidieux pour le lecteur.

Item, ecclesie Sancte Katherine in Vallibus Scolarium, vel fabrice ejusdem, viii solidos Parisiensium.

Item, Celestinis Parisiensibus seu conventui Celestinorum Parisius xx solidos Parisiensium.

Item, Carturiensibus (sic) seu conventui Carturiensium extra muros Parisienses sitorum, similiter xx solidos Parisiensium.

Item, religiosis conventum monasterii Sancti Victoris extra muros Parisienses siti representantibus, etiam xx solidos Parisiensium.

De aliis autem hospitalibus et domibus Dei, in quibus opera caritatis Parisius et extra muros Parisienses ac suburbiis, sicuti de hospitali Sancti Jacobi Alti Passus, et aliis usque ad dimidiam leucam circumquaque seu infra banleucam Parisiensem existentibus, complentur, onero dominos meos executores, causa brevitatis, ut ipsi faciant, largiantur et distribuant eisdem et eorum alteri, prout facultates execucionis mee videbuntur suppetere, non omissis prescriptis et infrascribendis.

Item, do et lego firmario dicte ecclesie Sancti Benedicti, qui pro tempore fuerit, seu curato, si nullus fuerit firmarius, xvi solidos Parisiensium, et clerico ejusdem quatuor solidos Parisiensium.

Item, do et lego magistro Giraldo Forteti, licenciato in legibus, duas tassias argenti et quatuor alias, quas alias eidem magistro Giraldo accommodavi in suis necessitatibus et concessi. Et volo et ordino quod cedula obligationis quam habeo ab ipso magistro Giraldo super dictarum tassiarum concessione et quibusdam aliis, in quibus ipse magister Giraldus michi tenetur, eidem magistro Giraldo plenarie et sine difficultate tradatur et restituatur.

Et insuper, do et lego eidem magistro Giraldo Forteti houssiam meam, seu tabardum de grossis variis integris quasi recentibus, cum duobus capuciis de eodem panno, fuldratis de minutis variis, quorum capuciorum fuldratura unius est omnino nova.

Item, do et lego eidem magistro Giraldo Forteti mantellum meum rubeum simplicem, de panno scarlatico de Mellinis, et quod roget Deum pro me.

Item, do et lego domino Johanni de Tilia, presbytero, Parisius in dicto Eduensi collegio commoranti, meum novum breviarium, quod appreciatum fuit ad xx francos, et cum hoc lego sibi hoppellandam meam fuldratam de griso, cum capucio duplici de eodem panno.

Item, lego sibi xxv francos pro uno annuali completo, in quo teneatur idem dominus Johannes celebrare vel facere celebrari trecentas missas de mortuis seu de Requiem. . . . .

Item, lego et dono Johanni Bolengerii, clerico meo, qui sex michi servivit annis continuis, de quibus non habuit nisi victum, et vestitum completum et integrum et xxxvi francos pro salario suo, de quibus est jam persolutus, et eciam eidem Johanni Bolengerii do et lego breviarium meum parvum ad usum Romanum, et hoppellandam meam novam de panno marbreyo Rothomagensi, cum capucio duplo de eodem panno, et quatuor vel quinque paria caligarum, et pannos lineos, ut camisias et consimiles quos ego consuevi portare, et duos juppones quasi novos, quorum unus juppo est fuldratus de pellibus grisis integraliter per totum, et alter est coopertus de finissimo boucassino, et ambo sunt fortes et duplicati de coutono vel alcoto.

Insuper, dimitto sibi sex cloclearia argenti, et duo coopertoria nova de colore rubeo, quorum quodlibet continet decem et octo palmas in longitudine et paulo minus in latitudine, et duo bancalia, unum videlicet rubeum et aliud operatum cum diversis animalibus, longum de quatuor vel quinque ulnis. Et ultra, lego sibi unam quartam stanni, et unam pinctam, et unam copinam, et unum sedile de stanno ad tenendum pinctas seu vasa supra mensam, et vasculum stanneum ad tenendum sal in mensa, et pelvin rotundam ad formam pelvis barbitonsoris, et pelvin magnam et largam ad lavandum manus in camera vel in aula, et aliam pelvin parvam pro calefaciendo aquas et ad serviendum in coquina, et duos chenetos pro ponendo ligna in camino, et mapas et longerias, et alios pannos lineos quos possideo hic Parisius pro presenti, et astralabium meum. Et si velit idem Johannes Boulengerii studere in medicina, et hoc juret vel promittat in conscientia sua, videlicet quod faciet et apponet diligenciam quam poterit, lego sibi et do omnes libros meos, tam artium, philosophie quam etiam medicine, et universaliter omnes alios libros quos Parisius possideo de presenti. Et in casu quo in dicta scientia laborare vel perficere non curaret, do et lego sibi XL scutos aureos loco librorum, in aliis nichil innovando, et dicti libri vendentur et bonis usibus ad honorem Dei et alleviationem anime mee per dominos meos executores convertantur.

Item, volo et ordino quod magistro Stephano Martini, collegii Eduensis prelibati magistro, tradantur et deliberentur tres franci cum dimidio, restantes de decem francis per me receptis a domino Petro Bellonis, presbytero, curato seu rectore pro tunc parrochialis ecclesie ville Riomensis in Arvernia, et canonico ecclesie collegiate Sancti Amabilis ejusdem ville, seu ab ipso domino Petro Bellonis per alium michi missis, eo videlicet modo quod, si dictum magistrum Stephanum Martini et magistrum Guillermum *Neulhac*, magistrum in artibus et licenciatum in legibus viderem indigere, dictos decem francos ipsis traderem, licet revera dictus dominus Petrus Bellonis michi pro tunc teneretur et adhuc teneatur in summa XII vel XIII francorum. Et volo et ordino quod cedula, manu propria dicti magistri Stephani Martini scripta, qua cavetur quod ipse magister Stephanus Martini recognoscit se habuisse a me quinque francos per modum mutui et XXIIII solidos Parisiensium pro quadam rota cum cathedra nova studii, quam tunc eidem magistro Stephano tradidi et deliberavi, eidem magistro Stephano Martini reddatur, et quod idem magister Stephanus Martini teneatur de dictis decem francis reddere videlicet et tradere dicto magistro Guillermo *Neulhac* medietatem, scilicet quinque francos, vel quod idem magister Stephanus Martini amicabiliter de eisdem v francis conveniat cum eodem magistro Guillermo *Neulhac*.

Item, do et lego domino Petro *Landrieve*, presbytero seniori, commoranti in dicta ecclesia collegiata Sancti Amabilis dicte ville Riomensis, mantellum meum cum fundo cube de colore declinante ad nigredinem, et nepoti ipsius domini Petri do et lego XVIII solidos Parisiensium, ut ambo rogent vel uterque Deum roget pro me.

Item, volo et ordino quod, casu quo dominus abbas Sancti Benedicti

Floriacensis, Aurelianensis dyocesis, exigeret aliquid super execucione mea, ratione domus sue, in qua ad requestam dicti domini abbatis aliquibus temporibus mansi, prout et adhuc maneo, vel racione serviciorum et aliorum bonorum communium a me receptorum, domini executores conveniant rationabiliter cum eodem domino abbate, compensando servicia videlicet que eidem domino abbati et suis feci multis annis et temporibus sine retribucione pecuniaria vel alia, nisi duntaxat de mora quam in ipsius domini abbatis domo ad ejusdem domini abbatis requestam, ut prefertur, contraxi.

Item, do et lego Johanni *de la Mote* et Guillerme, uxori sue, familiaribus dicti domini abbatis et suis, seu ipsius domini abbatis domus Parisius in vico Britonum site, gallice, *concierges* pronunc seu custodibus, tres francos.

Item, do et lego Guillermo *de l'Angle*, lathomo, et Belloni, uxori sue, xx solidos Parisiensium.

Item, do et lego Petro *d'Armentieres*, porterio domus habitationis nobilis viri Guidonis de Turre, xii solidos Parisiensium.

Item, do et lego Johanni Domicelli vel heredibus ejus, qui Parisius in vico Lombardorum moratur, xx solidos Parisiensium.

De bonis autem immobilibus meis, et hereditatibus paternis et maternis, et aliis jure hereditario vel alio ad me spectantibus, ita duxi videlicet disponendum, et dispono, et volo quod si germana mea, Asturgia Sallecii, decesserit relictis liberis, liberi ipsi michi in eisdem bonis immobilibus et hereditatibus succedant, et eisdem, casu quo liberos ipsos sine liberis decedere contingeret, substituo Johannem Clederii, conatum meum, quo etiam decedente sine liberis casu fortuito vel alias, volo et ordino quod hujusmodi bonorum immobilium et hereditatum ad me spectancium, ut supra, successio devolvatur ad alios parentes meos propinquiores gradatim, secundum ritum, morem, formam et consuetudinem patrie Arvernie, protestando quod parentes mei predicti sint de predictis bonis immobilibus et hereditatibus contenti, et de bonis meis castrensibus vel quasi castrensibus, per laborem meum, scienciam vel industriam meam acquisitis, nichil petant, nec exigant aut exigere faciant, cum ego illa retineam pro remedio et salute anime mee et benefactorum meorum.

Item, volo et ordino quod, dictis ducentum francis dicto collegio Eduensi persolutis, dicti heredes defuncti Johannis *Doubleval* ac Bartholomeus Revelli, vel heredes sui, creditores mei prelibati, remaneant quicti de residuo, principali videlicet et expensis, quod michi die obitus mei restabit solvendum.

Hujusmodi autem testamenti mei seu ultime voluntatis meos facio, constituo et ordino executores, venerabiles et discretos viros, magistros Guillermum *Claustre* prelibatum, Guillermum Intrantis, in Parlamento regio Parisiensi advocatos, Johannem de Combis, in Parlamento ipso procuratorem, et dictum dominum Johannem de Tilia, presbyterum, ita quod, si omnes interesse non valeant, saltim tres aut duo ex ipsis ad minus possint procedere in agendis, prout eis videbitur expedire. Et si casus arduus supervenerit seu superveniret, volo quod dicti mei executores habeant recursum ad reverendum in Christo patrem et dominum, dominum archiepiscopum Auxitanum, vel ad illum cui ipse dominus archiepiscopus duxerit committendum ad expedicionem vel declarationem cujuslibet difficultatis vel dubii super execucione moti vel movendi; et volo quod dictus magister Guillermus *Claustre* habeat, gallice, *ma haquenée*, et quilibet aliorum trium executorum meorum triginta francos auri habeat et recipiat.

Item, volo quod residuum bonorum meorum, si quod supersit, detur pauperibus, testamento meo completo ad voluntatem et ordinacionem dictorum dominorum meorum executorum.

Item, summitto totum testamentum meum curie venerabilis Parlamenti, pro tuitione et conservatione hujusmodi execucionis, et ut mea voluntas melius in Domino compleatur ultima seu extrema.

De et super quibus omnibus et singulis premissis, dictus testator voluit per me, notarium publicum subscriptum, fieri unum vel plura instrumentum vel instrumenta, et dictis dominis executoribus tradi atque dari. — Acta fuerunt hec Parisius, in quadam camera superiori domus habitacionis dicti domini abbatis Floriacensis, site in dicto vico

Britonum prope portam Sancti Jacobi, sub anno, indictione, die, mense et electione quibus supra, presentibus dictis magistris, Guillermo *Claustre*, Johanne de Combis, domino Johanne de Tilia, executoribus prenominatis, et magistro Stephano de *Bas*, licenciato in decretis et in dicta Parlamenti regii curia procuratore, et dicto Johanne Boulengerii, clerico dicti testatoris (quem quidem clericum suum voluit idem testator recedere, dum exponeretur dictum legatum eidem clerico relictum), testibus ad premissa vocatis specialiter et rogatis.

Et ego Petrus *Merle*, clericus Xanctonensis dyocesis, licenciatus in legibus, publicus apostolica auctoritate notarius, quia, dum dictus magister Johannes Sallecii suum, ut prefertur, saltim in effectu conderet testamentum, una cum prenominatis testibus presens interfui, sicque fieri vidi et audivi, idcirco huic publico instrumento mea manu scripto et exinde confecto me subscribens, signum meum solitum autenticum in testimonium premissorum requisitus apposui.

Collatio facta est cum originali testamento suprascripto.

(Archives Nationales, $x^{1A}$ 9807, fol. 62 r°.)

## IX.

1403, 26 janvier.

### TESTAMENT DE PIERRE PHILIPPEAU, PRIEUR DE SAINT-ÉLOI DE PARIS.

Pierre Philippeau, fils de Guillaume Philippeau et de Laurence Bersuire, doit la meilleure part de sa notoriété aux liens de famille qui l'unissaient au fameux bénédictin Pierre Bersuire, son oncle, qu'il remplaça en 1362 comme prieur de Saint-Éloi. Au début même de l'année 1363, Pierre Philippeau avait entre ses mains l'administration du prieuré de Saint-Éloi, comme le prouve un accord passé le 9 janvier de cette année avec l'abbé de Saint-Maur, au sujet des meubles de feu Pierre Bersuire. Le même Philippeau attacha son nom à la rédaction du censier de Saint-Éloi commencée sous ses auspices le 1er janvier 1392 par un moine du prieuré nommé Jean. Cette circonstance est rappelée dans une note placée à la fin de ce registre (Archives Nationales, LL 167). Indépendamment des dispositions que fait connaître son testament, peu de temps avant sa mort Pierre Philippeau fonda dans l'église de Saint-Éloi trois messes pour le repos des âmes de son oncle et de ses père et mère, et légua au prieuré la modeste maison de la rue des Murs où s'était retiré Pierre Bersuire, pendant les dernières années de son existence (Arch. Nat., L 613). Pierre Philippeau eut pour successeur, avant l'année 1406, Guillaume de Corbigny, religieux de Saint-Germain-des-Prés. (Cf. la notice consacrée à Pierre Bersuire par notre regretté confrère, L. Pannier, *Bibl. de l'École des Chartes*, t. XXXIII, année 1872.)

*Testamentum prioris Sancti Eligii Parisiensis.*

A tous ceulx qui ces presentes lettres verront, Guillaume, seigneur de Tignonville, chevalier, conseillier et chambellan du roy nostre sire, garde de la prevosté de Paris, salut. Savoir faisons que par devant Guillaume Pié Dur et Jehan du Vivier, clers notaires du roy nostre sire ou Chastellet de Paris, fu present religieuse et honneste personne, frere Pierre Philipeau, prieur du prioré conventual de Saint Eloy de Paris, enferme de corps, toutevoies sain de pensée et d'entendement, si comme il disoit et comme de premiere face apparoit; attendant et sagement considerant que briefs sont les jours de homme et de femme, et que à toute creature humaine par le decours du temps et de ses jours approuche le terme de sa vie, et que de necessité deceder le convient, ne scet où, commant, ne quant; et pour ce, voulant, tandiz que raison gouverne sa pensée, et Dieu et le temps lui seuffrent les cas avantureux et perilleux qui de jour en jour aviennent à pluseurs creatures sans estre aparceus, et aussi le derrenier jour de sa vie presente seurprendre par ordonnance et disposicion testamentoires des biens et choses que Nostre Seigneur Jhesu Crist par sa grace lui a prestez en ce siecle transitoire, non voulant encourir, mais à son povoir obvier à tout vice d'ingratitude, il, par vertu d'unes lettres ou bulles de nostre tres Saint Pere le Pape Climent derrenierement trespassé, que Dieu absoille, seellées en plonc, que virent et tindrent les diz notaires, contenans la forme qui s'ensuit :

Clemens episcopus, servus servorum Dei, dilecto filio, Petro Philipelli, priori prioratus Sancti Eligii Parisiensis, ordinis Sancti Benedicti, salutem et apostolicam benedictionem. Quia presentis vite condicio statum habet instabilem, et ea que visibilem habent essenciam tendunt invisibiliter ad non esse, tu hoc salubri meditacione premeditans, diem tue peregrinacionis extremum disposicione testamentaria desideras prevenire. Nos itaque tuis in hac parte supplicationibus inclinati, ut de bonis tuis, undecunque non per ecclesiam seu ecclesias tibi commissas, alias tamen licite acquisitis, que ad te pertinere omnimode dignoscuntur, libere testari valeas, ac de bonis mobilibus ecclesiasticis tue disposicioni seu administracioni commissis, que tamen altaris vel altarium ecclesiarum tibi commissarum ministerio seu alicui speciali earundem ecclesiarum divino cultui vel usui non fuerint deputata, necnon de quibuscunque bonis mobilibus a te per ecclesiam seu ecclesias licite acquisitis, pro decentibus et honestis expensis tui funeris et pro remuneracione illorum qui tibi viventi servierunt, sive sint consanguinei, sive alii, juxta servicii meritum, moderate tamen disponere et erogare, et alias in pios usus et licitos convertere valeas, prius tamen de omnibus predictis bonis ere alieno, et his, que pro reparandis domibus seu edificiis consistentibus in locis ecclesiarum vel beneficiorum tuorum, culpa seu negligencia tua seu procuratorum tuorum destructis seu deterioratis, necnon restaurandis aliis juribus earundem ecclesiarum vel beneficiorum deperditis ex culpa seu negligencia supradictis fuerint oportuna, deductis, devocioni tue plenam et liberam auctoritate presencium concedimus facultatem. Volumus autem quod in eorundem ecclesiasticorum disposicione bonorum juxta quantitatem residui erga ecclesias a quibus ea percepisti te liberalem exhibeas, prout consciencia tibi di[c]taverit, et saluti anime tue videbitur expedire. Datum Avinioni (*sic*), II nonas junii, pontificatus nostri anno quinto decimo.

Et estoient ainsi signées : Jo. Mureti, et en la marge estoit escript ce qui s'ensuit : Registrata gratis : N. de Hubanto.

fist et ordonna son testament ou ordenance de derreniere voulenté, ou nom du Pere et du Filz et du saint Esperit, amen, en la maniere qui s'ensuit :

Premierement, il, comme bon et vray catholique, en recommandant s'ame à Nostre Seigneur Jhesu Crist son createur et redempteur, à la tres glorieuse et beneoite Vierge Marie sa mere, à monseigneur saint Michiel l'archange, à monseigneur saint Pere et saint Paul, à monseigneur saint Eloy et à toute la benoiste court et compaignie de Paradis, volt, ordonna et commanda expressement et avant toute euvre toutes ses debtes estre paiées et ses torsfaiz amendez et reparez, dont il apperra souffisaument par ses executeurs ci dessoubz nommez.

En après, il eslut sa sepulture et volt son corps estre mis et enterré en la chappelle Nostre Dame estant en la dicte eglise Saint Eloy à Paris.

Item, il ordena et voult xiii messes estre dictes et celebrées le jour de son obseque pour le salut de s'ame, c'est assavoir, trois à note et les autres basses, oultre le service que le prieur sera tenu et devra faire faire.

Item, il ordena et voult son luminaire estre fait de huit torches, chascune de trois livres de cire, et de quatre cierges, chascun de deux livres de cire.

Item, il laissa xii livres Parisis à estre données pour Dieu le jour de son obseque par l'ordennance de ses executeurs.

Item, il laissa xvi livres Parisis pour la despense du disner de ceulx qui feront son service et de ceulx qui seront à icellui, et sera icelle despence faite par l'ordenance de ses diz executeurs.

Item, il laissa à Guion des Olieres, son serviteur, iiii livres Tournois.

Item, à Bernart Magdelainne, qui fu son queux, xl solz Tournois.

Item, à messire Hugues Moulin, son serviteur, de pieça prestre, x livres Tournois.

Item, à Jehan Robineau xl solz Tournois.

Item, à Jehan Andraut xl solz Tournois.

Item, il laissa à Perrin, son queux de present, xx solz Tournois.

Item, à Jehanne du Pont, sa garde, xl solz Tournois.

Item, le dit testateur dist et afferma en sa conscience par devant les diz notaires qu'il avoit et a donné et distribué toutes ses robes, chappes, manteaux, corsès, ostades, sarges, estamines, chapperons, chausses et autres vestemens, excepté ii houppellandes et deux petites cottes qu'il a encores devers soy; et pour ce a deschargié et descharge d'icelles choses ainsi données et distribuées par lui où il lui a pleu Berthelemin Sebillon qui ycelles ou la greigneur partie avoit en garde, et l'en quicte à tousjours, et avecques ce tous ses familiers et serviteurs et tous autres à qui ce peut et doit appartenir, en voulant le don et distribucion qu'il en a fait estre et demourer bon et valable.

Item, il laissa à chascun de ses executeurs qui de son execucion s'entremettront cent solz Tournois.

Item, ce present testament, et les exeques et funerailles du dit testateur, et les appartenances et deppendences de ce paiez et acompliz, icellui testateur laissa au prieuré du dit lieu de Saint Eloy le residu de tous ses biens meubles, tant vins, chevaux, utensilles d'ostel, comme autres quelxconques, avecques toutes ses debtes, pour estre tournez et convertiz es reparacions des maisons et lieux du dit prioré, et aussi pour estre tournez et convertiz ou prouffit et acroissement d'icelui prioré et du tresor du dit lieu, et afin qu'il soit acueilliz et participant es bienfaiz, prieres et oroisons du dit lieu.

Pour toutes lesquelles choses dessus dictes et chascune d'icelles faire, parfaire, enteriner et acomplir deuement, le dit testateur fist, ordena et establi ses executeurs et de foy commissaires, noble homme et sage, messire Pierre Boschet, conseillier du roy nostre sire et president en son Parlement, honnourables et discretes personnes, maistre Jehan Garitel, le dit messire Hugues Moulin et Pierre de Grés, auxquelx ensemble et à chascun d'eulx par soy et pour le tout il donna et octroya plain povoir, auctorité et mandement especial de faire et parfaire la dicte execucion, les appartenances et dependences, et tout ce que bons, vraiz et loyaux executeurs pevent et doivent faire. Es mains desquelx ses executeurs et de chascun d'eulx il se dessaisi et desvesti de tous ses biens, et les en saisi, et volt et consenti estre saisiz et vestus par l'ostension de ces presentes jusques à l'enterin acomplissement d'icelles, et rappela et rappelle par ces presentes tous autres testamens, codicilles ou ordenances de derreniere voulenté par lui faiz avant le jour de huy, et voult et ordena que ce sien present testament vaille et tiegne par maniere de testament, de codicille, de derreniere voulenté ou autrement, par la meilleur forme et maniere que mieux pourra et devra valoir.

En tesmoing de ce, nous à la relacion des diz notaires avons mis à ces lettres le seel de la prevosté de Paris, l'an de grace mil IIII<sup>c</sup> et deux, le vendredi vint six jours de janvier.

Collatio facta est cum originali testamento suprascripto, xv<sup>a</sup> die februarii M° CCCC° II<sup>do</sup>.

(Archives Nationales, x<sup>1A</sup> 9807, fol. 65 r°.)

## X.

1403, 15 mai.

TESTAMENT DE JEAN DE POPINCOURT, PREMIER PRÉSIDENT DU PARLEMENT DE PARIS.

Jean de Popincourt, chevalier, seigneur de Liancourt et de Sarcelles, était originaire du village de Beuvraignes en Picardie, voisin de celui de Popincourt d'où il tira son nom. Il fit ses débuts dans la carrière judiciaire comme avocat au Parlement; c'est le titre qu'il prend dans un accord passé le 20 juillet 1379, au sujet de la terre de Liancourt en Beauvaisis (Arch. Nat., x<sup>1c</sup> 39). Lors de l'épidémie qui décima la population parisienne vers le mois d'avril 1380, Jean de Popincourt tomba malade et ne put défendre la cause de l'un de ses clients, J. Cossart, qui soutenait un procès contre le prieur de Marolles (Arch. Nat., x<sup>1A</sup> 1471, fol. 314 v°). Dans le Journal du Trésor pour l'année 1390, le même avocat est qualifié de conseiller et visiteur des procès du Châtelet (Arch. Nat., KK 13, fol. 8 v°). Malgré cette qualification de conseiller, nous croyons, contrairement à l'opinion exprimée par les auteurs des *Éloges des premiers présidents du Parlement de Paris*, que Jean de Popincourt ne passa point par les degrés hiérarchiques de conseiller et de tiers président, mais qu'il arriva directement à la charge de premier président, vacante par la mort de Guillaume de Sens, survenue le 11 avril 1400. Il n'est pas douteux que Jean de Popincourt continua l'exercice de sa profession d'avocat jusque vers la fin du XIV<sup>e</sup> siècle, nous le voyons encore plaider le 19 novembre 1391 et le 3 mai 1395, dans diverses affaires criminelles jugées au Parlement (Arch. Nat., x<sup>2A</sup> 12, fol. 229 v°, 249 v°); en outre les registres de la Cour ne le mentionnent comme membre de la compagnie qu'à partir du mois de mai 1400. Avant son entrée au Parlement Jean de Popincourt jouissait déjà de la faveur royale et faisait partie du grand conseil; on le voit figurer le 15 juillet 1396 parmi les personnages invités à donner leur avis sur le voyage du duc de Bourgogne à Calais auprès du roi d'Angleterre (Kervyn de Lettenhove, *Chroniques de Froissart*, t. XVIII, p. 578). Le nouveau président fut chargé, au mois de juin 1401, d'installer Guillaume de Tignonville, qui venait d'être appelé au poste de prévôt de Paris (Douet d'Arcq, *Choix de pièces inédites relatives au règne de Charles VI*, t. I, p. 203); l'année suivante, Charles VI l'envoya à Boulogne-sur-Mer pour négocier le retour de la jeune reine d'Angleterre (*Religieux de Saint-Denis*, t. III, p. 3); il se mit en route le 18 juillet 1402 (Arch. Nat., x¹ᵃ 4785, fol. 411 r°). J. de Popincourt nourrissait, paraît-il, des projets ambitieux et ne voyait dans sa situation de premier président qu'un moyen d'arriver à de plus hautes fonctions, celles de chancelier; mais ses espérances furent déçues. Lors des grands jours de Troyes, c'est-à-dire à la fin d'octobre 1402, il ressentit les premières atteintes du mal qui devait l'emporter; à partir de Pâques 1403, il fut obligé de garder le lit, et mourut le lundi 21 mai, d'une affection de vessie (*d'excoriation de la vessie*, au dire des *physiciens*), à l'âge de soixante ans ou environ. S'il faut en croire le témoignage d'un de ses contemporains, Nicolas de Baye, cet éminent magistrat était de mœurs assez légères, mais sa fin chrétienne racheta les erreurs de sa vie; le greffier N. de Baye nous apprend « qu'il fina ses derreniers jours *sancte atque catholice*. » Le mardi 22 mai, dans l'après-dînée, le corps du premier président, que l'on devait transporter à Roye en Picardie, fut *convoyé* jusqu'en dehors de la porte Saint-Denis par la plupart des membres du Parlement, à cheval (Arch. Nat., x¹ᵃ 1478, fol. 112 r°).

Jean de Popincourt, dont la première femme s'appelait Jeanne de Soissons, ne laissa qu'une fille, Blanche, dame du Mesnil-Aubry, mariée en premières noces à Thibaud du Méseray, écuyer, et en secondes au fameux prévôt de Paris sous la domination anglaise, Simon Morhier; il avait un frère nommé Jean comme lui, que l'on distinguait par le surnom de Souillard et qui eut un fils; malgré l'assertion de l'Hermite et Blanchard, c'est ce neveu de Jean de Popincourt qui devint président au Parlement le 28 novembre 1472.

Le partage de sa succession fit naître plusieurs procès : le premier, entre dame Perrenelle, veuve du premier président, et sa fille Blanche, se termina par un arrêt du 15 décembre 1403, qui adjugea à la veuve l'usufruit de la maison de la rue de la Vieille-Tisseranderie où était mort son mari, des terres de Noisy, du Marchais et de Sarcelles avec ses robes et joyaux; le second, intenté par Souillard de Popincourt à Thibaud du Méseray et à Blanche sa femme, fut plaidé au Parlement qui rendit le 6 mars 1404 un arrêt donnant gain de cause à Souillard; en dernier lieu, la veuve du premier président se fit mettre en possession d'un hôtel sis au cimetière Saint-Jean, dit l'hôtel de la Clef, dont les exécuteurs testamentaires lui contestaient la jouissance (Arch. Nat., x¹ᴬ 51, fol. 106 v°; x¹ᴬ 4786, fol. 169 v°, 274 v°; x¹ᴬ 8300ᵇ, fol. 88 r°; x¹ᴬ 1478, fol. 275 v°). Il n'est pas inutile de rappeler ici que le président de Popincourt possédait hors la porte Saint-Antoine une maison de plaisance, autour de laquelle se groupèrent plus tard quelques habitations et qui fut l'origine du quartier de Popincourt.

A tous ceulx qui ces lettres verront, Guillaume, seigneur de Tignonville, chevalier, chambellan et conseillier du roy nostre sire, garde de la prevosté de Paris, salut. Savoir faisons que par devant Estienne Boileaue et Nicaise le Munier, clers notaires du roy nostre dit seigneur, de par lui establiz ou Chastellet de Paris, fu personnelment establi noble homme et sage, monseigneur Jehan de Poupaincourt, chevalier, seigneur de Lyencourt, premier president pour le roy nostre sire en son Parlement à Paris, enferme de corps, toutevoies sain de pensée, de bon sens et entendement, comme il apparoit par sa parole, pensant et desirant de son cueur et de tout son povoir acquerir l'amour de Nostre Seigneur Jhesu Crist et le sauvement de son ame, et des biens et choses que nostre doulx Sauveur lui a donnez et prestez en ce monde mortel ordonner et disposer par ordonnance testamentoire ou derraine voulenté, fist et ordonna icelle ou nom du Pere, du Filz et du benoist saint Esperit en la maniere qui s'ensuit.

Premierement, il, comme bon catholique et en recognoissant devotement son doulx createur Nostre Seigneur Jhesu Crist, li recommenda son ame quant de son corps departira, à la glorieuse Vierge Marie sa mere, à monseigneur saint Pere et saint Pol, à monseigneur saint Michiel l'arcange et à toute la benoiste et celestiel court de Paradis.

Item, il eslit la sepulture de son corps en l'eglise monseigneur Saint Florent de Roye, ou cueur devant le grant autel d'icelle eglise, et veult et ordonne que sur son corps ait une tombe tele que il plaira à ses executeurs cy après nommez et à leur voulenté et ordonnance.

Item, il veult et ordonne que ses debtes et ses torsfaiz qui deuement apperront soient par ses diz executeurs paiez et amendez, mais il veult et ordonne, que en tant qu'il touche le salaire et ce qui sera deu à ses serviteurs, tant de son hostel de Paris comme ailleurs, soient laboureurs ou autres, que madame Perrenelle sa femme en soit creue seule et pour le tout, et que ce que elle vouldra dire et ordonner sur ce qu'il leur sera deu, que iceulx serviteurs soient de ce paiez.

Item, le dit testateur veult et ordonne que, tantost qu'il sera alez de vie à trespassement, il soit porté au dit lieu de Roye, et que en le portant au dit lieu, il soit porté à Sercelles, à Liencourt en Beauvoisis, à Buvrines où il fu nez, et que en chascune eglise des diz lieux soit chanté et celebré sur son corps unes vigiles et messe; et laisse et donne à chascun curé des dictes villes xl solz Parisis et à l'euvre de chascune eglise xl solz Parisis.

Item, après son dit enterrement fait, son service soit fait en l'eglise Saint Jehan en Greve, à Paris, dont il est parroissien, et ordonne estre donné aux povres pour Dieu lx livres Tournois, et tout ce estre fait à l'ordonnance de ses diz executeurs.

Item, il donne et laisse à l'euvre de la dicte eglise Saint Jehan en Greve xl solz Parisis, au curé d'icelle eglise xl solz Parisis.

Item, il donne et laisse à l'eglise des Billettes de Paris une couverture de lit de cendail vermeil, du pris de xxiiii livres Parisis.

Item, il donne et laisse à l'Ostel Dieu de Paris x livres Parisis.

Item, il donne et laisse aux quatre ordres Mendiens principaux à Paris à chascun xx solz Parisis, et diront vigiles en la dicte eglise Saint Jehan en Greve à son service.

Item, oultre ce que dessus est dit, il donne et laisse à l'euvre de la dicte eglise de Buvrines xx solz Parisis de rente que le dit testateur prent sur les heritages de Jehan Bequet, et avecques ce donne à la dicte euvre toutes les terres arables que il a ou terroir de la dicte ville de Buvrines, parmi ce que la dicte euvre soustendra d'ores en avant à tousjours les quatre angeloz qui sont aux quatre cornez du grant autel d'icelle eglise, et les alumera la dicte euvre. Et si feront chanter les marregliers de la dicte eglise chascun an à tousjours en tel jour que le dit testateur trespassera, un obit solennel pour l'ame de lui.

Item, il donne et laisse à tousjours à la dicte eglise Saint Florent de Roye son bois appellé la Rigale, parmi ce que chascun an à tousjours les chanoines et beneficiez de la dicte eglise diront unes vigiles solennelles et le lendemain messe en tel jour que le dit testateur trespassera, et distribueront aux presens d'icelui service, tant chanoines comme chappellains et vicaires de la dicte eglise, vi livres Parisis de la revenue du dit bois, et le surplus sera emploié ou luminaire et vestemens d'icelle eglise.

Item, le dit testateur veult et ordonne estre fondée une chappelle ou chappellenie en la dicte eglise Saint Florent de Roye de une messe de *Requiem* estre chantée et celebrée chascun jour de l'an à tousjours perpetuelment pour les ames de lui, de ses amis et bienfaicteurs, et pour ce faire laisse la somme de mil escus d'or pour une foiz, et se la dicte somme de mil escus ne souffisoit, le dit testateur veult et ordonne que ses heritages qu'il a acquestez à Pons Saincte Maixence et à Pompoint et environ soient vendus et alienez pour la perfection de la fondacion de la dicte chappelle ou messe perpetuelle chascun jour, et veult le dit testateur que tout ce soit fait à l'ordonnance de ses dix executeurs.

Item, il donne et laisse aux Cordeliers de Roye xx solz Parisis pour une fois.

Item, à l'ostel Dieu d'icelle ville xl solz Parisis, et diront vigiles et messe.

Item, il veult et ordonne que à tous les povres qui vendront au dit lieu de Roye le jour de son obseque, qui se fera ilec, soit donné et baillé à chascun un blanc de quatre deniers Parisis.

Item, il veult et ordonne que à tous les prestres de la dicte eglise Saint Florent, c'est assavoir, celui qui dira messe, le dyacre, soubzdiacre et choriers, soit baillé à chascun viii solz Parisis, et à chascun des autres chanoines de la dicte eglise qui sera present aux vigiles et messe de son dit service vi solz Parisis, à chascun chappellain et à chascun vicaire de la dicte eglise iiii solz Parisis, aux enfans de cuer de la dicte eglise à chascun enfant xii deniers Parisis, et à chascun prestre de la dicte ville de Roye et du païs environ qui voudront chanter messe pour son ame iii solz Parisis.

Item, il donne et laisse à Katherine, sa suer, x livres Tournois pour une fois.

Item, à Marie, sa suer, x livres Tournois.

Item, il donne et laisse à Thibaut de Maiseray et à damoiselle Blanche sa femme, fille du dit testateur, tout ce que ilz li pevent devoir, et veult que leurs obligacions leur soient rendues et baillées franchement et quictement.

Item, il donne et laisse à la dicte eglise Saint Florent de Roye tous les aornemens qu'il a en sa chappelle de son hostel de Paris, c'est assavoir, vestemens, nappes d'autel, calice, corporaux, paix, plaz, chandeliers, burettes d'argent, messel et breviaire, à eulx estre baillez et delivrez après le trespassement de la dicte madame Perrenelle sa femme, à laquelle il prie que ou dit don elle, ne autre pour elle, ne mette aucun empeschement, et que ce present lais et don, en tant que à elle puet touchier et regarder, elle vueille consentir et avoir agreable. Et ou cas que elle ne le feroit ainsi, il ordonne que ceulx de la dicte eglise de Roye soient contens de en avoir la moitié, laquelle moitié ou dit cas leur sera baillée tantost après le trespassement du dit testateur.

Item, il donne et laisse à Guillemin le Clerc, son nepveu, estudiant à Orleans, tous ses livres de droit canon, avec ii$^c$ escus pour une fois, sauf toutesvoies son cours de loys et son signé qui seront trouvez en son estude; lesquelx cours de loys et signé le dit testateur donne et laisse à Aubelet le Clerc, frere du dit Guillemin.

Item, il donne et laisse au dit Aubelet sa maison, où demeure à present maistre Pierre de Marrigny, advocat en Parlement, laquelle fut Colin de Condé, parmi ce qu'il sera tenus de aler à l'escole et estudier; et ou cas que ainsi ne le fera, il le prive du dit lais et laisse ou dit cas la dicte maison au dit Guillemin.

Item, il donne et laisse encores au dit Aubelet cent escus pour une foiz pour aprendre à l'escole, qui li seront distribuez par les mains du dit maistre Pierre de Marigny, selon ce que le dit maistre Pierre verra que le dit Aubelet en aura besoin.

Item, il donne et laisse à Gieffrin, son nepveu, cent escus pour une foiz avec sa Bible.

Item, il donne et laisse à Colin le Breton, son nepveu, cent escus pour une foiz avec ses heritages de Pompoint et de Pons et environ, s'ilz demeurent sans estre vendus pour la cause dessus escripte.

Item, à Margot, sa niepce, fille feu Jehan le Clerc, v$^c$ escus d'or pour son mariage, à les distribuer par les mains du dit maistre Pierre de Marigny, quant le cas escherra, avec sa terre qu'il a au dit lieu de Roye.

Item, à Jehannette, sa niepce, fille Mahieu Breton, v$^c$ escus pour son mariage.

Item, à Jehannette de Haynaut, sa niepce[1], ii$^c$ escus pour entrer en religion, et s'il advient que ses dictes niepces ou aucune d'elles aille de vie à trespassement avant ce que elles soient mariées ou mises en religion, il ordonne et veult que les lais à elles ainsi par lui faiz soient nulz au regart de celle ou celles qui ainsi seroient trespassées ou qui mises seroient en religion, et pareillement de Colin le Breton, et aussi que, se elles ou aucunes d'elles sont mariées la vie durant du dit testateur, ces presens dons et laiz seront nulz au regart de celles qui seroient mariées ou mises en religion.

Item, il donne et laisse à Margot, sa niepce, fille feu Jehan Villain, lx escus pour la mettre en aucune religion.

Item, il donne et laisse aux quatre filles du dit maistre Pierre de Marigny ii$^c$ escus pour une foiz, pour l'avancement de leurs mariages, en la maniere et selon les condicions que dessus est escript de ses niepces.

---

[1] Jeannette de Hainaut, que son oncle destinait à la vie religieuse, tomba dans le désordre, elle fut séduite et enlevée par un écuyer du nom de Clerbault, au service de l'évêque de Tournai, grâce à la complicité d'une entremetteuse, Marguerite de Bauhuon, domiciliée en l'hôtel du premier président, que le Parlement condamna le 21 juin 1403 au bannissement de la ville et prévôté de Paris. (Arch. Nat., x$^{2a}$ 14, fol. 123 v°.)

Item, il donne et laisse à Jehannin de Marigny, son nepveu, son *Catholicon*.

Item, il donne et laisse à chascun de ses serviteurs et serviteresses qui le serviront en son hostel au jour de son trespassement dix frans.

Item, il donne et laisse à damoiselle Blanche, sa fille, femme du dit Thibaut de Maiseray, sa terre de Lyencourt, en la maniere que il la possidera au jour de son trespassement, avecques ses terres de Sercelles, du Marchaiz, de Noisy, et sa maison où il demeure à Paris, à la charge du douaire de la dicte madame Perrenelle, sa femme, pour en joir par icelle damoiselle Blanche sa vie durant tant seulement et comme viagiere. Et ou cas que Dieux lui donroit hoir masle de son corps, le dit testateur des maintenant pour lors et des lors pour maintenant donne et laisse au dit hoir masle la proprieté des dictes possessions ainsi par lui données à vie à la dicte damoiselle Blanche, sa fille, et jusques à ce que aucun en apperra qui vive après elle, le dit testateur veult et ordonne que Jehan de Poupaincourt, dit Souyllart, son frere, se porte et soit seigneur proprietaire de la dicte ville et terre de Lyencourt et des environs; et en ce cas le dit testateur li donne et laisse la dicte proprieté ainsi entiere que il la possidera au dit jour de son trespassement, et s'il avient que le dit Souyllart aille de vie à trespassement sans hoir masle de son corps, ou dit cas le dit testateur donne et laisse la dicte terre de Lyencourt au dit Guillemin, son nepveu.

Item, il donne et laisse à Jehan de Poupaincourt, filz du dit Jehan de Poupaincourt, dit Souyllart, filleul du dit testateur, la proprieté de la terre de Sercelles et du Marchaiz, à en joir par lui après le trespassement de la dicte damoiselle Blanche sur les conditions devant dictes et ycelles reservées.

Item, le dit testateur quicte le dit Souyllart de toutes receptes et autres choses qui li pourroient estre demandées, à cause de ce qu'il s'est entremis de ses besoignes.

Item, et ou cas que la dicte damoiselle Blanche, sa fille, auroit filles de son corps, le dit testateur ou dit cas donne et laisse des maintenant pour lors aus dictes filles sa maison de Paris où le dit testateur demeure, qui fu Jehan de Flory, la maison et heritages de Noisy et du Marchaiz, nonobstant le lais que fait a du dit Marchaiz au dit Jehan de Poupaincourt, au regart du dit Marchaiz seulement.

Item, il donne et laisse à Jehannin, filz de Clemence sa niepce et de maistre Pierre de Marigny, sa maison, terres et appartenances de Lusarches.

Item, il donne et laisse à la dicte Climence, sa niepce, sa bonne robe d'escarlate toute entiere, ainsi que elle sera.

Item, à Ysabelet, femme maistre Benoist Beth, sa robe de vert d'Engleterre toute entiere.

Item, à Jehannette, fille d'icelle Ysabelet, cinquante frans pour son mariage.

Item, il donne et laisse au dit Souillart, son frere, deux de ses chevaux, lesquelx qu'il vouldra choisir, avecques ses armeures toutes.

Item, il veult et ordonne que tous les lais dessus diz touchans biens meubles, ses obseques et funerailles, et toute la despense qui pour ce acomplir fauldra faire, soient prins premierement et avant toute euvre sur tous ses biens meubles; et ou cas que ses biens meubles ne souffiroient pour ce faire et acomplir, que ses terres de Pons et la maison du dit testateur où il demeure à Paris soient vendues et adenerées, sans en faire aucune restitucion à ceulx à qui il les laisse par ce present testament.

Item, il donne et laisse à chascun de ses executeurs qui se vouldront entremettre de son execucion un gobelet d'argent doré, pesant deux mars ou environ.

Item, à Jehannete la Monnete et aux bonnes femmes de la Chappelle feu Estienne Haudry dix frans, c'est assavoir, à la dicte Jehannete iiii frans, et aux autres femmes de la dicte chappelle vi frans.

Pour toutes lesquelles choses en ce present testament et ordonnance de derraine voulenté, le contenu en ycelles, et les circonstances et dependences enteriner, acomplir et mettre à execucion et fin deue selon leur teneur, le dit testateur fist et eslut, nomma et ordena ses executeurs et feaulx commissaires, la dicte madame Perrenelle, sa femme, honnourables hommes et sages, maistre Pierre le Fevre, conseillier du roy nostre sire, maistre Pierre le Cerf, procureur general du roy nostre seigneur, maistre Pierre de Marigny, Jehan de Poupaincourt dit Souyllart, dessus nommez, et Guillaume de Lachenau, son clerc; ausquelx six executeurs, aux cinq, quatre, trois ou deux d'iceulx, desquelx deux executeurs soit tousjours l'un la dicte madame Perrenelle, sa femme, ou le dit maistre Pierre de Marigny, le dit testateur a donné et donne plain povoir, auctorité et mandement especial de ce faire et tout ce qui y appartendra; es mains desquelx ses executeurs, des cinq, quatre, trois ou deux, ainsi que dessus est dit, le dit testateur se dessaisy de tous ses biens quelxconques, voulant que d'iceulx les diz executeurs fussent et soient saisiz et vestus jusques au plain acomplissement du contenu en ces presentes lettres et des deppendences d'icelles, en les soubzmetant avec la cognoissance et reddicion du compte de ce present testament à la court de Parlement et de toutes autres cours et jurisdicions, et rappella, revoqua et mist au neant tous autres testamens, codicilles ou ordonnances de derraine voulenté qu'il pourroit avoir faiz et ordonnez avant la date de ces presentes lettres testamentoires; lesquelles, le contenu en ycelles et leurs circonstances et deppendences il veult et ordonne valoir, tenir et estre acomplies par la meilleur forme et maniere que valoir pourront et devront.

En tesmoing de ce, nous à la relacion des diz notaires avons mis à ces lettres le seel de la prevosté de Paris, l'an de grace mil iiii$^c$ et trois, le mardi quinze jours de may. N. LE MUNIER.

Collatio facta est.

(Archives Nationales, x$^{1A}$ 9807, fol. 92 v°.)

## XI.

1403, 28 mai.

TESTAMENT DE JEAN D'ESSOYES, SECRÉTAIRE DE LA REINE ISABEAU DE BAVIÈRE, CHANOINE DE SAINT-MERRY.

Jean d'Essoyes, clerc de la chancellerie royale et secrétaire d'Isabeau de Bavière, devint contrôleur de sa Chambre aux deniers le 13 juillet 1403, après la nomination de Pierre Fleuriot en qualité de maître de la même Chambre; la reine lui assigna en 1409 deux cents francs de pension annuelle (Arch. Nat., KK 46, fol. 6 v°; KK 48, fol. 23 v°). Grâce au crédit dont il jouissait en haut lieu, il se fit recevoir chanoine de Saint-Merry le 30 juin 1400; bien que son compétiteur, Gilles de la Vacqueresse dit Munier, fût un chapelain du duc d'Orléans, confesseur du commun, il manœuvra si habilement qu'il amena la reine à intercéder en sa faveur auprès du duc d'Orléans, lequel abandonna la cause de son protégé. Les fonctions que Jean d'Essoyes remplissait auprès de la reine l'absorbaient tellement qu'il ne pouvait assister aux réunions synodales du chapitre de Notre-Dame (Arch. Nat., LL 212ᴬ, fol. 77, 143). Vers 1404, il obtint d'Isabeau de Bavière une prébende dans la collégiale de Saint-Mellon de Pontoise, prébende qui fut l'objet d'un litige entre le titulaire désigné par la reine et Jean de Villeneuve, pourvu par le roi du même bénéfice (Arch. Nat., xˡᵃ 52, fol. 160 v°; xˡᵃ 4788, fol. 46 r°). Jean d'Essoyes eut pour successeur à Saint-Merry Dominique Petit, chanoine de Notre-Dame, installé le 27 janvier 1410 (Ibid., LL 213, fol. 324). On voit qu'il était aussi chanoine de Rouen, trésorier et chanoine de Sens.

In nomine sancte et individue Trinitatis, Patris, et Filii et Spiritus sancti, amen. Noverint universi et singuli presens publicum instrumentum inspecturi, quod anno ejusdem Domini millesimo cccc° tercio, indicione duodecima, mensis maii die xxviij\ª, pontificatus sanctissimi in Christo patris et domini nostri, domini Benedicti, divina providencia Pape tercii decimi, anno decimo, in meî notarii publici testiumque infrascriptorum ad hoc vocatorum specialiter et rogatorum presencia, propter hoc personaliter constitutus, venerabilis et circunspectus vir, magister Johannes de Essoya, illustrissime domine, domine regine Francie secretarius, thesaurarius ecclesie Senonensis, ac ecclesiarum Rothomagensis et Sancti Mederici Parisiensis canonicus prebendatus, Parisius commorans, in lecto egritudinis jacens, sani tamen intellectus, ac in ejus memoria et mente providus, cum matura deliberacione inspiciens humane vite fragilitatem, et horam mortis insertam (*sic*), pro sue anime salute et remedio, suum testamentum, seu suam ultimam voluntatem, de bonis sibi a Deo collatis disposuit, fecit, condidit et ordinavit modo et forma subsequentibus :

In primis et ante omnia, animam suam, hora qua egredietur de corpore suo, Domino Nostro Jhesu Christo cunctipotenti, beatissime et gloriosissime Virgini Marie ejus matri, beato Michaeli archangelo et omnibus Sanctis, totique curie civium supernorum humiliter et devote recommendavit, et voluit ac vult migrare seu decedere de hoc mundo in fide catholica, quam tenet nostra mater Ecclesia. Insuper voluit et ordinavit idem testator corpus suum seu cadaver, post ejus decessum, inhumari in terra sancta et benedicta.

Deinde voluit et ordinavit prefatus testator super bonis suis mobilibus debita sua, probata per juramentum vel alias, persolvi primitus et ante omnia, et forefacta, si que sint, per executores suos inferius nominandos emendari.

Item, idem testator elegit et ordinavit sepulturam suam in ecclesia Sancti Anthonii Parvi Parisiensi, in loco prope piscinam; ac voluit et ordinavit tumbam suam humiliter et devote fieri, ac eandem tumbam suam de duobus pedibus elevari, in casu tamen quo Parisius decederet, et eciam in casu quo dicta sepultura sua ante ipsius testatoris decessum non erit facta. Idem testator ordinavit pro eadem facienda de quadraginta ad quinquaginta libras Turonensium super bonis suis mobilibus capiendas.

Item, legavit et legat idem testator ecclesie, in qua dictum suum corpus seu cadaver inhumabitur, sexcentum francos capiendos super omnibus bonis suis mobilibus et immobilibus, pro fundendo qualibet die in dicta ecclesia unam missam bassam et unam antiphonam Beate Marie, scilicet, Salve Regina, et cantabitur dicta antiphona qualibet die anni, in choro dicte ecclesie, post vesperas. Et, si idem testator decederet in una ecclesiarum unde esset canonicus, ordinavit et voluit idem, testator dictum corpus suum, seu cadaver, in eadem ecclesia inhumari, videlicet, in choro ejusdem ecclesie, si fieri possit, vel in navi ejusdem ecclesie, ante ymaginem Nostre Domine, si dicta ecclesia de eadem sit fundata; et si de alio sancto aut sancta dicta ecclesia sit fundata, ante crucifixum. Et, si contingeret ipsum testatorem decedere in villa de Barro supra Secanam, ubi habet domum suam, ordinavit et voluit idem testator corpus suum in cimiterio domus Dei, in qua domo sunt fratres fundati de Sancta Trinitate; cui domui Dei idem testator legavit et ordinavit sexcentum francos suprascriptos in modum et in finem supratactos esse convertendos, ac pro celebrando et faciendo servicium supradictum.

Item, una cum hoc, legavit et donavit idem testator per presens testamentum dicte domui Dei, pro orando Deum pro ejusdem testatoris anima, jaceat vel non jaceat dictum corpus suum, jardinum sive ortum quod habet et possidet apud *Bar* predictum, junctum muris dicte domus Dei, nuncupatum, gallice, *le courtilz aux Gouliers*, secundum quod se comportat et extendit, quod jardinum ipse alias vendiderat Roberto *le Cigne*, prefate domine regine panetario, et quod de post redemit, prout dicebat, una cum certis aliis hereditagiis, secundum quod lacius declaratum est in litteris super hoc confectis de dicta empcione.

Item, legavit et donavit idem testator dicte domui Dei sex dietas, gallice, *de lande*, de quatuordecim dietis, quas idem testator acquisierat a Johanne *de Railly* et ejus uxore, sedentes in finagio de dicto Barro.

Item, voluit et ordinavit dictus testator quod infra unum mensem post decessum suum sue exequie fient, et quod sint tredecim torchie, qualibet torchia de octo libris, ponderantes; quas torchias tredecim pauperes tenebunt, qui habebunt quilibet unam tunicam seu robam et unum capucium de bruneta vel burello nigro, unum par sotularium, et duos solidos Parisiensium, nec non quatuor cereos, quolibet cereo de sex libris cere. Et erunt tres misse alte cum dyacono et subdiacono, videlicet, de sancto Spiritu, de Nostra Domina et de Requiem; et dabitur cuilibet de dominis seu presbiteris qui dicent dictas tres missas altas decem solidos Parisiensium, dyaconis octo solidos, et subdiaconis sex solidos.

Item, legavit et legat dictus testator pro bassis missis celebrandis quinquaginta libras Turonensium.

Item, legavit et ordinavit prefatus testator erogari et distribui pauperibus quinquaginta libras Turonensium in die obsequiarum suarum.

Item, legavit et donavit perpetuo ecclesie parrochiali de dicto Barro supra Secanam decem solidos Turonensium, annui et perpetui redditus, capiendos et habendos supra domum suam de dicto Barro et jardinum junctum dicte domui, pro uno anniversario, anno quolibet, die obitus sui, faciendo et celebrando.

Item, legavit fabrice ejusdem ecclesie parrochialis de Barro predicto decem francos, pro una vice duntaxat.

Item, legavit et legat idem testator ecclesie parrochiali *de Merrey* octo solidos Turonensium, anno quolibet perpetuo capiendos supra terram suam quam habet et possidet prope dictam villam *de Merrey*, pro uno anniversario celebrando cum vigiliis et missa alta in die obitus sui.

Item, legavit fabrice ejusdem sexaginta solidos Turonensium.

Item, legavit fabrice ecclesie nuncupate *Sercis*, extra villam de Barro supra Secanam, quadraginta solidos Turonensium.

Item, legavit idem testator abbacie *de Mores*, anno quolibet, perpetuo decem solidos Turonensium redditus, capiendos supra domum suam et jardinum de dicto Barro, pro dicendo et celebrando, quolibet anno, die obitus sui, unum anniversarium de vigiliis et missa alta.

Item, sepedictus testator legavit Denisete, filie Johannis *de Ver*, et Johanne *du Quesnoy*, quondam uxori dicti Johannis *de Ver*, legatque centum francos, capiendos super omnibus bonis suis mobilibus et immobilibus, et unam longam hoppelandam, foderatam, gallice, *de gris*, de melioribus quas die obitus sui habebit.

Item, ratificavit et ratificat idem testator certas litteras Castelleti Parisiensis super quadam donacione per ipsum alias facta dicte Dyonisete *de Ver* de domo sua, in qua de presenti moratur.

Item, insuper idem testator voluit et ordinavit quod dicta Deniseta, ejus vita comite et durante, habeat et possideat duas alias domos suas cum jardinis, contiguas domui predicte, secundum quod se comportant in latitudine et altitudine et profundo, sitas in vico *de la Coquerée* abutessanti in vico Judeorum, Parisius.

Deinde legavit et legat idem testator, post decessum suum ac eciam post decessum ipsius Denisete, predictas tres domos suas dicte ecclesie Sancti Anthonii Parvi Parisiensi, perpetuis temporibus habendas et possidendas, pro orando Deum pro remedio anime defuncti domini Philippi de Savoisyaco, militis, quondam magistri sui, ipsius defuncti et ejus benefactorum.

Item, legavit et legat domino Jacobo Guillelmi, presbitero Lingonensis diocesis, unam hoppelandam de panno viridi, foderatam de grossis variis, et unum mantellum nigrum simplicem, aut viginti francos pro una vice, quam partem eligere maluerit.

Item, legavit et legat idem testator Matheo *Jouvelin*, ejus clerico, ultra servicium suum quinquaginta francos.

Item, legavit et legat Guidoni *de Herbert*, servitori suo, triginta francos, ultra eciam servicium suum eidem debitum.

Item, legavit et legat idem testator magistro Johanni Rolandi, canonico Parisiensi et executori suo, sexaginta francos auri et unam mulam vel unum de equis suis, ac unum mantellum longum de scalleta rubea, foderatum de grisiis, aut unum alium mantellum de panno de Brucellis, foderatum de grisiis novis.

Item, legavit et legat idem testator Roberto *le Cigne*, armigero et regine predicte Francie panetario, sexaginta francos et unam hoppelandam, foderatam, gallice, *de ventres de martres*.

Item, legavit Guillermo *du Palis*, cognato suo, quadraginta francos.

Item, legavit et legat uxori dicti Guillermi *du Palis*, consanguinee dicti testatoris, unam hoppelandam de rubeo, foderatam de grisiis.

Item, legavit et legat idem testator Simoni *de Burrey*, nepoti suo, quinquaginta francos.

Item, uxori dicti Simonis unam hoppelandam de panno grisio albo, foderatam de grisiis.

Item, legavit idem testator magistro Johanni *de Buerrey*, nepoti suo, canonico Sancti Stephani Trecensis, unam longam hoppelandam de panno nuncupato *racami*, foderatam de grisiis.

Item, legavit Johanni *de Buerrey*, suo parvo nepoti, illud quod executores sui inferius nominandi ordinabunt.

Item, legavit ancille sue duos francos ultra salarium suum.

Item, legavit Johanni Grossardi, clavigero domini Philippi de Savoisyaco, decem francos.

Item, Gillequino, coquo dicti domini de Savoisyaco, duos francos.

Item, Johanne, ancille ejusdem domini de Savoisyaco, duos francos.

Item, Johanni *Mandarin* octo francos.

Item, legavit Guillermo *le Long*, clerico suo, qui custodit domum suam de Senonis, unam longam hoppelandam, foderatam de *sandal* vel de *tartare*, et est dicta hoppelanda Senonis.

Item, legavit Margarete, ancille sue, commoranti in dicta domo sua de Senonis, unam longam hoppelandam de violeto, foderatam de grisiis, que est in dicta domo sua de Senonis.

Residuum vero omnium et singulorum bonorum suorum quorumcunque, ubicunque existant, tam mobilium quam immobilium, dictus testator obligavit et ypothecavit pro fundacione dicte sue capelle superius declarate, et residuum quod remanebit post fundacionem ejusdem capelle idem testator posuit et reliquit ordinacioni et disposicioni executorum suorum inferius nominandorum. Et quoad premissa omnia et singula facienda et exequenda dictus testator constituit, elegit executores suos, venerabiles et circunspectos viros, dominos et magistros Johannem Rolandi, canonicum Parisiensem predictum, Egidium de Lingonis, thesaurarium de Vivario in Bria, Robertum *le Cigne*, armi-

gerum, panetarium regine predicte, Guillermum *de Paris*, clericum
officiorum dicte domine regine Francie, et Matheum *Jouvelin*, clericum
dicti testatoris, et voluit ac expresse ordinavit quod nichil possit fieri
seu ordinari de dicto suo testamento seu ultima voluntate sine prefato
magistro Johanne Rolandi et Roberto *le Cigne*, et in casu quo ipsi,
dico magister Johannes Rolandi et Robertus *le Cigne*, essent occupati
in suis propriis negociis aut alias, taliter quod non possent vacare in
facto dicte execucionis, quod ipsi capiant alterum dictorum executorum
cum ipsis pro finiendo et complendo premissa.

Item, idem testator dedit et dat potestatem predictis exequtoribus
suis augendi et diminuendi omnia legata sua, secundum quod eisdem
videbitur expedire.

Item, voluit et ordinavit idem testator quod dictum suum testamentum seu ultima voluntas sua infra annum compleatur. . . . .

Acta fuerunt hec in domo dicti testatoris sita in vico *de la Coqueree*,
prope vicum Judecrum, Parisius, sub anno, indicione, mense, die et
pontificatu predictis, presentibus ad hoc discretis et honestis viris.
Guillelmo de Landrevilla, Simone de Bosco, laicis, et Johanne de Valle.
clerico, Lingonensis, Rothomagensis et Eduensis diocesis, ad peticionem et requestam dicti testatoris testibus ad premissa vocatis specialiter et rogatis.

Et ego, Johannes Perrini, dyaconus Remensis diocesis, bachalarius
in decretis, publicus apostolica et imperiali auctoritatibus notarius,
quia premissis omnibus et singulis, ut premittitur, per dictum testatorem
agerentur et fierent, una cum prenominatis testibus presens interfui,
ideo huic presenti publico instrumento seu testamento manu aliena
fideliter scripto, me aliis legitime occupato, signum meum solitum, me
hic manu propria subscribendo, apposui requisitus et rogatus.

J. Perrini.

(Bibliothèque Nationale, Dép. des ms., Collection Moreau, 1161, fol. 340 r°.)

## XII.

1403, 12 juin.

TESTAMENT ET CODICILLES DE PIERRE BOSCHET, DOCTEUR EN DROIT, PRÉSIDENT AU PARLEMENT DE PARIS.

Pierre Boschet, qui occupa successivement les postes de conseiller et de président au Parlement de Paris, appartenait à une famille originaire de Poitiers, qui donna des preuves d'un ardent patriotisme durant la lutte dont le Poitou fut le théâtre dans la seconde moitié du xiv$^e$ siècle. Fuyant la domination anglaise, il s'expatria et vint à Paris, où nous le trouvons en 1370 exerçant la profession d'avocat au Parlement. Charles V utilisa ses talents en lui confiant diverses missions qui n'étaient pas exemptes de dangers : il l'envoya, au milieu de l'année 1374, comme réformateur général des officiers royaux en matière d'aides dans les villes et diocèses de Sens, Nevers, Troyes, Auxerre et Autun. (L. Delisle, *Mandements de Charles V*, n° 1049). Dès le mois de mai 1370, par lettres de cette date, Charles V, voulant dédommager Pierre Boschet du sacrifice de 160 livrées de terre, composant une bonne partie de «sa chevance,» et lui tenir compte des grands périls auxquels il s'était exposé en faisant «certains voyages pour le prouffit du royaume,» lui fit don des biens possédés en Poitou par un prêtre anglais que le roi Édouard avait investi des fonctions de receveur et par un autre Anglais marié dans le pays, en faveur duquel ledit prêtre s'était dessaisi d'une partie de sa fortune (Arch. Nat., JJ 107, n° 237). Pierre Boschet avait à Poitiers un oncle clerc, Jean Boschet, non moins attaché à la cause française et mort victime de son dévouement. Vers le mois d'août 1370, les Anglais s'assurèrent de sa personne, sous prétexte qu'il voulait réduire la ville de Poitiers sous l'autorité du roi de France, le mirent «en prison fermée» et, après lui avoir infligé «tres cruelle gehyne et inhumaine,» le firent périr misérablement. Ses biens furent confisqués et attribués par Édouard d'Angleterre à divers chevaliers tels que Guichard d'Angle, Perceval de Cologne, au préjudice de ses neveux, Pierre, Jean, Aymar et Maurice Boschet. Deux ans après, c'est-à-dire en 1372, Pierre Boschet, que le roi de France qualifie de *nostre amé et feal clerc et conseillier*, obtint la restitution de ces biens pour lui et ses frères (Arch. Nat., JJ 103, n° 317). A la même époque il actionna au Parlement de Paris plusieurs bourgeois de Poitiers qui avaient coopéré à l'arrestation de son oncle; le différend fut soumis d'un commun accord à la décision arbitrale du premier président G. de Seris et de l'abbé de Saint-Maixent (Arch. Nat., x$^{1c}$ 26). Lors de son entrée au Parlement au mois de novembre 1370, Pierre Boschet n'avait pas encore terminé ses études juridiques, car ce n'est que vers 1382 qu'il prend le titre de docteur ès lois et en décret, dans un accord du 22 août relatif au manoir du Colombier, près Saint-Porchaire, manoir qu'il revendiquait comme héritier de son oncle Jean (Arch. Nat., x$^{1a}$ 1469, fol. 470 v°; x$^{1c}$ 45). Indépendamment de ce domaine, Boschet possédait encore en Poitou la terre de Sainte-Gemme, saisie sur Guillaume Ancelon et sa femme, et à lui adjugée en janvier 1393, pour la somme de 62 livres Tournois (Arch. Nat., JJ 144, n° 67). Il était en outre seigneur de la Chassée et possesseur de quelques petites terres dépendant de la châtellenie d'Argenton, sur lesquelles il prétendait, en opposition avec Gui d'Argenton, avoir le droit d'ériger des fourches patibulaires (Arch. Nat., x$^{1a}$ 37, fol. 335 r°). Pierre Boschet fut reçu président au Parlement le 29 avril 1389, au lieu et place de Jean de Montagu décédé. L'année suivante, le nouveau président fut envoyé *hastivement* à Dijon et, par mandement du 11 février 1390 adressé aux généraux des aides, 80 francs d'or lui furent alloués pour ses frais de voyage (Bibl. Nat., cab. des titres, pièces originales). Le 22 mai 1403, après la mort de Jean de Popincourt, le poste de premier président, qui revenait de droit à Pierre Boschet, fut attribué à Henri de Marle, troisième président; le Parlement estima que son compétiteur « estoit bien aagiez, et foible et maladiz, » mais rendit hommage « à ses suffisences de science, de vertus et autres graces. » Le digne président était effectivement de santé assez débile; il aimait à se reposer des fatigues de la vie parlementaire dans son domaine de Saint-Cyr-en-Talmondois; c'est de cette résidence qu'il écrit le 11 novembre 1397 à Jean Caudel, conseiller au Parlement, lui adressant une commission scellée pour assigner le prieur de Saint-Remi de la Varenne en Anjou (Bibl. Nat., *ibid.*). Quelquefois même il ne pouvait prendre part aux travaux du Parlement; le mercredi 19 novembre 1404, une indisposition subite l'empêcha d'assister à la réception du conseiller Jean Romain. Sur la fin de sa carrière, son intégrité, jusqu'alors à l'abri de tout reproche, fut mise en suspicion : le 2 septembre 1406, Jean Gendreau s'étant permis d'envoyer au duc de Berry un libelle diffamatoire contre le président Boschet, avec lequel il se trouvait en procès, fut condamné par la Cour à lui faire amende honorable à genoux, sans préjudice d'une amende pécuniaire de dix livres et sous peine, en cas de récidive, de punition corporelle; Jean Gendreau ne pouvant payer l'amende, ses biens furent saisis et adjugés moyennant trente écus à l'offensé. Le greffier Nicolas de Baye enregistre le décès de *messire Pierre Boschet, de nacion Poitevin, docteur in utroque*, dont notification fut faite au Parlement le mercredi 4 février 1411. Le successeur de Boschet fut Jean du Drac, président des Requêtes du Palais (Arch. Nat., x$^{1a}$ 54, fol. 223 r°; x$^{1a}$ 1478, fol. 113 r', 182 v°, 288 v°, 289 v°, 290 r°; x$^{1a}$ 1479, fol. 147 r°).

A tous ceulx qui ces lettres verront, Guillaume, seigneur de Tignonville, chevalier, conseillier et chambellan du roy nostre sire, et garde de la prevosté de Paris, salut. Savoir faisons que par devant Jehan Malelime et Jehan Hurtaut, clers notaires du roy nostre dit seigneur de par lui establiz en son Chastellet de Paris, fu personnelment establi honorable homme sage et discret, messire Pierre Boschet, docteur en loiz et en decrez, conseillier du roy nostre dit seigneur et president en son Parlement, sain de corps et de pensée, de bon et vray propos et entendement, si comme de prime face il povoit apparoir, pensant aux derraines fins de cest siecle et de toute humaine creature, saichant que il n'est chose plus certaine de la mort ne moins certaine de l'eure d'icelle, et pour ce, il, tandiz que raison gouverne sa pensée, voulant de tout son povoir pourveoir au salut et remede de son ame, et des biens que Nostre Seigneur Jhesu Crist lui a donnez et prestez en cest mortel siecle, ordener et faire son testament et ordenance de derreniere voulenté, fist, ordena, nomma et declaira par devant les diz notaires son testament ou ordenance de derreniere voulenté par la forme et maniere qui s'ensuit :

Premierement, il, comme bon et vray catholique, en recongnoissant devotement son doulx createur, Nostre Seigneur Jhesu Crist, recommanda et donna son ame, quant de son corps departira, à icellui Seigneur, à la glorieuse Vierge Marie sa mere, à monseigneur saint Michiel archange, à monseigneur saint Pierre et saint Pol et à toute la benoite et celestiel court de Paradis.

Item, il vuelt et ordonne que toutes ses debtes et torsfaiz qui apperront deuement soient paiés et amendez par ses executeurs cy dessoubz nommez.

Item, il esleut la sepulture de son corps, en quelque lieu qu'il trespasse, estre son corps porté en l'eglise de Saint Fulgent en Poitou, en la chappelle qui fait la croix de la dicte eglise à main dextre, en laquelle gisent ses pere et mere et frere ainsné, et en laquelle il a fondé et ordené une chappellenie de cinquante livres Tournois de rente perpetuelle, et tellement qu'elles soient durables; ausquelles seront jointes dix livres de rente, autresfoiz données par ses diz pere et mere pour la fondacion d'une autre chappelle, laquelle chappellenie sera en la presentacion de lui et de ses hoirs et successeurs perpetuelment, et en la collacion de monseigneur l'evesque de Luçon, parmi ce que les chappellains, deux ou trois qui y seront au plaisir de Dieu presentez et instituez, comme dit est, seront tenuz de chanter tous les jours de chascune sepmaine perpetuelment pour le salut et remede des ames de lui, de ses pere, mere et bienfaicteurs, et que les quatre d'icelles messes soient chantées, c'est assavoir, de *Requiem*, l'autre de la Trinité, l'autre de saint Michiel, et le samedi en l'onneur de Nostre Dame soit chantée une autre messe à note, et tout ce soit fait en la dicte chappelle, en laquelle il a fondé et fonde la dicte chappellenie, et non ailleurs.

Item, vuelt et ordene le dit testateur, que le jour que il yra de vie à trespassement, que à l'entour de son corps ait quatre cierges de trois livres de cire, et douze torches, chascune du pois de quatre livres pesans seulement, et autant en la fin de huit jours et en la fin de l'an.

Item, vuelt et ordene que le jour de son obit soient dictes et chantées pour le salut et remede de l'ame de lui trente messes de *Requiem*, et soixante au VIII$^e$ jour prouchain ensuivant, et que chascun chappellain qui les dictes messes chanteront, aient chascun pour chascune messe deux solz Parisis par les mains de ses executeurs, et autant au bout de l'an.

Item, vuelt et ordene icellui testateur que un petit blanc soit donné pour Dieu, le jour de son obit, à chascune personne qui pour Dieu le voudront prandre, et autant au bout de l'an.

Item, vuelt et ordene que chascun des quatre ordres Mendians à Paris, comme Jacobins, Cordeliers, Augustins et Carmelistes, aient chascun ordre deux frans, dont chascun d'iceulx ordres diront vigilles, et si seront tenuz de dire et chanter une messe à note de *Requiem* en leurs eglises.

Item, il donne et laisse à l'Ostel Dieu de Paris dix frans d'or et son lit garni de toutes les choses qui y appartiennent, c'est assavoir, de couste, de coissin, de quatre draps, d'une sarge, un dossier et un marchepié.

Et vuelt que ses serviteurs soient bien paiez de leurs services, et par especial il vuelt et ordene que Jehan Pellaumaille ait cinquante livres Tournois, et que deux codicilles que le testateur a en intencion de faire soient acompliz et tout le contenu d'iceulx, lesquelx il conferme par cest present testament.

Item, il donne et laisse à Nicolas Boschet, son nepveu, six grans hanaps d'argent, pesans dix huit marcs, dorez.

Item, il donne et laisse aux enfans du dit Nicolas six autres hanaps, pesans douze marcs, et une pille de gobeletz avec la chopine, pesans dix marcs d'argent, le tout doré, avec douze cuillers d'argent.

Item, à chascune des trois filles de feu Jehan Boschet, son frere, quatre tasses d'argent, chascune d'un marc.

Item, à Pierre Grossin, quatre tasses d'argent, et à Jehan Rousseau quatre tasses, chascune tasse d'un marc, comme dessus.

Item, le dit testateur voult et ordonne que le dit Nicolas Boschet ait par maniere de don, ou de laiz ou legat, la tierce partie de son heritage, et par semblable maniere, vuelt et ordonne que le filz ainsné du dit Nicolas ait, et lui donne comme son conquest, le chastel de Puy Ogier et toutes appartenances d'icellui, en quelque lieu qu'elles soient assises, et l'ostel et appartenances du Boschet, et avecques ce, la ville et appartenances de Saincte Gemme, avec la haulte justice, moyenne et basse, et toutes les appartenances et appendances d'icelle; et au second filz du dit Nicolas donna et laissa son hostel de Saint Cire, comme son conquest, avec ses appartenances et appendances, par ainsi qu'il sera tenu et chargié de paier pour une foiz la somme de cent frans d'or aux heritiers de feu dame Agasse Benastonne, lesquelz seront prins dedens trois mois prouchain ensuivant après le trespassement du dit testateur, sur paine de cinq solz pour chascun jour qu'il faudra de paier les diz cent frans après les diz trois mois, en recompensacion des droiz qu'elle povoit avoir ou dit lieu, oultre ce que ses diz heritiers ont eu. Et oultre donne et laisse le dit testateur aux autres enfans masles du dit Nicolas tout le surplus de ses diz conquestz à partir entre eulx egalement, et charge le dit Nicolas, leur pere, de faire les dictes parties en sa conscience, sauf et excepté les conquestz desquelz il ordenera autrement.

Item, il donne et laisse à l'euvre de Nostre Dame de Paris seze solz Parisis.

Item, à l'euvre de Saint Germain l'Aucerrois de Paris seze solz Parisis.

Item, au curé de la dicte eglise Saint Germain seze solz Parisis.

Item, aux chapellains quatre solz Parisis.

Item, aux clers d'icelle eglise.

Item, il donne et laisse à la confrarie Saint Nicolas à Thouars seze solz Parisis.

Item, au curé de Reigney en Poictou quatre solz Parisis.

Item, le dit testateur des maintenant pour lors et des lors pour maintenant priva et par ces presentes prive à tousjours ses heritiers qui aucun empeschement mettroient en l'enterinement et acomplissement de ceste sienne presente ordenance testamentoire et du codicille ou codicilles que il a intencion de faire et passer, de toute sa succession et heredité, et aussi prive cellui ou ceulx qui vendront ou autrement alieneront, par quelque maniere que ce soit, tout ou partie de ce qui leur vendra de la succession du dit testateur. Et s'il avenoit que eulx ou aucun d'eulx feissent le contraire, il ordonne des maintenant pour lors que ce qui sera vendu ou autrement alièné soit incontinent acquis à l'evesque de Luçon et à son chapitre pour dire chascun an une messe pour l'ame de lui, oultre une autre messe qu'ilz sont tenuz de dire pour le dit testateur.

Pour toutes lesquelles choses dessus dictes et chascune d'icelles estans au dit païs de Poictou enteriner et acomplir, et mettre à execucion et fin deue, le dit testateur fist, nomma et esleut ses executeurs et feaulx commissaires, ses bien amez, le curé du dit lieu de Saint Fulgent, sire Jehan Feutier, religieux de Jard, Nicolas Boschet, son dit nepveu, Pierre Grossin, son nepveu, Jehan Rousseau, son nepveu, et maistre Maurice Hubert. Et quant à faire et acomplir les choses qui seront à faire à Paris et non ailleurs, il nomme et eslit honorable homme et sage, maistre Girart de Versigny, curé du dit Saint Germain l'Aucerroys à Paris, maistre Maurice Hubert dessus nommé et maistre Jehan Moreau, ausquelz il laisse à chascun d'eulx pour leur paine cinq escuz d'or; ausquelz ensemble, aux quatre, aux trois ou deux d'iceulx, desquelz soient les diz Nicolas Boschet et maistre Maurice Hubert, le dit testateur a donné et octroyé, et par ces presentes lettres [donne et octroye] plain povoir, auctorité et mandement especial de ceste sienne presente ordonnance testamentoire ou derreniere voulenté mettre et mener à execucion deue selon sa forme et teneur; et se dessaisi et devesti des maintenant pour lors et des lors pour maintenant es mains de ses diz executeurs ou des deux d'iceulx, comme ci dessus est dit, de tous ses diz biens meubles et immeubles, lesquelz par especial il ordonne tous estre convertiz ou fait de sa dicte execucion et non ailleurs, et tout le residu des diz biens meubles il vuelt et ordene estre donné et aumosné aux povres creatures pour le salut de l'ame de lui et sans faulte, et neantmoins les soubzmect et tout le fait de sa dicte execucion à la court de Parlement, et quant à ce, à justicier, vendre et exploicter par la dicte court, et par nous, nos successeurs prevostz de Paris, et par tous autres justiciers, soubz qui jurisdicion ilz seront et pourront estre trouvez, pour ces lettres et leur contenu acomplir. Et volt et expressement ordena icellui testateur, en la presence des diz notaires, cest sien present testament et ordenance de derreniere voulenté valoir et tenir en tous ses poins et articles par droit de testament, de codicille ou autrement, par la meilleur forme et maniere que valoir pourra et devra, nonobstant us, droiz, stiles, coustumes, ne autres choses quelzconques à ce contraires.

Item, volt et accorda icellui testateur que au vidimus de ces presentes lettres fait et collacionné soubz seel autentique, tant du dit Chastellet de Paris comme autre seel autentique, plaine foy feust et soit adjoustée à tous poins et articles, comme à cest present original, en rappellant et revoquant par le dit testateur tous autres testamens, codicilles et autres ordenances de derreniere voulenté par lui faiz et ordenez avant la date de ces presentes lettres, esquelles nous en tesmoing de ce, à la relacion des diz notaires, avons mis le seel de la dicte prevosté de Paris, l'an de grace mil cccc et trois, le mardi douze jours de juing.

Ainsi signé : Hurtaut. Malelime.

Item, in nomine Domini Nostri Jhesu Christi, amen. Noverint universi presens publicum instrumentum inspecturi quod, anno ejusdem Domini millesimo quadringentesimo decimo, secundum morem ecclesie Gallicane computando, indicione quarta, die decima sexta mensis januarii, pontificatus sanctissimi in Christo patris et domini nostri, domini Johannis divina providencia Pape vicesimi tercii anno primo, in mei notarii publici et testium infra scriptorum ad hoc specialiter vocatorum et rogatorum presencia personaliter constitutus, venerande discrecionis et magne prudencie vir, dominus Petrus Boscheti, domini nostri regis consiliarius, presidens in suo Parlamento Parisius, jacens in lecto egritudinis, et quanquam senex, et debilis et infirmus, tamen sanus mente, bene loquens et sui animi bene compos, in fide constans, in spe nullatenus dubitans, in dilectione Dei et proximi permanens et permanere volens, corde contrito et humiliato se peccatorum sceleratissimum recognoscens, Deo et hominibus veniam [implorans] de commissis cum tanta cordis amaritudine, contritione et lacrimarum affluencia quod omnes ibidem assistentes excitati sunt, junctisque manibus, nonnullis devotissimis oracionum suffragiis per eum dictis et oblatis Deo, Domino Nostro Jhesu Christo, beatissime Virgini ejus genitrici Marie, beato Michaeli archangelo, beatis Petro et Paulo et toti curie civium supernorum animam suam extunc et dum egredietur a corpore, humiliter et devote commendavit. Corpus vero suum seu cadaver tradi voluit honorifice, prout decet, ecclesiastice sepulture in ecclesia Sancti Fulgencii, in partibus sue originis, in qua corpora suorum parentum sepulta sunt, ut dicebat, et ibi suam elegit sepulturam.

Item, addendo suo testamento novissime per eum facto et ordinato, quod quidem testamentum asseruit existere in domo sua et in diversis aliis locis in partibus sue originis, codicillando et per modum codicilli, voluit et ordinavit centum libras Parisiensium de bonis suis per executores suos infra scriptos quantocius post ipsius obitum distribui in missis celebrandis et oracionum suffragiis, pro celeriori sue anime remedio et salute.

Item, legavit omnibus familiaribus et servitoribus suis utriusque sexus centum libras Parisiensium, per executores suos infra scriptos, prout viderunt expedire, distribuendas.

Item, legavit Johanni *Pellaumaille*, ejus consanguineo et nepoti ac servitori suo, ac Petro de Plesseyo, clerico, scolari Parisius, filiolo suo, cuilibet quinquaginta libras Parisiensium. Pro quibus premissis faciendis, exequendis et adimplendis, dilectos suos et fideles, providos et honestos viros, magistros Nicolaum Maignani et Guillermum de Plesseyo, in Parlamento regio Parisiensi procuratores, suos compatres et compatriotas, fecit, elegit, constituit et ordinavit procuratores, executores et fidei commissarios, ipsos videlicet ibidem presentes et onus hujusmodi execucionis in se gratis suscipientes, volens idem dominus Petrus hunc presentem codicillum seu extremam voluntatem valere, tenere et habere perpetui roboris firmitatem, jure codicillorum et cujuslibet alterius extreme voluntatis, et quocumque alio jure quo melius valere poterit et tenere. De et super quibus omnibus premissis et singulis prefatus dominus Petrus voluit et precepit fieri et tradi dictis executoribus suis publicum instrumentum unum et plura per me notarium infra scriptum. Acta fuerunt hec Parisius, in domo habitacionis dicti domini Petri, anno, indicione, die, mense et pontificatu predictis, presentibus una cum dictis executoribus discretis viris, domino Bertrando Theobaldi, presbitero Laudunensis diocesis, capellano Sancti Germani Autissiodorensis Parisius, Yvone *du Trehan*, scutifero, domino de Boulleciis, et Johanne *Pellaumaille*, clerico Lucionensis diocesis, dicti domini Petri Boscheti consanguineis, Johanne *le Nouvel*, Melchione Papini, Johanne de Plesseyo, notario publico, Yllaria *Fouchiere*, Jehanneta *la Cheronnelle*, Lexoviensis, Lucionensis, Parisiensis et Pictaviensis diocesium testibus, cum pluribus aliis ad premissa vocatis specialiter et rogatis.

Item, anno, indicione et pontificatu predictis, die vero vicesima quinta mensis januarii, in mei notarii publici et testium infra scriptorum ad hoc specialiter vocatorum et rogatorum presencia personaliter constitutus, dominus Petrus Boscheti, domini nostri regis consiliarius et presidens antedictus, jacens in lecto egritudinis, nimia ac majori infirmitate gravatus, de peccatis suis penitens et contritus, ut prefertur, post nonnulla devota oracionum suffragia, voluit et ordinavit per expressum res, hereditagia et bona quecumque alia, tam mobilia quam immobilia, per ipsum dominum Petrum a toto tempore vite sue usque in hanc hodiernam diem illicite et indebite per quemcumque modum acquisita, habita, recepta seu quomodolibet possessa, illis quorum interest et ad quos hujusmodi bona pertinuerint reddi ad plenum et integraliter restitui tam per executores predictos quam heredes et successores suos. Que quidem bona illicite et indebite habita, acquisita seu possessa idem dominus Petrus Boscheti, prout melius potuit, restituit ac reddi et restitui voluit integraliter et ad plenum, eis extunc penitus et omnino cedendo, renunciando et desistendo ab eisdem. Volens et consenciens de et super premissis fieri publicum instrumentum unum et plura per me notarium infra scriptum, nomine et ad opus omnium et singulorum quorum interest vel poterit interesse, et sub quacumque meliori verborum forma fieri poterit et dictari, cum capitulis juris, et facti renunciacionibus et aliis clausulis quibuslibet oportunis. Acta fuerunt hec in domo habitacionis dicti domini Petri, presentibus discretis viris, Melchione Papini, Johanne *le Nouvel,* Yvone *du Trehan,* Yllaria *la Fouchiere,* clavigera, et Jehanneta *la Cheronnette,* testibus supradictis, necnon Philiberto Guillermi, Johanne Morelli, clericis Lucionensis, Lexoviensis, Pictaviensis et Bisuntinensis diocesium, testibus ad premissa vocatis specialiter et rogatis.

Item, quia ego Jacobus Ysambardi, clericus Metensis, publicus apostolica et imperiali auctoritatibus notarius, ac venerabilis Universitatis Parisiensis scriba, premissis omnibus et singulis, dum sic, ut supra scribuntur, fierent et agerentur, una cum prenominatis testibus presens interfui, et ea sic fieri vidi et audivi et in notam recepi, ideo exinde confecto presenti publico instrumento, alterius manu fideliter scripto, premissa publicando, signum meum apposui consuetum, hic me suscribens manu propria, requisitus in testimonium premissorum et rogatus. Isambardi.

Collacio facta est cum originali.

(Bibliothèque Nationale, Dép. des mss., Collection Moreau, 1161, fol. 499 r°.)

## XIII.

1404, 27 janvier.

### TESTAMENT DE JEAN DE COIFFY, NOTAIRE ET SECRÉTAIRE DU ROI, CHANOINE DE REIMS.

Jean de Coiffy, notaire et secrétaire du roi sous Charles V et Charles VI, exerça ces fonctions pendant près de quarante ans. Dès 1366, son nom se rencontre au bas des lettres de rémission et autres actes insérés dans les registres du Trésor des chartes (Arch. Nat., JJ 97, fol. 177 v° et *passim*); jusqu'à sa mort, arrivée en 1404, il resta en possession de l'office de notaire et secrétaire du roi, auquel il joignit de bonne heure celui de contrôleur de la chancellerie. Dans l'ordre ecclésiastique, de nombreuses prébendes échurent en partage à Jean de Coiffy, qui fut non seulement chanoine de Reims et de Langres et pourvu d'un bénéfice à Sens, mais encore curé de l'église de Saint-Pierre-des-Arcis, à Paris. C'est en cette qualité qu'il soutint en 1377 un procès contre Jean de Récourt, chevalier, héritier du conseiller Guillaume de Récourt, contre Jean Pollet, Marguerite sa femme, et contre Jean de Beauvais, au sujet de jours pratiqués dans les murs et parois de son église. Le Parlement régla ces servitudes en les restreignant, et laissa subsister une petite porte qui faisait communiquer l'immeuble des défendeurs avec l'intérieur de Saint-Pierre-des-Arcis (Arch. Nat., x$^{1a}$ 1471, fol. 107 r°; x$^{1a}$ 8849, fol. 175 r°). Jean de Coiffy résigna ses fonctions curiales vers le milieu de l'année 1386; il eut pour successeur Thierry de Louppy, docteur en décret, qui, à la date du 25 septembre 1386, lui fit remise à titre gracieux de toutes les réparations du presbytère, portées à sa charge (Arch. Nat., Z 7771, fol. 219 r°). Jean de Coiffy décéda le 18 février 1404, laissant, comme il est permis de le conjecturer d'après ses dispositions testamentaires, un fils naturel qui prit le nom d'Étienne de Coiffy; il fut inhumé à Paris dans l'église des Célestins, devant le sanctuaire, sous une tombe de cuivre avec une épitaphe dont le texte a été reproduit par le P. Beurrier (*Histoire du couvent des Célestins*, p. 380).

A tous ceulx qui ces presentes lettres verront, Guillaume, seigneur de Tignonville, chevalier, conseillier, chambellan du roy nostre sire et garde de la prevosté de Paris, salut. Savoir faisons que par devant Jehan Manessier et Jehan de la Mote, clers notaires du roy nostre dit seigneur en son Chastellet de Paris, fu personnelment establi honnorable homme et discret, maistre Jehan de Coiffy, prestre, secretaire du roy nostre dit seigneur et chanoine de Reins, demourant à Paris ou quarrefour du Temple, sain de pensée, et de bon et vray propos et entendement, si comme de prime face apparoit, combien que aucunement fust enferme de son corps, attendant et sagement considerant qu'il n'est chose plus certaine de la mort ne moins certaine de l'eure d'icelle, voulant et de tout son cuer desirant, tandiz que sens et raison gouvernent sa pensée et son entendement, et que Dieu et le temps lui donnent espace, disposer et ordonner par ordonnance testamentoire des biens que Nostre Seigneur Jhesu Crist par sa grace lui a prestez en ceste mortele vie, et pour ce fist, ordonna et divisa par bonne et meure deliberacion en la presence des diz notaires son testament ou ordonnance de derreniere voulenté, ou nom du Pere, et du Filz et du benoist saint Esperit, amen, en la forme et maniere qui s'ensuit :

Et premierement, il, comme bon, vray catholique, recommenda et recommende devotement son ame, quant de son corps departira, à Nostre Seigneur Jhesu-Crist son createur, à la glorieuse Vierge Marie sa mere, à monseigneur saint Pere et saint Pol apostres, à monseigneur saint Michiel l'ange, à madame saincte Katherine et à toute la saincte court et compaignie de Paradis, et son corps estre mis en sepulture de Saincte Eglise, laquelle sepulture il eslut et veult estre enterrez en l'eglise des Celestins à Paris, au dessoubz du benoistier, entre la tumbe de feu maistre Oudart de Trigny et le premier siege.

Item, le dit testateur voult et ordena que sur sa sepulture ait une tumbe bonne et notable, à l'ordonnance de ses executeurs cy après nommez, et un tableau de coivre fichié en la paroit, là où sera escript ce que ses diz executeurs ordonneront.

Item, le dit testateur voult et ordonna son luminaire estre fait le jour de son service en la dicte eglise des Celestins, à l'ordonnance et discrecion de ses executeurs ci dessoubz nommez.

Item, le dit testateur voult et ordonna expressement toutes ses debtes loyaument cogneues estre paiées, et ses torsfaiz dont il apperra estre amendez par ses executeurs cy dessoubz nommez.

Item, quant aux cheveciers, curez, chanoines et clers de Saint Merry à Paris, dont le dit testateur est parroissien, icellui testateur voult et ordonna leur estre fait, paié et ordonné à la discrecion et ordenance de ses diz executeurs.

Item, le dit testateur donna et laissa à sa chappelle, par lui fondée à Coiffy, son missal, un calice doré qu'il a, avecques l'autre qui est à la dicte chappelle, et une paix esmaillée et deux bouirettes d'argent, lesquelles choses seront baillées en garde à messire Guillaume de Coiffy, prebendé à Lengres, ou à Gaultier Erart, pour les mettre avecques les autres choses, joyaux, reliques et aornemens de la dicte chappelle à Coiffy, quant l'en les y pourra tenir seurement; à laquelle chappelle aussi le dit testateur donna et laissa tous ses vestemens et aornemens d'eglise, tant bons comme mauvais, et par especial uns vestemens où il a une chasuble de cramoisy comme de velluyau vermeil, avecques une pierre de mabre, touailles, tableaux et autres choses appartenans à chappelle.

Item, le dit testateur donna et ordonna, pour estre mis et enchaenné en sa dicte chappelle à Coiffy, un tres beau breviaire, qui est en deux volumes, noté, pour dire au chappellain ses heures.

Item, il laissa et ordonna un psaultier glosé et tous ses autres livres d'eglise, breviaires et autres à pluseurs usages, pour estre mis et enchaennez en la dicte chappelle à Coiffi.

Item, le dit testateur voult et ordonna que, son service fait en la dicte eglise des Celestins à Paris, tantost après son trespassement mille messes basses de *Requiem* soient dictes pour le salut et remede de son ame, desquelles messes cent soient dictes aux Celestins de Paris, et aux Celestins de Mante, pour ce que ceulx de Paris sont trop chargiez, pour lesquelles cent messes ilz auront cinquante escus, et de toutes les autres messes l'en paiera pour chascune ii solz Parisis, excepté que, se les Chartreux de Paris se veulent chargier de chanter cent messes, ilz auront l escus comme les Celestins.

Item, le dit testateur voult et ordonna que des dictes mille messes, cinquante en soient dictes en l'eglise de Saint Ylaire de Reins, dont le dit testateur est curé, par l'ordonnance de Oudart Petit Peu, parmy ii solz Parisis pour chascune messe.

Item, le dit testateur donna et laissa à la fabrique de l'eglise du dit Saint Hilaire, pour faire les sieges que le dit testateur y avoit autresfoiz ordonnez estre faiz, xx escus.

Item, le dit testateur donna et laissa aux chappellains, fermiers ou fermier de la dicte eglise Saint Ylaire, pour y faire une foiz le service solennel de mors, vigiles et commandaces, trois escus, et au clerc de la dicte eglise ii escus, parmy ce que le dimenge devant le jour qu'ilz feront le dit service, ilz seront tenus le faire assavoir au prosne de la dicte eglise; afin que aucunes bonnes personnes prient pour l'ame du dit testateur, en faisant le dit service.

Item, il voult et ordonna que autres cinquante messes du nombre dessus dit soient baillées et enchargées à chanter aux religieux de Saint Victor lez Paris, et pour ce auront cent solz Parisis.

Item, il voult et ordonna que en l'eglise de Saincte Croix de la Bretonnerie à Paris, où il a acoustumé de oir messe, soient dictes et chantées autres cinquante messes, et pour ce faire auront les religieux du dit lieu cent solz Parisis..................................

Item, le dit testateur donna et laissa aux religieux des Billetes iiii escus.

Item, aux religieux des Blans Manteaux à Paris ii escus.

Item, à chascun ordre Mendiant à Paris deux escus, pour dire vigiles entieres en leur eglise..................................

Item, le dit testateur donna et laissa à la fabrique de l'eglise de Coiffy le Chastel dix escus; et le residu des autres messes du nombre dessus dit, le dit testateur voult et ordonna estre fait et dit à Paris incontinent après son trespassement par les religieux et autres prestres conversans aux autres eglises, par les plus devotz et preudommes que l'en pourra trouver.

Item, le dit testateur donna et laissa à l'aumosne de la Grant Confrarie Nostre Dame de Paris xx solz Parisis. Et oultre voult et ordonna que, de tout ce qu'il convendra et appartendra pour le clerc de la dicte confrarie, maistre Gaultier de Lengres, son cousin et l'un de ses executeurs cy dessoubz nommez, en face et ordonne du tout comme bon lui semblera à faire.

Item, le dit testateur donna et laissa aux dames de Saincte Avoye, pour la substentacion d'elles, iiii escus.

Item, le dit testateur voult et ordonna que le jour de son enterrement soit donné aux povres sans faire criée jusques à la somme de x ou xii livres Tournois, à l'ordonnance et discrecion de ses executeurs.

Item, il voult et ordonna que par messire Guillaume de Coiffy, prebendé à Lengres, dessus nommé, soient donnez et distribuez à povres personnes de Coiffy et de la parroisse, et aussi aux povres parens du dit testateur, s'aucuns en y a, cent escus.

Item, le dit testateur donna et laissa à l'euvre de l'eglise Nostre Dame de Reins six escus.

Item,-à la pitance des povres de l'ostel Dieu de Reins quatre escus.

Item, il donna et laissa pour faire son obseque une foiz après son trespassement en la dicte eglise de Reins, pour distribuer aux chanoines, chappellains, vicaires et choriaux d'icelle, x escus, à prendre et avoir sur le gros de la prebende du dit testateur à Reins........

Item, le dit testateur donna et laissa au chapitre de Lengres pour faire son service...... viii escus, nonobstant qu'ilz soient tenus de faire chascun an un anniversaire que le dit testateur a fondé en la dicte eglise.

Item, le dit testateur donna et laissa à l'Ostel Dieu de Paris, pour la pitance des povres, quatre escus.

Item, il donna et laissa aux prestres de la Grant Confrarie, dont il est confreres, pour distribuer le jour qu'ilz feront son service, pour toutes chouses, IIII escus.

Item, aux Celestins de Paris, pour leur pitance, le jour qu'ilz feront son service solennel après son trespassement, dix escus.

Item, le dit testateur voult et ordonna que toutes les nappes et touailles neufves et qui seront honnestes pour servir à eglise, lesquelles sont en un petit coffre long estant en la garde robe, darrieres le lit de la chambre où il gist en son hostel à Paris, soient baillées aux marregliers de Coiffy, en la presence de Regnault de Champigny et Pierre le Gros, ses nepveux, pour deservir à sa dicte chappelle de Coiffy, et pour estre mis par inventoire avecques les autres choses appartenans à la dicte chappelle, et le residu de l'autre linge estant ou dit coffre il voult et ordonna demourer au prouffit de son execucion.

Item, il voult et ordonna que une piece de toille, contenant xxx aulnes et plus, estant en un coffre en la chambre du milieu de son dit hostel, soit envoiée à la dicte chappelle de Coiffy, pour faire aubes et amitz, tant comme la dicte piece pourra fournir et courir.

Item, et pour ce que le dit testateur a longuement esté en l'office de contrerolle de l'audience du roy nostre sire, ouquel il peut moins deuement avoir gardé le droit de l'emolument de la dicte audience, tant en donnant lettres en faveur des personnes à officiers du roy et autres de ses parens, amis et acoinctés, comme autrement, en quelque maniere que il pourroit estre chargié en conscience, icellui testateur voult et ordonna que cent escus soient baillez à l'audiencier et à ceulx qui feront les bourses tant de l'audience comme des collacions, pour les distribuer selon ce qu'il leur semblera à faire de raison.

Item, et pour ce que maistre Gaultier de Lengres, cousin du dit testateur, lui a fait moult de biens et de curialitez pour lui et pour les siens, dont il est moult tenus à lui, le dit testateur voult et ordonna que le dit maistre Gaultier ait cent escus, sans ce qu'ilz soient comptez en aucune maniere en son salaire de la peine, travail et diligence qu'il couvendra qu'il ait pour l'execucion et acomplissement de ce present testament, dont le dit testateur veult et ordonne qu'il soit tres bien paiez, car il perdra à gaigner à la pratique de son office ce pendant.

Item, le dit testateur donna et laissa à messire Guillaume de Coiffy, prebendé à Lengres dessus nommé, pour prier Dieu pour l'ame du dit testateur, xx escus.

Item, au nepveu du dit messire Guillaume, qui fu chappellain du dit testateur à Coiffy, dix escus.

Item, le dit testateur donna et laissa à Guillaume, son petit nepveu, pour luy tenir à l'escole, ii$^c$ livres Tournois, à prendre par porcion par les mains de ses diz executeurs, chascun an, selon ce qu'il despendra à l'escole.

Item, il donna et laissa à Marguerite, sa niepce, femme de Pierre le Gros, pour ce que elle n'amenda onques gaires de lui, la somme de ii$^c$ livres Tournois, pour acheter terres ou heritages pour elle, afin, que se elle aloit de vie à trespassement sans hoirs de son corps, que les diz heritages retournassent à ses freres et suers.

Item, le dit testateur donna et laissa à Thevenin de Coiffy la somme de cent et cinquante livres Tournois, avecques une maison que le dit testateur avoit en la rue Gervaise Laurens, et une autre maison en la Vieille Peleterie, aboutissant à icelle, et tout par la forme, maniere et condicions plus à plain contenues et declairées es lettres du don et transport que le dit testateur lui en a fait et passé.

Item, il voult et ordonna que le dit Thevenin ait, et lui soient données et baillées, une douzaine de ses plus petites cueilliers d'argent, et demie douzaine de hanaps cailliers, et autres des meindres.

Item, le dit testateur donna et laissa à son filleul, maistre Jehan Mauloué, arcediacre de Triguier, son grant hanap doré, où il a ou fons en esmail l'image monseigneur saint Quentin ; et, ou cas que le dit hanap seroit perdus ou alienez, le dit testateur voult et ordonna qu'il en ait un autre du pris de deux mars d'argent dorez.

Item, il donna et laissa à Jehannin, son filleul, filz Jehan de Montegny, escuier, x escus pour acheter des livres pour lui.

Item, à un autre sien filleul, filz Jehan de Gand, cordouennier, demourant ou quarrefour du Temple, lequel ne porte pas son nom, car feu monseigneur Loys, filz de monseigneur d'Orleans, le fist tenir pour ce que sa mere l'avoit nourry, la somme de quatre livres Tournois, pour avoir une cotte.

Item, ja soit ce que la suer du dit testateur deust estre après le trespassement de lui, son testament acompli, son heritiere du residu de ses biens meubles et heritages, excepté de la quarte partie que le dit testateur a octroyée à sa niepce, fille de sa dicte suer, demourant à l'Isle en Flandres, et à ses enfans, au traictié de son mariage, son dit testament acompli premierement et avant toute euvre, le dit testateur voult et ordonna que sa dicte suer, qui est bien aisée, ait en recompensacion de ce II$^c$ escus.

Item, le dit testateur donna et laissa à Regnaut, son nepveu, II$^c$ escus.

Item, le dit testateur donna et laissa à sa dicte niepce, femme Pierre le Gros, sa robe de pers, fourrée de menu vair.

Item, à la femme du dit Thevenin de Coiffy une de ses autres robes de mendre valeur, se tant en y a.

Item, et toutes ses autres robes et manteaulx, avec les chapperons, sangles et doubles, il voult et ordonna estre vendus au prouffit de son execucion.

Item, le dit testateur voult et ordonna que le dit Regnaut, son nepveu, soit anobliz par le roy nostre sire[1], et le dit Thevenin de Coiffy legitimez[2], et tout aux frais et despens de son execucion.

Item, quant aux familiers du dit testateur, icelui testateur laissa et ordonna yceulx estre paiez et contentez à l'ordonnance de ses executeurs, sans avoir robes noires.

Item, aussi quant aux peines et travaux que auront ses serviteurs pour le fait de son execucion, tant pour aler par la ville et aux eglises

---

[1] Renaud de Champigny, clerc originaire de Coiffy, fut anobli par lettres du mois de février 1404 (Archives Nat., JJ 158, n° 229).

[2] Étienne de Coiffy obtint des lettres de légitimation en février 1404 (Arch. Nat., JJ 158, n° 198). Dans ces lettres il est dit fils naturel d'un prêtre.

faire dire des messes, comme autrement en quelque maniere que ce soit, icellui testateur voult et ordonna yceulx ses serviteurs en estre paiez et contentez à l'ordonnance et discrecion de ses diz executeurs.

Item, le dit testateur voult et ordonna que l'argent qu'il laisse cy dessus à ses suer, niepce et nepveux, et aussi au dit Thevenin de Coiffy, soit des maintenant baillié au dit maistre Gaultier de Lengres, pour les leur envoyer, et aussi en garder par devers lui quant à ceulx qu'il verroit estre d'autre gouvernement que de bon, et de le leur baillier selon ce qu'il verroit qu'ilz seroient de bon gouvernement et qu'ilz le emploieroient bien. Et du residu de tous ses biens meubles et heritages, son testament acompli comme dit est, le dit testateur voult et ordonna des maintenant Dieu estre son heritier, excepté de la dicte quarte partie qui sera à sa dicte niepce et à ses enfans, comme dit est, pour distribuer par ses diz executeurs ou par l'un d'eulx en piteuses aumosnes et charitables sans faveur.

Item, pour ce que aucunes fois viennent soubdainement aucunes males fortunes ou despenses extraordinaires, ou cas que au jour du trespassement du dit testateur ses diz biens ne pourroient souffire pour acomplir cestui sien testament, combien que, quant il fu fait et passé, il avoit assez de biens et plus tant en heritages comme en meubles pour ycellui acomplir, le dit testateur voult et ordonna que ses diz executeurs le moderent, ainsi comme en leur conscience leur semblera à faire, eu regart aux choses, et à ceulx à qui il sera plus tenus. Et pour acomplir l'execucion de cestui sien testament et toutes et chascune les choses dessus dictes par la forme et maniere que dit est, le dit testateur fist, ordonna, nomma et esluț ses executeurs, ses tres chiers et feaulx amis, honnorables hommes et sages, maistre Henry Mauloué, son compere, conseillier et audiencier du roy nostre sire, maistre Gaultier de Lengres, chanoine de Lengres, son cousin, et maistre Macé Freron, secretaire du roy nostre dit seigneur, ausquelx il supplia et requist humblement par ces presentes que de la dicte execucion ilz vueillent prendre en eulx la charge, pour icelle acomplir au prouffit, remede et salut de son ame, par la forme et maniere que dit est cy dessus, au plus tost et plus brief que faire se pourra bonnement. Ausquelx ses executeurs ci dessus nommez, ensemble ou aux deux d'iceulx, dont le dit maistre Gaultier ou le dit maistre Macé soit tousjours l'un, le dit testateur donna et octroya plain povoir et auctorité de cestui sien testament et tout le contenu en ycellui enteriner et acomplir, es mains desquelx ses executeurs le dit testateur transporta et delaissa tous ses biens meubles et immeubles pour cestui sien testament enteriner et acomplir et mettre à fin et execucion deue, par la forme et maniere que dessus est dit.

Item, voult et ordonna le dit testateur que cestui sien testament avecques la reddicion du compte et de toutes les deppendences d'icellui soit soubzmis par ses diz executeurs et par leur ordonnance et bon advis à la court de Parlement, pour par yceulx executeurs estre mis à execucion le plus tost et à moins de fraiz que faire se pourra, et, que se ou dit testament ou en aucunes des clauses contenues en ycelui avoit aucune doubte, trouble ou obscurté, que declaracion ou interpretacion en soit faicte par la dicte court de Parlement. Et revoqua et revoque et met au neant tous autres testamens, codicilles ou ordonnances de derreniere voulenté par lui faiz et passez par avant le jour d'uy, et voult et ordonna que cestui sien testament tieigne et vaille par maniere de testament ou derreniere voulenté, de codicille ou autrement par la meilleur voye, forme et maniere que valoir et tenir pourra et devra par droit ou par raison. En tesmoing de ce, nous à la relation des diz notaires avons mis à ces lettres le seel de la prevosté de Paris. Ce fu fait et par le dit testateur passé et accordé, le samedi xxvii$^e$ jour de janvier, l'an de grace mil quatre cens et trois.

Signé : J. DE LA MOTE. MANESSIER.

Collacio facta est cum originali.

(Archives Nationales, x$^{1A}$ 9807, fol. 102 v°.)

## XIV.

1404, 16 juin.

TESTAMENT DE JEAN GUIOT, CHANOINE DE SENS, CURÉ DE CHITRY.

Jean Guiot, reçu licencié ès arts en 1383, fut élu le 13 janvier 1384 procureur de la nation de France en l'Université de Paris; son *procurat* fut marqué par un événement qui produisit quelque émotion dans l'Université; d'audacieux malfaiteurs dérobèrent le sceau de la nation, enfermé dans un coffre avec certaine somme de deniers. Jean Guiot fit convoquer immédiatement le corps universitaire, demanda par avance l'annulation de tous actes qui pourraient être scellés du sceau perdu, et prit les mesures nécessaires pour empêcher le retour de pareils accidents. Les dignités ecclésiastiques ne manquèrent pas à Jean Guiot, qui devint chanoine de Sens et de Champeaux, curé de Chitry dans l'Auxerrois et chapelain de Charles VI. Il mourut le 28 juin 1404 et fut inhumé à Paris dans le cimetière des Chartreux; sa sépulture avait pour tout ornement une croix de pierre portant l'inscription suivante : *Cy gist M. Jean Guiot, jadis chapelain du roy nostre sire, chanoine de Sens et de Champeaux, qui trespassa le 28° jour de juin, l'an de grâce 1404.* (Cf. Du Boulay, *Hist. Univers.*, t. IV, p. 999.)

In nomine sancte et individue Trinitatis, Patris, et Filii et Spiritus sancti, amen. Quoniam condicio humani generis fragilis est, et nullus est in carne positus qui mortem nec divinum judicium evadere possit, et non differt sapiens suis disponere rebus, idcirco noverint universi et singuli, presentes pariter et futuri, quod anno Domini millesimo quadringentesimo quarto, indicione duodecima, die lune xvi° mensis junii, pontificatus sanctissimi in Christo patris et domini nostri, domini Benedicti divina providencia Pape xiii[i] anno decimo, in mei notarii publici et testium infra scriptorum ad hoc vocatorum specialiter et rogatorum presencia personaliter constitutus venerabilis et discretus vir, dominus Johannes Guioti, canonicus Senonensis, rectorque parrochialis ecclesie de Chitriaco, Autisiodorensis diocesis presbyter, sanus mente et intellectu per Dei gratiam, et in sua bona memoria existens, eger tamen et debilis corpore, considerans et attendens quod nichil est cercius morte nec incercius ejus hora, nolens ab hoc seculo intestatus decedere, immo volens et cupiens anime sue pro posse salubriter providere de bonis et rebus sibi a Deo collatis, suum ultimum testamentum seu suam ultimam voluntatem et disposicionem fecit, condidit, disposuit et ordinavit, prout et quemadmodum in quodam rotulo papireo continente quatuor folia papiri simul suta, quem idem dominus Johannes Guioti, testator, in suis manibus tenebat, et quem dictus testator michi notario publico et presentibus testibus infra scriptis presentavit, exhibuit et tradidit, ac per me de verbo ad verbum alta et intelligibili voce legi et publicari voluit, continetur; cujus quidem rotuli papirei tenor sequitur in hunc modum :

In nomine Patris, et Filii et Spiritus sancti, amen. Comme pour le delict du premier pere chascune succession de l'umain lignage soit transitoire et mortele, et chascun soit ou doye estre certain de la mort et incertain de l'eure d'icelle, je, Jehan Guiot, prestre, chanoine de Sens et de Saint Martin de Champeaux en Brie, et curé de Chitry ou diocese d'Aucerre, sain de corps, d'entendement et de pensée, la mercy Nostre Seigneur, non voulant mourir intestat, fais et ordene mon testament ou derreniere voulenté des biens que Dieu m'a donnez en ce mortel monde en la forme et maniere qui s'ensuit :

Et premierement, je laisse et recommende mon ame au tres haut Createur qui l'a creée et rachetée de son propre sang, lequel, quant elle sera departie de mon corps, par sa tres piteuse misericorde la vueille faire conduire par ses sains anges aux joyes de Paradis.

Item, et s'il avient que je aille de vie à trespassement en l'ostel de monseigneur l'evesque d'Aucerre, à Paris, et en le servant, je ordonne et esliz ma sepulture ou cimetiere des Chartreux de Paris, entre les deux croix de pierre qui y sont.

Item, je vueil et ordene que, si tost comme je seray trespassé et ensevely, afin de despescher la place de la charoigne de mon corps que le plus tost que faire se pourra, sans y garder aucune solennité, elle soit portée en l'eglise de Saint Cosme, et, se il est lors heure convenable, soient illecques dictes trois messes de *Requiem*, ou deux, ou une selon l'eure qu'il sera, et se il est autre heure convenable, comme après disner, soient dictes trois vigiles de mors, c'est assavoir, unes par xiii cordeliers, unes par xiii jacobins et unes par ceulx de la cure, et que ilec, present le corps, en disant les dictes vigiles ou messes soient ardens quatre cierges, chascun de quatre livres de cire, et quatre torches, chascune de cinq livres de cire, lesquelles serviront à moy porter en terre aus diz Chartreux, où seront laissiez les quatre cierges dessus diz, et les quatre torches seront rapportées avec la croix qui convoyera le corps et demourront au curé de Saint Cosme pour partie de son droit de mon enterrement.

Item, je ordene que à moy porter en terre ou dit cimitiere des Chartreux soient presens à convoyer mon corps, se faire se puet bonnement, treze cordeliers et xiii jacobins, avec le curé de Saint Cosme ou son lieutenant. . . . . . . . . . . . . . . . . . . . . . . . . . .

Item, je laisse aus diz Chartreux de Paris pour le droit de mon enterrement dix escus d'or, ou cas que je seray enterré en leur dit cimitiere; et pour estre acompaignié en leurs prieres et biensfaiz, xx escus d'or.

Item, après ce ou avant toute euvre, se mestiers est, je vueil et ordonne mes debtes estre paiées, se aucunes en y a, et mes torsfaiz amendez par mes executeurs cy après nommez, et vueil que, se faire se puet bonnement, aucun inventoire ne soit fait de mes biens, car je les laisse tous par la maniere cy après declairée.

Item, je ordonne que les Celestins de Paris dedens l'octave de mon trespassement, ou le plus tost après que faire se pourra, dient en leur eglise vigiles de mors à neuf leçons, et le jour ensuivant messe solennele, et qu'ilz aient pour ce et pour moy acompaignier en leurs prieres et biensfaiz dix escus d'or.

Item, aux Augustins de Paris, pour semblable, iiii escus.

Item, aux Carmes de Paris, pour semblable, iiii escus.

Item, aux Matherins de Paris, pour prier pour moy, ii escus.

Item, aux xv$^{xx}$ de Paris, que je leur laisse pour estre acompaignié en leurs prieres et biensfaiz, iiii escus.

Item, au college de Navarre à Paris, pour dire unes vigiles et messe solennelle en la chapelle de l'ostel, à distribuer aux boursiers et chapellains du dit college, par la maniere de leurs autres obiz, ou comme il sera regardé par mes executeurs et les maistres du dit college, x escus.

Item, je laisse aux bonnes femmes de la Chapelle Haudry ii escus d'or.

Item, à l'Ostel Dieu de Paris, pour estre acompaignié es biensfais du dit hostel iiii escus, et tous les draps à lit et cueuvrechiefs que je auray au jour de mon trespassement, tant nueufz comme vielz, non laissiez à autres cy après, avecques ma couste et mon coussin sur quoy je gis en ma chambre, ou dit hostel de monseigneur d'Aucerre, et avecques la meilleur de deux coustepointes blanches, excepté trois paire des diz draps de deux lez et iii cueuvrechiefz neufs qui seront baillez à Gilet de Savigny, mon nepveu, escolier à Navarre; et iii autres semblables draps cy après laissiez à Jaquin Guiot, mon cousin.

Item, à l'ostel Dieu de Pontoise, pour estre acompaignié es prieres et biensfaiz du dit hostel, iiii escus.

Item, je laisse et ordene estre baillez à messeigneurs les chanoines de Champeaux en Brie, au premier chapitre après mon trespassement ou plus tost, se bon semble à mes executeurs cy après nommez, pour acheter rente pour la fondacion de mon anniversaire. . . . . . . . . la somme de cent escus pour une fois. . . . . . . . . . . . . . . .

Item, je ordene un autre anuel à faire en l'eglise de Dormelles, où je fu baptisé, pour les ames de moy, mon pere, ma mere, et mes autres amis et biensfaicteurs, par un bon homme prestre, non occupé en autres choses, lequel sera quis ou païs pour ce faire, ou ailleurs, se il n'y puet estre trouvé, lequel sera tenu de dire chascun soir durant le dit annuel vigiles de mors, à neuf leçons tout bas, et l'endemain commandaces et messe de *Requiem* basse, et chascun lundi durant le dit anuel après la dicte messe sera tenu d'aler tout revestu, fors de la chasuble, à tout la croix et l'eaue benoiste sur la fosse de mes diz pere et mere, qui est emprès le mur de l'entrée de la dicte eglise du costé senestre, ainsi comme l'en entre, et ilec dira *de Profundis*, et trois collectes de mors, c'est assavoir, *Inclina, Deus in cujus miseracione* et *Fidelium*, et aura le dit prestre pour tout ce faire xl escus d'or; et vueil que messire Jehan du Ru, prestre, mon cousin et mon executeur cy après nommé, soit preferé à ce faire, se il lui plaist.

Item, je laisse à la fabrique de la dicte eglise de Dormelles, par ce que elle sera tenue de livrer luminaire et ornemens à faire le dit annuel, x escus.

Item, au curé d'icelle eglise ii escus, et au chapellain qui lors la deservira, deux escus, et au clerc v solz Parisis.

Item, je laisse à la chapelle de Saint Gervais en la dicte parroche de Dormelles mon petit calice, mon autel benoist, une paire de corporaux à tout la bourse à les mettre, ma paix, mon petit messel, ma chasuble, une aube, un amyt, une ceincture pour le prestre, trois nappes, se aucunes en ay lors propices pour celebrer dessus, et se aidera l'en, se mestiers est, des dictes choses à faire le dit annuel, et après seront gardées par aucun des voisins, afin que l'en y celebre plus souvent.

Item, je laisse pour aidier à renvaisseller le bras de monseigneur saint Ligier de Pogues, et refaire le reliquiaire qui a esté desrobé du temps que je en estoye curé, dix escus.

Item, je ordene à faire un obit perpetuel et solennel en l'eglise de monseigneur Saint Meullon de Pontoise....... et pour acheter rente à ce faire....... je laisse trente escus d'or.

Item, je laisse et ordene estre baillié au chapitre de Sens pour acheter rente pour fonder mon obit........ iiii$^{xx}$ et x escus d'or.

Item, je laisse à messire Jehan du Ru, chanoine de Monstereau en foult d'Yonne, mon cousin et mon executeur cy après nommé, mon breviaire en deux volumes, noté à l'usage de Sens, mon psaultier ferial au dit usage, mes synodales couvertes de cuir rouge, ma meilleur ceinture d'argent, mon cousteau où il a deux en une gayne garniz d'argent, les meilleurs, une selle à chevaucher que j'ay en ma chambre et que je apportay en l'ostel de monseigneur d'Aucerre, et dix escus pour avoir un cheval à faire le fait de l'execucion de mon testament, dont je vueil qu'il soit principalment chargié avecques les autres après nommez, et qu'il face par leur conseil et ordenance.

Item, je laisse à mes IIII cousins, enfans de feu Perrin Guiot de Villemarchaz, mon oncle, que Dieux absoille, dont l'un nommé Perrin Guiot demeure au dit lieu de Villemarchaz, et l'autre à Joigny nommé Jehan Guiot, et l'autre avecques lui nommé Guillemin Guiot, et l'autre ne scay où, nommé Jehan Guiot, à chascun dix escus d'or; et seront baillées les parties de ceulx qui seront absens et que l'en ne pourra trouver au dit Jehan Guiot, demourant à Joigny, pour les leur garder, et vueil qu'il en demeure chargié en sa conscience, et auront avecques ce ceulx qui seront mariez, chascun une de mes robes, et un chaperon de mesmes, et choisiront par ordre le plus ancien premier, et aussi auront chascun un de mes manteaulx tant qu'ilz dureront.

Item, je laisse à Benoiste, relicte de mon dit feu oncle et mere de mes diz cousins, IIII escus, une robe et un chaperon à choisir après.

Item, à frere Jehan Martin, hospitalier, mon cousin et mon filleul, afin qu'il prie pour moy, IIII escus et mon petit journal, ne scay à quel usage.

Item, à ma fillole, fille de Jehan Ogier, varlet de fruit du roy, deux escus.

Item, à frere Jehan, confesseur du commun du roy, II escus.

Item, à frere Jehan le Briais, son compaignon, deux escus.

Item, à Jehanne la Richiere, chamberiere de l'ostel de monseigneur d'Aucerre à Paris, IIII escus.

Item, je laisse à chascun des serviteurs de monseigneur mon maistre, monseigneur l'evesque d'Aucerre, qui le serviront continuelment au jour de mon trespassement en son hostel à Paris, ou cas que je yray de vie à trespassement ou dit hostel ou en son service, à chascun un escu d'or, et vueil que les serviteurs monseigneur l'arcediacre y soient compris.

Item, je laisse à Gilet de Savigny, mon nepveu, escolier à Navarre, pour lui aidier à faire ses faiz à l'escole, et non emploier en autres choses, cent escus d'or, un petit coffre de noyer vernissié, trois paire de draps à lit de deux lez, trois cueuvrechiefs neufs, pris en mes coffres, un oreillier, ma Bible, et tous mes autres livres et papiers non laissiez, et pluseurs de mes autres menues choses que mes executeurs verront qui lui seront necessaires.

Item, je laisse à Jaquin Guiot, filz ainsné de Perrin Guiot, mon cousin dessus nommé, demourant à Villemarchaz, pour lui tenir à l'escole, ou lui faire aprendre aucun mestier en bonne ville, cent escus d'or, un coffre jaune que j'ay au piez de mon lit, trois paires de draps que je auray au jour de mon trespassement, c'est assavoir, de ceulx de deux lez, non obstant le lais fait cy devant à l'Ostel Dieu de Paris, et une coustepoincte blanche vieille, une de mes robes pour lui vestir et autres choses qui lui seront necessaires, selon l'ordenance de mes executeurs, ou cas qu'il sera escolier ou à mestier.

Item, avecques les lais devant faiz à maistre Jaques, messire Michiel, maistre Simon, Chaumont, Magni, Johannès, Maireschal, partie serviteurs de mon dit seigneur, je laisse à chascun un de mes coffres tout wit, c'est assavoir, des non laissiez cy devant, et choisiront par l'ordre qu'ilz sont cy escripz, se tant se pevent estandre.

Item, à Gobin, sa femme et sa fille, à chascun un escu, et une de mes robes non laissées, se tant en y a.

Item, à Jehannette, femme Regnaud, qui repaire en l'ostel de monseigneur, un escu et une robe, se tant se pevent estendre.

A Ysabelet, femme Jehan de la Fonteine, un escu.

Au porteur d'eaue nommé Mahiet, un escu, à sa femme un escu, et au pere de sa femme un escu, et à la povre avugle à qui l'en baille l'escuelle de monseigneur, un escu.

Item, à mon autre nepveu, filz de Jaques de Savigny de Dormelles et frere de mon nepveu dessus escript, pour aidier à le tenir à l'escole, vint escus.

Item, à l'eglise de Chitry dont je suis curé, mon grant calice.

Item, à maistre Jehan d'Aigny, l'un de mes executeurs, pour la peine qu'il aura de mon execucion, deux tasses d'argent à choisir es moyes six.

Item, à maistre Jehan Charreton, mon autre executeur, pour semblable, deux des dictes tasses à choisir après.

Item, à maistre Jaques de Mercennay, chapellain de monseigneur, mon autre executeur, pour semblable *et cetera*, six escus d'or.

Item, à messire Jehan Maillart, curé de Verno emprès Monstereau, l'autre de mes diz executeurs, les autres deux tasses, pour semblable, et afin qu'il prie pour moy.

Item, à maistre Simon Petit, mon executeur après nommé, trois frans qu'il me doit et mon demi breviaire à l'usage d'Aucerre.

Item, à messire Jehan du Ru, mon cousin, chanoine de Monstereau en foult d'Yonne, l'autre de mes executeurs, pour semblable et pour prier pour moy, oultre le lais à lui fait cy devant, les trois plus grans de mes six gobelez d'argent, et six cuilliers d'argent, les meilleurs.

Item, à Gilet du Ru, demourant au dit Monstereau, frere du dit messire Jehan mon cousin, pour semblable, et afin qu'il prie pour moy, les autres trois gobelez d'argent et les autres six cuilliers d'argent.

Item, à Jehan Loys, mon cousin de Dormelles, les quatre escus qu'il me doit pour son frere, auquel je les prestay, et lequel m'en a respondu.

Item, je laisse et ordene tout le demourant de mes biens quelxconques pour estre donnez et aumosnez pour Dieu, pour le salut de l'ame de moy, de mes amis et bienfaicteurs et de tous ceulx à qui je puis estre aucunement tenu, par les mains ou par l'ordonnance de mes executeurs dessus diz et cy après nommez, au plus tost qu'ilz pourront après mon trespassement, sans faire de mes biens aucun inventoire par justice ne autrement, et sans aucun autre empeschement ou delay, pour quoy il convieigne faire aucune despense qui aucunement puisse ou doye diminuer mon ordenance dessus escripte.

Item, pour acomplir et mettre à execucion deue toutes les choses dessus dictes et chascune d'icelles, ainsi que elles sont devant dictes et ordenées, je fais et ordene mes executeurs mes bons, vrais et loyaux seigneurs et amis especiaulx, maistres Jehan d'Aigny, chanoine du Palais à Paris, Jehan Charreton, arcediacre de la Riviere en l'eglise de

Soissons et conseillier du roy nostre sire en son Parlement à Paris, Jaques de Mercenay, chapellain de monseigneur l'evesque d'Aucerre, messire Jehan Maillart, curé de Verno en Brie emprès Monstereau en foult d'Yonne, messire Jehan du Ru, prestre, mon cousin dessus nommé, chanoine du dit lieu de Monstereau, et maistre Simon Petit, familier de monseigneur d'Aucerre, ausquelx ou aux deux d'iceulx ensemble je donne plain povoir et auctorité especial de faire et acomplir mon present testament en la forme et maniere qu'il est dessus escript..........

Et vueil et ordene que ma dicte execucion et presente ordenance soit faicte et acomplie au plus tart et le compte d'icelle rendu dedens XIII mois après mon trespassement, et ou cas que ainsi ne seroit fait, je en prive mes diz executeurs et chascun d'eulx, et vueil qu'il y soit pourveu par la court de Parlement, à laquelle je soubzmet ma dicte execucion et à oir le compte d'icelle; et vueil que, nonobstant les laiz faiz à mes diz executeurs, chascun d'eulx puisse compter et demander ce qu'il aura loyaument frayé ou despendu en faisant et executant les choses dessus dictes.

Je vueil aussi et ordene que mon present testament ou derreniere voulenté dessus transcripte vaille et dure par maniere de testament ou darreniere voulenté, en revocant toutes autres par avant faictes, et se de droit ou coustume ne povoit valoir pour testament ou darreniere voulenté, je vueil et ordene que elle vaille par droit de codicille ou autre droit, coustume, forme ou maniere que mieulx valoir pourra et devra, nonobstant usage, coustume ou autres choses qui pourroient estre dictes ou proposées au contraire. Ce fu fait l'an de grace mil IIII<sup>c</sup> et quatre, le lundi XVI<sup>e</sup> jour du mois de juing, en l'ostel de reverend pere en Dieu monseigneur mon maistre, monseigneur l'evesque d'Aucerre, assis à Paris en la rue de la Harpe emprès la porte Saint Michiel, presens venerables et discretes personnes, maistres Jaques de Mercennay, chantre et chanoine de l'eglise collegial de Saint Estienne de Gyem sur Loire ou diocese d'Aucerre, Jehan du Chesne, curé de (*le nom manque*) ou diocese de Soissons, licenciez en droit canon, messire Michiel d'Arc en Barrois, curé de Bar sur Seine ou diocese de Langres, et maistre Simon Petit, maistre en ars, chanoine de l'eglise collegial de Saincte Eugene de Varzi ou diocese d'Aucerre, tesmoins appellez aux choses dessus dictes.

De et super quibus premissis omnibus et singulis supradictis dominus Johannes Guioti a me notario publico infra scripto peciit sibi et dictis suis executoribus fieri et tradi unum vel plura publicum seu publica instrumentum vel instrumenta. Acta fuerunt hec Parisius, in domo habitacionis prefati domini Autisiodorensis episcopi, videlicet in quadam camera in qua prefatus testator jacere consuevit, sub anno, indictione, mense, die, pontificatu et presentibus testibus supra scriptis. J. MAGNI.

Collacio facta est.

(Archives Nationales, x$^{1A}$ 9807, fol. 116 r°.)

XV.

1404, 3 juillet.

TESTAMENT DE JEAN BLONDEL, AVOCAT AU PARLEMENT DE PARIS.

En nom de la saincte Trinité, le Pere, et le Filz et le saint Esperit, amen. Je, Jehan Blondel, enferme de corps, par la grace de Dieu sain de pensée et d'entendement, considerans qu'il n'est aucune chose plus certaine de la mort ne plus incertaine de l'eure d'icelle, voulant pourveoir au salut de l'ame de moy, et disposer et ordener des biens que Dieu m'a prestez en ceste mortel vie, faiz mon testament et ordenance de derreniere voulenté en la maniere qui s'ensuit :

Premierement, je recommende mon ame à Dieu le Pere tout puissant, et à son benoist Filz, et au saint Esperit et à la glorieuse Vierge Marie, à monseigneur saint Jehan Baptiste, à saint Jehan l'Euvangeliste, et à monseigneur saint Michiel l'ange et à toute la court celestial de Paradis.

Item, je esliz la sepulture de mon corps ou cimetiere de Saint Innocent en la fosse aux povres.

Item, je ordene de luminaire au jour de mon obseque ce que les discrecions de mes executeurs ordeneront.

Item, je donne à l'eglise de Saint Innocent ce qu'il plaira à mes executeurs.

Item, aux autres eglises je donne aussi ce qu'il plaira à mes diz executeurs.

Item, vueil et ordonne que, de ce que j'ay en l'ostel des Chartreux lez Paris et de ce que j'ay à l'ostel d'Artois, mon corps mis en terre, que messire Jehan de Scé, prestre, qui a chanté pour moy, et Jehannette des Chenaux, et Perrelte de Beaurepaire, ma garde, et Gervaise, qui m'a servy en pluseurs maladies que j'ay eu ja pieça, soient paiez, tant qu'ilz se tieignent tous et toutes pour contens.

Item, je vueil que mes debtes soient paiées de l'argent que maistre Jehan Vaillant me doit, et le residu de mes biens, mon dit testament acompli, je vueil estre erogué aux povres à la voulenté et ordenance de mes executeurs cy après nommez. Et pour cest mien testament acomplir, je esliz mes executeurs, premier, maistre Jehan Bailli, maistre Jehan Vaillant, Robinet le Charron et Mahiet le Fevre, mon clerc, auxquelx je supplie qu'ilz vueillent entreprendre le fais et charge de la dicte execucion; et pour ce faire leur baille et transporte des maintenant la saisine et possession de tous mes biens, et vueil que cest mien testament et ordenance de derreniere voulenté vaille par maniere de testament ou de codicille, ou par la meilleur forme et maniere qu'il pourra et devra valoir par raison, usage et coustume de païs.

Item, je vueil, que ou cas que les quatre executeurs cy dessus nommez n'y pourroient entendre tous ensemble, que les deux ou les trois puissent faire et acomplir ce que dessus est dit. En tesmoing de ce je ay signé en la presence de Robinet le Charron, et de Andry de Castix, et Perrete de Beaurepaire, et de Gervaise de Sillé, de mon seing manuel, ce $III^e$ jour de juillet, l'an mil $III^c$ et quatre. J. BLONDEL.

Honnorable homme, maistre Hebert Camus, procureur en Parlement, Pierre des Plantes et Andry de Castix afferment, c'est assavoir, les diz maistre Hebert et Pierre que la cedule en papier faicte le $III^e$ jour de ce present mois de juillet, parmy laquelle ce brevet est annexé, est signée du seing manuel de feu maistre Jehan Blondel, jadiz advocat en Parlement, dont ilz l'avoient veu et avoit acoustumé de user, et le dit Andry que ycelle cedule estoit signée du dit seing, et que le contenu en la dicte cedule est le testament ou derreniere voulenté du dit defunct, et avoit esté present quant ycelui defunct avoit fait son dit testament par la maniere contenue en ycelle cedule, et ycelle avoit veu signer par le dit defunct en son vivant. Fait l'an mil III$^c$ et quatre, le mercredy IX$^e$ jour de juillet. J. Bovyeux. R. le Pionnier.

Collacio facta est.

(Archives Nationales, x$^{1A}$ 9807, fol. 115 v°.)

## XVI.

### 1405, 26 février.

#### TESTAMENT ET CODICILLES DE JEAN CANARD, ÉVÊQUE D'ARRAS.

Jean Canard, docteur en théologie de la maison de Sorbonne, évêque d'Arras, n'était en 1370 que simple avocat au Parlement de Paris, comme l'indique l'adhésion qu'il donna le 16 mars de cette année, au nom de Pierre de Bornaseau, maître des Requêtes de l'hôtel, à l'élargissement provisoire de Jean d'Orgesy, chevalier, prisonnier au Châtelet (Arch. Nat., x$^{1c}$ 21). Il devint avocat du roi le 3 février 1380 au lieu et place de Guillaume de Sens reçu président (*ibid.*, x$^{2A}$ 10, fol. 94 r°) et, le 30 août suivant, fut pris pour arbitre, avec le célèbre Jean des Marais, dans un conflit de juridiction qui s'était élevé entre l'évêque et le chapitre de Paris (Arch. Nat., x$^{1c}$ 41, 42). Antérieurement à cette époque, il était revêtu de dignités importantes à Paris et à Reims; ainsi, le 12 septembre 1379, on le voit, comme chanoine de Notre-Dame, prendre part au sein du Parlement à une délibération touchant la construction projetée d'un nouveau pont à la pointe du Palais (Arch. Nat., x$^{1A}$ 1471, fol. 245 r°). Un accord du 15 novembre 1378 nous apprend que Jean Canard était alors chanoine et vidame de l'église de Reims (Arch. Nat., x$^{1c}$ 37). Ses mérites le firent apprécier de Charles V, qui le chargea, avec quelques-uns de ses familiers, de surveiller l'exécution de son testament (L. Delisle, *Mandements de Charles V*, n° 1956). Dès les premières années du règne de Charles VI, il figure parmi les membres du conseil du roi, et en

1386 assiste au mariage de Louis, duc d'Orléans, avec Valentine de Milan, célébré au château du Louvre. Jean Canard possédait toute la confiance de Philippe le Hardi, duc de Bourgogne, qui le nomma son chancelier par lettres du 28 mars 1385; ne pouvant concilier ces nouvelles fonctions avec celles qu'il remplissait au Parlement de Paris, il se vit dans la nécessité de résigner sa charge d'avocat du roi et prit congé de la Cour le vendredi 28 avril 1385, se recommandant à sa bienveillance (Arch. Nat., x$^{1a}$ 1472, fol. 258 v°). Lorsque le duc de Bourgogne fit son testament au mois de septembre 1386, il comprit son chancelier au nombre des bons et loyaux serviteurs dont son fils devait s'entourer, et le choisit également pour l'un de ses exécuteurs testamentaires (D. Plancher, *Histoire de Bourgogne*, t. III, preuves, p. civ, cv). En 1393, le même prince le gratifia d'une tapisserie remarquable représentant des bergers et bergères (*Histoire générale de la tapisserie*, partie flamande, livr. 1, p. 9). Jean Canard conserva sa prébende à Notre-Dame jusqu'à sa nomination à l'évêché d'Arras, nomination qui doit être reportée à l'année 1392, puisque le chapitre de Notre-Dame ne lui donna un successeur que le 2 novembre de cette même année. En quittant son siège canonial, il fit don au chapitre d'un grand et beau bréviaire en deux volumes à l'usage des chanoines qui en étaient dépourvus (Arch. Nat., LL 211$^a$, fol. 46). En 1394, le nouvel évêque prit part aux travaux du concile assemblé à Paris pour rétablir la paix dans l'Église; l'année suivante, il remplit auprès de l'antipape Benoît XIII une mission dont il rendit compte au roi, en présence des princes du sang, des grands du royaume et des députés de l'Université de Paris (*Religieux de Saint-Denis*, t. II, p. 221, 253, 325). L'épiscopat de Jean Canard fut signalé par les dons considérables dont ce prélat enrichit le trésor de la cathédrale, et par d'importants travaux exécutés sous ses auspices dans son palais. Il mourut le 7 octobre 1407; son cœur fut déposé dans la chapelle d'Orléans, du couvent des Célestins, à Paris (Cf. le P. Beurrier, *Histoire du couvent des Célestins*, p. 381), et son corps inhumé dans le chœur de l'église cathédrale d'Arras, avec cette épitaphe:

*Hic jacet dominus Johannes Canard, episcopus Atrebatensis, consiliarius domini ducis Burgundie, Artesie et Burgundie comitis, qui obiit anno Domini 1407, mensis octobris die 7.*

A tous ceuls qui ces presentes lettres verront, Guillaume, seigneur de Tignonville, chevalier, conseillier, chambellan du roy nostre sire et garde de la prevosté de Paris, salut. Savoir faisons que par devant Jehan Guerry et Thomas du Han, clers notaires du roy nostre dit seigneur de par lui establiz en son Chastellet de Paris, fu present en sa personne reverend pere en Dieu, monseigneur Jehan Canard, par la permission divine evesque d'Arraz et conseillier du roy nostre dit seigneur, sain de corps et de pensée, et de bon et vray propos, sens, memoire et entendement, si comme il disoit et de prime face apparoit, attendant et en soy saigement considerant que briefz sont les jours de toute creature humaine, et qu'il n'est chose plus certaine de la mort ne moins certaine de l'eure d'icelle, et pour ce, il, non voulant deceder intestat, mais desirant de tout son povoir, tandis que raison a le gouvernement de sa pensée et Dieu nostre createur lui a donné temps et espace pour prevenir à la doubte et incertaineté de la mort, disposer et ordonner des biens temporelz que Dieu le tout puissant lui a prestez en ce monde mortel, fist, disposa, nomma et ordonna en la presence des diz notaires son testament et ordonnance de derreniere volenté, ou nom du Pere et du Filz et du benoist saint Esperit, amen, en la forme et maniere qui s'ensuit :

Et premierement, il, comme bon et vray crestien et catholique, Jhesu Crist Nostre Seigneur humblement recognoissant, l'ame de lui, quant du corps sera departie et dessevrée, donna et recommanda à Dieu nostre createur et sauveur, à la glorieuse Vierge Marie sa mere, à monseigneur saint Jehan Baptiste, à monseigneur saint Jehan l'Euvangeliste, à monseigneur saint Andry, à monseigneur saint Michiel, à madame sainte Katherine et à toute la benoite court et compaignie de Paradis.

En après, il volt et ordonna expressement toutes ses debtes, qu'il ne cuidoit pas estre grandes, estre paiées et ses torsfaiz estre amendez du sien par ses executeurs cy dessoubz nommez, dont il leur apperra deuement, et volt de ce estre creu et foy adjoustée à personnes honnestes et dignes de foy jusques à la somme de huit livres Parisis et au dessoubz.

Item, il eslut la sepulture de son corps en son eglise cathedral de Nostre Dame d'Arraz, ou lieu qui sera esleu du consentement de ses freres, doyen et chapitre d'icelle eglise, et sur son corps volt et ordonna estre mise et assise une tumbe ja par lui ordonnée qui est en son hostel episcopal d'Arraz.

Item, il volt et ordonna que tantost après la sepulture de son corps, ses obseques feussent celebrez honnestement, et que le luminaire et les autres choses necessaires feussent faites moyennement, à la discrecion de ses executeurs, et ainsi qu'il est acoustumé de faire pour les evesques d'Arraz ou temps passé.

Item, il volt et ordonna deux cens livres Tournois estre données et distribuées pour Dieu aux povres qui la seront assemblez le jour de ses obseques.

Item, il volt et ordonna encores estre donné et distribué ce jour cent livres Tournois aux chanoines, chappellains et vicaires de sa dicte eglise qui seront presens aux vigiles et messes d'icelles obseques.

Item, le dit testateur volt et ordonna que, s'il avenoit qu'il alast de vie à trespassement hors de son hostel episcopal d'Arras, ailleurs que à Paris, son corps feust porté en son eglise d'Arraz honnestement acompaignié sans pompe, pour l'onneur de la dignité episcopal, et que ses serviteurs familiers de ses hostelz episcopal et de Paris, faisans en l'un d'iceulx residence, feussent vestuz de noir aux fraiz de son execucion.

Item, il volt et ordonna que, s'il aloit de vie à trespassement à Paris, son corps feust porté en l'eglise parrochial de Saint Andry des Ars, dont il estoit parroissien, pour y estre dictes vigiles et messe de mors solenneles, et que le luminaire soit petit et demeure au curé et à l'eglise selon raison et l'usaige, sans faire aucune donnée commune d'argent, se n'est une petite somme par l'advis de ses executeurs, et ylec son dit corps sera prins pour porter au dit lieu d'Arras.

Item, ou cas que le dit testateur n'auroit ordonné en son vivant de son obit pour le salut de son ame, il laissa à son dit chapitre deux cens livres Parisis pour acheter par ycelui chapitre aucunes rentes pour le dit obit; et volt que le jour d'icellui obit feust et soit enregistré es registres de son dit chapitre par la plus seure et meilleur maniere que faire se pourra, ainsi qu'il est acoustumé, duquel registre il volt que ses diz executeurs eussent la copie signée.

Item, afin que ses successeurs ou temps à venir soient tenuz de prier

Dieu pour le salut de son ame, il laissa et donna à son dit eveschié à perpetuité pour l'usage de ses diz successeurs sa meilleur mitre et sa meilleur croce qui furent à feu monseigneur Pierre, son predecesseur sans moyen, et ses deux meilleurs anneaulx pontificaulx, son livre pontifical, un autre livre appellé *Racionale divinorum officiorum*.

Item, tous les communs utensiles de son hostel episcopal d'Arraz, c'est assavoir, bancs, formes, tables, tresteaulx, vasseaulx et oustilz de fer, d'arain et d'estain, de cuisines, de sales, de chambres et des autres lieux, un grant coffre de fer et autres coffres et huches, et tout ce qui sera sien et trouvé es maisons de sa dicte eglise au temps de son deces, c'est assavoir, pierres taillées ou non, bois gros ou menu, tieules, ays, voirres viez et nouveaulx et autres matieres proufitables pour ouvrages, et ses chevaulx trayans à labourer terres ou pour charrier les garnisons de l'ostel, se aucuns en y a, avecques les harnoiz, charioz, charretes et tumbereaulx, sans comprendre son chariot de son corps ne les chevaulx qui y servent; lesqueles choses dessus dictes le dit testateur volt et ordonna estre prisiées et inventorisées, et l'inventoire doublé, dont l'un demourra devers son chapitre et l'autre devers son successeur, evesque d'Arraz, qui sera tenuz, tantost qu'il aura prins la possession de l'eveschié et receu les diz laiz, de signer l'inventoire qui demourera devers le dit chapitre, et confesser avoir receues les choses contenues en ycelui par la maniere qu'elles lui sont laissées et de faire quictance des reparacions. Et pendant la vacacion de l'eveschié, les choses dessus dictes demourront en la garde des executeurs cy dessoubz nommez, ou des deux d'iceulx ou de teles personnes seures qu'ilz ordonneront. Et moyennant les laiz dessus diz, attendu que pour les reparacions et edifices necessaires et proufitables pour sa dicte eglise, especialment pour la dicte maison episcopal et des maisons de Marueil, de Beronnes et de Brebieres, du moulin de Vitry, et des moulin et fours de la cité et de pluseurs autres lieux, il a despendu et frayé la somme de dix mile livres Tournois et plus, et qu'il ne reçupt des executeurs de son dit predecesseur pour toutes reparacions que la somme de mile quatre cens livres Tournois, par traictié et accord sur ce faiz, et que pour lors les edifices des diz lieux estoient en grant ruyne et que à present ilz sont en bon point et bien soustenuz, il requist et requiert à son dit successeur que des reparacions desqueles il pourroit faire demande aux executeurs de son testament ou à ses heritiers, il vueille estre content, et qu'ilz en demeurent quictes et paisibles, sans ce que son dit successeur leur en puisse aucune chose demander. Voires est que en la maison de Marueil le dit testateur a fait fort ouvrer, comme il appert, combien qu'il y ait encores assez à faire, car elle a esté arse deux foiz par les guerres, et n'a pas semblé expedient au dit testateur d'y faire autres ouvrages, tant pour doubte des guerres apparans comme pour ce que la dicte maison est de petite revenue, les charges paiées deues à chapitre et à autres; et n'eussent pas souffy les revenues de l'eveschié, consideré les autres affaires, à mettre la dicte maison en l'estat qu'elle estoit avant qu'elle feust arse, ainsi qu'il fu bien noté et advisié en faisant l'accord des reparacions avecques les executeurs du testament de son dit predecesseur.

Et ou cas que le dit successeur ne seroit content de ce que dessus est dit, le dit testateur des maintenant pour lors revoque les laiz dessus diz faiz à son dit successeur, et volt et ordonna tous yceuls laiz estre et demourer au proufit de l'execucion de ce present testament, et que ses executeurs et heritiers se defendent par voye de raison et de justice. Et n'est pas son entencion que es utensiles dessus diz soient comprins liz, couvertures, linges, chambres, tapiz, banquiers, quarreaux, courtines, grains, vins, ne autres garnisons d'ostel.

Item, le dit testateur laissa au chapitre de sa dicte eglise de Nostre Dame d'Arraz sa bonne chapelle noire entiere, pour y faire l'office des mors, sa meilleur chappe de drap d'or vermeil et un ymage de Nostre Dame d'argent doré, la plus grande des deux siennes, pour mettre sur l'autel aux festes solenneles, pesant trente trois marcs d'argent ou environ.

Item, afin que les chanoines de sa dicte eglise, presens et à venir, eussent et ayent plus grant memoire et devocion de prier Dieu pour l'ame de lui, il laissa encores à sa dicte eglise un sien livre en trois ou quatre volumes, appellé *Moralia Gregorii*, avec la Lecture *super Levitico*, et un sien autre livre appellé *Josephim Antiquitatum* et *de Vita Cesarum*.

Item, il volt que, se l'ouvrage qu'il a ordené estre fait pour haussier et couvrir les chaieres du cuer de sa dicte eglise d'Arraz n'estoit parfait au temps de son decès, il soit acompli à ses despens en la maniere qu'il a esté divisié.

Item, il laissa à chascun des convens des trois ordres Mendians, situez en la ville ou es forsbours d'Arraz, quarante livres Tournois.

Item, au convent et college des Chartreuses de Gosnay soixante livres Tournois.

Item, au convent des Chartreux du dit lieu de Gosnay un ymage de saint Andry d'argent doré, le moindre des deux siens, pesant quinze marcs ou environ.

Item, aux religieuses d'Avesnes, emprès Bappaulmes, quarante livres Tournois.

Item, aux povres religieuses de Chin, près de Douay, quarante livres Tournois.

Item, aus religieuses du Vivier vint livres Tournois.

Item, aus religieuses de la Tieuloye quarante livres Tournois.

Item, il laissa à la fabrique de l'eglise de Saint Nicaise de cité vint livres Tournois.

Item, à la fabrique de l'eglise Saint Nicolas en l'Atre dix livres Tournois.

Item, il laissa à l'eglise collegial de Saint Barthelemi de Bethune sa chapelle vermeille entiere qui fut feu monseigneur le duc de Bourgongne derrenierement trespassé, cui Dieux pardoint.

Item, au convent des Freres Mineurs de Bethune dix livres Tournois.

Item, il laissa à l'eglise collegial de Saint Pierre de Douay un ymage de saint Pierre d'argent doré, pesant vint marcs ou environ.

Item, il laissa à chascun des convens des Cordeliers et Prescheurs à Douay dix livres Tournois.

Item, il laissa à l'eglise collegial de Nostre Dame de Lens un ymage de Nostre Dame d'argent doré, le menre des deux siens, pesant vint et un marcs ou environ.

Item, au convent des Cordeliers de Lens dix livres Tournois.

Item, il laissa à l'eglise parrochial de Saint Jaques de Valenciennes un ymage de saint Jaques d'argent doré, pesant vint marcs ou environ.

Item, il laissa à l'eglise parrochial de Saint Andry des Ars à Paris, dont il estoit parroissien, comme dit est, un ymage de saint Andry d'argent doré, le meilleur des deux siens, pour mettre sur l'autel aux festes solenneles, pesant vint trois marcs ou environ.

Item, il laissa au curé d'icelle eglise vint livres Parisis, se celui qui l'est à present le est au temps de son decès, et se un autre l'estoit, dix livres Parisis.

Item, aux chappellains et clers d'icelle eglise cent solz Parisis, à distribuer entre eulx par l'ordonnance du dit curé.

Item, il laissa au college de Champaigne, dit de Navarre, fondé à Paris, un tapiz de l'Istoire de Nostre Dame, pour tendre aux festes solenneles.

Item, il laissa à l'eglise parrochial de Fousiz une chasuble bonne et suffisante, une aube avec l'estole et fanon et les appartenances, unes nappes d'autel, deux courtines pour mettre aux costez de l'autel, un petit ymage de Nostre Dame qui est de bois assez bien doré, que l'en a acoustumé de mettre chascun jour sur l'autel de la chapelle de son hostel de Paris, un tableau ou quel sont pluseurs ymages, tant du Crucefix comme d'autres, de blanche painture, que l'en met tous les jours sur ycelui autel.

Item, il laissa cent livres Tournois, pour convertir et emploier en l'achat d'aucunes rentes ou heritages qui seront au curé de la dicte eglise de Fousiz et à ses successeurs curez, qui seront tenuz de celebrer chascun an un obit pour le salut des ames de lui et de ses pere et mere le premier jour convenable après le dymenche que l'en chante *Quasimodo*, et demourront les deniers es mains de l'abbé de Saint Remi de Reins qui sera tenuz de querir et acheter de la terre ou rente.

Item, il laissa au curé d'icelle eglise de Fousiz, qui est de present, s'il y est au temps de son decès, dix livres Parisis, et s'il y avoit lors un autre curé, cent solz Parisis, et au clerc quarante solz Parisis.

Item, il laissa aux religieux, abbé et convent de l'eglise de Bonne Fontaine en Therasche, cent livres Tournois.

Item, aux religieux, abbé et convent de l'eglise de Signy, ou diocese de Reins, cent livres Tournois.

Item, au convent des Chartreux du Mont Dieu, ou diocese de Reins, ou païs de Rethelois, cinquante livres Tournois.

Item, il laissa à chascun des convens des quatre ordres Mendians à Reins vint livres Tournois.

Item, aux povres chartriers des parroisses de Reins dix livres Parisis.

Item, aux Cordeliers de Reins vint livres Tournois.

Item, à la fabrique de l'eglise de Saint Cosme de Reins vint livres Tournois.

Item, il laissa à l'eglise de monseigneur Saint Remi de Reins un ymage de saint Jehan Baptiste d'argent doré, pesant vint cinq marcs ou environ.

Item, il laissa à Marote, sa niepce, femme de Raoulet de Basoches et fille de Guy l'Escot, escuier, et de damoiselle Marguerite sa femme, niepce du dit testateur et fille de la suer d'icellui testateur, soixante livres Parisis ou environ de rente ou revenue par an, assises à Paris, comprins ens le fief de Tirechappe qui vault vint livres Parisis de rente ou environ, et le seurplus en quarante livres Parisis de rente ou environ que le dit testateur prenoit par an sur pluseurs maisons assises à Paris, par et soubz tele condicion que ce sera apport à la dicte Marotte selon la coustume de Reins, et sortira nature et effect de propre heritage et succession pour ycelle Marote et pour ses hoirs et ayans cause, nonobstant coustume, usage ou autres choses à ce contraires ; et en passeront lettres soubz seel royal les diz Raoulet et sa femme, lesqueles seront baillées en garde au dit Guiot.

Item, quant à l'abbé de Saint Remi de Reins, nepveu du dit testateur, filz de sa dicte suer et frere de sa dicte niepce, auquel, quant il fu promeu à la dicte abbaye, ycelui testateur presta grant somme de deniers, comme il appert par les lettres sur ce faictes, de laquele somme il doit encores une partie, ycelui testateur volt et ordonna que, se au temps de son decès il lui devoit encores mile livres Tournois ou au dessoubz, il en demeure quicte et paisible; et s'il lui en devoit plus de mile livres, qu'il demeure quicte d'iceulx mile, et que le seurplus qu'il devroit encores il soit astraint et chargié en sa conscience de distribuer pour Dieu en euvres piteables, et pour faire prier pour l'ame du dit testateur.

Item, pour ce que le dit abbé est disposé de demourer à Paris et lire en la Faculté de Decretz, en laquele il est docteur, le dit testateur lui donna et laissa après son decès l'usuffruit et viage de sa maison d'Arcueil et des vignes, terres, rentes et appartenances qu'il a en la dicte ville d'Arcueil, ou terrouer d'icelle et es lieux d'environ, et aura au temps de son decès, pour en jouir, lever et parcevoir les fruiz par le dit abbé tant qu'il vivra, parmi ce qu'il sera tenu de les soustenir en bon estat et de paier les charges que yceulx heritages doivent.

Item, il laissa au dit abbé, son nepveu, jusques à soixante marcs d'argent de sa vaisselle blanche ou verée, en poz, hanaps, gobeletz, platz et escuelles, à l'ordenance de ses autres executeurs, et certains petiz vaisseaulx d'argent portatifz pour servir à un autel, c'est assavoir, calice, buiretes, clochete, paix, boeste et petiz chandeliers qui sont ensemble, pour en faire de tout à son plaisir, tant pour son user comme pour vendre, donner ou autrement aliener.

Item, il lui laissa et donna encores le Rosaire qui est sur le Decret, Cathon moralizié, Boece de Consolacion, la Legende dorée, Saint Augustin *de Trinitate*, le livre *de Virtutibus et Diviciis* (corr. *de Viciis*), les Epistres de maistre Richart de Polus et de Pierre de Vignes, l'Istoire de Troye en un volume couvert de cuir vermeil sur ays, et les Martinianes en un petit volume couvert de cuir blanc sur ays; lesquelz le dit abbé ne pourra aliener, mais après son decès demourront à tousjours aux abbé et convent de la dicte eglise de Saint Remy.

Item, le dit testateur laissa au dit abbé l'une de ses mules qu'il aura au temps de son decès, tele que ycelui abbé vouldra eslire, et avec ce l'un de ses meilleurs chevaulx, tel qu'il vouldra pareillement eslire, et soit preferé à tous autres.

Item, il lui donna et laissa en oultre une chambre de tapisserie entiere sur champ vert, armoyée à pins, et sont atachées quant l'en veult les armes de feu monseigneur le duc de Bourgongne derrenierement trespassé, dont Dieux ait l'ame, au docier, ensemble toutes les pieces, le banquier et les quarreaux que lui donna le dit feu seigneur. Et volt le dit testateur que pour l'onneur de l'eglise le dit abbé en use en son abbaye et non ailleurs, et que après son decès ce demeure aux abbez et convent de la dicte eglise, sans ce qu'ilz les puissent aliener.

Item, il laissa à maistre Jehan de Thoisy, archediacre d'Ostrevans en sa dicte eglise d'Arraz, une chambre blanche, garnie de courtines palés de vert et de blanc, avec les banquier, couche et appartenances, que l'en mettoit à Paris ou grant galataz de son hostel, les petiz tapiz veluz acoustumez estre devant son lit à Paris, et un tapiz estroit de l'Istoire de Paris.

Item, son Decret qui est assez bel.

Item, la Nouvelle Jehan Andry, en deux volumes de lettre boulonnoise, la Nouvelle Jehan Andry sur le VI$^e$, la Lecture de Chine et la Somme d'Astense, avec une mule après ce que l'abbé de Saint Remi en aura choisy une; et se elle n'y estoit, le meilleur cheval qu'il vouldra eslire.

Item, il laissa à chascun de ses trois chappellains, c'est assavoir, messires Germain Beville, Martin Cousin et Mahieu le Martin, une chappe de drap, les trois meilleurs à eslire selon leurs grez et ordre acoustumé, à chascun encores une hoppelande longue avec le chaperon de la couleur des dictes chappes ou auprès; et si volt que chascun d'iceulx chappellains ait quatre cens de gris commun pour fourrer sa robe qui sera faicte de sa dicte chappe, et en oultre, il laissa à chascun d'iceulx chappellains quarante livres Tournois.

Item, il laissa encores au dit messire Germain Beville son habit à chevauchier, de drap brun fourré de gris; et s'il n'y estoit au jour du trespassement du dit testateur, il volt que le dit messire Germain en ait un autre bon.

Item, il laissa au dit messire Martin Cousin, oultre les autres laiz à lui faiz, son breviaire à l'usage d'Arraz, en un volume que le dit testateur acheta de feu messire Robert Guignemant, et une petite Bible de menue lettre que ycelui testateur faisoit aucunes fois porter quant il aloit hors.

Item, il laissa à Regnault Joudrier, son clerc, sa meilleur houppelande longue après celles des diz chappellains, un chapperon et un mantel simple qui ne soit pas d'escarlate, avec vint livres Parisis.

Item, il laissa à Jehanne la Belociere, sa chamberiere de son hostel à Paris, une autre chappe après celles dessus laissiées, se elle y est, avec le chaperon et deux pennes d'aigneaulx noirs, et si n'y a point de chape, elle aura une houppelande avec le chaperon.

Item, il laissa à Robert Doges cent escuz, de dix huit solz Parisis la piece, et son meilleur habit à chevauchier, tel qu'il vouldra eslire.

Item, il volt et ordonna le residu de ses robes estre distribué par le dit abbé de Saint Remi à povres personnes de son lignage, hommes et femmes, ainsi qu'il verra estre expedient, et par le conseil du dit Guy l'Escot.

Item, il laissa à chascun de ses trois escuiers qui le serviront au jour de son trespassement cinquante escuz.

Item, il laissa à ses serviteurs ayans la garde de ses chevaulx soixante escuz d'or, de dix huit solz Parisis la piece, à distribuer selon leurs estaz par les diz abbé de Saint Remi et maistre Jehan de Thoisy, par l'advis du dit messire Germain Beville.

Item, il laissa à Jaquet du Moustier, son queux, douze escuz.

Item, à Robin le Caron, soubzqueux, dix escuz.

Item, au valeton de la cuisine soixante quatre solz Parisis.

Item, le dit testateur laissa à son barbier dix escuz.

Item, en faisant les laiz dessus diz et ceulx cy après declairez par le dit testateur à ses serviteurs, il volt estre entenduz ses serviteurs ceulx qui demourront avec lui au jour de son trespassement.

Item, il laissa à maistre Jehan Hue, arcediacre d'Avalon et chanoine de Paris, tant pour ce qu'il est tenuz à lui, comme pour remuneracion de la peinne qu'il aura à aydier à l'execucion de ce present testament, une petite croix d'or, où il a des perles et aucunes pierres de petite valeur, et qui fu feue madame la royne Blanche.

Item, il laissa à maistre Jehan Vye une pile de gobeletz, ou pris de quarante livres Parisis, ou autre vaisselle d'argent à la value.

Item, il laissa aux serviteurs du dit maistre Jehan de Thoisy dix escuz, à les distribuer entre eulx par le dit maistre Jehan.

Item, il laissa aux familliers et serviteurs du dit abbé de Saint Remi vint escuz, à distribuer entre eulx par le dit abbé.

Item, aux familliers du dit Guy l'Escot, son nepveu, dix escuz, à distribuer entre eulx par ycelui Guy.

Item, il laissa à Guillemin de Fontenay, Jehan Hasart et Colin Sergent, ses serviteurs, à chascun dix escuz.

Item, à Jehan du Plesseys, son clerc, vint escuz, de dix huit solz Parisis piece, s'il le sert au temps de son decès.

Item, il laissa à chascun de ses closiers de Vanves et d'Arcueil, qui sont à present et seront au temps de son decès, et non à autres, dix livres Tournois.

Item, il volt et ordonna estre rabatu à son fermier de Gonnesse, qui est de present, quarante livres Tournois sur ce qu'il lui puet ou pourra devoir.

Item, il laissa à l'abbé de Saint Vaast d'Arraz son annel d'or, ouquel a un saffir ront, que le dit testateur a acoustumé de porter aucunes fois, en lui priant qu'il vueille entendre et aydier au fait de l'execucion d'icelui sien testament.

Item, il laissa à maistre Jehan Cavier, son official d'Arraz, douze hanaps d'argent dorez que l'en portoit communement avec lui quant il chevauchoit.

Item, il laissa à maistre Jehan le Bouchier, son vicaire, deux potz d'argent dorez, haultz et estroiz par dessus, lesquelz sont communement à Arraz.

Item, il laissa à messire Jehan de la Sale, son chappellain et serviteur à Arraz, une autre chappe avec le chapperon, à prenre après ses chappellains dessus nommez, et quatre cens de griz commun pour la fourrer.

Item, il laissa à maistre Robert le Roy, son seelleur d'Arraz, une pile de gobeletz d'argent en une esguiere que l'en a acoustumé de porter communement avec lui, ou, se elle n'estoit trouvée, une autre suffisante de la valeur de XL escuz, et une toille de Reins de quarante escuz ou environ.

Item, il laissa à Pierre de Saint Pol, son prevost de cité d'Arraz, un gobelet d'argent doré couvert, avec l'aiguiere d'argent doré, pesant tout ensemble quatre marcs ou environ, ou autre vaisselle d'argent à la value; et se l'en ne les treuve en ses biens, il volt et ordonna que l'en les achete pour lui.

Item, il laissa au dit messire Jehan de la Sale et à ses autres familliers, demourans en son dit hostel episcopal d'Arraz, quarante escuz, à distribuer par le dit maistre Jehan le Bouchier selon leurs estaz.

Item, il laissa à son receveur de l'eveschié un gobelet et une aiguiere d'argent doré de trois marcs, ou, se ilz n'y sont, autre vaisselle à la value.

Item, à messire Nicaise Buridan et à Jehan du Ploich, à chascun d'eulx vint escuz.

Item, il laissa aux familliers des diz maistre Jehan le Bouchier, official, seelleur et prevost de cité, quarante escuz, à distribuer par le dit abbé de Saint Vaast.

Item, il laissa à Marguerite, sa fillole, fille de Claux Barbesan de Bruges, une sainture d'un texu de soye vermeille, à clox, boucle et mordant d'or.

Item, il laissa à ses cousines, les damoiselles Doge, de la Serloe et de Brissou, à chascune cent livres Tournois, qui seront baillées par parties aus dictes damoiselles pour leurs necessitez par les diz abbé et Guiot selon leurs discrecions, auquel abbé les diz deniers seront bailliez.

Item, à Jehan Achart, pour envoyer son filz à l'escole, vint livres Tournois.

Item, il laissa à Girardin, filz de feu Robert Doges, escolier à Paris, cent livres Tournois, à les baillier et distribuer au dit Girardin par le dit abbé de Saint Remi et par son ordonnance, auquel abbé ilz seront bailliez en garde.

Item, il laissa à Regnault Marchant et autres, ses parens de Champaigne environ Reins, deux cens livres Tournois, à distribuer par le dit abbé de Saint Remi, auquel les diz deniers seront bailliez.

Item, il laissa à un povre enfant, filz de Regnault de la Serloe et de la suer de Perreton le Vignotel, pour aler à l'escole, vint livres Parisis, à les distribuer selon l'ordonnance du dit abbé de Saint Remi, auquel abbé les diz deniers seront bailliez.

Item, il laissa à Marote, qui fu femme Coleçon Perilleux, vint livres Parisis.

Item, à chascun des enfans d'icelle Marote douze livres Parisis, à distribuer par l'ordonnance du dit abbé de Saint Remi, comme dit est.

Item, il laissa à maistre Nicole de Savigny, advocat en Parlement, un petit ymage de Nostre Dame, duquel le corps est d'or et le pié est d'argent doré, et y a aucunes perles, en remuneracion de la peinne et traveil qu'il aura pour entendre à l'execucion de ce present sien testament.

Item, il laissa à maistre Nicole de Baye, greffier du dit Parlement, pour pareille cause, une croix d'argent que l'en mettoit communement sur l'autel de la chapelle de l'ostel du dit testateur à Paris, et deux potz d'argent dorez, tenans chascun une pinte de Paris et plus, pesans six marcs ou environ, courans par l'ostel à Paris.

Item, il laissa à monseigneur le duc de Bourgongne, afin qu'il ait memoire de lui, le livre de Saint Augustin *de la Cité de Dieu* qui est en françois et en deux volumes, et lui supplie le dit testateur qu'il le vueille prenre en gré, non pas pour la valeur mais pour sa plaisance, et qu'il y a moult de belles histoires.

Item, en faisant les laiz dessus divisiez, estoit et fu l'entencion du dit testateur qu'ilz feussent paiez à monnoye ayant cours es terres et lieux où les legatoires sont demourans, ou en l'estimacion.

Item, le dit testateur volt et ordena que son hostel où il demeure à Paris, ainsi qu'il se comporte, excepté le petit hostel qui fait le coing de deux rues qu'il a baillié à louier à maistre Guillaume Intrant et les petiz hostelz qui sont au bout du jardin devant la riviere, bailliez aussi à louier à pluseurs personnes; qui puet bien valoir dix mile livres ou plus, et qui a moult plus cousté, soit vendu par ses executeurs le plus tost que faire se pourra au plus offrant et en deniers comptans, se il n'en dispose en sa vie; et que les deniers de la vendicion soient distribuez promptement en dix parties egales par la maniere qui s'ensuit : c'est assavoir, au college des escoliers de Champaigne dit de Navarre, un dixiesme pour convertir es reparacions de leurs hostelz et edifices, ou pour acheter rente ou terres pour ycelui college, sans ce que les maistres et escoliers appliquent les deniers à leur singulier proufit, afin qu'ilz soient tenuz de faire celebrer chascun an aucun service divin ou memoire, tel qu'ilz vouldront offrir selon leur devocion, pour le salut de l'ame du dit testateur, et le faire enregistrer ou matrologe du dit college, et en baillier recognoissance aux diz executeurs.

Item, pareillement au college de Serbonne une autre diziesme partie du pris dessus dit, et à tele charge comme dit est.

Item, semblablement et à tele charge une autre diziesme partie au college des escoliers de Bourgongne, assis devant l'eglise des Cordeliers.

Item, pareillement et à tele charge une autre diziesme partie au collego des escoliers du Cardinal le Moine, assis emprès la porte Saint Victor.

Item, une autre diziesme partie soubz tele forme au college des escoliers de Dainville, estans emprès Saint Cosme.

Item, une autre diziesme porcion d'icelui pris aus quatre convens des quatre ordres Mendians à Paris, à la divisier egalment entre eulx, pour convertir en leurs necessitez teles qu'il leur plaira et à tele charge comme dessus est dit du college de Champaigne, quant au service divin ou memoire seulement.

Item, à l'Ostel Dieu de Paris une autre diziesme partie du dit pris, pour convertir es plus grans necessitez et affaires d'icelui hostel, par l'advis des maistres, freres et suers d'icelui hostel, lesquelz seront tenuz de prier pour l'ame d'icelui testateur et le acompaignier es prieres, tant de messes comme d'autres divins services qui sont et seront faiz en ycelui hostel pour leurs bienfaiteurs, sans autre charge especial.

Item, au convent des Chartreux lez Paris une autre diziesme partie du pris dessus dit, pour convertir par les prieur et freres d'icelui convent en leurs necessitez, et feront tel service qu'il leur plaira pour le salut de l'ame du dit testateur, comme dit est des escoliers de Champaigne.

Item, une autre diziesme partie au convent des Celestins, emprès Saint Pol, par la forme et maniere que dit est du convent des Chartreux.

Item, une autre diziesme partie aux povres estudians, escoliers seculiers residens à Paris et sans fraude, au temps du decès du testateur, en l'une des trois Facultez de Theologie, de Decretz et des Ars, à les distribuer par le dit abbé de Saint Remi de Reins, par l'advis de maistre Jehan de Jarson, chancellier de Nostre Dame, ou celui qui le sera au temps dessus dit, et des procureurs des quatre Nacions, en requerant aux diz escoliers qu'ilz vueillent prier Dieu pour le salut de l'ame du dit testateur, sans autre charge.

Item, attendu que le dit testateur, en sa jeunesse, fu gradué es deux Facultez dessus dictes des Ars et de Decretz, et que de tout son povoir il a servi et conseillié l'Université et les suppos d'icelle, quant ilz en ont eu besoing, et par ce se repute estre de ses suppos et disciples, il supplie et requiert à la dicte Université sa mere que, se après son decès aucun empeschement estoit mis en ses biens, qui n'avendra pas, se Dieu plaist, elle vueille aidier et pourchacer la où il appartendra que l'empeschement soit osté.

Item, le dit testateur a consideré qu'il a fait assez de biens à Guiot l'Escot, son nepveu, et qu'il aura partie de ses heritages à cause de sa femme, niepce du dit testateur, et pour ce il volt et ordonna que après son decès, les obseques faites et son testament acompli, le residu de tous ses biens meubles seulement soit vendu, et les deniers qui en ystront divisiez en trois parties, desquelles l'une demourra au dit Guiot et à sa femme, ses heritiers, pour eulx et pour leurs enfans nourrir et avancier, et que le second tiers soit distribué aux povres hospitaulx, maisons Dieu, maladeries et autres povres lieux ordonnez pour les povres recevoir es cité et villes d'Arraz, de Bappaulmes, de Lens, de Douay et de Bethune, et des villes estans ou temporel de l'eveschié d'Arraz, selon les estaz des diz lieux et necessité d'iceulx, à la discrecion des executeurs de ce present testament, les uns plus, les autres moins, par bonne informacion, et le derrain tiers à povres mesnagiers seculiers des parroisses assises en la partie de Paris qui est par deça Petit Pont et le Pont Neuf dedans les murs, excepté de la parroisse Saint Andrieu, où il a esté pourveu, et si a esté pourveu à aucuns povres escoliers.

Item, le dit testateur volt et ordonna que, se en son vivant il paie aucuns des lais par lui cy dessus faiz, il, ses diz executeurs et heritiers après son decès en soient et demeurent quictes et deschargiez.

Item, le dit testateur considerant que le service divin qui est offers liberalment est plus agreable à Dieu nostre createur que celui qui est fait par convencion, il requiert et prie par cestui sien present testament aux personnes des eglises à qui cy dessus il a fait lays que, eue deliberacion et advis entre eulx, ilz baillent par declaracion en escript à ses diz executeurs, pour memoire et sans autre obligacion, quelz services et prieres ilz vouldront faire pour le salut de l'ame du dit testateur, et qu'il soit enregistré en leurs registres ou matrologes, et que les lettres qu'ilz en bailleront soient mises en un coffret qui sera baillié en garde aux abbé et convent de Saint Remi de Reins à perpétuité, qui le metront avec leurs autres chartres et lettres.

Item, le dit testateur dist et declaira en la presence des diz notaires que, ce present sien testament acompli et mis à execucion, le dit Guy l'Escot, escuier, demourant à Reins, à cause de damoiselle Marguerite, sa femme, qui est niepce d'icelui testateur, fille de sa suer germaine, est son heritier seul et pour le tout en tous ses biens meubles desquelz il n'a ordené.

Item, pour appaisier ceulx qui après le decès du dit testateur pourroient parler de ce qu'il ne fait pas assez d'aumosnes ne de laiz en euvres piteables, il declaire, non pas pour vaine gloire mais pour verité, qu'il a trois ans et plus, qu'il avoit fait un autre testament passé par devant deux notaires soubz le seel de la prevosté de Paris, lequel il a revoqué, et paié pluseurs des laiz contenuz en ycelui testament, et depuis donné pluseurs aumosnes la où bon lui a semblé, et fera encores, se Dieu plaist, et a consideré que au plaisir de Dieu il aura plus grant merite de donner du sien en sa vie où il sera bien emploié que de soy attendre à autres quelzconques.

Item, le dit testateur supplie tres humblement à hault et puissant prince, son tres redouté seigneur, monseigneur le duc de Bourgongne, conte de Nevers et baron de Donzy, que de sa grace et humilité lui plaise soy charger de entendre à l'execucion de ce present testament, quant il pourra vacquer avecques ceulx qui ci dessoubz sont nommez, ou aucuns d'eulx, et mettre peine que ycelui testament soit enteriné et acompli, en faisant oster tout empeschement, s'aucun y seurvenoit, pour contemplacion des services que le dit testateur a faiz par l'espace de vint ans ou environ à feu monseigneur le duc de Bourgongne, conte de Flandres, d'Artois et de Bourgongne, derrainement trespassé, son pere, cui Dieux pardoint, comme son chancellier, et aussi à madame la duchesse sa femme et à messeigneurs leurs enfans; laquelle supplicacion le dit monseigneur le duc a accordée liberalment, comme scevent monseigneur de Saint George, le dit arcediacre d'Ostrevans et autres.

Item, le dit testateur declaira et dist qu'il lui plaisoit bien que le dit messire Germain Beville, son chappellain, feust et soit chargié de faire la recepte et la mise des deniers qui appartendront à la dicte execucion, tant pour les funerailles et obseques comme pour cest testament acomplir, ou cas que ses executeurs l'en vouldront chargier et que bon leur semblera, selon leur advis et ordonnance, quant aux biens qui seront trouvez à Paris et environ; et quant aux biens qui seront trouvez en Artois et environ, comme l'Isle, Douay et ailleurs, que Baudoin de Calonne y feust commis par les diz executeurs.

Item, pour oster toutes souspeçons que l'en pourroit avoir contre les familliers ou serviteurs du dit testateur, ou autres, il afferma que, selon ce qu'il lui semble, il ne puet avoir de present en argent comptant à Paris et Arraz, où tout ce qu'il en a doit estre, oultre la somme de dix mile livres Tournois, tant pour sa despense comme pour ses funerailles, obseques, debtes paier, et son present testament acomplir. Et si pourra avenir qu'il en aura moins au temps de son decès, et si n'en a point autre part en garde ne en depost; ce scevent assez les diz Guiot l'Escot et messire Germain, aussi l'a-il dit aus diz abbé de Saint Remi, maistre Jehan de Thoisy et autres. Voires est que Dine Responde lui doit deux mile livres Tournois d'argent presté pieça, comme il appert par lettres que en a le dit testateur, et se bon lui semble, les pourra recouvrer sa vie durant pour paier aucuns des laiz dessus diz ou autre cause. Il est aussi vray que les receveurs de ses revenues d'Arraz et d'environ et d'emprès Reins lui doivent de l'argent, non pas grans sommes.

Pour toutes lesqueles choses dessus dictes et chascune d'icelles faire, enteriner, acomplir et mettre à execucion et fin deue, en la forme et maniere dessus divisées et declairées, le dit testateur fist, nomma, eslut et ordonna ses executeurs et feaulx commissaires, avecques le dit monseigneur le duc de Bourgongne, les dessus diz abbé de Saint Remi, son nepveu, maistres Jehan de Thoisy, arcediacre d'Ostrevans, Jehan Hue, arcediacre d'Avalon, Nicole de Savigny, advocat en Parlement, Nicole de Baye, greffier d'icelui Parlement, Jehan Cavier, official d'Arraz, et Robert le Roy, son seelleur. Auxquelx ensemble, aux sept, six, cinq, quatre et trois d'iceulx, autres que le dit monseigneur le duc, le dit testateur donna et octroya plain povoir, auctorité et mandement especial de faire, parfaire, enteriner et acomplir l'execucion de cestuy sien present testament, les circonstances et deppendences, et quanques bons et loyaulx executeurs pevent et doivent faire, pourveu que le dit abbé de Saint Remi soit l'un des diz trois, ou le dit maistre Jehan de Thoisy; es mains desquelx ses executeurs il se dessaisi de tous ses biens quelzconques et les en volt estre saisiz et vestuz par la teneur de cestuy sien present testament, pour les prendre et apprehender de fait jusques à plain et enterin acomplissement d'icelui testament, qu'il volt valoir par maniere de testament, de codicille, ou ordenance de derreniere volenté, et autrement par la meilleur forme et maniere qui mieulx pourra et devra valoir, et s'i arresta du tout, en revoquant et rappellant tous autres testamens et codicilles par lui faiz avant la date de ces presentes; et pour ce faire et acomplir, il obliga et pour obligez delaissa tous ses diz biens envers ses diz executeurs. Et en oultre le dit testateur soubzmist et soubzmet par ces presentes à la court du Parlement du roy nostre sire à Paris la cognoissance de l'execucion et acomplissement de cestui sien present testament, la reddicion du compte d'icelui et tout ce qui s'en deppend et y appartient.

En tesmoing de ce, nous, à la relacion des diz notaires jurez, avons mis le seel de la dicte prevosté de Paris à ces lettres. Ce fu fait et passé l'an de grace mil iiii$^c$ et quatre, le jeudi vint six jours du mois de fevrier. T. du Han. J. Guerry.

Collatio facta est.

Item, à tous ceulx qui ces presentes lettres verront, Guillaume, seigneur de Tignonville, chevalier, conseillier, chambellan du roy nostre sire et garde de la prevosté de Paris, salut. Savoir faisons que par devant Jehan Guerry et Thomas du Han, clers notaires jurez du roy nostre dit seigneur de par lui establiz en son Chastellet de Paris, fut pour ce present en sa propre personne reverend pere en Dieu, monseigneur Jehan Canard, par la permission divine evesque d'Arras, conseillier du roy nostre dit seigneur, lequel aiant en soy bon memoire, sens et entendement, ja soit ce qu'il fust enferme de corps, de son propre mouvement et de sa certaine science, si comme il disoit, en adjoustant à son testament par lui fait et passé soubz le seel de la dicte prevosté de Paris, le jeudi vint six jours de fevrier, l'an mil quatre cens et quatre, parmy lequel ces presentes sont annexées par maniere de codicille, pour ce qu'il avoit grant devocion à monseigneur saint Andry, et qu'il a demeuré en la parroisse Saint Andry par l'espace de vint ans et plus, et encores y demeure à present, et aussi que en l'eglise de Saint Andry des Ars à Paris sont enterrez mes damoiselles sa mere et sa suer, Jehan de Saint Clement, son serourge, maistre Baudes et Colinet, ses nepveux, ordonna et volt en la presence des diz notaires que, ou cas qu'il yroit de vie à trespassement à Paris ou environ jusques à douze lieues près, son corps soit enterré en la dicte eglise de Saint Andry des Ars et ses obseques faites notablement, comme il appartient à son estat, et que une tumbe assez belle qu'il avoit fait mener à Arraz soit apportée en la dicte eglise pour mettre sur son corps, combien que par son dit testament il ait esleu sa sepulture simplement en son eglise d'Arraz, attendu que ce seroit grant pompe, peinne et despense sans cause de faire porter son dit corps au dit lieu d'Arraz. Et neantmoins, il volt et ordonna que son service soit fait en sa dicte eglise d'Arraz, tel qu'il appartendra selon la discrecion de ses executeurs.

Item, le dit monseigneur l'evesque laissa à reverend pere en Dieu, damp Jehan de Moy, abbé de Saint Vaast d'Arraz, son vicaire, un sien annel d'or garny d'un ruby quarré, qui fu feue la royne Blanche qui le lui donna.

Item, il laissa à messire Nicaise Buridan, son audiencier, et à Jehan du Ploich, son promoteur, à chascun quarante escuz d'or de dix huit solz Parisis la piece.

Item, en adjoustant à la clause contenue en son dit testament, par laquele il ordonne le residu de ses biens meubles, son dit testament paié, à distribuer en trois parties, desqueles il a ordonné que l'une d'icelles parties soit distribuée aux povres hospitaulx, maisons Dieu, maladeries et autres povres lieux ordonnez pour les povres recevoir es cité et villes d'Arraz, de Bappaumes, de Lens, de Douay, de Bethune et des villes estans ou temporel de son dit eveschié, selon les estaz des diz lieux, attendu qu'il a esperance que la tierce partie du dit residu sera de souffisante valeur, il volt et ordonna que à la distribucion de la dicte tierce partie soient participans les hospitaulx, maisons Dieu, maladeries et autres povres lieux ordonnez pour les povres recevoir en sa diocese, selon les estaz des lieux et à la discrecion de ses executeurs.

Item, combien que le dit monseigneur l'evesque ait laissié par son dit testament à l'eglise parrochial de Saint Pierre de Douay un ymage de saint Pierre d'argent doré, toutesfois il a depuis advisié et ordonné, et par ces presentes veult et ordonne que le dit ymage soit à la dicte eglise, pour en joir et user et en faire le parement en ycelle eglise aux bons jours et par les festes solenneles de l'an en ceste maniere, c'est assavoir, par le chapitre un mois et par les parroissiens ou ceulx qui ont et auront la garde de la dicte eglise ou nom d'iceulx parroissiens un autre mois, et ainsi subsequanment à tousjours, et en aura la garde chascun en son mois. Et sera tenuz le dit chapitre de baillier le dit ymage aus diz parroissiens ou à ceulx qui ont et auront la dicte garde tantost après vespres en la fin du mois que ycelui chapitre l'aura eu; et pareillement sera rendu au dit chapitre tantost après vespres en la fin de l'autre mois par les diz parroissiens ou ceulx qui ont et auront la dicte garde, et en bailleront lettres les diz chapitre et parroissiens l'un à l'autre.

Item, le dit monseigneur l'evesque, pour enteriner et acomplir son dit testament, nomma, fist, eslut et ordonna les diz abbé de Saint Vaast, messire Nicaise Buridan et Jehan du Ploich, ses executeurs et feaulx commissaires, avecques ses autres executeurs nommez en son dit testament, et à ses diz trois derreniers executeurs et à chascun d'eulx il donna et octroya autel et semblable povoir d'enteriner et acomplir son dit testament et les choses contenues en ycelui, comme ont ses diz autres executeurs, exceptez l'abbé de Saint Remi de Reins et maistre Jehan de Thoisy, sans l'un desquelx riens ne doit estre fait.

Item, quant à monseigneur le duc de Bourgongne, à present, conte de Flandres, d'Artois et de Bourgongne, le dit monseigneur l'evesque dist et afferma en la presence des diz notaires que en faisant son dit testament son entencion fu, estoit et est que il pleust et plaise seulement à icellui monseigneur le duc garder, defendre et aidier sa dicte execucion et les droiz et choses appartenans à ycelle, et de conforter, conseillier, secourir et aydier ses executeurs, quant ilz l'en requerront, se empeschement seurvenoit en sa dicte execucion ou es biens d'icelle, que Dieux ne vueille, afin que ycelui empeschement feust et soit osté et mis au neant, et que son dit testament ou ordonnance de derreniere volenté feust et soit enteriné et acompli selon sa forme et teneur, sans ce que ycelui monseigneur le duc eust ne ait aucune charge de recepte ne mise, attendu que ce n'est pas son estat.

Item, pour ce qu'il sembloit au dit monseigneur l'evesque que messire Germain Beville, son chappellain, est et sera bien chargié et occupé en autres choses, sans ce qu'il face recepte ne despense, selon la clause de ce faisant mencion ou dit testament, le dit monseigneur l'evesque volt et ordonna que Regnault Joudrier, son clerc, feust et soit mis en lieu du dit messire Germain pour faire la recepte et mise des biens et choses du dit monseigneur l'evesque qui sont et seront à Paris et environ, ou cas qu'il plaira à ses diz executeurs selon la dicte clause.

Item, le dit monseigneur l'evesque, pour aucunes causes qui à ce le meurent, rapella et revoca le laiz de cent livres Tournois par lui fait en son dit testament à l'eglise parrochial de Fouzis, à laquele il a fait et a entencion de faire du bien en son vivant.

Item, il rappella et rappelle pour aucunes causes le laiz de cent livres Tournois par lui fait en son dit testament à Robert Doges.

Item, le dit monseigneur l'evesque dist et afferma en la presence des diz notaires que, depuis que son dit testament avoit esté par lui fait et passé, comme dit est, il avoit et a paié et acompli les laiz par lui faiz en ycelui son testament par les parties cy après declairées :

Premierement, à la dicte eglise de Saint Andry des Ars à Paris un ymage de saint Andry.

Item, au college de Champaigne dit de Navarre, à Paris, un drap de haulte lisse de l'Istoire Nostre Dame.

Item, à pluseurs povres escoliers estudians à Paris mile livres Tournois.

Item, à chapitre de Nostre Dame d'Arraz un ymage de Nostre Dame d'argent doré, pesant trente trois marcs.

Item, aux Chartreurs de Gosnay un ymage de saint Andry.

Item, à chascun convent des trois ordres Mendians à Arraz quarante livres Tournois, valent six vins livres Tournois.

Item, aux Chartreuses de Gosnay soixante livres Tournois.

Item, aux religieuses d'Avesnes emprès Bappaumes quarante livres Tournois.

Item, aux religieuses de Chin quarante livres Tournois.

Item, aux religieuses du Vivier vint livres Tournois.

Item, aux religieuses de la Tieuloye quarante livres Tournois.

Item, à la fabrique de Saint Nicaise de cité vint livres Tournois.

Item, à la fabrique de Saint Nicolas en cité dix livres Tournois.

Item, aux Freres Meneurs de Bethune dix livres Tournois.

Item, à Saint Barthelemi de Bethune la chapelle vermeille qui fu feu monseigneur le duc de Bourgongne derrenier trespassé, dont Dieu ait l'ame.

Item, à chascun convent des Freres Prescheurs et Cordeliers de Douay dix livres Tournois, valent vint livres Tournois.

Item, au convent des Cordeliers de Lens dix livres Tournois.

Item, à l'eglise de Saint Jaques de Valenciennes un ymage de saint Jaques d'argent doré.

Item, aux religieux de Cigny cent livres Tournois.

Item, aux religieux de Bonne Fontaines cent livres Tournois.

Item, aux Chartreux du Mont Dieu cinquante livres Tournois.

Item, aux quatre ordres Mendians à Reins quatre vins livres Tournois.

Item, aux povres chartriers des parroisses de Reins dix livres Tournois.

Item, aux Cordeliers de Reins vint livres Tournois.

Item, à l'eglise Saint Remi de Reins a esté baillié un ymage de saint Pol d'argent doré, en lieu de l'image de saint Jehan qui leur estoit laissié par le dit testament.

Item, à la fabrique de Saint Cosme de Reins vint livres Tournois.

Item, à la damoiselle Doges cent livres Tournois.

Item, aux damoiselles de la Salloe et de Brichoul, à chascune cent livres Tournois, qui ont esté baillées à Guy l'Escot, en lieu de l'abbé de Saint Remi, pour les distribuer ainsi que le dit monseigneur l'evesque a ordonné.

Item, à Marote, vesve de feu Coleçon Perilleux, vint livres Tournois.

Item, à chascun de ses trois enfans douze livres Parisis.

Item, aux povres parens du dit monseigneur l'evesque ou païs de Champaigne deux cens quinze livres Tournois, qui ont esté baillées au dit abbé de Saint Remi pour les distribuer prestement, tant qu'elles ont esté rabatues sur ce qu'il devoit au dit monseigneur l'evesque.

Item, à Girardin Doges cent livres Tournois pour aler à l'escole, bailliées au dit abbé de Saint Remi pour les distribuer en quatre ans, chascun an vint cinq livres Tournois.

Item, à Marguerite, fille de Claux Barbesan de Bruges, filleule du dit monseigneur l'evesque, une sainture à clox d'or.

Et quant au fermier qui pour le temps estoit de l'ostel d'icellui seigneur à Gonnesse, dont mencion est faicte en son dit testament, il en avoit ordonné.

Et pour ce le dit monseigneur l'evesque volt et ordonna, presens les diz notaires, et par ces presentes veult et ordonne ses diz executeurs et tous autres estre et demourer quictes et deschargiez des diz lais ainsi par lui ordonnez, faiz et paiez par les parties cy dessus divisées et declairées, sans autres quictances faire ne monstrer; toutes voyes par ce ne sera faicte aucune autre mutacion ne innovacion en son dit testament, mais sera et demourra ycelui testament en tous autres cas et articles en sa force et vertu, tant qu'il lui plaira.

En tesmoing de ce, nous, à la relacion des diz notaires, avons mis à ces lettres le seel de la dicte prevosté de Paris, l'an de grace mil quatre cens et cinq, le juesdi sept jours du mois de janvier.

Ainsi signé : T. DU HAN. J. GUERRY.

Item, à tous ceuls qui ces lettres verront, Guillaume, seigneur de Tignonville, chevalier, conseillier, chambellan du roy nostre sire et garde de la prevosté de Paris, salut. Savoir faisons que par devant Estienne Tesson et Thomas du Han, notaires du roy nostre dit seigneur de par lui establiz en son Chastellet de Paris, fu present reverend pere en Dieu, monseigneur Jehan Canard, par la permission divine evesque d'Arraz, conseillier du roy nostre dit seigneur, lequel ayant en soy bon sens, memoire et entendement, de son propre mouvement et de sa certaine science, si comme il disoit, en adjoustant à son testament par lui fait et passé soubz le seel de la dicte prevosté de Paris le jeudi vint six jours de fevrier qui fu l'an $\text{m}^\text{c}$ et mm, parmi lequel ces presentes sont annexées par maniere de codicille ou de ordonnance de derreniere volenté, donna et laissa, donne et laisse par ces presentes à Jehan Jolis, Alexandre Chappe, Guillemin de Fontenay, Colin Sergent, Berthiot Alard et Huguenin Lambert, son barbier, tous ses serviteurs, la somme de six cens livres Tournois, tant pour et en recompensacion des grans peinnes et travaulx qu'ilz ont desja pour lui euz et soustenuz de jours et de nuis durans sa maladie, comme afin qu'ilz soient tenuz et plus astrains de le servir bien continuelment et diligenment de cy en avant, à icelle somme de six cens livres Tournois departir egalment entre eulx six ses serviteurs, c'est assavoir, à chascun cent livres Tournois. Toutesfois il volt et ordonna expressement en ce estre comprins et entenduz les laiz particuliers et generaulx par lui faiz en son dit testament à ses diz serviteurs ou à aucuns d'eulx, sans ce qu'ilz puissent riens demander ne avoir d'iceulx lais particuliers et generaulx, fors seulement cent livres Tournois chascun d'eulx à eulx donnée et laissée cy dessus.

Et par ce present codicille le dit monseigneur l'evesque ne volt aucune autre chose estre faicte ou innovée en son dit testament ne en un autre codicille par lui fait soubz le dit seel, l'an mil quatre cens et cinq, le jeudi sept jours du mois de janvier, mais seront et demourront yceulx testament et codicille en tous leurs autres poins et articles en leur force et vertu.

En tesmoing de ce, nous, à la relacion des diz notaires, avons mis à ces lettres le seel de la dicte prevosté de Paris. Ce fu fait et passé l'an mil quatre cens et sept, le lundi vint cinq jours d'avril après Pasques. Ainsi signé : Tesson. T. du Han.

Item, à tous ceuls qui ces lettres verront, Guillaume, seigneur de Tignonville, chevalier, conseillier, chambellan du roy nostre sire et garde de la prevosté de Paris, salut. Savoir faisons que par devant Estienne Tesson et Thomas du Han, notaires du roy nostre dit seigneur de par lui establiz en son Chastellet de Paris, fu present reverend pere en Dieu, monseigneur Jehan Canard, par la permission divine evesque d'Arraz, conseillier du roy nostre dit seigneur, enferme de corps, toutesfois sain de pensée et d'entendement, si comme il disoit et par sa face et parole apparoit, lequel pensant à son derrenier jour qui de jour en jour approuche, par maniere de codicille ou de ordonnance de derreniere volenté revoca et revoque une clause contenue en l'un des codicilles qui sont annexez parmi son testament, par laquele clause il ordonne sa sepulture estre en l'eglise Saint Andry des Ars à Paris, et volt et ordonna ycelle clause non valoir, et que la clause contenue en son dit testament faisant mencion de sa dicte sepulture demeure et soit valable, tout aussi que se aucune mencion n'en feust faicte en son dit codicille.

Item, pour ce que par ses diz testament et codicilles il ne fait aucun lais à messire Simon Gaigniart, son chapellain et notaire, il lui laissa et laisse par ce present codicille semblable lais que par son dit testament il faisoit et fait à feu messire Mahieu le Martin, jadis et au temps de la confection de son dit testament son chapellain et notaire.

Item, il volt et ordonna que ses executeurs nommez en son dit testament et en l'un des diz codicilles aient, et il leur donna et donne avec et oultre la puissance qui leur a donnée par yceulx testament et codicilles, plain povoir et auctorité par ces presentes de recompenser selon leurs discrecions et consciences ses serviteurs qui de son temps n'auront esté par lui deuement recompensez des services qu'ilz lui ont faiz et feront tant en sa sancté comme en sa maladie; toutesfois le dit monseigneur l'evesque ne vòlt et ne veult par ce que dit est estre aucunement autrement derogué ni prejudicié à ses diz testament et codicilles parmi lesquelx ces presentes sont annexées, ainçois demourront et demeurent en tous leurs autres poins et articles en leur force et vertu, et sortiront leur plain effect.

En tesmoing de ce, nous, à la relacion des diz notaires jurez, avons mis à ces lettres le seel de la dicte prevosté de Paris, l'an mil quatre cens et sept, le dimenche vint cinq jours de septembre.

Ainsi signé : TESSON. T. DU HAN.

Collacio facta est cum originalibus.

(Archives Nationales, x1ᴬ 9807, fol. 189 r°, 198 v°.)

## XVII.

1405, 21 août.

TESTAMENT D'AIMERI DE MONTRAGOUX, NOTAIRE,
CONSUL DE BRIVES-LA-GAILLARDE.

Aimeri de Montragoux, notaire et consul de Brives-la-Gaillarde, se trouvant de passage à Paris, fut attaqué et blessé mortellement, le 7 août 1405, par des individus embusqués au bout du pont Saint-Michel du côté de la rue de la Harpe. Le Parlement s'émut de cette attaque à main armée au cœur de la capitale, et se réunit le jour même en conseil pour prendre d'énergiques mesures de répression; moins d'un mois après, justice exemplaire était faite des principaux auteurs de ce meurtre. Nous pensons que l'on accueillera avec intérêt les détails que nous fournit sur cette affaire le registre criminel du Parlement (Arch. Nat., x2ᴬ 14, fol. 265 v°, 267 r°, 276 r°).

«Venredi viiᵉ jour d'aoust mil cccc v.

«Aujourduy de relevée, messeigneurs, messire Henry de Marle, messire Pierre «Boschet, maistres Gaillart Petitseine, J. de Longueil, R. Maugier, J. Boyer, Guil-«laume de Celsoy, P. le Fevre, G. de Beze, J. d'Ailly, Guillaume de Seriz, conseillers «du roy en la cour du Parlement, le procureur du roy, maistre Jehan Jouvenel, «advocat du roy, maistres Jaques Ducy et Mahieu de Linieres, conseillers du roy,

« furent assemblez au Conseil en la Tour criminele sus le fait de la bature et navreure
« huy faicte à Paris en la personne de Aymery de Montrageux, habitant de Brive la
« Gaillarde, et finablement fut deliberé et conclut que les complices du dit fait
« seront prins et emprisonnez, soit en lieu saint ou dehors, sanz prejudice de
« l'eglise. »

« Mardi xi° jour d'aoust mil cccc et cinq.

« Guillaume Gueroust, hostelier de la Cloche Rouge en la rue Saint Jaques, à
« Paris, prisonnier ou Chastellet pour soupeçon d'avoir recepté les complices de la
« bateure de Emery de Montrageux, est eslargy partout, *sub penis*, etc. »

« Mercredi xxvi° jour d'aoust mil cccc v.

« Jehan le Gault et Guillaume Chavocin dit l'Amiraut, pour ce qu'il ont esté
« complices à batre et navrer à Paris maistre Emery de Montrageux, notaire et
« consul de Brive la Gaillarde, dont mort s'en est ensuie en la personne du dit
« maistre Emery, ont aujourduy par arrest esté traynez et puis ont les poins dextres
« coppez sur le lieu du delit, c'est assavoir, au bout du Pont Neuf, du costé de la
« rue de la Harpe, et après penduz au gibet de Paris. »

Les misérables livrés au bourreau le 26 août 1405 avaient des complices dont les noms sont indiqués dans un mandement du 28 août à l'adresse du prévôt de Paris, qui reçut mission de prélever sur les biens des condamnés et sur ceux de leurs adhérents prisonniers au Châtelet une somme de 60 livres destinée à rétribuer les examinateurs et sergents de la prévôté (Arch. Nat., x$^{2A}$ 15, fol. 27 v°).

Le meurtre dont Aimeri de Montragoux fut victime n'eut point le vol pour mobile; ses assassins ne furent que les instruments d'une vengeance privée. En effet, quelque temps avant la mort du malheureux bourgeois, la ville de Brives-la-Gaillarde, se sentant menacée d'une invasion à main armée par l'un de ses turbulents voisins, Raymond de Turenne, comte de Beaufort, avait envoyé son consul à Paris afin de solliciter du secours. Le jour de l'assassinat, il se rendait auprès du chancelier, du premier président du Parlement et du comte de Tancarville, avec lesquels il devait se concerter au sujet des mesures à prendre pour déjouer les projets du comte de Beaufort. On ne saurait mettre en doute la complicité de ce seigneur, on voyant l'arrêt rendu par le Parlement le 21 novembre 1405; suivant cet arrêt, deux des assassins d'Aimeri de Montragoux, Pierre Maurain et Bernard de Bordesoles, qui sont qualifiés de serviteurs de Raymond de Turenne, n'échappèrent au dernier supplice qu'en invoquant le privilège de cléricature et furent condamnés à une amende de 120 livres affectée à la fondation de services pour l'âme du défunt dans les églises de Saint-Séverin, à Paris, et de Saint-Martin, à Brives-la-Gaillarde, sans compter une somme de 300 livres payable à sa veuve et à ses enfants (Arch. Nat., x$^{1A}$ 53, fol. 152 v°). La fin tragique d'Aimeri de Montragoux ne découragea point ses concitoyens : un mois à peine après sa mort, le 9 septembre 1405, deux syndics et procureurs de Brives obtinrent du Parlement une avance de 1,000 écus d'or nécessaire à leur communauté pour tenir tête à l'audacieux seigneur qui venait de mettre le siège devant leurs murs. Une instance criminelle fut engagée au Parlement de Paris par le procureur du roi et les habitants de Brives, joints à Marguerite de Montragoux, mère du consul défunt, contre Raymond de Turenne, Aymar de Nagelle, son secrétaire, Jean de Raspailler, capitaine de Servières, et autres aventuriers au service du vicomte de Turenne, incriminés avec leur maître (Arch. Nat., x$^{2A}$ 14, fol. 283 v°, 332 v°). Malgré cette action judiciaire, à la date du 20 janvier 1406, Raymond de Turenne n'en continuait pas moins à guerroyer contre les habitants de Brives, lesquels demandèrent au Parlement qu'il leur fût « pourveu de gens d'armes ou de finance » et empruntèrent, jusqu'à concurrence de 2,000 écus, sur l'argent déposé au greffe de la Cour à raison du procès que soutenait leur adversaire contre son gendre le maréchal de Boucicaut pour la possession du comté de Beaufort (Arch. Nat., x$^{1A}$ 1478, fol. 248 v°).

A tous ceulz qui ces lettres verront, Guillaume, seigneur de Tignonville, chevalier, conseillier, chambellan du roy nostre sire et garde de la prevosté de Paris, salut. Savoir faisons que par devant Miles du Brueil et Guillaume Poret, clers notaires jurez du roy nostre sire de par lui establiz ou Chastellet de Paris, fu present Aymery de Montraugoux, bourgois et consul de la ville de Brive en Limosin, enferme de corps, sain de pensée et de vray entendement, attendant et considerant qu'il n'est chose plus certaine de la mort ne plus incertaine de l'eure d'icelle, non voulant de ceste vie transsitoire intestat deceder, mais tendiz que raison gouverne sa pensée et Nostre Createur lui donne temps et espace de pourveoir et secourir à son ame, et des biens à lui prestez en ceste vie mondaine disposer et ordener pour le remede et salut de son ame, fist et ordena son testament ou l'ordenance de sa derreniere voulenté, ou nom du Pere, du Filz et du benoist saint Esperit, en la maniere qui s'ensuit :

Et premierement, il, comme bon et vray chrestian, humblement Nostre Createur Jhesu Crist recongnoissant, l'ame de lui, quant du corps departira, recommanda à la benoiste Trinité, à la glorieuse Vierge pucelle Marie mere de Jhesu Crist, à monseigneur saint Michiel et à tous les anges et archanges de la gloire de Paradis, à monseigneur saint Jehan et à tous les patriarches et prophettes, à monseigneur saint Pierre, à monseigneur saint Pol, à monseigneur saint Jehan Euvangeliste, à monseigneur saint Marçal et à tous les appostres et disciples de Nostre Signeur, à monseigneur saint Estienne, à monseigneur saint Martin, à monseigneur saint Anthoine, à monseigneur saint Nicolas et à tous les martirs et confesseurs de Nostre Seigneur Jhesu Crist, à madame Marie Magdelaine, à madame saincte Katherine, à madame saincte Marguerite et à toutes les vierges et saintes de la gloire de Paradis.

En après, il voult ses debtes et torfais estre paiez et amendez par ses executeurs cy après nommés.

Item, ledit testateur, ou cas qu'il yroit de vie à trespassement à Paris, il eslut sa sepulture ou cimetiere Saint Innoscent en la fosse des povres, et s'il va de vie à trespassement ou diocese de Limoges, il eslut sa sepulture à Brive en la sepulture de ses parens de Montraugoux, et s'il decede à Paris, il ordena son service estre fait en l'esglise Saint Sevrin à Paris, et ait quatre torches autour de son corps, chascune torche de trois livres de cire, et quatre cierges, chascun de cinq quarterons, et que tant de messes soient celebrées comme il plaira à ses executeurs.

Item, il laissa aux chanoines riglez de Saint Martin de Brive pour eulx et leurs successeurs une mine de froument de rente que lui doit chascun an Bardin, maiour du dit lieu de Brive, à cause de certain heritaige que le dit Bardin tient de lui à tousjours, parmy ce que les diz prieur, couvent et chanoynes du dit lieu seront tenus de faire chascun an un anniversaire pour l'ame de lui à tel jour comme le dit testateur yra de vie à trespassement, et si seront tenus d'aler sur la sepulture dessus dicte dire une oroison, comme il est acoustumé.

Item, voult et ordena un servise estre fait en la dicte ville, et que tous les chanoines et religieux prestres qui seront presens à son obseque aient chascun deux blans, et tous autres presens religieux non prestres, et aussy les religieuses de la dicte ville aient le dit jour chascun un petit blanc.

Item, voult et ordena, que ou cas que Pierre l'Alemant de Brive auroit baillié deux escus, c'est assavoir, vint cinq soulz Tournois à la mere du dit testateur, et vint soulz Tournois à sa femme, que ilz soient restituez au dit Pierre l'Alemant.

Item, voult et ordena que l'en paie à la Guillermine, qui a esté sa chamberiere et demoure en son hostel, vint soulz Tournois, se paiez ne lui ont esté.

Item, il voult que soient paiez diz soulz Tournois au prevost de la Soubzterrine, auquel le dit testateur les devoit pour cause de prest.

Item, que aussy soient paiez à une merciere demourant en la rue de la Maignenie à Limoges vint soulz Tournoiz que icellui testateur lui devoit pour cause de prest.

Item, que pareillement soit paié à un mercier qui demeure à Limoges en la rue des Tables, et sont deux freres demourans ensemble, demi franc que il lui doit pour denrrées prinses de lui, et si voult et ordena, que se il leur devoit plus et aussy à autres, que ilz soient paiez et que ilz soient creuz par leurs sermens de ce qu'ilz affermeront leur estre deu.

Item, voult et ordena que à Marcial Bize de Limoges soient paieez quatre livres Tournois dedens quatre ans, c'est assavoir, chascun an un franc, jusques à fin de paie.

Item, que le seigneur de Donzenac soit paié de deux escus que il lui doit par Perrotin de Pradines, sur et en deduccion de quatre escuz que il doit au dit testateur, et les deux autres escuz il paie aux heritiers d'icellui testateur.

Item, il voult et ordena que les joyaulx que il bailla à sa femme le jour de leurs nopces et aussy les robes d'elle soient et demeurent à ycelle sa femme, et que l'instrument fait sur le fait du douaire demeure en sa force et vertu.

Item, ycellui testateur fist, ordena, institua et establit son heritiere Doulce, sa fille, et ou cas que elle yroit de vie à trespassement en pupilaage ou sanz avoir enfens de son corps nez en loyal mariage, il lui substitua Marguerite, sa mere, et ycelle sa mere fist et fait par ces presentes gouvernerresse de la dicte Doulce, sa fille, et de tous les biens de lui, jusques à quinze ans sans rendre compte, et, se la dicte Doulce, sa fille, ne se vouloit gouverner à la voulenté et selon l'ordenance de la dicte mere du dit testateur durant et pendant le temps dessuz dit, il donna et laissa, et par ces presentes donne et laisse à ycelle sa mere la moitié de touz sez diz biens, voulant et consentant que en ce cas sa dicte fille soit contente de l'autre moitié.

Item, ou cas que sa dicte fille yroit de vie à trespassement sans hoirs descendans de sa char dedans l'aage de quinze ans, il voult et ordena que tous ses diz biens viengnent et appartiengnent à sa dicte mere, et ou cas que ycelle sa mere ne vivroit, que ilz viengnent et appartiengnent à Estienne, frere du dit testateur, et ou cas que ycellui Estienne yroit de vie à trespassement sanz hoirs descendens de sa char, il voult et ordena que touz ses diz biens soient et appartiengnent à Marie, sa seur, ou à son aisné enfant masle.

Item, voult et ordena le dit testateur que toute la mise et despense que maistre Aymery du Buisson, en l'ostel duquel il avoit esté et estoit malade des le jour qu'il avoit esté blecié, soit paiée bien et loyalment, et que de toute ycelle, tant en mires et medecins comme en despense de bouche, de serviteurs, et aussy en la poursuite de faire prendre les malfaicteurs qui l'avoient batu et navré, le dit maistre Aymery soit creu par son serment, sanz neccessité d'en faire autre preuve.

Item, il laissa à Philippote qui l'avoit servi sa cote de racami.

Item, il laissa à Marot du Fol un pourpoint et un chapperon.

Item, il laissa au dit maistre Aymery ses Heures.

Item, ycellui testateur voult et ordena, que ou cas que une obligacion que Huguelin Malefaide de Brive lui avoit pieça baillée en garde et par laquelle obligacion le prieur de Tuelle estoit obligé envers le dit Huguelin en certaine somme de deniers, laquelle obligacion ycellui testateur avoit adirée, ne pouroit estre trouvée, ou que le dit Huguelin ne pourroit estre paié par le dit prieur de ce qui lui en est deu sanz procès; en ce cas que ycellui Huguelin soit creu de ce qu'il affermera lui estre deu de la dicte debte, et que de ce il soit paié par les diz executeurs de et sur les biens du dit testateur.

Pour toutes lesquelles choses dessus dictes et chascune d'icelles faire, enteriner et acomplir de point en point, le dit testateur fist, constitua et establit ses executeurs et feaulx commissaires, Marguerite, sa mere, honnorables hommes et saiges, maistre Aymery du Buisson, procureur en Parlement, Pierre le Fevre, advocat en court laye, Jehan del Feure, marchant de Brive, et Jehan de Muz, compere d'icellui testateur, ausquelz ou à deux d'iceulx ensemble ycellui testateur donna et donne par ces presentes povoir et auctorité de faire, enteriner et acomplir cest present son testament, et pour ce faire se dessaisit de tous ses biens à leur proufit, voulant que ilz les puissent prendre toutes foiz que mestier sera; duquel son testament il soubzmist et soubzmet par ces presentes la congnoissance à la juridicion de la court de Parlement, des Requestes du Palaiz royal à Paris et de toutes autres justices et jurisdictions, où mestier sera, en rappellant, revoquant et mettant au neant tous autres testamens et codicilles par lui faiz par avant le jour d'ui, voulant et ordenant expressement que cest present vaille et tiengne par maniere de testament, de codicille, ou autrement par la meilleur fourme et maniere que valoir pourra et devra. En tesmoing de ce, nous, à la relacion des diz notaires, avons mis le seel de la dicte prevosté de Paris à ces lettres faictes et passéez, l'an de grace mil cccc et cinq, le vendredi vint et un jours d'aoust.

Collacio facta fuit cum originali superius registrato, die XIII$^a$ novembris, M° CCCC° quinto.

(Archives Nationales, x$^{1a}$ 9807, fol. 159 v°.)

## XVIII.

1406, 12 mai.

**TESTAMENT DE RENAUD DE TRIE, AMIRAL DE FRANCE.**

Renaud de Trie, seigneur de Sérifontaine, fils de Mathieu de Trie, dit Lohier, et de Jeanne de Blaru, était, lors de l'avénement de Charles VI, chambellan du duc d'Anjou, régent du royaume, qui lui assigna en récompense de ses services 100 livres de rente sur les biens de Robert de Picquigny, partisan du roi de Navarre; ces lettres de don, datées du 27 octobre 1380, furent confirmées par Charles VI le 26 janvier 1381 (Arch. Nat., JJ 118, n$^{cs}$ 41 et 267). Renaud de Trie devint bientôt chambellan du roi; c'est à ce titre qu'il prit part, le 3 mai 1389, au tournoi donné en l'honneur des princes d'Anjou armés chevaliers et qu'il assista au mois d'août suivant à l'entrée solennelle d'Isabeau de Bavière à Paris (*Religieux de Saint-Denis*, t. I, p. 597; Kervyn de Lettenhove, *Chr. de Froissart*, t. XIV, p. 24). Par lettres du 16 mai 1390, Charles VI gratifia son chambellan de 2,000 francs, et le 11 août de la même année l'envoya auprès du duc de Berry, avec une allocation de 200 francs pour subvenir aux frais de ce voyage (Bibl. Nat., cab. des titres, pièces originales). Le même Renaud est cité par Froissart au nombre des «quatre chevaliers d'onneur» auxquels fut provisoirement confiée la garde du malheureux roi tombé en démence le 5 août 1392 (Kervyn de Lettenhove, *Chr. de Froissart*, t. XV, p. 46). Il obtint en 1394 la charge de grand maître des arbalétriers, et après la mort de Jean de Vienne, en 1396, fut nommé amiral de France aux gages de 2,000 francs par an. Renaud de Trie était en même temps capitaine du château de Rouen et recevait en cette qualité mille livres par an de pension (Arch. Nat., K 54, n° 28; Bibl. Nat., cab. des titres, pièces originales). Au mois d'octobre 1401, il se fit décharger d'une rente de 32 livres Parisis qu'il devait au domaine sur la justice de Fontenay, en compensation d'une rente équivalente qu'on lui servait annuellement sur les recettes de Chaumont en Bassigny et de Troyes, dont il lui était dû 640 livres d'arrérages (Arch. Nat., JJ 157, n° 36). Vers la même époque, ce seigneur dut se démettre de la capitainerie de Saint-Malo que se disputèrent Olivier de Mauny, investi de cet office en septembre 1404, et le Borgne de la Heuse, appelé au même poste; après de longs débats, le Parlement décida le 17 février 1406 que la question serait réservée et soumise au roi lorsque sa santé serait rétablie (Arch. Nat., x$^{1a}$ 1478, fol. 254 v°; x$^{1a}$ 4787, fol. 265 r°). Il était encore amiral de France le 14 janvier 1405, comme le montre une quittance de cette date pour 200 livres Tournois dont le roi lui fit présent (Bibl. Nat., cab. des titres, pièces originales). Atteint d'une maladie incurable, il abandonna sa charge d'amiral à Pierre de Breban, dit Clignet, favori du duc d'Orléans, mais ce ne fut point à titre gratuit et bénévole; en effet, Monstrelet (t. I, p. 127) nous apprend que Renaud de Trie s'en dessaisit «moyennant une grant somme d'argent qu'il en avoit receu par le pourchas du duc d'Orléans.» Le Religieux de Saint-Denis, plus explicite, dit qu'il ne consentit à résigner ses fonctions que contre le payement de 15,000 écus d'or. Renaud de

Trie occupe une certaine place dans l'histoire littéraire du xiv° siècle, il fut l'un des auteurs du recueil poétique intitulé *Livre des Cent Ballades*; marié à Jeanne de Bellangues dès 1395 (Arch. Nat., JJ 149, n° 315), il mourut en 1406, sans laisser de descendance directe; sa veuve contracta un nouveau mariage avec Jean Malet, sire de Graville, grand maître des arbalétriers.

A tous ceuls qui ces presentes lettres verront ou orront, Pierre de la Mare, garde des seaulx de la chastellerie de Chaumont, salut. Savoir faisons que par devant Jehan Cotelle, tabellion juré du dit lieu de par le roy nostre sire, vint personelment, si comme le dit juré nous rapporta, noble et puissant seigneur, messire Regnault de Trye, chevalier, seigneur de Seriefontaine, conseiller et chambellan du roy nostre dit seigneur, disant qu'il n'est plus certaine chose que la mort ne moins certaine chose de l'eure qu'elle doit venir, considerant en soy l'estat, honneur et chevance que soubz les biens de fortune il a euz en ceste mortelle vie par l'aide et grace de Dieu et espere à avoir tant comme il vivra, desirant le proufit et le sauvement de son ame, de ses pere, mere et bienfaicteurs, et que la vie de lui et de humaine creature est pou de chose au regart de la vie pardurable, aiant memoire à ces choses, et que, comme bon et vray catholique, il veult vivre en ceste mortelle vie et d'icelle partir pour aler en l'autre siecle en bon estat, a fait, ordené et divisé son testament et derreniere voulenté, et ycellui baillié par escript au dit tabellion en un roole de papier contenant ceste fourme :

*In nomine Domini, amen.* Je, Regnault de Trye, chevalier, seigneur de Seriefontaine, conseiller et chambellan du roy nostre sire, estant en bon propos, sens et avis, foible de corps et en enfermeté de maladie, pensant au sauvement de mon ame, fais et ordene mon testament en la maniere qui s'ensuit :

Premierement, je commande l'ame de moy à Dieu mon createur, à la tres doulce glorieuse Vierge Marie sa mere et à toute la court de Paradis, et mon corps et sepulture, quant de ce siecle departira, estre mis en l'eglise et ou lieu cy dessoubz divisié. Et des biens que Dieu m'a prestez et envoyez, je vueil premierement et avant toute euvre que mes debtes et torfais soient paiez; et pour le demourant de mon dit testament paier et acomplir, je vueil que sur tous mes biens meubles la somme de mil frans soit prinse pour estre baillée et distribuée par la main de mes amez et feaulx executeurs cy après nommez en la maniere cy après declarée.

Item, et avecques la dicte somme de mil frans, et sans ycelle apetuisier, je vueil que la somme de cinq cens frans soit paiée et baillée aux religieuses de Gomerfontaine, avecques la terre de Flocourt que je leur ay donnée pour une messe perpetuelle et chapelle que j'ay ordenée en la dicte eglise, pour y chanter à tousjours, et par chascun jour, tant pour l'execucion du testament de monseigneur mon pere, dont Dieu ait l'ame, comme pour le salut et remede de l'ame de moy et de mes bienfaicteurs; par ainsi et soubz telle condicion que les dictes religieuses et leurs successerresses seront tenues et chargées de faire chanter la dicte messe, par chascun jour à tousjours mais perpetuelment, et à ce faire se obligeront par devers mes dis executeurs, et de la charge et obligacion prendre et recevoir je en charge mes dis executeurs.

Item, ou dit hostel de Gomerfontaine je eslis ma sepulture estre mise emprès le lieu de celle de mon dit seigneur et pere, et pour celle cause, et aussi pour estre acompaigniez en leurs biensfais, messes, prieres et oroisons, je laisse pour une fois cinquante frans.

Item, je ordene et vueil que la pierre ou tombe qui est mise ou moustier pour mon dit seigneur et pere, soit pour lui et moy mise sur nous deux, et noz figures corporelles escriptes et pourtraictes armoyez de noz armes et faictes solennelment, et pour ce faire laisse LX frans.

Item, je vueil et ordene que au plaisir et louenge de Dieu, pour le salut de mon ame, mon obseque soit fait tantost après mon trespassement, et que en ycellui faisant n'ait chevaulx ne armes, ne quelques choses mondaines, mais y soient quatre gros cierges de cire et XIII torches alumées tout autour de ma sepulture, que tendront treze povres creatures vestues de drap noir, c'est assavoir, cotes et chaperons, aux despens de mon execucion.

Item, je ordene que le jour de mon dit obseque au dit lieu de Gomerfontaine cent messes soient chantées par cent prestres, et que chascun d'eulx ait trois solz Parisis.

Item, je donne, quicte et delaisse à Jehan du Bos Gilloust, escuier, deux cens frans que il me devoit, pour les bons et agreables services que il m'a fais, et ne vueil mie que pour tant la dicte somme de mil frans soit en riens diminuée.

Item, je laisse aux Carmes de Rouen, pour l'euvre et refection de leur eglise, et pour prier Dieu pour moy, cinquante frans.

Item, à chascune des religions Mendientes de Paris, pour faire chanter en chascune d'icelles eglises un anuel pour une fois, et au commencement de l'anuel chanter vigilles, et faire memoire de mon ame et dire messe solennelle au commencement, je laisse quarante frans.

Item, à l'ostel des enfans de Saint Esperit en Greve à Paris je laisse cinq frans.

Item, aux Bons Enfans de Saint Honoré à Paris je laisse cinq frans.

Item, à chascune des religions Mendientes de Rouen je laisse cinq frans.

Item, je laisse à Jehan des Chiens l'eritage que je lui ai donné de la mort de feu Jehan l'Escuier, dont il joist de present, par ainsi que, se il va de vie à trespassement sans hoirs de son corps, il retournera à mes heritiers et à ma ligne, nonobstant sa possession.

Item, je laisse à Pierre Vivien, dit de Maucourant, mon serviteur, trente frans.

Item, je laisse à Henault, mon varlet, trante frans.

Item, je laisse à Amy Tousepie, mon serviteur, quarante frans.

Item, à Jehan Joliz dix frans.

Item, à Mahiet le Saveton dix frans.

Item, à Simonnet le Saveton je laisse le fillé et harnoiz de deduit, tant pour le gros comme pour le menu, avecques tous mes chiens.

Item, je lui donne le cheval que il a devers lui et vueil que il lui demeure à son proufit.

Item, je laisse à chascune des eglises dont je suis seigneur des parroisses, c'est assavoir, Seriefontaine, Marueil, Saumont, Hodent, Boisemont, Buly, Vaumaing, et aux autres non nommées et declairées en ces presentes lettres, jusques au nombre de dix parroisses et eglises, à compter les devant nommées, pour mettre es reparacions d'icelles eglises, à chascune cinq frans.

Item, je laisse à l'eglise de Seriefontaine, qui est ma cure parrochial, la somme de cinquante frans, afin de estre acompaigniez es biensfais, messes, prieres et oroisons qui illec d'ores en avant seront dictes; laquelle somme sera distribuée et ordenée par mes dis executeurs es choses necessaires et convenables d'icelle eglise, et en la maniere que il verront en leurs consciences que il sera expediant du faire.

Item, je laisse à messire Noel, prestre, pour prier Dieu pour moy, quarante frans.

Item, je laisse à frere Eustace le Grant, mon confesseur, pour prier Dieu pour moy, vint frans.

Item, je laisse à messire Pierre, curé de Vaumain, cinq frans.

Item, je laisse à la confrarie Nostre Dame de Pontoise cinq frans.

Item, et à celle de Gisors cinq frans.

Item, je vueil et ordene que Loys de Trye, mon nepveu, filz de mon amé frere Jehan de Trye, que Dieu assoille, ait quatre chambres fournies, c'est assavoir, une qui est verte à bestes et est de tapisserie de haulte lisse, et les autres soient de sarges.

Item, je vueil que mon dit nepveu ait douse lis, dont quatre sont contenus et comptez es quatre chambres avant dictes.

Item, je laisse à mon dit nepveu toute la vaisselle et garnison de cuisine qui est à Boessy, et les arbalestes et harnois qui sont de la garnison du chastel du dit lieu de Boissy; toutes lesquelles choses avant dictes mon dit nepveu aura et prendra, sans pour ce riens prendre ne diminuer de la dicte somme de mil frans.

Item, je laisse à mon amé et feal frere, messire Jaques de Trye, chevalier, mon courcier morel.

Item, je laisse à Coquart de Blaru mon autre cheval morel.

Item, je laisse à Guillemet le Veneur mon cheval griz.

Item, je laisse à mon barbier quarante frans.

Item, à frere Berthaut Grenet je laisse dix frans.

Item, je laisse à Henry, mon serviteur, trois frans.

Item, je laisse à maistre Jehan le Mor dix frans.

Item, je laisse à mon chapellain, messire Alleaume, quarante frans.

Item, je laisse à Perrenete dix frans.

Item, je laisse à Marion de Bouchivillier, en augmentacion de son mariage, quarante frans.

Item, tres especialment entre les autres choses, pour la bonne amour, priveté et compaignie que j'ai trouvée à ma tres chiere et amée compaigne, Jehanne de Bellangues, ma femme, et espere que ainsi soit tant comme il plaira à Dieu que nous soions ensemble, je vueil et ordene par cest present mien testament, que le don mutuel que nous avons fait l'un à l'autre de tous noz biens meubles à tousjours et conquests à vie, tiengne, vaille et sortisse son plain effect et vertu, et par cest present testament et de mon gré et voulenté je le loe, appreuve et ratiffie tant et si amplement comme faire le puis, non obstant usaiges et coustumes de païs, loy ou edit à ce contraires, et que les lettres qui de ce font mencion, du tout en tout aient et sortissent leur effect, en la maniere qu'elles sont dictes, faictes et ordenées, et selon leur contenu, sans muer ou changier, non obstant quelque revocacion cy dessoubz escripte et divisée, qui en celle partie ne lui face ou porte prejudice, mais par ces presentes soit confermé et valable en effect et teneur.

Item, je laisse à l'eglise Saincte Katherine de Paris, où le dit feu mon frere est enterré, dix frans, pour faire un service pour le salut de l'ame de mon dit frere et de moy, et pour estre acueillis es biensfais de la dicte eglise.

Item, vueil, que le jour que l'en fera le service en la dicte eglise, que tant de messes, comme l'en pourra, soient chantées pour ce jour, soient de religieux ou prestres seculiers; et, se tout ne se peut faire, que ce soit à un autre ou pluseurs jours, et que quarante frans soient mis et employez en la chose, à bon avis et deliberacion de mes dis executeurs.

Et pour cest present mien testament faire et accomplir en la maniere que dit est, je fais et ordene mes executeurs mes amez et feaulx, la dicte Jehanne, ma femme, compaigne et amie, principale et premiere, ma sereur, Marguerite de Trye, dame du Boullai, mon frere, messire Jaques de Trye, frere Eustace le Grant, mon confesseur dessus nommé, et Guillaume de Doumesnil, escuier; auxquelx et à chascun d'eulx portant ces lettres je donne plain povoir, auctorité et mandement especial de paier, faire, enteriner et acomplir ce present testament, et les choses avant dictes distribuer, ainsi que dit est, jusques à la dicte somme de mil frans complete employée, pourveu que s'il y a residu après les dis laix paiez, que le demourant soit donné pour Dieu aux povres, ou converti en messes, ou ainsi ordené, comme ilz verront que il sera bon du faire. Et pour ycelle somme de mil frans avoir, je oblige et met es mains de mes dis executeurs tous mes biens meubles, pour les avoir, prendre et vendre, se mestier est. Et ou cas que la dicte somme de mil frans ne pourroit souffire pour ces choses enteriner et mes debtes paier, je vueil et ordene que l'en ait recours à mes conquests, lesquelx, quant à ce, je oblige et habandonne pour estre prins et vendus par mes dis executeurs, pourveu que [de] toutes les choses avant dictes mes dis executeurs, ne l'un d'eulx, ne pourront riens faire sans la presence ou consentement de la dicte Jehanne, ma femme. Et à eulx tous je supplie et requier que de l'execucion et enterinement de ce present testament ilz se vueillent chargier et ycellui parfaire, enteriner et acomplir.

Et en confirmacion des choses avant dictes, en la presence du dit tabellion, le dit messire Regnault revoca et par ces presentes revocque tous autres testamens par lui fais au devant de cestui, en voulant et requerant que cestui present ait son effect sans rappel, et que par ses dis executeurs, ou l'un d'eulx, il soit presenté à la court et jurisdicion du roy nostre dit seigneur. En laquelle jurisdicion icellui messire Regnault le a soubzmis et soubzmet, pour estre publié et approuvé par cellui ou ceulx à qui il appartendra, tout par la fourme et maniere que le cas le requiert; et que ycellui soit acompli dedens le temps prefix et acoustumé en tel cas, et après compte rendu par devant les dis officiers du roy, le procureur d'icellui seigneur present et appellé.

Et toutes ces choses avant dictes, nous, garde des seaulx dessus nommé, certifions nous estre vrayes, à la relacion du dit tabellion, auquel nous adjoustons foy, et en signe de ce, avons seellées ces presentes des dis seaulx.

Ce fut fait l'an de grace mil quatre cens et six, le mercredi douze jours ou moys de may.

Signé : J. COTELLE.

Collacio facta est cum originali superius registrato, die vi$^e$ septembris, m° cccc vii°.

(Archives Nationales, x$^{1A}$ 9807, fol. 185 v°.)

## XIX.

1406, 13 septembre.

TESTAMENT DE THOMAS L'ÉCORCHÉ, LICENCIÉ ES LOIS,
AVOCAT AU CHÂTELET DE PARIS.

Thomas l'Écorché, avocat au Châtelet de Paris, soutint devant cette juridiction un procès avec son oncle maternel, Aubri de Trie, conseiller en la Chambre du Trésor, au sujet des biens laissés par un autre de ses oncles, Thomas de Trie, entré dans les ordres; l'affaire, portée en appel devant le Parlement au mois de novembre 1406, se termina le 23 août 1409 par un accord passé entre Jean le Marquant et Jeannette, sa femme, sœur et héritière de Thomas l'Écorché, d'une part, et Aubri de Trie, d'autre part; indépendamment des biens attribués dans le principe à Marie, sœur de Thomas et d'Aubri de Trie, sa fille Jeannette et son mari reçurent « en augmentacion de partage » un hôtel sis à Provins, rue de Boulançais, et diverses terres (Arch. Nat., x$^{1c}$ 98).

A tous ceulx qui ces presentes lettres verront ou orront, Guillaume, seigneur de Tignonville, chevalier, conseillier, chambellan du roy nostre sire et garde de la prevosté de Paris, salut. Savoir faisons que par devant Jehan Guerry et Jehan Piece, clers notaires jurez du roy nostre dit seigneur, de par lui establiz en son Chastellet de Paris, fu present honnorable homme et saige, maistre Thomas l'Escorchié, licencié en loys, advocat ou Chastellet dessus dit, lequel maistre Thomas estant enferme de corps, toutesvoyes par la grace de Dieu sain de pensée, et de bon et vray entendement, si comme il disoit, et comme de prime face apparoit aus diz notaires, attendant et saigement considerant qu'il n'est chose plus certaine de la mort ne moins certaine de l'eure d'icelle, et que à toute humaine creature par le decours du temps approuche de jour en jour le terme et la fin de sa vie, et pour ce, lui, non sans cause, pensant aux choses derrenieres, tandiz que force et vigueur regnent en soy et sens et raison gouvernent sa pensée, non voulant de cestuy mortel monde deceder intestat, mais voulant de tout son povoir remedier et pourveoir au salut de l'ame de lui, des biens et choses que Dieu Nostre Seigneur lui avoit et a prestez et envoyez, de son bon gré, bonne volenté, propre mouvement et de sa certaine science, sans force, fraude, erreur, induction ou contrainte aucunes, par bonne et meure deliberacion eue sur ce en son couraige et pensée deventraine, si comme il disoit, fist, nomma et ordonna, et par ces lettres, en la presence et par devant yceulx notaires, fait, nomme et ordonne son testament ou ordonnance de sa derreniere volenté, ou nom du Pere, du Filz et du benoist saint Esperit, en la forme et par la maniere qui s'ensuit :

Premierement et avant toutes choses, il, comme bon et vray catholique, recommanda tres humblement et devotement l'ame de lui, quant de son corps departira, à Dieu le Pere tout puissant, createur du ciel et de la terre, à Jhesu Crist, filz d'icelui, Nostre Sauveur et redempteur, et au benoist saint Esperit, qui est un Dieu en trois personnes, à la tres glorieuse Vierge Marie, mere d'icelui nostre redempteur, à monseigneur saint Michiel archange, à monseigneur saint Jehan Baptiste, saint Pierre, saint Pol, saint Jehan l'Euvangeliste, à tous les benois sains et à toutes les benoistes saintes de Paradis.

En après, il eslut sa sepulture en terre benoiste, et volt estre inhumé et enterré ou cymetiere de Sains Innocens, à Paris, en la grant fosse aux povres.

Item, il volt son luminaire estre fait le jour de son obseque de douze torches, et que ce jour soient dictes et celebrées quarante messes de *Requiem* en l'eglise de Saint Josse, dont il estoit parroissien, tant pour le salut et remede de l'ame de lui, comme pour les ames de ses feux pere, mere, amis, parens et bienfaiteurs, et le lendemain, une autre messe en l'eglise des diz Innocens.

Item, ycelui testateur volt, commanda et ordonna toutes ses debtes estre paiées et ses torsfaiz amendez par ses executeurs cy après nommez, de ce dont il leur apperra deuement.

Item, il laissa à l'euvre ou fabrique de la dicte eglise de Saint Josse vint solz Parisis, au curé d'ilec huit solz Parisis, à messire Estienne Chevrel huit solz Parisis, et au clerc d'ilec deux solz Parisis.

Item, à l'ospital de Saint Julian le Povre en la grant rue Saint Martin un lit fourny de couste et coissin, une petite sarge perse pour couchier les povres venans ylec, avecques une paire de petiz draps de lit, et à l'euvre d'icelui hospital Saint Julian huit solz Parisis.

Item, à l'ospital de Saint Jaques en la grant rue Saint Denis à Paris huit solz Parisis.

Item, aux quatre ordres Mendians de Paris, c'est assavoir, Augustins, Carmes, Cordeliers et Jacobins, à chascun d'iceulx colleges, huit solz Parisis, parmi ce qu'ilz diront vigiles, comme ilz ont acoustumé.

Item, à l'Ostel Dieu de Paris xvi solz Parisis; à l'euvre de Saint Jaques du Haut Pas, près de Paris, iiii solz Parisis; à l'euvre des Sains Innocens de Paris xx solz Parisis, et au luminaire de Nostre Dame ordonné en l'Eglise de Paris viii solz Parisis.

Item, il laissa à Marie, sa niepce, une vermeille chambre qu'il avoit, avecques les verges de fer, et iii$^c$ de gris pour fourrer une robe.

Item, le dit testateur laissa à Perrin d'Auxy, son serviteur, le lit où icelui testateur gisoit, c'est assavoir, couste, coissin, un gros oreillier, deux paire de draps, dont l'une sera neufve, et l'autre des draps communs de son hostel, et une coutepainte, sans ciel, sans dossier, et sans trois custodes noires qui sont sur le dit lit.

Item, il laissa à tous ses filloz et filloles portans son nom, à chascun deux aulnes de drap, de trente deux solz Parisis les deux aulnes.

Item, il donna et laissa à la femme Jehan Queze, sa commere, nommée Guillemete, sa houpelande fourrée de crouppes, et au dit Jehan Queze laissa son habit à chevauchier, fourré de gorges de martres.

Item, laissa à Guillemin, son clerc et serviteur, pour les bons et agreables services qu'il lui avoit et a faiz, la somme de quarante solz Parisis, pour une foiz.

Item, le dit testateur laissa à Freminette la Hermande, fille de feu Ymbert Pagot, pour elle et pour ses ayans cause, tout le residu de tous ses biens meubles, quelz et où qu'ilz soient, cestui sien present testament paié et acompli, moyennant et parmi ce que ycelle Freminete sera tenue nourrir et gouverner Huet, son nepveu, à present demourant avecques lui, et le tenir à l'escole.

Item, ycelui testateur sur ce bien advisié ratiffia, conferma et approuva du tout certain don par lui fait entre vifs à la dicte Freminette, de sa maison neufve, où il demoure à present, assise en la rue des Menestrez, de cinq quartiers de vigne qu'il avoit ou vigne de Clignencourt, de une queue de vin de rente, qu'il prent chascun an sur les heritages et biens de Perrin le Coçonnier, demourant à Pentin, et de un muy de vin de rente sur tous les biens de Guillaume Cochet, demourant à la Villette Saint Ladre, et aussi un autre don par lui fait, comme dessus, au dit Perrin d'Auxy, de une petite maison, assise en la dicte rue, tenant et joingnant à l'autre maison devant dicte; voulant yceulx dons estre et demourer valables, avoir et sortir leur plain effect par la forme et maniere que faiz et accordez leur avoit et a par lettres sur ce faictes soubz le seel de la dicte prevosté de Paris, sans les noyer en aucune maniere, et sans ce que ses heritiers ne autres quelzconques les puissent ou doivent debatre, contredire, impuner, ne y faire ou mettre aucun empeschement ou destourbier.

Et s'il avenoit que aucun empeschement y feust, tel que la dicte Freminette et le dit Perrin d'Auxy ne peussent joir paisiblement de leurs diz dons et qu'ilz ne sortissent leur plain effect, en ce cas, le dit testateur laissa à la dicte Freminette, pour elle et ses ayans cause, tous ses conquestz et biens meubles, quelz et en quelz lieux qu'ilz soient et puissent estre, avecques les deux pars du quint de ses propres heritages, que il ou dit cas volt estre quintoyé, et l'autre partie et residu d'icelui quint il laissa et laisse au dit Perrin, pour lui et pour ses ayans cause, pour d'iceulx conquestz et biens meubles, et du dit quint de son dit propre, joir et user par la dicte Freminete et par ycelui Perrin, chascun de ce que cy dessus laissié lui en est, et en faire les fruiz, prouffiz et revenues leurs, durant la vie d'eulx tant seulement, en payant par eulx et leurs ayans cause les charges que ce doit par an, et aussi en retenant les diz heritages comme viagiers doivent et sont tenuz de faire. Et, eulz alez de vie à trespassement, que tout ce feust et soit vendu et adeneré, et les deniers qui en ystront le dit testateur des maintenant pour lors, ou cas dessus dit, volt et ordonna estre donnez et aumosnez pour Dieu et en aumosne par ses diz executeurs, s'aucuns en vivoient pour lors, si non, par les executeurs de la dicte Freminete et du dit Perrin, ou d'autres bonnes personnes qui y seroient ordonnées, à povres gens mesnagiers, pucelles à marier, en faire dire messes, et autres euvres piteables, pour le salut et remede des ames d'icelui testateur, de ses diz feux pere et mere, de la dicte Freminete, d'icelui Perrin, et de leurs amis, parens et bienfaiteurs, non obstans us, stile, coustume et autres choses à ce contraires.

Pour toutes lesqueles choses en ces lettres contenues et escriptes enteriner, acomplir et mettre à fin et execucion deues, de point en point, selon leur forme et teneur, icelui testateur, confiant à plain de la dicte Freminete, de honnorable homme et saige, maistre Adam Houdebeuf, advocat ou dit Chastellet, et de Pierre de Venables, yceulx et chascun d'eulx fist, nomma et esleut ses executeurs et feaulx commissaires; ausquelz ensemble et aux deux d'iceulx, dont la dicte Freminete et le dit maistre Adam soient tousjours les deux, et que sans eulx deux aucune chose n'en puist estre fait, il donna et donne povoir de ce faire, de adjouster, acroistre, ou diminuer ycelui son testament, le corriger, interpreter et y faire en toutes choses tout ce que ilz verront en leurs consciences estre bon à faire pour le salut et remede de l'ame de lui, en leur priant piteusement que ilz s'en vueillent chargier et le mettre à fin deue, au plus tost et le mieulx que faire se pourra.

Es mains desquelz ses executeurs ycelui testateur, des maintenant pour lors, se dessaisi et desvesti de tous ses biens meubles et immeubles, voulant et consentant que tantost après son trespassement ilz en feussent et soient saisiz et vestuz partout deuement, pour ycelui son testament enteriner et acomplir; en les soubzmettant pour ce du tout avecques le fait de son execucion à la jurisdicion, cohercion et contrainte de nous et de noz successeurs prevostz de Paris; et revoca, et rappella tous autres testamens, codicilles et ordonnances de derreniere volenté, par lui autres fois faiz et ordonnez avant ycelui present, auquel il se arresta et arreste du tout, et le volt estre et demourer valable par force de testament, de codicille et autrement, par les meilleurs forme et maniere que de droit, de us, stile et coustume, et autrement valoir et demeurer pourra et devra.

En tesmoing de ce, nous, à la relacion des diz notaires, avons mis à ces lettres testamentaires le seel de la dicte prevosté de Paris.

Ce fu fait et passé l'an de grace mil quatre cens et six, le lundi treze jours du mois de septembre.

Ainsi signé : Piece. J. Guerry.

Collacio facta fuit cum originali, die $v^a$ decembris, $m^o$ cccc $vii^o$.

(Archives Nationales, $x^{1A}$ 9807, fol. 203 r°.)

## XX.

1407, 21 février.

#### TESTAMENT DE JEAN CRETÉ, MAÎTRE DES COMPTES.

Jean Creté, clerc des comptes depuis 1364, obtint la charge de maître en 1376 (Arch. Nat., PP 117, fol. 849); il prend le titre de « clerc et conseiller du roy en la Chambre de ses comptes » dans une quittance revêtue de sa signature, par lui délivrée le 28 janvier 1377, pour une somme de trente francs d'or représentant le prix de deux chevaux vendus à Troullart de Caffort, maître de l'écurie du roi (Arch. Nat., K 1721, n° 14). Il figure parmi les conseillers intimes de Charles V qui le chargea, en 1379, d'assister à l'inventaire de son mobilier et le comprit au nombre de ses exécuteurs testamentaires (J. Labarte, *Inventaire du mobilier de Charles V*, p. 2; L. Delisle, *Mandements de Charles V*, n° 1956). A l'avénement de Charles VI, Jean Creté, joint à Philippe de Savoisy, effectua le versement des sommes tirées du château de Melun pour les dépenses du sacre (Arch. Nat., KK 50, fol. 1). A partir de cette époque, son nom se trouve inscrit régulièrement dans les comptes de l'hôtel; en matière financière il jouissait d'un grand crédit auprès du jeune roi, qui, dans le cours de l'année 1382, l'envoya en Dauphiné avec son clerc Nicolas de Plancy et lui alloua six francs par jour pour ses frais de voyage (Arch. Nat., PP 117, fol. 1007). En 1386, il se rendit à Dijon, accompagné de son clerc Oudard de Trigny, pour organiser la Chambre des comptes de Bourgogne sur le modèle de la Chambre des comptes de Paris, et rédigea à cet effet des instructions en 42 articles qui reçurent une sanction officielle le 11 juillet 1386 (Gachard, *Archives de Dijon*, p. 83). Le 7 septembre 1394, lorsque Charles VI fit déposer dans la Tour du Louvre une somme de cinquante mille francs renfermée en dix sacs de cuir, ce fut Jean Creté en compagnie de Jean de Montagu qui présida à cette délicate opération et qui scella de son sceau le sac contenant les clefs du coffre et de la chambre où avait été placé ce trésor, avant de remettre ces mêmes clés au roi (Arch. Nat., P 1189). En 1399, l'office de conseiller clerc, possédé par Jean Creté, passa aux mains de Milon d'Angeul; mais ce ne fut qu'un simple changement de qualité (Arch. Nat., PP 117, fol. 115). Par lettres en date du 4 juin 1404, Charles VI, voulant reconnaître les services rendus tant à sa personne qu'à celle de son prédécesseur par son maître des comptes, lui octroya l'amortissement de soixante livres de rente spécialement affectées à la fondation de chapellenies et de messes perpétuelles (Arch. Nat., JJ 158, n° 384). En 1407, c'est-à-dire l'année même de l'assassinat du duc d'Orléans, Jean Creté vendit à Isabeau de Bavière huit livres de rente sur deux maisons situées à la porte Barbette, maisons que la reine avait annexées à son hôtel de la courtille Barbette; cette vente, faite de concert avec les gouverneurs de l'hôpital du Saint-Esprit-en-Grève devenu propriétaire de la rente en question, fut consentie moyennant une somme de deux cents livres Tournois. (Arch. Nat., J 151, n° 103).

A tous ceulx qui ces presentes lettres verront ou orront, Guillaume, seigneur de Tignonville, chevalier, conseillier, et chambellan du roy nostre sire et garde de la prevosté de Paris, salut. Savoir faisons que par devant Jehan Hurtaut et Jehan Piece, clers notaires du roy nostre dit seigneur de par lui establiz en son Chastellet de Paris, fu present venerable et discrete personne, maistre Jehan Creté, clerc conseillier du roy nostre sire en sa Chambre des comptes, sain de pensée et d'entendement, considerant que nulle chose n'est plus certaine de la mort ne moins certaine de l'eure d'icelle, et pour ce, en voulant ordonner des biens dont le glorieux Dieu l'a fait dispenseur et que il lui a prestez, au salut de son ame de tout son povoir, fait et ordonne en la presence d'iceulx notaires son testament ou ordenance de derreniere voulenté, ou nom du Pere, du Filz et du benoist saint Esperit, amen, en la forme et par la maniere qui s'ensuit :

Premierement, il recommanda l'ame de lui, quant elle de son corps departira, à la benoiste Trinité, à la glorieuse Vierge Marie mere de Nostre Seigneur Jhesu Crist, es mains de monseigneur saint Michiel l'archange et de toute la benoiste court celestiel, et esleut sa sepulture comme vray catholique ou cymettiere des Sains Innocens à Paris, en la fosse aux povres.

Item, il voult et ordonna que toutes ses debtes fussent et soient paiées et ses torsfaiz amendez, dont il apperra à ses executeurs ci dessoubz nommez.

Item, il laissa au curé de Saint Jehan en Greve, ou au fermier pour lui, un franc, aux clers d'icelle eglise demi franc et à l'euvre d'icelle vi frans.

Item, il laissa aux quatre religions Mendians à Paris pour convertir en blé ou en pain et non autre part, à chascun couvent un muy de blé ou xii frans, valent xlviii frans.

Item, aux Freres Mineurs du couvent de Paris son gros messel à l'usage de Romme.

Item, il laissa à la confrarie des notaires du dit Chastellet de Paris ii frans.

Item, aux xv<sup>xx</sup> de Paris, à chascun iiii deniers qui leur seront baillés en leurs mains, valent vi frans un quart.

Item, aux Filles Dieu de Paris, à chascune deux solz Parisis en sa main, valent xl solz Parisis ou environ.

Item, aux bonnes femmes de Sainte Avoye et aux treze femmes de la rue de Paradis, à chascune en sa main ii solz Parisis, qui pevent monter environ v frans et un quart.

Item, aux xxxii femmes de la Chappelle Estienne Haudry, à chascune en sa main iiii solz Parisis, valent huit frans.

Item, il laissa à l'euvre de Saint Estienne de Touquin, où il fu baptisiez, v frans.

Item, à l'euvre des eglises de Nuilly sur Marne et de Rosny, à chascune iii frans, valent vi frans.

Item, il laissa à Thiphaine la Bouchiere, qui fu sa chamberiere, demourant à la Houssaye en Brie, iiii frans, et, s'elle estoit alée de vie à trespassement, que ilz feussent donnez à l'ordenance de ses executeurs, pour ce iiii frans.

Item, il laissa aux quarante huit femmes de la rue des Poulies, à chascune ii solz Parisis, valent vi frans.

Item, aux bonnes femmes de la rue des Parcheminiers, qui sont dix, à chascune en sa main deux solz Parisis, valent xx solz Parisis.

Item, aux vii bonnes femmes de la Tumbiere, à chascune deux solz Parisis en sa main, valent xiiii solz Parisis.

Item, aux bonnes femmes de Quiquetonne et de l'Egipcienne, qui sont xvi, à chascune ii solz Parisis en sa main, valent xxxii solz Parisis.

Item, aux trois bonnes femmes de la rue du Coq, à chascune en sa main ii solz Parisis, valent vi solz Parisis.

Item, aux six bonnes femmes des Beguines, pour semblable xii solz Parisis.

Item, à xii povres hospitaux de Paris, comprins ens cellui de Saint Jaques du Hault Pas, de Nostre Dame des Champs, et deux à Saint Marcel, à chascun une paire de draps, excepté à l'Ostel Dieu de Paris et à l'ospital de Greve, ou xx solz Parisis, pour ce xii livres Parisis.

Item, aux maladeries d'environ Paris, c'est assavoir, Saint Germain des Prez, le Roole, le Bourgeel, la Porte Saint Anthoine, le Pont de Charenton, Saint Mor, Panthin, qui sont environ lxxiiii, à chascun ii solz Parisis en sa main, valent vii livres viii solz Parisis.

Item, à l'ospital de Fontenay lez le Bois de Vincennes ii paires de draps, du pris de xl solz Parisis.

Item, il laissa à sa commere Guillemete, niepce de feu Casin, iiii frans.

Item, à Adenet, son compere, demourant à Saint Marcel, vi frans.

Item, il laissa à sa filleule, femme d'un vendeur de vins demourant en la Mortelerie, en sa main vi frans.

Item, il laissa à Perrin Bourreche, son varlet, et à ses deux chamberieres, tant du Bois comme du Palais, oultre ce qui leur sera deu de leurs salaires, à chascun x frans, qui valent xxx frans, ou à ceulx qui serviront le dit testateur en leur lieu au jour de son trespassement, pour ce xxx frans.

Item, il laissa à Perrette, sa cousine, demourant à Villejuyve, dix frans.

Item, il laissa à suers Perretté et Jaquette, ses niepces, religieuses cordelieres de Provins, oultre et par dessus xx livres Tournois de rente qu'ilz ont, lesquelx doivent demourer après leurs trespassemens à la dicte eglise, et aussi oultre l escus que le dit testateur leur avoit envoiez pour acheter rentes à leurs vies, il leur laissa et laisse tous les heritages quelxconques qui ont esté conquestez en son nom en la ville et chastellerie de Provins et ou païs d'environ pour et au prouffit des dictes religieuses ; et voult et ordonna que les lettres leur en soient baillées, se elles sont trouvées, et ou cas qu'elles ne seroient trouvées, il voult et ordonna que ses diz executeurs leur en passent et facent faire bonnes lettres de transport, teles et si bonnes comme au cas appartendra, pour en joir par ses dictes niepces leurs vies durans et du survivant d'elles, et la proprieté à la dicte eglise; avecques ce que dit est leur laissa xx escus pour une foiz, pour acheter rentes pour elles, de pareille condicion comme sont les dessus dictes xx livres, pour ce yci xx escus.

Item, il laissa à messire Regnaud l'Angle, son chappellain, et à messire Pierre Colet, son compaignon, et à Alain Colet, son frere, à chascun x frans, valent xxx frans, ou à ceulx qui serviront le dit testateur en leur lieu au jour de son trespassement, pour ce xxx frans.

Item, il laissa aux deux filles de Denisete, sa niepce, suer germaine de mestre Jehan Bouillon, filles de son premier mary, en accroissemens de leurs mariages, à chascune LX frans, valent vi$^{xx}$ frans, et à la tierce fille de son deuziesme mary, pour semblable XL frans, pour tout CLX frans.

Item, aux deux filles de Pierre Rousseau, son nepveu, en accroissemens de leurs mariages, à chascune CL frans, pour ce iii$^c$ frans.

Item, il laissa à Jehannin Rousseau, son filleul, filz du dit Pierre Rousseau son nepveu, pour avoir des livres, cinquante frans.

Item, il laissa à Adam Fevrier pour une foiz dix frans.

Item, à messire Pierre Boure son breviaire où il dit continuelment ses heures, qui est sur un petit lettrin en sa chambre à Paris.

Item, il laissa au dit maistre Jehan Bouillon, son nepveu, le meilleur cheval, mule ou mulet qu'il aura au jour que il yra de vie à trespassement, avecques la vaisselle d'argent qui s'ensuit: c'est assavoir, vi petites tasses, vi cuillers, ii petites aiguieres et ii grans hanaps d'argent où il a ou fons ii grans esmaux, et avecques, les hannaps de madre ou cailliers, lesquelles choses ne furent onques comprises en la vendicion faicte au dit Bouillon des biens meubles estans au lieu d'Avron.

Item, il laissa au dit Pierre Rousseau, son nepveu, l'autre meilleur cheval ensivant.

Item, ycellui testateur laissa aux religieux, abbé et couvent de Saint

Victor lez Paris son calice d'or, pour y celebrer à toutes les bonnes festes de l'an et aussi par l'abbé toutesfoiz qu'il celebrera au grant autel, par tele condicion qu'ilz ne le pourront vendre ne engaigier; et voult le dit testateur que au dessoubz de l'esmail de la pate d'icellui calice soit taillié à un burin : J. CRETÉ.

Item, il laissa à la Grant Confrarie des bourgois de Paris, tant pour l'achat de xx solz Parisis de rente comme pour l'admortissement d'icelle, pour un anniversaire par an, pour une foiz LXVII frans et demi; et ou cas que les prevostz et confreres ne s'en vouldroient chargier, si soit donnée la dicte somme pour Dieu aux povres honteux mesnagiers de la ville de Paris, pour ce LXVII frans et demi.

Item, ycellui testateur laissa au dit Hostel Dieu de Paris, en la chambre aux draps du dit lieu, pour estre emploiez en toiles pour ensevelir les mors povres, par la main de ses diz executeurs XL frans.

Item, à l'Ostel Dieu dessus dit, pour estre employé ou fait du maistre d'icellui hostel es choses plus necessaires pour ycellui, IIII$^{xx}$ frans.

Item, le dit testateur quicta et quicte à Jehan Fouacier qui fu son fermier à Avron tout ce en quoy il puet estre tenu à lui, et voult que son obligacion lui soit rendue, se elle est trouvée, pour Dieu et en aumosne.

Item, le dit testateur voult et ordonna que, s'il estoit trouvé entre ses lettres que aucunes personnes fussent obligées envers lui jusques à la somme de XII livres Tournois ou Parisis et au dessoubz, il voult qu'ilz en soient et demourent quictes tout pour l'amour de Nostre Seigneur.

Item, il laissa à Marion de Partenay, suer de la Chappelle Estienne Haudry, chascun an sa vie durant, xv livres Parisis, à les prendre et avoir par les mains des maistres et menistre fondez en l'ospital de Greve à Paris, tant sur la maison, celiers, caves et louages du Marteray Saint Jehan, comme sur le residu des biens du dit testateur dont ci dessoubz sera faicte mencion.

Item, le dit testateur quicta et quicte la dicte Marion de Partenay de tout ce qu'elle a receu pour lui et distribué, tant pour la despense de son hostel comme autrement en quelxconques manieres que ce soit de tout le temps passé, et confessa avoir eu bon, juste et loyal compte; et voult oultre le dit testateur, que se elle affermoit qu'il ly soit tenus en aucune maniere, que elle en soit tantost satisfaicte.

Item, il laissa à Marguet d'Aiguenne quarante solz Parisis de rente; à Perrenelle la Coque qui aprent les filles de l'ospital de Greve, xx solz Parisis de rente; à Philippote la Gobinete, demourant au dit hospital, xx solz Parisis de rente; à Ancelote, demourant au dit lieu, xx solz Parisis de rente, et à Marion de Rouen xx solz Parisis de rente, c'est assavoir, les dictes vi livres Parisis de rente à la vie des dessus nommées et de chascune d'icelles, ou cas toutes voies qu'elles persevereront es euvres du dit hospital. Et après la mort de chascune d'icelles la dicte rente sera donnée par les maistres du dit hospital, par le conseil du menistre et de deux des plus anciennes femmes du dit hospital, aux filles et femmes servans en ycellui pour avoir leurs necessitez menues; et lesquelles vi livres Parisis de rente sont admorties et sont de la condicion d'autres six livres Parisis que le dit testateur et feue Perrete la Prevoste, dont Dieux ait l'ame, acheterent passé a xxx ans ou environ; lesquelles la dicte feue Perrette a ordonnées par semblable maniere.

Item, il laissa à suer Aalips Bourgoise, religieuse de Saint Marcel lez Paris, xx frans.

Item, ycellui testateur quicta et quicte feu Jehan Brice, sa femme et ses heritiers, de toutes choses quelxconques en quoy ilz seroient trouvez estre tenus à lui tant par lettres comme autrement; et se ilz avoient aucuns biens meubles et utensiles en garde du dit testateur dont ilz n'eussent quictance, il les en quicta et quicte entierement.

Item, le dit testateur quicta Adam Fevrier, et par ces presentes quicte de toutes les choses dont il s'est entremis pour lui et ses besoignes, de tout le temps passé jusques à present; et, se le dit Adam Fevrier affermoit en verité que le dit testateur lui deust aucune chose, il voult que ycellui Adam en soit creu par simple affirmacion.

Item, il laissa au dit lieu de l'ospital du Saint Esperit en Greve sa maison du Marteray Saint Jehan avecques toutes les caves, louages et appartenances, ainsi comme tout se comporte, comme admortie, car c'est l'ancienne fondacion de l'abbaye de Joyenval, des quelx la place toute ruyneuse et inhabitable fut prise et achetée et le pris converti en certaines choses tres necessaires pour le bien, prouffit et utilité de la dicte eglise et conferme de leur pere abbé, l'abbé de Premonstré, à la charge de xx solz Parisis de rente par an deuz aus diz religieux de Joyenval, lesquelles maisons et caves sont louées LXIII livres Parisis chascun an, lesquelles il a chargées ci dessus pour le viage de la dicte Marion de Partenay de xv livres Parisis à la vie d'elle; sur le demourant qui est quarante huit livres Parisis il laissa, laisse et ordonne à Philippote la Gobinete, qui est des filles et du tiltre du dit hospital, laquelle a à present le gouvernement des povres femmes qui sont couchées et levées en ycelui, xxxvi livres Parisis de rente par la maniere qui s'ensuit : c'est assavoir, à la dicte Philippote, sa vie durant, ou cas qu'elle perseverera jusques à la fin es tiltres du dit hospital, IIII livres Parisis par an et xxxII livres Parisis de rente perpetuele, pour acheter par chascun an toilles pour faire draps pour le dit hospital et chemises pour les povres femmes impotens qui affluent ou dit hospital, et aussi pour acheter des floussayes pour couvrir les povres du dit hospital, dont la dicte Philippote et sa compaigne qui à present est auront la charge seules et pour le tout, sans ce que le menistre du dit hospital, qui à present est ou qui sera pour le temps à venir, y ait aucun regart ou cognoissance, se ce n'est à l'achat des dictes toilles ou floussayes, pour les aidier à conseiller; et seront ycelles toilles mises d'ores en avant par devers les femmes en unes aumaires fermans à deux clefs despareilles, dont la dicte Philippote aura l'une et sa compaigne l'autre. Et cest present article sera commencié à acomplir à l'aide de Dieu au Lendit prouchain venant qui sera l'an mil IIII$^c$ et sept; pour ce xxxvi livres Parisis de rente. Et le demourant des louaiges des dictes maisons et caves sera appliqué au prouffit et necessité des choses appartenans aux menistre et procureur d'icellui hospital, pour la sustentacion du vivre des officiers, chapellains clers, femmes et enfans du dit hospital; et, s'il avenoit que par les maistres, menistre et conseil d'icellui hospital il fust advisié et regardé ou temps à venir que prouffitable chose fust de baillier les dictes maisons et caves à rente ou crois de cens, pour le bien et prouffit du dit hospital, le dit testateur voult et ordonna que les dictes maisons et caves demeurent tousjours chargées des dictes xxxvii livres Parisis de rente, c'est assavoir, xx solz Parisis à la dicte abbaye de Joyenval, iiii livres Parisis pour la maistresse et celle qui aura le gouvernement du linge du dit hospital ou lieu de la dicte Philippote; pour ce yci xxxvii livres Parisis de rente.

Item, il laissa au dit hospital du Saint Esperit toutes les rentes en deniers qu'il avoit acquises, c'est assavoir, en la ville et banlieue de Paris, au Pont de Charenton et autre part.

Item, il laissa au dit hospital du Saint Esperit deux admortissemens qui sont de iiii$^{xx}$ livres Parisis de rente, c'est assavoir, xx livres Parisis d'une part et lx livres Parisis d'autre part, si comme par deux paires de lettres royaux, seellées en laz de soye et cire vert et enregistrées en la Chambre des comptes, puet apparoir.

Item, laissa à Guillemin Luquet, povre orphelin, pour lui aprendre mestier, dix escus.

Item, il laissa à chascun de ses executeurs ci dessoubz nommez qui s'entremettront de son execucion, pour leur peine et salaire, un marc d'argent ou la value.

Item, ycellui testateur voult et ordonna que la proprieté de son hostel d'Avron, avecques les terres, vignes, prez, bois et appartenances quelxconques, soient vendues et adenerées au plus prouffitablement que faire se pourra, pour ce que il a donné le dit hostel à son dit nepveu, maistre Jehan Bouillon, et à Colete sa femme, filleule d'icellui testateur, leurs vies durans et du survivant, et doivent tenir et maintenir le dit lieu, le dit temps durant, en bon et souffisant estat, comme plus à plain puet apparoir par lettres que icelui testateur doit avoir par devers soy; et des deniers qui en ystront il voult et ordonna que l'Ostel Dieu de Paris, tant le maistre comme la prieuse du dit lieu, en aient la tierce partie pour estre convertie es choses plus necessaires appartenans à leurs offices, et le demourant, c'est assavoir, les deux pars de la dicte vente, il laisse au dit hospital pour estre converti en rentes pour la sustentacion des povres et l'acomplissement des tiltres du dit hospital.

Item, il laissa aux religieux des Bons Hommes du Bois de Vincennes la maison que ycellui testateur y a fait faire, avecques tous les biens meubles, utensiles d'ostel, exceptez livres et messelz, et tous adornemens de chappelle; lesquelx biens le dit testateur a ordonné à l'usage de l'enfermerie des malades du dit prioré, sans ce que le prieur, qui à present est ou qui sera pour le temps à venir, les puisse vendre, aliener ou convertir en autre usaige que au prouffit de la dicte enfermerie; et ou cas que le dit prieur seroit refusant d'acomplir ce present article et de ce baillier ses lettres patentes aux executeurs du dit testateur, icellui testateur ordonna qu'ilz soient vendus et adenerez, et les deniers qui en ystront donnez et aumosnez pour Dieu par l'ordenance de ses diz executeurs.

Item, le dit testateur laissa à frere Guillaume Chopine, frere en ycellui prioré, une fois, pour avoir ses necessitez menues, x frans.

Item, il laissa à chascun religieux du dit lieu pour semblable, demourans au dit lieu le jour de son trespassement, ii frans, valent environ xii frans.

Item, ycellui testateur volt et commanda toutes ses robes estre données pour Dieu et en aumosne à la voulenté et ordonnance, et si comme bon semblera à ses diz executeurs.

Item, le dit testateur laissa tout le residu de ses biens meubles et immeubles, ce present testament et les choses qui s'en dependent acomplies, de quelque pris, valeur ou estimacion qu'ilz soient, tant à Paris comme ailleurs, et ordonna au dit lieu du Saint Esperit, pour estre converti en rentes et heritages pour l'acomplissement des tiltres d'icellui hospital.

Item, il voult et ordonna que de son luminaire et de toutes ses autres choses touchans son obseque et funerailles ses diz executeurs puissent faire et ordonner à leur voulenté, au moins de coustz et de pompes que il pourra estre fait, pourveu que ilz ne excedent point en toutes choses la somme de c livres Parisis. Et n'est pas son entencion que on donne aucunes robes noires à aucunes personnes, se ilz ne les veulent paier du leur : pour ce, vi<sup>xx</sup>v frans, valent cxiiii escus, xii solz Parisis.

Et pour acomplir ceste presente ordonnance ou derreniere voulenté ycellui testateur nomma et eslut, se il leur plaist et leur supplie que ilz s'en vueillent charger, ses executeurs, c'est assavoir, honorables hommes et sages, sire Mahieu de Lignieres, conseillier et maistre des comptes du roy nostre sire, maistre Pierre de Breban et le dit maistre Jehan Bouillon, clers des comptes d'icellui seigneur, messires Pierre Boure, Symon le Marinier, Jehan de la Chapelle et Pierre Rousseau, bourgois de Paris, les maistres, et Jehan de Clichy, menistre du dit hospital; ausquelz ix, viii, vii, vi, v, iiii ou iii d'iceulx, dont le dit de la Chappelle, Pierre Rousseau et Clichi, menistre, soient tousjours l'un, ausquelx il donna et donne povoir et auctorité de apprehender la possession de tous ses biens meubles et heritages, et après sa mort il les en voult estre saisiz et vestus par la coustume que le mort saisist le vif, et par le bail et tradicion de ce present testament, et de acomplir toutes les choses contenues ci dessus et qui s'en dependent, et de croistre, diminuer, interpreter et faire toutes les autres choses qui s'en dependent, s'il y avoit aucune obscurté. Et voult et ordonna que cest present testament vaille et tiegne par maniere de testament, de codicille ou autrement que mieulx pourra et devra valoir, en rappellant et mettant au neant tous autres testamens ou ordonnances de derreniere voulenté par lui faiz avant cestui; et ce present testament soubzmist et soubzmet à la juridicion et cohercion de la court souveraine de Parlement, en suppliant à nos seigneurs qui tiennent ou tendront le Parlement au jour de son trespassement, que ilz en vueillent prendre et retenir en eulx la jurisdicion, court et cognoissance, se aucun debat s'en naissoit ou sourdoit, ce que ja n'avieigne. Et voult et ordonna ycellui testateur, pour ce que il avoit entencion, s'il plaist à Dieu, de acomplir les clauses de ce present testament ou au moins celles qui se pourront acomplir sa vie durant, et il y a pluseurs menues parties qu'il ordonne estre acomplies manuelment, tant à maladeries comme à povres hospitaulx qui demourent hors de Paris et autrement, qui leur seroit trop grieve chose pour si petite aumosne, comme il est contenu, tant pour leur impotence comme autrement, le dit testateur voult et ordonna que des sommes montans à xx solz Parisis et au dessoubz nulle quictance n'en soit demandée, mais plaise à nos seigneurs de Parlement qui seront ordonnez à oir le compte de ceste presente execucion à estre contens d'une cedule signée de sa propre main ou seellée de son signet, de quoy il a usé en son office sa vie durant, qu'il les aura paiez.

En tesmoing de ce, nous, à la relacion des diz notaires, avons mis à ces lettres testamentaires le seel de la dicte prevosté de Paris, faictes et passées l'an de grace mil quatre cens et six, le lundi xxi jour du mois de fevrier.

Signé : Piece. Hurtaut.

Collacio facta fuit in Parlamento cum originali, die viii$^a$ marcii, anno m° ccccvi°.

(Archives Nationales, x$^{1A}$ 9807, fol. 163 v°.)

## XXI.

### 1407, 13 mars.

#### TESTAMENT DE NICOLAS PIGASSE, MARCHAND GÉNOIS À PARIS.

Nicolas Pigasse, marchand génois établi à Paris, faisait, comme plusieurs de ses compatriotes, tels que Gabriel Fatinant, Bernard de Chine, le commerce des pierres fines, commerce fort lucratif grâce aux folles prodigalités dont Isabeau de Bavière donnait l'exemple. Les comptes de son argenterie mentionnent, à diverses reprises, des achats de pierreries s'élevant à des sommes considérables. Au mois de mai 1401, Nicolas Pigasse vendit à la reine 112 grosses perles « qu'elle retint devers elle pour en faire son plaisir et voulenté, » au prix de 20 écus chaque, d'une valeur totale de 2,016 livres Parisis. Les 4 août et 12 juin 1403, le même marchand encaissa 9,115 livres d'une part, 7,940 livres d'autre part, pour la fourniture de différents lots de perles. En 1404, Nicolas Pigasse fit livraison à Isabeau de Bavière de 18 diamants, de forme variée, valant de 12 à 32 écus la pièce; le montant de

## SOUS LE RÈGNE DE CHARLES VI. 443

la facture, 331 livres, fut payé le 3 février 1405. Au moment de la mort du marchand génois, la reine lui était redevable de 213 livres pour l'achat de plusieurs joyaux et diamants; Barthélemy Sac et Pierre Fatinant, exécuteurs testamentaires de Nicolas Pigasse, donnèrent, les 20 décembre 1410 et 17 décembre 1411, quittance de 140 livres Parisis pour solde de tout compte (Arch. Nat., KK 42, fol. 36 v°, 95 v°; KK 43, fol. 80 r°; KK 48, fol. 43 r°).

A tous ceulx qui ces lettres verront, Guillaume, seigneur de Tignonville, chevalier, conseillier, chambellan du roy nostre sire et garde de la prevosté de Paris, salut. Savoir faisons que par devant Jehan Closier et Jehan du Conseil, clers notaires du roy nostre dit seigneur de par lui establis ou Chastellet de Paris, fu present Nicolas Picasse, marchant de Gennes, demourant à Paris en l'ostel de Gabriel Fatinant, enferme de corps, toutevoies sain de pensée et de bon et vray entendement, si comme il disoit et que à sa face et parole aparoit, lequel Nicolas attendant et saigement considerant qu'il n'est chose en cest monde plus certaine de la mort ne moins certaine de l'eure d'icelle, non voulant trespasser de cest siecle intestat, mais, tant que bon memoire est en lui et que raison gouverne sa pensée et entendement, voulant disposer et ordener des biens que Nostre Seigneur Jhesu Crist lui a prestez en cest monde, par maniere testamentoire, et obvier de tout son povoir aux cas fortuiteux que de jour en jour seurviennent et pevent survenir à toute creature humaine, fist et ordena son testament ou ordenance de derreniere voulenté, ou nom du Pere, et du Filz et du benoit saint Esperit, par la maniere qui s'ensuit:

Et premierement, il, comme bon et vray catholique, recommanda et recommande tres humblement et devotement son ame, quant de son corps departira, à Nostre doulz Sauveur Jhesu Crist, à la benoiste glorieuse Vierge Marie sa doulce mere, à monseigneur saint Michiel l'angle et archange, à monseigneur saint Pierre et saint Pol, à monseigneur saint Merry son patron, à monseigneur saint Nicolas, à monseigneur saint Anthoine, à madame saincte Katherine, à tous sains martirs et confesseurs, à tous sains et sainctes et à toute la benoite court et compaignie de Paradis.

56.

Item, il ordena sa sepulture en l'eglise des Cordeliers de Paris en telle place qu'il plaira à ses executeurs, et à ses obseques tel luminaire et service estre fait comme il plaira à yceulx executeurs.

Item, il voult et ordena toutes ses debtes estre paiées et ses torfais amendez premierement et avant toute euvre, dont il apperra souffisaument aus diz executeurs.

Item, il donna et laissa au couvent des Cordeliers de Paris, pour estre enterré au dit lieu, pour dire vigiles et estre acueilly es prieres et biensfais du dit couvent, la somme de cent livres Tournois.

Item, à son confesseur du dit ordre des Cordeliers vint cinq livres Tournois.

Item, au compaignon d'icellui confesseur quatre livres Tournois.

Item, aux curez de Saint Merry, pour convoier le corps en terre, soixante solz Tournois.

Item, aux chanoines, chapellains et communauté de la dicte eglise de Saint Merry, pour semblable cause, six livres Tournois.

Item, aux deux clers de la dicte eglise vint solz Tournois.

Item, à l'euvre de la dicte eglise cent solz Tournois.

Item, il donna et laissa aux Augustins, Carmes et Jacobins, à chascune ordre, pour dire vigiles, soixante solz Tournois.

Item, à l'ospital du Saint Esperit de Greve xl solz Tournois.

Item, à l'Ostel Dieu de Paris cent solz Tournois.

Item, à l'ospital du Hault Pas xl solz Tournois.

Item, à l'euvre Nostre Dame de Paris xl solz Tournois.

Item, aux Quinze Vins de Paris vint solz Tournois.

Item, aux bonnes dames de Saincte Avoye vint solz Tournois.

Item, il voult et ordena que Jaques Sac soit paié sur tous ses biens quelxconques de la somme de deux mil livres Tournois, en quoy le dit Jaques s'est obligié pour lui et à sa requeste envers Andry Adorne, mary de la fille naturelle du dit testateur; laquelle somme de deux mil livres Tournois le dit testateur avoit promise au dit Andry au traictié du mariage de lui et de la dicte fille.

Item, il donna et laissa à Jaques Picasse, son nepveu, filz de François Picasse, toutes les maisons et terres qu'il a à Gennes, à Voutery et ou païs d'environ, pour en joyr et user par le dit Jaques Picasse et ses hoirs de son corps, nez et procreez en loyal mariage, à heritage perpetuel, pourveu toutevoies que le dit Jaques et ses dis hoirs ne les pourront vendre ne aliener, et si tost que ilz vouldront faire le contraire, que les dis heritages soient et demeurent aux povres de Gennes pour l'amour de Dieu. Et ou cas que le dit Jaques Picasse yroit de vie à trespassement sans hoirs de son corps par la maniere devant dicte, le dit testateur voult et ordena que les dictes maisons, terres et heritages soient et demeurent à la dicte fille du dit testateur et à George de Pascal, à chascun par moitié, pour eulx et leurs hoirs de leur corps procreez, comme devant est dit; et, se l'un des dis George et fille naturelle du dit testateur aloit de vie à trespassement sans hoirs, le seurvivant tendra yceulx heritages par la maniere devant dicte, et, se ilz n'avoient aucuns hoirs, les revenues d'iceulx heritages seront données aux povres devant dis par ses dis executeurs ou l'un d'eulx.

Item, il voult et ordena que la somme de mil livres Tournois soit prise par ses dis executeurs ou l'un d'eulx sur tous ses biens, et ycelle estre mise es lieux du commun de Gennes telz que bon leur semblera, escrips ou nom de Jaques Picasse dessus nommé, et que le dit Jaques en ait et reçoive le proufit et revenue, sans ce que il les puisse vendre ne aliener, excepté quant il sera en aage parfait, se il semble bon à ses dis executeurs ou l'un d'eulx que il soit souffisant de gouverner le sien et en trouver plus grant proufit que le tenir ou dit commun, faire le pourra par le consentement des dis executeurs ou de l'un d'eulx; lesquelx executeurs ou l'un d'eulx seront tenus de faire de ce le serement devant justice en la maniere acoustumée. Et ou cas que le dit Jaques Picasse yroit de vie à trespassement sans hoir de son corps de loyal mariage, il voult et ordena que sa dicte fille et le dit George et leurs dis hoirs aient et prengnent ycelle somme chascun par moitié par la maniere et selon les condicions contenues en l'article precedent.

Item, il donna et laissa pour une fois à George de Pascal et à son ainsné filz, à chascun quatre livres Tournois.

Item, il donna et laissa pareillement à l'ainsnée fille du dit George, pour le bien et avancement de son mariage, la somme de quatre cens livres Tournois, laquelle somme sera baillée et delivrée par ses dis executeurs à ycelle fille au traictié de son dit mariage, et, se elle aloit de vie à trespassement avant qu'elle feust mariée, il voult et ordena la dicte somme de quatre cens livres Tournois estre donnée et distribuée par ses dis executeurs ou l'un d'eulx à povres pour Dieu.

Item, il voult et ordena estre prins sur tous ses dis biens la somme de douze cens livres Tournois, et ycelle somme estre mise en tel lieu de commun de Gennes, comme bon semblera à ses dis executeurs, et que Gandoulfe *de Poldio* de Gennes, oncle de par mere du dit testateur, joysse et use sa vie durant des proufis et revenues d'icelle somme de douze cens livres Tournois, et que après le trespassement du dit Gandoulfe la dicte somme de douze cens livres Tournois soit prinse par ses dis executeurs ou l'un d'eulx, et ycelle emploiée et convertie pour faire le pont du bourc de Voutery, ou dit païs de Gennes, par telle condicion que le dit Gandoulfe ne puisse chargier ne obligier, sa dicte vie durant, la dicte somme ne les proufis et revenues d'icelle.

Item, il donna et laissa à maistre Ange, son phizicien, la somme de deux cens escus.

Item, il donna et laissa toutes ses robes quelxconques estans à Paris à Nicole, femme de Gabriel Fatinent.

Item, il donna et laissa à Marion, fille du dit Gabriel, femme de maistre Jehan de la Haye, la somme de deux cens frans, pour estre emploié en heritage pour la dicte Marion et ses hoirs de son costé et ligne.

Item, il voult et ordena estre prins sur tous ses biens la somme de deux cens livres Tournois, pour icelle estre donnée et distribuée par Jehan Sac où le confesseur du dit testateur lui ordenera.

Item, il voult et ordena, oultre les lais par lui fais à sa dicte fille, qu'elle ait et lui soit baillié par les dis executeurs la somme de mil livres Tournois, ou cas que son execucion le pourra souffrir et endurer.

Item, il laissa au roy nostre sire la somme de dix livres Tournois.

Item, il voult et ordena que Jehan Sac dessus nommé ait et prengne sur tous ses biens la somme de deux mil livres Tournois, pour en marchander, et s'en aidier et avoir le proufit et revenue dix ans après le trespassement du dit testateur, et après yceulx dix ans passez, le dit Jehan Sac sera tenus donner et distribuer ycelle somme en lieux piteables et cheritables en sa voulenté et conscience; et ou cas que le dit Jehan Sac yroit de vie à trespassement avant les dis ans passez dessus dis, que les executeurs du dit testateur qui seurvivront le dit Jehan Sac les puissent pareillement donner et distribuer en leurs consciences.

Item, il donna et laissa à Mahiet, son varlet, oultre et par dessus son salaire, la somme de cinquante livres Tournois.

Item, il donna et laissa à Marion et Jehanne, chamberieres de Gabriel Fatinent, vint frans, c'est assavoir, à chascune chamberiere dix frans.

Item, il donna et laissa à maistre Gauvain, cirurgien de Milan, vint cinq livres Tournois.

Item, il donna et laissa à son jardinier de la rue Chappon et à sa femme un petit hostel qu'il a n'a gaires acheté, seant en la rue aux Gravelliers, pour eulx et leurs hoirs.

Item, il voult et ordena que le dit Jehan Sac soit creu en sa conscience de tout ce qu'il affermera à lui estre deu par le dit testateur, ou que il lui devra, et semblablement de tout ce qu'ilz ont eu à faire l'un à l'autre de tout le temps passé, et que aux papiers et escriptures du dit Jehan Sac soit adjoustée plainne foy.

Item, il voult et ordena que Gabriel Fatinent dessus nommé soit paié de tout ce qu'il apperra à lui estre deu par le dit testateur et par un compte escript de sa main, lequel compte est devers le dit Gabriel, et oultre donna et laissa au dit Gabriel Fatinent la somme de cinq cens livres Tournois.

Item, il voult et ordena que tout ce que le dit Gabriel Fatinent a paié et baillié pour lui, ou dont il est plege et respondant pour le dit testateur envers quelque personne ou personnes et pour quelque cause que ce soit, soit paié, rendu et restitué au dit Gabriel, selon ce que ycellui Gabriel l'affermera par serement, ou que il en apperra par escript par le compte escript de la main du dit testateur qui est devers le dit Gabriel.

Item, il voult et ordena que tous les saphirs saterins à lui appartenans soient baillez et delivrez au dit Jehan Sac, pour yceulx vendre et adenerer où bon lui semblera, et que les deniers qui vendront et ysterront de la vente d'iceulx soient convertiz et emploiez en la fondacion d'une chapelle perpetuelle en l'eglise Nostre Dame de la Cheve au dit lieu de Voutery.

Item, il voult et ordena que de la somme de deux cens livres Tournois, dont il est debat et question entre lui d'une part et Mathé de Centiste d'autre part, le dit Mathé soit creu en sa conscience de tout ce qu'il en affermera, et de ce le dit testateur charga et charge le dit Mathé en sa conscience jusques à la dicte somme de deux cens livres Tournois tant seulement.

Item, il afferma que il devoit à feu Gabriel Palvoisin la somme de trois cens livres de la monnoie de Gennes, ou environ.

Item, il afferma devoir à feu Pierre de Clavary et à ses compaignons, marchans de sa derreniere compaignie, la somme de deux cens cinquante huit livres Tournois d'une part, et d'autre part la moitié de la somme de LX livres Tournois, et fu du voiage quant le dit Pierre et le dit testateur vindrent d'Alixandrie.

Item, afferma pareillement que Raphael de Vivault, marchant de Gennes, a sa part et porcion en ce que monseigneur de Berry lui doit jusques à la somme de trois cens livres Tournois.

Item, il afferma devoir à Godeffroy de Vivault la somme de quatre vins treze livres Tournois.

Item, il afferma encores devoir au dit Godeffroy la somme de vint frans.

Item; il afferma devoir à Anthoine d'Alegre, marchant de Gennes, la $VIII^e$ partie de vint neuf grosses perles de douze frans la piece.

Item, il afferma devoir au dit Jehan Sac, pour et ou nom de Gabriel des Frans, la $VIII^e$ partie de vint neuf grosses perles de douze frans la piece.

Item, il afferma que Anthoine d'Alegre doit avoir la quarte partie de cent quarante frans que Guillaume de Rudemare, receveur de Monstiervillier, doit par assignacion faicte sur lui de plus grant somme.

Item, il afferma que Querigo des Vignes a en la dicte assignacion xxx frans.

Item, le dit Querigo a la moitié en quatre petiz rubis, l'un desquelx a esté vendu à monseigneur de Berry la somme de cinquante frans.

Item, il afferma devoir à Gabriel Closier, changeur, pour Raphael d'Agouen, xxxv frans quatre solz.

Item, il afferma devoir à maistre Hemart, astronomien, la somme de cent frans ou environ.

Item, au dit maistre Hemart, encores vint frans, dont il lui est respondant pour maistre Jehan Ceilludo.

Item, il donna et laissa encores au dit maistre Hemart la somme de cent frans.

Item, il afferma devoir à Pierre Fatinent, changeur, la somme de mil escus ou environ, et se plus lui en doit, que le dit Pierre soit creu en sa conscience.

Item, afferma que Jehan Clerbouc, orfevre, a sa part et porcion pour deux cens frans ou environ, en une obligacion montant trois mil neuf cens cinquante six frans, en quoy sont obligiez le grant maistre d'ostel du roy nostre sire, Piquet et autres.

Item, il donna et laissa à Saincte de la Vaingne quatre cens livres Tournois, et, s'elle estoit alée de vie à trespassement, que la dicte somme soit aux hoirs de son corps, et se elle n'en avoit aucuns, que ycelle somme soit donnée pour Dieu et en aumosne à la voulenté de ses executeurs.

Item, il voult et ordena que, après cest present testament paié et acompli, le residu de tous ses biens quelxconques estans ou royaume de France et ailleurs soient donnez et distribuez pour Dieu et en aumosne à la voulenté de ses executeurs, à ses povres parens et amis, et à povres personnes piteables et cheritables, telz que bon leur semblera.

Pour toutes lesquelles choses dessus dictes faire, enteriner et loyaument acomplir de point en point le dit testateur fist, ordena, constitua et establi ses executeurs et feaulx commissaires et amis, honorables hommes et saiges, maistre Charles de Valdeter, conseillier du roy nostre sire, le dit Gabriel Fatinent, Pierre Fatinent son filz, Barthelemi Sac, Jaques Sac et Jehan Sac, freres; ausquelx tous ensemble ou aux deux d'iceulx, dont l'un des trois freres soit tousjours l'un, il donna et octroya plain povoir, auctorité et mandement especial de enteriner, acomplir, mettre à fin et execucion deue ceste presente ordenance testamentoire au regart des choses estans à faire et acomplir en ceste partie ou royaulme de France. Et quant au regart des laix et autres choses estans à faire en ceste partie hors du dit royaume de France, il voult et ordena que l'un d'iceulx trois freres en puisse faire et ordener seul tout à sa plaine voulenté par la maniere contenue en ceste presente ordenance testamentoire; es mains desquelx ses executeurs il se dessaisi et devesti de tous ses biens pour enteriner et acomplir ceste ordenance testamentoire, et les soubzmist pour ce du tout à la jurisdicion, cohercion et contrainte de la court de Parlement, et de toutes autres justices et jurisdicions où ilz seront et pourront estre trouvez, et rappella et revocqua tous autres testamens, codicilles ou ordenances de derreniere voulenté par lui fais et passez paravant la date de ces presentes, voulant que cestui sien present testament vaille, tiengne et sortisse son plain effect par fourme de testament, de codicile ou autrement, par la meilleur fourme et maniere que valoir pourra et devra.

En tesmoing de ce, nous, à la relacion des dis notaires, avons mis à ces lettres testamentoires le seel de la prevosté de Paris, qui furent faictes et passées doubles le dimenche treize jours de mars, l'an de grace mil quatre cens et six.

*Sic signatum* : J. CLOSIER. J. DU CONSEIL.

Collacio facta est.

(Archives Nationales, x$^{1A}$ 9807, fol. 173 v°.)

## XXII.

1407, 16 août.

**TESTAMENT ET CODICILLE D'ÉTIENNE POISSONNAT, HUISSIER D'ARMES DE CHARLES V.**

Étienne Poissonnat, que son testament désigne comme paroissien de Saint-Étienne-du-Mont, était un huissier d'armes de Charles V, originaire de Guyenne, lequel avait quitté son pays pour entrer au service du roi, aussitôt que la guerre fut déclarée entre la France et l'Angleterre. La fidélité dont Étienne Poissonnat avait donné des gages et peut-être aussi son étroite parenté avec le premier président du Parlement, Guillaume de Seris, dont il était neveu, lui attirèrent la faveur royale : par lettres du 27 août 1372, l'huissier d'armes du roi obtint, en réparation «des tres grans dommages» qu'il avait éprouvés depuis la guerre, cent livres de rente sur les biens des rebelles en Saintonge; mais le chancelier s'étant refusé à sceller ces lettres, «pour ce qu'il n'y estoit mie expressement contenu sur «quoy Estienne Poissonnat percevroit la dicte rente,» Charles V voulut bien, le 28 décembre 1374, prendre en considération à la fois ses bons et agréables services et plus encore ceux de son oncle, et lui accorder deux cents francs d'or sur les aides, payés une fois pour toutes (L. Delisle, *Mandements de Charles V*, n°s 912, 1089). Vers la même époque, Étienne Poissonnat se fit attribuer une maison à la Rochelle appartenant à son beau-frère, Vesian de Villars, qui suivait le parti des Anglais (Arch. Nat., JJ 104, n° 268). Charles VI lui conserva ses fonctions, comme le prouve la mention de *Poinssonnet, huissier d'armes*, dans le compte de l'hôtel de 1381 (Arch. Nat., KK 30, fol. 32 r°). Pendant nombre d'années, Poissonnat servit la personne du chancelier Pierre de Giac, qui lui remit la gestion de ses biens; c'est à ce titre qu'il enchérit, le 30 août 1385, la terre d'Yerres, mise en vente devant le Parlement (*Ibid.*, X¹ᴬ 1472, fol. 341 r°).

In nomine Domini, amen. Universis presentes litteras inspecturis, curatus parrochialis ecclesie Sancti Stephani in Monte Sancte Genovefe Parisius, salutem in Domino. Noveritis quod in presencia mei testiumque subscriptorum propter hoc personaliter constitutus, Stephanus *Poissonnat*, parrochianus meus, sanus mente et intellectu, recte loquens et bene intelligens, licet aliqua infirmitate detentus, ut prima facie apparebat, considerans et attendens quod in humana condicione nichil est cercius morte nichilque incercius ejus hora, timens ne forte, quod absit, dies extrema vite sue ipsum capiat improvisum, et ob hoc non immerito cogitans de supremis, nolens, ut dicebat, intestatus decedere, sed fortuitis casibus que previderi non possunt cupiens pocius obviare ac anime sue saluti providere, de bonis et rebus sibi a Deo collatis testamentum suum, causa sue ultime voluntatis, fecit, condidit et ordinavit in modum qui sequitur et in formam :

In primis enim animam suam, cum de suo corpore fuerit egressa, omnipotenti Deo creatori suo, gloriose Virgini Marie ejus matri, beato Michaeli archangelo totique curie celesti humiliter et devote recommendavit. Voluit et disposuit corpus seu cadaver suum tradi ecclesiastice sepulture, videlicet, in conventum Jacobitarum Parisiensium, in capella Beate Marie, in qua defunctus Johannes de *Seris*, cognatus suus germanus, ac soror ejus et quondam uxor magistri Guillermi de *Seris*, inhumati sunt et sepulti, que quidem capella est, sicut itur de navi dicte ecclesie in choro ad manum dextram.

Postmodum, voluit debita sua, si que sint, solvi, et forefacta emendari.

Item, voluit quod, in die servicii sui, in dicta ecclesia Jacobitarum sit una missa cum nota et diacono et subdiacono, et in quatuor cornibus representacionis sue ponantur quatuor cerei, quilibet de quatuor libris cere, et sex torchie, quelibet de tribus libris; quod luminare illuminabitur in die vigiliarum et die servicii in missa.

Item, voluit quod in die servicii duodecim misse celebrarentur pro salute anime sue.

Item, legavit fratribus dicti conventus, ut irent eum quesitum processionaliter a domo usque ad ecclesiam, tam pro sepultura ejus, quam pro vigiliis ad novem lectiones et novem psalmos et pro missa quinque francos, et residuum dicti luminaris, qui erit, pro ecclesia sua.

Item, legavit curato Sancti Stephani, unde erat parrochianus, pro juribus sibi pertinentibus, tam pro inhumacione quam pro luminari, quatuor francos, et quod teneatur dicere vigilias Mortuorum cum novem lectionibus et missa, cum diacono et subdiacono.

Item, legavit capellanis dicti curati quatuor solidos.

Item, clericis ejusdem duos solidos.

Item, tribus ordinibus Mandicantibus, scilicet, Cordigeris, Augustinianis et Carmelistis, pro vigiliis dicendis ad Jacobitas, et pro una missa ordinata in conventu eorum, legavit cuilibet unum francum.

Item, Domui Dei Parisiensi, pro vigiliis dicendis in eorum domo, et una missa ordinaria, et pro sustentacione et victu pauperum, legavit duos francos.

Item, legavit pauperibus orphanis Beate Marie Parisiensis octo solidos.

Item, pauperibus orphanis hospitalis Sancti Spiritus in Gravia octo solidos.

Item, operi Sanctorum Innocencium, pro conservando ubi pauperes mortui sepeliuntur, unum francum.

Item, legavit fabrice ecclesie Sancti Pauli Parisiensis, ut matricularii illius ecclesie teneantur in una missa cum diacono et subdiacono, duos francos.

Item, clerico dicte ecclesie Sancti Pauli, ut teneatur orare Deum pro anima ejus, unum francum.

Item, religiosis Beate Katherine Vallis Scolarium, pro una missa ordinata pro salute anime sue, legavit unum francum.

Item, legavit hospitali Beati Jacobi de Alto Passu, pro una missa ordinata et pro associando et participando in omnibus benefactis dicti hospitalis, unum francum.

Item, ecclesie Sancti Anthonii Parvi, pro una missa ordinata et pro augmentacione operis dicte ecclesie, unum francum.

Item, hospitali pauperum cecorum, scilicet Quindecim Viginti Parisiensium, pro eorum sustentacione et pro participando cum omnibus benefactis eorum, unum francum.

Item, hospitali Beate Katherine in magno vico Sancti Dionisii, pro associando omnibus benefactis dicti hospitalis, octo solidos.

Item, voluit et ordinavit quod in die obitus sui dentur et distribuantur pauperibus, pro elemosina, quinque franci, scilicet, cuilibet pauperi unum denarium.

Item, legavit sorori Francisce de *Seris*, cognate sue germane, religiose in conventu de Poissyaco, ut teneatur orare Deum pro eo, decem francos.

Item, quatuor leprosariis existentibus extra Parisius, scilicet, leprosarie que est extra portam Beati Dionisii, et leprosarie que est extra portam Sancti Honorati, que dicitur *le Roule,* et leprosarie extra portam Sancti Germani de Pratis, per quam itur ad portum de *Garnelles,* et leprosarie que est versus portam Sancti Jacobi, eundo ad Burgum Regine, legavit cuilibet ipsarum pro sustentacione pauperum leprosorum octo solidos.

Item, filiole sue Stephanete, filie Johannis *le Corroier* et Johannete *la Fornaise,* legavit octo solidos.

Item, legavit fratri Stephano *Baudouin,* religioso Majoris Monasterii, filiolo suo, pro festo suo faciendo quando celebrabit missam novam, et ut teneatur orare Deum pro se, tempore vite sue, decem francos.

Item, legavit Dionisie, uxori Johannis *Sedile,* in elemosina, pro nutriendo pueros suos, unum francum.

Item, fratri Michaeli *le Gaigneur,* religioso de ordine Predicatorum, decem francos.

Item, Margarete de *Seris,* cognate sue germane, uxori Bertrandi de *Chastiaupers,* ut teneatur orare Deum pro ipso, viginti quinque francos. — Item, Philippote, filie sue, cognate sue, pro augmentacione maritagii sui et ut oret Deum pro se, legavit viginti francos.

Item, Guioto, cognato suo, filio dicti Bertrandi et dicte Margarete, pro tenendo ad scolas et ut teneatur orare Deum pro se, duodecim francos.

Item, domino Johanni *Fortin,* presbytero, capellano cognati sui Guillermi de *Seris,* pro penis et laboribus quas pro se habuit et sustinuit in infirmitate sua, et ut teneatur orare Deum pro anima ejus, legavit triginta quinque francos.

Item, Johanni de Cimiterio, clerico et servitori cognati sui predicti, pro bonis et gratuitis serviciis sibi factis, et pro penis et laboribus quas substinuit in infirmitate sua, et ut oret Deum pro se, legavit quindecim francos.

Item, Guillermo *Alemant*, clerico et servitori cognati sui predicti, pro bonis serviciis sibi factis, et ut teneatur orare Deum pro se, quatuor francos.

Item, Johanni de *Pois*, servitori dicti cognati sui, legavit unum francum, ut teneatur Deum orare pro se.

Residuum autem omnium bonorum suorum mobilium et conquestuum quoruncunque, post complementum tamen presentis testamenti et ultime voluntatis sue, dedit et legavit carissimo suo cognato, magistro Guillermo de *Seris*, domini nostri regis consiliario, pro bonis amiciciis ab ipso receptis, et in recompensacionem certarum missium (*sic*) et dampnorum quas sustinuit et habuit pro se in domo sua et alibi, et ut magis sit inclinatus ad orandum Deum pro se.

Item, post ordinaciones supradictas sic factas, dictus testator in presencia testium inferius nominandorum michi curato predicto requisivit quod quedam verba, que dicere et proferre volebat, essent et fuissent incorporata per me in dicto testamento suo et ultima voluntate, scilicet, ut dicebat : « Verum est quod tempore defuncti domini « Petri de *Giac*, militis, et quondam cancellarii Francie, magistri mei, cu« jus anima requiescat in pace, cui servivi per longa tempora, et de « precepto suo feci plures receptas, tam de suis redditibus quam de « suis gagiis, et plures misias; et eciam, post ejus decessum, commissus « fui per dominos meos, executores testamenti sui, ut me intromitte« rem de facto execucionis dicti testamenti sui : et ideo ego capio in « consciencia mea et in periculo anime mee quod, tam de tempore vite « sue quam eciam post mortem, de omnibus quibus intromisi me, de « receptis et misiis, ego non teneor in uno solo denario dictis executo« ribus, neque heredibus dicti defuncti domini Petri de *Giac*, et spe« cialiter de certa peticione quam domina Johanna de *Peschin* nititur « petere contra me. »

Ad hec autem omnia et singula facienda et fideliter exequenda dictus testator instituit, fecit ac eciam ordinavit executores suos, scilicet, suum carissimum cognatum, magistrum Guillermum de *Seris*, magistrum Stephanum *Joffron*, consiliarios domini nostri regis, fratrem

Michaelem *le Gaigneur*, de ordine Fratrum Predicatorum, et dominum Johannem *Fortin*, presbyterum, capellanum dicti magistri Guillermi.

Quibus executoribus, pro premissis adimplendis, dictus testator obligavit et reliquit omnia bona sua, et in casu quo mobilia sua non sufficerent pro complemento testamenti sui, voluit quod executores sui possent habere recursum ad hereditagia sua, tali condicione tamen, quod dicti frater Michael et dominus Johannes *Fortin*, executores sui, non possint aliquid facere neque intromittere de execucione sua, nisi vocato uno de aliis duobus predictis. Volens eciam dictus testator quod hujusmodi testamentum seu presens ordinacio valeat jure testamenti seu codicillorum, aut alio quovis jure, prout melius valere poterit aut debebit. Et submisit istam presentem ordinacionem et testamentum suum curie Parlamenti, presentibus ad hoc dictis executoribus, cum Johanne *Biece*, clerico Senonensis diocesis, fratre Gilberto de Scocia, ordinis Predicatorum, et Johanne de Cimiterio, clerico diocesis Aurelianensis, testibus fide dignis.

Acta fuerunt in domo dicti magistri Guillermi de *Seris*, anno Domini millesimo quadringentesimo septimo, decima sexta die mensis augusti.

In cujus rei testimonium, sigillum prefate parrochie presenti testamento duxi apponendum, anno et die predictis.

Item, anno Domini millesimo quadringentesimo septimo, vicesima die mensis augusti, in presencia domini Johannis Boussardi, capellani mei, cui quantum ad infra scripta passanda, audienda et mihi fideliter referenda adhibeo fidem indubiam, testiumque subscriptorum, personaliter constitutus, Stephanus *Poyssonnet* addidit in testamento suo, per modum codicilli, nichil diminuendo de suo testamento, sed augmentando jam passata coram me curato predicto testibusque supradictis, in testamento suo nominatis. Voluit et ordinavit quod de bonis suis mobilibus dictum testamentum suum augmentaretur usque ad summam ducentorum scutorum, et non ultra, si facultas dictorum suorum mobilium ad hoc se extenderet, et quod dictam augmentacionem et accressacionem dicti executores sui, in testamento suo prenominati, scilicet, magister Guillermus de *Seris*, cognatus suus germanus, et magister Stephanus *Joffron*, domini nostri regis consiliarii in suo Parlamento, donarent et distribuerent pauperibus Christi, vel ad pios usus ad voluntatem eorum, pro remedio et salute anime sue, testamento primitus completo, quod submisit curie Parlamenti; presentibus ad hoc fratre Michaele Lucratoris, fratre Gilberto de Scocia, ordinis Predicatorum, domino Johanne Fortini, presbytero, cum Johanne de Cimiterio, testibus fide dignis.

In cujus rei testimonium, ad relacionem dicti Johannis Boussardi, sigillum prefate parrochie presenti codicillo duxi apponendum, anno et die predictis.

Collacio facta est cum originali.

(Archives Nationales, $x^{1A}$ 9807, fol. 195 v°.)

## XXIII.

### 1407, 20 octobre.

**TESTAMENT D'ENGUERRANNE DE SAINT-BENOÎT, FEMME DE PIERRE DE PRÉCY.**

A tous ceuls qui ces lettres verront, Guillaume, seigneur de Tignonville, chevalier, chambellan, conseillier du roy nostre sire et garde de la prevosté de Paris, salut. Savoir faisons que par devant Toussains Basdoz et Jehan Tillart, clers notaires jurez du roy nostre dit seigneur de par lui establiz en son Chastellet de Paris, fu presente damoiselle Enjorranne de Saint Benoist, femme de noble homme Pierre de Precy, escuier, seigneur de Borrent, saine de corps, de pensée, de bon et vray entendement, si comme elle disoit et que de prime face apparoit, attendant et considerant en soy que de toute creature humaine les jours sont briefz, et qu'il n'est chose plus certaine de la mort ne chose plus incertaine de l'eure d'icelle, voulans obvier aux cas adventureux qui de jour en jour pevent avenir, non voulant de cest siecle departir intestate, mais voulant pourveoir et remedier au salut de son ame, et, pour ce, tandiz que vigueur regne en elle et que raison, sens et entendement gouvernent sa pensée, voulant ordener les biens que Nostre Seigneur Jhesu Crist lui a prestez en cest siecle, par disposicion testamentaire, fist et ordena son testament ou ordenance de derreniere volenté, ou nom du Pere, du Filz et du benoist saint Esperit, en la forme et maniere qui s'ensuit :

Et premierement, elle, comme bonne et vraye catholique, recommanda l'ame d'elle, quant de son corps departira, à Nostre Seigneur Jhesu Crist, à la benoiste Vierge Marie, à monseigneur saint Michiel l'ange, à monseigneur saint Pierre et saint Pol et à toute la sainte benoiste compaignie de Paradis, et son corps à la sepulture de l'Eglise, laquele elle eslit ou cimetiere de l'eglise des Sains Innocens à Paris, pres du lieu où furent sepulturez son pere et sa mere, ou en autre lieu pres d'icelui.

En après, elle volt et ordonna ses debtes estre payées et ses torsfaiz estre amendez, dont il apperra deuement à ses executeurs cy dessoubz nommez.

Item, volt et ordonna que trois messes soient perpetuelment chantées et celebrées en la dicte eglise des Sains Innocens pour le salut et remede de son ame et de ses pere et mere, et autres ses parens et amis, par chascune sepmaine, par un chappellain qui aura la chappelle ; lesqueles messes seront continuelment celebrées de *Requiem*, dont l'une sera chantée au lundi, l'autre au mercredi, et la tierce au vendredi, et s'il avenoit qu'elle alast de vie à trespassement à un autre jour que à un des diz jours, elle volt et ordonna que l'une d'icelles messes soit chantée et celebrée au jour que elle ira de vie à trespassement. Et pour la fondacion et dotacion d'icelles messes, elle volt et ordonna vint cinq livres Parisis de rente estre prises chascun an sur toutes les rentes que elle a de son propre heritage en la ville de Paris et hors ; lesqueles rentes elle volt estre chargiées, affectées, soubzmises, obligiées et ypothequées pour fournir et faire valoir les dictes vint cinq livres Parisis de rente, pour les dictes trois messes, jusques à ce que par son heritier ou heritiers ycelles vint cinq livres Parisis de rente soient bien, deuement et souffisaument assises et amorties. Et ou cas que les diz heritiers ou heritier auroient assis bien et souffisaument, et feroient ou auroient fait amortir les dictes vint cinq livres Parisis de rente, elle volt que le residu des autres rentes demeure deschargié, et autrement non.

Item, volt et ordonna que la dicte chapelle soit et appartiengne à messire Rogier le Conte, prestre, chapellain de la dicte testateresse, et lequel a esté longuement demourant avec elle et en son hostel, et charga et charge ses executeurs que après son testament ilz facent et sueffrent laissier jouir et user de la dicte rente, sa vie durant, pour dire et celebrer les dictes messes. Et après le trespassement d'icelui messire Rogier, volt et ordonna que la presentacion de la dicte chapelle appartiengne à maistre Jehan de Breban et Agnès, sa femme, niepce d'icelle testateresse, et aux hoirs et heritiers du costé et ligne d'icelle Agnès.

Item, volt et ordonna que le jour de son obit elle ait pour son luminaire treze torches et quatre gros cierges de cire, chascune torche et cierge pesant quatre livres de cire.

Item, volt et ordonna que seze livres Parisis soient données et aumosnées le jour de son obit par maniere de donnée aux povres, et que à chascun en soit donné un petit blanc de quatre deniers Parisis la piece.

Item, volt et ordonna que le jour de son obit et le lendemain soient chantées et celebrées en la dicte eglise quarante messes pour le salut et remede de l'ame d'elle.

Item, pour estre sepulturée et mise ou dit cymetiere des Sains Innocens, elle laissa à la fabrique dix livres Tournois.

Item, elle laissa à la dicte fabrique vint solz Parisis de rente, à ce que les marregliers seuffrent et laissent chanter et celebrer les dictes trois messes en la dicte eglise par le dit chappellain dessus nommé, ou par ceulx qui seront presentez par les diz heritier ou heritiers de la dicte testateresse.

Item, volt et ordonna que au retour de son dit obit soit fait un disner, selon ce que il semblera estre bon, et honnorable et expedient à ses executeurs.

Item, volt et ordonna que une chasuble de drap de soye vermeille avecques un aube, un amit, estole, manipule, un calice et corporaulx, soient mises en un coffre en la dicte eglise des Sains Innocens, au plus pres de l'autel où les dictes messes seront celebrées, lesquelz aournemens elle volt estre et appartenir à la dicte chappelle.

Item, elle laissa à Jehannete de Breban, fille de maistre Jehan de Breban et Agnès sa femme, niepce d'icelle testateresse, un seurcot long, un seurcot ouvert et une robe à saindre, avecques les pennes d'iceulx seurcotz, lesquelz seurcotz et robe sont d'escarlate vermeille.

Item, elle laissa à Colete de Chaumontel, qui l'a longuement servie, et aux enfans d'icelle Colete, nez et procreez de son corps et en mariage, cent solz Parisis de rente, que elle a droit de prendre et parcevoir chascun an sur certains prez assis à Nuilly sur Marne, et toutes les terres que elle avoit et a à Roissy emprès Gonnesse; et ou cas que la dicte Colete yroit de vie à trespassement sans hoir de son corps, la dicte testaterresse volt que la dicte rente et terres retournent à ses heritiers.

Item, elle laissa à sa cousine, la femme Estienne de Dampmaz, son mantel fourré de gris.

Item, à son ainsnée fille les deux meilleurs houppelandes qu'elle aura au jour de son trespassement.

Item, la dicte testaterresse afferma que, comme à lui competoient et appartenoient certaines maison, terres arables, vignes et autres heritages, situez et assis en la ville de Charenton et ou terrouer d'environ, qui estoient de son propre heritage, lesquelz eussent et aient esté venduz et adenerez de son consentement, par tele condicion et maniere, ou au moins en tele entencion que les deniers qui en ystroient feussent mis et emploiez en autres heritages qui sortissent et feussent d'autele nature, comme estoient les diz heritages, c'est assavoir, de son propre heritage, desquelz deniers, depuis ce, a esté achetée une maison assise à Paris en la rue du Temple, tenant d'une part à Jehan Blanchart, et d'autre part à une maison qui est et appartient au seigneur de l'ostel du Cerf, demourant en la dicte rue, laquele maison elle laissa et donna à Perrenot de Breban, son nepveu, filz des diz maistre Jehan de Breban et Agnès, sa femme, pour le bien et avancement de lui, et pour luy aidier à tenir aux escoles.

Item, laissa encores et donna à Colete de Chaumontel son seurcot d'escarlate vermeille, fourré de menu vair, avecques ycelle penne.

Item, elle laissa à Pierre de Precy, dessus nommé, son mary, ce present testament acompli, tout le residu de ses biens meubles et immeubles quelzconques, acquis durant le mariage de son dit mary et d'elle, par tele condicion que son dit mary sera tenuz paier et acquicter toutes les debtes que elle devra et en quoy elle pourroit estre tenue en aucune maniere, et ses heritiers pour et ou nom d'elle.

Pour toutes lesqueles choses dessus dictes et chascune d'icelles faire, enteriner et acomplir de point en point selon leur forme et teneur, et mettre à fin et execucion deue la dicte testateresse fist, nomma et eslit ses amez et feaulx executeurs et feaulx commissaires, c'est assavoir, le dit Pierre de Precy, son mary, le dit maistre Jehan de Breban, son nepveu, et maistre Pierre de Breban, clerc du roy nostre sire en sa Chambre des comptes, ensemble ou les deux d'iceulx, auxquelx la dicte testaterresse donna et octroya plain povoir, auctorité et mandement especial de ce sien present testament acomplir, selon sa forme et teneur; es mains desquelz ses diz executeurs ycelle testateresse transporta et delaissa du tout la saisine et possession de tous ses biens meubles et heritages quelzconques, lesquelz elle soubzmist du tout à la jurisdicion et contrainte du roy nostre dit seigneur et de sa court de Parlement, et volt que la reddicion de ce sien present testament et tout le fait de son execucion soit fait et rendu en la dicte court de Parlement, et ce sien present testament estre enregistré en la dicte court de Parlement ou livre et registre des testamens; voulant et accordant expressement que ce sien present testament tiengne et vaille par forme de testament, de codicille et ordonnance faicte à sa derreniere volenté, et tout par la forme et maniere que valoir devra et pourra, selon us et coustume, et rappella et revoca tous autres testamens faiz par devant le jour d'uy.

En tesmoing de ce, nous, à la relacion des diz notaires, avons mis à ces lettres le seel de la prevosté de Paris, l'an de grace mil quatre cens et sept, le jeudi vint jours du mois d'octobre.

Ainsi signé : J. TILLART. TOUSSAINS.

(Archives Nationales, x¹ᴬ 9807, fol. 194 v°.)

## XXIV.

1407, 15 novembre.

TESTAMENT DE DENISE LA JOURDINE, CHAMBRIÈRE DE PIERRE LE JAY, AVOCAT AU PARLEMENT DE PARIS.

In nomine sancte et individue Trinitatis, Patris, et Filii et Spiritus sancti, amen. Universis presens publicum instrumentum inspecturis pateat evidenter et sit notum quod, anno ejusdem Domini millesimo quadringentesimo septimo, indicione prima, die decima quinta mensis novembris, pontificatus sanctissimi in Christo patris ac domini nostri, domini Benedicti, divina providencia Pape xiii$^{mi}$, anno decimo quarto, in mei notarii publici ac testium infra scriptorum ad hoc vocatorum specialiter et rogatorum presencia, propter hoc personaliter constituta honorabilis mulier, Dionisia *la Jourdine*, a suo marito, ut dicebat, separata, sana mente per Dei graciam et discreti intellectus, licet corpore pateretur, attendens quod humana creatura, brevi vivens tempore, periculis subjacet infinitis, et plerumque accidit quod inhercia nimia vel superveniens corporalis infirmitas animum impediens racionis mentem per diversa distrahit, et testandi prorsus adimit facultatem, rursus in mente revolvens quod nichil prodest homini, si universum mundum lucretur, anime vero sue detrimentum paciatur, vel vivens talibus non insistat actibus quibus post presentis vite exitum anime sue provideatur saluti, et sarcina peccatorum qua premittitur pii Conditoris omnium clemencia relevetur, de universo namque labore quo persona quelibet sub sole cothidie cruciatur, ad consequendum vite perhennis gloriam, id solum proderit in futuro quod ex corde puro et caritate non ficta boni gesserit in presenti; ne igitur ipsam dies illa de qua nemo certus existit, imo verius hora mortis accipiet, vel, quod absit, preveniat intestatam, de rebus et bonis a Deo collatis testamentum suum seu suam ultimam voluntatem fecit, ordinavit et disposuit in hunc modum :

In primis, animam suam nunc, semper et potissime pro illa hora qua egredietur de suo corpore, in manu omnipotentis Dei, beatissime Virginis Marie matris ejus, tociusque curie celestis, humiliter commendavit, cum anxia cordis amaritudine supplicans et exorans ut non secundum ejus demerita deputet ei eternis suppliciis, sed, secundum sue misericordie ineffabilem exuberanciam secum agens faciat eandem participem regni sui.

Corpus vero suum premunitum ecclesiasticis sacramentis, que omnia et singula sibi exhiberi exnunc devote postulavit, scilicet loco suo et tempore oportunis juxta ritus et mores Sancte Matris Ecclesie, commendavit ecclesiastice sepulture, quam si decedat Parisius, in ecclesia seu cimiterio Sancti Benedicti Beneversi Parisius suam sepulturam elegit.

Voluit autem debita sua persolvi et forefacta emendari.

Deinde legavit curato prefate ecclesie parrochialis Sancti Benedicti Beneversi, pro dicendo vigilias Mortuorum, et eundo quesitum eandem ad domum in qua contigerit mori, octo solidos Parisiensium.

Item, clerico ejusdem ecclesie duodecim denarios Parisiensium.

Item, legavit Petro *Maltin*, clerico venerabilis viri magistri Petri *le Jay*, ejusdem testatricis magistri, duos discos de stanno, unam pintam, unam copinam de stanno, unam patellam eris, unum lectum in quo dictus Petrus de presenti jacet.

Item, legavit Sardine, ad presens uxori Mahieti *le Chien*, unam patellam eris, unum lectum in quo jacet ad presens dicta testatrix.

Item, legavit Marione, filie dicti Mahieti *le Chien*, in augmentacione sui matrimonii, suas duas meliores tunicas, quas ipsa testatrix habebat.

Item, legavit Ma[n]gine *la Ponsardine* unam aquariam de stanno.

Item, voluit et ordinavit quod fieret brevius quam fieri posset, sumptibus tamen et expensis sue execucionis et bonorum suorum quoruncunque, secundum ordinacionem suorum executorum inferius nominatorum, quoddam viagium apud Nostram Dominam Montis Fortis, more consueto, pro sue anime salute.

Distribucionem vero aliorum bonorum suorum mobilium et immobilium quoruncunque relinquit consciencie ac discrecioni et omnimode disposicioni dictorum suorum executorum, et eorum cujuslibet, prout placuerit ipsorum voluntati.

Pro quibus omnibus et singulis, qui (*sic*) in hoc testamento seu ultima voluntate continentur, exequendis et execucioni debite demandandis, et ad omnia et singula peragenda in premissis necessaria et oportuna, executores suos sibi elegit, deputavit, constituit, fecit, nominavit et ordinavit venerabiles et discretos viros, videlicet, magistrum Petrum *le Jay*, in venerabili curia Parlamenti advocatum, ac in legibus licenciatum, et dominum Petrum Ancelini, presbyterum, et eorum quemlibet in solidum, pro tunc presentes. Quibus dedit et concessit plenam et liberam potestatem, et expressum mandatum agendi et defendendi pro execucione predicta, petendique, recipiendi, levandi, exigendi et recuperandi omnia et singula bona sua sibi debita a quibuscunque debitoribus seu detentoribus eorundem, et eciam recipiendi omnium bonorum suorum possessionem et saisinam auctoritate propria; de quorum bonorum omnium et singulorum possessione et saisina ex nunc pro hora mortis se dessaisivit et devestivit antedicta constituens, dictos suos executores extunc prout exnunc de ipsis bonis omnibus et singulis investiens et in possessionem inducens per notam presentis publici instrumenti; volens dictos suos executores predictorum bonorum suorum mobilium et immobilium possessionem et saisinam pro dicta execucione complenda habere et eciam penes eos retinere et remanere, donec execucio predicta fuerit integre completa et ad effectum producta.

Dedit eciam executoribus predictis et cuilibet eorundem potestatem et licenciam interpretandi et declarandi dubia, ambigua et obscura, si que super contentis in hoc presenti testamento seu sua ultima voluntate fuerint vel emergerint ex ipsis vel deppendenciis ex eisdem, prout eis melius videbitur faciendum. Et revocavit, cassavit et adnullavit omnes alias ultimas voluntates, si quam seu quas alias fecit, et hanc presentem ordinacionem voluit et precepit esse suum unicum et solenne ac ultimum testamentum, quod valere precepit jure testamenti, seu jure codicillorum, vel eo omni jure, quo quelibet ultima voluntas valere potest et debet; summittens presens testamentum venerabili curie Parlamenti aut cujuscunque alterius, prout eisdem executoribus melius videbitur faciendum. De et super quibus omnibus et singulis premissis, prefata testatrix voluit, precepit atque peciit sibi fieri et confici, suis tamen sumptibus et expensis, publicum instrumentum, seu publica instrumenta, unum vel plura.

Acta fuerunt hec in platea Mauberti in domo Mahieti *le Chien*, sub anno, indicione, mense, die et pontificatu predictis, presentibus ad hoc honorabilibus personis, Oudino *Pardiot,* diocesis Eduensis, Mariona, uxore Auberici *Chuchepin,* et Coleta, uxore Hannequini *Regamac,* Parisius commorantibus, una cum pluribus aliis testibus ad premissa vocatis specialiter et rogatis.

Et ego Henricus Mercatoris, presbyter Meldensis diocesis, publicus apostolica et imperiali auctoritate notarius, curieque conservationis privilegiorum Universitatis studii Parisiensis juratus, quia premissis omnibus et singulis, dum sic, ut premissum est, agerentur et fierent, una cum prenominatis testibus presens fui, ideo huic presenti publico instrumento, manu aliena fideliter scripto, signum meum solitum apposui, requisitus in testimonium veritatis omnium et singulorum.

Sic signatum : H. Mercatoris.

Collacio facta est cum originali.

(Archives Nationales, x$^{1a}$ 9807, fol. 197 v°.)

## XXV.

1408, 7 avril.

TESTAMENT DE MARTINE CANU, MAÎTRESSE DU BÉGUINAGE DE PARIS.

Martine Canu ne nous est connue que par la mention suivante inscrite au sixième registre des Matinées du Parlement à la date du 16 novembre 1407 (Arch. Nat., x¹ᵃ 4788, fol. 2 v°) : « Ce jour, Martine Canu, maistresse du Beguinage de Paris, « par maistre J. de Combes, son procureur, s'oppose aux criées qui se font des heri- « tages de Nycolas le Riche, situez au Bourc la Royne, pour la somme de L escus « à elle deubs. »

A tous ceuls qui ces lettres verront, Guillaume, seigneur de Tignonville, chevalier, conseillier et chambellan du roy nostre sire et garde de la prevosté de Paris, salut. Savoir faisons que par devant Regnault le Pionnier et Jehan Hure, clers notaires jurez du roy nostre dit seigneur de par lui establiz ou Chastellet de Paris, fu presente Martine Canu, beguine du Beguinage de Paris et maistresse d'icellui Beguinage, enferme de corps, toutevoies saine de pensée et de bon entendement, si comme elle disoit et comme il apparoit de prime face, attendant en elle et saigement considerant qu'il n'est chose plus certaine de la mort ne mains certaine de l'eure d'icelle, pensant aux choses derrenieres, desirant de tout son cuer, tandis que sens et raison sont en elle, ordener par disposicion testamentoire des biens que Nostre Seigneur Jhesu Crist lui a prestez et donnez en ceste mortel vie, pour le salut de son ame, et, pour ce fist, ordena et devisa en la presence des dis notaires, et par ces presentes fait et ordene son testament ou ordenance de derreniere voulenté, en nom du Pere, et du Filz et du benoit saint Esprit, en la fourme et maniere qui s'ensuit :

Et premierement elle, comme bonne et vraye catholique, recommanda devotement son ame, quant elle departira de son corps, à Dieu nostre createur, à la tres doulce Vierge Marie sa mere, à monseigneur saint Michiel l'ange, à monseigneur saint Pierre et saint Pol et à toute la benoite court et compaignie de Paradis.

Item, elle voult et ordena toutes ses debtes estre paiées et ses torsfaiz amendez par ses executeurs cy après nommez, dont il leur apperra souffisaument.

Item, elle laissa au curé de l'eglise Saint Pol à Paris, dont elle est parroissienne, xvi solz Parisis.

Item, elle laissa à l'œuvre de la dicte eglise xvi solz Parisis.

Item, elle laissa aux chapellains d'icelle eglise viii solz Parisis.

Item, elle laissa aux deux clers d'icelle eglise, à chascun quatre solz Parisis.

Item, elle laissa aux religieux de Nostre Dame du Carme, pour dire vigiles, xxxii solz Parisis.

Item, elle laissa aux autres trois ordres Mendians, à chascune ordre xvi solz Parisis pour dire vigiles.

Item, elle laissa à Saincte Katherine du Val des Escoliers à Paris xvi solz Parisis.

Item, elle laissa à l'Ostel Dieu de Paris xvi solz Parisis.

Item, elle laissa aux confraries qui ensuivent ce qui s'ensuit : c'est assavoir, à la confrarie de la Concepcion Nostre Dame en la dicte eglise Saint Pol, cinq solz Parisis; à la confrarie Saincte Katherine du Val des Escoliers à Paris xvi solz Parisis; de Saint Jaques du Hault Pas cinq solz Parisis; de Saint Michiel en l'eglise de Saint Nicolas des Champs, cinq solz Parisis.

Item, elle laissa à l'eglise de Saint Denys de la Chartre, pour les reparacions d'icelle, viii solz Parisis.

Item, elle laissa à l'eglise du dit Beguinage un hanap d'argent greneté, où il a un couronnement esmaillé, et pour les reparacions d'icelle eglise elle laissa xxxvi solz Parisis.

Item, elle laissa aux escolieres du dit Beguinage xxxii solz Parisis.

Item, elle laissa à l'ospital du dit lieu xxxii solz Parisis.

Item, elle laissa à Robinette un lit fourni, quatre paires de draps, deux nappes, deux touailles et une sainture ferrée d'argent, avec ce qui y pend, et un seurcot de pers.

Item, elle laissa à Agnesot, sa fillole, qui demeure avecques elle, un lit fourni.

Item, elle laissa à Guillemete la Petite, beguine du dit Beguinage, un seurcot, le meilleur après deux, un chapperon, un cuevre chief, xxxii solz Parisis, et ses Heures, par ainsi que après le decès d'icelle Guillemete, elle vuelt et ordene que les Heures dessus dictes appartiengnent à la dicte Robinete, se icelle Robinete survit ycelle Guillemete.

Item, elle laissa à Marion Guerart, beguine du dit Beguinage, la proprieté appartenant à la dicte testaterresse de la maison où la dicte Marion demeure à present, assise ou dit Beguinage; de laquelle maison le viage et usufruit appartient à la dicte Marion se vie durant, pour d'icelle proprieté de maison joir et user à tousjours par la dicte Marion, ses hoirs et aians cause. Avecques ce, laissa à ycelle Marion un mantel fourré de connins, un chapperon et un cuevre chief.

Item, elle laissa à Jehanne la Plastriere un de ses seurcos moyens et un cuevre chief.

Item, elle laissa à Gennevote de Meaulx ses bonnes patenostres.

Item, elle laissa à Mahault de Vernon deux cuilliers d'argent.

Item, elle laissa à frere Jehan de Vernon xxxvi solz Parisis, pour prier Dieu pour l'ame d'elle.

Item, elle laissa à Jehanne, femme de Jehan le Blanc, poissonnier de mer, vint escus d'or, un annel d'or, le meilleur qu'elle ait, une bourse de soye ovrée à poins, avecques le pendant à clefs.

Item, elle laissa au filz Simonnet la Vieille, à la fille Guiot le Maçon, à la fille Jehannin Court Nez, à la fille Jehannin le Fournier, ses fillos et filleules, à chascun d'eulx xxxvi solz Parisis.

Item, elle laissa à maistre Jehan de Combes, procureur en Parlement, une sainture ferrée d'argent sur un tissu noir.

Item, elle laissa à frere Robert le Canu une maison qu'elle dit avoir, assise ou dit Beguinage, emprès le puis, pour en joir sa vie durant seulement; et, après le decès d'icellui frere Robert, elle laissa la dicte maison à Marguerite de Stain, pour en joir sa vie durant, par ce que icelle Marguerite sera tenue faire chanter chascun an, après le decès du dit frere Robert, deux messes pour l'ame d'elle.

Item, elle laissa à la dicte Marguerite de Stain, en recompensacion des bons et agreables services qu'elle lui a fais ou temps passé, fait chascun jour, et espere qu'elle fera ou temps à venir, tout le residu de tous ses biens meubles et conquests immeubles, par ce que icelle Marguerite sera tenue paier toutes ses debtes et acomplir ce sien present testament, et prier Dieu pour l'ame d'elle.

Et si voult et ordena la dicte testaterresse que aucun inventoire ne soit fait de ses biens après son decès.

Item, elle laissa à la dicte Marguerite de Stain, à tousjours, pour elle, ses hoirs et aians cause, la maison où icelle testaterresse demeure en hault, avecques une maison en bas que l'en appelle le Convent, ainsi comme elle se comporte. Avec ce, lui laissa à tousjours, pour elle et ses hoirs, une maison, ainsi qu'elle se comporte, qu'elle dit avoir, assise à Paris, en la rue des Escouffles ; voulant et ordenant la dicte testaterresse que, tantost après son trespas, la dicte Marguerite puisse joir et user de toutes les choses dessus dictes à elle laissées, comme de sa propre chose. Et est assavoir que la dicte testaterresse a voulu et ordené que les dictes deux messes que sera tenue faire dire la dicte Marguerite de Stain, après le trespas du dit frere Robert [le] Canu, à cause de la dicte maison assise ou dit Beguinage, emprès le puis, que ycelles deux messes soient chantées à note ou dit Beguinage, à pain et vin.

Et aussi laissa ycelle testaterresse, après le decès de la dicte Marguerite, la dicte maison, assise pres du puis ou dit Beguinage, à l'eglise du dit Beguinage, à tous jours, chargée des dictes deux messes qui seront dictes haultes et à note, à pain et à vin.

Item, elle laissa à la femme Simonnet la Vieille un annel d'or à un saphir.

Pour toutes lesquelles choses dessus dictes enteriner et accomplir, et mettre à fin et execucion deue, selon ce que dessus est dit, la dicte testaterresse fist, nomma et esleut ses executeurs et feaulx commissaires, le dit maistre Jehan de Combes, la dicte Marguerite de Stain, messire Phelippe le Pigaut, prestre, et Jehan le Blanc, ausquelz ensemble, et aux deux d'iceulx pour le tout, la dicte testaterresse donna et donne plain povoir, auctorité et mandement especial de ce faire; es mains desquelx ses executeurs ycelle testaterresse transporta et delaissa tous ses dis biens meubles et immeubles pour son dit testament acomplir, lesquelx, avec la reddicion du compte de ce sien present testament, elle soubzmist et soubzmet à la court de Parlement du roy nostre sire à Paris, en rappellant et mettant à neant tous autres testamens et codicilles par elle fais paravant cestui sien present testament, voulant qu'il tiengne et vaille, et soit acompli par maniere de testament ou ordenance de derreniere voulenté, ou ce que mieulx valoir et tenir devra par raison et par coustume.

En tesmoing de ce, nous, à la relacion des dis notaires, avons mis à ces lettres le seel de la prevosté de Paris, l'an mil quatre cens et sept, le samedi sept jours d'avril avant Pasques.

Ainsi signé : J. Hure. R. le Pionnier.

Collacio facta est cum originali.

(Archives Nationales, $x^{1a}$ 9807, fol. 214 v°.)

## XXVI.

### 1408, 11 septembre.

#### TESTAMENT D'IMBERT DE BOISY, PRÉSIDENT AU PARLEMENT DE PARIS.

Imbert de Boisy, originaire, non de Picardie comme le veulent les auteurs des *Généalogies des premiers présidents du Parlement*, mais du village de Boizy en Forez, était fils d'un sergent d'armes du roi, Jean de Boisy, et neveu du président Étienne de la Grange ainsi que du cardinal Jean de la Grange qui le chargèrent, en 1388 et 1403, de surveiller l'exécution de leurs testaments (Arch. Nat., $x^{1a}$ 1474, fol. 212 r°; $x^{1a}$ 9807, fol. 76 r°). Dans un accord du 18 août 1380, il prend, avec son frère Jean, qui devint plus tard évêque d'Amiens, le titre de docteur ès lois et de conseiller du roi; tous deux poursuivaient la réparation des dommages causés à leur père par Cathon de Chastellux qui l'avait tenu en chartre privée. Jean de

Chastellux, maître de l'hôtel du duc de Berry, frère et héritier de Cathon, composa avec les fils de Jean de Boisy et s'engagea à leur solder une somme de quatre cents francs d'or répartie en huit annuités (Arch. Nat., $x^{1c}$ 41). Imbert de Boisy, que l'on trouve qualifié de chevalier dès 1385, épousa noble demoiselle Marie de Cramailles; cette union est antérieure à l'année 1378, car il eut vers cette époque un procès à soutenir contre les exécuteurs testamentaires de sa belle-mère, et, à cette occasion, son contrat de mariage fut produit au Parlement (Arch. Nat., $x^{1a}$ 1471, fol. 85 r°; $x^{1c}$ 36, accord du 13 mai 1378). Marie de Cramailles avait un frère, Jean dit Floridas, seigneur de Cramailles, lequel dut, aux termes d'un accord du 18 juin 1384, assigner à Imbert de Boisy et à sa femme cent livres de rente sur la terre de Chaulnes. Les deux époux, déjà possesseurs du domaine de Fonches, dans le voisinage, rachetèrent cette même terre de Jean la Personne, vicomte d'Acy, moyennant une somme de 11,000 francs, dont le dernier payement fut effectué le 3 mai 1396 par Jean de Boisy, évêque d'Amiens, au nom de son frère (Arch. Nat., $x^{1c}$ 48, 71).

Admis au Parlement en qualité de conseiller, vers le milieu de l'année 1379, Imbert de Boisy fit créer en sa faveur une nouvelle charge de président, à laquelle il fut reçu à la fin de mai 1394; son nom est mentionné pour la première fois parmi ceux des présidents le 1ᵉʳ juin de cette année. Depuis 1380, il allait régulièrement à Rouen tenir l'Échiquier de Normandie; en 1397 et 1399, il reçut comme président de l'Échiquier 244 livres Tournois (Bibl. Nat., cab. des titres, pièces originales). Messire Imbert de Boisy finit ses jours en Picardie, au mois de juin ou de juillet 1409, suivant le témoignage du greffier Nicolas de Baye (Arch. Nat., $x^{1a}$ 1479, fol. 93 r°). Sa veuve, Marie de Cramailles, et son fils, Henri, vendirent en 1414 à Quentin Massue, conseiller au Parlement, une maison à Paris, sise rue de la Vieille-Truanderie, maison assez délabrée pour que, sur la demande de l'acquéreur, commission fût délivrée par le prévôt Tanneguy du Châtel à Jean l'Archer, examinateur au Châtelet, afin de constater l'état de l'immeuble et de statuer sur les réparations nécessaires (Bibl. Nat., cab. des titres, pièces originales).

A tous ceulx qui ces presentes lettres verront ou orront, Pierre des Essars, chevalier, conseillier, maistre d'ostel du roy-nostre sire et garde de la prevosté de Paris, salut. Savoir faisons que par devant Nicaise le Munier et Jehan Piece, clers notaires jurez du roy nostre dit seigneur de par lui ordenez et establiz en son Chastellet de Paris, fut present noble homme et sage, monseigneur Ymbert de Boisy, chevalier, conseillier d'icellui seigneur et president en sa court de Parlement à Paris, lequel de son bon gré, sans force ou contrainte aucunes, lui estant par la grace de Dieu Nostre Seigneur en bonne santé et prosperité de corps, et de bon, sain et vray entendement, si comme il disoit et comme de prime face apparoit, fist, disposa et ordena ou nom du Pere, du Filz et du benoit saint Esperit, son testament ou ordenance de sa derreniere voulenté en la fourme et tout par la maniere contenue et escripte en une cedule de papier que il exhiba et bailla manuelment aus diz notaires, de laquelle cedule la teneur s'ensuit de mot à mot et est ceste :

In nomine sancte et individue Trinitatis, Patris, et Filii et Spiritus sancti, ego Ymbertus de Boisyaco, Lugdunensis diocesis, attendens verbum Sapientis, dum dicit : Fili, recordare novissima, sciens quod hoc nullum tempus habet nisi nunc, quodque nichil est incercius hora et modo mortis, malens, dum in hac valle miserie dego, super disposicione bonorum a Deo michi collatorum et disposicione mei testamenti seu ultime voluntatis mortem prevenire quam preoccupari per ipsam, testamentum meum seu ultimam voluntatem facio et ordino in modum qui sequitur et in formam :

In primis, animam meam recommendo gloriosissime et individue Trinitati, Domino Nostro Jhesu Christo meo redemptori, beatissimeque Virgini Marie domini Jhesu Christi genitrici, beatissimo Johanni Baptiste, et Vincencio Matisconensis ac beatissimo Firmino martyri Ambianensis ecclesiarum patronis, totique curie agminum supernorum, deinde ad terrena seu temporalia descendens, debita et forefacta mea omnia et singula emendari et solvi volo et precipio per executores meos inferius nominandos seu alterum eorumdem, optansque particeps fieri oracionum et missarum que fuerunt in ecclesia Ambianensi et Christo dante fient in futurum; eligo sepulturam meam in ecclesia Ambianensi, juxta tumbam reverendi in Christo patris et fratris mei, domini Johannis de Boisiaco, episcopi Ambianensis, infra chorum, et quod fiat una tumba non excedens pavimentum secundum decenciam status mei.

Item, volo quod fiat una tumba in ecclesia de *Chaule*, ubi ego et uxor mea erimus in pictura a parte picine, secundum ordinacionem executorum meorum.

Item, Henricum, filium meum primogenitum, in omnibus terris meis et bonis, quas et que habeo in Picardia, heredem instituo, et Jacobum, filium meum secundo genitum, in omnibus terris et bonis, quas et que habeo in comitatu Forensi et ducatu Borbonnesii, heredem instituo; et in casu quo alter eorum sine liberis moreretur vel eorum liberi sine liberis, eos sibi invicem substituo, et in casu quo uterque eorum sine liberis moreretur, Mariam, conjugem meam, quamdiu vixerit, in omnibus terris meis Picardie heredem instituo, et reverendum patrem, dominum Johannem de Boisyaco, Ambianensem episcopum, fratrem meum, in omnibus terris et bonis, quas et que habeo in comitatu Forensi, heredem instituo, quandiu vixerit.

Item, volo quod, si accidat quod mulier et liberi morerentur, relicto domino et fratre meo predicto, sibi usum fructum omnium terrarum mearum ubicunque existencium lego, et post obitum uxoris et fratris omnia bona mea ubicunque existencia volo vendi et in pios usus converti, juxta ordinacionem executorum meorum vel declaracionem per me aliter fiendam.

Item, volo, quod in casu quo Jacobus ludet pro pecunia vel alio valente pecunias et pro panno, equo vel similibus, ad quemcunque ludum, quod ipso facto sit privatus possessione mea ipso jure, et ex nunc prout ex tunc ipsum privo, et volo quod frater suus habeat illud quod ipse, me mortuo, esset habiturus.

Item, lego ecclesie Ambianensi centum francos semel solvendos.

Item, lego ecclesie de Boisiaco decem francos.

Item, ecclesie Sancti Hermundi Veteris decem francos.

Item, lego ecclesie Sancti Hermundi Castri decem francos.

Item, ecclesie de *Chaule* decem francos.

Item, lego ecclesie de *Fonches* decem francos.

Item, lego ecclesie parrochiali Sancti Johannis in Gravia centum solidos Parisiensium.

Item, volo et ordino fundari in castro de *Chaule* unam capellam, ubi celebrabitur una missa cotidie de Requiem pro me et uxore et pro omnibus defunctis, et volo quod domus mea Parisius vendatur in casu quo uxor mea post obitum meum non manebit Parisius, et in casu quo voluerit manere, quod post mortem suam vendatur pro adimplendo omnia supradicta.

Hujus autem mei testamenti seu ultime voluntatis executores nomino, deputo et ordino reverendum in Christo patrem et dominum, dominum Johannem de Boisiaco, Ambianensem episcopum, fratrem meum predictum, conjugem meam, Mariam de *Cramailles*, magistros Johannem *Chanteprime*, consiliarium regis in suo Parlamento, et Johannem *Puy* canonicum et precentorem Ambianensem, et in casu quo liberi mei, quod absit, et liberi liberorum sine liberis morerentur, officiales Lugdunensem et Ambianensem et decanos ecclesiarum Lugdunensis et Ambianensis qui erunt pro tempore, executores meos nomino, eligo et deputo, alios executores supra scriptos nullathenus revocando. Quibus executoribus meis et eorum cuilibet sub forma predicta ego ex nunc trado et in ipsos transfero possessionem omnium bonorum meorum predictorum mobilium et immobilium, ipsisque do plenariam potestatem et mandatum speciale premissa omnia et singula exequendi et adimplendi, petendique et exigendi omnia debita que michi, die obitus mei, debebuntur secundum tamen formam superius annotatam, pro meque agendi meque et execuciones meas defendendi, omniaque et singula faciendi, tractandi et administrandi que ego facerem et facere possem, si personaliter interessem; voloque ut hec mea presens voluntas seu ordinacio valeat jure testamenti, codicillorum seu ultime voluntatis, aut alio modo meliori quo poterit, tam de consuetudine quam de jure, omniaque testamenta per me ordinata seu condita per istud presens seu per hanc presentem meam voluntatem ultimam revoco et adnullo. Presens autem testamentum meum seu hanc ultimam voluntatem venerabilis curie Parlamenti regis protectioni et tuicioni suppono et submitto, vosque notarios invoco testes in testimonium premissorum.

En tesmoing de ce, nous, à la relacion des diz notaires, avons mis

à ces lettres le seel de la dicte prevosté de Paris, et fu fait et passé l'an de grace mil cccc et huit, le mardi unze jours du mois de septembre. Sic signatum : N. LE MUNIER. J. PIECE.
Collacio facta est cum originali.

(Bibl. Nat., Dép. des mss., Collection Moreau, 1161, fol. 351 v°.)

## XXVII.

1408, 24 décembre.

### TESTAMENT DE EUDE LA PIS D'OE, FEMME DE JACQUES L'EMPEREUR, ÉCHANSON DU ROI.

Eude la Pis d'Oe épousa en premières noces Guillaume de Sens, président au Parlement de Paris; elle en eut trois filles : Marguerite de Sens, mariée à Guillaume d'Arbouville, chambellan du roi; Jeanne de Sens, dont le mari, Guillaume de Vitry, notaire et secrétaire du roi, décéda de 1407 à 1409, et Catherine de Sens, qui était encore mineure en 1410. Eude la Pis d'Oe, leur mère, restée veuve le 11 avril 1400, contracta une nouvelle union avec Jacques l'Empereur, échanson du roi, et plus tard garde de son épargne et de ses joyaux. Au moment de ce mariage, elle pouvait disposer, paraît-il, d'environ 1,600 livres de rente et de 13,000 à 14,000 francs en biens meubles formant sa propriété et celle de sa fille Catherine. Jacques l'Empereur, qui ne possédait qu'une très modique fortune, sut mettre à profit son départ pour une expédition lointaine, et agit si habilement que les deux époux se firent donation réciproque de leurs biens. Après la mort d'Eude la Pis d'Oe, sa succession fut l'objet d'un litige entre les enfants de son premier mariage et Jacques l'Empereur; les filles de Guillaume de Sens, d'une part, attaquèrent la donation et prétendirent qu'elle avait été extorquée à leur mère par la violence; d'autre part, Jacques l'Empereur réclama comme devant lui revenir les conquêtes de la succession. Le Parlement, par arrêt du 12 juillet 1410, accueillit la revendication des héritiers d'Eude la Pis d'Oe, et les maintint en possession de la moitié des conquêts immeubles (Arch. Nat., x¹ª 57, fol. 149 r°).

A tous ceuls qui ces presentes lettres verront, Pierre des Essars, chevalier, conseillier, maistre d'ostel du roy nostre sire et garde de la prevosté de Paris, salut. Savoir faisons que par devant Jehan de la

Mote et Jehan Manessier, clers notaires du roy nostre dit seigneur en son Chastellet de Paris, fut presente en sa propre personne noble dame, madame Eude la Piz d'Oe, femme de noble homme Jaques l'Empereur, escuier, eschançon du roy nostre dit seigneur, gisant par maladie en son lit, toute voyes saine de pensée, et de bon et vray entendement, si comme par ses paroles et de prime face apparoit, attendant et saigement en soy considerant que briefs sont les jours d'omme et de femme, et que à toute creature humaine par le decours du temps approche le terme et fin de sa vie temporele, et qu'il n'est chose plus certaine de la mort ne moins certaine de l'eure d'icelle, et n'est nul si riche ne fort qu'il ne convieigne passer par les destroiz de la mort et deceder de ce siecle, mais il n'est nul si saige qui saiche où, quant ne comment, non voulant intestate departir de ce siecle, mais de son povoir voulant et desirant pourveoir et remedier au salut et remede de l'ame d'elle, et prevenir aux cas fortuneux qui de jour en jour aviennent, et des biens temporelz que Nostre Seigneur Jhesu Crist lui a prestez en ce monde transitoire disposer et ordener par maniere et disposicion testamentaire, pour ce, aiant en memoire ces choses, tandiz que sens et raison par discrecion gouvernent soy et sa pensée, de sa certaine science en la presence des dis notaires fist, composa, devisa et ordonna, fait, compose et ordonne son testament ou ordonnance de derraine voulenté, ou nom du Pere, et du Filz et du benoit saint Esperit, un Dieu en Trinité, et par la fourme et maniere qui s'ensuit :

Et premierement, ycelle madame Eude la Piz d'Oe, comme bonne et vraye catholique, recommanda et recommande tres humblement et tres devotement et de tout son cuer son ame et esperit, quant de son corps departira, à Nostre Seigneur Jhesu Crist, son createur et redempteur, à la tres glorieuse Vierge Marie sa mere, dame et mere de grace et misericorde, à monseigneur saint Michiel l'archange, à monseigneur saint Jehan Baptiste, à monseigneur saint Pierre et saint Pol, à monseigneur saint Estienne et à monseigneur saint Denys, à monseigneur saint Nicolas, à madame saincte Katherine, et à tous les anges, arcanges, patriarches, apostres, euvangelistes, disciples, martirs, confesseurs, vierges, et à tous sains et à toutes sainctes, et à toute la benoite court de Paradis.

Après, ycelle dame eslut sa sepulture et voult son corps exanime estre mis en sepulture ecclesiastique, c'est assavoir, en l'eglise parrochiale de Ferrieres en Brye, devant l'ymage Nostre Dame.

Item, elle voult et ordena toutes ses debtes estre payées, et ses torfaiz estre amendez et reparez par ses executeurs cy dessoubz nommez.

Item, icelle testaterresse donna et laissa à la fabrique de l'eglise parrochiale de Saint Jehan en Greve à Paris la somme de cinquante livres Tournois pour une fois.

Item, au curé de la dicte eglise six livres Tournois.

Item, aux deux chapellains d'icelle eglise huit livres Tournois.

Item, aux clers de la dicte parroisse quarante solz Tournois.

Item, au luminaire de Nostre Dame en la dicte eglise vint solz Tournois.

Item, ycelle testaterresse donna et laissa aux quatre principaulx ordres Mendians à Paris, pour dire vigiles et messe solennel en leurs eglises pour icelle testaterresse, c'est assavoir, à chascune d'icelles quatre ordres quatre escus d'or, valent quatre livres dix solz Tournois, qui font pour tout xviii livres Tournois.

Item, aux religieux des Blans Manteaulx, pour vigiles et messe semblablement en leur dicte eglise, quatre livres dix solz Tournois.

Item, aux religieux de Saincte Croix, pour semblable cause, quatre livres dix solz Tournois.

Item, semblablement aux religieux des Billetes quatre livres dix solz Tournois.

Item, la dicte testateresse voult et ordena que les vigiles et messes de ses obseques et son luminaire, tant à Paris comme à Ferrieres, soient fais tout ainsi et par tele maniere qu'il plaira à ses dis executeurs.

Item, elle voult et ordena que le jour de son trespassement ou le landemain soient dictes et celebrées pour le salut et remede d'icelle testateresse cent messes de *Requiem*.

Item, elle laissa au pardon de Saint Jaques du Hault Pas quatre escus, valent quatre livres dix solz Tournois.

Item, elle donna et laissa à la fabrique de la dicte eglise de Ferrieres, pour une fois, cinquante livres Tournois.

Item, elle ordena et laissa cent escus d'or pour faire faire, mener et asseoir en la dicte eglise de Ferrieres une tumbe sur sa sepulture, laquelle sera faicte à l'ordenance de ses dis executeurs.

Item, ycelle testateresse ordonna et laissa, pour donner et distribuer aux povres pour Dieu, pour prier pour l'ame d'elle, la somme de deux cens livres Tournois pour une fois.

Item, elle laissa et donna, et voult estre donné par ses dis executeurs à quatre povres eglises d'emprès et entour la dicte ville de Ferrieres, c'est assavoir, à chascune des dictes quatre eglises vint livres Tournois, pour convertir et employer en aournemens d'eglise.

Item, laissa et donna pour une foiz à la confrarie de Nostre Dame aux Bourgois de Paris vint livres Tournois.

Item, la dicte testateresse volt et ordena que à tousjour mais perpetuelment chascun jour de l'an, soit dicte et celebrée messe en la dicte eglise de Ferrieres en Brie pour le salut et remede des ames d'icelle testateresse, du dit Jaques son mary, et de leurs peres et meres, parens et amis trespassez, et pour ce faire, avoir et continuer perpetuelment, elle laissa et ordena cinquante livres Tournois de rente annuel et perpetuel; et volt que aux fraiz et despens de son execucion, les dictes cinquante livres Tournois de rente annuel et perpetuel par ses executeurs soient assises, constituées et assignées en bons lieux et valables, comme bien revenans, et ycelle rente perpetuele volt et expressement ordena estre admortie, et tout au mieulx et plus seur que ce pourra estre fait pour la dicte messe à perpetuité.

Item, ycelle testaterresse laissa et ordena la somme de deux mile livres Tournois, et ycelle somme de deux mile livres Tournois volt estre baillée et delivrée à son confesseur, maistre Jehan Herault, chanoine d'Aucerre, pour la distribuer et aumosner par le conseil du dit Jaques l'Empereur, son mary, et du dit maistre Jehan Herault.

Item, la dicte testaterresse laissa et donna à maistre Pierre l'Empereur, estudiant à Orleans, pour Dieu et en aumosne, pour le tenir à l'escole, et pour lui aidier à avoir un office devers le roy, ou en Parlement, et afin qu'il soit tenuz prier Dieu pour la dicte testaterresse, la somme de deux mile livres Tournois, pour une foiz.

Item, elle laissa et donna à Denisot l'Empereur tous les biens meubles estans à Romainne, et es appartenances du dit hostel de Romainne, avecques la somme de deux cens livres Tournois pour lui aidier à paier les amendes en quoy il a esté condempné envers le roy nostre sire et l'evesque de Paris.

Item, ycelle testaterresse laissa et donna à Agnès, fille Jehan Dol, pour et en acroissement de son mariage, la somme de $\text{ii}^c$ cinquante livres Tournois et une houppelande noire à grans manches, fourrée de gris.

Item, donna et laissa à Guillemette, sa niepce, fille de Gilot Breteau, pour une foiz, $\text{iii}^c$ escuz d'or, valent $\text{iii}^c$ xxxvii livres x solz Tournois.

Item, elle donna et laissa à Jehannete Destourbé, pour prier pour l'ame d'icelle testaterresse, soixante livres Tournois, pour une foiz.

Item, elle laissa et donna à Raoulin Vernon, qui a longuement servi ycelle testaterresse, cent escuz d'or, valent cent xii livres x solz Tournois.

Item, elle laissa à la femme de maistre Barthelemi Destourbé une houppelande noire à petites manches, fourrée de gris.

Item, elle laissa à ma damoiselle, la mere du dit Jaques l'Empereur, une houppelande vermeille, fourrée de gris.

Item, à Jehanne, sa damoiselle qui la sert, une cote hardie de vert à chevaucher, toute neuve, et le manteau de la couleur mesmes.

Item, à Marion la Chaussiere, qui a servi longuement la dicte testaterresse, dix livres Tournois, pour une foiz.

Item, à une autre Marion, qui la sert à present, quarante solz Tournois.

Item, à Castille et à Pastoureau, à chascun d'eulx, six livres Tournois.

Item, au varlet de chevaulx du dit Jaques ycelle testaterresse laissa et donna soixante sept solz six deniers Tournois.

Item, au page du dit Jaques quarante cinq solz Tournois.

Item, elle laissa à sa suer, la femme Thomas de Nuilly, un annel d'or à une perle.

Item, la dicte testaterresse donna et laissa à Guillemete de Fay, dit Petite, pour une foiz, vint livres Tournois.

Item, elle laissa à maistre Jehan Herault, pour prier Dieu pour elle, unze livres cinq solz Tournois.

Item, à frere Guillaume Boubant unze livres cinq solz Tournois.

Item, elle donna et laissa à Perrin du Hamel, son clerc, dix livres Tournois.

Item, à Simonnet le Queux LXVII solz VI deniers Tournois.

Item, la dicte testaterresse volt et ordena que ses bonnes Heures soient données, et les laissa à donner à et par l'ordenance et conseil de maistre Jehan Herault, son confesseur dessus nommé, et du dit Jaques l'Empereur, son mary.

Item, à l'Ostel Dieu de Paris quatre livres dix solz Tournois, c'est assavoir, la moitié à la fabrique, et l'autre au linge du dit hostel.

Item, la dicte testaterresse ratifia, conferma et approuva, et par ce sien present testament appreuve, conferme et ratiffie au mieulx que faire peut, certaines lettres de grace mutuelle et don pareil, pieça passées par la dicte testaterresse et par le dit Jaques l'un à l'autre, voulant et expressement consentant que les dictes lettres sur ce faictes vaillent, tiengnent et sortissent leur plain effect en tout leur contenu.

Pour toutes lesqueles choses dessus dictes et chascune d'icelles faire, parfaire, paier et distribuer, ordener, enteriner, acomplir et mettre à execucion deue par la maniere et condicion dessus exprimées ycelle testaterresse fist, constitua, nomma, eslut et ordena ses executeurs et feaulx commissaires, le dit Jaques l'Empereur, son mary, Nicolas Petit, Gaultier Petit, et maistre George l'Oe; ausquelx ensemble, aux trois et aux deux d'eulx, dont le dit Jaques soit l'un tousjours, ycelle testaterresse donna, bailla et octroya, des maintenant pour lors, plain povoir, auctorité et mandement especial de faire, paier, enteriner et acomplir cest present sien testament, auquel elle se arreste, et veult qu'il tiengne et vaille, comme ordenance de testament, de codicile et autrement, par toutes les meilleurs voyes et manieres que de droit et de coustume valoir pourra et devra. Es mains desquelx ses diz procureurs la dicte testaterresse, des maintenant pour lors, se desvesti et dessaisi de tous ses biens meubles et immeubles, et en bailla par ces presentes la possession et saisine à ses diz executeurs, jusques à plain acomplissement de cestuy sien present testament et toutes les deppendences d'icelui; tous lesquelx ses diz biens meubles et immeubles, des maintenant pour lors, la dicte testaterresse obliga et ypotheca, et volt estre et demourer chargiez, ypothequez, affectez et obligiez pour cestuy sien present testament du tout en tout enteriner et acomplir, et les soubzmist et soubzmet pour ce du tout à la jurisdicion, cognoissance et contrainte de la dicte prevosté de Paris, et de toutes autres justices, soubz qui jurisdicions ilz seront et pourront estre trouvez; laquele testaterresse revoca et rappella tous autres testamens et codicilles, s'aucuns en avoit faiz et passez paravant le jour d'uy.

En tesmoing de ce, nous, à la relacion des diz notaires, avons mis à ces presentes lettres le seel de la dicte prevosté de Paris, faictes et passées doubles d'une substance par la dicte testaterresse, le lundi xxiiiᵉ jour du mois de decembre, l'an de grace mil iiiiᶜ et huit.

Ainsi signé : J. DE LA MOTE. MANESSIER.
Collacio facta est.

(Archives Nationales, x¹ᴬ 9807, fol. 242 r°.)

## XXVIII.

### 1409, 25 mars.

#### TESTAMENT DE DAUPHINE, FEMME DE PHILIPPE VILATE, PROCUREUR AU PARLEMENT DE PARIS.

In nomine Domini, amen. Per hoc presens publicum instrumentum cunctis pateat evidenter et sit notum quod, anno ab incarnacione ejusdem Domini millesimo cccc° octavo ante Pascha, indicione secunda, mensis vero marcii die xxv<sup>a</sup>, ab electione Petri de Luna in Papam electi qui dudum Benedictus decimus tercius dicebatur, anno xv°, in mei notarii publici et testium infra scriptorum presencia, honorabilis et nobilis domicella Dalphina, uxor venerabilis et discreti viri, magistri Philippi *Vilate*, procuratoris in Parlamento, suum ultimum condidit testamentum seu ultimam voluntatem in modum qui sequitur :

C'est le testament ou derreniere volenté que fait damoiselle Dalphine, femme de maistre Phelippe Vilate, procureur en Parlement, demourant en la parroisse Saint Benoist et rue Pierre Sarrazin, le lundi jour de l'Annunciacion Nostre Dame, xxv<sup>e</sup> de mars, l'an mil cccc et huit avant Pasques.

Premierement, la dicte damoiselle, ou cas. que Nostre Seigneur Jhesu Crist vouldra faire sa voulenté d'elle, recommande son ame à Dieu le Pere, sa benoite Vierge Mere, monseigneur saint Michiel l'angle et à toute la court de Paradis, et pour ordonner aucunement des biens que Dieu lui a envoyez et prestez en ce monde, a voulu et veult que son corps soit mis et enterré en l'eglise des Freres Mineurs à Paris, en tel lieu et place qu'il plaira aux gardien et freres d'icellui convent et au dit maistre Phelippe.

Item, a retenu de son dot à lui constitué en son mariage, pour son ame, la somme de cent frans, lesquelx elle a voulu estre donnez pour Dieu en la maniere qui s'ensuit : primo, cinquante frans à la dicte eglise et convent des Freres Mineurs à Paris, et leur prie et requiert qu'ilz vueillent dire messes et faire autres biens pour son dit ame, ainsi comme bon leur semblera, et de ce a bonne conscience en eulx.

Item, a donné et laissié, donne et laisse à l'Ostel Dieu de Paris et aux povres d'icellui vint et cinq frans.

Item, des autres vint cinq frans restans d'icelle somme de cent frans elle laisse et donne à la fabrique de l'eglise monseigneur Saint Benoist vint solz Parisis.

Item, au curé ou au vicaire de la dicte eglise dix solz Parisis.

Item, veult et ordonne que en icelle eglise de Saint Benoist soient dictes vint et cinq messes de *Requiem*, c'est assavoir, xii par les Freres Mineurs et xiii par les chapellains d'icelle eglise de Saint Benoist, et pour chascune messe elle donne et laisse deux solz Parisis, valent cinquante solz Parisis.

Item, le residu des diz vint et cinq frans sera donné en aumosne, ou en seront dictes des messes selon l'ordonnance de ses executeurs cy après nommez.

Item, veult et ordonne que sept ou huit pieces d'or qu'elle a devers soy et en son coffre soient données pour Dieu et pour dire messes comme dessus.

Item, donne et laisse à Agnesot, sa garde, sa houppellande de violet, fourrée de gris.

Item, son autre houppellande de drap marbré, fourrée de aigneaux noirs, à Jehanne la Martinneque, demourant en la rue de la Harpe.

Item, trois autres cottes qu'elle a laissé et donné, c'est assavoir, l'une à Jehannette, nourrice de Anthoine son filz, et les deux autres à deux povres femmes qui demeurent devant l'ostel du dit maistre Phelippe.

Item, donne et laisse à Bernarde la Limosine du dit residu des diz xxv frans quarante solz Parisis.

Item, à Amelot, chamberiere de l'ostel du dit maistre Phelippe, dix solz Parisis.

Item, à une autre bonne femme nommée Perrette, qui est comme chamberiere du dit hostel, dix solz Parisis.

Item, donne et laisse plus à la dicte eglise de Saint Benoist, où ce sera mieulx employé à l'ordonnance de ses diz executeurs, une tasse dorée de ceulx qui lui ont esté donnez.

Et en tous ses autres biens, tout partout où ilz soient, elle fait ses heritiers par egale porcion, c'est assavoir, ses enfans, Katherine, Anthoine, Agnesot et un ou deux qui naistront au plaisir de Dieu d'elle.

Et fait et nomme ses executeurs, c'est assavoir, le dit maistre Phelippe Vilate, messire Jehan Vilate son frere, et le gardien des diz Freres Mineurs et chascun d'eulx.

De quibus voluit predicta domicella Dalphina per me notarium infra scriptum, ad opus illorum ad quos pertineret et de quibus requisitus esset, fieri publicum instrumentum, seu publica instrumenta, unum vel plura. Acta fuerunt hec in domo prefati magistri Philippi *Vilate*, sita in vico Petri Sarraseni, et parrochia Sancti Benedicti Parisius, anno, indicione, mense et die predictis, presentibus, magistro Philippo *Vilate* et Agnete, custode seu ancilla dicte domicelle Dalphine, supra nominatis testibus ad premissa vocatis specialiter et rogatis. Ego vero, Bartholomeus de Monasteriis, clericus Noviomensis, publicus auctoritate apostolica et imperiali notarius, premissis omnibus et singulis, dum, sicut premittitur, agerentur et fierent, una cum prenominatis testibus presens interfui, eaque sic fieri vidi et audivi, dictumque testamentum in presencia prefate domicelle Dalphine, manu propria scriptum, de verbo ad verbum legi. Propterea huic presenti publico instrumento eciam propria manu scripto signum meum solitum apposui, in fidem et testimonium premissorum.

Collacio facta est.

(Bibl. Nat., Dép. des mss., Collection Moreau, 1161, fol. 479 r°.)

## XXIX.

1409, 20 août.

TESTAMENT DE JEANNE LA HÉRONNE, POISSONNIÈRE D'EAU DOUCE.

Jeanne la Héronne, marchande de poisson qui jouissait d'une certaine aisance, ainsi que le prouvent ses dispositions testamentaires, appartenait à cette vieille bourgeoisie parisienne dont maints représentants se distinguèrent aux xiv° et xv° siècles dans l'exercice des fonctions publiques. L'un de ses frères, Jean de Crespy, figure dès l'avènement de Charles VI sur la liste des notaires et secrétaires du roi; son fils, Macé Héron, parcourut une carrière non moins brillante; trésorier des guerres de Charles VI et secrétaire du duc d'Orléans, il obtint des lettres de noblesse au mois d'août 1406 (Arch. Nat., JJ 160, n° 430; KK 267, fol. 35 v°,

63 r°). Il fut également honoré de la confiance du duc de Berry, et devint trésorier général de ses finances, comme le montrent les comptes qu'il rendit pour les exercices 1413 et 1414 (Arch. Nat., KK 250). Lorsque Jacques de Bourbon, comte de la Marche, prisonnier des Bourguignons depuis la bataille du Puiset, sortit de captivité en 1412, ce fut Macé Héron que le duc de Berry chargea d'engager plusieurs joyaux de prix, notamment un tabernacle d'or garni de pierreries, afin de réaliser les sommes exigées pour sa rançon (Arch. Nat., KK 252, fol. 186 v°). Après la révolution qui mit le pouvoir aux mains des Bourguignons, Macé Héron quitta Paris, et ses biens furent confisqués. Il possédait du chef de sa femme, nièce de Jean de Crespy et par conséquent sa cousine germaine, la moitié d'une maison sise rue de la Parcheminerie; la portion qu'il avait dans cet immeuble fut attribuée à Jean Dieupart, l'un des complices de Perrinet le Clerc (Sauval, *Antiquités de Paris*, t. III, p. 314). Héron suivit la fortune du dauphin Charles, qui le nomma trésorier général du royaume (*Ordonnances*, t. XXX, p. 33).

A tous ceulx qui ces presentes lettres verront, Pierre des Essars, chevalier, conseillier, maistre d'ostel du roy nostre sire et garde de la prevosté de Paris, salut. Savoir faisons que par devant Jehan Piece et Jehan de Saint Germain, notaires du roy nostre dit seigneur en son Chastellet de Paris, fu personnelment establie Jehanne la Heronne, poissonniere d'eau doulce, bourgoise de Paris, enferme de corps, saine toutes voies de pensée et d'entendement, si comme elle disoit et si comme de prime face apparoit, laquelle attendant et considerant qu'il n'est chose plus certaine de la mort ne moins certaine de l'eure d'icelle, et que briefs sont les jours de humaine creature en ceste mortele vie, non voulant de ce siecle trespasser intestate, mais, tandiz que sens et raison gouvernent sa pensée, voulant et desirant de tout son povoir pourvoir au salut et remede de son ame, des biens et choses que Nostre Seigneur Jhesu Crist par sa grace lui a prestez et envoiez en cest mortel monde fist, nomma et ordena par devant les diz notaires, et par ces lettres fait et ordene ou nom du Pere, et du Filz et du benoist saint Esperit son testament ou ordenance de derreniere voulenté en la forme et maniere qui s'ensuit :

Et premierement, comme bonne et vraye catholique, recommanda humblement et devotement son ame, si tost que du corps departira, à

Dieu, à la glorieuse Vierge Marie, à monseigneur saint Michiel l'angle et à toute la benoite court de Paradis.

Item, voult et ordena ses debtes estre paiées et ses torfaiz estre amendez par ses executeurs cy après nommez, dont il leur apperra deuement.

Item, esleut sa sepulture en l'eglise de Saint Severin à Paris, dont elle est parroissienne, en tel lieu et place qu'il plaira à ses diz executeurs.

Item, voult et ordena son luminaire, qui ardera autour de son corps, estre fait de xii torches, chascune de quatre livres de cire, et de quatre cierges, chascun de quatre livres pesant.

Item, aux chapellains frequentans en la dicte eglise de Saint Severin jusques au nombre de xx, à chascun d'eulx ii solz Parisis, parmi ce que ilz seront tenuz de venir quierre son corps, aidier à dire vigilles pour elle, et convoyer son dit corps jusques à la dicte eglise de Saint Severin, pour le enterrer.

Item, elle voult et ordena que, en la fin de la haulte messe de son obit et à l'eure que on voudra mettre son corps en terre, soient donnez et aumosnez à povres gens par l'ordenance de ses diz executeurs, en l'onneur et pour l'amour de Dieu et des vii euvres de misericorde, vii frans, tant comme ilz [se] pourront extendre, c'est assavoir, à chascun povre ii deniers Parisis.

Item, elle voult et ordena L messes estre dictes le jour de son enterrement en la dicte eglise de Saint Severin, ou plus, se tant y pevent estre dictes ce dit jour jusques à l'eure de midi, et pour ce voult estre paié à chascun chapellain ii solz Parisis.

Item, laissa à la fabrique de la dicte eglise de Saint Severin dix frans, pour une foiz.

Item, laissa à la dicte eglise à tousjours LX solz Parisis de rente perpetuele que elle et Pierre de Cerisy, son gendre, et Jehanne, sa femme, fille d'elle, ont acquestez ensemble sur la moitié des estaulx et pierres où l'on vend le poisson d'eaue doulce à Petit Pont à Paris, près du Petit Chastellet, que tient Pierre le Nourricier, tant pour la sepulture d'elle, de son dit gendre et de sa dicte fille, comme pour et parmi ce que les curez et chapellains et tous ceulx de la dicte eglise de Saint Severin, à qui y puet et doit appartenir, seront tenuz de dire ou faire dire pour la dicte testaterresse, pour ses diz gendre et fille, un obit par chascun an à tousjours perpetuelment en la dicte eglise de Saint Severin, à tel jour qu'il sera advisié et ordené par ses diz executeurs et par les curez et marregliers d'icelle eglise.

Item, voult et ordena un tableau de laiton estre fait et assis encontre un pillier ou le mur de la dicte eglise assez pres de sa dicte sepulture, faisant mencion icellui tableau du dit obit pour elle, pour ses diz gendre et fille, à tele devise comme ses diz executeurs le vouldront deviser ; et pour la matiere et façon du dit tableau laissa à l'ouvrier qui le fera quarante solz Parisis, ou plus, se plus couste.

Item, voult et ordena que sur sa dicte sepulture soit faicte et assise une tumbe de pierre, en laquele soient figurez et gravez trois personnages ou representacions, l'une d'elle, l'autre de son dit gendre et l'autre de sa dicte fille, laquele tumbe se paiera et asserra à ses despens.

Item, laissa au curé du dit Saint Severin xxiiii solz Parisis.

Item, aux deux premiers chapellains d'icelle eglise, à chascun iiii solz Parisis.

Item, aux ii clers d'icelle eglise, à chascun ii solz Parisis.

Item, laissa aux quatre ordres Mendians de Paris, à chascun ordre vint solz Parisis, parmi ce que ilz seront tenuz venir faire leur devoir en l'ostel où elle trespassera, et accompaigner son corps jusques à la dicte eglise Saint Severin, et y faire leur devoir tel comme on a accoustumé à faire en tel cas.

Item, laissa à l'Ostel Dieu de Paris vint frans.

Item, aux Quinze Vins de Paris vint solz Parisis.

Item, au Saint Esperit en Greve à Paris, povres orfelins et trouvez d'ilec, xx solz Parisis.

Item, aux povres malades et accouchées du dit Hostel Dieu de Paris six frans à distribuer en leurs mains.

Item, à povres filles à marier, à distribuer par ses diz executeurs, ainsi que bon leur semblera, vint frans.

Item, à ses deux filloles, c'est assavoir, à Jehannette, fille de Jehan de Suresnes, et à Jehannette, fille de Raoulet Foselin, porteur d'eaue, à chascune d'icelles deux frans.

Item, à Lyegaire, femme Jehan du Pillé, dix frans et un de ses blanchès.

Item, à Agnesot et Marion, filles de la dicte Lyegaire, à chascune ii frans.

Item, à povres femmes vesves, à distribuer par ses diz executeurs, jusques au nombre de xiii, quatre livres Parisis.

Item, à la confrarie du Pere, du Filz et du saint Esperit, et à la confrarie de la Concepcion de Nostre Dame, fondée en la dicte eglise de Saint Severin, à chascune xxiiii solz Parisis.

Item, aux confraries de Nostre Dame de Boulongne, de Saincte Katherine du Val des Escoliers, de Saint Michiel, de Saint Mathurin, toutes fondées à Paris, et à la confrarie de Nostre Dame des Champs lez Paris, à chascune vi solz Parisis.

Item, voult et ordena un anué estre fait et dit à pain, à vin et à chandelle de cire, chascun jour, par les freres religieux Celestins de Paris, pour le salut et remede de son ame, et pour ce faire leur laissa xl frans. Et pour ce que les diz religieux Celestins n'ont pas accoustumé que l'en face ainsi, chascun jour, en leur eglise, comme l'en fait es autres eglises et parroisses de Paris, elle voult que ses diz executeurs et les diz religieux advisent comment l'offrande des diz pain, vin et chandelle se fera le plus priveement et secretement que faire se pourra, et tout à une foiz, se mestier est, et à ce qui sera advisé par ses diz executeurs, ce que pourra couster la dicte offrande de pain, de vin et de chandelle de cire, elle voult qu'il soit paié des biens de son execucion, oultre et par dessus les diz quarante frans, et baillié aus diz religieux Celestins.

Item, elle laissa aux diz religieux Celestins pour une foiz la somme de xxv frans, pour prier Dieu pour le salut de son ame.

Item, laissa au pardon de Hault Pas au dehors de Paris six solz Parisis.

Item, laissa à Jehannette, sa chamberiere, deux frans.

Item, à la nourrice de maistre Macé Heron, son filz, xvi solz Parisis.

Item, à Jehannette, femme de Guillaume le Borgne, xvi solz Parisis.

Item, laissa à tousjours aux enfans de Germaine, sa fille, pour eulx, leurs hoirs et ayans cause, tout tel droit, part et porcion qu'elle a et puet avoir et demander en une petite maison assise à Paris en la rue des Bouticles pres du Petit Pont.

Item, laissa à tousjours à Martin, filz du dit maistre Macé Heron, son filz, pour lui, ses hoirs et ayans cause, son hostel, court, jardins, vignes et tous ses autres heritages quelzconques sans riens excepter qu'elle a et puet avoir assiz en la ville et terrouer de Montrouge; moyennant et parmi ce que il et ses ayans cause seront tenus de faire dire et celebrer, chascun an à tousjours perpetuelment, en la dicte eglise de Saint Severin une messe solennelle de *Requiem* à dyacre et soubzdiacre, à tel jour comme elle trespassera ou qu'il sera advisé par ses diz executeurs.

Item, les laiz et ordenances dessus diz paiez, enterinez et acompliz, la dicte testaterresse voult et ordena tout le residu de tous ses biens meubles, debtes et conquestz immeubles quelzconques estre donné, distribué et aumosné pour Dieu, pour le salut de son ame, tant en messes chanter comme à povres gens et autres euvres piteables et charitables, et tout ainsi et par tele maniere comme il plaira à ses diz executeurs.

Pour toutes et chascunes lesqueles choses dessus dictes faire, paier, enteriner et acomplir, et mettre à fin et execucion deue de point en point selon leur forme et teneur la dicte testaterresse fist, nomma, esleut et ordena ses executeurs et feaulx commissaires, maistre Jehan de Crespy, notaire et secretaire du roy nostre sire, frere Laurent de Crespy, de l'ordre des diz Celestins, ses freres, le dit maistre Macé

Heron, son filz, secretaire du roy nostre sire et de monseigneur de Berry, le dit Pierre de Cerisy et Jehan Patart, ses gendres; ausquelx ensemble et aux deux d'iceulx, dont l'un de ses diz freres ou le dit maistre Macé soit tousjours l'un d'iceulx deux, elle donna et octroya, donne et octroye plain povoir et auctorité de ce faire et de ce qui au cas appartendra et que bons et loyaulx executeurs pevent et doivent faire en tel cas. Et voult et ordena icelle testaterresse, que ou cas et si tost que l'un de ses diz freres sera alé de vie à trespassement avant cestui sien present testament acompli, que ses diz executeurs survivans en nomment un autre ou lieu du dit trespassé. Es mains desquelx ses executeurs dessus nommez elle se dessaisy de tous ses biens meubles et immeubles quelzconques, presens et à venir, et les en voult estre et demourer saisiz et vestuz, tantost elle alée de vie à trespassement, jusques à plain acomplissement de cestui sien present testament; et lesquelz pour ce du tout elle soubzmist et soubzmet à justicier, vendre et exploiter par nous, nos successeurs prevostz de Paris, et par tous autres justiciers, soubz qui jurisdicion ilz seront et pourront estre trouvez, en revoquant et rappellant, irritant et mettant du tout au neant tous autres testamens et ordenances de derreniere voulenté par elle faiz et ordenez par avant cestui sien present testament, auquel elle se arresta et arreste du tout, et voult icellui estre, valoir et demourer, sortir et avoir son plain effect, selon sa forme et teneur, par la meilleur forme et maniere que valoir pourra et devra, de us, de coustume et autrement.

En tesmoing de ce, nous, à la relacion des diz notaires, avons mis à ces lettres le seel de la prevosté de Paris, l'an de grace mil quatre cens et neuf, le mardi xx jours du mois d'aoust.

Signé : Saint-Germain. Piece.

A tous ceulx qui ces presentes lettres verront, Bruneau de Saint Cler, chevalier, maistre d'ostel du roy nostre sire et garde de la prevosté de Paris, salut. Savoir faisons que par devant Jehan Piece et Jehan de Saint Germain, notaires du roy nostre dit seigneur en son

Chastellet de Paris, fu personnelment establie Jehanne la Heronne, poissonniere d'eaue doulce, bourgoise de Paris, enferme de corps, saine toutes voies de pensée et d'entendement, si comme elle disoit et si comme de prime face il apparoit, laquele, en augmentant par maniere de codicille son testament par elle autresfois fait soubz le seel de la prevosté de Paris le mardi xx jours d'aoust, l'an mil cccc ix, parmi lequel ces presentes sont annexées, laissa à Katherine, fille de Germaine sa fille femme de Jehan Patart, sa meilleur cotte longue qu'elle ait, avec la penne servant à icelle et la cotte simple de mesmes.

Item, elle revoca et revoque la clause et ordenance mise en son dit testament du residu de tous ses biens meubles, debtes et conquestz immeubles, par lesquelles elle avoit voulu et ordené icellui residu estre donné, distribué et aumosné pour Dieu, et veult que le tiers du residu de ses biens meubles et debtes tant seulement soit donné, distribué et aumosné pour Dieu, pour le salut de son ame, tant en messes chanter comme à povres gens et autres euvres piteables et charitables, et tout ainsi et par tele maniere comme il plaira à ses executeurs nommez en son dit testament, et les autres deux tiers d'iceulx ses biens meubles et debtes elle veult qu'ilz voisent et appartiennent à ses heritiers.

Et pour cestui sien present codicille et tous les autres laiz et ordenances contenus en son dit testament enteriner, acomplir et mettre à fin et execucion deue de point en point, selon sa forme et teneur, la dicte testaterresse fist, nomma et ordena ses executeurs ceulx nommez en son dit testament qui à present vivent; ausquelx ensemble et aux ii d'iceulx, dont frere Laurens de Crespy, religieux des Celestins de Paris, son frere, ou maistre Macé Heron, son filz, notaire et secretaire du roy nostre sire, soit tousjours l'un d'iceulx ii, elle donna et octroya, donne et octroie plain pouvoir et auctorité de ce faire et tout ce que au cas appartiendra et que bons et loiaux executeurs peuvent et doivent faire en tel cas. Es mains desquelx executeurs elle se dessaisi de tous ses biens meubles et immeubles quelzconques, presens et à venir, et les en volt estre et demourer saisiz et vestuz, tantost ele alée de vie à trespassement, jusques à plain acomplissement de cestui codicille et des autres laiz et ordenances contenuz en son dit testament, et lesquelz ses biens elle soubzmist et soubzmet pour ce du tout à justicier, vendre et exploiter par nous, nos successeurs prevostz de Paris et par tous autres justiciers soubz qui jurisdicion ilz seront et pourront estre trouvez. Et volt son dit testament, en tous ses autres poins et articles, et cest codicille valoir et sortir leur plain effect par la meilleur forme et maniere que valoir pourront, tant de fait comme de droit et autrement.

En tesmoing de ce, nous, à la relacion des diz notaires, avons mis à ces lettres le seel de la prevosté de Paris, l'an de grace mil cccc et onze, le mercredi xxiiii jours de juing.

Signé : J. de Saint Germain. J. Piece.

Collacio facta est cum originali.

(Bibl. Nat., Dép. des mss., Collection Moreau, 1161, fol. 585 r°.)

## XXX.

1410, 22 janvier.

#### TESTAMENT ET CODICILLES D'ALIX DE COURNON, DAME DE GOUDET.

Alix de Cournon, dame de noble et haut lignage, mariée à messire Lambert, seigneur de Goudet, eut une existence traversée par de singulières vicissitudes. Après la naissance de sa dernière fille nommée Marquise, femme de Jean d'Aigrefeuille, elle resta quatorze ans sans avoir d'enfant, et, au bout de ce temps, mit au monde un fils du nom de François, qui fut institué héritier universel de son père, Lambert de Goudet. La dame d'Aigrefeuille et Hugues de Saint-Vidal, qui avait épousé une autre fille du seigneur de Goudet, intentèrent à Alix de Cournon une action à la fois civile et criminelle, soutenant que ce François, que l'on faisait passer pour le fils du seigneur de Goudet, n'était qu'un enfant supposé. Il fut procédé à une enquête en règle et, le 27 juin 1392, le président Imbert de Boisy, quoique proche parent de Hugues de Saint-Vidal, fut chargé par la Cour d'en examiner les conclusions; le résultat de cet examen ne fut point favorable à la dame de Goudet. Au mois de novembre 1393, Nicolas Bertin, examinateur au Châtelet, commissaire royal, se transporta en Velay pour s'assurer de sa personne, et parvint à la saisir dans une localité du nom de Chazalet appartenant à l'ordre de Saint-Jean de Jérusalem. Alix de Cournon fut amenée à Paris et incarcérée à la Conciergerie. Son procès se plaida au Parlement les 8 et 12 janvier 1394; les arguments mis en avant par ses adversaires sont des plus curieux. On fit valoir qu'antérieurement à la naissance de François, Lambert de Goudet, en montant à cheval, *se blessa à l'un des genitifs* et en fit une grave maladie, pendant laquelle un chirurgien l'opéra si maladroitement qu'*il tailla le bon genitif et le mauvais demoura, et par ce fu rendu inabile perpetuò à engendrer.* Par une bizarre coïncidence sa femme vint aussi à tomber malade et se fit *mediciner tellement qu'elle fut inabile à concevoir enfant.* Toutes ces circonstances auraient entraîné Alix de Cournon à simuler une grossesse et à donner comme sien l'enfant d'une de ses suivantes, une demoiselle Claude Colombette. Hugues de Saint-Vidal avança même qu'Alix de Cournon était coutumière du fait, qu'elle avait abandonné son mari pour se livrer à la débauche dans son logis de l'Aiguille près du Puy-en-Velay, «qu'elle avoit avec elle femmes dissolues, et « estoit son hostel un lieu renommé où galans compaignons et compaignes, qui « vouloient employer leur jeunesse en gales et esbatemens, estoient bien venuz. » La dame de Goudet protesta contre ces allégations qu'elle traita de calomnieuses et de mensongères, et demanda, comme tutrice de son fils, à conserver l'administration des biens du défunt. La Cour lui donna en quelque sorte gain de cause en déclarant, par un arrêt du 6 février 1394, qu'en ce qui touchait François, elle suspendrait son jugement *usque ad annos pubertatis*, que provisoirement cet enfant conserverait la succession de feu messire Lambert, et qu'enfin la dame de Goudet serait rendue à la liberté. Le lendemain, Alix de Cournon fut élargie dans les limites du jardin de la Conciergerie, sous caution fournie par les seigneurs de la Chaise et de la Tour. A peu près à l'époque où s'instruisait au Parlement le procès en supposition d'enfant intenté à Alix de Cournon, nous voyons cette noble châtelaine impliquée, avec un bourgeois du Puy nommé Andrieu Buisson et un certain Guillaume Comptour, dans une autre affaire soumise aux *Réformateurs généraux*, et dont la Cour ne voulut point connaître; à la date du 19 décembre 1393, la dame de Goudet et consorts étaient pour ce fait détenus au Louvre. La mort de Hugues de Saint-Vidal apaisa le différend; le 12 août 1407, Alix de Cournon consentit, contre payement de 800 francs, à se dessaisir en faveur de Gonnot de Saint-Vidal, fils de Hugues, des château et terre d'Eynac que son mari lui avait légués. Enfin moins d'un mois après la mort d'Alix, le 1er mars 1410, ses exécuteurs testamentaires passèrent un accord avec Dalmas Olivier, curateur de Dragonnet de Saint-Vidal, petit-fils de Hugues, et se désistèrent de toutes poursuites moyennant 400 écus d'or.

Après ce qui s'était passé entre la dame de Goudet et sa fille Marquise, il n'est point surprenant de voir Alix de Cournon la déshériter en quelque sorte, en lui léguant pour la forme une somme de dix livres Tournois. Marquise n'accepta point cette situation et revendiqua l'héritage maternel; le 24 décembre 1411, Jean de Combes, procureur au Parlement, au nom des exécuteurs testamentaires d'Alix de Cournon, fit abandon à la dame d'Aigrefeuille de l'hôtel de l'Aiguille, près du Puy, lui laissant le soin d'acquitter toutes les charges de la succession (Arch. Nat., x$^{2A}$ 11, fol. 142 v°, 143 r°, 148 r°, 149 r°; x$^{2A}$ 12, fol. 148 r°, 167 v°, 197-202, 233; x$^{1c}$ 94, 99, 102).

A tous ceulx qui ces presentes lettres verront, Pierre des Essars, chevalier, conseillier, maistre d'ostel du roy nostre sire et garde de la prevosté de Paris, salut. Savoir faisons que par devant Jehan Preudomme et Jaques de Mes, clers notaires jurez du roy nostre dit seigneur en son Chastellet de Paris, fut presente noble dame, madame Alips de Cournon, dame du Godet, vesve de feu noble homme monseigneur Lambert, jadis chevalier, seigneur du dit lieu du Godet, enferme de corps, toutevoyes saine de pensée, de bon et vray entendement, si comme elle disoit et de premiere face apparoit, attendant et saigement considerant que briefs sont les jours de toute humaine creature, et qu'il n'est chose plus certaine de la mort ne moins certaine de l'eure d'icelle, et pour ce, tandiz que sens et raison gouvernent sa pensée et son entendement, elle, non voulant deceder de cest mortel monde intestate et des biens temporelz que Nostre Seigneur lui avoit et a prestez en cest siecle ordonner par maniere testamentoire, fist, constitua et ordonna son testament et ordonnance de derreniere voulenté, ou nom du Pere, et du Filz et du benoit saint Esperit, amen, en la maniere qui s'ensuit :

Et premierement, elle, comme vraye et bonne catholique, recommanda son ame, quant de son corps departira, à Nostre Seigneur Jhesu Crist, Nostre Sauveur, createur et redempteur, à la benoite pucelle Vierge Marie sa mere, à monseigneur saint Jehan Baptiste, à monseigneur saint Michiel l'angle, à monseigneur saint Jaques et à toute la benoite court de Paradis.

En après, elle voult et ordonna ses debtes estre paiées et ses torfais amendez par ses executeurs cy après et dessoubz nommez.

Item, la dicte madame Alips de Cournon voult et ordonna, elle alée de vie à trespassement, son corps estre enterré et mis en garde en l'eglise des Freres Mineurs à Paris, et que en la fin de l'an son corps ou ses ossemens soient portez en l'eglise des Cordeliers au Puy en Velay, pour illec estre enterrée avecques le dit feu monseigneur Lambert, jadis seigneur du Godet, son mary.

Item, la dicte testaterresse voult et ordonna que en la dicte eglise des Freres Cordeliers du dit du Puy soit fondée une chapelle ou vicairie, la où son corps reposera, en l'onneur de la Vierge Marie et de monseigneur saint Acasse, martir; en laquelle chapelle ou vicairie les diz Freres Cordeliers et leurs successeurs Freres Cordeliers ou dit convent seront tenus à tousjours chanter trois messes chascune sepmaine pour le salut et remede des ames d'elle, de son dit feu mari, parens et bienfaicteurs. Et pour icelle chapelle ou vicairie douer et fonder icelle testaterresse donna et laissa au convent des diz Freres Mineurs au dit lieu du Puy dix livres Tournois de rente annuelle et perpetuelle, à les avoir et prendre chascun an par les diz Freres Mineurs et leurs successeurs, freres au dit convent du Puy, en et sur tous les biens et heritaiges d'icelle testaterresse.

Item, la dicte madame Alips de Cournon laissa et donna par droit de institucion et hoirie à madame Marquise du Godet, sa fille, femme de noble homme, monseigneur Hugues Daulphin, chevalier, la somme de dix livres Tournois pour tout le droit qui lui povoit et porroit competer et appartenir par quelque droit, tiltre ou cause que ce soit, en tous les biens et succession d'icelle testaterresse, et que pour ycelle somme de dix livres Tournois qui lui sera baillée pour une fois tant seulement, icelle madame Marquise soit contentée, sans ce que jamais elle puisse riens demander es biens de la dicte testaterresse, ne en ses possessions quelxconques.

Item, la dicte testaterresse laissa au convent des Freres Mineurs de Paris dix livres Tournois, pour une fois tant seulement, pour ung anniversaire au retour qu'ilz seront tenus de faire chascun an, à tel jour comme elle sera enterrée en leur dicte eglise.

Item, la dicte testaterresse laissa aux povres des hospitaulx de Nostre Dame du Puy et de Saint Laurens deux lis garnis de couste, de coissins, de oriliers, deux paires de draps pour chascun lit, et une couverture armorée de ses armes, c'est assavoir, un lit à chascun des diz hostiaulx, garni comme dit est.

Item, la dicte testaterresse voult et ordonna estre donné et aumosné à dix filles pucelles en accroissement de leurs mariages cent livres Tournois, à l'ordonnance et election de ses diz executeurs ou des deux qui vaqueront ou fait de son execucion.

Item, la dicte testaterresse voult et ordonna que, le jour qu'elle sera enterrée au dit lieu des Freres Mineurs du Puy, y soient presens les religieux des quatre convens du Puy, c'est assavoir, de Saint Lorens, des Carmes, Freres Mineurs et les nonnains du Val, et pour ce laissa à chascun convent et pour y faire ung anniversaire pour l'ame d'elle, quarante solz Tournois pour une fois.

Item, elle ordonna que le dit jour soient vestus treize povres, chascun de quatre aulnes de gros drap, comme il est acoustumé de faire en la dicte ville du Puy.

Item, la dicte testaterresse voult et ordonna que le dit jour soit mis sur son corps ou ossemens un drap d'or neuf au pris et valeur de trente livres Tournois, duquel sera faicte une chasuble armoyée des armes d'icelle testaterresse, pour servir à la dicte chapelle ou vicairie par elle cy dessus ordonnée estre instituée et fondée.

Item, la dicte testaterresse voult et ordonna que, cestui sien present testament, lays, funerailes et debtes paiés, du residu de ses biens soit fondée une messe perpetuelle en l'eglise Nostre Dame du Puy par ses diz executeurs, se faire se puet et comme il leur sera advis à leur ordonnance.

Item, la dicte testaterresse voult et ordonna que ses diz executeurs soient tenus envoier ung homme en pelerinaige de monseigneur Saint Jaques en Galice, aux despens de son execucion.

Item, elle voult et ordonna que, dedens un an à compter de l'eure de son decès, ses diz executeurs facent dire, chanter et celebrer deux messes par prestres souffisans et ydoines, et à chascun prestre pour chascune messe soit paié deux solz Tournois.

Item, la dicte testaterresse voult et ordonna que par ses diz executeurs soit rendu et restitué au convent des Freres Mineurs du Puy un calice d'argent du pris de dix livres Tournois, duquel calice elle se tenoit tenue au dit convent.

Item, la dicte testaterresse voult et ordonna que ses diz executeurs paient à freres Mathe Mauriat et Jaques Deodat, freres Mineurs du dit convent du Puy, pour les messes qu'ilz ont dictes et celebrées par l'espace d'un an par son ordonnance et commandement, pour chascune messe vint deniers Tournois; laquelle somme pour le dit an leur sera paiée par ses diz executeurs ou à ceulx qui d'iceulx religieux auront cause, s'ilz estoient alez de vie à trespassement.

Item, du residu de tous ses biens meubles, heritages et possessions quelxconques, cestui sien present testament enteriné et acompli, elle fist et institua ses heritiers les povres de Nostre Seigneur Jhesu Crist, auxquelx povres elle voult et ordonna icelui residu estre donné, baillié et delivré par ses diz executeurs ou les deux d'eulx qui s'entremetteront de son execucion.

Pour toutes lesquelles choses dessus dictes faire, parfaire, enteriner et acomplir, et mettre à execucion deue, et chascune d'icelles, la dicte madame Alips de Cournon, testaterresse, fist, nomma et eslut ses executeurs, le gardien des Freres Mineurs du dit lieu du Puy, le prieur des Freres Prescheurs du dit lieu du Puy, le prieur d'Auvergne de l'ordre monseigneur Saint Jehan, qui sont à present ou qui seront pour le temps qu'elle ira de vie à trespassement, et avecques ce Andry Buisson, marchant et bourgois du dit lieu du Puy, auxquelx ses diz executeurs et aux deux d'iceulx la dicte testaterresse donna et octroya plain povoir, auctorité, congié, licence et mandement especial de cestui sien present testament, les circonstances et deppendances, enteriner et acomplir de point en point. Es mains desquelx ses diz executeurs et des deux d'iceulx la dicte testaterresse, dès maintenant pour lors, se dessaisi et devesti de tous ses biens meubles, heritages et possessions quelxconques, voulant que, elle alée de vie à trespassement, ilz en soient vestuz et saisis jusques à plain acomplissement de cestui sien present testament, les circonstances et deppendances d'icellui; lesquelx biens meubles, heritages et possessions, elle obliga et soubzmist en la juridicion et contrainte de la prevosté de Paris et de toutes autres justices où ilz seront et pourront estre trouvez, pour cestui sien present testament, les circonstances et deppendances, enteriner et acomplir, lequel elle voult valoir par voye et maniere de testament, de codicille et autrement, par la meilleur voye et maniere de derreniere voulenté que valoir pourra et devra, en rappellant et revocquant tous autres testamens, codicilles et ordonnances de derreniere voulenté par elle fais et ordonnez par avant la date de ces presentes lettres, esquelles nous, en tesmoing de ce, à la relacion des diz notaires jurez, avons mis le seel de la prevosté de Paris, qui furent passées et accordées le mercredi vint et deux jours de janvier, l'an de grace mil cccc et neuf.

Ainsi signé : JA. DE MES. J. PREUDOMME.

Item, à tous ceulx qui ces presentes lettres verront, Pierre des Essars, chevalier, conseillier, maistre d'ostel du roy nostre sire et garde de la prevosté de Paris, salut. Savoir faisons que par devant Thomas du Han et Jaques de Mes, clers notaires jurez du roy nostre dit seigneur en son Chastellet de Paris, fut presente noble dame, madame Alips de Cournon, dame du Godet, vesve de feu noble homme, monseigneur Lambert, jadis seigneur du dit lieu du Godet, chevalier, enferme de corps, toutevoyes saine de pensée et de bon et vray entendement, si comme elle disoit et de premiere face apparoit, disant que des le xxii$^e$ jour de cestui present mois de janvier, elle avoit fait et ordonné son testament et ordonnance de derreniere voulenté par lettres testamentoires faictes et passées soubz le seel de la prevosté de Paris, parmi lesquelles ces presentes sont annexées, laquelle madame Alips de Cournon, en approuvant et ratiffiant son dit testament et en y adjoustant par maniere de codicille, fist, nomma et ordonna ses executeurs et feaulx commissaires, honorable homme, maistre Jehan de Combes, procureur au Parlement, et Andry Buisson, bourgois du Puy en Velay, aussi nommé executeur en son dit testament; auxquelx ensemble et à chascun d'eulx par soy et pour le tout elle donna et octroya plain povoir, auctorité, licence, congié et mandement especial de son dit testament et cestui sien present codicille enteriner, acomplir et mettre à fin et execucion deue, de y adjouster, augmenter ou diminuer, les interpreter et declairer en tous poins et articles, comme il leur plaira et bon leur semblera et à l'un d'eulx.

En oultre, la dicte madame Alips de Cournon afferma en la presence des dix notaires qu'elle estoit tenue aux personnes cy après nommées es sommes de deniers qui s'ensuivent, c'est assavoir :

A son hostel, pour le louage de son hostel où elle demouroit, vingt quatre livres et dix solz Parisis.

Item, à son dit hostel par lettres obligatoires huit livres Parisis.

Item, au drappier douze livres seize solz Parisis.

Item, à Robert le Fevre, bouchier, douze livres Parisis, sur quoy il avoit en gaiges unes Heures et un colier d'argent.

Item, à l'apothicaire dix solz Parisis, sur quoy il avoit en gaige une robe.

Item, à Jehanne Ourselle quatre livres dix sept solz Parisis, sur quoy elle a deux robes en gaige.

Item, à ung religieux Augustin, appellé frere Caritas, nuef livres douze solz Parisis.

Item, à Jehanne de Longueville, pour ses louiers, soixante quatre livres Parisis.

Item, à Anthoinete la Pucelle seize livres Parisis.

Item, à Guillaume le Fevre, clerc du dit maistre Jehan de Combes, huit livres quatorze solz Parisis.

Item, elle afferma qu'elle avoit en garde pluseurs biens meubles appartenans au dit maistre Jehan de Combes, dont elle voult qu'il en soit creu.

Item, la dicte madame Alips de Cournon quicta et par ces presentes quicte le dit maistre Jehan de Combes de toutes choses quelxconques dont elle lui pourroit faire demande, action ou poursuite de tout le temps passé jusques à aujourd'ui, et ratiffia et approuva le compte que le dit maistre Jehan de Combes avoit rendu de la somme de sept cens livres Tournois ou environ qu'il avoit receue pour icelle dame.

Pour toutes lesquelles choses, contenues et declairées en son dit testament et en cest present codicille, et chascune d'icelles faire, parfaire, enteriner et acomplir de point en point, comme dit est, la dicte madame Alips de Cournon, des maintenant pour lors, se dessaisy et devesty es mains dès diz notaires, comme en la nostre souveraine pour le roy nostre sire, de tous ses biens meubles, heritages et possessions quelxconques, voulant que, tantost elle alée de vie à trespassement, le dit maistre Jehan de Combes et Andry Buisson, et chascun d'eulx, en feussent et soient vestus et saisis jusques à plain acomplissement de son dit testament, et cestui sien present codicille, les circonstances et deppendances d'iceulx, lesquelx biens des maintenant pour lors elle en charga, asservist et obliga. Et les diz testament et codicille, les circonstances et deppendances d'iceulx avecques la reddicion du compte, elle soubzmist à la court de Parlement, et les voult valoir par la meilleur fourme et maniere que valoir pourront.

En tesmoing de ce, nous, à la relacion des diz notaires jurez, avons mis à ces lettres le seel de la prevosté de Paris, le jeudi trente jours de janvier, l'an de grace mil cccc et nuef.

Signé : JA. DE MES et T. DU HAN.

Item, in nomine Patris, et Filii et Spiritus sancti, amen. Coram me, Herveo de Villa Nova, in sacra pagina professore, curatoque parrochialis ecclesie Sancti Petri ad Boves in Civitate Parisiensi, et testibus infra scriptis ad hoc vocatis specialiter et rogatis, personaliter constituta nobilis mulier, domina *Alips de Cournon*, sana mente quanquam infirma corpore, per modum codicilli adjunxit suo testamento alias per ipsam condito, ordinato, facto et disposito, legata sequencia :

Et primo, legavit Domui Dei Parisiensi summam viginti francorum auri, ad distribuendum predictis pauperibus predicte Domus Dei Parisiensis.

Item, legavit fabrice ecclesie Sancti Petri ad Boves unum scutum, ac curato ejusdem dicte ecclesie unum scutum auri, aut eorum valorem alterius monete nunc currentis.

Item, legavit domino Jacobo de *Mafliers*, presbytero, capellano seu vicegerenti dicte ecclesie Sancti Petri ad Boves, ut oret Deum pro salute anime sue, unum francum.

Item, clerico dicte ecclesie parrochialis duos solidos Parisiensium.

Item, Katherine, filie Johanne ancille magistri Johannis de Combis, tres ulnas panni.

Item, Beatrici, in certo vico Parisiensi nuncupato *la rue Percée* commoranti, duas ulnas et dimidiam panni.

Item, cuilibet ordini trium ordinum Mendicancium Parisius, videlicet Jacobitis, Carmelitis et Augustinis viginti solidos Parisiensium, ut vigilias Mortuorum in novem psalmis et novem lectionibus, una cum commendaciis et una missa de Requiem, pro salute anime sue dicere valeant.

Item, collegio seu domui Quindecim Viginti Parisiensium, viginti solidos Parisiensium, ut vigilias Mortuorum in novem psalmis et novem lectionibus, una cum commendaciis et una missa de Requiem, pro salute anime sue dicere valeant.

Item, collegio seu domui Beguinarum Parisiensium viginti solidos Parisiensium, ut vigilias Mortuorum in novem psalmis et novem lectionibus, una cum commendaciis et una missa de Requiem, pro salute anime sue dicere valeant.

Item, capellanis et clericis ipsarum Beguinarum qui predictum servicium divinum pro salute anime sue facient, octo solidos Parisiensium.

Item, hospitali dictarum Beguinarum decem solidos Parisiensium.

Item, Guillermete, dictarum Beguinarum matricularie, unum francum, ut oret Deum pro salute anime sue.

Item, cappellanis seu Cappelle Stephani *Haudry* viginti solidos Parisiensium, et cetera.

Acta fuerunt hec, presentibus una mecum Maria *d'Avron*, sorore Alipdi *du Pré*, Agnete de *Romilly,* dominis Gerardo *d'Arrago* et Jacobo *Mafliers,* presbyteris, anno Domini millesimo quadringentesimo nono, die prima mensis februarii.

Item, eadem prima die mensis februarii, anno predicto, coram me Jacobo de *Mafliers,* presbytero, ipsiusque parrochialis ecclesie Sancti Petri ad Boves in Civitate Parisiensi capellano seu vicegerente, et curie ecclesiastice Parisiensis notario jurato, ac testibus infra scriptis ad hoc vocatis specialiter et rogatis, personaliter constituta prefata nobilis mulier, domina *Alips de Cournon,* sana mente quanquam infirma corpore, per modum codicilli, addendo suo testamento et codicillis dudum factis et receptis, confessa fuit contenta in quodam rotulo papiri scripta fore vera, que contenta voluit et vult ipsa domina constituta hic inseri, prout executoribus suis videbitur faciendum. Cujus quidem rotuli tenor sequitur :

Memoire soit des choses que madame du Godet a en gaige :

Premierement, l'arcevesque de Bourges a une quarte d'argent dorée; item, une aiguiere dorée; item, un chappellet de pelles, deux aneaux d'or; item, une tasse dorée; lesquelx gaiges tiennent pour la somme de xl ou l frans, et lui furent bailliez au Puy.

Item, à messire Guillaume Pelletier, chanoine de Nostre Dame du Puy, un chappel de pelles; item, une sainture d'argent dorée; item, un reliquiaire d'argent de [S] Voisy et de agneaux d'or; sur quoy lui est deu vint frans.

Item, les Carmes du Puy, appellés freres Jehan Courtois, une sainture d'argent dorée pesant six mars; sur quoy lui est deu six frans.

Item, un cappellain de Saint Pierre de la Tour, que son frere estoit en voiage, a un gobelet d'argent doré pesant environ trois mars, sur quoy doit environ quatre frans.

Item, Jehan de Conches, s'il lui voult faire raison, doit à ma dicte dame environ douze cens frans, lequel a la plus grant partie des joyaulx de ma dicte dame, laquel de Conches print les clefs de ma dicte dame, et toutes ses lettres, et ce porra estre sceu par Ponche Baudri et la Katherine et la petite Marguerite.

Item, quant au seigneur de Maubourt, elle ne doit denier ne maille au dit de Maubourt, nonobstant qu'il ait de la dicte dame une obligacion de six vins frans.

Les heritiers de la Therse doivent à la dicte dame cinq cens frans pour les joyaulx.

Item, a la Katherine les clefz de son hostel d'Esguille, et si a tous ses documens, obligacions et autres lettres.

Memoire a Buysson et a Combes de messire Raymont Moyne.

Item, le bouchier de Nostre Dame a ses Matines et le collier d'argent.

Item, ma dicte dame ne doit riens à Pierre de Montagu du Puy, ja soit ce qu'il ait une obligacion ou cedule signée de la main de la dicte dame.

Item, que Torrete soit son executeur *cum aliis*.

Item, du Tour, pour le procès de Paris.

Item, madame lui doit de reste.

Item, in suo testamento et codicillis suis, ad omnia et singula legata et contenta in eisdem ordinandum fideliterque complendum et solvendum, fecit, constituit et ordinavit prefata domina constituta dilectos et fideles amicos, nuncios et suos executores, venerabiles et discretos viros, magistrum Johannem de Combis, licenciatum in legibus, et Andream *Buisson*, mercatorem Anicii, cum quibus executoribus nominat et facit memorata domina constituta executores suos, dominum Joannem *Torrete*, foris-decanum et canonicum Anicii, et magistrum Johannem de Turnu, procuratorem curie Parlamenti, ita tamen quod duo ex ipsis ad execucionem dictorum testamenti et codicillorum valeant et possint cum effectu procedere, computare, mediare et finire, absque eo quod omnes executores conjunctim ad hujusmodi execucionem faciendam necessario requirentur. Quibus executoribus sepedicta domina constituta dedit et concessit, et per presentes dat et concedit omnimodam potestatem et mandatum speciale predictam execucionem dictorum testamenti et codicillorum suorum faciendi et diligenter complendi, obligans quoad hec omnia bona sua mobilia et immobilia, presencia pariter et futura, predictis suis executoribus, devestiensque se de dictis bonis suis, investiens dictos suos executores de eisdem.

Acta fuerunt hec in domo qua prelibata domina constituta egrotabat, presentibus Egidio *Audouyn*, Agnesota, uxore dicti Egidii, Guillermo *Sonet*, clerico, Ysabelli *d'Aveneres*, et Katherina *la Roche*, testibus ad premissa vocatis et specialiter rogatis.

In cujus rei testimonium sigillum dicte parrochialis ecclesie duximus apponendum.

Datum anno et die predictis.

Signatum : J. DE MAFLIERS.

Collacio facta est cum originali.

(Bibl. Nat., Dép. des mss., Collection Moreau, 1161, fol. 382 v°.)

## XXXI.

1410, 8 août.

#### TESTAMENT DE PIERRE D'AUXON, MÉDECIN DE CHARLES VI.

Pierre d'Auxon, que M. Franklin désigne à tort sous le nom de Pierre d'Auxonne dans ses *Recherches sur les anciennes bibliothèques de Paris*, t. II, p. 201, tirait son origine d'un petit village de l'Avallonnais, faisant actuellement partie de la commune de Saint-Brancher. Maître en médecine à Paris, à la fin du xiv° et au commencement du xv° siècle, il acquit quelque renom dans l'exercice de son art, et la Faculté le comptait au nombre de ses professeurs. Le plus ancien registre de l'École de médecine, commencé sous le décanat de Pierre de Vaux, cite Pierre d'Auxon parmi les maîtres qui ouvrirent leur cours après la Toussaint de l'année 1395, et le signale également au mois de novembre 1408. Le 9 juin de cette année, il exposa en présence de ses confrères que l'un des maîtres en médecine, Jean de Pise, se permettait de faire publiquement des opérations chirurgicales; à la suite de ce rapport, la Faculté interdit formellement à Jean de Pise d'exercer en public sa profession (Jourdain, *Index chartarum pertinentium ad historiam Universitatis Parisiensis*, p. 197, 223).

Pierre d'Auxon fut choisi comme *physicien* de Charles VI et figure à ce titre dans les comptes de l'hôtel des années 1405 et 1409 (Arch. Nat., KK 31, fol. 12, 20); il touchait 8 sols Parisis de gages par jour. Suivant toute probabilité, il succéda en qualité de médecin du roi à Regnaud Fréron, que l'on trouve mentionné dans le compte de 1390. Martin Gazel, qui donnait en même temps ses soins à Charles VI, était déjà l'un des *physiciens* du roi durant la période comprise entre les années 1390 et 1400. Pierre d'Auxon tenait un certain rang dans la hiérarchie ecclésiastique; dès l'année 1392, il était chanoine de Saint-Merry, comme le montre un débat des chanoines de cette église avec leurs chapelains porté devant le chapitre de Notre-Dame. En 1400, il fut, ainsi que d'autres chanoines, suspendu des offices et frappé d'interdit pour n'avoir point assisté au synode; il s'excusa en alléguant les devoirs que lui imposait son titre de professeur et obtint l'absolution (Arch. Nat., LL 211^A, fol. 137). Son successeur à Saint-Merry fut Louis de Luxembourg, reçu le 28 août 1410.

A tous ceulx qui ces presentes lettres verront, Pierre des Essars, chevalier, grant bouteillier de France et garde de la prevosté de Paris, salut. Savoir faisons que par devant Estienne Tesson et Jehan Preudomme, clers notaires jurez du roy nostre sire de par lui establiz en son Chastellet de Paris, fu personnelment establi venerable et discrete personne, maistre Pierre d'Ausson, maistre en medicine, enferme de corps, toutes voies sain de pensée, vray et certain [de] memoire et entendement, si comme il disoit et de prime face apparoit, lequel attendant et saigement considerant que briefs sont les jours de toute creature humaine, qu'il n'est chose plus certaine de la mort ne chose moins certaine de l'eure d'icelle, non voulant de cest siecle deceder intestat, mais desirant de tout son cuer, tandiz qu'il a bon sens, vray et certain memoire et entendement, et raison gouverne sa pensée, prevenir à tout cas de fortune, et des biens que Nostre Seigneur Jhesu Crist par sa doulce grace lui a prestez en cest monde transitoire ordonner à sa vie par maniere testamentoire, pour le salut et remede de son ame, ainsy que faire le doit chascun bon et vray catholique; pour ces causes, il, de son bon gré, propre mouvement et de sa certaine et vraye science, fist, ordonna et disposa en la presence des diz notaires, fait, ordonne et dispose par la teneur de ces presentes son testament ou ordonnance de derreniere voulenté, ou nom du Pere, et du Filz et du benoist saint Esperit, en la forme et maniere, et selon ce que contenu et declaré est plus à plain en une cedule ou fueillet en papier pour ce par icellui maistre Pierre baillée et presentée aus diz notaires, signée de son seing manuel, si comme il disoit, dont la teneur s'ensuit et est telle :

In nomine Dei misericordissimi, amen. Ego Petrus de Aussono, ordino testamentum meum in modum qui sequitur :

Primo, in manu et in misericordia Dei commendo animam meam, corpus meum et totum compositum, ut dignetur judicare secundum suam magnam misericordiam, et regere ea misericordia qua me creavit, de bonis temporalibus que michi tribuit sic ordino :

Primo, volo et ordino quod in ecclesia de Ponte Auberti, in Burgundia, ubi fui baptisatus, corpus meum inhumetur, videlicet, in choro dicte ecclesie, ante magnum altare.

Item, volo et ordino quod in dicta ecclesia fiat fundacio unius misse de Requiem perpetuo celebrande, videlicet qualibet die, et pro hoc faciendo, volo et ordino quod capiantur mille franci super bonis meis; modum autem fundacionis relinquo et committo meis executoribus. Volo insuper quod pro celebracione dicte misse emantur ornamenta sacerdotalia et cetera necessaria.

Item, volo quod emantur ornamenta bona et honesta pro presbytero, dyacono et subdyacono, pro celebrando missas solemnes in dicta ecclesia de Ponte Auberti, usque ad valorem centum francorum.

Item, volo et ordino quod dentur semel et unica vice centum franci ecclesie collegiate de Avalone pro redditibus emendis et amortisacione, pro faciendo unum anniversarium solemne in dicta ecclesia, semel quolibet anno faciendum, et quod pro hoc faciendo se obliget dictum capitulum dicte ecclesie, et volo quod dictum anniversarium celebretur die obitus mei.

Item, volo et ordino quod ecclesie de Massengeyo dentur ornamenta sacerdotalia et unus calix de argento, totum precio quinquaginta francorum.

Item, volo et ordino quod dentur ecclesie Senonensi ducentum franci auri, pro emendis redditibus et amortisacione pro uno anniversario celebrando quolibet anno semel in dicta ecclesia, et quod dictum capitulum se obliget ad hoc faciendum.

Item, volo quod dentur centum franci ecclesie Rothomagensi pro uno anniversario solemniter faciendo et celebrando quolibet anno semel die obitus mei, et quod pro hoc faciendo se obliget dictum capitulum ipsius ecclesie Rothomagensis.

Item, volo et ordino quod dentur centum franci ecclesie Sancti Mederici Parisiensis, videlicet quinquaginta canonicis et quinquaginta communitati dicte ecclesie, ita tamen quod communitas tenebitur emere quadraginta solidos Parisiensium in terra Sancti Mederici, pro anniversario perpetuo quolibet anno celebrando semel in dicto anno; et similiter dicti canonici tenebuntur emere quadraginta solidos Parisiensium in dicta sua terra de dictis quinquaginta francis, et tenebuntur dicti canonici in perpetuum tenere quadraginta solidos amortisatos dicte communitati pro predicta summa quinquaginta francorum.

Item, volo quod dentur quatuor centum franci Domui Dei de Parisius, videlicet, centum distribuendi manualiter pauperibus dicte Domus, centum pro uno anniversario annuatim celebrando, et ducentum qui remanebunt ad utilitatem dicte Domus.

Item, volo quod soror mea, et quilibet suorum filiorum et filiarum non uxoratarum, habeat ducentum francos, excepto Guidone Cognardeti, cui lego domum meam situatam in claustro Sancti Mederici, loco dictorum ducentorum francorum.

Item, volo quod consanguineus meus, Andreas *le Bonac*, habeat centum francos.

Item, lego nepoti meo, Johanni de Aussono, licenciato in legibus, centum francos.

Item, lego clerico meo, Johanni Mileti, centum francos.

Item, lego parvo Johanni Gaucherii, filio neptis mee, quadraginta francos.

Item, lego Cailloto, servitori meo, viginti francos.

Item, volo et ordino quod collegium Sancti Mederici veniat quesitum corpus meum in domo mea processionaliter, et quod conducat usque ad ecclesiam dicti Sancti Mederici, ubi habebunt celebrare unam missam, et iterum conducant corpus meum usque ad portam Sancti Anthonii Parisiensis, et pro isto faciendo volo quod habeant quindecim francos.

Item, lego curato et firmario ecclesie Sancti Severini, videlicet cuilibet ipsorum, unum scutum.

Item, capellano dicte ecclesie lego octo solidos Parisiensium.

Item, clerico dicte ecclesie octo solidos Parisiensium.

Item, lego fabrice dicte ecclesie Sancti Severini decem francos.

Item, lego quatuor ordinibus Mendicancium sexdecim scuta auri, videlicet, cuilibet ordini quatuor scuta, pro faciendo anniversarium meum.

Item, lego Facultati Medicine quatuor libras Parisiensium, pro anniversario meo celebrando, vel dentur cuilibet magistro presenti duo solidi.

Item, remitto discrecioni executorum meorum totum luminare meum ubicunque fiendum.

Item, volo quod in die inhumacionis mee celebrentur quinquaginta misse in ecclesia de Ponte Auberti, et quod quilibet sacerdos celebrans dicta die pro me habeat sex parvos albos cum prandio sufficienti, et si plures capellani possint habere, quod recipiantur.

Et pro omnibus istis exequendis volo quod bona mea que habeo Parisius, quecunque sint, videlicet, domus, libri, vaissella, robe et cetera omnia bona, quecunque sint ibidem, vendantur per executores meos plus offerenti.

Item, testamentum meum volo submitti curie Parlamenti.

Et ad omnia et singula premissa facienda et adimplenda modo et forma quibus supra, constituo et ordino executores meos, videlicet, magistros Johannem Huonis, archidiaconum Avalonensem, Julianum Huonis, consiliarium regis, Johannem Delphini, licenciatum in decretis, et Johannem de Aussono, licenciatum in legibus, nepotem meum.

Quibus executoribus do et tribuo plenam potestatem exequendi omnia et singula per me superius ordinata, prout dixi; volo tamen quod in facto dicte execucionis nichil possit fieri absque magistro Johanne Delphini et magistro Johanne de Aussono.

Insuper, lego cuilibet meorum executorum predictorum triginta francos.

Residuum bonorum meorum volo quod soror mea Maria, non obstante legato sibi facto, habeat medietatem, et alia porcio dividatur in usus pauperum de genere meo, pro uxorando pauperes filias et pro tenendo in scolis pauperes filios vel in augmento capelle mee, nec intendo per istud testamentum revocare quandam ordinacionem seu testamentum de ordinacione hereditagiorum meorum paternorum, in quantum tangit hereditagia paterna, tum factam per me inter sororem meam Mariam et Johannem de Aussono, fratrem meum, nunc defunctum.

In testimonium premissorum, ego, Petrus de Aussono, regis medicus, scripsi nomen meum in isto testamento die octava augusti, anno Domini millesimo quadringentesimo decimo, et eligo executores ut supra.

Item, volo quod fiat servicium in parrochiali ecclesia Sancti Severini secundum voluntatem executorum meorum.

Item, volo quod dentur Johanni *Coigni* sex franci, pro servicio suo et rogando Deo pro me, ultra porcionem sibi debitam pro servicio.

Item, ancille mee dentur decem franci.

Item, volo quod singula debita mea persolvantur, et quod credantur creditores per eorum juramenta.

Item, volo quod solvantur viginti franci heredibus defuncti Johannis Huonis, in quibus tenebar ex mutuo.

Item, volo quod si factum permutacionis nepotis mei non sorciatur effectum, quod expense sibi restituantur, et idem de Johanne Mileti.

Item, lego Celestinis de Parisius triginta francos, pro rogando Deum pro me.

Item, volo quod in ecclesia de Ponte Auberti sim positus in choro ante magnum altare, et quod fiat tumba notabilis in memoriam.

Item, quod super altare magnum fiat una tabula, in cujus medio sit crucifixus, et de uno latere sit ymago beate Marie Virginis, et quod ymago mea ponatur in habitu magistri in medicina, et inferius scribantur tituli mei graduales et de servicio; in alio latere ponatur ymago sancti Johannis, et ponantur ymagines fratris et sororum.

Item, volo quod magister Yvo, magister in medicina, nichil solvat de decem francis in quibus michi obligatur racione sue magistracionis.

Istud testamentum meum summitto curie Parlamenti, et in confirmacionem subscripsi nomen meum in hoc testamento :

PETRUS DE AUSSONO. Ita est.

Item, lego Facultati Medicine librum vocatum *de Utilitate perticularum*, ita tamen quod dictus liber maneat in manibus illius qui erit decanus Facultatis, et concedat magistris qui voluerint habere, et hoc per sisternos, et qui voluerit habere copiam tenebitur dicere aut facere dicere unam missam de Requiem pro redempcione anime sue.

Item, avecques ce le dessus nommé testateur, en adjoustant aux choses par lui dessus ordonnées par maniere testamentoire, quicta et remist en la presence des diz notaires à Jehan Benoist la somme de neuf livres Tournois.

Item, laissa à Guiot Cognardat, son nepveu, oultre le lais par lui fait [de] la maison seant ou cloistre Saint Merry, dont en la cedule dessus transcripte est faicte mencion, tous les biens, utensilles quelzconques que il a et puet avoir ou dit hostel du cloistre, sans aucuns en excepter.

Pour toutes lesquelles choses dessus dictes, contenues et escriptes, et chascune d'icelles faire, executer, enteriner et acomplir, et mettre à fin et execucion deue de point en point, tout par la forme et maniere que dessus l'a voulu et ordonné, icellui testateur fist, nomma et esleut ses bien amez et feaulx executeurs qui denommez, contenuz et escripz sont en la cedule dessus transcripte; ausquelx ses executeurs il donna et donne plain povoir, auctorité et mandement especial de ce faire, executer, enteriner et acomplir, en soubzmettant du tout la cognoissance de cestui sien present testament, circonstances et deppendances d'icellui, à la souveraine court de Parlement, tout selon la forme et teneur de la dicte cedule. Es mains desquelx ses executeurs et de chascun d'eulx il transporta et delaissa tous ses biens meubles et immeubles quelzconques, et les en volt estre saisiz et vestuz, et qu'ilz les puissent de fait prendre, distribuer et adenerer pour et jusques à plain enterinement et acomplissement de ce dit present testament, lequel il volt valoir et tenir tout par la meilleur forme et maniere que mieulx valoir et tenir pourra et devra, et s'i arresta du tout, en revoquant, rappellant et mettant du tout au neant tous autres testamens et codicilles par lui faiz, ordonnez et disposez par avant le jour et date de ces presentes, ausquelles nous, en tesmoing de ce, à la relacion des diz notaires, avons mis le seel de la prevosté de Paris, l'an mil cccc et dix, le lundi xxv jours du mois d'aoust. Toutesvoies par ce present testament icellui testateur ne volt certaine ordonnance par lui ja pieça faicte touchant ses heritages, dont dessus est faicte mencion, estre aucunement cassée, adnullée, ou mise au neant, mais volt et ordonna icelle estre et demourer en sa vertu, et avoir et sortir son plain effect. Fait comme dessus.

Ainsi signé : Tesson. Preudomme.

Collacio facta est cum originali.

(Bibl. Nat., Dép. des mss., Collection Moreau, 1161, fol. 465 r°.)

## XXXII.

1410, 20 octobre.

**TESTAMENT DE PHILIPPE VILATE, PROCUREUR AU PARLEMENT DE PARIS.**

Philippe Vilate, bachelier en décret, originaire de Sauve, n'est mentionné comme procureur au Parlement de Paris qu'au commencement du xv° siècle (Arch. Nat., x$^{1a}$ 4787, fol. 39 v°; x$^{2a}$ 14, fol. 15 v°). Il décéda au mois de juin 1413, laissant une fille, Catherine, mariée à Jacques Bedos, son confrère au Parlement, et deux enfants mineurs, Antoine et Agnésot. Le règlement de sa succession ne se fit point sans difficulté; Philippe Vilate ayant jadis prêté à son frère Guillaume une somme de 1,717 francs d'or, ses héritiers voulurent faire rentrer cette créance et en réclamèrent le montant au neveu du procureur, Guillaume Vilate, qui se transporta de Sauve à Paris en compagnie de son oncle, frère Jean Vilate. Un procès allait s'engager, lorsque des amis de la famille, le conseiller Jean Garitel et le greffier Nicolas de Baye, interposèrent leurs bons offices et moyennèrent un accord qui fut passé au Parlement le 16 février 1415. Guillaume Vilate promit de payer à sa cousine Agnésot 1,217 francs qui restaient dus, et conserva la propriété des rentes qui avaient été acquises sur le territoire de Sauve au nom de son oncle Philippe (Arch. Nat., x$^{1c}$ 109).

In nomine sancte et individue Trinitatis, Patris, et Filii et Spiritus sancti, amen.

Quia humane nature condicio, statum habens labilem, quasi flos, egreditur et conteritur, fugitque velut umbra, et nunquam in eodem statu permanet, merito circa divine Legis precepta intenta mente vigilare debemus, quia horam qua Dominus Noster venturus est penitus ignoramus, hiis igitur provida meditacione pensatis, ego, Philippus *Vilate*, baccalarius in decretis, in mea bona firmaque et sana per Dei graciam existens memoria, licet infirmitate corporali frequenter gravatus, et in mentis revolvens precordiis futuros et inopinatos mortis eventus, quodque nichil morte cercius nichil incercius hora mortis, et propterea, visceraliter cupiens diem incertam mei obitus prevenire, et saluti anime mee providere, de bonisque michi a Deo collatis in hac valle miserie, secundum mei fragilitatem intellectus, disponere et ordinare, ne forte, quod absit, quocumque casu contingente decedam intestatus, testamentum meum ultimum nuncupativum, seu ultimam meam voluntatem, quod et quam in hiis scriptis presentibus redigi facio ad futuram rei geste memoriam, condo, facio et ordino in modum qui sequitur infra scriptum :

In primis, commendo animam meam altissimo Creatori, beatissime Marie Virgini matri ejus, beato Germano, ac beate Katherine, totique collegio superno.

Item, volo et ordino quod corpus meum sepeliatur in ecclesia Fratrum Minorum Parisiensium, in loco sive platea, quem Fratres dicti conventus michi duxerint concedendum, in casu quo moriar Parisius vel in patria Gallicana, et eo casu, et casu quo sepeliar in dicta ecclesia Fratrum Minorum, juxta hujusmodi meam ordinacionem, lego et dono dicte ecclesie et conventui Fratrum Minorum unam quartam vini perpetuo, quolibet die dominico, pro missis celebrandis in dicta ecclesia, et conficiendo sanguinem Domini Nostri Jhesu Christi, vel duodecim denarios Parisienses pro dicta quarta vini, perpetuo percipiendos et solvendos in et super domo mea in vico Petri Sarraseni, quam propter hoc obligo et ypotheco, meosque heredes et successores in dicta domo, quos ad hoc [volo] teneri et fore obligatos. Et si moriar in patria Occitana, volo sepeliri in capella Beatorum Germani et Katherine, edificata in ecclesia Salvii.

Item, pro omnibus expensis faciendis in funerariis mei corporis, quando tradetur ecclesiastice sepulture, vel quando fiet memoria seu solemnitas in talibus consuetis expendendis, volo et ordino quod expendantur de bonis meis sexdecim franci et non ultra.

Item, lego et dono fabrice ecclesie parrochialis Beati Benedicti Parisiensis, in cujus parrochia moror, sex francos auri.

Item, ordino quod in dicta ecclesia parrochiali Sancti Benedicti celebretur una missa de Defunctis alta voce, et duodecim misse voce submissa sive basse, infra novem dies computandos a die mei obitus, et lego curato parrochialis ecclesie, pro dicta missa et aliis bonis que faciet per se vel alios pro anima mea, viginti solidos Parisiensium.

Item, cuilibet sacerdoti, dictam missam parvam dicta die decantanti, viginti denarios Parisienses.

Item, volo quod infra novem dies a die mei obitus celebretur una missa alta voce per dominos religiosos monasterii Sancti Germani de Pratis, si eis placet, quibus lego pro una pittancia dicte diei quadraginta solidos Parisiensium; et quod servitores mei et alii mei amici intersint, si eis placet, in dicta missa, in qua pro cereis et aliis volo expendi quadraginta solidos Parisiensium.

Item, dono et lego ecclesie Sancti Petri de Salvio, in qua fui baptisatus, meum *Catholicon*; et volo et ordino quod dictus liber ponatur seu locetur in dicta ecclesia, seu monasterio, vel in capella, quam fratres mei et ego ibidem fecimus edificare, in loco patenti ubi quilibet possit dictum librum videre seu studere; et quod heredes mei infra scripti, seu alter ipsorum, teneantur dictum librum includi facere bene et honorifice infra quoddam instrumentum ferreum, vel aliud utiliter, sicut est in ecclesia Beate Marie Parisiensis, taliter quod dictus liber non possit furari, destrui et deturpari, ut minus fieri poterit, sed conservari longevis temporibus, prout melius fieri poterit et debebit.

Item, lego et dono capelle predicte, quam fratres mei et ego fecimus edificare in dicta ecclesia Sancti Petri de Salvio, meum Missale, ut in eo in dicta capella misse et alia divina officia celebrentur diurnis et longevis temporibus, prout Deus ministrabit.

Item, lego et dono plus dicte capelle et uni presbitero, qui in ea deserviet et perpetuo celebrabit, pro una capellania ibidem fienda et fundanda, illa quatuor sextaria olei que emi et acquisivi a Johanne Monnerii de Porsano, prout continetur in litteris sub sigillo Castelleti super hiis confectis, et eciam plus, pro dicta capellania, illos redditus quos acquisivi in loco qui tenetur in emphiteosim a domino episcopo Magalonensi. Et volo et ordino quod sit patronus et presentator dicte capellanie, quandocunque locus et tempus venient et occurrent, seu vacabit dicta capellania, frater meus Guillermus *Vilate*, et sui ac suorum heredes et successores in perpetuum, qui debeant et teneantur nominare et presentare dictum presbiterum, si sit et reperiatur aliquis ydoneus de genere seu consanguinitate nostra, nostrorum et suorum, alioquin alter ydoneus et sufficiens presbiter, quem super his duxerint eligendum et presentandum.

Item, volo et ordino dici et celebrari, pro anima mea, parentum meorum et uxoris, octo centum missas de Requiem sive de Defunctis, videlicet, $v^c$ Parisius, ducentas scilicet per Fratres Minores, perlegendas per gardianum et confessorem eorum, centum per Predicatores, centum per Augustinos et per Carmelitas centum, et alias tres centum per dominos monachos et presbiteros Salvii, et pro qualibet missa volo dari viginti denarios Parisienses; et volo quod dicte misse, que debent dici Parisius, incipiantur dici, incontinenti ministrato michi sacramento mee extreme unctionis.

Item, volo dari amore Dei in loco Salvii viginti sex nobiles Anglie, videlicet, sex guinetas sorori mee, et viginti convertendos ad opus dicte capelle Beatorum Germani et Katherine, vel aliis pauperibus et piis operibus, prout fratribus meis, priori de Alta Petra et Guillermo *Vilate*, seu eorum alteri, videbitur faciendum.

Item, lego et dono ecclesie Beate Marie Parisiensis decem solidos Parisiensium.

Item, ecclesie Beate Marie Carnotensis decem solidos Parisiensium, ubi fui in peregrinacione.

Item, ecclesie Beate Marie Montis Fortis, ubi eciam fui peregrinus, decem solidos Parisiensium.

Item, ecclesie Beate Marie Parve Bolonie decem solidos Parisiensium.

Item, capelle Beati Johannis in ecclesia de Aunayo decem solidos Parisiensium.

Item, ecclesie Beati Johannis Baptiste de Salvio decem solidos Parisiensium.

Item, ecclesie Beati Michaelis archangeli Montis Sancti Michaelis decem solidos Parisiensium.

Item, capelle Sancti Blasii Sancti Juliani Pauperis Parisiensis decem solidos Parisiensium.

Item, ecclesie Sancti Spiritus Parisiensis decem solidos Parisiensium.

Item, capelle Sancti Jacobi Parisiensis decem solidos Parisiensium.

Item, ecclesie Beate Katherine Parisiensis decem solidos Parisiensium.

Item, monasterio Sancti Mauri prope nemus Vicennarum decem solidos Parisiensium.

Item, lego confratrie Beati Nicolai noviter ordinate in Capella magne aule Palacii, cujus confrater existo, viginti solidos Parisiensium, et rogo quod placeat confratribus facere dici missam pro anima mea, sicut de confratribus mortuis est fieri consuetum.

Item, lego et dono conventui Fratrum Predicatorum Parisiensium quatuor francos auri, pro una modica pitancia seu refectione, et rogo et supplico eis quod deprecentur Dominum Nostrum Jhesum Christum, ut ipse misereatur anime mee et animarum parentum meorum; quos quatuor francos eis volo persolvi die qua corpus meum tradetur ecclesiastice sepulture per infra scriptum executorem meum, vel die qua fiet officium Mortuorum seu solemnitas pro me; qua die supplico conventui quatenus placeat aliquibus fratribus ipsius conventus interesse, et pro anima mea missas celebrare in numero quo eis et ad eorum arbitrium videbitur faciendum.

Item, lego conventui Fratrum Minorum Parisiensium pro una modica pitancia, prout supra conventui Predicatorum, sex francos auri.

Item, supplico dicto conventui, prout supra conventui Fratrum Predicatorum.

Item, ecclesie seu capelle Sancti Stephani de Capitolio Nemausensi, pro reparacione ejus, sex francos.

Item, volo et ordino quod in villa Parisiensi per religiosos vel alios sacerdotes ydoneos, per alterum executorem meum infra scriptum eligendos, pro remedio anime mee et parentum meorum dicantur octies triginta misse incipiende infra novem dies a die mei obitus, et cuilibet religioso vel sacerdoti qui celebrabit triginta missas volo dari de bonis meis duo scuta per magistrum Nicolaum *Baye*, vel alium meum executorem; et sic ascendit sexdecim scuta. Et in casu quo non reperientur Parisius ydonei presbiteri volentes celebrare tricennarium missarum pro duobus scutis, eligantur alii in Salvio vel in patria Occitana, ubi dicte misse celebrentur.

Item, lego et dono conventui Sancti Petri de Salvio decem libras Parisiensium, et quod ipsis placeat missas dicere seu celebrare, et alia bona facere pro anima mea et parentum meorum in dicta ecclesia Sancti Petri et ejus cimiterio quiescentium.

Item, lego et dono domino curato ecclesie parrochialis de Salvio quatuor solidos, et capellano firmario duos solidos, et clerico duodecim denarios monete ibidem currentis, et cuilibet presbitero seculari dicte ville duos solidos dicte monete, rogans eos quatenus Dominum Nostrum Jhesum Christum velint orare pro animabus mei et parentum meorum.

Item, lego et dono cuilibet officine, videlicet, quinque dicte ecclesie parrochiali de Salvio viginti solidos monete ibidem currentis semel tantum.

Item, lego et dono pauperibus Christi, die mei obitus, ultra alia supra scripta, in elemosina sexdecim francos auri per aliquem meum executorem infra scriptum et similiter pauperibus quos elegerit.

Item, lego et dono domino meo Cluniacensi viginti libras Parisiensium, cui volo reddi et restitui omnia, tam litteras quam scripturas, et libros et alia quecunque que recepi per inventarium de spoliis prioratus de Perreciaco, que non fuerint tradita ex post priori de Conciaco qui super his recognicionem michi fecit et penes me habeo, ac quecunque alia in quibus sibi quoquo modo teneri reperiar obligatus, et quod super his videantur quictancie quas habeo ab eo, quia de per me pro ipso receptis factis et expositis dominus prior de Ancia et ego computavimus et remansimus quitti, unus erga alium, in mense augusti ultimo preterito.

Item, lego et dono conventui Cluniacensi, pro una modica pitancia seu refectione, octo francos auri, et rogo et supplico eis quod Deum placeat exorare pro anima mea et parentum meorum.

Item, Fratri Minori, confessori meo, duos francos.

Item, duos alios francos duobus aliis Fratribus, ejus sociis, cuilibet videlicet unum francum, et rogo istos duos quod, si sit possibile, sint juxta me in hora mei obitus, pro memoranda michi passione Domini Nostri Jhesu Christi, et lego eorum sociis qui eos associabunt, cuilibet medium francum.

Item, lego Domui Dei Parisiensi lectum meum in quo jaceo, munitum una culcitra, pulvinari, duobus paribus lintheaminum de melioribus, coutapuncta et una meliori sargia persida, et rogo fratribus dicte Domus Dei quod aliqui ipsorum intersint et dicant missas die qua fiet et celebrabitur officium Defunctorum pro anima mea.

Item, lego Predicatoribus Alesti quatuor francos, et quod teneantur missas dicere et alia bona facere pro anima mea parentumque et benefactorum meorum.

Item, lego Johanne *Martineu*, que est pauper et bona mulier, amore Dei, et ut deprecetur Salvatorem meum pro anima mea, quadraginta solidos Parisiensium.

Item, volo quod scripture parcium, quarum habeo causas in curia Parlamenti, restituantur eis ad quos pertinebunt, et in tuto loco custodiantur interim per executorem meum, seu meos infra scriptos.

Item, volo solvi forefacta et debita mea per executores meos vel heredes infra scriptos, si que appareant post mortem meam.

Item, lego et dono domino Johanni *Vilate*, fratri meo precarissimo, viginti francos auri, solvendos sibi per dictum executorem meum infra scriptum vel meos heredes infra scriptos.

Item plus, zonam meam et cutellos, munitos de argento, et eciam sigillum meum de argento.

Item, lego et dono fratri meo carissimo, Guillermo *Vilate*, in et super hiis que michi debet et in quibus est michi obligatus per brevetos Castelleti, seu per legata dominorum quondam parentum meorum, quorum anime in pace requiescant, vel aliter, qualitercunque ascendere possunt ad summam mille et septingentorum francorum vel circiter, videlicet, summam quingentorum francorum auri vel eorum valorem. Sed volo et ordino quod idem frater meus, hoc mediante, teneatur solvere et facere omnia legata et per me data, que fieri debent et habentur in patria Occitana.

Item, lego et dono cuilibet trium mearum sororum centum solidos Parisiensium.

Item, cuilibet alteri fratrum meorum, videlicet, Stephano et Egidio, decem solidos Parisiensium.

Item, lego et dono domui paterne de Salvio meam cotam ferream, meum bacinetum, et meam haceam et omnia mea arnesia.

Item, lego et dono tapisserium operatum, in quo est figura unius mulieris in medio, dicte domui paterne mee, ut in die Eucharistie in honorem Salvatoris, quando fit processio, ponatur ante operatorium, et aliter de eo honoretur dicta domus paterna, prout fieri poterit et debebit.

Item, lego et dono domino Alziaco, presbytero Salvii, meo consanguineo, duos nobiles de navi, et quod teneatur orare pro anima mea et parentum meorum.

Item, pro una modica pitancia, die qua decedam et tradetur corpus meum ecclesiastice sepulture, pro meis servitoribus in domo mea volo expendi illud quod videbitur meis executoribus infra scriptis, videlicet, duos francos vel circiter.

Item, lego et dono magni honoris viro, domino meo specialissimo, domino Guillermo de Gaudiaco, decano Sancti Germani Autissiodorensis, *Summam*, quia ipse nullam habet, ut credo.

Item, lego mee ancille, ultra ea que sibi debeo de suo salario, viginti solidos Parisiensium.

Item, lego cuilibet clericorum meorum, ultra ea que eis debeo, sexaginta solidos Parisiensium, et quod teneantur Deum deprecare pro anima mea.

Item, lego cuilibet executorum meorum infra scriptorum quatuor francos, vel plus, vel minus, sicut eis videbitur juxta laborem quem habebunt, et casu quo laborabunt pro execucione hujusmodi mei testamenti perficienda et non aliter; et quod placeat eis, vel ipsorum duobus vel pluribus, onus suscipere execucionis hujusmodi mei testamenti et ultime voluntatis, et quod, si eis videtur et non aliter, execucionem hujusmodi mei testamenti possint submittere honorabili curie Parlamenti.

In omnibus vero aliis bonis meis, quecunque sint et ubicunque sint, facio, nomino et instituo heredes meos universales equis porcionibus, videlicet, Katherinam, filiam meam, et Anthonium, filium meum, ac Agnetem, filiam meam tercio genitam. Sed quia Katherina est primogenita et primo maritanda, lego et dono sibi, ultra dictam institucionem et jus ex hiis sibi competens, centum libras Turonensium. Et si contingat dictam Katherinam mori quandocunque ante pubertatem, vel post sine liberis ex legitimo matrimonio procreatis, sibi substituo dictum filium meum Anthonium et suos, cui in eum casum erogo, lego et dono omnia bona mea, in ipsum et suis transfero, pleno jure, absque defalcacione seu detractione juris, Trabellianice, sive partis jure nature debite, Falsidie vel alterius cujuscunque. Et in casu quo dicti Anthonius et Agnes pari modo moriantur, quicunque ante pubertatem, vel post sine liberis ex suo corpore et ex legitimo matrimonio procreatis, sibi substituo dictam Katherinam et suos, eisdem modo et forma quibus substitui dictum Anthonium eidem Katherine. Et in casu quo uterque dictorum meorum liberorum et sui ex legitimo matrimonio procreati morirentur, quicunque ante pubertatem, vel post sine liberis ex legitimo matrimonio procreatis, eisdem et eorum cuilibet substituo dictum fratrem meum Guillermum *Vilate* et suos, cui in eum casum omnia bona mea transfero, pleno jure, absque deductione Trabellianice, partis jure nature debite, Falsidie aut alterius oneris cujuscunque, ac illum et illos, illam et illas, quos et quas sibi substituit dictus pater noster, cujus anima requiescat in pace amen, in suo ultimo testamento, et eisdem modo et forma quibus ipse substituit et ordinavit, ego eciam ordino et substituo quoad substitucionem testamenti seu ordinacionem mee presentis substitucionis.

Hoc est ultimum meum testamentum seu voluntas, quod vel quam volo valere jure testamenti, seu codicillorum aut donacionis causa mortis seu cujuslibet alterius voluntatis, eo modo et forma quibus melius valere potest et debet.

Executores vero dicti mei testamenti nomino et facio dominos meos specialissimos, Guillermum de Gaudiaco, decanum Sancti Germani Autissiodorensis Parisiensis, Petrum de Ogero, decanum Ebroicensem, Nicolaum de *Baye,* graferium Parlamenti et compatrem meum carissimum, Johannem Garitelli, dominum Guillermum de Bavacio, curatum ecclesie Beate Marie de Paredo, Thomam Laurencii, Johannem de Combis, et Jacobum Bedocii, generum meum, ac dictum dominum Johannem *Vilate,* fratrem meum, et eorum quemlibet, hoc modo videlicet, quod duo vel tres ipsorum meorum executorum possint et valeant, de consensu et voluntate aliorum seu ipsorum majoris partis, recipere et habere onus hujusmodi mee execucionis, eis satisfacto de suo labore moderate; prout supra transferens, ex nunc prout ex tunc, in manibus dictorum meorum executorum possessionem et saisinam omnium et singulorum bonorum meorum mobilium et immobilium quoruncunque, pro premissis omnibus et singulis faciendis et debite perficiendis.

Volo tamen, quod in casu quo dictus frater meus dominus Johannes *Vilate* fuerit Parisius tempore mei decessus vel post, quod ipse sit unus de executoribus qui se onerabunt pro execucione hujusmodi fienda.

Item, volo et ordino quod legata mea supra scripta, que debent fieri Parisius, in patria Gallicana et in Clunyaco, solvantur per dictos executores supra scriptos de bonis meis que habeo Parisius; illa vero, que debent fieri in Salvio et aliis locis partium lingue Occitane, solvantur de debitis que michi debentur per dictum fratrem meum Guillermum *Vilate*, supra scriptum, videlicet, de octies viginti francis quos sibi mutuavi, ut constat per quandam obligacionem factam super hiis sub sigillo Castelleti Parisiensis; item, de centum francis michi per ipsum debitis ab alia parte, et quos eciam sibi mutuavi, ut apparet per aliam obligacionem; item, de undecim viginti francis ab alia parte sibi mutuatis; item, de summa sexcentorum scutorum, per me sibi in commendam et depositum tradita; ac eciam de summa quingentorum scutorum ex parte altera et de summa centum scutorum ex altera parte, sibi per me tradita et per ipsum recepta, ut continetur in quibusdam brevetis Castelleti et instrumentis super hoc factis, et in coffreto meo una cum aliis brevetis et obligacionibus simul ligatis, positis et existentibus, et eciam de legatis michi factis per quosdam parentes meos, ad que solvenda michi ipse, qui est ipsorum heres, tenetur, que sibi legavi et donavi in hoc meo testamento sub modo et forma subscriptis.

Cetera vero donata et legata in patria Occitana solvantur et fiant per dictum fratrem meum Guillermum *Vilate*, inde et super dictis debitis, que sibi lego et dono, videlicet, de dicta summa quingentorum francorum per me sibi donata et legata, prout supra.

Item, facio, dispono et ordino, supra dictis liberis meis impuberibus et minori etate existentibus, tutores testamentarios, videlicet, dictum fratrem meum Guillermum *Vilate*, et magistrum Johannem de Podio, alias Comessarii, maritum consanguinee mee, filie Guillermi Blegerii habitatoris Salvii.

In cujus rei testimonium, ego, Philippus *Vilate* prenominatus, huic presenti meo testamento seu ultime voluntati me propria manu subscripsi.

Actum ultimo Parisius, in domo mea vici Petri Sarraseni, die xx$^a$ octobris, anno Domini millesimo cccc° decimo.

Ita est : PHILIPPUS VILATE.

Actum cum glosa predicta *ultimo Parisius* die xxi$^a$ septembris, anno Domini millesimo quadringentesimo duodecimo.

Ita est : PHILIPPUS VILATE.

Collacio facta est cum originali.

(Bibl. Nat., Dép. des mss., Collection Moreau, 1161, fol. 677 r°.)

## XXXIII.

1411, 24 août.

TESTAMENT DE JEAN DU BERC, PROCUREUR AU PARLEMENT DE PARIS.

Jean du Berc, clerc des Requêtes du Palais en 1372, devint peu après procureur au Parlement de Paris; en 1375, on le trouve en cette qualité domicilié dans la Cité; quelques années plus tard, il transféra son étude «oultre Grant Pont» (Arch. Nat., x$^{1c}$ 25; x$^{2A}$ 10, fol. 6 r°, 31 v°; x$^{2A}$ 12, fol. 93 v°). Dans ses dispositions testamentaires, il nous renseigne sur un incident assez curieux de son existence, celui de son voyage et de son séjour à Meaux, auprès du chancelier Pierre de Giac et du président Arnaud de Corbie, réfugiés dans cette ville pour échapper aux atteintes d'une maladie épidémique qui régnait à Paris. Les événements auxquels fait allusion le procureur Jean du Berc doivent être antérieurs à la nomination d'Arnaud de Corbie comme chancelier, qui eut lieu en décembre 1388; or l'on sait que, vers le milieu de l'année 1387, Paris fut le foyer d'une épidémie qui fit de nombreuses victimes, et qui frappa notamment l'un des présidents de la Cour, Philibert Paillard, décédé le 2 août 1387. La contagion fut si forte que l'ouverture du Parlement, qui se faisait d'ordinaire le lendemain de la Saint-Martin, fut reportée au mois de janvier suivant « propter mortalitatem que viguit Parisius et locis circumvicinis » (Arch. Nat., x¹ᴬ 1474, fol. 29 r°; x²ᴬ 12, fol. 1 r°).

*In nomine Patris, et Filii et Spiritus sancti, amen.* Je, Jehan du Berc, nez de la Vaquerie, du diocese d'Amiens, et à present parroissien de l'eglise monseigneur Saint Eustace à Paris, estant de sain entendement, considerant qu'il n'est chose plus certaine de la mort ne moins certaine de l'eure d'icelle, voulant disposer et ordener des biens que Nostre Seigneur m'a prestez en ce mortel monde, ay fait, faiz et ordene mon testament, devis ou ordenance de derreniere voulenté en la maniere qui s'ensuit :

Premierement, je recommande mon ame à Dieu mon createur, à la benoite glorieuse Vierge Marie sa mere, à monseigneur saint Michiel le benoit archange et à tous les benois sains de Paradis, et le corps à estre mis et inhumez en l'eglise du dit monseigneur Saint Eustace, ou lieu là où sont ma tres chiere compaigne et espouse, et noz enfans, dont Dieu ait les ames. Et pour ce, je vueil, ordene et laisse à l'euvre et fabrique d'icelle eglise dix escuz, ou cas toutes voies que les marregliers de la dicte eglise vouldroient que je feusse enterrez en ycelle, avec ma femme et noz enfans; et ou cas que ce ne vouldroient faire ne consentir, je esliz ma sepulture en la fosse aux povres ou cymetiere Saint Innocent à Paris.

Item, je vueil et ordene que mes debtes, torsfaiz et tout ce que j'auray indeuement acquiz, dont il apperra à mes executeurs cy après nommez, soient reparez, restituez et amendez deuement.

Item, ou dit cas que les diz marregliers de Saint Eustace ne vouldroient consentir l'enterrement de mon corps en la dicte eglise, je laisse la dicte somme de dix escuz, la moitié pour distribuer aux povres, et l'autre moitié à l'euvre et fabrique du dit Saint Innocent.

Item, je vueil et ordonne que l'anuel, qui est commencié pour ma dicte compaigne en la dicte eglise Saint Eustace, soit parfait et enteriné, s'il ne l'est, par ceulx qui y sont ordenez; ausquelx j'ai desja baillé xl escuz pour celle cause, comme il appert par quictance sur ce faicte.

Item, je vueil, laisse et ordene que l'anuel, qui est ordené à faire à Beauvais et dont damp Jehan Hardi, mon frere, est chargié, soit parfait, lequel en a ja reçu vint frans.

Item, je vueil, laisse et ordonne que les soixante solz de rente deuz sur la maison du Coq à Beauvais soient vendus au dit damp Jehan Hardi, appellez à ce un ou deux de mes executeurs, pour en faire bien et les distribuer en euvres piteables, selon l'ordonnance de feue Aalez, nostre seur, qui fut femme de Toussains de Lorriller, et depuis de Jehan le Gautier, dont Dieu ait les ames, et pour prier pour les ames de defuncte Mabile, mere de ma dicte compaigne, et pour les maris d'icelle, et aussi pour ycelle mon espouse; et vueil et ordonne que des maintenant le dit damp Jehan Hardi les reçoive pour en faire ce que dit est, jusques à ce qu'ilz soient venduz par l'ordenance de lui et de mes diz executeurs ou des deux d'iceulx.

Item, je vueil et ordonne, que s'il est sceu ou trouvé que aucuns heritages, estans à Caillouel en Beauvoisiz, qui furent à la dicte Mabille Hardie, nostre mere, feussent acquiz par elle d'un appellé maistre Oudart d'Abbeville, advocat à Beauvais, qui est pieça trespassez, [qu'ilz] soient venduz, et l'argent distribué en messes et erogué aux povres de Jhesu-Crist Nostre Createur. Et faiz ceste ordenance, pour ce que l'en dit que la dicte Mabile l'ordonna ainsi estre fait en son testament, combien que depuis son decès je aye fait savoir et enquerir diligemment s'il y eut oncques heritages qui feussent du dit maistre Oudart d'Abbeville; mais il n'a point esté sceu ne trouvé, et se mes enfans y mettoient contredit, je vueil et ordonne que les heritages que j'ay acquis soient venduz et convertiz à faire ce que dit est.

Item, je vueil et ordonne, que après ce que mon obseque et funerailles seront faiz, que dedens un mois après soit fait un service à l'eglise de Saint Estienne de Beauvais, c'est assavoir, vigiles, messes de *Requiem*, et toutes les solennitez qui y appartiennent, pour les ames de la dicte Mabille, nostre mere, et de ses maris, et pour ma dicte compaigne et espouse; et que le jour du dit service soient donnez et distribuez aux povres cent solz Tournois.

Item, je vueil et ordonne que, pour ce que euz pieça un procès contre un appellé Oudart de Dampierre, qui eut espousé une des seurs de ma dicte compaigne, duquel procès je me desistay, et estoit pour la succession d'une fille, nostre niepce, qui fut fille de la dicte seur et du dit Oudinet, laquele survesqui sa mere, si comme l'en dit, et des despens fu en l'ordonnance de feu maistre Roussel, qui fu jadis procureur de la marchandise, lequel ala de vie à trespassement sans en ordener, yceulx despens qui ne doivent pas monter à grant somme, consideré qu'il n'y ot point d'enqueste et n'y ot que unes escriptures, soient paiez et restituez au dit Oudinet, s'il est vivant, ou à ses hoirs.

Item, je laisse à maistre Jaques Petit, mon docteur, quatre escuz.

Item, à messire Jehan Michiel et à messire Jehan Roland de Saint Eustace, à chascun un escu.

Item, je laisse à messire Raoul l'Angevin, mon confesseur, deux escuz.

Item, aux clers d'icelle eglise, à chascun huit solz.

Item, je vueil, laisse et ordonne que le jour de mon obseque soient dictes et celebrées vint messes de *Requiem* pour les ames de moy et de ma dicte compaigne, et de nos peres, meres, enfans et amis, et huit livres à donner et distribuer ce jour pour Dieu aux povres.

Item, je laisse aux quatre ordres Mendians, c'est assavoir, aux Jacobins, Cordeliers, Augustins et Carmes, à chascun d'iceulx ordres un escu, et seront tenuz de dire vigiles et service de Mors.

Item, je laisse à la fabrique de l'eglise de Saint Vaast de Beauvais un escu, et à la fabrique de Saint Sauveur de Beauvais.

Item, à la fabrique de l'eglise de Saint Fremin de la Vaquerie un escu.

Item, je vueil et ordonne un anuel à estre fait et celebré en la dicte eglise de Saint Eustace pour les ames de moy et de ma dicte compaigne et espouse, et de noz peres, meres, et de noz enfans et amis.

Item, je prie affectueusement à mes diz executeurs et à mes filz et filles, et par especial mes tres chiers filz, maistre Jehan Bailli et Guillaume de Cambray, que à mon povre filz Jaquet vueillent faire tout le bien, amour et courtoisie et tel partage que faire lui pourront, et le facent tenir à l'escole, moyennant le sien mesmes, et lui vueillent aidier à son besoing, car il n'a riens eu de moy, ne de sa dicte mere.

Item, je vueil et ordonne que un voyage et pelerinage qui estoit à faire par ma dicte compaigne et espouse et moy à Nostre Dame de Boulongne sur la mer soit fait bien et deuement.

Item, un pelerinage qui devoit estre fait à Nostre Dame de Mont Fort soit fait et acompli bien et deuement.

Item, un pelerinage à Saint Cosme et Saint Damien à Lusarches soit fait et acompli.

Item, pour ce que l'en m'a donné à entendre que ma dicte compaigne avoit devocion de faire un voyage à Saint Jaques en Galice, combien qu'elle ne m'en avoit riens dit ne declairé, et que je n'y feusse point consenti, toutes voies je vueil que l'en y envoye message certain qui de ce rapportera lettres de certificacion, ainsi qu'il appartendra.

Item, vueil, laisse et ordonne à Jaquet, mon filz, tous mes livres, cours de loys et autres.

Item, je vueil et ordonne que les ventes de quarante solz de rente que j'ay achetez sur ma maison des Trois Pas de Degrés soient paiez et restituez aux heritiers et executeurs de feu monseigneur l'evesque de Paris, c'est assavoir, monseigneur Pierre d'Orgemont.

Item, je vueil et ordonne que ce qui est deu à l'execucion de feu maistre Pierre de Corbie, dont Dieu ait l'ame, pour cause d'un vielz manteau que [ot] Marion, ma femme, et des biens d'icelle execucion par les mains de ses executeurs ou surroguez, et d'un Rommant de la Rose, et autres vielx livres qui pevent monter à douze frans ou environ, soient venduz et distribuez à chanter messes, à donner pour Dieu, pour les ames du dit defunt et de ses parens, et de ma dicte compaigne qui estoit sa cousine germaine, et de noz parens et amis, ou que autrement en soit ordené, selon ce qu'il appartendra par raison. Et en est à deduire les despens que je fiz en un voyage fait par moy en la ville de Meaulx, là où estoit lors monseigneur le chancellier et monseigneur Arnault de Corbie, lors president, pour le temps de la mortalité qui estoit lors à Paris; et pour ce que les executeurs du dit feu maistre Pierre avoient renoncié à son execucion, je impetray qu'il y eust surroguez qui y furent commis de par le roy, et furent les lettres d'icelle erogacion données au dit lieu de Meaulx; ouquel voyage je fuz et demouray, moy ii$^e$, moult longuement. Si en soit deduit ce qu'il appartendra et qu'il sera regardé estre raisonnable par mes diz executeurs, s'ilz voient que ce doit estre fait.

Item, aux quatre confraries en l'eglise Saint Eustace dont je suis, c'est assavoir, Nostre Dame, Saint Michiel et Saint Eustace, la benoite Magdelaine et Saint Nicolas, je laisse à chascune un escu; et diront vigiles et messe.

Et pour cest mien testament executer, enteriner et acomplir je ordene et esliz mes executeurs mes chiers et feaulx amis, c'est assavoir, maistre Jehan Bailli et Pierrette, sa femme, ma fille, Guillaume de Cambray, mon gendre, et Aalès, sa femme, maistre Jehan Roussel, mon nepveu, et le dit messire Raoul l'Angevin, les quatre, ou les trois ou deux d'iceulx, en la main desquelx je saisis et mets la saisine et possession de mes biens, pour le dit testament acomplir jusques à l'enterinement d'icellui.

En tesmoing desqueles choses, j'ai signé de mon seing manuel et seellé de mon seel ceste presente cedule, le lundi xxiii$^e$ jour d'aoust, l'an mil cccc et onze. J. DU BERC.

Datum anno cccc° x°, ii$^a$ mensis octobris, presentibus, domino Johanne Michaelis, presbytero, Katherina *de la Fosse*, Johanne *Beron*, cum pluribus aliis testibus ad hoc vocatis et rogatis. BALLOYS.

Collacio facta est cum originali.

(Bibl. Nat., Dép. des mss., Collection Moreau, 1161, fol. 621 v°).

## XXXIV.

1411, 16 octobre.

**TESTAMENT DE DENIS DE MAUROY, PROCUREUR GÉNÉRAL DU ROI AU PARLEMENT DE PARIS.**

Denis de Mauroy, avant d'occuper le poste de procureur général du roi, était, ainsi que ses prédécesseurs, avocat au Parlement, probablement dès l'année 1384, bien qu'il ne soit point qualifié d'avocat dans la soumission qu'il fit, le 17 novembre 1384, de l'exécution testamentaire de Foulques, son beau-père (Arch. Nat., x$^{1A}$ 1472, fol. 188 r°). Reçu procureur général du roi le 16 mai 1404, au lieu et place de feu Pierre le Cerf, il réunit les suffrages de presque tous les conseillers, mais n'occupa cette charge que peu d'années, car le chancelier ouvrit le scrutin pour l'élection de son successeur le 17 février 1413, Denis de Mauroy venant de mourir, dit le greffier de Baye, « puis trois ou quatre jours. » L'élection, qui fut entravée par de nombreuses difficultés, ne se termina que le 4 mai par la nomination de Jean Haguenin, avocat au Parlement (Arch. Nat., x$^{1A}$ 1478, fol. 156 v°; x$^{1A}$ 1479, fol. 231 v°, 233 r°).

*In nomine Domini, amen.* C'est le testament ou ordenance de derreniere voulenté que je, Denis de Mauroy, procureur general et conseillier du roy nostre sire, ay fait et faiz des biens que Dieu m'a prestez en ce mortel monde, lequel je vueil estre acompli selon sa forme et teneur par mes executeurs cy dessoubz nommez, se bonnement puet estre fait, et, se non, j'en laisse l'interpretacion aus diz executeurs, et revoque tous autres testamens ou ordenances de derreniere voulenté, faiz par moy par avant ce present testament.

Premierement, je recommande mon ame, si tost qu'elle partira de mon corps, à Dieu le tout puissant, à la benoiste Vierge Marie sa mere, à monseigneur saint Michiel l'angle et à tous les benois angles et archangles de Paradis, à monseigneur saint Pierre, à monseigneur saint Pol, à monseigneur saint Denis, à monseigneur saint Andrieu, à madame saincte Katherine, à madame saincte Marguerite, à monseigneur saint Anthoine et à toute la benoite court de Paradis.

Et vueil et ordene que tous mes torfaiz, dont il apperra deuement à mes executeurs, soient reparez et amendez, et satisfacion faicte à la partie blecée qui pourra.

Item, je vueil et ordene que toutes mes debtes bonnes et loyaulx, et dont il apperra deuement à mes executeurs, soient paiées entierement sans aucune diminucion, s'il ne vient de la pure et liberale voulenté de mes creanciers, et mesmement quant aux debtes qui sont cleres par ma confession ou autrement.

Item, je esliz ma sepulture emprès ma compaigne Richarde, en l'eglise parrochial de Coulommiers en Brye, et y vueil estre porté, en quelque lieu que je trespasse, se je ne ordene du contraire, et ne vueil pas que ce soit à grant pompe ne à grans frais, et vueil avoir autel service, autel enterrement, auteles commandacions comme elle, et comme il est acoustumé de faire en la dicte eglise pour gens d'estat, et autant de messes, de pseaultiers, et de sept pseaulmes, comme elle ot, c'est assavoir, dix huit basses messes, dix huit pseaultiers et trente six sept pseaulmes, et pour chascune messe je laisse huit blans, pour chascun psaultier six blans, et pour chascun sept pseaulmes deux blans, comme elle fist.

Item, pour luminaire je vueil avoir au dit Coulommiers quatre cierges de seze livres de cire et huit torches de trente deux livres. Et ne vueil pas qu'il y ait point de disner general ne de donnée generale le jour de mon service ne de mon enterrement, mais seulement que on donne à mangier aux prestres et à ceulx qui auront travaillié pour moy et pour mon enterrement, et que on donne couvertement pour Dieu, en deniers Tournoiz ou Parisis, ce que on pourra faire, sans le faire publier et sans faire donnée generale. Et laisse pour les dictes vigiles, enterrement et commandacions aux curé et chapellains de Coulommiers douze [livres] Parisis, comme fist ma dicte compaigne. Et si vueil que, oultre les torches dessus dictes, on en face deux, chascune de quatre livres, comme les autres, qui demourront aux marregliers de l'eglise pour lever Dieu, tant comme elles dureront, et ne arderont point avec les autres le jour de mon service, se ce n'est à lever Dieu à la grant messe et aux basses messes seulement.

Item, je laisse au curé du dit Coulommiers dix solz Parisis, au chapellain cinq solz Tournois, et au clerc deux solz six deniers Tournois.

Item, je vueil que la chapelle de Saint Andrieu, qui est en l'eglise parrochial de Coulommiers, que j'ay fait ordener comme elle est, soit desservie deuement, et qu'elle soit garnie à tousjours de luminaire raisonnable, c'est assavoir, d'une torche de trois livres de cire pour lever Dieu, et d'un cierge de demie livre pour chanter les messes et pour y avoir cinq messes pour chascune sepmaine, c'est assavoir, une au lundi du Saint Esperit qui sera chantée à l'eure que les ouvriers doivent estre en la place, qui pourra, afin qu'ilz voisent veoir Dieu, quant ilz l'orront sonner, se ilz veulent; une des Apostres le mardi; une des Vierges au jeudi; une des Mors le vendredi et memoire de la Croix, et une de Nostre Dame au samedi; lesqueles seront cliquetées aux deux grosses cloches de la tour, sans les sonner à branle, et afin que on sache queles messes ce seront et que ceulx qui les orront cliqueter prient Dieu pour moy et pour Richarde, ma compaigne. Et pour ce faire, je laisse un muy de blé, environ huit ou neuf solz de menuz cens, onze res d'avoine et un chapon, qui me sont deuz à Pré Soussy, pres de Coulommiers, avec cent solz Tournois de rente que j'ay achetez de Guillemin Vachote sur son hostel de Coulommiers et sur ses autres biens, dont j'ay lettre par devers moy, et tout ce qui apperra par lettres avoir esté acheté par moy du dit Guillemin Vachote sur le dit Pré Soussy, sur son hostel de Coulommiers et sur tous ses biens. Et si y laisse aussi quarante solz Tournois de rente que j'ay achetez de Perrenet Belot de Coulommiers, et six arpens de prez que j'ay achetez de Perrin Vachote, assis vers Pré Soussy, avec la maison et cave assiz ou chastel de Coulommiers que j'ay achetez de lui, pour ce faire, lesquelx joignent à l'ostel du dit Guillemin, et dont j'ay lettres par devers moy, et y pourront demourer ceulx qui desserviront la dicte chapelle, se bon leur semble, et aussi cent solz que j'ay achetez de Pierre du Buisson, mon cousin, demourant à Fares Moustier, et cent solz de messire Oudart de Chastillon, toutes lesqueles choses j'ay achetées pour celle cause.

Item, je vueil que chascun an, la veille et le jour de Saint Andrieu, on die le service de l'eglise, le plus solennellement que l'en pourra, en la dicte chapelle à coriaux, à dyacre et à soubzdyacre. Et pour ce faire, je vueil et ordene que le chapellain ou chapellains d'icelle chapelle soient tenuz de distribuer dix solz Parisis de la revenue d'icelle chapelle au curé et aux chapellains qui y feront le dit service, et les en charge; esquelx dix solz Parisis ycellui chapellain ou chapellains de celle chapelle ne prendront riens pour leur part, et neautmoins seront tenuz de aidier à faire le dit service. Et vueil que de ceste fondacion et ordenance soit fait un tableau qui soit attachié en la dicte chapelle à une chesne de fer, et qu'il en soit autant mis ou martrologe de l'eglise pour perpetuele memoire, et, que se en mon vivant je n'ay eu l'auctorité du prelat ou d'autres à qui il appartendra, que on la pourchasse devers lui aux coux et fraiz de mes biens.

Item, et afin que Richarde et moy soions acompaignez à tousjours es prieres de l'eglise Saint Denis, où est la dicte chapelle de Saint Andrieu, et pour remuneracion des enterremens d'elle et de moy et pour l'ouverture de la terre je laisse aux marregliers dix escuz d'or pour emploier es reparacions de l'eglise. Et si leur laisse vint solz Tournois de rente pour faire faire chascun an deux services en la dicte eglise, pour elle et pour moy, l'un le lendemain de la Saint Andrieu, et l'autre le lendemain de la feste saincte Marguerite; et qu'ilz y facent offrir une quarte de vin, un pain de quatre Parisis, et un tortis de cire d'autant, et qu'ilz soient sonnez, comme on a acoustumé de faire les autres services en la dicte eglise de Saint Denis.

Item, je vueil que depuis le jour de mon enterrement jusques à huit jours après on donne chascun jour trois aumosnes pour Dieu, en l'onneur de la benoiste Trinité de Paradis, à trois povres, c'est assavoir, à chascun une pinte de vin, un pain de deux deniers et un petit blanc, et que on leur charge qu'ilz prient Dieu pour moy et pour ma dicte compaigne.

Item, je vueil que le vii$^e$ jour après mon enterrement l'en face dire vespres et vigiles de Mors à Saincte Foy de Coulommiers par les moynes et par le curé et chapellains de Coulommiers, se ilz y veulent estre, et que ce soit solennellement à tenir cuer, et le lendemain, le service de Mors à dyacre, et à soubzdyacre et à coriaulx, et que on y face sonner longuement, et que on y donne du pain et du vin aux sonneurs, et qu'ilz soient paiez de leur peine; et qu'il y ait un poile de l'eglise estendu à terre, et aux despens de mon execucion quatre cierges, chascun de trois livres de cire et non plus, qui seront aux quatre cornès du poile, tant comme on mettra à faire le service; et que, tandiz que on fera mon service, l'en face chanter douze basses messes aux six autelz de Saincte Foy, à chascun autel deux, tant par les moynes comme par les autres prestres de la ville. Et pour chascune messe je laisse deux solz Parisis; et si laisse au prieur dix solz Parisis, à la pitance des moynes vint solz Parisis, et à chascun prestre seculier de Coulommiers qui sera au long à faire le dit service, la veille et le jour, deux solz Parisis. Et ne vueil pas que on y appelle aucun autre prestre, à qui on baille salaire, fors seulement à ceulx qui seront demourans à Coulommiers, se ilz le peuvent ou veulent fournir.

Item, je vueil que ce jour on donne pour Dieu le pain de deux muis de blé, et que on donne à povres gens sans fantise, à chascun un mynot et non plus, et que on le face assavoir où il appartendra.

Item, je vueil que le viie jour après ensuivant mes executeurs ou l'un d'eulx se transportent à Rosoy en Brye, et que on y face dire pareillement vespres et vigiles de Mors, et le lendemain le service; et qu'il y ait sonnerie bonne et longue, et douze livres de cire pour quatre cierges, chascun de trois livres de cire, et deux livres pour tortis et petis cierges à aler aux offrandes et pour mettre aux autelz, comme on a acoustumé de faire à Rosoy, et que on y face dire huit basses messes avec la grant, et pour chascune des messes basses je laisse deux solz Parisis, et dix solz Tournois au curé, pour lui et pour les coriaulx, dyacre et soubzdyacre, dont chascun aura quatre blans, et lui huit blans.

Item, je vueil que ce jour y ait deux torches, chascune de trois livres de cire, qui seront alumées à lever Dieu, à la grant messe seulement, et seront laissées aux marregliers, pour ce faire, tant comme elles dureront; et vueil que on donne aux povres, après la messe, vint solz Parisis et non plus, en deniers Tournois ou Parisis, et que on donne à disner à ceulx qui feront le dit service, et à tous mes amis charnelz qui seront lors au dit Rosoy, et que on leur requiere qu'ilz prient Dieu pour moy et pour Richarde, ma compaigne.

Item, je laisse à l'euvre de l'eglise de Rosoy quarante solz Tournois, au curé dix solz Tournois, au clerc cinq solz Tournois, et à l'ostel Dieu du dit Rosoy deux paires de draps de deux lez, bons et souffisans, et dix solz Tournois.

Item, je vueil que le vii$^e$ jour après mon dit service fait à Rosoy mes diz executeurs, ou l'un d'eulx, soient à Paris et qu'ilz facent faire en l'eglise Saint Merry, ou cuer d'icelle eglise, vigiles de Mors par les quatre ordres Mendians de Paris, tous ensemble, et qu'il n'y ait qu'une vigiles à neuf pseaulmes et à trois leçons, et que les diz quatre ordres soient avec le dit college à faire le service de la messe; et pour ce faire je laisse à chascune ordre vint solz Parisis, et à la communauté de Saint Merry ou à ceulx à qui il appartendra quarante solz Parisis pour distribuer entre eulx. Et vueil avoir pour tout luminaire quatre cierges, chascun de quatre livres de cire, et seze torches, chascune de trois livres, et vueil que on face faire deux torches, chascune de quatre livres de cire, outre les seze dessus dictes, qui seront baillées aux marregliers lays pour lever Dieu en la dicte eglise, tant comme on fera mon dit service, et le surplus demourra à l'euvre. Et ne vueil pas grant sonnerie, et si ne vueil point de disner qui passe douze ou seze personnes de mes voisins seulement; et si ne vueil point que on marchande aux curez du dit luminaire, mais vueil que tout demeure à l'eglise.

Item, je vueil avoir, ce jour, cinquante basses messes chantées en la dicte eglise de Saint Merry, à commencier au matin et entandiz que on fera mon service, dont chascune des quatre ordres en dira cinq, et les trente on les fera dire par autres prestres, tant de l'eglise comme autres, et pour chascune messe je laisse deux solz Parisis.

Item, je laisse à l'euvre de Saint Merry trente deux solz Parisis, et pour le poile qui sera ou cuer quarante solz Parisis, et prie aux marregliers qu'ilz se vueillent à tant passer.

Item, je laisse aux curez de Saint Merry seze solz Parisis, aux chapellains huit solz Parisis et aux clers quatre solz Parisis.

Item, je vueil avoir chascun jour depuis mon trespassement jusques à l'acomplissement des diz services une messe de *Requiem* du moins, et pour chascune messe je laisse deux solz Parisis; et soit bien adverti cest article avec celluy qui est cy dessus, qui parle de trois aumosnes jusques à huit jours, pour ce que sont ceulx qui sont à executer des premiers.

Item, je vueil que, tantost après iceulx services faiz et acompliz, des le lendemain qui pourra, on face commencier demi anué de *Requiem* pour moy et pour tous les Trespassez en la dicte eglise de Saint Merry, et pareillement ce jour demi anué en la dicte eglise parrochial de Coulommiers, telement que tout l'anué soit fait en demi an es dictes eglises qui pourra, c'est assavoir, une messe chascun jour en chascune d'icelles eglises, jusques à demi an; pour lequel anué je laisse trente deux livres Parisis, c'est assavoir, à chascune eglise seze livres Parisis, et vueil et ordene que au dymenche et autres festes dont on fera solennité es dictes eglises, ceulx qui feront ycellui demi anué chantent du jour et non pas des Trespassés, fors seulement qu'ilz en facent memoire.

Item, je vueil et ordene que, tantost après ycellui anué fait et parfait par la maniere que dit est, et des le lendemain qui pourra, l'en face commencier à dire les messes qui s'ensuivent, dont la moitié en sera dicte en la dicte eglise de Saint Merry, et en la dicte eglise parrochial de Coulommiers l'autre moitié; et que l'on commence ainsi tost en l'une comme en l'autre, qui pourra, c'est assavoir, en l'eglise Saint Merry cinq messes du saint Esperit, cinq messes de la Trinité, cinq messes de la Croix, cinq messes de Nostre Dame, cinq messes des Angles et Archangles, cinq messes de saint Jehan Baptiste, cinq messes des Apostres, cinq messes particulieres de saint Andrieu, cinq messes des Euvangelistes, cinq messes des Martirs, cinq messes particulieres de saint Denis, cinq messes des Confesseurs, cinq messes particulieres de saint Nicolas, cinq messes des Vierges, cinq messes particulieres de saincte Katherine, cinq messes de saincte Marguerite, cinq messes des sains Prophetes, Hermites, Moynes et Patriarches tout ensemble, cinq messes particulieres de saint Anthoine et cinq messes de Tous Sains et de Toutes Sainctes ensemble, teles comme l'eglise a acoustumé de faire le jour de la Toussains; et autant et d'autel en l'eglise parrochial de Coulommiers, comme dit est. Et qu'elles soient dictes l'une après l'autre en chascune eglise, et qu'il soit enchargié à ceulx qui les diront qu'elles soient dictes par ordre, selon ce qu'elles sont declarez cy dessus, et, afin qu'il n'y ait faute, qu'elles soient baillées par role et par ordre à ceulx qui les diront ou se chargeront de les dire ou faire dire, et pour chascune messe je laisse deux solz Parisis.

Item, je vueil que, tantost après les dictes messes assouvies, l'en face dire chascune sepmaine deux messes de *Requiem* pour tous les Trespassez, jusques à un an après ensuivant, une à Saint Merry, et une en l'eglise parrochial de Coulommiers, et que ce soit au lundi qui pourra, et pour chascune messe je laisse deux solz Parisis.

Item, je laisse à l'hostel Dieu du dit Coulommiers une queue de vin, quatre sextiers de blé, et deux paires de draps de deux lez pour les povres; à Saint Ladre de Chailly cinq solz Tournois; à Nostre Dame d'Aunoy un cierge d'une livre de cire pour le curé du dit lieu, qui sera offert tout alumé sur l'autel de Nostre Dame, et six blans de deux solz six deniers Tournois à l'euvre de l'eglise, et quatre solz Parisis pour y faire chanter ce jour deux messes de Nostre Dame, et ardera le dit cierge tant comme on mettra à dire ycelles deux messes, et deux solz six deniers Tournois pour celluy qui les yra faire dire, et cinq solz Tournois pour le dit curé.

Item, je laisse aux marregliers de Doue dix solz Parisis, pour faire le service de Richarde et de moy.

Item, à Nostre Dame de Fares Moutier un cierge de deux livres de cire et quatre solz Parisis, pour y faire chanter deux messes de Nostre Dame, et ardera le dit cierge durant ycelles messes, et deux solz six deniers Tournois pour cellui qui les yra faire dire ; à l'euvre de Saint Estienne de Meaulx cinq solz Tournois.

Item, à la confrarie de la Nostre Dame en septembre, dont je suis, en la dicte eglise de Saint Merry, quatre escuz de soixante et douze solz Parisis, pour la feste de Nostre Dame qui echerra après ma mort ; et que la messe du saint Esperit que j'ay fait dire au mercredi en la dicte confrarie et en la dicte eglise soit continuée jusques à la dicte feste Nostre Dame après ma mort, et paiée au pris de cent solz Parisis, et que de là jusques à un an après ensuivant on la face dire et continuer au dit pris.

Item, je vueil et ordene que, tantost après ma mort ou au plus tost qu'il se pourra faire, l'en reveste en la parroisse de Coulommiers treze povres creatures sans faintise et sans faveur que on ait à elles, de cotte, de chaperon, de chausses, de solers, de braye et de chemise, quant aux hommes, et de chemise, quant aux femmes, tous neufs ; et que on les leur face faire, et que on paye les façons, et que on leur encharge de prier Dieu pour Richarde et pour moy ; et que l'en quiere une povre femme sans faintise qui ait un petit enfant au dessoubz de trois ans, et que pareillement ilz soient revestuz comme les autres dessus diz, et qui n'en pourra tant trouver à Coulommiers ou en la parroisse, que l'en preigne le demourant à Rosoy.

Item, je laisse à l'Ostel Dieu de Paris un de mes lis de deux lez et deux paires de draps de deux lez, deux orilliers et deux cuevrechiefz, et que tout soit bon et souffisant, et si y laisse vint solz Parisis pour y avoir vigiles et messe de Mors à dyacre et à soubzdyacre.

Item, à l'euvre de Nostre Dame de Paris huit solz Parisis ; aux povres enfans perdus de Nostre Dame quatre solz Parisis ; aux deux bassins qui sont en la dicte eglise où l'en pourchace saint Gracien et les Quinze Vins au [sachet?] devant les diz enfans perduz, à chascun bassin deux solz Parisis ; aux povres prisonniers de la court l'official quatre solz Parisis ; aux prisonniers de Chastellet, que on pourchasse au sachet qui pend sur la rue pres des Orfevres, quatre solz Parisis; aux Filles Dieu de la rue Saint Denis quatre solz Parisis; aux Bons Enfans de Saint Nicolas du Louvre quatre solz Parisis; aux Bons Enfans de Saint Victor quatre solz Parisis; à l'euvre de Saint Julien en la rue Saint Martin quatre solz Parisis; aux bonnes dames de Saincte Avoye en la rue du Temple quatre solz Parisis; aux bonnes dames de la Chapelle Estienne Haudry vers Greve huit solz Parisis; aux enfans du Saint Esperit de Greve quatre solz Parisis; à Saincte Anastaise vers Saint Gervais quatre solz Parisis; à Saint Jaques de l'Ospital en la rue Saint Denis quatre solz Parisis; aux Beguines, pour ce que Richarde y avoit sa devocion, pour y avoir vigiles et messe à note pour elle et pour moy, vint solz Parisis, et autant aux Quinze Vins, et pour pareille cause.

Item, aux Bons Enfans d'emprès Saint Honoré quatre solz Parisis.

Item, au maistre de Saint Ladre lez Paris vint solz Parisis, pour faire dire vigiles de Mors et une grant messe de *Requiem* en l'eglise du dit lieu pour moy, pour Richarde et pour tous les Trespassez; à l'ospital Saincte Katherine en la grant rue Saint Denis quatre solz Parisis; à Saint Anthoine de Carnetain lez Laigny quatre solz Parisis; à Saint Denis en France, pour y faire chanter deux messes, une de saint Denis et une de Mors, quatre solz Parisis, et huit deniers pour offrandes de cire et d'argent, et quatre solz Parisis pour cellui qui yra les faire chanter; autant à Boulongne la Petite et autant à Nostre Dame du Mesche.

Item, je laisse aux chanoines de Saint Quiriace de Prouvins un muy de blé pour une fois, pour y avoir deux services de Mors pour Richarde et pour moy, au plus tost qu'ilz pourront estre diz après ma mort, et qu'il y ait vespres et vigiles de Mors la veille, et le lendemain la messe et commandacions, c'est assavoir, pour chascun service demi muy de blé; et autant à Nostre Dame du Val, et pour pareille cause.

Item, je laisse à messire Jehan Ogier, qui demeure à Prouvins, trois escuz de cinq escuz qu'il me doit pour un brevet de Chastellet que j'ay devers moy, et des deux qui demourront qu'il die ou face dire des messes de *Requiem* pour moy et pour Richarde, tant comme ilz se pourront estandre, et qu'il en soit chargié en conscience, et, ce fait, que on lui rende son brevet.

Item, je quicte Sainteron, ma niepce, et son mary, Marion, sa fille, et son mary, et leurs hoirs de dix neuf frans contenuz en un brevet du Chastellet que j'ay devers moy sur feu Guillemin Vachote, et vueil que le brevet leur soit rendu ou qu'il soit dessiré; et si les quicte de deux escuz qu'ilz me doivent sans brevet, et de dix frans que j'ay depuis prestez à ma dicte niepce et à Gilet Maupin, son mary, dont j'ay brevet devers moy.

Item, je laisse à Denisot, mon fillol et mon nepveu, filz de Pierrette, ma suer, dix escuz sur ce qu'il me puet devoir, dont j'ay deux brevés par devers moy.

Item, je quicte Pierrette, ma suer, de dix escuz ou de dix frans qu'elle me doit pour un brevet, et vueil que on lui rende le dit brevet, et non pas cellui de vint cinq frans, ne cellui de trente solz Tournois de rente, combien que je vueil que on lui quicte les arrerages.

Item, je quicte aussi Jehan Toucy, mon nepveu, de dix frans ou de dix escuz qu'il me doit sur un brevet de sa main, et de quatre frans que je lui ay depuis prestez sur un autre brevet, et si lui laisse quatre sextiers de blé.

Item, je quicte toutes povres gens qui me devront aucune chose, se mes executeurs voient qu'il soit bien employé; et si quicte tous arrerages de mes pensions et toutes debtes de pratiques qui me seront deues au jour de mon trespassement pour escriptures ou autrement, et non pas ce qui me sera [deu] de mes gages ou pension, à cause de mon office de procureur general, ou pour autres causes que celles dont cy dessus a esté parlé; et vueil que de ce qui en sera recouvré on en donne le diziesme pour Dieu aux povres eglises et à povre creature.

Item, je vueil que, après ma mort, en la Sepmaine Peneuse et à Pasques on donne seze livres Parisis, à chascun povre un Parisis et non plus; et que on commence le lundi à Saint Julien le Povre, et que de là on s'en voise à Saint Nicolas des Champs, et de là à Saint

Martin des Champs, et puis au Temple, et de là à la Chapelle Estienne Braque, et puis aux Blans Manteaux, aux Billettes, à Saincte Croix et à la chapelle de Saincte Avoye.

Item, le mardi à Saint Anthoine le Petit, à Saincte Katherine, à Saint Pol, aux Celestins, aux Beguines, à Saint Gervais et à l'ostel Dieu de Saint Gervais, à la Chapelle Estienne Haudry, à Saint Jehan en Greve, aux Bons Enfans du Saint Esperit en Greve, à Saint Bon et à Saint Merry.

Item, le mercredi à Saint Josse, au Sepulcre, à Saint Magloire, à Saint Leu et Saint Gille, à Saint Jaques de l'Ospital, à Saint Sauveur, aux Filles Dieu, à la Trinité; et de là on voise à Saincte Anastaise, qui est vers la porte de Montmartre, et que on s'en reviengne par Saint Eustace et par Saint Innocent.

Item, le jeudi à l'ostel Dieu de Saincte Katherine de la grant rue Saint Denis, et de là à Saincte Oportune, et puis à Saint Honnoré, aux Bons Enfans de Saint Honnoré, aux Quinze Vins, à Saint Thomas du Louvre; et de là à Saint Lieffroy pres de Grant Pont, et puis à Saint Jaques de la Boucherie; et que en passant par dessus la riviere, en alant à Saint Lieffroy, on ne oublie pas les prisonniers du Four l'Evesque, qui sont à une fenestre vers la riviere et ont un sachet pendant à une corde, et que on leur donne deux petiz blans; et aussi aux Quinze Vins que on donne un grant blanc à la boiste qui est à l'entrée de l'eglise, et un petit blanc dedens l'eglise à l'œuvre d'icelle eglise; et que on offre un tortiz de cire d'un petit blanc devant Nostre Dame, et par dessus les aumosnes des povres.

Item, le vendredi adoré, que l'on voise depuis l'issue de Saint Jaques de la Boucherie jusques à la porte du Palais, et de là jusques à Nostre Dame, et puis à l'Ostel Dieu de Paris, pour tout ycellui Hostel, tant aux malades et povres, comme aux acouchées, et que on enquiere où elles sont, et de l'Ostel Dieu à Saint Severin, et puis à Saint Cosme et Saint Damien, et de là aux Cordeliers, à Saint Andrieu des Ars, aux Augustins, et de là à Saint Michiel pres du Palais, et puis pour tout le Palais à la Saincte Chapelle tant haulte comme basse. Et

en ce voyage faisant, on trouvera tres grant nombre de povres, et vueil
que en chascun bassin des prisonniers de Chastellet et du Palais on
mette un petit blanc, et pareillement à l'entrée de l'Ostel Dieu et à
l'issue où il y a reliques, et un autre petit blanc aux reliques de la
Saincte Chapelle.

Item, le samedi, veille de Pasques, à Saint Berthelemi de la Cité,
à Nostre Dame des Voltes, à Saint Pierre des Arsiz, à Saincte Croix de
la Cité, à la Magdelaine, à Saint Denis de la Chartre, à Saint Sypho-
rian, à Saint Landry, à Saincte Marine, à Saint Pierre aux Beufs, à
Saint Christophle, à Saincte Genevieve de la Cité, à Saint Julian, de
là oultre à Saint Bernart, à Saint Nicolas du Chardonneret (*sic*), aux Bons
Enfans de Saint Victor, aux Carmes, à Saint Hylaire, à Saint Estienne
pres de Saincte Genevieve, à Saincte Genevieve, à Saint Estienne
des Grés, aux Jacobins, à Saint Jehan de l'Ospital, à Saint Benoist, aux
Maturins, à Saint Yves, à Saint Germain le Vieil, à Saint Marsal, à
Saint Eloy, et de là en la Saincte Chapelle offrir un petit blanc aux
reliques.

Item, le jour de Pasques, que on voise au Palais offrir aux dictes
reliques un petit blanc et que on s'en retourne par Saint Bon, et de
là à Saint Merry, et que depuis l'issue de l'eglise de Saint Jaques de
la Boucherie, jusques au dit Saint Bon et jusques à Saint Merry, et
dedens ycelles eglises de Saint Bon et de Saint Merry on donne à
chascun povre un denier, et aussi aux reliques de Saint Bon et l'euvre
de Saint Merry un grant blanc de huit deniers, et autant à l'offrande
de la grant messe ou cuer.

Item, le lundi l'endemain de Pasques, que on voise à Nostre Dame
des Champs, et de là à Saint Soupplice, et à Saint Germain des Prez,
et que pareillement à chascun povre que l'en trouvera ou chemin et
es dictes eglises, on donne un denier, et que, pour ce faire plus legie-
rement, l'en face changer vint frans en Parisis aux maistres des mon-
noyes, ou à ceulx qui en auront la puissance ; et, pour ce faire, fauldra
que les vint frans en coustent un franc, ou vint solz Parisis, qui sera
sur le fait de l'execucion, oultre les seze livres.

Item, que l'en se donne garde des povres qu'ilz ne se lievent de leurs places pour en avoir deux ou trois foiz, et que on donne par tous les jours dessus diz, autant au petit comme au grant, c'est assavoir, à chascun un denier, supposé qu'il y ait homme ou femme qui aient pluseurs enfans.

Item, quatre livres Parisis pour donner pareillement à Saint Innocent, le premier jour des Mors qui escharra après mon trespassement, se tant y a de povres, et senon, que on le donne le jour de la Saint Laurens, à commencer à Saint Julian le Povre, et de là à Saint Nicolas des Champs, et puis à Saint Laurent, à Saint Ladre, et que on s'en retourne aux Filles Dieu, à la Trinité, à Saint Sauveur, à Saint Jaques de l'Ospital, à Saint Leu et Saint Gile, à Saint Magloire, au Sepulcre, à Saint Josse et à Saint Merry; et se les quatre livres dessus dictes ne souffisent pour les deux jours dessus diz, que on parface.

Item, je laisse au Bredinat et à sa femme six aulnes de drap à la mesure de Paris, et si les quicte de tout ce qu'ilz me doivent.

Item, je vueil et ordene, que se ma cousine Jehànne qui demeure avec moy me seurvit, que mes heritiers soient tenuz de lui faire et donner par chascun an douze livres Tournois et un muy de blé, tant comme elle vivra, et non plus, ou que ilz la gouvernent de toutes choses sa vie durant.

Item, je vueil que pour le reste de l'acomplissement du testament de feu Jehan de Maurroy, mon pere, l'en paye soixante solz Tournois aux hoirs Pierre Brossart de la Noe Saint Martin vers Rosoy en Brye, que leur avoit laissiez en son testament pour restitucion, mais je n'ay peu savoir qui ilz sont, combien que j'en ay fait enquerir par Thierry Baudet, mon cousin, pour lors demourant au dit Rosoy; si ne les fauldra donner, qui ne le pourra autrement savoir, et en charge mes executeurs nommez en mon dit testament.

Item, aux hoirs de feu Regnault Josset de Montigny vers Coulommiers en Brie trente solz Tournois, pour pareille cause, et y en a en vie, si comme m'a dit Jehan Droyn, mon cousin, demourant au dit Coulommiers.

Item, et pour [ce] que mon dit pere en son testament avoit ordené que l'on feist faire sur les fosses de lui et de son pere, ou cimetiere de Coulommiers, deux haultes tumbes de plastre, à belles croix de plastre, depuis laquele ordenance je y ai fait enterrer trois ou quatre de mes enfans, et pour ce, tant pour l'acomplissement du dit testament, comme pour ma disposicion testamentaire ou autrement, au mieulx que il pourra et devra estre fait, je ordene et vueil, que ou cas que en pourra avoir congié de ceulx à qui il appartendra, que mes executeurs ou heritiers, ou cas que je ne l'aray fait en ma vie, y en facent faire cinq entretenans l'une à l'autre, toutes d'une longueur, à belles croix de plastre, chascune, qui voise au long et au travers de la tumbe; et que celle du milieu soit la plus haulte, et les deux aux deux costés de celle du milieu un pou plus basses, et les autres deux aux deux bous encore plus basses, et toutes voies vueil je qu'elles soient de bonne hauteur, comme de deux piez et demi, ou de trois piez, et que on les ordene telement que l'eaue s'en puisse wuider quant il plouvera, afin qu'elles durent plus longuement. Et si vueil que on face faire à Paris une belle croix de bois, painte et ordenée comme celles qui sont ou cymetiere Saint Innocent, et que on prengne garde aux moyennes et non pas aux plus grandes, ne aux plus petites, et que en l'un des costés soit le crucifiement, et de l'autre costé la Vierge Marie tenant son enfant, et au dessoubz du crucifiement deux prians ou representacions de deux bourgois, et au dessoubz de Nostre Dame un homme, une femme et des enfans, et qu'elle soit attachée à bons crampons de fer au chief de la plus haulte des cinq tumbes, et bien attachée et boutée en terre, afin qu'elle dure le plus que l'en pourra.

Item, du testament de ma derreniere femme je doy encore à une femme, nommée au testament Jehanne la Barbiere, huit frans, mais je n'ay peu savoir qui elle est, si les faudra convertir en aumosnes, selon l'ordenance du prelat ou de ceulx à qui il appartendra.

Et pour faire et acomplir ce present testament je esliz mes executeurs, maistre Gauchier Jayer, mon gendre, et maistre Jehan Herbelet, mon nepveu, qui a espousée Marion, ma niepce, pour faire et acomplir ce qui sera à faire à Paris et environ, et pour le païs de Brye, Jehan Droyn, mon cousin, et Pierre Tranchant, si lui plaist à soy en entremettre avec les diz maistres Gauchier et Herbelet, ou l'un d'eulx; et leur prie qu'ilz soient diligens de tout acomplir et qu'ilz se paient courtoisement de leurs salaires. Et leur transporte la saisine de tous mes biens meubles, selon ce que la coustume des païs le pourra souffrir; et leur prie que en tout et partout ilz gardent le droit de Denisot, mon filz, et en charge leurs consciences.

Item, je advertiz mes heritiers que pluseurs seigneurs, dont je tiens mes heritages de Brye, y demandent pluseurs servitutes et redevances, oultre les cens acoustumez, qui semblent bien estranges, mais il s'en fault rapporter à l'usage du païs, et leur en doit on pluseurs arrerages à aucuns; si en fauldra chevir avecques eulx au mieulx que l'en pourra, ou cas que l'en trouvera qu'ilz aient droit.

Tesmoing mon seing manuel et mon seel mis à ceste minute, le xvi<sup>e</sup> jour d'octobre, l'an mil quatre cens et onze. Maurroy.

Acta fuerunt in presencia domini Johannis Perrotini, firmarii Sancti Mederici, anno et die ut supra scriptum est, superius cum testibus et cetera, videlicet, domino Stephano *Hardi*, domino Roberto Fabri, presbyteris, et Johanne Regis, clerico, cum pluribus aliis, et cetera. Jo. Perrotini.

Collacio facta est cum originali.

(Bibl. Nat., Dép. des mss., Collection Moreau, 1161, fol. 653 v°.)

## XXXV.

1412, 28 juillet.

**TESTAMENT DE PIERRE DE NAVARRE, COMTE DE MORTAIN.**

Pierre de Navarre, comte de Mortain, né à Évreux en 1366, était fils de Charles le Mauvais, roi de Navarre, et de Jeanne de France, et cousin germain de Charles VI. Membre du grand conseil dès l'année 1394, il se trouva mêlé aux dissensions intestines qui agitèrent si profondément les premières années du xv⁰ siècle. Lorsque éclatèrent les hostilités entre les Armagnacs et les Bourguignons, il fit partie de l'expédition dirigée contre le duc de Berry et accompagna son souverain au siège de Bourges, en juin 1412; des chaleurs excessives dont l'action dévorante se fit sentir pendant plus de trois mois occasionnèrent une épidémie qui décima l'armée royale; Pierre de Navarre, atteint de cette maladie pestilentielle, succomba à Nevers après la levée du siège. Son corps fut transporté à Paris, et le vendredi 5 août, le Parlement se rendit à l'abbaye de Saint-Antoine pour recevoir la dépouille mortelle de ce prince, qui fut inhumé aux Chartreux, où il avait fondé quatre cellules en 1396. On lui éleva un tombeau de marbre blanc et noir dans une arcade du sanctuaire du côté de l'épître, avec la représentation de sa femme couchée à ses côtés, mais les restes de celle-ci n'y furent jamais déposés (Arch. Nat., x¹ᵃ 1479, fol. 210 r°). Le comte de Mortain avait épousé, au mois d'août de l'année 1411, Catherine d'Alençon, fille de Pierre II, comte d'Alençon, laquelle se remaria le 1ᵉʳ octobre 1413 au duc Louis de Bavière; il ne laissa aucune descendance légitime, mais seulement un fils naturel, Pierre de Navarre, dit de Peralta, connétable de Navarre. Sa fortune fut divisée en trois parts; le premier tiers, comprenant les domaines de Carentan, constitua le domaine de Catherine d'Alençon; les deux autres tiers, composés des seigneuries de Tracy, Vassy, Monci, Condé-sur-Noireau, avec l'hôtel de Mortain, furent attribués à Charles, roi de Navarre, son frère et héritier. Le comte de Mortain possédait encore à Paris, rue de la Vieille-Tixeranderie, un bel hôtel que lui avait légué la reine Blanche, veuve de Philippe de Valois; cet immeuble, dont le roi de Navarre s'était emparé après le décès de son frère, fut vendu judiciairement dans les premiers mois de 1415 et adjugé pour la somme de 4,500 livres Tournois au maître des comptes, Alexandre le Boursier. Le produit de cette vente servit à solder partie d'une créance de 7,100 livres Tournois, due à Étienne de la Charité, notaire et secrétaire du roi (Accords des 22 décembre 1413, 14 décembre 1414 et 2 mai 1415, Arch. Nat., x¹ᶜ 106, 108, 109).

A tous ceulx qui ces presentes lettres verront et orront, Pierre, filz du roy de Navarre, conte de Mortaing, salut. Savoir faisons que nous, attendant et considerant qu'il n'est chose plus certaine de la mort ne moins certaine que l'eure d'icelle, non voulant trespasser de cest siecle intestat, avons fait et ordené, faisons et ordenons nostre testament ou ordenance de derreniere voulenté, sain de pensée et d'entendement, supposé que nous soions agrevé de maladie, en revocant tous autres testamens que faiz avons ou temps passé, ou nom du Pere, et du Filz et du benoist saint Esperit, en la maniere qui s'ensuit :

Premierement, nous recommandons nostre ame, quant du corps departira, à Dieu nostre createur, à la glorieuse Vierge Marie sa mere, à monseigneur saint Jehan Baptiste, saint Pierre, saint Pol et tous apostres, à monseigneur saint Denis et à tous sains et à toutes sainctes, et eslisons nostre sepulture en l'eglise Nostre Dame de Vauvert lez Paris, où est l'ordre des Chartreux; et du luminaire et autres choses qui sont convenables à faire le jour de nostre obit et de noz obseques nous voulons estre faiz par l'ordenance de nos executeurs cy après escrips et nommez, par lesquelx nous volons premierement, et avant que rien soit ailleurs distribué de noz biens meubles, heritages et conquestz, nos debtes dont il apperra par legitime preuve estre paiées et contentées, et aussi nos torfaiz estre amendez.

Item, toutes nos gens et serviteurs, qui nous ont servi et servent, nous voulons estre paiez et agréez de tout ce qui leur est deu de gages, et sur le demourant de nos biens que don leur soit fait par nos diz executeurs, eu regart au long temps qu'ilz nous ont et auront servi, et à la charge et diligence qu'ilz auront eu en nos besongnes et aux proufiz que nous leur avons fait, selon le regart et ordenance de nos diz executeurs, et le demourant de noz biens meubles, heritages et conquestz nous voulons estre exploitié et donné aux povres de Nostre Seigneur, à povres eglises et povres religieux, et à povres mesnagiers, et convertis en piteuses aumosnes selon l'ordenance d'iceulx nos executeurs.

Aussi voulons nous et ordenons nostre tres chiere et amée compaigne estre assignée et contentée de son douaire, jusques à trois mil livres Tournois de revenues par an, sur toutes nos terres de Mortaing, de Normandie, de Champaigne et de Brye, en suppliant monseigneur le roy et monseigneur le roy de Navarre, nostre frere, en tant comme chascun puet toucher, que ainsi le vueillent faire, et consentir tous les droiz que nostre dicte compaigne puet et doit avoir avec nous, lesquelx nous lui voulons estre saufs et reservez. Et en oultre voulons qu'elle ait et lui appartiengne tous les biens qu'elle a apportez avec nous, c'est assavoir, robes, joyaulx et autres teles choses.

Et pour toutes les choses contenues et escriptes en nostre present testament ou derreniere voulenté enteriner et acomplir nous avons fait, ordené et establi, faisons, ordenons et establissons nos executeurs et feaulx commissaires, nostre dicte compaigne, seule et pour le tout, et avecques elle, pour lui estre en aide, conseillier et conforter, enteriner et acomplir nostre dicte ordenance, nos amez et feaulx chambellans, les sires de Goy et de Caigny, nostre conseillier, maistre Etienne de la Charité, nostre chapellain, messire Pierre Corsin; ausquelx nos executeurs, lesquelx ou aucuns d'eulx ne pourront en ce aucune chose besongner sans nostre dicte compaigne, nous avons donné et donnons povoir et auctorité de enteriner, faire, acomplir et mettre à execucion nostre dicte presente ordenance, testament ou derreniere voulenté.

Et es mains d'iceulx nos executeurs qui en ce vouldront vaquer et entendre, en especial es mains de nostre dicte compaigne, nous avons mis et baillié, mettons et baillons par ces presentes la possession et saisine de tous noz biens meubles, heritages et conquestz, et des maintenant les en avons saisiz et vestuz, saisissons et vestons, et les soubzmettons à la jurisdicion de la cour souveraine de Parlement de mon dit seigneur le roy à Paris, pour iceulx estre venduz et adenerez par nos diz executeurs, en la maniere dessus dicte, pour nostre dit present testament et ordenance acomplir et enteriner, en revocant, comme dit est dessus, tous autres testamens par nous faiz avant la date de ces presentes, et nous voulons que nostre present testament vaille et tiengne par la meilleur forme et maniere que valoir pourra et devra.

Et afin qu'il soit à tous notoire que ce vient de nostre voulenté et ordenance, et que plus grant foy y soit adjoustée, nous avons signé et fait seeller ce present testament de nostre seel de secret en l'absence du grant, en presence de nos amez et feaulx chambellans, les sires de Goy et de Caigny, Jacob Loron, maistre de nostre hostel, messire Pierre Corsin, nostre chapellain et aumosnier, Adenet de Villers, nostre eschançon, et Jehan du Puis, nostre varlet de chambre.

Donné à Sancerre le xxviii<sup>e</sup> jour de juillet, l'an mil cccc et douze. Ainsi signé : PIERRE.

(Bibl. Nat., Dép. des mss., Collection Moreau, 1161, fol. 604 r°.)

## XXXVI.

### 1412, 17 septembre.

#### TESTAMENT DE JEAN ANGELIN, ÉPICIER DE LA RUE SAINT-DENIS.

L'an mil quatre cens et douze, le xvii<sup>e</sup> jour de septembre, je, Clement Hugues, prestre chapellain de l'eglise Saint Jaques de la Boucherie à Paris et lieu tenant de monsieur le curé d'icelle eglise, me transportay en l'ostel de Jehan Angelin, espicier, seant à Paris en la rue Saint Denys, au coin de la rue Trousse Vache, et en la chambre haulte au dessus de la petite sale d'icellui hostel trouvay Jehan Angelin, couché en une couche, et Jehanne, sa femme, aussi couchée en son grant lit, enfermes de corps. Et me requist ycellui Jehan Angelin que je le oysse en confession, après ce il feroit et constitueroit son testament, lequel Jehan se confessa à moy, et après ce qu'il se fut ainsi confessé, voult deviser son testament et demanda à la dicte Jehanne, sa femme, se elle avoit nulz notaires plus agreables les uns que les autres, laquele respondi au dit Jehan, son mary : « Dictes à messire Clement ce que vous me voulez dire et il le me dira. » Je, Clement, m'en alay devers elle et lui dis se elle avoit nulz notaires, les uns plus agreables que les autres, afin que le dit Jehan les mandast pour passer son testament, laquele me respondi que nennil, et que je escrivisse ce que son mari me deviseroit en faisant son testament, et puis après je, Clement, ou deux notaires le lirions devant elle. Et alors me retournay devers le dit Jehan Angelin, lequel me devisa et ordena son testament de mot en mot. Et lors, pour l'impetueusité du mal de l'espidimie d'iceulx deux malades, me descendi en la sale basse, et là escrivi ainsi et par la maniere que le dit Jehan le m'avoit devisé et ordené, et dis à Laurencette, sa garde, qu'elle alast querre maistre Anceau du Jardin, son confesseur, pour la confesser, pour ce qu'elle estoit tres griefment malade, lequel maistre Anceau vint, l'oÿ et confessa. Et, après ce qu'il l'eut confessée, elle, oppressée de mal, ne peut attendre les diz notaires ne moy, mais dist au dit maistre Anceau qu'elle vouloit son testament estre fait par la forme et maniere que le dit Jehan, son mary, l'avoit fait et ordené par devant moy, qui à ycelle heure le finoye en la dicte sale basse. Lequel maistre Anceau descendi en bas, et vint devers moy et me dist qu'elle vouloit son testament estre fait par la forme et maniere que le dit Jehan, son mary, avoit fait le sien, et l'avoit ainsi la dicte Jehanne recité en la presence du dit maistre Anceau et Laurencette la Viennote, laquele Laurencette me tesmoingna lors, comme le dit maistre Anceau avoit fait. Dont cy après s'ensuit la teneur du testament du dit Jehan Angelin, par la forme et maniere qui s'ensuit :

A tous ceulx qui ces presentes lettres verront, le curé de l'eglise parrochial de Saint Jaques de la Boucherie à Paris, salut en Nostre Seigneur. Savoir faisons que en la presence de nostre amé et feal chapellain, messire Clement Hugues, prestre, nostre vicaire et lieu tenant en ceste partie, auquel en ces choses et en plus grandes adjoustons plaine foy, personelment establi honneste homme et discret, Jehan Angelin, espicier et bourgois de Paris, enferme de corps, toutes voies sain de pensée et de vray propos et entendement, si comme il disoit, et que de prime face apparoit, attendant et sagement considerant qu'il n'est chose plus certaine de la mort ne moins certaine de l'eure d'icelle, laquele il desiroit prevenir par ceste maniere testamentaire, et pour ce pensant de la fin de sa vie, non voulant de ce siecle deceder intestat, mais de son povoir pourveoir au salut et remede de son ame, et disposer et ordener de soy mesmes et de ses biens que Dieu lui avoit donnez et administrez, de certaine science et vray entendement fist, ordena et advisa son testament et ordenance de derreniere voulenté ou nom du Pere, et du Filz et du saint Esperit en la forme et maniere [qui s'ensuit] :

Premierement, il, comme bon catholique et vray christian, recommanda et recommande tres humblement et devotement son ame, quant de son corps departira, à Nostre doulx Sauveur Jhesu Crist, à la benoite glorieuse Vierge Marie sa doulce mere, à monseigneur saint Michiel l'archange, à monseigneur saint Pierre, saint Pol et à monseigneur saint Jaques l'apostre, son patron, à tous sains et à toutes saintes, et generalment à toute la benoite court et compaignie de Paradis, en requerant de Dieu le tout puissant son createur pardon, indulgence et remission de ses pechiez et mesfaiz, et que par nous ou par nos menistres lui feussent administrez les sacremens necessaires de Saincte Eglise.

Item, le dit testateur voult et ordena qu'après son trespassement feust enseveliz, enterrez et mis en sepulture ou cymetiere des Sains Innocens à Paris en la fosse aux povres.

Item, le dit testateur voult, ordena et expressement commanda que ses debtes feussent payées et ses torsfaiz amendez par ses executeurs cy après nommez.

Item, le dit testateur laissa à l'euvre ou fabrique de l'eglise parrochial de Saint Jaques de la Boucherie à Paris, dont il est parrochien, pour une foiz, dix frans.

Item, il laissa à nous, curé de la dicte eglise de Saint Jaques de la Boucherie, dix frans pour une foiz, par ainsi et par tele condicion que du luminaire qui sera alumé le jour de son obit nous n'aurons que la moitié, et l'autre moitié il voult et ordena qu'il feust alumé en faisant son service en la dicte eglise parrochial des Sains Innocens.

Item, il laissa aux quatre chapellains de la dicte eglise Saint Jaques, pour dire vigiles à neuf pseaulmes et neuf leçons, ensemble pour une foiz, cent solz Parisis.

Item, il laissa aux clers de la dicte eglise de Saint Jaques, pour une foiz, trente deux solz Parisis.

Item, il laissa à l'Ostel Dieu de Paris, pour une foiz, cent solz Parisis.

Item, il laissa aux quatre ordres Mendians de Paris, pour dire vigiles, à chascune ordre pour une foiz, quarante solz Parisis.

Item, il laissa à l'ostel Dieu de Saint Gervais vingt quatre solz Parisis.

Item, il laissa à l'ospital du Saint Esperit fondé en Greve vint quatre solz Parisis.

Item, le dit testateur voult et ordena que le jour de son obseque soient donnez, distribuez et aumosnez, pour l'amour de Dieu et le salut et remede de son ame, à chascun povre en sa main quatre deniers Parisis, et jusques à cinquante frans, se tant y venoit de povres.

Item, le dit testateur laissa et donna à dix povres filles à marier, à chascune dix frans, à l'ordenance, regart et voulenté de ses diz executeurs, et là où ilz verront qu'il seroit bien emploié pour Dieu et en aumosne, et en l'augmentacion de leur mariage.

Item, le dit testateur voult et ordena que le jour de son obseque soient dictes et celebrées cinquante basses messes de *Requiem* pour le salut et remede de son ame et par l'ordenance de ses diz executeurs, et, pour ce faire, laissa cent solz Parisis.

Item, il laissa à l'euvre Nostre Dame de Paris vint solz Parisis.

Item, il laissa à l'euvre de Saint Jaques du Hault Pas lez Paris vint solz Parisis.

Item, il laissa à l'euvre de l'ospital de Saincte Katherine à Paris, fondé en la grant rue Saint Denis, quarante solz Parisis.

Item, le dit testateur voult et ordena estre dis et celebrez cinq annuelz de messes pour le remede et salut de son ame, par l'ordenance et voulenté de ses diz executeurs, et par telz prestres qui leur plaira à ce commettre et ordener. Et pour dire et celebrer chascun d'iceulx cinq anuelz il laissa quarante frans.

Item, le dit testateur voult, approuva, manda et ordena que certaines lettres mutueles, faictes et passées entre ycellui testateur et Jehanne, sa femme, soubz le seel de la prevosté de Paris, tiengnent, vaillent et aient leur force et vertu par toutes les voyes et manieres que faire se puet et qu'il est acoustumé de ce faire, et que ycelle Jehanne, sa femme, puisse joir et user, sa vie durant, des ususfruiz de tous les biens meubles et immeubles que le dit testateur a et puet avoir; après ce sien present testament acompli de point en point et après le trespassement de la dicte Jehanne, sa femme, voult et ordena le dit testateur que les heritiers d'icellui testateur en puissent joir et user plainement et paisiblement, comme vrays heritiers, et sans leur donner aucun empeschement; et ou cas que les diz heritiers du dit testateur ne vouldroient accepter ceste presente ordenance, et qu'ilz vouldroient aler ou dire contre les dictes lettres mutueles, en voulant empescher la dicte Jehanne, sa femme, qu'elle n'en joisse, d'iceulx biens il les a du tout privé et debouté, et par la teneur de cestui sien present testament le dit testateur les deboute et prive du tout en tout de toute la succession à tousjours mais; et voult et ordena que yceulx biens, après le trespassement de la dicte Jehanne, sa femme, feussent et soient donnez, distribuez et aumosnez par ses diz executeurs cy dessoubz nommez en œuvres piteables à povres gens mesnagiers et à filles à marier.

Item, il laissa à la confrarie de monseigneur Saint Nicolas aux espiciers, dont les messes sont dictes et celebrées en la chapelle et hospital de Saincte Katherine, fondée en la grant rue Saint Denis à Paris, pour une foiz, cent solz Parisis.

Item, il laissa et donna à chascun des enfans, filz et filles de ses deux seurs, vint frans.

Item, il laissa et donna aux enfans de Symonnet, frere de la dicte Jehanne, sa femme, cent frans.

Item, laissa et donna ycellui testateur à messire Clement Hugue, prestre, nostre chapellain et lieu tenant, son confesseur, pour une foiz, cent solz Parisis.

Item, le dit testateur voult et ordena seize torches de quatre livres de cire la piece, et quatre cierges de six livres de cire la piece son luminaire estre fait le jour de son obit.

Pour toutes lesqueles choses dessus dictes faire, enteriner et loyaument acomplir, et mettre à execucion de point en point, le dit testateur fist et ordena ses executeurs et feaulx commissaires, la dicte Jehanne, sa femme, maistre Guillaume de Villers, maistres Pierre Jehan, Jouachin de Geré, Symonet de la Mare, et Jehan Fouqueré, à chascun desquelx executeurs, qui se vouldra chargier de l'execucion de cestui present testament, pour vacquer et entendre diligemment à icelle, il laissa pour sa peine vint cinq frans; ausquelx executeurs tous ensemble, ou les trois d'iceulx pour le tout, pourveu toutes voies que la dicte Jehanne, sa femme, soit la premiere, il donna et octroya plain povoir, auctorité et mandement especial d'acomplir et mettre à execucion deue toutes et chascunes les choses dessus dictes et en ce present testament contenues. Es mains desquelx executeurs ycellui testateur mist tous ses biens meubles et immeubles, droiz, creances et debtes, presens et à venir, et s'en dessaisi et se devesti d'iceulx, pour enteriner et acomplir cestui present testament, et les soubzmist pour ce du tout à la jurisdicion, cohercion et contrainte de toutes justices et jurisdicions, tant d'eglise comme de siecle, soubz qui ilz seront et pourront estre trouvez.

Et ceste presente ordenance testamentaire dist et afferma ycellui testateur estre sa derreniere voulenté, laquele il voult et manda tenir et valoir, et force et vertu avoir par droit de testament, ou par le droit des codicilles, et par le droit de chascune autre maniere de derreniere voulenté, et autrement par tous droiz et par toutes les voyes et manieres par les quelz et queles il pourra et devra mieulx tenir, valoir, et force et vertu avoir, tant de droit comme de coustume; et revoca, cassa et adnulla le dit testateur tous autres testamens, et codicilles, et ordenances de derreniere voulenté par lui faiz et passez par avant la date de ces presentes, en requerant nos lettres patentes sur ce lui estre faictes et ordenées.

Ces choses furent faictes, dictes et ordenées par le dit testateur en son hostel, seant en la grant rue Saint Denis à Paris, au coing de la rue Trousse Vache, presens à ce maistre Anceau du Jardin, prestre, Laurencette la Viennote, habitans de Paris, et pluseurs autres, à ce

requis et priez, si comme nostre dit chapellain les nous a rapportées. A la relacion duquel et en tesmoing des choses dessus dictes, nous avons mis à ces presentes le seel de nostre dicte eglise, le xvii<sup>e</sup> jour de septembre, l'an de grace mil cccc et douze.
Collacio facta est cum originali.

(Bibl. Nat., Dép. des mss., Collection Moreau, 1161, fol. 615 r°.)

## XXXVII.

1413, 24 février.

**TESTAMENT DE DINO RAPONDI, MARCHAND LUCQUOIS, BOURGEOIS DE PARIS.**

De tous les marchands italiens qui fixèrent leur résidence à Paris au xiv<sup>e</sup> siècle aucun n'atteignit le degré d'opulence et de renommée auquel s'éleva le chef de la famille des Rapondi, originaire de Lucques, Jodino Rapondi, connu sous le nom de Digne Responde. Ce personnage, qui s'intitule marchand de Lucques et bourgeois de Paris, possédait trois comptoirs : l'un à Paris, l'autre à Bruges, le troisième à Montpellier. Non content de subvenir au luxe des cours de France et de Bourgogne en fournissant ces riches étoffes de fabrication italienne ou orientale si recherchées à cette époque, il en était le changeur et le banquier; aussi peut-on dire qu'il représente l'une des puissances financières de son temps; c'est grâce à son argent que le duc de Bourgogne put entreprendre la construction de monuments tels que la Chartreuse et la Sainte Chapelle de Dijon. Le crédit de Responde était si solidement établi que nous le voyons, à la fin du règne de Charles V, subir, sans secousse apparente, une perte de 18,000 francs qu'un Navarrais lui avait confiés pour être transportés à Bruges et que les officiers royaux avaient arrêtés au passage (Arch. Nat., x<sup>1a</sup> 28, fol. 150; x<sup>1a</sup> 1471, fol. 254 v°). Charles VI lui accorda, le 5 janvier 1384, des lettres de sauvegarde l'autorisant ainsi que ses frères Jacques et André à résider dans le royaume et à s'y livrer en toute liberté à leurs opérations commerciales. Une grave accusation pèse sur Digne Responde ; suivant le témoignage d'un de ses contemporains, l'annaliste de Lucques (Muratori, *Rerum italicarum scriptores*, t. XVIII, p. 881), le marchand italien aurait poussé le dévouement à la maison de Bourgogne jusqu'à se faire complice de l'assassinat de Louis d'Orléans. Digne Responde mourut à Bruges en 1414 ou 1415 et fut inhumé à Saint-Donat où sa famille avait une chapelle. On voyait encore en

1725, dans la Sainte Chapelle de Dijon, sa statue en pierre adossée à un pilier, sous l'aspect d'un homme à genoux, les mains jointes, et revêtu d'une longue robe avec une ceinture soutenant une grande bourse carrée. (Voy. la notice biographique consacrée à Digne Responde dans l'ouvrage intitulé : *Paris et ses historiens au xiv° et au xv° siècle*, p. 335-340.)

A tous ceulx qui ces presentes lettres verront, Pierre des Essars, chevalier, seigneur de Villerval et de la Mote de Tilly, conseillier, chambellan du roy nostre sire et garde de la prevosté de Paris, salut. Savoir faisons que par devant Estienne Tesson et Thomas du Han, clers notaires jurés du roy nostre dit seigneur de par lui establiz en son Chastellet de Paris, fu pour ce present en sa personne Dyne Raponde, marchant de Luques, bourgois de Paris, filz de feu Guy de Raponde, sain de corps et de pensée, et aiant bon sens, memoire et entendement, si comme il disoit et de prime face apparoit, attendant et en soy sagement pensant et considerant que briefs sont les jours de creature humaine, et qu'il n'est chose plus certaine de la mort ne moins certaine de l'eure d'icelle, et pour ce il, tandis que Dieu lui avoit donné temps et espace, et que raison gouvernoit sa pensée, voulant prevenir et pourveoir à son derrain jour qui de heure à autre approuche, afin qu'il ne le treuve ou preingne impourveu, que ja n'aviengne, mesmement que tous comparons par devant le siege du Juge eternel pour reçevoir merite selon noz dessertes et rendre compte de noz propres faiz, et desirant ordonner et disposer pour le salut de son ame des biens temporelz que Dieu de sa grace lui avoit prestez en ce pelerinage mondain, de son bon gré, propre mouvement et de sa certaine et vraye science, sans aucune fraude ou induction, si comme il disoit, fist, ordonna, nomma et devisa en la presence des diz notaires son testament ou ordonnance de derraine voulenté, ou nom du Pere, et du Filz et du benoit saint Esperit, amen, en la forme et maniere qui s'ensuit :

Et premierement, il, comme bon et vray chrestien et catholique, son doulx Createur, Redempteur et Sauveur devotement recognoissant, recommanda tres humblement son ame, quant du corps sera departie, à la benoite saincte Trinité, à la benoite glorieuse Vierge Marie, à monseigneur saint Michiel archange, à monseigneur [saint] Jehan Baptiste, saint Jehan l'Euvangeliste, saint Pierre et saint Pol, à madame saincte Katherine, et à toute la benoite court et compaignie de Paradis, et son corps à la sepulture de Saincte Eglise, laquele sa sepulture il esleut en la chapelle Saincte Anne estant en l'eglise des Augustins à Paris, en habit de l'un des freres religieux d'ilec; et ou cas qu'il yroit de vie à trespassement en la ville de Bruges, il voult avoir et esleut sa dicte sepulture en la chapelle du Saint Voult de Luques estant en l'eglise des Augustins en la dicte ville de Bruges.

En après, il voult et ordonna expressement et avant toutes autres choses toutes ses debtes estre paiées, lesqueles apperront par ses papiers ou par obligacions faictes par lui, ou par lui et Jaques Raponde, son frere, ensemble, ou par ycellui Jaques seul, pour les besongnes et affaires de lui et de son hostel, ou par autres preuves cleres et evidens, et tous ses torsfaiz estre reparez et amendez deuement par ses executeurs cy après nommez qu'il en charga bien expressement.

Item, il voult et ordonna ses luminaire, obseques et funerailles estre faictes à la discrecion, voulenté, ordonnance de ses heritiers et executeurs qui seront, ou lieu où il plaira à Dieu qu'il voise de vie à trespassement.

Item, le dit testateur laissa au roy de France nostre dit seigneur seze solz Parisis.

Item, à reverend pere en Dieu, monseigneur l'evesque de Paris seze solz Parisis.

Item, il laissa et ordonna donner pour Dieu à povres gens huit livres Parisis.

Item, il laissa au curé de l'eglise parroissial Saint Jaques de la Boucherie à Paris, dont il estoit parroissien, trente deux solz Parisis.

Item, aux quatre chapellains d'icelle eglise ensemble trente deux solz Parisis.

Item, aux clers d'icelle eglise seze solz Parisis.

Item, à l'euvre et fabrique de la dicte eglise Saint Jaques huit livres Parisis.

Item, il laissa à chascun convent des quatre ordres Mendians à Paris, c'est assavoir, Augustins, Cordeliers, Carmes et Jacobins, pour dire vigiles, soixante quatre solz Parisis, qui font en somme douze livres seze solz Parisis.

Item, à l'Ostel Dieu de Paris huit livres Parisis.

Item, à l'euvre de l'eglise des Quinze Vins à Paris huit livres Parisis.

Item, à l'eglise du Saint Esperit en Greve à Paris soixante quatre solz Parisis.

Item, à l'eglise des religieux Chartreux lez Paris huit livres Parisis.

Item, à l'eglise des Bons Enfans lez la porte Saint Victor à Paris soixante quatre solz Parisis.

Item, aux enfans d'icelle eglise, pour dire vigiles, trente deux solz Parisis.

Item, à la chapelle du Voult de Luques, en l'eglise du Sepulcre à Paris, à emploier ainsi comme bon semblera à ses diz executeurs et heritiers, seze livres Parisis.

Item, il laissa à l'eglise de l'Ospital de la Misericorde à Luques quarante livres Parisis.

Item, à l'eglise des Chartreux lez Luques seze livres Parisis.

Item, il voult et ordonna estre dictes et celebrées trente messes que on nomme les messes Saint Grigoire à Paris, et pour ce il laissa et voult estre paié quatre livres seze solz Parisis.

Item, il voult et ordonna estre dictes et celebrées à Paris, en teles eglises et par telz prestres qu'il plaira à ses diz heritiers et executeurs, mil messes de Mors pour le salut et remede de son ame et des benois Trespassez, et pour ce faire il laissa cent livres Parisis.

Item, il voult et ordonna un pelerinage estre fait de Paris à Saint Jaques en Galice par un homme à cheval, et pour ce il laissa quarante livres Parisis.

Item, il voult un autre pelerinage estre fait de Paris à Rome par un homme à cheval, et pour ce il laissa quarante livres Parisis.

Item, il voult un autre pelerinage estre fait de Paris au Saint Sepulcre de Jherusalem par un homme à cheval, et pour ce il laissa et voult estre paié quatre vins livres Parisis.

Item, il laissa à l'euvre de l'eglise Saincte Marie à Becoly, ou diocese de Luques, quarante livres Parisis, pour acheter aournemens pour la dicte eglise ou emploier en autres choses à la voulenté de ses heritiers.

Item, il laissa à ses serviteurs ensemble qui le serviront au jour de son decès quatre vins livres Parisis, à distribuer par ses heritiers comme bon leur semblera.

Item, il laissa à Paule Buzelin, son nepveu, quatre vins livres Parisis.

Item, il laissa et ordonna pour aidier à marier povres pucelles ses parentes huit vins livres Parisis, à les distribuer comme bon semblera par ses diz heritiers.

Item, il laissa et ordonna à despendre tant pour reparacion comme pour autres choses necessaires pour une chapelle et maison de Saint Rieule que son dit feu pere fist faire et edifier lez Luques, afin que l'en y puist dire et celebrer messes pour l'ame d'icellui defunct son pere, de sa feue mere, et de ses freres et seurs et autres amis, comme bon semblera à ses diz heritiers, la somme de quatre cens livres Parisis.

Item, le dit testateur laissa à l'euvre de l'eglise des Freres Augustins de Luques pour aournemens necessaires à ycelle eglise, à distribuer à la voulenté de ses diz heritiers, la somme de seze vint livres Parisis, c'est assavoir, douze vins livres Parisis pour l'ame de lui, et quatre vins livres Parisis pour l'ame de feu messire Barthelemy Raponde, jadiz son frere.

Item, il voult et ordonna estre donné et distribué pour Dieu et en aumosne pour le salut et remede de l'ame d'icellui messire Barthelemy, son frere, la somme de quatre vins livres Parisis, comme bon semblera à ses diz executeurs.

Item, il laissa et ordonna à donner, distribuer et aumosner pour

Dieu, au salut et remede de l'ame de lui et des ames de ses feux pere, mere, freres, seurs et autres parens la somme de quatre cens livres Parisis, où et ainsi que bon semblera à ses diz heritiers et executeurs.

Item, le dit testateur laissa à Jehan Raponde, son nepveu, filz de feu Guillaume Raponde, jadiz son frere, la somme de trois mille deux cens livres Parisis, par ainsi et soubz tele condicion que le dit Jehan Raponde renoncera et sera tenu de renoncer à tous droiz, raisons et actions qu'il a et pourroit avoir sur les maisons, possessions, rentes et revenues estans en la ville et ou diocese de Luques, que le dit defunt Guy de Raponde, pere d'icellui testateur, laissa après son decès à ses enfans, à cause de la part, porcion ou succession qui povoit toucher au dit feu Guillaume Raponde, pere du dit Jehan, pour la neufviesme partie; et semblablement renoncera à tous laiz, soit de maisons, possessions, rentes, revenues et deniers que le dit feu messire Barthelemy Raponde, oncle d'icellui Jehan, lui laissa à son trespas, et aussi sera tenu de renoncer et renoncera à toutes les rentes, arrerages et fruiz qui lui pourroient appartenir à cause de ce que dit est, de tout le temps passé jusques au jour du decès du dit testateur, au proufit des diz heritiers d'icellui testateur et de son execucion. Et si promettra le dit Jehan Raponde de non mettre ne donner aucun empeschement en l'execucion et acomplissement de ce present testament, mais sera d'acord et content qu'il soit tenu et acompli selon sa forme et teneur, sans jamais venir, faire, ne dire à l'encontre, ou autrement les dizheritiers et executeurs du dit testateur ne lui seront en riens tenuz, et il ne lui laissa ne laisse aucune chose; et se le dit Jehan est content et se voult benignement consentir à ce que dit est, yceulx heritiers et executeurs d'icellui testateur seront tenuz de lui bailler et delivrer la dicte somme de $\text{m}^\text{m}\text{n}^\text{c}$ livres Parisis, et ou cas que le dit Jehan Raponde yroit de vie à trespassement avant le dit testateur, en ce cas il ne lui laissa et ne laisse riens.

Item, il laissa à Phelippe Raponde, son frere, oultre ce qui lui pourra competer et appartenir de la tierce partie de ses biens et comme l'un de ses trois heritiers, la somme de trois mille deux cens livres Parisis, et ou cas que le dit Phelippe yroit de vie à trespassement avant le dit testateur, en ce cas il laissa et laisse ycelle somme à Dyne et Jaques, les deux plus ainsnez filz d'icellui Phelippe, à chascun la moitié.

Item, le dit testateur laissa à chascune des deux filles du dit Phelippe, son frere, pour les aidier à marier, la somme de huit cens livres Parisis, et ou cas que elles yroient de vie à trespassement, ou aucune d'elles, avant le dit Phelippe leur pere, en ce cas ycellui testateur voult et fu content que ycellui laiz soit et demeure au dit Phelippe, son frere, ainsi et par la maniere que les trois mil deux cens livres Parisis à lui laissiez, comme dit est; et se après la mort d'icellui Phelippe aucune d'elles aloit de vie à trespassement sans hoir de son corps, le dit testateur voult que le dit laiz à elle fait revieigne à ses diz heritiers, et ou cas que les dictes filles surviveroient leur dit pere et après yroient de vie à trespassement avant que elles feussent mariées, ou l'une d'elles, en ce cas le dit testateur voult et ordonna ce present laiz retourner à ses diz heritiers.

Item, il laissa encore au dit Phelippe Raponde, son frere, toutes les maisons, rentes, possessions et revenues qu'il avoit et povoit avoir de son conquest en la dicte ville de Bruges et en tout le païs de Flandres, et ou cas que le dit Phelippe yroit de vie à trespassement avant le dit testateur, en ce cas il les laissa et laisse à Jaques Raponde, son frere.

Item, le dit testateur dist et afferma pour verité que pieça, pour certaines bonnes et justes causes qui à ce le mouvoient, il donna audit Jaques Raponde, son frere, la somme de vint mil escuz d'or à la couronne, du coing du roy nostre dit seigneur, de xviii solz Parisis la piece, monnoye courant à present, que ycellui testateur lui bailla et nombra des lors en or comptant, et que depuis il avoit eu et receu du dit Jaques en sa garde et commande la dicte somme de vint mil escuz d'or, que ycellui Jaques lui avoit baillée et delivrée realment et de fait en or, et, comme deniers à lui baillez en sa garde et commande, les avoit promis et estoit tenu, sous l'obligacion de tous ses biens, rendre et restituer au dit Jaques à sa pleine voulenté et premiere requeste, comme il disoit plus à plain estre contenu en certaines lettres sur ce faictes et passées soubz le seel de la dicte prevosté de Paris, le xiiie jour de mars mil cccc et trois. Et pour ce, le dit Dyne-Raponde, testateur dessus nommé, voult et ordonna expressement que le dit Jaques Raponde, son frere, soit prealablement et avant tous autres paié et satisfait à plain de la dicte somme de vint mille escuz d'or, de et sur tous les biens d'icellui testateur, et que par ses heritiers, executeurs ne autre ne soit en ce mis, ne donné ou fait aucun empeschement, debat, ne contredit au dit Jaques ne aux siens, comment que ce soit.

Item, dist et afferma oultre ycellui testateur que toutes les maisons, rentes, revenues, heritages et possessions, estans et assises en la ville et ou diocese de Paris, acquises tant en son nom comme ou nom du dit Jaques, estoient et appartenoient, sont et appartiennent en plaine possession et seigneurie à ycellui Jaques seul, et que des pieça il lui donna et transporta celles qu'il avoit acquises en son nom, comme il disoit apparoir par lettres sur ce faictes, et pour ce il voult et ordonna expressement que, [en tant que touche] ses dictes maisons, rentes, revenues, heritages et possessions, par ses autres heritiers, executeurs cy après nommez ne autres aucun destourbier ne empeschement ne feust ou soit fait, donné ne mis en ce au dit Jaques ne aux siens, comment que ce soit, mais qu'elles lui demeurent, et qu'il en joisse paisiblement, comme siennes et à lui appartenans, par lui et les siens à tousjours comme de sa propre chose. Et encores d'abondant, en et pour tant que mestier en estoit et est, le dit Dyne donna, transporta et delaissa du tout au dit Jaques, son frere, pour lui et les siens, tout le droit, raison et action quelzconques que ycellui Dyne avoit, povoit et pourroit avoir et demander es dictes maisons, rentes, revenues, heritages et possessions, et pour occasion d'icelles.

Item, ou residu de tous les biens meubles et immeubles du dit testateur quelzconques, et en quelconque païs qu'ilz feussent et soient, ses debtes, laiz et ordonnances premierement paiées, il laissa et ordonna ses loyaulx et vrays heritiers, seulz et pour le tout, les diz Jaques, André et Phelippe, diz Raponde, ses freres, et chascun d'eux pour la tierce porcion.

Et pour toutes les choses dessus dictes et chascune d'icelles enteriner, mener et mettre à execucion et fin deue, et les acomplir de point en point le dit Dyne Raponde, testateur, fist, ordonna, nomma, constitua, establi et esleut ses executeurs et feaulx commissaires les diz Jaques, André et Phelippe, diz Raponde, ses freres, maistres Jehan Hue, arcediacre d'Avallon et Jehan de Vaily, advocat en Parlement, Nicolas Maulin, Michiel Mercat, François Achieptant, Laurens Trente, Gualonne Trente, son filz, Ange Christophle, Jaques Raponde, filz de Jehan Raponde, Marc Gaidichon, Nicolas Szpauli et Pol Buzolin, nepveu du dit testateur, ausquelx et aux deux d'iceulx, desquelx le dit Jaques soit l'un, il donna, octroya et attribua plain povoir, auctorité et mandement especial de enteriner, faire, acomplir, mener et mettre à execucion et fin deue de point en point tous les laiz, ordonnances et choses dessus dictes et chascune d'icelles, les circonstances et deppendences, et oultre de faire quanque bons et loyaulx executeurs pevent et doivent faire, mais il ne les voult aucunement estre compellez ne contrains par court d'eglise ne seculiere à paier aucun des laiz dessus diz jusques à deux ans ensuivans à compter du jour de son trespassement, excepté le laiz fait au dit Jehan Raponde, son nepveu, filz du dit feu Guillaume Raponde, qu'il voult et ordonna estre paié et acompli en la maniere que dit est dessus; toutes voies il charga et charge ses diz executeurs d'enteriner, paier et acomplir ce present testament le plus tost qu'ilz pourront bonnement. Es mains desquelx ses executeurs il transporta et transporte pour ce tous ses biens quelques ilz soient, et les en saisi et vesti, et voult estre saisiz et vestuz par le bail et ostencion de ces presentes seulement, pour les prendre, vendre et exploitier jusques à plain et enterin acomplissement de ce dit present testament, tantost lui alé de vie à trespassement; et pour ce il obliga et oblige tous ses diz biens; et yceulx avec le fait de son execucion, les desbas, procès ou descors, s'aucuns en sourdoient, les circonstances et deppendences, il soubzmist et soubzmet du tout à la court du Parlement du roy nostre dit seigneur à Paris, à la jurisdicion de la dicte prevosté de Paris et de toutes autres.

Et revoqua, et rappella et mist du tout au neant tous autres testamens, codicilles ou ordonnances de derreniere voulenté, s'aucuns en avoit faiz avant la date de ces presentes, lesqueles il voult et ordonna valoir, tenir, avoir et sortir leur effect, et s'i arresta et arreste du tout, non obstans droiz, loyz, us ou coustumes et ordonnances de villes, païs et lieu, ou autres choses à ce contraires, toutes choses à ce utiles, necessaires et proufitables comprises, supposées et entendues; et s'il y escheoit, estoit ou avenoit aucune obscurté, declaracion, incertaineté ou doubte, il voult et ordonna expressement que le dit Jaques Raponde, son frere, peust et puist, et lui loise dire, declairer et interpreter en sa conscience à son entendement et voulenté, tout ainsi comme eust fait et feroit le dit testateur, et de ce le charga et charge.

En oultre ycellui testateur dist, certifia et afferma en verité que il n'estoit et ne se tenoit aucunement estre tenu à et envers le dit Jehan Raponde, son nepveu, filz Guillaume Raponde, et que le laiz qu'il lui faisoit cy dessus estoit fait pour et en recompensacion d'aucunes terres et revenues, estans à Luques, qui à ycellui Jehan povoient competer à cause de son dit feu pere, et d'aucuns laiz que le dit feu messire Barthelemy Raponde lui fist, et aussi afin qu'il eust mieulx de quoy vivre honnorablement ou temps à venir.

En tesmoing de ce, nous, à la relacion des diz notaires, avons mis à ces lettres le seel de la dicte prevosté de Paris. Ce fu fait l'an de grace mil quatre cens et douze, le vendredi vint quatre jours de fevrier.

Ainsi signé : Tesson. T. du Han.

Collacio facta est cum originali.

(Bibl. Nat., Dép. des mss., Collection Moreau, 1162, fol. 1.)

## XXXVIII.

1413, 28 février.

TESTAMENT DE JEAN DU DRAC, PRÉSIDENT AU PARLEMENT DE PARIS.

Jean du Drac, fils de Barthélemy du Drac, trésorier des guerres, était en 1381 avocat au Parlement. Deux ans auparavant il eut à soutenir un procès au Châtelet au sujet de la succession paternelle, contre son frère Berthelot du Drac, lequel, pour se venger d'un emprisonnement qu'il avait subi à raison de menaces proférées contre Jean du Drac, s'embusqua sur son passage dans le cloître Saint-Merry et le frappa d'un coup de dague; Jean, ainsi attaqué, riposta par un coup de couteau. A la suite de cette rixe sanglante, Berthelot du Drac prit la fuite et resta deux ans absent; revenu à Paris et réconcilié avec son frère, il obtint des lettres de rémission au mois de mai 1381 (Douet d'Arcq, *Choix de pièces inédites relatives au règne de Charles VI*, t. I, p. 21). Cet incident n'entrava point la carrière de Jean du Drac que nous retrouvons conseiller lai au Parlement à la date du 6 novembre 1392. Il siégea à la grand'Chambre de 1392 à 1403, et le 26 mai 1403 remplaça Jacques de Ruilly comme président des Requêtes du Palais. A l'ouverture du Parlement de 1407, tous les présidents étant absents, le chancelier Arnaud de Corbie le délégua pour présider la séance du 15 novembre, malgré les protestations formulées par les maîtres des Requêtes de l'Hôtel. Le 1$^{er}$ avril 1411, Jean du Drac recueillit la succession de Pierre Boschet et fut appelé au poste de quatrième président du Parlement. Il joua un rôle actif dans les proscriptions qui frappèrent les Armagnacs en 1412, et figure en tête des juges chargés de sévir contre les adhérents de ce parti; presque tous ceux qui participèrent à ces poursuites et qui se signalèrent par leur ardeur à servir la réaction cabochienne durent prendre le chemin de l'exil; s'il ne partagea point leur fortune, c'est que la mort l'enleva au début de l'année 1413; le mercredi 1$^{er}$ mars fut notifié au Parlement le décès de Jean du Drac, président *in quarto loco, trespassé à Espineul les Saint Denis*. Seigneur de Champagne-sur-Oise, il épousa Jacqueline d'Ay qui possédait, entre autres biens, 24 livres de chef cens sur plusieurs maisons sises à Paris, rue Saint-Jacques-de-la-Boucherie, et qui survécut à son mari nombre d'années, bien que son épitaphe porte la date du 4 juin 1404. Tous deux furent inhumés à Saint-Merry (Arch. Nat., x$^{1a}$1478, fol. 113 v°; x$^{1a}$1479, fol. 1 v°, 154 v°, 197, 212; x$^{1c}$101, accord du 5 juin 1411). Le président du Drac laissa trois fils et quatre filles : les fils sont : Philippe, vicomte d'Ay,

Jean, doyen, puis évêque de Meaux, et Gérard, seigneur de Cloyes. (Voy. *Généalogies des Présidents au Parlement*, p. 37.) L'une des filles, Jeanne du Drac, mariée à Philippe de Morvilliers, premier président du Parlement sous la domination anglaise, fonda en 1426 une chapelle à Saint-Martin-des-Champs.

A tous ceulx qui ces presentes lettres verront, les cheveciers de l'eglise parrochial de Saint Merry à Paris, salut en Nostre Seigneur. Savoir faisons que en la presence de nostre amé et feal chapellain, messire Jehan Perrotin, prestre, nostre vicaire, et lieu tenant en ceste partie, auquel en ces choses et en plus grandes adjoustons pleine foy, personnelment establi honnorable homme et sage, maistre Jehan du Drac, conseillier du roy nostre sire et president en son Parlement, enferme de corps, toutes voies sain de pensée et de vray propos et entendement, si comme il disoit et que de prime face apparoit, attendant et sagement considerant qu'il n'est chose plus certaine de la mort ne moins certaine de l'eure d'icelle, laquele il desiroit prevenir par ceste maniere testamentoire, et, pour ce, pensant à la fin de sa vie, non voulant de ce siecle deceder intestat, mais de son povoir pourveoir au salut et remede de son ame, et disposer et ordener de soy mesme et de ses biens que Dieu lui avoit donnez et admenistrez, de certaine science et vray entendement fist, ordena et divisa son testament et ordenance de derreniere voulenté, ou nom du Pere, et du Filz et du saint Esperit, en la forme et maniere qui s'ensuit :

Premierement, il, comme bon catholique et vray christian, recommanda et recommande tres humblement et devotement son ame, quant de son corps departira, à Nostre doulx Sauveur Jhesu Crist, à la benoite glorieuse Vierge Marie sa doulce mere, à monseigneur saint Michiel l'archange, à monseigneur saint Pierre et saint Pol, et à monseigneur saint Merry, son patron, à tous sains et sainctes, et generalment à toute la benoite court et compaignie de Paradis, en requerant de Dieu le tout puissant son createur, pardon, indulgence et remission de ses pechiez et mesfaiz, et que par nous ou par nos ministres lui feussent administrez les sacremens necessaires de Saincte Eglise.

Item, il voult et ordena que son corps, après son trespassement, feust enseveliz, enterrez et mis en sepulture en la dicte eglise de Saint Merry, en la chapelle où l'en dit la messe de la parroche, là où repose feu son pere et ses autres amis.

Item, il voult et ordena ses debtes estre paiées et torsfaiz amendez, premierement et avant toute euvre, lesquelles apperront clerement estre deues, par ses executeurs cy après nommez.

Item, il laissa à l'euvre de la dicte eglise de Saint Merry soixante quatre solz Parisis.

Item, à nous, les cheveciers dessus diz, soixante quatre solz Parisis.

Item, à nos deux chapellains de la dicte eglise trente deux solz Parisis.

Item, à nos deux clers de la dicte eglise seize solz Parisis.

Item, à l'euvre de Saint Medart à Espineul seize solz Parisis.

Item, au curé d'icelle ville seize solz Parisis.

Item, au chapellain et aux clers d'icelle ville, à chascun quatre solz Parisis.

Item, à l'Ostel Dieu de Paris vint solz Parisis.

Item, à l'euvre de Nostre Dame de Paris dix solz Parisis.

Item, à Saint Jaques du Hault Pas quatre solz Parisis.

Item, aux quatre ordres Mendians, à chascune seize solz Parisis.

Item, aux Quinze Vins de Paris seize solz Parisis.

Item, au Saint Esperit en Greve seize solz Parisis.

Item, à chascune des confraries de Saint Merry quatre solz Parisis.

Item, le dit testateur voult, ordena et laissa annuelment et perpetuelment à tousjours vint quatre livres Parisis de rente prins sur ses conquestz, ou cloistre Saint Merry, sur la maison messire Jehan Buletel, prestre, quatorze livres Parisis, et le remanant sur la maison de Thomas de la Cloche, ou dit cloistre Saint Merry, pour celebrer annuelment et perpetuelment quatre messes, chaque sepmaine, en la chapelle là où il sera enterré en la dicte eglise de Saint Merry, pour le remede et salut de son ame et de ma damoiselle Jaquette d'Ay, sa femme, conjoinctement ensemble et de tous leurs amis, et à ce faire se consenti ma dicte damoiselle pour sa part. Et en oultre, voult et ordena le dit testateur que ma dicte damoiselle, sa femme, principalment, se Dieu faisoit son commandement de lui, en ordene à sa propre voulenté sa vie durant, et après son decès en l'ordenance des heritiers des deux parties, ou cas qu'elle n'en auroit ordené sa vie durant, ou les executeurs d'icelle.

Item, de son service il en charge ses executeurs et principalment ma dicte damoiselle, sa femme.

Item, il ratifia que une lettre de don mutuel entre lui et ma dicte damoiselle, sa femme, si demeure en sa force et vigueur.

Item, il voult et ordena que ses deux filles à marier aient autant pour leur mariage comme les deux autres mariées, et qu'elles reviengnent à partage en rapportant comme les autres.

Item, il laissa et donna à ma dicte damoiselle, sa femme, franchement et quittement tous ses biens meubles et conquestz immeubles faiz par lui, tant au devant de leur dit mariage, comme ceulx faiz durant leur dit mariage, en quelque lieu qu'ilz soient, avecques le quint de son propre heritage, nonobstant us, coustumes, stiles ou usages de païs à ce contraires, et ne sera la dicte damoiselle tenue de payer debtes, ne faire obseques ne funerailles pour le dit testateur.

Pour toutes lesqueles choses dessus dictes faire, enteriner et loyalment acomplir, et mettre à execucion de point en point le dit testateur fist et ordena ses executeurs et feaulx commissaires, ma dicte damoiselle Jaquette, sa femme, à laquele il donna et donne plain povoir et auctorité au dessus des autres executeurs cy après nommez, et qu'ilz ne puissent riens faire sans elle estre appellée, lesquelx cy s'ensuivent : c'est assavoir, maistre Phelippe de Morviller et Jehan de Fresnes, ses gendres, maistre Regnault de Sens, maistre Jehan d'Ay, messire Guillaume d'Ay, chevalier et frere de ma dicte damoiselle, et maistre Guillaume Rabay, et voult et ordena que les deux d'iceulx avecques ma dicte damoiselle puissent vacquer, faire et ordener en la dicte execucion, ou cas que les autres n'y pourroient entendre; ausquelx executeurs, comme dit est, et par especial à ma dicte damoiselle il donna et octroya plain povoir, auctorité et mandement especial d'acomplir et de mettre à execucion deue toutes et chascunes choses dessus dictes et en ce present testament contenues. Es mains desquelx executeurs, comme dit est, ycellui testateur mist tous ses biens meubles et immeubles, droiz, creances et debtes, presens et à venir, et s'en dessaisi et devesti d'iceulx pour enteriner et acomplir cestui present testament, et les soubzmist pour ce du tout à la jurisdicion, cohercion et contrainte de toutes justices et jurisdicions, tant d'eglise comme de siecle, soubz qui ilz seront et pourront estre trouvez.

Et ceste presente ordenance testamentaire dist et afferma ycellui testateur estre sa derreniere voulenté, laquele il voult et manda estre tenue et valoir, et force et vertu avoir par le droit des testamens ou par le droit des codicilles, et par le droit de chascune autre maniere de derreniere voulenté, et autrement par tous droiz et par toutes les voyes et manieres par les quelx et queles il pourra et devra mieulx tenir, valoir, et force et vertu avoir, tant de droit comme de coustume.

Et revocqua, cassa et adnulla le dit testateur tous autres testamens et codiciles, et ordenances de derreniere voulenté par lui faiz et passez par avant la date de ces presentes, en requerant nos lettres patentes sur ce lui estre faictes et ordenées.

Ces choses furent faictes, dictes et ordenées par le dit testateur en son hostel, seant en la dicte ville d'Espyneul, presens à ce ma damoiselle Jehanne Tadeline, vesve de feu Regnault de Gaillonnet, ma damoiselle Marie de Hennieres, niepce du dit testateur, Perrinet Landereau, clerc d'icellui testateur, Marie la Feinniere, Jaquette et Denisette, ses deux filles, et Philipot, filz du dit testateur, avec pluseurs autres de ce requiz et priez, si comme nostre dit chapellain les nous a rapportées.

A la relacion duquel, et en tesmoing des choses dessus dictes, nous avons mis à ces presentes le seel de nostre dessus dicte chevecerie, le derrenier jour de fevrier, l'an mil quatre cens et douze.

Collacio facta est cum originali.

(Bibl. Nat., Dép. des mss., Collection Moreau, 1161, fol. 672 v°.)

## XXXIX.

1415, 1ᵉʳ janvier.

TESTAMENT DE JEAN DE NOYERS, CHAPELAIN DE NOTRE-DAME,
CURÉ DE SAINT-GERMAIN DU VIEUX CORBEIL.

Jean de Noyers, que nous trouvons mentionné comme chapelain de la Sainte Chapelle, à la date du 13 novembre 1392, parmi les exécuteurs testamentaires de Hugues Boileau, trésorier de la même Chapelle, appartenait au clergé de Saint-Germain-l'Auxerrois, comme titulaire de la chapellenie de la Sainte-Trinité; le 15 mars 1401, il obtint celle de Saint-Nicaise à Notre-Dame par voie de permutation avec Albert Hagenbouch (Arch. Nat., x¹ᴬ 1477, fol. 1 r°; L 496, fol. 51 v°). Jean de Noyers décéda en mars 1415 et fut inhumé dans l'église Notre-Dame de Corbeil, où sa tombe se voyait encore au xviiiᵉ siècle. (Voy. Lebeuf, *Histoire du diocèse de Paris*, t. XI, p. 191.)

A tous ceulx qui ces presentes lettres verront, Andry Marchant, chevalier, conseillier, chambellan du roy nostre sire et garde de la prevosté de Paris, salut. Savoir faisons que l'an de grace mil quatre cens et quatorze, le mardi premier jour de janvier, à la requeste de honnorable homme et sage, maistre Jehan Jouvenel, prothonotaire de nostre Saint Pere le Pape, de maistre Jehan le Bugle, procureur en Parlement, de maistre Giles le Veau, clerc des comptes de monseigneur le duc de Guienne, et Gilet de Ressons, espicier, demourant à Paris, eulx disans et portans amis et affins de messire Jehan de Noyers, prestre beneficié en l'eglise de Paris et curé de Saint Germain du Vielz Corbueil, Denis Yvier et Jehan Preudomme, clers notaires jurez du roy nostre dit seigneur en son Chastellet de Paris, se transporterent en l'ostel du dit messire Jehan de Noyers, assiz à Paris en la Cité, en la rue Saint Christofle, faisant le coing de la rue qui va au petit huis de l'eglise Saincte Genevieve la Petite, et là leur fu dit par les diz amiz que le dit messire Jehan estoit grossement malade en sa dicte cure, et que le dit Gilet de Ressons, lequel l'avoit esté veoir et visiter au dit lieu, avoit apportées aucunes de ses clefz pour prendre et avoir, et au dit messire Jehan reporter son testament, que on disoit estre en l'un de ses coffres ou buffès du dit hostel, et pour ce que en son dit hostel, es chambres d'icellui, ne es diz coffres, les diz amis ne vouloient aucunement entrer, ne en faire ouverture, sans avoir avecques eulx aucuns des gens du roy nostre sire qui peussent porter tesmoignage de verité de l'ouverture et de ce que ilz verroient par eulx estre fait, avoient ylec mandez et fait venir les diz notaires, en la presence desquelx fu fait ouverture par vertu des dictes clefz de la chambre où gisoit le dit messire Jehan de Noyers, de la garde robe d'emprès et d'un buffet qui estoit en icelle garde robe; ouquel buffet fut trouvé un roole de papier contenant trois feuilles accousuz ensemble, qui apparoit estre le testament du dit messire Jehan de Noyers, signé à la fin : Ita est. J. DE NOYERS; lesquelx mos ainsi escrips à la fin du dit roole les diz amis disoient et affermoient estre escripz de la propre main et que c'estoit le propre et vray seing manuel du dit de Noyers, dont il usoit et avoit acoustumé de user; duquel roole, que les diz notaires incontinent prindrent, signerent et deuement tabellionnerent de leurs seings manuelz, afin que aucune chose n'y feust ou peust estre faicte, acreue, adjoustée ou diminuée, la teneur de mot à mot s'ensuit et est telle :

Ou nom du Pere, et du Filz et du saint Esperit, amen. Je, Jehan de Noyers, curé du Vielz Corbueil et chanoine de Saint Spire de Corbueil, faiz et ordonne mon testament ou derreniere voulenté le (*sic*) l'an mil quatre cens et douze, en la maniere qui s'ensuit :

Premierement, je recommande mon ame à Dieu, et ordonne toutes mes debtes et torfaiz estre paiez entierement et amendez, ce qu'il sera trouvé par tesmoins dignes de foy, et esliz ma charrogne estre mise es crotes basses de Nostre Dame de Corbueil, et ma tumbe entre le grant autel et l'uis du revestiaire à l'endroit de la sepulture, si comme messeigneurs du chapitre du college le m'ont octroyé de leur grace, et pour la place et lieu à moy octroyé je vueil et ordonne six livres huit solz Parisis estre convertiz par mes executeurs es plus grans necessitez de la fabrique de l'eglise tantost après mon decès.

Item, je ordonne une tumbe estre faicte et mise ou lieu dessus dit ou pris de dix frans, ou cas que avant mon decès je n'en auroie ordonné.

Item, je vueil que le jour de mon obseque fait en l'eglise et college dessus nommé ait six torches, chascune de quatre livres, et quatre cierges, chascun de trois livres, et vueil que six povres tiegnent les torches, et soient esleuz les plus diseteux charitables que l'en pourra trouver, qui auront chascun ung solers et chausses, ou pris de dix solz chausses et solers à chascun des six povres.

Item, je vueil que aux vigiles et messes de mon obseque soit distribué quatre livres Parisis à tout le college.

Item, vueil que durant le service soient sonnées les cloches et soit baillié aux sonneurs douze solz bailliez en leurs mains.

Item, je vueil ung anniversaire estre fait à Saint Spire, c'est assavoir, vigiles le jour de la messe de mon obseque fait à Nostre Dame et la messe l'endemain, et y sera distribué quarante solz et pour les sonneurs huit solz bailliez en leurs mains.

Item, je vueil et ordonne vint livres Parisis estre baillées et delivrées aux marregliers du Vielz Corbueil, tantost et quantes foiz qu'ilz auront trouvé rentes bien assises à l'adviz du curé, de mes executeurs et des parrochiens, pour faire pour moy deux anniversaires solennelz tous les ans à dyacre et soubzdyacre, dont de la rente d'icellui argent achetée sera distribué au curé pour faire les diz anniversaires les deux pars par les marregliers, et la tierce demourra à la fabrique, et ne seront tenus les diz marregliers de riens paier au dit curé, se au dimenche ne annonce au prosne le jour du service, et que iceulx marregliers soient certifiez du service estre fait solennelment, comme dessus est dit. Et avecques ce vueil et ordonne quatre livres Parisis estre baillées et delivrées pour convertir es choses plus nécessaires pour l'eglise du dit Vielz Corbueil, dont je charge mes executeurs.

Item, je laisse à la chapelle de la maladerie de Crecy en Brie, dont j'ay esté chapellain, quatre livres Parisis pour estre convertiz par mes diz executeurs es plus grans necessitez de la dicte chapelle.

Item, je vueil et ordonne que aux dames de Saint Marcel soit fait ung anniversaire solennel le jour de mon obseque fait à Nostre Dame du dit Corbueil ou tantost après, et soit distribué à chascune des dames estans au service deux solz, et aux freres de l'eglise des dictes dames pareillement.

Item, pour la pitance des dictes dames soit achaté quarante solz Parisis de poisson ou autre pitance par la main de la cuisinaire faicte le jour qu'elles feront mon dit service.

Item, je vueil et ordonne tantost après mon trespassement estre celebrées treize messes de *Requiem*, en faisant mon obseque en l'eglise Nostre Dame de Corbueil.

Item, pareillement à Saint Spire.

Item, pareillement à Saint Germain du dit Vielz Corbueil.

Item, je laisse à la dame du Cheval Rouge, demourant à Paris en la rue des Poulies, pour prier pour mon ame, huit livres Parisis, et ou cas qu'elle ne seroit en vie, que icelles huit livres feussent paiées à ses heritiers, et s'il avenoit qu'elle n'eust heritiers de son propre lignage, que iceulx huit livres soient convertiz en messes.

Item, à l'eglise de la Magdelaine de Vezelay vueil et ordonne, que neuf vins toises que contient bien la rondeur de la dicte eglise, que neuf vins toises de chandelles de cire, plus fournies que celles que vendent les chandelieres à la porte de l'eglise, soient faictes pour ardoir aux matines et services de l'eglise, où il sera necessité tantost après mon decès, ou l'argent qu'elles pourront valoir à estre convertiz à la secretaineté ou chevecerie à l'ordonnance de reverend pere en Dieu, monseigneur l'abbé du dit lieu, ou cas toutes voies que mes executeurs ne seroient informez que à ma vie je n'en auroie fait mon devoir.

Item, je laisse au pardon de Hault Pas trente deux solz Parisis.

Item, à la seur de feu maistre Jaques Loron, pour elle vestir, ma meilleur robe fourrée et mantel.

Item, je vueil ung pelerinage estre fait à Nostre Dame de Boulongne sur la mer, ou cas que mes executeurs ne seroient informez que depuis la date de ce present testament ne l'auroye fait, et soit de ce fait marchié à ung homme qui ira de pié, auquel sera baillié bon et competent salaire, et oultre lui sera baillié pour offrir à la glorieuse Vierge plus que son voyage ne monte et autant que icy pourroie despendre à aler à cheval, qui de ce apportera certificacion de l'eglise de Boulongne.

Item, je vueil et ordonne que aux hoirs de feu maistre Andry de Vray, jadiz chanoine de Saint Spire de Corbueil, nez de Pontoise, soit baillié douze frans pour prier pour le dit defunt, et ou cás que aucuns hoirs n'y auroit legitimes, que cent messes soient dictes par les religieux des quatre ordres Mendians à Paris toutes en ung jour, en eulx recommandant l'ame du dit defunt et de moy, ou cas toutes voies que mes executeurs ne trouveroient entre mes quictances que je en doye demourer deschargiez.

Item, vueil et ordonne que trente cinq solz Parisis que devoit Guillaume de Mont Lehery à cause de Jehan Charron, assignez par lui sur le jardin et saussoye de Jehan Chapollain pres de la riviere d'Essonne que j'ay donné à l'eglise de Nostre Dame de Corbueil, avecques autre rente pour faire certains services à la dicte eglise en recompensant l'eglise du Vielx Corbueil, pour ce vueil qu'ilz soient assignez sur ma maison du Marché au blé devant la Croix, que je achetay de messire Giles Malet, chevalier, ou cas dessus dit, après huit solz Parisis que l'eglise Nostre Dame de Corbueil y doit prendre avant tous autres.

Item, je vueil et ordonne que tantost après mon decès ung service solennel soit fait à l'Ostel Dieu de Paris, et pour ce faire à chascun frere prestre deux solz Parisis et non prestre seize deniers, et dames d'icellui hostel qui y seront presens, tant voilées comme non voilées, leur soit distribué à chascune douze deniers Parisis en leur main, et à chascun povre gisant à celle heure quatre deniers Parisis.

Item, à l'office du maistre, pour estre acompaigné es prieres de l'Ostel dix frans, et à l'office de la prieuse cinq frans.

Item, je vueil et ordonne, que ou cas que je n'auroye fondé mon obseque en l'eglise Saint Spire de Corbueil, où j'ay esté chanoine jusques à aujourduy trente deux ans ou environ, avant mon trespassement, que mes executeurs finent et composent à ceulx de la dicte eglise de y faire tel et autant comme Nostre Dame de Corbueil, excepté les suffrages d'après la messe, et ou cas qu'ilz ne pourroient finer, qu'ilz facent tant que ung anniversaire y soit fondé de douze solz tous les ans.

Item, je vueil et ordonne, que ou cas que icellui college de Saint Spire ne seroit ou se vouldroit chargier de tel service, comme dessus est dit de Nostre Dame de Corbueil, reservé les suffrages de après la messe, que, oultre les messes dessus nommées, par les quatre ordres Mendians, Chartreux et Celestins de Paris soient dictes toutes après mon deces, pour et en lieu de tel service que sont tenus chapitre et communaulté de Nostre Dame du dit Corbueil, cinq cens messes pour une fois au plus tost que faire se pourra sans attendre, et bailler à chascun prestre qui diront ycelles messes deux solz Parisis par quatre des chiefz d'icelles ordres, et tesmoignage de leur conscience, que icelles messes soient pour le remede de mon ame celebrées.

Item, vueil et ordonne que mon executcion des maintenant soit soubzmise à la court de Parlement, s'il plaist à messeigneurs du dit Parlement.

Item, je vueil et ordonne que mes executeurs qui auront la charge de mon execucion aient et preignent pour leurs soins et travaulx, chascun dix frans, par especial à ceulx qui prendront la peine.

Item, pour mettre à execucion de point en point et acomplir le contenu cy dessus selon mon ordonnance, telement que mon ame en soit alegée, je esliz mes executeurs, mon tres chier et amé seigneur et cousin, maistre Jehan Jouvenel, advocat du roy en Parlement, mon tres chier et especial et parfait ami, messire Jehan Berthe, Gauthier de Ressons, espicier, Gilet de Ressons, son filz, mon bon et especial seigneur et ami, maistre Giles Veau, mon especial compere et ami, maistre Eustace Harengier, mon tres chier et especial ami, maistre Guillaume Commaille, tous ensemble, en tele maniere, que se tous ensemble ne povoient vaquer ou fait de ma dicte execucion, que trois ou deux d'iceulx puissent parfaire et mener à fin, pourveu que sans la presence ou conseil et deliberacion du dit Jouvenel riens ne se puisse ou doie estre fait, en suppliant iceulx mes chiers et especiaulx seigneurs et amis de toute amour et especialité que ami doit avoir à autre, que de leur especiale grace et humilité leur vueille plaire à prendre la charge de ma dicte execucion et de tant faire, comme ilz vouldroient estre fait pour eulx, au sauvement et allegement de mon ame. Et afin que mon dit testament ou ordonnance puisse estre mieulx et plus tost et briefment acompli, des maintenant je oblige tous mes biens quelzconques, presens et à venir, meubles et immeubles, quelque part qu'ilz soient, es mains de mes diz executeurs, pour estre prins et levez par eulx, à faire, parfaire et acomplir mon dit testament et ordonnance, et les puissent vendre et adenerer au prouffit de mon execucion.

Item, je vueil et ordonne, que ou cas que je n'auroie augmenté avant mon decès mon anniversaire ordonné et fondé à Nostre Dame de Corbueil de six livres Parisis de rente tous les ans, que mes diz executeurs soient tenus de parfaire jusques à huit livres dix solz Parisis sur mes biens et rentes quelzconques, telement que le college en soit content et selon raison, c'est assavoir, vii livres iiii solz Parisis pour ceulx qui feront les vigiles et messes, et de xxvi solz restans des vii livres iiii solz, à la fabrique xvi solz et à la chevecerie x solz Parisis, par tele condicion que le chevecier sera tenu de sonner ou faire sonner durant les vigiles, et les commandacions et messes jusques après la levacion du sacrement acoustumées à sonner à double, et à ce seront obligez les offices de fabrique et chevecerie.

Item, vueil et ordonne que ou martrologe de tous les obiz que j'ay fondez soient compris l'obit de moy et de Hennequin du Liege, tumbier, auquel je suis tenus à ce faire.

Item, je vueil et ordonne que mes serviteurs soient satisfaiz de leurs salaires, ce qu'il sera trouvé par mon papier, c'est assavoir, Jehan Paris de huit frans par an depuis la Saint Jehan iiii$^c$ xi, et Agnès depuis Pasques iiii$^c$ ix de six frans.

Item, je vueil et ordonne que avec les salaires Jehan ait huit livres pour prier, *et cetera*, et ma chamberiere quatre livres.

Item, je vueil que le residu de mes biens soient departiz en quatre parties en la maniere qui s'ensuit : premierement, à la fabrique de

Saint Germain du Vielz Corbueil le quart par la main de mes executeurs, en vestemens et aournemens plus necessaires, es quelx soient mis mes armes.

Item, pareillement à Nostre Dame de Corbueil.

Item, l'autre part aux povres orfelins de ma parroiche, à faire aprendre à mestier, et aux povres pucelles marier.

Item, la quarte et derreniere partie à faire amender et parer le chemin du Puis de l'eglise du Vielx Corbueil jusques à l'eglise Saint Jaques, et ou cas que la quarte partie pour ce ordonnée montera plus que la reparacion du dit chemin, je vueil le residu estre donné à la fabrique de Saint Jaques.

Et vueil et ordonne que ceste moye presente ordonnance soit et vaille comme testament, et soit mise en forme publique comme valable en presence de pluseurs. Fait par moy l'an, le mois et jour dessus diz.

Item, je laisse à messire Jehan Berthe ma meilleur robe de tant de pieces qu'il y a après la suer maistre Jaques Loron.

Et estoient ainsi signés, comme dit est dessus :

Ita est. J. DE NOYERS.

C'est assavoir, que ou dit roole, en marge, au commencement, sur la x$^e$ ligne qui se commence : — Item, je ordonne une tumbe estre faicte et mise ou lieu dessus dit au pris de dix frans, *et cetera*, — estoit escript, *facta est*.

Desquelles choses dessus dictes les diz amis requirent aus diz notaires avoir lettres; si leur en firent et octroyerent ces presentes, ausquelles nous, en tesmoing de ce, à la relacion d'iceulx notaires, avons mis le seel de la dicte prevosté de Paris, l'an et jour dessusdiz.

Ainsi signé : D. YVIER. PREUDOMME.

Collacio facta est cum originali.

(Bibl. Nat., Dép. des mss., Collection Moreau, 1162, fol. 418 v°.)

## XL.

1415, 24 septembre.

TESTAMENT DE JEAN D'ESCOPRES, DIT WALET, ÉCUYER DE CUISINE DU DUC DE GUIENNE.

*In nomine Patris, et Filii et Spiritus sancti, amen.* Ou nom de Dieu et de la benoiste Vierge pucelle Marie, je, Jehan d'Escopres, dit Walet, escuier de cuisine de monseigneur de Guienne, sain de corps et d'entendement, fais mon testament en la maniere qui s'ensuit :

Et premierement, que de tous mes biens meubles qui [sont] de present avec moy et à Paris, je vueil que, mes debtes premierement payées, le surplus soit donné pour Dieu :

C'est assavoir, à une povre femme nommée Petiton, qui servi mon pere que Dieu pardonne, dix livres Tournoiz.

Item, à Saint Candie du Solier viii solz Parisis.

Item, à l'eglise de Saincte Mergiere dix livres Tournoiz.

Item, à mon varlet Jehan Remé dix livres Tournoiz.

Item, à mon autre varlet Bertaut xl solz Tournoiz.

Item, aux povres de l'Ostel Dieu de Paris xx solz Tournoiz.

Item, à messire Thomas le Long xx solz Tournoiz, et il dira pour le salut de l'ame de moy trois messes.

Item, tous mes meubles et heritages assis à Saincte Marguerite, après cecy parfait, je les laisse à mes freres et seurs à qui ilz appartiennent de droit.

Item, que comme dit est devant, que tout ce que j'ay à Paris et avec moy soit tout donné pour Dieu en la maniere que dit est, par l'ordonnance de mon seigneur maistre Bertrand Quentin, sa femme, maistre Jehan Milet, Estienne Feuchier, appellé mes freres et seurs.

Item, et ordonne que tous ceulx qui jureront que leurdoy, qu'ilz soient payez.

Item, de quatre frans que Jehan d'Origny me doit, que Jehan de Gart, mon cousin, les ait, à qui je les donne.

Item, mes freres sont chargiez de faire les testamens de mes pere et mere, que j'en charge de rechief.

Item, charge mes freres ou l'un d'eulx de faire un voiage nuz piez aler et venir de Saincte Mergiere à Saincte Estanche.

Item, je me rapporte à maistre Bertrand Quentin en sa conscience ce que je lui doy ou se il me doit.

Item, aussi pareillement de madame du Plesseys.

Item, que monseigneur le Borgne, que Dieu pardonne, me doit environ vint escuz à lui prestez, et autrement deuement, sans ce que je n'oz oncques de lui aucuns gaiges d'environ III ans que je l'ay servi.

Item, je baillié de ma main à Rouen en garde et depost ou dit messire Thomas le Long dix livres Tournois, ung signet d'or, un petit dyamant et deux autres verges d'or, dont les choses dessus dictes sont faictes.

Ce fut fait en l'eglise de Saint Clandre du Solier, en la presence du dit messire Thomas, Henry Loquet, Toutain Chevron, bourgois de Rouen, le xxiii[e] jour de septembre IIII[c] quinze, tesmoing ce escript de ma main et signé de mon saing manuel. D'ESCOFRES.

Collacio facta est cum originali testamento supra scripto.

(Bibl. Nat., Dép. des mss., Collection Moreau, 1162, fol. 323 r°.)

## XLI.

### 1416, 30 juin.

**TESTAMENT DE MARGUERITE DE BRUYÈRES, DAME DES BORDES.**

Marguerite de Bruyères, dame de Bouillancourt et de Cayeux, fille de Thomas seigneur de Bruyères-le-Châtel et de Béatrix de Varennes, possédait le fief de Bressonvilliers, comme le montre un accord passé le 20 août 1417 avec les Cordelières de Saint-Marcel (Arch. Nat., x1[c] 113). Mariée avant 1374 à Guillaume des Bordes, chambellan du roi, porte-oriflamme de France, qui fut tué en 1396 à Nicopolis, elle resta veuve avec un fils, Jean des Bordes, châtelain de Beauvais, prisonnier des Turcs en 1397, lequel ne laissa point de postérité (Anselme, *Hist. généal.*, t. VIII, p. 206). Marguerite de Bruyères décéda en décembre 1419 ou janvier 1420;

deux ans avant sa mort, la châtellenie de Bruyères, qui dépendait de Montlhéry, fit retour au domaine royal; concédée à la fin de janvier 1418 à Thomas de Voisins, chambellan de Charles VI, elle fut confisquée en janvier 1422 au profit de David de Brimeu, seigneur de Ligny, chambellan du duc de Bourgogne (Arch. Nat., P 1, n° 99; JJ 171, n° 489). Le riche mobilier qui garnissait le château de Bruyères eut considérablement à souffrir des hasards de la guerre, et lorsque David de Brimeu prit possession de son domaine, il ne restait plus qu'un certain nombre de meubles meublants et d'ustensiles sans grande valeur; néanmoins, les exécuteurs testamentaires de la dame des Bordes envoyèrent un huissier du Parlement de Paris, assisté d'un *priseur juré*, lequel procéda le 13 octobre 1423 à l'inventaire de ces biens meubles qui furent évalués 189 livres, et que Robert de Bailleul, l'un des exécuteurs testamentaires de Marguerite de Bruyères, abandonna au nouveau châtelain pour le prix d'estimation (Accord du 22 décembre 1423, Arch. Nat., x$^{1c}$126).

Ou nom de la saincte Trinité, le Pere, le Filz et le saint Esperit, amen. Je, Marguerite de Bruieres, dame des Bordes et du dit lieu de Bruieres, considerant les tres grans biens, honneurs et graces que mon doulx Createur m'a faiz en ceste mortel vie dont je lui rens graces et mercis, considerant aussi que la mort est à tousjours commune et que nul n'est certain de l'eure d'icelle, desirant pourveoir contre les perilz qui souventes fois aviennent à ceulx qui ont à ordonner de leurs biens à l'eure de la mort qui est incertaine, faiz et ordonne mon testament et derreniere voulenté par la maniere qui s'ensuit :

Et premierement, je recommande l'ame de moy es mains de Nostre Seigneur Jhesu Crist mon doulx sauveur, et de Nostre Dame sa doulce mere Vierge tres glorieuse, et de tous sains et de toutes saintes.

Item, je vueil et ordonne que toutes mes debtes soient à plain et parfaitement paiées, et mes torsfaiz entierement adrecez et amendez par mes executeurs cy dessoubz nommez.

Item, je vueil et esliz ma sepulture estre en l'eglise du prieuré de Saint Didier au dit Bruieres, en la chappelle Nostre Dame au dit lieu, auquel lieu mon tres redoubté seigneur et pere, Jehan des Bordes, mon tres chier et tres amé filz, gisent et reposent, dont Dieu vueille avoir mercy de leurs ames, et pour ce que en la dicte chappelle a peu d'espace, je vueil et ordonnè que elle soit creue et reediffiée de neuf

bien et honnorablement, en tele maniere que le corps de mon tres chier
et tres amé filz soit rapporté de là où il est, avecques le mien, et que
nous ayons nos deux tumbes eslevées et assises sur une pierre l'un
emprès l'autre. Et aussi vueil que le corps de ma tres chiere et tres
amée fille, jadiz femme de mon tres chier et tres amé filz, soit rapporté
en la dicte chappelle, et qu'elle ait semblablement tumbe eslevée. Et
vueil et ordonne que j'aye ung drap noir à une croix blanche parmi,
et XIII povres vestuz de noir qui tendront chascun une torche, pesant
chascune vint et cinq livres.

Item, je supplie à mes diz executeurs de envoier tantost après mon
decès par tous les lieux principaulx où j'aurai faicte demourance, et
qu'ilz facent crier et publier par tous les lieux dessus diz, que s'il y a
aucune personne à qui je soye tenue pour quelque cause que ce soit et
dont satisfaction soit encores à faire, qu'ilz se trayent par devers yceulx
commis, lesquelz se informeront de ce par tesmoins ou autrement
deuement; et selon ce que par la dicte informacion ilz trouveront, je
leur supplie qu'ilz facent satisfaction aus dictes bonnes gens, selon ce
qu'ilz verront qu'il sera à faire de raison, et de ce je les charge en
leurs consciences.

Item, je vueil et ordonne deux mil messes estre dictes tantost après
mon decès, au plus brief que bonnement se pourra faire, pour le remede et salut de mon ame, et que le tiers des dictes messes soit du
saint Esperit, l'autre tiers de Nostre Dame et l'autre tiers des Trespassez.

Item, je vueil et ordonne une donnée estre faicte à tous venans de
la somme de huit deniers Parisis à chascun le jour de mon obseque.

Item, je vueil et ordonne une chapelle estre fondée en la dicte
eglise parrochial et prieuré de Saint Didier au dit Bruieres, de cent
livres Parisis de rente annuelle et perpetuelle, amorties et assignées es
chastelleries de Mont Lehery et du dit Bruieres, par tele condicion
que deux religieux de l'abbaye de Saint Florent, de laquele abbaye la
dicte eglise parrochial et prieuré de Saint Didier depend, seront tenus
de dire ou faire dire chascun jour perpetuelment, c'est assavoir, le dy-

menche messe du jour, le mardi et le jeudi messe du saint Esperit, le lundi, le mercredi et le venredi messe des Mors, et le samedi messe de l'Annonciacion Nostre Seigneur, lesqueles messes seront dictes en la dicte chapelle pour le salut et remede des ames de mon tres redoubté seigneur, de moy et de mon tres chier et tres amé filz, et avecques ce ung anniversaire solennel chascun an le xiii<sup>e</sup> jour de juing, se feste double n'y escheoit, qui feust translaté au lendemain, auquel xiii<sup>e</sup> jour dessus dit mon tres redoubté seigneur, monseigneur des Bordes, ala de vie à trespassement, et que ce soit enregistré ou marteloyge de la dicte eglise ou prieuré pour souvenance.

Item, je veuil et ordonne sept annuelz estre diz tantost après mon trespas, dont les quatre soient diz es quatre eglises Mendiantes à Paris, les deux en la dicte eglise de Saint Didier, c'est assavoir, l'un pour le salut et remede de l'ame de mon tres redoubté seigneur, monseigneur mon pere, dont Dieu ait l'ame, lequel y gist et repose, et l'autre pour l'ame de moy, et l'autre annuel en l'eglise de Nostre Dame de Sery en Vymeu, pour le salut et remede de l'ame de ma tres redoubtée dame, madame ma mere, laquele y gist et repose. Pour chascun d'iceulx sept annuelz, je ordonne et laisse estre paié trente escuz, et au jour de mon obseque je vueil que une chascune des dictes quatre ordres Mendians aient, avecques ce que dessus est dit, cent solz Parisis pour unes vigiles de Mors et une messe solennelle qu'ilz seront tenus de dire pour le salut et remede de l'ame de moy en leurs eglises.

Item, je vueil et ordonne estre dictes tantost après mon trespassement es eglises cy après nommées en chascune d'icelles eglises trente messes de *Requiem* pour le salut et remede de l'ame de moy, c'est assavoir, Nostre Dame de Chartres, Nostre Dame de Longpont, Nostre Dame de Mont Lehery, Nostre Dame de Bruieres et Nostre Dame de Houdreville, et pour ce faire je laisse à chascune d'icelles eglises six escuz.

Item, je laisse à l'Ostel Dieu de Paris, tant à l'office du maistre comme à l'office de la prieuse, par moitié vint frans, avec la chambre et le lit entier ouquel je trespasseray.

Item, je laisse aux Chartreurs de Paris, pour avoir messe et vigiles pour une foiz en leur eglise et pour estre acompaignée, mon tres redoubté seigneur, moy et mon filz aussi en leurs prieres, et pour ce je leur laisse quatre frans.

Item, je laisse es deux eglises du dit Bruieres, c'est assavoir, de Nostre Dame seant ou chastel et de Saint Didier, au prouffit des dictes eglises, à chascune dix frans.

Item, je laisse à l'eglise de Saint Didier du dit Bruieres cent escuz, par tele condicion que le prieur du dit lieu sera tenu de faire ou faire faire chascun an à tous jours en la dicte eglise quatre services.....[1] et de ce sera faicte obligacion par le dit prieur et confermé de son abbé, et aussi sera ce enregistré ou martoloige de la dicte eglise, à ce qu'il en soit memoire ou temps à venir..

Item; je laisse à l'ostel Dieu du dit Bruieres dix frans.

Item, je laisse à l'eglise de Saint Pierre en Cayeu, pour estre acompaignée es prieres de la dicte eglise, dix frans.

Item, je laisse à l'eglise de Saint Jaques de Boullaincourt dix frans.

Item, je laisse à ma tres chiere dame et cousine, madame de la Riviere, par consideracion de la tres grant amour et affinité que tous jours elle a eu à moy, et des grans honneurs que elle de sa grant humilité et courtoisie m'a faiz et monstrez et encores fait de jour en jour, une croix d'or où il y a de la vraye croix, et une patenostres d'ambre blanc et ung tablel d'or où est l'Annonciacion Nostre Seigneur; lesqueles choses dessus dictes je ne laisse pas en recompensacion à ma tres chiere dame et cousine, car les biens et honneurs qu'elle m'a faiz et fait de jour en jour je ne lui sauroie ne pourroie rendre, mais lui supplie que ce elle vueille prendre en bon gré pour une petite souvenance.

Item, je laisse à ma tres chiere dame et cousine, madame de Dampierre, mes Heures de Nostre Dame et mon livre d'oroisons en françois, en lui suppliant qu'il lui plaise à prendre en gré et avoir, s'il lui plaist, souvenance de moy.

---

[1] Suit l'énumération des services à célébrer dans l'église de Saint-Didier.

Item, je laisse à damoiselle Marguerite de la Platrere, niepce de mon tres redoubté seigneur, qui long temps a demouré avec moy, quatre cens escuz, trois garnemens d'escarlate rosée, dont il y a deux seurcoz long, l'un fourré de menu vair, l'autre fourré de sendal, et une cote simple de mesmes, et quatre de mes meilleurs coursés cours, c'est assavoir, deux fourrez de menu vair et les autres deux de sendal, et mon meilleur chapel fourré de menu vair, et n'est mie laiz selon le bien et honneur que j'ay trouvé en elle, si lui prie qu'elle le vueille prendre en gré et qu'elle ait souvenance de moy.

Item, je laisse à Marguerite, ma fillole, fille de la dicte damoiselle, niepce de mon tres redoubté seigneur, l'ostel du Fay et les appartenances, en acroissement du mariage de ma dicte fillole.

Item, je laisse à damoiselle Jehanne de Beauvais, femme de Philippot de Bouquetot, escuier, ung courset, fourré de menu vair, et quarante frans.

Item, je laisse à damoiselle Marie, fille de la dicte damoiselle Jehanne de Beauvais, une robe d'escarlate violette de trois garnemens, c'est assavoir, chappe, seurcot cloz et seurcot ouvert, fourrez de menu vair.

Item, je laisse à Thevenette la Boussignie dix frans.

Item, je laisse à Jehanne, femme de Guillaume Saquier de Mont Lehery, lequel a esté mon receveur, ung de mes coursés, fourré de menu vair.

Item, je laisse pour relever les femmes gisans du dit Bruieres ung mantel de gris, à ce qu'elles prient Dieu pour l'ame de moy.

Item, je laisse à Jehan, bastart des Bordes, cent escuz.

Item, je laisse à messire Jehan le Fevre, jadis chapellain de mon tres redoubté seigneur et tres amé filz, cent escuz, avecques ung messel complet à l'usage de Paris, qui n'est pas noté.

Item, je laisse à messire Robert de Bailleul, jadis clerc de mon tres redoubté seigneur et de mon tres chier et tres amé filz, cent escuz.

Item, je laisse à Philippot de Bouquetot dessus nommé quarante frans.

Item, je laisse à messire Pierre le Clerc, mon chapellain, dix frans.

Item, je laisse à Guillaume Saquier de Mont Lehery, qui a esté mon receveur, comme dit est, trente escuz.

Item, je laisse à Huguenin, à present mon varlet de chambre, dix frans.

Item, je laisse aux deux curez du dit Bruieres, pour leurs personnes, à chascun six frans.

Item, je laisse à Jehan, mon queux, qui long temps m'a servie, dix frans.

Item, je laisse à Simonnet Fueillet, lequel a servi par long temps mon tres redoubté seigneur, dix escuz.

Item, je laisse à Margot, ma fillole, femme de Barrieres, six frans.

Item, je laisse à maistre Jehan de Corbigny, mon receveur ou pays de Nivernois, vint escuz.

Item, je laisse à Pierre de Valmes, à present mon receveur au dit Bruieres, vint escuz.

Item, je vueil et ordonne que mes serviteurs, qui me serviront au jour de mon trespassement, soient paiez bien et diligemment, tantost après mon trespassement, de leurs services et loyers qui leur seront deuz.

Item, je prie à mes executeurs cy dessoubz nommez que ce present testament et derreniere voulenté soit mis à execucion tantost après mon trespassement et soit du tout en tout acomply pour l'alegement de mon ame, et de ce je les charge, et vueil et ordonne que mes executeurs ou leurs commis à ce faire, en poursuivant l'acomplissement de ce present testament ou execucion, aient et preignent raisonnables despens, tant comme ilz y entendront, et que des despens qu'ilz feront en la dicte poursuite ilz soient creuz par leurs consciences.

Item, je vueil et ordonne que du residu de tout ce qui demourra de mes biens, quelz qu'ilz soient, mon dit testament et derreniere voulenté paiée et acomplie, comme dessus est dit, avant toute euvre, soit fondée une messe perpetuelle en l'eglise Nostre Dame du Carme à Paris.....................................

Item, soit fondée une messe perpetuelle en l'eglise des Cordeliers à Nevers, en laquele repose partie du corps de mon tres chier et tres amé filz..................................................

..................................................

Item, je vueil et ordonne que, se aucun residu y avoit après les choses dessus dictes acomplies, le dit residu soit emploié et distribué en euvres piteables à l'ordonnance de mes diz executeurs. Et pour les choses dessus dictes acomplir et mettre à execucion de point en point je esliz, fais et ordonne mes diz executeurs, ma tres chiere dame et cousine, madame de la Riviere dessus dicte, mon tres chier seigneur et cousin, maistre Hugues de Cayeu, prevost de Saint Omer, mon tres chier seigneur et cousin, Jehan d'Estouteville, seigneur de Villebon, mon tres chier seigneur, monseigneur Baudes, seigneur de Vauvillier, et mon tres chier conseillier, maistre Jehan Bailli, procureur en Parlement, avecques eulx les dessus diz messire Jehan le Fevre et messire Robert de Bailleul, chapellains, en les suppliant qu'il leur plaise d'eulx en charger et ce present testament acomplir.

Item, je vueil et ordonne que les choses contenues en ce present testament ou derreniere voulenté et chascune d'icelles mes diz executeurs, les trois ou les deux d'iceulx, les puissent enteriner et acomplir sans les autres appeller ou cas qu'ilz n'y pourroient estre tous ensemble, et, que se aucune chose y avoit à interpreter, à exposer ou declairer, les trois ou les deux d'iceulx en puissent ordonner selon leur bon advis et leurs consciences sans riens diminuer.

Pour lequel testament ou derreniere voulenté acomplir par mes diz executeurs en la maniere que dit est, je ordonne que ma vaisselle d'argent et tous mes autres biens meubles, quelz qu'ilz soient, soient venduz et adenerez par mes diz executeurs, trois ou deux d'iceulx, sans les autres appellez ou cas qu'ilz n'y pourroient estre. Et mon dit testament et execucion d'icellui, et tous mes diz biens meubles, acquestz et heritages je soubzmet par la teneur de ces presentes à la court de Parlement du roy nostre sire à Paris, auquel et à sa dicte court de Parlement je supplie tant humblement comme je puis que pour l'amour de Dieu et le salut de mon ame vueillent et leur plaise accepter la dicte submission, garder et defendre envers tous et contre tous mes diz biens, acquestz, heritages et executeurs, leurs commis et deputez, jusques à ce que mon dit testament soit du tout enteriné et acomply, et l'exécucion d'icellui faillie et compte final d'icelle rendu à la dicte court. Et des maintenant je vueil et ordonne que tantost après mon trespas mes diz executeurs soient vestuz et saisis de tous mes diz biens meubles, acquestz et heritages, et leur en baille pour lors, cede et transporte par la teneur de ces presentes la vraye possession et saisine pour enteriner et acomplir toutes les choses dessus dictes et chascune d'icelles, en revocant par ces presentes tous autres testamens par moy faiz par avant la date de ces presentes.

En tesmoing desqueles choses, j'ay seellé ce mien present testament ou derreniere voulenté de mon propre seel, duquel je use et ay acoustumé de user, lequel testament fu fait et donné en mon chastel du dit lieu de Bruieres, l'an de grace mil cccc et seize, le mardi derrenier jour de juing et jour de la feste de la Commemoracion Saint Pol l'apostre.

A tous ceulx qui ces lettres verront, Guillaume Saquier, prevost de Mont Lehery, salut. Savoir faisons que par devant nous pour ce faire personnelment fut presente en sa personne noble dame, madame Marguerite de Bruieres, dame des Bordes et du dit lieu de Bruieres, laquelle congnut et confessa en nostre presence de son bon gré, bonne voulenté, propre mouvement et certaine science que le seel, mis et appendu es lettres parmi lesquelles ces presentes sont annexées, estoit et est son propre seel, et que en ycelles lettres estoit et est contenu son testament ou derreniere voulenté qu'elle a fait et ordonné, et encores d'abondant veult et ordonne qu'il soit enteriné et acompli par les executeurs nommez ou dit testament, selon la forme et teneur d'icellui ; ausquelx ses executeurs elle a transporté, baillé et delaissié, et par ces presentes transporte, baille et delaisse après son trespassement la vraye possession et saisine de tous ses biens, tant meubles comme heritages, presens et à venir, droiz, actions et poursuites à elle appartenans, pour son dit testament enteriner et acomplir. Et l'execucion d'icellui et tous ses diz biens et heritages elle a soubzmiz et soubzmet au roy nostre sire et à sa court de Parlement, ausquelx elle supplie tant humblement que faire le puet que pour l'amour de Dieu et de son ame ilz vueillént la dicte submission accepter, et ses diz biens, et heritages et executeurs garder et defendre jusques à l'acomplissement et après le compte rendu de sa dicte execucion. Et pour toutes les choses dessus dictes fermes tenir, enteriner et acomplir, ycelle dame en obliga et ypotheca devant nous ses diz biens et heritaiges en les soubzmettant et soubzmist à la jurisdicion et contrainte du roy nostre dit seigneur et de sa dicte court de Parlement, en promettant, promist et jura par sa foy pour ce baillée en nostre main corporelment non jamais aler ne venir au contraire, et renonça en ce fait la dicte dame par sa dicte foy et serement à toutes exceptions et autres choses quelzconques qui pourroient estre dictes ou faictes à l'encontre, et au droit disant general renonciacion non valoir.

En tesmoing de ce, nous avons fait mettre à ces lettres le seel de la dicte prevosté de Mont Lehery par Loys du Bouis, procureur du roy nostre sire en la dicte prevosté, garde du dit seel, le mardi trente et derrenier jour du mois de juing, l'an de grace mil quatre cens et seize.

Ainsi signé : G. CHRISTIEN.

Collacio facta est cum originali.

(Bibl. Nat., Dép. des mss., Collection Moreau, 1162, fol. 358 r°.)

## XLII.

1417, 8 septembre.

**TESTAMENT DE GUILLAUME DE VAUX, ANCIEN PROCUREUR AU PARLEMENT DE PARIS, CLERC DES REQUÊTES DU PALAIS.**

Guillaume de Vaux, procureur au Parlement de Paris, fut appelé le 8 décembre 1413 aux fonctions de procureur du roi en la Chambre du Trésor; il fit enregistrer le 12 décembre ses lettres de nomination délivrées par le procureur général Jean Haguenin, et prêta serment le lendemain devant la Chambre des comptes. Guillaume de Vaux occupa ce poste quatre années; le 13 février 1417 il se plaignit de paroles outrageantes qui lui avaient été adressées au Châtelet par la veuve de Vincent Chaon et ses amis; pour empêcher le retour de semblables scandales, les trésoriers de France défendirent, sous peine de 100 marcs d'argent, d'injurier aucun des membres de leur tribunal. Guillaume de Vaux fut remplacé le 8 novembre 1417 par Pierre Cousinot (Arch. Nat., Z 5190, fol. 127 r°, 355 r°). Lors de la réorganisation du Parlement qui fut la conséquence de l'entrée des Bourguignons à Paris, il devint clerc des Requêtes du Palais au lieu et place de Jean Marescot, et assista à la séance de réouverture de la Cour tenue le 25 juillet 1418 (Arch. Nat., x1a 1480, fol. 100 v°, 140 r°; x1a 8603, fol. 31 r°).

Je, Guillaume de Vaulx, considerant qu'il n'est chose plus certaine que de la mort ne moins certaine de l'eure d'icelle, voulant aussi disposer des biens que Dieu m'a prestez, ay fait et ordonné mon testament ou ordonnance de derreniere voulenté en la maniere qui s'ensuit :

C'est assavoir, que je ordonne mes debtes estre paiées et mes torsfaiz estre amendez.

Item, je ordonne mon corps estre mis en sepulture à Saint Innocent pres de feu maistre Symon Beson, se je vois de vie à trespassement à Paris, et se je aloye ailleurs de vie à trespassement, je ordonne estre enterré en la parroisse où je seray.

Item, je ordonne que le jour de mon obseque soient chantées xiii messes, ou second jour ensuivant autres xiii messes, et ainsi en continuant jusques à cent et quatre messes.

Item, quant est de l'obseque et funerailles, je m'en rapporte à la discrecion de mes executeurs.

Item, je laisse à la fabrique de Nostre Dame de Paris xxxii solz Parisis.

Item, à Saint Jaques du Hault Pas xxiiii solz Parisis.

Item, à la fabrique de Saint Germain l'Aucerrois viii solz Parisis.

Item, à Saint Jehan en Greve xvi solz Parisis.

Item, au curé xii solz, aux chapellains viii solz et aux clers iiii solz, se je aloye de vie à trespassement en la dicte parroisse.

Item, à Saint Cosme et Saint Damien à Lusarches viii solz Parisis.

Item, au curé de Saint Firmin à la porte d'Amiens viii solz Parisis.

Item, à l'Ostel Dieu de Paris, pour la pitance des povres, viii solz Parisis.

Item, à l'eglise Nostre Dame d'Amiens viii solz Parisis.

Item, je ordonne faire ung pelerinage à Nostre Dame de Lyance.

Item, d'Amiens un pelerinage à pié à Nostre Dame de Boulongne.

Item, de Paris au dit lieu de Lusarches à Saint Cosme un voyage piez nus.

Item, je quicte à Pasquier, mon frere, ce qu'il me doit, et si vueil qu'il ait jusques à xx frans de mes livres, selon ce qu'ilz seront prisiez, desquelx qu'il vouldra choisir, afin qu'il soit tenu de prier Dieu pour moy.

Item, je laisse à mon pere mes Heures, et mon petit Psaultier et le livre appellé le *Pelerinage de l'ame*.

Item, à chascun de mes freres et seurs, excepté le dit Pasquier, je laisse x frans.

Item, je ordonne que aux heritiers de maistre Jehan de Ruit soit baillée la somme de xxx frans que je devoie au dit defunct au temps de son trespassement.

Item, du residu de tous mes biens, je vueil yceulx estre donnez et aumosnez pour Dieu à la voulenté de mes executeurs.

Item, je laisse à ma filleule Guillemote, qui demeure chiez mon pere, xlviii solz Parisis.

Item, de ce que je puis devoir à maistre Jaques d'Espars, Barthelemi du Moustier et Raoul de Bery pour la demeure que nous avons fait ensemble, je ordonne qu'ilz en soient creuz.

Item, je ordonne mes executeurs, mon dit pere, mon frere, maistre Robert Gauthier, Marguerite, ma femme, le dit Pasquier et le dit maistre Barthelemi, et vueil que les deux d'eulx, dont le dit maistre Barthelemi soit l'un, puissent besongner en l'acomplissement de ce present testament. Fait le viii$^e$ jour de septembre iiii$^c$ xvii.

Item, je laisse à Perrin, mon clerc, x frans.

Item, à Freminot le Vaasseur, mon nepveu, xii frans.

Le second jour de septembre je visetay ce present testament et vueil, que se je aloye de vie à trespassement sans hoir de ma char, qu'il se tjengne en l'estat qu'il est, et ou cas que je auroye enfans de ma char, je revoque les laiz fais à mes freres et seurs et à Freminot, mon nepveu, et aussi l'ordonnance du residu de mes biens, et vueil que le jour de mon obseque soient donnez dix frans pour Dieu.

Ainsi signé : G. DE VAULX.

Collacio facta est cum originali.

(Bibl. Nat., Dép. des mss., Collection Moreau, 1162, fol. 317 r°.)

## XLIII.

### 1418, 10 août.

#### TESTAMENT D'ADAM DE BAUDRIBOSC, PRÉSIDENT DES ENQUÊTES AU PARLEMENT DE PARIS, CHANOINE DE ROUEN ET DE BAYEUX.

Adam de Baudribosc, d'origine normande, remplit pendant près de quinze années les fonctions de conseiller en la chambre des Enquêtes, ce ne fut que le 19 janvier 1415 qu'il remplaça comme président de cette chambre Jean de Saint-Vrain, malade depuis un an et incapable d'exercer son office (Arch. Nat., $x^{1A}$ 1480, fol. 7 v°). Il siégea durant cette période critique qui précéda l'entrée des Bourguignons à Paris, et porta même la parole au nom des conseillers de la chambre des Enquêtes le 10 janvier 1418, dans les délibérations relatives «à l'apaisement des divisions et guerres estans en ce royaume.» Adam de Baudribosc assistait à la dernière séance du Parlement Armagnac, tenue le 31 mai 1418. Lors du rétablissement de la compagnie en vertu des lettres du 22 juillet, le parti bourguignon le maintint dans sa charge de président, bien qu'il fût du nombre de ceux qui avaient prêté serment entre les mains du chancelier Henri de Marle le 5 août 1417. Dès sa rentrée, le 3 août 1418, le Parlement le chargea, avec Robert Piedefer, les évêques d'Arras et de Bayeux, d'examiner une requête du pape et des cardinaux tendant à l'abrogation de l'ordonnance de mars 1418 qui avait restitué à l'Église de France ses anciennes libertés; mais le président de Baudribosc ne put s'acquitter de cette mission, il mourut vers le milieu d'août et eut pour successeur Jean Vivian, conseiller lai en la chambre des Enquêtes, installé le 20 du même mois (Arch. Nat., $x^{1A}$ 1480, fol. 116 r°, 123 v°, 138 r°, 141 r°; $x^{1A}$ 8603, fol. 30 v°). Adam de Baudribosc était depuis le 4 mai 1412 chanoine de la collégiale de Notre-Dame la Ronde à Rouen, il jouissait aussi d'une prébende à Bayeux (Arch. Nat., $x^{1C}$ 103).

Plusieurs de ses frères sont mentionnés dans son testament; le plus connu est Richard de Baudribosc, maître en médecine de la Faculté de Paris dont il fut le doyen en 1392, et qui le précéda dans la tombe; les dernières dispositions de ce Richard, datées du 16 novembre 1410, furent également enregistrées au Parlement de Paris (fol. 304 r° du registre des Testaments).

In nomine sancte et individue Trinitatis, Patris, et Filii et Spiritus sancti, amen. Harum presencium litterarum, seu presentis publici instrumenti serie et tenore cunctis clarescat et sit notum quod, anno Domini millesimo quadringentesimo decimo octavo, indicione undecima, mensis vero augusti die decima, pontificatus sanctissimi in Christo patris et domini nostri, domini Martini Pape quinti, anno primo, in nostri Almarici Nicolai, firmarii parrochialis ecclesie Sancti Benedicti Beneversi Parisius, meique notarii publici et testium infra scriptorum presencia, propter hoc personaliter constitutus venerabilis et circunspectus vir, Adam de Baudribosco, in artibus magister, [in] utroque jure licenciatus, domini nostri regis in suo Parlamento in camera Inquestarum presidens, ac Rothomagensis et Baiocensis ecclesiarum canonicus, sanus mente, infirmus tamen corpore, ut voluntas ejus omnibus claresceret, de bonis a Deo sibi collatis voluit disponere et testari, suumque testamentum nuncupativum pro priore nominavit michi notario subscripto in modum qui sequitur :

Ou nom de la benoite Trinité, Pere, Filz et saint Esperit, je, Adam de Baudribosc, miserable et povre pecheur, sain de pensée et enferme de corps, voulant pourveoir à l'ame de moy et disposer des biens que Dieu de sa grace m'a donnez, ançois que je trespasse de ce monde, faiz et ordonne mon testament nuncupatif ou autre et derreniere voulenté en la maniere qui s'ensuit :

Premierement, la grace divine appellée, je commande l'ame de moy à la benoite Trinité de Paradis, à la glorieuse Vierge Marie, à monseigneur saint Michiel l'angle et à tous angles et archangles, à monseigneur saint Jehan Baptiste, à monseigneur saint Jehan l'Euvangeliste et à tous les appostres et euvangelistes, à monseigneur saint Estienne et à monseigneur saint Laurens, à monseigneur saint Denis et à tous martirs, à monseigneur saint Mellon, à monseigneur saint Romain, à monseigneur saint Vaast, à monseigneur saint Oen, à monseigneur saint Nicolas, et à monseigneur saint Martin et à tous confesseurs, à saincte Marie Madalene, saincte Anne, saincte Katherine et à madame saincte Genevieve et toute la benoite court de Paradis, en leur suppliant humblement que envers la benoite Trinité veullent interceder pour le salut de ma dicte ame.

Item, se je trespasse à Paris ou au diocese d'icellui, je esliz ma sepulture en l'eglise des Freres Mineurs à Paris, soubz la tombe où je feis enterrer mon tres chier frere, maistre Richart, à qui Dieu pardonnera l'ame, en laquelle tombe a deux ymages de representacion, et fut octroyé le dit lieu par le gardien et frere des Cordeliers pour deux personnes, comme il appert par la lettre du dit gardien, et aussi en furent contentez; et neantmoins je veul que par mes executeurs cy après nommez leur soit derechief baillié pour moy autant comme je leur baillay quant mon dit frere fut enterré, et semblablement à l'eglise Saint Benoit, ainsi qu'il appert par les quictances que j'en ay qui seront trouvées en mon estude et en ma chambre de derriere, et neantmoins je remet tout en l'ordonnance de mes executeurs; et vueil qu'ilz s'en passent aux mendres frais et despens, et au mendre appareil tant de luminaire comme d'autres que bonnement faire se pourra, et tout à la discrecion de mes executeurs et par especial de mon tres chier frere, maistre Guillaume de Baudribosc, duquel je me confie en especial qu'il me soit propice à l'ame, et de Estiennot, mon frere, duquel je me confie.

Item, je veul et ordonne que mes debtes soient paiées et torsfaiz amendez.

Item, quant aux reparacions de mes benefices, poy de chose en puis estre tenu par raison, pour ce que au regart de la prebende de Rouen les executeurs de feu maistre Pierre Canal, mon predecesseur, les ont fait tauxer et encommenciez à faire, mais ilz ne sont pas encore achevez; et quant à la prebende d'Alebrey en l'eglise de Baieux, les executeurs de feu messire Robert Bourel, mon predecesseur, les ont fait tauxer et en sont tenuz; et quant aux reparacions de ma cure, je y ay chascun an exposé de l'argent pour la maintenir tousjours en bon estat selon les cas qui y sourvenoient.

Item, je veul et ordonne que, en tant comme je me suis mellé de l'execucion de feu maistre Martin Gazel, à qui Dieu pardonne à l'ame, et de ce qui a esté par devers moy, mes executeurs en rendent compte et reliqua, ou composent à maistre Jehan Manchon, confesseur du roy, qui est principal executeur du dit Gazel, ou envers justice, ainsi qu'il appartendra par raison, . . . . . lesquelz seront trouvez en deux coffres qui sont en la chambre l'où maistre Guillaume, mon frere, gisoit, sauf tant qu'il en y a trois dehors qui ne povoient pas dedens les diz coffres, c'est assavoir, le *Consiliateur, Liber qui dicitur Octo tractuum*, et ung autre dont je ne scay le nom, mais il en apperra par ung feuillet l'où sont contenus les livres dessus diz, et que de tout mes executeurs prennent bonne quictance et descharge, quar je y ay vacquié longuement et y ay fait le mieulx que j'ay peu, et sur ce soient rabatues les mises que j'ay faictes tant pour la dicte execucion comme pour le dit marchant, et aussi tel salaire comme par raison m'en puet appartenir.

Item, je laisse à maistre Guillaume, mon frere, l'un de mes breviaires, lequel qu'il vouldra choisir de tous mes breviaires, et si veul qu'il ait son lit, fourni de deux bonnes paires de draps, sarge et coutepointe, telz qu'il vouldra choisir, et aussi que il ait tous ses livres, dont il en y a partie sur le banc de ma chambre de derriere devant la cheminée, et partie en mon estude, et partie en ma chambre l'où je couche, et qu'il soit creu par son simple dit quant il l'affermera; et avecques ce je veul qu'il choisisse entre mes livres six de telz comme il lui plaira, soit de theologie ou moraulx, ou pouetes, ou histoires, afin qu'il face le mieulx qu'il pourra en mon execucion, et affin qu'il prie pour l'ame de moy, et aussi pour ce que je me suis autres foiz aidé des deniers qui lui venoient de ses benefisses quant il demouroit avecques moy.

Item, je laisse à mon tres chier frere, Estiennot de Baudribosc, la somme de cinquante livres Parisis pour la paine qu'il a prins et soubztenu pour moy et que j'ay encores esperance qu'il prendra en mon execucion, et affin que sa marchandise et son mariage en soient meilleurs.

Item, je laisse à maistre Adam, mon nepveu, la somme de cinquante frans pour l'aider à tenir à l'escolle jusques ad ce que sa mere et autres amis aient autrement pourveu, et s'il veult estre medecin, je lui laisse mes livres de medecine qui furent à feu maistre Richart, mon frere, lesquelz seront trouvez sur le banc en ma chambre de derriere qui est au droit de l'uis, comme on y entre, et s'il a plus chier à estre decretiste, je lui laisse mes Decretales, mon Siziesme, mes Clementines et mon Decret tout glosez.

Item, à la chappelle frere Gilbert Pouchet je laisse dix frans pour aider à parfaire ce qui lui plaira faire, et si y laisse ung de mes tableaux pasqueaulx, c'est assavoir, le plus tenu, quar le plus espoix si est pour l'eglise de Rouen et leur ay donné pieça, mais on n'a pas trouvé pour les guerres et discensions personne qui s'en voulsist charger de le porter.

Item, je laisse aux quatre freres et au commandeur de ceans cent soulz, pour avoir une messe et estre en leurs prieres.

Item, selon ce que mes executeurs verront que mes biens pourront fournir à parfaire mon execucion, je leur donne plain povoir de croistre ou appetichier ce present testament, et rescinder à un chascun aucune quotité selon sa porcion.

Item, leur donne plein povoir de distribuer mes livres en françois à un chascun de mes freres et seurs, tel comme il plaira à mes executeurs, et si leur donne puissance de croistre ou appetichier ce present testament, et fais mes executeurs Guillaume de Baudribosc, maistre en ars et bacheler en theologie, Estiennot de Baudribosc, Jehan de Baudribosc, mes freres, et Jehan de Bresmes qui a espousé ma seur, et veul que le dit maistre Guillaume de Baudribosc et Estiennot de Baudribosc, mes freres, soient principaulx executeurs, et que ilz soient tousjours presens, se faire se puet, et ou cas que faire ne se pourroit, et que les deux ne peussent estre presens ensemble, et le dit maistre Guillaume estoit present, soit principal, et ou cas qu'il ne pourroit estre present,

le dit Estiennot, s'il est present, soit principal, et ou cas que l'un d'eulx
ne tous deux ensemble n'y pourroient entendre, Jehan de Baudribosc
soit principal, et avecques lui le dit Jehan de Bresmes ne puisse rien
faire sans appeller l'un, ou deux ou tous ensemble dessus nommez.

Item, je prie et requier amiablement à venerables et discretes personnes, maistres Jehan de Nanterre, doyen de l'eglise collegial Saint
Marcel, et Guillaume de Gy, et religieuses et honnestes personnes, freres
Jehan Soubaud, prieur de l'Ospital lez Corbueil, et Gilbert Pouchet,
commandeur de Montdidier, que de leur grace il leur plaise aider,
conseillier et conforter les dessus nommez executeurs en l'execucion de
ce present testament, en leur donnant conseil, confort et aide à faire
et acomplir la dicte execucion.

Item, je prie à mes executeurs qu'ilz contentent bien et loyaument
mes serviteurs de leurs salaires, si comme il appert par cedule, sauf
tant qu'i n'y a point eu de cedule faicte par Guillemin, mais il scet
bien qu'il doit gaignier six frans, et si scet bien combien il a qu'il vint
demourer avecques moy, auquel je laisse ung franc, oultre ce qu'il puet
avoir gaignié tant comme il y a esté; et à Richart oultre son salaire je
laisse deux frans, et à maistre Guillaume, qui disoit ses Heures avecques
moy et avoit la charge de ma despense, trois frans ou ma houppellande
fourrée d'aigneaulx noirs, lequel qu'il aura plus chier, et à la bonne
femme qui me garde, oultre son salaire qu'elle doit gaignier deux soulz
pour chascun jour, ung franc; et se aucunes des personnes à qui j'ay fait
aucun lais estoit dejà trespassé ou trespassoient avant que moy, je revoque
le lais à lui fait, et revoque aussi tous autres testamens fais par moy
avant ce present testament.

Et si donne puissance à chascun de mes executeurs de soubzmettre
ma dicte execucion à telle court et jurisdicion, comme ilz seront conseilliez de faire, et toutes voies, se elle est soubzmise à la court de
Parlement, je supplie à la dicte court que maistre Guillaume de Gy
y soit commis pour faire l'inventaire, affin qu'il se face à mendres
despens, quar j'en ay bien mestier; et se elle est soubzmise à la court
de l'Eglise, je supplie à maistre Jehan Loyer, maistre des testamens,

qu'il y commette personne qui le fera diligemment et à mendres despens que faire se pourra. Et saisi mes executeurs et chascun d'eulx, et par especial maistre Guillaume, mon frere, et Estiennot, mon frere, de tous mes biens meubles, quelque part qu'ilz soient, et m'en dessaisi devant vous tabellion en la presence des personnes ycy assemblées, lesquelles j'en appelle à tesmoing. Et supplie à mes execūteurs que sans pompe ou despense superflue vueillent acomplir ceste presente execucion, et s'il y a aucun residu de biens, je le remets à mes diz executeurs, par especial à maistre Guillaume, mon frere, et à Estiennot, mon frere, qu'ilz les distribuent à mes parens selon leur discrecion, l'où ilz verront que il sera le mieulx emploié, et aussi à faire du bien et chanter messes pour l'ame de moy.

Quam quidem submissionem sue execucionis omni jurisdicioni supra dictus magister Adam de Baudribosco promisit et juravit habere ratam et gratam, promisitque habere ratum et gratum quidquid per suos supra dictos executores actum, gestum, factumve fuerit, insuper revocavit omnia testamenta per ipsum facta ante hujusmodi testamentum. De et super quibus premissis et quolibet premissorum supra dictus magister Adam de Baudribosco peciit a me notario subscripto instrumentum seu instrumenta unum vel plura, tot quot eidem aut suis executoribus supra dictis erunt necessaria, peciitque supra dictus magister Adam de Baudribosco has presentes litteras, seu presens instrumentum publicum, sigilli dicti firmarii ecclesie Sancti Benedicti Beneversi Parisius appensione muniri.

Acta fuerunt hec in domo habitacionis prelibati magistri Ade de Baudribosco, in hospitali antiquo Sancti Johannis Baptiste Parisius, anno, indicione, mense, die et pontificatu predictis, presentibus venerabilibus et discretis viris, Adam de Baudribosco juniore, in artibus magistro, Ricardo *Marie*, Guillermo *Vagaultier*, clericis, et Johanna *la Cenneure*, Rothomagensis, Lexoviensis, Noviomensis et Parisiensis diocesium testibus ad premissa vocatis specialiter et rogatis. Et ego Robertus Bruleti, clericus Rothomagensis diocesis, publicus apostolica auctoritate notarius, quia premissis omnibus et singulis, dum sicut

supra scribuntur, dictaque et nominata ore proprio per dictum magistrum Adam de Baudribosco, una cum prenominatis testibus presens interfui, eaque propria manu coram dicto magistro Adam conscripsi, publicavi et in hanc publicam formam redegi, ideo hiis presentibus litteris, seu huic presenti pùblico instrumento manu mea propria scripto, una cum dicti firmarii appensione sigilli, signum meum solitum apposui in testimonium veritatis omnium et singulorum premissorum, requisitus et rogatus, glosam *Pouchet* approbando.
Collacio facta est cum originali.

(Bibl. Nat., Dép. des mss., Collection Moreau, 1162, fol. 232 v°.)

## XLIV.

1418, 25 septembre.

TESTAMENT DE ROBERT MAUGER, PREMIER PRÉSIDENT DU PARLEMENT DE PARIS.

Robert Mauger, maître ès arts, licencié en droit civil et canon, occupa les charges de conseiller et de président au Parlement de Paris pendant près de trente années. Conseiller en la grand'Chambre dès le début de 1389, il fut envoyé à Reims au mois de janvier 1390 pour y instruire une enquête par ordre des *Réformateurs généraux* (Arch. Nat., x$^{1A}$ 4788, fol. 165 v°; KK 13, fol. 27). Après la mort de Jean de Popincourt, la nomination de Henri de Marle au poste de premier président laissa vacante la place de troisième président; Robert Mauger se mit sur les rangs et au scrutin du 22 mai 1403 réunit la majorité des suffrages, ce qui n'empêcha point le roi de lui préférer Jacques de Ruilly, président des Requêtes du Palais. Trois ans plus tard, Robert Mauger alléguant l'absence fréquente des présidents parvint à obtenir le titre qu'il ambitionnait, sous réserve des émoluments de sa charge de conseiller, en attendant qu'une vacance se produisît parmi les présidents en exercice. Sa réception eut lieu le 27 avril 1407 (Arch. Nat., x$^{1A}$ 1478, fol. 112 v°, 319 v°). L'autorité royale le chargea à diverses reprises de missions judiciaires : ainsi, au mois de novembre 1407, il fut envoyé en Poitou et en Anjou; le 1$^{er}$ septembre 1409, il vint à Troyes pour y tenir les Grands Jours et ne retourna à Paris que le 12 novembre (Arch. Nat., x$^{1A}$ 9188, fol. 137 r°). Le président Mauger fut même admis dans les conseils de l'État; il assista, le

20 juillet 1411, à l'assemblée où furent arrêtés les termes de la réponse à la lettre des princes d'Orléans qui demandaient justice de la mort de leur père (Douet d'Arcq, *Choix de pièces inédites relatives au règne de Charles VI*, t. I, p. 341). En 1413, lorsque Henri de Marle devint chancelier de France, Robert Mauger se trouva désigné pour lui succéder en qualité de premier président; nommé par 42 voix au scrutin ouvert le 12 août, il entra en fonctions le 16 août suivant. Le premier magistrat du Parlement, loin d'être accueilli avec faveur, fut sévèrement réprimandé pour sa négligence; on lui enjoignit d'être plus «diligent en son office «que ou temps passé» et de se comporter de telle manière «qu'il puist franche- «ment repranre et redarguer les autres qui mespranront» (Arch. Nat., x¹ᴬ 1479, fol. 258, 259). Tant que le parti Armagnac fut à la tête du pouvoir, Robert Mauger dirigea les délibérations de la Cour et conserva une situation pré- pondérante dans le Conseil royal; le 5 décembre 1415, en présence des grands corps de l'État assemblés en l'hôtel de Bourbon où résidait le duc de Guyenne, il prit la parole «et proposa sur le fait du gouvernement du royaume et monstra que «le roy n'avoit que trois amis puissans à le secourir contre la fureur de ses enne- «mis, c'est assavoir, le duc de Touraine son filz, le duc de Bourgogne et le duc de «Bretagne» (Juvénal des Ursins, édit. Michaud, p. 525; Monstrelet, édit. Douet d'Arcq, t. II, p. 30). Dans la séance du 14 janvier 1418, le premier président exposa sommairement les mesures que l'on comptait prendre «pour l'apaisement «des guerres et divisions» qui déchiraient le royaume, et siégea pour la dernière fois le 12 juin 1418 (Arch. Nat., x¹ᴬ 1480, fol. 115 v°). Au mois de juillet suivant, lorsque le Parlement fut rétabli et reconstitué sur de nouvelles bases, le président Mauger fut supplanté par Philippe de Morvilliers. Le chagrin, joint aux violentes émotions de cette période troublée, hâta sa fin; il mourut le jour de Noël de l'an- née 1418 et fut inhumé dans l'église des Carmes, devant le grand autel. Sa veuve, Simonne Darie, lui survécut deux années et dut terminer ses jours le 27 octobre 1420, et non 1418, comme le porte fautivement l'épitaphe reproduite par les auteurs des *Éloges des premiers présidents*, p. 26. Leur fille Marguerite épousa, vers la fin de l'année 1409, un conseiller au Parlement, Étienne des Portes, ap- partenant au parti bourguignon et exilé le 30 août 1417; en considération de ce mariage, Robert Mauger fut gratifié par Charles VI de 1,000 francs sur les aides et donna quittance le 28 avril 1411 d'un reliquat de 300 livres Tournois (Bibl. Nat., cab. des titres, pièces originales). Marguerite la Maugère n'existait plus à la date du 9 septembre 1428, comme le montre un accord passé au Par- lement entre Étienne des Portes, ayant la tutelle des enfants issus de cette union, et Jean de la Fontaine, bourgeois de Paris (Arch. Nat., x¹ᶜ 136). Un fils du pre- mier président, Jacques Mauger, entra dans les ordres; mentionné en 1414

parmi les enfants des membres du Parlement auxquels le pape Jean XXIII accorda un indult, il devint chanoine et archidiacre de Soissons, et décéda dans les premiers mois de l'année 1434 (Arch. Nat., x¹ᴬ 8603, fol. 9 r°; x¹ᴬ 9807, fol. 29 v°). Le président Mauger faisait partie du conseil administratif du collège de Beauvais; c'est à ce titre qu'il assista au repas offert, le 18 juillet 1400, à Guillaume de Dormans, archevêque de Sens, qui était venu visiter cet établissement. Le 30 janvier 1406, le Parlement lui confia la collation des bourses du même collège. Robert Mauger résidait dans le quartier universitaire, et habita notamment la rue Saint-Jacques; pendant les inondations de l'hiver de 1408 il fut l'un des membres du Parlement qui, par suite de la rupture des ponts, siégèrent, les 6 et 7 février 1408, en l'abbaye Sainte-Geneviève (Arch. Nat., H 2785⁵; x¹ᴬ1478, fol. 250 v°).

C'est le testament ou derreniere voulenté que moy, R[obert] Maugier, conseillier du roy nostre sire, faiz et ordonne en la maniere qui s'ensuit, et veulx qu'il vaille par maniere de testament ou de codicille, comme raison et conscience le pourront souffrir.

*Primo*, je recommande mon ame à la benoiste Trinité, à la glorieuse Vierge Marie, à monseigneur saint Michiel, à monseigneur saint Pierre, saint Pol, saint Jehan, saint Jaques, saincte Geneviefve, saincte Marguerite, saincte Katherine et à tous les sains et sainctes de Paradis.

Item, je esliz ma sepulture où mes executeurs la esliront, et veult que perpetuelment soit fondé où sera ma dicte sepulture, chascun jour ung *de Profundis*, avec *Pater* et *Inclina*, à l'issue de chascune grant messe, avec ung obit solennel chascun an, où que la dicte sepulture soit, aux Freres Prescheurs ou Carmelites de Paris, pres de leur grant autel, avec la fondacion tant du dit *de Profundis* comme du dit obit, et tout selon l'ordonnance de mes executeurs, et par especial de ma chiere compaigne Symonnette.

Item, que un tableau de cuivre soit mis à fer et à plon pres de la dicte sepulture, où la dicte fondacion sera escripte à fin de perpetuel memoire.

Item, je vueil et ordonne que mes debtes soient paiées et mes torsfaiz amendez.

- Item, je ordonne que cinquante livres Tournoiz soient prins de mes biens pour faire chanter deux anuelz pour feue Agnès la Pochonne et feu messire Jehan de Montargis, ainsi qu'il est contenu en certaine cedule qui est entre mes lettres, car maistre Pierre d'Ogier a euz les autres cinquante livres Tournoiz.

Item, IIII livres Parisis en ont esté baillées par moy aux Cordeliers de Soissons, comme il appert par leur quictance, et x livres Parisis en ont esté par moy baillées à frere Jehan Burlez, carme, comme il appert par sa dicte quictance.

Item, ce que on ne trouvera par quictance avoir esté fait, je veulx qu'il soit parfait.

Item, je vueil et ordonne que xx livres Tournoiz soient baillées à messire Thibaut de la Grange, pour rendre à la femme feu Pierre de Peny, pour ce qu'il me semble que ung brevet de xx frans que je lui rendiz et dont il me paia estoit acquictiez, et de ce je charge le dit de la Grange.

Item, je vueil que xx messes soient chantées pour Guillot, mon vigneron, pour ce que je puis bien estre de tant tenuz à lui, ou à ses heritiers.

Item, je vueil que cinquante messes de *Requiem* soient chantées en l'eglise de Soissons en la chappelle de monseigneur saint Martin, pour l'ame de feu messire Raoul Piat, mon oncle, qui est enterré assez pres de la dicte chappelle.

Item, je vueil et ordonne que xxv messes de *Requiem* soient chantées en la dicte eglise en la chappelle saint Cornille et saint Andrieu, dont j'ay esté chapellain, pour l'ame du fondeur et aussi pour les faultes que je y puis avoir faictes.

Item, je vueil et ordonne que pareillement soit fait en la parroisse de Pernant et en la parroisse de Vierzy, dont j'ay esté chapellain.

Item, je vueil et ordonne que ung obit soit chanté en l'eglise de Nostre Dame des Vignes de Soissons, dont j'ay esté chanoine, et que IIII cierges de quatre livres y soient mis, et que chascun chanoine, chapellain et prestre ait pour les vigiles et messe IIII solz Parisis, et les non prestres II solz Parisis, et pour les clers autant.

Item, je donne et laisse à la fabrique d'icelle eglise xx solz Parisis pour une foiz.

Item, à la fabrique de la mere eglise de Saint Gervais xx solz Parisis pour une foiz.

Item, je ordonne quatre anuelz qui seront chantez pour moy, dont les religieux de Saint Jehan des Vignes de Soissons en chanteront ung, se ilz s'en veulent chargier, les religieux d'Essomes l'autre pareillement, et pour chascun anuel auront xxx escuz, et qu'ilz promettent loyaument de les chanter sans fraude.

Item, les deux autres seront chantez au plus prouchain autel de ma sepulture, et par prestres dignes et devoz, et de ce et du salaire je charge mes executeurs.

Item, je ordonne que le jour de mon obseque et incontinent après mon trespas soient chantées jusques à v$^c$ messes de *Requiem* par religieux Mendians, tant que on en pourra finer, et le surplus par autres prestres devoz et bien preudommes.

Item, je laisse à chascune des iiii ordres Mendians xx solz Parisis pour une foiz, et diront vigiles aux obseques acoustumées.

Item, je laisse à l'Ostel Dieu de Paris xx solz Parisis et aux freres de Ieans xx solz Parisis, pour dire vigiles comme dessus.

Item, je ordonne une tumbe estre faicte à l'ordonnance de ma dicte chiere compaigne Symonnette par le conseil de mes autres executeurs, et du luminaire de l'obseque pareillement.

Item, je donne et laisse à Jaquin, mon frere, deux de mes petites tasses d'argent avec ung de mes chevaulx ou mules du mendre pris, et si veulx que en sa conscience il demeure quicte de tout ce qu'il s'est entremis de mes besongnes de par dela.

Item, je donne et laisse au curé de Monteron ung arpent de ma terre, cellui qui sera plus convenable à joindre pres des terres de la dicte cure et curé, parmi ce qu'il sera tenus de chanter chascun an iiii messes de *Requiem* pour l'ame de mes pere, mere, suers et freres, et à l'autel de Nostre Dame devant lequel ma dicte mere est enterrée, et veulx qu'il soit enregistré es messelz et es livres de l'eglise, et s'il y falloit aucune chose fournir pour les dictes IIII messes, je ordonne que mes heritiers et executeurs le facent. Et si laisse à la fabrique et marreglerie de la dicte eglise une mine ou demi arpent de terre de mes conquestz, à l'arbitrage des preudommes, pour supporter les fraiz de la cure, de l'uille et des aournemens et livres de la dicte eglise, et oultre pour faire ce que dit est je leur laisse deux escuz d'or pour une foiz. Et si veulx que mon obseque soit fait en la dicte eglise, et que vigiles et messe haulte à dyacre et soubzdyacre tout en ung jour soient chantées, et qu'il y ait IIII livres de cire, x prestres qui tant en pourra avoir, et que chascun chante messe, et ait à disner et III solz Parisis, et aussi que mes parens et amis d'environ y soient semons à la messe et aient à disner honnestement.

Item, je veulx et ordonne que à povres gens de la dicte parroisse de Monteron, de Marisy de Saint Mard et de Saincte Genevieve soient donnez pour Dieu et en aumosne xx livres Tournoiz, ainsi qu'il sera le mieulx employé selon la necessité de chascun.

Item, soient distribuez pareillement à Paris autres xx livres Tournoiz le jour de mon obseque, sans faire assemblée generale de povres gens.

Item, je laisse à la fabrique de Saint Severin xv solz Parisis pour une foiz paiez.

Item, je donne et laisse aux Filles Dieu de Paris, aux Beguines, à celles de Saincte Avoye, à celles de la Chapelle Haudry, à l'ostel du Saint Esperit en Greve, à chascun pour unes vigiles et messe xx solz Parisis.

Item, je laisse à la fabrique d'Espineul sur Orge xx solz Parisis, à celle de Louans xx solz Parisis, à celle de Chevilly xx solz Parisis.

Item, je laisse aux Bons Enfans de la porte Saint Victor, pour unes vigiles et messe, xx solz Parisis.

Item, je veulx que xx messes de *Requiem* soient chantées au collège de Dormans pour le repos de l'ame de feu monseigneur le cardinal de Beauvais, fondeur du dit college.

Item, je veulx que vigiles et messe de *Requiem* soient chantées pour moy ou dit college par les chapellains et clers de chapitre du dit college, et que chascun des chapellains ait iiii solz Parisis, cellui qui chantera la dicte messe à note iiii solz Parisis, et chascun des clers xvi deniers Parisis.

Item, je veulx et ordonne qu'il y ait iiii cierges de iiii livres de cire, qui serviront à la dicte chapelle tant comme ilz pourront durer.

Item, je laisse à la parroisse de Saint Benoit x livres Parisis pour une foiz, en recompensacion des arrerages de xx solz Parisis de rente qu'ilz eurent sur la maison où j'ay demouré, assise en la rue Saint Jaques, parmi ce qu'ilz seront tenuz de faire x obiz pour maistre Jehan l'Esleu qui leur laissa yceulx xx solz Parisis de rente sur ycelle maison, et de ce appert par les lettres du bail d'icelle maison qui sont devers moy.

Item, je vueil et ordonne que les xl solz Parisis de rente que j'ay autres foiz voulu avoir de Jaquin soient donnez à l'eglise de Monteron, en l'onneur de Dieu, de saint Souppliz, et qu'elle soit amortie du prieur de Marisy à mes despens, et que le curé en ait xxx solz pour celebrer chascun mois une messe pour les ames de mes pere et mere, et en la chapelle de Nostre Dame devant laquele ma dicte mere est enterrée, et le seurplus soit pour supporter les fraiz d'icelle eglise, et qu'il soit enregistré es messelz et autres livres d'icelle eglise à fin de memoire perpetuel.

Item, je vueil que lv solz Parisis soient donnez et aumosnez pour l'ame de cellui de qui je achetay demi millier de cotteretz en Greve, dont je ne vy oncques puis cellui à qui les diz lv solz Parisis sont deuz, ne heritier de lui.

Item, je vueil et ordonne que une messe du saint Esperit chascune sepmaine soit fondée en l'eglise de Soissons en la chapelle Saint Martin, avec les deux autres messes que je y ay pieça fondées, et que la somme de l'argent qui leur a esté accordée leur soit baillée, et laquele est en deux gans, en l'un desquelx a cent et cinquante moutonnés et en l'autre en a cent, et se il ne leur souffit, que creue soit faicte de xx moutons ou plus, s'il est mestier, qui seront trouvez en ma tasse, sans ceulx qui sont es diz deux gans; et que une chasuble, aube, amit, estole, fanon et trois nappes d'autel, saincture, leur soient baillez, ainsi que autres foiz le leur ay escript et accordé, et que ung calice leur soit baillé, parmi ce qu'ilz renderont cellui qu'ilz ont, et que ung bon messel leur soit achaté pour la fondacion d'icelle messe pour ycelle chapelle, du pris de xxv ou xxx frans, en rendant le petit messel que je leur ay pieça baillé, et que les pateles et paix d'argent que je leur ay pieça promis leur soient baillez pour servir au grant autel, et que ung tableau soit fait de la dicte fondacion, à fin de perpetuel memoire, aux despens de ma dicte execucion.

Item, je veulx et ordonne que les cens et rentes qui sont deuz aux censiers ou rentiers de la terre de Louans et de Vaulx sur Orge soient paiées, et que en compose aux censiers le plus amiablement que faire se pourra sans charger les heritages plus avant qu'ilz ne sont, et aussi que la disme de mes vignes de Vaulx qui n'a esté paiée le temps passé, je charge mes diz heritiers et executeurs de les paier à ceulx à qui il appartendra, et que on compose à eulx le plus amiablement que on pourra et aux despens de mon execucion.

Item, je ordonne et esliz mes executeurs, la dicte Symonnette, ma compaigne, maistre Jehan Garitel, maistre Pierre de Ogier, maistre Nicole de Baye, maistre Guillaume l'Aillier, maistre Estienne des Portes, et que de ii ou iii ou iiii la dicte Symonnette soit tousjours l'une.

Item, je vueil que frere Jehan Bulles soit coadjuteur de mon execucion, en tant qu'il touche le fait des Carmes, et si veulx qu'il ait pour sa peine et travail par les mains de mes executeurs x livres Parisis, pour avoir une robe.

Item, je soubzmet ma dicte execucion à la court de Parlement, ou ailleurs où mes diz executeurs vouldront [1]....

Fait le xxve jour de septembre mil iiii{c} xviii.

---

[1] Nous supprimons deux paragraphes qui répètent mot pour mot les dispositions relatives à la fondation d'une messe dans l'église de Soissons, et au règlement des comptes des censiers de Louhans et Vaux-sur-Orge.

Item, je appreuve et tien à bien fait ce qui est en mon autre testament, excepté ce qui est royé. Escript comme dessus.

Signé : R. Maugier.

Collacio facta est cum originali reddito magistro Stephano de Portis.

(Bibl. Nat., Dép. des mss., Collection Moreau, 1162, fol. 309 r°.)

## XLV.

1419, 1<sup>er</sup> août.

TESTAMENT ET CODICILLE DE NICOLAS DE L'ESPOISSE, NOTAIRE ET SECRÉTAIRE DU ROI, GREFFIER DES PRÉSENTATIONS AU PARLEMENT DE PARIS.

Nicolas de l'Espoisse, originaire de la Chapelle-Gauthier en Brie, représente un de ces habiles praticiens dont le savoir et l'expérience étaient fort appréciés; toute son existence s'écoula auprès ou au sein même du Parlement, et pendant une période de cinquante années il vit se succéder autour de lui des générations de plaideurs. Dès 1370 il figure en qualité de procureur dans les accords homologués au Parlement; à partir de cette époque, la conduite de presque toutes les affaires de quelque importance fut remise à ses soins. Une lettre missive de Tristan, vicomte de Thouars, du 19 septembre 1378, en rend le témoignage le plus explicite : ce seigneur prend soin de lui notifier, ainsi qu'à Jean Canard et Pierre de Fétigny, avocats en la Cour, le transport du comté de Dreux à la couronne, et l'invite à déposer entre les mains des gens du roi «toutes chartes, tous titres, aveux et enseignemens quelconques» en matière de procédure restés par devers lui et ses confrères (Arch. Nat., J 173 III, n° 15). Maître de l'Espoisse, dans l'exercice de sa profession, rendit des services si considérables à tout l'entourage du roi que Charles VI, par lettres du mois de mars 1385, l'anoblit avec sa femme Emmeline et leur postérité (Arch. Nat., JJ 126, n° 151). Le 11 juillet 1390, lorsque la mort de Jean Jouvence laissa vacant le greffe du Parlement, l'intérim fut confié à Nicolas de l'Espoisse, clerc notaire du roi, qui reçut mission de tenir les registres de la Cour tant aux Plaidoiries qu'au Conseil; il remplit les fonctions de greffier jusqu'à la clôture du Parlement de 1390 et jusqu'à la nomination de Jean Willequin, lequel prit possession du greffe au mois de novembre de la même année.

Dès cette époque, Nicolas de l'Espoisse était greffier des présentations; le Journal du Trésor (aux dates des 26 décembre 1390 et 27 avril 1391) nous permet de constater qu'il touchait, comme Jean Willequin, neuf livres deux sous Parisis de gages par mois (Arch. Nat., KK 13, fol. 78 r°, 154 v°). Cité parmi les membres de la Cour qui prêtèrent serment de fidélité au roi le 5 août 1417, il perdit son office lors de la révolution bourguignonne de 1418, qui renouvela complètement le Parlement, et fut remplacé par Jean de la Péreuse, que nous voyons tenir la plume de greffier dans la séance de réouverture du 25 juillet 1418; mais son éloignement ne fut pas de longue durée : le Parlement décida, le 2 septembre suivant, que, « pour certaines, justes et raisonnables causes, » Nicolas de l'Espoisse serait réintégré dans sa charge de greffier des présentations. Bien qu'il ne fût point notaire de la Cour, le chancelier lui permit de signer comme notaire et lui donna l'assurance qu'une création spéciale de notaire *supra numerum* serait demandée au roi en sa faveur, avec promesse des premières bourses qui viendraient à vaquer. Le même jour, Jean de la Péreuse reçut ordre de délaisser l'office dont il avait été momentanément pourvu (Arch. Nat., x¹ᴬ 1475, fol. 85 r°; x¹ᴬ 1480, fol. 100 v°, 145 v°).

Les actes du Parlement nous fournissent quelques renseignements sur Nicolas de l'Espoisse et sa famille; ainsi l'on sait que la maison qui lui servait de demeure en 1377 était située *oultre Petit Pont*, dans la rue de la Montagne-Sainte-Geneviève, à l'enseigne de la Pomme rouge (Arch. Nat., x²ᴬ 10, fol. 37, 38; Y 5232, fol. 45 v°). Le greffier eut un fils licencié en droit civil et canon, pour lequel il sollicita en 1404 une charge de notaire au Parlement; la Cour lui répondit qu'elle ne pouvait adhérer à sa demande, les offices de notaire étant à la nomination exclusive du roi; mais considérant que maître Nicolas de l'Espoisse avait « longuement, louablement, notablement et sagement et aussi loyaument exercé son office de greffier, » elle donnait par avance son agrément à ce qu'il plairait au roi d'ordonner (Arch. Nat., x¹ᴬ 1478, fol. 184 r°). A la mort de Nicolas de l'Espoisse, vers le milieu de décembre 1420, sa fille et unique héritière, Jeanne, qui avait épousé Jean d'Aulnay, voulut recueillir la succession paternelle; mais comme son mari suivait le parti du dauphin et combattait dans les rangs des défenseurs de Meaux, les biens du greffier furent mis sous séquestre, et Jeanne n'obtint main levée de la saisie que le 11 février 1422, à condition de payer au Trésor 120 livres Parisis pour les biens meubles et une redevance annuelle de 40 livres sur les immeubles, tant que durerait son mariage avec Jean d'Aulnay; encore fallut-il « l'advis et deliberacion du grant conseil du roy et des finances, » qui voulut bien approuver la transaction à intervenir, lorsqu'il lui fut démontré que Jeanne de l'Espoisse avait vécu depuis quatre ans loin de son mari dans la maison de son père (Arch. Nat., x¹ᶜ 123). Par suite des variations monétaires, le payement des legs institués par Nicolas de l'Espoisse souleva quelques contestations; ainsi, l'un des filleuls du greffier ayant demandé que la somme à lui léguée lui fût délivrée en bons francs et en forte monnaie, le Parlement décida, par un arrêt du 18 février 1422, que les legs seraient acquittés en francs d'or, à raison de seize sous Parisis le franc (Arch. Nat., x¹ᵃ 1480, fol. 246 v°; x¹ᵃ 4793, fol. 124, 126, 127). Nicolas de l'Espoisse eut pour successeur, dans sa charge de greffier des présentations, Pierre de la Rose, notaire du roi.

A tous ceulx qui ces presentes lettres verront, Giles, seigneur de Clamecy et de Prouvays, conseillier du roy nostre sire et garde de la prevosté de Paris, salut. Savoir faisons que par devant Giles Hanage et Helie Prestic, clers notaires jurez du roy nostre dit seigneur de par lui establiz en son Chastellet de Paris, fut pour ce present en sa personne honnorable homme et saige, maistre Nicolas de l'Espoisse, notaire et secretaire du roy nostre sire et greffier des presentacions de la court de Parlement, sain de corps et d'entendement, si comme il disoit et qu'il apparoit de prime face, lequel voulant pourveoir au salut de son ame et ordonner des biens à lui donnez en ce monde par la grace de Dieu et de sa glorieuse mere, considerant qu'il n'est chose tant certaine que de la mort à toute creature humaine ne plus incertaine que de l'eure d'icelle, fist, disposa et ordonna par devant les diz notaires, et par la teneur de ces presentes fait, dispose et ordonne son testament ou ordonnance de derreniere voulenté, ou nom du Pere, et du Filz et du saint Esperit en la maniere qui s'ensuit :

Premierement, le dit maistre Nicolas recommanda et recommande devotement son ame à Dieu nostre createur, à la saincte Trinité, à la benoite Vierge Marie et aux glorieux apostres saint Pierre, saint Pol et saint Jaques, à saint Michiel l'archange, saint Anthoine, saint Martin, saint Mathurin, saint Nicolas, à la benoite Magdalone, saincte Katherine, et à tous les angles et archanges, sains et sainctes, patriarches, et à toute la glorieuse compaignie de Paradiz.

Item, voult et ordonna le dit maistre Nicolas testateur, que premierement et avant toute cuvre ses debtes et torfaiz, dont il apperra deuement et sommierement sans grant difficulté de preuve, soient paiées et amendées, et esleut sa sepulture en l'eglise madame Saincte Genevieve de Paris, comme cy dessoubz est contenu et que les religieux de l'eglise lui ont accordé par leurs lettres; et le fait de ses obseques en luminaire, escripture de sa tumbe et autres choses, dont il n'est en especial ordonné cy après ou sera avant son trespas, met et laisse du tout en la disposicion et ordonnance de ses executeurs cy après nommez, ausquelx il prie qu'ilz le facent bien et honnestement selon son estat et sans pompe.

Item, il laissa à la confrarie Saint Estienne et Saincte Genevieve, ordonnée en l'eglise parrochial de Saint Estienne, dont il est confrere et parroissien, pour estre acompaignié aux messes, aumosnes et biensfaiz d'icelle, quatre frans; à la confrarie Saint Denis en la dicte eglise, deux frans.

Item, au luminaire Nostre Dame, au cierge et aux autres questes d'icelle eglise deux frans.

Item, il laissa au cierge, à la lampe et à la torche que l'en a acoustumé de quester en l'eglise de la Chapelle messire Gauthier en Brie, dont il est nez, ung franc, au curé du dit lieu qui sera pour le temps de son trespassement, ung franc.

Item, pour faire ung obit solennel en la dicte eglise par le curé, chanoines et clers d'icelle eglise, et ceulx de la ville qui ont acoustumé de aidier à faire le service, dedens deux mois après son trespassement à vigiles precedens messe et commandaces, au curé et chanoines qui y seront presens, à chascun III solz Parisis, et aus diz clers de la ville et parroisse seulement, à chascun deux solz Parisis.

Item, il laissa deux frans à donner pour Dieu en la dicte ville de la Chapelle le jour que l'en fera les dictes obseques.

Item, aux confraries de la Concepcion Nostre Dame et Saint Nicolas, fondées ou ordonnées en la dicte eglise, pour estre acompaignié aux messes, oroisons et biensfaiz d'icelles, à chascune deux frans.

Item, laissa aux fabriques des eglises de Bombon, Mourmans, Breau, Saint Ouyn et Ladit, à chascune deux frans.

Item, laissa aux eglises de Vanves et de Baubigny, à chascune deux frans.

Item, à l'euvre et fabrique de Nostre Dame de Paris quatre frans.

Item, à l'Ostel Dieu de Paris, pour estre acompaignié aux messes, charitez et biensfaiz du dit lieu, dix frans, desquelx l'office de la prieuse aura la moitié.

Item, ung franc à chascune des quatre ordres Mendians de Paris, pour estre à ses vigiles.

Item, aux Quinze Vins, Filles Dieu et autres povres colleges de Paris qui ont acoustumé d'aller à vigiles de Trespassez, à chascun college cinq solz Parisis, pourveu qu'ilz seront à ses obseques et diront chascun vigiles par la maniere qu'il est acoustumé de faire à Paris en tel cas, ou les diront en leurs eglises et hostelx, se mieulx semble à ses executeurs.

Item, aux povres ladres de la maladrerie de Saint Germain des Prez quatre frans.

Item, il laissa à Gauchier, son nepveu, filz de feu Estienne son frere, dix livres Tournois.

Item, à Martinette, fille du dit Gauchier, qui a demeuré avecques Jehan d'Aunay et Jehanne sa fille, quarante livres Tournoiz par lui promises au traictié de son mariage et cent solz Parisis encores après sa mort.

Item, il laissa à Thevenin, filz du dit Gauchier, qu'il a fait aprendre à mestier de chaucetier et drapier à ses despens, dix frans, et cent solz Tournois qu'il lui a prestez pour aidier à paier sa raençon des Armignas, et la meilleur de ses houppellandes courtes à tout la fourreure, le chapperon de mesmes, et son roman d'*Alixandre* pour esbatre et aprendre à lire.

Item, à Jehan son frere, filz du dit Gauchier, qu'il a tenu à l'escole à ses despens, pour le faire encore aprendre après son trespas, vint frans.

Item, lui laissa encore son livre de la *Somme au Breton*, ses *Epistres de Pierre de Blois* et *de Vineis* et son petit papier de Prothocoles, et lui enjoint qu'il y adjouste les autres lettres qui sont en l'autre gros papier, qu'il volt que on lui preste pour les y escrire.

Item, laisse six livres Parisis à une autre suer qu'il a encores à marier, et LX solz Parisis à ung leur frere, mon clerc.

Item, laissa à la mere des diz enfans le drap de son meilleur mantel fourré.

Item, à une povre femme qui repaire à l'ostel du dit testateur et y a servi autres foiz, nommée Marguerite, son autre mendre manteau sangle avec ung chapperon double, et à Cardine qui a servi la dicte Jehanne sa fille, deux frans.

Item, à maistre Jehan Queniat laissa son livre de l'*Istoire de Troye la grant* et l'autre des *Histoires d'oultremer*.

Item, à Thevenette, sa niepce, religieuse à Longchamp, deux frans.

Item, à Katherine, sa niepce, fille maistre Giles l'Abbat, quatre frans.

Item, à maistre Jehan l'Abbat, son nepveu, laissa, pour avoir de lui memoire et prier pour son ame, son livre nommé *Policraticon*, à Colin, filz du dit maistre Giles, et à Guiot, ses nepveux, à chascun quarante solz Parisis.

Item, le dit testateur eslit sa sepulture en l'eglise Saincte Geneviefve, où est sa tumbe assise pres de la chapelle où il a fondé trois messes, si comme les religieux d'icelle eglise lui ont accordé.

Item, il laissa au curé de la dicte eglise Saint Estienne quatre frans, aux deux chapellains à chascun ung franc, et ung franc aux deux clers, et prie chascun des diz curé et chapellains de dire une messe pour lui dedens quinzaine après son trespassement.

Item, il laissa à la fabrique et marregliers de la dicte eglise Saint Estienne quinze solz Parisis de rente amortiz qu'il a et prent chascun an aux quatre termes à Paris acoustumez par egal porcion sur les maisons de Guillaume Garnier et Perrin Blondeau, charpentier, assises à Paris en la place Maubert et respondans l'une pour l'autre, pour faire dire et celebrer chascun an en la dicte eglise au grant autel ung anniversaire à vigiles, messe à note et commandaces à ung jour de la sepmaine où il trespassera ou assez tost après, pour lui, sa femme, et leurs peres et meres et enfans, et s'il semble que la charge du service solennel soit trop grant, il veult et consent qu'elle soit diminuée et ordonnée par l'advis de ses executeurs et du curé de la dicte eglise, et se d'aventure les diz marregliers ne s'en veulent charger et bailler de ce lettres, soit la dicte rente, laquelle est amortie par les lettres de la fondacion faicte à Saincte Genevieve, vendue et l'argent converti en messes ou donné à autre eglise qui se vouldra charger du service.

Item, le dit testateur voult et ordonna, et par ces presentes veult et ordonne que, en recompensacion et restitucion des choses mal acquises, mal prises et retenues par lui des biens d'autrui par convoitise, oubliance ou autrement, et pour le salut de son ame, soit donné et distribué pour Dieu la somme de cent frans d'or ou la valeur en autre monnoye le jour de son obit, qui tant trouvera lors de povres à donner quatre deniers Parisis à chascun, et le surplus, se demourant y avoit, dedens ung mois après à povres creatures, mesnagiers honteux, et filles à marier, où l'en verra qu'il sera bien employé en la dicte parroisse Saint Estienne et de la Chapelle Gauthier, selon la bonne ordonnance de ses executeurs.

Item, il laissa à la confrarie et college des notaires et secretaires du roy nostre sire, dont l'en fait le service en l'eglise des Celestins, cinq frans, et aux religieux du dit lieu autant, pour estre acompaignié es messes, oroisons et biensfaiz des diz lieux.

Item, il laissa et quicta tout ce qui lui est et pourra estre deu à cause d'office de practique, avant qu'il feust officier du roy nostre sire, au jour de son trespassement, et veult que tous les procès et lettres qui encores en seront trouvez par devers lui, se aucuns en y a, soient renduz franchement sans riens en prendre ne demander.

Item, il laissa et laisse pour dix annuelx et messes faire dire et celebrer dedens deux ans et deux mois après sa mort trois cens frans, desquelx annuelx les deux seront faiz et celebrez pour le remede et salut de son ame en l'eglise Saincte Genevieve, en la chapelle des messes par lui fondées en la dicte eglise ou à l'autel plus prouchain du lieu où il sera enterré, par aucuns des religieux du dit lieu ou autres bons et devotz chapellains.

Item, deux en l'eglise parrochial Saint Estienne, à l'autel Saint Estienne où sa femme et trois de leurs enfans sont enterrez, en disant à chascune messe oroison propre pour la dicte femme avecques celles que l'en dira premierement pour le dit testateur, et quatre annuelx en l'eglise Nostre Dame du Carme, en la chapelle et autel Saint Jaques et Saint Michiel, où il a ordonné trois messes perpetuelles chascune sepmaine de l'an, dont les religieux du dit lieu sont chargiez, et deux anniversaires, chascun à leur grant autel, ou du moins ung selon ce qu'il sera trouvé par les lettres qu'il en a d'eulx; et est son entencion que les diz quatre annuelx soient diz et celebrez par bons religieux.

Item, et les diz autres deux anuelz seront faiz et celebrez pour l'ame du dit testateur, de feue Ameline, sa femme, leurs enfans trespassez, et pour le bien et prosperité des vivans, et aussi pour les ames des pere, mere, seurs, freres, ayeulx, ayeules, progeniteurs, oncles, tantes, cousins, parens et bienfaicteurs du dit testateur, en la dicte eglise de la Chapelle Gauthier, à l'autel de Saint Soupplice, Saint Anthoine et Saint Loys, devant lequel le pere du dit testateur est enterrez, et aussi tant en la dicte eglise comme ou cymetiere d'icelle sont enterrez sa mere et pluseurs de ses freres, seurs, oncles, tantes, cousins, parens et bienfaicteurs; ainsi sont en tout les dix anuelz dessus diz.

Item, il laissa à l'eglise de la dicte Chapelle son livre des *Epistres saint Bernard*.

Item, est son entencion que tous les chapellains qui diront soient paiez chascun par mois, selon ce qu'ilz auront chanté ou celebré de messes, et que chascun chapellain quere à ses despens le vin et feu de sa messe, se autrement on ne le treuve d'avantage et courtoisie au lieu où il celebrera.

Item, ordonna et laissa le dit testateur vint quatre frans pour acheter ung petit calice blanc et aornemens legiers, dont la chasuble soit noire d'une part et blanche d'autre, pour servir aux messes qui seront dictes en l'eglise et autel de la dicte Chapelle Gauthier, lesquelx calice et aornemens après les diz deux anuelx acompliz demourront à la dicte eglise, et tousjours en auront les marregliers d'icelle la garde, et seront tenus les chapellains qui les dictes messes diront de faire sonner chascune messe au matin par deux foiz avant qu'ilz la commencent.

Item, il laissa deux escus ou plus, s'il le convenoit, pour convertir en ung petit tableau que l'en mettra à Barbeel emprès l'autel ou chapelle où il a fondé deux messes, en faisant memoire de la dicte fondacion en briefves paroles, et aux religieux du dit lieu laissa quatre frans, c'est assavoir, les deux pour l'eglise et les autres deux frans pour pitance le jour qu'ilz feront son obit et service pour la premiere foiz après sa mort, si comme ilz y sont tenus et l'ont promis de faire.

Item, volt et veult que, pour ses clers, varlès et chamberieres qui le serviront au jour de son trespas et l'auront servi demi an par avant, soit acheté et baillé à chascun des hommes trois aulnes et demie de brunette souffisamment selon l'estat d'un chascun, et à Gauchier, son frere, autant, et aux femmes deux et demie ou trois pour eulx vestir.

Item, il laissa à maistre Jaques Phelippe qui longuement l'a servi et demoure avecques lui, afin qu'il prie pour lui, son Decret et tout l'argent qu'il lui doit, dont chascun d'eulx a cedule, et le requiert d'un anuel dire ou faire dire pour lui dedens deux ans après sa mort ou plus tost, s'il puet; à Jehan Ragueneau, son varlet, laissa six frans et une de ses houppellandes ou manteaulx, sans fourreure.

Item, il laissa à chascun de ses clers, varlès et chamberieres qui le serviront au jour de son trespas et y auront demouré demi an par avant, lesquelx n'auront laiz en especial, deux frans, et autres deux frans oultre à Jehannette, la chamberiere qui le sert à present, se elle demeure avecques lui au temps de sa mort, et à Guibert le Normant, son premier clerc, quarante frans, et son livre de *Manipulus florum*, avecques son gros papier de Prothocolles.

Item, quicta et quicte Poncelet Garin, qui l'a servi, de tout ce qui lui doit de la ferme de Baubigny et autrement, et aussi qu'il ne lui puisse riens demander à cause de services ne autrement, car il a esté de tout bien paié.

Item, laissa à Perrin Pichon cent solz Parisis et *Boece de Consolacion* avec son livre du *Stile de Parlement*.

Item, à messire Nicole de Dole, son filleul, deux frans, et le requiert de deux messes.

Item, laissa à Colin, son filleul, filz de Gilot Chauderon, pour lui aidier à nourrir et faire aprendre à l'escolle ou mestier, dix frans, et une de ses petites cottes doubles et le chapperon, et à tous ses autres filleux et filloles portans son nom, qui apperront dedens ung an après son trespas, à chascun ung franc.

Item, volt et ordonna que toutes ses robes et pennes, excepté celles dont il a ordonné par dessus et cy dessoubz, avecques chausses, chapeaux, chemises et ses autres habiz de sa personne, soient donnez pour Dieu en l'estat qu'elles seront, ou vendues et l'argent donné et distribué à povres creatures, où l'en verra qu'il sera bien emploié, tant fillettes à marier pour aidier à elles vestir, comme à autres miserables personnes et povres mesnagiers honteux des parroisses Saint Estienne et de la dicte Chapelle Gauthier, et à ses povres parens et serviteurs.

Item, se aucuns arrerages estoient deuz au dit testateur de sa rente à vie de Mailly au temps de son trespassement, il les quicte des maintenant pour lors.

Item, il laissa aux religieux, prieur et freres du Carme de Paris, afin qu'ilz soient plus astrains de prier et faire unes obseques solennelles pour lui dedens quinzaine après sa mort ou plus tost à l'ordonnance de ses executeurs, dix frans, desquelx les deux seront convertiz en la pitance du couvent et les autres es necessitez de l'eglise.

Item, aus diz religieux de Saincte Genevieve qui feront son service en leur eglise où il doit estre enterré le jour de son enterrement ou obseques et prieront pour lui, quatre frans, desquelx les deux seront pour la pitance du couvent.

Item, laissa aus diz religieux et à leur eglise, pour mettre en leur librairie, et avoir memoire de lui à tousjours et prier pour son ame, son beau livre *Catholicon*, qui est moult notable.

Item, ordonne encore que, le lendemain de ses obseques que l'en fera au plaisir de Dieu à Saincte Genevieve, ungs autres en soient faiz en sa parroisse honnestement, et que ung franc soit lors distribué aux chapellains et clers d'icelle, et le curé sera content de son luminaire et offrandes avecques le lais qui lui est dessus fait.

Item, laissa à tous les povres de l'Ostel Dieu de Paris que l'en y trouvera pour une journée dedens ung mois après sa mort, à chascun iiii deniers Parisis.

Item, le dit testateur laissa à la confrarie monseigneur Saint Nicolas nouvellement fondée ou Palais en la grant sale, dont il est confrere, deux frans.

Item, à l'autre confrarie, ou messes ordonnées d'ancienneté en la dicte sale par messeigneurs et le college de la dicte court de Parlement, deux frans.

Item, à la confrarie des Sainctes Maries de nouvel ordonnance en l'eglise du Carme de Paris deux frans, et tout pour estre acompaignié aux messes, prieres et biensfaiz des dictes confraries.

Item, à l'autre confrarie de Nostre Dame de Recouvrance en la dicte eglise du Carme deux frans.

Item, il laissa à Martin, son nepveu, religieux de Saincte Genevieve, et à present curé de Vanves, afin qu'il prie pour lui, son breviaire, et le requiert de huit messes dedens l'an de son trespassement.

Item, pour faire de bonne painture en la dicte chapelle Saint Michiel et Saint Jaques en la dicte eglise du Carme ou autre lieu honneste en icelle, ou dedens le cloistre contre les murs de l'eglise ymages en parois de la representacion du dit testateur, sa feue femme et enfans, devant une ymage de Nostre Dame que l'en y fera, avecques memoire de la fondacion de trois messes la sepmaine ou memoire de la dicte fondacion et ordonnance en ung tableau de cuivre, douze frans.

Item, volt encores et ordonna le dit testateur, se aucuns creanciers de feu maistre Jaques, son filz, qui a esté de foible gouvernement, autres que ceulx dont maistre Jaques Phelippe a esté chargié de paier, se apperrent ou demandent aucunes debtes en quoy leur feust tenu le dit feu maistre Jaques, s'il est trouvé et apperré souffisamment les dictes debtes estre deues pour bonnes et loyaux marchandises et justes causes, et pour bons contraulx sans fraude, et ainsi le monstrent les creanciers par lettres ou tesmoins et aussi l'afferment par serement, que par composicions amiables et autrement, au mieulx que faire se pourra, satisfaction leur en soit faicte de tout ou partie, pour l'acquit et descharge de l'ame du dit defunct, son filz.

Item, il laissa à la fille illegitime de feu Estienne de l'Espoisse, son frere, quatre frans, à Jehan de la Feriere, son procureur et receveur en Brye, cent solz Parisis.

Item, à Gauchier de l'Espoisse, son frere, curé de Nangis, sa terre de l'Espoisse au Lombart, à vie seulement, et son livre de *Mendeville*.

Item, à chascun des hospitaulx de Paris et des fourbours, et de la maladerie de Saint Ladre de Paris, deux frans.

Item, pour deux anuelz, l'un pour maistre Jaques, son filz, et l'autre pour Estienne, son frere, la somme de cinquante frans, et à frere Jehan le Bailli, carmelite, deux frans, et le requiert de deux messes pour son ame, et pareillement autant et d'autel à frere Nicole de Reinville.

Item, le dit testateur soubzmet le fait de son execucion, la reddicion du compte, la cognoissance, l'interpretacion et tout ce qui en dependra à la saincte et noble court de Parlement où il l'a commise, et a esté nourry des qu'il estoit jeune enfant et ylec prins son estat et chevance.

Item, et pour ce present testament acomplir fait et ordonne ses executeurs, les dessus nommez, maistres Jehan l'Abbat, Jaques Phelippe, Guibert le Normant et Jehan Queniat, et les trois d'iceulx du moins, et leur transporta et transporte tous ses biens meubles et immeubles, la saisine et possession d'iceulx pour convertir ou fait de son execucion et acomplissement de son testament, jusques à ce qu'ilz aient en main largement la somme et valeur à quoy il pourra monter, et les livres, robes et autres choses par lui laissées, pour les distribuer selon la forme de ce testament, et aussi pour tout le surplus de ses biens meubles et heritages garder et faire tenir en main seure par justice, se mestier est, jusques à ce que Jehanne, sa fille, ou autres heritiers, se elle avoit empeschement, ou legataires se apperrent et en vieignent prendre ou requerir la possession; et aus diz executeurs donna et donne povoir de plus à plain declairer et interpreter partout où ilz verront qu'il appartendra es clauses et cas où il cherra aucune doubte ou obscurté, avecques toute autre tele faculté, auctorité et puissance que en tel cas appartient et que bons et loyaulx amis et executeurs doivent avoir, et de croistre le laiz de ses serviteurs, s'il leur sembloit que plus deussent avoir qu'il ne leur laisse.

Et volt et encores veult que ce present testament et ordonnance vaille comme testament et ordonnance de derreniere volenté, et qu'il soit enteriné et acomply au plus briefvement que faire se pourra bonnement, en rappellant tous autres testamens et codicilles par lui faiz et passez par avant. Et veult et ordonne que ses diz executeurs, qui entreprendront le fait et charge de son execucion, se paient des charges, missions, despens et travaulx qu'ilz auront euz, faiz et soustenuz à cause de l'execucion sur ses biens, et qu'ilz en soient creuz en leurs loyaultés et consciences.

Et defend et commande à sa dicte fille, prie et requiert Jehan d'Aunoy, son mary, et autres heritiers, se le cas y escheoit, que ou fait de son execucion, ne des lais et autres choses contenues en ce present testament, ilz ne mettent debat ne empeschement aucun, sur peine d'estre privez de sa succession et sur tout l'amour et obeissance qu'ilz lui doivent, et les prie et requiert, tant acertes qu'il puet plus, qu'ilz solicitent ses diz executeurs, et preignent garde comment ilz facent bien et loyaument leur devoir et bonne diligence de ce dit testament acomplir au plus briefvement que faire se pourra, pour la descharge et salut de son ame.

Et encores reserva et reserve de muer, changer, corriger, detraire et adjouster, toutes foiz que bon lui semblera, en ce present testament, tant comme il vivra, le surplus non mué ou changé demourant en sa vertu; et toutes voies est il l'entencion du dit testateur que ce que l'en trouvera qu'il aura paié et fait à son vivant des lais et ordonnance contenuz en ce testament depuis la date d'icellui, dont il apperra par cedule ou cedules escriptes et signées de sa main ou autrement souffisamment, tiegne lieu et en soit son execucion deschargée sans plus le paier ne faire, car au plaisir de Dieu il a entencion et volenté, s'il vit longuement, d'en paier et acomplir encores aucune partie, sa vie durant. Et volt et ordonna, veult et ordonne icellui testateur que les laiz qu'il fait en florins soient paiez en florins ou en monnoye à la value, et les autres faiz en monnoye en tel monnoye comme il courra au temps de son trespas.

En tesmoing de ce, nous, à la relacion des diz notaires, avons mis le seel de la prevosté de Paris à ces presentes lettres testamentaires, faictes, passées et accordées le mardi premier jour du mois d'aoust, l'an de grace mil quatre cens et dix nuef.

Ainsi signé : Helye Prestic. G. Hanage.

A tous ceulz qui ces presentes lettres verront, Jehan, seigneur du Maisnil, chevalier, conseillier, maistre d'ostel du roy nostre sire et garde de la prevosté de Paris, salut. Savoir faisons que par devant Helie Prestic et Giles Hanage, clers notaires jurez du roy nostre dit seigneur de par lui establiz en son Chastellet de Paris, fut pour ce present et comparant en sa personne honnorable homme et saige, maistre Nicolas de l'Espoisse, notaire, secretaire du roy nostre sire et greffier des presentacions de la court de Parlement, enferme de corps, toutes voies sain de pensée et ayant bon memoire, vray sens, certain et notable entendement, comme il appert de prime face, lequel de son bon gré, non contraint, comme il disoit, en conferment, ratifiant et approuvant ung sien testament ou ordonnance de derreniere voulenté par lui fait, passé et ordonné par avant le jour d'uy soubz le seel de la prevosté de Paris, sans aucunement deroguer à icellui, fist, disposa et ordonna en la presence et par devant les diz notaires, et par la teneur de ces presentes fait, dispose et ordonne par maniere de codicille ou ordonnance de derreniere voulenté les lais, ordonnances et choses qui s'ensuivent :

Et premierement, le dit maistre Nicolas de l'Espoisse volt et ordonna, veult et ordonne que à frere Nicole de Rainville, religieux des Carmes à Paris, pour et en lieu de la somme de deux frans qu'il lui avoit laissiez en son dit testament, en ampliant le dit lais, feust et soit par ses executeurs par lui esleuz en son dit testament et cy dessoubz nommez paiée et baillée, et par ce present codicille lui laissa et laisse la somme de quatre escuz d'or, parmi ce que icellui frere Nicole sera tenuz de dire et celebrer pour icellui maistre Nicolas après son trespas, pour le salut et remede de son ame, huit messes basses.

Item, volt encores et ordonna le dit maistre Nicolas de l'Espoisse que à Guibert le Normant, son clerc, qui longuement et loyaument l'avoit et l'a servi, pour et en lieu de la somme de quarante frans que par son dit testament lui avoit donnez et laissiez, feust aussi par ses diz executeurs paiée et baillée, et par ce dit present codicille lui laissa et laisse la somme de cinquante escuz en or, afin qu'il soit tenus prier Dieu pour lui.

Item, le dit maistre Nicolas, de sa certaine science, donna et laissa, et par ce present codicille donne et laisse à damoiselle Jehanne, sa fille, pour elle, ses hoirs et ayans cause, à tousjours perpetuelment sa terre, seignorie et revenue de l'Espoisse au Lombart, ensemble toutes les appartenances et appendences à ycelle terre et seignourie, sans riens en excepter, pour tout tel droit de succession que la dicte damoiselle Jehanne pourroit avoir, pretendre et demander par maniere de hoirrie ou autrement en tous les biens meubles, debtes et possessions immeubles quelzconques que aura, tendra et possidera le dit maistre Nicolas de l'Espoisse, son pere, au jour de son trespas, en voulant, ordonnant et expressement commandant à sa dicte fille que de ce feust, soit et veuille estre contente, attendu qu'elle avoit et a eu en son mariage grant quantité de ses biens, et que par long temps depuis ycellui mariage l'avoit et a gouvernée à ses despens, et encores faisoit et fait de jour en jour.

Et en tant qu'il touche le residu et demourant de tous les biens meubles, debtes, heritages et possessions immeubles quelzconques du dit maistre Nicolas de l'Espoisse, icellui maistre Nicolas volt, ordonna, veult et ordonne tout icellui residu, son dit testament et present codicille et chascun d'iceulx premierement et avant toute euvre paiez, enterinez et acompliz en tous leurs poins et articles, estre et par ce present codicille le mist et met du tout à la disposicion et ordonnance de ses diz executeurs, pour icellui residu donner, aumosner et distribuer pour Dieu à povres filles à marier, povres eglises, hospitaux, povres orfelins et en autres oeuvres meritoires et charitables, ou autrement, tout ainsi qu'il leur plaira et que en leurs consciences ilz verront estre à faire et bien emploié pour le salut et remede de l'ame du dit maistre Nicolas, de ses feux pere, mere, parens, amis, bienfaicteurs et de tous trespassez, et de ce le dit maistre Nicolas charga et charge du tout par ces presentes ses diz executeurs et chascun d'eulx.

Et pour toutes les choses dessus dictes et chascune d'icelles paier, enteriner et acomplir de point en point le dit maistre Nicolas de l'Espoisse fist, nomma, esleut et ordonna ses executeurs et feaulx commissaires ceulx par lui faiz et nommez en son dit testament, c'est assavoir, maistres Jehan l'Abbat, Jehan Queniat, advocas en la dicte court de Parlement, maistre Jaques Phelippe et le dit Guibert le Normant, ausquelx ensemble et aux trois d'iceulx pour le tout il donna et octroya, donne et octroye plain povoir, auctorité et mandement especial de paier, enteriner et acomplir, et mettre à fin et execucion deue ce present codicille, les choses dedens contenues et chascune d'icelles selon leur forme et teneur, et de faire en oultre tout ce que au cas appartendra et que bons et loyaux executeurs pevent et doivent faire, en leur transportant et delaissant tous ses biens meubles, debtes et possessions immeubles, la saisine et possession d'iceulx, pour les prendre et apprehender de fait, tantost et incontinent lui alé de vie à trespassement, sans aucun contredit ou empeschement, pour les mettre, convertir et emploier ou fait de son execucion jusques à plain paiement et acomplissement de ses diz testament et codicille, et les distribuer selon la forme et teneur d'iceulx; lesquelx testament et codicille et ordonnance de derreniere volenté ou autrement, par la meilleur forme et maniere que tenir et valoir pourront et devront, sans aucunement les rappeller ou revoquer, ainçois volt et veult iceulx estre enterinez et acompliz le plus tost que bonnement faire se pourra, en soubzmettant par le dit maistre Nicolas de l'Espoisse, comme autres foiz a fait son dit testament, avec ce present codicille le fait de sa dicte execucion, la reddicion du compte, la cognoissance et interpretacion d'iceulx, et tout ce qui en deppend à la dicte court de Parlement.

En tesmoing de ce, nous, à la relacion des diz notaires, avons mis le seel de la dicte prevosté de Paris à ces presentes lettres de codicille, qui furent faictes et passées l'an de grace mil quatre cens et vint, le mercredi xviii$^e$ jour du mois de decembre.

Ainsi signé : G. Hanage. Helye Prestic.

Collacio facta est cum originali reddito Guiberto Normanni alteri executorum.

(Bibl. Nat., Dép. des mss., Collection Moreau, 1162, fol. 463 r°.)

## XLVI.

1420, 14 juin.

**TESTAMENT D'EUSTACHE DE L'AISTRE, CHANCELIER DE FRANCE.**

Eustache de l'Aistre, avocat au Parlement en 1395, puis conseiller au Châtelet, devint maître des Requêtes de l'Hôtel en 1399, et, le 11 décembre 1409, remplaça comme président de la Chambre des comptes Jean de Montaigu, archevêque de Sens, tombé en disgrâce (Arch. Nat., x$^{1A}$ 1479, fol. 96 v°; PP 118, fol. 40). Il figure dès cette époque parmi les membres du conseil royal; c'est à ce titre que nous le voyons, vers la fin de 1411, négocier la reddition du château de Coucy (*Religieux de Saint-Denis*, t. IV, p. 585), et présider, en 1412, une commission chargée de procéder contre les Armagnacs; au mois de septembre de la même année, il se transporta à Nevers, Bourges, Auxerre et Melun, pour faire rentrer sous l'obéissance du roi « aucuns de ses sujets rebelles. » La faction cabochienne l'appela au poste de chancelier, qu'il occupa pendant un mois (Arch. Nat., x$^{1A}$ 1479, fol. 212 v°, 257 r°). Destitué le jeudi ou vendredi 3 ou 4 août 1413 et banni par sentence prononcée au Châtelet le 14 mai suivant, il se réfugia auprès de Jean sans Peur, qui, au mois de decembre 1415, l'envoya en ambassade à Paris avec

Jean de Toulongeon; Eustache de l'Aistre, logé à la Sirène, rue de la Harpe, fut gardé à vue avec ses compagnons jusqu'au retour des ambassadeurs royaux auprès du duc de Bourgogne, et ne recouvra sa liberté que le 18 janvier (*Juvénal des Ursins*, édit. Michaud, p. 527; *Chron. des Cordeliers*, dans Monstrelet, édit. Douet d'Arcq, t. VI, p. 219). Après la surprise de Paris et le massacre des Armagnacs, Eustache de l'Aistre hérita de la charge d'Henri de Marle et, en sa qualité de chancelier, présida la réouverture du Parlement, le 25 juillet 1418; non content des 2,000 livres Parisis que lui valait annuellement cette charge, il se fit attribuer l'office de concierge du Palais (Arch. Nat., x¹ᴬ 1480, fol. 139; PP 118, fol. 98). Lors des négociations qui amenèrent la conclusion du traité de Troyes, le chancelier partit le 30 avril 1420 en compagnie du premier président, Philippe de Morvilliers, pour se rendre à Troyes. Il venait d'obtenir l'évêché de Beauvais et se trouvait dans le diocèse de Sens, lorsqu'il succomba, le vendredi 14 juin 1420, aux atteintes d'une maladie épidémique (Arch. Nat., x¹ᴬ 1480, fol. 214 r°, 217 v°). Suivant le P. Anselme (t. VI, p. 380) et Blanchard (*Généalogies des maîtres des Requêtes de l'Hôtel*. p. 75), Eustache de l'Aistre aurait épousé Marguerite de Thumery, fille de Gaucher, seigneur d'Ecuiry en Soissonnais; si le fait est exact, il s'agit d'un second mariage, car en 1395 on le trouve mentionné avec sa femme Marie, cousine d'Arnaud de Corbie; tous deux habitaient à cette époque une maison sise à Paris, rue du Chevet-Saint-Gervais (Arch. Nat., Y 5220, fol. 81 v°). Sa fille, Marie de l'Aistre, s'unit à Jean Bonnet, chevalier; d'après le P. Anselme, son fils Arnaud, damoiseau, était encore mineur en 1432; on rencontre en 1420 un panetier du roi portant exactement le même nom (Arch. Nat., KK 17, fol. 65 v°).

*In nomine Patris*, et cetera. Fait son testament monseigneur Eustace de l'Aictre, chancellier de France, esleu de Beauvais, en la maniere qui s'ensuit :

Premierement, recommande son ame à Dieu, *et cetera*, et eslit sa sepulture en la plus prochaine eglise du lieu où il trespassera.

Item, veult et ordonne ses torfaiz estre amendez et ses debtes estre paiées avant toute euvre, *et cetera*.

Item, veult que sur ses biens soient prins mil frans pour le fait de ses obseques et funerailles, et le residu d'iceulx pour le salut de son ame, selon l'ordonnance et advis de ses executeurs.

Item, laisse à Juliete, sa niepce, cinq cens frans comprins en ce qu'il puet avoir d'elle.

Item, quant à recompenser ses serviteurs, il s'en rapporte à ses executeurs, lesquelx pour ce faire et acomplir il ordonne maistres Jehan l'Uillier, Guion l'Uillier et Giles de Moulins, ses nepveux.

Acta fuerunt hec Senonensi (*sic*), anno Domini millesimo cccc vicesimo, in domo dicti domini cancellarii, presentibus magistris, Guillelmo Clerici, Johanne *Doule*, consiliariis domini nostri regis, Johanne *Drosay* et Thoma *d'Orgelet*, secretariis, fratre Drocone *Triboul*, presbitero, Johanne *Doublet*, magistro Adam *Milet*, in artibus magistro, cum pluribus aliis testibus, et cetera.

Sic signatum : Ita est : JA. YSAMBART.

Collacio facta est cum originali.

(Bibl. Nat., Dép. des mss., Collection Moreau, 1162, fol. 406 v°.)

## XLVII.

1420, 26 octobre.

TESTAMENT DE SIMONNETTE LA MAUGÈRE, VEUVE DE ROBERT MAUGER, PREMIER PRÉSIDENT DU PARLEMENT DE PARIS.

*In nomine Patris, et Filii et Spiritus sancti*, je, Symonnette la Maugiere, ordonne mon testament et derreniere voulenté en la maniere qui s'ensuit :

Premierement, je commans mon ame à Dieu, à la benoite Vierge Marie, à monseigneur saint Michiel l'ange, à tous anges, archanges, à tous sains et à toutes sainctes, et à toute la Trinité de Paradiz.

Item, je ordonne que ung pelerinage voué à Nostre Dame de Chartres à pié soit fait et acomply, et y envoier ung homme de pié en lui baillant argent pour faire ses despens, et pour faire chanter une messe basse à la dicte eglise de Chartres, et de faire devant Nostre Dame offrande de la valeur de deux solz.

Item, je vueil et ordonne que ung pelerinage voué à Nostre Dame de Liance de pié soit acomply et fait, et y envoier ung homme de pié en lui paiant tous ses despens, et de faire chanter en la dicte eglise une messe basse, et offrande faire devant Nostre Dame de la somme de deux solz.

Item, à Saint Lienart de Crocy, de y envoier un homme de pié, et de y faire chanter une messe basse et mettre offrande devant le saint d'ung clerge du pris de deux solz.

Item, de envoier ung homme à Saint Cosme de Lusarches de pié, et de y faire chanter une messe devant le saint et offrande de ung cierge de deux solz.

Item, je ordonne à chascune des quatre ordres Mendians trois frans, par tel que ilz convoieront le corps au moutier, et ylec chascune ordre chantera unes vigiles à trois leçons.

Item, je ordonne et laisse à ma niepce, Perrette la Baboe, fille de ma suer Marguerite la Baboul, mon surcot lonc et ouvert, et ma cotte simple, et une houppellande de quartette, fourrée de gris ou menu vair, comme aux executeurs semblera bon, et pour son bien et avancement de mariage je lui laisse deux cens frans.

Item, à Jehanneton, ma chamberiere, qui nous a servis par long temps, pour le bien et avancement de son mariage, je lui laisse dix frans, ung lit, une couverture moyenne, deux paires de draps de deux lez de chanvre, deux cuevrechiefz, ung orillier, et lui laisse six aulnes de drap, pour la vestir à ses nopces, du pris d'ung escu l'aune; et se ainsi est que la dicte Jehanneton face aucune chose qui ne soit pas à point, ou qu'elle ne se mariast au gré de ses amis et parens, je vueil le don estre nul, et aussi que les executeurs ne distribuent à ame de ce que est dit au dessus, jusques que elle ait trouvé partie par nom de mariage.

Item, je vueil que les deux laiz dessus nommez que à ma niepce et Jehanneton, se aucunement ne se gouvernoient bien, ou que ilz ne se mariassent au gré de leurs amis, ou que ilz allassent de vie à trespassement, je vueil que les diz lais ne vaillent riens.

Item, je vueil que toutes mes debtes soient paiées et mes torfaiz amendez.

Item, je laisse au curé de Saint Severin vint quatre solz.

Item, je laisse à Perrette, ma chamberiere, dix frans.

Item, je ordonne, que ou cas que mon mari yra de vie à trespassement avant que moy, que mon corps soit enterré avecques le sien, se il est enterré à Paris, ou se il n'est enterré à Paris, que il soit mené en quelque place où le sien sera enterré, et se je vois de vie à trespassement avant que lui, je vueil qu'il soit enterré là où mon dit mari ordonnera.

Item, je vueil que, la journée que le corps sera enterré, en l'eglise où il sera enterré soient chantées de chascune ordre Mendiant seize messes.

Item, que se en la parroisse Saint Severin le corps n'est enterré, je vueil que en aucun jour soient chantées vigilles à neuf leçons, et une haulte messe et huit basses messes des chapellains de l'eglise, et que il y ait quatre grans cierges aux quatre quinès du poile.

Item, je ordonne deux anuelx, ung en l'eglise où le corps sera enterré, et l'autre à Saint Severin.

Item, je vueil que au corps porter en terre soient treize povres, portans chascun une torche et en chantant le service.

Item, je vueil que, la journée que le corps sera enterré, soient donnez et distribuez trente frans aux povres.

Item, je laisse à l'eglise Saint Severin, pour l'euvre de l'eglise, huit frans.

Item, aux clers de l'eglise deux frans.

Item, je laisse aux dames de Saincte Avoye, à la Chapelle Haudry, au Saint Esperit de Greve, à chascun seize solz, par tel qu'ilz diront vigiles et messe.

Item, à toutes les confraries dont je suis, à chascune seize solz.

Je ordonne mes executeurs, mon filz Jaquet, maistre Estienne des Portes et maistre Guillaume l'Aillier, et les deux d'iceulx, et soubzmès mon testament à la voulenté de mes diz executeurs.

Item, je laisse à ma suer Jehanne cent escuz en or et mon manteau fourré de gris.

Item, à suer Jehanne de la Saussoye une houppellande de pers et une penne, tele que il plaira aux executeurs.

Item, à Jaquette, povre femme demourant en ma rue, deux frans.

Item, je laisse à Jehannette la Rame qui me garde quatre frans, oultre ce que lui est deu de son salaire.

Item, à messire Jehan Jaquot trente frans.

Item, à Drion quatre frans.

Item, à Regnault huit frans.

Item, à Guillaume trois frans.

Item, à Thevenet trois frans.

Item, à la nourriche six frans.

Presens à ce Thevenet Jolis, et Guillemin Petit, et Jehanne la Royne et Jehannin Carron. Fait le xxvi⁵ jour d'octobre mil quatre cens et vint.

J. Rube.

Collacio facta est cum originali reddito magistro Stephano de Portis.

(Bibl. Nat., Dép. des mss., Collection Moreau, 1162, fol. 428 r°.)

## XLVIII.

### 1421, 9 juin.

**TESTAMENT DE JEAN SOULAS, PROCUREUR AU PARLEMENT DE PARIS.**

Jean Soulas, procureur au Parlement de Paris, né à Couilly en Brie, était fils d'un serf, affranchi en 1396 par le chapitre de Meaux. Grâce aux plaideurs composant sa nombreuse clientèle, il acquit une honnête aisance qu'il augmenta encore par son mariage avec une riche veuve, marchande mercière; comme il décéda sans héritier direct, le fisc, prétextant son extraction servile, déclara la succession vacante et la mit sous séquestre. Il en résulta une instance engagée par la veuve de Soulas et les exécuteurs testamentaires à l'effet d'obtenir mainlevée du séquestre, instance qui se compliqua d'une action intentée par le procureur du roi contre la veuve, Robin Tartarin, son fils d'un premier lit, et Gilet Boileau, son gendre, accusés de détournements et de recel. Les charges relevées dans l'enquête établirent qu'au moment de la mort du procureur, sa femme avait emporté dans un sac certaine quantité d'or et d'argent monnayé, fait que l'on put vérifier, parce que le défunt, fervent Bourguignon d'ailleurs, « avoit acoustumé d'empreindre en sa monnaie d'or une croix de Saint André. » Quant à Robin Tartarin, l'accusation lui reprochait d'avoir brisé les scellés, forcé les serrures des coffres et enlevé divers objets; le gendre n'était poursuivi que comme complice par recel. La veuve de Soulas, pour se justifier des détournements à elle imputés, prétendit qu'elle avait subi des pertes considérables dans son commerce, du vivant de ses maris, Simon Tartarin et Chabridel; que, remariée en troisièmes noces à Jean Soulas, elle avait voulu « s'entremettre de marchandise de blé en Champaigne et de busche en la ville de Paris, et querir mercerie en Picardie, » et qu'en tous ces voyages elle avait perdu argent, chevaux et voitures. Au sujet de l'argenterie disparue, dont on lui demandait compte, la veuve du procureur affirma qu'elle et son mari avaient vendu successivement en 1419 et 1421 leur vaisselle, contenue dans un coffre qui resta « enmuré par l'espace d'un an, » et qu'elle fit *desmurer* en présence de maître Soulas, qu'ils avaient également dépensé leur argent caché dans un bec d'âne ou chaufferette. La veuve ajouta qu'elle se croyait victime de la dénonciation calomnieuse d'un valet chassé de la maison pour avoir séduit une chambrière et volé une tasse d'argent. Robin Tartarin donna une explication analogue et rejeta la faute sur Jeannin le Ber, clerc de Soulas, et un certain Estiennet qui « s'estoient acointiez » de la chambrière et avaient mis l'hôtel au pillage. Après de longues plaidoiries, le litige se termina le 23 décembre 1422 par un arrêt du Parlement qui adjugea à la veuve la moitié des biens trouvés après le décès du procureur, attribua aux créanciers le produit de la vente de moitié des meubles, déduction faite des frais funéraires, ordonna un supplément d'enquête au sujet des détournements supposés, et délivra au curateur de Perrin Bailli, parent éloigné de Soulas qui se portait héritier sous bénéfice d'inventaire, les immeubles de la succession avec défense d'en aliéner aucune portion (Arch. Nat., x$^{1a}$ 63, fol. 432, 433; x$^{1a}$ 1480, fol. 266 r°; x$^{1a}$ 4793, fol. 97 r°, 127 v°, 146 v°, 147-151, 157).

A tous ceulx qui ces presentes lettres verront, Pierre de Marigny, conseillier et maistre des Requestes de l'Ostel du roy nostre sire et commis à la garde de la prevosté de Paris, salut. Savoir faisons que par devant Thomas Boynel et Jehan Berthelemy, clers notaires jurez du roy nostre dit seigneur de par lui establiz en son Chastellet de Paris, fu present en sa personne maistre Jehan Solaz, procureur en Parlement, demourant à Paris en la grant rue Saint Denis, enferme de corps, toutes voies sain de pensée et de bon et vray entendement, si comme il disoit et comme par sa face povoit apparoir, lequel attendant et sagement considerant nulle chose plus certaine de la mort ne moins certaine de l'eure d'icelle, et que briefz sont les jours de creature humaine, et pour ce non pas sans cause, tandiz que en lui regne vigueur et que raison gouverne sa pensée et son entendement, non voulant de cest siecle trespasser intestat, mais voulant aux cas fortuneux obvier et sur toutes choses au salut et remede de son ame pourveoir, pour ce, de sa certaine science et ferme propos fist, disposa et ordonna des biens que Nostre Seigneur Jhesu Crist lui a prestez en ceste mortel vie son testament ou ordonnance de derreniere voulenté ou nom du Pere, du Filz et du benoit saint Esperit en la forme et maniere qui s'ensuit :

Premierement, il, comme bon et vray catholique, en recognoissant devotement Nostre Sauveur Jhesu Crist, lui recommanda moult humblement son ame, quant de corps partira, à la glorieuse Trinité, à la benoite glorieuse Vierge Marie, à monseigneur saint Michiel l'ange, à monseigneur saint Jehan Baptiste, à monseigneur saint Jehan l'Euvangeliste, à monseigneur saint Estienne, à monseigneur saint Nicolas, à monseigneur saint Fiacre, à madame saincte Anne, à madame saincte Marie Magdalaine, à madame saincte Katherine, à tous sains, à toutes sainctes et à toute la benoite et celestiel court de Paradiz.

En après, il voult et ordonna expressement toutes ses debtes estre paiées et ses torfaiz amendez par ses executeurs cy après nommez, dont il leur apperra deuement.

Item, il esleut sa sepulture en l'eglise du Sepulcre à Paris, ou cas qu'il yroit de vie à trespassement en la dicte ville de Paris.

Item, il laissa à ceulx du Saint Esperit en Greve, pour venir dire vigilles à trois pseaulmes et III leçons sur le corps, et qu'ilz apportent la croix et l'eaue benoite et qu'ilz soient en nombre souffisant, VIII solz Parisis.

Item, il laissa pareillement aux IIII ordres Mendians de Paris, pour venir dire vigiles à III pseaulmes et III leçons sur le corps, à chascune ordre VIII solz Parisis.

Item, il voult et ordonna que les chanoines du dit Sepulcre en nombre souffisant vieignent querir son corps avec iii ou iiii des chapellains de l'eglise Saint Eustace ou d'autre eglise parroissial où il trespassera à Paris, pour convoier son corps jusques au dit Sepulcre, ausquelx iii ou iiii prestres il laisse pour ce faire à chascun ii solz Parisis.

Item, il laissa à l'euvre de l'eglise Saint Eustace de Paris xvi solz Parisis.

Item, il laissa au curé de la dicte eglise Saint Eustace, ou cas qu'il consentira que il soit enterré au dit Sepulcre, se consentement y fault, viii solz Parisis.

Item, et ou cas que il trespasseroit en autre parroisse que en celle du dit Saint Eustace et qu'il convendroit avoir le dit congié d'autre curé que du dit Saint Eustace, il ne laisse à icellui curé de Saint Eustace que iiii solz Parisis.

Item, il voult et ordonna son luminaire de neuf torches, chascune de trois livres, et iiii cierges, chascun de deux livres de cire, et xxvi petiz cierges, c'est assavoir, xiii devant et xiii derriere, dont le dit curé de Saint Eustace, ou cellui de la parroisse où il trespassera, quant le dit testateur sera enterré et le service fait et acompli, afin qu'il consente les choses dessus dictes, aura la moitié des diz xxvi cierges, et le surplus demourra à la dicte eglise du Sepulcre, et ou cas qu'il ne le consentira, ii des diz petiz cierges et ii des dictes torches, se autrement n'en est ordonné et composé par les diz executeurs, ausquelx de ce faire le dit testateur se rapporte.

Item, il laissa aux chanoines, vicaires et chapellains de la dicte eglise du Sepulcre, tant pour venir querir le corps comme pour ce qu'ilz seront tenus de dire commandaces et vigiles à ix pseaulmes et à ix leçons bien et notablement quant il sera apporté ou cuer de la dicte eglise, diront aussi et aideront à dire une notable et haulte messe à dyacre et soubzdyacre pour les Trespassez ou dit cuer où [sera] le corps du dit testateur, et après la dicte haulte messe diront *Libera me, Domine*, et autre service et oroisons à ce appartenans et acoustumées dire, soixante quatre solz Parisis.

Item, il laissa aus diz chanoines, vicaires et chapellains cent livres

Tournois pour une fois, pour leur aidier à avoir pain de chapitre ou temps à venir, se aucun leur veult aidier à ce faire et avoir, ou cas que le dit testateur ne les auroit baillez en sa vie, et jusques à ce qu'ilz aient de quoy ce avoir, et moyennant et parmi ce qu'ilz seront tenus de dire et celebrer en la dicte eglise chascun mois à tel jour qu'il trespassera une messe de *Requiem,* haulte ou basse, ainsi que bon leur semblera, pour les ames des Trespassez, et au bout de chascun an à tel jour que dit est une autre messe haulte avec vigiles à trois pseaulmes et à trois leçons pour les ames des diz Trespassez à tousjours perpetuelment, et en disant les dictes messe et autres choses dessus dictes au dit bout de l'an aura quatre cierges, chascun d'une livre et demie.

Item, se on ose sonner, il laissa ce que on a acoustumé raisonnablement d'en donner en temps de paix et hors de mortalité à cellui ou ceulx qui sonneront, et qui ne pourra, osera ou vouldra sonner, il laissa à cellui qui sonnera ou sonne les heures de la dicte eglise quatre solz Parisis.

Item, il voult et ordonna avec la dicte haulte messe, tele que dit est, par les diz chanoines, vicaires et chapellains de la dicte eglise du Sepulcre, ou cas qu'il y sera enterré, estre dictes et celebrées xxvi messes basses, c'est assavoir, le jour de son enterrement ce qu'ilz en pourront bonnement dire, et le surplus le lendemain et les jours ensuivans, pourveu que toutes les dictes messes soient dictes dedens huit jours après son dit enterrement, et pour ce faire laissa et ordonna estre paié lii solz Parisis.

Item, et se le cas avenoit que le dit testateur alast de vie à trespassement en la ville de Meaulx, ou plus pres de Meaulx que de Paris, il veult estre enterré, se autrement n'en ordonne avant son trespassement, en l'eglise de Saint Saintin du Marchié de Meaulx, où ses iii filz sont enterrez.

Item, le dit testateur voult et ordonna cent livres Tournois estre convertiz et emploiez à acheter messel, breviaire, calice et autres aornemens d'eglise, ou cas qu'il ne l'auroit fait à son vivant.

Item, et afin que les chanoines et curé du dit Saint Saintin de Meaulx consentent qu'il soit enterré en la dicte eglise du dit Saint Saintin, il laissa à l'euvre de la dicte eglise iiii livres Parisis pour une fois, avec autel luminaire qu'il a cy dessus ordonné estre au dit Sepulcre, dont, se il trespassoit en la cure de Saint Martin ou dit Marchié de Meaulx, le curé du dit Saint Martin ou cellui de la parroisse où il trespassera au dit Meaulx, pour consentir qu'il soit enterré au dit Saint Saintin, se mestier est d'en avoir congié, aura deux cierges et deux torches après ce qu'il sera enterré et le service fait et acompli.

Item, il laissa avec ce en faisant le dit consentement au dit curé de Saint Martin ou d'autre parroisse où il trespassera au dit Meaulx iiii solz Parisis.

Item, il voult et ordonna que en la dicte eglise de Saint Saintin et par les curé, vicaires, chanoines et chapellains d'icelle eglise, se le dit testateur y est enterré, soient dictes les vigiles et commendaces, messes haultes et basses, en la forme et maniere que cy dessus est divisé estre fait au dit Sepulcre, et pour ce faire leur laissa pour les dictes xxvi messes basses, comme à ceulx du Sepulcre pour la dicte grant messe, xxxii solz Parisis pour une fois, pour ce qu'ilz ne sont pas tant de chanoines et prestres comme ilz sont au dit Sepulcre.

Item, voult et ordonna pareillement estre dictes au bout de l'an de son dit trespassement en la dicte eglise de Saint Saintin ou cas dessus dit commendaces et vigiles à ix pseaulmes et à ix leçons et une messe haulte des Trespassez à dyacre et soubzdyacre, et pour ce laissa aus diz curé et chanoines de Saint Saintin xxxii solz Parisis.

Item, et se ses heritiers ou ayans cause voyent en leurs consciences qu'ilz soient tenus par chascun an tant qu'ilz vivront de faire dire unes vigiles à iii psalmes et iii leçons et la dicte messe haulte, et que ses biens puissent souffrir pour ce faire, le dit testateur les en charga et charge par ces presentes en leurs consciences de le faire, tant qu'ilz vivront, au dit Saint Saintin ou ailleurs.

Item, le dit testateur ordonna encores, afin que le dit curé de Saint Martin, se icellui testateur trespasse en la dicte parroisse, consente son dit enterrement estre fait en la dicte eglise de Saint Saintin, et que le dit curé et le clerc d'icelle eglise et parroisse soient tenus de dire ou faire dire ce qu'ilz dient en la dicte parroisse de Saint Martin le jour de son enterrement, s'il se peut faire, sinon l'endemain ou autre prouchain jour après, une messe haulte des Trespassez, et pour ce faire il laissa aus diz curé et clerc du dit Saint Martin vi solz Parisis, c'est assavoir au dit curé iiii solz Parisis et au dit clerc ii solz Parisis.

Item, et se le dit testateur trespassoit à Paris ou à Meaulx, et que son corps ne peust ou osast estre porté ne mené au dit Sepulcre ne au dit Saint Saintin, il voult estre enterré en l'eglise et parroisse où il trespassera, se on lui veult recevoir, et pour ce il laissa à la dicte eglise et parroisse xxx solz Parisis pour une foiz.

Item, et se il trespassoit en la parroisse ou pres de la ville de Coully en Brie où il fu né, il voult et ordonna estre enterré en l'eglise du dit lieu devant l'ymage Nostre Dame, dessoubz la tumbe estant ylec, et pour ce il laissa à la dicte eglise xxxii solz Parisis.

Item, et avec ce pour dire ou faire dire une messe haulte des Trespassez, à diacre et soubzdiacre notablement en la dicte eglise de Coully, ou autre où il trespassera et sera enterré, il laissa à l'euvre d'icelle eglise viii solz Parisis, et au curé ou fermier de la dicte eglise iiii solz Parisis, et aux clerc ou clers iiii solz Parisis, avec le luminaire qui sera mis entour le corps du dit testateur, lequel ne sera que de vi torches, chascune de ii livres de cire, et de iiii cierges, chascun d'une livre, et de xxvi petiz cierges, lesquelx tous ensemble ne seront que de ii ou iii livres de cire.

Item, il voult et ordonna estre dictes et celebrées en la dicte eglise de Coully, ou autre eglise parrochial où il sera enterré, xxx basses messes, c'est assavoir, xv des Trespassez et les autres xv messes, l'une du saint Esperit, l'autre de Nostre Dame, l'autre de la Croix, l'autre de saint Jehan Baptiste, l'autre de saint Jehan l'Euvangeliste, l'autre de saint Estienne, l'autre de saincte Anne, l'autre de saincte Marie Magdaleine, l'autre de saincte Katherine, l'autre de saint Michiel, l'autre de saint Nicolas et l'autre de tous les Martirs, l'autre des Apostres, l'autre de tous les Confesseurs, l'autre de tous les sains et sainctes de Paradiz, et après chascune d'icelles sera faicte memoire des Trespassez.

Item, et se il ne trespassoit à Paris, à Meaulx ne à Couilly, et que il ne feust point enterré en l'une des dictes eglises, mais en une autre eglise hors des diz lieux, il voult et ordonna ce non obstant estre dictes unes vigiles à ix psalmes et à ix leçons avec une messe haulte à diacre et à soubzdyacre en chascune des dictes eglises, ausqueles, supposé qu'il y soit enterré ou non, il laisse les diz c livres Tournois pour les causes et par la maniere que dessus est dit, et estre mis en chascune d'icelles quatre eglises du Sepulcre, de Saint Saintin, de Couilly et de Saint Martin ou dit Marchié de Meaulx, en chascune quatre cierges chascun de deux livres de cire, et pour la dicte messe au regart des chanoines, vicaires et chapellains du dit Sepulcre il leur laissa xl solz, et autre chose n'aront de tous les lays dessus diz excepté les diz c livres Tournois qu'ilz auront, et quant aux autres pour toutes les choses dessus dictes par le dit testateur laissées, se il n'est enterré en l'une des dictes eglises, ilz n'auront que ce que dit est, et se il y est enterré, il voult et ordonna que ilz aient et soient paiez des laiz dessus declairez en faisant les choses dessus dictes.

Item, le dit testateur ordonna et laissa aux curé, chanoines et chapellains du dit Saint Saintin de Meaulx pour faire et dire la messe haulte et les autres choses dessus dictes, supposé qu'il n'y feust point enterré, comme dit est, xxxii solz Parisis, et non plus, se il n'y est enterré; mais s'il y est enterré, il voult et ordonna que ilz aient ce que cy dessus leur a laissié.

Item, à l'eglise du dit Saint Martin ou dit Marchié de Meaulx, pour faire et dire pareillement une messe haulte et unes vigiles, il leur laissa xvi solz Parisis, dont le curé d'icelle eglise ou son fermier aura vi solz Parisis, le clerc ii solz Parisis, et à l'euvre de la dicte eglise viii solz Parisis, avec le dit luminaire qui sera de quatre livres et demie, supposé qu'il ne soit pas enterré au dit Saint Saintin, et qu'il ne convieigne par ce point demander le congé dessus dit au dit curé de Saint Martin.

Item, il voult et ordonna pareillement estre fait et dit auteles vigiles et aussi haulte messe au dit Couilly, supposé qu'il n'y soit point enterré, et pour ce laissa à l'euvre de la dicte eglise du dit Couilly viii solz Parisis.

Item, au curé ou fermier du dit Couilly viii solz Parisis.

Item, au clerc de la dicte eglise ii solz Parisis, parmi ce que eulx iii et les marregliers de la dicte eglise seront tenus de dire ou faire dire les messe haulte et vigiles dessus dictes.

Item, il ordonna en l'eglise où il sera enterré, hors Paris, Meaulx et Couilly, estre dicte une messe haulte à diacre et soubzdiacre, avec les dictes vigiles dessus dictes et commendaces, et aussi les xxx messes dont cy dessus est faicte mencion, et non ailleurs, pour lesquelles il laissa lx solz Parisis, et pour les dictes messe haulte à dyacre et soubz-dyacre et vigiles à ix psalmes et à ix leçons et commendaces xx solz Parisis.

Item, il laissa à l'euvre de l'eglise parroissial de Saint Germain pres du dit Couilly viii solz Parisis.

Item, au curé d'icelle eglise vi solz Parisis; item, au clerc, ii solz Parisis, parmi ce qu'ilz diront ou feront dire unes vigiles à iii psalmes et à iii leçons avec une messe haulte des Trespassez en la dicte eglise, et en disant la dicte messe aura iiii cierges, chascun de demie livre de cire, qui arderont durant la dicte messe et après demourront au dit curé qui sera tenu après ycelle messe de faire memoire de Nostre Dame et de dire *de Profundis* et une oroison des diz Trespassez.

Item, le dit testateur laissa aux religieuses, abbesse et couvent du Pont aux Dames lez le dit Couilly xxxvi solz Parisis, parmi ce qu'ilz diront ou feront dire une messe haulte notablement à diacre et à soubzdiacre en leur dicte eglise pour les Trespassez, et seront les diz xxxvi solz convertiz en pitance pour le dit couvent, ou en faire ce qu'il plaira aus dictes dames, dont la dicte abbesse aura vi solz Parisis et le surplus parti entre elles; et avec ce ordonna quatre cierges en la dicte eglise, chascun d'une livre, qui arderont tant que la dicte messe soit dicte et ce fait demourront en ycelle eglise, lesquelx cierges seront paiez par ses diz executeurs cy dessoubz nommez.

Item, il laissa à l'euvre de la chapelle Nostre Dame du Marois vIII solz Parisis.

Item, au chapellain d'icelle IIII solz Parisis, parmi ce que le maistre ou fermier de la dicte chapelle et le dit chapellain diront ou feront dire une messe basse en la dicte chapelle des Trespassez, et aura le clerc qui l'aidera à dire xII deniers Parisis, et après ycelle messe sera fait memoire de Nostre Dame, et après diront ung *de Profundis*.

Item, il laissa à la dicte chapelle une torche de II livres de cire qui ardera durant la dicte messe, et après sera gardée pour alumer à lever Dieu, toutes fois que l'en y chantera, tant qu'elle durra.

Item, il laissa à l'euvre de l'ostel Dieu de Couilly IIII solz Parisis.

Item, aux povres du dit hostel Dieu IIII solz Parisis.

Item, il voult et ordonna, ou cas qu'il plairoit aux doyen, chantre et chanoines de Saint Estienne de Meaulx, estre dictes et celebrées en ycelle eglise deux messes haultes, l'une des Trespassez ou cuer de la dicte eglise et l'autre de Nostre Dame en la chapelle Nostre Dame de la Verriere, lesqueles messes seront chantées par les chanoines, chapellains et vicaires de la dicte eglise, ensemble ou autrement notablement, et pour ce faire laissa aus diz doyen, chantre et chanoines L solz Parisis pour une foiz.

Item, il laissa aus diz chapellains d'icelle eglise xxx solz Parisis.

Item, il ordonna en disant les dictes messes IIII cierges de quatre livres de cire et IIII torches, chascune de II livres de cire, qui arderont durant les dictes messes et après demourront à la dicte eglise, excepté que l'une des dictes torches demourra pour servir à alumer à lever Dieu, toutes foiz que l'en chantera devant la dicte chapelle de Nostre Dame de la Verriere, tant que la dicte torche durra.

Item, il laissa aux Cordeliers de Meaulx xvI solz Parisis, parmi ce qu'ilz diront ou feront dire une messe haulte notable des Trespassez à diacre et à soubzdiacre, et si aura en disant la dicte messe v cierges, chascun de demie livre, qui ardront durant la dicte messe et après demourront à la dicte eglise des Cordeliers, lesquelz après ce feront memoire des Trespassez.

Item, et pareillement laissa aux Augustins de Laigny et ordonna pareil service que aus diz Cordeliers de Meaulx.

Item, il ordonna et voult estre paié à Margot, qui fu sa chamberiere du temps qu'il demouroit à la Barre du Bec à Paris, de laquelle et du dit testateur fu aucunement parlé, et en recompensacion de ce que il lui povoit avoir fait ou mesfait et qu'il lui povoit estre tenu, x livres Tournois, et s'elle est trespassée, il les laissa à ses enfans ou heritiers, s'aucuns en a, et sinon, que la dicte somme soit convertie en messes et bienfaiz pour l'ame d'elle, et plus avant que la dicte somme, se faire se peut.

Item, il voult et ordonna estre paié à ung cousturier nommé Jehannin, lequel est cousin de maistre Junien le Fevre, advocat en Parlement, qui souloit demourer au bout du Pont Neuf, xviii solz Parisis, que le dit testateur lui devoit, et s'il estoit trespassez, qu'ilz feussent et soient paiez à ses enfans, heritiers ou ayans cause, s'aucuns en a.

Item, il voult et ordonna estre paié à Guillemin Hurtevant, bourgois de Paris, quatre escuz qu'il avoit receuz pour avoir baillé certaines relacions d'un sergent, parent du dit Hurtevant ou de sa femme, qui les avoit baillez au dit testateur, pour les bailler à cellui qui les demandoit, lesquelles ont esté baillées à cellui qui les demandoit moyennant les diz quatre escuz, et plus n'en ordonna estre paié au dit Hurtevent ne à sa dicte femme, pour ce qu'il avoit fait pluseurs besongnes, escriptures et paiemens pour lui, dont au dit testateur estoit bien deu deux escuz, comme il disoit apparoir par quictance et par les dictes besongnes et escriptures, c'est assavoir, que avant que les dictes relacions feussent baillées et le dit Hurtevent estant absent et en ala en son hostel parler à sa femme, pour ce que on n'en vouloit paier que quatre livres Tournois.

Item, le dit testateur voult et ordonna estre donné pour l'amour de Dieu x livres Parisis, ou en estre chantées messes jusques à la valeur, pour les ames de ceulx desquelx il a trop prins d'argent ou mal gaigné, pour ce qu'il ne les cognoit de present ou ne les a voulu cognoistre, ou a esté trop negligent de ce savoir et enquerir, ou autrement, telement qu'il n'a point memoire de leurs noms, ne des lieux où ilz demeurent.

Item, il laissa à Colin de la Court, son premier clerc, demourant au dit Couilly, s'il est en vie, si non, à ses enfans, femme et hoirs, xxxvi solz Parisis pour une foiz.

Item, il laissa à son filleul Jehannin Martin x livres Tournois, pour une fois, parmi ce qu'il sera tenu de prier Dieu pour l'ame du dit testateur.

Item, il laissa à sa filleule, fille de sa commere la nourrice de maistre Jehan Cordier, demourant en la grant rue Saint Denis, xl solz Tournois pour une foiz.

Item, le dit testateur laissa à son clerc, Jehannin le Ber, qui l'a servi bien et loyaument par l'espace de iiii ans, sa robe de couleur de vert, fourrée de gorges de martres, avec x livres Tournois pour une foiz, pourveu qu'il sera tenu de prier Dieu pour l'ame de lui et de aidier à ses amis vivans en ce qu'ilz auront à faire, tout ainsi comme il vouldroit que le dit testateur feist pour lui en tel cas.

Item, le dit testateur laissa à sa chamberiere, Guillemette la Peletiere, qui aussi pareillement l'a servi bien et loyaument par certain temps, sa longue robe de drap vert brun, fourrée de croupes de gris, avec xl solz Tournois, pourveu qu'elle sera tenue de prier Dieu pour l'ame du dit testateur et de ses amis trespassez.

Item, en tant que touche les quarante livres Parisis de douaire dont il a douée Jehannette, sa femme, et dont les lettres furent et sont passées par devant Jehan de Beauvais et Thomas Boynel, notaires du roy nostre dit seigneur ou dit Chastellet, le dit testateur veult qu'elle en joysse paisiblement durant sa vie, se ses heritages y pevent souffire ; si non, il lui avoit, avant qu'il l'espousast, autres foiz requiz et encores requiert qu'elle ait et vueille avoir ses povres parens et amis pour humblement recommandez, et prendre en pacience le dit douaire sur ses diz biens immeubles, tant qu'elle vivra, et des biens meubles, c'est assavoir, de leur part leur faire ou faire faire pleine delivrance sans empeschement, premierement, pour paier et acomplir ce present testament par la dicte Jehanne, sa femme, et autres ses executeurs cy dessoubz nommez, et aussi qu'elle les vueille acquicter envers ses enfans, envers lesquelx le dit testateur n'est en riens tenu, si non à cause du mariage de lui et d'elle, durant lequel il leur a fait le moins de desplaisir qu'il a peu; et quelque chose qu'il soit, il supplie à elle et ses diz parens et amis d'estre amis et de non plaider ensemble, et que chascun se mette à raison et laisse aler du sien, car il disoit savoir quant il la print, qu'elle avoit bonne chevance en denrées de mercerie où s'est pou cogneu et entremis; aussi avoit elle pluseurs choses à expedier par procès qui au dit testateur ont cousté de peine, travail, soussi et chevance plus qu'elle n'a sceu ne sçet; et oultre que, quant il l'espousa, ses biens meubles valoient bien six cens livres Parisis et plus, sans les debtes qui lui estoient deues, qui montoient plus de III$^c$ frans, dont il n'est pas paié, et si avoit et a d'eritages qui valent III$^c$ livres Parisis et plus pour une fois, se le temps eust esté bon comme il sera au plaisir de Dieu, et tout compté et rabatu, elle avoit bien de quoy vivre, aussi avoit le dit testateur; et ce qu'il a dit cy dessus n'est mie pour reproucher, mais pour ung pou sentir de l'estat de l'un et de l'autre, se mestier estoit de le dire et savoir, ce qu'il ne sera point de besoing.

Item, le dit testateur laissa à l'euvre de l'eglise Saincte Katherine du Val des Escoliers VIII solz Parisis pour une fois.

Item, à la confrarie d'icelle eglise de Saincte Katherine VIII solz Parisis.

Item, il laissa à la confrarie de Saint Pierre et Saint Pol en la dessus dicte eglise du Sepulcre de Paris, dont il est l'un des maistres et confreres, XL solz Parisis pour une foiz, parmi ce qu'ilz feront dire unes vigiles à III pseaumes et à III leçons, et une messe à diacre et à soubzdiacre des Trespassez en la chapelle du dit lieu, et si vendront sur la fosse du dit testateur, se il y est enterré, et la dire ce que bon leur semblera.

Item, il laissa à la confrarie de la Nativité Nostre Dame en la dicte eglise du Sepulcre, dont il est confrere, xxiiii solz Parisis, parmi ce que les confreres feront dire une messe à diacre et soubzdiacre et feront comme en l'article precedent.

Item, le dit testateur laissa à l'euvre de Saint Fiacre de Brie xxxii solz Parisis, moyennant et parmi ce que les religieux du dit lieu seront tenus dire une messe à diacre et soubzdiacre des Trespassez au dit lieu.

Item, il laissa à la confrarie du dit lieu de Saint Fiacre xvi solz Parisis, parmi ce que les confreres de la dicte confrarie feront dire une messe à diacre et à soubzdiacre pour les Trespassez, et en disant ycelle messe aura iiii cierges, chascun d'une livre de cire, qui demourront à la dicte eglise, que ses diz executeurs paieront.

Item, il laissa à l'euvre de l'eglise du Sepulcre de Paris, pour faire unes ogres (*sic*), vi$^{xx}$ livres Tournois.

Item, il laissa xxx solz Parisis de rente à cellui qui joera des dictes orgues en ycelle eglise du Sepulcre.

Item, il laissa à ung nommé Coquillart, à sa femme et enfans viii livres Tournois.

Item, il voult et ordonna ung voyage estre fait à Saint Anthoine de Viennois.

Item, ung autre voyage au Mont Saint Michiel.

Item, ung autre voyage à Nostre Dame de Boulongne sur la mer.

Item, ung autre voyage à Nostre Dame de Lyance, et ung autre voyage à Saincte Katherine de Fierbois.

Item, il laissa à frere Jehan Tartarin, cordelier, son confesseur, six aulnes de drap gris brun, tel que à son habit appartient.

Pour toutes et chascunes lesquelles choses en ces presentes lettres testamentaires contenues et declairées faire, enteriner et acomplir, et mettre à fin et execucion deue de point en point selon leur forme et teneur le dit maistre Jehan Solas fist, nomma, ordonna et esleut ses executeurs et feaulx commissaires, Jehannette, sa femme, maistres Jehan Haguenin le jeune, Jaques Touillart, Pierre Gastellier, Jehan

Chief de ville, Pierre Alvart, Jehan Cailleau, Thomas le Charron, ses comperes, maistre Guillaume des Prez et Jehannin le Ber, clerc du dit testateur, ausquelx ensemble et aux deux d'iceulx, dont sa dicte femme, le dit Aguenin ou le dit Touillart soient tousjours l'un, il donna et octroya, donne et octroye plain povoir et auctorité de ce sien present testament et tous les lays et ordonnances contenues en ycellui faire, enteriner et acomplir. Es mains desquelx ses executeurs ou des deux d'iceulx le dit testateur des maintenant pour lors se dessaisi et desmist de tous ses biens meubles et immeubles, et les en saisi et vesti par le bail et tradicion de ces presentes, et voult que, tantost lui alé de vie à trespassement, ilz en preignent la possession et saisine realment et de fait pour cest sien present testament enteriner et acomplir; et pour ce les obliga et soubmist à la jurisdicion et contrainte de la dicte prevosté de Paris et de toutes autres justices où ilz seront et pourront estre trouvez, en revoquant et rapellant tous autres testamens, codiciles ou ordonnances de derreniere voulenté par lui faiz et passez par avant la date de ces presentes, auquel cestui sien present testament il se arresta et arreste du tout, lequel il voult valoir tant par droit de testament, de codicile comme autrement, en la meilleur forme et maniere que mieulx pourra et devra valoir; en affermant oultre par le dit testateur que il devoit les debtes aux personnes et pour les causes qui s'ensuivent :

C'est assavoir, à Jehan Cailleau, marchant bourgois de Paris, vint six livres Tournois ou environ, pour les causes et ainsi que plus à plain est contenu en une certaine cedule qu'il a du dit testateur par devers lui, sur quoy sont à rabatre les parties qui s'ensuivent : c'est assavoir, pour le seel d'un arrest de Parlement pour lui contre Jehan le Mansois, de Meleun, LII solz Parisis; item, pour le seel de l'executoire du dit arrest, VI solz VI deniers Parisis; item, pour le salaire du dit testateur par lui desservi en la dicte cause, et aussi d'avoir fait, minué, divisé et grossoyé la declaracion des despens qu'il a devers lui, où il a XIII ou XIIII feuillés de papier, dont de ce le dit testateur se rapporte au serement du dit Cailleau sans autre procès; item, il a fait pour son hostel des Prescheurs où il demeure une lettre d'estat jusques à certain temps pour ung appellé Chauveau contre Godefroy Gastebrese et ung autre dont il n'a eu pour seel et façon que vi solz viii deniers, et a esté faicte ii fois, reste viii solz Parisis; item, le dit testateur dit avoir paié pour avoir l'expedicion de sa lettre de son appellacion faicte contre maistres Jehan Miron et Patroullart, commissaires ou Chastellet, pour une pinte d'estain, viii solz Parisis, laquele lettre ou expedicion est verifiée et est par devers le dit testateur, se baillée n'a esté au dit Cailleau; item, est deu de luminaire de feue Denisette, son autre femme, à Pierre Alvart, qui monte au temps qu'elle trespassa, iiii livres Parisis, avec de la composte et autres espices prises à une ou deux fois, qui pevent monter environ ung franc, mais à compter ce que le dit testateur a fait pour lui et à sa requeste, comme executeur de feu maistre Jaques du Four et de Jehannin de Basvic, s'il lui paioit xx livres, il ne l'auroit pas bien paié, si comme il dit, mais il veult que on face une fin gracieuse et sans procès, afin qu'il prie Dieu pour l'ame de lui.

Item, disoit le dit testateur que son hostesse de la Croix de fer, nommée Guillemine la Charronne, lui devoit lors de retour, veu ce qu'il avoit paié, comme il disoit apparoir par quictance et la recepte qu'il avoit faicte la plus mendre qu'il avoit peu quant la debte estoit finée, afin qu'il ne le despendist et qu'il soit vray; Pierre Chef de ville de Saint Denis doit xx ou xv livres Parisis, ses hostes de la Charronnerie doivent aussi autres sommes de deniers.

Item, les heritiers feu Jehan Durant doivent plus de xl livres Parisis d'arrerages, et quant la maison a esté cheute, le merrien a esté vendu par maistre Noel le Boulenger, examinateur ou dit Chastellet, par auctorité de justice, et en a receu quatre vins livres Parisis ou environ, à quoy le dit testateur s'est opposé comme procureur de la dicte Guillemine, comme il dit ce savoir par maistre Jehan de la Porte, aussi examinateur, laquelle Guillemine en pourra demander son deu, et le dit testateur ce qui par elle lui sera deu.

Item, et disoit oultre qu'il y avoit du merrien de la maison d'icelle Guillemine en son hostel de l'Omme Sauvage qu'il n'a osé vendre, pour doubte que la dicte hostesse ne s'en courçast, et tout ce le dit testateur afferma estre vray, comme dessus est dit.

En tesmoing de ce, nous, à la relacion des diz notaires, avons mis à ces lettres le seel de la prevosté de Paris, l'an de grace mil cccc et vint et ung, le lundi ix<sup>e</sup> jour du mois de juing.

Signé : BERTHELEMI. T. BOYNEL.

(Archives Nationales, x<sup>1A</sup> 9807, fol. 514 v°.)

# TABLE ALPHABÉTIQUE.

## A

Abbat (Gilles l'), 609.
Abbat (Jean l'), avocat au Parlement de Paris, 609, 615, 619.
Abbeville (Oudard d'), avocat à Beauvais, 524.
Abraham, apothicaire et marchand à Brousse, 283.
Acart (Isabeau, femme de Bertrand), 265.
Achard (Jean), 397.
Achieptant (François), marchand lucquois à Paris, 561.
Acquigny (Robert d'), doyen de Saint-Omer, conseiller au Parlement de Paris, 257, 270.
Adenet, serviteur de Jean de Neuilly, 312.
—— habitant de Saint-Marcel-lez-Paris, 434.
Adorne (Andry), 444.
Agneaux noirs (Pennes d'), 394, 483, 594.
Agnès, chambrière de Jean de Noyers, 574.
Agnesot, filleule de Martine Canu, 468.
—— garde-malade de Dauphine Vilate, 483, 484.
Agode (Robert), conseiller au Parlement de Paris, 248.
Agouen (Raphael d'), 449.
Aigny (Jean d'), chanoine de la Sainte-Chapelle, 378, 379.
Aigrefeuille (Jean d'), 492.
Aiguenne (Marguet d'), 437.

Aiguière d'argent avec pile de gobelets, 396; — d'étain, 463.
Aiguières d'argent doré, 396, 502; — petites d'argent, 435.
Aillier (Guillaume l'), 603, 624.
Ailly (Jean d'), conseiller au Parlement de Paris, 258, 411.
Aistre (Arnaud de l'), panetier de Charles VI, 621.
—— (Eustache de l'), chancelier de France, 266, 286, 620, 621. — (Marion), sa femme, 288, 621. — (Marie), sa fille, 621. — (Juliette), sa nièce, 621.
Aitre (Jeanne de l'), 261.
Alain (de Lille), son traité satirique *De Planctu naturæ*, 314.
Alais (Gard). — Jacobins, 517.
Alard (Berthiot), serviteur de l'évêque d'Arras, 409.
Albray (Calvados, arr. de Caen, cant. d'Évrecy), prébende de l'église de Bayeux, 589, 590, 591.
Alcotum, *cotonum*, coton, 326.
Alegre (Antoine d'), marchand génois, 448, 449.
Alemand (Guillaume), clerc et serviteur de Guillaume de Seris, 455.
Alemant (Pierre l'), habitant de Brives, 415.
Alençon (Catherine d'), femme de Pierre de Navarre, 544. — Son douaire, 545. — Ses robes et joyaux, 546.

81.

ALENÇON (Pierre II, comte d'), 295, 544.
ALEXANDRE (*Vie d'*), par Quinte-Curce, 315.
ALEXANDRIE (Italie), 448.
ALLEAUME (Messire), chapelain de Renaud de Trie, 423.
ALVART (Pierre), procureur au Parlement de Paris, 639, 640.
AMANCE (Jacques d'), maréchal de Lorraine, 282, 283.
AMELOT, chambrière de Philippe Vilate, 483.
AMENDE (Somme léguée pour contribuer au payement d'une), 479.
AMI (Laurent L'), notaire et secrétaire du roi, 2 6
AMIENS (Somme). — Diocèse, 523. — Église cathédrale, 472, 473, 474, 588; tombe de Jean de Boisy, évêque d'Amiens, dans le chœur, 472. — Églises : de Saint-Firmin à la porte de la ville, 587; de Saint-Jean, 281. — Évêque : Jean de la Grange, 257. — Official, 474.
AMIRAL de France, 249, 258, 417, 418.
ANCELIN (Pierre), prêtre, 464.
ANCELON (Guillaume), 353.
ANCELOTE, femme de service de l'hôpital du Saint-Esprit en Grève, 437.
ANCIA (Prioratus DE), prieuré de l'ordre de Saint-Benoît, 517.
ANDRAUT (Jean), 333.
ANDRY (*La Nouvelle Jehan*), commentaire de Jean d'André, professeur à Bologne, sur les Décrétales (*Novella in Decretalco*), 393. — Sa glose sur le Sexte, 393.
ANGE (Maître), phizicien, 446.
ANGELIN (Jean), épicier de la rue Saint-Denis à Paris, 262, 547, 548.
ANGELOTS aux quatre coins du grand autel de l'église de Beuvraignes, 338.
ANGEUL (Milon d'), maître des comptes, 431.

ANGEVIN (Raoul L'), confesseur de Jean du Berc, 525, 527.
ANGLE (Guichard d'), chevalier, 352.
—— (Guillaume de L'), maçon à Paris, 328.
—— (Regnaud), chapelain de Jean Creté, 435.
ANGLETERRE, 279, 451.
—— (Projet de descente en), 272.
—— (Robe de vert d'), 343.
ANGLOIS (Grégoire L'), évêque de Sées, 258.
ANJOU, 596.
—— (Louis II, duc d'), régent du royaume, 418.
ANNEAUX d'or, 468, 502; — avec diamant, 289; — avec perle, 480; — avec saphir, 395, 469; — garni d'un rubis carré, donné par la reine Blanche, 404; — pontificaux de l'évêque d'Arras, 387.
ANNONCIATION (L'), figurée sur un tableau d'or 581.
ANNUELS, promesse de les célébrer sans fraude, 600.
ANSAUVILLIERS (Oise, arr. de Clermont, cant. de Breteuil), 289.
ANTON (Séguin d'), patriarche d'Antioche, archevêque de Tours, 255.
APREMONT (Gilles d'), 316.
ARBALÈTES du château de Boissy, 422.
ARBOUVILLE (Guillaume d'), chambellan du roi, 475.
ARC-EN-BARROIS (Michel d'), curé de Bar-sur-Seine, 380.
ARCHER (Jean L'), examinateur au Châtelet de Paris, 471.
ARCHEVÊQUES, 248, 251, 255-259, 303, 304, 315, 329, 598.
ARCHIDIACRES, 248, 256, 260, 267, 272, 289, 304, 368, 379, 393, 395, 402, 508, 561.
ARCHITRIVIUM, ouvrage de Macrobe, 314.
ARCIES (Jean d'), conseiller au Parlement de Paris, 259.

Arcies (Pierre d'), licencié ès lois, conseiller au Parlement de Paris, 263.

Arcueil (Seine, arr. de Sceaux, cant. de Villejuif), 392, 395.

Argent mis en dépôt dans le trésor de Notre-Dame de Paris, 320; — dans le trésor du collège de Dormans, 320; — dans la chapelle du collège de Presles, 320; — prêté par Jean Canard, évêque d'Arras, à son neveu, l'abbé de Saint-Remy de Reims, 392; à Dino Rapondi, 402; — reçu en dépôt, 559; — renfermé dans des gants, 602; — caché dans une chaufferette, 626; — monnayé détourné par la veuve d'un procureur, 625; — véré (Vaisselle d'), 392.

Argenton-Château (Deux-Sèvres, arr. de Bressuire). — Châtellenie, 353.

—— (Guy d'), 353.

Armacanum, de questionibus Armenorum, traité de Richard d'Armagh sur les erreurs des Arméniens, 315.

Armagnacs, parti, 544, 563, 589, 597, 608, 620, 621.

Armentières (Aisne, arr. de Château-Thierry, cant. de Neuilly-Saint-Front), 317.

—— (Pierre d'), portier de la maison habitée par Gui de la Tour, 328.

Armes de Jean de Noyers, curé de Saint-Germain du Vieux Corbeil, 575.

Armures du premier président Jean de Popincourt, 343; — de Philippe Vilate, procureur au Parlement de Paris, 518.

Arnago (Gérard d'), prêtre, 502.

Arras (Pas-de-Calais). — Abbaye de Saint-Waast, 395, 396. — Biens de Jean Canard, 402. — Chapitre Notre-Dame, 386, 387, 388, 407. — Église cathédrale, 310, 384, 385, 386, 388, 404; stalles du chœur, 389. — Églises : de Saint-Nicaise de la cité, 389, 407; de Saint-Nicolas-en-l'Atre, 389; de Saint-Nicolas-en-la cité, 407. — Évêché, 304, 383, 384, 386, 387, 388, 400. — Évêques : Pierre Masuyer, 387; Jean Canard, 385-410; Martin Poré, 589. — Hôpitaux et maladreries, 400, 404. — Moulin et fours de la cité, 387. — Ordres mendiants, 389, 407. — Palais épiscopal, 384, 385, 386, 387, 396.

Arsonval (Jean d'), évêque de Chalon-sur-Saône, 264.

Artan (Jacques d'), chevalier, conseiller au Parlement de Paris, 244.

Artois, 402.

—— (Marguerite, comtesse d'), 289.

—— (Philippe d'), connétable de France, 283, 284.

Asne (Jean l'), écuyer, valet de chambre du roi, 264, 288, 291.

Asse (Un viel), somme de droit romain du jurisconsulte Azon, 314.

Astense (Somme d'), commentaire sur les Décrétales d'Henri de Bartholomeis, évêque d'Ostie, 313, 393.

Astralabe, instrument servant aux opérations astronomiques ou plutôt astrologiques, 326.

Astronomie (Livre d'), 314.

Astronomien (Maître Hémart), 449.

Athies (Gérard d'), archevêque de Besançon, 257.

Auch (Archevêque d'), 329.

Audiencier en la Chancellerie, 367, 370, 622.

Audouyn (Gilles), 504.

Aulnay (Jean d'), partisan du Dauphin, 605, 608, 616.

Aulnay-lez-Bondy (Seine-et-Oise, arr. de Pontoise, cant. de Gonesse). — Église paroissiale; chapelle de Saint-Jean, 515.

Aulnoy (Seine-et-Marne, arr. et cant. de Coulommiers). — Église de Notre-Dame, 535.

Aumône pour l'âme d'un marchand de cotrets en Grève, 602 ; — de cent francs d'or aux pauvres en restitution de bien mal acquis, 610.

AUMÔNES aux pauvres, 339, 347, 348, 366, 386, 429, 446, 449, 453, 459, 478, 486, 489, 491, 497, 525, 531, 545, 550, 555, 601, 610, 624 ; — de deux mille livres Tournois, 478 ; — à trois pauvres en l'honneur de la Trinité du Paradis, 531 ; — distribuées aux pauvres des églises de Paris pendant la Semaine sainte, 538-541.

AUMÔNES aux prisonniers, 311, 391, 536, 539, 540 ; — aux prisonniers du Châtelet de Paris, 311, 536, 537, 540 ; — aux prisonniers du For-l'Évêque, 311, 536, 539.

AUMONT (Pierre D'), dit Hutin, chevalier, premier chambellan du roi, 262.

AUNAY (Guillaume DE L'), conseiller au Parlement de Paris, archidiacre de Brie en l'église de Meaux, 267.

AURIE (Moreau D'), 283.

AUTRICHE (Catherine D'), 279.

AUTUN (Saône-et-Loire), 352. — Église de Saint-Lazare, 282.

AUVERGNE, 324. — Coutume, 328.

AUXERRE (Yonne), 352, 620. — Évêque : Michel de Creney, 260 ; son hôtel à Paris, 373, 375, 376, 377, 380, 381.

AUXON (Yonne, arr. d'Avallon, cant. de Quarré-les-Tombes, comm. de Saint-Brancher), 504.

—— (Jean D'), frère de Pierre d'Auxon, 509.

AUXON (Jean D'), licencié ès lois, neveu de Pierre d'Auxon, 507, 508, 509.

—— (Pierre D'), médecin de Charles VI, 261, 504, 505, 506, 509, 510.

AUXY (Perrin D'), serviteur de Thomas l'Écorché, 427, 428, 429.

AUZIAC (Messire), prêtre de Sauve, 519.

AVALLON (Yonne). — Église collégiale, 506.

AVENÈRES (Isabelle D'), 504.

AVESNES-LEZ-BAPAUME (Pas-de-Calais, arr. d'Arras, cant. de Bapaume). — Bénédictines, 389, 407.

AVIGNON (Vaucluse), 332. — Chapelle de Saint-Pierre-de-Luxembourg, 281.

AVOCAT du roi au Parlement de Paris, 262, 383, 384, 411, 573.

AVOCATS au Parlement de Paris, 258, 259, 263, 304, 318, 329, 335, 340, 341, 343, 344, 352, 381-383, 397, 402, 462, 464, 528, 561, 563, 604, 619, 620, 635.

AVOCATS au Châtelet de Paris, 259, 425, 429.

AVRON (Seine). — Hôtel de Jean Creté, maître des comptes, 435, 436, 439.

—— (Marie D'), 502.

AVY (Jean D'), chevalier, chancelier du duc d'Orléans, 263.

AY (Guillaume D'), chevalier, 566.

—— (Jaquette ou Jacqueline D'), femme de Jean du Drac, 563, 565, 566.

—— (Jean D'), chanoine de Notre-Dame de Paris, 566.

AZI (Girard D'), procureur au Parlement de Paris, 316.

# B

BABOE (Perrette LA), nièce de Simonnette la Maugère, 623.

BABOUL (Marguerite LA), sœur de Simonnette la Maugère, 623.

BACINET, bassinet, armure de tête, 518.

BACON (Roger), ses œuvres, 316.

BAILLEUL (Robert DE), chapelain de Marguerite de Bruyères, 578, 582, 584.

Bailli (Jean), procureur au Parlement de Paris, 382, 526, 527, 584. — (Pierrette), sa femme, 527.
—— (Perrin), 626.
—— (Colart le), 288.
—— (Jean le), religieux des Carmes, 615.
Balloys, notaire, 527.
Banquiers, *bancalia*, sièges longs sans dossier, 326, 388, 393.
Bapaume (Pas-de-Calais, arr. d'Arras). — Hôpitaux et maladreries, 400, 404.
Bar (Henri de), 283.
Bar-sur-Seine (Aube). — Église paroissiale, 348, 380. — Cimetière de l'Hôtel-Dieu, 347. — Hôtel-Dieu, 347. — Jardin attenant à l'Hôtel-Dieu, dit le Courtil aux Gouliers, 347. — Trinitaires de l'Hôtel-Dieu, 347.
Barbeaux (Seine-et-Marne, arr. de Melun, cant. du Châtelet, comm. de Fontaine-Port). — Abbaye de Notre-Dame, 612.
Barbelet (Richard), 275.
Barbesan de Bruges (Marguerite, fille de Claux), 396, 408.
Barbière (Jeanne la), 542.
Bardin (Pierre), chapelain de Jean de Neuilly, 314.
—— maiour de Brives-la-Gaillarde, 414.
Barlez (Jean), religieux des Carmes, 599, 603.
Barre (Jean de la), 288.
Bas (Étienne de), licencié en décret, procureur au Parlement de Paris, 330.
Basdoz (Toussaint), notaire au Châtelet de Paris, 457, 462.
Basoches (Marote, femme de Raoulet de), 391.
Bassin à laver les mains, 281, 326; — à chauffer de l'eau et à servir dans la cuisine, 326; — rond affectant la forme des bassins de barbier, 326.
Bassins à Notre-Dame pour recevoir les aumônes faites aux enfants trouvés, 536.

Bassins des prisonniers du Châtelet et du Palais, 540.
Basvic (Jeannin de), 640.
Baudet (Thierry), 541.
Baudouin (Étienne), religieux de Marmoutiers, 454.
Baudribosc (Adam de), président au Parlement de Paris, chanoine de Rouen et de Bayeux, 264, 589, 590, 595, 596.
—— (Adam de), le jeune, maître ès arts, 593, 595.
—— (Étienne de), bourgeois de Paris, 266, 591, 592, 593, 594, 595.
—— (Guillaume de), maître ès arts et bachelier en théologie, 591, 592, 593, 595.
—— (Jean de), 593, 594.
—— (Richard de), maître en médecine de la Faculté de Paris, 261, 590, 593; sa tombe dans l'église des Cordeliers, 591.
Bauhuon (Marguerite de), entremetteuse, 341.
Bavais (Guillaume de), curé de l'église Notre-Dame de Paray-le-Monial, 520.
Bavière (Louis, duc de), frère de la reine Isabeau, 544.
Baye (Nicolas de), greffier du Parlement de Paris, 245, 246, 247, 251, 315, 318, 336, 353, 397, 402, 471, 512, 516, 520, 528.
Bayeux (Calvados). — Évêques : Nicolas du Bosc, 260; Jean de Boissay, 262; Jean Langret, 589. — Prébende d'Albray, 589, 590, 591.
Beaublé (Pierre), évêque de Sées, 260.
Beaufort, comté, 413.
Beaumont (Pierre de), chambellan du duc de Berry, 259.
Beaurepaire (Perrette de), garde-malade, 382.
Beauté-sur-Marne (Seine, arr. de Sceaux, cant. de Vincennes). — Moulins, 272.

Beauvais (Oise), 286, 289, 292. — Églises : Saint-Étienne, 287, 524 ; Saint-Hippolyte, 286, 293 ; Saint-Sauveur, 525 ; Saint-Vaast, 525. — Évêché, 621. — Évêques : Thomas d'Estouteville, 255 ; Pierre de Savoisi, 262 ; Bernard de Chevenon, 266. — Frères Mineurs, 287. — Frères Prêcheurs, 287. — Hôtel-Dieu, 288. — Maison du Coq, 524.

Beauvais (Jean de), notaire au Châtelet de Paris, 636.

—— (Jean de), 362.

—— (Jeanne de), femme de Philippot de Bouquetot, 582.

—— (Simonnette de), 288.

Bedford (Angleterre), comté, 279.

Bedos (Jacques), procureur au Parlement de Paris, 511, 520.

Bellangues (Jeanne de), femme de Renaud de Trie, 419, 423, 424.

Bellay (Robert de), dit Rigaud, écuyer, 272.

Belle (Pierre), huissier au Parlement de Paris, 256.

Bellon (Pierre), chanoine de l'église Saint-Amable de Riom, 327.

Bellonne (Pas-de-Calais, arr. d'Arras, cant. de Vitry). — Domaine de l'évêché d'Arras, 387.

Belocière (Jeanne la), chambrière servant en l'hôtel de l'évêque d'Arras, 394.

Belot (Perrenet), habitant de Coulommiers, 530.

Benastonne (Agasse), 356.

Benoît (Jean), 510.

Benoît XIII (Pierre de Luna, élu pape sous le nom de), 345, 372, 384, 462, 482.

Bequet (Jean), 338.

Ber (Jeannin le), clerc de Jean Soulas, 626, 636, 639.

Berc (Jean du), procureur au Parlement de Paris, 261, 522, 523, 527. — (Marion), sa femme, 288, 526. — (Jaquet), son fils, 526.

Beron (Jean), 527.

Berry (Jean, duc de), 353, 418, 448, 449, 485, 544.

Bersuire (Laurence), 330.

—— (Pierre), bénédictin, prieur de Saint-Éloi de Paris, 330, 331.

Bertaut, valet de Jean d'Escopres, 576.

Berthe (Jean), 573, 575.

Berthelemy (Jean), notaire au Châtelet de Paris, 626, 641.

Bertin (Nicolas), examinateur au Châtelet de Paris, 492.

Bery (Raoul de), conseiller au Parlement de Paris, 264, 588.

Besançon (Doubs). — Archevêque : Gérard d'Athies, 257.

Beson (Simon), 587.

Besson (Julien le), 269.

Beth (Ysabelet, femme de Benoît), 343.

Béthune (Pas-de-Calais). — Cordeliers, 389, 407. — Église collégiale de Saint-Barthélemy, 389, 407. — Hôpitaux et maladreries, 400, 404.

Beuvraignes (Somme, arr. de Montdidier, cant. de Roye), 335. — Église ; angelots aux coins du grand autel, 338.

Beville (Germain), chapelain de Jean Canard, 393, 394, 401, 402, 406.

Beze (Guillaume de), conseiller au Parlement de Paris, 411.

Bible, livre de prédilection du chanoine Jean de Neuilly, 315.

Bible de menue lettre (de poche), 394.

Bibles léguées, 341, 378.

Bibliothèque de Jean de Neuilly, chanoine de Notre-Dame, 313-316 ; — de Jean Canard, évêque d'Arras, 389, 392 ; — de Nicolas de l'Espoisse, greffier au Parlement de Paris, 608-613.

BIBLIOTHÈQUES, 269, 275, 313-316, 389, 392, 592, 593, 608, 609, 612, 613.
BIECE (Jean), clerc du diocèse de Sens, 456.
BIEN mal acquis (Legs de cent francs d'or aux pauvres en restitution de), 610.
—— (Legs de dix livres Parisis en restitution de), 635.
BIZE (Martial), habitant de Limoges, 415.
BLANC (Jean LE), poissonnier de mer à Paris, 468, 470.
BLANCHARD (Jean), 460.
BLANCHE DE NAVARRE, reine douairière de France; bijoux donnés par elle, 395, 404. — Son hôtel à Paris, 544.
BLANDECQUES (Franchequin DE), bourgeois de Paris, 262. — (Catherine de Clamecy), sa femme, 262.
BLARU (Coquart DE), 422.
—— (Jeanne DE), femme de Mathieu de Trie, 301, 418.
BLEGER (Guillaume DU), habitant de Sauve, 522.
BLOIS (Pierre DE), homme d'État, ses lettres, 608.
BLONDEAU (Perrin), charpentier à Paris, 609.
BLONDEL (Jean), avocat au Parlement de Paris, 258, 381, 382, 383.
BOBAN (Guillaume), cordelier, 315, 480.
BOBIGNY (Seine, arr. de Saint-Denis, cant. de Pantin). — Église paroissiale, 607.
— Domaine de Nicolas de l'Espoisse, 613.
BOÈCE, son livre *De la Consolation*, traductions françaises en vers et en prose, 314, 315, 392, 613.
BOHIC (Henri), son commentaire sur les Décrétales, 313.
BOILEAU (Étienne), notaire au Châtelet de Paris, 296, 300, 337.
—— (Gilet), 625.

BOILEAU (Hugues), trésorier de la Sainte-Chapelle, 568.
—— (Jean), clerc du roi, 245, 255.
—— (Jean), chanoine de Thérouanne, son fils, 246, 261.
BOIS (Jean DU), secrétaire du roi, 249.
—— (Marie DU), dame de la Grange, 264.
—— (Robert DU), évêque de Mende, 258.
—— (Simon DU), 351.
BOISEMONT (Seine-et-Oise, arr. et cant. de Pontoise). — Église, 422.
BOIS GILLOUST (Jean DU), écuyer, 421.
BOIS GILOUD (Philippe DU), chanoine de Chartres et de Tournai, conseiller au Parlement de Paris, 315, 318, 319.
BOISSAY (Jean DE), évêque de Bayeux, 262.
BOISSY-LE-BOIS (Oise, arr. de Beauvais, cant. de Chaumont). — Château, 301, 422.
BOISY-EN-FOREZ (Saint-Martin de Boissy, Loire, arr. et cant. de Roanne), 470. — Église, 473.
BOISY (Henri DE), fils d'Imbert de Boisy, 471, 473.
—— (Imbert DE), président au Parlement de Paris, 260, 470, 471, 472, 492.
—— (Jacques DE), fils d'Imbert de Boisy, 473.
—— (Jean DE), évêque d'Amiens, frère d'Imbert, 470, 471, 472, 473, 474.
—— (Jean DE), sergent d'armes du roi, 470, 471.
BOÎTE à hosties en argent, 392.
BOMBON (Seine-et-Marne, arr. de Melun, cant. de Mormant). — Église paroissiale, 607.
BONAC (André LE), cousin de Pierre d'Auxon, 507.
BONNEFONTAINE (Ardennes, arr. de Rocroy, cant. de Rumigny). — Abbaye, 391, 407.
BONNET (Jean), chevalier, 621.
BONNEUIL (Seine-et-Oise, arr. de Pontoise, cant. de Gonesse), 272, 277.

Bonsoulas (Hugues), notaire et secrétaire du roi, 259.

Bordes (Guillaume des), chambellan du roi, 577, 580.

—— (Jean des), châtelain de Beauvais, 284, 577, 578.

—— (Jean, bâtard des), 582.

—— (Marguerite de Bruyères, dame des), 577, 578.

Bordesoles (Bernard de), serviteur de Raymond de Turenne, 412.

Borgne (Flandrine, femme de Colart le), 275.

—— (Jeannette, femme de Guillaume le), 489.

—— (Messire le), 577.

Bornaseau (Pierre de), maître des Requêtes de l'Hôtel, 383.

Bos (Tristan du), ancien maître des Requêtes de l'Hôtel, prévôt de l'église d'Arras, 258.

Bosc (Mahieu du), trésorier de Bayeux, conseiller au Parlement de Paris, 248, 265.

—— (Nicolas du), évêque de Bayeux, 249, 260.

Boschet (Aymar), frère de Pierre Boschet, 352.

—— (Jean), clerc à Poitiers, oncle de Pierre Boschet, 352, 353.

—— (Jean), frère de Pierre Boschet, 352, 356.

—— (Maurice), frère de Pierre Boschet, 352.

—— (Nicolas), neveu de Pierre Boschet, 356, 357, 358.

—— (Pierre), président au Parlement de Paris, 257, 270, 334, 352, 353, 354, 359, 360, 361, 411, 563.

Boucassin, espèce de bouracan; employé comme drap funéraire, 298. — Jupon couvert de fin boucassin, 326.

Boucher (Jean le), vicaire de l'évêque d'Arras, 395, 396.

—— (Marion, femme de Guillemin), 275.

Bouchère (Thiphaine la), chambrière de Jean Creté, 433.

Bouchet (Le) (Deux-Sèvres, arr. de Niort, cant. de Prahec, comm. d'Aiffres-le-Boschet), 356.

Bouchivilliers (Marion de), 423.

Boucicaut (Jean le Maingre, dit), maréchal de France, 284, 413.

Bouillancourt-en-Sery (Somme, arr. d'Abbeville, cant. de Gamaches), 577. — Église de Saint-Jacques, 581.

Bouillon (Jean), clerc des comptes, 261, 435, 439, 441. — (Colette), sa femme, 439.

Bouis (Louis du), procureur du roi en la prévôté de Montlhéry, 586.

Boulenger (Jean), clerc de Jean Salais, 326, 330.

—— (Noel le), examinateur au Châtelet de Paris, 640.

Boulogne-la-Petite (Seine, arr. de Saint-Denis, cant. de Neuilly). — Église Notre-Dame, 515, 537.

Boulogne-sur-Mer (Pas-de-Calais), 336. — Église Notre-Dame, 281, 572. — Pèlerinages à Notre-Dame, 526, 571, 588, 638. — Offrande à Notre-Dame, 572.

Bouquetot (Philippot de), écuyer, 582.

Bouquin (Femme), 316.

Bourbon (Jacques de), comte de la Marche, 284, 485.

Bourbonnais (Duché de), 473.

Boure (Pierre), bourgeois de Paris, maître de l'hôpital du Saint-Esprit en Grève, 435, 441.

Bourel (Robert), chanoine de Bayeux, 591.

Bourg-la-Reine (Seine, arr. de Sceaux). — Maladrerie, 454. — Biens de Nicolas le Riche, 466.

Bourgeois, 259-264, 266, 413, 441, 553, 577, 639.
Bourgeois (Philippe), chapelain de Saint-Michel dans l'église Saint-Séverin de Paris, 265.
Bourgeoise (Alips), religieuse de Saint-Marcel-lez-Paris, 437.
Bourgeoises, 255, 259-263, 265, 266, 462, 475, 481, 484, 622.
Bourges (Cher), 620. — Siège de 1412, 544.
Bourgogne (Jean sans Peur, duc de), comte de Nevers, baron de Donzy, 397, 401, 402, 405, 597, 620, 621.
—— (Philippe le Hardi, duc de), 384, 389, 393, 401, 407, 553.
Bourgs (Guillaume, fils de Jean des), 269.
Bourguel (Guillaume de), 269, 270.
Bourguignons, parti, 544, 587, 589, 597, 605, 626.
Bourreche (Perrin), valet de Jean Creté, 434.
Bourse de soie ouvrée à poins, avec pendant à clefs, 468.
Boursier (Alexandre le), maître des comptes, 544.
Boussard (Jean), chapelain de Saint-Étienne-du-Mont, 456, 457.
Boussignie (Thevenette la), 582.
Bovieux (J.), notaire au Châtelet de Paris, 383.
Boyer (Jean de), conseiller au Parlement de Paris, 269, 270, 411.
Boynel (Thomas), notaire au Châtelet de Paris, 626, 636, 641.
Boyteuse (La), 275.
Braque (Pierre), écuyer de cuisine du roi. Jeanne la Miresse, sa femme, 255.
Brayes données aux pauvres, 536.
Bréau (Seine-et-Marne, arr. de Melun, cant. de Mormant). — Église paroissiale, 607.
Bréban (Jean de), 459, 460, 461. — (Agnès et Jeannette), sa femme et sa fille, 460. — (Perrenot), son fils, 461.
Bréban (Pierre de), clerc des comptes, 441, 461.
Bréban (Pierre de), dit Clignet, 418.
Brebières (Pas-de-Calais, arr. d'Arras, cant. de Vitry). — Domaine de l'évêché d'Arras, 387.
Bredinat (Le), 541.
Bresmes (Jean de), beau-frère d'Adam de Baudribosc, 593, 594.
Bressonvilliers (Seine-et-Oise, arr. de Corbeil, cant. d'Arpajon, comm. de Leudeville). — Fief, 577.
Bretagne (Jean VI, duc de), 597.
Breteau (Guillemette, fille de Gilot), 479.
Breton (Colin le), neveu de Jean de Popincourt, 341.
—— (Jeannette, fille de Mahiet), 341.
Breuil (Aisne, arr. de Château-Thierry, cant. de Neuilly-Saint-Front), 316.
—— (Jean du), serviteur de Guillaume de Chamborand, 298, 300.
—— (Miles du), notaire au Châtelet de Paris, 413.
Brevets du Châtelet de Paris, 521, 537, 538.
Bréviaire avec étui, 276 ; — enchaîné, 364.
Bréviaire à l'usage d'Arras, 394 ; — à l'usage d'Auxerre, 379 ; — à l'usage de Rome, 313, 315, 326 ; — à l'usage de Sens, 376 ; — donné par Jean Canard au chapitre de Notre-Dame de Paris, 384 ; — de Nicolas de l'Espoisse, par lui légué à son neveu, curé de Vanves, 614.
Bréviaires d'Adam de Baudribosc, 592.
Briais (Jean le), confesseur du commun du roi, 377.
Brice (Jean), 437.
Brie. — Domaines de Pierre de Navarre, 545. — Redevances exceptionnelles exigées par les seigneurs du pays, 543.

Brimeu (David de), seigneur de Ligny, chambellan du duc de Bourgogne, 578.

Brissou ou Brichoul (Damoiselle de), cousine de l'évêque d'Arras, 396, 408.

Brives-la-Gaillarde (Corrèze), 258, 411, 412, 413, 414. — Consul: Aimeri de Montragoux, 411. — Église collégiale de Saint-Martin, 412, 414. — Siège mis par Raymond de Turenne, 413.

Brossart (Pierre), de la Noue Saint-Martin, 541.

Brousse (Asie Mineure), 279, 284.

Bruges (Belgique), 285, 553, 555, 559. — Comptoir de Dino Rapondi, 553. — Églises : des Augustins, chapelle du Saint-Voult de Lucques, 555; de Saint-Donat, 553.

Brulet (Robert), clerc du diocèse de Rouen, notaire apostolique, 595.

Brun (Drap), 393.

Brunette, étoffe de laine fine, de couleur sombre; — noire (chaperon de), 347; — (achat de) pour valets et chambrières, 612.

Bruxelles (Drap marbré rouget de), 276; — (drap de), 349.

Bruyères-le-Châtel (Seine-et-Oise, arr. de Corbeil, cant. d'Arpajon). — Château 585; mobilier du château, 578; église de Notre-Dame dans le château, 580, 581. — Église du prieuré de Saint-Didier, 580, 581; chapelle Notre-Dame, 578; fondation de chapelle, 579. — Hôtel-Dieu, 581. — Seigneurie, 577, 578, 579, 582, 583.

—— (Thomas, seigneur de), 577.

Bruyères (Marguerite de), dame des Bordes, 264, 577, 578, 585.

Bucy (Renaud de), conseiller au Parlement de Paris, 255.

—— (Simon de), premier président du Parlement de Paris, 244.

—— (Simon de), évêque de Soissons, fils du précédent, 257.

Buffet contenant un testament, ouvert en présence de notaires au Châtelet, 569.

Bugle (Jean le), procureur au Parlement de Paris, 568.

Buhy (Seine-et-Oise, arr. de Mantes, cant. de Magny). — Église, 422.

Buicart (Étienne), dit de Marle, apothicaire et valet de chambre de Charles VI, 260.

Buisson (Aimeri du), procureur au Parlement de Paris, 416, 417.

—— (Andrieu), marchand et bourgeois du Puy en Velay, 493, 497, 499, 500, 503.

—— (Pierre du), demeurant à Faremoutiers, 530.

Buletel (Jean), prêtre de Saint-Merry, 565.

Bureau, étoffe de laine grossière; — (chaperon de) noir, 347.

Burettes pour chapelle, 281.

—— d'argent, 340, 364, 392.

Buridan (Nicaise), audiencier de l'évêque d'Arras, 396, 404, 405.

Burney (Jean de), chanoine de Saint-Étienne de Troyes, 350.

—— (Simon de), 350.

Buzelin (Paul), neveu de Dino Rapondi, 557, 561.

# C

Cabaret (Raoulet), 276.

Cabochiens, 286, 563, 620.

Cachemarée (Aleaume), huissier au Parlement de Paris, 251.

CADORET (Pierre), 285.
CAFFORT (Troullart DE), maître de l'écurie de Charles V, 431.
CAGNY (Perceval DE), chambellan de Pierre de Navarre, 546.
CAIGNET, espèce de drap grossier, 276.
CAILLEAU (Jean), marchand et bourgeois de Paris, 639, 640.
CAILLIERS, vases à boire; hanaps cailliers, 368, 435.
CAILLOT, serviteur de Pierre d'Auxon, 507.
CAILLOUET (Oise, arr. de Beauvais, cant. de Noailles, comm. d'Hermes), 524.
CALAIS (Pas-de-Calais, arr. de Boulogne-sur-Mer), 279, 301, 336.
CALICE d'argent, 497; — d'or émaillé, avec nom du donateur gravé, légué à l'abbaye de Saint-Victor, 436; — blanc (petit), destiné à l'église de la Chapelle-Gauthier, 611.
CALICES d'argent doré, 281, 364; — légués à l'église Saint-Remi de Neuilly-Saint-Front, 308; — à l'église de Chitry, 378; — à l'église des Innocents, à Paris, 460; — à l'église Notre-Dame de Soissons, 603.
CALONNE (Baudouin DE), 402.
CAMBRAI (Guillaume DE), 526, 527. — (Alice), sa femme, 527.
CAMUS (Hébert), procureur au Parlement de Paris, 382.
CANAL (Pierre), chanoine de Notre-Dame-la-Ronde, à Rouen, 591.
CANARD (Jean), abbé de Saint-Remy de Reims, 390, 391, 393, 394, 395, 397, 399, 402, 403, 405, 408.
CANARD (Jean), évêque d'Arras, 258, 304, 315, 318, 319, 383, 384, 385, 403, 409, 410, 604.
CANU (Martine), maîtresse du Béguinage de Paris, 260, 466.
—— (Frère Robert LE), 468, 469.

CARDINAUX, 257, 259, 470, 601.
CARDINE, chambrière de Jeanne de l'Espoisse, 609.
CARENTAN (Manche, arr. de Saint-Lô). — Domaines de Pierre de Navarre, 544.
CARITAS (Frère), religieux augustin, 499.
CARNETIN (Seine-et-Marne, arr. de Meaux, cant. de Claye). — Église de Saint-Antoine, 537.
CARON (Robin LE), sous-queux de l'évêque d'Arras, 394.
CARREAUX, *quarreaux*, coussins, 388, 393.
CARRON (Jeannin), témoin du testament de Simonnette la Maugère, 625.
CASTAING (Berthaud), épicier et bourgeois de Paris, 244.
CASTILLE, serviteur d'Eude la Pis d'Oe, 479.
CASTIX (Andry DE), 382.
CASTRES (Brunissent, comtesse DE), 257.
CATHERINE, fille de Jeanne chambrière de Jean de Combes, 501, 503.
CATHOLICON, encyclopédie de Jean de Balbi, 314, 342, 513, 613.
—— légué à l'église de Saint-Pierre de Sauve, pour servir aux études, et enchaîné comme celui de Notre-Dame de Paris, 513, 514.
—— légué à l'abbaye de Sainte-Geneviève de Paris, 613.
CATHON MORALIZIÉ, traduction française des *Distiques* de Caton, 392.
CATHUCHE (Martin), facteur de Dino Rapondi, 283.
CAUBRY (Jean), 313.
CAUDEL (Jean), conseiller aux Requêtes du Palais, 262, 353.
CAVIER (Jean), official d'Arras, 395, 402.
CAYEUX-SUR-MER (Somme, arr. d'Abbeville, cant. de Saint-Valery), 577. — Église de Saint-Pierre, 581.
CAYEUX (Hugues DE), prévôt de Saint-Omer, 584.

Cayot (Aucher de), procureur général du roi au Parlement de Paris, 243.

Ceilludo (Jean), 449.

Ceinture ferrée d'argent, 376, 467, 518; — ferrée d'argent sur tissu noir, 468; — d'argent doré, du poids de six marcs, 502; — de soie vermeille à cloux, boucle et mordant d'or, 396, 408; — sacerdotale, 376, 603.

Célestins de Mantes, 364; — de Paris, voy. Paris; — des Ternes, 297, 298; — de Villeneuve, près Soissons, 279.

Celsoy (Guibert de), médecin de Charles V et de Charles VI, 247.

—— (Guillaume de), conseiller au Parlement de Paris, 247, 411.

Cendal, étoffe de soie analogue au taffetas; couverture de lit de cendal vermeil, 338; — (houppelande, garnie de), 350; — (surcots et corsets courts, d'écarlate rosée, garnis de), 582.

Cenneure (Jeanne la), 595.

Centiste (Mathé de), marchand génois à Paris, 448.

Cerf (Pierre le), procureur général du roi au Parlement de Paris, 256, 344, 528. — (Marie), sa veuve, 263.

Cerisy (Pierre de), 486, 490.

Chaalis (Laurent de Rue, abbé de), 303.

Chabauds (Frère Antoine des), 282.

Chabridel, 626.

Chaières, stalles du chœur de l'église d'Arras, 389.

Chaillou (Dominique), maître ès arts et en théologie, doyen de Reims, 263.

Chailly-en-Brie (Seine-et-Marne, arr. et cant. de Coulommiers). — Maladrerie de Saint-Lazare, 535.

Chaire neuve dans l'étude du collège d'Autun à Paris, 327.

Chaise (Seigneur de la), 493.

Chalon-sur-Saône (Saône-et-Loire). — Évêques : Olivier de Martreuil, 257; Jean d'Arsonval, 264.

Chambellans du roi, 256, 257, 262, 301, 302, 331, 418, 419, 475, 554, 568, 577.

Chamborand (Creuse, arr. de Guéret, cant. de Grandbourg), 299, 301.

—— (Fouquaut de), 299.

—— (Guillaume de), écuyer de corps de Charles V, 256, 295, 296, 301.

—— (Pierre de), chevalier, 299, 300.

Chambre des comptes de Bourgogne, 431; — de Paris, 271, 272, 431, 432, 439, 586, 620; — aux Deniers de la reine Isabeau de Bavière, 345; — du Trésor à Paris, 425, 586.

Chambres à coucher (tentures de chambres), 388, 580; — de serge, 274, 422; — — de tapisserie sur champ vert, avec semis de pins, aux armes du duc de Bourgogne, 393; — blanche, garnie de courtines palées de vert et de blanc, 393; — verte à bêtes, en tapisserie de haute lisse, 422; — vermeille, 427.

Champagne. — Commerce de blé, 626. — Domaines de Pierre de Navarre, 545.

Champagne-sur-Oise (Seine-et-Oise, arr. de Pontoise, cant. de l'Isle-Adam). — Seigneurie, 563.

Champeaux (Seine-et-Marne, arr. de Melun, cant. de Mormant). — Église collégiale de Saint-Martin, 310, 375.

—— (Jean Guiot, chanoine de Saint-Martin de), 372, 373.

Champigny (Renaud de), neveu de Jean de Coiffy, 367, 369.

Champs (Gilles des), évêque de Coutances, 260.

Chancelier de l'église de Meaux, 265; — de Notre-Dame, 399.

Chanceliers de France, 248, 256, 266,

285, 286, 451, 455, 522, 589, 597, 620, 621.

CHANDELIÈRES, vendeuses de cierges à la porte de la Madeleine de Vézelay, 571.

CHANDELIERS, 312; — d'autel, 340, 392.

CHANGE de monnaie par les maîtres des monnaies à Paris, 540.

CHANGEURS à Paris, 262, 449.

CHANOINES de Notre-Dame de Paris, 255, 256, 258, 259, 260, 263, 265, 271, 272, 291, 304, 318, 345, 350, 383, 395.

CHANTEMERLE (Thibaud DE), chevalier, 263.

CHANTEPRIME (Catherine), femme d'Eustache de Gaucourt, 261.

—— (Jean), conseiller au Parlement de Paris, 474.

CHAON (Vincent), 587.

CHAPEAU fourré de menu vair, 582.

CHAPEAUX, 613.

CHAPELAINS de Notre-Dame, 263, 276, 568; — du roi, 265, 372.

CHAPELLE (Jean DE LA), bourgeois de Paris, gouverneur de l'hôpital du Saint-Esprit, 441.

CHAPELLE en l'hôtel du premier président Jean de Popincourt, 340; — en l'hôtel de Jean Canard, évêque d'Arras, 390.

CHAPELLES ENTIÈRES, ensemble des ornements de l'autel et des vêtements sacerdotaux; — noire, 388; — vermeille, 389, 407.

CHAPELLE-GAUTHIER (LA) (Seine-et-Marne, arr. de Melun, cant. de Mormant), 604, 607. — Église paroissiale, 607, 611. — Cimetière, 611. — Confréries de la Conception-Notre-Dame et de Saint-Nicolas, 607. — Pauvres de la paroisse, 610, 613.

CHAPELLE-TAILLEFERT (LA) (Creuse, arr. et cant. de Guéret), 258.

CHAPERON fourré de menu vair, 325; — double de drap marbré de Rouen, 326;

— de brunette ou bureau noir, 347; — de drap noir, 420.

CHAPERONS, 333, 377, 393, 394, 396, 416, 468; — sangles et doubles, 369, 609; — à poignets, 269; — d'écarlate brune, 276.

CHAPES, vêtement de dessus, à longues manches, 333, 393, 394, 396; — d'écarlate violette, fourrée de menu vair, 582; — de prélat; — de drap d'or vermeil, 388.

CHAPOLLAIN (Jean), 572.

CHAPPE (Alexandre), serviteur de l'évêque d'Arras, 409.

CHAPPELET, chapeau; — de perles, 502.

CHARENTON (Seine, arr. de Sceaux). — Terres et vignes, 460. — (Pont de), 439.

CHARIOT de corps, 387.

CHARITÉ (Étienne DE LA), notaire et secrétaire du roi, 544, 546.

CHARLES V, roi de France. — Ses exécuteurs testamentaires, 383. — Inventaire de son mobilier, 431.

CHARRETON (Jean), archidiacre de la Rivière en l'église de Soissons, conseiller au Parlement de Paris, 379, 380.

CHARRON (Jean), 572.

—— (Nicolas LE), 303.

—— (Robinet LE), 382.

—— (Thomas LE), procureur au Parlement de Paris, 639.

CHARRONNE (Guillemine LA), 640.

CHARTRES (Eure-et-Loir). — Église Notre-Dame, 281, 515, 580, 622; pèlerinage, 580, 622.

—— (Aimeri DE), conseiller au Parlement de Paris, 244.

CHASSÉE (LA) (Deux-Sèvres, arr. de Bressuire, cant. d'Argenton-Château). — Seigneurie, 353.

CHASTELLUX (Cathon DE), 470.

—— (Jean DE), maître de l'hôtel du duc de Berry, 471.

CHASTENIER (Jean), notaire au Châtelet de Paris, 301, 304.

CHASUBLE, 602; — de cramoisy, ou *velluyau* vermeil, 364; — de drap de soie vermeille, 460; de drap d'or, aux armes de la dame de Goudet, 496; — noire et blanche, pour l'église de la Chapelle-Gauthier, 611.

CHÂTEAUPERS (Bertrand DE), écuyer, 265, 454.
— Marguerite de Seris, sa femme, 454.
— Guiot et Philippote, ses enfants, 454.

CHÂTEL (Jeanne DU), femme de Regnault Fréron, 277.
—— (Jenson DU), 277.
—— (Pierre DU), maître des comptes, 255, 271, 272, 279.
—— (Tanneguy DU), prévôt de Paris, 471.

CHÂTEL-ET-CHEHERY (Ardennes, arr. de Vouziers, cant. de Grandpré), 275.

CHÂTELET de Paris, 243, 246, 248, 272, 292, 293, 295, 296, 301, 311, 324, 331, 335, 337, 349, 358, 363, 383, 384, 409, 410, 412, 425, 426, 429, 432, 433, 443, 457, 466, 471, 476, 485, 486, 490, 494, 498, 505, 514, 518, 521, 537, 554, 563, 568, 587, 606, 617, 620, 626, 636, 640. — (Aumônes aux prisonniers du), 311, 536, 537, 540.

CHÂTILLON (Oudard DE), 530.

CHAUDERON (Colin, fils de Gilot), 613.

CHAULNES (Somme, arr. de Péronne). — Château; chapelle, 473. — Église: tombe ornée de peintures, 472, 473. — Seigneurie, 471.

CHAUMONT, serviteur de l'évêque d'Auxerre, 378.

CHAUMONT-EN-BASSIGNY (Haute-Marne). — Recettes, 418.

CHAUMONTEL (Colette DE), chambrière d'Enguerranne de Saint-Benoît, 460, 461.

CHAUSSES, vêtement des jambes, 326, 333, 613; — distribuées aux pauvres, 536.

CHAUSSETIER (Métier de), 608.

CHAUSSIÈRE (Marion la), chambrière d'Eude la Pis d'Oe, 479.

CHAUVEAU, 640.

CHAUVERON (Jean), conseiller au Parlement de Paris, 296.

CHAVOCIN, (Guillaume) dit l'Amiraut, malfaiteur supplicié, 412.

CHAZALET (Haute-Loire, arr. et cant. d'Yssingeaux). — Domaine de l'ordre de Saint-Jean de Jérusalem, 492.

CHEF-DE-VILLE (Jean), procureur au Parlement de Paris, 639.
—— (Pierre), de Saint-Denis, 640.

CHEMISES, 326, 613; — distribuées aux pauvres, 536; — pour l'usage des femmes impotentes de l'hôpital du Saint-Esprit en Grève, 438.

CHENAUX (Jeannette DES), 382.

CHÊNE (Guillaume DU), chapelain à Notre-Dame de Paris, 276.
—— (Jean DU), curé de *** au diocèse de Soissons, licencié en droit canon, 380.

CHENETS, 326.

CHERONNETTE (Jeannette LA), 360, 361.

CHEVAL morel, 422; — gris, 423.

CHEVAL (Pierre), bailli de Valois, 316.

CHEVALIER (Jeannin), 288, 294.

CHÉVENON (Bernard DE), évêque de Beauvais, 266.

CHEVILLY (Seine, arr. de Sceaux, cant. de Villejuif), 272. — Église paroissiale, 601.

CHEVREL (Étienne), 427.

CHEVRON (Toutain), bourgeois de Rouen, 577.

CHIEN (Mahiet LE), bourgeois de Paris, 463, 465.

CHIENS (Jean DES), 421.

CHINE (Bernard DE), marchand génois à Paris, 442.

Chine (*Lecture de*), commentaire sur le Code par Cino de Pistoie, 393.
Chirurgien de Milan, 447.
Chitry (Yonne, arr. d'Auxerre, cant. de Chablis). — Église, 258, 372, 373, 378.
Chopine, 326; — d'argent doré, 356; — d'étain, 463.
Chopine (Guillaume), religieux à Vincennes, 440.
Christien (G.), notaire, 586.
Christophle (Ange), marchand lucquois à Paris, 561.
Chuchepin (Marion, femme d'Aubry), 465.
Cigne (Robert le), écuyer, panetier de la reine Isabeau de Bavière, 347, 349, 350, 351.
Cimetière (Jean du), clerc et serviteur de Guillaume de Seris, 454, 456, 457.
Cirier (Roger) de Coye, 261.
Civitate Dei (*De*), ouvrage de saint Augustin, 314, 397.
Clamecy (Catherine de), femme de Franchequin de Blandecques, bourgeois de Paris, 262.
—— (Gilles de), seigneur de Prouvays, prévôt de Paris, 606.
Claustre (Guillaume), avocat au Parlement de Paris, 324, 329, 330.
Clavary (Pierre de), marchand italien, 448.
Cledier (Jean), 328.
Clément VII (Bulle du pape), 331, 332.
Clémentines (*Recueil des*), 314, 593.
Clerbault, écuyer au service de l'évêque de Tournai, 341.
Clerbouc (Jean), orfèvre, 449.
Clerc (Aubelet le), 340.
—— (Guillaume le), conseiller du roi, 622.
—— (Guillemin le), étudiant à Orléans, 340, 342.
—— (Margot, fille de Jean le), 341.

Clerc (Perrinet le), 485.
—— (Pierre le), chapelain de Marguerite de Bruyères, 583.
Clerc de la Chambre aux Deniers, 257.
Clercs des comptes, 259, 261, 265, 278, 431, 441, 461, 568.
Clercs des Requêtes du Palais, 264, 522, 586.
Clichy (Jean de), directeur de l'hôpital du Saint-Esprit en Grève, 441.
Cloche (Thomas de la), 565.
Clochette d'argent pour autel, 392.
Closier (Gabriel), changeur à Paris, 449.
—— (Jean), notaire au Châtelet de Paris, 443, 450.
Cluny (Saône-et-Loire).— Abbaye, 517, 521.
Cluys (Jean de), curé de Cormeilles-en-Parisis, 261.
Coch (Hervé le), seigneur de la Grange, chambellan de Charles VI, 302, 303.
Cochet (Guillaume), habitant de la Villette-Saint-Ladre, 428.
Coconnier (Perrin le), habitant de Pantin, 428.
Coffre long à linge, 367; — de noyer vernissé, 377; — jaune, 378.
Coffres et coffrets, en bois et en fer, 320, 387.
Coffret contenant des brevets du Châtelet, 521.
Cognardat (Guiot), neveu de Pierre d'Auxon, 507, 510.
Coiffe (Robert), chanoine de Noyon, clerc des comptes, 259.
Coiffy-le-Château (Haute-Marne, arr. de Langres, cant. de Bourbonne-les-Bains). — Chapelle fondée par Jean de Coiffy, 364, 367, 368. — Église, 365, 366.
Coiffy (Étienne de), fils naturel de Jean de Coiffy, 362, 368, 369, 370.
—— (Guillaume de), prébendé à Langres, 364, 366, 368.

Coiffy (Jean de), notaire et secrétaire du roi, chanoine de Reims, 257, 362, 363.
Coigny (Jean), serviteur de Pierre d'Auxon, 509.
Coincy (Aisne, arr. de Château-Thierry, cant. de Fère-en-Tardenois). — Prieuré de l'ordre de Saint-Benoît, 517.
Coleçon (Jean), chanoine de Reims, 256.
Colet (Alain), 435.
—— (Pierre), chapelain de Jean Creté, 435.
Collège des notaires et secrétaires du Roi, 610.
Collier d'argent, 499, 503.
Cologne (Perceval de), chevalier, 352.
Colombette (Claude), suivante d'Alix de Cournon, 493.
Colombier (Manoir du), près Saint-Porchaire (Deux-Sèvres, arr. et cant. de Bressuire), 353.
Combes (Jean de), procureur au Parlement de Paris, 329, 330, 466, 468, 470, 494, 499, 500, 503, 520.
Commaille (Guillaume), 573.
Commerce de blé en Champagne, 626.
Commerce de bois à Paris, 626.
Compagnie de marchands italiens, 448.
Compostolain, commentaire sur les Décrétales par Bernard de Compostelle, 314.
Compote, 640.
Comptes d'exécution testamentaire, 250.
Comptour (Guillaume), 493.
Conches (Jean de), 502, 503.
Concierges d'une maison à Paris, rue des Bretons, 328.
Concile tenu à Paris au sujet du schisme, 384.
Concordances sur la Bible, 314.
Condé (Colin de), 340.
Condé-sur-Noireau (Calvados, arr. de Vire). — Domaines de Pierre de Navarre, 544.

Confesseur de Charles VI : Jean Manchon, 592.
Confesseurs du commun du roi, 377.
Conflans (Jean de), seigneur d'Armentières, 317.
Confréries parisiennes ; — des notaires au Châtelet, 433 ; — de Notre-Dame-des-Champs, 488 ; — de Notre-Dame-de-Recouvrance en l'église des Carmes, 614 ; — de Notre-Dame-de-Septembre en l'église de Saint-Merry, 536 ; — de Notre-Dame, de Saint-Michel et Saint-Eustache, de la Madeleine et de Saint-Nicolas en l'église de Saint-Eustache, 527 ; — de la Conception-Notre-Dame en l'église de Saint-Paul, 467 ; — du Père, du Fils et du Saint-Esprit et de la Conception-Notre-Dame en l'église de Saint-Séverin, 488 ; — de la Nativité-Notre-Dame en l'église du Saint-Sépulcre, 638 ; — de Sainte-Catherine du Val des Écoliers, 467, 488, 637 ; — de Saint-Étienne et Sainte-Geneviève, de Saint-Denis, en l'église Saint-Étienne-du-Mont, 607 ; — de Saint-Jacques-du-Haut-Pas, 467 ; — de Saint-Mathurin, 488 ; — des Saintes-Maries en l'église des Carmes, 614 ; — de Saint-Merry, 565 ; — de Saint-Michel, 488 ; — de Saint-Michel en l'église de Saint-Nicolas-des-Champs, 467 ; — de Saint-Nicolas au Palais, 515, 614 ; — de Saint-Nicolas-aux-Épiciers en la chapelle de l'hôpital Sainte-Catherine, 551 ; — de Saint-Pierre et Saint-Paul en l'église du Saint-Sépulcre, 637 ; — de Notre-Dame de Boulogne, 488 ; — de Notre-Dame de Gisors, 422.
—— de Notre-Dame de Pontoise, 412 ; — de la Conception-Notre-Dame et de Saint-Nicolas en l'église de la Chapelle-Gauthier, 607 ; — de Saint-Fiacre en Brie, 638 ; — de Saint-Nicolas de Thouars, 357.

Connétable de France, 257, 284.
Connins, fourrure de lapins, 468.
Conseil (Jean du), notaire au Châtelet de Paris, 443, 450.
Conseillers en la Chambre du Trésor, 262, 263.
—— au Parlement de Paris, 244, 246, 248, 249, 252, 255, 257, 258, 259, 263, 264, 265, 266, 267, 269, 270, 291, 294, 296, 318, 352, 380, 411, 455, 457, 471, 474, 508, 563, 589, 596, 597, 603.
Consiliateur (Livre intitulé Le), 592.
Consolation de Boece (La), traductions françaises en vers et en prose, 314, 315, 392, 613.
Constantinople. — Église Saint-Dominique de Péra, 282.
Consul de Brives-la-Gaillarde, 258, 411.
Conte (Roger le), prêtre, chapelain d'Enguerranne de Saint-Benoît, 459.
Contrôleur de l'audience en la chancellerie (Office de), 367.
Coque (Perrenelle la), chargée d'instruire les filles de l'hôpital du Saint-Esprit en Grève, 437.
Coquillart, 638.
Corbeil (Seine-et-Oise). — Église de Notre-Dame, 568, 569, 570, 571, 572, 573, 574, 575. — Église de Saint-Germain du Vieux-Corbeil, 570, 571, 572, 575; Jean de Noyers, curé, 568, 569; chemin du Puits, 575. — Église de Saint-Jacques, 575. — Église collégiale de Saint-Spire, 569, 570, 571, 572, 573. — Marché au blé (maison de Jean de Noyers devant la Croix), 572.
Corbie (Arnaud de), chancelier de France, 256, 285, 286, 292, 522, 527, 563, 621. — (Philippe de), son fils, 286, 289-290, 291, 294. — (Pierre de), son frère, 526, 527. — (Robert de), théologien, son père, 285. — (Thomas de), son frère, 289, 290, 291, 292, 293. — Jean, Arnaud et Marguerite, ses enfants, 293.
Corbigny (Guillaume de), prieur de Saint-Éloi de Paris, 331.
—— (Jean de), receveur des biens de Marguerite de Bruyères dans le Nivernais, 583.
Cordier (Jean), 636.
Cornu (Jean le), de Vernon, 262.
Corporaux, 340, 460; — avec bourse servant d'enveloppe, 376.
Corroier (Jean le), 454.
Corset, vêtement ajusté à la taille, 333; — court, d'écarlate rosée, fourré de menu vair et de cendal, 582.
Corsin (Pierre), chapelain et aumônier de Pierre de Navarre, 546, 547.
Cosne (Gui de), chevalier, notaire et secrétaire du roi, 262.
Cossart (J.), 335.
Cotelle (Jean), tabellion juré, 419, 425.
Coton, coutonum, alcotum, jupons doublés de coton, 326.
Cotte, tunique à manches, 334, 369, 483; — de drap noir, 420; — longue avec penne, 491; — simple, 491, 623; — simple, d'écarlate rosée, 582; — double avec chaperon, 613.
—— hardie, sorte de tunique courte ajustée; — hardie de vert à chevaucher, 479.
—— d'armes, 518.
Cottes distribuées aux pauvres, 536.
Coucy (Aisne, arr. de Laon). — Château, 620. — Seigneurie, 280, 283. — (Enguerran VI, sire de), 279. — (Enguerran VII, sire de), comte de Soissons, 255, 279, 280.
Couilly-en-Brie (Seine-et-Marne, arr. de Meaux, cant. de Crécy), 625, 631, 632,

83.

633, 636. — Église paroissiale, 631, 632, 633. — Hôtel-Dieu, 634.

Coulommiers (Seine-et-Marne), 541. — Cimetière, 542. — Église paroissiale, 529, 530, 534, 535, 536; chapelle Saint-André, 530; grosses cloches de la tour, 530; prêtres, 532. — Église de Sainte-Foy, 531, 532. — Hôtel-Dieu, 535. — Maison sise au château, 530. — Pré Soussy, 530.

Coulon (Guillaume), procureur au Parlement de Paris, 259.

Courlon (Gille de), dame d'Auxy, 256.

Cournon (Alix de), dame de Goudet, 261, 492, 493, 494, 495, 497, 498, 499, 500, 502.

Cours de lois, 340, 526.

Court (Colin de la), premier clerc de Jean Soulas, 636.

Courtiamble (Jacques de), chevalier, 284.

Courtines, rideaux du lit et des fenêtres, 388; — palées de vert et de blanc, 393. — d'autel, 390.

Court-Nez (Jeannin), 468.

Courtois (Frères Jean), carmes du Puy-en-Velay, 502.

Cousin (Martin), chapelain de Jean Canard, 393, 394.

Cousinot (Pierre), procureur du roi au Trésor, 587.

Couste, lit de plumes, 355, 375, 427, 496, 517.

Coustepointes, couvertures de lit, 428, 517; — blanches, 375, 378.

Couteau (Gui), official de Paris, curé de l'église Saint-Leu et Saint-Gilles, chancelier de l'église de Meaux, 265.

Couteau avec gaîne, garni d'argent, 376.

Couteaux garnis d'argent, 518.

Coutume d'Auvergne, 328; — de Reims, 391.

Coutumier de Normandie, 315.

Couture (Melchion de la), chanoine de Beauvais, 256.

Couturier (Métier de), 635.

Couverture aux armes de la dame de Goudet, 496.

Couvertures rouges, 326; — de lit en cendal vermeil, 338.

Couvrechefs, bonnets de nuit, 468; — légués à l'Hôtel-Dieu de Paris, 375.

Cramailles (Jean, dit Floridas, seigneur de), 471.

—— (Marie de), femme d'Imbert de Boisy, 471, 473, 474.

Craon (Gui de), chambellan de Charles VI, 256.

Crécy-en-Brie (Seine-et-Marne, arr. de Meaux). — Maladrerie; chapelle, 570.

Creney (Michel de), aumônier de Charles VI, évêque d'Auxerre, 260.

Cresecques (Marguerite de), femme de Thomas de Corbie, 289, 293.

Crespy (Jean de), notaire et secrétaire du roi, 484, 485, 489.

—— (Laurent de), religieux célestin, 489, 491.

Creté (Jean), maître des comptes, 249, 259, 278, 431, 432, 436.

Croix d'argent, 280; — d'argent pour autel, 397; — d'or garnie de perles, donnée par la reine Blanche, 395; — d'or avec morceaux de la vraie croix, 581.

—— funéraires; — de plâtre au cimetière de Coulommiers, 542; — de pierre au cimetière des Chartreux; 373; — de bois, peinte sur le modèle des croix du cimetière des Innocents, 542.

—— de Saint-André empreinte sur monnaie d'or, 626.

Croix (Guillaume de la), avocat en cour laye à Longjumeau, 258.

—— (Mahaut de la), 316, 318.

Crosse de l'évêque d'Arras, 387.

CUIGNIÈRES (Frère Christophe DE), 288.
CUILLERS d'argent, 269, 312, 326, 356, 368, 379, 435, 468.

CURÉS des paroisses de Paris, 256, 265, 267, 358, 359, 500.
CUSTODES, rideaux; — noires, 428.

# D

DAMADE (Jean), fils adoptif de Jean de Neuilly, 311, 312, 313, 317, 318, 319.
DAMES nobles, 256, 257, 259, 261, 264, 265, 289, 293, 301, 303, 336, 342, 419, 423, 424, 454, 457, 471, 473, 474, 492, 493, 544, 563, 577, 581, 605, 621.
DAMOISEAU (Jean), 328.
DAMPIERRE (Jeanne de la Rivière, dame DE), 581.
—— (Oudard DE), 525.
DAMPMAZ (Étienne DE), 460.
DAUPHIN (Hugues), chevalier, 495.
—— (Jean), licencié en décret, 508, 509.
DAUPHINÉ, 431.
DÉCRET, 593, 612.
DÉCRÉTALES, 269, 314, 393, 593; *Sexte*, 269, 314, 393, 593.
DEMAINNE, sœur de Guillaume de Lirois, 269.
DENIS (Jacques), maître ès arts et bachelier en décret, 266.
DÉODAT (Jacques), religieux cordelier du Puy-en-Velay, 497.
DESSUS-L'EAU (Étienne), bourgeois de Sens, 248.
DESTOURBES (Barthélemy), procureur au Parlement de Paris, 479.
—— (Jeannette), 479.
DIAMANT (Petit), 577.
DIAMANTS, 289; — vendus à Isabeau de Bavière, 442, 443.
DICY (Bureau DE), écuyer d'écurie du roi, 266.
DIEUPART (Jean), 485.

DIGNE, *de Regalibus juribus*, commentaire de Dino, professeur de droit romain à Bologne, sur le titre *de Regulis juris* du 6ᵉ livre des Décrétales, 314.
DIJON (Côte-d'Or), 353, 431. — Chartreuse, 553. — Sainte-Chapelle, 553, 554.
DINERS de funérailles, 333, 459; — aux pauvres, 317; — au prêtre officiant avec six blancs, 508; — de funérailles aux prêtres officiants, 529; — aux prêtres et *amis charnels*, 533, 601; — pour serviteurs, 519, 529; — pour douze à seize voisins du défunt, 533.
DIRECTORIUM JURIS (Livre intitulé), 270.
DIZY (Pons DE), secrétaire du roi, chanoine de Reims, 251, 262.
DOGE (Damoiselle), cousine de l'évêque d'Arras, 396, 408.
DOGES (Girardin, fils de Robert), écolier à Paris, 397, 406, 408.
DOL (Agnès, fille de Jean), 479.
DOLE (Nicole DE), 613.
DOMMARTIN (Simon DE), procureur au Parlement de Paris, 260.
DONATIONS entre vifs, 475, 480, 550, 566.
DONZENAC (Corrèze, arr. de Brives). — Seigneurie, 415.
DORMANS (Guillaume DE), archevêque de Sens, 251, 258, 279, 303, 304, 598.
—— (Jean DE), cardinal-évêque de Beauvais, fondateur du collège, 601.
—— (Jeanne DE), dame de Paillard et de Silly, 259.
DORMELLES (Seine-et-Marne, arr. de Fontai-

nebleau, cant. de Moret). — Église, 375, 376; chapelle Saint-Gervais, 376.

Dossier, garniture du chevet du lit, 355; — de tapisserie portant les armes du duc de Bourgogne, 393.

Douai (Nord), 402. — Cordeliers, 389, 407. — Église collégiale de Saint-Pierre, 389, 405. — Hôpitaux et maladreries, 404. — Jacobins, 389, 407.

Douaire de Catherine d'Alençon, comtesse de Mortain, 545.

Doubleval (Jean), 324, 329.

Doubtet (Jean), 622.

Doue (Seine-et-Marne, arr. de Coulommiers, cant. de Rebais). — Église paroissiale, 535.

Doule (Jean), conseiller de Charles VI, 622.

Doumesnil (Guillaume de), écuyer, 424.

Doux-Sire (Jean), clerc au Châtelet, 250.

Doysse (Marine la), épicière et bourgeoise de Paris, 263.

Drac (Barthélemy du), trésorier des guerres, 563. — (Berthelot du), son fils, 563. —— (Jean du), président au Parlement de Paris, 262, 353, 563, 564. — (Philippot), son fils, 567. — (Jeanne du), sa fille, femme de Philippe de Morvilliers, 563.

Drap brun, 393; — gris, 269; — gris blanc, 350; — gris brun, 638; — marbré, 483; — marbré rouget de Bruxelles, 276; — marbré de Rouen, 326; — noir, 420, 579; — d'or, 496; — d'or vermeil, 388; — de racami, 350; — rouge, 350; — de soie vermeille, 460; — vert, 349, 636; — vert brun, 636; — violet, 350; — de Bruxelles, 349; — (gros) du Puy-en-Velay, 496; — (prix du), 428.

Drapier (Métier de), 608.

Draps de lit de deux lez, 378; — (petits) de lit, 427; — communs, 428; — de lit, de chanvre, 623; — de toile, 326; — de lit, légués à l'Hôtel-Dieu de Coulommiers, 535; — de Paris, 274, 355, 375, 517, 536; — de Rozoy en Brie, 533; — aux hôpitaux de Paris, 427, 434; — du Puy-en-Velay, 499; — de lit, pour l'hôpital du Saint-Esprit en Grève (rente perpétuelle affectée à l'achat de), 438; — pour l'ensevelissement des morts pauvres de Paris, 436.

Dreux (Eure-et-Loir). — Comté, 604.

Drion, serviteur de Simonnette la Maugère, 625.

Droin (Maître), 316.

Droit canon (Livres légués pour favoriser l'étude du), 593.

Droit civil et canon (Livres de), 269, 275, 313, 314, 340, 392, 393, 593, 612.

Drosay (Jean de), secrétaire du roi, 622.

Droyn (Jean), habitant de Coulommiers, 541, 543.

Ducats, monnaie, 283.

Ducy (Jacques), maître des comptes, 411.

Durand (Jean), 640. —— (Guillaume), son ouvrage : *Rationale divinorum officiorum*, 314, 387.

# E

Eaubonne (Seine-et-Oise, arr. de Pontoise, cant. de Montmorency), 277.

Écarlate, riche drap de laine, 275, 276, 343, 394; — brune, 276; — rouge de Malines, 325; — rouge, 349; — rosée, 582; — vermeille, 460; — violette, 582.

Échanson du roi, 260, 475.
Échiquier de Normandie à Rouen, 267, 471.
École (Sommes léguées pour subvenir aux frais d'), 368, 377, 378, 397, 428, 461, 509, 608, 613; — (recommandation de faire suivre l'), 526.
Écoles à Neuilly-Saint-Front, 307, 308.
Écoliers séculiers résidant à Paris; legs en leur faveur, 399, 406.
Écorché (Thomas l'), avocat au Châtelet de Paris, 259, 425, 426.
Écosse (Gilbert d'), religieux jacobin, 456, 457.
Écouen (Jean d'), bourgeois de Saint-Denis, 259.
Écuelles d'argent, 392; — d'étain, 312.
Écuiry-en-Soissonnais (Gaucher, seigneur d'), 621.
Écus d'or, monnaie; leur valeur en livres Tournois, 479, 601; — d'or à la couronne, valant 18 sols Parisis pièce, 395, 404, 559.
Écuyer (Jean l'), 421.
—— d'écurie du roi, 266.
Écuyers de corps du roi, 256, 262, 295.
Édouard III, roi d'Angleterre, 279, 285, 352.
Élu (Jean l'), 602.
Émail représentant l'image de saint Quentin, 368.
Émaillé (Calice d'or), 436; — (hanap d'argent avec couronnement), 467.
Émaillée (Paix), 364.
Émaux (Grands) au fond de hanaps, 435.
Émeville (Gilles d'), médecin du roi, 243.
—— (Pierre d'), président au Parlement de Paris, 244.
Empereur (Denisot l'), 479.
—— (Jacques l'), échanson de Charles VI, 260, 475, 476, 478, 479, 480.

Empereur (Pierre l'), étudiant à Orléans, 479.
Encensoir d'argent, 281.
Enfant (Supposition d'), 492.
Enfants naturels (Légitimation d'), 289, 362, 369; — trouvés, 453, 487, 536, 619.
Ensevelissement des morts pauvres, 436, 453.
Épiais (Guillaume d'), 639.
Épices (Achat d'), 640.
Épiciers de Paris, 262, 263, 547, 568, 573; confrérie de Saint-Nicolas, 551.
Épidémie de 1412, 544.
Épidémies à Paris, 335, 522, 527, 548; — dans le diocèse de Sens, 621.
Épinay-sur-Orge (Seine-et-Oise, arr. de Corbeil, cant. de Longjumeau). — Église paroissiale, 601.
Épinay-sur-Seine (Seine, arr. et cant. de Saint-Denis). — Église de Saint-Médard, 565. — Hôtel de Jean du Drac, 563, 567.
Épine (Guillaume de l'), huissier au Parlement de Paris, 264.
Épitaphes d'Enguerran de Coucy, comte de Soissons, 280; — de Jacqueline d'Ay, femme de Jean du Drac, 563; — de Jean Canard, évêque d'Arras, 384; — de Jean de Coiffy, notaire et secrétaire du roi, 362; — de Jean Guiot, chanoine de Sens, 372. — de Jean de Neuilly-Saint-Front, 306; — de Robert Mauger, premier président du Parlement de Paris, et de sa femme, 597.
*Épîtres de Pierre de Blois*, recueil de ses lettres, 608; — *de Pierre de la Vigne*, recueil de ses lettres, 608; — *de saint Bernard*, recueil de ses lettres, 611; — *de saint Paul*, glosées, 314.
Érart (Gautier), 364.
Escopres (Jean d'), dit Walet, écuyer de

cuisine du duc de Guienne, 263, 576, 577.

Escot (Guy L'), écuyer, 391, 394, 395, 400, 402, 408.

Espars (Jacques d'), 588.

Espoisse (L') (Seine-et-Marne, arr. de Provins, cant. et comm. de Nangis). — Seigneurie de l'Espoisse-au-Lombard, 615, 618.

—— (Nicolas de l'), notaire et secrétaire du roi, greffier des présentations au Parlement de Paris, 248, 265, 604, 605, 606, 617, 618, 619, 620. —(Emmeline), sa femme, 604, 611. —(Étienne), son frère, 608, 615. — (Gaucher), son frère, curé de Nangis, 612, 615. — (Gaucher), son neveu, 608. — (Jacques), son fils, 614, 615. —(Jean, Thévenin et Martinette), ses petits-neveux et petite-nièce, 608. — (Jeanne), sa fille, mariée à Jean d'Aulnay, 605, 608, 616, 618.

Essarts (Pierre des), maître de l'hôtel du roi, prévôt de Paris, 471, 475, 485, 494, 498, 505, 554.

Essommes (Aisne, arr. et cant. de Château-Thierry). — Abbaye, 307, 308, 309, 314, 317, 600.

Essonne (Rivière d'). — Jardin et saussaie près de la rivière, 572.

Essoyes (Jean d'), secrétaire d'Isabeau de Bavière, chanoine de Saint-Merry, 257, 345.

Estamines, petites étoffes très légères, non croisées, employées pour faire des chemises, 333.

Estouteville (Gilles d'), ancien maître des Requêtes de l'Hôtel, chanoine de Rouen, 258.

—— (Guillaume d'), évêque de Lisieux, 263.

—— (Jean d'), seigneur de Villebon, 584.

Estouteville (Jeannet d'), seigneur de Charlemesnil, 264.

——(Thomas d'), évêque de Beauvais, 255.

Étampes (Jean, duc d'), 252.

Étaux pour la vente du poisson d'eau douce à Paris, 486.

Étiennet, valet de Jean Soulas, 626.

Étole, 460, 603.

Études (Maison léguée par Jean de Popincourt à son neveu, à condition de poursuivre ses), 340; — (somme d'argent léguée à Pierre l'Empereur, étudiant à Orléans, pour continuer ses), 479; — (somme d'argent et livres légués par Adam de Baudribosc à son neveu, à charge de terminer ses), 593; —(Catholicon exposé et mis à la disposition du public pour favoriser les), 514.

Étudiants en l'Université d'Orléans, 258, 340, 479; — en l'Université de Paris, 360, 375, 377; — pauvres de Paris (legs en leur faveur), 275, 399, 406.

Étymologies (Traité des), par Isidore de Séville, 315.

Eudelot, chambrière d'Arnaud de Corbie, 288.

Eutrope, ses Histoires romaines, 315.

Évangiles de saint Paul, 314.

Évêques, 249, 252, 255, 257-264, 266, 285, 295, 296, 300, 315, 318, 355, 357, 373, 377, 380, 383, 387, 470, 472, 473, 589, 621.

Évreux (Eure), 543.

Examinateurs au Châtelet de Paris, 248, 412, 471, 492, 640.

Exhérédation d'un fils s'il s'adonne au jeu, 473.

Eynac (Haute-Loire, arr. du Puy-en-Velay, cant. de Saint-Julien-de-Chapteuil, comm. de Saint-Pierre-Eynac). — Château et terre, 493.

## F

Fabri (Robert), prêtre, 543.
— (Simon), curé de Saint-Étienne-du-Mont à Paris, 267.
Fanon, 603.
Faremoutiers (Seine-et-Marne, arr. de Coulommiers, cant. de Rozoy-en-Brie), 530. — Église Notre-Dame, 535.
Fatinant (Gabriel), marchand génois à Paris, 442, 443, 447, 448, 450. — (Nicole), sa femme, 446. — (Pierre), changeur, son fils, 443, 449, 450. — (Marion et Jeanne), ses chambrières, 447.
Fautrat (Jean), procureur au Parlement de Paris, 266.
Fauvel (Jean), huissier au Parlement de Paris, 260.
Fay (Le) (Seine-et-Oise, arr. de Corbeil, cant. d'Arpajon, comm. de Linas). — Hôtel de Marguerite de Bruyères, dame des Bordes, 582.
— (Guillemette de), dite Petite, 480.
Feinnière (Marie, Jaquette et Denisette la), 567.
Fer (Jacques le), procureur au Parlement de Paris, 266.
Ferière (Jean de la), receveur des biens de Nicolas de l'Espoisse dans la Brie, 615.
Ferrières-en-Brie (Seine-et-Marne, arr. de Meaux, cant. de Lagny). — Église paroissiale, 477, 478.
Fetigny (Pierre de), avocat au Parlement de Paris, 604.
Feuchier (Étienne), 576.
Feuillée (Sevestre de la), partisan de Jean de Montfort, 285.
Feuillet (Symonnet), serviteur de Guillaume des Bordes, 583.
Feure (Jean del), marchand de Brives-la-Gaillarde, 417.

Feutier (Jean), religieux du Jard, 357.
Fevre (Guillaume le), clerc de Jean de Combes, 499.
— (Jean le), chapelain de Guillaume de Chamborand, 299, 300.
— (Jean le), chapelain de Jean des Bordes, 582, 584.
— (Junien le), avocat au Parlement de Paris, 635.
— (Mahiet le), clerc de Jean Blondel avocat au Parlement de Paris, 382.
— (Pierre le), avocat en cour laie, 417.
— (Pierre le), conseiller au Parlement de Paris, 344, 411.
— (Robert le), boucher au Puy-en-Velay, 499.
Février (Adam), 435, 437.
Fidéicommis, 615.
Flandre, 285.
Flandrine, femme de Colart le Borgne, 275, 276.
Flavacourt (Oise, arr. de Beauvais, cant. du Coudray-Saint-Germer), 420.
Fleuriot (Pierre), maître de la Chambre aux deniers d'Isabeau de Bavière, 345.
Florins, monnaie, 617; — à l'écu, 281.
Flory (Jean de), 343.
Floussayes, couvertures; à l'usage des pauvres de l'hôpital du Saint-Esprit en Grève, 438.
Fol (Marot du), 416.
Folleville (Jean de), prévôt de Paris, 249, 257, 261, 296, 301.
Fomaise (Jeannette la), 454.
Fonches (Somme, arr. de Montdidier, cant. de Roye). — Domaine, 471. — Église, 473.
Fondation de chapelles, 286, 293, 339, 420, 448, 473, 579.

FONDATIONS pieuses inscrites sur tableaux de cuivre fixés aux parois des églises, 299, 363, 487, 598, 612, 614; — sur un tableau attaché avec une chaîne de fer, 531.

FONTAINE (Jean DE LA), bourgeois de Paris, 597. — (Ysabelet), sa femme, 378.

FONTENAY (Guillaume DE), serviteur de l'évêque d'Arras, 395, 409.

FONTENAY-LEZ-LOUVRES (Seine-et-Oise, arr. de Pontoise, cant. d'Écouen).—Justice, 418.

FONTENAY-SOUS-BOIS (Seine, arr. de Sceaux, cant. de Vincennes). — Hôpital, 434.

FOREZ (Comté de), 470, 473.

FORGES (Pierre DES), archidiacre de Château-du-Loir et chanoine du Mans, 260.

FORTET (Giraud), licencié ès lois, 325.

FORTIN (Jean), prêtre, chapelain de Guillaume de Seris, 454, 456, 457.

FOSELIN (Raoulet), porteur d'eau, 488.

FOSSE (Catherine DE LA), 527.

FOSSE aux pauvres du cimetière des Innocents, à Paris, 381, 414, 427, 432, 523, 549.

FOUACE (Pierre), conseiller au Parlement de Paris, 244.

FOUACIER (Jean), fermier à Avron, 436.

FOUCHÈRE (Hilaire LA), portière, 360, 361.

FOULQUES, beau-père de Denis de Mauroy, 528.

FOULZY (Ardennes, arr. de Rocroy, cant. de Rumigny).—Église paroissiale, 390, 406.

FOUQUERÉ (Jean), 552.

FOUQUET (Robert), bourgeois de Paris, 263.

FOUR (Jacques DU), avocat au Parlement de Paris, conseiller en la Chambre du Trésor, 263, 640.

FOURNIER (Jeannin LE), 468.

FOURRURES noires, 269; — d'agneaux noirs, 394, 483, 594; — de connins, 468; — de croupes, 428; — de croupes de gris, 636; — de gris, 269, 326, 349, 350, 393, 427, 460, 479, 483, 623; — de gris commun, 393, 396; — de gorges de martres, 428, 636; — de ventres de martres, 349; — de gros vair, 269, 325, 349; — de menu vair, 325, 369, 461, 582, 623; — de petit vair, 270.

FRANC, sa valeur en sols Parisis, 606, 610.

FRANCE, 279, 280, 283, 449, 450, 451, 553.

FRANCHEVILLE (Herment DE LA), marchand et bourgeois de Paris, 259.

FRANCS d'or, monnaie, 269, 275, 294, 355, 431.

FRANS (Gabriel DES), 448.

FRÉRON (Macé), secrétaire du roi, 370, 371.

—— (Regnaut), premier médecin de Charles VI, 277, 278, 505. — (Ysabeau, Jacqueline et Perrette), ses filles, 277.

FRESNES (Jean DE), gendre de Jean du Drac, 566.

—— (Thibaud DE), procureur au Parlement de Paris, 265.

—— notaire au Châtelet de Paris, 295.

FRIPIER (Jean), clerc de la Chambre aux Deniers, 257.

## G

GAIDICHON (Marc), marchand lucquois à Paris, 561.

GAIGNEUR (Michel LE), religieux jacobin, 454, 456, 457.

GAIGNIART (Simon), chapelain et notaire de l'évêque d'Arras, 410.
GAILLART (Jençon), clerc de Pierre du Châtel, 276, 278.
GAILLONNET (Regnault DE), 567.
GALIEN, son traité De Utilitate perticularum légué à la Faculté de médecine de Paris, 510.
GAMACHES (Guillaume DE), 293.
GAMECHONS (Enfants du Pont, dits LES), 313.
GAND (Jean DE), cordonnier, 368.
GANDOULFE DE POLDIO de Gênes, oncle de Nicolas Pigasse, 446.
GANTS servant de bourse, 602.
GARD (Jacques DU), conseiller au Parlement de Paris. — (Jeanne la Pâtée), sa femme, 256.
GARIN (Poncelet), serviteur de Nicolas de l'Espoisse, 612.
GARITEL (Jean), conseiller au Parlement de Paris, 249, 315, 318, 334, 512, 520, 603.
GARNEMENS, pièces composant un habillement; — d'écarlate rosée, 582; — d'écarlate violette, 582.
GARNIER (Guillaume), bourgeois de Paris, 609.
GART (Jean DE), 576.
GASTEBRESE (Godefroy), 640.
GASTELLIER (Pierre), procureur au Parlement de Paris, 638.
GAUCHER (Jean LE), 507.
GAUCOURT (Catherine Chanteprime, femme d'Eustache DE), 261.
GAUDIAC (Guillaume DE), doyen de Saint-Germain-l'Auxerrois, conseiller au Parlement de Paris, 263, 519, 520.
GAUDIN (Ives), drapier à Moulins-Engilbert, 260.
GAULT (Jean LE), malfaiteur supplicié, 412.
GAUTHIER (Robert), 588.

GAUTIER (Alice, femme de Jean LE), 524.
GAUVAIN (Maître), chirurgien de Milan, 447.
GAZEL (Martin), médecin de Charles VI, 269, 270, 505, 592.
GENCIENNE (Lucie), femme de Nicole de Biencourt, conseiller au Parlement de Paris, 251.
GENDREAU (Jean), 353.
GÊNES (Italie), 443, 445, 446, 448.
GERÉ (Joachim DE), 552.
GERMAINCOURT (Isabeau DE), veuve de Jean Pèlerin, 256.
GERSON (Jean DE), chancelier de Notre-Dame de Paris, 399.
GIAC (Pierre DE), chancelier de France, 256, 285, 451, 455, 522, 527.
GIEFFRIN, neveu de Jean de Popincourt, 341.
GIEFFROY, page de Pierre du Châtel, 276.
GIEN (Loiret), 285. — Collégiale de Saint-Étienne, 380.
GILLEQUIN, cuisinier de Philippe de Savoisy, 350.
GIRARDON (Jean), dit des Orgues, chapelain du roi, chanoine de Notre-Dame, 265.
GISORS (Eure, arr. des Andelys). — Confrérie Notre-Dame, 422.
GOBELETS d'argent, 379, 392; — d'argent, (pile de), 395; — d'argent avec aiguière (pile de), 396; — d'argent doré, 343, 356, 396; — d'argent doré du poids de trois marcs, 502; — d'or à couvercle, 289.
GOBIN, 378.
GOBINETE (Philippote LA), fille attachée au service des pauvres femmes en l'hôpital du Saint-Esprit en Grève, 437, 438, 439.
GOMERFONTAINE (Oise, arr. de Beauvais, cant. de Chaumont, comm. de Trie-la-Ville). — Abbaye, 420, 421. — Manoir de Renaud de Trie, 420.

Gonesse (Seine-et-Oise, arr. de Pontoise), 272, 395.

Gosnay (Pas-de-Calais, arr. de Béthune, cant. de Houdain). — Chartreux, 389, 407. — Chartreuse, 389, 407.

Goudet (Haute-Loire, arr. du Puy-en-Velay, cant. du Monastier), 492, 493, 494, 495, 498.

—— (Alix de Cournon, dame de), 261, 492, 493, 494, 495, 497, 498, 499, 500, 502.

—— (Lambert, seigneur de), 492, 493, 495, 498.

—— (Marquise de), dame d'Aigrefeuille, 492, 493, 494, 495.

Goulain (Frère Jean), 270.

Goulet (Jean), 275, 276, 278.

Gouy (David de), chambellan de Pierre de Navarre, 546.

Graal (Yvonnet), serviteur d'Arnaud de Corbie, 287.

Grands jours de Troyes, 336, 596.

Grange (Étienne de la), président au Parlement de Paris, 470. — (Jean de la), cardinal, son frère, 257, 470.

—— (Thibaud de la), 599.

Grant (Eustache le), confesseur de Renaud de Trie, 422, 424.

Gravure sur un calice, 436.

Greffiers du Parlement de Paris, 245, 246, 247, 249, 251, 265, 279, 315, 318, 336, 397, 402, 471, 512, 516, 520, 528, 603, 604, 605, 606, 617-620.

Grenet (Frère Berthaut), 423.

Greneté (Hanap d'argent), pointillé, 467.

Grés (Pierre de), exécuteur testamentaire de Pierre Philippeau, 334.

Gris (Fourrure de petit-), 269, 326, 349, 350, 427, 460, 479, 483, 623 ; — commun, 393, 396 ; — (croupes de), 636 ; — (manteau de drap), 582 ; — blanc (drap), 350.

Gros (Pierre le), neveu de Jean de Coiffy, 367, 368, 369.

Grossard (Jean), portier de Philippe de Savoisy, 350.

Grossin (Pierre), neveu de Pierre Boschet, 356, 357.

Gudin (Simon), conseiller aux Requêtes du Palais, 266.

Guérart (Marion), béguine du Béguinage de Paris, 468.

Gueroust (Guillaume), hôtelier de la Cloche-Rouge en la rue Saint-Jacques, 412.

Guérout (Garnier), archidiacre de Josas en l'Église de Paris, 289, 291.

Guerres (Transport d'un tableau pascal à Rouen impossible à cause des), 593.

Guerry (Jean), notaire au Châtelet de Paris, 384, 403, 408, 426, 430.

Guienne, 451.

Guienne (Louis, duc de), fils de Charles VI, 597.

Guignemant (Robert), 394.

Guillaume (Jacques), prêtre du diocèse de Langres, 349.

—— (Philibert), clerc, 361.

—— (Maître), au service d'Adam de Baudribosc, 594.

—— serviteur de Simonnette la Maugère, 625.

Guillemette, marguillière des Béguines de Paris, 501.

Guillemin, clerc et serviteur de Thomas l'Écorché, 428.

—— serviteur d'Adam de Baudribosc, 594.

Guillemote, filleule de Guillaume de Vaux, 588.

Guillermine (La), chambrière d'Aimeri de Montragoux, 415.

Guillot, vigneron, 599.

Guinées, monnaie anglaise ayant cours à Sauve, dans le Midi, 515.

Guiot (Guillemin), 377.
—— (Jaquin), 375, 378.
—— (Jean), chanoine de Sens, curé de Chitry, 258, 372, 373, 381.

Guiot (Perrin), de Villemarchais, 377.
Gy (Guillaume de), conseiller au Parlement de Paris, 594.

## H

Habit à chevaucher, 394; — de drap brun, fourré de gris, 393; fourré de gorges de martres, 428.
Hache d'armes, 518.
Hagenbouch (Albert), chapelain de Notre-Dame de Paris, 568.
Haguenin (Jean), avocat, puis procureur général au Parlement de Paris, 528, 586.
—— (Jean), le jeune, procureur au Parlement de Paris, 638, 639.
Hainaut (Jeannette de), nièce de Jean de Popincourt, 341.
Ham (Somme, arr. de Péronne). — Seigneurie, 284.
Hamel (Perrin du), clerc d'Eude la Pis d'Oe, 480.
Han (Thomas du), notaire au Châtelet de Paris, 384, 403, 408, 409, 410, 411, 498, 500, 554, 562.
Hanage (Gilles), notaire au Châtelet de Paris, 606, 617, 620.
Hanaps, 392; — d'argent, 356; — d'argent doré, 315, 356, 395; — d'argent avec grands émaux, 435; — d'argent greneté avec couronnement émaillé, 467; — d'or à couvercle, 289; — d'or, avec fond émaillé représentant saint Quentin, 368; — de madre, 289, 312, 435; — cailliers, 368, 435.
Hangest (Jean de), chevalier, 284.
Haquenée, 289, 329.
Harcourt (Philippe d'), chevalier, 263.
Hardi (Étienne), prêtre, 543.
—— (Damp Jean), frère de Jean du Berc, 524.

Hardie (Mabille), 524, 525.
Harengier (Eustache), 573.
Harnais de déduit, équipement de chasse, 421; — de guerre du château de Boissy, 422; — de guerre du procureur Philippe de Vilate, 518.
Hasart (Jean), serviteur de l'évêque d'Arras, 395.
Haye (Jean de la), 446.
Hébert (Guillaume), procureur au Parlement de Paris, 266.
Héluyn (Robert), 267.
Hémart (Maître), astronomien, 449.
Hénault, varlet de Renaud de Trie, 421.
Hennières (Marie de), nièce de Jean du Drac, 567.
Henry (Frère), confesseur d'Arnaud de Corbie, 288.
—— serviteur de Renaud de Trie, 423.
Hérault (Jean), chanoine d'Auxerre, 478, 480.
Herbelet (Jean), 542, 543.
Herbert (Gui d'), serviteur de Jean d'Essoyes, 349.
Héricourt (Jean d'), 251.
Hermande (Freminette la), 428, 429.
Hernucart (Marie, veuve de Pierre), 316.
Héron (Macé), trésorier des guerres, 484, 485, 489, 490, 491.
Héronne (Jeanne la), poissonnière d'eau douce à Paris, 260, 484, 485, 491.
Hérouart (Guillaume), doyen de Soissons, 315.
Hersen (Pierre), 315.

HESDIN (Pas-de-Calais, arr. de Montreuil). — Château, 252.

HÉTOMESNIL (Jean DE), chanoine de la Sainte-Chapelle, 250.

HEURES (Livre d'), 416, 468, 480, 588; — mis en gage chez un boucher, 499, 503; — de Notre-Dame, 581.

HEUSE (Le Borgne DE LA), 418.

HISTOIRE de Notre-Dame figurée en tapisserie de haute lisse, 390, 406; — de Pâris, sujet d'une tapisserie de haute lisse, 393.

HISTOIRE scholastique de Pierre Comestor, 314; — de Troye la grant (L'), traduction française de la compilation de Guy de Colonne, 392, 609.

HISTOIRES d'Oultremer, version française de Guillaume de Tyr avec les continuateurs, 609; — romaines d'Eutrope, 314.

HISTORIARUM notabilium incipit (Livre intitulé), 314.

HODENT (Seine-et-Oise, arr. de Mantes, cant. de Magny). — Église, 422.

HÔPITAUX parisiens, 269, 274, 325, 427, 434, 442, 453, 537, 539, 550, 619.

HOUCIE (Thibaud), chanoine de Notre-Dame de Paris, 263.

HOUDEBEUF (Adam), avocat au Châtelet de Paris, 429, 430.

HOUDREVILLE (Eure-et-Loir, arr. de Chartres, cant. de Maintenon, comm. d'Épernon). — Église de Notre-Dame, 580.

HOUGUART (Jean), procureur au Parlement de Paris, 264.

HOUPPELANDE, sorte de redingote, ouverte par devant, avec larges manches, 301, 333, 394, 460, 612; — garnie de cendal ou de tartaire, 350; — de drap gris blanc, fourrée de gris, 350; — de drap marbré, fourrée d'agneaux noirs, 483, 594; — de drap marbré de Rouen, 326; — de pers, 624; — de quartette, fourrée de gris ou menu vair, 623; — de drap racami, fourrée de gris, 350; — de rouge, fourrée de gris, 350, 479; — de drap vert, fourrée de gros vair, 349; — de violet, fourrée de gris, 350, 483; — fourrée de croupes, 428; — fourrée de gris, 326, 349, 393; — noire, fourrée de gris, 479; — fourrée de ventres de martres, 349; — courte, fourrée avec chaperon, 608.

HOUSSAYE-EN-BRIE (LA) (Seine-et-Marne, arr. de Coulommiers, cant. de Rozoy-en-Brie), 433.

HOUSSE, manteau long à manches pendantes, 325.

HUBANT (N. DE), 332.

HUBERT (Maurice), 357, 358.

HUCHES, 387.

HUE (Jean), chanoine de Notre-Dame de Paris et archidiacre d'Avallon, 315, 318, 395, 402, 508, 561; ses héritiers, 509.

—— (Julien), conseiller du roi, 508.

HUGUENIN, valet de chambre de Marguerite de Bruyères, 583.

HUGUES (Clément), prêtre chapelain de l'église Saint-Jacques-de-la-Boucherie, 547, 548, 551.

HUGUES DE SAINT-VICTOR, son traité De Sacramentis, 314.

HUISSIER d'armes du roi, 259, 451.

HUISSIERS au Parlement de Paris, 250, 251, 256, 260, 264, 578.

HURE (Jean), notaire au Châtelet de Paris, 466, 470.

HURTAUT (Jean), notaire au Châtelet de Paris, 354, 359, 432, 442.

HURTEVANT (Guillemin), bourgeois de Paris, 635.

# I

Images de Notre-Dame en argent doré, 388, 390, 407; — de Notre-Dame en bois doré, 390; — de Notre-Dame en or, garnie de perles avec pied d'argent doré, 397; — de Notre-Dame, peinte dans l'église des Célestins des Ternes, 297; — de Notre-Dame dans l'église de Ferrières-en-Brie, 477; — de saint André en argent doré, 389, 390, 406, 407; — de saint Jacques en argent doré, 390, 407; — de saint Jean-Baptiste en argent doré, 391, 407; — de saint Paul en argent doré, 407; — de saint Pierre en argent, 389, 405.

Inondations à Paris en 1408, 598.

Inscriptions en vers latins sur la tombe d'Enguerran de Coucy, 280; — de Jean de Neuilly-Saint-Front, 306.

Institutes (Commentaire sur les), 270.

Intrant (Guillaume), avocat au Parlement de Paris, 329, 398.

Inventaires après décès, 250, 251, 320, 387, 578, 594.

Isabeau d'Angleterre, fille d'Édouard III. 279.

Isabeau de Bavière, reine de France, 345, 346, 418, 432, 442, 443.

Isabeau de France, fille de Charles VI, reine d'Angleterre, 285, 301, 336.

Isidore de Séville, son traité des *Étymologies*, 315.

Italie (Projet d'expédition en), 295.

# J

Jacques (Maître), serviteur de l'évêque d'Auxerre, 378.

Jaquette rouge, 269.

Jaquette (Sœur), cordelière de Provins, 434.

—— pauvre femme, 625.

Jaquot (Jean), 625.

Jardin (Anceau du), prêtre, 548, 552.

—— (Du), notaire au Châtelet de Paris, 292.

Jarousseau (Pierre), procureur au Parlement de Paris, 265.

Jay (Pierre le), avocat au Parlement de Paris, 259, 462, 463, 464.

Jayer (Gaucher), procureur général du roi au Parlement de Paris, 543, 544.

Jean XXIII, pape, 359, 598.

—— le Bon, roi de France, sa rançon, 279.

Jeanne de France, 543.

Jeanne, chambrière de Philippe de Savoisy, 350.

—— chambrière d'Eude la Pis d'Oe, 479.

Jeanneton, chambrière de Simonnette la Maugère, 623.

Jeannette, chambrière de Jeanne la Héronne, 489.

—— nourrice d'Antoine Vilate, 483.

—— chambrière de Nicolas de l'Espoisse, 612.

Jeannin, couturier à Paris, 635.

Jehan (Pierre), 552.

—— queux de Marguerite de Bruyères, 583.

Jérusalem. — Pèlerinage au Saint-Sépulcre, 557.

Jesselin (Gencelin de Cassagne), jurisconsulte, ses commentaires sur les *Décrétales et Clementines*, 314.

Jeu (Fils déshérité s'il s'adonne au), 473.

JOFFRON (Étienne), conseiller au Parlement de Paris, 455, 457.
JOHANNÈS, serviteur de l'évêque d'Auxerre, 378.
JOIGNY (Yonne), 377.
JOLIS (Jean), serviteur de l'évêque d'Arras, 409.
—— (Jean), 421.
—— (Thévenet), témoin du testament de Simonnette la Maugère, 625.
JOSÈPHE (Flave), son livre des *Antiquités judaïques*, 389.
JOSSE DE COINTICOURT (Jean), 316.
JOSSE (Girard), 311, 312, 313, 316, 317.
—— (Jean), filleul de Jean de Neuilly, 313, 316.
—— (Perrin), clerc de Jean de Neuilly, 311, 312, 314, 316, 317, 318, 319.
JOSSET DE MONTIGNY (Renaud), 541.
JOUDRIER (Regnault), clerc de l'évêque d'Arras, 394, 406.
JOURDINE (Denise LA), chambrière de Pierre le Jay, avocat au Parlement de Paris, 259, 462.

JOURNAL de Jean Guiot (Petit), chanoine de Sens, 377.
JOUVÉLIN (Mathieu), clerc de Jean d'Essoyes, 349, 351.
JOUVENCE (Jean), greffier du Parlement de Paris, 604.
JOUVENEL (Jean), avocat du roi au Parlement de Paris, 411, 568, 573.
JOYAUX d'Enguerran de Coucy, 283, 284; — d'Isabeau de Bavière, 443; — de Jean, duc de Berry, 485; — d'Alix de Cournon, dame de Goudet, 502, 503; — de Catherine d'Alençon, comtesse de Mortain, 546; — de mariage, 415.
JOYENVAL (Seine-et-Oise, arr. de Versailles, cant. de Saint-Germain-en-Laye, comm. de Chamboury). — Abbaye, 438, 439.
JULES CELSE, critique grec, sa revision des *Commentaires de Jules César*, 315.
JUPONS, justaucorps; — fourrés de gris, doublés de coton, 326.
JUSSY (Robert DE), 274.
JUSTINE (Jean DE), aveugle, 275, 276.

# K

KÉRENGAR (Ives DE), docteur en décret, curé de Ploudalmezeau, 261.

# L

LACHENAU (Guillaume DE), clerc et exécuteur testamentaire de Jean de Popincourt, 344.
LACTANCE, son traité *De vera et falsa religione*, 315.
LADY (Seine-et-Marne, arr. de Melun, cant. de Mormant). — Église paroissiale, 607.
LAGNY (Seine-et-Marne). — Augustins, 635.
—— (Jean DE), procureur au Parlement de Paris, 258.

LAGNY (Pierre DE), avocat au Parlement de Paris, 304.
LAMBERT (Huguenin), barbier de l'évêque d'Arras, 409.
LANDEREAU (Perrinet), clerc de Jean du Drac, 567.
LANDREVILLE (Guillaume DE), 351.
LANDRIEVE (Pierre), prêtre de l'église Saint-Amable de Riom, 327.
LANGRES (Haute-Marne). — Chapitre, 366.
— Évêque : Bertrand de la Tour, 255.

Langres (Gautier de), chanoine de Langres, 366, 367, 370, 371.
—— (Gilles de), trésorier du Vivier-en-Brie, 350.
Lattainville (Oise, arr. de Beauvais, cant. de Chaumont), 301.
Laurent (Thomas du), 520.
Lautrec (Brunissent, vicomtesse de), dame de Garancières, 265.
Lecture super Levitico, commentaire sur le Lévitique, 389; — de Chine, commentaire sur le Code par Cino de Pistoie, 393.
Légende dorée, de Jacques de Voragine, 314, 392.
Légitimation (Obtention de lettres de), 289, 369.
Legs minime au roi de France par un étranger, 446, 555.
Lelinghen (Pas-de-Calais). — Négociations, 285.
Lens (Pas-de-Calais, arr. de Béthune). — Cordeliers, 390, 407. — Église collégiale de Notre-Dame, 389. — Hôpitaux et maladreries, 400, 404.
Lettre boulonnoise (Manuscrit exécuté en), 393.
Lettres attestant l'accomplissement d'un pèlerinage, 526; — de donation entre vifs, 428, 480, 550, 566; — de légitimation octroyées à Étienne de Coiffy, 369; — de noblesse délivrées à Macé Héron, 484; à Nicolas de l'Espoisse, 604; à Renaud de Champigny, 369; — de rémission en faveur de Berthelot du Drac, 563; — de sauvegarde délivrées à Digne, Jacques et André Rapondi, 553; — de transfert, 435.
Lettrin, pupitre, 435.
Liancourt-Saint-Pierre (Oise, arr. de Beauvais, cant. de Chaumont). — Seigneurie, 335, 337, 338, 342.
Liber rerum familiarium, 315.

Libraire juré de l'Université de Paris, 266.
Librairie de l'abbaye de Sainte-Geneviève, 613; — du collège de Presles, 314; — du collège d'Autun, 324.
Liège (Hennequin du), tombier, 574.
Lieutenant criminel au Châtelet de Paris, 250, 258.
Lignières (Mahieu de), maître des comptes, 411, 441.
Lille (Nord), 369, 402.
Limoges (Haute-Vienne). — Évêché et diocèse, 297, 300, 414. — Évêques: Hugues de Magnac, 260; Nicolas Viaud, 264. — Rues de la Maignenie et des Tables, 415.
Limosine (Bernarde la), 483.
Limousin, 301.
Lirois (Guillaume de), conseiller au Parlement de Paris, 246, 255, 267.
Lisieux (Calvados). — Évêque: Guillaume d'Estouteville, 263. — Prébende canoniale, 267.
Lit fourni de coustes et coussins, 427, 467, 468, 517; — fourni de draps, serge et coutepointes, 592.
Lits étoffés, 312, 317, 355; — garnis, légués à l'Hôtel-Dieu de Paris, 517, 536, 580; aux hôpitaux de Notre-Dame et de Saint-Laurent du Puy-en-Velay, 496.
Livre pontifical de l'évêque d'Arras, 387; — de la Cité de Dieu de saint Augustin, légué par Jean Canard au duc de Bourgogne, 397; — des Épîtres de saint Bernard, légué à l'église de la Chapelle-Gauthier, 611; — de Galien, légué à la Faculté de médecine de Paris, 510; — légué à Guillaume de Gaudiac, doyen de Saint-Germain-l'Auxerrois, 519.
Livres de droit civil et canon, 269, 275, 313, 314, 340, 593; — d'église, enchaînés, 364, 514; — de médecine, 275, 327, 510, 593; — légués à charge d'étudier la médecine, 327; — de phi-

losophie et morale, 327, 592; — de théologie, 314, 592; — (vieux), vendus pour messes et aumônes, 526; — (sommes léguées pour acheter des), 368, 435; — légués à l'abbaye d'Essomes, 314; — légués au chapitre de Soissons, 314; — légués au collège de Dormans, 314; — légués au collège de Presles, 313, 314; — légués aux écoliers de Saint-Nicolas de Soissons, 315; — légués à l'église Notre-Dame de Paris, 314, 384; — en français, légués par Adam de Baudribosc, 593; — du chanoine Jean de Neuilly, 314, 315; — de l'évêque Jean Canard, 392, 393; — du greffier Nicolas de l'Espoisse, 608, 613; — du procureur Guillaume de Vaux, 588.

Logique (Livre de), 316.

Long (Guillaume le), clerc de Jean d'Essoyes, 350.

—— (Thomas le), 576, 577.

Longières, longerie, nappes longues, 326.

Longpont (Aisne, arr. de Soissons, cant. de Villers-Cotterets). — Abbaye, 310.

—— (Seine-et-Oise, arr. de Corbeil, cant. de Longjumeau). — Église de Notre-Dame, 580.

Longueil (Jean de), conseiller au Parlement de Paris, 411.

Longueville (Jeanne de), 499.

Loquet (Henri), bourgeois de Rouen, 577.

Loron (Jacob), maître de l'hôtel de Pierre de Navarre, 546.

—— (Maître Jacques), 571, 575.

Lorriller (Alice, femme de Toussaint), 524.

Louans, aujourd'hui Morangis (Seine-et-Oise, arr. de Corbeil, cant. de Longjumeau). — Église paroissiale, 601. — Terre de Robert Mauger, 603.

Louppy (Thierry de), docteur en décret, curé de l'église de Saint-Pierre-des-Arcis à Paris, 362.

Loyer (Jean), maître des testaments en cour ecclésiastique, 594.

Loys (Jean), habitant de Dormelles, 379.

Lucain, ses œuvres, 315.

Luçon. — Évêque : Germain Paillard, 265.

—— (Évêque de), 355, 357.

Lucques — (Italie). Chapelle et maison de Saint-Rieule, 557. — Églises : des Augustins, 557; des Chartreux, près Lucques, 556; de Notre-Dame à Becoly, diocèse de Lucques, 557. — Hôpital de la Miséricorde, 556. — Ville et diocèse, 558, 562.

Luminaire de funérailles, 355, 363, 374, 386, 414, 420, 427, 452, 459, 477, 486, 508, 529, 530, 532, 533, 549, 555, 570, 579, 591, 600, 624, 628.

Luquet (Guillemin), pauvre orphelin, 439.

Luquette, veuve de Robert de Souaf, orfèvre et bourgeois de Paris, 265.

Luxembourg (Charles de), vicomte de Martigues, 252.

—— (Louis de), chanoine de Saint-Merry, 505.

Luzarches (Seine-et-Oise, arr. de Pontoise), 343; — Église de Saint-Côme et de Saint-Damien, 587. — Pèlerinage à la dite église, 526, 588, 623.

Lyon (Rhône). — Diocèse, 472. — Official, 474.

Lyre (Nicolas de). Son commentaire sur la Bible, 314.

# M

Mabre (Pierre de), marbre servant à la décoration du culte, 364.

Maçon (Guiot le), 468.

Macrobe, ses livres intitulés *De Sompno Scipionis* et *Architrivium*, 314.

Madeleine (Bernard), ancien queux de Pierre Philippeau, 333.

Madre, matière précieuse. — (Hanaps de), 289, 312, 435.

Maffliers (Jacques de), prêtre, chapelain de Saint-Pierre-aux-Bœufs, 501, 502, 504.

Magnac (Hugues de), évêque de Limoges, 260.

—— (Pierre de), écuyer, originaire de Saint-Junien, 259.

Magni, serviteur de l'évêque d'Auxerre, 378.

Maguelonne (Évêque de), 514.

Mahiet, porteur d'eau, 378.

—— valet de Nicolas Pigasse, 447.

Maignan (Nicolas), procureur au Parlement de Paris, 360.

Maillart (Jean), curé de Verno-en-Brie, 379, 380.

Maillé (Jean et Colette), 299.

Maître du collège d'Autun, 327; — du collège des Bons-Enfants, 266; — de l'écurie du roi, 431; — en la Faculté de droit, 266; — des testaments en cour ecclésiastique, 248, 594.

Maîtres des comptes, 249, 255, 256, 257, 259, 261, 271, 272, 278, 411, 431, 441, 544; — en médecine, 256, 258, 261, 282, 283, 315, 318, 320, 504, 505, 510, 590-592, 593; — des Requêtes de l'Hôtel, 258, 265, 563, 620, 626.

Maîtresse du Béguinage de Paris, 260, 466.

Maladreries parisiennes, 434, 454, 608, 615.

Malefaide (Huguelin), habitant de Brives-la-Gaillarde, 416, 417.

Malelime (Jean), notaire au Châtelet de Paris, 354, 359.

Malesec (Gui de), cardinal, ancien évêque de Poitiers, 259.

Malet (Gilles), chevalier, 572.

—— (Jean), sire de Graville, grand-maître des arbalétriers, 419.

—— (Jean), procureur au Parlement de Paris, 259.

Malines (Drap écarlate rouge de), 325.

Maltin (Pierre), clerc de Pierre le Jay, 463.

Manchon (Jean), confesseur de Charles VI, 592.

Mandagot (Guillaume de), canoniste français, l'un des auteurs du VI° livre des Décrétales, 314.

Mandarin (Jean), 350.

Manessier (Jean), notaire au Châtelet de Paris, 363, 371, 476, 481.

Manipule, 460.

*Manipulus Florum*, ouvrage de Thomas d'Irlande, contenant des extraits d'auteurs sacrés et profanes, 612.

Mansois (Jean le), de Melun, 639.

Manteaux, 333, 369, 377, 394, 571, 609, 612; — à chevaucher, 287, 393; — à fond de cuve tirant sur le noir, 327; — de drap de Bruxelles, 349; — rouge de drap écarlate de Malines, 325; — long d'écarlate rouge fourré de gris, 349; — fourré de gris, 460, 624; — fourré de connins, 468; — sangle avec chaperon double, 609; — noir sangle, 349; — de gris pour les relevailles des femmes de Bruyères-le-Châtel, 582 ; — de vert, 479.

Mantes (Seine-et-Oise). — Célestins, 364.

Manufactures. — Drap marbré rouget de Bruxelles, 276. — Drap de Bruxelles, 349. — Drap d'écarlate rouge de Malines, 325. — Drap marbré de Rouen, 326. — Robe de vert d'Angleterre, 343. — Toile de Reims, 396.

Marais (Jean des), avocat au Parlement de Paris, 383.

Marbrés, draps de laine de diverses couleurs, 483; — rouget de Bruxelles, 276; — de Rouen, 326.

Marcadé (Jacques), valet de chambre de Charles VI, 260.

Marcel (Étienne), prévôt des marchands de Paris, 285.

Marchais (Le) (Seine-et-Oise), 336, 342.

Marchand (André), chambellan du roi, prévôt de Paris, 568.

—— (Henri le), prêtre, notaire apostolique, 465.

—— (Regnault), 397.

Marchand de cotrets en Grève. — Aumône pour le repos de son âme, 602.

Marchandise (Procureur de la), 525.

Marchands de Paris, 255, 260, 262, 264, 266, 296, 368, 468, 484, 486, 547, 548, 573, 635, 639.

—— génois à Paris, 259, 442, 443, 448.

—— lucquois à Paris, 262, 553, 554, 561.

—— du Puy-en-Velay, 497, 499, 503.

Marche (Catherine de Vendôme, comtesse de la), 257.

—— (Henri de la), 288.

—— (Jean de la), ancien conseiller au Parlement de Paris, maître des Requêtes de l'Hôtel, 265.

Marchepied de lit, 355.

Mare (Jean de la), clerc de Guillaume de Chamborand, 298, 300.

—— (Pierre de la), garde des sceaux de la châtellenie de Chaumont-en-Vexin, 419.

—— (Symonnet de la), 552.

Maréchal de France, 284.

Maréchal, serviteur de l'évêque d'Auxerre, 378.

Mareil-en-France (Seine-et-Oise, arr. de Pontoise, cant. d'Écouen). — Église, 422.

Marescot (Jean), clerc des Requêtes du Palais, 587.

Margot, chambrière de Jean Soulas, 635.

—— femme de Barrières, 583.

Marguerite, chambrière de Jean d'Essoyes, 350.

—— chambrière de Nicolas de l'Espoisse, 609.

Marie (Richard), clerc, 595.

Marie de Médicis, reine de France, 252.

Marigny (Jeannin de), neveu de Jean de Popincourt, 342, 343.

—— (Pierre de), avocat au Parlement de Paris, 340, 341, 343, 344.

—— (Pierre de), maître des Requêtes de l'Hôtel, prévôt de Paris, 626.

Marinier (Simon le), bourgeois de Paris, gouverneur de l'hôpital du Saint-Esprit en Grève, 441.

Marion, chambrière d'Eude la Pis d'Oe, 479.

Marizy-Sainte-Geneviève ou le-Grand (Aisne, arr. de Château-Thierry, cant. de Neuilly-Saint-Front). — Pauvres de la paroisse, 601. — Prieuré, 602.

Marizy-Saint-Mard (Aisne, arr. de Château-Thierry, cant. de Neuilly-Saint-Front). — Pauvres de la paroisse, 601.

Marlais (Jean), libraire juré de l'Université de Paris, 266. — (Bonne), sa femme, 259.

Marle (Henri de), chancelier de France, 286, 353, 411, 589, 596, 597, 621.
—— (Hugues de), conseiller au Parlement de Paris, 244.
Maroeuil (Pas-de-Calais, arr. et cant. d'Arras), 387.— Maison épiscopale brûlée deux fois, 388.
Marolles (Prieur de), 345.
Marquant (Jean le), 425.
Marsile de Padoue, ses traités politiques, 315.
Martigues (Charles de Luxembourg, vicomte de), 252.
Martin (Étienne), maître du collège d'Autun à Paris, 327.
—— (Jean), hospitalier, 377.
—— (Jeannin), filleul de Jean Soulas, 636.
—— (Mahieu le), chapelain et notaire de l'évêque d'Arras, 393, 410.
—— religieux de Sainte-Geneviève, curé de Vanves, 614.
Martineu (Jeanne), pauvre femme, 518.
Martiniane, chronique des Papes, par Martin Polonus, 314, 392.
Martinneque (Jeanne la), 483.
Martres (Ventres de), fourrure, 349.
—— (Gorges de), 428, 636.
Martreuil (Ithier de), évêque de Poitiers, 277.
—— (Olivier de), évêque de Chalon-sur-Saône, 257.
Massangis (Yonne, arr. d'Avallon, cant. de l'Isle-sur-Serein). — Église paroissiale, 506.
Massue (Quentin), conseiller au Parlement de Paris, 471.
Masuyer (Pierre), évêque d'Arras, 387.
Maubourg (Haute-Loire, arr. d'Yssingeaux, cant. de Monistrol, comm. de Saint-Maurice de Lignon). — Seigneurie, 503.
Maubry (Aisne, arr. de Château-Thierry, cant. de Neuilly-Saint-Front), 316.

Mauger (Jacques), fils de Robert Mauger, archidiacre de Soissons, 597, 624.
—— (Jaquin), frère de Robert, 600, 602.
—— (Robert), premier président du Parlement de Paris, 251, 265, 411, 596, 598, 604, 622, 624.
Maugère (Marguerite la), fille de Robert Mauger, 597.
—— (Simonette Darie, dite la), femme de Robert Mauger, premier président du Parlement de Paris, 266, 597, 598, 600, 603, 622.
Maugier (J.), notaire au Châtelet de Paris, 292.
Maule (Robert de), conseiller aux Requêtes du Palais, 261.
Maulin (Jean), maître des comptes, 256; — (Aveline), sa femme, 255.
—— (Nicolas), marchand lucquois à Paris, 561.
Mauloué (Henri), audiencier de la chancellerie, 294, 370.
—— (Jean), archidiacre de Tréguier, 368.
Mauny (Olivier de), 418.
Maupin (Gilet), 538. — (Sainteron), sa femme, 538.
Maupoivre (Geoffroi), maître ès arts et en médecine, 282, 283.
Maurain (Pierre), serviteur de Raymond de Turenne, 412.
Mauriat (Mathe), religieux cordelier du Puy-en-Velay, 497.
Mauroy (Denis de), procureur général du roi au Parlement de Paris, 262, 528, 543. — (Richarde), sa femme, 529, 530, 531, 535, 537, 538. — (Denisot), son fils, 543. — (Pierrette), sa sœur, 538. — (Denisot), son neveu, 538. — (Jean), son père, 541.
Meaux (Seine-et-Marne), 522, 527, 605, 629, 630, 631, 632, 633. — Chapitre, 625. — Cordeliers, 634, 635. — Églises :

de Saint-Étienne, 536, 634; chapelle de Notre-Dame-de-la-Verrière, 634; — de Saint-Martin-du-Marché, 630, 631, 632, 633; collégiale de Saint-Saintin-du-Marché, 629, 630, 631, 632. — Évêque : Jean de Saints, 264.

Meaux (Gennevote de), 468.

Médecin de Charles V, 247.

Médecine (Faculté de), 504, 505, 590; — (livres de), 275, 510, 593; — (livres légués en vue de l'étude de la), 326, 593; — (maîtres en), 243, 247, 256, 258, 261, 282, 283, 315, 318, 320, 504, 505, 510, 590-592, 593.

Médecins de Charles VI, 247, 261, 269, 277, 504, 505, 592.

Melun (Seine-et-Marne), 620. — Château, 431.

Mende (Lozère). — Évêque : Robert du Bois, 258.

Mendeville (Livre de), relation du voyage de Jean de Mandeville, 615.

Mercat (Michel), marchand lucquois à Paris, 561.

Mercennay (Jacques de), chanoine de l'église Saint-Étienne de Gien, 379, 380.

Mercier (Pierre), chapelain de Pierre du Châtel, 274, 276, 278.

Merciers de Limoges, 415.

Merle (Louis de), chevalier, 256.

—— (Pierre), licencié ès lois, notaire apostolique, 330.

Merrey (Aube, arr. et cant. de Bar-sur-Seine), 348. — Église paroissiale, 348.

Mès (Jacques de), notaire au Châtelet de Paris, 494, 498, 500.

Méseray (Thibaud du), écuyer, 336, 340, 342.

Mesnagiers pauvres de Paris, 400, 429, 436, 551, 610, 613.

Mesnil (Jean du), maître de l'hôtel du roi, prévôt de Paris, 617.

Messe du Saint-Esprit, célébrée à Coulommiers pour les ouvriers, 530.

Messes spéciales (Célébration de), 530, 534, 535, 631, 632; — dites *messes de saint Grégoire*, célébrées à Paris, 556.

Métier (Sommes léguées pour apprendre un), 378, 439, 575, 613; — de chaussetier et drapier, 608.

Michaut, serviteur de Jean de Neuilly, 312.

Michel (Jean), prêtre de l'église Saint-Eustache à Paris, 525, 527.

—— (Messire), serviteur de l'évêque d'Auxerre, 378.

Milan (Valentine de), son mariage avec Louis, duc d'Orléans, 384.

Milet (Adam), maître ès arts, 622.

—— (Jean), clerc de Pierre d'Auxon, 507, 509.

—— (Jean), 576.

Milon (Jean), examinateur au Châtelet de Paris, 248.

Miracle opéré par Notre-Dame de Chartres, 281.

Mire (Jean le), maître ès arts et en médecine, chanoine de Soissons, 258, 315, 318, 320.

Miresse (Jeanne la), femme de Pierre Braque, écuyer de cuisine du roi, 255.

Miron (Jean), commissaire au Châtelet de Paris, 640.

Missel à l'usage de Paris, 582; — à l'usage de Rome, 433; — noté à l'usage de Soissons, 308; — légué à l'église Notre-Dame de Soissons, 603; — légué à l'église Saint-Pierre de Sauve, 514.

Mitre de l'évêque d'Arras, 387.

Monci (Orne, arr. de Domfront, cant. de Tinchebray). — Domaines de Pierre de Navarre, 544.

Monétaires (Variations), 308, 605, 617.

Mongerie (Laurent de la), chanoine de Notre-Dame de Paris, 259.

Monnaie de Gênes, 448; — d'or marquée par son possesseur d'une croix de Saint-André, 626.

Monnaies. — Ducats, 283. — Écus d'or, 309, 312, 313, 323, 327, 339, 341, 358, 374, 376, 377, 479, 501, 601, 618, 624. — Écus d'or à la couronne, 559. — Florins, 617. — Florins à l'écu, 281. — Francs d'or, 269, 275, 294, 355, 431. — Francs d'or valant seize sols Parisis, 606, 616. — Guinées, 515. — Livres Tournois et Parisis, *passim*. — Nobles d'Angleterre, 515. — Nobles à la nef, 519. — Moutons et moutonnets, 602.

Monnet (Mahiet), 264.

Monnete (Jeannette la), bonne femme de la Chapelle-Haudry, 343.

Monnier de Porsan (Jean), 514.

Montagu (Jean de), président au Parlement de Paris, 353.

—— (Pierre de), habitant du Puy-en-Velay, 503.

Montaigu (Jean de), grand-maître de l'hôtel du roi, 431, 449.

—— (Jean de), archevêque de Sens, président de la Chambre des comptes, 620.

Montargis (Jean de), 599.

Montboissier (Guillaume de), conseiller au Parlement de Paris, 252.

Montchauvet (Dominique de), notaire et secrétaire du roi, 261.

Montdidier (Fontaine-sous-) (Somme, arr. et cant. de Montdidier). — Commanderie de l'ordre de Malte, 593, 594.

Mont-Dieu (Le) (Ardennes, arr. de Sedan, cant. de Raucourt). — Chartreuse, 391, 407.

Montfiquet (Bozon de), 270.

Montfort (Jean de), 285.

Montfort-sur-Risle (Eure, arr. de Pont-Audemer). — Église de Notre-Dame, 281; pèlerinage, 464, 515.

Montigny (Jean de), écuyer, 368.

Montlaudun (Guillaume de), son commentaire sur les Clémentines, 314.

Montlhéry (Seine-et-Oise, arr. de Corbeil, cant. d'Arpajon). — Châtellenie, 579. — Église de Notre-Dame, 580. — Prévôté, 585, 586.

—— (Guillaume de), 572.

Montpellier (Hérault). — Comptoir de Dino Rapondi, 553.

Montragoux (Aimeri de), notaire, consul de Brives-la-Gaillarde, 258, 411, 412, 413. — (Doulce), sa fille, 415. — (Marguerite), sa mère, 413, 416.

Montron (Aisne, arr. de Château-Thierry, cant. de Neuilly-Saint-Front). — Église paroissiale, 600, 601; chapelle de Notre-Dame, 602. — Pauvres de la paroisse, 601.

Montrouge (Seine, arr. et cant. de Sceaux). — Hôtel de Jeanne la Héronne, 489.

Mont-Saint-Éloy (Renaud du), conseiller au Parlement de Paris, 246, 266.

Mont-Saint-Michel (Manche, arr. d'Avranches, cant. de Pontorson). — Église, 281, 515; pèlerinage, 638.

Mor (Jean le), 423.

Moralia (*in Job*), livre de saint Grégoire le Grand, 389.

Moreau (Jean), 358.

Morel (Jean), clerc, 361.

Mores (Aube, arr. de Bar-sur-Seine, cant. de Mussy-sur-Seine, comm. de Celles). — Abbaye, 348.

Moreuil (Hugues de), conseiller au Parlement de Paris, 265.

Morhier (Simon), prévôt de Paris, 336.

Mormant (Seine-et-Marne, arr. de Melun). — Église paroissiale, 607.

Mortain (Manche). — Hôtel de Pierre de Navarre, 544. — Domaines de Pierre de Navarre, 545.

MORTALITÉ à Paris en 1380, 335; — en 1387, 522, 523, 527.

MORVILLIERS (Philippe DE), premier président du Parlement de Paris, 563, 566, 597, 621.

MOTE (Jean DE LA), notaire au Châtelet de Paris, 363, 371, 476, 481.

—— (Jean DE LA), concierge de la maison occupée par l'abbé de Benoît-sur-Loire, rue de la Bretonnerie, 328.

—— (Pierre DE LA), clerc d'Arnaud de Corbie, 288, 291, 294.

MOULIN (Hugues), prêtre, serviteur de Pierre Philippeau, 249, 333, 334.

MOULINS (Gilles DE), notaire et secrétaire du roi, audiencier de la chancellerie, 622.

—— (Philippe DE), évêque de Noyon, 260.

MOUSTIER (Jaquet DU), queux de l'évêque d'Arras, 394.

MOUTHIERS-HAUTE-PIERRE (Doubs, arr. de Besançon, cant. d'Ornans). — Prieuré de l'ordre de Saint-Benoît, 515.

MOUTIERS (Barthélemy DE), clerc de Noyon, notaire apostolique, 484, 588.

MOUTONS et moutonnels, monnaie, 602.

MOY (Jean DE), abbé de Saint-Waast d'Arras, 395, 396, 404, 405.

—— (Quentin DE), licencié ès lois, conseiller au Parlement de Paris, 263.

MUNIER (Nicaise LE), notaire au Châtelet de Paris, 296, 300, 301, 304, 337, 344, 471, 475.

MURET (J.), 332.

MUZ (Jean DE), bourgeois de Brives-la-Gaillarde, 417.

# N

NACARD (Jean), chanoine de Soissons et d'Auxerre, 264.

NAGELLE (Aymar DE), secrétaire de Raymond de Turenne, 413.

NAILLAT (Hélion DE), châtelain de Beaugency, chambellan du roi, 255.

NANTERRE (Jean DE), doyen de l'église collégiale de Saint-Marcel à Paris, 594.

—— (Simon DE), conseiller au Parlement de Paris, 294.

NAPPES, mappe, 326, 467; — d'autel, 340, 367, 376, 603.

NAUDOT (Oudart), chanoine de Saint-Étienne de Troyes, 257.

NAVARRE (Charles le Mauvais, roi de), 543.

—— (Charles, roi de), frère de Pierre de Navarre, 544, 545.

—— (Pierre DE), comte de Mortain, 262, 543, 544, 547.

—— (Pierre DE), dit Peralta, connétable de Navarre, 544.

NEUFOUR (LE) (Meuse, arr. de Verdun, cant. de Clermont), 275.

NEUILLY (Femme de Thomas DE), sœur d'Eude la Pis d'Oe, 480.

NEUILLY-SAINT-FRONT (Aisne, arr. de Château-Thierry), 316, 317, 318. — Écoles, 307, 308. — Églises : de Saint-Front, 306, 307, 308, 309; de Saint-Remi, 305, 306, 307, 308, 309. — Hôtel de la Cloche, 311, 318. — Hôtel-Dieu, 309. — Maladrerie, 309. — Chefs d'ostel (Legs aux), 312. — Nombre des feux au xv° siècle, 313.

—— (Jean DE), chanoine de Notre-Dame de Paris, 256, 304, 305, 320.

NEUILLY-SUR-MARNE (Seine-et-Oise, arr. de Pontoise, cant. de Gonesse), 460. — Église, 433.

NEULHAC (Guillaume), maître ès arts, licencié ès lois, 327.

Nevers (Nièvre), 352, 544, 620. — Église des Cordeliers, 584.
—— (Jean sans Peur, comte de), 279.
Nicolas (Amaury), vicaire de Saint-Benoît-le-Bien-Tourné, 590.
Nicopolis (Bataille de), 279, 577.
Nîmes (Gard). — Église de Saint-Étienne-du-Capitole, 516.
Nobles d'Angleterre, monnaie ayant cours à Sauve, 515; — à la nef, 519.
Noblesse (Obtention de lettres de), 369, 484, 604.
Noel (Jean), procureur au Parlement de Paris, 256. — (Michelette), sa veuve, 257.
—— (Messire), prêtre, 422.
Nogent (Aisne, arr. de Laon, cant. de Coucy-le-Château). — Église de Notre-Dame, 281.
Noisy-sur-Oise (Seine-et-Oise, arr. de Pontoise, cant. de Luzarches), 336, 342.
Normand (Guibert le), premier clerc de Nicolas de l'Espoisse, 612, 615, 618, 619, 620.

Normandie, 269, 295. — Coutumier, 315.
—— Domaines de Pierre de Navarre, 545.
Notaire (Jean le), prêtre, 271.
Notaires au Châtelet de Paris, voy. Châtelet.
Notre-Dame-de-Liesse (Aisne, arr. de Laon, cant. de Sissonne). — Église, 281, 622; pèlerinage, 588, 622, 638.
Notre-Dame-du-Marois (Seine-et-Marne). — Chapelle, 634.
Notre-Dame-du-Mesche (Seine, arr. de Sceaux, cant. de Charenton, comm. de Créteil). — Chapelle, 537.
Notre-Dame-de-Vauvert-lez-Paris (Seine). — Église des Chartreux, 545.
Nourricier (Pierre le), 486.
Nouvel (Jean le), 360, 361.
Noyers (Jean de), chapelain de Notre-Dame de Paris, curé de Saint-Germain du Vieux-Corbeil, 263, 568, 569, 575.
Noyon (Oise). — Évêque : Philippe de Moulins, 260.

# O

Ockam (Guillaume), ses œuvres, 315.
Octo tractuum (Liber qui dicitur), recueil de poésies morales de huit auteurs, connu sous le titre : Auctores octo, imprimé en 1491, 592.
Oe (George l'), exécuteur testamentaire d'Eude la Pis d'Oe, 480.
Office (Somme léguée pour aider à se procurer un), 479.
Offrandes de cire et d'argent aux églises, 538-540, 623.
Ogier (Jean), valet de fruiterie du roi, 377.
—— (Jean), habitant de Provins, 537.
—— (Pierre d'), chanoine de Notre-Dame de Paris, doyen d'Évreux, 291, 520, 599, 603.
Olieres (Guion des), serviteur de Pierre Philippeau, 333.
Olivier (Dalmas), curateur de Dragonnet de Saint-Vidal, 493.
Oraisons (Livre d') en français, 581.
Ordre de Saint-Jean-de-Jérusalem, prieuré d'Auvergne, 492, 497.
Oresme (Henri), 315.
Orfèvre (Jean l'), de Chambli, 291.
—— (Pierre l'), chancelier du duc d'Orléans, 303.
Orfèvres de Paris, 264, 265, 296, 449.
Organiste de l'église du Saint-Sépulcre

à Paris (Rente de 30 sols Parisis à l'), 638.

ORGELET (Thomas d'), secrétaire du roi, 622.

ORGEMONT (Guillaume d'), seigneur de Méry-sur-Oise, 251, 264.

—— (Pierre d'), chancelier de France, 248.

—— (Pierre d'), évêque de Paris, 260, 526.

ORGESY (Jean d'), chevalier, 383.

ORGUES de l'église du Saint-Sépulcre à Paris (Legs de 120 livres Tournois pour l'établissement des), 638.

ORIGÈNE, commentaire sur l'Ancien Testament, 314.

ORIGNY (Jean d'), 576.

ORLÉANS (Louis, duc d'), 257, 345, 384, 418, 432, 484, 553, 597.

—— (Philippe, duc d'), 296.

OROSE (Paul), son livre de *Hormesta mundi*, 314.

ORRY (Jean), valet de chambre de Charles VI, 261.

OSTADES, étoffes de laine, 333.

OULCHIE (Guillaume d'), official de Soissons, 315.

OURSELLE (Jeanne), 499.

OUTILS de fer et d'airain, 387.

OVIDE, ses œuvres : *Métamorphoses, De Fastis* et *De Tristibus*, 315.

# P

PACY (Denis DE), conseiller au Parlement de Paris, 263.

—— (Jacques DE), conseiller au Parlement de Paris, 244.

—— (Jean DE), 244.

—— (Pierre DE), 244.

PAGOT (Ymbert), 428.

PAILLARD (Germain), évêque de Luçon, 265.

—— (Jean), serviteur de Jean de Neuilly, 312, 316, 318.

—— (Philibert), président au Parlement de Paris, 523.

PAIX, petits tableaux de dévotion, 340, 376, 392; — émaillée, 364; — d'argent, 603.

PALIS (Guillaume DU), panetier d'Isabeau de Bavière, 349, 350.

PALVOISIN (Gabriel), 448.

PANNIER (Rasson), procureur au Parlement de Paris, 266.

PANTIN (Seine, arr. de Saint-Denis), 428.

PAPIN (Melchion), 360, 361.

PARDIOT (Oudin), du diocèse d'Autun, 465.

PARIS. Abbayes : de Saint-Antoine, 544. — de Sainte-Geneviève, 598, 613; librairie, 613. — de Saint-Germain-des-Prés, 513. — de Saint-Victor, 325, 365, 436.

—— Bonnes femmes : de la rue du Coq, 433. — de la rue de Paradis, 433. — de la rue des Parcheminiers, 433. — de la rue des Poulies, 433. — de Tiquetonne et de l'Égyptienne, 433. — de la Tombière, 433.

—— Carrefour du Temple, 363, 369.

—— Chapelles : Braque, 539. — Haudry, 274, 343, 375, 433, 502, 537, 539, 601, 624. — de Sainte-Anastasie, 539. — de Sainte-Avoye, 274, 366, 433, 444, 537, 539, 601, 624. — Sainte-Chapelle, 539, 540; reliques, 540. — de Saint-Yves, 311, 540.

—— Chapitre de Notre-Dame, 345, 383, 384, 505. — Château et tour du Louvre, 285, 295, 296, 384, 431, 493.

—— Châtelet (Prisonniers du), 311, 536, 540. — Petit Châtelet, 486.

—— Cimetières : des Chartreux, 373, 374.

— de Saint-Benoît-le-Bien-Tourné, 463.
— des Saints-Innocents, 381, 414, 427, 432, 458, 459, 523, 549, 587. — de Saint-Jean, 336.

Paris. Collèges : d'Autun, 324, 326, 327, 329; librairie, 324; réparations des bâtiments tombant en ruine, 324; Étienne Martin, maître du collège, 327. — de Beauvais ou Dormans, 304, 314, 598, 601, 602; bourses (collation des), 598; trésor de la chapelle, 320. — des Bons-Enfants de Saint-Honoré, 421, 537, 539. — des Bons-Enfants de Saint-Nicolas-du-Louvre, 537. — des Bons-Enfants de Saint-Victor, 537, 540, 601. — de Bourgogne, 398. — du Cardinal-le-Moine, 398. — des Cholets; bourses aux écoliers, 294. — de Dainville, 398. — d'Harcourt, 315. — de Maître Gervais, 316. — de Navarre ou de Champagne, 375, 390, 398, 399; legs d'une tapisserie par Jean Canard, évêque d'Arras, 390, 406. — de Presles, 304, 308, 310, 313, 317, 320; librairie, 314. — de Sorbonne, 398.

—— Commanderie de Saint-Jean-de-Latran ou de l'Hôpital, 593, 595.

—— Comptoir de Dino Raponti, 553.

—— Conciergerie, 493.

—— Confréries : Grande Confrérie aux bourgeois, 288, 294, 366, 436, 478. — des notaires au Châtelet, 433. — de Saint-Michel, 488; voy. Églises.

—— Couvents : des Augustins, 287, 310, 355, 374, 427, 444, 453, 501, 514, 525, 556. — des Béguines, 274, 434, 501, 537, 539, 601; Béguinage (église du), 467, 469; —Martine Canu (maîtresse du), 466; — (école du), 467; hôpital, 501; maison près du Puits, 468; maison dite le Convent, 469. — des Blancs-Manteaux, 365, 477. — des Carmes, 287, 311, 355, 374, 427, 444, 453, 467, 501, 514, 525, 556, 598, 603, 613. — des Carmes Billettes, 287, 365, 477. — des Célestins, 274, 325, 364, 365, 367, 374, 399, 488, 509, 573. — des Chartreux, 325, 365, 374, 382, 399, 544, 545, 573, 581. — des Cordeliers, 287, 310, 355, 427, 433, 444, 453, 482, 483, 484, 495, 514, 516, 525, 556. — des Cordelières de Saint-Marcel, 570, 571, 577. — des Filles-Dieu, 433, 537, 539, 541, 601, 608. — des Jacobins, 287, 310, 355, 427, 444, 452, 453, 501, 514, 516, 525, 556, 598. — des Mathurins, 311, 374.

Paris. Églises : des Augustins, 281, 282, 539; chapelle de Sainte-Anne, 555. — des Bernardins, 540. — des Billettes, 338, 539. — des Blancs-Manteaux, 539. — des Bons-Enfants de la porte Saint-Victor, 556. — des Carmes, 540, 583, 597; chapelle Saint-Jacques et Saint-Michel, 611; cloître, 614; confréries des Saintes-Maries et de Notre-Dame-de-Recouvrance, 614. — des Célestins, 362, 363, 364, 374, 539, 610; chapelle d'Orléans, 384. — des Chartreux, 556, 581. — des Cordeliers, 398, 444, 482, 495, 512, 513, 539, 591. — des Jacobins, 321, 540; chapelle de Notre-Dame, 452. — des Mathurins, 540; confrérie de Saint-Mathurin, 488. — de Notre-Dame, 268, 273, 281, 306, 310, 324, 357, 444, 514, 515, 536, 539, 550, 565, 587, 608; *Catholicon* légué à condition d'être renfermé comme celui de Notre-Dame, 514; chapelle de Saint-Nicaise, 568; cloître, 272, 279, 306; enfants trouvés ou orphelins, 453, 536; bassins pour recevoir les aumônes à eux destinées, 536; luminaire, 427; trésor, 320. — de Notre-Dame-des-Champs,

86.

540; confrérie, 488. — de Notre-Dame-des-Voltes dans la Cité, 540. — des Quinze-Vingts, 556. — de Saint-André-des-Arts, 311, 312, 316, 386, 390, 404, 406, 410, 539; paroisse, 400, 404. — de Saint-Antoine-le-Petit, 346, 349, 453, 539. — de Saint-Barthélemy en la Cité, 540. — de Saint-Benoît, 482, 483, 513, 540, 591; paroisse, 482, 484, 602. — de Saint-Benoît-le-Bien-Tourné, 321, 325, 463, 590, 595. — de Saint-Bon, 539, 540; reliques (offrandes aux), 540. — de Sainte-Catherine-du-Val-des-Écoliers, 302, 325, 423, 467, 515, 539, 637; confrérie, 467, 488. — de Saint-Christophe, 540. — de Saint-Cosme et Saint-Damien, 373, 374, 398, 539. — de Sainte-Croix-de-la-Bretonnerie, 365, 539. — de Sainte-Croix dans la Cité, 540. — de Saint-Denis-de-la-Chartre, 467, 540. — de Saint-Éloy, 330, 540; chapelle Notre-Dame, 333. — du Saint-Esprit en Grève, 515, 556, 627. — de Saint-Étienne-des-Grès, 540. — de Saint-Étienne-du-Mont, 267, 268, 269, 451, 452, 540, 609, 611; confréries de Saint-Étienne et Sainte-Geneviève, et de Saint-Denis, 607; pauvres de la paroisse, 610, 613. — de Saint-Eustache, 523, 525, 539, 628; confréries de Notre-Dame, de Saint-Michel et Saint-Eustache, de la Madeleine et de Saint-Nicolas, 527. — de Sainte-Geneviève, 311, 540, 605, 606, 609, 610, 614. — de Sainte-Geneviève-la-Petite ou des Ardents, 540, 568. — de Saint-Germain-l'Auxerrois, 248, 357, 587; chapelle de la Trinité, 568. — de Saint-Germain-des-Prés, 540. — de Saint-Germain-le-Vieux, 540. — de Saint-Gervais, 256, 539. — de Saint-Hilaire, 540. — de Saint-Honoré, 539. — des Saints-Innocents, 382, 427, 458, 459, 523, 539, 541, 549; legs à la fabrique pour l'ensevelissement des morts pauvres, 453; legs d'une chasuble de soie vermeille et d'autres vêtements sacerdotaux, 460. — de Saint-Jacques-de-la-Boucherie, 539, 540, 547, 548, 549, 555, 556. — de Saint-Jacques-du-Haut-Pas, 427, 515, 587; confrérie, 467; pardon, 478, 489, 571. — de Saint-Jacques-de-l'Hôpital, 539, 541. — de Saint-Jean en Grève, 338, 432, 473, 477, 539, 587. — de Saint-Jean-de-l'Hôpital ou Saint-Jean-de-Latran, 540. — de Saint-Josse, 427, 539, 541. — de Saint-Julien-des-Ménétriers, 537. — de Saint-Julien-le-Pauvre, 538, 540, 541; chapelle de Saint-Blaise, 515. — de Saint-Landry, 540. — de Saint-Laurent, 541. — de Saint-Lazare, 537, 541. — de Saint-Leuffroy, 539. — de Saint-Leu et Saint-Gilles, 539, 541. — de Sainte-Madeleine dans la Cité, 540. — de Saint-Magloire, 539, 541. — de Sainte-Marine dans la Cité, 540. — de Saint-Martial dans la Cité, 540. — de Saint-Martin-des-Champs, 539; chapelle fondée par Philippe Morvilliers et Jeanne du Drac, 564. — de Saint-Merry, 364, 444, 505, 507, 508, 533, 534, 535, 539, 540, 541, 563, 564, 565; chanoines, 257, 345, 346, 505, 507, 508; cloître, 563, 565; maison de Pierre d'Auxon dans le cloître, 507, 508, 510; maisons de Jean Buletel, prêtre, et de Thomas de la Cluche, 565; confréries, 565; confrérie de Notre-Dame-en-Septembre, 536. — de Saint Nicolas-des-Champs, 538, 541; confrérie de Saint-Michel, 467. — de Saint-Nicolas-du-Chardonnet, 540. — collégiale de Sainte-Opportune, 539. — de Saint-Paul, 453, 467, 539; confrérie de la Conception-Notre-Dame, 467. — de Saint-

Pierre-des-Arcis, 362, 540. — de Saint-Pierre-aux-Bœufs dans la Cité, 500, 501, 502, 540. — de Saint-Sauveur, 539, 541. — du Saint-Sépulcre, 539, 541, 627, 628, 629, 630, 631, 632; chapelle du Voult-de-Lucques, 556; confrérie de Saint-Pierre et Saint-Paul, 637; confrérie de la Nativité-Notre-Dame, 638; orgues (legs de 120 livres Tournois pour l'établissement d'), 638. — de Saint-Séverin, 412, 414, 486, 487, 488, 489, 508, 509, 539, 601, 623, 624; chapelle de Saint-Michel, 265; confrérie du Père, du Fils et du Saint-Esprit, 488; confrérie de la Conception Notre-Dame, 488. — de Saint-Sulpice, 540. — de Saint-Symphorien, 540. — de Saint-Thomas-du-Louvre, 539.

Paris. Étaux pour la vente du poisson d'eau douce, 486.

—— Étudiants pauvres, 275, 399, 406.

—— Évêque, 479; Pierre d'Orgemont, 260.

—— Facultés : des arts, 399. — de décret, 392, 399. — de médecine, 504, 505, 508, 510. — de théologie, 399.

—— Fief de Tirechappe, 391. — For-l'Évêque (Prisonniers du), 311, 536, 539.

—— Gibet, 412.

—— Grève (Vente de cotrets en), 602.

—— Hôpitaux, 274, 325, 434, 615 : de Notre-Dame-des-Champs, 434. — des Quinze-Vingts, 374, 433, 444, 453, 487, 501, 536, 537, 539, 565, 608. — de Sainte-Anastase, 537, 539. — de Sainte-Catherine, 453, 537, 539, 550, 551; confrérie de Saint-Nicolas-aux-Épiciers, dans la chapelle de cet hôpital, 551. — du Saint-Esprit en Grève, 421, 432, 434, 436, 437, 438, 439, 440, 444, 487, 537, 539, 550, 565, 601, 624; filles de service, 437, 438, 439; maîtres et ministre (noms des), 441; orphelins,

453, 537. — de Saint-Jacques-du-Haut-Pas, 269, 325, 434, 444, 453, 550, 565. — de Saint-Jacques en la rue Saint-Denis, 427, 537. — de Saint-Julien-le-Pauvre, 427. — de Saint-Marcel, 434. — du Saint-Sépulcre, 244. — de la Trinité (Chapelle de l'hôpital), 539, 541.

Paris. Hôtel-Dieu, 268, 274, 281, 288, 310, 323, 324, 338, 355, 366, 375, 399, 427, 434, 436, 439, 440, 444, 453, 467, 480, 482, 487, 501, 507, 517, 536, 539, 540, 549, 556, 565, 572, 580, 588, 600, 608; chambre aux draps, 436; linge, 480; chapelle du parvis de Notre-Dame, 273; frères et sœurs, 324, 399, 517, 572, 600; maître et prieuse, 439, 572, 580, 608; pauvres et malades (legs aux), 274, 324, 440, 501, 507, 539, 572, 576, 588, 614; pauvres accouchées (legs et aumônes aux), 487, 539.

—— Hôtel-Dieu de Saint-Gervais, 539, 550.

—— Hôtels : d'Artois, 382. — de l'évêque d'Auxerre, rue de la Harpe, 373, 375, 376, 377, 380, 381. — de la Reine Blanche, rue de la Vieille-Tixeranderie, 544. — de Bourbon, 597. — de Jean Canard, évêque d'Arras, 390, 393, 394, 398; chapelle, 397. — du Cerf, 460. — du Cheval Rouge, rue des Poulies, 571. — de la Clef, au cimetière Saint-Jean, 336. — de la Cloche Rouge, 412. — d'Isabeau de Bavière, à la Courtille Barbette, 432. — de la Croix de Fer, 640. — de l'Homme Sauvage, 640. — du Martray-Saint-Jean, 436, 438. — de la Pomme Rouge, 605. — des Prêcheurs, 639. — Saint-Pol, 399. — de la Sirène, 312, 318. — de la Sirène, rue de la Harpe, 621.

—— Inondations de 1408, 598.

Paris. Maison dite le Convent, 469. — des Trois-Pas-de-Degrés, 526.

—— Maladreries : du Bourget, 434. — de Saint-Germain-des-Prés, 434, 454, 608. — de Saint-Lazare, 615 ; maitre, 537. — de Saint-Maur, 434. — de Pantin, 434. — du pont de Charenton, 434. — de la porte Saint-Antoine, 434. — de la porte Saint-Denis, 454. — de la porte Saint-Jacques, vers Bourg-la-Reine, 454. — du Roule, 434, 454.

—— Marchands, 255, 259, 260, 261, 262, 263, 264, 265, 296. 484, 547, 639 ; — génois, 259, 442, 443, 448-450 ; — lucquois, 553, 561.

—— Mesnagiers pauvres, 200, 429, 436, 551, 610.

—— Ordres mendiants, 322, 338, 355, 365, 398, 421, 427, 432, 453, 467, 477, 487, 501, 508, 525, 533, 550, 556, 565, 572, 573, 580, 600, 608, 623, 624, 627.

—— Palais, 539, 540 ; chapelle Saint-Michel, 539 ; confrérie de Saint-Nicolas, 515, 614 ; ancienne confrérie de la Grand-Salle-du-Palais, 614.

—— Place Maubert, 465, 609.

—— Ponts : Grand-Pont, 539 ; quartier outre le Grand-Pont, 522. — Petit-Pont, 486 ; pont projeté au-dessous, 272, 383 ; quartier en deçà, 400. — Pont-Neuf (pont Saint-Michel), 411, 412, 635 ; quartier en deçà, 400.

—— Port de Grenelle, 454.

—— Portes : Barbette, 432. — de Montmartre, 539. — Saint-Antoine, 337, 508. — Saint-Denis, 454. — Saint-Germain-des-Prés, 454. — Saint-Honoré, 454. — Saint-Jacques, 330, 454. — Saint-Michel, 380. — Saint-Victor, 398.

—— Prieurés ; de Sainte-Catherine-du-Val-des-Écoliers, 453. — de Sainte-Croix-de-la-Bretonnerie, 477. — de Saint-Éloi, 330, 331, 334.

Paris. Quartiers : de la Cité, 500, 502, 522, 568. — de Popincourt, 337. — de la Villette-Saint-Ladre, 428.

—— Rues : Barre-du-Bec, 635. — des Bouticles, 489. — de la Bretonnerie, 328, 330. — Chapon, 447. — de la Charronnerie, 640. — du Château-Fêtu, 296. — du Chevet-Saint-Gervais, 621. — du Coq, 433. — de la Coquerée, 349, 351. — des Écouffles, 469. — d'Entre-deux-Portes, 285. — du Fouarre, 275. — Gervais-Laurent dans la Cité, 368. — des Gravilliers (hôtel de Nicolas Pigasse), 447. — de la Harpe, 380, 411, 412, 483, 621. — des Juifs, 349, 351. — des Lombards, 328. — des Menetrez, 428. — de la Montagne-Sainte-Geneviève, 605. — des Murs, 331. — des Orfèvres, 537. — de Paradis, 433. — des Parcheminiers ou de la Parcheminerie, 433, 485. — Pavée, 304. — Percée, 501. — Pierre-Sarrazin, 482, 484, 513, 522. — des Poulies, 433, 571. — Saint-Christophe, 277 ; hôtel de Jean de Noyers, 568. — Saint-Denis, 427, 453, 537, 547, 550, 552, 626. — Saint-Jacques, 412, 598 ; demeure du président Robert Mauger, 598, 602. — Saint-Jacques-de-la-Boucherie, 563. — Saint-Martin, 427, 537. — de la Saunerie, 288. — du Temple, 460, 537. — Trousse-Vache, 547, 552. — de la Verrerie, 285. — de la Vieille-Pelleterie, 368. — de la Vieille-Tixeranderie, 336, 544. — de la Vieille-Truanderie (maison d'Imbert de Boisy), 471, 474.

—— Temple (Le), 539.

—— Vendeur de vin demeurant en la Mortellerie, 434.

Paris. Vignoble de Clignancourt, 428.
—— (Guillaume de), clerc des offices de la reine Isabeau de Bavière, 351.
—— (Jean), serviteur de Jean de Noyers, 574.
Partenay (Marion de), sœur de la Chapelle-Haudry, 436, 438.
Pascal (Georges de), 445, 446.
Pastoureau, serviteur d'Eude la Pis d'Oe, 479.
Patart (Jean), 490, 491.
Pâtée (Jeanne la), femme de Jacques du Gard, conseiller au Parlement de Paris, 256.
Pateles d'argent, 603.
Patenôtres, chapelet, 468; — d'ambre blanc, 581.
Pâtre (Jean le), marchand et bourgeois de Paris, 255, 260.— (Denise), sa femme, 255.
Patroullard, commissaire au Châtelet de Paris, 640.
Pauvres gratifiés d'une robe, d'un chaperon de brunette et d'une paire de souliers, 347; — gratifiés de chausses et de souliers, 570; — vêtus de drap noir, 420, 579; — vêtus de gros drap, suivant l'usage du Puy-en-Velay, 496; — sans faintise, gratifiés d'aumônes, 532; — habillés de neuf, 536; — filles à marier (legs en faveur de), 488, 509, 550, 551, 557, 575, 610; — vêtements distribués à des, 613; — orphelins, 619; — veuves (legs en faveur de), 488.
Peintures murales dans l'église des Célestins de Ternes, 297; — murales dans l'église de Chaulnes, représentant Imbert de Boisy et sa femme, 473; — murales dans l'église des Carmes, à Paris, représentant Nicolas de l'Espoisse et sa famille aux pieds de Notre-Dame, 614.

Peintures figurées sur une croix de bois au cimetière de Coulommiers, 542.
Pèlerin (Jean), chevalier, 256.
Pèlerinage de l'âme, livre de Guillaume de Deguilleville, 588.
Pèlerinages au Mont-Saint-Michel, 638; — à Notre-Dame de Boulogne-sur-Mer, 526, 571, 588, 638; — à Notre-Dame de Chartres, 515, 622; — à Notre-Dame-de-Liesse, 588, 622, 638; — à Notre-Dame de Montfort, 464, 515, 526; — à Saint-Antoine de Viennois, 638; — à Sainte-Catherine de Fierbois, 638; — à Saint-Côme et Saint-Damien de Luzarches, 526, 588, 623; — à Saint-Jacques en Galice, 496, 526, 556; — à Saint-Léonard de Crocy, 623; — de Sainte-Mergière à Sainte-Estonche, 577; — de Paris à Rome, 556; — de Paris au Saint-Sépulcre de Jérusalem, 557.
Pèlerinages faits à cheval, 556, 557; — faits à pied, 571, 588, 622, 623; — faits nu-pieds, 577, 588.
Peletière (Guillemette la), chambrière de Jean Soulas, 636.
Pellaumaille (Jean), neveu et serviteur de Pierre Boschet, 356, 360.
Pelle d'airain, 463.
Pelletier (Guillaume), chanoine de Notre-Dame du Puy, 502.
Pendref (Galeran de), chanoine de Notre-Dame de Paris, 258.
Pennes, fourrures servant à doubler des vêtements, 613, 624; — de surcots, 460.
Peny (Pierre de), 599.
Pereuse (Jean de la), greffier des présentations au Parlement de Paris, 605.
Périer (Jean), avocat du roi au Parlement de Paris, 262.
Périgord, 301.
Périlleux (Marote, femme de Coleçon), 397, 408.

PERLES (Croix d'or, ornée de), 395; — (achat de) par Isabeau de Bavière, 442; — (grosses), 448.
PERNANT (Aisne, arr. de Soissons, cant. de Vic-sur-Aisne). — Paroisse, 599.
PERNELLE, femme du premier président Jean de Popincourt, 336, 338, 340, 342, 344.
—— chambrière de Guillaume de Lirois, 269.
PERRECY (Saône-et-Loire, arr. de Charolles, cant. de Toulon-sur-Arroux). — Prieuré de l'ordre de Saint-Benoît, 517.
PERRENETTE, 423.
PERRETTE (Sœur), cordelière de Provins, 434.
—— cousine de Jean Creté, demeurant à Villejuif, 434.
—— chambrière de Philippe Vilate, 483.
—— chambrière de Simonnette la Maugère, 624.
PERRIÈRE (Laurent DE LA), maître ès arts, licencié ès lois et en décret, 262.
PERRIN (Jean), bachelier en décret, notaire apostolique, 351.
—— clerc de Guillaume de Vaux, 588.
—— queux de Pierre Philippeau, 333.
PERROTIN (Jean), vicaire de Saint-Merry, 543, 564.
PERS, drap bleu foncé, 275, 369, 467, 624; — noir, 269.
PERSE (Serge), 427, 517.
PERSONNE (Jean LA), vicomte d'Acy, 257, 471.
PESCHIN (Jeanne DE), 455.
PETIT (Dominique), chanoine de Notre-Dame et de Saint-Merry, 345.
—— (Gautier), exécuteur testamentaire d'Eude la Pis d'Oe, 480.
—— (Guillemin), témoin du testament de Simonnette la Maugère, 625.
—— (Jacques), docteur en médecine, 525.

PETIT (Jeanne), 247.
—— (Nicolas), exécuteur testamentaire d'Eude la Pis d'Oe, 480.
—— (Simon), maître ès arts, chanoine de l'église Saint-Eugène de Varzi, 379, 380, 381.
PETITE (Guillemette LA), béguine du Béguinage de Paris, 468.
PETITON, pauvre femme, 576.
PETIT-PEU (Oudart), 365.
PETITSEINE (Gaillard), conseiller au Parlement de Paris, 411.
PHILIPPE (Jacques), exécuteur testamentaire de Nicolas de l'Espoisse, 612, 614, 615, 619.
—— (Pierre), procureur au Parlement de Paris, 258.
—— (Maître), 316, 318.
PHILIPPEAU (Guillaume), 330.
—— (Pierre), prieur de Saint-Éloi de Paris, 249, 257, 330, 331.
PHILIPPOTE, chambrière, 416.
*PHILOSOPHIE naturelle*, livre, 316.
PIAT (Raoul), oncle de Robert Mauger, 599.
PICARDIE, 470, 471, 473, 626.
PICHON (Perrin), 613.
PICQUIGNY (Robert DE), partisan du roi de Navarre, 418.
PIÈCE (Jean), notaire au Châtelet de Paris, 426, 430, 432, 442, 471, 475, 485, 490, 492.
PIÉDEFER (Robert), président au Parlement de Paris, 589.
PIÉ-DUR (Guillaume), notaire au Châtelet de Paris, 331.
PIERRE (Eustache DE LA), procureur au Parlement de Paris, 256.
PIERREFITTE (Seine, arr. et cant. de Saint-Denis), 277.
PIERRES fines (Commerce des), 442, 443.
PIGASSE (François), 445.

PIGASSE (Nicolas), marchand génois à Paris, 259, 442, 443. — (Jacques), son neveu, 444, 445.
PIGAUT (Philippe LE), prêtre, 470.
PILLÉ (Lyegaire, femme de Jean DU), 488. — (Agnesot et Marion), ses filles, 488.
PINTE, 326; — d'étain, 640.
PIONNIER (R. LE), notaire au Châtelet de Paris, 383, 466, 470.
PIQUET, 449.
PIS D'OE (Eude LA), femme de Jacques l'Empereur, échanson du roi, 260, 475, 476.
PISE (Jean DE), maître en la Faculté de médecine de Paris, 504.
PLANCY (Nicolas DE), clerc des comptes, 272, 431.
PLANTES (Pierre DES), 382.
PLATRÈRE (Marguerite DE LA), 582.
PLATRIÈRE (Jeanne LA), 468.
PLATS moyens, 312; — d'argent, 340; — d'étain, 463; — d'autel, 340.
PLESSIS (Guillaume DU), procureur au Parlement de Paris, 360.
—— (Jean DU), notaire public, 360.
—— (Jean DU), clerc de l'évêque d'Arras, 395.
—— (Pierre DU), clerc, écolier à Paris, 360.
—— (Madame DU), 577.
PLOICH (Jean DU), promoteur de l'évêque d'Arras, 396, 404, 405.
POCHONNE (Agnès LA), 599.
POIS (Jean DE), serviteur de Guillaume de Seris, 455.
POISSON pour la pitance des Cordelières de Saint-Marcel, 571. — d'eau douce (Étaux pour la vente du), 486.
POISSONNAT (Étienne), huissier d'armes de Charles V, 259, 451, 456.
POISSONNIER de mer, 468.
POISSONNIÈRE d'eau douce, 485.

POISSY (Seine-et-Oise, arr. de Versailles).— Dominicaines, 454.
POITIERS. — Bourgeois, 352. — (Bataille de), 279. — Évêques : Gui de Malesec, cardinal, 259; Ithier de Martreuil, 257; Pierre Trousseau, 261, 262. — (Parlement de), 251.
POITOU, 352, 353, 357, 596.
POLICRATICON, traduction française, par Denis Foulechat, du traité philosophique de Jean de Salisbury : *De Nugis curialium et vestigiis philosophorum*, 609.
POLLET (Jean), 362.
POMPADOUR (Jean DE), chanoine de Notre-Dame de Paris, 256.
PONCETE, 275.
PONCHEBAUDRI, 503.
PONS (Gobert DE), sergent d'armes du roi, 257.
PONT (Jeanne DU), garde-malade de Pierre Philippeau, 333.
PONTAUBERT (Yonne, arr. et cant. d'Avallon). — Église paroissiale, 506, 508; tombe de Pierre d'Auxon dans le chœur, 509; retable du maître-autel représentant Pierre d'Auxon en costume de maître en médecine, 510.
PONT-AUX-DAMES (LE) (Seine-et-Marne, arr. de Meaux, cant. de Couilly). — Abbaye, 633.
PONTHIEU, 289.
PONTOISE (Seine-et-Oise). — Confrérie Notre-Dame, 422. — Église collégiale de Saint-Mellon, 345, 376. — Hôtel-Dieu, 375.
PONTPOINT (Oise, arr. de Senlis, cant. de Pont-Sainte-Maxence), 339, 341.
PONT-SAINTE-MAXENCE (Oise, arr. de Senlis), 339, 341, 343.
POPINCOURT (Somme, arr. de Montdidier, cant. de Roye), 335.
—— (Blanche DE), dame du Mesnil-Aubry, 336, 340, 342.

Popincourt (Jean de), premier président du Parlement de Paris, 257, 335, 336, 337, 353, 596.—(Catherine et Marie), ses filles, 340. —(Jean de), dit Souillard, son frère, 336, 342, 343, 344.
— ( Jean de), son neveu et filleul, président au Parlement de Paris sous Louis XI, 336, 342.
Poret (Guillaume), notaire au Châtelet de Paris, 413.
Porte (Enguerran de la), huissier au Parlement de Paris, 264.
—— (Gillette de la), 275, 276, 277.
—— (Jean de la), examinateur au Châtelet de Paris, 640.
Portes (Étienne des), conseiller au Parlement de Paris, 597, 603, 604, 624, 625.
Portier (Jean le), 283.
Poterne (Roger de la), orfèvre et bourgeois de Paris, 296.
Pots d'argent, 392; — d'argent doré hauts et étroits, 395; — d'argent doré, 397.
Pouchet (Gilbert), commandeur de la commanderie de Fontaine-sous-Montdidier, 593, 594, 596.
Pougues-sur-Loire (Nièvre, arr. de Nevers).
— Reliques de saint Léger, 376.
Pourpoint, 416.
Pousardine (Magine la), 463.
Pradines (Perrotin de), 415.
Pré (Sœur Alix du), 502.
Precy (Pierre de), seigneur de Boran, 246, 259, 457, 461.
Prémontré (Aisne, arr. de Laon, cant. de Coucy-le-Château). — Abbaye, 438.
Président de la Chambre des comptes de Paris, 620.
Présidents (Premiers) du Parlement de Paris, 244, 251, 257, 265, 285, 335, 352, 353, 411, 451, 563, 566, 596, 597, 598, 604, 621, 622, 624.

Présidents au Parlement de Paris, 251, 256, 257, 260, 262, 264, 270, 334, 352, 353, 470, 475, 492, 522, 527, 563, 589, 596.
—— des Requêtes du Palais, 353, 563, 596.
Prestic (Helye), notaire au Châtelet de Paris, 606, 617, 620.
Prévôté (Perrette la), 437.
Prévôts de Paris, 249, 257, 261, 296, 301, 336, 337, 354, 363, 384, 403, 409, 413, 425, 432, 443, 457, 466, 471, 475, 485, 490, 505, 554, 568, 606, 617, 626.
Prieurs, 257, 314, 330, 335, 353.
Princes du sang, 257, 262, 345, 369, 418, 485, 543, 553.
Prisonniers du Châtelet de Paris (Aumônes aux), 311, 536, 540. — du For-l'Évêque, à Paris (Aumônes aux), 311, 536, 539. — de Reims (Aumônes aux), 391, 407.
Prix d'une aune de drap, 428.
Procession (Tapisserie servant à décorer l'extérieur d'une maison les jours de), 518.
Procureur du roi en la Chambre du Trésor, 586, 587.
Procureurs généraux au Parlement de Paris, 243, 252, 256, 262, 263, 344, 528, 543, 544, 586.
—— au Parlement de Paris, 248, 256, 258, 259, 260, 261, 264, 265, 266, 316, 329, 330, 360, 382, 416, 417, 468, 481, 482, 494, 499, 511, 522, 568, 584, 586, 625, 639.
Protocoles (Recueils de) du greffier de l'Espoisse, 608, 612.
Provins (Seine-et-Marne). — Châtellenie, 434. — Cordelières, 434. — Église collégiale de Saint-Quiriace, 537. — Rue de Boulançais, 425.

Prudhomme (Jean), notaire au Châtelet de Paris, 494, 498, 505, 511, 568, 575.
Psautier (Petit), 588; — férial à l'usage de Sens, 376; — glosé, 314, 364.
Pucelle (Antoinette la), 499.
Puis (Jean du), valet de chambre de Pierre de Navarre, 547.
Puiset (Bataille du), 485.
Puits (Jeannin du), 288.
Puy (Jean), chanoine et préchantre d'Amiens, 474.
—— (Jean du), 522.
Puy-en-Velay (Haute-Loire), 493, 496, 502. — Boucherie Notre-Dame, 503. — Carmes, 496. — Cordeliers, 495, 496, 497. — Églises : des Cordeliers, 495; fondation de chapelle en l'honneur de saint Acace, 495; — de Notre-Dame, 496; — de Saint-Pierre-la-Tour, 502. — Hôpitaux : de Notre-Dame, 496; — de Saint-Laurent, 496; religieux de Saint-Laurent, 496. — Hôtel de l'Aiguille, 493, 494, 503. — Jacobins, 497. — Reliquaire de saint Vosy, 502.
Puy-Ogier ou Piogé (Deux-Sèvres, arr. de Parthenay, cant. d'Airvault, comm. d'Avail-les-Thouarsais). — Château, 356.

## Q

Quarte, grande aiguière contenant deux pintes; — d'argent doré, 502; — d'étain, 326; —de vin (valeur d'une), 513.
Queniat (Jean), avocat au Parlement de Paris, 609, 615, 619.
Quentin (Bertrand), 576, 577.
Quesnes (Marguerite des), abbesse de l'abbaye d'Yerres, 288.

Quesnoy (Jeanne du), femme de Jean de Ver, 348.
Queux (Simonnet le), 480.
Queze (Jean), 428.
Quinote (Gérardin), serviteur de Jean de Neuilly, 312.
—— (Jean), 313.

## R

Raart (Thomas), 248.
Rabanum, œuvres de Raban Maur, 315.
Rabay (Guillaume), 566.
—— (Renaud), conseiller au Parlement de Paris, 264.
Racami, racamas, brocart de soie. — (Houppelande de), 350. — (Cotte de), 416.
Ragueneau (Jean), valet de Nicolas de l'Espoisse, 612.
Railly (Jean de), 347.
Raincheval (Gilles de), procureur au Parlement de Paris, 261.
Rainville (Frère Nicole de), religieux des Carmes, 615, 618.
Rame (Jeannette la), garde-malade, 625.

Rance (Nicolas de), chanoine de Notre-Dame de Paris. — Sa tombe à Notre-Dame, 306.
Rançon d'un prisonnier des Armagnacs, 608.
Raoul (Gui), prévôt de l'église collégiale de Saint-Aubin de Guérande, 264.
Rapondi (Dino), marchand lucquois, 251, 262, 283, 284, 402, 553, 554, 560, 561. — (André), son frère, 553, 561.
—— (Barthélemy), son frère, 557, 562.
—— (Guillaume), son frère, 558, 561, 562. — (Guy), son père, 554, 558. — (Jacques), son frère, 553, 555, 559, 560. — (Jean, Dyne et Jacques), ses

neveux, 558, 561, 562. — (Philippe), son frère, 558, 559, 561.

Raqueline (Colin), 271.

Raspailler (Jean de), capitaine de Servières, 413.

Rassy (Aisne, arr. de Château-Thierry, cant. de Neuilly-Saint-Front), 316.

*Rationale divinorum officiorum*, ouvrage de Guillaume Durand, 314, 387.

Récourt (Guillaume de), conseiller au Parlement de Paris, 362.

—— (Jean de), chevalier, 362.

Réformateurs généraux, 493, 596.

Regamac (Colete, femme d'Hennequin), 465.

Regnaud (Jeannette, femme), 378.

Regnault, serviteur de Simonnette la Maugère, 625.

Reims (Marne), 596. — Abbaye de Saint-Remy, 400; — Jean Canard, abbé de Saint-Remy, 390, 391, 393, 394, 395, 397, 399, 402, 403, 405; ses biens, 402. — Archevêque : Gui de Roye, 256. — Cordeliers, 391, 407. — Coutume, 391. — — Églises : de Notre-Dame, 366; vidamie, 383; — de Saint-Côme, 391, 408; — de Saint-Hilaire, 365; — de Saint-Remy, 391, 407. — Hôtel-Dieu, 366. — Ordres mendiants, 391, 407. — Pauvres prisonniers, 391, 407.

Reine (Asselin), trésorier de Saint-Hilaire de Poitiers, confesseur du duc de Berry, 258.

Relevailles des pauvres femmes (Manteau gris pour), 582.

Religion (Legs pour entrer en), 341.

Reliquaire contenant le bras de saint Léger de Pougues, 376; — d'argent de saint Vosy, 502.

Reliques de la chapelle fondée à Coiffy-le-Châtel par Jean de Coiffy, 364; — de la Sainte-Chapelle, à Paris, 540; — de l'église de Saint-Bon à Paris, 540.

Reliure de cuir vert, 270; — de cuir rouge, 376; — de cuir vermeil sur ais, 392; — de cuir blanc sur ais, 392.

Remé (Jean), valet de Jean d'Escopres, 576.

Remontvoisin (Aisne, arr. de Château-Thierry, comm. de Neuilly-Saint-Front), 316.

Requêtes de l'Hôtel, 258, 265, 563, 620, 626; — du Palais, 417, 563, 587, 596.

Ressons (Gauthier et Gilet de), épiciers à Paris, 568, 573.

Retable du maître-autel de l'église de Pontaubert, représentant Pierre d'Auxon, médecin de Charles VI, en costume de maître en médecine, 510.

Revel (Barthélemy), 324, 329.

Richard II, roi d'Angleterre, 285, 301, 336.

Richard de Polus (Hampoll?) (*Épîtres de maître*), 392.

Richard, serviteur d'Adam de Baudribosc, 594.

Riche (Nicolas le), 466.

Richeux (Adam), maître des comptes, 278.

Richière (Jeanne la), chambrière de l'hôtel de l'évêque d'Auxerre, 377.

Rieux. Évêque : Pierre Trousseau, dit Bosche, 263.

Rigale (La) (Somme). — Bois, 338.

Rigny (Deux-Sèvres, arr. de Bressuire, cant. de Thouars), 357.

Riom (Puy-de-Dôme). — Église collégiale de Saint-Amable, 327.

Rivière (Marguerite d'Auneau, dame de la), 581, 584.

Robe, habillement complet, 333, 377, 378, 394, 440, 446, 463, 603, 613; — fourrée, 571, 575; — noire, 369, 441; — de caignet, 276; — d'écarlate, 275, 276, 343. — à ceindre d'écarlate vermeille, 460; — de pers, fourrée de menu vair, 369; — de vert d'Angleterre, 343; — de couleur de vert, fourrée de

gorges de martres, 636; — de drap vert brun, fourrée de croupes de gris, 636.
Robineau (Jean), 333.
Roche (Catherine la), 504.
Rochefort (Jean de), 284.
Rochelle (La) (Charente-Inférieure), 451.
Rocherousse (Pierre de la), seigneur de Rivarennes, écuyer de corps du roi, 262.
Roe, *rota*, pupitre tournant, 327.
Rogniet (Jean), 316.
Rohan (Jeanne de), dame d'Amboise, vicomtesse de Thouars, 259.
Roi (Jean le), clerc, 543.
Roissy (Seine-et-Oise, arr. de Pontoise, cant. de Gonesse), 460.
Roland (Jean), chanoine de Notre-Dame de Paris, 349, 350, 351.
—— (Jean), prêtre de l'église de Saint-Eustache à Paris, 525.
Romain (Jean), conseiller au Parlement de Paris, 353.
Romaine (Seine-et-Marne, arr. de Melun, cant. de Brie-Comte-Robert, comm. de Lesigny), 479.
Roman d'Alexandre, légué pour «esbatre et apprendre à lire», 608; — *de la Rose*, 314, 526.
Rome (Pèlerinage de Paris à), 556.
Romilly (Agnès de), 502.
Rosaire sur le Décret, commentaire de Gui de Bayso, archidiacre de Bologne, sur les Décrétales, 392.
Rose (Philippe), 269.
—— (Pierre de la), notaire du roi, greffier des présentations au Parlement de Paris, 605.
Rosny-sous-Bois (Seine, arr. de Sceaux, cant. de Vincennes). — Église, 433.
Rossigneau (Aubert), religieux cordelier, 315.
Rouen (Marion de), femme de service en l'hôpital du Saint-Esprit en Grève, 437.
Rouen (Seine-Inférieure), 577. — Archevêque : Guillaume de Vienne. 259. — Château, 418. — Échiquier, 267, 471. — Églises : des Carmes (legs pour sa restauration), 421; — cathédrale, 507; gratifiée par Adam de Baudribosc de l'un de ses tableaux pascaux, 593; — collégiale de Notre-Dame-la-Ronde, 589, 590; — de Saint-Cande-du-Solier, 576, 577; — de Sainte-Catherine, 281. — Ordres mendiants, 421. — (Drap marbré de), 326.
Rouge (Houppelande de drap), 350.
Rousseau (Jean), neveu de Pierre Boschet, 356, 357.
—— (Jeannin), filleul de Jean Creté, 435.
—— (Pierre), bourgeois de Paris, gouverneur de l'hôpital du Saint-Esprit en Grève, 435, 441.
Roussel (Jean), procureur de la marchandise, 525, 527.
Roux (Renaud le), chanoine de Saint-Merry à Paris, 264.
Rouyl (Denis du), ancien avocat au Parlement de Paris, curé de Saint-Paterne de Tournai-sur-Dive, chanoine de Saint-Hildebert de Gournay, 265.
—— (Pierre du), maître ès arts, curé de l'église Saint-Sébastien de Préaux, 266.
Roy (Robert le), scelleur de l'évêché d'Arras, 396, 402.
Roye (Somme, arr. de Montdidier), 336, 338, 339, 341. — Cordeliers, 339. — — Église de Saint-Florent, 337, 338, 339, 340. — Hôtel-Dieu, 339.
—— (Gui de), archevêque de Reims, 256, 315.
Royer (Pierre le), 269.
Royne (Jeanne la), témoin du testament de Simonnette la Maugère, 625.
Rozoy-en-Brie (Seine-et-Marne, arr. de Coulommiers), 532, 536, 541. — Église paroissiale, 533. — Hôtel-Dieu, 533.

Ru (Jean du), chanoine de Montereau-sur-Yonne, 376, 379, 380.
Rubé (J.), notaire, 625.
Rubis carré (Anneau d'or, garni d'un), 404. — (Petits) vendus au duc de Berry, 449.
Rudemare (Guillaume de), receveur de Montivilliers, 449.
Rueil (Jeanne, fille de Pierre de), 288.
Ruilly (Jacques de), président des Requêtes du Palais, 563, 596.
Ruit (Jean de), 588.

# S

Sac (Barthélemy, Jacques et Jean), frères, marchands génois à Paris, 443, 444, 446, 447, 448, 450.
Sachet suspendu pour recevoir les aumônes destinées aux prisonniers du Châtelet, 537; — suspendu à une corde pour recevoir les aumônes destinées aux prisonniers du For-l'Évêque, 539.
Sailly (Philippe de), prêtre, licencié en décret, 266.
Saint-Antoine-de-Viennois (Isère, arr. et cant. de Saint-Marcellin), 281. — Pèlerinage, 638.
Saint-Aubin (Jean de), 284.
Saint-Aubin-en-Bray (Oise, arr. de Beauvais, cant. du Coudray-Saint-Germer), 285.
Saint Augustin, son traité *De Civitate Dei*, traduction française, 314, 397. — Son traité *De Trinitate*, 392.
Saint-Benoît (Enguerranne de), dame de Précy, 246, 259, 457.
Saint-Benoît-sur-Loire (Jean de la Chambre, abbé de). — Sa maison à Paris, 328, 329.
Saint Bernard, abbé de Clairvaux, ses épîtres, 611.
Sainte-Catherine-de-Fierbois (Indre-et-Loire, arr. de Chinon, cant. de Sainte-Maure). — Pèlerinage, 638.
Saint-Clément (Jean de), beau-frère de l'évêque d'Arras, 404.
Saint-Cler (Bruneau de), maître de l'hôtel du roi, prévôt de Paris, 490.

Saint-Cyr-en-Talmondais (Vendée, arr. des Sables d'Olonne, cant. des Moutiers-les-Maufaits), 353, 356.
Saint-Denis en France (Seine). — Église, 537; legs pour les réparations, 531; chapelle de Saint-André, 531. — Église de Sainte-Croix, 277.
Saint-Étienne-en-Sery (Somme, arr. d'Abbeville, cant. de Gamaches, comm. de Bouttencourt). — Église de Notre-Dame, 580.
Saint-Fiacre-de-Brie (Seine-et-Marne, arr. de Meaux, cant. de Crécy). — Prieuré de Bénédictins, 638; confrérie, 638.
Saint-Florent-lez-Saumur (Maine-et-Loire). — Abbaye, 579.
Saint-Flour (Hugues de Magnac, évêque de), 300.
Saint-Fulgent (Vendée, arr. de Napoléon-Vendée), 354, 357, 359.
Sainte-Gemme (Deux-Sèvres, arr. de Bressuire, cant. de Saint-Varent), 353, 356.
Saint-George (Guillaume de Vienne, seigneur de), chambellan du duc de Bourgogne, 401.
Saint-Germain (Jean de), notaire au Châtelet de Paris, 295, 485, 490, 492.
Saint-Germain-lez-Couilly (Seine-et-Marne, arr. de Meaux, cant. de Crécy). — Église paroissiale, 633.
Saint Grégoire le Grand, son livre intitulé: *Moralia in Job*, 389.

Saint-Haon-le-Châtel (Loire, arr. de Roanne). — Église, 473.
Saint-Haon-le-Vieux (Loire, arr. de Roanne, cant. de Saint-Haon-le-Châtel). — Église, 473.
Saint-Jacques en Galice. — Pèlerinage, 496, 526, 556.
Saint-Léonard-de-Crocy. — Pèlerinage, 623.
Saint-Leu (Milet de), 275, 276.
Saint-Maixent (Deux-Sèvres, arr. de Niort) (Abbé de), 352.
Saint-Malo (Ille-et-Vilaine). — Capitainerie, 418.
Saint-Marc (Louis de), chanoine de Limoges, doyen de la Chapelle-Taillefert, 258.
Sainte-Marguerite (Seine-Inférieure). — Biens de Jean d'Escopres, 576.
Saint-Maur-les-Fossés (Seine, arr. de Sceaux, cant. de Charenton-le-Pont). — Abbaye, 330, 515.
Sainte-Mergière (Seine-Inférieure). — Église, 576. — Pèlerinage, 577.
Saint-Ouen (Seine-et-Marne, arr. de Melun, cant. de Mormant). — Église paroissiale, 607.
Saint-Phal (Jean de), écuyer, 256.
Saint-Pol (Pierre de), prévôt de la cité d'Arras, 396.
Saint-Remy-la-Varenne (Maine-et-Loire, arr. d'Angers, cant. des Ponts-de-Cé). — Frère Thomas Daniel, prieur, 353.
Saint-Vidal (Hugues de), 492, 493. — (Gonnot de), son fils, 493. — (Dragonnet de), son petit-fils, 493.
Saint-Vrain (Jean de), chanoine de Notre-Dame de Paris, président au Parlement, 260, 304, 589.
—— (Jean de), maître du collège des Bons-Enfants près la porte Saint-Victor, 266.
Saintonge, 451.

Saints (Jean de), chanoine de Notre-Dame de Paris, puis évêque de Meaux, 264, 291.
Salais (Jean), maître en médecine, curé de Villévêque-en-Anjou, 256, 320, 321, 330. — (Eustorge), sa cousine, 328.
Sale (Jean de la), chapelain de l'évêque d'Arras, 396.
Salemon (Simon), 315.
Salières d'étain, 312, 326.
Sancerre (Cher), 547.
—— (Louis de), connétable de France, 257, 301.
Saphir (Anneau d'or garni d'un), 395.
Saphirs saterins, citrins, de teinte jaunâtre, 448.
Saquier (Guillaume), prévôt de Montlhéry, 582, 583, 585. — (Jeanne), sa femme, 582.
Sarcelles (Seine-et-Oise, arr. de Pontoise, cant. d'Écouen), 335, 336, 338, 342.
Sauchoy (Jeanne du), 288.
Saumont-la-Poterie (Seine-Inférieure, arr. de Neufchâtel-en-Bray, cant. de Forges). — Église, 422.
Saussoye (Sœur Jeanne de la), 624.
Sauve (Gard, arr. du Vigan), 511, 512, 514, 515, 516, 518, 521, 522. — Église paroissiale, 516, 517; chapelle de Saint-Germain et de Sainte-Catherine, 513, 515. — Église et couvent de Saint-Pierre, 513, 514, 516. — Église de Saint-Jean-Baptiste, 515.
Saveton (Mahiet et Simonnet le), 421.
Savigny (Gilet de), écolier au collège de Navarre, 375, 377.
—— (Jacques de), 378.
—— (Nicolas de), avocat au Parlement de Paris, 318, 397, 402.
Savoisy (Henri de), archevêque de Sens, 251.
—— (Philippe de), chevalier, 349, 431.

Savoisy (Pierre de), évêque de Beauvais, 262.

Scé (Jean de), prêtre, 382.

Sceau d'argent d'un procureur au Parlement de Paris, 518; — de Marguerite de Bruyères apposé à son testament, 585; — de secret de Pierre de Navarre apposé à son testament, 546.

Scépeaux (Guénier de), notaire et secrétaire du roi, 262.

Seau d'étain servant à contenir les pintes ou vases de table, 326.

Sebillon (Berthelemin), 334.

Secrétaires du roi, 257, 259-263, 265, 291, 362, 484, 489, 491, 544, 546, 604, 617.

—— (Collège des notaires et) du roi, 610.

Sedile (Denise, femme de Jean), 454.

Seellier (Colin le), 294.

Sées (Orne, arr. d'Alençon). — Évêques : Grégoire l'Anglois, 258; Pierre Beaublé, 266.

Seigneurs, 255-265, 279, 284, 295, 300-303, 317, 335, 337, 353, 412, 417, 419, 457, 471, 492, 493, 503, 544, 563, 577, 578, 584, 621.

Selle à chevaucher, 376.

Sénèque (Livres de), 316.

Senlis (Oise), 291.

Sens (Yonne), 621, 622. — Bailliage, 352. — Chapitre, 376. — Église cathédrale, 507. — Maison de Jean d'Essoyes, 350. — Officialité, 248.

—— (Jean d'Essoyes, trésorier et chanoine de), 345, 346.

—— (Jean Guiot, chanoine de), 372, 373.

—— (Guillaume de), président au Parlement de Paris, 335, 383, 475. — (Catherine, Jeanne et Marguerite de), ses filles, 475.

Sens (Renaud de), conseiller au Parlement de Paris, 264, 566.

Sentences de Pierre Lombard (Livre de), 314.

Sercy (Aube, arr. et cant. de Bar-sur-Seine). — Ancienne église près de Bar-sur-Seine, 348.

Serf affranchi par le chapitre de Meaux, 625.

Sergent (Colin), serviteur de l'évêque d'Arras, 395, 409.

Sergent d'armes du roi, 257.

Serges, *sarges*, étoffes croisées de laine; — vêtement, 333; — (chambres fournies de), 422; — perse (dans le sens de couverture) pour coucher les pauvres, 355, 427, 517.

Sérifontaine (Oise, arr. de Beauvais, cant. du Coudray-Saint-Germer), 419, 422.

Seris (Françoise de), religieuse à Poissy, 453.

—— (Guillaume de), premier président du Parlement de Paris, 352, 451.

—— (Guillaume de), conseiller au Parlement de Paris, 411, 452, 454, 455, 456, 457.

—— (Jean de), 452.

—— (Marguerite de), femme de Bertrand de Châteaupers, 454.

Serloe (Regnault de la), 397.

—— (Damoiselle de la), cousine de l'évêque d'Arras, 396, 408.

Sermons (Livres de), 314.

Siffrevast ou Chiffrevast (Jean), écuyer, 284.

Signet, cachet à sceller, 340; — d'argent de la Chambre des comptes, 272; — d'or, 577; — du Parlement de Paris, 249.

Signy-l'Abbaye (Ardennes, arr. de Mézières). — Abbaye, 391, 407.

Sillé (Gervaise de), garde-malade, 382.

Simon (Maître), serviteur de l'évêque d'Auxerre, 378.
Sin-le-Noble (Nord, arr. et cant. de Douai). — Abbaye de Notre-Dame de Beaulieu, 389, 407.
Soie (Bourse de), 468; — vermeille (chasuble en drap de), 460.
Soissons (Aisne). — Abbaye de Saint-Jean-des-Vignes, 310, 314, 600; — de Saint-Léger, 282. — Bénédictines de Notre-Dame, 282. — Chapitre, 308, 309, 314. — Collégiale de Notre-Dame-des-Vignes, 599, 600. — (Comté de), 279, 280, 283. — Cordeliers, 311, 599. — Écoliers de Sainte-Catherine, 310; — de Saint-Nicolas, 308, 309, 315. — Église de Notre-Dame, 282, 317, 603; chapelle de Saint-Martin, 599, 602; chapelle de Saint-Corneille et Saint-André, 599; — de Saint-Crépin-en-Chaye, 282; — de Saint-Crépin-le-Grand, 282; — cathédrale de Saint-Gervais, 600; — de Saint-Jean-des-Vignes, 282; — de Saint-Médard, 282. — Évêque : Simon de Bucy, 257. — Hôpital Saint-Gervais, 310. — Hôtel-Dieu de Notre-Dame, 310.
—— (Jeanne de), femme de Jean de Popincourt, premier président du Parlement de Paris, 336.
—— (Perrinet, fils de Pierre de), 275.
Somme de vingt mille écus d'or reçue en dépôt par Dino Rapondi, 559.
Somme des vices et des vertus, par frère Laurent, confesseur de Philippe le Hardi, 314, 392; — de Geffroy de Trano, commentaire sur les Décrétales, 315; — au Breton, dictionnaire explicatif des mots de la Bible, par Guillaume le Breton, 608; — livre légué à G. de Gaudiac, doyen de Saint-Germain-l'Auxerrois, 519; — de Casibus (conscientiæ), ouvrage du théologien Astesan, 315; — des Confesseurs, traité de Jean l'Alemant, 315.
Sompno Scipionis (De), ouvrage de Macrobe, 314.
Sonet (Guillaume), clerc, 504.
Sonnerie de cloches interdite en temps de mortalité, 629; — bonne et longue, demandée par un testateur pour son service funèbre, 532.
Sonneurs gratifiés de pain et de vin, 532; — gratifiés de douze sols, 570.
Souaf (Robert de), orfèvre et bourgeois de Paris, 264. — (Luquette), sa veuve, 265.
Soubaud (Frère Jean), prieur de Saint-Jean-en-l'Ile, près de Corbeil, 594.
Soulas (Jean), procureur au Parlement de Paris, 266, 625, 626, 638. — (Jeannette), sa femme, 636, 637, 638.
Souliers donnés aux pauvres, 347, 536.
Souterraine (La) (Creuse, arr. de Guéret). — Prévôt, 415.
Speculum historiale, ouvrage de Vincent de Beauvais, 314.
Stain (Marguerite de), 468, 469, 470.
Stalles de l'église Saint-Hilaire de Reims (Legs pour la confection des), 365.
Statue en pierre de Dino Raponci dans la Sainte-Chapelle de Dijon, 554.
Style du Parlement, recueil des règles de la procédure suivie au Parlement de Paris, par Guillaume du Breuil, 613.
Substitution d'héritier, 520; — d'héritier suivant la coutume d'Auvergne, 328.
Suétone, son livre De Vita Cesarum, 389.
Surcot, vêtement d'intérieur; — long et ouvert, 623; — d'écarlate brune, 276; — long, d'écarlate rosée, fourré de menu vair et de cendal, 582; — long et ouvert, d'écarlate vermeille, 460; — d'écarlate vermeille, fourré de menu vair, 461; — clos et ouvert, d'écarlate violette,

fourré de menu vair, 582; — de drap marbré rouget de Bruxelles, 276; — de pers, 467.
SURESNES (Jean DE), 488.
SURREAU (Pierre), 247.

SYMONNET, frère de Jeanne Angelin, 551.
SYNODALES, 376.
SZPAULI (Nicolas), marchand lucquois à Paris, 561.

# T

TABAR, manteau long, 325.
TABARI (Jean), évêque de Thérouanne, 257.
TABERNACLE d'or, garni de pierreries, 485.
TABLEAU d'or, représentant l'Annonciation, 581; — de blanche peinture, servant à la décoration d'un autel, 390; — commémoratif d'une fondation, attaché à une chaîne de fer, 531; — commémoratif d'une fondation en l'église Notre-Dame de Barbeaux, 612.
TABLEAUX de cuivre, portant mention d'obits, fixés aux parois des églises, 299, 363, 487, 598, 603, 614; — pascaux, tableaux des fêtes mobiles, placés à l'intérieur des églises, donnés : à la commanderie de Fontaine-sous-Montdidier, 593; à l'église de Rouen, 593.
TADELINE (Jeanne), veuve de Regnault de Gaillonnet, 567.
TANCARVILLE (Comte DE), 412.
TAPIS, 388; — velus, servant de descentes de lit, 393.
TAPISSERIE donnée à Jean Canard par le duc de Bourgogne, 384; — de haute lisse représentant l'histoire de Notre-Dame, 390, 407; — de haute lisse, tapis étroit de l'histoire de Paris, 393; — de haute lisse (chambre verte à bêtes en), 422; — à personnages avec figure de femme au milieu, servant de tenture à Sauve les jours de procession, 518, 519.
TAPISSERIES, 282; — (chambre de) sur champ vert, armoyée à pins, 393.

TARASCON (Bouches-du-Rhône, arr. d'Arles). — Église de Sainte-Marthe, 281.
TARTARE, riche étoffe de soie. — (Houppelande garnie de), 350.
TARTARIN (Jean), religieux cordelier, 638.
—— (Robin), 625, 626.
—— (Simon), 626.
TASSE contenant des moutonnets, 602.
TASSES d'argent, 269, 276, 356, 378, 379, 435, 600; — d'argent doré, 276, 483, 502; — blanches, 312, 317.
TENNEL DE RACY (Jean), 313.
TENTURE funéraire en drap de boucassin, 298; — en drap noir avec croix blanche, 579; — en drap d'or, 496.
TERNES (Creuse, arr. de Guéret, cant. d'Ahun). — Église de Notre-Dame, 297, 299, 300, 301.
TESSON (Étienne), notaire au Châtelet de Paris, 409, 410, 411, 505, 511, 554, 562.
TESTAMENTS de : amiral de France, 258, 417; — archevêques, 255, 256, 257, 258, 259; — archidiacres, 256, 260, 304; — avocats au Châtelet de Paris, 259, 425, 429; — avocats au Parlement de Paris, 258, 263, 381; — avocat du roi au Parlement de Paris, 262; — bourgeois, 259, 260, 261, 262, 263, 264, 266, 413, 553; — bourgeoises, 255, 259, 260, 261, 262, 263, 265, 266, 462, 475, 481, 484, 622; — cardinaux, 257, 259; — chambellans du roi, 256, 257, 262, 301; — chanceliers de

France, 256, 266, 285, 620; — chanoines de Notre-Dame, 255, 256, 258, 259, 260, 263, 265, 271, 304; — chanoines de diverses églises, 256, 257, 258, 259, 260, 261, 262, 264, 265, 345, 362, 372, 589; — chapelains, 263, 265; — chapelains du roi, 265, 372; — chapelain de Notre-Dame, 263, 568; — clerc de la Chambre aux Deniers, 257; — clerc des Requêtes du Palais, 264, 586; — clercs des comptes, 259, 261, 265; — connétable de France, 257; — conseillers au Parlement de Paris, 255, 257, 258, 259, 263, 264, 265, 266, 267; — conseillers aux Requêtes du Palais, 261, 262, 266; — conseillers en la Chambre du Trésor, 262, 263; — consul de Brives-la-Gaillarde, 258, 411; — curés de diverses paroisses, 256, 258, 261, 263, 265, 266, 320, 372, 568; — dames nobles, 256, 257, 259, 261, 264, 265, 457, 492, 577; — écuyer de corps du roi, 256, 262, 295; — écuyer de cuisine, 263, 576; — écuyer d'écurie du roi, 266; — étudiant en l'Université d'Orléans, 258; — évêques, 255, 257, 258, 259, 260, 261, 262, 263, 264, 266, 383; — greffier du Parlement de Paris, 265, 604; — huissier d'armes du roi, 259, 451; — huissiers au Parlement de Paris, 256, 260, 264; — lieutenant-criminel au Châtelet de Paris, 258; — maître du collège des Bons-Enfants, à Paris, 266; — maîtres des comptes, 255, 256, 257, 259, 261, 271, 431; — maître en la Faculté de droit, 266; — maîtres en médecine, 256, 258, 261, 320, 504; — maîtres des Requêtes de l'Hôtel, 258, 265; — maîtresse du Béguinage de Paris, 260, 466; — marchands parisiens, 255, 259, 260, 262, 264, 266, 442, 547, 548, 553; — médecin du roi, 261, 504; — premiers présidents du Parlement de Paris, 257, 265, 335, 596; — présidents au Parlement de Paris, 256, 257, 260, 262, 264, 352, 470, 563, 589; — prévôt de Paris, 249, 257, 261; — procureurs généraux au Parlement de Paris, 256, 262, 528; — procureurs au Parlement de Paris, 256, 258, 259, 260, 261, 264, 265, 266, 511, 522, 586, 625; — prieurs, 257, 330; — princes du sang, 257, 262, 543; — sergent d'armes du roi, 257; — seigneurs, 255, 256, 257, 261, 262, 263, 264, 265, 279; — secrétaires du roi, 257, 259, 260, 261, 262, 263, 265, 362, 604; — valets de chambre du roi, 260, 261, 264; — valet tranchant du roi, 263.

TESTAMENTS (Maître des), en cour ecclésiastique, 248, 594.

THÉOLOGIE (Livres de questions de), 314, 592. — (Maîtres en), 258, 263, 383.

THÉROUANNE (Pas-de-Calais, arr. de Saint-Omer. — Évêque : Jean Tabari, 257.

THERSE (Femme nommée LA), 503.

THEVENETTE, nièce de Nicolas de l'Espoisse, religieuse à Longchamp, 609.

THIEBAUD (Bertrand), chapelain à Saint-Germain-l'Auxerrois, 360.

THIEULOYE (LA) (Pas-de-Calais, arr. de Saint-Pol, cant. d'Aubigny-en-Artois). — Dominicaines, 389, 407.

THOISY (Jean DE), archidiacre d'Ostrevant en l'église d'Arras, 393, 394, 395, 401, 402, 403, 405.

THOMASSE (La fille), 316.

THOUARS (Deux-Sèvres, arr. de Bressuire). — Confrérie de Saint-Nicolas, 357.

—— (Tristan, vicomte DE), 604.

THUMERY (Marguerite DE), femme d'Eustache de l'Aistre, 621.

TIGNONVILLE (Guillaume DE), chambellan du roi, prévôt de Paris, 331, 336, 337, 353, 363, 384, 409, 410, 413, 425, 432, 443, 457, 466.

TILLART (Jean), notaire au Châtelet de Paris, 457, 462.

TILLY (Jean DE), prêtre, demeurant au collège d'Autun, 326, 329, 330.

TIRANT (Robert LE), écuyer, premier valet tranchant du roi, 263.

TOILE destinée à la confection d'aubes et d'amits, 367; — de Reims, 396.

TOILES pour l'ensevelissement des morts pauvres de l'Hôtel-Dieu, 436; — affectées à la confection de chemises pour les femmes infirmes de l'hôpital du Saint-Esprit en Grève, 438.

TOMBEAU orné de peintures murales dans l'église des Célestins de Ternes, 297, 299; — dans l'église paroissiale de Chaulnes, 473.

TOMBES : de Nicolas de Rance à Notre-Dame de Paris, 306; — d'Oudard de Trigny et de Jean de Coiffy dans l'église des Célestins, 362, 363; — de Jean Guiot dans le cimetière des Chartreux, 372, 373; — de Jean Canard dans l'église cathédrale d'Arras, 384, 385, 404; — de Renaud de Trie dans l'abbaye de Gomerfontaine, 420; — de Jean et d'Imbert de Boisy dans le chœur de la cathédrale d'Amiens, 472; — d'Eude la Pis d'Oe dans l'église de Ferrières-en-Brie, 478; — de Jeanne la Héronne dans l'église de Saint-Séverin à Paris, 487; — de Denis de Mauroy dans le cimetière de Coulommiers, 542; — de Pierre de Navarre aux Chartreux, 544; — de Jean du Drac à Saint-Merry, 563, 564; — de Jean des Noyers dans l'église de Saint-Germain du Vieux-Corbeil, 568, 569; — de Marguerite de Bruyères dans l'église du prieuré Saint-Didier de Bruyères, 579; — de Richard de Baudribosc dans l'église des Cordeliers de Paris, 591; — de Robert Mauger dans l'église des Carmes de Paris, 597, 600; — de Nicolas de l'Espoisse dans l'église de Sainte-Geneviève de Paris, 607.

TOMBES de pierre avec trois personnages figurés en creux, 487; — de plâtre dans le cimetière de Coulommiers, 542.

TOMBIER (Hennequin du Liège), 574.

TORCHART (Thomas), 313.

TORCHES funéraires tenues par des pauvres, 570, 624; — de vingt-cinq livres, tenues par treize pauvres vêtus de noir, 579.

TORTIS de cire, petit cierge, 531, 532, 539.

TOUAILLES, serviettes d'autel, 364, 367, 467.

TOUCY (Jean), 538.

TOUILLART (Jacques), procureur au Parlement de Paris, 638.

TOULONGEON (Jean DE), 621.

TOUQUIN (Seine-et-Marne, arr. de Coulommiers, cant. de Rozoy-en-Brie). — Église de Saint-Étienne, 433.

TOUR (Bertrand DE LA), évêque de Langres, 255.

—— (Gui DE LA), sa maison à Paris, 328.

—— (Seigneur DE LA), 493.

—— (Jean DU), procureur au Parlement de Paris, 503.

TOURAINE (Charles, duc DE), 597.

TOURNAI (Belgique), 285. — Évêque : Louis de la Trémoille, 261.

TOURRETE (Jean), for-doyen et chanoine du Puy-en-Velay, 503.

TOURS (Indre-et-Loire). — Archevêque : Seguin d'Anton, 255.

TOUSEPIE (Amy), serviteur de Renaud de Trie, 421.

TRACY (Calvados, arr. de Caen, cant. de

Villers-le-Bocage). — Domaines de Pierre de Navarre, 544.

Tranchant (Pierre), 543.

Trehan (Yves du), écuyer, seigneur du Boullay, 360, 361.

Trémagon (Évrard de), évêque de Dol, 295, 296. — (Yves de), son frère, 295, 296.

Trémoille (Catherine de la), femme de Jean de Trie, 301.

—— (Gui de la), 279, 284.

—— (Guillaume de la), 284.

—— (Louis de la), évêque de Tournai, 261.

Trente (Laurent), marchand lucquois à Paris, 561. — (Gualonne), son fils, 561.

Triboul (Dreux), prêtre, 622.

Trie (Aubri de), licencié ès lois, conseiller en la Chambre du Trésor, 262, 425.

—— (Jean de), chambellan du roi et du duc d'Orléans, 256, 301, 302, 422. — (Louis de), son fils, 301, 302, 303, 422.

—— (Renaud de), seigneur de Sérifontaine, amiral de France, 249, 258, 301, 417, 418, 419, 424. — (Jacques de), son frère, 249, 422, 424. — (Marguerite de), sa sœur, dame du Boullay-Thierry, 249, 303, 424.

Trie (Mathieu de), dit Lohier, 301, 417.

—— (Frère Thomas de), 425.

Trigny (Oudard de), clerc des comptes, 275, 276, 278, 363, 431.

Trousseau (Pierre), évêque de Poitiers, 261, 262.

—— (Pierre), dit Bosche, évêque de Rieux, 263.

Troyes (Aube), 352, 418, 621. — Grands jours, 336, 596. — Traité de 1420, 621.

Truquan (Jean), lieutenant-criminel au Châtelet de Paris, 250, 258.

Tulle (Corrèze). — Prieur, 416.

Tulle (Livre ayant pour titre un petit). OEuvres de Cicéron, 314.

Turcs (Expédition de 1396 contre les), 279, 577.

Turenne (Raymond de), comte de Beaufort, 412, 413.

## U

Uillier (Jean et Gui l'), neveux et exécuteurs testamentaires d'Eustache de l'Aistre, 622.

Université de Paris, 286, 372, 384, 399, 465. — Procureur de la nation de France, 372. — Procureurs des quatre nations, 399.

Urbain (Jean), pelletier à Paris, 261.

Ustensiles d'hôtel, 334, 387, 388, 437, 440, 510.

Utilitate particularum (De), traité de physiologie de Galien, connu sous le titre : De Usu partium corporis humani, 510.

Uxeau (Andry d'), curé de l'église de Bazoches-en-Houlmes, clerc des comptes, 265.

## V

Vachote (Guillemin), 530, 538.

—— (Perrin), 530.

Vacqueresse (Gilles de la), dit Munier chapelain du duc d'Orléans, 345.

VACQUERIE (LA) (Oise, arr. de Beauvais, cant. de Grandvilliers), 523. — Église de Saint-Firmin, 525.

VAGAULTIER (Guillaume), clerc, 595.

VAILLANT (Jean), 382.

VAILLY (Jean DE), président au Parlement de Paris, 251, 561.

VAINGNE (Saincte DE LA), 449.

VAIR, fourrure; — (gros), 269, 325, 349; — (menu), 325, 369, 461, 582, 623; — (petit), 270.

VAISSEAUX d'argent pour autel, 392.

VAISSELLE d'argent, 320, 392, 395, 396, 435, 584; — d'argent cachée dans un mur, 626; — d'argent véré, 392; — de cuisine, 276, 422, 508.

VAL (Jean DU), clerc du diocèse d'Autun, 351.

—— (Notre-Dame-du-)(Seine-et-Oise, arr. de Pontoise, cant. de l'Isle-Adam). — Abbaye, 537.

VALADELLE (LA) (Creuse, arr. de Guéret), 299.

VALENCIENNES (Nord). — Église de Saint-Jacques, 390, 407.

VALET de fruiterie du roi, 377; — tranchant du roi, 263.

VALETS de chambre du roi, 260, 261, 264.

VALMES (Pierre DE), receveur à Bruyères, 583.

VALS (Haute-Loire, arr. et cant. du Puy). — Augustines, 496.

VANVES (Seine, arr. de Sceaux), 395. — Église paroissiale, 607. — (Martin, religieux de Sainte-Geneviève, curé de), 614.

VARENNES (Béatrix DE), 577.

VARZY (Nièvre, arr. de Clamecy). — Église collégiale de Saint-Eugène, 381.

VASSEUR (Adam LE), seigneur de Wanel et de Voisinlieu, 261.

—— (Freminot LE), neveu de Guillaume de Vaux, 588, 589.

VASSEUR (Thomas LE), licencié ès lois, avocat au Parlement de Paris, 263.

VASSY-PRÈS-VIRE (Calvados, arr. de Vire).— Domaines de Pierre de Navarre, 544.

VAUDETAR (Charles DE), conseiller du roi, 450.

VAUMAIN (LE)(Oise, arr. de Beauvais, cant. du Coudray-Saint-Germer). — Église, 422. — (Messire Pierre, curé de),

VAUVILLIERS (Baudes, seigneur de), 584.

VAUX (Aisne, arr. de Château-Thierry, cant. et comm. de Neuilly-Saint-Front), 316.

—— (Guillaume DE), ancien procureur au Parlement de Paris, clerc des Requêtes du Palais, 264, 586, 587, 589. — (Pasquier DE), son frère, 588.

—— (Pierre DE), doyen de la Faculté de médecine de Paris, 504.

VAUX-SUR-ORGE, aujourd'hui GRANDVAUX (Seine-et-Oise, arr. de Corbeil, cant. de Longjumeau, comm. de Savigny-sur-Orge). — Terre et vignes, 603.

VEAU (Gilles LE), clerc des comptes du duc de Guyenne, 568, 573.

VEINNES (Jean DE), boucher du roi, 272.

VELAY, 492.

VELOURS, velluyau; — (chasuble de) vermeil, 364.

VENABLES (Pierre DE), 429.

VENDÔME (Catherine DE), comtesse de la Marche et de Castres, 257.

VENEUR (Guillemet LE), 423.

VENISE (Italie), 283, 284.

VER (Denisette, fille de Jean DE), 348, 349.

—— (Philippe DE), curé de l'église Notre-Dame de Granville, 265.

VERGES d'or, anneaux, 577; — de fer, tringles de rideaux, 427.

VERNON (Frère Jean DE), 468.

—— (Mahaut DE), 468.

—— (Raoulin), serviteur d'Eude la Pis d'Oe, 479.

VERRE (Fondations inscrites sur parchemin encastré dans un pilier sous), 308, 309.

VERSIGNY (Girard DE), curé de Saint-Germain-l'Auxerrois à Paris, 358.

VERT (Drap), 349, 479, 636; — brun, 636.

VERTUS (Philippe DE), 250.

VÊTEMENTS distribués aux pauvres, 613; — sacerdotaux, 367, 376, 390, 410, 506.

VEZELAY (Yonne, arr. d'Avallon). — Église de la Madeleine, 571. — Legs de cent quatre-vingts toises de chandelles de cire représentant le pourtour de l'église, 571.

VIAUD (Nicolas), évêque de Limoges, 264.

VICHEL (Aisne, arr. de Château-Thierry, cant. de Neuilly-Saint-Front), 316.

VIEILLE (Simonnet LA), 468, 469.

VIELLARD (Jacquet LE), 275, 276.

—— (Jeannin LE), étudiant aux écoles, 275, 277, 278.

VIENNE (Guillaume DE), archevêque de Rouen, 259.

—— (Jean DE), amiral de France, 418.

VIENNOTE (Laurencette LA), garde-malade à Paris, 548, 552.

VIERZY (Aisne, arr. de Soissons, cant. d'Oulchy-le-Château). — Paroisse, 599.

VIGNE (Pierre DE LA), ses lettres, 392, 608.

VIGNES (Querigo DES), 449.

VIGNOTEL (Perreton LE), 397.

VILATE (Philippe), procureur au Parlement de Paris, 261, 481, 482, 483, 484, 511, 519, 522. — (Dauphine), sa femme, 260, 481, 482, 484. — (Catherine, Antoine et Agnesot), ses enfants, 483, 511, 512, 519, 520. — (Étienne et Gilles), ses frères, 518. — (Guillaume), son frère, 511, 514, 515, 518, 520, 521, 522. — (Jean), son frère, 484, 512, 518, 520, 521. — (Guillaume), son neveu, 512.

VILLAIN (Margot, fille de Jean), nièce de Jean de Popincourt, 341.

VILLARS (Vesian DE), 451.

VILLEMARCHAIS (Yonne), 377, 378.

VILLENEUVE (Hervé DE), professeur en théologie, curé de l'église de Saint-Pierre-aux-Bœufs à Paris, 500.

—— (Jean DE), 345.

VILLENEUVE-SAINT-GERMAIN (Aisne, arr. et cant. de Soissons). — Célestins de la Sainte-Trinité, 279, 280.

VILLERS (Adenet DE), échanson de Pierre de Navarre, 547.

—— (Guillaume DE), 552.

VILLÉVÊQUE (Maine-et-Loire, arr. et cant. d'Angers), 256, 320, 321.

VILLIERS, *villare ad equitandum,* sorte de vêtement de campagne pour monter à cheval, 269.

VILLY (Jean DE), dit LE CHARRON, bourgeois de Paris, 265.

VINCENNES (Seine, arr. de Sceaux). — Château, 296. — Grandmontains (Bonshommes), 440. — Infirmerie du prieuré (Legs en faveur de l'), 440.

VINCENT DE BEAUVAIS, son livre intitulé : *Speculum historiale,* 314.

VINEIS (*Épîtres de P. de*). Lettres politiques de Pierre de la Vigne, 392, 608.

VIOLET (Houppelande de), 350, 483.

VIPART (Jean), professeur en la Faculté de droit, conseiller au Parlement de Paris, 266.

VIRTUTIBUS *et de viciis* (Livre De), *Somme des vices et des vertus,* par frère Laurent, confesseur de Philippe le Hardi, 314, 392.

VITA CESARUM (*De*), ouvrage de Suétone, 389.

VITRY (Guillaume DE), notaire et secrétaire du roi, 475.

VITRY-EN-ARTOIS (Pas-de-Calais, arr. d'Arras). — Moulin, 387.

VIVAULT (Raphael DE), marchand génois à Paris, 448.
—— (Godefroy DE), 448.
VIVIAN (Jean), conseiller au Parlement de Paris, 589.
VIVIEN (Bertrand), étudiant en l'Université d'Orléans, 258.
—— (Pierre), dit DE MAUCOURANT, serviteur de Renaud de Trie, 421.
VIVIER (LE) (Pas-de-Calais, arr. d'Arras, cant. de Croisilles). — Abbaye de l'ordre de Cîteaux, 389, 407.
—— (Jean DU), notaire au Châtelet de Paris, 331.

VOISINES (Nicolas DE), notaire et secrétaire du roi, 260.
VOISINS (Thomas DE), chambellan de Charles VI, seigneur de Bruyères, 578.
VOL du reliquaire de saint Léger de Pougues, 376.
VOLTRI (Italie, province de Gênes), 445.— Construction d'un pont, 446. — Église de Notre-Dame-de-la-Cheve, 448.
VRAY (André DE), de Pontoise, chanoine de Saint-Spire de Corbeil, 572.
VYE (Jean), 314, 395.

# W

WAGUET (Robert), président de la Chambre des enquêtes au Parlement de Paris, 256.
WAVRIN (Guillaume DE), 244.

WILLEQUIN (Jean), greffier du Parlement de Paris, 279, 604, 605.

# Y

YERRES (Seine-et-Oise, arr. de Corbeil, cant. de Boissy-Saint-Léger).— Abbaye, 288.
— Seigneurie, 451.
YSAMBARD (Jacques), notaire apostolique, tabellion de l'Université de Paris, 361, 362, 622.

YSEBARRE (Augustin), banquier lombard, 247.
YVES (Levis), maître en médecine de la Faculté de Paris, 510.
YVIER (Denis), notaire au Châtelet de Paris, 568, 575.

# MAXIMES D'ÉTAT

# ET FRAGMENTS POLITIQUES

DU

## CARDINAL DE RICHELIEU

PUBLIÉS

PAR M. GABRIEL HANOTAUX.

# NOTICE PRÉLIMINAIRE.

La publication que M. Avenel a faite dans cette collection même de la *Correspondance et des papiers d'État* du cardinal de Richelieu a ouvert un jour tout nouveau sur les intentions et sur les actes du grand ministre. Malgré le soin et l'application infatigable que l'excellent éditeur, mort à la tâche, a apportés à son œuvre, il s'est trouvé que la féconde activité du cardinal de Richelieu dépassait encore son effort. Il reste à glaner derrière les pas de M. Avenel.

Il n'a pu pénétrer dans de nombreuses collections particulières où se trouvent des lettres de Richelieu que les familles des destinataires ou les amateurs conservent précieusement [1].

L'admirable dépôt des archives du Ministère des Affaires étrangères, où le corps des papiers de Richelieu subsiste, ne lui a été ouvert que très tard. Si larges qu'aient été les emprunts faits par lui à cette source, on ne peut dire qu'il l'ait épuisée.

Même le Cabinet des manuscrits de la Bibliothèque nationale, si sérieusement exploré, promet encore plus d'une heureuse rencontre aux chercheurs qui marchent sur les traces de l'éminent érudit.

Dès le temps de Richelieu, ou dès une époque très voisine de lui, des pièces importantes se trouvèrent distraites de son cabinet et furent dispersées de divers côtés. Quelques-uns de ses secrétaires conservèrent par devers eux des pièces à la rédaction desquelles ils avaient pris une part qu'ils ne pouvaient consentir à considérer comme peu importante [2].

---

[1] C'est ainsi que M. le comte de Mellet a pu publier récemment plusieurs lettres de Richelieu, conservées dans la famille des Bouthillier. (Voy. *Revue des Sociétés savantes des départements*, 6ᵉ série, t. V, p. 3 et 183.)

[2] De ces collections faites par les secrétaires de Richelieu, la plus précieuse certainement fut celle de Le Masle, prieur des Roches. De son cabinet, elle passa à la Sorbonne, et de là à la Bibliothèque de la rue de Richelieu, où elle est encore pour la meilleure part.

L'ensemble des documents lui-même fut confié à plusieurs reprises par les héritiers du Cardinal à des hommes de lettres chargés d'entreprendre ou son histoire, ou son apologie [1]. Des curieux sollicitèrent plus d'une fois et quelquefois obtinrent l'autorisation de consulter ces précieux papiers [2].

De ces différentes vicissitudes il résulta que, tandis que la masse énorme des documents rassemblés par Richelieu pour servir de base à l'édifice des *Mémoires* restait entre les mains auxquelles il les avait confiés lui-même en mourant [3], des morceaux précieux se détachaient de cet ensemble, acquérant par leur isolement plus de valeur peut-être et plus de prix [4].

Plus tard la masse elle-même fut déplacée. En 1705, la duchesse d'Aiguillon, petite-nièce du cardinal de Richelieu, étant morte, « un ordre du Roi « permit (c'est-à-dire enjoignit) au marquis de Torcy de retirer des mains des « héritiers ces documents de première valeur. Ils furent réunis au Dépôt des

[1] Dupleix, Vialart, Mézeray, Aubery, le P. Le Moine entreprirent successivement un travail qu'un seul d'entre eux put faire connaître définitivement au public. L'*Histoire de Richelieu* d'Aubery, et surtout les *Mémoires pour servir à l'histoire de Richelieu*, du même (2 vol. in-fol., Paris, 1650), furent les résultats de ces communications. C'est la meilleure source de l'histoire de Richelieu, jusqu'aux travaux de l'érudition contemporaine. Tallemant des Réaux donne de curieux détails sur les personnes auxquelles la famille de Richelieu fit des propositions pour entreprendre l'apologie du Cardinal. (Voy. *Historiette de Richelieu*, éd. 1865, t. I, p. 434.)

[2] Nous savons qu'en 1651 Colbert faisait copier pour Mazarin des papiers de Richelieu que la duchesse d'Aiguillon lui avait confiés. (Voy. sous cette année : *Lettres, instructions et mémoires de Colbert*, cités par A. Baschet, dans son livre sur les *Archives des Affaires étrangères*, in-8°, p. 219.) Diverses copies des *Mémoires* de Richelieu et de son *Testament* se répandirent au XVIIe siècle, par suite des communications libérales de ses héritiers. C'est là probablement aussi l'origine de la publication du *Journal du cardinal de Richelieu* faite en 1648. Nous en dirons un mot plus loin.

[3] Par une des clauses de son testament, Richelieu légua à sa nièce, la duchesse d'Aiguillon, « sa maison de Ruel et ses apparte- « nances » : or c'est là que se conservaient ces précieux papiers qui, soixante ans plus tard, accrurent d'une façon si heureuse et si inattendue le dépôt des archives du Ministère des Affaires étrangères. (Voy. le *Testament* de Richelieu, publié en appendice à Dupleix, *Histoire de Louis XIII*, t. II, p. 375. Il a été aussi imprimé à part. Cfr. la note de Tallemant, citée plus haut.)

[4] Parmi ces morceaux, nous citerons un nombre relativement considérable de pièces préparées pour les *Mémoires* qui se trouvent maintenant à la Bibliothèque nationale, fonds français n°s 10-217, fol. 95 et suiv., et le ms. fragmentaire du *Testament politique* conservé dans les *Cinq cents Colbert*, et publié par le P. Griffet.

« Affaires étrangères, lorsqu'en 1710 il fut formé, avec la permission de
« Louis XIV, dans le donjon au-dessus de la chapelle du vieux Louvre [1]. »

De ce jour, ces documents, gardés dans un dépôt jaloux et pour ainsi dire
inaccessible, semblaient devoir échapper à tous dangers de distraction en
même temps qu'ils perdaient pour longtemps la chance d'entrer par l'impression
dans le domaine du public.

Il n'en fut pas tout à fait ainsi cependant. Le transfèrement des papiers de
Richelieu au dépôt du Ministère des Affaires étrangères n'était pas fait depuis
cinq ans, qu'un homme dont l'histoire à peine a conservé le nom, l'abbé
Legrand, fut chargé de les mettre en ordre. Il s'appliqua avec zèle à cette tâche,
se passionna pour des documents dont il sentait toute l'importance, classa,
résuma, inventoria; il rédigea même un « Mémoire de l'utilité de l'arrange-
« ment des papiers du feu cardinal de Richelieu, » fit en un mot sur ce point
une dépense d'application et de travail qui, malheureusement, resta inutile et
inconnue jusqu'à nos jours. Ce bel amour des documents qu'il étudiait alla si
loin, que soit négligence, soit quelque autre cause, des pièces faisant partie
de la collection restèrent entre ses mains.

Heureusement il s'était établi dans le cours du xviii<sup>e</sup> siècle une pente qui
ramenait assez naturellement vers un autre grand dépôt, la Bibliothèque du
Roi, les pièces qui, par suite de divers événements, s'étaient trouvées réunies
dans les collections des amateurs. L'abbé Legrand disposa lui-même par
testament qu'une partie de ses papiers serait remise à la Bibliothèque du Roi ;
l'autre partie était par lui léguée à son grand ami, M. Clairambault. La
collection de Clairambault, à son tour, fut achetée par l'ordre du Saint-Esprit
et réunie en 1792 à la Bibliothèque. De sorte que tout ce qui, de ce chef,
pouvait manquer au dépôt des Affaires étrangères se trouva, après un détour,
faire partie du Cabinet des manuscrits de la Bibliothèque.

Mais là, tandis qu'une partie des richesses des *Mélanges* de Clairambault
disparaissait dans les brûlements ordonnés par décret du 12 mai 1792, ce
qui échappa au désastre devait, pendant longtemps encore, attendre des ex-
plorateurs[2], par suite du traitement barbare auquel la plupart des volumes de
la collection avaient été soumis par les commissaires de la municipalité.

---

[1] Note du sieur Le Dran, commis aux archives des Affaires étrangères, publiée par Foncemagne, dans sa *Lettre sur le Tes-tament politique*, à la suite de l'édition de 1764, p. 7.

[2] On sait que le classement définitif du

## NOTICE PRÉLIMINAIRE.

C'est un érudit aussi sagace que persévérant, M. A. Baschet, qui, le premier, mit le public sur la trace bibliographique du cabinet de l'abbé Legrand[1].— Dans son ouvrage sur le Dépôt des archives du Ministère des Affaires étrangères, il consacra un long et curieux chapitre au projet d'une *Académie politique*, conçu par le ministre de Torcy au début du xviii$^e$ siècle[2]. L'abbé Legrand avait été chargé de mettre en œuvre quelques-unes des idées du ministre. C'est en relevant dans le fonds Clairambault le résultat de ses travaux en ce sens que M. Baschet reconnut que l'abbé Legrand avait mis la main à la classification de la correspondance du Cardinal.

Sur les indications du livre de M. Baschet, nous nous portâmes à notre tour aux volumes du fonds Clairambault, espérant y suivre d'une façon plus particulière la trace des papiers de Richelieu. Notre espérance ne fut pas trompée, et parmi nombre de pièces intéressantes à d'autres points de vue, nous rencontrâmes le recueil que nous donnons ici au public.

Par sa forme générale, ce recueil était fait pour échapper à l'attention. Il est relié et catalogué sous le titre vague de *Miscellanea* dans un volume qui ne contient guère que des pièces relatives au xviii$^e$ siècle, le volume 521 des *Mélanges de Clairambault* (folios 1 et suiv.). Il se compose d'un ensemble de feuilles réunies comme au hasard, où l'écriture souvent interrompue change à chaque instant, et auxquelles les blancs, les ratures et les annotations marginales donnent un air de brouillards et de paperasses.

Seule la connaissance antérieure de ces écritures diverses pouvait apprendre à quelle précieuse collection nous avions affaire. Cela pour nous ne pouvait faire aucun doute, ces papiers provenaient du cabinet du cardinal de Richelieu. Le voisinage du Catalogue de la correspondance de Richelieu par l'abbé Le-

---

fonds Clairambault n'a été terminé que depuis peu d'années. L'honneur d'y avoir mis la dernière main revient à M. Robert, le très sympathique attaché au Cabinet des manuscrits de la Bibliothèque nationale.

[1] Notons cependant que l'"incorporation des papiers de l'abbé Legrand dans le cabinet de Clairambault a été signalée dans la notice consacrée par M. Delisle aux collections de Clairambault, dans *Le Cabinet des manuscrits de la Bibliothèque nationale*, t. II, p. 20.

[2] Les détails relatifs à l'abbé Legrand, que nous donnons dans le texte, sont empruntés au volume de M. A. Baschet. Nous avons pris soin de les vérifier nous-même dans les volumes 519 et 1023, 1024 de la collection Clairambault. (Voy. Baschet, *Les Archives du Ministère des Affaires étrangères*, p. 146 et suiv.)

NOTICE PRÉLIMINAIRE. 711

grand affermissait dans notre esprit une conviction qu'il s'agit maintenant de faire passer dans celui du lecteur.

Nous diviserons l'étude que nous allons faire de ces documents nouveaux en trois points : 1° leur authenticité; 2° leur nature ; 3° le profit que l'on en peut tirer pour l'histoire.

L'authenticité de ces documents résulte tout d'abord, nous l'avons dit, de la connaissance des écritures diverses que l'on y rencontre.

Il suffit d'être le moins du monde versé dans l'étude des questions relatives au mode de rédaction des écrits qui sont sortis du cabinet du cardinal de Richelieu pour ne pas hésiter un seul instant sur le point de l'attribution que nous avons faite.

On ne peut penser qu'un homme qui menait des affaires aussi importantes que le cardinal de Richelieu écrivît de sa main tout ce qui sortait journellement de son étude. Il est démontré qu'il employa toute sa vie de *quatre à six* secrétaires à la fois, sans parler des copistes [1]. Il est démontré aussi que l'on doit considérer comme authentiques et attribuer au Cardinal lui-même des pièces, ayant un caractère politique, dans lesquelles se rencontrent les *mains* de Charpentier, de Cherré, de Le Masle, etc. Cette considération est même si pressante que les contemporains les mieux renseignés ont le plus souvent confondu avec l'écriture du Cardinal celle de ses principaux secrétaires [2].

Il est vrai que ceux-ci s'efforçaient le plus souvent de provoquer cette erreur. Ils imitaient le mieux qu'ils pouvaient l'écriture du Ministre. On disait qu'ils avaient *sa main*.

Or, dans notre recueil de documents nous rencontrons, s'entremêlant sans cesse, non seulement l'écriture de ces divers secrétaires que nous venons de nommer, mais aussi, et en majeure partie, celle du Cardinal lui-même. De

---

[1] Voir dans la préface de la *Correspondance de Richelieu* le chapitre consacré par M. Avenel aux secrétaires de Richelieu (t. I, p. XVI). Nous avons rencontré fréquemment la main d'un copiste à la belle écriture régulière, tant dans le ms. Clairambault que dans la collection des Affaires étrangères. Nous la désignons dans nos notes sous le nom de *main du copiste*.

[2] M. Avenel remarque que les *fac-simile* de l'écriture de Richelieu donnés dans l'*Isographie* (3 vol. in-4°, 1827) et dans l'*Iconographie* (in-fol., 1828) ne sont pas de la main du Cardinal.

sorte que nous voyons sur une même page le Cardinal prendre, quitter, reprendre la plume, tandis que ses secrétaires poursuivent ou suspendent l'œuvre tour à tour.

Une pareille démonstration ne peut se faire complètement que par l'examen du document original. Nous avons essayé dans nos notes de faire à chacune des personnes qu'employait le Cardinal la part du travail qu'elle a fournie. Nous avons essayé de distinguer chacune des plumes qui ont été employées. On pourra comparer nos observations avec celles que M. Avenel a faites à chaque page de sa publication et avec les *fac-simile* qu'il y a joints.

Avant de quitter cette question, il convient cependant que nous ajoutions un mot sur un point spécial qui a arrêté un instant notre attention; il s'agit de l'écriture même de Richelieu. Tandis qu'à certains moments l'attribution que nous faisons de bon nombre de passages à la main du Cardinal est absolument incontestable, dans d'autres il peut y avoir quelque lieu d'hésiter. L'écriture devient plus fine et plus serrée, quelques lettres semblent formées d'une manière légèrement différente. Si ce n'était dans ces passages justement que l'on rencontre le plus fréquemment les formules personnelles employées par le Cardinal (*j'ai dit, j'ai fait*, etc.)[1], nous aurions cru à certains moments être en présence d'une écriture différente, justement de celle d'un de ces secrétaires *ayant la main*, dont nous venons de parler. Mais des considérations très pressantes, en particulier la transition insensible entre cette forme et celle un peu différente que le Cardinal emploie le plus fréquemment dans sa correspondance, nous ont amené à penser que l'écriture du Cardinal s'était légèrement modifiée avec le temps, et que l'allure qu'elle affecte habituellement se trouvait être quelque peu transformée par suite de la nature de *notes*, de *remarques*, de *fragments*, qui est celle du recueil que nous étudions.

D'ailleurs la comparaison de ces passages avec ceux du premier *fac-simile* donné par M. Avenel ne peut laisser aucun doute [2]. La concordance des dates est un argument de plus en faveur de notre attribution. Nous ferons remarquer

---

[1] Voy. notamment le fragment n° XXV : «Le bonhomme Coman m'a dit.....» Voy. également les fragments CLVII, CLVIII et es notes.

[2] Voy. le *fac-simile* d'une lettre de Richelieu au libraire Cramoisy dans Avenel (t. I, p. 144), d'après le texte conservé à la Bibliothèque nationale, fonds Saint-Germain-Harlay, vol. CCCLXIII, fol. 133. Cette lettre est de 1615, c'est-à-dire, relativement, de la jeunesse de Richelieu.

## NOTICE PRÉLIMINAIRE. 713

enfin entre ce *fac-simile* et nos passages une coïncidence de détail qui n'est pas sans importance. De part et d'autre il y a des points sur les *y*, c'est un caractère qui disparaît par la suite dans l'écriture de Richelieu.

A la preuve décisive qui résulte de l'examen des écritures, nous en ajouterons quelques autres qui viendraient, on peut le dire, par surcroît, si les considérations qui servent à les établir ne faisaient en même temps pénétrer dans une connaissance plus intime du document lui-même.

C'est à ce titre que nous relevons l'emploi de la forme personnelle fait fréquemment par Richelieu dans le cours de nos documents [1]. Quelquefois même, il semble que c'est par mégarde, et des passages dans lesquels il se désigne d'abord à la troisième personne (*le cardinal de Richelieu fit* ou *dit*) se continuent par l'emploi de la première personne [2]. Le mélange de ces deux formes dans un même fragment ne peut laisser de doutes sur l'attribution de la rédaction même au Cardinal.

Nous avons dit déjà que ce recueil de documents provient de la collection des papiers de Richelieu, et nous avons vu s'établir la série des événements par lesquels il s'est trouvé détaché du dépôt des Affaires étrangères pour venir prendre place dans un volume du fonds Clairambault, à la Bibliothèque nationale. Tous les degrés de la marche que nos documents ont suivie sont connus. Des témoignages dignes de foi les établissent. Mais sur celui même qu'ils ont dû franchir pour sortir de la grande collection et entrer dans la collection particulière de l'abbé Legrand, nous avons le renseignement le plus sûr, celui de l'abbé Legrand lui-même. Dans le catalogue de la Correspondance de Richelieu que l'abbé Legrand entreprit, et dont la plus grande partie est parvenue jusqu'à nous, en suivant les mêmes vicissitudes que notre recueil de documents, dans ce catalogue qui se trouve conservé au même volume 521 des *Mélanges de Clairambault*, nos fragments se trouvent inventoriés et classés comme faisant partie des papiers de Richelieu.

Nous croyons utile de donner *in extenso* la note de l'abbé Legrand [3] :

« Deux registres intitulés *Miscellanea*. Dans le premier coté 7, il y a beaucoup

---

[1] Voy. notamment les passages indiqués ci-dessus, note 1 de la page 712.

[2] C'est le cas pour le fragment CLVII. Au début d'une phrase du paragraphe 158, il y avait d'abord écrit : *j'estimay*; mais Charpentier a corrigé et a mis : *le Cardinal estima*.

[3] Voyez *Mélanges de Clairambault*, volume DXXI, fol. 209 v°.

« de papiers blancs et souvent des maximes ou sentences à côté desquelles est
« écrit *Testament.*

« Page 1. Raisonnement sur la trève d'Hollande faite en 1608.

« Page 15. Metz, Toul et Verdun; usurpations sur ces éveschez par les
« ducs de Lorraine ; ce qu'il faut faire pour brider M. de Lorraine.

« Page 21. Le bon effet qu'on tire du secours qu'on donne aux Hollandois.

« Page 31. Sur l'importance de la Valteline.

« Page 39. Particularitez sur M. de Luines.

« Page 41. Sermon séditieux du Père La Chaux. M. le Prince. Maximes sur
« la négociation.

« Page 42. Caractère de M. d'Aligre.

« Page 47. Le connestable de Lesdiguières. Plusieurs maximes de suite.

« Page 63. Son sentiment sur l'avis qu'il avait de se retirer.

« Page 71. La Rochelle. L'Angleterre par rapport à La Rochelle.

« Page 91. Acte de réception de la paix pour la ville de La Rochelle.

« Page 93. Réponse que fit le roy à l'ambassadeur d'Espagne à l'occasion
« des traittez faits par M. du Fargis. »

De cette note il résulte avec toute évidence que l'abbé Legrand considérait
ces fragments comme faisant partie de la collection qu'il avait entre les mains;
qu'avant même qu'il les eût reçus, ils faisaient un ensemble tout pareil à celui
dans lequel ils nous sont parvenus ; qu'il ne nous manque rien de ce recueil;
que l'abbé Legrand voyait bien dans ces fragments l'œuvre de Richelieu, puisqu'il dit, dans la notice de la page 63 : « *Son* sentiment sur l'avis qu'*il* avoit de
« se retirer. »

Ces différents points sont confirmés enfin par la découverte que nous avons
faite dans la collection même des Affaires étrangères d'un autre manuscrit de
ces fragments. C'est une mise au net qui certainement remonte à l'époque de
Richelieu et a dû être faite d'après ses ordres.

Cette mise au net se trouve dans un volume consacré presque en entier au
récit des démêlés entre la Reine mère et le Cardinal, et qui contient en particulier deux copies entières et plusieurs fragments originaux du *Journal du*

cardinal de Richelieu[1]. Toutes ces pièces ont, au plus haut point, le caractère authentique. Leur seule présence à cette place dans la collection des Affaires étrangères est une preuve indiscutable de cette authenticité.

C'est justement à la suite de la copie la plus complète du *Journal du cardinal de Richelieu* que se trouvent reproduits, de la même main que les pages précédentes et sans séparation apparente, les fragments dont nous avons rencontré l'original dans le volume du fonds Clairambault. Cette mise au net porte le titre de *Mélanges*. Elle est écrite d'une écriture fine et serrée qui est évidemment celle d'un copiste à gages. Elle occupe les folios 45 à 60 (nouvelle numérotation) du volume LIX de la série *France* où elle se trouve reliée.

Ce n'est d'ailleurs ici qu'une copie; elle a par elle-même une importance moins grande que l'original. On verra, par les variantes qu'elle nous a fournies, que le copiste a été plusieurs fois inattentif, et que sur les points où elle diffère du manuscrit Clairambault, l'avantage reste en général à celui-ci.

Cependant il y a quelques morceaux où on peut relever, soit des corrections faites par l'auteur des *Fragments*, soit plutôt une intervention personnelle du copiste. C'est vers cette dernière opinion que nous penchons, quant à nous, et la véritable utilité de l'étude de ce second manuscrit nous paraît être surtout dans la preuve qu'il fournit : 1° que Richelieu avait considéré ces *Fragments* comme assez importants pour en conserver plusieurs copies et les placer au milieu de ses papiers les plus précieux; 2° que le corps de nos *Fragments* était formé du vivant même du Cardinal; 3° que l'original de la Bibliothèque nationale n'a rien perdu en chemin et qu'il est parvenu intact jusqu'à nous.

L'authenticité de ces documents une fois bien établie, voyons de quelle nature ils sont, et quel profit on en peut tirer pour l'histoire. Le titre seul de *Miscellanées* qu'ils portent dans le manuscrit, et celui que nous leur donnons de *Fragments politiques*, suffisent pour indiquer que nous n'avons pas affaire à une œuvre complète et rédigée.

Richelieu écrivait beaucoup. Si l'on considère le nombre et l'importance des affaires qu'il préparait, qu'il dirigeait et qu'il menait à bonne fin, on ne s'étonnera point de la fécondité de sa plume. Elle s'explique encore par une

---

[1] Voy. *Archives du Ministère des Affaires étrangères*, série *France*, année 1631, vol. LIX.

préoccupation différente et digne d'être remarquée chez un homme qui, on pourrait le croire, se trouvait accablé par des travaux et des soucis si importants et si variés. Richelieu était un écrivain, dans toute la force du terme. Il s'appliquait beaucoup au soin du style. Ambitieux même de ce genre de gloire, il en cherchait les succès près de ses contemporains et surtout près de la postérité dont il espérait emporter les suffrages et diriger les jugements.

Au début de sa carrière, alors qu'il hésitait encore entre les divers chemins qui se présentaient à lui, il avait songé un moment à suivre les pas du cardinal du Perron et à chercher dans les succès de l'éloquence et de la controverse les premières voies de sa fortune et de sa gloire.

Plus tard, quand la position exceptionnelle qu'il occupait eut mis entre ses mains la direction des grandes affaires politiques, il s'attacha à expliquer ses actes et à exposer ses desseins dans la rédaction de grands ouvrages historiques, les *Mémoires* et le *Testament politique*.

On doit croire aisément qu'un homme qui était occupé par de pareilles idées et par des travaux si importants avait pris l'habitude de confier journellement au papier la préparation de ses desseins[1] et le premier jet de ses ouvrages. Ce sont les notes qu'il prenait ainsi, ou plutôt une partie de ces notes, si curieuses au double point de vue politique et littéraire, que nous avons retrouvées et que nous publions aujourd'hui.

Mais notre rencontre, il faut le dire, n'a été ni aussi heureuse, ni aussi complète qu'elle eût pu l'être. Les morceaux qui forment le recueil conservé dans le fonds Clairambault ne se rapportent guère qu'aux premières années du ministère de Richelieu. On peut dire en gros que les événements politiques auxquels il est fait allusion s'appliquent seulement aux années 1624, 1625 et 1626. Il est vrai que quelques indices permettent de faire remonter, d'une

---

[1] L'une des preuves les plus curieuses et les plus importantes que l'on ait rencontrées de l'habitude qu'avait Richelieu d'écrire ses projets, est donnée, dans le temps même où s'imprime ce présent volume, par une publication du même genre. C'est un curieux mémoire de Richelieu sur les *Maximes qu'il se donnait pour se conduire à la Cour*. Ce mémoire, écrit probablement vers 1609, et certainement du vivant de Henri IV, se trouve aussi, en original, dans un volume du fonds Clairambault à la Bibliothèque nationale. L'annonce de notre publication a fort heureusement décidé M. A. Baschet à le donner au public. Le mémoire, dont nous avons eu les épreuves entre les mains, formera une élégante plaquette imprimée chez Plon.

part, la rédaction de certains morceaux à l'année 1617[1], et de faire croire, d'autre part, que Richelieu a mis la main à certains autres jusque dans le courant de l'année 1630[2]. Mais ce sont là des faits isolés. L'histoire des trois premières années du second ministère de Richelieu est la seule qui trouvera dans la présente publication des éclaircissements suivis et développés.

Certainement, l'absence des notes que Richelieu dut écrire, de la même manière, pendant les autres années de son ministère est regrettable. Mais il convient de remarquer immédiatement que cette lacune remonte haut, l'on peut dire jusqu'à l'époque de Richelieu; car la mise au net qu'il fit faire lui-même, tout porte à le croire, n'est pas plus étendue, au contraire[3], et la mention de l'abbé Legrand que nous avons citée prouve que c'est dans cet état que le recueil des notes sortit des mains de la famille du Cardinal.

Cette lacune peut d'ailleurs se combler en partie, pour l'époque la plus importante du ministère de Richelieu (les années 1630 et 1631), par la publication faite au lendemain de sa mort du singulier livre intitulé : *Journal de M. le cardinal de Richelieu*[4].

L'authenticité de ce livre (dans la partie attribuée au cardinal de Richelieu) est incontestable. La collection des Affaires étrangères, qui en contient plusieurs copies, en fait foi. Sa publication, qui fut, en 1648, une arme dirigée contre Anne d'Autriche, est un des problèmes de la critique historique, mais le point de départ de cette mise au jour se trouve certainement dans une communication infidèle des papiers de Richelieu.

Il y aura lieu de comparer les Fragments que nous publions avec le *Journal*

---

[1] C'est le cas pour le fragment n° I, relatif au président Charpentier. Voy. la note sur ce fragment.

[2] La date de l'édition des *Mémoires de Villars*, dont une page est citée exactement au fragment n° LXIV, nous pousse à cette conclusion. Les lettres du cardinal d'Ossat sont citées dans le fragment n° LXX. La première édition de ces lettres parut en 1624. La copie du volume des *Affaires étrangères* est reliée dans un volume daté de 1631. Le *Journal de Richelieu*, réuni dans ce même volume, est des années 1630-1631.

[3] La copie des *Affaires étrangères* s'arrête après le fragment n° CLVIII.

[4] Publié en 1648 et non en 1649, comme on le croit généralement. Voy. le Catalogue de la Bibliothèque nationale. Imprimés. Lb$^{36}$, n° 58. — Sa publication a certainement correspondu avec le grand mouvement satirique de la Fronde. Anne d'Autriche était vivement blessée par les faits intimes exposés dans le *Journal*. Voy. dans le *Magasin pittoresque* de 1880 un dessin inédit et une étude qui ont quelque rapport à la question de cette publication.

de Richelieu. On y trouvera le même esprit et la même méthode. Ce n'est point d'ailleurs le seul des ouvrages de Richelieu qui se prête à de pareils rapprochements.

Puisque le caractère de notes et de morceaux faits pour servir, et mis pour ainsi dire en réserve, est celui qui domine dans ces Fragments politiques, il faut s'attendre à y trouver les renseignements les plus divers et les plus inattendus. Citations extraites d'auteurs, indications de formules et même de tournures de phrases, antécédents invoqués pour la solution de certaines affaires, études de questions particulières, avant-projets, même des plans, des relevés de cartes, tout s'y trouve.

On y suivra à la piste, si l'on peut dire, la trace des diverses pensées qui se succédaient dans les préoccupations de ce vaste esprit. Nous avons essayé d'indiquer dans nos notes les principaux faits sur lesquels nous avons cru que l'attention de Richelieu s'était portée au moment où il écrivait ou dictait tel ou tel de nos fragments.

On trouvera ici, pour la première fois peut-être, des indications très exactes sur les lectures du Cardinal. Nous avons fait des recherches assez étendues et quelquefois assez difficiles pour attribuer à leurs auteurs les fragments que nous avons crus empruntés par Richelieu. On verra par la comparaison de nos notes que les *Politiques* (comme on disait en ce temps-là) faisaient son habituelle lecture. Il allait chercher dans les Négociations de Jeannin les origines de la question hollandaise [1]; dans les lettres du cardinal d'Ossat les traditions de la politique française à l'égard de la cour de Rome [2]; dans Guichardin [3], dans Villars [4] les détails des négociations et des guerres du xvie siècle; jusque dans les auteurs espagnols des renseignements sur les établissements des Européens dans l'Inde [5], et dans les auteurs latins des maximes et des sentences, que l'on se faisait une mode d'introduire, à cette époque, et de recoudre pour ainsi dire dans tous les discours d'apparat [6].

Ces Fragments fourniront encore des renseignements très précieux sur les

[1] Voy. nos notes sur les fragments n°ˢ III et suiv.
[2] Voy. notes du fragment n° XX, p. 741, et du fragment n° LXX.
[3] Voy. notes des fragments n°ˢ IX, X et XI.
[4] Voy. notes du fragment n° LXIV.
[5] Voy. notes des fragments n°ˢ XXXII à XXXIV.
[6] Voy. notes des fragments n°ˢ V à VII; LII à LIV, etc.

pensées intimes de Richelieu à l'occasion des événements qui lui étaient contemporains et auxquels il prenait une part si considérable. La comparaison de ces notes de premier jet avec les faits montrera comment des méditations naissent les résolutions. Nos notes essayeront de donner, à cet égard, un commentaire qu'il fallait faire bref. Pour quelques points qu'une note ne pouvait expliquer que d'une façon incomplète, on nous permettra de renvoyer à des articles qui ont paru dans le *Journal des Savants*, où certaines affaires trouvent les développements qu'elles comportent, mais que n'eût pu admettre le cadre nécessairement étroit qui nous était imposé[1].

Des questions générales qui se rattachent à l'étude de notre publication, il en est une pourtant que nous aborderons ici de nouveau parce qu'elle tient intimement au corps même du document et qu'elle ne peut s'en détacher, sans lui enlever la meilleure part de l'intérêt qu'il présente. Il s'agit de la rédaction des principales œuvres du cardinal de Richelieu, et de l'authenticité de son *Testament politique*.

Nous avons indiqué déjà que les feuilles de l'original dont nous avons tiré ces *Fragments* sont couvertes de ratures et de notes marginales. Ces ratures et ces notes, faites le plus souvent d'une main différente de celles qui ont écrit les Fragments eux-mêmes, sont évidemment la marque d'une intervention postérieure. Des signes de renvoi employés fréquemment et d'une façon systématique suffisent pour indiquer l'intention formelle de transporter tel ou tel des passages barrés dans une autre œuvre plus complète.

La plupart de ces signes même nous sont connus. Le public sait aujourd'hui que la composition des *Mémoires* de Richelieu n'est le plus souvent qu'un tissu non interrompu de pièces originales, reliées entre elles par des transitions plus ou moins importantes. On a retrouvé bon nombre de ces pièces. M. Avenel a indiqué, le premier[2], que les signes auxquels on reconnaissait qu'elles avaient servi à la rédaction des *Mémoires* étaient qu'elles se trouvaient marquées en tête du mot *Employé*, en marge, de lettres ou de numéros; enfin,

---

[1] Voy. *Journal des Savants*, n°⁵ de juillet, août et septembre 1879. *Étude sur des maximes d'État et des fragments politiques inédits du cardinal de Richelieu.*

[2] Dans une série d'articles publiés au *Journal des Savants*, années 1858 et 1859. — Voy. aussi *Étude sur un prétendu supplément inédit des Mémoires de Richelieu* dans la *Revue historique*, année 1878, p. 411 et suiv.

que dans le cours de la pièce les formes personnelles de parler comme *j'ai dit... on m'écrivit...* étaient barrées et remplacées au-dessus par des formes impersonnelles comme *le Cardinal dit... on écrivit au Roi..*, etc.

La main qui fit ces corrections, M. Avenel l'a bien connue, et il l'a désignée sous le nom de *main du secrétaire des Mémoires.*

Or, parmi les documents qui forment le recueil des *Fragments*, il en est plusieurs qui portent les traces de ce travail d'accommodation [1]. Cela même suffirait pour les personnes au courant des procédés de travail du cabinet de Richelieu pour établir leur indiscutable provenance.

Ces remarques n'offriraient rien d'assez nouveau pour que nous y insistions ici, si elles ne provoquaient un rapprochement naturel entre ces signes, que M. Avenel a connus et expliqués, et d'autres signes analogues, mais non identiques, qui se trouvent sur les marges du manuscrit du fonds Clairambault. Ceux-ci, M. Avenel ne les a pas connus; cependant il s'est trouvé en situation d'apprécier leur importance à l'occasion de plusieurs rencontres du même genre qu'il fit en parcourant les volumes du Ministère des Affaires étrangères. Seulement ces rencontres assez rares et fort éloignées l'une de l'autre n'éveillèrent pas suffisamment son attention. Indiquons cependant les observations qu'il faisait à leur sujet.

A la suite d'un *Mémoire* sur la marine, qu'il date de 1625, et qu'il emprunte au dépôt des Affaires étrangères (France, 1625, t. XXIV, fol. 305), il dit : «Trois lignes de la main de Charpentier sont écrites au bas de cette «pièce, *avec un renvoi, sans qu'on puisse voir à quelle pièce elles se rapportent; mais «elles méritent d'être remarquées, parce qu'on les retrouve à peu près dans le Testa-«ment politique de Richelieu.»* Voici ces lignes : «...Ce qui seroit un grand bien «puisque par ce moyen le roy d'Espagne ne pourroit unir ses forces ensemble, «qui est ce par quoi seulement sa puissance peut être redoutable [2]. »

---

[1] Voy. en particulier les fragments n°ˢ II, XXVI, LIV, CLVIII, CLIX, etc.

[2] Avenel, t. II, p. 167.—Voici le passage du *Testament politique* : «La séparation des «États qui forment le corps de la monarchie «espagnole en rend la communication si «mal-aisée que, pour leur donner quelque «liaison, l'unique moyen qu'ait l'Espagne «est l'entretenement d'un grand nombre de «vaisseaux en l'Océan et de galères en la «Méditerranée, qui, par leur trajet conti-«nuel, réunissent en quelque façon les mem-«bres à leur chef..... Or, comme la côte «de Ponant de ce royaume sépare l'Espagne «de tous les États possédés en Italie par leur «Roi, ainsi il semble que la Providence de

# NOTICE PRÉLIMINAIRE.

En un autre endroit [1], M. Avenel ayant rencontré en marge d'un mémoire d'autres morceaux du même genre, écrits de la main de Richelieu, dit, en note : « Ce mémoire [2] a été corrigé par Richelieu. Nous en conservons deux passages « qui ont été refaits par lui et écrits de sa main à la marge ; le sens est resté à « peu près le même, mais des ratures assez nombreuses montrent que Richelieu « en avait étudié le style avec un soin particulier; et en effet, on y trouve cet « amour du langage figuré qui se fait remarquer ordinairement dans ce qu'il « écrit. C'est à ce point de vue, aussi bien qu'à celui de la pensée exprimée, « qu'il peut être curieux de conserver ces courts fragments. Ajoutons qu'*une* « *barre est passée sur l'un et sur l'autre,* soit qu'on les ait rayés après les avoir « recopiés, soit que Richelieu n'ait plus voulu s'en servir. »

Les remarques de M. Avenel sur la nature du style dont sont écrits ces morceaux sont très justes. Le lecteur pourra s'en rendre compte par la transcription que nous en donnons ci-dessous [3]. Mais ce dont M. Avenel eût pu s'aper-

« Dieu, qui veut tenir les choses en balance, « a voulu que la situation de la France séparât les États de l'Espagne pour les affoiblir « en les divisant..... Avec trente galères, « V. M. ne balancera pas seulement la puissance d'Espagne qui peut, par l'assistance « de ses alliés, en mettre cinquante en corps, « mais elle la surmontera par la raison de « l'union qui redouble la puissance des forces « qu'elle unit. » (*Testament politique*, éd. de 1764, p. 117 et 118.)

[1] Avenel, t. III, p. 177.

[2] Il se trouve aux Affaires étrangères, *France,* 1628, t. XLIX, pièce 49.

[3] Voici un des morceaux donnés par M. Avenel et le passage du *Testament politique* qui y correspond (éd. de 1764, t. II, p. 110) :

*Texte donné par M. Avenel.*

La mer est de tous les héritages celuy auquel tous les souverains prétendent plus de part, et cependant c'est celuy sur lequel les droits d'un chaquun sont le moins éclaircis. L'empire de cet élément n'a jamais esté bien asseuré à personne,

il a esté sujet à divers changemens selon l'inconstance de sa nature, si jalouse et si pleine de vanité qu'elle s'abandonne tousjours à celuy qui la flatte le plus et qui a tant d'amour pour elle qu'il se tient en estat de la posséder par violence contre tous ceux qui pourroient luy en disputer le throne. En un mot, les vrays tiltres de cet empire sont la force et non la raison. Il faut estre puissant pour prétendre cet héritage.

*Texte du Testament politique.*

La mer est celui de tous les héritages sur lequel tous les souverains prétendent plus de part, et cependant c'est celui sur lequel les droits d'un chacun sont moins éclaircis. L'empire de cet élément ne fut jamais bien assuré à personne. Il a été sujet à divers changemens selon l'inconstance de sa nature, si sujette au vent qu'il s'abandonne à ce qui le flatte le plus et dont la puissance est si déréglée qu'il se tient en état de le posséder par violence contre tous ceux qui pourroient lui en disputer la domination. En un mot, les vrais titres de cette domination sont la force et non la raison ; il faut être puissant pour prétendre à cet héritage.

Le second passage publié par M. Ave-

cevoir, c'est que l'un et l'autre de ces morceaux *écrits de la main de Richelieu* ont été transportés presque textuellement dans le chapitre du Testament politique : *De la puissance sur la mer.*

C'est ce qui explique le soin apporté au style, et la barre passée sur l'une et l'autre des deux phrases[1].

Ailleurs encore, M. Avenel fait une remarque de même nature à propos d'une série de réflexions qu'il trouve dans les papiers du Cardinal sur les affaires de Hollande et d'Angleterre en août 1624[2].

Il donne un extrait de ces réflexions qu'il reconnaît avoir été utilisées pour la rédaction des *Mémoires,* puis il ajoute : «Après un intervalle de quelques nel diffère si peu de celui qui se trouve dans le *Testament politique,* t. II, p. 112, que nous le donnons seul en indiquant en note les quelques variantes du *Testament* :

«Ce duc (c'est de Sully qu'il est ques-
«tion), ambassadeur extraordinaire en An-
«gleterre[a], s'estant embarqué à Calais dans
«un vaisseau françois qui portoit le pavillon
«de France au grand mât, ne fut pas plus
«tost à my canal que, rencontrant une ro-
«berge qui venoit pour le recevoir, celuy
«qui la commandoit fist commandement au
«vaisseau de France[b] de mettre le pavillon
«bas. Le duc, croyant que sa qualité le ga-
«rantiroit d'une telle offense[c], reffusa avec
«audace ce qui estoit prétendu avec injus-
«tice[d]; mais ce reffus estant suivy de trois
«coups de canon tirés à bale[e], qui, perçant
«son vaisseau, percèrent le cœur aux bons

«François tout ensemble[f], la force le con-
«traignist à ce dont la raison le devoit def-
«fendre; et, quelque plaincte qu'il peust
«faire, il n'eust jamais autre responce[g] de
«ce capitaine anglois, sinon qu'ainsy que
«son devoir l'obligeoit à honorer sa qualité
«d'ambassadeur, il l'obligeoit aussy à faire
«rendre au pavillon de son maistre l'hon-
«neur qui estoit deu au souverain de la mer.
«Si les paroles du roy Jacques furent plus
«civiles, elles n'eurent pourtant d'autre effet
«que d'obliger le duc à tirer sa[h] satisfaction
«de sa prudence par dissimulation, feignant
«estre guéry lorsqu'il sentoit que son mal
«estoit plus cuisant et que sa plaie estoit
«incurable.»

[1] Voy. aussi la note de M. Avenel et le fragment qu'il publie à la page suivante.

[2] Affaires étrangères, *Hollande,* t. IX, pièce 89. (Avenel, t. VII, p. 543.)

[a] Var. du *Testament*: *choisi par Henry le Grand pour faire une ambassade extraordinaire en Angleterre.*

[b] Var. : *François.*

[c] Var. : *d'un tel affront.*

[d] Le texte du *Testament* porte simplement : *le refusa avec audace.*

[e] Var. : *a boulets.*

[f] Var. : *aux François.*

[g] Var. : *d'autre raison.*

[h] Le texte de l'édition du *Testament* oublie le mot *sa,* ce qui rend la phrase presque inintelligible. Les mss. du *Testament* portent ce mot.

« lignes de blanc, le manuscrit cité aux sources met ce paragraphe, *qui a été*
« *barré*, peut-être par celui qui a préparé la pièce pour les Mémoires : « Quand
« on est parvenu par beaucoup de peines, plusieurs périls et hasards, au
« comble d'une grande réputation, la prudence veut qu'on se mette à couvert
« de l'inconstance de la fortune, qui, tournant tousjours, montre en un temps
« le derrière à ceux qui, en un autre, l'avoient tousjours veue au visage. »

Que l'on rapproche maintenant ces extraits des papiers de Richelieu, et les notes dont M. Avenel les accompagne, des Fragments que nous publions et des notes que nous y avons jointes nous-même, on verra qu'Extraits et Fragments sont œuvres absolument analogues, que les papiers de Richelieu pouvaient (comme la chose est évidente aujourd'hui par la découverte du second manuscrit de notre document) fournir une moisson identique à celle que nous offrons au public; enfin, que, par le seul examen des pièces publiées par M. Avenel, on arrive à cette conclusion, que Richelieu éparpillait sur ses papiers, au fur et à mesure de ses pensées, des notes et des réflexions qu'il faisait entrer, plus tard, dans le corps de ses ouvrages.

C'est à l'égard du *Testament* surtout que cette remarque présente le plus haut intérêt. Nous insisterons tout à l'heure sur ce point. Que l'on nous permette seulement, avant de l'aborder définitivement, de prouver que ce n'est point seulement au sujet de ses œuvres historiques que Richelieu employait ce mode de travail, mais qu'il s'en servait même pour les pièces de politique courante, pour ses discours, pour ses lettres, pour ses mémoires au Roi.

Si nous laissons de côté les signes qui se rapportent à la rédaction des *Mémoires*, nous remarquerons en marge de nos fragments deux sortes de renvois : les uns sont une croix +, ou une sorte de *phi* grec Φ, les autres sont des mots, des titres d'ouvrage ou de chapitre. En général, quand un fragment est ainsi marqué en marge, il est aussi barré. Cela veut dire qu'il a été transporté ailleurs. Eh bien! c'est une règle à peu près générale que les passages marqués d'un signe et barrés ont été transportés dans une pièce de politique courante. Nous avons essayé de retrouver dans les pièces publiées jusqu'ici les morceaux empruntés à nos fragments. Nos recherches ont abouti le plus souvent; on en verra le résultat dans les notes.

Donnons pourtant ici une mention tout à fait spéciale à un important mémoire adressé au Roi par Richelieu, en 1629, et dans lequel nous avons remarqué un plus grand nombre de ces emprunts. Il a été publié dans le corps des *Mémoires* de Richelieu [1], où il s'est fondu par la suite. Mais M. Avenel en a donné une édition beaucoup meilleure d'après les manuscrits qui se trouvent séparément dans deux volumes du Ministère des Affaires étrangères [2].

Ce mémoire si important, écrit au lendemain de la prise de La Rochelle et dans lequel Richelieu adresse au Roi des remarques pleines de grandeur, de noblesse et de franchise, doit beaucoup à nos Fragments. Chacun des passages qu'il leur a empruntés est marqué sur les feuillets du fonds Clairambault des signes que nous avons indiqués, et d'autre part, sur le manuscrit du mémoire, ces passages sont écrits en marge comme un emprunt fait après coup, et Richelieu lui-même indique par des mots comme *Marge, Corps,* la place qu'il prétend leur donner dans la rédaction définitive du mémoire [3]. Si l'on ajoute que quelques-uns de ces passages ont aussi été utilisés dans le *Testament politique,* on verra par quelle transition insensible et dont le fil ne peut être rompu, le recueil des Fragments se rattache 1° aux pièces de politique courante du Cardinal, 2° à la rédaction des *Mémoires,* 3° enfin à celle du *Testament politique* dont il établit définitivement l'authenticité.

C'est sur cette dernière question qu'il nous reste à insister maintenant. Nous avons dit qu'outre les signes, on trouvait en marge de notre manuscrit des mots de renvoi. Or ces mots ont une importance singulière. C'est le plus souvent le mot *Testament.* Ce sont les mots *Conseil, Négociation,* titres de certains chapitres du *Testament.* Si l'on ajoute que tous les passages en marge desquels ces mots sont écrits sont *barrés dans le texte,* et qu'on les retrouve plus ou moins modifiés, plus ou moins fondus, mais tout à fait reconnaissables dans le corps du *Testament politique,* on sentira la force singulière apportée par la publication de ces Fragments à l'appui de l'opinion qui soutient que le *Testament politique* est bien l'œuvre de Richelieu.

Nous ne voulons point renouveler ici l'exposé de cette longue querelle qui est devenue si bruyante vers le milieu du siècle dernier par suite de l'intervention de Voltaire. Nous rappellerons seulement qu'un érudit distingué, Foncemagne, battit en brèche d'une façon si fine et si solide à la fois l'argumentation

---

[1] Voy. *Mémoires de Richelieu,* édition Petitot, t. IV, p. 247 et suiv., liv. XX. Cfr. Avenel, t. III, p. 179 et suiv.

[2] *France,* 1624-1627, t. VII (relié en vert et non coté), et t. XLIV, fol. 158-179, minute de la main de Le Masle, avec divers passages de la main du Cardinal et de celle de Charpentier. (Indication de M. Avenel.)

[3] Voy. en particulier les notes 2 et 3 de la page 189 du tome III de M. Avenel.

par laquelle Voltaire prétendait reléguer le *Testament* dans les *Mensonges imprimés*, que les meilleurs esprits se sentirent portés décidément vers l'affirmation de l'authenticité [1]. Cependant Voltaire lui-même ne voulut jamais se rallier à l'opinion de son adversaire. Il semble que le maximum des concessions qu'il ait voulu faire sur cette question, même après la découverte du manuscrit fragmentaire des Cinq Cents Colbert, se trouve consigné dans *l'Arbitrage entre M. de Voltaire et M. de Foncemagne* qui se trouve relié souvent à la suite de la dernière édition du *Testament politique*.

Cette opiniâtreté de l'illustre écrivain ne s'explique guère que par le désir de maintenir jusqu'au bout une opinion une fois prise et soutenue en public. Il faut tenir compte aussi du faux point de vue littéraire auquel Voltaire s'était placé pour apprécier l'œuvre de Richelieu. Il s'étonnait surtout de ne pas y

---

[1] Pour la bibliographie de cette intéressante querelle, le mieux est de consulter l'article du P. Lelong, n° 32, 431, et l'article *Testament politique* dans les *Supercheries littéraires* de Quérard.

Il faut y joindre un article de M. Hiver de Beauvoir, paru dans le premier volume, premier semestre (1857), du *Bulletin du Bouquiniste*, p. 211 et 267.

On trouve quelquefois reliés ensemble par des amateurs du XVIII° siècle les principales pièces du procès.

Nous avons entre les mains un petit volume factice qui comprend : 1° des *Mensonges imprimés*, détachés du volume où ils parurent à la suite de *Sémiramis, tragédie*, 1740, in-12 (p. 161-182); 2° *Chapitre II sur les Mensonges imprimés*; 3° *Chapitre III sur les Mensonges imprimés*, avec ce sous-titre : *Raisons de croire que le Testament politique du cardinal de Richelieu est un livre supposé*; 4° *Lettre à M. de Schulemberg*; ces trois dernières pièces également détachées d'un volume (p. 159-212); 5° la *Lettre sur le Testament politique* (par Foncemagne), 1"° édition, in-12, 1750, s. l.; 6° *Réfutation du sentiment de M. de Voltaire*, qui traite d'ouvrage supposé, etc., 1750, s. l., in-12.

— On trouve aussi souvent de ces pièces en appendice à l'édition du *Testament politique* de 1764. La *Lettre de Foncemagne*, 2° édition, en fait toujours partie. L'exemplaire que nous avons sous les yeux contient en appendice : 1° les *Observations historiques sur le Testament politique*, publiées pour la première fois dans l'édition de 1749, chez Van Duren; 2° la *Lettre sur le Testament politique du cardinal de Richelieu*, imprimée pour la première fois en 1750 et considérablement augmentée (153 pages avec l'*Extrait de l'Histoire* et les *Épitaphes*; le *Testamentum Christianum* et le *Testamentum Politicum* n'ont pas été réimprimés); 3° *Doutes nouveaux sur le Testament attribué au cardinal de Richelieu*, par M. de Voltaire (à Genève; se trouvent à Paris, chez Duchesne, 1765), suivis des *Nouveaux Doutes*, etc., suivis encore de la *Lettre écrite depuis l'impression des Doutes*, le tout faisant une plaquette in-8° de 71 pages; 4° l'*Arbitrage entre M. de Voltaire et M. de Foncemagne* (23 pages, in-8°).

rencontrer « un goût épuré » (comme on disait au xviii⁰ siècle), sans vouloir admettre que l'absence de ce goût n'a rien qui doive étonner dans les écrits d'un homme qui était autre chose qu'un écrivain de profession et qui avait fait son éducation littéraire dans les dernières années du xvi⁰ siècle. C'est par un défaut de critique analogue que Voltaire s'est, plus d'une fois, trompé dans son Commentaire sur les tragédies de Corneille.

D'ailleurs, s'il faut en croire un témoignage qui semble de bonne source et qui pour la première fois peut-être est invoqué dans la question, l'obstination de Voltaire sur ce point passait les bornes et allait à ne vouloir rien entendre. M^me de Genlis, dans ses *Souvenirs* [1], raconte une conversation qu'elle eut avec M^me d'Egmont, fille du maréchal de Richelieu : « Elle m'a, dit-elle, con-« firmé dans l'opinion que j'avois sur le Testament du cardinal de Richelieu ; « elle nous a dit que le maréchal de Richelieu avoit écrit et répété à Vol-« taire qu'il étoit inconcevable qu'il s'obstinât à révoquer en doute l'acte le « plus authentique dont l'original existoit, etc. Mais qu'à tout cela Voltaire « avoit répondu qu'à cette occasion la vérité étoit si peu vraisemblable qu'il ne « se rétracteroit point. »

Si cette anecdote est vraie, et rien ne nous porte à la mettre en doute, on voit que le patriarche de Ferney avait sur ce point son siège fait ; et son opinion n'a guère d'autre valeur que celle d'un illustre entêtement. On peut courir le risque de se tromper en bonne compagnie en se ralliant au sentiment contraire qui fut celui d'Amelot de la Houssaye [2], de La Bruyère [3], de Fé-

---

[1] *Souvenirs de Félicie L\*\*\**, par M^me de Genlis, 2⁰ édition, 1806, 2 vol. in-12 (t. I, p. 42). Je dois la connaissance de ce curieux passage, perdu dans un livre qu'on lit peu, à la bienveillante indication d'un amateur distingué, M. de Courcel, qui s'est lui-même occupé de la question du *Testament politique.*

L'affirmation de M^me d'Egmont est confirmée par celle d'Huet : « Peu de temps « après que cet ouvrage parut, beaucoup « de personnes intelligentes le soupçon-« nèrent de supposition. Quoique je fusse « fort éloigné de ce sentiment, je priai

« M. le duc de Richelieu de m'éclaircir sur « la vérité de ce fait. Il m'assura que le livre « étoit véritablement de son oncle ; que ses « papiers passèrent, après son décès, entre « les mains de madame la duchesse d'Aiguil-« lon, laquelle étant morte, ce *Testament* fut « tiré de son cabinet où il l'avoit vu plusieurs « fois, et ensuite rendu au public. » (*Mémoires de Trévoux*, 1750, févr., 1ᵉʳ vol., p. 357.)

[2] Voy. la note de Foncemagne, *Lettre sur le Testament*, 2⁰ édition, p. 79.

[3] *OEuvres de La Bruyère*, édition Servois, Hachette, 1865, t. II, p. 458.

nelon[1], de Villars[2], et de la plupart des excellents esprits des deux derniers siècles.

D'ailleurs il ne s'agit plus seulement aujourd'hui d'une simple hypothèse plus ou moins solidement établie, il s'agit d'un fait. Je ne sais si Voltaire qui ne rendit pas les armes devant la découverte d'un fragment du manuscrit annoté d'une main que l'on croyait, en ce temps-là, être celle de Richelieu[3] et qui était au moins celle d'un de ses principaux secrétaires[4], et qui ne céda pas devant l'insistance du maréchal de Richelieu affirmant que le manuscrit était conservé dans la famille, je ne sais, dis-je, si Voltaire pourrait refuser sa conviction à l'évidente démonstration que fournit notre manuscrit.

Mais il est certain que, pour qui voit ces morceaux écrits de la main de Richelieu ou dictés par lui, marqués en marge du mot *Testament* et reportés ensuite dans la rédaction de celui-ci, le doute ne peut pas être permis.

Toutes les traces d'une préparation littéraire et personnelle y apparaissent. Ou il faut nier tout ce que nous connaissons de plus avéré et de plus authentique sur la préparation des œuvres de Richelieu, il faut nier l'authenticité des *Lettres*, il faut nier l'authenticité des *Papiers d'État*, il faut nier l'authenticité des manuscrits conservés au Ministère des Affaires étrangères, il faut nier l'évidence, ou il faut accepter l'authenticité du *Testament politique*.

Non pas que nous prétendions pousser notre démonstration jusqu'à cet excès d'affirmer que Richelieu n'ait pas eu recours à ses auxiliaires habituels pour la rédaction du *Testament*[5]. Certainement il est plusieurs chapitres du *Testament* où l'on peut reconnaître la trace d'une intervention étrangère. Mais

---

[1] Voy. *Revue politique et littéraire*, n° du 23 janvier 1875 : *Mémoire inédit de Fénelon*, publié par M. Gazier.

[2] Lenglet-Dufresnoy. *Méthode pour étudier l'histoire*, in-4°, t. IV, p. 100.

[3] Le fragment de la *Narration succincte* trouvé par le P. Griffet dans les Cinq Cents Colbert et publié par lui en appendice au t. III de son *Histoire de Louis XIII*.

[4] Charpentier.

[5] On trouve dans les papiers de Richelieu plus d'une preuve de ce que raconte Tallemant des Réaux : «Le Cardinal faisoit

«travailler plusieurs personnes aux matières; «après il choisissoit et choisissoit passable-«ment bien.» On pourrait ajouter : il corrigeait et corrigeait supérieurement. — Mais on peut reconnaître qu'en tout ce qui est des matières, Richelieu faisait faire la première besogne. Il y a un mot de Tallemant qu'on peut citer encore ici : «A parler succincte-«ment (c'est-à-dire quand il parlait brièvement), il étoit admirable et délicat.» Voy. *Historiette de Richelieu*, édition 1865, t. I, p. 433 et 434.

certainement aussi, de tous les ouvrages attribués au cardinal de Richelieu, il n'en est point où elle soit moins fréquente que dans le *Testament;* ç'a été son œuvre de prédilection, c'est là que l'on reconnaît le plus habituellement la marque de son esprit, la trace de sa main, la griffe du lion.

Si c'était ici le lieu d'entrer dans une discussion littéraire, nous oserions disputer même à Voltaire le reproche qu'il fait à cette œuvre d'être de mauvais goût. Des passages, des chapitres entiers sentent leur écrivain de bonne race. Même quand il emprunte aux autres, Richelieu sait modifier de telle sorte qu'on peut dire que la chose est bien de lui et qu'elle est bien à lui. Que le lecteur lise bon nombre de nos fragments, notamment les n[os] CIV, CVIII et suivants, il verra ce dont le Cardinal, même dans le premier jet, était capable en fait de style. Il ne s'étonnera plus de rencontrer dans le *Testament* des chapitres aussi absolument admirables (en dépit de Voltaire) que le chapitre intitulé : *Du Conseil du Prince,* où Richelieu a mis toute son âme et tout son génie.

Rendre une pareille œuvre à un pareil homme, c'est un motif qui, à lui seul, explique et justifie la publication de nos *Maximes d'État et Fragments politiques.*

Nous espérons que ce n'est pas là le seul intérêt que le public trouvera à leur lecture.

Il y rencontrera l'occasion de pénétrer d'une façon plus intime dans le génie d'un homme qui fut des plus grands parmi ceux dont la France s'honore. En l'étudiant de plus près, il s'accoutumera certainement à le juger d'après lui-même et d'après les faits, et non d'après cette fausse image et ces récits de fantaisie que l'histoire a empruntés trop souvent aux propos légers de quelques-uns de ses contemporains ou aux réquisitoires violents de ses ennemis.

# MAXIMES D'ÉTAT
# ET FRAGMENTS POLITIQUES
### DU
## CARDINAL DE RICHELIEU.

## MISCELLANEA.

### I[1].

PARLEMENT. — *Exemple pour le président Chevalier*[2]. — Le Roy Henri IIe dist au s[r] Lizet, premier président de Paris s'estant esmancipé de parler en une harengue au Roy plus licentieusement qu'il ne devoit, le Roy lui escrivit le lendemain qu'il n'entrast plus au Pallais et fut déposé de sa charge et fait abbé de Saint-Victor[3]; et M. Bertrandi, qui fut depuis chancelier, fut dès lors mis en sa place[4].

---

[1] De la main de Charpentier.

[2] Ces mots manquent dans la copie des Affaires étrangères.
L'abbé Puyol, dans son étude sur Edmond Richer (t. II, p. 155), raconte «qu'en «1617, le président Chevalier, du Parle- «ment de Paris, s'étant oublié dans l'assem- «blée de Rouen à parler avec peu de respect «de la cour de Rome et des affaires ecclé- «siastiques, le Roi l'ayant appris, lui fit dire «que s'il recommençait, il le ferait jeter dans «la rivière.» Ce détail semble emprunté à la correspondance de Bentivoglio. C'est à ce fait, évidemment, qu'il est fait allusion dans le fragment n° I. On peut en conclure qu'il a été écrit en 1617.

[3] Ce n'est pas ainsi que le Dictionnaire de Moréri raconte la chute du président Lizet (président de 1529 à 1550). Il raconte, d'après de Thou, qu'il succomba sous la haine du cardinal de Lorraine, parce qu'il avait, dans le Parlement, refusé le titre de princes à ceux de cette maison et qu'il lui avait tenu tête dans le conseil. Comme il était très pauvre, on lui donna l'abbaye de Saint-Victor pour le faire subsister. Il mourut en 1554. Cf. Blanchard. *Hist. des prem. présidents*, in-fol., p. 65.

[4] Bertrand des Bertrandi, de Toulouse, obtint les plus hautes charges dans le parlement de Paris par la protection d'Anne de Montmorency. Il fut premier président en

## II.

Il est de beaucoup de grands comme des feux d'artifices. Il est aysé de les faire jouer, mais impossible de les faire tousjours durer en ce jeu.

## III.

TREFVE DE [1] HOLANDE [2]. Ce qui empeschera autant de la part du Roy d'Espagne la Trefve de Holande, seront trois points sans lesquels il auroit honte de la faire.

1550 et eut la commission de garde des sceaux en 1551. Archevêque de Sens quelques années plus tard, puis cardinal, il mourut en 1560. V. Blanchard, *loc. cit.*

[1] Ces deux mots manquent dans la copie des Affaires étrangères.

[2] En 1624, quelque temps après l'entrée de Richelieu dans le conseil, les ambassadeurs de Hollande vinrent trouver le roi à Compiègne pour lui demander secours contre la maison d'Autriche. Richelieu donne dans ses *Mémoires*[*] un extrait du mémoire qu'il adressa au roi pour l'engager à répondre favorablement à leur demande. Il n'est pas sans intérêt de faire remarquer qu'il insiste tout particulièrement sur cette raison, que c'était là reprendre la politique du roi Henri IV, interrompue depuis sa mort. Nous avons d'ailleurs la preuve que Richelieu, en traitant cette question, avait sous les yeux les *Négociations du Président Jeannin*, qui pourtant ne furent publiées qu'en 1656.

C'est une autre remarque bien curieuse que les raisons développées dans le texte sont précisément contraires aux allégations contenues dans le mémoire au roi. Dans le mémoire, en effet, Richelieu développe cette idée qu'il faut conserver une alliance très étroite avec les Hollandais, de peur que, de guerre lasse, ils ne se jettent dans les bras de l'Espagnol; lui-même, ajoute-t-il, très disposé à traiter avec eux sur un pied d'amitié. Cependant les raisonnements de notre texte me semblent assez solides pour prouver décidément contre la réalisation d'une pareille alliance. — Richelieu pensait-il autrement? — ou plutôt ne faut-il pas admettre que, nouveau venu dans le conseil, il craignait de dévoiler tout d'abord toutes ses batteries, et occupait l'esprit de ses collègues d'un vain fantôme, réservant pour lui-même les mûres raisons et les desseins médités de longue main? Il était de son jeu, à cette époque, de se faire passer pour ignorant sur les matières de l'extérieur. Quand il refusait d'abord le ministère que lui offrait la Vieuville, il lui écrivait en ces propres termes : «[Cette place] est périlleuse «pour le cardinal qui appréhende avec «grandes raisons tel employ, estant certain «que la conduicte des affaires étrangères, «*qu'il recognoist n'estre pas en luy*[**], est la «chose la plus importante de ce royaulme.» (Avenel, I, 785.)

Voy. sur ce point spécial le travail que nous avons publié dans le *Journal des savants* (n° d'août 1879, p. 504 et suiv.).

---
[*] T. II, p. 312 et suiv., édition Petitot. — [**] Ajouté de sa propre main, dit Avenel.

Par la premiere trefve, il traitte avec les Holandois comme souverains : Maintenant il voudroit quelque terme moins avantageux pour eux, ce qu'ils ne consentiront jamais.

Il voudroit que le commerce d'Anvers durant la Trefve fust libre par mer et par terre, et ils en feront grande difficulté à cause que cela prejudicieroit à celuy d'Ansterdan. Toutesfois[1] peut estre se relascheroient ils à ce point [parce] que le négoce estant desja estably à Ansterdan, on seroit longtemps à changer d'habitude.

Le 3ᵉ point est qu'il voudroit qu'il y eust trefves pour les Indes, et que les Holandois n'y envoyassent point de flottes et quitassent tout à fait ce commerce, qui est ce qu'ils ne feront jamais, tant parce qu'ils y[2] sont desja forts, y ayant vingt-quatre places fortifiées et deux ou trois roys sous leur subjection; que parce que le profit de leur negociation y est seur; que parce enfin que la puissance d'Espagne ne peut estre traversée en chose plus importante que[3] sur mer, en ce qui est des Indes. D'autant que si la flotte ne vient, le Roy d'Espagne, qui est tres grand terrien, ses forces sont un corps sans ame qui ne se peut mouvoir sans or qui est le nerf des armées.

## IV[4].

Ceste année 1624[5], à peyne le Roy d'Espagne pourra il mettre armée en campagne pour la Flandre, la flotte n'estant point[6] venue.

## V[7].

Alexandre[8] ayant entendu louer les hauts faits de son père Philipes par un vieil cavalier nommé Clytus, le tua d'une pertuisane qu'il arra-

[1] Manque dans la copie.
[2] Idem.
[3] Idem.
[4] Ce paragraphe est barré.
[5] La copie des Affaires étrangères porte 1642. Mais c'est évidemment une erreur. Peut-être pourrait-on conclure de cette erreur même que la copie est postérieure à 1642.
[6] La copie porte *pas* au lieu de *point*.

[7] Ce paragraphe est de la main de Céberet. La copie des Affaires étrangères porte comme titre : *Un homme avide de gloire ne peult supporter celle d'aultruy.*
La substance de ce paragraphe est empruntée aux récits de Quinte-Curce (l. VIII, ch. 1).
[8] Les mots *le Grand* sont ajoutés sur la copie.

cha à un de ses gardes. Sur le coup il reprochoit au mort[1] les louanges et la deffense de Philipes. Mais, apres que sa rage fut assouvie, qu'il fut rentré en soy-mesme[2] et que la raison eut pris la place de la colere, qu'il eut consideré tantost la personne du mort, tantost le subjet pour lequel il l'avoit tué, il commance à se repentir de sa faute, dont il eust tant de desplaisir qu'on eut beaucoup de peine d'empescher qu'il ne se tuast luy mesme.

## VI[3].

Alexandre, après estre devenu extremement cruel, jusqu'à ce point[4] que de faire mourir ses propres serviteurs pour de foibles ombrages, fut empoisonné par Antipater[5], l'un de ses favoris, et ainsy mourut de mort violente : Recompense ordinaire de ceux qui s'adonnent extraordinairement au sang et qui abusent de leur authorité au préjudice de la vie des hommes.

## VII.

La mère de Darius se tua voyant la mort d'Alexandre, non qu'elle préférast à son fils celuy qui luy avoit fait la guerre, mais parce qu'elle avoit trouvé la pieté d'un vray fils en celuy qu'elle craignoit comme un ennemy[6].

## VIII[7].

Le grand duc disoit qu'il aimoit mieux un homme corrompu, que

[1]. Ces deux mots manquent dans la copie.
[2] Ce dernier membre de phrase manque dans la copie.
[3] Le manuscrit des Affaires étrangères porte en marge : *Mort violente, punition ordinaire de la cruauté.*
[4] Ces trois mots manquent dans la copie.
[5] Au-dessus de ce mot est écrit d'une autre main dans le ms. : *Cassander*. La copie joint dans son texte les deux noms : *Cassander Antipater*. — C'est ici une sorte de preuve que Richelieu a suivi le récit de Quinte-Curce,

ou du moins celui des auteurs des suppléments antérieurs à son époque. Car on lit dans le livre X d'une traduction contemporaine, qu'Antipater et Cassander furent les auteurs de la mort d'Alexandre. Cf. l'*Histoire des faicts d'Alexandre le Grand*, composée par Quinte-Curce et tournée du latin en françois par Nicolas Leguier, Parisien, Paris, in-4°, 1622, liv. X, fol. 307, 5.

[6] Cf. Quinte-Curce, liv. X, chap. v, p. 310 de la traduction.

[7] La copie des Affaires étrangères porte

non pas un qui estoit facile en toutes choses, parce, disoit-il, que le corrompu n'est sujet à estre attaqué et vaincu que par ses interets qui ne se rencontrent pas toujours, là[1] où le facile est attaqué de tout le monde qui l'entreprend d'autant plus volontiers que tout chacun scait qu'il ne peut resister.

IX[2].

M. de Chaumont, lieutenant pour le Roy[3] Louis XII$^e$ en Italie, re-

en marge : *La facilité plus mauvaise en un ministre que l'avarice.* — Sur le ms. ce paragraphe est barré. En marge une croix ✣ et le mot *Conseil.*

Ce passage se trouve dans le Testament politique : «Je ne puis passer en ce rencontre sans dire ce que Ferdinand, grand-duc de Florence, qui a vécu de notre temps, disoit à ce propos, qu'il aimoit mieux un homme corrompu que celuy dont la facilité étoit extresme, parce, ajoutoit-il, que le sujet corrompu ne se peut pas toujours laisser gagner par ses interets qui ne se rencontrent pas toujours, au lieu que le facile est emporté de tous ceux qui le pressent, ce qui arrive d'autant plus souvent qu'on connoit qu'il n'est pas capable de résister à ceux qui l'entreprennent.» (*Testament politique*, ch. VIII, sect. III. Édit. de 1764, t. I, p. 272. *Qui représente quelle doit être la probité d'un bon Conseiller.*) — Ce passage avait déjà servi dans un mémoire qu'en 1629 Richelieu adressa au roi. Voy. *Mémoires*, t. IV, p. 266; cf. Avenel, t. III, p. 197, note.

[1] Le mot *là* manque dans la copie.

[2] Ce paragraphe IX, ainsi que le suivant, est traduit mot pour mot des paroles que Guichardin met dans la bouche du comte de Chaumont, qui commandait alors les troupes françaises en Italie. Le fait dont il s'agit se rapporte à l'année 1510. Maximilien avait été très irrité contre les villes de Vérone, Vicence et Padoue, qui, après avoir été mises entre ses mains par Léon X, s'étaient révoltées contre lui. Une armée composée de Français, commandés par le comte de Chaumont, neveu du cardinal d'Amboise, et d'Allemands, commandés par le prince d'Anhalt, reprit Vicence. Les Vicentins demandèrent leur grâce au lieutenant de Maximilien. Mais il leur fit répondre rudement. C'est alors qu'ils recoururent à Chaumont, gouverneur du Milanais, et que celui-ci leur tint, d'après Guichardin, le discours qui est ici rapporté par Richelieu. Nous donnerons quelques lignes du texte italien afin de faciliter la comparaison : «La mansuetudine di Cesare essere grandissima, nè doversi credere, che il Principe nobile di sangue, ed eccellente capitano havesse a fare cosa indegna della sua nobilità, e della sua virtù; nè dovergli spaventare l'acerbità della riposta, anzi esser da desiderare, che gli animi generosi e nobili si traportino con le parole : perche spesso havendo sfogato parte dello sdegno; in questo modo si allegeriscono l'asprezza de' fatti.» (Guicc., lib. IX, éd. de 1616, fol. 246 v°.)

[3] Les mots *le Roy* manquent dans la copie.

montra aux Vincentins[1] que la douceur et[2] humanité de l'Empereur, qui estoit ligué avec Louis xii° contre les Vénitiens[3], estoit tres grande et qu'il n'estoit croyable qu'un prince de noble sang et excelent capitaine deust faire chose indigne de sa noblesse et de sa vertu, et qu'ils ne devoient estre estonnez de la rude response qu'on leur avoit faite, ains qu'on devoit desirer que les esprits nobles et généreux vinssent à se transporter avec les[4] paroles, par ce que bien souvent[5], jettans dehors[6] par ce moyen une partie de leur courroux, la rigueur de leurs faits s'en adoucissoit.

## X[7].

André Griti, Venitien, en une harengue qu'il fit au Senat, dit que si le Roy de France tenoit[8] le duché de Milan, les choses demeurans balancées entre deux tels princes (parlant aussy de l'Empereur), celuy qui auroit peur de la puissance de l'un seroit respecté et[9] laissé en paix pour l'esgard de la puissance de l'autre.

---

[1] La copie met *les Vénitiens* pour les Vincentins.

[2] Ces trois derniers mots manquent dans la copie.

[3] La copie, suivant toujours la même erreur, remplace ces mots *les Vénitiens* par le mot *eux*.

[4] Ce mot manque dans la copie.

[5] Ces deux mots manquent dans la copie.

[6] Le mot *dehors* est remplacé dans la copie par les mots *bien loin*.

[7] Ce passage se rapporte encore à la ligue de Cambrai. Il est aussi emprunté à Guichardin, et c'est tout le sens d'un long discours que cet auteur met dans la bouche d'André Griti, personnage fort important à cette époque et qui fut plus tard doge de Venise.

Il est à remarquer, ainsi que le dit en note l'éditeur de Guichardin, que les historiens de Venise ne disent pas le nom des patriciens qui, dans le Sénat, donnèrent leur avis sur l'alliance soit avec la France, soit avec l'Empereur. C'est ici, comme plus haut, une harangue dans le goût des historiens de l'antiquité, que Guichardin luimême applique à la situation qui la motive. (Voy. Guicc., lib. VII, fol. 202.)

[8] Le mot *tenoit* est remplacé dans la copie par le mot *avoit*.

[9] Ces deux mots manquent dans la copie.

## XI[1].

Il fut dit subtilement par quelqu'un du[2] Pape Leon x[e], que les autres Pontificats finissoient à la mort des Papes, mais que celuy de Léon estoit pour se continuer plusieurs ans apres, pour sa grande prodigalité des deniers que Jules, son prédecesseur, lui avoit laissé[s], une[3] incroyable quantité de deniers qu'il avoit tiréz de la création de nouveaux offices, diminution du revenu de l'Eglise de 40 mil ducats par chacun an[4], laissé de grandes debtes et engagé toutes les bagues et joyaux du thrésor pontifical.

## XII[5].

Communément les hommes considèrent l'evenement des choses eu esgard auquel, maintenant avec louange, maintenant avec blasme, selon qu'il est ou heureux ou contraire, on attribue tousiours au conseil ce qui est le plus souvent procédé de la fortune.

## XIII.

La nature enseigne d'elle-mesme à un chacun qui trouve de l'empeschement aux passages estroits, de chercher à passer ou plus haut ou plus bas, là où il n'y a rien qui empesche.

## XIV.

Souvent il avient[6] que la mémoire des choses premières est effacée par

---

[1] Le paragraphe XI est probablement aussi extrait de Guichardin. Mais je n'ai pas trouvé le passage de cet auteur qui correspond exactement à ce que dit ici Richelieu. C'était bien là pourtant le jugement que l'historien italien portait sur le pape Léon X; il dit à l'occasion des dépenses qu'il fit dès son avènement : «Gli huomini prudenti desi-«derarono maggiore gravità, et moderatione «giudicando, nè convenire tanta pompa a «Pontèfici, nè essere secondo la conditione «de tempi presenti *il dissipare inutilmente i «danari accumulati dall'antecessore.*» (Lib. IX, fol. 326 v°.)

[2] La copie porte *au.*

[3] La copie porte *l'incroyable* au lieu de *une incroyable.*

[4] Ces trois mots manquent dans la copie.

[5] Sur le ms. tout ce paragraphe est barré. En marge le mot *Testament.* — Tout le paragraphe manque dans la copie.

[6] La copie met *arrive* au lieu de *avient.*

les dernieres. On doit bien considerer combien la malignité et l'imprudence[1] des ministres peut es maisons des Princes, qui ou par négligence ne vacquent aux affaires ou par incapacité ne discernent d'eux mesmes les bons conseils d'avec les meschans.

## XV[2].

Bien que nos remontrances soyent claires et que nos discours ne soyent point ambigus, nostre intention est toutesfois qu'ils soyent comme l'ouvrage de ce peintre grec qui donnoit plus à penser qu'à voir par ses portraits, bien que rien ne manquast à son ouvrage[3].

## XVI.

Il y a fort peu d'empereurs à qui les astrologues de leur temps n'ayent prédit les évènements futurs. Les ecclésiastiques sont les vrays astrologues du monde. Ils doivent avoir, par raison, plus de cognoissance du Ciel qu'aucuns autres, puisque Dieu les a honorez[4] d'un ministère qui consiste particulièrement à le cognoistre. Ils annoncent à Vostre Majesté que s'il luy plaist prendre soing de la réformation de l'Eglise, il sera le plus grand[5], etc.

## XVII[6].

Les Anglois prétendent la Guyenne et la Rochelle comme leur bien

---

[1] La copie remplace *imprudence* par *impudence*.

[2] Le ms. porte en marge : *Plin. de Timant, l. 35, ch. 10*. C'est en effet un passage de Pline au livre XXXV de son *Histoire naturelle*. Il dit, en parlant du peintre Timanthe (après avoir raconté comment il voila le visage d'Agamemnon au sacrifice de sa fille) : «In unius hujus operibus intelligitur «plus semper quam pingitur, et cum sit «ars summa, ingenium tamen ultra artem «est.»

[3] La copie met *ouvrages* au pluriel.

[4] La copie porte *douez* au lieu d'*honorez*.

[5] Ce passage était évidemment destiné à servir dans un discours adressé au roi Louis XIII. Nous ne savons s'il a été employé.

[6] C'est là probablement une des réflexions qui traversaient l'esprit de Richelieu, au sujet du traité d'alliance qui s'engageait alors entre la France et l'Angleterre, à l'occasion du mariage de Henriette-Marie, fille de France, avec le prince de Galles, qui fut Charles Ier. Il ne faut pas oublier que le roi d'Angleterre réclamait, autant

hereditaire, et ce[1] à cause de la Reyne Alienor, fille unique du duc d'Aquitaine, repudiée par le Roy (Philipes) Louys le jeune[2] et remariée à Henry, roy d'Angleterre; et par le traitté de Bretigny. Et partant il est perilleux de les rendre maistres de nos ports craignans qu'ils voulussent renouveler leurs prétentions. Et Ré (?)[3].

## XVIII.

Il n'y a homme bien sensé qui n'avoue que le secours que le Roy donne aux Holandois, est le moyen qui conserve le plus puissamment son royaume. Car si par ce manquement l'Espagnol estoit une fois venu à bout d'eux, il n'y a personne qui doute qu'il ne tournast toutes ses forces vers[4] nous, pour nous en faire autant. De sorte qu'outre que par l'alliance que nous avons ensemble nous sommes obligéz de les assister, nous pouvons dire l'estre encore autant et plus à raison de nostre propre conservation qui dépend en partie de la leur[5]. Ceste pileule est de dure digestion à l'Espagnol de voir que nous les favorisions de gens et d'argent; mais qu'il s'en prenne à Philipes[6] qui nous

qu'il était en lui, le titre de protecteur des réformés de France, et que ceux-ci tenaient la Rochelle. Donc, à l'époque où il écrivait ces lignes, Richelieu songeait déjà à se mettre en garde contre les ambitions d'outre-Manche, qui semblaient peu à craindre en ce temps-là, mais qui se découvrirent quelques années plus tard par l'intervention des flottes anglaises dans le siège de la Rochelle.

[1] Ces deux mots manquent dans la copie.

[2] *Philipes* de la main de Céberet est barré, et au-dessus une autre main a écrit: *Louys le Jeune*. Des deux mots, la copie a conservé celui de *Philipes*, qui est l'erreur.

[3] Ces deux derniers mots, d'ailleurs peu lisibles, ont été omis par la copie.

[4] La copie remplace *vers* par *contre*.

[5] Dans le Mémoire au Roi (voir plus haut), Richelieu dit : «La guerre des Hollandois affoiblit notre ennemi, sans que nous entrions en aucun péril, et en la concurrence des affaires présentes, elle nous est plus nécessaire que jamais.» (*Mémoires*, t. II, p. 314.)

[6] Comparer tout le passage suivant avec un développement des mêmes idées qui se trouve dans le *Testament politique*, ch. I, p. 22. Richelieu est encore revenu sur ces idées dans un autre ouvrage, comme il le dit dans le *Testament politique*. C'est dans ses *Mémoires*. Sa conscience de théologien s'inquiétait, à ce qu'il semble, de répondre comme il convenait aux reproches que lui faisaient les Espagnols, de s'allier avec les Hollandais protestants et rebelles.

en a montré l'exemple lequel ouvertement a aidé la Ligue d'armées [1] et de millions pour les soldoyer, si bien que nous ne faisons en cela que rendre au petit fils une partie de ce que l'ayeul nous a presté, avec ceste différence néantmoins que là où il soustenoit des subjets rebelles à leur Roy, nous soustenons des Estats qu'il recognoist libres.

## XIX [2].

Le régne de Henry 3$^{me}$ n'a esté non plus que celuy de Charles 9$^{me}$ sinon une continuelle guerre contre l'hérésie; ce prince ayant esté contraint d'avoir tousjours autant d'armées sur pied, qu'il y avoit de provinces en son Royaume, où elle estoit cantonnée contre son service, jusques à ce que la Ligue s'estant eslevée contre sa personne et son Estat, alors comme un cloud repousse l'autre, il se sentit forcé de quiter celle là pour s'opposer à celle-cy, appellant pour cest effect à son secours Henry 4$^{me}$ à qui pour lever tout ombrage de n'estre pas avec les siens en asseurance auprés de sa personne, il consigna entre ses mains des villes d'ostage.

## XX [3].

Mets. — La Lorraine a tousiours tasché d'empiéter sur Mets, sur Toul et sur [4] Verdun, comme sur trois places les plus capables d'accroistre son Estat [5].

D'autant que les evesques de ces trois villes imperiales en sont seigneurs temporels, pour venir à leur fin [6], le principal moyen dont ils se sont servis a esté d'empiéter le plus qu'ils ont peu sur l'Eglise.

---

[1] La copie porte *armes*.

[2] Le manuscrit porte en marge la date *1625*, qui manque dans la copie. Cette date indique probablement que le fragment XIX fut rédigé par allusion aux troubles civils qui éclatèrent en France en cette année 1625.

C'est ici comme une sorte de résumé historique que Richelieu se fait à lui-même des causes qui ont donné lieu à la remise légitime des villes d'otage entre les mains des protestants. On verra dans le fragment LXXXVI la conclusion qu'il tirait lui-même des faits qu'il expose ici.

[3] Tout ce paragraphe important est écrit de la main du cardinal.

[4] Ce mot manque dans la copie.

[5] La copie remplace le mot *estat* par le mot *autorité*.

[6] La copie porte cette leçon, à peu près inintelligible : *pour parvenir à leurs fiefs*.

Pour cet effet, il y a environ vingt-cinq ans que le cardinal de Lorraine, frere du duc d'à présent, obtint de Rome une bulle de primatie[1] establie[2] à Nancy portant annexe de plusieurs bénéfices dépendants des trois Eveschés de Mets, Toul et Verdun. Elle reside à present en la personne d'un vieil ecclésiastique de la maison de Lenoncourt[3].

Outre les bénéfices dependants desdits trois eveschés[4] qui sont dans la Lorraine ou le Barrois, la maison de Lorraine en a fait annexer nombre de ceux qui sont dans les propres terres[5] de la protection.

Et à présent passans outre, ils ont depuis deux ans annexé l'abbaïe de Gorze qui est de l'evesché de Mets et de la protection[6]. Ce que le Roy ne doit souffrir. Car elle est de fondation roiale de Godegrand fils ou nepveu de Pepin, et l'abbé avoit jadis[7] voix elective au Maitre Eschevin de Mets; valoit plus de dix mille escus. Mais les prieurés en ont esté eclipsés par gens qui s'en sont emparés.

Le Duc de Lorraine traitte avec l'archevesque de Treves pour tirer de luy l'establissement d'un official metropolitain à Nancy qui conoisse des appellations des officiaux desdits trois eveschés, ce qui n'est supportable[8]. Car tout le spirituel du duché de Lorraine dépend des trois Eveschés; et si ladite entreprise avoit lieu, il se trouveroit que lesdits

---

[1] Cette bulle est publiée dans les Preuves de dom Calmet (t. III, col. ccccLxIII et suiv.). Elle est de mars 1602. Nous ferons observer qu'il n'y avait pas d'évêché à Nancy.

[2] Ce mot manque dans la copie.

[3] C'est Antoine de Lenoncourt, ancien gentilhomme de la chambre du cardinal de Lorraine, abbé commendataire de Beaupré, qui prit en effet le titre de primat de Nancy. Il mourut en 1636. Voy. P. Anselme, t. II, 62, et *Gallia Christ.*, t. XIII, col. 1371.

[4] Ces quatre derniers mots manquent dans la copie.

[5] *Idem.*

[6] En effet, le 16 septembre 1621, un bref du pape Grégoire XV avait annexé l'abbaye à la primatiale de Nancy. Mais par un des articles du traité des Pyrénées, le droit de collation de cette abbaye fut définitivement attribué à la couronne de France. Voy. *Gallia Christ.*, t. XIII, col. 881, et D. Calmet, *Histoire de Lorraine*, t. III, p. 560.

[7] Le mot *jadis* est remplacé dans la copie par le mot *autrefois*.

[8] Au lieu du mot *supportable*, le cardinal avait écrit d'abord ; *nullement raisonnable.*

trois evesques[1] releveroient d'un lieu sujet à leur justice. Ce qui n'est nullement raisonable, principalement cela se faisant sans leur consentement.

Aussy peu est il supportable au Roy qu'on vueille par une[2] innovation obliger ceux qui sont en sa protection[3] à aller rechercher justice chez un prince, son voisin, inferieur à luy, et la raison requiert que si l'archevesque de Treves, pour faciliter l'expédition des causes ecclésiastiques, veut establir un juge métropolitain en lieu plus commode que Treves, la raison requiert que ce soit dans l'un des trois eveschés dont il s'agit et que celuy qui l'exécutera soit sujet du Roy.

Durant la Ligue, Monsieur de Lorraine obtint aussy de Rome une permission de lever des decimes sur les biens des Ecclesiastiques qui estoient en ses terres. Il a continué cette levée jusqu'à présent quelque longue paix que nous aions[4], mesme les a augmentées depuis peu de temps.

Pour remedier à tous ces maux et empescher avec toute[5] justice l'effet des entreprises de Lorraine, faut premierement s'opposer, à Rome, à l'exécution des Bulles ou Bref de ladite primatie, comme estant prejudiciable aux droits du Roy et des trois evesques qui ne peuvent permettre ny souffrir l'establissement de ladite primatie ; faut mesme demander le rapport desdites Bulles ou Bref, et jusques à ce que le Roy et lesdits evesques aient esté ouis, Sa Majesté ordonne que l'exécution en soit interdite[6].

---

[1] Le membre de phrase commençant au mot *et si*, a été sauté dans la copie.

[2] Le mot *une* manque dans la copie.

[3] On sait que, d'après les clauses du traité de Cateau-Cambrésis, le Roi de France n'avait, sur les trois évêchés, qu'un droit de patronage ou de protection. En apparence, ces territoires continuaient de faire partie de l'Empire d'Allemagne, et l'Empereur se réservait sur eux *les droits de reprise et de reconnoissance*. Cet état de choses ne cessa qu'après la paix de Westphalie.

[4] La copie ajoute le mot *euc.*

[5] Le mot *toute* manque dans la copie.

[6] Il est digne de remarque qu'en abordant cette question des prétentions ecclésiastiques de la Lorraine, et en se promettant de la traiter ainsi qu'il est dit dans le texte, le cardinal de Richelieu ne faisait que poursuivre la politique de Henri IV. Celui-ci, en effet, s'était opposé de toutes ses forces à l'érection de l'église de Nancy en évêché, érection que le duc de Lorraine demandait instamment au pape dès 1598.

Faut escrire à l'archevesque de Trèves, luy représenter de quelle conséquence[1] cett' affaire est au Roy, le prier de ne rien innover, luy faire entendre qu'il ne le peut faire sans le consentement du Roy et des Evesques qui sont en sa protection, et au cas qu'il voulust passer outre, y former opposition de la part de Sa Majesté et desditz evesques.

Au mesme temps, il sera à propos de donner advis au pape de cett' affaire, afin qu'il luy plaise d'interposer son authorité à ce que le susdit Archevesque ne transgresse point les bornes de son pouvoir et ne fasse rien au prejudice de Sa Majesté.

Faut aussy demander à Sa Sainteté la revocation de la permission accordée de lever les decimes, dont la cause est cessée puisque la guerre de la Ligue n'est plus[2]. En tout cas la[3] faire revoquer pour les membres situés en Lorraine qui dependent d'Eveschés, Abbaïes ou Chapitres qui sont en la protection du Roy.

Le remède definitif de toutes ces entreprises de Lorraine sur les droits de l'Eglise est de faire un traité avec le pape en vertu duquel il accorde au Roy en ces pais de protection le droit de nomination aux Eveschés et Benefices consistoriaux, ainsy qu'il l'a en France[4].

Pour obtenir cela on peut donner au pape quelque augmentation de droits vers Avignon pour change de cette faculté.

Le pape doit estre meu à la concession de cette grace s'il considère que tout le temporel et spirituel de ces pais de protection vient de la France, Mets estant un partage d'un fils de Clovis; Toul et Verdun

---

C'est par suite de l'opposition des ambassadeurs françois que la Lorraine ne put obtenir autre chose qu'une bulle d'église primatiale. On voit cependant que cet avantage suffisait encore pour inquiéter les hommes d'État de la France.

Cette affaire est traitée tout au long dans les Lettres du cardinal d'Ossat. Richelieu, comme nous le verrons bientôt, les avait à cette époque entre les mains. C'est là probablement qu'il s'est instruit des principaux points de l'affaire, et qu'il a pris l'inspiration de la conduite générale qu'il allait tenir lui-même. Voy. les Lettres du cardinal d'Ossat, de 1598 à 1602.

[1] La copie porte *importance*.

[2] Le dernier membre de phrase, depuis le mot *dont*, est écrit en marge dans le manuscrit original.

[3] Le mot *la* manque dans la copie.

[4] Ce sont encore là des demandes que le cardinal d'Ossat avait été chargé de faire en cour de Rome, au nom du roi Henri IV.

de l'ancien domaine de nos Rois; et tous les Eveschés fondés par nos Rois, Clovis, Dagobert et Charlemagne.

Si le pape accorde cette grace, le Roy mettant tous François dans lesdits Bénéfices, le pais messin[1] sera plus asseuré à la France dans dix ans que le comté de Champagne. Car les beneficiers y tiennent tout en trois Eveschés et trente Abbayes qui sont en la protection.

## XXI[2].

Claude, fille de Louis douzième, fut promise à l'archiduc Philipes, père de Charles le Quint, et depuis donnée à la requisition des Estats à François premier, comte d'Angoulesme.

Renée, sa sœur, fut promise à Charles le Quint, Roy de Castille, et depuis mariée en la maison d'Est, dont est venue madame de Nemours.

## XXII[3].

Pierre d'Alençon, sous Charles VIIme de la maison de Valois, fut par deux fois condamné à mort, et à[4] toutes les deux fois sa peine[5] remise.

Charles de Bourbon, connestable sous François premier, fut condamné[6].

## XXIII.

Plus un homme est grand et eslevé[7], plus doit-il regarder à n'of-

---

[1] Ce mot manque dans la copie.

[2] C'est un copiste qui a reproduit ici les quatre paragraphes qui suivent. Ils avaient été d'abord écrits de la main de Richelieu. On trouve cette première rédaction, plus loin, dans le volume, fol. 63 v°.

Les deux exemples cités dans ce paragraphe se rapportent à des promesses de mariages princiers annulées pour cause de raison d'État. En les empruntant à l'histoire, Richelieu avait probablement en vue une prochaine mise en pratique : peut-être le mariage de Henriette-Marie, d'abord promise au comte de Soissons, et finalement mariée à Charles d'Angleterre; peut-être encore le mariage de Monsieur avec Mademoiselle de Montpensier.

[3] Ces exemples de condamnations portées contre les plus hauts seigneurs du Royaume ne doivent point étonner sous la plume du cardinal de Richelieu.

[4] Variante du Cardinal : en.

[5] La copie ajoute le mot *fut*.

[6] Ce dernier membre de phrase, après *connestable*, est tourné ainsi dans la copie : *connetable de France a été condempné sous François I*er*.

[7] La copie met *relevé*.

fenser personne, s'il ne veut avoir la haine de tout le monde, estant chose certaine qu'on hait d'autant plus un homme que moins se peut on [1] venger de luy.

## XXIV.

Il y a des choses dont on [2] a bien subject de se fascher, mais non pas de quereller un homme pour cela.

## XXV [3].

Espagne. — Le bonhomme Coman disant comme les Espagnols traittent tousiours par artifice, sans franchise, me dit qu'un des principaux du conseil d'Espagne, estant deputé en Espagne de la part des Estats...

## XXVI [4].

Pour aller de France en la Valteline avec armée, partant de la Bresse, faut aller à Genève, de Genève [5] à Losane, de Losane [6] à Syon. De Syon, suivre tout du long du pays de Vallais pour gaigner Bellinssonne, de Bellinssonne par Mesoc [7] descendre à Chavene et de là en la Valteline [8].

Par le mesme chemin de Vallais et de Bellinssonne on peut entrer dans le pays des [9] Grisons, venant gaigner Orsere, et de là passer la montagne de Chimoult pour descendre en la vallée de Tisitis [10].

---

[1] La copie porte, au lieu de *se peut on*, les mots : *on a de moyens de*.

[2] Variante du Cardinal : *il y a*. Et la copie met aussi : *Il y a*.

[3] Ce paragraphe, de la main du Cardinal, n'a pas été achevé sur le ms. Il manque dans la copie.

[4] Ce paragraphe est écrit de la main de Charpentier.

[5] Ces mots manquent dans la copie.

[6] Ces mots manquent dans la copie.

[7] La copie porte *Mezo*, pour *Mesoc*.

[8] Ce premier chemin remonte le cours du Rhône jusqu'à sa source, gagne la vallée du Tessin par le Saint-Gothard, descend le Tessin jusqu'à Bellinzona, remonte alors le cours de la Mœsa sur laquelle est située Misocco, que Richelieu nomme Mesoc. On prend alors le Liro, petite rivière qui va se jeter dans la Maira au-dessus de Chiavenne; on descend enfin le cours de la Maira jusqu'au lac de Côme et à l'embouchure de l'Adda.

[9] Ces trois mots manquent dans la copie.

[10] La vallée de Thusis probablement, au sud de Coire.

## XXVII[1].

PASSAGES PAR LESQUELS ON PEUT PASSER [2] DE FRANCE EN ITALIE AVEC ARMÉES.

1.

Le premier passage est tout du long de la mer vers Nice et Gennes, par le col de Tende[3] applany depuis peu par le Duc de Savoie. Mais[4] le passage requiert le consentement dudit duc. (*En marge la même main a écrit :*) « Il estoit autrefois à M<sup>r</sup> d'Urfé, maintenant par eschange à M<sup>r</sup> de Savoie[5]. »

2.

Le second est par le chasteau Dauphin dans le marquisat de Saluces. Le Chasteau Dauphin est au delà de la montagne dans les terres du Roy. Mais le marquisat de Saluces estant au duc de Savoie, ce passage requiert son consentement[6].

3 et 4.

Le troisième et quatrième passage est par le mont Genevre, allant jusqu'à Cezane. De Cezane il y a deux chemins, l'un à main droite qui va droit à Pigneroles[7], l'autre à main gauche par le val d'Ourse, qui va droit au fort d'Eschilles[8], d'Eschilles à Chaumont qui est au Roy, et delà à Suzes distant seulement de Chaumont d'une lieue. Mais ce passage présuppose correspondance avec Savoie.

[1] Ce paragraphe est de la main du Cardinal.
Le détail géographique des fragments qui précèdent et de ceux qui suivent s'explique, si l'on remarque qu'il s'agit ici de ces fameux *Passages* de la Valteline, dont les Espagnols voulaient disposer, et que la France était résolue à leur fermer absolument.
[2] La copie porte *descendre*.
[3] Il y avait écrit auparavant *Tepide*, ce qui semble supposer que la pièce a été copiée ou résumée d'un mémoire. C'est la même main qui a corrigé immédiatement la mauvaise lecture.
[4] Le mot *mais* manque dans la copie.
[5] Cette phrase manque dans la copie.
[6] Les passages étudiés dans ce paragraphe sont ceux du mont Viso. Il est curieux que Richelieu n'ait rien dit du passage de l'Argentière par lequel pourtant des armées françaises avaient déjà pénétré en Italie.
[7] Par la vallée du Chisson.
[8] Ou Escilles. Ce chemin suit la Dora Riparia.

## 5.

Le cinquième est de Lion à L'Aigue-Bellette [1], ou par Grenoble droit au fort de Barraud et Monmelien, chemin plat par lequel on ne passe aucune montagne quoyque fort rude [2].

## 6 et 7.

Le sixiesme par le Valais duquel on peut prendre deux chemins, l'un par le val d'Oust [3] qui entre dans le Piedmont et va gaigner [4] le Milanois entre Vercelles [5] et Novarre [6] ; l'autre coule plus avant dans le Valais et va gaigner le mont St-Plomb [7], et entre par le lac Major dans le Milanois. Mais il faut combattre les forces d'Espagne dans leur pais [8].

## 8.

Le huitiesme est par le mont St Godard qui a deux chemins. Partant de Lion, il faut aller à Geneve, de Geneve à Lucerne, passer le lac d'Ourrie [9], de là à Orserre au pied du mont St Godard. De là à Bellinssonne, Lugan [10], Côme et Milan. Mais il faut combattre les ennemis dans leur pais.

## 9.

L'autre [11] chemin, partant de Dijon : faut aller à Dolle, Neufchastel,

---

[1] La copie porte L'Isle-Velette.

[2] Ce chemin suit le cours du Rhône, puis celui d'un de ses petits affluents de gauche, le Guiers, sur lequel se trouvent l'Aigue-Bellette et le fort Barraux, au pied de la Grande-Chartreuse; de là, par le col des Échelles, dans la vallée de l'Isère sur laquelle est bâti Montmélian. Arrivé là, on n'est encore qu'en Savoie.

Richelieu n'indique pas le reste de la route pour aller en Italie; mais c'est évidemment par le mont Cenis et le Pas-de-Suze.

[3] La copie porte d'Aoust; c'est le val d'Aoste.

[4] Ici la copie intercale le mot dans.

[5] La copie porte : Verceil.

[6] C'est le chemin du Grand Saint-Bernard.

[7] C'est le mont Simplon.

[8] La dernière phrase tout entière manque dans la copie.

[9] C'est le lac des Quatre-Cantons.

[10] La copie porte Laigan, c'est Lugano.

[11] La copie porte le $8^{eme}$ au lieu de l'autre.

Soleure, Suisse, Ourich, Orserre, Belinssonne, etc. Mais il faut combattre[1].

## 10.

Le dixiesme[2] passage est par le mont de la Splugue, autrement le mont du Cardinal, et celui de la Berbine[3]. La Splugue descend à Chaveine qui entre dans le Milanais ou dans la Valteline. La Berbine descend à Puschiave[4] qui entre dans la Valteline par la ville de Tiran[5].

## 11.

Pour aller à ces deux monts faut venir[6] par Dijon à Soleurre, Zurich, Coire. De Coire à Tozane, pour passer à la Splugue. De Coire par Langadine haute, pour passer à la Berline. Et ces deux passages sont les seuls[7] libres pour aller de France en Italie, si Savoie estoit contraire. Ce qui a esté plusieurs fois raison pour laquelle les Rois se sont tousiours opiniastrés à conserver le passage de la Valteline.

## 12.

On peut passer encore par l'Allemagne à Strasbourg et Basle, de Basle ou Strasbourg en Alsace et le Tirol, droit à Trente, chemin du tout uny ou le canon peut rouler et est fertile en vivres[8].

## 13.

On peut[9] encore faire ce chemin sans entrer en Allemagne par auprés de Genève, Berne, Zurich, gaigner le Tirol au dessus des Grisons, et regaigner Trente. Le chemin est rude et peu[10] capable de nourrir une armée.

---

[1] Ces derniers mots manquent dans la copie. Ce chemin franchit le Jura.

[2] La copie porte *le 9ème*. A partir de ce paragraphe, il y a une raie en marge jusqu'au douzième.

[3] C'est la Bernina.

[4] Poschiavo.

[5] Tirano.

[6] La copie porte : *en partant*.

[7] La copie porte : *les deux plus libres*.

[8] Probablement en remontant le cours du Rhin et en descendant ensuite celui de l'Inn.

[9] En face de cet alinéa, une raie en marge.

[10] Le mot *peu* a été omis par la copie.

Pour entrer en Allemagne, outre Basle et Strasbourg, on a le passage de Brissac dans l'Alsace; mais Leopold [1] le tient maintenant [2].

## XXVIII.

GRISONS[3]. — Les Grisons ont trois ligues, Grizes, de Cades et des [4] Droitures qui sont souveraines, et ont deux contés sujets et dépendans

---

[1] Léopold d'Autriche, frère cadet de l'empereur Ferdinand, comte de Tyrol et archiduc d'Inspruck. A l'époque où furent écrites ces lignes, il était évêque de Strasbourg et de Nassau, et représentait en Alsace et Brisgau les intérêts de la maison d'Autriche. Plus tard il se défit de ses bénéfices ecclésiastiques et épousa Claude de Médicis. Il s'était mêlé très activement à toutes les affaires de la Valteline. Il mourut en 1632.

[2] Les derniers mots, à partir de *Brisac*, manquent dans la copie.

[3] Ce sont là, en quelque sorte, les préludes des travaux de Richelieu sur cette importante affaire des Grisons et de la Valteline. Les mêmes faits et les mêmes pensées sont beaucoup plus développés dans les *Mémoires* (t. II, p. 358 et suiv.). Il faut bien entendre cependant que Richelieu avait son idée arrêtée sur cette affaire, avant d'être le premier dans le ministère. Il semble seulement que la Vieuville le gênait pour mettre ses plans à exécution. Si la fameuse phrase citée par Voltaire (*Le Roi a changé de Conseil et le Conseil de maximes*) est apocryphe, comme l'a démontré Avenel (t. VII, p. 551), l'opinion de Richelieu sur cette affaire n'en était pas moins énergique et énergiquement prononcée.

Dans un pamphlet qui est de lui ou écrit sous son inspiration, *La voix publique au Roy*, on lit : «Autant vaut, dit le proverbe, «bien battu que mal battu; faites tant que «vous voudrez le complaisant avec la señora «doña Iberia, asseurez-vous qu'elle ne vous «pardonnera jamais et mettera aussi peu en «considération tous les signalez plaisirs que «la France luy a faicts de l'avoir laissé esta-«blir dans la Valteline, à Juliers, au Palati-«nat et par toute l'Allemagne.

«Vous traictez avec les Holandois, vous «escoutez les conseils de Savoye et de Ve-«nize, vous entrez en alliance avec l'Angle-«terre, vous avez donné retraite à Mans-«feld; soyez certain, Sire, que lorsqu'elle «verra son jeu, qu'elle ne manquera de «vous ramentevoir catholiquement tous ces «pechez mortels, et aurez beau alleguer que «vous estes meilleur catholique qu'elle, que «vous n'avez point veu Mansfeld, croyez «comme aux saincts nouveaux que toutes «ces excuses n'empescheront point que ceste «bonne Dame ne veille jour et nuit pour «vous prendre sans verd. *C'est pourquoy «Vostre Majesté doit resoudre hardiment les «choses qui regardent sa conservation, elle «doit veoir librement Mansfeld, l'employer «promptement, maintenir ses anciens alliés, «sans s'arrester aux spéculations des moines, «ny du Nonce, lesquels ne preschent que l'in-«terest du Pape et non celuy de vostre ser-«vice.»* (Recueil de 1628, p. 574.)

[4] La copie intercale le mot *dix*.

scavoir est les contés Chavaine et Bormio, et qui plus est[1] le pais de la Valteline.

Ces trois pais dependans furent donnés aux Grisons par Louis douziesme en paiement de certains deniers qu'il leur devoit.

Au mesme temps il donna[2] aux Suisses les quatre bailliages qui sont au delà des monts, qui sont Lugan, Lucarne, Bellinssonne et Mandris, et les villages qui s'appellent les Trespievé.

Avec les Grisons, le Roy d'Espagne n'a alliance quelconque, sinon une que depuis trois ans les Grisons ont faite avec le duc de Feria que le Roy d'Espagne n'a pas ratifiée sur la plainte que le Roy en fit. Au contraire, l'ambassadeur Mirabel l'a desavoue.

La maison d'Austriche a alliance et paix perpetuelle avec les Grisons[3].

Venise n'a point d'alliance avec les Grisons. Il n'y a que le Roy et la maison d'Austriche.

L'alliance du Roy les oblige à fournir les gens de guerre et le passage, savoir est le passage en toute occasion, et les gens de guerre, avec exception contre le duché de Milan, lequel ils doivent aider à garder, au cas que le Roy la[4] conquiere sans eux.

## XXIX[5].

Le traitté de Madrid, fait en febvrier 1621, porte que la religion estant establie en la Valteline aux termes y mentionés, toutes choses y seront remises en leur premier estat.

En ce traité, il n'est plus parlé en aucune façon[6] des passages ny d'alliance pour Espagne

Et tant s'en faut que l'Espagne demandast alors ny les passages ny

---

[1] *Qui plus est* manque dans la copie.
[2] La copie remplace *donna* par *bailla*.
[3] Cet alinéa manque dans la copie.
[4] Le mot *la* manque dans la copie.
[5] En marge de cet alinéa et de ceux qui suivent est écrit : *employé*. Les corrections faites au texte, et que nous donnons dans les notes ci-dessous, sont probablement contemporaines de cet emploi. — On peut comparer les *Mémoires*, t. II, p. 394.
[6] La copie intercale ici : *quelconque*.

l'alliance des Grisons que pour en exclurre les Venitiens, elle aima mieux se priver elle mesme de la pretension qu'elle en avoit.

« Ainsi qu'il paroist[1] » par une promesse du 25 avril 1621, « qu'elle voulut avoir[2] » sinée de M^rs de Bassompierre et Rochepot, « et ratifiée du Roy qui porte qu'[3] » en exécution dudit traité « Sa Majesté empeschera[4] » qu'à l'advenir nul « autre que luy[5] », sans exception, ne les peust obtenir.

Le Roy est tousjours demeuré dans les termes du traitté de Madrid. La ligue faite avec Venise et Savoie n'est qu'à cette fin. Le consentement que Sa M^té donne au depost porte en termes expres qu'elle entend que ce soit pour l'entière exécution des choses accordées audit traitté de Madrid et non autrement, « et que dans trois mois ladicte exequution sera faicte[6]. »

Le marquis de Mirabel envoia un memoire au Roy siné de sa main et une lettre de M^r de Puisieux, par lesquels il paroissoit qu'il avoit accommodé l'affaire avec M^r le Chancellier sans parler des passages. Et des-avouoit les traittés faits à Milan par le duc de Feria avec les Valtelins, pour la renonciation faite de la souveraineté, et avec les Grisons pour l'alliance. Ce qui monstre[7] bien que le Roy d'Espagne s'estimoit obligé de se tenir au traitté de Madrid et par iceluy ne pouvoir pretendre ny passage ny alliance.

## XXX[8].

La Valteline est importantissime aux Espagnolz pour joindre les Estats d'Italie avec ceux d'Allemagne[9], ce qui redouble les forces d'Espagne. De plus, pour faire non-seulement que l'Italie puisse secourir

---

[1] Ces mots remplacent *aussy*.
[2] Ajouté au-dessus de la ligne.
[3] Au-dessus de la ligne en remplacement des mots : *qu'elle exigea de Sa Majesté d'empescher*.
[4] Ajouté au-dessus de la ligne.
[5] Ajouté en marge. Toutes ces var. ont servi à la préparation du texte des *Mémoires*.
[6] Le dernier membre de phrase à partir de *et que* est d'une autre main.
[7] Ici la copie intercale le mot *si*.
[8] En marge de cet alinéa, le mot *employé*. Cf. *Mémoires de Richelieu* (a° 1624), dans la consultation donnée au roi par le cardinal à cette occasion.
[9] La copie porte : *l'Italie avec l'Allemagne*.

aisément l'Allemagne, dans laquelle on peut aller jusqu'à Vienne avec une armée en dix jours; mais aussy pour secourir la Flandre des mesmes forces d'Italie qui de Milan peuvent estre conduites en Flandres en vint cinq journées d'armées.

De plus[1] pour[2], au cas que Mr de Savoie fust mal avec la France, interdire tous[3] passages aux François en Italie n'y en aiant que par la Valteline. Et ce dernier dessein n'est pas le moindre. Car, bien que la Valteline leur soit un passage[4] plus commode pour leurs forces[5], il ne leur est pas toutesfois si nécessaire en ceste consideration[6], puisqu'ilz en ont deux autres asseurés[7] : l'un[8] par les cinq petits cantons qui leur est tousjours libre; l'autre[9] par la Savoie au pont de Belgarde[10] qui, à la vérité, dépend du Roy et du duc de Savoie.

Pour aller[11] par la Valteline de Milan en Allemagne, ilz passent droit dans le Tirol[12], du Tirol à Isprug, d'Isprug sur le Danube qui les porte dans Vienne où une armée peut aller de Milan en dix jours.

Une armée peut aller de Milan en Flandres en quinze[13] jours par le chemin qui s'ensuit: de Coire ilz vont passer la gorge du Ster et vont à Felchir[14], ville qui est à l'archiduc Léopold. De là, ilz vont s'embarquer sur le Rhin au delà de Schafouze, et le Rhin les porte à Basle, Stras-

---

[1] En marge le texte porte ce titre : *Pour aller de Milan en Allemagne par la Valteline.*
[2] Le mot *pour* manque dans la copie.
[3] Ici la copie intercale *les.*
[4] Les mots *un passage* manquent dans la copie.
[5] La copie met *troupes.*
[6] La copie met *occasion.*
[7] On voit bien ici que ce n'est pas tant comme défensive que comme offensive que Richelieu pensait à la Valteline. Comparez d'ailleurs le passage des *Mémoires : «De penser apporter un tempérament à cet octroi, le restreignant à la seule défensive, c'étoit se tromper soi-même. Car l'accorder pour la défensive, c'est encore l'accorder contre nous...» (Mémoires,* t. II, p. 390.)

[8] En tête de cet alinéa, le ms. porte en marge : *Faut particulariser le chemin.*
[9] En marge : *Idem.*
[10] Bellegarde, sur le Rhône, en Savoie, non loin de la perte du Rhône.
[11] Cet alinéa est rayé et arrangé pour être mis ailleurs, ce qu'indique d'ailleurs le renvoi marginal : Φ.
[12] Les quatre mots qui précèdent manquent dans la copie.
[13] La copie dit : *13 jours.*
[14] Feldkirch, ville fortifiée dans une position importante, qui commande la vallée de l'Ill, petit affluent de droite du Rhin, et qui ouvre par là la communication du Tyrol avec la Suisse.

bourg, Cologne, Liege, où ilz prennent terre [1]. Mais le Rhin est fascheux.

Par la Valteline, ils peuvent aller au Tirol, du Tirol dans l'Alsace [2], de l'Alsace, la Lorraine ou la Franche-Conté.

## XXXI.

EXPEDIENT DE SEURETÉ POUR LA VALTELINE [3]. — Pour seureté du traité qui se fera pour la Valteline tant pour la religion que pour les choses temporelles..., il suffit que les Grisons consentent de perdre les droits de souveraineté sur la Valteline, et qu'elle demeure libre au cas qu'ilz contreviennent au traitté.

Moyenant ceste condition, les Espagnolz n'ont point faict instance d'avoir la caution des Suisses requise par le traitté de Madrid. Aussy cet expedient pourvoit-il à tout inconvénient. Les Valtelins le désirent; la France le reçoit; le pape le propose; les Vénitiens et Savoye l'acceptent. Reste à savoir si les Grisons le voudront [4].

---

[1] Les quatre mots qui précèdent manquent dans la copie.

[2] A partir de ce mot *l'Alsace*, la copie porte la variante suivante : *Et par la Franche-Comté en Lorraine et Luxembourg.*

[3] L'importance de ce fragment est considérable. Il montre pour la première fois quelle était la véritable pensée de Richelieu sur les concessions à faire aux Espagnols à l'occasion de l'affaire de la Valteline. Plus tard, il désavoua ou plutôt feignit de désavouer Fargis, pour avoir été jusque-là dans la conclusion du traité de Monçon.
Nous avons insisté sur cette affaire dans le travail que nous regrettons de citer encore une fois : *Journal des Savants*, n° d'août 1878.

[4] Les Grisons étaient loin d'être aussi accommodants que le désirait Richelieu. Ils entendaient conserver intacts leurs droits de souveraineté sur «leurs sujets» les Valtelins. Plus tard, lorsque le traité de Monçon fut conclu, quoique les conditions fussent loin de leur être aussi défavorables que celles que Richelieu se montre ici prêt à accepter, ils protestèrent énergiquement auprès du roi de France, disant que «sur cet «article (le onzième du traité), ils ne consen«tent en façon quelconque qu'il leur soit «rien osté de leur autorité, ni prescrit par «quel moien ils doivent et puissent réduire «à obéissance leurs sujets en cas de contra«vention.» (*Corps diplom.* de Dumont, t. V, p. 490 : «*Conférence tenue à Coire le 2 no«vembre 1626 entre M. le marquis de Châ«teauneuf et les députés des ligues grises, «pour l'explication du traité de Monçon.*»
Voir aussi la pièce suivante : «*Réponse des «Grisons aux ambassadeurs de France sur la «présentation du traité de Monçon.....,*» p. 489.)

## XXXII[1].

Le Roy de Caleith[2] haissant à mort les Portugais qui ne luy avoient faict aucune chose dont il se peust pleindre legitimement, mais au contraire qu'il avoit mal traitéz, tuez et egorgez dans son pays, contre sa parole, un sien neveu pour le dissuader d'entreprendre guerre contre eux et le Roy de Cochin avec qui ilz estoyent ailliez[3], lui tint un langage à mon jugement[4] digne de remarque : « Que vous ont faict les « Portugais. Ils se montrent vaillans, sentent quand on les blesse, com- « batent estans assaillis, et se vengent asprement des outrages qu'on « leur faict[5]. »

## XXXIII[6].

Le Roy de Cochin, presque tout despouillé de son royaume par le Roy de Calcuth qui n'avoit entrepris guerre contre luy qu'à cause qu'il portoit les Portugais, fist une réponse digne de luy, lorsqu'estant en ce miserable estat, le Roy de Calcuth luy offrit de luy rendre son royaume, pourveu qu'il luy livrast quelque peu de Portugais qu'il avoit avec luy ; ce qu'il ne voulust pas faire, disant qu'« on le pouvoit bien des- « pouiller de son Royaume, mais non pas de la foy que doit avoir un « roy. »

## XXXIV.

Alfonse[7], homme de grand cœur, estima que ce seroit se denigrer s'il faisoit le mestier des pirates et resolud d'entreprendre choses plus grandes.

---

[1] Les remarques qui suivent jusqu'au fragment XXXVII sont copiées comme après coup sur la même feuille que plus haut, et toutes de la main du copiste ordinaire.

[2] La copie porte *Calecut*.

[3] La copie remplace ces cinq mots par ceux-ci : *leur allié*.

[4] La copie met *advis*.

[5] Ce fragment et les suivants sont extraits presque textuellement d'un ouvrage très répandu à cette époque : *Histoire du Portugal...*, comprise en vingt livres, dont les douze premiers traduits du latin de Jerosme Ozorius..., par S. G. (Simon Goulart). Paris, Jean Houzé, M.D.LXXXVII. (Voy. liv. III<sup>e</sup>, fol. 67 et suiv.)

[6] La copie porte pour titre en marge : *Un roi doit préférer sa foi à sa fortune.* Voy. pour l'origine de ce fragment, l'ouvrage cité, fol. 71.

[7] C'est d'Albuquerque qu'il s'agit ici évi- demment.

## XXXV[1].

Ces antiens capitaines, pour immortaliser leur nom, ilz n'estimoient rien plus seant que de conserver benignement ceux qu'ilz avoient abattus par la force de leurs armes.

Apres s'estre ainsi faict redouter des ennemis par leur magnanimité, ilz attiroient aussy par le bruit de leur clémence tout le monde à les aymer et chérir.

## XXXVI.

C'est le devoir d'un grand personnage de se souvenir de l'infirmité humaine lorsqu'il est eslevé au sommet de sa félicité, et de supporter doucement ceux qu'il voit[2] du tout abatus.

Ce qui est accoustumé entre les barbares, lesquelz estiment que ce soit chose bien séante aux Roys de parler par truchement et penser que leur gravité consiste à estre enfans[3].

## XXXVII[4].

L'Espagne ne fait jamais rien volontairement qu'en sa faveur, et la force est le seul motif qui la porte à faire raison à autruy[5].

## XXXVIII[6].

Aux entreprises dont le fruit n'est pas présent, il faut employer

---

[1] La copie porte pour titre en marge : *La clémence fait augmenter le fruit de la victoire aux grands capitaines.*

[2] La copie met : *ceux qui sont.*

[3] Cette sentence a un peu étonné le copiste qui l'a expliquée ainsi : *qu'il y a de la gravité à faire les enfants.* Je pense que Richelieu a été frappé ici de cette idée que la Majesté royale doit être tellement élevée au-dessus des choses humaines qu'il y a comme une sorte de « gravité » chez les Rois à ne jamais parler, à ne jamais penser par eux-mêmes. Le premier ministre de Louis XIII avait ses raisons pour porter sur la Majesté royale un jugement de cette sorte.

[4] Main de Charpentier.

[5] Dans une lettre de Richelieu, du 3 janvier 1630, adressée au duc de Créquy et donnée en partie dans les *Mémoires*, on lit : « Que les Espagnols ne faisoient rien que « par force, que toutes leurs négociations « étoient frauduleuses. » (*Mémoires*, Petitot, t. V, p. 357.)

[6] Sur le manuscrit il y a en marge deux croix : ✚ ✚.

d'ordinaire de grands esprits, de grands courages et personnes de grande authorité : grands esprits pour qu'ils puissent aussy bien préveoir une utilité esloignée, comme les médiocres esprits voyent les présentes ; grands courages pour que les difficultez ne les empeschent point ; grande authorité pour qu'à leur ombre beaucoup de gens s'y embarquent.

## XXXIX[1].

CHEMINS D'ITALIE EN ALLEMAGNE PAR LA VALTELINE ET LES GRISONS POUR UNE ARMÉE [2]. — Il faut passer le lac de Cosme, desbarquer à Coligno, de là au fort de Fuentes, puis, suivant la rivière d'Adde, l'on vient à Morbeigne, Sondrio, Tiran et Bormio. De là, tournant à la main gauche, l'on monte la montagne de Braigle, et par la valée de Ste Marie et de Monastère qui est aux Grisons, l'on entre dans le Tirol et en Allemagne. Et ce chemin est bon.

Et si l'on tourne à la main droite de [Bormio][3], on passe la montagne de Gaule, et va-t-on dans le pays de Trente. Mais le chemin est malaysé.

Entre les deux chemins, il y en a un troisième, par Valfurbe qui est du comté de Bormio, sans toucher le pays des Grisons, ny celuy des Vénitiens. Ce chemin entre dans le Tirol.

L'autre chemin de Milan [4], le long du lac de Cosme, vient debar-

[1] Main de Charpentier.
[2] Probablement qu'à l'époque où il prenait des renseignements géographiques et stratégiques si complets, Richelieu n'avait pas encore arrêté définitivement la résolution de faire la paix. Il semble bien, surtout si l'on examine les derniers paragraphes, que ce sont ici comme des études du chemin que pourrait suivre une armée victorieuse en Piémont pour se porter sur Vienne. Les seuls chemins possibles étaient à travers le massif des Alpes centrales. Avec la Savoie et Venise pour alliés, on avait dans la haute Italie de solides bases d'opérations.

Ces divers chemins peuvent être suivis sur les cartes un peu complètes. Disons seulement que les trois premiers remontent l'Adda, sur laquelle se trouvent les quatre villes indiquées au texte, et traversent ensuite les Alpes par divers défilés. Le quatrième remonte la Maira et descend l'Inn. Le cinquième remonte le Liro et descend le Rhin supérieur. Le sixième est le chemin du Saint-Gothard, et le septième celui du Rhône supérieur.

[3] Le mot manque sur l'original, mais la copie met *Bormio*.
[4] La copie intercale le mot *est*.

quer à la rive de Chiavene. De la rive l'on monte à Chiavene, de là on entre par la vallée de Brégaille dans celle de l'Engadine superieure ou haute, et de là, descendant[1] dans l'inférieure ou basse, entre dans le Tirol et en Allemagne.

[*En marge est écrit de la main du Cardinal :*][2] « Il appert par les reli-
« ques des chemins et des fortifications faites par les anciens Romains,
« qu'ilz tenoient ce chemin pour passer en Allemagne; et maintenant
« toutes les marchandises vont et viennent par iceluy, quoyque le duc
« de Feria ait fait toute sorte d'efforts pour les faire passer par le
« comté de Bormio et par la Valteline. »

AUTRE CHEMIN DE MILAN. — L'on va dans la vallée de Chiavenne, et avant que d'arriver au bourg d'icelle, l'on tourne à gauche par la vallée de S$^t$ Jacques, et on passe la montagne de la Splugue d'où[3], descendant dans la vallée du Rhein, l'on traverse tout le pays des Grisons. Et d'autant que ce chemin, pour aller d'Italie aux Grisons, est le plus court, il est aussy le plus fréquenté, quoy que le passage de la montagne soit malaisé. Mais ces deux chemins presupposent[4] qu'on soit maistre de Chiavene et du fort de la Ripe dudit Chiavene.

Outre cela, on ne manque d'autres chemins pour passer d'Allemagne en Italie sans toucher aux passages de ceux de la maison d'Austriche. Il y a l'ordinaire tres fréquenté de Lugan, Belinzone et de la montagne de S$^t$ Godard, pour aller aux pays des Suisses, lequel est tout en la disposition et pouvoir de ceste nation.

Il y en a un autre par le Valès, par les destroits duquel l'on va fondre sur le lac Major. C'est pourquoy le duc de Ferie tasche par tous moyens de s'allier avec ces gens là.

AUTRE CHEMIN DE FRIUL PAR TRENTE. — Estant par tous ses chemins venus[5] dans le Tirol, pour de là aller à Vienne, il faut aller à Isprug, d'Isprug sur le Danube jusques dans Vienne, ou une armée par ceste voye peust aller de Milan en dix jours.

---

[1] Ce mot manque dans la copie.
[2] Ce paragraphe manque dans la copie.
[3] La copie met *droit*.
[4] La copie met *présuposé*.
[5] La copie porte : *venans*.

## XL[1].

Roma, Consejo y Mar[2]. — Lorsqu'Anthonio Perez[3] eust esté receu du Roy en France et qu'il luy eut donné appointement; tous les advis qu'il luy donna pour tesmoignage du ressentiment[4] qu'il luy avoit de ceste obligation, fut *Roma, consejo, y mar*[5].

## XLI[6].

Apres le mariage du Roy[7], le Roy ayant sceu que le grand duc Ferdinand avoit pris quelque alliance et liaison avec Espagne, donna

---

[1] De la main de Charpentier. Le paragraphe est barré; en marge le mot *Testament* avec le signe Φ.

[2] Ces trois mots en espagnol avaient d'abord été écrits sous une forme très incorrecte par Charpentier : *Roma concesso imar*. Mais une autre main, qui est peut-être celle de Richelieu, a rétabli la véritable orthographe. La manière dont Charpentier avait écrit d'abord cette devise prouve que ce passage a été écrit sous la dictée. — Ces trois mots manquent dans la copie.

[3] L'histoire d'Antonio Perez est assez connue. Tout le monde a lu le travail de M. Mignet sur Antonio Perez et Philippe II. C'est en 1591 que le ministre disgracié vint en France. Le conseil qu'il donna au roi et que Richelieu rappelle encore dans un autre passage du *Testament politique* (Voy. t. II, p. 83), sert d'entrée au chapitre de la *Puissance sur mer* : «Lorsqu'Anthonio Perez fut «reçu en France par le feu roi, votre père, «et que pour lui faire passer sa misère avec «douceur, il lui eut assuré un bon appointe«ment, cet étranger, désirant reconnoître «l'obligation qu'il avoit à ce grand roi et «faire voir que s'il étoit malheureux il n'é«toit pas ingrat, donna en trois mots trois

«conseils qui ne sont pas de petite considé«ration : Roma, Consejo y Mar.» (T. II, p. 109.)

[4] Le mot *ressentiment* manque dans la copie.

[5] Ces mots ont été mal écrits d'abord et corrigés ainsi que plus haut.

[6] Ce paragraphe a été barré ainsi que le précédent, et en marge également le mot *Testament*.

On trouve, en effet, dans le *Testament politique* : «Le feu Roi, votre père, ayant «donné charge à M. d'Alincourt de faire re«proche au grand duc Ferdinand de ce que, «après l'alliance qu'il avoit contractée avec «lui, par le mariage de la Reine, votre «mère, il n'avoit pas laissé de prendre une «nouvelle liaison avec l'Espagne; le grand «duc, après avoir ouï patiemment ce qui «fut dit sur ce sujet, fit une réponse qui si«gnifie beaucoup en peu de mots et qui doit «être bien considérée par V. M. et par ses «successeurs : «Si le Roi, dit ce prince, eut «eu quarante galères à Marseille, je n'eusse «jamais fait ce que j'ai fait.» (T. II, p. 123.)

[7] La copie porte : *le mariage du Roy estant fait*. Il s'agit évidemment de Henri IV.

charge à M^r D'Alincour de luy tesmoigner de sa part qu'il ne l'eust jamais creü. A quoy le grand Duc ne respondit autre chose sinon que si le Roy eust eu 40 galères à Marseille, il ne l'eust jamais fait.

## XLII.

Luynes dist au Maréchal de Vitry depuis qu'il eust fait tuer le Maréchal d'Ancre, qu'ils avoient eu ce dessein là dès le Mariage du Roy, et que, quand M^r le Prince fut mis prisonnier, il conseilla au Roy de se porter à le faire prendre, afin que par ce moyen la Reyne se l'acquist pour ennemy, et qu'ilz peussent d'autant plus facilement se porter au dessein de la mort dudit Maréchal, qu'en ce cas ilz auroient en leur main M^r le Prince offensé de la Reyne, [prêt] à se porter contre elle ainsy qu'ils voudroient[1].

## XLIII[2].

Luynes[3] dit à Piquecos qu'il croioit que si la ligne[4] Roiale avoit manqué, le peuple jettoit[5] les yeux sur luy.

Monsieur de la Vieuville le dit le soir dont la Reine arriva de Liesse à Bonœil, au colonel[6] et à moy.

Il nous dit de plus qu'il avoit voulu se rendre duc de Bretagne et commencer par un engagement que le Roy lui feroit du duché de Bretagne moiennant cinq millions de livres qu'il luy presteroit[7].

---

[1] Ces différents faits ne se trouvent pas reproduits dans les *Mémoires* de Richelieu. Cependant, dans le livre XII, on trouve une longue récapitulation des prétentions de Luynes. (Voy. Ed. Petitot, t. II, p. 166 et suiv.)

[2] Ce paragraphe est écrit au revers, de la main du cardinal.

[3] La copie intercale le mot *a*.

[4] La copie met *lignée*.

[5] La copie met *jetteroit*.

[6] Le Colonel, c'est d'Ornano.

[7] Richelieu, dans ses *Mémoires* (t. I, p. 546), fait allusion au désir qu'avait Luynes d'obtenir le gouvernement de Bretagne; mais ce n'est qu'en passant; et ailleurs, il semble indiquer que les prétentions du connétable se portaient plutôt du côté de Metz et l'Austrasie : « Il voulut être prince « d'Orange, comte d'Avignon, duc d'Albret, « roi d'Austrasie, et n'eut pas refusé d'avan- « tage s'il eut vu jour. » (*Mémoires*, t. II, p. 169.)

Les ambassadeurs Vénitiens se faisaient,

Il adjousta encore qu'il luy avoit souventefois[1] ouy dire qu'il ne tenoit sa fortune que de Dieu et de son espée et que souvent il luy avoit ouy gouster la fortune des anciens Maires du palais.

[Au dos de la feuille qui suit, dans le manuscrit, est un dessin d'une place fortifiée[2].]

## XLIV[3].

On void peu de personnes qui tirent l'advantage des fautes de leurs adverses parties. Au contraire d'ordinaire on perd le profit qu'on en peut tirer par une nouvelle faute qu'ils commettent.

## XLV.

PRINCE. — Monsieur Olier[4] m'a dit qu'en l'an 1615 ou 16, le père de la Chau ayant presché à Saint-Pol dont il estoit marguillier fort scandaleusement contre le gouvernement, il saisit ses papiers entre lesquelz il trouva deux promesses, l'une de cinq cens escus de Moisset, l'autre de deux cens de M. le Prince[5],

---

dès 1621, les échos de bruits analogues qui circulaient à la cour. (Voy. B. Zeller, *Le connétable de Luynes*, p. 8.)

[1] La copie écrit : *maintesfois*.

[2] Il y a un dessin du même genre au dos d'une minute de lettre à Toiras, écrite de la main de Charpentier, qui se trouve dans les archives du Ministère des Affaires étrangères, France, 1631, t. LVIII, fol. 405 (nov.). On sait que Richelieu s'appliquait beaucoup aux détails des choses militaires. M. Avenel a donné en *fac-simile* des plans de bataille dressés par le cardinal lui-même.

[3] De la main du copiste. En marge, toujours de la même main : *Testament*. Le paragraphe est barré.

[4] Ce M. Olier était maître des Requêtes. Il est qualifié d'Intendant de la justice dans les *Mémoires* de Richelieu (t. II, p. 168).

Il fut en effet Intendant à Lyon en 1617. Il était des amis de la reine mère et du cardinal qui le conserva dans les affaires lorsqu'il fut au pouvoir. (Voy. Avenel, t. III, p. 661, note.) Il eut pour fils le célèbre M. Olier, le fondateur de Saint-Sulpice.

[5] C'est Henri II de Bourbon, père du grand Condé. On sait qu'il fut à la tête de toutes les cabales qui furent faites pendant la minorité de Louis XIII. La régente, Marie de Médicis, le fit arrêter au milieu de la cour en 1616. (Voy. pour les détails de cette arrestation les *Mémoires* de Richelieu, t. I, p. 333 et suiv.) En cet endroit, Richelieu cite des faits analogues à ceux que contient notre texte : «La Reine, ayant eu «advis certain qu'ils (les princes) faisoient «des pratiques par la ville pour débau-«cher le peuple..., qu'on sollicite les curés

La première de Moisset estoit particulierement causée à condition qu'il s'estendit contre le gouvernement.

La deuxième estoit pure et simple. Ledit sʳ Olier en parla à Mʳ le Prince franchement, qui s'escusa disant que c'estoit deux cens escus qu'il luy donnoit tous les ans.

Cependant c'estoit une simple promesse qui estoit de peu de jours auparavant. La modération de la Reyne empeschea et garantit Moysset[1] de la corde, qu'il avoit desja meritée autrefois, car elle aima mieux pardonner ceste affaire qu'en la pénétrant jusques au bout, y trouver Monsieur le Prince enveloppé.

## XLVI[2].

Il y a des gens si fins que subtilisans sur toutes choses, ils font souvent comme ceux qui pour afiler trop la pointe des esguilles les rompent[3].

«et les prédicateurs contre le Roi et contre «elle, que déjà tout haut leurs partisans se «vantoient que rien que Dieu ne les pouvoit «empêcher de changer le gouvernement, etc...»

[1] Dans cette phrase sur Moisset et *sur la corde* qu'il avait déjà méritée autrefois, Richelieu fait probablement allusion au fait suivant qu'il a raconté dans ses *Mémoires* (année 1612) : «Moysset, qui de «simple tailleur étoit devenu riche parti-«san, homme fort déréglé en ses lubricités «et curiosités illicites tout ensemble, lui «proposa (au duc de Bellegarde) que s'il «vouloit il lui mettroit des gens en main «qui, par le moyen d'un miroir enchanté, «lui feroient voir jusqu'à quel point étoit «la faveur du maréchal et de la maré-«chale, etc.»

Moisset fut poursuivi à cette occasion devant le parlement, mais l'affaire fut étouffée. (Voy. *Mémoires*, t. I, p. 140 et suiv.)

[2] Tous ces paragraphes sont écrits de la main de Le Masle.

Ils sont effacés ensemble; des mots et des remarques sont écrits en marge, ainsi qu'il suit.

En marge du paragraphe 1ᵉʳ est écrit *Négociation*. Voici le passage du *Testament politique* : «Comme les sots ne sont pas bons à «negocier, il y a des esprits si fins et si «délicats qui n'y sont pas beaucoup plus «propres, parce que, subtilisant sur toutes «choses, ils sont comme ceux qui rompent la «pointe des aiguilles en les voulant trop «affiler. Pour bien agir, il faut des gens qui «tiennent le milieu entre ces deux extrémités; «et les plus déliés se servant de la bonté de «leurs esprits pour s'empescher d'être trom-«pés, doivent bien prendre garde de n'en «user pas pour tromper ceux avec qui ils «traitent.» (*Testament politique*, t. II, p. 37.)

[3] La copie écrit à la suite ce proverbe italien : *Chi troppo s'assotiglia si scavezza.*

## XLVII[1].

Les meilleurs negotiateurs sont ceux qui marchent franchement et se servent de la bonté de leurs esprits pour empescher d'être surpris.

## XLVIII[2].

Ceux que la fortune élève se servent peu souvent de la raison, et comme elle ne leur ayde pas, on voit d'ordinaire qu'elle ne leur peult nuire tant leur[3] fortune est grande.

## XLIX[4].

En un siècle foible ou corrompu un homme de bien vertueux et fort[5], aura plus de peine à subsister qu'un meschant ou artificieux[6].

## L[7].

Agissant avec vigueur on louera le procéder du Roy. Et quand le succes n'en seroit pas meilleur, au moins aura-t-on diminué la honte lorsqu'on ne pouvoit diminuer le mal[8].

---

[1] En marge le mot *bon* et le signe Φ.

[2] «Les favoris sont d'autant plus dangereux que ceux qui sont élevés par la fortune se servent rarement de la raison, et comme elle n'est pas favorable à leurs desseins, elle se trouve d'ordinaire tout à fait impuissante à arrêter le cours de ceux qu'ils font au préjudice de l'État.» (*Testament politique*, t. II, p. 49.)

[3] La copie intercale le mot *bonne*.

[4] En marge une croix : ✛.
Ce paragraphe a été employé dans un mémoire très important que le Cardinal adressa au roi en 1629. Il a été reproduit tout entier dans les *Mémoires* de Richelieu (t. IV, liv. xx, p. 257). Cf. Avenel, t. III, p. 189.

[5] Les mots *vertueux et fort* manquent dans la copie.

[6] Le mot *artificieux* est remplacé dans la copie par le mot *vicieux*.

[7] En marge est écrit le mot *Guerre*.

[8] Il faut en toutes choses agir avec vigueur, vu principalement que quand même le succès de ce qu'on entreprend ne seroit pas bon, au moins aura-t-on cet avantage que, n'ayant rien omis de ce qui pouvoit le faire réussir, on évitera la honte, lorsqu'on ne peut éviter le mal, d'un mauvais événement.» (*Testament polit.*, t. II, p. 9.)

## LI[1].

Il y a des gens qui pensent avoir fait le mal quand ils menacent d'en faire, et qui sont si presomptueux qu'ils pensent obtenir par bravades ce à quoy leurs forces ne sont pas bastantes de contraindre.

## LII[2].

On disoit de Caton : A quo rem injustam nemo unquam petere est ausus[3].

## LIII.

Malus custos amicitiæ satietas[4].

## LIV.

Multorum odiis opes nullæ possunt obsistere [5].

## LV[6].

Ung des maulx de la France est que jamais personne n'est dans sa

---

[1] Ce passage, dans la rédaction du *Testament politique*, fait corps avec nos fragments XLVI et XLVII. Voici le texte définitif : «Il y «a des gens si présomptueux qu'ils estiment «pouvoir user de bravades en toutes rencon-«tres, croyant que c'est un bon moyen pour «obtenir ce qu'ils ne peuvent obtenir par «raison, et à quoi ils ne sçauroient con-«traindre par force.» (T. II, p. 37.)

[2] D'une autre main.

[3] Cette parole sur Caton est attribuée à Cicéron dans la préface de Pline. Il est peu probable que ce soit là que Richelieu ait été la chercher. Scioppius, dit Bayle, s'était servi de cette pensée en louant un cardinal. (Voy. Scioppius, *Epist. dedicat. elementor. philosophiæ stoicæ moralis, ad Cynthium cardinalem Sancti Georgii*, Mayence, 1606.)

Peut-être est-ce à cette épître dédicatoire que Richelieu a emprunté sa citation.

[4] Cette sentence latine a été paraphrasée par Richelieu dans son *Testament politique* : «L'expérience apprenant à ceux qui ont une «longue pratique du monde que les hommes «perdent facilement la mémoire des bien-«faits, et, lorsqu'ils sont comblés, le désir «d'en avoir de plus grands les rend souvent «ambitieux et ingrats tout ensemble.» (T. II, p. 22.)

[5] Cette sentence est de Cicéron (II *de Off.*). Elle est citée en particulier par Juste Lipse (*Politic.*, lib. IV, cap. xi, éd. 1644, p. 64-5).

[6] Le passage est barré, et en marge une croix ✚ avec le mot *Testament*. En effet, ce passage a été développé dans le *Testament*

charge. Le soldat parle de ce que devroit faire son capitaine. Le capitaine des défaus qu'il s'imagine que fait son maitre de camp, et ny les ungs ny les autres ne sont à faire leur devoir [1].

## LVI.

HALIGRE. — Il est si foible en ses resolutions qu'il est impossible de s'en asseurer par convention [2].

## LVII.

Son esprit s'évapore en discours.

## LVIII.

Il n'est pas solide mais il parle agreablement et partant il satisfait souvent les simples qui regardent plus le ton des paroles, et la grace avec laquelle elles sont dites, que ce qu'elles signifient.

## LIX[3].

Il y a certaines gens qui n'ont point d'action que quand ilz sont esmeus de quelque passion.

---

(ch. VIII, sect. V) : «Un des plus grands «maux de ce royaume consiste en ce que «chacun s'attache plus aux choses à quoy «il ne peut s'occuper sans faute, qu'à ce «qu'il peut obtenir sans crime.

«Un soldat parle de ce que son capitaine «devroit faire; le capitaine des défauts qu'il «s'imagine qu'a son mestre de camp; un «mestre de camp trouve à redire à son gé-«néral; le général improuve et blame la «conduite de la Cour, et nul d'entre eux «n'est dans sa charge et ne pense à s'ac-«quitter des choses à quoy elle l'oblige par-«ticulièrement.»

[1] Dans la copie, le paragraphe se termine par cette citation : *Et sic quisque gloriam captat ex minutissimis.*

[2] Étienne d'Aligre, chancelier en 1624, mort en 1635. On sait que les sceaux lui furent retirés en 1626, à la suite de la maladroite réponse qu'il fit au duc d'Anjou (Gaston) lors de l'arrestation du maréchal d'Ornano. Le prince, le rencontrant tout de suite après le coup, lui demanda brusquement qui avait donné un pareil conseil au Roi. Le chancelier répondit en balbutiant : «Je n'en sais rien.» Et il avait été du conseil qui avait fait prendre cette résolution. Richelieu ne lui pardonna pas une pareille faiblesse. Quelques jours après, les sceaux étaient donnés à Marillac.

[3] Les sept paragraphes qui suivent sont barrés. En marge le signe Φ et le mot *Testament.*

Sont ceulx que Plutarque dit qui ressemblent à l'encens qui ne sent jamais bon que quand il est dans le feu [1].

## LX.

C'est chouse ordinaire de croire que quiconque n'est point en une affaire tasche de la ruiner [2].

## LXI.

En France l'on ne donne ordre à rien par précaution; et maisme quand les maux sont arrivez on n'y remédie pas [3] absolument, mais par accommodement, ce qui ne se fait jamais sans beaucoup de préjudice pour l'estat, estant certain que l'on considère les interests particuliers plus que les généraux qui debvroient estre en singuliere recommandation [4].

## LXII [5].

Aupres des roys de France il y a tousjours des calomniateurs à re-

---

[1] Richelieu, dans son *Testament,* applique cette réflexion au Roi : « Estant chose « assez ordinaire à beaucoup d'hommes de « n'avoir point d'action que lorsqu'ils sont « animéz de quelque passion, ce qui les fait « considérer comme l'encens qui ne sent ja- « mais bon que lorsqu'il est dans le feu, je « ne puis que je ne dise à V. M. que cette « constitution, dangereuse à toute sorte de « personnes, l'est particulièrement aux Rois « qui doivent plus que tous les autres agir « par raison. » (*Testament politique,* t. I, p. 244.)

[2] En marge : *Testament.* Cette maxime se trouve en effet transportée dans une phrase du *Testament politique* (t. II, p. 54).

[3] Le mot *pas* manque dans la copie.

[4] En marge une croix ✝ et : *Testament.* Nous donnons le passage du *Testament* en faisant remarquer que la différence de rédaction indique, à elle seule, qu'il s'est passé du temps entre l'époque où Richelieu constata le fait, comme dans notre texte, et celui où il se glorifiait d'y avoir porté remède, dans le *Testament :*

« Il a été un temps qu'on ne donnoit dans « ce royaume aucun ordre par précaution; « et lors même que les maux étoient arrivés, « l'on n'y apportoit que des remèdes pallia- « tifs, parce qu'il étoit impossible d'y pour- « voir absolument sans blesser le tiers et le « quart et l'intérêt particulier qu'on pré- « féroit alors au public : cela faisoit qu'on se « contentoit d'adoucir les plaies au lieu de « les guérir, ce qui a causé beaucoup de « maux dans ce Royaume. Maintenant on a, « graces à Dieu, depuis quelques années « changé cette façon d'agir. » (*Testament politique,* t. II, p. 18.)

[5] De la main de Céberet.

vendre, et qui ne s'attaquent jamais qu'aux meilleurs et plus affectionnez serviteurs que les Roys ont[1].

## LXIII.

C'est l'ordinaire des peuples, dit Tacite, de soupçonner les plus gens de bien sous des incertitudes[2].

## LXIV.

Les exactions violentes sont tousjours instruments de rebellion et les peuples suivent tousjours la fortune, principalement ceux qui sont nouvellement conquis[3].

## LXV.

La ligne de ma santé est si courte qu'il est presque impossible de n'en excéder pas les mesures[4].

## LXVI[5].

.....Il n'y a point de gens de bien qui, pour l'amour qu'ilz vous

---

[1] En marge : *Bouchel, cap. 6.* Ces indications manquent dans la copie. Je suppose qu'il s'agissait ici de Laurent Bouchel, avocat au Parlement, mort vers 1629, et auteur de divers ouvrages de jurisprudence. J'ai vainement cherché auquel de ces ouvrages Richelieu a emprunté la citation ci-dessus. Tout le passage est barré, et en marge un signe de renvoi. Le paragraphe LXII est le sujet même du chapitre VIII de la deuxième partie du *Testament politique :* «Du mal que les flatteurs, medisans et «faiseurs d'intrigues causent ordinairement «aux États, etc.»

[2] Juste Lipse, énumérant les divers défauts du peuple, dit qu'il est *suspicax*, et, à l'appui, il cite cette phrase de Tacite : *Mos vulgo, quamvis falsis reum subdere.* (*Ann.*, 1, 39.) Voy. J. Lipsius, *Politic.*, lib. IV, cap. v, p. 46 b.

[3] En marge : *Memoires de Villars*, p. 877. (Voy. en effet la page 877 de l'édition de 1630.) Ce renvoi manque dans la copie. En marge, le mot *Testament.* Cette idée est développée en effet, mais non dans les mêmes termes, dans le *Testament politique*, t. II, p. 151.

[4] «J'ay souvent désiré d'être hors du gou-«vernement de l'État pour ma mauvaise «santé dont la ligne a été presque si courte «qu'il m'a été impossible de n'en pas excé-«der souvent la mesure.» (*Testament politique*, ch. VIII, sect. v, *in fine*.)

Richelieu revient volontiers sur les considérations relatives à sa santé.

[5] Les articles LXVI et LXVII sont de la

doivent, ne désirent avec passion s'en acquiter et vous le rendre, mais il n'y en a point de judicieux qui, pour l'amour de soi-mesme, n'apprehendent extremement de l'entreprendre.

La grandeur de vostre naissance, les qualitez de vostre mariage y jointes[1], le mérite que toute la Chrétienté recognoist estre en vous pour avoir non seulement conservé, mais augmenté le premier de ses estatz, la vertu que l'envie mesme recognoist par toute la suite de vos actions estre en vous, font clairement cognoistre qu'il n'y a plume au monde qui puisse escrire aucune chose qui approche de ce qui vous est deub. Ceste considération fermeroit la bouche à beaucoup de gens. Mais puisque c'est gloire de mettre sous le pied tous ses interestz pour ceux de son Maistre[2], bien que nous ne sachions ne pouvoir ce que nous voudrions et que vous meriteriez[3], etc......

## LXVII[4].

Le cœur a esté tenu par tous les Antiens la caution de toutes les debtes qui rendoient les hommes insolvables. Cela estant, nous mettant a vos pieds, nous mettons les nostres entre vos mains, pour que vous en disposiez plus absolument que du vostre qui est le principe de toutes vos actions, vos pensées et vos désirs[5].

grande écriture régulière de copiste. Le passage est barré jusqu'à *Suppliant Dieu*... En marge, vers la fin, le mot *bon* comme plus bas. Ce qui suit, jusqu'au titre CONNÉTABLE, a été recopié sur des notes de la main de Richelieu. Ces notes ont été conservées et se trouvent un peu plus loin, au folio 65. Je donne en note les variantes de la première rédaction.

[1] La première rédaction portait : *Que vostre mariage y a jointes.*

[2] Je n'ai pu reconnaître si ces fragments avaient servi à la rédaction d'une lettre de Richelieu. En tous cas, je ne vois pas à quel personnage elle pouvait être adressée. Peut-être ne sont-ce là que des extraits de quelque auteur que le cardinal prenait à cause des tournures de compliments qui pouvaient lui servir. C'est ce que semble indiquer le mot *bon,* mis en marge du troisième paragraphe de ce fragment. Il semble, en tous cas, que si ces paroles émanent de Richelieu, elles ne peuvent s'adresser qu'à Louis XIII ou à Marie de Médicis. Encore ces attributions font-elles l'une et l'autre quelque difficulté.

[3] La première leçon porte *meritez*.

[4] En marge *bon*. Dans le texte de Richelieu, il y a le signe Φ.

[5] La copie du Ministère des affaires étrangères ne met pas ici d'alinéa.

Suplians Dieu qu'il en prive plus tost nos corps en nous ostant la vie que de permettre qu'ilz sortent de vos mains par la perte de nos affections.

En ce faisant, nous vous consacrons toutes nos actions, nos désirs et nos pensées dont le cœur est l'autheur et le principe, par où on cognoist que si on a jamais veu personnes plus obligez, on n'en a jamais veu aussy[1] de plus recognoissans.

## LXVIII[2].

CONNESTABLE. — Advant que le Connestable partit de la Cour, de toutes pars on donne[3] advis qu'il avoit dessein de porter à la guerre.

On rapporte qu'il disoit d'ordinaire : « Un connestable sans guerre « n'est qu'un nombre; je le savois par théorie[4], maintenant je l'ay ap- « pris par expérience. »

On rapporte qu'il disoit souvent qu'il disposoit les affaires en sorte qu'on seroit contraint de passer outre.

On rapporte qu'il disoit aux huguenots : « Sans guerre vous estes « perdus, je me veux perdre pour vous sauver. »

De toutes parts pareils advis[5]. On represente au Roy qu'il luy avoit donné la connestablie pour le retirer et de l'hérésie et du Dauphiné,

---

[1] Le mot *aussy* manque dans la copie.
[2] D'une autre main très rapide. La copie met en marge : *Lesdiguières*.
[3] La copie met *donnoit*.
[4] La copie met *récit*.
[5] Ce fragment est du plus haut intérêt. Pour la première fois il renseigne sur les véritables sentiments de Richelieu à l'égard du connétable de Lesdiguières. On voit tout ce qu'il y avait de défiance dans l'usage qu'on faisait du vieux compagnon de Henri IV.
La seconde phrase de notre fragment suffit à elle seule pour expliquer la suppression prochaine de la charge de connétable.

Lesdiguières mourut en septembre 1626. Notre texte ne peut donc être postérieur à cette date. Les circonstances auxquelles il est fait allusion permettent de le dater du début de l'année 1625, au moment où Richelieu, sans vouloir s'engager dans la grande guerre contre l'Espagne, désirait seulement faire une diversion à l'affaire de la Valteline, en aidant le duc de Savoie dans sa guerre contre Gênes. Lesdiguières et Créquy servirent sous le duc de Savoie dans cette expédition peu glorieuse par son entreprise et peu glorieuse par ses résultats.

qu'il estoit incertain comme il estoit retiré de l'un; qu'il n'y avoit doncq pas grande apparence de le laisser aller à l'autre.

On represente qu'il pouvoit, par ses intelligences avec les hérétiques, mettre la guerre civile, et, s'entendant Monsieur de Savoye, l'Estranger.

On represente que la guerre seroit meilleure en un autre temps à cause du parti huguenot non esteint, du mescontentement des grands, du peu de grands capitaines, du manque de soldatz disciplinés. Pour n'avoir pas encore tout l'argent amassé qu'on desireroit[1].

D'autre part aussi on represente que s'il vouloit bien faire, il serviroit beaucoup mieux en l'armée de Bresse qu'aucun autre, sa réputation estant grande en Italie, et le désir qu'il avoit de la guerre si cognu que tout le monde jugeroit qu'on ne l'envoyoit pas là sans dessein.

Sur cette considération, le Roy a résolu son voyage avec des précautions.

## LXIX[2].

Ce n'est pas sans raison que ceux qui ont la direction des Estats monarchiques disent que les sujets doivent en certains cas avoir une obeissance aveugle envers leur prince, puisque souvent la nécessité les contraint de prendre des conseils qui ne peuvent estre soustenus par aucune raison, mais seulement par l'evenement, mauvais garant des resolutions et des conseils qu'on prend des choses ordinaires.

## LXX[3].

Le Cardinal d'Ossat, parlant du Bacha Cigale, renegat qui passant à Messine d'où il estoit, avec une armée, envoya prier le vice-roy de

---

[1] C'étaient là les véritables raisons qui empêchaient Richelieu de s'engager dès lors dans la grande guerre contre la maison d'Espagne. On doit admirer l'habileté avec laquelle il la prépara de longue main et tâcha tout d'abord d'écarter les obstacles qui pouvaient s'opposer à un succès assuré.

[2] De la main de Richelieu.

[3] De la main de Charpentier.

luy envoyer sa mère qu'il voulut voir, et à qui il fit de grands présens, remarque les liens de la nature estre si forts, que bien que le misérable eust renié son créateur, il n'avoit peu toutesfois se despouiller des sentiments que la nature luy avoit donnés pour sa mère qui immédiatement l'avoit mis au monde[1].

## LXXI.

Une ame passionnée ne peult voir souffrir ce qu'elle aime sans sentir son mal avec le sien propre.

## LXXII[2].

La France et l'Espagne devant tenir la balance en esgalité, toutesfois.....

## LXXIII.

En la cour il faut proceder avec les bons, avec simplicité et franchise, et avec les fourbes, avec prudence, circonspection et autant d'apparence de franchise comme [on]'en aura en effet avec les gens de bien.

## LXXIV[3].

C'est sagesse en la cour de tascher d'éviter la haine de qui que ce soit, quand mesme on le devroit faire en relaschant de l'austérité qu'on doit avoir au bien. La raison est que tel est impuissant à faire bien qui est très puissant à faire mal; et que beaucoup de princes, quoyque forts en eux mesmes, ne le sont pas à se garantir de l'impression qu'on leur a donnée contre le tiers et le quart[4].

---

[1] Ce fait et cette réflexion se trouvent en effet dans la lettre du cardinal d'Ossat du 30 octobre 1598 (Éd. in-folio de 1641, p. 350). On voit par ce fragment que Richelieu eut les lettres du cardinal d'Ossat entre les mains dès le temps même de leur apparition. La première édition est de 1624.

[2] De la main du Cardinal.

[3] En marge les signes suivants : ✚, Φ.

[4] Ce passage a été employé dans le *Mémoire* de 1629, dont nous avons fait déjà mention plusieurs fois : «Les princes qui «veulent être bien servis doivent choisir des «ministres qui ne connoissent que la raison «et n'épargnent personne; mais telles gens «sont en un état bien périlleux, parce que

## LXXV.

J'ay souvent remarqué la bouche de quelques uns asseurer d'une très syncère affection, et le visage tesmoigner une grande jalousie et envie envers celuy à qui on donnoit ces asseurances. Le premier de cet effect vient de la raison, le second du sentiment.

## LXXVI.

Il est difficile de tesmoigner comme cela se fait, mais il n'y a personne judicieuse qui ne discerne bien sur le front des hommes certaine impression de peine que la jalousie et envie grave à l'improviste en diverses occasions : un visage jaloux se resserre en diverses occasions[1], et lorsque la raison et l'advertissement qu'un homme se donne à soy-mesme le veut faire ouvrir, on reconnoist clairement que la raison et la nature combattent ensemble.

## LXXVII[2].

Es cours semblables à celle de France où l'on change souvent de

«tel est impuissant à faire bien, qui est très
«puissant à mal faire, et que beaucoup de
«princes, (ceci s'adresse à Louis XIII), quoi-
«que forts en eux-mesmes, ne le sont pas à
«se garantir des impressions qu'on leur
«donne contre ceux qui les servent le mieux
«et à qui ils doivent plus de protection.»
(*Mémoires*, t. IV, p. 258.)

[1] Les huit mots qui précèdent manquent dans la copie.

[2] Le paragraphe est barré. En marge : *Testament*.

Voici le passage du *Testament politique* :
«Si la diversité de nos intérêts et notre in-
«constance naturelle nous portent souvent
«dans des précipices effroyables, notre légè-

«reté même ne nous permet pas de demeu-
«rer fermes et stables en ce qui est notre
«bien et nous en tire si promptement que
«nos ennemis, ne pouvant prendre de justes
«mesures sur des variétés si fréquentes,
«n'ont pas le loisir de profiter de nos fau-
«tes.» (*Testament politique*, t. II, p. 14.)

Le cardinal de Richelieu a reproduit cette même idée dans ses *Mémoires* : «En France,
«le meilleur remède qu'on puisse avoir,
«c'est la patience, d'autant que nous som-
«mes si légers qu'il est impossible que les
«établissemens que nous faisons soient de
«durée, principalement quand ils sont vio-
«lents et mauvais.» (Éd. Petitot, t. II, p. 133, a° 1621.)

conseilz, les mutations ne doivent estre prises[1] pour crises mortelles d'un affaire par ce que nostre humeur est si variable que ne demeurans fermement au bien, nous revenons aisément du mal.

## LXXVIII.

La plus grande consolation que sauroit avoir un homme franc est de laisser agir son esprit selon l'estendue de sa franchise; mais la corruption des cours[2] est telle, qu'il faut tenir son esprit en sa conduite, et agir avec diverses personnes selon les divers degrés de bonté ou de malice qu'on sçait par expérience estre en eux.

## LXXIX[3].

En certaines occasions parler et agir courageusement, apres qu'on a mis le droit de son costé, n'est point courir à une rupture : mais c'est la prévenir et étouffer avant qu'elle naisse[4].

## LXXX[5].

En affaires d'Estat, il n'est pas comme des autres : aux unes il faut commancer par l'esclaircissement du droit; aux autres par l'execution et possession[6].

---

[1] La copie met : *entreprises.*
[2] La copie met : *les cœurs.*
[3] Le paragraphe est barré, et en marge est écrit : *Négociations.*
[4] Il paraît qu'en cette matière, Richelieu prenait aussi son bien partout où il le trouvait. Cette maxime est extraite textuellement d'une lettre que Marquemont, alors ambassadeur à Rome, écrivait à Richelieu sur les affaires de la Valteline (Voy. lettre du 2 octobre 1624, dans Aubery, *Recueil de Mémoires,* etc.; in-folio, t. I, p. 77), et elle a été ensuite reportée dans le *Testament politique,* t. II, p. 36.

[5] Les paragraphes suivants sont (sur le même feuillet) de la main de Charpentier. Le paragraphe LXXX est barré. En marge est écrit : *Testament.*
[6] Le passage du *Testament politique* applique cette pensée spécialement aux crimes d'État : «Bien qu'au cours des affaires or-«dinaires la Justice requiert une preuve au-«thentique, il n'en est pas de mesme en «celles qui concernent l'État, puisqu'en tel «cas, ce qui paroît par des conjectures pres-«santes doit quelquefois estre tenu pour suf-«fisamment éclairci.» (*Testament politique,* t. II, p. 27.)

## LXXXI[1].

Le feu comte de Verrue, grand homme d'Estat, disoit qu'il estoit aysé de servir les princes; mais qu'il estoit quelquefois très difficille de les persuader de se laisser servir comme il faut[2].

## LXXXII.

Son fils, l'abbé Scaglia, m'a dit que la plus grande peine que puisse avoir le conseil du Roy, depuis la dettention de la Vieuville, [est] de redonner au conseil la repputation de foy et fermeté ès resolutions et promesses que la Vieuville et Puisieux[3] lui avoient fait perdre. Et de fait, je confesse cognoistre par experience la mesme chose.

## LXXXIII.

La science d'une femme doit consister en modestie et retenue. Celles doivent estre dittes les plus habiles qui ont le plus de jugement. Je n'en ay jamais veu de fort lettrée qui n'ayt tiré beaucoup d'imperfection de sa grande cognoissance. Et il est vray de dire qu'ainsy que les hommes employent leur capacité à bien, les femmes l'employent à mal.

## LXXXIV[4].

Bien que les fautes soient personnelles, il est certain que les légèretés et indiscrétions que les François commettent aux pais estranges, impriment une marque de honte sur le front de toute la nation.

---

[1] En marge les signes Φ, ✛.

[2] Ce passage est un de ceux qui sont entrés dans la rédaction de l'important Mémoire au roi. (Voy. *Mémoires de Richelieu*, t. IV, p. 254.) Cf. ce qu'Avenel dit en note, t. III, p. 186.
Le comte de Verrue fut un des ministres, et l'abbé Scaglia un des ambassadeurs les plus remarquables qu'ait eus la Savoie au xviie siècle.

[3] On sait que La Vieuville et Puisieux sont les ministres qui ont précédé immédiatement Richelieu au ministère.

[4] De la main du Cardinal.

## LXXXV[1].

La séparation de deux esprits qui ont accoustumé de vivre ensemble n'est pas moins rude que ce...

## LXXXVI.

Le sieur du Plessis[2] parlant des places de seureté, dit que les places de seureté[3] n'ont été données aux Huguenots que pour seureté contre la deffiance. Les causes de seureté durent encore, dit-il, veu que l'édit n'est exécuté en un seul article; donc il faut continuer les places. — J'en tire une conséquence que, puisque l'édit est exécuté et que le temps des places est expiré, il ne les faut plus continuer.

## LXXXVII.

La séparation du corps et de l'esprit ne se peut faire sans un grand effort à la nature, et celle de deux esprits qui ont tousjours vescu ensemble en estroite amitié ne se fait pas avec moins de peine.

## LXXXVIII[4].

Il y a certaines choses aux évènemens desquelles toute sorte de prudence ne peut pourveoir, parce qu'il n'est pas permis de les prévoir.

## LXXXIX.

Celuy qui doit et veut réndre sa vie à un autre ne pense pas volontiers à sa mort.

---

[1] Ce paragraphe incomplet, dont on trouve plus bas une autre rédaction (voy. § LXXXVII), est omis par la copie.

[2] Il s'agit ici du célèbre Du Plessis-Mornay, dont l'influence sur le parti protestant, à cette époque, était si grande. Il mourut en 1623. Tandis qu'il habitait Saumur, dont il était gouverneur, Richelieu avait eu avec lui de longs entretiens. Ce passage en est peut-être un souvenir. Cf. Avenel. *La jeunesse de Richelieu*, dans *Revue des Questions historiques*, année 1869, 1ʳᵉ livraison, p. 219.

[3] La copie ne répète pas deux fois les mots *places de seureté* et met *qu'elles*.

[4] En marge sont les signes ✚ Φ.

## XC.

Ce n'est pas malheur à un homme d'estre esloigné d'une société quand on y veut prendre de mauvais conseils ; car c'est une marque asseurée qu'on le tient trop homme de bien pour consentir au mal, et trop habile homme pour ne conoistre pas celuy que l'on vouloit faire [1].

## XCI.

Jamais je ne receu une plus grande affliction que par la perte de ce personnage. Ma propre perte ne m'eust pas causé plus de déplaisir. Et, en effet, bien que la séparation du corps et de l'esprit ne se puisse faire sans un grand effort de la nature, le lien d'une ancienne habitude estant égal à celuy de la nature, je ne pense pas que l'effort qui se fait en la séparation d'intimes et fidèles amis soit moindre [2].

## XCII.

On a plustost regaigné douze ennemis que d'en ruiner un ; et c'est chose beaucoup plus glorieuse.

## XCIII [3].

Lorsqu'il s'agit de la seureté de la personne d'un grand, toutes les

---

[1] Balthazar Gratian que, comme bien d'autres politiques, on pourrait citer fréquemment près de Richelieu, dit : « Il ne suffit pas pour être homme prudent de ne faire point d'intrigues ; mais il faut encore éviter d'y être mêlé. » *Homme de cour*, max. XXXIII, trad. Amel. de la Houssàye.

[2] Quel est cet ami à la perte duquel Richelieu se montrait si sensible ? Est-ce Du Plessis, évêque de Mende, qui était un peu son cousin et qui mourut en 1628, devant La Rochelle ? Richelieu l'aimait et s'aidait de ses services dans les plus difficiles affaires ; ou bien s'agit-il de Schomberg ou de D'Effiat qui moururent tous deux en 1632 ? Il semble que la première hypothèse soit la plus vraisemblable. Mais il faut avouer que l'histoire n'a pas conservé le souvenir d'affections très vives de la part de Richelieu.

[3] Les deux paragraphes XCIII et XCIV sont barrés et annotés en marge ainsi : « Quand on conseilloit à la Reyne de mettre sa personne au hazard entre les mains de Luyne. » Cette note manque dans la copie.

On voit que ce fragment doit avoir été écrit vers le mois d'août 1620, quelque temps avant l'accommodement entre la reine mère et le Roi, et avant l'entrevue de Brissac qui

plus belles raisons du monde ne sont jamais recevables en un conseil douteux.

Principalement quand il s'agit de la seureté de la personne d'un prince qui en hazardant sa personne ne hazarde pas la perte de son ennemi, comme un homme à qui la nature a mis les armes en main peut faire.

## XCIV[1].

Aux grands esprits les fortes et solides raisons sont excellentes, et les raisons foibles sont bonnes pour les esprits médiocres[2].

## XCV.

Chacun conçoit les affaires selon la portée de son esprit ; la plus grande affaire est aisée et petite aux grands esprits, et les esprits foibles trouvent tout de grande conséquence. D'autre part aussy quelquefois ces petits esprits n'estiment pas de grande conséquence les affaires qui le sont le plus, pour ce qu'ils ne sont pas capables de les cognoistre.

## XCVI[3].

Il importe grandement que le prince qui veut estre aimé donne les principales charges de son estat à des personnes qui soient aimées et dans le mérite desquelles on puisse trouver la cause de leur élévation.

---

suivit cette réconciliation. Au-dessous de la note est écrit le mot *Testament*. Mais je n'ai pas rencontré ce passage dans le texte du *Testament politique*.

[1] De la main de Le Masle. Ces paragraphes sont barrés ; en marge : *Négociation*.

[2] Voici le passage du *Testament politique* :
« Il est à remarquer qu'ainsi que les raisons « fortes et solides sont excellentes pour les « grands et puissants génies, les foibles sont « meilleures pour les médiocres, parce qu'elles « sont plus à leur portée. Chacun conçoit les « affaires selon sa capacité ; les plus grandes « semblent aisées et petites aux hommes de « bon entendement et de grand cœur ; et « ceux qui n'ont pas ces qualités trouvent « d'ordinaire tout difficile. » (*Testament politique*, t. II, p. 36.)

[3] D'une autre écriture : Deux paragraphes barrés ensemble. En face du premier est écrit : *Conseil*, et les deux signes Φ ☩.

Ces deux paragraphes sont reproduits presque textuellement dans le *Testament politique*, t. II, p. 48.

## XCVII[1].

C'est aux grands princes à chercher les grands hommes, non dans la foule de ceux qui se pressent à la porte des favorits, mais dedans le nombre de ceux qui ont du mérite dans l'Estat.

## XCVIII.

Il aliénoit plus de cœurs au roy qu'il ne luy amassoit de testons[2].

## XCIX[3].

Il y a certaines personnes qui naturellement n'aiment rien et ne laissent pas toutesfois d'avoir des affections très violentes parce qu'elles sont en eux maladies dont les accès sont plains de feu, et ainsy que la cause des fièvres est la corruption des humeurs, ainsy peut-on dire que telles affections sont plus tost fondées au défaut de celuy qui aime qu'au mérite de la chose aimée[4].

---

[1] En marge les deux signes Φ ✢. Voir la note précédente.

[2] Je n'oserais pas dire que c'est en pensant à Sully que Richelieu a écrit cette ligne. Mais c'était le jugement qu'il portait sur le ministre de Henri IV, comme on peut voir dans les *Mémoires*, liv. I et II.

[3] Ce paragraphe est barré ainsi que le suivant. On lit en marge : *favoris*, et au-dessous les signes Φ ✢✢.

[4] L'allusion que Richelieu fait aux *favoris* dans le sévère chapitre du *Testament politique* où il donne au Roi des conseils pour sa propre conduite personnelle, ne va pas cependant jusqu'à la rudesse de la pensée que nous publions; voici le passage du *Testament* :

«Si ceux qui ont libre accès aux oreilles «des Rois sans le mériter sont dangereux, «ceux qui en possèdent le cœur par pure «faveur le sont bien davantage, puisque «pour conserver un tel héros, il faut par «nécessité que l'art et la malice suppléent au «défaut de la vertu qui ne se trouve pas en «eux.» (Ch. VI, p. 249.)

Il faut observer, à ce sujet, que lorsque Richelieu, arrivé à la fin de sa carrière, se mit à la rédaction du *Testament*, il avait, comme il le dit lui-même, appris à reconnaître, par sa propre expérience, que l'influence des favoris auprès du roi était moins grande qu'il ne l'avait craint tout d'abord, «soit, ajoute-t-il, que ce jugement «fût mal fondé, soit que les réflexions que «le temps lui a fait faire (à V. M.) sur moi-«même, lui ont ôté cette facilité de la pre-«mière jeunesse.» (P. 249.)

Cf. *Recueil* d'Aubery, t. II, p. 788, et *Lettres du Cardinal*, p. 265.

Telles affections¹ estant violentes sont d'ordinaire² de peu de durée, et lorsqu'elles continuent elles apportent souvent, ainsy que les fièvres de cette nature, ou la mort au malade, ou un défaut de santé qui difficilement se répare par après.

## C³.

L'Empereur Charles le Quint laissa comme⁴ par testament à son fils Philippes II, roy des Espagnes⁵, un sage et judicieux conseil de faire tousjours les affaires de ceux qui feroient les siennes et son service fidèlement, et qu'en usant ainsy, Dieu le feroit prospérer et rempliroit de ses saintes bénédictions toutes ses saintes entreprises⁶.

## CI⁷.

Il y a des personnes de constitution si foible qu'ils ne se portent d'eux mesmes à aucune chose, mais reçoivent seulement les occasions et les rencontres qui font plus en eux qu'eux en elles. Il ne faut pas attendre de grands effets de telles gens, ny leur sçavoir gré du bien qu'ils font, ny leur vouloir mal de celuy qu'on en⁸ reçoit, d'autant que, à proprement parler, c'est le hazard qui travaille en eux⁹.

---

¹ La copie met *actions*.
² La copie met *aussy*.
³ En marge le signe Φ.
⁴ Ce mot manque dans la copie.
⁵ *Roy des Espagnes* manque dans la copie.
⁶ «Le vray moyen d'empescher qu'un «serviteur ne pense trop à ses intérêts est «de pratiquer le conseil de cet Empereur, «qui recommande à son fils d'avoir grand «soin des affaires de ceux qui feront bien «les siennes.» (*Testament politique*, ch. VIII, sect. VII, 1764, p. 296.)
Ce passage est aussi entré dans la rédaction du Mémoire que le cardinal de Richelieu adressa au Roi en 1629. (Voy. *Mémoires*, t. IV, p. 277, Cf. Avenel, t. III, p. 196, note 4, et p. 206.)

⁷ Le paragraphe est barré. En marge : *Conseil*.
⁸ Le mot manque dans la copie.
⁹ Voyez *Testament politique*, ch. VIII, section V, 1764, page 281 : «Il y a «des hommes de si peu d'action et de «constitution si foible, qu'ils ne se por«tent jamais d'eux mesmes à aucune chose, «mais reçoivent seulement les occasions qui «font plus en eux qu'eux en elles. Telles «gens sont plus propres à vivre dans un «cloître qu'à estre employés au maniement «des Estats, qui requièrent application et «activité tout ensemble; aussi quand ils y «sont, ils font autant de mal par leur con«duite languissante qu'un autre y peut faire «de bien par une active application. Il ne

## CII[1].

....Toutesfois et quand un ministre tiendra ferme pour les interets du Roy et parlera comme il agira, s'il s'en trouve d'autres qui, quoy qu'ils agissent comme luy, parlent autrement aux parties en leur complaisant, ils declineront l'envie et chargeront de hayne celuy dont les paroles sont conformes aux actions[2].

## CIII[3].

Ceux qui ont remis un forfait autresfois l'ont remis à ceux de qui ils n'avoient occasion de douter semblable conspiration; mais de pardonner à ceux qui retiennent la mesme volonté et mesmes moyens pour faire mal, c'est plustost témérité que douceur[4].

## CIV[5].

C'est l'ordinaire des grandes ames et des esprits plus relevez de ne

«faut pas attendre de grands effets de tels «esprits. On ne doit pas leur savoir gré du «bien qu'ils font, ny leur vouloir grand mal «de celuy qu'on reçoit, d'autant qu'à pro- «prement parler, le hazard agit plus en eux «qu'eux mesmes.»

[1] En marge : Conseil. Le passage est barré.

[2] Voy. Testament politique, ch. VIII, sect. II, p. 273 :

«La probité du Conseiller d'État requiert «que tous ceux qui sont employés au gou- «vernement de l'État marchent de même «pied, et que comme ils agissent à même «fin, ils tiennent semblable langage; autre- «ment s'il s'en trouve quelqu'un qui agis- «sant bien, en effet, parle plus foiblement «que les autres pour décliner l'envie, outre «qu'il n'aura pas la probité requise au Mi- «nistre d'État, il chargera de haine ceux «dont la franchise des paroles est corres- «pondante à la fermeté de leurs actions.»

Cette maxime a dû être inspirée à Richelieu par la conduite du chancelier d'Aligre, lors de l'affaire d'Ornano. (Voy. plus haut, note du fragm. LVI.)

[3] De la main du Cardinal.

[4] C'est presque le vers de Corneille qu'il a mis dans Cinna d'abord, puis dans les Inscriptions sur le règne de Louis XIII :

Qui pardonne aisément invite à l'offenser,
Et le trop de bonté jette une amorce au crime.

[5] De la main du copiste. Le paragraphe est barré. En marge : Conseil.

«Tant s'en faut que le courage requis «au parfait conseiller d'État l'oblige à ne «penser qu'aux grandes choses, ce qui ar- «rive souvent aux âmes les plus élevées, «lorsqu'elles ont plus de cœur que de juge- «ment; qu'au contraire, il est nécessaire

penser qu'aux choses grandes, mais il est du tout nécessaire qu'ils se contraignent et s'abessent aux plus petites, veu que des moindres[1] commencementz naissent les plus grandz desordres et que les grandz establissementz ont fort souvent pour origine[2] des advis qui sembloient estre de nulle considération.

## CV[3].

Il faut écouter beaucoup et parler peu, pour bien agir au gouvernement d'un Estat[4].

## CVI.

Il y a certains maux en l'Estat, qui sont d'autant plus grands que moins en a on de sentiment et que plus sont ilz imperceptibles : la phtisie ne rend pas le poux[5] esmeu, et cependant elle est mortelle; pour pourvoir à toutes choses, il faut prévoir les moindres inconvéniens qui peuvent advenir[6].

«qu'il s'abaisse aux médiocres, bien que «d'abord elles lui semblent au-dessous de «sa portée; parce que souvent des grands «désordres naissent de petits commence-«mens, et que les établissemens les plus «considérables ont quelquefois des principes «qui paroissent de nulle considération.» (*Test. pol.*, ch. VIII, sect. IV, p. 277.)

[1] Le mot *moindres* manque dans la copie.
[2] Les mots *pour origine* manquent dans la copie.
[3] Ce paragraphe et le suivant sont barrés. En marge : *Conseil*.
[4] «Comme il est de la prudence du Ministre d'État de parler peu, il en est aussi «d'écouter beaucoup.» (*Test. pol.*, ch. VIII, section I", I, p. 269.)

Leclerc, dans sa *Vie du cardinal de Richelieu* (t. III, p. 365), fait observer que cette maxime est une de celles qui se trouvaient le plus fréquemment dans la bouche du Cardinal.

[5] Le paragraphe est écrit de la main du copiste ordinaire, et ce qui semble prouver qu'il ne fait que recopier des remarques jetées rapidement sur le papier par le Cardinal, c'est que ce mot *poux* avait été laissé en blanc par lui; probablement il n'avait su le lire. Plus tard, une autre main a écrit *poux* d'une autre encre.

[6] Voici le passage du *Testament politique* : «Il faut dormir comme le lion sans fermer «les yeux qu'on doit avoir continuellement «ouverts pour prévoir les moindres inconvé-«niens qui peuvent arriver; se souvenir «qu'ainsi que la phtisie ne rend pas le poux «ému bien qu'elle soit mortelle, aussi arrive-«t-il souvent dans les Estats que les maux «qui sont imperceptibles de leur origine, et «dont on a moins de sentiment, sont les

## CVII[1].

Les Estatz sont bien heureux qui sont gouvernez des gens sages, mais d'autant plus telz gouverneurs sont sages, d'autant moins sont ilz heureux, le faix d'un Estat estant si grand que plus un homme est sage, plus en apprehende il la pésenteur, et plus est il en perpétuelle méditation pour l'empescher qu'il ne l'accable.

## CVIII[2].

Les Estatz sont bienheureux qui sont gouvernez par des hommes sages; mais entre ceux qui les gouvernent, ceux d'ordinaire qui sont les moins sages sont les plus heureux, estant certain que plus un homme est habile, plus ressent[3] il le faix du gouvernement d'un Estat, qui occupe tellement les meilleurs esprits que les perpétuelles méditations qu'ilz sont contraintz d'avoir ne leur laissent pas un moment de repos et les privent de tout contentement, fors de celuy qu'ilz peuvent recepvoir de voir beaucoup de gens dormir à repos à l'ombre de leurs veilles et vivre heureux par leurs misères[4].

« plus dangereux, et ceux qui viennent enfin
« à être de plus grande conséquence.
  « Le soin extraordinaire qu'il faut avoir
« pour n'être point surpris en telles occasions
« fait qu'ainsi qu'on a toujours estimé les Es-
« tats gouvernés par les gens sages, bien heu-
« reux, aussi a-t-on cru qu'entre ceux qui les
« gouvernoient, ceux qui étoient les moins
« sages étoient les plus heureux.
  « Plus un homme est habile, plus ressent-il
« le faix du gouvernement dont il est chargé.
« Une administration publique occupe telle-
« ment les meilleurs esprits que les perpé-
« tuelles méditations qu'ils sont contraints de
« faire pour prévoir et prévenir les maux qui

« peuvent arriver, les privent de repos et de
« contentement hors de celui qu'ils peuvent
« recevoir, voyant beaucoup de gens dormir
« sans crainte à l'ombre de leurs veilles, et
« vivre heureux par leur misère. » ( *Test. pol.*,
t. II, p. 19.)

[1] Le paragraphe est barré.
[2] En marge, une croix et le mot *Conseil*. Pour le passage du *Testament politique*, voir la note 6 de la page 778.
[3] Il y avait d'abord écrit : *recognoist*. Une autre main a corrigé par *ressent*.
[4] Tout le paragraphe est barré; en marge : Φ, le mot *Conseil*, et une croix ✚.

## CIX[1].

Au reste, le travail qu'on fait pour le public n'est souvent recognu d'aucun particulier. Il n'en faut esperer d'autre recompense que celle de la renommée propre à payer les grandes âmes; celuy qu'on regarde le plus n'est pas toujours celuy qui mérite le mieux[2].

## CX[3].

Les grands hommes qu'on met au gouvernement de l'Estat[4] sont comme ceux qu'on condamne au supplice, avec cette différence seulement que ceux cy recoivent la peyne de leur faute et les autres de leur mérite.

## CXI[5].

Nul ne voit jamais si clair aux affaires d'autruy que celuy à qui ellés touchent le plus.

## CXII[6].

Les anciens disoient[7] qu'un homme sage est le remède à tous maux, et lorsqu'il avoit une mission il tiroit son instruction de soy mesme[8].

## CXIII[9].

Les tyrans couvrent ordinairement le crime de leur violence du faux masque de quelque bien public.

---

[1] Le passage est barré; en marge : *Testament* et une croix ✚.

[2] Les premières lignes de ce paragraphe sont reproduites textuellement dans le *Testament politique*, t. I<sup>er</sup> p. 275. La dernière phrase est retranchée.

[3] Le passage est barré; en marge : *Testament*. Ce passage est reproduit textuellement dans le *Testament politique*. (Voir la note 6 de la page 778, qui reproduit le texte définitif adopté dans le *Testament politique*.)

[4] Les mots *de l'État* manquent dans la copie.

[5] De la main de Le Masle. Barré. En marge : *Conseil*.

[6] De la main du Cardinal.

[7] Ces deux mots sont soulignés; au-dessus est écrit de la même main : *sui authoris*. Le passage est barré; en marge : *Conseil*.

[8] Les derniers mots manquent dans la copie.

[9] En marge est écrit : *Sévérité*.

## CXIV[1].

Un ancien disoit que l'on ne scauroit passer deux fois sur une mesme rivière[2]; et Eusebe de Césarée deux fois devant un mesme homme. Tant ces deux icy sont semblables en changement; celuy là ne tient guere une mesme eau, celuy-ci ne demeure jamais en mesme estat.

## CXV[3].

Sa valeur meritoit ce semble une autre fin que celle qu'il fit, mais sa cruauté ne luy en permettoit point de plus douce, puisque la mort est souvent semblable à la vie, et difficillement un prince cruel finit ses jours par la voie ordinaire de nature.

## CXVI[4].

L'adolescence est comme le printemps qui donne seulement des marques des fruits à venir, tandis que d'autres saisons sont destinées pour en faire la récolte et la moisson. Et comme les pommes ne s'arrachent qu'avec violence si elles sont vertes et tombent d'elles-mesmes estant meures, ainsy un effort violent arrache des jeunes gens la doctrine aussy bien que la vie, que le poids et la maturité tire[5] de la vieillesse sans force et sans violence.

## CXVII[6].

Bien souvent en la cour des Princes, le throsne de la Justice est posé une marche au dessous de celuy[7] de la Faveur[8].

[1] En marge est écrit ce titre : *Légèreté des François.*

[2] La copie porte : *sur un même fleuve.*

[3] Le paragraphe CXV manque dans la copie. Ce paragraphe semble se rapporter aux remarques sur la vie et la mort d'Alexandre qui sont publiées ci-dessus (voy. fragm. n° V et suiv.); je ne sais comment il a été transporté ici.

[4] De la main du Cardinal; en marge est écrit : *Saint-Victor.*

[5] Le mot *tire* manque dans la copie et la phrase est ainsi construite : «que le poids «et la maturité de la vieillesse donne sans «force et sans violence.»

[6] Le paragraphe est barré; en marge : *Testament.*

[7] Les mots *de celuy* manquent dans la copie.

[8] La même image se trouve employée dans une phrase du *Testament politique:* «Un «royaume est en mauvais état lorsque le

## CXVIII.

Quelquefois les grands sont contraints de faire des choses qui sont au dessous d'eux, d'autant que la nécessité des affaires ne conoist pas les loix de la grandeur[1].

## CXIX[2].

Je scavois bien que quoyque le fais des affaires ne surpassast pas la portée de mon esprit, il n'avoit aucune proportion avec la foiblesse de mon corps. Je le sentois par expérience qui tous les jours[3] me rendoit plus certain de ce que j'avois tousjours[4] preveu. Je m'en plaignois à quelques uns de mes amis les plus confidens. Je consultois avec eux des remèdes[5]. Mais estant difficile d'establir une règle en France et estant des grandes[6] affaires de la Cour comme des eaux qui ne vont point à demy es lieux où elles ont libre passage : tous expédiens considérés je trouvois avec eux qu'il n'y avoit qu'à prendre ou laisser. Mes souhaits choisissoient le dernier, mais mon honneur m'engageoit, au contraire, veu la nature des grandes affaires dont il estoit plus que rai-

« trône de cette fausse déesse (la Faveur) est
« élevé au dessus de la Raison. »

[1] Sur le manuscrit original, le bas de la page où il y avait quelque chose d'écrit en plus, à la suite de ce paragraphe, a été déchiré.

[2] En tête de ce paragraphe, écrit de la main du Cardinal, se trouve le signe ✠. On lit en marge : « Faut mettre cette pièce « après la lettre; » mais ces mots sont barrés. Au-dessous : *Retraitte de la Cour*, et une croix ✠.

[3] Les mots *tous les jours* manquent dans la copie.

[4] Le mot *tousjours* manque dans la copie.

[5] Dans les premières années du ministère du cardinal de Richelieu, il fut plusieurs fois question de sa retraite volontaire. En 1629, après la prise de la Rochelle, il adressa au roi un long mémoire où il proposait de se retirer. Ce mémoire a été publié avec le plus grand soin par M. Avenel (t. III, p. 179 et suiv.). Richelieu, d'ailleurs, l'a fait entrer dans la rédaction de ses propres Mémoires. On a vu, dans quelques-unes des notes ci-dessus, que plusieurs de nos fragments y ont trouvé place (voy. *supra* p. 760, note 4). On peut supposer que ce fragment se rapporte aux mêmes circonstances. Richelieu probablement avait l'intention de le placer dans le corps des Mémoires après la lettre au roi dont nous venons de parler. Mais on ne trouve pas ce fragment dans les éditions des Mémoires.

[6] Le mot *grandes* manque dans la copie.

sonnable que je visse la fin, m'estant trouvé dans les commencemens. Outre les sentimens que me donnoit la passion que j'ay tousjours euë au bien de l'Estat et de la Royauté, je savois bien, qu'en la cour comme en la guerre, quiconque fait une[1] retraite à la veuë des ennemis s'expose à estre poursuivy et souvent deffait tout ensemble. Je n'ignorois pas que la calomnie n'est jamais muette et que son jeu est d'inventer où la vérité ne trouve rien à redire. Partant je concluois qu'il estoit de moy comme des soldats qui estans commandés de donner à une brèche non raisonnable, y donnent volontairement quoy qu'ilz scachent y devoir perir par ce que ilz preferent leur honneur à leur vie.

### CXX[2].

Il n'y a point de place au monde qui pour forte qu'elle soit en elle-mesme puisse se garantir d'être emportée à la longue si elle ne défend ses dehors avec soin. Il est de même des plus grands rois qui ne scauroient conserver leur auctorité en son entier, s'ilz n'ont un soin extraordinaire de la soustenir ès moindres[3] de leurs officiers proches ou eloignés de leur personne, qui sont les pièces de dehors qu'on attaque les premières, la capture desquelles donne hardiesse de faire effort contre celles du dedans, quoy qu'elles semblent imprenables, comme sacrées et attachées à la propre personne des rois.

### CXXI.

Comme il n'y a point d'homme qui, plusieurs fois le jour, pour excellent qu'il soit ne se trouve homme, c'est à dire imparfait, il est vrai de dire que les[4] excellens esprits ont une fois le jour des pensées qui tiennent plus de la divinité que de l'imperfection de leur nature. Partant ceux qui, avec jugement, prennent du temps pour parfaire ce qu'ilz entreprennent donnent des marques de leur jugement et obligent le

---

[1] Le mot *une* manque dans la copie.
[2] Le paragraphe tout entier est barré. En marge, le signe Φ et le mot *Conseil*. Ce paragraphe se trouve textuellement transporté dans le *Testament politique*, ch. VIII, sect. VII, t. I<sup>er</sup>, p. 296. — [3] La copie dit : *de soutenir les moindres officiers.*
[4] La copie intercale ici le mot *plus.*

public. Mais ceux qui abusans de la facilité de leur plume font des volumes en peu de temps desobligent le public et laissent à la postérité des marques de leur témérité et présomption.

## CXXII.

En la pluspart du monde les prospérités n'ont point de compagne plus asseurée que la meconoissance et l'oubly des offices passés.

## CXXIII[1].

Aux esprits dont la partie judiciaire est au[2] premier degré d'éminence, beaucoup d'actions semblent procéder d'un grand courage qui ne sont qu'effets d'un extraordinaire jugement.

## CXXIV[3].

Au cours des affaires ordinaires, la justice requiert une clarté et évidence de preuve. Mais ce n'est pas de mesme aux affaires d'Estat où il s'agit de *summa rerum*. Car souvent les conjectures doivent tenir lieu de preuves, veu que les grands desseins et notables entreprises ne se vérifient jamais autrement que par le succès ou evenement d'icelles qui ne reçoit plus de remède[4].

---

[1] Le paragraphe est barré; en marge : *Testament*. L'éloge de la partie judiciaire dans un conseiller d'État se trouve au chap. VIII, sect. II, du *Testam. pol.* Mais les termes sont différents.
[2] La copie porte *le*.
[3] Le paragraphe est barré; en marge le mot *Testament*. Cf. le texte du *Testam. pol.* que nous avons donné plus haut en note sous le frag. n° LXXX (*Testam. pol.*, t. II, p. 27). Nous rapportons ci-dessous la fin du passage.
[4] Le dernier membre de phrase manque dans la copie. — Cette opinion si importante de Richelieu sur les matières d'État est ainsi exposée dans le *Testament politique* : « Il faut, « en telles occasions, commencer quelquefois « par l'exécution, au lieu qu'en toutes autres, « l'éclaircissement du droit par témoins ou « par pièces irréprochables est préalable à « toutes choses.
« Ces maximes semblent dangereuses et, « en effet, elles ne sont pas entièrement « exemptes du péril ; mais elles se trouveront « très certainement telles, si, ne se servant « pas des derniers et extrêmes remèdes aux « maux qui ne se vérifieront que par conjec- « tures, l'on en arrête seulement le cours par « des moyens innocens, comme l'éloignement

## CXXV.

Cette maxime semble dangereuse et en effet elle a quelque chose de périlleux qui ne peut estre corrigié que par la perspicacité[1] d'un esprit judicieux et pénétrant qui, savant au cours des affaires, conoit aussy certainement le futur par le present, que les jugemens médiocres par la veuë des choses mesmes. Mais d'autant que la conséquence[2] de cette maxime n'est dangereuse que pour le particulier, elle ne laisse pas d'estre recevable, veu que la perte des particuliers n'est pas comparable au salut public et que le péril ne peut tomber que sur quelques particuliers au lieu que le public en recoit le fruit et l'avantage.

Cette maxime est bonne pour les grands esprits et ouvriroit à ceux qui sont médiocres une voie à la tyrannie.

## CXXVI[3].

Le roy de Calicuth haissant à mort les Portugais qui ne luy avoient fait aucune chose dont il se peust plaindre légitimement, mais, au contraire, qu'il avoit maltraités, tués et égorgés dans son pays contre sa parolle, un sien nepveu, pour le dissuader d'entreprendre guerre

«ou la prison des personnes soupçonnées. La bonne conscience et la pénétration d'un esprit judicieux qui, sçavant au cours des affaires, connoit presque aussi certainement le futur par le présent que les jugemens médiocres par la vue des choses mesme garantira cette pratique de mauvaise suite; et au pis aller, l'abus qu'on y peut commettre n'étant dangereux que pour les particuliers, à la vie desquels on ne touche point par telle voie, elle ne laisse pas d'être recevable, vu que leur intérêt n'est pas comparable à celui du public. Cependant il faut, en de telles occasions, être fort retenu pour n'ouvrir pas, par ce moyen, une porte à la tyrannie, dont on se garantira indubitablement si, comme j'ai dit ci-dessus, on ne se sert en cas douteux que de remèdes innocens.» (*Testam. pol.*, t. II, p. 28.)

C'est ici une justification anticipée des jugements par commissions. Il n'est pas sans intérêt de remarquer que la formule donnée à cette pensée dans le passage du *Testament politique* est notablement plus adoucie que celle que donne notre texte.

[1] La copie intercale les mots : *de ceux qui ont.*

[2] *La conséquence* manque dans la copie.

[3] Ces deux paragraphes se trouvent déjà plus haut. Nous les reproduisons ici cependant parce qu'ils présentent quelques différences de rédaction qui pourront servir à déterminer les procédés de travail de Richelieu et de ses secrétaires. C'est ici évidem-

ontre eux et le roy de Cochin avec qui ilz estoient alliés, leur tint
n langage à mon jugement digne de remarque. « Que vous ont fait les
Portugais? Ils se montrent vaillans, chantent quand on les blesse,
combattent estans assaillis et se vangent asprement des outrages qu'on
leur fait. »

### CXXVII[1].

Le roy de Cochin estant presque tout despouillé de son royaume par
2 roy de Calicuth qui n'avoit entrepris guerre contre luy qu'à cause
u'il portoit les Portugais, fit une réponse digne de luy lorsqu'estant
n ce miserable estat, le roy de Calicuth lui offrit de luy rendre son
oyaume pourveu qu'il luy livrast quelques Portugais qu'il avoit avec
uy, ce qu'il ne voulut pas faire, disant qu'on le pouvoit bien dépouiller
le son royaume, mais non pas de la foy que doit avoir un roy.

### CXXVIII[2].

Il n'a consolation qu'en la confiance que vous avés en luy et à penser
ous les jours aux moiens de vous rendre glorieux et faire vivre vostre
om.

### CXXIX[3].

Il n'appartient qu'aux grandes âmes de servir fidèlement les rois et
upporter sans degoust la calomnie que les méchantz et les ignorantz
nettent à sus aux gens de bien, sans pour cela se relacher du service
ʃu'on est obligé de leur rendre.

nent la première rédaction. Plus haut se
rouve la mise au net. Voy. n°⁸ XXXII et
XXXIII.

[1] On lit en marge le mot *foy*. .

[2] En marge : *Testament* et une croix ✠.
Ie n'ai pas retrouvé cette phrase dans le
*Testament politique*.

[3] De la main de Cherré. En marge : *Testament* et le signe Φ.

Ce passage se retrouve avec quelques légères variantes dans le *Testam. pol.* (ch. VIII,
sect. III, p. 275-276).

Dans une lettre de Richelieu à Marillac,
on lit le passage suivant : « Pour ce qui est
« des calomnies dont vous faites mention par
« votre lettre, vous savez comme j'en ay esté
« persécuté; comme elles n'ont point de fon-
« dement, il n'en faut faire aucun estat. Elles

## CXXX[1].

J'aime mieux laisser par testament à mes filz un exemple de fidélité et honesteté qu'un riche patrimoine.

## CXXXI[2].

Si le roy[3] François I<sup>er</sup> eust arresté M. de Bourbon quand il passa à Moulins sur l'advis qu'il eut qu'il traitoit avec l'empereur Charles-Quint, il n'eust pas esté pris en la bataille de Pavie et la France n'eust pas souffert la plus insigne perte qu'elle ait jamais receuë.

## CXXXII.

Que l'on ne se moque point de l'empereur Antonin pour avoir fait son cheval consul et grand prestre, puisqu'en France l'on fait les asnes conseillers d'État. Le mulet de M. de Villeroy a sujet de se plaindre et de disputer son rang. Il doit estre receu à marcher devant tous, pource que souvent il est plus chargé de conseil, en portant son maistre, que tous ces nouveaux conseillers d'Estat ensemble[4].

---

« exercent ceux contre qui on les épand et « servent à la gloire de ceux à qui on veut « nuire. » (Avenel, III, 536.)

[1] De la main du Cardinal.

[2] Le paragraphe est barré; en marge : Testament. Cet exemple me semble correspondre tout à fait avec ce passage du Testam. polit. : « On estime quelquefois qu'il est « de la bonté des Rois de tolérer les choses « qui semblent de peu d'importance en leur « commencement, et moi je dis qu'ils ne « sauroient être trop soigneux de découvrir et « étouffer les moindres intrigues de leurs ca- « binets et de leurs cours en leur naissance. « Les grands embrasements naissent de pe-

« tites étincelles; quiconque en éteint une, ne « sçait pas l'incendie qu'il a prévenu. » (T. II, p. 57.)

[3] Les mots le Roy manquent dans la copie.

[4] Ce passage, par le ton, semble avoir été destiné à un pamphlet. On sait, d'ailleurs, que Richelieu ne dédaignait pas de mettre lui-même la main à ce genre d'ouvrage. Voy. de Mourgues, Lettre du P. Chanteloube (éd. in-8°, p. 40). On disait du roi Louis XI le même mot que Richelieu applique ici à M. de Villeroy : « que sa haquenée le portait, lui et tout son conseil. » Voy. Bayle, Dict., art. Brézé, note c.

## CXXXIII.

Les places servent pour éviter une prompte cholère d'un maistre. Mais qui apporte sa teste dans le Louvre, ne se doit prevaloir de places ny de charges. Les gouvernemens et charges sont espèces d'usurpation. Le roy les peut repeter quand bon luy semble. Cependant, la teste sert de gage, jusqu'à tant que la restitution en soit faite [1].

## CXXXIV [2].

Tout homme qui a eu la faveur n'aime jamais ceux qui la possèdent après luy, quoyqu'il souffre un autre regner; la raison est qu'ayant une fois espousé la faveur, il croit que tous ceux qui la possèdent après luy en sont adultères.

## CXXXV.

Une des choses qui empesche que la France n'aille bien, est qu'il n'y a personne qui ayt aucune charge, commission ou employ dans le royaume, qui n'en face un mestier, ne regardant pas à ce qu'il doit faire pour s'acquiter de sa charge, mais bien à ce qu'il doit faire pour que sa charge lui apporte du profit. Par exemple, un général d'armée ne donnera point bataille s'il pense, par la bataille, desfaire en sorte les ennemis qu'il n'y ait plus de guerre. L'impunité, la non-récompense et la vénalité portent bien à cela [3].

## CXXXVI [4].

Il ne faut pas laisser un moment d'intermission aux affaires commencées [5], et il les fault suivre d'une perpétuelle continuité du dessein et

---

[1] Suivent ici, sur le ms., de la main du Cardinal, les paragraphes XXI, XXII, XXIII, XXIV, qui ont été donnés plus haut, d'après la mise au net de la main du copiste.

[2] De la main de Céberet. Barré; en marge : *Testament*.

[3] A la suite de ce fragment vient une page entière de la main de Richelieu, qu'un copiste a reproduite plus haut (Frag. LXVI), sauf quelques variantes que nous avons indiquées.

[4] Ce paragraphe est barré; en marge : *Négociation* et une croix ✝.

[5] La copie porte : «laisser les affaires commencées.»

qu'agir ou cesser ne soit que par dessein et non pas par relasche d'esprit, indifférence des choses, vacillation de pensées ou dessein contraire[1].

## CXXXVII.

Rochelle[2]. — Sur le subject du différent de la Rochelle, lorsque le Roy la voulust attaquer, on tint un conseil en Angleterre où il y eust plusieurs advis.

Le premier fut[3] qu'il la falloit secourir à quelque prix que ce fust, la conservation mesme en estant plus importante au roy d'Angleterre que celle d'Irlande, parce que se disant roy de France, ce luy estoit une entrée[4] pour poursuivre quelque jour ses prétentions; parce que c'estoit un party qui ne luy coustoit rien, qui lui estoit acquis contre le roy d'Espagne et qui rendoit la France inutile[5] contre luy.

D'autres opinèrent qu'il estoit perilleux de soustenir publiquement des rebelles contre leur prince, le roy d'Angleterre estant à la veille de voir de semblables[6] rebeillions dans ses Estats; que si soubz main on les pouvoit assister et par[7] des moyens obliques, estoit bon de le tenter.

D'autres, qu'on ne le pouvoit entreprendre qu'ouvertement, parce que si on y alloit foible, on seroit battu, et que si on[8] alloit fort, il estoit à craindre que le Roy[9] ne fut réduit[10] à faire la paix en Italie et que cela rendroit le dessein de leur flotte inutile.

---

[1] «Les grandes négociations ne doivent pas avoir un seul moment d'intermission; il faut poursuivre ce qu'on entreprend avec une perpétuelle suite de desseins, en sorte qu'on ne cesse jamais d'agir que par raison et non par relâche d'esprit, par indifférence des choses, vacillation de pensées et par résolution contraire.» (*Test.pol.*, t. II, p. 38.)

[2] Le mot *Rochelle* est de la main de Charpentier; le texte, de la main du copiste ordinaire, sauf les trois premières lignes qui sont écrites de la main de Le Masle.

[3] Le mot *fut* manque dans la copie.

[4] La copie met *porte*.

[5] Ce mot est écrit d'une autre main qui semble être celle de Le Masle.

[6] La copie intercale les mots *divisions et*.

[7] Le mot *par* ajouté de la même main que plus haut.

[8] La copie intercale le mot *y*.

[9] Les mots *le Roy* de la même main que plus haut.

[10] La copie met *contrainct de*.

Sur quoy rien ne fut arresté quand au fondz, mais seulement qu'on essaieroit d'en divertir par remonstrances et menaces [1].

## CXXXVIII.

Rien n'empesche la pluspart des ministres d'estre pour le roy que deux choses : l'une, que les synodes les jugent [2] souverainement sans appel; l'autre, qu'ils reçoivent l'argent du Roy par l'ordre des synodes et non par celuy du Roy.

Remède : Que les Chambres de l'Édict reçoivent les appels des synodes. Il y en a deux formez à Béziers. Il faut escrire à M. de Caminade de les recevoir.

Le deuxième remède est sur prétextes des mouvements présents, de faire différer cette année le payement de la subvention accordée par le Roy aux ministres, et à la fin de l'année en faire faire le payement, non indifféremment à tous ministres, mais à ceux seulement qui auront bien servi le roy, et ce, par ordre de Sa Majesté. Ce qui se peult sans troubler l'Édict, veu que ce n'en est poinct une des conditions.

Plusieurs ministres destinent un livre portant qu'on ne peut prendre les armes contre son Roy. Fault à ceux-là lettres d'agréement et payement de leurs gages et subventions par advance [3].

---

[1] Ce fragment doit se rapporter aux derniers mois de l'année 1625, ou au début de 1626, alors que la paix d'Italie, c'est-à-dire de la Valteline, n'était pas encore faite, pas plus que celle des Huguenots (février 1626). On voit que Richelieu était bien renseigné sur ce qui se discutait dans le Conseil d'Angleterre. On sait d'ailleurs par les *Mémoires de Tillières* et par la correspondance des ambassadeurs en Angleterre qu'il avait plusieurs pensionnés en cette cour. Cfr. *Mémoires de Richelieu*, t. II, p. 517.

[2] La copie remplace *les jugent* par *agissent*.

[3] Ce fragment se rattache au projet que caressa longtemps le cardinal de Richelieu de réunir peu à peu les réformés à la religion catholique en leur faisant des concessions spirituelles et temporelles qui n'engageassent ni le fond des croyances, ni la sécurité de l'État. Tabaraud, qui a écrit une *Histoire des projets formés pour la réunion des communions chrétiennes* (Paris, 1824, in-8°), dit du cardinal de Richelieu : «Il étoit con- «venu de n'agir dans cette affaire que par «des voies de douceur et de n'y employer «que des moyens de persuasion, *soutenus* «*par des promesses de récompenses pour ceux* «*des ministres dont la docilité se prêteroit le* «*plus facilement aux vues du gouvernement.* «Le roi avoit déja assigné des fonds consi- «dérables pour faire des pensions et adressé

## CXXXIX[1].

C'est, disoit le consul Fronto, une grande pitié de vivre soubz un prince qui ne veult rien remettre de la rigueur du droict. Mais elle est encore plus grande de demeurer au pays d'un autre, soubz lequel toutes choses sont loisibles, et qui, par une pusillanimité ou nonchalance, pardonne sans aucune discrétion toutes les choses qui s'y font contre la loy et raison[2].

## CXL.

Aux esmotions populaires, les choses feintes soubz des belles paroles sont volontiers tenues pour vrayes.

## CXLI[3].

Un roy qui a faict deux partis en son royaume se tenant à l'un plus qu'à l'autre a esté enfin la proye de l'un des deux[4].

## CXLII.

Plusieurs choses sont défendues, qui tiennent tousjours quand elles sont faictes.

"des ordres aux intendants des provinces "pour surveiller l'exécution des mesures "propres à procurer le succès de la négocia-"tion." (P. 199.) On voit que notre fragment s'accorde bien avec le récit de l'historien. Il faut aussi sur cette matière consulter le Dictionnaire de Bayle à l'article *Amyraux*.

[1] De la main du copiste ordinaire. Le paragraphe est barré, et en marge le mot *Testament* et les signes Φ ✠. La copie porte en marge ce titre : "Trop d'indulgence "plus dangereux en l'État que trop de sé-"vérité."

[2] Voy. Mémoire de 1629 (t. IV, p. 267). Des idées analogues s'y trouvent développées. Voici le passage du *Testament politique* :

"Si les anciens ont estimé qu'il étoit dange-"reux de vivre sous un prince qui ne veut "rien remettre de la rigueur du droit, ils ont "aussi remarqué qu'il l'étoit encore davan-"tage de vivre dans un État où l'impunité "ouvre la porte à toutes sortes de licences." (Part. II, ch. v, t. II, p. 24.) — L'apophthegme du consul Fronto, cité ou paraphrasé dans ces divers passages de l'œuvre de Richelieu, nous a été transmis par l'abréviateur de Dion Cassius. (Voy. Xiphil. in Nerva, et Bayle, *Dictionnaire critique*, t. II. p. 514, n. E.)

[3] Ce paragraphe manque dans la copie.

[4] Est-ce de Henri III qu'il s'agit? Comparer le fragment n° XIX.

## CXLIII.

L'ignorance a cela de malheureux qu'elle est presque tousjours criminelle, et que mesme les occasions de la vertu la portent ordinairement dans le vice.

## CXLIV[1].

La retraite des flotes holandoises qui estoient tant es isles de Ré (*il manque quelques mots, probablement* « qu'à Portsmouth ») justifie au Roy quels sont les hérétiques pour luy, et comme, quelque traicté et alliance qu'ils ayent, ils ne les gardent pas qu'en temps qu'elles sont à leur proffit.

Si la paix n'est point interrompue cet accident n'est pas mauvais, puisqu'il justifiera combien la paix estoit nécessaire. Et ayant grand subjet de plainte des Holandois, donnera lieu de ne s'embarquer avec eux que jusques où vos affaires le requèreront.

En matière d'affaires d'Estat, lorsqu'il arrive un mauvais accident, il fault regarder le remède qu'on y peult apporter et le bien que d'ailleurs on en peult tirer, n'y en ayant point de si mauvais dont on ne puisse tirer quelque proffit[1].

---

[1] La première partie de ce paragraphe manque dans la copie.

Ce fragment se rapporte à un fait qui se passa sur la fin de l'année 1625. Les Hollandais, en vertu des traités d'alliance avec la couronne de France, avaient été requis d'envoyer des vaisseaux au secours de l'expédition dirigée contre Soubise et les Rochelois révoltés. Ils avaient ainsi, bien malgré eux, contribué à la défaite de leurs *frères* et de leurs coreligionnaires. Quelque temps après sa défaite à Ré, Soubise s'était réfugié sur les côtes de l'Angleterre. Il était bloqué dans le port de Portsmouth par une flottte composée de vaisseaux français et hollandais. Une partie de la flotte hollandaise était restée à Ré. Or les intrigues de Buckingham près des États généraux, avec lesquels il venait de conclure le traité de Hague (29 novembre 1625), déterminèrent les Hollandais à retirer au roi de France l'appui de leurs vaisseaux. C'est ce qu'ils firent, et les protestations de Richelieu arrivèrent trop tard pour qu'on pût empêcher la levée du blocus de Soubise à Portsmouth. (Voy. *Mémoires*, t. II, p. 507 et suiv.) C'est à ces différents faits que le fragment ci-dessus fait allusion. Richelieu garda rancune aux Hollandais de cette conduite déloyale. Il en prit occasion de hâter la paix dont il est parlé dans ce fragment, c'est-à-dire la paix d'Espagne. Quelques mois plus tard, il écrivait

## CXLV[1].

Il est dangereux de donner accès près[2] du Roy à des personnes qui veulent mal, parce que ce qui n'est pas capable de le persuader, ne laisse pas de faire impression en[3] son esprit, et qu'auprès de luy le procès se juge plus tost par nombre de tesmoings que par le poids des accusations.

## CXLVI[4].

Les imprudents sont capables d'entreprendre beaucoup d'actions avec violence; mais leur retour est tousiours lasche.

## CXLVII[5].

Le dernier point de fidélité auquel un bon serviteur peult atteindre est de servir au goust de son Maistre, au hazard de fascher ceux qui ont plus de faveur auprès de luy.

## CXLVIII.

« Messieurs, les grandes affaires que j'ay entreprises pour le bien de
« cet Estat, la gloire de cette coronne sont le seul et vray subjet de
« mon voiage en ce lieu. M. le chancelier vous les fera entendre plus
« particulièrement, ainsi que je luy ay commendé[6]. »

---

encore (février 1626) : « Il faut tirer haute-
« ment raison de l'injure receue des Hol-
« landois, sans toutesfois rompre avec eux,
« puisque le Roy n'a alliance et confédé-
« ration avec ces Estatz que pour l'amour
« de luy, s'en servant pour faire teste à ses
« ennemys et les occuper, en sorte qu'ils ne
« puissent faire dessein sur la France. »
(Avenel, II, p. 194.)

[1] En marge de ce paragraphe on lit : *Personnes et Pisieux*. Le paragraphe est barré. Le mot *Pisieux* indique que ce fragment

vise l'ancien ministre Puisieux, un des prédécesseurs de Richelieu aux affaires.

[2] La copie porte *auprès*.

[3] La copie porte *sur*.

[4] En marge une croix : ✢.

[5] Ce paragraphe est barré; en marge : *Conseil* et les signes ✢ ε.

[6] Ces paroles semblent être un premier projet de celles que le Roi devait dire à l'ouverture des États de Bretagne (11 juillet 1626). Mais elles ne sont pas tout à fait identiques à celles qui sont publiées

CXLIX[1].

Aux Estatz ou il y a de grandes affaires, on est contraint, pour le bien public, de choquer si souvent les Communautez, qu'il est bon de les contenter en choses moins importantes.

CL.

Il est non seulement impossible de porter une communauté à désirer son bien, mais qui plus est, tres difficile de les porter à tollérer qu'on leur[2] procure leur bien, la raison est que dans une communauté le nombre des folz est plus grand que celuy des sages, et comme dit Senèque, les esprits ne sont pas si bien disposez que les meilleures choses plaisent à la plus grande part[3].

CLI.

Le cardinal Ximenes estimoit chose pernicieuse quand le peuple qui a quelque occasion, prend la hardiesse de faire ses plaintes publiquement. D'autant que dès qu'il a perdu le respect à son supérieur, il n'a

dans le *Mercure François* (t. XII, p. 341). Peut-être, au dernier moment, Richelieu a-t-il jugé à propos de modifier la première rédaction que nous publions ici. Cfr. *Mémoires de Richelieu*, t. III, p. 91. On y voit que le Roi prononça *quelques paroles*, mais elles ne sont pas rapportées.

[1] De la main du copiste. Les deux premiers paragraphes sont barrés. En marge : *Testament* et les signes Φ ✝.

[2] Le mot *leur* manque dans la copie.

[3] Les mêmes idées se trouvent exprimées dans des termes analogues dans le *Testament politique* :

« Comme il ne faut rien souffrir de ces « grandes compagnies (les cours de justice), « qui puisse blesser l'autorité souveraine, « c'est prudence de tolérer quelques-uns de « leurs défauts en un autre genre. Il faut « compatir aux imperfections d'un corps qui, « ayant plusieurs têtes, ne peut avoir un « même esprit, et qui étant agité d'autant « de divers mouvements qu'il est composé « de différents sujets, ne peut souvent être « porté ni à connoître ni à souffrir son propre « bien. Il n'y a personne qui ne doive im- « prouver leur procédé quand ils sont em- « portés par quelques dérèglements; mais « en le condamnant avec raison, il est diffi- « cile d'y trouver remède, parce que dans « les grandes compagnies le nombre des « mauvais surpasse toujours celui des bons « et que, quand ils seroient tous sages, ce ne « seroit pas encore une chose sûre que les « meilleurs sentiments se trouvassent en la « plus grande partie. » (*Test. pol.*, I, p. 219.)

plus aucune bride ny retenue ; et sont creues et receues aisément les querelles populaires par ceux qui ont envie de troubler l'Estat, dont le nombre est tousjours frequent es grands Royaumes [1].

## CLII.

ANGLETERRE [2]. — Les Anglois menassent la France, mais quand elle se voudroit perdre, ils ne seroient pas capables de la gangner, n'aiant ni hommes pour faire une entreprise, ni argent pour la soutenir, ni conduitte, ni fermeté pour faire succéder un dessein [3].

L'Angleterre ne scauroit se passer de la France à cause des vins, huilles et des sels ; et la France ne tire d'eux que des draps, de l'estein et du fer dont on se peut bien passer si on veut. Si le Roy est fort à la mer, il n'a que faire des Anglois.

## CLIII.

ACTE DE RECEPTION DE LA PAIX PAR LA VILLE DE LA ROCHELLE [4]. — Les Maire, échevins, paires, bourgeois et habitans de la ville de la Rochelle, apres avoir veu l'acte de la paix et articles accordez à ladite ville, signez tant des députez généraulx que particuliers des Eglises réformées qui se sont trouvez à la cour en datte du V^me febvrier dernier ; ensemble les cahiers généraulx et particuliers d'icelle ville res-

---

[1] Les historiens de Ximénès racontent, en effet, qu'après avoir châtié rigoureusement les révoltes populaires suscitées par les grands à Valladolid, en Navarre, à Malacca, etc., Ximénès écrivit à Charles en le priant de faire châtier l'amiral : «L'obéissance que les sujets doivent au souverain est une chose bien fragile si elle n'est maintenue par le respect de la crainte : dans tous les États, et principalement en Espagne, la discipline ne s'entretient que par le respect et la crainte.» (Gomez, cité dans Michel Baudier, *Histoire du cardinal Ximénès*, édition de 1851, in-8°, p. 316.)

[2] Le mot *Angleterre* est de la main de Charpentier. Le reste de la page, de la main de Le Masle.

[3] Ces paroles ont été écrites en 1627, avant l'intervention des Anglais à la Rochelle.

[4] Le titre de la main d'un secrétaire. La copie ne donne que le titre. — Cet acte est écrit de la main du copiste. Il est publié, avec quelques changements seulement, dans le *Mercure François* (a° 1626, t. XI, fol. 123).

ponduz au conseil du Roy le XXVI$^{me}$ juillet et VII$^{me}$ fevrier[1] dernier, déclaration de Sa Majesté en forme d'edict du susdit mois de fevrier et autres pieces à eux presentez par les s$^{rs}$ Maniald, du Candal et Malleray, et sur ce ouy lesditz sieurs, ont, conjointement avec Monsieur le comte de La Val y assistant, Monsieur de Loudrières et autres seigneurs et gentilzhommes, receu par un consentement unanime et aplaudissement universel, avec l'honneur et respect, les conditions de la paix qu'il a pleu à Sa Majesté de leur accorder, comme un insigne tesmoignage de sa clémence, approuvans et ratiffians ce qui a esté sur ce faict et signé par les susdictz députés générau1x et particuliers. Osans néantmoings se promettre de la bonté de Sa Majesté, qu'ils pourront cy apres, par leur inviolable fidélité, obtenir l'execution de ses promesses royalles en la démolition du fort de la Mothe, pres ladite ville, et liberté de l'isle de Ré, ce qui leur sera une plus forte obligation pour employer leurs biens et vyes en l'exécution de tous les devoirs, services et obeissances que Sa Majesté voudra tirer d'eux comme de ses tres humbles, tres fidelles et tres obéissants subjects. Faict de délibéré et arresté au Conseil et assemblée géneralle tenues en la maison commune et eschevinage de ladite ville de La Rochelle, le VI$^e$ mars M.CI$^c$.XXVI; signé : David, maire et cappitaine de la ville de La Rochelle, et Manigault, secrétaire du Conseil de ladictte ville; et scellée du seau d'icelle.

CLIV[2].

RESPONSE FAITE PAR LE ROY A L'AMBASSADEUR D'ESPAGNE TOUCHANT LE TRAITTÉ

[1] Il y a : *le 16 juillet et le 5 février*, dans le texte du *Mercure François*.
[2] De la main de Charpentier. Barré. En tête, la mention : *Employé*. En marge du second paragraphe, il y a un *a*. — Ces paroles ont été adressées par le Roi à l'ambassadeur d'Espagne, après que l'ambassadeur français du Fargis eut signé, pour la seconde fois, un traité de paix que la Cour n'approuva pas (1626). Ce texte a été reproduit fréquemment, en particulier dans les *Mémoires de Richelieu*, comme l'indique le mot *Employé* (voy. *Mémoires*, t. III, p. 27), et aussi dans l'*Histoire du Ministère du cardinal de Richelieu*, par Vialart (éd. in-fol., p. 137), historien qui a travaillé sur des Mémoires qui lui étaient fournis par le Ministre. Il est digne de remarque que, dans ces deux reproductions des mêmes paroles, et par conséquent dans tous les récits des historiens qui les ont ré-

FAIT PAR LE S<sup>r</sup> DE FARGIS. — Plust à Dieu que Fargis fust aussi habile homme, que vous vous estes fort sage, et c'est un fol parfait.

La première fois il a fait une chose de sa teste sans mon sceu; la deuxième il n'a pas suivy mes ordres; je le chastieray exemplairement. Cependant le profit que nous tirons de sa folie, le Roy mon frère et moy, est que nous cognoissons bien tous deux qu'il n'y a plus d'aigreur en nos esprits, que nous voulons bien la paix.

Et afin de vous le tesmoigner par effet, bien que je ne puisse recevoir le Traitté qu'a fait Fargis, j'en renvoieray un en Espagne, signé de moy, où j'apporteray le moindre changement que je pourray. Mais comme j'adjousteray le moins qu'il me sera possible, ce sera à mon frère le Roy, vostre maistre, de n'en faire aucune difficulté.

Monsieur l'ambassadeur, je ne m'esloigne pas de penser de grandes choses avec le Roy[1] mon frère.

La Reyne Mère du Roy a parlé conformément[2].

## CLV.

M. de Chevreuse a dist[3] que le marquis d'Effiat avoit esté mis dans les finances en dépit du Roy, par la suasion[4] du Cardinal; que le Roy avoit presté l'oreille tres volontiers lorsque le Mareschal lui donnoit à dos[5].

---

pétées, les deux dernières phrases du fragment que nous donnons ici manquent. Pourtant, celle qui fait espérer à l'ambassadeur d'Espagne qu'une sorte de communauté de vues et d'entreprises va désormais régner entre les deux cours est bien importante. C'était encore une habileté du Cardinal. Mais en présence de l'évidence contraire des faits postérieurs, il n'a pas jugé à propos d'en laisser le souvenir à la postérité.

[1] Les mots le Roy manquent dans la copie.

[2] Cette phrase manque dans la copie.

[3] Ces cinq mots de la main du Cardinal.

Le reste de la main du copiste. — [4] La copie met *persuasion*.

[5] Les mots à dos manquent dans la copie. — Ce fragment et les suivants se rapportent à une époque où, comme le dit Richelieu lui-même, *universellement tout le monde crioit cabale* (*Mémoires*, III, p. 50). C'est la première des tentatives faites par les grands et les courtisans impatients du repos, pour bouleverser le royaume à la faveur des prétentions de Monsieur. L'arrestation d'Ornano (4 mai 1626) et la condamnation de Châlais furent les principaux épisodes de cette crise.

## CLVI.

RESPONSE DE BLINVILLE [1]. — Qu'il ne falloit point se lasser ni rebuter quoy que le dit Fiat [2] fust entré en charge; au contraire, que le change estant [3] d'autant plus emple pour trouver de quoy persuader le Roy, mais qu'il falloit y proceder avec adresse, le naturel de Sa Majesté estant tel, qu'il estoit facile d'y faire impression en hazardant premièrement, par quelques jours différens, quelques discours de légère importance, qui mesmes quand ils seroient raportés seroient capables de causer du refroidissement, mais non une querelle, et si l'on rencontroit que le Roy eust gardé le secret en ces [choses [4]] qu'alors l'on pou-

---

Toutes ces affaires, mêlées aux difficultés de la paix avec l'Espagne et de l'apaisement momentané de la révolte des Huguenots, troubloient étrangement Richelieu. Nous avons ici des traces de ses préoccupations. Ses *Mémoires* nous en ont conservé d'autres non moins importantes (voy. liv. XVII, édition Petitot, t. III). Pour résister mieux aux attaques très diverses que lui portait la coalition bigarrée faite contre lui, Richelieu s'était, au lendemain de l'arrestation d'Ornano, fait adjoindre, dans le conseil, Marillac comme garde des sceaux, et d'Effiat comme surintendant des finances. Il convient de rapprocher du fragment que nous publions notre *Appendice*, n° 3. — Ce sont là de ces notes dans le genre de celles qui ont été réunies en grand nombre dans le *Journal de M. le cardinal de Richelieu*, publié peu de temps après la mort de celui-ci. Il prenait soin, comme le fait remarquer M. Avenel (t. II, p. 313, note), de corriger, souvent de sa main, ces rapports verbaux qu'on lui faisait de toutes parts, et dont l'ensemble (tant faux que vrai) lui révélait les sentimens et les manœuvres de ses ennemis.

[1] Le copiste avait mis : *Réponse de B.*

C'est une autre main qui a terminé le mot *Blinville*.

Jean de Varignées, seigneur de Blainville, conseiller d'État, premier gentilhomme de la Chambre, né vers 1581, mort en 1628. Il avait été des amis du maréchal d'Ancre, devint ensuite de ceux de Luynes, fut même chargé par celui-ci (en 1620) de traiter avec Richelieu dans des négociations qui s'engagèrent entre le favori et la reine mère. Il resta uni, du moins en apparence, avec Richelieu lorsque celui-ci arriva au pouvoir, et il fut envoyé en Angleterre (en 1625) pour se plaindre que l'on violât les articles du contrat de mariage de Henriette-Marie de France, femme de Charles Iᵉʳ. Il réussit mal dans cette ambassade. Richelieu parle de lui très sévèrement dans ses Mémoires. Il tomba dans la disgrâce, et la *liste* publiée dans le *Journal de Richelieu* le compte parmi les *emprisonnéz* (p. 266).

[2] La copie met *d'Effiat*.

[3] La copie met *étoit*. Il faut comprendre : «que le change (c'est-à-dire le changement «de ministres) ouvrait d'autant plus le che-«min à persuader le roi.»

[4] Le mot a été sauté par le copiste qui

voit pousser le dit d'Effiat ou quelque autre que ce puisse estre, avec indubitable assurance qu'en quatre jours la personne poussée seroit abattue.

Que le favory[1] estoit tellement bon amy qu'il se laissoit emporter trop[2] avant, comme il avoit paru en l'affaire de la fonteine, mais qu'on le laissât faire et qu'il tempéreroit bien ces ardeurs immodérées y ayant acquis telle créance qu'il pouvoit répondre de luy comme de soy-mesme.

Et véritablement les louanges de ce pédagogue sont tousjours en la bouche dudit favory qui ne sont pas un leger indice de l'affection réciproque de ce docteur des Cabinetz.

## CLVII.

Lopes est revenu vers les Huguenotz[3].

Dessin d'Espagne de renvier[4] les Huguenotz.

Hayne contre la reyne[5] extraordinaire.

---

n'a pas pu le lire probablement sur l'original de la main du Cardinal. Richelieu aimait à écrire lui-même ces sortes de rapports. La copie porte le mot *choses* que nous introduisons dans le texte.

[1] Le favori désigné ici est Baradas qui, à cette époque, en effet, trempait dans toutes les intrigues contre Richelieu et qui ne tarda pas à succomber. On peut voir d'autres détails sur l'entente de Blainville et de Baradas dans les *Mémoires de Richelieu* (t. III, p. 223-228).

[2] La copie met *bien*.

[3] Ce sont ici des notes que Richelieu écrivait pour mémoire et dans lesquelles il consignait les renseignements qui lui venaient de diverses sources et qui pouvaient l'éclairer pour la conduite des affaires. Peut-être ceux que nous publions ici et qui sont relatifs à la Cour d'Espagne, lui étaient-ils fournis par «cet homme qui donnoit d'ordinaire des avis d'Espagne» dont il parle dans ses Mémoires (t. III, p. 51), et c'était probablement ce Lopez dont le nom est prononcé en tête de l'article. C'était, si nous ne faisons une confusion, un Morisque Espagnol venu en France du temps de Henri IV, et qui, par son habileté sur les matières d'argent et dans les achats de pierres précieuses, s'était fait une sorte de situation à la Cour. Richelieu l'employa quelquefois dans des affaires assez importantes; pourtant il semble que ce Lopez jouait un double jeu et avait conservé des rapports avec la cour d'Espagne. Tallemant le dit dans la petite note qu'il a consacrée à ce personnage (Éd. de 1865, Techener, t. II, p. 43).

[4] C'est-à-dire de les rendre de nouveau irrités.

[5] C'est-à-dire contre Marie de Médicis.

Dessin de faire parler contre elle au roy, en audience publique, mais bien plus[1] par voye secrette de confesseurs et tous autres; que la reyne mère traitte mal la reine[2] en[3] honneur; qu'ils en auront raison.

Dessin de ruiner le Cardinal, disant qu'il porte à la guerre contre l'Espagne pour ses fins; que le roy ne sera jamais bien servi tant que le Cardinal sera en son Conseil, qu'il porte les Huguenotz; qu'il n'est point prince de l'Église[4].

Ilz[5] désirent la paix, au moins Olivarez[6] pour ses intéretz, la guerre le perdant à cause des grandz princes qui prendront pied, le roy ayant besoin d'eux.

Division entre Olivarez et son nepveu[7]; Olivarez porte la reyne[8] pour s'en servir contre son nepveu, jeune homme vertueux, sans expérience.

Olivarez hay des peuples, des grands et de tout le monde.

Olivarez absolu; le roy luy fait de grands biens; est dans les débauches du roy qui en a esté malade.

Le roy amoureux d'une femme qu'Olivarez craint; le roy n'ose se déclarer[9].

Le roy couche deux ou trois fois la semaine avec la reyne; se

---

[1] La copie met *plustot*.
[2] C'est ici Anne d'Autriche.
[3] La copie intercale *son*.
[4] Dans un pamphlet intitulé : *Questions quolibétiques* et que les catholiques zélés firent paraître vers cette époque, on accusait en effet Richelieu de protéger l'hérésie et on l'appelait ironiquement *le cardinal de la Rochelle*. (Cité dans les *Mémoires de Richelieu*, édit. Petitot, t. III, p. 16.)
[5] C'est-à-dire : les Espagnols désirent la paix. La copie met : *les Espagnols*.
[6] Gasp. Gusman, comte d'Olivarès, gouverna l'Espagne pendant vingt-deux ans sous le règne de Philippe IV. L'histoire de son ministère et de sa chute est trop connue pour qu'il y ait lieu d'insister ici. Il mourut en 1643, ayant eu ce malheur de rencontrer pour adversaire constant un homme tel que le cardinal de Richelieu.
[7] Le neveu d'Olivarès ici désigné est probablement don Luiz de Haro, le fils de sa sœur, qui, comme on sait, lui succéda dans la faveur du roi d'Espagne. Il était encore jeune à cette époque, étant né en 1598. Cette phrase de Richelieu démentirait l'affirmation de quelques historiens qui prétendent que l'oncle et le neveu avaient une grande affection l'un pour l'autre. On sait que le neveu succéda à l'oncle dans la faveur du roi et dans le premier ministère.
[8] La reine d'Espagne était à cette époque Élisabeth de France, sœur de Louis XIII.
[9] Ce paragraphe manque dans la copie.

pleignent de ce qu'ils croyent que le roy couche peu souvent avec la reyne [1].

Que le roy ne veut point de guerre avec eux; qu'il hait les Huguenots, les poursuivroit par son inclination.

Affectent de montrer le grand amour du roy d'Espagne envers la reyne sa seur [2], quoy qu'auparavant il fist le contraire et se hayssent des l'enfance. Le comte [3] a dit à M. du Fargis que le roy mettroit son sang pour sa seur.

L'Infant Carle est honnestement prisonnier, n'oseroit sortir sans congé, n'a aucun domestique autre que ceux du roy.

M. de Fargis a envoyé deposition de deux libraires contre Drevet et d'un homme de chez l'ambassadeur de Savoye qui, depuis, a esté poignardé par un page retiré chez l'ambassadeur de Gennes [4].

Qu'ils donnent force argent en France.

Qu'ils sont bien advertis de tout ce qui se faict; qu'ilz ont intelligence avec des personnes qui ont habitude dans le Conseil.

Que le Cardinal a faict relascher Beaufort prisonnier [5], quand il a

---

[1] La copie indique en marge que dans la première partie de ce paragraphe, *le Roi* désigne le roi d'Espagne : c'est la suite de l'idée précédente; tandis que dans la seconde phrase *le Roi* désigne le roi de France, Louis XIII. Les Espagnols, en effet, se plaignaient beaucoup de la froideur de Louis XIII à l'égard d'Anne d'Autriche. Cette question tout à fait intime passa plusieurs fois au rang d'une affaire d'État. La diplomatie intervint même pour régler les épanchements du royal ménage. M. A. Baschet a tiré de ce sujet un peu scabreux un livre des plus curieux : *Le Roi chez la Reine* (Paris, Plon, 1866), qui d'ailleurs ne s'étend que jusqu'en 1619.

[2] C'est-à-dire Anne d'Autriche.

[3] Ce mot désigne Olivarès.

[4] Ces dénonciations ne furent pas perdues pour Richelieu. Le sieur Drevet dont il est ici question fut convaincu d'être pensionnaire d'Espagne. Il avoua qu'il avait été envoyé à Milan, près du connétable de Lesdiguières, qui, ajoutait-il, était lui-même pensionné par la cour d'Espagne. Richelieu prit soin de noter lui-même les aveux de cet homme en remarquant «qu'ils étaient pressants contre le connétable!» Celui-ci mourut quelque temps après, peut-être à temps pour échapper à une accusation redoutable. Voir la pièce qu'a donnée M. Avenel, d'après la minute de la main du Cardinal qui est aux archives du Ministère des affaires étrangères (t. XLI, fol. 294); — *Corresp. de Richelieu* (t. II, p. 313).

[5] Je ne sais quel est ce Beaufort, à moins que ce ne soit ce gentilhomme des Cévennes, gouverneur de Pamiers, qui fut décapité en

sçu qu'il estoit ennemy d'Olivarez; qu'ils s'en vengeront; qu'ils ne pleignoient pas cent mil escus pour faire un coup pour leurs dessins. Qu'ils n'en veulent qu'à moy; qu'ils font gloire en Espagne de quoy l'ambassadeur d'Espagne ne me voit point.

Que Fargis accommoderoit si l'on vouloit le Cardinal avec Olivarez; à quoy on a repondu que non; estimant leurs malédictions à bénédictions[1].

Veulent donner jalousie de la reine sa mère, et de Monsieur son frère au roy.

Depuis M. . . . . .[2] m'a dit, par grand secret, que les Espagnolz disoient qu'ils voudroient que le C. fut pendu[3].

## CLVIII[4].

Il arrive une tempeste contre les Jésuites, excitée contre eux, tant par certains livres contenans une dangereuse doctrine contre les roys, que par lassitude que chacun avoit de voir qu'ils se meslassent de trop d'affaires. Les Parlemens firent brusler [le livre de] Santarellus[5]

1628. (Voy. Journ. de Richelieu, t. I, p. 274.)

[1] Il ne se passa longtemps avant que Richelieu revînt sur cette décision un peu brusque. Dès le mois de septembre 1627, il écrivait dans des termes tout à fait aimables au Ministre espagnol (voy. Avenel, t. II, p. 619). On trouverait plus d'une fois dans les rapports des deux puissants adversaires les traces de ces égards réciproques, du moins en apparence.

[2] Le nom est en blanc dans le ms.

[3] La copie du Ministère des Affaires étrangères s'arrête ici.

[4] En tête de ce paragraphe, le mot Employé est écrit de la main du secrétaire des Mémoires. Le texte barré est de la main du copiste ordinaire.

Ce fragment et le suivant, ainsi que l'indique le mot Employé deux fois répété, ont passé dans la rédaction des Mémoires de Richelieu (voy. Mém., t. III, p. 22 et suiv.). Mais les termes dans lesquels Richelieu apprécie la conduite réciproque des Jésuites et du Parlement ne sont pas tout à fait les mêmes que ceux que nous publions ici. On trouvera des détails sur cette affaire notamment dans les Memorie de V° Siri (t. VI, p. 120), dans le Président de Gramont, lib. XV, et dans les Mémoires du P. Garasse publiés par D. Nisard (p. 189 et suiv.). Elle revint sur l'eau l'année suivante, et se termina à l'avantage des Jésuites. — Aux textes que nous venons d'indiquer, il faudra joindre le discours de Richelieu que nous donnons en Appendice.

[5] Voici quel est le titre du livre de Sanctarellus dont il est ici question : Tractatus

dont il est question, et en outre les vouloient contraindre à soubsigner quatre points qu'ils vouloient qu'ils creussent comme estans de leur croyance.

Ils s'en exemptèrent disant qu'ils les signeroient, si le clergé de France et la Sorbonne faisoient le mesme.

Le Parlement vouloit passer outre. Leurs mouvemens alloient à leur défendre d'enseigner en leurs escoles ou à les chasser mesme de France.

Le Cardinal estima[1] qu'il estoit bon de louer [la cour de] parlement de l'action qu'elle avoit faite en faisant brusler ce livre et empescher que telle pernicieuse doctrine n'eust cours en ce royaume; mais qu'il falloit empescher qu'ils ne passassent jusques à un point qui peust estre aussy préjudiciable au service du roy comme leur action y avoit esté utile. Et la raison de ce conseil aboutissoit à ce, qu'il falloit réduire les Jésuites à un point qu'ils ne puissent nuire par puissance, mais tel aussy qu'ils ne se portent pas à le faire par désespoir; auquel cas il se pourroit trouver mille ames furieuses et endiablées qui, sous le prétexte d'un faux zelle, seroient capables de prendre de mauvaises résolutions qui ne se répriment ny par le feu ny par autres peines[2].

## CLIX[3].

ARRÊT DU PARLEMENT SUR L'*ADMONITIO AD REGEM* ET SUR LE LIVRE DE SANTA-RELLUS. — Ce jour, le procureur général du roy a remonstré à la Cour

---

*de hæresi, schismate, apostasia, sollicitatione in sacramento pœnitentiæ et de potestate Pontificis in his puniendis.* (Rome, 1625.)

[1] Il y avait d'abord *j'estimay*. Mais Charpentier a corrigé et a écrit : *Le cardinal estima.* En face de ce paragraphe, il y a la lettre *A*.

[2] En face des dernières lignes de ce fragment il y a la lettre *B*.

[3] Le mot *Employé* est écrit en tête de ce paragraphe, de la main du secrétaire des Mé-

moires. Le texte est de la main du copiste ordinaire.

Quoique le mot *Employé* se trouve ici, l'arrêt n'a pas été reproduit dans les Mémoires. Mais on le trouve dans le *Mercure françois* (a° 1626, t. XI, p. 92). La rédaction que contient le Mercure diffère un peu de celle que nous donnons d'après notre manuscrit. Nous avons indiqué en note les variantes les plus importantes. (Cfr. *Mémoires du P. Garasse*, p. 200.)

que les députez des prestres et escoliers du collège de Clermont ayans esté ouis en ladite Cour, estoit nécessaire pour le bien du service du Roy, son auctorité royale et droicts de l'Église gallicane y pourvoir, la matière mise en délibération[1] :

La Cour, les Grande Chambre, Tournelle et de l'Édict assemblées, a ordonné et ordonne que le provincial desdicts prestres du colège de Clermont, dans trois jours, assemblera les religieux[2] des trois maisons qu'ils ont en cette ville et leur faira souscrire la censure de la Faculté de Sorbonne de ceste ville, du premier décembre mil six cens vingt cinq du livre intitulé : *Admonitio ad regem*[3], bailleront acte par lequel ilz désadvoueront et détesteront le livre de *Sanctarellus* contenant propositions et maximes scandaleuses et pernicieuses, tendantes à la subversion des Estatz et à induire les subjects des roys et princes souverains d'attenter à leurs personnes sacrées, et en rapporteront acte, huictaine après[4], au greffe d'icelle et auront pareils actes de tous les provinciaux[5] de leur compagnie qui sont en France, portans l'approbation de ladicte censure de Sorbonne et désadveu dudict livre de Sanctarellus, lesquels ilz feront apporter audit greffe au mois ensuivant[6]. Ordonne ladicte Cour que ledict provincial et prestres dudict colège commettront deux d'entre eux pour, au nom de leur compagnie, escrire maximes contraires à celles dudict livre de Sanctarellus, et ce dans ledict temps d'un mois[7]. Autrement et à faute de ce faire

---

[1] Ces derniers mots ne se trouvent pas dans le texte du Mercure françois.

[2] Il y a *lesdits prestres et escholiers* dans le texte du Mercure françois.

[3] Le livre condamné ici en même temps que celui de Sanctarellus est un libelle qu'on attribua généralement à la compagnie de Jésus et qui est intitulé : *G. G. R. Theologi ad Ludovicum decimum tertium Galliæ et Navarræ regem Christianissimum Admonitio... quâ breviter et nervose demonstratur Galliam fœdè et turpiter impium fœdus iniisse, et injustum bellum hoc tempore contra catholicos movisse, salvâque Religione prosequi non posse. Augustæ Francorum anno* M.DC.XXV.

[4] Il y a dans le texte du Mercure françois : *trois jours après*.

[5] Il y a en plus dans le texte du Mercure françois : «Recteurs et de six des anciens «de chacun collège» de leur compagnie.

[6] Il y a *deux mois après* dans le texte du Mercure françois.

[7] Voici le texte de cette phrase dans la rédaction du Mercure françois : «Pour et «au nom de leur compagnie, escrire dans la

dans ledict temps, iceluy passé, sera procédé à l'encontre d'eux comme criminelz de lez Majesté et perturbateurs du repos public[1]. Du 22ᵉ mars mil six cens vingt six.

## CLX[2].

[DÉCLARATION DES JÉSUITES SUR LE LIVRE DE SANCTARELLUS.] — Nous soubsignez déclarons que nous désadvouons et détestons la mauvaise doctrine contenue dans le livre de Sanktarellus en ce qui concerne la personne des roys, leur auctorité et leurs Estatz, et que nous recognoissons que leurs Majestez relèvent indépendement de Dieu, sommes prestz despendre nostre sang et exposer nostre bien[3] en toutes occasions pour la confirmation de ceste vérité, promettons de soubscrire à la censure qui pourra estre faicte de cette pernicieuse doctrine par le Clergé ou la Sorbonne et ne professer jamais opinions ny doctrine contraire à celle qui sera tenue en cette matière par ledit Clergé, Universités du royaume et Sorbonne. Signés : Pierre COTTON, Ignace ARMAND, Charles DE LA TOUR, Jean SOUFFREN, François GARASSUS, François GAUDILLON, Dionisius PETAVIUS, Jean FILLEAU, Jean BROUSSAUT, Estienne GUERRY, Ludovicus MAIRAT, Jacques SIRMOND, Pierre ROUIER, Estienne BONY.

Fait à Paris par les susnommés religieux de la Compagnie de Jésus, le xvjᵉ jour de Mars M.DC.XXVI [4].

---

«huictaine et rapporter au greffe, dans ledit
«temps, ledit escrit contenant maximes de
«doctrine contraire à celle dudit Sanctarel-
«lus.»

[1] Après les mots *repos public* le texte du *Mercure françois* ajoute: «Et sera le
«présent arrest, à la diligence du Procureur
«général du roy, signifié au provincial de
«cette ville de Paris, à ce qu'il ait à y sa-
«tisfaire.» Et la date qui diffère de celle donnée ci-dessus : «Fait en Parlement, ce
«dix-septième mars 1626.»

[2] Cette déclaration des Jésuites a déjà été publiée dans le *Mercure françois*, a° 1626, t. XI, p. 92). Les termes sont à peu près les mêmes que ceux ci-dessus. Mais les noms des signataires diffèrent quelque peu. Il y a une copie manuscrite de cette déclaration à la Bibl. nat. (f. fr. 4825, p. 110).

[3] Il y a *vie* dans le texte du *Mercure françois*.

[4] On remarque parmi les signataires de la déclaration le nom du P. Garasse. Il a fait lui-même dans ses *Mémoires* le récit de

Nos infra scripti Religiosi societatis Jesu in omnibus et per omnia ac si de verbo ad verbum hic inserta essent, subscribimus censuræ Libelli, cui nomen est *Admonitio ad Regem*, quæ facta est a sapientissimis dominis ac magistris nostris Sacræ facultatis theologiæ Parisiensis.

Item, quia in libro Antonii Sanktarelli *de Hæresi, Apostasia et Schismate* inscripto, qui nuper a curia Parlamenti damnatus fuit, pleraque sunt scandalosa, seditiosa, ad subversionem Statuum tendentia ad distrahendos quoque subditos ab obedientia regum, principum supremorumque dominorum, ac eorum Status attingentia, necnon in magnum periculum ac discrimen ipsorummet personas adducentia; propterea, nos illa pariter improbamus, rejicimus, ac damnamus. Lutetiæ, 20 Martii 1626.

## CLXI[1].

[REMONTRANCES DE LA COUR DE PARLEMENT AU SUJET DE L'ÉDIT DES DUELS (février 1626).] — Ladite Cour a aresté et ordonné la vérification du contenu au premier article dudict esdict concernant les abolitions des cas et crimes cy-devant commis contre les esdicts des duels et ren-

toute cette affaire; il a donné un texte de cette pièce, qui n'est pas le même que celui que nous publions. On pourra voir aussi qu'en signant cette pièce les Jésuites firent les réserves mentales sur la violence qu'ils prétendaient leur être imposée : «Tous nos «pères furent d'avis qu'il falloit signer le «désaveu pour éviter les maux qui nous «pourroient arriver *et quia erat timor cadens* «*in constantem virum*. D'autant, dit-il plus «haut, que si les propositions de Santarelly «n'étoient fausses, du moins *elles étoient* «*scandaleuses en cette conjoncture de temps* «*et de lieu.*» Et il ajoute : «Telle fut la ré-«solution du casuiste de la maison professe: «que nous pouvions signer, avec cette mo-«dification, quand même il y eût quelque «danger en la signature, pourvu qu'on don-

«nât avis au Pape et au P. général *ex veris* «de tout ce qui s'étoit passé...(P. 221-222.) «Tous donc signèrent *sans intéresser leurs* «*consciences* et protestèrent publiquement «que la proposition qu'ils signoient étoit «véritable *en tel ou tel sens.*» (P. 226.)

[1] Ce sont ici les remontrances de la Cour de Parlement de Paris contre le fameux édit des Duels de février 1626. Richelieu les a analysées et réfutées dans ses Mémoires (t. III, p. 45), ou plutôt il a reproduit là la Consultation qu'il adressa au roi à l'occasion de ces remontrances. L'affaire se termina par «une jussion en vertu de laquelle «l'édit fut vérifié selon sa forme et teneur, le «24 mars 1626.» Le texte de l'édit se trouve dans Isambert (*Recueil des anciennes lois françaises*, t. XVI, p. 175 et suiv.).

contres, à la charge que ceux qui se sont battus et auront tué et sont encores vivants, seront tenus prendre lettres particulières du roy addressantes à ladicte Cour, suivant ledict premier article, portans abolition, et de satisfaire aux parties civilles; et quand aux autres articles, que la Cour ne peut ny doibt les vérifier; et sera le roy très humblement supplié d'envoyer à ladicte Cour une déclaration conforme aux précédens esdictz des duelz.

## CLXII.

ARREST DONNÉ PAR LE FEU[1] CHANCELIER DE SILLERY SUR L'ARTICLE DU TIERS ESTAT[2]. — Le roy en son Conseil, ayant entendu les différends survenus en l'Assemblée des trois Ordres de son royaume, convocquez de présent par son commandement en cette ville, sur un article proposé en la Chambre du Tiers Estat, [et la délibération intervenue en la Cour du

---

[1] Sillery mourut en 1624.

[2] La pièce que contiennent les papiers de Richelieu et que nous donnons ici est loin d'être inconnue du lecteur (voy. Isambert, *Recueil des anciennes lois françaises*, t. XVI, p. 60). C'est l'arrêt par lequel «fut «évoqué, non au Conseil du roy, mais à sa «propre personne,» le différend qui s'était élevé, lors des États généraux de 1614, entre le tiers état et le clergé au sujet de l'indépendance du pouvoir civil et de la royauté, à l'égard du pouvoir ecclésiastique. Richelieu, alors député du clergé, prit une part active au démêlé. Il l'a exposé tout au long dans ses Mémoires (t. I, p. 227 et suiv.). Le tiers prétendait faire décider par les États, comme loi fondamentale du royaume «qu'il n'y a puissance en terre, «soit spirituelle ou temporelle, qui ait aucun «droit sur son royaume, pour en priver la «personne sacrée de nos Rois, ni dispenser «leurs subjects de l'obéissance qu'ils leur «doivent, pour quelque cause ou prétexte «que ce soit; que tous les bénéficiers, doc- «teurs et prédicateurs seroient obligés de «l'enseigner et publier et que l'opinion con- «traire seroit tenue de tous pour impie, «détestable et contrevérité, et que s'il se «trouve aucun livre ou discours escrit qui «contienne une doctrine contraire directe- «ment ou indirectement, les ecclésiastiques «seroient obligés de l'impugner et contre- «dire.» Sur l'opposition très vive du clergé et de la noblesse, l'affaire, comme nous l'avons dit, fut évoquée à la personne du roi. «La couronne, comme dit M. Henri «Martin, se garda d'être trop bien dé- «fendue.» Voir l'excellent exposé de cette affaire dans l'*Histoire de France* de cet auteur (t. XII, p. 261).

Si cette pièce se trouve reproduite ici, c'est que Richelieu comptait probablement en faire usage dans l'affaire de Sanctarellus (voy. plus haut), et c'est à ce titre que nous la reproduisons.

Parlement,] sur le mesme subject, le deuxiesme du présent moys; ouy les remonstrances des députez du Clergé et de la Noblesse, Sa Majesté séant en son Conseil, [assistée de] la reyne sa mère, les princes de son sang, autres princes, ducs, pairs, officiers de la coronne et autres de son Conseil présents, pour bonnes et grandes considérations, a evocqué et evocque à sa propre personne lesdicts différends, a sursis et sursoit exécution de tous arrests et délibérations sur ce intervenues, fait tres expresses inhibitions et deffense aux Estats d'entrer en délibération sur ladicte matière et à sa dicte Cour d'en prendre aucune jurisdiction ny cognoissance, ny passer outre à la signature, prononciation, publication et exécution de ce qui a esté délibéré en icelle, le deuxiesme du présent moys.

Fait au Conseil tenu à Paris, le sixiesme janvier 1615.

Signé : DE LOMÉNIE.

# APPENDICE.

En appendice au *Recueil de maximes et de fragments politiques*, dont le corps était constitué dès l'époque même de Richelieu, nous avons cru utile de donner au public trois pièces importantes, émanant également de Richelieu, et que nous avons rencontrées dans un autre volume manuscrit de la Bibliothèque nationale. Ces trois pièces sont, par leur rédaction, contemporaines de l'époque où furent écrits nos fragments. Les deux premières, purement politiques, s'appliquent à des faits dont il est fréquemment question dans notre recueil : la négociation de la paix qui devait terminer la guerre de la Valteline, et les discussions relatives au livre de Santarelli. L'opinion de Richelieu sur ces points délicats s'y manifeste dans une forme définitive et solennelle. Ces deux discours, — car ces pièces ont été écrites pour être prononcées en public, — comptent certainement parmi les plus beaux morceaux de l'éloquence politique sous l'ancien régime.

La troisième pièce est aussi un discours, ou plutôt c'est un sermon : un sermon de Richelieu, chose rare, unique jusqu'ici, croyons-nous[1].

Nous avons dit déjà que Richelieu avait débuté à la cour par des succès oratoires. Ses contemporains qui l'entendirent se montrent partagés dans le jugement qu'ils portent sur son éloquence.

Si André Duchesne, Aubery et Silhon[2] le louent sans restriction, d'autres

---

[1] Après avoir dit un mot de la réputation de Richelieu comme orateur, M. Avenel ajoute : «Il est fort difficile d'avoir aujourd'hui sur ce point une opinion bien justifiée. Quoi qu'il en soit, ce serait une chose extrêmement curieuse que des sermons de Richelieu : nous avons fait tout ce que nous avons pu pour découvrir s'il en existe encore quelqu'un : nous n'avons trouvé aucun indice.» (T. I, p. LIX.) On verra plus loin que nous avons rencontré un autre sermon de Richelieu.

[2] Dans son discours XIV intitulé : «Qu'il importe qu'un ministre d'État soit éloquent,» Silhon dit, en parlant de l'éloquence du cardinal de Richelieu : «Ce seroit chercher

affirment qu'il prêchait mal. Tel est l'avis d'Aubery du Maurier; et Priolo dit, en propres termes, qu'il était « infelix concionator ».

On peut s'attendre qu'à une époque où le mauvais goût espagnol occupait encore la prose française, Richelieu, qui succomba souvent à cette fâcheuse influence, n'arriva pas du premier coup à mettre dans les sermons cette simplicité noble et grave qui allait devenir le caractère des grandes œuvres oratoires chrétiennes.

Mais, si bien averti que le lecteur puisse être, nous pensons qu'il éprouvera quelque surprise encore, en mesurant la différence qui sépare le mérite littéraire des deux premiers discours que nous donnons d'abord, de celui du sermon qui vient après eux. Sur le terrain de la politique, Richelieu reste tel que le juge Tallemant des Réaux, « admirable et délicat ».

Mais dans la chaire chrétienne il est tout autre. N'ayant ni l'onction de saint François de Sales, ni la chaleur mystique du cardinal de Bérulle, il ne peut, comme ces illustres prédicateurs, ses contemporains, racheter par des qualités personnelles le défaut d'une éducation littéraire insuffisante. A lire ses sermons, on s'aperçoit vite qu'on a affaire à un homme d'action, établi par pure ambition sur un terrain qui n'est pas le sien. Il s'embarrasse dans le fatras dont les prédicateurs goûtés à la cour étaient coutumiers : antithèses outrées, usage fastueux de métaphores sans application et sans grâce, lourdeur qui n'est pas de la majesté, raffinement dans les paroles qui n'est pas de la finesse dans les pensées, amphigouri, pédantisme et sécheresse, tels sont les caractères de ces développements oratoires secs, pénibles et heurtés, qu'on ne lirait pas si l'on ne savait de quelle main ils sont sortis.

Même la lecture pourrait donner l'idée de contester l'attribution que nous en faisons, si (en dehors des preuves de fait que nous exposerons tout à l'heure) on ne se souvenait que c'est dans ce style déplorable que Richelieu a écrit nombre de pages semées dans son œuvre, et en particulier le premier chapitre des *Mémoires*. Le plus souvent, quand Richelieu veut atteindre au style, il s'enfle, se guinde, et il tombe.

Ce n'est que quand il reste dans un domaine qu'il considérait peut-être de la lumière pour le soleil que d'entreprendre de publier cette divine faculté qui est tous les jours admirée dans le conseil, qui a tant paru dans les assemblées, qui a rendu de si grands services à la France et qui a si souvent fait triompher *par sa bouche et par sa plume les vérités chrétiennes.* » (Silhon, *Ministre d'État*, édit. 1648, t. I, p. 108.)

comme inférieur, littérairement parlant, celui de la simple exposition des affaires et du récit des pensées qui journellement travaillaient son esprit, c'est alors seulement qu'il est lui-même, et qu'il est grand dans la forme comme dans le fond.

Le sermon même que nous publions, et dont l'importance politique n'échappera point au lecteur, offre un exemple de la contradiction que présente le génie littéraire de Richelieu.

En un seul endroit le style s'élève réellement et la phrase prend une allure noble et terrible. C'est au moment où le cardinal premier ministre, tâchant par des paroles de paix d'entretenir l'union dans la famille royale déjà divisée, se tourne tout à coup vers le jeune Gaston d'Orléans et lui enjoint, au nom de Dieu, de respecter son frère, son roi, et de le craindre : « Il vous doit
« aimer, respecter et craindre, dit-il en s'adressant au roi, non-seulement
« comme son vrai roi, mais comme son vrai père; et il ne peut faire autrement,
« sans avoir lieu d'appréhender une seconde descente du grand Dieu sur sa
« personne, non en manne comme celle d'aujourd'hui, mais en feu et en ton-
« nerre. »

Quel effet de telles paroles sortant d'une telle bouche ne devaient-elles pas produire sur l'âme superstitieuse et timorée du jeune homme, qui s'essayait alors à traverser, par de mesquines intrigues, le développement réfléchi des grands projets du ministre!

On le voit, le morceau dont ce passage est tiré n'est pas sans importance politique; il révèle une situation singulière et jusqu'ici non signalée par l'histoire : le cardinal de Richelieu se servait au besoin de sa situation dans l'Église pour peser sur le Roi et sur la famille royale, et il employait les foudres de la religion à la conduite des affaires humaines. C'est à ce titre que nous avons publié ce sermon de préférence à un autre, également de Richelieu, qui se trouve dans le même volume manuscrit. Celui que nous avons laissé et que les curieux pourront aller lire à la Bibliothèque nationale n'offre aucun intérêt politique, et sa valeur littéraire n'est en rien supérieure à celle du premier.

Il nous reste maintenant à fournir les preuves de l'authenticité des trois pièces qui forment notre *Appendice*. Toutes trois font partie d'un manuscrit in-4°, conservé à la Bibliothèque nationale sous le numéro 25,666; ce volume vient de la Bibliothèque de la Sorbonne et du cabinet de Le Masle, secrétaire de Richelieu. Toutes trois sont écrites de la main de Le Masle; toutes trois sont attribuées au cardinal de Richelieu par des formules de ce genre : *ce que le Cardinal a dit* ou *ce que Monseigneur a dit*. L'une de ces mentions est même écrite au dos de la pièce n° 2, de la main d'un autre secrétaire de Richelieu, Céberet. Si ces preuves de l'authenticité, jointes à la lecture des discours eux-mêmes, ne suffisaient pas pour convaincre, il n'y aurait qu'à comparer les deux harangues politiques avec certains passages des *Mémoires*. On verrait qu'elles y sont entrées, l'une et l'autre, par fragments assez importants. Ainsi Richelieu les a reconnues pour siennes. Cette preuve décisive, en ce qui concerne les deux premières pièces, doit s'étendre à la troisième. Elle ne semble pas, il est vrai, avoir été reproduite quelque part dans l'œuvre de Richelieu; mais comme elle se trouve dans les mêmes conditions d'écriture et de conservation que les autres, elle ne peut nullement en être détachée pour l'attribution définitive.

Nous essayerons, dans les notes jointes à ces documents, de déterminer l'époque à laquelle ils ont été écrits, et les circonstances qui en ont motivé la rédaction.

## I.

CE QUE LE CARDINAL A DIST DEVANT LE ROY, EN FEBVRIER 1627,
SUR LE SUBJECT DE LA CENSURE DE SANTAREL[1].

Il faudroit estre fort mauvais théologien, pour ne cognoistre pas que le Roy ne relève sa coronne et le temporel de son Estat que de Dieu seul. Mais

---

[1] Ce titre est écrit au dos de la pièce, de la main de Céberet. En tête du discours se trouve cet autre titre incomplet : *Ce que M. dit au Roy en 1627, sur le subjet de Santarel.*

Ces paroles ont été prononcées par le cardinal de Richelieu dans l'assemblée réunie devant le Roi au sujet de la censure de la Sorbonne sur le livre de Sanctarellus. La discussion relative à cette censure partagea le monde ecclésiastique du temps pendant une année entière. Le Parlement et les Richéristes voulaient pousser à l'extrême les rigueurs contre les Jésuites. Par contre le nonce Spada et le parti *catholique* de la Cour désiraient arriver à une intervention du Roi qui fût un acte de complaisance à l'égard de la Cour de Rome. La question théologique se compliquait de questions poil faudroit bien l'estre aussy pour ne scavoir pas que le Roy ne peult, ny par l'authorité qu'il a donnée à ses Parlements, ny par celle qui réside en sa personne, ny par le pouvoir que la Sorbonne a du S$^t$ Siège, faire ou prononcer un article de foy, s'il n'a premièrement esté déclaré tel par l'Église en ses Conciles œcuméniques.

Il n'y a point de docte théologien, de bon subjet, ny d'homme de bien qui puissent ne tenir pas les propositions de Santarelle pour meschantes et abominables. Elles sont téméraires, scandaleuses et excitantes à sédition; elles sont perturbatives du repos des Estats, donnent grande occasion d'envie contre le S$^t$ Siège, et, qui pis est, sont du tout contraires à la seureté de la personne du Roy, qui nous doit estre mille fois plus chère que nos propres vies.

En cette considération, il est non seulement juste, mais nécessaire d'empescher le cours d'un si pernicieux livre, non seulement en le faisant brusler, ce qui a esté faict très justement et à propos, mais en outre par la voie de l'Église, en le faisant condamner par une censure authentique, seule capable de calmer beaucoup d'esprits.

Le Roy a tousjours eu cette pensée, et Sa Majesté est fidèle tesmoin que

---

litiques graves, en particulier de celle de la paix de la Valteline.

Le président du Parlement, Le Jay, ayant, dans le sein même de la Faculté de théologie, promis toute aide et protection de la part du Parlement à ceux qui défendraient les droits du royaume, Louis XIII vit dans cet acte un empiètement sur son autorité. Le 2 février, il fit venir au Louvre le premier président de Verdun, le président Le Jay, quelques conseillers, le procureur et les avocats généraux; et là, en présence des cardinaux, de La Rochefoucauld et de Richelieu, du garde des sceaux Marillac, du maréchal de Schomberg et de plusieurs conseillers d'État, il adressa aux membres du Parlement quelques paroles vives, dans lesquelles il leur défendait de s'occuper désormais des affaires de la Sorbonne. (V. Vittorio Siri, *Memorie* *recondite*, t. VI, p. 248.) Marillac et Richelieu, disent les historiens qui rapportent cette affaire, s'attachèrent seulement à adoucir les propos du Roi.

Ce sont les paroles mêmes que Richelieu prononça en cette circonstance que nous publions ici. Elles n'ont jamais été reproduites à ce que nous croyons. C'est à peine si Vittorio Siri donne un résumé de quelques-uns des arguments qu'elles renferment. On voit que Richelieu avait pris une situation moyenne et toute politique entre les deux partis qui partageaient la Cour et le Clergé au sujet du livre de Sanctarellus. La seule chose qu'il réclame des uns et des autres, et d'un ton qui ne souffre pas de contradiction, c'est la reconnaissance des droits du Roi et des privilèges de sa couronne.

ceux qui ont l'honneur de le servir en ses conseils n'ont jamais eu d'autres sentiments.

Mais on a estimé qu'il falloit parvenir à cette fin par une voie innocente, et non telle qu'elle mist la personne du Roy en plus grand péril que celuy qu'on veult éviter.

Vous scavez, Messieurs, qu'il y a beaucoup d'esprits mélancholiques à qui il importe grandement d'oster tout subjet de penser que le Roy soit mal avec Sa Sainteté, principalement pour un point de doctrine dont la décision appartient à l'Église, parce que l'excès et l'ignorance de leur zèle les fait quelquefois tomber en des passions d'autant plus dangereuses que leur phrénésie les leur représente sainctes.

Je diray encore, et il est vray, que les mescontentements que Sa Sainteté a eu sur ce subjet depuis un an ont fait que l'exécution de la Paix de la Valteline, qui couste tous les mois six ou sept cens mil francs, ne s'est point faite jusques à présent. Puis il sera aisé de juger si ce qu'a fait Sa Majesté en ces occasions n'est pas avantageux, non seulement pour son Estat, mais pour la seureté de sa personne.

Il est nécessaire que les mouvements des Parlements et ceux des subjets particuliers du Roy soient différents, puisque les uns, par leur authorité, doivent s'opposer aux entreprises des autres et les réprimer.

Mais certainement, il est à désirer que les mouvements des Parlements soient semblables et uniformes à ceux du Roy et de son Conseil. Vous direz peult estre, Messieurs, que si vous scaviez les motifs et la raison des conseils du Roy, asseurément vous les suiveriez, mais à cela j'ay à respondre que le maistre du vaisseau ne rend point de raison de la façon avec laquelle il le conduit, qu'il y a des affaires dont le succès ne depend que du secret. Et beaucoup de moyens propres à une fin ne le sont plus lorsqu'ils sont divulguez.

Le Roy attend une censure de Rome qui fera d'autant plus d'effet qu'elle viendra d'une part que beaucoup tiennent partie en cette cause.

Si Sa Majesté ne la reçoit, elle en procurera une en son royaume qui puisse estre soustenue par tout le monde et qui édifie toute la chrestienté au lieu de la diviser.

## II.

DISCOURS DE MONSEIGNEUR SUR LA PAIX LORS DE LA VENUE DE M<sup>r</sup> LE LÉGAT[1].

Sire,

Ma profession et mon inclination qui me font souhaitter passionnément la paix me doivent[2] rendre suspect en l'affaire dont il s'agit; cependant comme le moindre de vos interests[3] m'est et me sera tousjours plus cher que ma propre vie, je diray franchement ce que je pense pour le bien de cet Estat, et la gloire et la réputation de Vostre Majesté.

Toute guerre doit avoir pour fin une bonne paix, et le but principal que tout monarque desjà establi en un grand Estat doit se proposer, est la félicité de ses subjets, et par conséquent le repos de son royaume.

Partant, Sire, je diray, en un mot, que si la paix se peult faire honorablement, non seulement est-il à propos d'escouter ceux qui en parlent, mais il est expédient de la faire, et Vostre Majesté le doit comme un bon prince.

---

[1] Ce projet de discours dut être écrit par Richelieu pour être prononcé par lui dans l'assemblée des notables qui eut lieu le 29 septembre 1625. Richelieu lui-même avait conseillé au Roi de réunir cette assemblée pour délibérer sur les propositions du légat Barberini, au sujet de l'affaire de la Valteline. Le ministre espérait ainsi appuyer sur l'assentiment de la partie la plus éclairée de la nation la conduite qu'il tenait dans cette affaire et le refus qu'il faisait de traiter avec l'Espagne. (Voy. *Mémoires*, t. II, p. 477.)

Nous avons, dans le *Mercure françois* et dans les *Mémoires de Richelieu*, un récit de ce qui se passa dans l'assemblée des notables, et un résumé du discours que Richelieu prononça. Le sens général de ce résumé est le même que celui du texte bien plus étendu que nous donnons ici. Mais le discours prononcé ne dut pas être absolument conforme au premier projet de Richelieu. Dans le délai qui s'écoula entre l'époque de la rédaction et la réunion des notables, la situation était notablement changée. Barberini, désespérant d'obtenir la paix, était parti subitement au grand étonnement de la cour de France. De sorte que l'on eut à délibérer, non plus sur «la venue», mais sur «le partement de M. le Légat».

On consultera avec fruit sur les détails de la mission du Légat: les *Mémoires de Richelieu* (t. II, p. 477-491); *Le Mercure françois* (année 1625, t. XI, p. 856); Vittorio Siri, *Memorie recondite* (t. VI, p. 23 et suiv.); l'abbé Houssaye, *Vie du cardinal de Bérulle* (t. II, p. 50, note).

[2] Il y avait: «doit.»

[3] Il y avait: «comme vos intérêts me sont et me seront....»

APPENDICE.

Mais d'autant que faire une mauvaise paix est préparer une nouvelle guerre, ire que celle qu'on penseroit terminer, c'est avec très grand jugement que Vostre Majesté a désiré qu'on examinast, en cette auguste compagnie, si les conditions proposées par M. le Légat sont telles que vous les puissiez recevoir.

Pour le bien juger, il fault considérer le passé et l'advenir plus que le présent. Au passé, il fault voir quels ont esté les motifs qui ont porté Vostre Majesté à entreprendre les affaires de la Valteline; à l'advenir, quelle en peult estre la suite.

Bien que cette affaire fust commencée[1] longtemps avant que j'eusse l'honneur d'entrer dans vos affaires et que la résolution mesme des armes fust desjà prise, judicieusement, à mon advis, j'en ay remarqué[2] trois principaux[3] : Le 1$^{er}$[4], la restitution de ce dont les Grisons avoient esté despouillez; le 2$^{e}$, arrester le cours de la puissance d'Espagne qui jusques ici avoit lieu d'estimer qu'entreprendre et exécuter estoit une mesme chose pour elle; le 3$^{e}$, la gloire et la réputation que Vostre Majesté acquereroit par une telle action. Gloire, Sire, et reputation qui tire après soy, pour tousjours, l'affermissement de votre[5] auctorité et du repos et de la paix de son Estat; estant certain qu'il n'y a prince, pour puissant qu'il soit, qui ne pense deux fois à attaquer, en ses Estats, un grand Roy qui conserve et protège au loing les autres.

Si on propose à Vostre Majesté la paix aux conditions que je viens de dire, qui aboutissent à ce que les Grisons recouvrent ce qu'ils avoient perdu et que les Espagnols soient exclus du passage qu'ils avoient prétendu, Vostre Majesté la recevra avec gloire et satisfera à l'attente de ses coléguez et à ce qui a esté stipulé avec eux, chose grandement importante, puisque par ce moyen Vostre Majesté s'attirera l'union de plusieurs autres princes.

Si aussy les conditions de la paix sont autres et moindres que celle-ci, je ne diray point si vous la devez prendre, mais bien craindrois-je qu'elle fust jugée peu honorable.

Je le craindrois, Sire, en ce qu'on croiroit peult estre que Vostre Majesté n'auroit pas obtenu ses fins, fins qui sont justes et légitimes, et par conséquent devés [les obtenir] en cette négotiation, outre qu'en passant, je remarque qu'elles ont esté promises plusieurs fois.

[1] Il y avait : « fût entreprise et commencée. »

[2] Il y avait : « je puis dire qu'il y en a eu. »

[3] Il y avait à la suite « scavoir est. »

[4] « Le 1$^{er}$ », « le 2$^{e}$ », « le 3$^{e}$ » sont ajoutés.

[5] Il y avait : « son. »

C'est, Sire, en ce point qu'il fault considérer l'advenir, et bien examiner si une telle paix ne donneroit point audace à vos ennemis d'entreprendre tout ce que bon leur sembleroit contre vous, veu[1] qu'ils ne croiroient trouver pas aucune résistance de durée. Il faut examiner encore si une telle paix n'esloigneroit pas quelques princes de vostre amitié et de vostre alliance, puis[2] qu'ils ne croiroient pas y trouver protection, en ce que ceux dont il s'agit estimeroient que par mancque ou de volonté ou de puissance, ils n'auroient pas receu l'utilité qu'ils en pourroient attendre, ains[3] au contraire auroient esté despouilez par vostre auctorité de ce que vous auriez entrepris de leur faire rendre.

On alléguera volontiers la perfidie dont les Huguenots ont usé en cette occasion; on mettera peult estre en avant les[4] forces que l'Espagne a maintenant sur pied; on considèrera[5] les extraordinaires[6] despenses que cette guerre apportera à Vostre Majesté et mettera-t'on en doute si elle y pourra fournir sans la foule de ses subjets.

A tout cela et aux autres inconvénients qu'on pourroit produire, il seroit aisé de respondre en général, qu'en ce qui regarde les grands Roys et leurs Estats, leur réputation prevault à toute autre considération, puisque la perte d'icelle apporte des suites funestes aux Estats et ne peult estre réparée ny par force d'hommes, ny par abondance[7] d'argent, ny quelque autre voie que ce puisse estre.

Mais[8] venant au particulier, la victoire que Dieu a donnée à Vostre Majesté, et l'offre que messieurs du Clergé font sur ce subjet, dont ils ne pevent estre assez loués, pourvoient suffisamment aux inconvéniens de la rebellion.

Mais[9] venant[10] au particulier, on peult dire[11] que la foiblesse des Huguenots ou le remords de leur conscience les ramène maintenant à leur devoir. Et[12] quand ils seroient si misérables que de persister en leur rebellion, on pourvoit

---

[1] La phrase qui suit est ajoutée en marge.
[2] Il y avait écrit : «veu qu'ils.»
[3] En marge.
[4] Le mot «grandes» est barré.
[5] «Sans doute» est barré.
[6] Le mot «grandes» est remplacé par «extraordinaires».
[7] Le mot «puissance» était écrit d'abord.
[8] La phrase qui commence par «Mais» a été ajoutée en marge, ce qui explique la répétition de la même formule au début de l'alinéa suivant.
[9] Dans le texte.
[10] «Après» est barré.
[11] «J'ai appris à mon retour» se trouve barré et il se trouve au-dessus : «on peult dire.»
[12] La phrase suivante est en marge.

suffisamment à cet inconvénient par l'offre de messieurs du Clergé, qui ne peuvent estre assez loués de se gouverner comme ilz font en cette occasion.

Quant[1] aux forces d'Espagne, on[2] scait bien que la grande armée que l'Espagne a eu en Italie est maintenant dissipée par les[3] maladies, le mancque de payement et par le malheur commun des grandes armées. La vostre se remet sur pied; dans peu de temps[4] elle sera florissante, et aura les mesmes avantages qu'elle a eu au commencement.

Pour ce qui concerne vos finances[5], ces Messieurs qui en ont l'administration[6] ont fait cognoistre que Vostre Majesté[7] a du fonds pour faire monstres[8] à toutes ses armées sans toucher au courant de l'année qui vient[9] et avoir recours à de nouveaux moyens[10] extraordinaires.

Et[11] quand mesme il faudroit y avoir recours, il n'y a personne raisonnable qui n'advoue que c'est soulager un Estat que luy fère porter quelque charge extraordinaire, quand c'est pour éviter des inconvéniens qui le porteroient à sa ruine certaine, d'autant plus inévitable, que pour n'estre pas présente, elle ne seroit ny cogneue, ny apprehendée des plus grossiers.

Si[12] en venant à la guerre vous avez des incommodités, vos ennemis en auront davantage. Tant d'affaires qu'ils ont sur les bras ne requièrent point qu'ils perdent l'occasion d'estouffer celle-cy raisonnablement.

Ils l'ont entreprise pour usurper, et vous y estes entré pour maintenir vos alliez opprimez; ils se sont couverts du prétexte de la religion, et Vostre Majesté en veult establir les fondements avec autant de solidité que fastueusement[13] ils en recherchent l'apparence.

Partant, Sire, je ne voy aucune considération qui doive contraindre Vostre Majesté de prendre une paix[14] à de mauvaises conditions.

Cependant comme cette affaire est de grande conséquence, le premier advis

---

[1] Dans le texte.
[2] En marge.
[3] La suite est dans le texte.
[4] Il y avait d'abord : «dans vingt jours.»
[5] Il y avait : «l'argent.»
[6] Il y avait : «qui manient vos finances.»
[7] Ceci est barré : «qu'elle n'a pas lieu d'appréhender cette despense, puisque vous pouvez faire estat de six....» Et il y a au-dessus ce qui suit.
[8] «Asseurées» est barré.
[9] «De cette année» est barré.
[10] Il y avait : «aux moyens....»
[11] Ajouté hors texte.
[12] Le texte reprend.
[13] Ce mot est ajouté.
[14] Il y avait : «si on ne la veult procurer qu'à.»

que j'ay à donner à Vostre Majesté est d'avoir agréable que Mr le Légat soit[1] convié[2] d'en proposer qui puissent[3] compatir à la dignité de Vostre Majesté, affin[4] que toute la chrétienté cognoisse sur qui on devra rejetter la cause des misères et calamités qui accompagnent toute guerre.

L'intérest[5] de la religion l'y doit porter, son honneur particulier l'y convie, la justice l'y oblige, puisque vous ne prétendez rien qui préjudicie à autruy. Il a tousjours bien sceu que Vostre Masjesté ne feroit[6] point la paix autrement. Si nonobstant ces considerations il persiste en ce qui a esté représenté par Mr le Chancelier, je diray franchement à Vostre Majesté qu'en une affaire de telle importance, la résolution définitive doit venir de ses sentiments[7], qui sur tout ce qui luy a esté représenté scaura mieux que personne choisir ce qui sera plus convenable à sa réputation, au bien et à l'avantage de son Estat, et à la conservation de ses alliez.

## III.

### HARANGUE AU ROY POUR L'EUCHARISTIE PAR MONSEIGNEUR[8].

C'est aujourd'huy, Sire, qu'on peult dire avec vérité que le ciel et la terre se trouvent en mesme temps remplis des plus hautes merveilles que l'esprit hu-

---

[1] « Encore » est effacé.
[2] Il y avait : « de consentir à. »
[3] Il y a effacé : « des conditions qui puissent... »
[4] En marge.
[5] Texte.
[6] Il y avait : « que vous ne consentiriez point à la paix à autres conditions. »
[7] Il y avait : « de Vostre Majesté. »
[8] En prononçant ce sermon, avant de donner la communion au Roi, à la Reine mère et à Gaston, frère du Roi, Richelieu avait pour but, nous l'avons dit, de faire servir l'influence de la religion à l'union de la famille royale et à la tranquillité du royaume. Cette remarque suffit pour permettre de donner à ce discours une date approximative. Il est évidemment antérieur à 1630, puisqu'il y est encore parlé de la Reine mère en fort bons termes. Il doit être contemporain d'une tentative de rébellion de Gaston. Or si l'on considère que les paroles qui sont adressées à celui-ci semblent être choisies en particulier pour frapper de respect et de terreur une imagination encore jeune, on sera amené tout naturellement à la date de 1626, époque de la conspiration de Chalais. Mais ce sermon a été prononcé à l'occasion de la fête de l'Assomption de la Sainte Vierge, c'est-à-dire le 15 août. Quelques jours auparavant (11 août 1626), les juges s'assemblaient pour juger Chalais. Quatre jours après (19 août), Chalais mourait sur l'échafaud. Telles sont les circonstances solennelles auxquelles ce sermon se rapporte. Déjà Gaston d'Orléans s'était ré-

main puisse imaginer, merveilles d'autant plus ravissables que, bien qu'en elles mesmes elles soient différentes et comme opposées en certain sens, il est vray toutes fois qu'elles sont du tout semblables en leur dissemblance.

Dieu attire à cette feste la saincte Vierge au ciel et l'âme de Vostre Majesté, vierge et innocente, attire Dieu en terre.

Dieu reçoit la Vierge pour vivre à jamais en Elle, et Vostre Majesté veult recevoir son Créateur pour vivre éternellement en Luy.

Dieu reçoit là-hault celle qui est sa mère et sa fille tout ensemble, et je voy Vostre Majesté qui n'attend autre chose qu'à recevoir celuy qui, estant son vray père, ne dédaigne point de prendre naissance en son âme.

Dieu élève un corps dans le ciel et Vostre Majesté attire Dieu, qui est Esprit, en terre.

Qu'un corps pesant de sa nature s'eslève en hault contre son poids, c'est une merveille bien grande, mais qu'un esprit incapable de poids, qu'un esprit tout brûlant du feu de charité s'abaisse en bas, contre le mouvement du feu qui monte en hault, c'en est une autre qui ne semble pas moindre.

Mais que dis-je, que Vostre Majesté attire du ciel un esprit, c'est un vray corps, ouy, Sire, c'est un corps et un esprit tout ensemble, un corps d'homme et un esprit de Dieu, et un esprit de Dieu en un corps d'homme; et partant, ainsi que Dieu reçoit la Vierge en corps et en esprit, Vostre Majesté va recevoir le vray corps de son Dieu, animé de l'esprit de sa Divinité.

Que Dieu tire la Vierge en hault, c'est chose merveilleuse, mais qui se peult comprendre, la raison nous faisant cognoistre qu'il est aisé au fort d'emporter le foible; mais que Vostre Majesté, foible en comparaison d'une force infinie, attire son Dieu tout-puissant, c'est chose qui surpasse et nos sens et nos entendements.

Cependant, il est vray, vous forcez Dieu de venir à vous; et en effet, à bien considérer, ce n'est point merveilles; car bien que le foible ne puisse rien sur

---

concilié avec son frère et avait trahi ses amis. A la terreur que devait lui inspirer l'exemple que donnait le jugement de son favori, Richelieu voulut joindre la redoutable menace de la colère céleste. On pouvait encore espérer que cette âme timorée et vacillante échapperait aux mauvaises suggestions dont elle était entourée, et que le premier prince du sang se tiendrait dans le parti du Roi. Mais ce prince continua de faire par faiblesse et pusillanimité le mal que d'autres eussent pu faire par ambition et courage; et Richelieu en fut pour ses sermons.

le fort par force de contrainte, il y peult tout par violence et par force d'amour. C'est ainsy que Dieu se laisse faire force; c'est ainsy qu'il descend aujourd'huy, et s'abbaisse devant vous pour l'amour que vous luy portez et celuy qu'il vous porte.

Il descend, Sire, non seulement en vous, mais, qui plus est, en la Reyne, vostre mère, et M' vostre frère qui le vont recevoir avec vous.

Bien qu'il ne soit qu'un, il descend en vous trois pour vous monstrer que tous ensemble vous ne devez estre qu'un en luy.

Il attire sa mère pour ne s'en séparer jamais; et non content que la vostre soit attachée à vous par les nœuds de la nature, par les liens d'une forte et puissante inclination, il veult aujourd'huy l'y estreindre de nouveau par les chesnes de la grâce, et par luy-mesme; chesnes qui attachent indissolublement les sainctes âmes qui ressemblent aux vostres.

Au mesme temps qu'il s'unit dans le ciel celle qui est, comme j'ay desjà dit, sa mère et sa fille tout ensemble, au mesme temps vous unit-il, en terre, et vostre mère et celuy que vous tenez et traictez comme vostre fils, fils qui vous doibt aimer, respecter et craindre toute sa vie, non seulement comme son vray Roy, mais comme son vray père, et qui ne peult faire autrement sans avoir lieu d'appréhender une seconde descente du grand Dieu sur sa personne, non en manne comme celle d'aujourd'huy, mais en feu et en tonnerre.

Il descend en vous tous, soubs l'espèce du pain qui par l'aggrégation de plusieurs grains qui font un tout est un symbole d'union.

Il y descend comme la première unité du monde, comme principe de toutes les unions qui y peuvent avoir lieu et comme ciment qui les rend indissolubles.

Soiez tous unis, à jamais, en son nom; soiez le en son corps, que vous recevez; soiez le en son sang qu'il espand pour vous et que vous prenez.

Soiez le encore en sa divinité qui est conjointe à l'une et à l'autre; soiez le enfin au tout que forment ces parties unies ensemble pour jamais, c'est-à-dire en celuy que je tiens en mes mains, Dieu et homme tout ensemble.

Quelle grâce à la créature d'estre unie à son Créateur, au néant de l'estre à son tout, à l'homme de l'estre à son Dieu et d'estre quasi luy-mesme.

Dieu descend en vous, Sire, et vous comble par ce moyen du plus grand avantage que les princes et monarques de cet univers puissent avoir, puis que le comble de leur grandeur et de leur gloire consiste en la possession du grand Dieu.

Si les Roys sont grands par la domination de leurs subjets, combien le seront-ilz par la possession de leur Créateur et de leur Maistre : ce n'est rien de conquérir le monde si on n'acquiert celuy qui en est le souverain autheur et c'est le tout de l'acquérir en mesprisant le monde.

Acquérez donc tout, Sire, en l'acquérant. Mesprisez tout pour l'estimer, et vous asseurez qu'en l'estimant tout seul vous estimerez toutes choses, puisque hors de luy il n'y a rien, et que vous mesmes qui estes grand en luy et par luy seul, estes moins que rien considéré sans luy et hors de sa protection et de sa grâce.

Quels mystères! Que vostre esprit se ravisse à soy-mesme pour se donner entièrement à la considération de leur hautesse; sortez hors de vous, pour entrer en celuy qui va entrer en vous sans sortir de luy-mesme.

Contemplez sa grandeur, chérissez sa bonté, admirez l'un et l'autre et puis qu'il reçoit aujourd'huy la Vierge au ciel pour l'y faire régner à jamais, parce qu'autresfois elle l'a receu en terre; sans plus différer, recevez-le de cœur et de bouche[1] avec révérence, affin que dès cette heure, il vous fasse heureusement régner sur vostre peuple, et qu'un jour il vous reçoive en son Saint Paradis, et vous y donne un autre règne d'éternelle durée.

Recevez-le, Sire, en proferant devant, avec humilité et vérité tout ensemble, *Domine non sum dignus.*

[1] Il y avait : « d'affection. »

www.ingramcontent.com/pod-product-compliance
Lightning Source LLC
Chambersburg PA
CBHW061722300426
44115CB00009B/1077